史記考證文獻彙編

《今注本二十四史》編委會
二十四史研究資料集刊

四川出版集團
巴蜀書社
人民出版社

本書出版得到國家古籍整理出版專項經費資助

出版説明

史料在形成之時，總是會留下種種遺憾。編著者或時訊不足失於見聞，或急命求速失於趣促，或一人之力難以周全，或多人合作缺乏一統，張冠李戴、南轅北轍之事不少。史書在寫本時代所留下的闕漏誤倒，雖經初刻時的校勘匡正，仍剔之不盡；加之續印遞修，文本中的闕漏違迕，以至史實上的舛僞乖張，依然在在有之。賴歷代前賢秉燭彌縫，窮考極辯，使文、事得以儘可能歸真，使治史者得以儘可能求真。但是由於種種原因，諸家成果如雜花生樹，參伍錯綜，難於利用。

上世紀三十年代，開明書店推出《二十五史補編》，集二百四十餘種訂補成果於一書，始發彌憾之端。上世紀八九十年代，又有數部彙編問世，澤被學林。然二十世紀以來，傳統文化熱潮彌幅浪湧，掩埋百年乃至數百年的諸多史考類典籍漸得發掘，往往爲以上補編、彙編之未逮。爲囊括成果，便利學人，促進和深化古史研究，故步《補編》之塵，彙編出這套取向鮮明的《二十四史研究資料集刊》。

本書的特點：一是廣羅博收，在上述諸彙編本及新刊文獻的基礎上，增益集結，粹古今廿四史考證成果於一匱，一冊在手，幾無漏眼之虞。以《史記考證文獻彙編》爲例，蒐聚前賢《史記》考證研究成果一百餘種，數量之多，遠超幾部同類彙典（多者不過二十餘種）；洋洋數百萬言函於十冊，規模之鉅，尚無出其右者。二是依照目前的學術研究習慣，以各正史爲中心，或一史爲卷，或相鄰數史整合爲集，皆相對獨立刊行，故學者得以各取所需，以最小的代價得其所哉。此外，諸史內容之編排，綜分有序，眉目清晰，便於逕閱，亦可對前賢成就之創襲學脈了然於胸。

史實考證是史實之基。衹有詳盡地占有前人的研究成果，始能言發現與創作。但願本書的出版，能對正史研究乃至整個古史研究有所裨益。

本項目由賴長揚、孫曉先生籌畫，由國家『十一五』重大文化工程項目《今注本二十四史》之編纂委員會主持進行。參加本書編纂工作的有賴長揚、孫曉、趙凱、段志洪、宗月霄、翟金明、劉豔強、左全琴、周思遠等。本書各卷文獻選目，均經《今注本二十四史》各史相關專家審定，謹致謝忱。

《今注本二十四史》編纂委員會

二〇一〇年六月六日

凡例

壹、選編範圍

本書以一九四九年爲限收編文獻。所收文獻皆係前賢關於廿四史之版本辨析、原文校勘、史事考證、志表補作等方面的研究成果。

貳、編排序次

一、本書共分七卷。次第爲《史記考證文獻彙編》、《兩漢書考證文獻彙編》、《三國志考證文獻彙編》、《兩晉南北朝史考證文獻彙編》、《隋唐五代史考證文獻彙編》、《宋遼金元史考證文獻彙編》、《明史考證文獻彙編》。各卷單獨刊行。卷下分冊。

二、對專考某史之文獻（即專書），整部收入該史之部。如《史記志疑》、《明史考證》，分別收入《史記考證文獻彙編》、《明史考證文獻彙編》。涉及一部以上史書的考證專著，原則上拆析入史，即其中關於某史的部分，拆析後置入該史之部，篇名爲原書名後加間隔號（·）加所屬目錄，如《十七史商榷》中關涉《史記》的內容，以《十七史商榷·史記》爲篇名，收入《史記考證文獻彙編》；個別無法拆析的考證專著，收在序位靠前的史卷中，如《班馬異同評》，係關於《史記》、《漢書》的合考，繫置於《考證文獻彙編》之「史漢彙考」一門中。

三、各卷內篇目之排序，遵循以下二原則：

（一）各史分綜考、分考兩大類，綜考在前，分考在後。分考係關於正史某一部分（紀、傳、志、表、書）的專門考證（如《史記三書釋疑》、《漢書地理志校注》），依現通行本廿四史卷次繫置，原則上以文獻原標題爲篇名；正史無而後人所補續之表、志（書），亦屬分考，如無法依現通行本廿四史卷次繫置，即按先表後志（書）、先人事後天文、律曆、地理、藝文的順序排列。

（二）分考之外的文獻，統歸綜考。綜考篇目原則上依照著者出生時間排序；出生時間不詳者參照行迹時代；佚名而無從斷定年代者一概放在綜考類末尾。

叁、版本版式

本書所錄文獻之版本，首選稿本、抄本、初刻本及足本，間以通行之排印本。所收文獻皆以影印方式制版，個別不易完整拆分的文獻在格式上略有調整，但內容和文字均不做任何改動。

《今注本二十四史》編纂委員會

二〇一〇年六月六日

總目

第一冊

第二冊

第三冊

第四冊

第五冊

第六冊

第七冊

第八冊

第九冊

第十册

第一冊目録

史記集解〔殘〕

〔南朝・宋〕裴駰

民國上虞羅氏影印吉石盦叢書本

殷本紀第三　　史記三

殷契母曰簡狄有娀氏之女也 淮南子曰有娀在不周之北也 爲帝嚳次妃三人行浴見玄鳥墮其卵簡狄取而吞之因孕生契契長而佐禹治水有功帝舜乃命契曰百姓不親五品不馴女爲司徒而敬敷五教在寬封於商 鄭玄曰商國在太華之陽 皇甫謐曰今上洛商是也 賜姓子氏 禮緯曰祖以玄鳥子生 契興於唐虞大禹之際功業著於百姓百姓以平契卒子昭明立昭明卒子相土立 宋忠曰相土就封於商春秋傳曰閼伯居商丘相土因之

相土卒子昌若立

昌若卒子曹圉立

曹圉卒子冥立 宋忠曰冥爲司空勤其官事死於水中殷祀郊之也

冥卒子振立

振卒子微立

微卒子報丁立

報丁卒子報乙立

報乙卒子報丙立

報丙卒子主壬立

主壬卒子主癸立

主癸卒子天乙立是爲成湯 皇甫謐曰湯名履尚書曰予小子履是也又稱天乙者譙周云夏殷之禮生稱王死稱廟主皆以帝名配之天亦帝也殷人尊湯故曰天乙從契至湯凡十四代故國語曰玄王勤商十四代興玄契也張晏曰禹湯皆字也二王去唐虞之文從高陽之質故夏殷之王皆以名爲號 諡法曰除虐去殘曰湯 成湯自契至湯八遷 孔安國曰十四世凡八徙國都 湯始居亳 皇甫謐曰梁國穀熟爲南亳即湯都也 從先王居 孔安國曰契父帝嚳都亳湯自商丘遷焉故曰從先王居 作帝誥 湯征諸侯 孔安國曰爲夏方伯得專征伐也 葛伯不祀湯始伐之 孟子曰湯居亳與葛爲鄰 地理志曰葛今梁國寧陵之葛鄉是也 湯曰予有言人視水見形視民知治不伊尹曰明哉言能聽道乃進君國子民爲善者皆在王官勉哉勉哉湯曰汝不能敬命予大罰殛之無有攸赦作湯征伊尹名阿衡阿衡欲奸湯而無由乃爲有莘氏媵

高山寺

臣（列女傳曰湯妃有莘氏之女）負鼎俎以滋味說湯致於王道或曰伊尹處士湯使人聘迎之五反然後肯往從湯言素王及九主之事（劉向別錄曰九主者有法君專君授君勞君等君寄君破君固君三歲社君凡九品圖畫其形）湯舉任以國政伊尹去湯適夏既醜有夏復歸于亳入自北門遇女鳩女房作女鳩女房（孔安國曰鳩房二人湯之賢臣也二篇言所以醜夏而還之意）湯出見野張網四面祝曰自天下四方皆入吾網湯曰嘻盡之矣乃去其三面祝曰欲左〻欲右〻不用命乃入吾網諸侯聞之曰湯德至矣及禽獸當是時夏桀為虐政淫荒而諸侯昆吾氏為亂湯乃興師率諸侯伊尹從湯〻自把鉞以伐昆吾遂伐桀湯曰格女眾庶來女悉聽朕言匪台小子敢行舉亂有夏多罪予維聞女眾言夏氏有罪予畏上帝不敢不政

（孔安國曰不敢不正桀之罪誅之也）今夏多罪天命殛之今女有眾女曰我君不恤我眾舍我嗇事而割政（孔安國曰奪民農功而割剝之政）夏女其曰有罪其奈何夏王率止眾力率奪夏國（馬融曰桀之在）（言相率遏止眾力使不得事農相率割剝夏之邑居也）有眾率怠不和（馬融曰眾民相率為怠惰不和同）曰是日何時喪予與女皆亡（尚書大傳曰桀云天之有日吾有民如有日日亡吾亦亡）夏德若茲今朕必往爾尚及予一人致天之罰予其大理女（尚書理作賚鄭玄曰賚賞也）女毋不信朕不食言女不從誓言予則奴僇女毋有攸赦以告令師作湯誓於是湯曰吾甚武號曰武王（詩云武王載旆有虔）（宋衷曰號武王湯也）桀敗於有娀之虛桀犇於鳴條夏師敗績湯遂伐三㚇俘厥寶玉（孔安國曰三㚇國名桀走保之今定陶也俘取也）義伯仲伯作典寶（孔安國曰二臣作典寶一篇言國之常寶也）湯既勝夏欲遷其社不可（孔安國曰欲變置社稷而後世無及句龍者不可）作夏社（孔安國曰言夏社不可遷之義也）伊尹報（徐廣曰一云伊尹報政也）於是諸侯畢服湯乃踐天子位平定海內湯歸至于泰卷（徐廣曰一無此字）陶（孔安國曰）

地名自三湯夏而還中䗂作誥既絀夏命孔安國曰絀其王命還
薄作湯誥維三月王自至於東郊告
諸侯群后毋不有功於民勤力迺事予
迺大罰殛女毋予怨曰故禹皋陶久
勞于外其有功于民〻迺有安東為
江北為濟西為河南為淮四瀆已
脩萬民迺有居后稷降播農殖百
穀三公咸有功于民故后有立徐廣
曰一作上昔蚩尤與其大夫作亂百姓
帝迺弗予有狀先王言不可不
勉曰不道毋之徐廣曰一作政在國汝毋我怨
以令諸侯伊尹作咸有一德王肅曰言君臣皆有
一德咎單作明居馬融曰咎單湯司空也明居民之法也湯迺改
正朔服色上白朝會以晝湯崩皇覽
曰湯冢在濟陰薄縣北東郭去縣三里冢四方〻各十步高七尺上平處地也漢哀帝建平元年大司空史御長卿案行水災因行湯冢劉向曰殷無葬處皇甫謐曰即位十七年而踐天子位為天子十三年〻一百歲而崩也
太子太丁未立而卒於是迺立太丁
之弟外丙是為帝外丙也帝外丙
即位三年崩立外丙之弟中壬是
為帝仲壬
帝中壬即位四年崩伊尹迺立太
丁之子太〻甲〻成湯適長孫也
是為帝太甲
帝太甲元年伊尹作伊訓作肆命
作徂后鄭玄曰肆命者陳政教所當為也徂后者言湯之法度也帝太甲既
立三年不明暴虐不遵湯法亂德
於是伊尹乃放之於桐桐宮孔安國曰
湯葬地也鄭玄曰地名也有王離宮焉也三年伊尹攝行政當國
以朝諸侯帝太甲居桐宮三年悔
過自責反善於是伊尹迺迎帝
太甲而授之政帝太甲脩德諸侯
咸歸殷百姓以寧伊尹嘉之乃作
太甲訓三篇褒帝太甲稱太〻
宗〻崩子沃丁立帝沃丁之時
伊尹卒既葬伊尹於亳皇覽曰伊尹冢在濟陰己氏
平利鄉亳近己氏也咎單遂訓伊尹事作沃〻帝

丁〻崩弟大庚立是爲帝大庚
帝大庚崩子帝小甲立（徐廣曰世表云帝小甲大庚弟也）
帝小甲崩弟雍已立是爲帝雍已
殷道衰諸侯或不至
帝雍已崩弟大戊立是爲帝大戊
帝大戊立伊尹陟爲相（孔安國曰伊陟伊尹子）亳
有祥桑穀生於朝一暮大拱（孔安國曰祥妖怪也二木合生不恭之罰孫炎曰兩手搤之拱）帝大戊懼問伊〻陟〻
曰臣聞妖不勝德帝之政其有闕
與帝其脩德大戊從之而祥桑枯
死而去伊陟贊言于巫咸（孔安國曰贊告也巫咸臣也）
巫咸治王家有成作咸艾（馬融曰艾治也）作大戊
帝大戊贊伊陟于廟言弗臣伊
陟讓作原命（馬融曰原臣名也令原以爲湯之道我所論）殷道復
興諸侯歸之故稱中〻宗〻崩子帝
中丁立帝中丁遷于隞（孔安國曰地名也有敖亭或云河南敖倉）
河亶甲居相（孔安國曰地名在河北）祖乙遷于邢帝
中丁崩弟外壬立是爲帝外壬中

丁書闕不具帝外壬崩弟河亶
甲立是爲帝河亶甲帝河亶甲時
殷復衰河亶甲崩子帝祖乙立帝
祖乙立殷復興巫賢任職祖乙崩子
帝祖辛立帝祖辛崩弟沃甲立是
爲帝沃甲帝沃甲崩立沃甲兄祖
辛之子祖丁是爲帝祖丁帝祖
丁崩立帝沃甲之子南庚是爲帝
南庚帝南庚崩立帝祖丁之子
陽甲是爲帝陽甲帝陽甲之時殷
衰自中丁以來廢適而更立諸子
〻弟〻或爭相代立比九世亂諸侯
莫朝帝陽甲崩弟盤庚立是爲
帝盤庚
帝盤庚之時殷已都河北盤庚度
河南復居成湯之故都乃五遷無
定處（孔安國曰胥相也民不欲徙乃咨嗟憂愁相與怨上）殷民咨胥皆怨
不欲徙（孔安國曰自湯至盤庚凡五遷）盤庚乃徧告諭諸

使大臣曰昔高后成湯與爾之先祖俱定天下法則可脩舍而弗勉何以成德遂涉河南治亳 鄭玄曰治於亳殷之地商家自此而改號曰殷皇甫謐曰今河南偃師是 行湯之政然後百姓由寧殷道復興諸侯來朝以其遵成湯之德也帝盤庚崩弟小辛立殷復衰百姓思盤庚乃作盤庚三篇帝小辛崩弟小乙立是為帝小乙帝小乙崩子帝武丁立是為帝武丁帝武丁即位思復興殷而未得其佐三年不言政事〻決定於冢宰 鄭玄曰冢宰天官卿貳王事者也 以觀國風武丁夜夢得聖人名曰說以夢所見視群臣百吏皆非也於是乃使百工營求之野得說於傅險中 徐廣曰尸子云傅巖在北海之洲也 是時說為胥靡築於傅險 孔安國曰傅氏之巖在虞虢之界通道所經有澗水壞道常使胥靡刑人築護此道說賢而隱代胥靡築之以供食者也 見於武〻丁〻曰

是也得而與之語果聖人舉以為相殷國大治故遂以傅險姓之號曰傅說帝武丁祭成湯明日有飛雉登鼎耳而呴武丁懼祖己曰 孔安國曰賢臣也 王勿憂先脩政事祖己乃訓王曰唯天監下典厥德儀 孔安國曰言天視下民以義為常 降年有永有不永非天夭民中絕其命民有不若德不聽罪天既附命正厥德 孔安國曰不順德言無義不服罪不改脩也天已信命正其德謂有永有不永也 乃曰其奈何嗚呼王嗣敬民罔非天繼常祀毋禮于棄道 孔安國曰王者主民當敬民事無非天所嗣常也祭祀有常不當特豐於近 武丁脩政行德天下咸驩殷道復興帝武丁崩子帝祖庚立祖己嘉武丁之以祥雉為德立其廟為高宗遂作高宗肜日及訓 孔安國曰祭之上明日又祭殷曰肜周曰繹 帝祖庚崩弟祖甲立是為帝〻祖〻甲〻淫亂殷復衰帝祖甲崩子

帝廩辛立
帝廩辛崩弟庚丁立是爲帝庚
丁帝庚丁崩子帝武乙立殷復去
亳徙河北帝武乙無道爲偶人謂
之天神與之博令人爲行天神不
勝乃僇辱之爲革囊盛血仰而
射之命曰射天武乙獵於河渭之
閒暴雷武乙震死子帝太丁立
帝太丁崩子帝乙立帝乙立殷
益衰帝乙長子曰微子啓啓母賤不
得嗣少子辛辛母正后辛爲嗣帝
乙崩子辛立是爲帝辛天下謂之
紂（謚法曰殘義損善曰紂也）帝紂資辨捷疾聞見
甚敏材力過人手格猛獸智足以
距諫飾是非之端矜人臣以能高
天下以聲以爲人皆出己之下紂
好酒淫樂嬖於婦人愛妲己（皇甫謐曰有蘇
氏美女也）妲己之言是從於是使師涓作
新淫聲北里之舞靡靡之樂厚賦
稅以實鹿臺之錢（新序曰鹿臺其大三里高千尺　瓚曰臺臺名今在朝歌城中也）
而盈鉅橋之粟（服虔曰鉅橋倉名也許慎曰鉅橋鉅鹿水之大橋也有漕粟也）
益收狗馬奇物充仞宮室益廣
沙丘苑臺（爾雅曰邐迤沙丘也地理志曰在鉅鹿東北七十里）多取
野獸蜚鳥置其中慢於鬼神大
冣樂戲於沙丘（徐廣曰冣一作聚）以酒爲池縣
肉爲林使男女倮相逐其閒爲
長夜之飲百姓怨望而諸侯有
畔者於是紂乃重刑辟有炮格
之法（列女傳曰膏銅柱加之炭令有罪者行焉輒墮炭中妲己笑名曰炮格之刑也）以西伯
昌九侯（徐廣曰一作鬼侯鄴縣有九侯城也）鄂侯（徐廣曰一作邘音于野王縣有邘城）爲三
公九侯有好女入紂九侯女不憙淫
（徐廣曰一云女不憙淫）紂怒殺之而醢九侯鄂侯爭
之彊辨之疾并脯鄂侯西伯昌
聞之竊嘆崇侯虎知之以告紂紂
囚西伯羑里（地理志曰河內蕩陰有羑里城西伯所拘處昭曰之）西伯之
臣閎夭之徒求美女奇物善馬以

獻紂迺赦西〻伯〻出而獻洛西之
地以請除炮烙之刑紂迺許之賜
弓矢斧鉞使得專征伐爲西伯
而用費中爲政費中善諛好利
殷人弗親紂又用惡來〻善
毀讒諸侯以此益疏西伯歸乃
陰脩德行善諸侯多叛紂而往
歸西〻伯〻滋大紂由是稍失權
重王子比干諫弗聽商容賢百
姓愛之紂廢之及西伯伐飢國滅
之 徐廣曰飢一作𨻰又作耆 紂之臣祖伊 孔安國曰祖己後賢臣也 聞
之咎周 孔安國曰咎惡也 恐奔告紂曰天子既訖
我殷命假人元龜 徐廣曰元一作亡 無敢知吉
馬融曰元龜大長尺二寸孔安國曰至人以人事觀殷大龜以神靈考之皆無知吉也 非先王不相
我後人 孔安國曰[illegible] 維王淫虐用自絶故天
棄我不有安食不虞知天性不迪
率典 鄭玄曰王暴虐於民使不得安食逆亂陰陽不度天性傲很明德不脩教法也 今我
民罔不欲喪曰天曷不降威大命

胡不至今王其柰何紂曰我生不
有命在天乎祖伊反曰紂不可諫
矣西伯既卒周武王之東伐至
盟津諸侯叛殷會周者八百諸
侯皆曰紂可伐矣武王曰爾未知天命迺
復歸紂愈淫亂不止微子數諫不
聽迺與大師少師謀遂去比干曰
爲人臣者不得不以死爭迺强諫紂
怒曰吾聞聖人心有九竅剖比干
觀其心箕子懼迺詳狂爲奴紂又
囚之殷之大師小師迺持其祭樂器
奔周〻武王於是遂率諸侯伐紂
〻亦發兵距之牧野 鄭玄曰牧野紂南郊地名 甲子日
紂兵敗紂走入登鹿臺 徐廣曰鹿一作廩 衣其
寶玉衣赴火而死周武王遂斬紂
頭縣之大白旗殺妲己釋箕子之囚
封比干之墓表商容之閭封紂子武
庚祿父以續殷祀 譙周曰殷凡三十一世六百餘年汲冢紀年曰湯滅夏以至

千受二十九王用殷四百九十六年也令循行盤庚之政殷民大說於是周武王爲天子其後世貶帝號號爲王而封殷後爲諸侯屬周周武王崩武庚與管叔蔡叔作亂成王命周公誅之而立微子於宋以續殷後焉

太史公曰余以頌次契之事自成湯以來采於書詩契爲子姓其後分封以國爲姓有殷氏來氏宋氏空桐氏稚氏北殷氏目夷氏孔子曰殷路車爲善而色尚白也

貞云按論語孔子曰乘殷之路礼記曰殷人尚白事　述也
太史公爲贊不取成文遂作此法事　述也

殷本紀第三　史記三

日本古寫本史記殷本紀吾友內藤湖南博士所藏歲丙辰於博士許見之諦其每帝皆跳行別書又卷中所載太丁太甲太庚太戊字皆作大與殷虛卜辭合大異之乃假歸與今本互勘多有異同處如有娀之女也今本無也字簡狄取而吞之今本無而字殷道復興今本無道字盤庚乃徧告諸侯大臣曰今本無徧字事決之於冢宰今本無事字是爲帝祖甲帝祖甲淫亂殷復衰帝祖甲崩子帝廩辛立今本帝祖甲皆作帝甲使得專征伐今本無專字遂折付首縣之大白旗今本無大字帝祖甲崩立帝沃甲之子南庚今本帝沃甲作弟沃甲考祖辛傳沃甲沃甲傳祖丁沃甲爲祖辛弟祖丁爲祖辛子祖辛爲能弟沃甲乎並此字之誤自宋本已並非此卷作帝沃甲是正刊本之失豈非人間之祕笈乎亟付諸影印以傳之東京書肆民尚藏有夏本紀及秦本紀各一卷亦高山寺所藏與此一帙而離失者今當以勸其同副爲校記與日本並影印以傳之藝林丁巳十月雪堂退翁羅振玉書于海東寓居

史記索隱

［唐］司馬貞

清光緒十九年廣雅書局刊本

史記索隱

光緒十九年九月
廣雅書局校刻

史記集解序

裴駰 駰字龍駒河東人宋[illegible]兵參軍父松之太中[illegible]

班固有言曰 固撰漢書作司馬遷傳評其作史記所[illegible]兼論其得失故裴駰此序先引之爲說也按固字孟堅扶風人後漢明帝時仕至中護軍祖稺廣川太守父彪徐令續太史公書也 司馬遷據左氏國語 仲尼作春秋經魯史左丘明作傳合三十篇故曰左氏傳國語亦丘明所撰上起周穆王下訖敬王其諸侯之事起魯莊公迄春秋末凡二十一篇 采世本戰國策 劉向云世本古史官明於古事者之所記也錄黃帝已來帝王諸侯及卿大夫系謚名號凡十五篇也戰國策高誘云六國時縱橫之說也一曰短長書亦曰國事劉向撰爲三十三篇名曰戰國策按此是班固取其後名而書之非遷時已名戰國策也 述楚漢春秋 漢太中大夫楚人陸賈所撰記項氏與漢高祖初起及說惠文間事 按其後事訖于天漢 天漢武帝年號言太史公所記迄至武帝天漢之年也 其言秦漢詳矣至於采經摭傳 按字書摭拾也音之亦反 分散數家之事甚多疏略或有抵捂 抵音丁禮反捂音五故反抵者觸也捂亦針相抵觸之名按今屋梁上斜柱曰柱捂是也直觸橫觸皆曰抵針觸謂之捂下觸謂之抵抵捂言其參差也以言彼此二文同出一家而自相乖舛也 亦其所涉獵者廣博貫穿經傳馳騁古今上下數千載間斯已勤矣又其是非頗謬於聖人 聖人謂周公孔子也言周孔之教皆宗儒尚德今太史公乃先黃老崇勢利是謬于聖人也 論大道則先黃老而後六經序游俠則退處士而進姦雄 游俠謂輕死重氣如荆軻豫讓之輩也游從也行也俠挾也持也言能相從游行挾持之事又曰同是非曰俠也 述貨殖則崇勢利而羞貧賤此其所蔽也然自劉向揚雄博極羣書皆稱遷有良史之才服其善序事理辯而不華質而不俚 俚音里劉德曰俚鄙也崔浩云世有鄙俚之語則俚亦野也俗也不俚謂詞不鄙樸也 其文直其事核不虛美不隱惡故謂之實錄駰以爲固之所言世稱其當雖時有紕繆 紕音疋之反紕猶錯也亦作紕字書云織者兩絲同齒曰紕繆亦與謬同 實勒成一家總其大較 較音角較猶略也則大較猶言大略也 信命世之宏才也 按孟子云五百年生一賢其間必有名世者趙岐曰名世次聖之才物來能名正一世者生於聖人之間也此言命者名也言賢人有名於世也宏才大才謂史遷也 考校此書文句不同有多有少莫辯其實而世之惑者定彼從此是非相貿眞僞舛雜故中散大夫東莞徐廣研核衆本爲作音義具列

史記索隱卷一 序　一　廣雅書局栞

異同兼述訓解麤有所發明而殊恨省略殊絕也左傳曰斬其木不殊言絕恨其所撰大省略也聊以愚管按東方朔云以管窺天以蠡測海皆喻小也然此語本出莊子文今云愚管者是謙言也愚陋管見所識不能遠大也增演徐氏采經傳百家并先儒之說豫是有益悉皆抄內刪其游辭取其要實或義在可疑則數家兼列漢書音義稱臣瓚者莫知氏姓案即傅瓚而劉孝標以爲于瓚非也據何法盛晉書于瓚以穆帝時爲大將軍誅死不言有注漢書之事又其注漢書有引蘇秩令及茂陵書然彼二書亡于西晉非于所見也必知是傅瓚者按穆天子傳目錄云傳瓚爲校書郎與荀勗同校定穆天子傳即當西晉之朝在于之前尚見茂陵等書又稱臣者以其職典祕書故也瓚音殘岸反今直云瓚曰又都無姓名者但云漢書音義時見微意有所裨補譬嘒星之繼朝陽嘒微小貌也詩云嘒彼小星三五在東言衆無名微小之星各隨三心五噣出在東方亦能繼朝陽之光嘒音火慧反朝陽日也嘒星繼朝陽喻已淺薄而注史記也飛塵之集華嶽以徐爲本號曰集解未詳則闕弗敢臆說人心不同聞見異辭班氏所謂疏略抵捂者依違不悉辯也裴氏言今或依違不復更辯明之也按周公世家序傳曰依之違之周公綏之也愧非胥臣之多聞晉大夫臼季名曰胥臣按國語稱晉文公使趙衰爲卿辭曰欒枝貞慎先軫有謀胥臣多聞皆可以爲輔又胥臣對文公黃帝二十五子及屯豫皆八等事是多聞也子產之博物鄭卿公孫僑字子產按左氏傳子產聘晉晉侯之疾非實沈臺駘之祟乃說飲食哀樂及內官不及同姓則能生疾晉侯聞子產之言曰博物君子也妄言末學蕪穢舊史豈足以關諸畜德庶賢無所用心而已關預也畜德謂積德多學之人也裴氏謙言已今此集解豈足關預於積學多識之士乎正是冀望聖賢勝於飽食終日無所用心愈於論語不有博奕者乎之人耳

史記集解序

史記索隱卷第一

小司馬氏撰

五帝本紀第一

紀者記也本其事而記之故曰本紀又紀理也絲縷有紀而帝王書稱紀者言爲後代綱紀也黃帝按有土德之瑞土色黃故稱黃帝猶神農火德王而稱炎帝然也此以黃帝爲五帝之首蓋依大戴禮五帝德又譙周宋均亦以爲然而孔安國皇甫謐帝王代紀及孫氏注系本竝以伏犧神農黃帝爲三皇少昊高陽高辛唐虞爲五帝注號有熊者以其本是有熊國君之子故也亦號軒轅氏皇甫謐云居軒轅之上因以爲名又以爲號又據左傳亦號帝鴻氏也少典之子少典者諸侯國號非人名也又按國語云少典娶有蟜氏女而生黃帝炎帝然則炎帝亦少典之子炎黃二帝雖則相承如帝王代紀中間凡隔八帝五百餘年若以少典是其父名豈黃帝經五百餘年而始代炎帝後爲天子乎何其年之長也又按秦本紀云顓頊氏之裔孫曰女脩吞玄鳥之卵而生大業大業娶少典氏而生柏翳明少典是國號非人名也黃帝即少典氏後代之子孫賈逵亦謂然故左傳高陽氏有才子八人亦謂其後代子孫而稱爲子是也譙周字允南蜀人魏散騎常侍徵不拜此注所引者是其所著古史考之說也皇甫謐字士安晉人號玄晏先生今所引者是其所作帝王代紀也軒轅按皇甫謐云黃帝生於壽丘長於姬水因以爲姓居軒轅之丘因以爲名又以爲號是本姓公孫長居姬水因爲姬姓也弱而能言弱謂幼弱時也蓋未合能言之時而黃帝即言所以爲神異也潘岳有哀弱子篇其子未七旬曰弱徇齊斯文未是今按徇齊皆德也書曰聰明齊聖左傳曰子雖齊聖謂聖德齊肅也又按孔子家語及大戴禮竝作叡齊一本作慧齊叡慧皆智也太史公採大戴禮而爲此紀今彼文無作徇者史記舊本亦有作濬齊蓋古字假借徇爲濬濬深也義亦竝通爾雅齊速俱訓爲疾尚書大傳曰多文而齊給鄭注云齊疾也今裴氏注云徇亦訓疾未見所出或當讀徇爲迅迅於爾雅與齊俱訓疾則迅濬雖異字而音同也又爾雅曰宣徇遍也濬通也是遍之與通義亦相近言黃帝幼而才智周徧且辨給也故墨子亦云年踰五十則聰明心慮不徇通矣俗本作十五非是按謂年老踰五十不聰明何得云十五世衰世衰謂神農氏後代子孫道德衰薄非指炎帝之身即班固所謂參盧皇甫謐所云帝榆罔是也呂征不享謂用干戈以征諸侯之不朝享者本或作亭亭訓直以征諸侯之不直者蚩尤按此紀云諸侯相侵伐蚩尤最爲暴則蚩尤非爲天子也又管子曰蚩尤受盧山之金而作五兵明非庶人蓋諸侯號也劉向別錄云孔子見魯哀公問政比三朝退而爲此記故曰三朝凡七篇竝入大戴記今此注見用兵篇也五氣謂春甲乙木氣夏丙丁火氣之屬是五氣也藝五種藝種也樹也五種即五穀也音朱用反此注所引見詩大雅生民之篇爾雅云荏菽戎也郭璞曰今之胡豆鄭氏曰豆之大者是也熊羆貔貅貙虎書云如虎如貔爾雅云貔白狐禮曰前有摯獸則載貔貅是也爾雅又曰貙獌似狸此六者猛獸可以教戰周禮有服不氏掌教擾猛獸即古服牛乘馬亦其類也涿鹿或作濁鹿古今字異耳按地理志上谷有涿鹿縣然則服虔云在涿郡者誤也禽殺蚩尤按皇甫謐云黃帝使應龍殺蚩尤于凶黎之谷

或曰黃帝斬蚩尤于中冀因名其地曰絕轡之野**注皇覽**書名也記先代冢墓之處宜皇王之省覽故曰皇覽是魏人王象繆襲等所撰也**披山通道**披音如字謂披山林草木而行以通道也徐廣音詖恐稍紆也**注丸一作凡**凡音扶嚴反**雞頭**山名也後漢王孟塞雞頭道在隴西一曰崆峒山之別名**葷粥**匈奴別名也唐虞已上曰山戎亦曰熏粥夏曰湻維殷曰鬼方周曰玁狁漢曰匈奴**合符釜山**合諸侯符契圭瑞而朝之於釜山猶禹會諸侯於塗山然也又按郭子橫洞冥記稱東方朔云東海大明之墟有釜山出瑞雲應王者之符命如堯時有赤雲之祥之類蓋黃帝黃雲之瑞故云合符應於釜山也**與爲多焉**與音羊汝反與猶許也言萬國和同而鬼神山川封禪祭祀之事自古以來帝皇之中推許黃帝以爲多多猶大也**獲寶鼎迎日推策**封禪書曰黃帝得寶鼎神策下云於是推策迎日則神策者神蓍也黃帝得蓍以推筭歷數於是逆知節氣日辰之將來故曰推策迎日也**存亡之難**存亡猶安危也易曰危者安其位亡者保其存是也難猶說也凡事是非未盡假以往來之詞則曰難又上文有死生之說故此云存亡之難所以韓非著書有說林說難也**時播百穀草木**爲一句**湻化鳥獸蟲蛾**爲一句蛾音牛綺反一作豸豸言湻化廣被及之**旁羅**旁非一方羅廣布也今按大戴禮作歷離離卽羅也言帝德旁羅日月星辰水波及至土石金玉謂日月揚光海水不波山不藏珍皆是帝德廣被也**黃帝**炎帝火黃帝土代之卽黃龍蛇螾見是也螾土精大五六圍長十餘丈螾音引**十四人**

舊解破四爲三言得姓十三人耳今按國語胥臣云黃帝之子二十五宗其得姓者十四人爲十二姓姬酉祁已滕葴任荀僖姞嬛衣是也唯青陽與夷鼓同已姓又云青陽與蒼林爲姬姓上則十四人爲十二姓其文甚明唯姬姓再稱青陽與蒼林蓋國語文誤所以致令前儒共疑其姬姓青陽當爲玄囂是帝嚳祖本與黃帝同姬姓其國語上文青陽卽是少昊金天氏爲巳姓者耳既理在不疑無煩破四爲三**嫘祖**一曰雷祖音力堆反**黃帝正妃**按黃帝立四妃象后妃四星皇甫謐云元妃西陵氏女曰累祖生昌意次妃方雷氏女曰女節生青陽次妃彤魚氏女生夷鼓一名蒼林次妃嫫母班在三人之下按國語夷鼓蒼林是二人又按漢書古今人表彤魚氏生夷鼓嫫母生蒼林不得如謐所說太史公據大戴禮以累祖生昌意及玄囂玄囂卽青陽也皇甫謐以青陽爲少昊乃方雷氏所生是其所見異也**玄囂**帝嚳之祖按皇甫謐及宋衷皆云玄囂青陽卽少昊也今此紀下云玄囂不得在帝位則太史公意青陽非少昊明矣而此又云玄囂是爲青陽當是誤也謂二人皆黃帝子竝列其名所以前史因誤以玄囂青陽爲一人耳宋衷又云玄囂青陽是爲少昊繼黃帝立者而史不敘蓋少昊金德王非五運之次故敘五帝不數之也**降居若水**降下也言帝子爲諸侯降居江水江水若水皆在蜀卽所封國也水經曰水出旄牛徼外東南至故關爲若水南過邛都又東北至朱提縣爲盧江水是蜀有此二水也**黃帝崩**按大戴禮宰我問孔子曰榮伊言黃帝三百年請問黃帝何人也抑非人也何以至三百年乎對曰生而人得其利百年死而人畏其神百年亡而人用其敎百年則士安之說略可憑矣**橋**

山地理志橋山在上郡同陽縣山有黃帝冢也**顓頊**宋衷云顓頊名高陽有天下號也張晏云高陽者所興地名也**養材**言能養材物以任地大戴禮作養財**載時**載行也言行四時以象天大戴禮作履時以象天履亦踐而行也**制義**鬼神聰明正直當盡心敬事因制尊卑之義故禮曰降于祖廟之謂仁義是也**治氣**謂理四時五行之氣以敎化萬人也**注砥平也**依王肅音止蜀據大戴禮作砥礪也**窮蟬**系本作窮係宋衷云一云窮係謚也**顓頊崩**皇甫謐云據左氏歲在鶉火而崩葬東郡又山海經曰顓頊葬鮒魚山之陽九嬪葬其陰**高辛**宋衷曰高辛地名因以爲號嚳名也皇甫謐云帝嚳名夋也**郁郁嶷嶷**郁郁猶穆穆也嶷嶷德高也今按大戴禮郁作神嶷作俟**動時服士**舉動應天時衣服服士服言其公且廉也**執中**卽尚書允執厥中是也**陳鋒氏**鋒音峰案系本作陳鄷氏皇甫謐云陳鋒氏女曰慶都慶都名也**娵訾氏女**皇甫謐云女名常宜也**不善**古本作不著音張慮反俗本作不善不善謂微弱不著猶不著明衛宏云摯立九年而唐侯德盛因禪位焉**堯**堯謚也放勳名帝嚳之子姓伊祁氏案皇甫謐云堯初生時其母在三阿之南寄於伊長孺之家故從母所居爲姓也**如天**如天之函養也**如神**如神之微妙也**如日**如日之照臨人咸依就之若葵藿傾心以向日也**如雲**如雲之覆渥言德化廣大而浸潤生人人咸仰望之故曰如百穀之仰膏雨也**不舒**舒猶慢也大戴禮作不豫**黃收純衣**收冕名其色黃故曰黃收象古質素也純讀曰緇**馴德**馴字徐廣皆讀曰訓

訓順也言聖德能順人也案尚書作俊德孔安國云能明用俊德之士與此文意別也**便章**古文尚書作平此文蓋讀平爲浦耕反平既訓便因作便章其今文作辯章古平字亦作便音婢緣反便則訓辯遂爲辯章鄒誕生本亦同也**數法**尚書作歷象日月則此言數法是訓歷象二字謂命羲和以歷數之法觀察日月星辰之早晚以敬授人時也**暘谷**舊本作湯谷今竝依尚書字案淮南子曰日出湯谷浴於咸池則湯谷亦有他證明矣又下曰昧谷徐廣云一作柳柳亦日入處地名太史公博採經記而爲此史廣記異聞不必皆依尚書蓋郁夷亦地之別名也**便程**劉伯莊傳皆依古史作平秩音然尚書大傳曰辯秩東作則是訓秩爲程言便課其作程者也**南交**孔注未是然則冬與秋交何故下無其文且東嵎夷西昧谷北幽都三方皆言地而夏獨不言地乃云與一春交斯不例之甚也然南方地有名交阯者或古文略舉一字名地南交則是交阯不疑也**南譌**爲依字讀春言東作夏言南譌皆是耕作營爲勸農之事孔安國強讀爲訛字雖則訓化解釋亦甚紆回也**星虛**虛舊依字讀而鄒誕生音墟案虛星主墳墓鄒氏或得其理**幽都**山海經曰北海之內有山名幽都蓋是也**伏物**使和叔察北方藏伏之物謂人畜積聚等冬皆藏伏尸子亦曰北方者伏方也尚書作平在朔易今案大傳云便作伏物太史公據之而書**閏月正四時**夫周天三百六十五度四分度之一是天度數也而日行遲一歲一周天月行疾一月一周天一日行一度月一日行十三度十九分度之七至二十九日半強月行天一匝又逐及日而與會一年十二會是爲十二月每月二十九日過半年分

出小月六是每歲餘六日又大歲三百六十六日小歲三百六十五日舉全數云六十六日其實一歲唯餘十一日弱未滿三歲已成一月則置閏若三年不置閏則正月爲二月九年差三月則以春爲夏十七年差六月則四時皆反以此四時不正歲不成矣故傳曰歸餘於終事則不悖是也 **下二女於嬀汭** 列女傳云二女長曰娥皇次曰女英系本作女瑩大戴禮作女匽皇甫謐云嬀水在河東虞縣歷山西汭水涯也猶洛汭渭汭然也 **舜入山林** 尙書云納于大麓穀梁傳云林屬於山曰麓是山足曰麓故此以爲入山林不迷孔氏以麓訓錄言令舜大錄萬機之政與此不同 **不懌** 古文作不嗣今文作不怡怡卽懌也謂辭讓於德不堪所以心意不悅懌也俗本作澤誤爾亦當爲懌 **注五府** 尙書帝命驗曰五府五帝之廟蒼曰靈府赤曰文祖黃曰祖計白曰顯紀黑曰玄矩唐虞謂之五府夏謂世室殷謂重屋周謂明堂皆祀五帝之所也 **注惟形之謚哉** 案古文作恤哉且今文是伏生口誦郵謚聲近遂作謚也 **變北狄** 變謂變其形及衣服同於夷狄也徐廣云作燮燮和也 **不肖** 鄭玄云肖似也不似言不如人也皇甫謐云堯娶散宜氏之女曰女皇生丹朱又有庶子九人皆不肖也 **權授** 父子繼立常道也求賢而禪權道也權者反常而合道 **虞舜** 虞國名在河東太陽縣舜謚也皇甫謐云舜字都君也 **舜母** 皇甫謐云舜母名握登生舜於姚墟因姓姚氏也 **作什器于壽丘** 什器什數也蓋人家常用之器非一故以十爲數猶今云什物也壽丘地名黃帝生處 **就時** 就時猶逐時若言乘時射利也尚書大傳曰販於頓丘就時負夏孟子曰

遷于負夏是也 **兩笠** 言以笠自扞已身有似鳥張翅而輕下得不損傷皇甫謐云兩繖繖笠類列女傳云二女敎舜鳥工上廩是也 **匿空** 音孔列女傳所謂龍工入井是也 **實井** 亦作塡井 **庶矣** 言汝猶當庶幾於友悌之情義也如孟子取尙書文又云惟茲臣庶汝其于予治蓋欲令象共我理臣庶也 **八愷** 左傳史克對魯宣公曰昔高陽氏有才子八人倉舒隤敳檮戭大臨尨降庭堅仲容叔達 **八元** 左傳高辛氏有才子八人伯奮仲堪叔獻季仲伯虎仲熊叔豹季貍 **十六族** 謂元愷各有親族故稱族也濟成也言後代成前代也 **主土** 禹爲司空司空主土則禹在八愷之中 **布教** 契爲司徒司徒敷五敎則契在八元之數 **彭祖** 彭祖卽陸終氏之第三子籛鏗之後後爲大彭亦稱彭祖 **始飢** 古文作阻飢孔氏以爲阻雜也祖阻聲相近未知誰得 **朱虎熊羆** 卽高辛氏之子伯虎仲熊也 **南撫交阯北發** 句 **西戎析枝渠廋氏羌** 句 **東長鳥夷** 此言帝舜之德皆撫及四方夷人故先以撫字總之北發當云北戶南方有地名北戶又案漢書北發是北方國名今以北發爲南方之國誤也此文省略四夷之名錯亂西戎上少一西字山戎下少一北字長字下少一夷字長夷也鳥夷也其意宜然今按大戴禮亦云長夷則長是夷號又云鮮支渠搜則鮮支當此析枝也鮮析音相近鄒氏劉氏云息竝音肅非也且夷狄之名古書不必皆同今讀如字也 **九招** 招音韶卽舜樂簫韶九成故曰九招 **薦禹於天** 謂告天使之攝位也 **皆有疆土** 漢書律歷志云封堯子朱於丹淵爲諸侯商均封虞在梁國今虞城縣也 **禹母** 禮緯曰禹母脩巳吞薏苡而生禹因姓姒氏而契姓子氏者亦以其母吞乙子而生 **尙矣** 尙上也言久遠也然尙矣文出大戴禮 **或不傳** 五帝德帝繫姓皆大戴禮及孔子家語篇名以二者皆非正經故漢時儒者以爲非聖人之言故多不傳學也 **古文近是** 古文卽帝德帝系二書也近是聖人之說 **章矣** 太史公言已以春秋國語古書博加考驗益以發明五帝德等說甚章著也 **表見** 言帝德帝系所有表見者皆不爲虛妄也 **書缺有閒** 言古典殘缺有年載故曰有閒然帝皇遺事散軼乃時時旁見於他記說卽帝德帝系等說也故已今採按而備論黃帝已來事耳

夏本紀第二

文命 尙書云文命敷于四海孔安國云外布文德敎命不云是禹名太史公皆以放勳重華文命爲堯舜禹之名未必爲得孔又云虞氏舜名則堯舜禹湯皆名矣蓋古者帝王之號皆以名後代因其行追而爲謚其實禹是名故張晏云少昊已前天下之號象其德顓頊已來天下之號因其名又按系本鯀取有辛氏女謂之女志是生高密宋衷云高密禹所封國 **鯀** 皇甫謐云鯀帝顓頊之子字熙又連山易云鯀封於崇故國語謂之崇伯鯀系本亦以鯀爲顓頊子漢書律歷志則云顓頊五代而生鯀按鯀旣仕堯與舜代系殊懸舜卽顓頊六代孫則鯀非是顓頊之子蓋班氏之言近得其實 **鴻水** 一作洪鴻大也以鳥大曰鴻小曰鴈故近代文字大義者皆作鴻也 **無狀** 言無功狀 **聲爲律** 言禹聲音應鍾律 **身爲度** 按今巫猶稱禹步 **稱**

以出 按大戴禮見作土又一解云上文聲與身爲律度則權衡亦出於其身故云稱以出也 **傅土行山表木** 尙書作敷土隨山刊木今按大戴禮作傅土故此紀依之傅卽付也謂付功屬役之事若尙書作敷敷分也謂令人分布理九州之土地也表木謂刊木立爲表記與孔注書意異 **左準繩右規矩** 左所運用堪爲人之準繩右所舉動必應規矩也 **壺口梁岐** 鄭玄曰地理志壺口山在河東北屈縣之東南梁山在左馮翊夏陽岐山在右扶風美陽 **嶽陽** 嶽太嶽卽冀州之鎭霍太山也按地理志霍太山在河東彘縣東凡如此例不引書名皆地理志文也 **覃懷** 按河內有懷縣今驗地無名覃者蓋覃懷二字或當時共爲一地之名 **衡漳** 按孔注以衡爲橫非王肅云衡漳二水名地理志淸漳水出上黨沾縣東北至阜城縣入河濁漳水出上黨長子縣東至鄴入淸漳也 **常衞大陸** 此文改恒山恒水皆作常避漢文帝諱故也常水出常山上曲陽縣東入滱水衞水出常山靈壽縣東入虖池郭璞云大陸今鉅鹿北廣河澤是已爲亦作也 **夾石碣石** 地理志云碣石山在北平驪城縣西南大康地理志云樂浪遂城縣有碣石山長城所起又水經云在遼西臨渝縣南水中蓋碣石山有二此云夾石碣石入于海當是北平之碣石 **雍** 爾雅云水自河出爲雍也 **濟漯** 濟水出河東垣縣王屋山東其流至濟陰故應劭云濟水出平原陰縣東漯水出東郡武陽縣北至千乘縣而入于海 **嵎夷** 孔安國云東表之地稱嵎夷按今文尙書及帝命驗並作禺鐵在遼西鐵古夷字也 **濰淄** 濰水出琅邪箕縣北至昌都縣入海淄水出泰山萊蕪縣原山北東至博

昌縣入濟也 **酓絲** 爾雅云檿山桑是蠶食檿之絲也 **淮沂蒙羽** 水經云淮水出南陽平氏縣胎簪山北過桐柏山沂水出泰山蓋縣汶山南過下邳縣入泗蒙山在泰山蒙陰縣西羽山在東海祝其縣南殛鯀之地 **東原** 張華博物志云兗州東平郡即尚書之東原也 **淮夷蠙珠臮魚** 按尚書云徂茲淮夷徐戎並興今徐州言淮夷則鄭解爲得蠙一作玭並步玄反臮古暨字臮與也言夷人所居淮水之處有此蠙珠與魚也又作濱濱畔也 **既都** 都古文尚書作豬孔安國云水所停曰豬鄭玄云南方謂都爲豬則是水聚會之義 **三江** 韋昭云三江謂松江錢塘陽江今按地理志有南江中江北江是爲三江其南江從會稽吳縣南東入海中江從丹陽蕪湖東北至會稽陽羨縣東入海北江從會稽毗陵縣北東入海故下文東爲中江又東爲北江孔安國云有北有中南可知也 **震澤** 震一作振地理志會稽吳縣故周泰伯所封國具區在其西古文以爲震澤又左傳稱笠澤亦謂此也 **九江** 按尋陽記九江者烏江蚌江烏白江嘉靡江沙江畎江廩江隄江菌江又張湞九江圖所載有三里五畎烏上白蚌九江之名不同 **沱涔** 涔亦作潛沱出蜀郡郫縣西東入江潛出漢中安陽縣直西北入漢故爾雅云水自江出爲沱漢出爲潛 **雲土夢** 夢一作瞢鄒誕又音蒙按雲土夢本二澤名蓋人以二澤相近或合稱雲夢耳知者據左傳云昭王寢於雲中又楚子鄭伯田于江南之夢則二澤各別也韋昭曰雲土今爲縣屬江夏南郡華容今按地理志云江夏有雲杜縣是其地 **伊雒瀍澗** 伊水出弘農盧氏縣東洛水出弘農上洛縣冢領山瀍水出河南穀城縣潛亭北澗水出弘農新安縣東皆入于河 **滎播** 古文尚書作滎波此及今文並云滎播播是水播溢之義滎是澤名故左傳云狄及衛戰于滎澤鄭玄云今塞爲平地滎陽人猶謂其處爲滎播 **荷澤明都** 荷澤在濟陰定陶縣東明都音孟豬孟豬澤在梁國睢陽縣東北爾雅左傳謂之孟諸今文亦爲然唯周禮稱望諸皆此地之一名 **汶嶓** 汶一作崏又作岷岷山封禪書一云瀆在蜀都湔氐道西徼江水所出嶓冢山在隴西西縣漢水所出也 **蔡蒙** 此非徐州之蒙在蜀郡青衣縣青衣後改爲漢嘉蔡山不知所在也蒙縣名 **西傾因桓** 西傾在隴西臨洮縣西南桓水出蜀郡岷山西南行羌中入海也 **黑水** 地理志益州滇池有黑水祠鄭玄引地說云三危山黑水出其南山海經黑水出崑崙墟西北隅也 **弱水** 按水經云弱水出張掖刪丹縣西北至酒泉會水縣入合黎山腹山海經云弱水出崑崙墟西南隅也 **渭汭** 渭水出首陽縣鳥鼠同穴山說文云水相入曰汭 **漆沮灃水** 漆沮二水漆水出右扶風漆縣西沮水地理志無文而水經以盧水出北地直路縣東過馮翊祋祤縣入洛說文亦以漆沮各是一水孔安國獨以爲一又云是洛水灃水出右扶風鄠縣南東北過上林苑 **終南敦物** 按左傳中南山杜預以爲終南山地理志云太一山古文以爲終南垂山古文以爲敦物皆在扶風武功縣東 **三危既度** 鄭玄引河圖及地說云三危山在鳥鼠西南與岐山相連度劉伯莊音田各反尚書作宅 **積石龍門** 積石在金城河關縣西南龍門山在左馮翊夏陽縣西北 **織皮昆侖析支渠搜西戎** 鄭玄以爲衣皮之人居昆侖析支渠搜三山皆在西戎王肅曰

昆侖在臨羌西析支在河關西戎在西域王肅以爲地名而不言渠搜今按地理志金城臨羌縣有昆侖祠敦煌廣至縣有昆侖障朔方有渠搜縣 **九山** 汧壺口砥柱太行西傾熊耳嶓冢內方岐是九山也古分爲三條故地理志有北條之荆山馬融以汧爲北條西傾爲中條嶓冢爲南條鄭玄分四列汧爲陰列西傾次陰列嶓冢爲陽列岐山次陽列 **汧荆山** 汧一作岍按有汧水故其字或從山或從水猶岐山然也地理志云吳山在右扶風美陽縣西荆山在左馮翊懷德縣南也 **雷首** 雷首山在河東蒲坂縣東南 **太嶽** 即霍泰山也已見上 **析城王屋** 析城山在河東護澤縣西南王屋山在河東垣縣東北水經云砥柱山在河東太陽縣南河水中也 **太行常山** 太行在河內山陽縣西北常山恒山是也在常山郡上曲陽縣西北 **朱圉鳥鼠太華** 圉一作圍朱圉山在天水冀縣南鳥鼠山在隴西首陽縣西南太華即敦物山 **熊耳外方桐栢負尾** 熊耳山在弘農盧氏縣東伊水所出外方山即潁川嵩高縣嵩高山古文尚書亦以爲外方山桐栢山一名大復山在南陽平氏縣東南陪尾山在江夏安陸縣東北地理志謂之橫尾山負音陪也 **荆山** 此東條荆山在南郡臨沮縣東北隅也 **內方大別** 內方山在竟陵縣東北大別山在大國安豐縣今土人謂之甑山 **衡山** 在長沙湘南縣東南廣雅云岣嶁謂之衡山 **敷淺原** 豫章歷陵縣南有博陽山一名敷淺原也 **九川** 弱黑河瀁江沇淮渭洛爲九川 **合黎** 水經云合黎山在酒泉會水縣東北鄭玄引地說亦以爲然孔安國云水名當是其山有水故所記各不同 **流沙** 地理志張掖居延縣西北有居延澤古文以爲流沙廣志流沙在玉門關外有居延澤居延城又山海經云流沙出鍾山西南行昆侖墟入海按是地兼有水故一云地名一云水名馬鄭不同抑有由也 **河積石** 爾雅云河出昆侖墟其色白漢書西域傳云河有兩源一出蔥嶺一出于闐于闐河北流與蔥嶺河合東注蒲昌海一名鹽澤其水停冬夏不增減其南出積石爲中國河是河源發昆侖禹導河自積石而加功也 **盟津** 盟古孟字孟津在河陰十三州記云河陽縣在於河上即孟津是也 **大邳** 爾雅云山一成曰伾或以爲黎陽縣山是 **降水大陸** 地理志降水字從系出信都國與雩池漳河水並流入海大陸在鉅鹿郡爾雅云晉有大陸郭璞以爲此澤也 **瀁** 水經曰瀁水出隴西氐道縣嶓冢山東至武都沮縣爲漢水地理志云至江夏謂之夏水山海經亦以漢出嶓冢山故孔安國云泉始出山爲瀁水東南流爲沔水至漢中東行爲漢水 **蒼浪** 馬融鄭玄皆以滄浪爲夏水即漢河之別流也漁父歌曰滄浪之水清兮可以濯吾纓是此水也 **三澨** 水經云三澨地名在南郡郢縣北孔安國鄭玄以爲水名今竟陵有三參水俗云是三澨水參音去聲 **醴** 按騷人所歌濯余佩於醴浦明醴是水孔安國馬融解得其實又虞喜志林以醴是江沅之別流而醴字作澧也 **沇濟** 水經云自河東垣縣王屋山東流爲沇水至濕縣西北爲濟水 **總** 說文云總聚束草也 **銍** 說文云銍穫禾短鎌之物也 **秸** 禮郊特牲云蒲越稾秸之美則秸是稾之類也 **皐陶曰** 此取尚書皐陶謨爲文斷絕殊無次序即班固所謂疏略牴牾是也今亦不能深考 **與益予衆庶** 予音與上與謂同與之與下予謂施

子之子此禹言其與益施予衆庶之稻糧**來始滑**古文尚書作在治忽今文作采政忽先儒各隨字解之今此云來始滑於義無所通蓋來采字相近滑忽聲相亂始又與治相似因誤爲來始滑今依今文音采政忽三字劉伯莊云聽諸侯能爲政及怠忽者是也五言謂仁義禮智信五德之言鄭玄以爲出納政敎五言非也**諸衆讒嬖臣君**諸衆讒嬖臣爲一句君字宜屬下文**塗山**杜預云塗山在壽春東北皇甫謐云今九江當塗有禹廟則塗山在江南也系本曰塗山氏女名媧是禹娶塗山氏號女媧也又按尚書云娶于塗山辛壬癸甲啟呱呱而泣予弟子今此云辛壬娶塗山癸甲生啟蓋今文尚書脫漏太史公取以爲言亦不稽其本意豈有辛壬娶妻經二月生子不經之甚**不如言刑從之**謂不用命之人則亦以刑罰而從之**英六**地理志云安國六縣咎繇後偃姓所封國英地闕不知所在以爲黥布是其後也**許**許在潁川**扈**地理志曰扶風縣鄠是扈國**甘**夏啟所伐鄠南爲甘亭**五人**皇甫謐云號五觀也**少康**左傳魏莊子曰昔有夏之衰也后羿自鉏遷于窮石因夏人而代夏政恃其射也不修人事而信用伯明氏之讒子寒浞浞射羿烹之以食其子子不忍食殺于窮門浞因羿室生澆及豷使澆滅斟灌氏及斟尋氏而相爲澆所滅后緡歸于有仍生少康有夏之臣靡自有鬲收二國之燼以滅浞而立少康少康滅澆于過后杼滅豷于戈有窮遂亡然則帝相自被篡殺中間經羿浞二氏蓋三數十年而此紀總不言之直云帝相崩子少康立疎略之甚**帝予**音佇系本云季佇作甲者也左傳曰杼滅豷于戈國語云杼能帥禹者也**帝槐**音回系本作帝芬

史記索隱卷一　八　廣雅書局栞

帝芒音亡鄒誕生又音荒也**帝不降**系本作帝降**帝廑**音覲鄒誕生又音勤**豕韋**案系本豕韋防姓**桀**桀名也案系本帝皋生發及桀此以發生桀皇甫謐同也**夏臺**獄名夏曰均臺皇甫謐云地在陽翟是也**遂放而死**徐廣曰從禹至桀十七君十四世案汲冢紀年曰有王與無王用歲四百七十一年**有男斟尋形城褒費**系本男作南尋作鄩費作弗不云形城及褒按周有形伯蓋形城氏之後張敖地理記云濟南平壽縣其地即古斟尋國又下云斟戈氏按左傳系本皆云斟灌氏**夏小正**小正大戴禮篇名正征二音**注葦棺**抵至也音丁禮反葦棺者以葦爲棺謂蘧蒢而斂非也禹雖儉約豈萬乘之主而臣子乃以蘧蒢裹尸乎墨子言桐棺三寸差近人情

殷本紀第三

殷契契始封商其後裔盤庚遷殷殷在鄴南遂爲天下號契是殷家始祖故言殷契**簡狄**舊本作易易狄音同又作遏吐歷反**帝嚳次妃**譙周云契生堯代舜始舉之必非嚳子以其父微故不著名其母娀氏女與宗婦三人浴於川玄鳥遺卵簡狄吞之則簡狄非帝嚳次妃明也**封于商**堯封契於商即詩商頌云有娀方將帝立子生商是也**相土**相土佐夏功著於商詩頌曰相土烈烈海外有截是也左傳曰昔陶唐氏火正閼伯居商丘相土因之是始封商也**曹圉**系本作糧圉也**冥**禮曰冥勤其官而水死殷人祖契而郊冥也**振**系本作核**微**皇甫謐云微字上甲其母以甲日生故也商家生子以日爲名蓋自微始譙周以爲死稱廟主曰甲也**湯**湯名履是也又稱天乙者譙周云夏殷之禮生稱王死稱廟主皆以帝名配之天亦帝也殷人尊湯故曰天乙從契至湯凡十四代故國語曰玄王勤商十四代興玄王契也**帝誥**一作佶上云從先王居故作帝誥孔安國以爲作誥告先王言已來居亳也**伊尹**孫子兵書伊尹名摯孔安國亦曰伊摯然解者以阿衡爲官名按阿倚也衡平也言依倚而取平書曰惟嗣王弗惠于阿衡亦曰保衡者伊尹之官號非名也皇甫謐云伊尹力牧之後生於空桑又呂氏春秋云有侁氏女採得嬰兒于空桑後居伊水命曰伊尹尹正也謂湯使之正天下**素王九主**按素王者太素上皇其道質素故稱素王九主者三皇五帝及夏禹也或曰九主謂九皇也然按注劉向所稱九主載之七錄名稱甚奇不知所憑據耳法君謂用法嚴急之君若秦孝公及始皇之屬也勞君謂勤勞天下若禹稷等也等君者平也謂定等威均祿賞若高祖封功臣侯雍齒也授君謂人君不能自理而政歸其臣若燕王噲授子之禹授益之比也專君謂專已獨斷不任賢臣若漢宣之比也破君謂輕敵致寇國滅君死若楚戊吳濞等是也寄君謂人困於下主驕於上離析可待故孟軻謂之寄君也國君當爲固字之訛耳固謂完城郭利甲兵而不脩德若三苗智伯之類也三歲社君謂在襁褓而主社稷若周成王漢昭平等是也又注本九主謂法君勞君等君專君授君破君國君以三歲社君爲二恐非**食言**左傳云食言多矣能無肥乎是謂妄言爲食言**至于泰卷陶**鄒誕生卷作詷又作洞則卷當爲坰與尚書同非衍字也其下陶字是衍耳何以知然解尚書者以大坰今定陶是也舊

史記索隱卷一　九　廣雅書局栞

本或傍記其地名後人轉寫遂衍斯字也**中𤳘**仲虺二音𤳘作壘音如字尚書又作虺也**故后有立**謂禹皋陶有功於人建立其後故云有立**帝乃弗予有狀**帝天也謂蚩尤作亂上天乃不佑之是爲弗與有狀言其罪大而有形狀故黃帝滅之**先王**先王指黃帝帝堯帝舜等言禹咎繇以久勞于外故有立及蚩尤作亂天不佑之乃致黃帝滅之皆是先王賞有功誅有罪言今汝不可不勉此湯誡其臣**不道**不道猶無道也又誡諸侯云汝爲不道我則無令汝之在國**咸有一德**按尚書伊尹作咸有一德在太甲時故太史公記之於斯謂成湯之日其言又失次序**注長卿**長卿諸本多作劫姓按風俗通有御氏爲漢司空御史其名長卿明劫非也亦有劫彌不得爲御史**一暮大拱**此云一暮大拱尚書大傳作七日大拱與此不同**枯死而去**劉伯莊言枯死而消去不見以爲由帝修德而妖祥遂去今**隞**隞亦作囂竝音敖字**邢**音耿近代本亦作耿今河東皮氏縣有耿鄉**仲丁書闕不具**蓋太史公知舊有仲丁書今已遺闕不具也**沃甲**系本作開甲也**盤庚**尚書盤庚將治亳殷民咨胥怨作盤庚此以盤庚崩弟小辛立百姓思之乃作盤庚由不見古文也**傅險中**舊本作險亦作巖也**附命**附依尚書音孚**常祀**祭祀有常無爲豐殺之禮於是以棄常道**殷復衰**國語曰帝甲亂之七代而隕是也**廩辛**漢書古今人表及帝王代紀皆作憑辛**偶人**偶音寓亦如字**微子**微國號爵爲子啟名孔子家語云微或作魏讀從微音鄒本亦然也**不得嗣**此以啟與紂異母而鄭玄稱爲同母

依呂氏春秋言母當生啟時猶未正立及生紂時始正爲妃故啟大而庶紂小而嫡 **妲己** 國語有蘇氏女妲字己姓也 **鉅橋** 鄒誕生云鉅大橋器名也紂厚賦稅故因器而大其名 **炮烙** 鄒誕生云烙一音閣又云見蟻布銅升足廢而死於是爲銅烙炊炭其下使罪人步其上與列女傳少異 **九侯** 九亦依字讀鄒誕生音仇也 **惡來** 秦之祖蜚廉子 **商容之閭** 皇甫謐云商容與殷人觀周軍之入則以爲人名鄭玄云商家典樂之官知禮容所以禮署稱容臺 **號爲王** 按夏殷天子亦皆稱帝代以德薄不及五帝始貶帝號號之爲王故本紀皆帝而後總曰三王也 **子姓** 按系本子姓無 **北殷氏** 系本作髦氏又有時氏蕭氏黎氏然北殷氏蓋秦寧公所伐亳王湯之後也 **色尚白** 論語孔子曰乘殷之輅禮記曰殷人尚白太史公爲贊不取成文遂作此語亦疏略也

周本紀第四

帝嚳元妃 譙周以爲棄帝嚳之冑其父亦不著與此紀異也 **棄之隘巷** 已下皆詩大雅生民篇所云誕寘之隘巷牛羊腓字之誕寘之平林會伐平林誕寘之寒冰鳥覆翼之是其事者也 **封于邰** 即詩生民曰有邰家室是也邰即斄古今字異耳 **不窋** 帝王世紀曰后稷納姑氏生不窋而譙周案國語云世后稷以服事虞夏言世稷官是失其代數也若以不窋親棄之子至文王千餘歲唯十四代實亦不合事情 **去稷不務** 國語曰棄稷不務此云去稷者是太史公恐棄是后

稷之名故變文云去也言夏政衰不窋去稷官不復務農者也 **詩人歌** 即詩大雅篇篤公劉是也 **豳** 豳即邠也古今字異耳 **毀隃** 系本作僞榆 **公非** 系本云公非辟方皇甫謐云公非字辟方也 **高圉** 系本云高圉侯侔 **亞圉** 漢書古今表曰雲都亞圉弟按如此說則辟方侯侔亦皆二人之名實未能詳 **公叔祖類** 系本云太公組紺諸盭三代世表稱叔類凡四名皇甫謐云公祖一名組紺諸盭字叔類號曰太公也 **頌其德** 即詩頌云后稷之孫實維太王居岐之陽實始翦商是也 **一物** 一物爲莘氏之美女也以殷紂淫昏好色故知然 **上祭于畢** 按文云上祭于畢則畢天星之名畢星主兵故師出而祭畢 **白魚躍入舟中** 此已下至火復王屋爲烏皆見周書及今文泰誓 **流爲烏** 按今文泰誓流爲鵰鵰鷙鳥也馬融云明武王能伐紂鄭玄云烏是孝鳥言武王能終父業亦各隨文而解也 **武王亦答拜** 武王雖以臣伐君殷有慚德不應答商人之拜太史公失辭耳尋上文諸侯畢拜賀武王武王尚且報揖無容遂下拜商人 **明水** 明明水也舊本皆無水字今本有水字者多亦是也若惟云奉明其義未見不知奉明何物也烜音毀 **布茲** 茲一作茲公明草也言茲蓐成器言茲見潔草也 **蜚鴻** 按高誘曰蜚鴻蠛蠓也言飛蟲蔽田滿野故爲災非是鴻鴈也隨巢子作飛拾飛拾蟲也 **天不享殷** 言上天不歆享殷家故見災異我周今乃有成王業者也 **其登名民三百六十夫** 言天初建殷國亦登進名賢之人三百六十夫既無非大賢未能興化致理故殷家不大光昭亦不即擯滅以至于今也

亦見周書及隨巢子頗復脫錯而劉氏音破六爲古其字義亦無所通徐廣云一本作不顧亦不賓蓋是學者以周書及隨巢子不同逐音改易耳隨巢子曰天鬼不顧亦不賓滅天鬼即天神也 **悉求夫惡** 言今悉求取夫惡人不知天命不順周家者咸貶責之與紂同罪故曰貶從殷王受 **日夜勞來定我西土** 八字連作一句讀 **自洛汭延于伊汭** 自洛汭及伊汭其地平易無險固是有夏之舊居 **三途** 杜預曰三塗在陸渾南嶽蓋河北太行山鄗都鄗謂近嶽之邑 度邑周書篇名度音徒各反 **以存亡國宜告** 六字連一句讀 **閎實其罪** 按呂刑云惟反惟內惟貨惟來今此似闕少或從省文 **惟訊** 訊依尚書音貌也 **注鍰黃鐵也** 鍰黃鐵鏘亦六兩故馬融曰鏘量名與呂刑鍰同舊本率亦作選 **灑** 灑音屣莊所解反 **繄扈** 系本作伊扈 **囏** 系本作堅 **詩人** 宋忠曰懿王自鎬徙都犬丘一曰廢丘今槐里是也時王室衰始作詩也 **共和** 共音如字若汲冢紀年則云共伯和干王位共音恭共國伯爵和其名干篡也言共伯攝王政故云干王位也 **號文公諫** 國語曰號文公諫云夫人之大事在農上帝之粢盛於是乎出事之繁庶於是乎生人之供給於是乎取事具載國語 **戰于千畝** 地名也在西河介休縣 **褒姒** 褒國名夏同姓姓姒氏禮婦人稱國及姓其女是龍漦妖子爲人所收褒人納之于王故曰褒姒 **玄黿** 亦作蚖音元玄蚖蜥蜴也 **伯服爲太子** 左傳所謂攜王奸命是也 **繒** 繒國名夏同姓 **驪山下** 在新豐縣南故驪戎國也舊音黎徐廣音力知反 **桓王不禮** 在魯隱公六年 **許田天子用事太山田** 左傳鄭伯以璧假許田卒易祊祊是鄭祀太山之田許田是魯朝京師之湯沐邑有周公廟鄭以其近故易取之此云許田天子用事太山田誤 **伐鄭** 在魯桓五年 **桓王去歸** 左傳繻葛之役祝聃射王中肩是也 **王殺周公** 左傳曰初子儀有寵於桓王桓王屬諸周公辛伯諫曰並后匹嫡兩政偶國亂之本也周公不從故及於難然周公阿先王旨自取誅夷辛伯正君臣之義卒安王業二卿優劣誠可識也 **闕** 世本名母涼 **釐** 莊王子釐王弟惠王之叔父也 **叔帶** 惠王子襄王弟封於甘故左傳稱甘昭公 **殺譚伯** 按國語亦云殺譚伯而左傳太叔之難獲周公忌父原伯唐固據傳文讀譚爲原然春秋有譚何妨此時亦仕王朝預獲被殺國語既云殺譚伯故太史公依之不從左傳說也 **景王貴** 名貴按國語景王二十一年鑄大錢及無射單穆公及泠州鳩各設辭以諫今此不言亦其疏略耳 **定王介** 系本云元王赤皇甫謐云貞定王考據二文則是元有兩名一名仁一名赤如史記則元王爲定王父定王即貞王也依系本則元王子是貞王子必有一乖誤然此定當爲貞字誤耳豈周家有兩定王代數又非遠乎皇甫謐見此疑而不決遂遺于史記系本之錯謬因謂爲貞定王未爲得其實 **東周惠公** 考王封其弟于河南爲桓公卒子威公立卒子惠公立長子曰西周公又封少子於鞏仍襲父號曰東周惠公於是有東西二周也按系本西周桓公名揭居河南東周惠公名班居洛陽是也 **周太史儋** 老子列傳曰儋即老子耳又曰非也驗其年代是別人 **別五百載復合** 按周封非子爲

附庸邑之秦號曰秦嬴是始合也及秦襄公始列爲諸侯是別之也自秦列爲諸侯至昭王五十二年西周君臣獻邑三十六城以入於秦凡百一十六年是合也云五百舉其大數**霸王**霸王是始皇也自周以邑入秦至始皇初立政由太后嫪毐至九年誅毐正十七年**諸侯皆爲王**謂韓魏齊趙也**赧王延**皇甫謐云名延赧非謚謚法無赧正以微弱竊鈇逃債赧然慚愧故號曰赧耳又按尚書中候以赧爲然鄭玄云然讀曰赧王邵按古音人扇反今音奴板反爾雅面慚曰赧**東西周分治**西周河南也東周鞏也王赧微弱西周與東分王政理各居一都故曰東西周按高誘曰西周王城今河南東周成周故洛陽**西周武公**按戰國策作東周武公**宜陽**宜陽韓地秦攻而楚救之周爲韓出兵而楚疑周爲秦因加兵伐周**蘇代爲周說楚王曰**蘇代爲周說楚王王何以道周爲秦周實不爲秦今王責周道爲秦周懼楚必入秦是爲禍也**周秦**周秦相近秦欲并周而外睦於周故當時諸侯咸謂周秦**周君**周君西周武公也時王赧微弱不主盟會寄居西周耳**受地於韓而聽於秦**此史厭說韓令與周地使質於楚令秦疑楚不信周得不假道伐韓而猶聽命於秦**韓王**按戰國策云或人爲周君謂魏王云者也**周君將以爲辭於秦**高誘注戰國策曰魏兵在河南爲辭周君不往朝秦也**王赧謂成君楚圍雍氏**如徐此說自合當改而注結之不合與楚圍雍氏連注**高都**高誘曰高都韓邑今屬上黨也**相國**相國公仲侈**已行矣**已止也**支左詘右**按列女傳曰左

手如拒右手如附枝右手發之左手不知此射之道也又越絕書曰左手如附泰山右手如抱嬰兒**不以善息**言不以其善而且停息息止也**百發盡息**息猶棄言井棄前善**秦破華陽約**華陽地名司馬彪曰華陽亭名在密縣秦昭王三十三年秦背魏約使客卿胡傷擊魏將芒卯華陽破之是馬犯見秦破魏約懼周危故謂周君請梁城周而誤說計也**王受九鼎而圖犯**圖謀也犯謂梁王我方入鼎於王王當謀救援已也**犯請後可而復之**按戰國策其作瘉犯請後可而復之者言王病愈所圖不遂請得在後有可之時以鼎入梁者也**不若令卒爲周城以匿事端**梁寬圖周九鼎且外遣卒戍周和合秦舉兵欲使周梁不救周是本無善周之事止是欲周危而取九鼎故諸侯皆心不信梁矣故不如匿事端使卒爲周城**周最**最音詞喻反周之公子也**太后養地**按戰國策作原原周地太后秦昭王母宣太后羋氏**西周君犇秦**秦昭王之五十二年**周君赧卒**宋忠曰謚曰西周武公非也徐以西周武公惠公之長子此周君即周武公也蓋此時武公與王赧皆卒故連言也**遷西周公於𢠸狐**西周蓋武公之太子文公也武公卒而立爲秦所遷而東周亦不知其名號戰國策雖有周文君亦不知滅時定當何主蓋周室衰微略無紀錄故太史公雖考衆書以卒其事然二國代系甚不分明**周既不祀**既盡也日食盡曰既言周祚盡滅無主祭祀

史記索隱卷一終

長沙鄭業敬初校
香山何翰章覆校

史記索隱卷第二

秦本紀第五

女脩 女脩顓頊之裔女吞乙子而生大業其父不著而秦趙以母族而祖顓頊非生人之義也按左傳郯國少昊之後而嬴姓蓋其族也則秦趙宜祖少昊氏 **大費** 扶味反一音秘尋費後以爲氏則扶味反爲得此則秦趙之祖嬴姓之先一名伯翳尚書爲之伯益系本漢書謂之伯益是也尋檢史記上下諸文伯翳與伯益是一人不疑而陳杞系家即敘伯翳與伯益爲二未知太史公疑而未決邪而亦誤謬耳 **皁斿** 斿音旒謂賜以皁色旌旆之旒旒色與玄玉色副言其天功成也然其事亦當有所出 **將大出** 出猶生也言爾後嗣繁昌將大生出子孫也故左傳亦云晉公子姬出也 **鳥俗氏若木** 以仲衍鳥身人言故爲鳥俗氏俗一作洛若木以王父字爲費氏也 **蜚昌** 殷紂時費仲即昌之後也 **孟戲中衍** 舊解以孟戲仲衍是一人今以孟仲分字當是二人名也 **石北方** 石下無字則不成文意亦無所見必是史記本脫皇甫謐尚得其說徐雖引之而竟不云是脫何字專質之甚也 **處父** 別號蜚廉 **賜爾石棺** 言處父至忠國滅君死而不忘臣節故天賜石棺以光華其族事蓋非實譙周深所不信 **溫驪** 溫音盜徐廣亦作盜鄒誕生本作駣音陶劉氏音義云盜驪騧驪也騧淺黃色八駿既因色爲名騧驪爲得之也 **騄耳** 按穆王傳曰赤驥盜驪白義渠黃驊騮騟輪騄耳山子 **西畤** 襄公始列爲諸侯自以居西畤西畤縣名故作西畤祠白帝畤止也言神靈之所依止也亦音市謂爲壇以祭天也 **鄜畤** 音敷亦縣名於鄜地作畤故曰鄜畤故封禪書曰秦文公夢黃蛇自天而下屬之地止於鄜衍史敦以爲神故立畤也 **陳寶** 按漢書郊祀志云文公獲若石云于陳倉北阪城祠之其神來若雄雉其聲殷殷云野雞夜鳴以一牢祠之號曰陳寶又臣瓚云陳倉縣有寶夫人祠歲與葉君神會祭于此者也蘇林云質如石似肝云語辭也 **蕩社** 西戎之君號曰亳王蓋成湯之胤其邑曰蕩社徐廣云一作湯杜言湯邑在杜縣之界故曰湯杜也 **高渠眯** 春秋魯桓公十七年左傳作高渠弥也 **晉滅霍魏耿** 春秋魯閔公元年左傳云晉滅耿滅魏滅霍此不言魏史闕文耳又傳曰賜畢萬魏賜趙夙耿杜預曰霍在河東永安縣耿今河東皮氏縣耿鄉 **曲沃** 晉穆侯少子成師居曲沃號曲沃桓叔至武公稱滅晉侯緡始爲晉君也 **梁伯芮伯** 梁嬴姓芮姬姓梁國在馮翊夏陽芮國在馮翊臨晉 **繆公** 秦自宣公已上皆史失其名今按系本古史考得繆公名任好 **共公** 名稻十代至靈公又昆生名 **景公** 景公已下名又錯亂始皇本紀作哀公 **哀公** 始皇本紀作躁公 **懷公** 厲共公子也 **靈公** 生獻公也 **獻公** 名師隰 **簡公昭之弟而懷公子** 簡公懷公弟靈公季父也始皇本紀云靈公生簡公誤也又紀年云簡公九年卒次敬公立十二年卒乃立惠公 **孝公** 名渠梁 **開阡陌** 風俗通曰南北曰阡東西曰陌河東以東西爲阡南北爲陌 **初爲賦** 譙周云初爲軍賦也 **雁門** 紀年云與魏戰岸門此云雁門恐聲誤也又下云敗韓岸門蓋一地也尋秦與韓魏戰不當遠至雁門也 **惠文君** 名駟 **齊魏爲王** 齊威王魏惠王 **犀首** 官名若虎牙之類姓公孫名衍魏人也 **伐蜀** 蜀西南夷舊有君長故昌意娶蜀山氏女也其後有杜宇自立爲王號曰望帝蜀王本紀曰張儀伐蜀蜀王開戰不勝爲儀所滅之也 **公子通封於蜀** 華陽國志曰赧王元年秦惠王封子通國爲蜀侯以陳莊爲相徐廣所云亦據國志而言之 **武王** 名蕩 **昭襄王** 名則一名稷 **蜀侯煇反** 煇音暉華陽國志云秦封王子煇爲蜀侯蜀侯祭歸胙於王後母疾之加毒以進王大怒使司馬錯賜煇劍此煇不同也 **涇陽君** 名市 **質** 韓將姓名 **魏公子勁韓公子長爲諸侯** 別封之邑比之諸侯猶商君趙長安君然 **公子悝** 悝音理高陵君初封於彭昭襄王弟也 **以垣爲蒲坂** 爲當爲易蓋字訛也 **尉斯離** 尉秦官斯離其姓名 **芒卯** 芒卯魏將譙周云孟卯也 **孝文王** 名柱五十三而立立一年卒葬壽陵 **莊襄王** 名子楚三十二而立立三年卒葬陽陵紀作四年 **始皇帝** 十三而立立三十七年崩葬酈山 **二世皇帝** 十二年立紀云二十一立三年葬宜春秦自襄公至二世凡六百二十七歲此實本紀而注別舉之以非本文耳

秦始皇本紀第六

莊襄王 莊襄王者孝文王之中子昭襄王之孫也名子楚按戰國策本名子異後爲華陽夫人嗣夫人楚人因改名子楚也 **呂不韋姬** 按不韋傳云不韋陽翟大賈也其姬邯鄲豪家女善歌舞有娠而獻於子楚 **名爲政姓趙氏** 系本作政又生於趙故曰趙政一曰秦與趙同祖以趙城爲榮故姓趙氏 **蒙驁王齮麃公** 蒙驁齊人蒙武之父蒙恬之祖王齮即昭王二十九年代大夫陵伐趙者麃公蓋麃邑公史失其姓名 **畼** 音暢魏之邑名 **燕虛長平** 二邑名春秋桓十二年會于虛又戰國策曰拔燕酸棗虛桃人桃人亦魏邑虛地今闕蓋與諸縣相近按今東郡燕縣東三十里有故桃城則亦非遠 **夏太后** 莊襄王所生母 **臨洮** 臨洮在隴西 **將軍壁死卒屯留蒲鶮反戮其屍** 高誘云屯留上黨之縣名謂成蟜爲將軍而反秦兵擊之而蟜壁於屯留而死屯留蒲鶮一邑之反卒雖死猶皆戮其屍鶮古鶴字 **河魚大上** 謂河水溢魚大上平地亦言遭水害也即漢書五行志劉向所謂豕蟲之孽明年嫪毐誅魚陰類小人象 **輕車重馬東就食** 言河魚大上秦人皆輕車重馬竝就食於東言往河旁食魚也一云河魚大上爲災人遂東就食皆輕車重馬而去 **嫪毐** 嫪姓毐字按漢書嫪氏出邯鄲王劭云賈侍中說秦始皇帝母與嫪毐淫坐誅故世人罵淫曰嫪毐也 **昌平君** 昌平君楚之公子立以爲相後徙於郢項燕立爲荊王史失其名昌文君亦不知也 **楊端和攻衍氏** 端和秦將衍氏魏邑 **什推二人** 言王翦爲將諸軍中皆歸斗食以下無功佐史什中唯推擇二人令從軍耳 **不韋死竊葬** 按不韋飲鴆死其賓客數千人竊共葬於洛陽北芒山 **籍其門** 謂籍沒其一門皆爲徒隸後竝視此

爲常故也**趙王**趙王遷**其王請降**魏王假**荊王**荊王負芻也楚稱荊者以避莊襄王諱故易之也**得**
齊王建六國皆滅也十七年得韓王安十九年得趙王遷二十二年魏王假降二十三年虜荊王負芻二十五年得燕王喜
二十六年得齊王建**綰劫**綰姓王劫姓馬**天皇地皇泰皇**按天皇地皇之下即云泰皇當人皇也而封禪書云
昔者太帝使素女鼓瑟而悲蓋三皇已前稱泰皇一云泰皇太昊也**始皇推終始五德之傳**音張戀反傳次
也謂五行之德始終相次也漢書郊祀志曰齊人鄒子之徒論著終始五德之運始皇采用**水德**封禪書曰秦文公獲黑龍
以爲水瑞秦始皇帝因自謂爲水德也**六尺爲步**管子司馬法皆云六尺爲步譙周以爲步以人足非獨秦制又按禮
記王制曰古者八尺爲步今以周尺六尺四寸爲步步之尺數亦不同**合五德之數**水主陰陰刑殺故急法刻削以
合五德之數者也**金人十二**按二十六年有長人見於臨洮故銷兵器鑄而象之謝承後漢書銅人翁仲翁仲其名也
三輔舊事銅人十二各重二十四萬斤漢代在長樂宮門前董卓壞其十爲錢餘二猶在石季龍徙之鄴苻堅又徙長安而銷之
也**極廟**爲宮廟象天極故曰極廟天官書曰中宮曰天極是也**刻所立石**其詞每三句爲韻凡十二韻下之罘
碣石會稽三銘皆然**琅邪臺**山海經琅邪臺在渤海間蓋海畔有山形如臺在琅邪故曰琅邪臺**立石刻頌**二句
爲韻**摶心揖志**摶古專字左傳云如琴瑟之摶壹揖音集**北過大夏**協韻音戶下無不臣者音渚澤及牛馬音

姥**倫侯**爵卑於列侯無封邑者倫類也亦列侯之意**隗林**隗姓林名有本作狀者非顏之推云隋開皇初京師穿地
得鑄秤權有銘云始皇時量器丞相隗狀王綰二人列名其作狀貌之字今按寫視所按驗王傳亦云然斯遠古之證也**堯女**
列女傳亦以湘君爲堯女按楚詞九歌有湘君湘夫人夫人是堯女則湘君當是舜今此文以湘君爲堯女是總而言之**登之**
罘刻石三句爲韻凡十二韻**承順聖意**協韻音憶**覗聽不怠**怠協旗疑韻音鋼基反故國語范蠡曰得
時不怠時不再來亦以怠與臺爲韻**道上黨入**道猶從也**嘉平**廣雅曰夏曰清祀殷曰嘉平周曰大蜡亦曰臘秦更
曰嘉平蓋應歌謠之詞而改從殷號也**茅盈內紀**道書茅濛字初成今此云茅濛初成者爲神仙之道其意失也蓋由
裴氏所引不明或後人增益濛字遂令七言之詞有衍爾**陸梁**謂南方之人其性陸梁故曰陸梁**取高闕陶山**
北假中高闕山名北假地名近五原**徙謫實之初縣**徙有罪而謫之以實初縣即上自榆中屬陰山以爲
三十四縣是也故漢七科謫亦因於秦**阿房**此以其形名宮也言其宮四阿旁廣也故云下可建五丈之旗也阿房後爲宮
名**象天絕漢**謂爲複道渡渭屬咸陽象天文閣道絕漢抵營室也常考天官書曰天極紫宮後十七星絕漢抵營室曰
閣道**滈池君**按服虔云水神是也江神以璧遺滈池之神告始皇之將終也且秦水德王故其君將亡水神先自相告也
望于南海而刻石三句爲韻凡二十四韻**德惠修長**修亦長也重文耳王劭按張徵所錄會稽南山

秦始皇碑文修作收**追首高明**今檢會稽刻石文首字作道雅符人情也**內飾詐謀**謀刻石文作詐**夫爲**
寄豭豭牡猪也言夫淫他室若寄豭之猪也豭音加遐反**江乘**地理志丹陽有江乘縣**年二十一**[illegible]
以罪過連逮少近官三郎逮訓及也謂連及但被捕故云連逮少小也近近侍之臣三郎謂中郎外郎散
郎**固不聞聲**一作固聞聲言天子常處禁中臣下屬望纔有兆朕聞其聲耳不見其形也**采椽不刮**[illegible]
名栝音刮**土壚**如字一音鏤不作簋**土形**飯器以瓦爲之**雖監門之養不觳**[illegible]
即卒也有廝養卒觳音學謂盡也又古學反**從長**謂合關東爲從長也**望屋而食**[illegible]
橫行天下謂輕前敵不部伍旅進也舞陽侯曰橫行匈奴中是也**豪俊相立**[illegible]
市於外此評失也章邯之降由趙高用事不信任[illegible]二則楚兵既盛王離見虜遂以兵降耳非[illegible]
以求封明矣要平聲**安土息民**賈誼書安作案**五序**賈誼書五作王**席卷**按春[illegible]
君商君衛公孫鞅仕秦爲左庶長遂爲秦制法孝公致霸封之於商號商君**連衡**戰國[illegible]
東從道之秦故曰連橫也**約從離衡**言孟嘗等四君皆爲其國[illegible]相約結爲從以離散秦之[illegible]
燕齊楚是也與秦爲七國亦謂之七雄又六國與宋衛中山爲九國其三國蓋微又前亡**盜越徐尚蘇秦杜赫**

盜越趙人徐尚未詳蘇秦東周洛陽人呂氏春秋杜赫以安天下說周昭文君高誘曰杜赫周人也**齊明周最陳軫**
昭滑樓緩翟景蘇厲樂毅戰國策齊明東周臣後仕[illegible]最周之公子亦仕秦陳軫[illegible]
昭滑楚人樓緩魏文侯弟所謂樓子也蘇厲秦之弟[illegible]毅本齊臣入燕燕昭王以客禮待之以爲亞卿翟景[illegible]
孫臏帶佗兒良王廖田忌廉頗趙奢吳起衛人事魏[illegible]臏孫武之後也[illegible]
貴先兒良貴後二人皆天下之豪士田忌齊將也廉頗趙將也趙奢亦趙之將**執棰拊**賈本作槁[illegible]**斬華爲城**
斬亦作踐賈本論又崔浩云踐登也**陳利兵而誰何**崔浩云何或爲呵郎官分五夜誰呵
也何呵字同**金城**金城言其實且堅也韓子曰雖有金城[illegible]書張良亦曰關中所謂金城千里天府[illegible]**南面**
稱帝按賈誼過秦論以孝公已下爲上篇秦兼并諸[illegible]餘郡爲下篇鄒誕生云太史公刪賈誼過秦論著[illegible]
義刪省其辭褚先生增續既已混殽而世俗小智不論唯刪省之旨合於本論於此不同也今頗不可分別**寒者利裋褐**
趙岐曰褐以毛毳織之若馬衣或以褐編衣也裋一褐布豎裁爲勞役之衣短而狹故謂之短褐亦曰[illegible]**襄公**
立享國十二年初爲西畤埜西垂此已下重序列秦[illegible]及埜處皆當據秦[illegible]
史小有不同今取異說重列於後襄公秦仲孫莊公[illegible]周周始命爲諸侯初爲西畤祠白帝立十三年埜西[illegible]**生文公**

文公立居西垂宮五十年死葬西垂作鄜畤又作陳寶祠生靜公靜公不享
國而死生憲公憲公享國十二年居西新邑死葬衙憲公滅蕩社居新邑葬衙
本紀憲公徙居平陽葬西山生武公德公出子出子享國六年居西陵一云居西陂葬
衙本紀不云庶長弗忌威累參父三人率賊賊出子鄜衍葬衙武公立
武公享國二十年居平陽封宮葬宣陽聚東南紀云葬平陽初以人從死三庶
長伏其罪德公立德公享國二年居雍大鄭宮生宣公成公繆公
葬陽初伏以御蠱二年初伏本紀此巳下居葬絕不言也宣公享國十二年居陽宮
葬陽四年作密畤初志閏月成公享國四年居雍之宮葬陽齊伐山戎
孤竹繆公享國三十九年天子致霸葬雍繆公學著人著音宁又音貯著卽
宁也門屏之間曰宁謂學於宁門之人故詩云俟我於著乎而是也生康公康公享國十二年居雍
高寢葬竘社生共公共公享國五年居雍高寢葬康公南生桓公
桓公享國二十七年居雍太寢葬義里丘北生景公一作僖公系本云名后伯

車景公享國四十年居雍高寢葬丘里南生畢公畢公享國三十
六年葬車里北生夷公夷公不享國死葬左宮生惠公惠公享國
十年葬車里康景生悼公悼公享國十五年葬僖公西城雍生剌
龔公一作厲共公剌龔公享國三十四年葬入里生躁公又作趮公懷公其
十年彗星見躁公享國十四年居受寢葬悼公南其元年彗星見
懷公從晉來享國四年葬櫟圉氏生靈公諸臣圍懷公懷公自殺
肅靈公昭子子也紀年及系本無肅字立十年表同紀十二年居涇陽享國十年葬悼
公西生簡公簡公從晉來享國十五年葬僖公西按本紀簡公名悼子卽剌龔公
之子懷公弟也且紀及系本皆以爲然今此文云靈公謬也立十六年葬僖公西生惠公其七年百姓初
帶劍惠公享國十三年葬陵圉王劭按紀年云簡公後次敬公敬公立十三年乃至惠公辭卽難憑
時參異說生出公出公享國二年系本謂少主出公自殺葬雍獻公享國二
十三年系本稱元獻公立二十二年表同紀二十四年葬嚻圉生孝公孝公享國二十四

年本紀十二年葬弟圉生惠文王其十三年始都咸陽惠文王享國二
十七年十九而立葬公陵生悼武王悼武王享國四年葬永陵系本作武烈王
十九年而立立三年本紀四年昭襄王享國五十六年葬茝陽十九年而立葬芷陵也生孝
文王孝文王享國一年葬壽陵生莊襄王莊襄王享國三年葬茝
陽生始皇帝呂不韋相獻公立七年初行爲市十年爲戶籍相伍
孝公立十六年時桃李冬華惠文王生十九年而立立二年初行
錢有新生嬰兒曰秦且王悼武王生十九年而立立三年渭水赤
三日昭襄王生十九年而立立四年初爲田開阡陌孝文王生五
十三年而立莊襄王生三十二年而立立二年取太原地莊襄王
元年大赦修先王功臣施德厚骨肉布惠於民東周與諸侯謀秦
秦使相國不韋誅之盡入其國秦不絕其祀以陽人地賜周君奉
其祭祀始皇享國三十七年葬酈邑生二世皇帝始皇生十三年

而立二世皇帝享國三年葬宜春趙高爲丞相安武侯二世生十
二年而立右秦襄公至二世六百一十歲孝明皇帝十七年十月
十五日乙丑曰此已下是漢孝明帝訪班固評賈馬贊中論秦二世亡天下之得失後人因取其說附之此末周
歷已移仁不代母秦直其位周歷已移周亡也仁不代母謂周得木德木生火周爲漢母也言歷運之
道仁恩之情子不代母而王謂火不代木言漢不合卽代周也秦値其閏位得在木之間也此論者之辭也呂政殘虐
然以諸侯十三呂政者始皇名政是呂不韋幸姬有娠獻莊襄王而生始皇故云呂政并兼天下極
情縱欲養育宗親三十七年兵無所不加制作政令施於後王葢
得聖人之威河神授圖據狼狐蹈參伐佐政驅除距之稱始皇始
皇既歿胡亥極愚酈山未畢復作阿房以遂前策云凡所爲貴有
天下者肆意極欲大臣至欲罷先君所爲誅斯去疾任用趙高痛
哉言乎人頭畜鳴不威不伐惡不篤不虛亡距之不得留殘虐以
促期雖居形便之國猶不得存子嬰度次得嗣冠玉冠佩華紱車

黃屋從百司謁七廟小人乘非位莫不怳忽失守偷安日日獨能長念卻慮父子作權近取於戶牖之間竟誅猾臣爲君討賊高死之後賓婚未得盡相勞餐未及下咽酒未及濡脣楚兵已屠關中眞人翔霸上素車嬰組奉其符璽以歸帝者鄭伯茅旌鸞刀嚴王退舍河決不可復壅魚爛不可復全（宋均曰言如魚之爛從內而出）賈誼司馬遷曰向使嬰有庸主之才僅得中佐山東雖亂秦之地可全而有宗廟之祀未當絕也秦之積衰天下土崩瓦解雖有周旦之材無所復陳其巧而以責一日之孤誤哉俗傳秦始皇起罪惡胡亥極得其理矣復責小子云秦地可全所謂不通時變者也紀季以酅春秋不名吾讀秦紀至於子嬰車裂趙高未嘗不健其決憐其志嬰死生之義備矣

史記索隱卷二終

長沙鄭業敬初校

香山何翰章覆校

史記索隱卷三

項羽本紀第七

下相縣名屬臨淮案應劭云相水名出沛國沛國有相縣其水下流又置縣故名下相也**字羽**按下序傳籍字子羽也**季父**按崔浩云伯仲叔季兄弟之次故叔云叔父季云季父也**項燕**此云爲王翦所殺與楚漢春秋同而始皇本紀云項燕自殺不同者蓋項燕爲王翦所圍逼而自殺故不同耳**封於項**地理志有項城縣屬汝南也**櫟陽逮**按逮謂及也謂有罪相連及爲櫟陽縣所逮錄也故漢史每制獄皆有逮捕也**抵櫟陽**按服虔云抵歸也韋昭云抵至也劉伯莊云抵相憑託也故應劭云項梁曾坐事繫櫟陽獄從蘄獄掾曹咎取書與司馬欣抵歸已息也**渡浙江**韋昭云浙江在今錢塘浙音折獄之折晉灼音逝非也蓋其流曲折也莊子所謂淛河即其水也淛折聲相近也**扛鼎**說文云橫關對舉也韋昭云扛舉也音江**起大澤中**徐氏以爲在沛郡即蘄縣大澤中**先即制人**按謂先舉兵能制得人後則爲人所制故孫卿子曰制人之與爲人制也其相去遠矣**數十百人**此不定數也自百已下或至八十九十故云數十百**慴伏**說文云讋失氣也音之涉反**已下東陽**下音如字按以兵威伏之曰下胡嫁反彼自歸伏曰下如字讀他皆放此東陽縣名屬廣陵也**異軍蒼頭特起**晉灼曰殊異其軍爲蒼頭謂着青帽如淳云特起猶言新起也按爲蒼頭軍特起陳嬰母不許嬰稱王言天下方亂未知瞻烏之止**注潘旌人**按潘旌是邑聚之名後爲縣屬臨淮也**黥布蒲將軍**按布姓英咎繇之後以罪被黥故改姓黥應相者之言韋昭云蒲姓也是英布與蒲將軍二人其以兵屬項梁也服虔以爲英布起蒲非也按布初在江湖**居鄛人**晉灼音勦絕之勦地理志居鄛縣廬江郡音巢是故巢國夏桀所奔荀悅漢紀云范增阜陵人也**楚南公**徐廣云楚人善言陰陽者見天文志也**楚雖三戶**臣瓚與蘇林解同謂楚人怨秦雖三戶猶足亡秦韋昭以爲三戶楚三大姓昭屈景也二說皆非也三戶地名**蠭午**凡物交橫爲午言蠭之起交橫屯聚也故劉向傳注云蠭午雜沓也又鄭玄曰一縱一橫爲午**注與國黨與**按高誘注戰國策云與國同禍福之國也**以市於齊**按張晏云市貿易也韋昭云市利於齊也故劉氏亦云市猶要也畱田假而不殺欲以要脅田榮也**高陵縣**按晉灼云屬琅耶**至安陽**按傳寬傳云從攻安陽扛里則安陽與扛里俱在河南顏師古以爲今相州安陽按此兵猶未渡河不應即至相州安陽今檢後魏書地形志云巳氏有安陽城隋改巳氏爲楚丘今宋州楚丘西北四十里有安陽故城是也**搏牛之蝱不可以破蟣蝨**張晏云搏音博韋昭云蝱大在外蝨小在內故顏師古言以手擊牛可以殺其上蝱而不能破其內蝨喻方欲滅秦不可與章邯戰也鄒氏搏音附今案言搏牛之蝱本不擬破蟣蝨以言志在大不在小也**無鹽**按地理志東平郡之縣在今鄆州之東也**飲酒高會**韋昭曰皆召高爵者故曰高會服虔云大會是也**芋菽**芋蹲

鴟也菽豆也故臣瓚曰士卒食蔬菜以菽半雜之則半菽義亦通漢書作半菽徐廣曰芋一作半半五升也王劭曰半量器名容半升也 **而徇私** 私謂使其子相齊是徇其私情崔浩云徇營也 **司馬門** 按天子門有兵闌曰司馬門也 **馬服** 韋昭云趙奢子括也代號馬服崔浩云馬服趙官名言服武事 **榆中地** 服虔云金城縣所治蘇林曰在上郡崔浩云蒙恬樹榆為塞也 **與諸侯為從** 此諸侯謂關東諸侯也何以知然文穎曰關東為從關西為橫高誘曰關東地形從長蘇秦相六國號為合從關西地形橫長張儀相秦壞關東從使與秦合號曰連橫 **鈇質** 公羊傳云加之鈇質休云要斬之罪崔浩云質斬椹也又郭注三蒼云質莖椹也 **候始成** 候軍候官名始成其名 **三戶** 水經注云漳水東經三戶峽為三戶津也淇當為湛案晉八王故事云王浚伐鄴前至梁湛蓋梁湛在鄴西四十里孟康云在鄴西三十里又闞駰十三州志云鄴北五十里梁期故縣也　字有不同 **汙水** 汙音于郡國志鄴縣有汙城酈元云汙水出武安山東南經汙城北入漳 **洹水殷虛** 按釋例云洹水出汲郡林慮縣東北至長樂入清水是也汲冢古文云盤庚自奄遷於北冢曰殷虛南去鄴州三十里是殷虛南舊地名號北冢也 **函谷關** 文穎曰在弘農縣衡山嶺今移在穀城顏師古云今桃林縣南有洪溜澗水即古之函關按山形如函故稱函關 **項伯** 名纏字伯後封射陽侯 **跽** 其紀反謂長跪 **啗** 音徒覽反凡以食餧人則去聲自食則上聲 **紀信** 漢書作紀通通紀成之子 **唉** 音虛其反皆歎恨發聲之辭 **沐猴而冠耳果然** 言獼猴不任久著冠帶以喻楚

史記索隱卷三　二十　廣雅書局栞

人性躁暴果然言果如人言也 **業已講解** 服虔云解折伏也說文云講和解也漢書作媾解蘇林云媾和也是講之與媾俱訓和也業事也言雖有疑心然事已和解也 **都廢丘** 孟康曰縣名今槐里是也韋昭曰周時名犬丘懿王所都秦欲廢之故曰廢丘 **都高奴** 按今鄜州有高奴城 **六** 六縣古國皋陶之後 **都臨菑** 按高紀及田儋傳云臨濟此言臨菑誤 **戲下** 戲音羲水名也言下者如許下洛下然也按上文云項羽入至戲西鴻門沛公還軍霸上是羽初停軍於戲水之下後雖引兵西屠咸陽燒宮室則亦還戲下今言諸侯罷戲下是各受封邑號令訖自戲下各就國何須假借文字以為旌麾之下乎顏師古劉伯莊之說皆非 **漢王部** 按漢書　見作劫字 **注塞翟殷韓** 按徐廣韋昭皆數翟塞及殷韓等顏師古不數三秦謂常山河南韓魏殷顧肩意略同乃以陳餘兵為五未知孰是鄙意按韓王鄭昌拒漢漢使韓信擊破之則韓兵不下而已破散也韓不在此數五諸侯者塞翟河南魏殷也 **靈壁東** 孟康曰故小縣在彭城南 **審食其** 食音異按鄺審趙三人同名其音合並同以六國時衞有司馬食其並慕其名 **注一歲力役三十倍于古者** 按姚氏云古者更卒不過一月踐更五月而休又顏云五當為三言一歲之中三月居更三日戍邊總九十三日古者役人歲不過三日此所謂一歲力役三十倍於古也斯說得之 **漢王逃** 音徒凋反漢書作跳字 **高俎** 俎亦人之類故夏侯湛新論為机机猶俎也比太公於牲肉故置之俎上姚察按左氏楚子登巢車以望晉軍杜預為車上櫓也故李氏云軍中巢櫓又引時人亦謂此為俎也

汜水 按今此水見名汜水音似張晏云在濟陰亦未全失按古濟水當此截河而南又東流溢為滎澤然水南曰陰此亦在濟之陰非彼濟陰郡耳臣瓚之說是 **垓下** 張揖三蒼注云垓堤名在沛郡 **烏江** 按晉初屬臨淮 **檥船** 檥字服應孟晉[illegible]漾[illegible]音 **中水** 按晉書地道記　其中水縣屬河間 **杜衍** 按地理志縣在南陽王翦也按表作 **赤泉** 南陽有丹水縣疑赤泉後改按漢書表及後漢改憙音火志反 **吳防** 地理志縣名屬汝南故房子國 **涅陽** 陽地理志縣名南

高祖本紀第八

姓劉氏 按高祖劉累之後別食邑於范士會之裔留秦不反更為劉氏隨魏之徙大梁後居豐今言姓劉氏者是左傳天子以建德因生賜姓胙之土命之氏諸侯以字為謚因以為族說[illegible]諸侯命族族者氏之別名也然則因生賜姓若舜生姚墟以姚為姓封之於虞即號有虞氏是也若其後子孫更不得以虞為姓云姓虞氏今此云姓劉氏亦其義也故姓者所以統繫百代使不別也氏者所以別子孫之所出又系本篇言姓則在上言氏則在下故五帝本紀云禹姓姒氏契姓子氏[illegible]姬氏也 **字季** [illegible]名邦字季此單云字亦又可疑按漢高祖[illegible]伯次名仲不見別名則季亦是名也故項岱云高祖小字季即位易名邦後因諱邦不諱季所以季布猶稱姓也 **沛小沛** 按漢改泗水為沛郡治相城故以沛為小

史記索隱卷三　三　廣雅書局栞

沛也 **父曰太公** 皇甫謐云名執嘉王符云太上皇名煓與端同音 **母媼** 韋昭云婦人長老之稱皇甫謐云媼蓋姓王氏又據春秋握成圖以為執嘉妻含合始遊洛池生劉季詩含神霧亦云姓字皆非正史所出蓋無可取今近有人云母溫氏貞時打得班固泗水亭長古后碑文其字分明作溫字云母溫氏貞時與賈膺復徐彥伯魏奉古等執對反覆深歎古人未聞聊記異取見於何 **注地神曰媼** 按禮樂志云后土富媼張晏曰坤為母故稱媼是也 **見蛟龍於其上** 按詩含神霧云赤龍感女媼劉季[illegible]能 **隆準** 應劭曰隆高也李斐云準鼻也始皇蜂目長準蓋鼻高起 **龍顏** [illegible]顏額也文穎曰高祖[illegible]似龍長頸而高鼻 **貰酒** 鄒誕貰音世與字林聲韻並同又音時夜反廣雅云貰賒也說文云貰貸也臨淮有貰陽縣漢書功臣表貰陽侯劉纏而此紀作射陽則貰亦射也 **讎數倍** 樂產云[illegible]字少假借耳今亦依[illegible]高祖大度既貰飲且讎其數倍價也 **折券** 周禮小司寇云聽稱責以傳別鄭司農云傳別券書也康成云傳別謂大字書於札中而[illegible]書故可折至歲終總棄不責也 **咸陽** 韋昭云秦所都武帝更名渭城應劭云今長安也按關中記云孝公都咸陽今渭城是在渭北始皇都咸陽今城南大城是也名咸陽者山南曰陽水北亦曰陽其地在渭水之北又在九嵕諸山之南故曰咸陽 **單父人呂公** 韋昭云單父縣名屬山陽崔浩云史失其名但與姓而言公又按漢書舊儀云呂公汝南新蔡人又相經云魏人呂公名文字叔平也 **主進** 鄭氏云主賦斂

禮錢也顏師古曰進者會禮之財字本作費聲轉爲進宣帝數負進義與此同**乃紿爲謁**韋昭云紿詐也劉氏云紿欺負也何休云紿疑也謂高祖素狎易諸吏乃詐爲謁謁謂以札書姓名若今之通刺而兼載錢數也**告歸之田**韋昭云告請歸乞假也音告語之告故戰國策曰商君告歸延篤以爲告歸今之歸寧也劉伯莊顏師古竝音古篤反非號嚳兩音竝非**如**

皐呼之皐按東觀漢記田邑傳云邑年三十歷卿大夫號歸罷厭事少所嗜欲尋號與皐同古者當有此語故服氏云如號呼之號音豪今以服虔雖據田邑號歸亦恐未得然此告字當音誥誥號聲相近故後誥歸號歸遂變耳**以竹皮爲冠**應劭云一名長冠側竹皮裹以縱前高七寸廣三寸如板又蔡邕獨斷云長冠楚制也高祖以竹皮爲之謂之劉氏冠司馬彪輿服志亦以劉氏冠爲鵕尾冠也**求盜**應劭云舊亭卒名弩父陳楚謂之亭父或云亭部淮泗謂之求盜也**夜徑**舊音經按廣雅云徑斜過也字林云徑小道也音古定反言酒後放徒夜徑行澤中不敢由正路且從而求疾也**當徑**音逕鄭玄曰步道曰逕也**拔劍斬蛇**漢舊儀云斬蛇劍長七尺又高祖云吾以布衣提三尺劍取天下二文不同者崔豹古今注高祖爲亭長理應提三尺劍耳及貴當別得七尺寶劍故舊儀因言之**分爲兩**謂斬蛇分爲兩段也**欲告之**漢書作苦謂欲困苦辱之一本或作笞說文云笞擊也**注畦時**按太康地理志云時在櫟陽故城內其時如畦故曰畦時畦音戶圭反**注秦自謂水**按秦文公獲黑龍命爲德水是也按春秋合城圖云水神哭子襃敗宋均以高祖斬白蛇而神母哭

則此母水精皆非也**注至光武乃改**謂改漢爲火德秦金德與而金及赤帝子之理合也**高祖覺**包愷劉伯莊音古孝反**自負**晉灼云自恃斬蛇事**以厭**一茶反又一冉反廣雅云厭鎮也**秦二世**應劭云始皇欲以一至萬示不相襲始者一故至子稱二世崔浩云二世始皇子胡亥又按善文稱隱士云趙高爲二世殺十七兄而立今王則二世是第十八子也**起蘄**蘄縣名屬沛音機又音旂**掾主吏**案漢書蕭曹傳參爲獄掾何爲主吏也**劫衆**說文云以力脅之云劫也**數十百人**漢書作數百人劉伯莊云言數十人或至百人則是百人已下也**屠沛**按范睢云剋城多所誅殺故云屠也**壹敗塗地**言一朝破敗使肝腦塗地**注劓盧山交**按管子云葛盧之山發而出金今注引發作交及劓皆誤也**釁鼓**應劭云釁祭也說文云釁血祭也司馬法曰血于鼙鼓者神戎器也顏師古曰凡殺牲以血祭者皆名爲釁臣瓚以爲皆無祭事非也又以釁爲塗釁而應劭云釁呼爲釁馬融注周禮灼龜之兆與王之釁坼相似坼音火故反皆非也**旗幟**墨翟云幟帛長丈五廣半幅字詁云幟標也字林云熊旗五斿爲與士卒爲期於其下故曰旗也幟或作識或作志稽康音試蕭該音熾**胡陵**鄧展曰縣名屬山陽章帝改曰胡陸**方與**鄭玄曰屬山陽也**周章**應劭云章字文陳人**至戲**文穎云在新豐東二十里戲亭北孟康云水名也又遙征記云戲水自驪山馮公谷北流歷戲亭東入渭按今其水東爲戲驛也**而還**爲章邯所破而還邯音酣**燕趙齊魏皆自立爲王**按高紀二世二年八月武臣自立爲趙王田儋自立爲齊王韓廣自立爲燕王魏咎自立爲魏王也**泗川監平**如淳云秦并天下爲三十六郡置守尉監故此監平下有守壯則平壯皆名也**走至戚**晉灼曰東海縣也鄒德包愷竝如字讀李登音千笠反也**左司馬得**顏師古云得司馬之名非也今以後云左司馬曹無傷自此以下更不見替易處益是司馬無傷得泗川守壯而殺之耳**亢父**舊音剛劉伯莊包愷竝同音苦浪反**東陽甯君秦嘉**臣瓚以爲二人按下文直云東陽甯君又別言秦嘉明臣瓚之說爲得顏師古以甯是姓君者時人號曰君耳**在留**韋昭云今彭城留縣也**從陳別將**謂郭邯從陳別將兵向他處而遣司馬夷將領兵士北定楚地故如淳云夷章邯司馬也孔文祥亦曰邯別遣夷屠相又一說云從謂追逐之言章邯討逐陳別將而司馬夷別將兵北定楚亦通**屠相**韋昭云相沛縣**至碭**應劭曰碭屬梁國蘇林音唐又音宕**蕭西**韋昭云蕭沛之縣名謂在蕭縣之西也**拔之**按范睢云得城爲拔是也**下邑**韋昭云縣名屬梁國**襄城**韋昭云潁川縣**盱台**韋昭云臨淮縣音吁夷也**東阿**韋昭云東郡之縣名**城陽**按地理志屬濟陰**濮陽**韋昭云東郡之縣名**定陶**按地理志濟陰之縣也**雍丘**韋昭云故杞國今陳留之縣**外黃**韋昭云陳留縣上**宋義**荀悅漢紀云故楚令尹宋義當別有所出也**趙歇**蘇林音如字鄭德音遏絕之遏徐廣音烏鍇反今依字讀之也**呂青**按表青封信陽侯也**關中**韋昭云函谷武關也又三輔舊事云西以散關爲界東以函谷爲界二關之中謂之關中**奮**韋昭云憤激也**慓**

悍說文云慓疾也悍勇也方言云慓輕也劉音疋妙反也**猾賊**漢書作禍賊也**成陽**在濟陰韋昭云在潁川非也**扛里**服虔云縣名如淳云秦軍所別屯地名也**栗**韋昭云縣名屬沛**廣**韋昭云在山陽**開封**韋昭云河南縣**白馬**韋昭云東郡縣**曲遇**徐廣云在中牟韋昭云志不載司馬彪郡國志中牟有曲遇聚也**滎陽**韋昭云故衛地河南縣也**注緱氏東南**按十三州志云河南緱氏縣以山爲名一云轘轅凡九十二曲是險道也**守齮**音蟻許愼以爲側齕也**黎明**音犂黎猶比也謂比至天明也漢書作遲音値値待也謂待天明皆言早意也**圍宛城**按楚漢春秋曰上南攻宛匿旗旗人銜枚馬束舌雞未鳴圍宛城三匝也**乘城**李奇曰乘守也韋昭曰乘登也**般侯**韋昭曰在河內**丹水**韋昭曰在河內**襄侯王陵**按王陵封安國侯是定天下爲丞相時封耳此言襄侯當如臣瓚解蓋初封江夏之襄也**胡陽**韋昭曰南陽縣**析酈**鄒誕音錫酈音歷蘇林如淳音擲折屬弘農酈屬南陽出地理志而左傳云析一名白羽顏師古云析今內鄉縣酈今菊潭縣**武關**左傳云楚司馬起營所以臨上雒謂晉人曰將通於少習杜預以爲商縣武關也又太康地理志武關當冠軍縣西處關在武關西也**璽符節**韋昭云天子印稱璽又獨以玉發兵符也節使者所擁也說文云符信也漢制以竹長六寸分而相合釋名云節爲號令賞罰之節也又節毛上下相重取象竹節又漢官儀云子嬰上始皇璽因服御之代代傳受號曰漢傳國璽也**或言誅秦王**楚漢春秋曰樊噲請殺之**枳道**音只案漢宮殿疏云枳道亭東

去霸城觀四里觀東去灞水百步蘇林云在長安東十二里也**誹謗**劉伯莊樂彥同音方未反**棄市**按禮云刑人於市與衆棄之故今律謂絞刑為棄市是也**三章**殺人傷人及盜**抵罪**韋昭云抵當也謂使各當其罪今按秦法有三族之刑漢但約法三章耳殺人者死傷人及盜者使之抵罪餘並不論其辜以言省刑耳則抵訓為至殺人以外唯傷人及盜使至罪名耳**或說沛公**按楚漢春秋云解先生云遺守函谷無內項王而張良系家云鯫生說我則鯫生是小生即解生**亞父**范增也項羽得范增號曰亞父言尊之亞於父猶管仲謂仲父父並音甫也**鴻門**按姚察云在新豐古城東未至戲水道南有斷原南北洞門是也**櫟陽**因葬太上皇改曰萬年**都六**地理志云六縣屬六安國**都郴**太康地理志云楚滅郴遷其人於江南因名縣也**當陽**韋昭云南郡縣名**入蝕中**李奇音力孟康音食王劭案說文作鐖器名也地形似器故名之音力也**輒燒絕棧道**案系家是用張良計也棧道閣道也音七諫反包愷音士板崔浩云險絕之處傍鑿山巖而施板梁也**引兵圍雝丘**按荀悅漢紀介樊噲圍之**辟歐**按表歐以舍人從為將軍封廣平侯也**王吸**按表吸以中涓從為將軍封清陽侯**陽夏**韋昭云縣名屬淮陽後屬陳夏音更雅反**漢王跳**如淳曰跳走也晉灼按劉澤傳跳至長安說文云徒調反通俗文云超通為跳**滕公**夏侯嬰為滕令故曰滕公也**白馬津**即黎陽津也南界東郡白馬縣**燕郭西**故南燕國也在東郡秦以為縣**負約**負音佩也**卿子冠軍**韋昭云宋義之號如淳曰卿者大夫之尊子男之爵冠軍八之首也尊宋義故加此號

王諸將善地謂章邯等**徙逐故主**謂田市趙歇韓廣之屬**乃捫足**捫摸也中匈而捫足者蓋以矢初中痛悶不知所在故徧或者中匈而捫足權以安士卒之心也**行軍病甚**按三輔故事曰楚漢相拒於京索閒六年身被大創十二矢石通中過者有四也**梟故塞王欣**梟懸首於木也欣自剄於氾水上令梟之於櫟陽者以舊都故梟以示之也**鴻溝**應劭云在滎陽東南三十里蓋引河東南入淮泗也張華云一渠東南流經浚儀是始皇所鑿引河灌大梁謂之洪溝一渠東經陽武南為官渡水經云中牟臺下臨淮水是為官渡水也**楚歌**應劭云今雞鳴歌也顏遊秦云楚歌猶吳謳也按高祖令戚夫人楚舞自為楚歌楚之歌也**心善家令言**顏氏按荀悅云故雖天子必有尊也無父猶設三老況其存乎家令之言過矣晉灼劉寶云善其發悟已心因得尊崇父號也**田肯**漢紀及漢書作宵劉顯云相傳作肯也**形勝**韋昭云地形險固故能勝人也**縣隔千里**服虔云謂函谷關去長安千里為縣隔按文以河山險阻形勝其勢如隔千里也**秦得百二**蘇林曰百二百中之二十萬人也虞喜云百二者得百之二言諸侯持戟百萬秦地險固一倍於天下故云得百二焉言倍之也蓋言秦兵當二百萬也齊得十二亦如之故為東西秦言勢相敵但立文相避故云十二言餘諸侯十萬齊地形號亦倍於他國當二十萬人也**勃海**崔浩云勃旁跌也旁跌出者橫在濟北故齊都賦云海旁云勃也**千里之外**以言齊境闊不啻千里故云之外也**為**

荊王乃王吳地在淮東也姚察按虞喜云揔言吳則荊者以山命國也今西南有荊山在陽羨界賈封吳地而號荊王指取此義太康地理志陽羨縣本名荊溪**徙太原**信初都陽翟也**徙治長安**按漢儀注高祖六年更名咸陽曰長安三輔舊事渭城本咸陽也高帝為新城七年屬長安也**東闕北闕**東闕名蒼龍北闕名玄武無西南二闕者蓋蕭何以厭勝之法故不立也說文云闕門觀也高三十丈秦家舊處皆在渭北立東闕北闕蓋取其便也**太上皇**按蔡邕云不言帝非天子也又按本紀秦始皇追尊莊襄王為太上皇已有故事矣蓋太上者無上也皇者德大於帝欲尊其父故號曰太上皇也**會甀**上音繪下音丈偽反地名也漢書作缶音作保非也**當城**代之縣名也**楚隱王**系家作幽王名擇負芻之兄**魏安釐王**史闕名昭王之子王假之祖也**齊緡王**名地宣王子王建祖**趙悼襄王**名偃孝成王丹之子幽王遷之父也**小人以僁**鄭音先代反鄒本作薄音扶各反一作僁而徐廣云一作薄是本互不同也然此語本出子思子見今禮表記作薄故鄭玄注云文尊卑之差也薄苟習文法不惻誠也徐又音隱云僁音先志反僁塞聲相近故也蓋僁猶薄之義也

呂太后本紀第九

呂太后諱雉字娥姁也**戚姬**如淳音怡非也茂陵書曰姬內官是矣然官號及婦人通稱姬者周之姓所以左傳稱伯

姬叔姬以言天子之宗女貴於他姓故遂以姬為婦人美號故詩曰雖有姬姜不棄顦顇是也**幾代**上其紀反又音祈也**呂台**鄭氏鄒誕竝音怡蘇林音胎**大臣**張良說絳通等**留侯筴**令太子卑詞安車以迎四皓也**令武**令音齡**異母**母曰曹姬也**永巷**永巷別宮名有長巷故名之也**掖庭**案韋昭云以為在掖門內故謂之掖庭也**泛**音捧泛也**注主孟啗我之比**啗音徒濫反按主是謂里克妻即優施之語事見國語孟者且也言且啗我物我教汝婦事夫之道比即婦人稱主之意耳比音必二反**五年六年城就**按漢宮闕疏四年築東面五年築北面漢舊儀城方六十三里經緯各十二里三輔舊事云城形似北斗也**嚏血**鄒音使接反又云或作唾作丁牒反**辟陽侯**按韋昭云信都之縣名**子山為襄城侯**按下文更名義又改名弘農漢書襄城侯唯云名弘蓋史省文耳按志襄城屬潁川**軹侯**按韋昭云河內有軹縣音紙也**呂他**音陁**俞侯**音輸**贅其侯**按表作臨淮也**比殺三趙王**比音如字比猶頻也趙隱王如意趙幽王友趙王恢是三趙王也**猶與**猶鄒音以獸反與音預又作豫崔浩云猶猿也卬鼻長尾性多疑又說文云猶獸名多疑故比之也按狐性亦多疑度水而聽水聲故云狐疑也今解者又引老子與兮若冬涉川猶兮若畏四鄰以為猶與是常語且猿狐聽而云若冬涉川則與是狐類不疑猶兮若畏四鄰則猶定是獸自不保同類故云畏四鄰也**朱虛**音墟琅邪縣也**東牟**韋昭云東萊縣**隆慮**音林盧二音避殤帝諱改也**劉氏所立九王**吳楚

齊北淮南琅耶代常山王朝淮陽王武濟川王大是九也**呂氏所立三王**梁王產趙王祿燕王通也**呂頦**韋昭云呂后女弟樊噲妻封臨光侯**今無處矣**顏師古以爲言見誅滅無處所也**襄平侯通**張晏云紀信子又晉灼云信被楚燒死不見有後按功臣表襄平侯紀通文成以將軍定三秦死事子侯則通非信子張說誤矣**訟言誅之**按韋昭云以訟爲公徐廣又云一作公蓋公爲得然公言猶明言也又解者誦說也

史記索隱卷三終

長沙鄭業敬初校

香山何翰章覆校

史記索隱卷四

孝文本紀第十

新喋血漢書作喋音跕丁牒反漢書陳湯杜業皆言喋血無盟歃事廣雅云蹀履也謂履涉之**宋昌**東觀漢記宋揚傳宋義後有宋昌又會稽典錄昌宋義孫也**犬牙相制**言封子弟境土交接若犬之牙不正相當而相銜入也**盤石之宗**言其固如盤石此語見太公六韜也**一節入北軍**卽紀通所矯帝之節**大橫庚庚**按荀悅云人橫龜兆橫理也按庚庚猶更更言以諸侯更帝位也**注庚其繇文**荀悅云繇抽也所以抽出吉凶之情也杜預云繇兆辭也音胄也**注五帝官天下**按漢書蓋寬饒云五帝官天下三王家天下官者以傳賢人家以傳子孫官猶公也謂不私也**渭橋**三輔故事咸陽宮在渭北興樂宮在渭南秦昭王通兩宮之間作渭橋長三百八十步又關中記云石柱以北屬扶風石柱以南屬京兆也**請間**包愷音閑言欲向空閑處語顏師古云閒猶容也猶言中間請容暇之頃當有所陳不欲卽公論也**代邸**說文邸屬國舍**陰安侯列侯頃王后**按蘇林徐廣韋昭以爲二人封號而樂產引如湻以頃王后別封陰安侯與漢祠令相會今以陰安是別人封爵非也頃王后是代王后文帝之伯母代王降爲郃陽侯故云列侯頃王后韋昭曰陰安屬魏郡也**計宜者**楚王交高帝弟最尊言更請楚王計宜者故下云皆爲宜也**清宮**按漢儀云皇帝起居索室清宮而後行**法駕**漢官儀云天子鹵薄有大駕法駕大駕公卿奉引大將軍參乘屬車八十一乘法駕公卿不在鹵薄中唯京兆尹執金吾長安令奉引侍中參乘屬車三十六乘也**女子百戶牛酒**按封禪書云百戶牛一頭酒十石樂產云婦人無夫或無子不霑爵故賜之也**酺五日**說文云酺王者布德大飲酒也出錢爲醵出食爲酺又按趙武靈王滅中山酺五日是其所起也**陽信侯**韋昭云勃海縣**嗛志**按嗛者不滿之意也未有嗛志言天下皆志不滿也漢書作愜志安也**謂天下何**言何以謂於天下也**其安之**其發聲也安者徐也言徐徐且待也**有天下者莫長焉用此道也**言古之有天下者無長於立子故云莫長焉用此道者用殷周立子之道故安治千有餘歲也**更議不宜**言不宜更別議也**諸侯皆同姓**謂帝之子爲諸侯王皆同姓姓生也言皆同母生故立太子母也**壯武**韋昭云膠東縣**清郭**按表駟鈞封鄔侯不同者蓋後徙封於鄔鄔屬鉅鹿郡**樊侯**韋昭云樊東平之縣**惆然**蘇林云戚靦不安之貌蓋近其意條說皆疎音下板反**見馬遺財足**遺猶留也財古字與纔同言大僕見在之馬今留纔足充事而已也**傳置**按廣雅云置驛也續漢書云驛馬三十里一置故樂產亦云傳置一也言乘傳者以傳次受名乘置者以馬取匹傳音丁戀反如湻云律四馬高足爲傳置四馬中足爲馳置下足爲乘置一馬二馬爲軺置如置急者乘一馬曰乘也**誹謗之木**按尸子云堯立誹謗之木誹音非亦音沸韋昭云處政有闕失使書於此堯時然也後代因以

爲飾今宮外橋梁頭四植木是也　注交午柱鄭玄注禮云一縱一橫爲午以木貫表柱四出即今之華表崔浩以爲木貫貫表柱四出名桓陳楚俗桓聲近和又云和表則華與和又相訛耳　相謾韋昭云謾相抵讕也說文云謾欺也謂相詆約共行道而止之也詆中　銅虎符漢儀銅虎符發兵長六寸竹使符出入徵發說文云分符而合之小顏云右留京師左與之古今注云金虎符銀錯書之張晏云銅取其同心也　甘泉應劭云宮名在雲陽一名林光臣瓚云甘泉山名林光秦離宮名又顧氏按邢承西征賦注云甘泉水名今按蓋因地有甘泉以名山則山水皆通也　祁侯賀漢書音義祁音遲賀姓緇緇古國頁同姓也　淮南王名安阜陵侯也　衡山王名勃安陽侯也　廬江王名賜周陽侯也　濇于公名意爲齊太倉令故謂之倉公也　女緹縈緹音啼鄒氏音體非　肉刑三韋昭云斷趾黥劓之屬崔浩漢律序云文帝除肉刑而宮不易張斐注云以淫亂人族序故不易也　右賢左戚劉德云先賢後親也　祝釐釐音僖福也　五德五行之德帝王相承傳易終而復始故云終始傳五德事傳音轉也　更爲元年按秦本紀惠文王十四年更爲元年又汲冢竹書魏惠王亦有後元當取法於此又按封禪書以新垣平候日再中故改元也　四荒顧胤按爾雅孤竹北戶西王母日下謂之四荒也　結轍鄒氏音逸又音轍漢書作轍顧氏案司馬彪云結謂車轍回旋錯結之也　元元戰國策云制海內子元元非兵不可高誘注云元元善也又按姚察云古者謂人云善人也因善爲元故云黎元其言元元者非一人也顧野王又

二　

云元元猶喁喁可憐愛貌未安其說聊記異也　中大夫令勉裴駰案表景帝改衞尉爲中大夫令則中大夫令是官號勉其名後此官改爲光祿勳虞世南以此稱中大夫令是史家追書耳顏遊秦以令是姓勉是名爲中大夫據風俗通令姓令尹子文之後也　句注伏儼音俱包愷音鉤　細柳按三輔故事細柳在直城門外阿房宮西北維又匈奴傳云長安西細柳則如湻云在渭北非也　倉庾郭璞注云庾倉無屋也　注胡公胡公名廣後漢太尉作漢官解詁也　賣爵崔浩云富人欲爵貧人欲錢故聽賣買也　露臺顧氏案新豐南驪山上猶有臺之舊趾也　注漢語作跳漢語是書名荀爽所作也　已下謂柩已下於壙　大紅劉德云紅亦功也男功非一故以功力爲字而女工唯在於絲故以糸工爲字三十六日以日易月故也　復土音伏謂穿壙出土下棺已而填之郎以爲墳故云復土復反還也音福　內史卒按百官表云內史掌理京師之官也景帝更名京兆尹也　霸陵霸是水名水經於山亦曰霸山即芷陽地也　武德文始五行之舞應劭云禮樂志文始舞本舜韶舞高祖更名文始示不相襲五行舞本周武舞秦始皇更名五行舞按今言奏武德文始五行之舞者其樂總象武王樂言高祖以武定天下也既示不相襲其作樂之始先奏文始以羽籥衣文繡居先次即奏五行五行武舞執干戚而衣有五行之色也

孝景本紀第十一

蕭何孫係漢書亦作係鄒誕本作徯又按漢書功臣表及蕭何傳皆云封何孫嘉疑其人有二名也　二十而得傅音附荀悅云傅正卒也小顏云舊法二十三而傅今改也　孝文太后崩薄太后也亦葬芷陽西曰少陵也　廣川長沙王廣川王彭祖長沙王發皆景帝子遣就國也　祋祤鄒誕生上音都會反下音羽又丁括反祤音詡　燔雒陽雒陽漢書作淮陽災故徙王於魯也　齊王將廬悼惠王之孫齊襄之子廬漢書作閭　燕王嘉皆薨劉澤之子　用傳出入傳音丁戀反如今之過所　平陸侯禮韋昭云平陸西河縣禮即向之從曾祖王父也　作陽陵景帝豫作壽陵也按趙系家趙肅侯十五年起壽陵後代遂因之也　王太后爲皇后系家太后槐里人父仲兒信封蓋侯后故金氏妻女弟姁兒也　周苛周昌之兄　注故封其子韋昭云張尚子當居趙夷吾子周建德子橫王悍子棄也　軍東都門按三輔黃圖云東出北第一門曰宣平門外曰東都門　典客爲大行韋昭云大行官名秦時云典客景帝初改云大行後更名大鴻臚武帝因而不改故漢書景紀有大鴻臚百官表又云武帝改名大鴻臚鴻聲也臚附皮以言其掌四夷賓客若皮臚之在外附於身也復有大行令諸侯薨大鴻臚奏謚列侯薨則大行奏誄案此大行令即鴻臚之屬官也　注九儀按鄭玄曰命者五謂公侯伯子男爵者四孤卿大夫士是九也　置左右內主天子之私財物曰少內少內屬大內也　綰爲丞相姓衞也　令徒隷衣七緵布七緵蓋今七升布言其麤故令衣之

三　

也　止爲春止人爲馬春粟爲歲不登故也　月貫天廷中天廷即龍星右角也按后氏星傳曰龍在左角曰天田右角曰天廷　封皇太后弟蚡蚡音扶粉反案外戚世家皇太后母臧氏初嫁王氏生子信而寡更嫁長陵田氏生蚡及勝也　諸侯以弱主父偃上言令天子下推恩之令令諸侯各得分邑其子弟於是遂弱卒以安也

孝武本紀第十二

孝武皇帝裴駰云太史公自序云作今上本紀又其序事皆云今上今天子今或言孝武皇帝者悉後人所定也　注武紀褚先生補作按褚先生補史記合集武帝事以編年今止取封禪書補之信其才之薄也又張晏云褚先生潁川人仕元成間韋稜云褚顗家傳褚少孫梁相褚大弟之孫宣帝代爲博士寓居于沛事大儒王式號爲先生續太史公書阮孝緒亦以爲然也　景帝中子按景十三王傳廣川王已上皆是武帝兄是自河間王德以至廣川凡有八人則武帝弟九也　薦紳上音搢搢挻也言挻笏於紳帶之閒事出禮內則今作薦者古字假借耳漢書作縉紳臣瓚云縉赤白色非也　立明堂城南城南長安城南門外也按關中記云明堂在長安城門外杜門之西也　虒氏觀徐廣音蹄鄒誕音斯又音蹄觀名也　先後宛若鄒誕音二字並去聲即今妯娌也孟康以兄弟妻相謂也韋昭云先謂姒後謂娣也宛音冤　平原君按徐云武帝外祖母則是臧兒也　祠竈如淳云祠竈可以致福按禮竈者老婦之祭盛於盆尊於瓶說文周禮以

竈祠祝融淮南子炎帝作火官死爲竈神司馬彪注莊子云浩竈神也如美女衣赤李江範音浩也 **武安侯** 服虔云田蚡也
韋昭云武安屬魏郡也 **安期生** 服虔曰古之眞人案列仙傳云安期生琅邪人賣藥東海邊時人皆言千歲也 **齊爲**
黃金 齊音劑 **亳人薄誘忌** 亳山陽縣名姓謬名忌居亳故下稱薄忌此文則作薄字而謬又誤作誘矣 **天**
神貴者太一 按樂汁微圖云紫微宮北極天一太一宋均以爲天一太一北極之別名春秋緯紫宮天皇曜魄寶之所
理也 **其佐曰五帝** 河圖云蒼帝神名靈威仰之屬也 **爲皮幣** 按食貨志皮幣以白鹿皮方尺緣以繢以薦璧
得以黃金一斤代之又漢律皮幣率鹿皮方尺直黃金一斤 **造白金** 按食貨志白金三品各有差也 **一角獸若**
麃然 音步交反韋昭曰體若麕而一角春秋所謂有麕而角何也楚人謂麋爲麃又周書王會云麃者若鹿爾雅云麇大鹿也
牛尾一角郭璞云漢武一角獸若麃謂之麟是也 **栢梁** 服虔云用梁百頭案今字皆作栢三輔故事云臺高二十丈用香栢
爲殿香聞十里 **銅柱承露** 三輔故事曰建章宮承露盤高三十丈大七圍以銅爲之上有仙人掌承露和玉屑飲之故張
衡賦曰立脩莖之仙掌承雲表之清露是也 **鼎湖** 按鼎湖縣名屬京兆後屬弘農昔黃帝採首陽山銅鑄鼎於湖曰鼎湖即
今之湖城縣也韋昭云以爲近宜春亦甚疎也 **游水發根** 顏師古以游水姓發根名蓋或因水爲姓服虔亦曰發根人姓
字或曰發樹根者也 **太史公** 韋昭云談司馬遷之父也說者以談爲太史公失之矣史記多稱太史公遷外孫楊惲稱之也

姚察按逸傳亦以談爲太史公非惲所加又按虞喜志林云古者主天官皆上公自周至漢其職轉卑然朝會坐位猶居公上尊天
之道其官屬仍以舊名尊而稱公公名當起於此故如淳云太史公位在丞相上天下郡國計書先上太史公副上丞相其義是也
而桓譚新論以爲太史公造書書成示東方朔朔爲平定因署其下太史公者皆朔所加之者也 **脽丘** 音誰漢舊儀作葵丘
者蓋河人呼誰與葵同故耳 **侵尋於太山矣** 侵尋即浸淫也故晉灼云遂往之意也小顏云侵淫漸染之義蓋尋
淫聲相近假借用耳師古叔父遊秦亦解漢書故稱師古爲小顏也 **樂成侯** 韋昭云河間縣按郊祀志樂成侯登而徐廣據
表姓丁名義未詳 **羨門** 韋昭云仙人應劭云名子喬 **而大通焉** 韋昭云言大能通天意故封之樂通樂通在臨
淮高平縣也 **斥車馬** 孟康云斥不用之車馬是也 **掊視** 說文掊把也音步溝切 **毋款識** 韋昭云款刻也
按識猶表識也 **中山** 此山在馮翊谷口縣西近九嵕山土人呼爲中山河渠書韓使水工鄭國說秦鑿涇水自中山西邸此山
晏溫 如淳云三輔俗謂日出清濟爲晏晏而溫故曰晏溫許愼注淮南子云晏無雲也 **不虞不驁** 毛傳云虞譁也
姚氏按何承天云虞當爲吳音洪霸反又說文以吳一口大言也此作虞者吳虞聲相近故假借也或者本文借此虞爲歡娛字故
也 **鬼臾區** 鄒氏云黃帝佐也李奇曰黃帝時諸侯本作申區者非藝文志作鬼容區者也 **所謂寒門者谷**
口也 服虔云黃帝所仙之處也小顏云谷中山之谷口漢時爲縣今呼爲冶谷去甘泉八十里盛夏凜然故曰寒門谷口也

三垓 按垓重也言爲三重壇也鄒氏云一作階言壇階三重 **用事八神** 按韋昭八神謂天地陰陽日月星辰主四時主
之屬今按郊祀志一曰天主祠天齊二曰地主祠太山梁父三曰兵主祠蚩尤四曰陰主祠三山五曰陽主祠之罘六曰月主祠之
萊山七曰日主祠盛山八曰四時主祠琅邪也 **昔大帝神鼎一** 顏師古以太帝即太昊伏犧氏以在黃帝之前故也
鬺烹 言鼎以烹牲而饗嘗也鬺字又作觴字音殤漢書郊祀志云鼎空足曰鬲以象三德鬲音歷謂足中不實者名之也 **上**
雍 以雍地形高故云上 **龍垂胡頿** 顏師古云胡謂項下垂肉也頿其毛也故童謠曰何當爲君鼓龍胡是也 **醴進**
音進漢書作進顏師古云具俎豆酒醴而進之一曰進謂雜物之具所以加禮也 **爲餟食** 餟音竹芮反謂聯續而祭之漢
志作餟古字通說文云餟祭酹 **祭月以羊彘特** 特一牲也言若牛若羊若彘止一特也 **奉瑄玉** 音宣璧大
六寸也 **泰帝使素女** 亦謂太昊也 **射牛** 天子射牛示親祭也事見國語 **及箜篌瑟** 應劭云武帝始
令樂人侯調作聲均均然命曰箜篌侯其姓也 **草封禪儀** 儀見應劭漢官儀也 **見星出如瓠** 按郊祀志云塡
星出如瓠故顏師古以德星即鎭星也今按此紀唯言德星則德星歲星也歲星所在有福故曰德星也 **壽星仍出** 壽星
南極老人星也見則天下理安故言之也 **信星昭見** 信星鎭星也信屬土曰鎭星則漢志爲德星也 **宿畱** 音秀謂宿
畱遲待之意若依字讀則言宿而畱亦是有所待並通也 **還至瓠子** 瓠子決河名蘇林曰在甄城南濮陽北廣百步深五

丈 **自臨塞決河** 按河渠書武帝自臨塞決河將軍巳下皆負薪也 **沈祠而去** 按沈白馬祭河決於是作
瓠子歌見河渠書 **乃作通天臺** 漢書作通天臺於甘泉宮按漢書舊儀臺高三十丈去長安二百里望見長安城也
甘泉更置前殿 姚氏按揚雄云甘泉本因秦離宮既奢泰武帝增通天臺迎風宮近則有洪崖儲胥遠則石關封巒
鳷鵲露寒棠棃師得觀又有高華盪德觀留成宮白虎走狗天梯瑤臺仙人拏法相思觀 **芝生殿房中** 按生芝九莖於
是作芝房歌 **公玉帶** 玉或作肅公玉姓帶名姚氏按風俗通齊潛王臣有公玉冉其後也音語錄反三輔決錄云杜陵有
玉氏音肅說文以爲從玉音畜牧之畜今讀公玉與決錄音同然二姓單複有異單姓者肅後漢司徒玉況是其後也 **命曰**
崑崙 王帶明堂圖中爲複道有樓從西南入名其道曰崑崙言其似崑崙山之五城十二樓故名之也 **泰元神筴**
按薦饗之辭言天授皇帝泰元神筴周而復始又按上黃帝得寶鼎神筴則太古上皇創厤之號故此云太元神筴周而復始也
冀至殊庭焉 冀漢書作幾幾近也冀望也亦通服虔曰蓬萊中仙人殊庭者異也言入仙人異域也 **其東則**
鳳闕 三輔黃圖云武帝營建章起鳳闕高二十五丈關中記一名別風言別四方之風西京賦曰閶闔之內別風嶕嶢是也三
輔故事云北有圜闕高二十丈上有銅鳳皇故曰鳳闕也 **其西則唐中** 如淳云詩云中唐有甓鄭玄曰唐堂庭也爾雅
以廟中路謂之唐西京賦曰前開唐中彌望廣象是也 **龜魚之屬** 三輔故事云殿北海池北岸有石魚長二丈廣五尺

西岸有石龜二枚各長六尺**其南則玉堂**漢武故事玉堂基與未央前殿等去地十二丈**乃立神明臺**漢宮闕疏云臺高五十丈上有九宮常置九天道士百人也**井幹樓**關中記宮北有井幹臺高五十丈積木爲樓言築累萬木轉相交架如井幹司馬彪注莊子云井幹井闌也又崔譔云井以四邊爲幹猶築牆之有楨幹又諸本多作幹一本作榦音說文云幹井橋**木耦馬**一音偶孟云寓寄龍形于木又姚氏云寓假也以言假木龍馬一駟非寄生龍馬形於木也**赤星五寬舒之祠官**赤星即上靈星祠也靈星龍左角其色赤故日赤星五者太一也三一也冥羊也馬行也赤星也凡五並祠官寬舒領之**凡六祠**謂五者之外有正太一后土祠故六也

史記索隱卷四終

長沙鄭業敬初校
香山何翰章覆校

史記索隱卷五

三代系表第一應劭云表者錄其事而見之按禮有表記而鄭玄云表明也謂事微而不著須表明也故言表也

五帝三代之記按此表依帝繫及帝系本其實叙五帝三代而篇唯名三代系家者以三代代系長遠宜以名篇且三代皆出自五帝故叙三代要從五帝而起也**尚矣**劉氏猶久古也大戴禮彼文云黃帝尚矣**余讀諜**音牒牒者紀系謚之書也下云稽諸歷諜謂歷代之譜**五德之傳**音轉謂帝王更王以金木水火土之五德傳次相承終而復始故云終始五德之傳也**以五帝繫諜尚書**按大戴禮有五帝德及帝繫篇蓋太史公取此二篇之諜及尚書集而紀黃帝以來爲系表也**黃帝生玄囂**按宋衷曰太史公書玄囂青陽是爲少昊繼黃帝立者蓋少昊金德王非五運之次故叙五帝不數之耳**玄囂生蟜極蟜極生帝嚳**黃帝玄孫**顓頊生窮蟬**系本作窮係宋衷云一云窮係謚也**顓頊生鯀鯀生禹**按漢書律麻志顓頊五代而生鯀而此及帝系皆云顓頊生鯀是古史闕其代系也**帝予**音直呂反亦作宁**帝槐**音回一音懷系本作芬也**帝芒**音亡一作荒**帝泄**音薛也**帝扃**古熒切**帝廑**其靳反又音勤**帝皋**宋衷云墓在崤南陵**帝發**帝皋子也系本云帝皋生發及履癸履癸一名桀**帝小甲大庚弟**按殷本紀及系本皆云小甲太庚子**帝沃甲**系本云開甲**帝廩辛**或作馮辛系本紀作祖辛誤也按上祖乙已生辛知非也**成王誦**或作庸非**康王釗**克堯切又音招**康伯**康叔子王孫牟父也**昭王瑕**音遐宋衷云昭王南伐楚辛由靡爲右涉漢中流而隕由靡承王遂卒不復周乃侯其後于西翟也**黮**音吐感反又徒感反又杜減反鄒氏又作黕音**遷伯**捷**魏公**系本作微公名弗其**共和**周召二公共相王室故曰共和皇甫謐云共伯干王位以共國伯爵之君和其名也干王位言纂也與史遷之說不同蓋異說耳**張夫子問褚先生**褚先生名少孫元成間爲博士張夫子未詳也**父皆黃帝子也**按上契及后稷皆帝嚳子此云黃帝子者謂是黃帝之子孫耳按嚳是黃帝曾孫而契棄是玄孫故云也**契母**有娀氏女曰簡狄浴於玄丘水出詩緯殷本紀云玄鳥翔水遺卵娀簡狄取而吞之也**姜嫄**有邰氏之女也韋昭云姜姓嫄字也**抱之山**上普交反又如字也**遂生源也**言太伯之讓季歷居吳不反者欲使傳文王武王撥亂反正成周道遂天下生生之源本也**蜀王黃帝後世**按系本蜀無姓相承云黃帝後且黃帝二十五子分封賜姓或於蠻夷蓋當然也蜀王本紀云朱提有男子杜宇從天而下自稱望帝亦蜀王也則杜姓出唐杜氏蓋陸終氏之胤亦黃帝後也**霍子孟**按系本呂霍國眞姓後周武王封其弟處於霍是姬姓亦黃帝後**終始傳曰**蓋謂五行讖緯之說若今之童謠言**時有嬰兒主**謂昭帝也**鄗行車**言霍光持政擅權逼帝令如却行車使不前也**爲臣言豈不偉哉**褚先生蓋腐儒也設主客引詩傳云契弃無父及據帝系

皆帝嚳之子是也而末引蜀王霍光竟欲證何事而言之不經蕪穢正史輒云豈不偉哉一何誣也

十二諸侯年表第二 按篇言十二實敘十三者賤夷狄不數吳又霸在後故也不數而敘之者闔閭霸盟上國故也

春秋厤譜諜 按劉杳云三代系表旁行邪上放周譜譜起周代藝文志有古帝王譜又自古爲春秋學者有年歷代系譜諜之說故杜元凱作春秋長厤及公子譜蓋因於舊說故太史公得讀焉也 象箸 鄒氏及劉氏皆音直慮反郎筋也今按箕子云爲象箸者必爲玉栝則筴者是樽也音治略反 箕子唏 唏嗚數聲音許既反又音希亦聲餘故記曰夫子曰嘻其甚也亦歎音也 惡聞其過 上烏故反下古郎反故國語厲王止謗道路以目是也 遂奔于彘 彘地名在河東後爲永安縣也 挾王室 上音協也 政由五伯 伯音霸五霸者齊桓公晉文公秦穆公宋襄公楚莊王也 恣行 下孟切 楚介江淮 介音界言楚以江淮爲界一云介者夾也 文去重 去羌呂反下逐龍反言約史記修春秋去其重文也 傳指 傳音逐先反 鐸氏微 鐸椒所撰名鐸氏微者春秋有微婉之詞故也 荀卿孟子公孫固韓非 荀況孟軻韓非皆著書自稱子宋有公孫固無所述此固齊人韓固傳詩者 張蒼厤譜五德 按張蒼著終始五德傳也 董仲舒 作春秋繁露是 數家 上音疎具反謂陰陽術數之家也 欲壹觀 音官 諸要難 下奴丹反 爲成學治文者要刪焉 言表見春秋國語本爲成學之人欲覽其要故刪爲此篇焉

周共和 □音宣王少周召二公共相王室故曰共和宣王厲王之子也徐氏云元年至敬王四十三年凡三百六十五年共和在春秋前一百一十九年也 魯眞公濞 系本作愼公摯鄒誕本作愼公嚊眞公伯禽之玄孫 齊武公壽 太公五代孫厲公子也宋衷曰武公十年宣王大臣共行政號曰共和十四年宣王即位 晉靖侯宜臼 唐叔五代孫厲侯之子也宋衷曰唐叔巳下五代無年紀 秦仲 非子曾孫公伯之子宣王命爲大夫誅西戎也 楚熊勇 楚芈姓鬻熊之後因氏熊熊勇熊延之子熊繹十一代孫 宋釐公 微仲六代孫子惠公覵音閑又下板反 衛釐侯 康叔七代孫頃侯之子頃侯賂周始命爲侯 陳幽公寧 胡公五代孫 蔡武侯 蔡仲五代孫也 曹夷伯 名喜振鐸六代孫也 燕惠侯 召公奭九世孫也立三十八年 共和十四年 二相還政宣王稱元年也 燕釐侯莊 徐廣云一無莊字按燕失年紀及名此言莊者衍字也 秦莊公其 其名也按秦之先公益不記名恐其非名 晉穆公生 按系家名費生或作濆王系本名弗生則生是穆公名 蔡釐侯所 按系家釐侯名所事 鄭桓公友 宣王母弟宣王二十二年封之鄭立三十六年與幽王俱死犬戎之難也 曹惠公伯雉 一作兕 齊莊公贖 劉氏音神欲反系家及系本謚作贖又上成公說系家作脫也 楚若敖 熊鄂子熊儀也號若敖也 鄭武公滑突 滑一作掘益音胡忽反

魯惠公弗生 系家作弗湟系本作弗皇 楚霄敖 按系家若敖子熊坎立是爲霄敖此作宵敖恐是霄字訛變爲宵也劉伯莊但隨字而音更不分析 楚蚡冒 鄒氏云蚡一作粉音僨冒音亾報反又音懋也 潘父殺昭侯 昭侯文侯仇之子系家云晉大臣潘父殺昭侯迎曲沃桓叔晉人攻之立昭侯子平是爲孝侯也 鄂侯郤 作都者誤也鄂邑御其名孝侯子也 魯隱公息 系家名息系本名息姑也 魯桓公允 一作軌五忽反徐廣云一作軌 哀侯弟緡 音旻 弟他 音徒何反陳大夫五父後立爲厲公 楚杜敖囏 音艱系家作莊敖劉音壯此作杜敖劉氏云亦作堵堵壯聲相近與系家乖不詳其由也 好城 聲上去 人罷 音皮 太子圉質 晉惠公夷吾之子也圉音禦質音致又如字也 泓之戰 穀梁傳戰於泓水之上系家云十三年宋師大敗公傷股 王奔氾 似凡兩音 趙成子 名衰 欒貞子 名枝 霍伯 先且居也封之霍 臼季皆卒 臼季胥臣也四大夫皆在此年卒 圍邧 音阮 晉靈公蝪 音亦系家及左傳名夷皋此蓋誤也 秦康公罃 音乙耕反 宋昭公杵臼 襄公少子 非也按徐廣云一曰成公大子與系家同是也 取北徵 音澄蓋今之澄城也 取氾 音凡 鄭成公睔 古困反悼公弟 楚康王昭 系家名招 棫林 音域 敗楚于湛阪 地名也湛音褚林反 欒逞 晉大夫欒盈此音如字也 景王元年 季札聘魯襄公二十九年齊景公四年晉平公十四年 餘昧 音秣 居鄆 音運

宋景公頭曼 音萬 囊瓦伐吳 囊瓦楚大夫子常也子囊之孫 躁公 音竈秦惠之子 會齊侯夾谷 司馬彪郡國志在祝其縣西南 鄀 音若 橐皋 縣名在壽春也 捄陳 上音救 弟驁 五高反平公也 石傰逐君起 傰音補亦作勇音敷 敬王四十三年卒 皇甫謐云四十四年當魯哀公十八年二十七年卒齊平公四年二十五年卒晉定公三十五年三十七年卒秦悼公十四年子厲公立楚惠王章十二年五十七年卒宋景公四十年十四年卒衛君起元年陳湣公楚滅之前年蔡朔十四年十九年卒曹伯陽立十五年曹亡在敬王四十三年鄭聲公二十四年四十八年卒燕獻公十六年二十八年卒吳王夫差十九年二十三年滅

六國年表第三 六國魏韓趙楚燕齊并秦凡七國號曰七雄

太史公讀秦記 即秦國之史記也故下云秦燒書史記尤甚獨有秦記又不載日月是也 臚於郊祀 按臚字訓陳也出爾雅文以言秦是諸侯而陳天子郊祀實僭也猶季氏旅太山然 然世異變成功大 以言人君制法當隨時代之異而變易其政則其成功大 因舉而笑之 舉猶皆也 耳食 按言俗學淺識舉而笑秦此猶耳食不能知味也 春秋後 按此表起周元王元年春秋迄元王八年 元王元年 元王名仁系本名赤敬王子八年崩子定王介立也 秦厲共公元年 悼公子三十四年卒子躁公立 衛公出輒 二十一年季父黜逐出公而自立曰

悼公也 二年晉定公卒 系本定公名午明年子出公錯立系本名鑿也 趙簡子 按系家名鞅文子武之孫景叔成之子也 四十二 按簡子以頃公九年在位頃公十四年卒而定公立定公明年四十七年卒是四十三年爲簡子在位之年又至出公十七年卒在位六十年也 楚惠王章 十三年五十七年 燕獻公 十七年二十八年卒 齊平公驁 五年二十九年卒巳上當竝元王元年 蔡景侯 按景字誤合作成侯徐廣不辨卽言或作成案景侯卽成侯之高祖父也 定王元年 名介二十八年崩 魯哀公 系本名蔣 魯悼公 系本名寧 蔡聲侯卒 名產成侯之子子元侯立 鄭聲公 名勝獻公子也三十七年卒子哀公易立八年弒弟丑立爲共公 齊宣公就匝 平公子立五十一年卒子康公貸立 晉懿公驕 哀公忌之子生幽公柳也 魏桓子 名駒 韓康子 名虎 趙襄子 名無恤三卿伐智伯晉陽分其地始有三晉也 宋景公卒 按系家景公元公子名頭曼已見十二諸侯表 徐廣云按左傳景公卒至此十九年謬矣景公立六十四年卒公子持殺太子自立號昭公與前昭公杵臼又歷五君相去略九十年故譏也昭公立四十七年悼公購立 衞敬公 悼公黜之子也 威烈王元年 名午考王子 二年秦靈公元年生獻公 魏文侯斯元年生武侯擊也 韓武子啓章元年生景侯虔 趙桓公子嘉元年卒襄子弟也明年國人共立襄子子獻侯浣也 威烈王二十三年 九鼎震也 魏文侯斯 韓景侯虔 趙烈侯籍三國竝初爲侯

初以君主妻河 謂初以此年取他女爲君主君主猶公主也妻河謂嫁之河伯故魏俗猶爲河伯娶婦蓋其遺風殊異其事故云初 補龐城籍姑 按龐及籍姑皆城邑之名修補者修龐而城籍姑 秦惠公 簡公子史無名 韓烈侯 名取系本作武侯也 趙烈侯 名籍 取毌 音館 安王 十六年 秦出公 惠公子元年 魏武侯 擊元年 韓文侯 元年 趙敬侯 章元年 田和始立爲諸侯 田常曾孫二年亦號太公 秦獻公立 名師隰靈公太子誅出公元年田和子桓公午立 魏敗我兔臺 土故反字亦作菟也 晉伐到鱄陵 劉氏鱄音屬沉反又音專 宋辟公 音壁辟公名辟兵生剔成按宋後微弱君蘢未必有謚辟兵其名也猶剔成然也 韓莊侯 系家作懿侯系本無名 與秦過彤 彤地名賜商君死彤地劉氏云阡陌道非也 趙肅侯 名語 王赧 尼簡反宋衷云赧謚也皇甫謐云名誕也 公子繇通 音由秦公子 韓姬弒其君 姬一作跙同音怡韓之大夫姓名也弒其君悼公按韓無悼公所未詳也 唐昧 音秣 屈匄 下蓋音楚大夫 芷陽 止音地名近北 嫪毒 上紀虬反下如字 栗腹 人姓字燕相 扈輒 人姓字趙將漢亦別有扈輒也 鄗吾 音婆又音盤縣名在常山

秦楚之際月表第四

張晏曰時天下未定參錯變易不可以年紀故列其月今按秦楚之際擾攘僭篡運數又促故以月紀事名表也 號令三嬗 古禪字音市戰反三嬗謂陳涉項氏漢高祖矣 斯之亟 音己力反亟謂急也 後乃放殺 殺音弒謂湯放桀武王討紂也 以德若彼 卽契后稷及秦襄公文公穆公也 用力如此 謂湯武及始皇 銷鋒鏑 鏑音的注鍉字亦音的按秦銷鋒鏑作金人十二以弱天下之兵也 維萬世 維訓度謂計度令萬代安也 鄉秦之禁適足資賢者 上鄉音向許亮反謂秦前時之禁兵及不封樹諸侯適足以資後之賢者卽高帝也言驅除患難耳 爲天下雄 指漢高祖 傳之所謂大聖 言高祖起布衣卒傳之天位實所謂大聖 秦二世元年 七月 楚隱王陳涉起 二月葛嬰立襄彊涉之二月也至戲葛嬰殺強五月周文死六月陳涉死然涉起凡六月當二世元年十二月 武臣爲趙王 凡四月爲李良所殺當二世元年八月 項梁號武信君 二世元年九月立至二年九月章邯殺梁於定陶 齊王田儋立 二世二年六月章邯殺儋儋立十月死齊立田假二世二年八月田榮立儋子市爲王項羽又立市爲膠東王封田都爲臨淄王安爲齊北王田榮殺田市田安自立爲王羽擊榮平原人殺之田橫立榮子廣爲王也 沛公初起 凡十四月懷王封沛公爲武安侯將碭郡兵 韓廣爲燕王 二世三年十月破臧荼救趙項羽封荼爲燕王徙廣封遼東王後臧荼殺韓廣 魏王咎在陳 四月咎自陳歸立二年六月咎自殺九月

弟豹自立都平陽後豹歸漢尋叛韓信虜豹 端月 二世二年正月也秦諱正故云端月也 秦王景駒立 秦嘉立之八月項梁殺之 趙王歇立 張耳陳餘項羽立爲代王後漢滅歇立張耳也 六月 二世二年六月也 楚懷王都盱台 故懷王之孫名心也項梁之起諸侯尊爲義帝項羽徙而殺之 韓王成立 項羽更王之不使就封數月殺之立鄭昌爲韓王降漢漢封韓信爲王 二世三年九月 子嬰爲王 十月 高祖至霸上稱元年徐廣云歲在乙未 十二月 項羽至關誅子嬰分天下主命十八諸侯自稱西楚霸王都彭城 十八國楚分爲四 西楚衡山臨江九江也 趙爲二 代趙 齊爲三 臨淄濟北膠東 關中爲四 漢雍塞翟 燕爲二 燕遼東 魏爲二 魏殷 韓爲二 韓河南 義帝元年 諸侯尊懷王爲義帝項羽徙之於郴至十月項籍使九江王布殺義帝漢王爲舉哀也 衡山王 吳芮故番君從入關都邾 臨江王 共敖故楚柱國都江陵 九江王 英布故楚將都六也 常山王 張耳故趙相都襄國 代王 歇故趙王都代漢三年滅立張耳爲趙王也 臨菑王 田都故齊將都臨菑 濟北王 田安故齊將都博陽 膠東王 田市故齊王都卽墨 漢王 故沛公都南鄭 雍王 章邯故秦將都廢丘 塞王 司馬欣故秦長史都櫟陽 翟王 董翳故秦都尉都高奴也 燕王 臧荼故燕將都薊也 遼東王 韓廣故燕王都無終漢四年漢將韓信擊殺廣 西魏王 魏豹故魏王都平陽豹從漢又叛韓信虜之漢四年周苛殺豹

也**韓王**韓成故韓王都陽翟羽殺之**河南王**申陽故楚將都洛陽**正月**高祖及十二諸侯受封之月漢書異姓王表云一月故應劭云諸侯王始受封之月十三王同時稱一月以非元正故云一月高祖十月至霸上改元至此月漢四月**二月**應劭云諸王始都國之月十三王同時稱二月**代王歇二十七月**趙歇前與趙王巳二十六月今從王代之二月故云二十九月其膠東王市之前爲齊王十九月韓廣魏豹韓成五人竝先爲王巳經多月故因舊月而數也**韓王成都陽翟**姚氏云韓成是項梁所立不與十七國封此云十八王竝項羽所命不細區別又高紀云項羽與成至彭城廢爲侯又殺之是不令就國當以陽翟爲都而不之國**漢誅項籍**在四年十二月**五年正月**漢王更號皇帝即位於定陶也**臨江王驩**漢虜之共敖之子亦在四年十二月**梁王**彭越始封**長沙王**吳芮始改封也**九月**虜臧荼漢書作四年九月誤也盧綰始王**齊王信**五年正月徙王於楚

長沙鄭業敬初校
香山何翰章覆校

史記索隱卷五終

史記索隱卷六

漢興已來諸侯王年表第五應劭云雖名爲王其實如古之諸侯

同姓五十五按漢書封國八百同姓五十餘顧氏據左傳魏子謂成鱄云武王克商光有天下兄弟之國十有五人異姓之國四十人是也**非德不純**純善也亦云純一言周王非德不純一形勢弱也**同姓爲王者九國**徐氏九國不數吳蓋以荆絕乃封吳故也仍以淮陽爲九今按下文所封列有十國者以長沙異姓故言九國也**怵邪臣**怵音誓怵訓習言習於邪臣之謀故爾雅云怵猶狃也狃亦訓習**推恩分子弟**按武帝用主武偃言而下推恩之令也**或以適削地**適音宅或作過**形錯諸侯間**錯音七各反錯謂交錯相衡故云犬牙相制言犬牙參差

楚高祖五年封韓信六年王弟交也**齊**四年封韓信六年封子肥**荆**六年封劉賈十一年賈爲英布所殺其年立吳國封兄子濞也**淮南**四年封英布十一年反誅立子長**燕**五年封盧綰十一年亡入匈奴十二年立子建也**趙**四年封張耳其年薨明年子敖立八年廢爲宣平侯九年立子如意也**梁**五年封彭越十一年反誅十二年立子恢**代**二年封韓王信五年降匈奴十一年立子恒也**長沙**五年吳芮薨六年子成王臣立**高后**元年**魯**初置國立張偃**常山**哀王不疑元年薨立王義爲帝又立軹侯朝爲王**呂**肅王呂后元年薨立呂嘉**淮陽**懷王強惠帝子**長沙**共王古哀王子**故軹侯**音章是反王軹縣在河內後文帝封舅薄昭**故洨侯**音交洨水所出縣名在沛又音也**呂通故東平侯**東平縣屬梁國**呂大故呂平侯**縣名屬上谷也**呂祿故胡陵侯**縣名屬山陽也**營陵侯**燕王劉澤初封縣名屬北海也**朱虛侯**縣名屬琅邪**東牟**縣名屬東萊**孝文二年**封城陽王章封濟北興居**辟彊**趙幽王子音壁**十六年**分淮南爲三國分齊爲七國**淮南三**衡山王勃城陽王安廬江王賜也**齊七**城陽濟北濟南淄川膠東膠西齊**趙分爲六**河間廣川中山常山淸河趙**廟壖垣**壖音儒緣反壖垣廟境外之壖壖邊**郃陽**郃音下陑反代王劉仲後封也**江都易王非**按謚法云好更故舊爲易也**臨江王閼于**閼音遏**膠西子王端**謚法云能優其德曰子**中山靖王勝**都盧奴**淮陽王都陳**故垣邑侯**頃王延**上音傾城陽王子**燕刺王旦**謚法暴慢無親曰刺武帝子也**康王昆侈**按蕭該云謚法好樂怠政曰康漢書作糠昆侈名**繆王齊**廣川惠王子謚法名與實爽曰繆**頃王授**河間獻王曾孫**頃王不**常山憲王子**頃王遺**濟南王辟光之孫也**戴王賀**廣川惠王子也

高祖功臣侯者年表第六

漢興功臣受封百有餘人按下文高祖功臣一百三十七人兼外戚及王子凡一百四十三人**什二**

三言十分讖二三在耳小侯自倍倍其初封時戶數也志古之道所以自鏡言居今之代志識古
之道得以自鏡當代之存亡也亦當世得失之林也言觀今人臣所以得尊寵者必由忠厚被廢辱者亦由驕
淫是言見在興廢亦當代得失之林也侯位次姚氏云蕭何第一曹參二張敖三周勃四樊噲五酈商六奚涓七夏侯嬰
八灌嬰九傅寬十靳歙十一王陵十二陳武十三王吸十四薛歐十五周昌十六丁復十七蟲達十八史記與漢書表同而楚漢春
秋則不同者陸賈記事高祖惠帝時漢書是後定功臣等列及陳平受呂后命而定或已改邑號故人名亦別且高祖初定唯十八
侯呂后令陳平終竟已下列侯第錄如右凡一百四十三人也平陽懿侯曹參按漢書地理志平陽縣屬河東懿謚
也漢書音義曰曹參位第二而表在首蕭何位第一而表在十三者以封先後故也又按封參在六年十二月封何在六年正月高
祖十月因秦歲元故十二月在正月前也漢表具記位次而亦依封前後錄也夷侯時音止又音市按曹參系家作時今表
或作時按漢書衞青平西曹壽尚陽信公主即此人當是字訛信武肅侯靳歙按地理志無信武縣當是後廢故也
靳姓也音紀覲反歙音攝又音吸也清陽漢表清河定侯王吸地理志清陽縣屬清河郡楚漢春秋作清陽侯王隆
也侯彊其良反侯伉苦浪反汝陰文侯夏侯嬰汝陰縣屬汝南凡縣名皆據地理志不言者從
省文也陽陵景侯傅寬陽陵縣屬馮翊楚漢春秋作陰陵廣嚴壯侯呂歐漢晉書地道記廣縣
在東莞壯謚也下又云壯班馬二史竝誤也歐烏侯反廣平敬侯薛歐廣平縣屬臨淮至孫澤改封平棘也博
陽壯侯陳濞楚漢春秋名濆博陽縣在汝南縣孫始復封塞在桃林也曲逆獻侯陳平縣名屬中山章
帝改曰蒲陰也堂邑安侯陳嬰縣名屬臨淮也定豫章浙江都浙自立為王壯息
按漢表作定浙江都浙自立爲王壯息侯玄孫融以公主子改封隆慮音林廬也周呂令武侯呂澤應劭云周
呂國也按周及呂皆國名濟陰有呂都縣令武謚也一云令邑武謚也又改封令令縣名在滎陽出晉地道記子台封酈音歷一作
鄡音敫建成康侯呂釋之縣名屬沛郡呂宣王呂公子也子祿初封胡陵侯後封趙王也留文成漢表
文平侯張良韋昭云劉今在彭城案良傳謚文成也射陽頃侯劉纏項伯也射陽屬臨淮射一作貰酇
文終侯蕭何縣名在沛音贊劉氏云以何子祿嗣無後除呂后封何夫人兒南陽鄧恐非也少子延封筑陽侯音逐也
曲周景侯酈商縣名屬廣平縣堅紹封絳武侯周勃縣名屬河東子亞夫爲條侯小子堅爲平曲侯
也舞陽武侯樊噲縣名屬潁川子伉嗣呂須子潁陰懿侯灌嬰縣名屬潁川孫賢封汝侯汾
陰悼侯周昌縣名屬河東初起以職志如淳云職志官名主幡旗孫左車封安陽侯梁鄒孝侯武儒
漢表儒作虎梁鄒縣名屬濟南子冣嬰齊及孫山柎音夫也成敬侯董渫縣名屬涿郡渫音息列反子赤封節氏侯

蓼侯孔藂蓼縣名屬六安姚氏按孔子家語云子武生鮒子魚及子文文生最字子產說文以最爲積聚字此作藂不同
初以將軍都尉屬韓信郎漢五年圍羽垓下淮陰侯將四十萬自當之孔將軍居左費將軍居右是也費將軍即費侯陳賀也侯
臧嗣為太常按孔藂云臧歷位九卿爲御史大夫辭曰臣經學乞爲太常典禮臣家業與安國綱紀古訓武帝難違其
意遂拜太常典禮賜如三公臧子琳位至諸侯琳子璜失侯爵此云臧國除當是後更封其子也費圉徐云一作幽侯
陳賀費音祕一音扶未反縣名屬東海子最改封單侯也陽夏侯陳豨縣名屬淮陽豨音虛紀反隆慮哀侯
漢表作克也侯周竈縣名屬河內音林閭隆避殤帝諱改也連敖徐廣以連敖爲典客官也以長鈹都
尉按以長鈹爲官名說文云鈹者劍刀裝也鈹音敷皮反漢表作鈺音丕也陽都敬侯丁復音伏漢志闕晉書地
道記屬琅邪新陽漢表陽信也胡侯呂青縣名屬汝南也東武貞侯郭蒙縣名屬琅邪什
邡肅侯雍齒縣名屬廣漢音十方汁又如字棘蒲剛侯陳武漢志闕也都昌莊侯朱軫
漢志闕武彊莊侯不識漢志闕貰齊侯呂博國縣名屬鉅鹿貰音世一音時夜反謚法執心克
莊曰齊侯倩音練反又七淨反也海陽齊信侯搖毋餘按毋餘東越之族也海陽亦南越縣地理志闕
又侯昭攘漢表作昭襄也南安莊侯宣虎縣名屬犍爲建安亦有此縣爲亞將漢表作連將也肥如敬侯
蔡寅縣名屬遼西應劭云肥子奔燕燕封於此肥國也如往也因以爲縣也曲城圉侯蟲達蟲音如字曲成
縣漢志闕表在涿郡楚漢春秋云夜侯蟲達蓋改封也夜縣屬東萊又謚法威德強武曰圉子恭侯捷封垣故位次曰夜侯垣亦誤
不用赤側為賦按時用赤側錢而汝南獨不以爲賦也河陽莊侯陳涓縣名屬河內淮陰
侯韓信縣名屬臨淮下文信爲典客漢表作粟客蓋字誤案傳作治粟都尉或先爲連敖典客芒侯耏跖縣名
屬沛郡耏跖音而隻二音耏又音人才反字林以多須髮曰耏耏姓也左傳宋有耏班也南宮公主芒侯孫張侯申尚南
宮公主景帝女初南宮侯張坐尚之有罪後張侯耏申尚之也故市侯閻澤赤縣名屬河南柳丘齊侯
戎賜縣名屬勃海魏其莊侯周定縣名屬琅邪祈穀侯繒賀縣名屬太原謚法行見中外云
穀平悼侯沛嘉縣名屬河南魯侯奚涓縣名屬魯國涓無子封中母侯疵也故城莊侯尹
恢漢表作城父屬沛郡任侯張成縣名屬廣平漢表作張越棘丘侯襄漢志棘丘地闕襄名也史失姓及謚
阿陵頃侯郭亭縣名屬涿郡也起單父塞路入漢一云塞疏一云以衆疏入漢案塞路字誤爲疏
小顏云主遮塞要路昌武靖信侯單寗單寗音善佞漢志昌武闕高宛利侯丙倩縣名屬千乘倩
七淨反宣曲齊侯丁義漢志闕子通復封發婁絳陽齊侯華無害漢志闕漢作終陵也東

第敬侯劉釗漢志闕一作柔也斥丘懿侯唐厲縣名屬魏郡破籍武城初爲武城侯後擊布改封斥上臺定侯戴野案臨淄鄉有臺鄉縣安國武侯王陵縣名屬中山樂成節侯丁禮漢志闕辟陽幽侯審食其縣名屬信都安平敬侯諤千秋縣名屬涿郡蒯成尊侯周緤漢志闕晉書地道記屬北地按緤封池陽後定封蒯成音苦壞切小顏音普背反鄲康應侯緤少子紹封鄲按漢志屬沛郡如淳引闕騶州志音多侯中居音仲也北平文侯張蒼縣名屬中山爲計相也高胡侯陳夫乞漢志闕厭次侯元項漢表作爰類按厭次漢志闕晉書地道記屬平原後屬樂陵國也平皐煬侯劉他縣名屬河內本姓項賜劉氏復陽剛侯陳胥縣名屬南陽復音扶應劭云在桐柏山下復水之陽也陽河齊侯卞訢漢表作其石哀侯章改封埤山音卑也朝陽齊侯華寄縣名屬南陽棘音紀力反陽壯侯得臣縣名屬南陽湼陽壯侯呂勝縣名屬南陽按五侯靳項籍皆諡壯漢表以爲莊皆避諱改作嚴誤也平棘懿侯執徐廣曰漢表作林摯平棘縣名屬常山也羹頡侯劉信高祖兄子深澤齊侯趙將夜縣名屬中山漢表作將夕栢至靖侯許溫漢表作許盎柏志漢志闕又云以駢隣從姚氏隣隣聲相近駢隣猶比鄰也說衛者說稅也稅衛謂軍行初舍之時主爲衛也中水壯侯呂馬

史記索隱表六　四　廣雅書局栞

童縣名屬涿郡應劭云易濡二水之中杜衍莊侯王翳縣名屬南陽漢表作王翥也赤泉莊侯楊喜漢志闕孫無害後封臨汝栒項侯溫疥縣名在扶風音荀故周文王封其子之邑河東亦有郇城也武原靖侯衛胠漢志武泉闕表胠作胠音脅又音怯磨簡侯程黑磨漢志闕表作歷歷縣在信都劉氏依字讀言天下地名多既無定證且依字是不決之詞地之與邑竝無磨誤也稾祗侯陳錯漢表作錯音措三蒼云九江人名鐵曰錯漢志槖縣屬山陽也宋子惠侯許瘛音尺制反郭璞音胡計反亦作瘛字林音巨月反漢志宋子縣名屬鉅鹿也猗氏敬侯陳遬縣名屬河東遬音速清簡侯空中同空一作窒窒中姓見風俗通清縣屬東郡彊簡侯畱勝漢志彊闕彭簡侯秦同漢表屬東海郡吳房莊侯楊武縣名屬汝南甯莊侯魏選漢表甯陽屬濟南也昌國侯盧卿縣名屬琅邪漢表姓旅旅郎盧古旅弓字亦然也共莊侯盧罷師縣名屬河內子惠侯黨閼氏節侯馮解敢縣名屬安定漢表太尉作大與大與爵名音泰也安丘懿侯張說音悅安丘縣名屬北海也合陽侯劉仲仲名嘉高祖弟初封代王合陽屬馮翊襄平侯紀通縣名屬臨淮龍敬侯陳署廬江有龍舒縣蓋其地也繁莊侯瞻漢表作平嚴侯張瞻此作彊瞻地理志有繁陽恐別有繁縣志闕陸量侯須毋漢表作須無如淳據始皇紀所謂陸量地按今在江

南也高京侯周成漢志闕周苛子離侯鄧弱漢志闕又失此侯封及絕按楚漢春秋亦闕漢表成帝時光祿大夫滑堪曰旁占驗曰鄧弱以長沙將兵侯是所起也義陵侯吳程徐廣云一作義陽義陽在汝南宣平武侯張敖楚漢春秋南宮侯張耳此作宣平侯敖敖耳子陳平錄第時耳薨孫廣封睢陽也東陽武侯張相如縣名屬臨淮開封閔侯陶舍縣名屬河南子夷侯青爲丞相也沛侯劉濞縣名屬沛郡愼陽侯欒說漢表作樂說愼陽屬汝南如淳曰音愼若闐駰合作順陽續漢書作滇陽禾成孝侯公孫耳漢表耳作昔禾成漢志闕堂陽哀侯孫赤縣名屬鉅鹿祝阿孝侯高邑縣名屬平原長修平侯杜恬縣名屬河東案位次曰信平侯江邑侯趙堯漢志闕營陵侯劉澤縣名屬北海改封瑯邪王土軍武侯宣義包愷云地理志西河有土軍縣按位次曰信成侯也廣阿懿侯任敖縣名屬鉅鹿須昌貞侯趙衍縣名屬東郡臨轅堅侯戚鰓漢志闕汲終侯公上不害漢表作伋伋與汲竝縣名屬河內公上姓不害名也甯陵夷侯呂臣縣名屬陳留也汾陽壯侯靳强縣名屬太原戴敬侯秋彭祖漢表作祕音轡又韋昭音持蔑反今檢史記諸本竝作秋今見有姓秋氏戴地名音再應劭云章帝改曰考城在故留縣也衍簡侯翟盱況于反衍漢志闕平州恭侯昭涉掉

史記索隱表六　五　廣雅書局栞

尾漢志闕晉書地道記屬巴郡昭涉姓掉尾名也中牟恭侯單父聖漢表作單父左車中牟縣名屬河南也邔莊侯黃極忠漢表作忠邔縣名屬南郡亦作邔漢書音義音其己反又周成雜字解詁云邔音跽也博陽節侯周聚縣名屬彭城陽義定侯靈常漢表義作羡也陽羡縣屬丹陽下相莊侯冷耳縣名屬臨淮德哀侯劉廣漢志闕表在濟南劉廣濞之弟高陵圉侯王周漢表作王虞人高陵縣志屬瑯邪也期思康侯賁赫縣名屬汝南賁姓音肥又如字穀陵定侯馮谿漢志闕表作馮谿戚圉侯季必漢志闕晉記屬東海按灌嬰傳重泉人作李誤也壯敬侯許猜徐廣云一作莊漢表作嚴猜音德成陽定侯奚意縣名屬汝南桃安侯劉襄縣名屬信都本姓項子舍爲丞相也高梁恭侯酈疥漢志闕酈食其子也紀信匡侯陳倉漢志闕甘泉壯侯王競按志甘泉闕疑甘泉是甘水漢表作景侯也張節侯毛澤之縣名屬廣平亦作繹之也煮棗端侯棘朱漢表作端侯革朱革音棘亦作東誤也棘姓蓋子成之後也鄢陵莊侯朱濞縣名屬潁川鹵壯侯張平漢志闕鹵音求隕反一作鹵音魯又作鹵也

惠景閒侯者年表第七

非同姓而王者八國齊王韓信韓王韓信燕王盧綰梁王彭越趙王張耳淮南王英布臨江王共敖長沙王吳
芮凡八也禪五世禪者傳也按諸侯王表芮國至五世而絕無功而侯者數人按此表芮子淺封便侯至
玄孫又封成王臣之子爲沅陵侯亦至曾孫便侯音鞭縣名也吳淺所封肺腑柿府二音柿木札也附木皮也以喻
人主疏末之親如木札出於木樹皮附於樹也詩云如塗塗附注云附木皮也便項侯吳淺漢志縣名屬桂陽音鞭長
沙王芮子軑侯利倉漢書作軑侯朱蒼故長沙相軑音大縣名在江夏也平都孝侯劉到縣名屬東海故
齊將已上孝惠時三人也扶柳侯呂平縣名屬信都呂后姊長姁子郊一作洨侯呂產縣名屬沛郡呂
后兄子南宮侯張買縣名屬信都梧齊侯陽成延縣名屬彭城平定敬侯齊受
漢志闕或鄉名博成敬侯馮毋澤漢志闕沛侯呂種縣名屬沛郡呂后兄康侯少子襄成侯
義縣名屬潁川孝惠子軹侯朝縣名屬河內孝惠子壺關侯武縣名屬河內孝惠子沅陵項侯吳
陽沅陵縣近長沙漢志屬武陵長沙王臣子也上邳侯劉郢客楚元王子朱虛侯劉章縣名屬琅
邪齊悼惠王子昌平侯太縣名屬上谷孝惠子實呂氏也贅其侯呂勝縣名屬臨淮呂后昆弟子也中
邑貞侯朱通漢志闕樂平簡侯衛無澤漢志闕山都貞侯王恬開漢志闕

松漢表作祝茲夷侯徐厲縣名屬廬江成陶漢表作成陰也夷侯周信漢志闕俞侯呂
他俞音輸他音馳呂嬰子也俞縣屬清河也滕侯呂更始一作滕劉氏云作滕恐誤今按滕縣屬沛郡滕未聞更始
呂氏之族醴陵侯越縣名今在長沙呂成侯忿呂后昆弟子東牟侯劉興居縣名屬東萊齊
悼惠王子也鍾侯呂通縣名屬東萊呂后兄子信都侯張侈縣名屬信都敖子以魯元公主封樂
昌侯張受張敖子祝茲侯呂榮漢書在琅邪呂后弟子建陵侯張澤一名釋漢表作東海
東平侯呂莊縣名在東平燕王呂通也

右高后時三十一

陽信夷侯劉揭表在新野志屬勃海恐有二縣軹侯薄昭縣名屬河內也壯武侯宋昌縣名
屬膠東清郭侯駟鈞齊封田嬰爲清郭君漢表鄔侯駟鈞鄔太原齊縣齊哀王舅父侯舅父郎舅猶姨曰姨母然也
周陽侯趙兼縣名屬上郡淮南王舅父樊侯蔡兼縣名屬東平管共侯劉罷軍管古國今
爲縣屬滎陽齊悼惠王子斥丘侯劉寧國斥丘縣在魏郡齊悼惠王子營平侯劉信都表在濟南
齊悼惠王子也楊虛共侯劉將盧漢書作將閭齊悼惠王子襲封王子也楊虛共侯劉平漢志

闕齊悼惠王子也扐侯劉辟光縣名屬平原音力齊悼惠王子爲濟南王安都侯劉志漢志闕齊悼惠
王子爲濟北王也平昌侯劉卬縣名屬平原齊悼惠王子爲膠西王武城侯劉賢漢志闕凡闕者或鄉
名或尋廢故志不載齊悼惠王子爲菑川王也白石侯劉雄渠縣名屬金城齊悼惠王子爲膠東王波陵漢志
作沶音泜康侯魏駟以陽陵君侯南郎侯起韋昭音貞一音程李彤云河南有郎亭音頳起名也史失其姓
以信平君侯阜陵侯劉安縣名屬九江淮南厲王子襲淮南王也安陵侯劉勃縣名屬馮翊恐別有
安陵淮南厲王子爲衡山王也陽周侯劉賜淮南厲王子爲盧江王東城哀侯劉良縣名屬九江淮
南厲王子犁頃侯召奴縣名屬東郡齊相召平子缾侯孫單縣名屬琅邪北地都尉孫卬子缾音瓶弓
高菀侯韓頹當漢表在營陵韓王信子襄城哀侯韓嬰志屬潁川韓王信太子故安節
侯申屠嘉縣名屬涿郡以丞相侯章武景侯竇廣國縣名屬勃海竇太后弟南皮侯竇
彭祖縣名屬勃海竇太后兄長君之子也

右孝文時二十九

平陸侯劉禮縣名屬西河又有東平陸在東平楚元王子爲楚王休侯劉富楚元王子沈猶夷侯

劉穢漢表在高宛楚元王子紅雅一云禮侯也侯劉富楚元王子按王傳休侯富免後封紅侯此則竝列誤
也漢表一書而已紅休蓋二鄉名王莽封劉歆爲紅休侯一云紅郎虹縣也宛朐侯劉執縣名屬濟陰楚元王子蕭
該執音藝魏其侯竇嬰縣名屬琅邪爲丞相坐誅棘樂侯劉調楚元王子俞侯欒布俞音輸縣
名屬清河建平哀侯程嘉縣名屬沛郡平曲侯公孫昆漢書作渾也邪按漢表在高城江
陽康侯蘇嘉漢表作蘇息又云縣在東海也遽侯橫按漢表鄉名在常山趙相建德之子史失其姓新市
侯王康縣名屬鉅鹿趙內史王慎子也商陵侯趙周漢表在臨淮楚相趙夷吾子也山陽侯張當
居楚相張尚之子安陵侯子軍匈奴王降也垣侯賜縣名屬河東匈奴王降也遒侯李隆彊
縣名屬涿郡音茲鳩反匈奴王降容成侯唯徐盧縣名屬涿郡匈奴王降也易侯僕黥縣名屬涿郡匈
奴王降范陽靖侯代縣名屬涿郡匈奴王降也翕侯邯鄲漢表在內黃匈奴王降也亞谷一作惡父
也簡侯盧他父漢表在河內故燕王盧綰子隆盧音林閭侯蟜縣名屬河內長公主嫖子也乘
氏侯買縣名屬濟陰梁孝王子嗣爲梁王也桓邑侯明梁孝王子蓋靖侯王信漢表在勃海孝景后
子塞侯直不疑御史大夫擊吳楚武安侯田蚡縣名屬魏郡孝景后同母弟周陽懿侯

田勝縣名屬上郡孝景后同母弟

右孝景時三十一

長沙鄭業敬初校
香山何翰章覆校

史記索隱卷六終

史記索隱卷七

建元以來侯者年表第八

荊茶是徵茶音舒徵音澄翕侯趙信元朔二年以匈奴相國降侯後降單于翕音吸按漢表在內黃也持裝漢表作轅侯樂音岳匈奴都尉降侯漢表在南陽也親陽侯月氏匈奴相降侯表在舞陽也若陽侯猛匈奴相降侯表在平氏也長平烈侯衞青以車騎將軍再擊匈奴侯地理志縣名在汝南平陵侯蘇建表在武當岸頭侯張次公表在皮氏平津侯公孫弘表在高城子皮山陽太守失侯涉安侯於單音丹以單于太子降侯昌武侯趙安稽以匈奴王降侯表在武陽襄城侯無龍漢表作襄武侯乘龍不同也按韓嬰亦封襄城侯地理志襄城在潁川襄武在隴西也南奅侯公孫賀徐廣曰匹孝反劉氏普教反張揖奅空也纂文云奅虛大也茂陵中書云南大侯此本字也衞青傳作窌說文以爲從穴音柳窌反從本音延孝反合騎侯公孫敖表在高城也安樂侯李蔡以丞相有罪自殺安樂表在昌地理志昌縣在琅邪也龍頟侯韓說以橫海將軍後封按道侯免子增復封漢表以龍頟按道爲二人封非也地理志縣名屬平原劉氏音額崔浩音洛又云今河閒有龍頟村與弓高相近韋昭云按道屬齊也隨成侯趙不虞表在千乘石累累音壘險阻地名漢表作疊音門以聞非實坐謾謂上聞天子狀不實爲謾而國除謾音木干反從平侯公孫戎奴表在樂昌邑涉軹侯李朔漢表軹在西安無涉字地理志西安在齊郡涉軹猶從驃然皆當時意也故上文有涉安侯宜春侯衞伉志縣名屬汝南豫章亦有之陰安侯衞不疑志縣名屬魏郡發干侯衞登志縣名屬東郡已上三人皆大將軍衞青子博望侯張騫志縣名屬南陽冠軍侯霍去病縣名屬南陽衆利侯郝賢衆利表在陽城姑莫後以封伊郝軒也郝音呼惡反又音檡潦表在舞陽悼侯趙王煖訾煖音況遠反訾音卽移反宜冠侯高不識冠音官表在昌也煇渠鄉名按表在魯陽煇上下並音徽忠侯僕多漢表作僕朋此云僕多與衞青傳同從驃侯趙破奴以從驃騎得封故曰從驃後封從野侯下麾侯呼毒尼表在猗氏麾音撝濕陰魏侯蘇表在平原魏諡蘇名諡法克捷行軍曰魏也煇渠韋昭云僕多所封則作煇渠應庀所封則作渾渠二者皆鄉名在魯陽今並作煇誤也按漢表及傳亦作煇孔文祥云同是元狩中封則一邑分封二人也其義爲得悼侯扁訾漢表作悼侯應庀讀必二反扁必顯反訾子移反河綦康侯烏犂表在濟南郡漢書作禽犂常樂肥侯稠雕表在濟南漢書衞青傳作彫離符離侯路博德縣名屬沛郡將重會期將重將字上屬重者再也會期言再赴期將去聲重平聲壯侯

復陸支表在東平 衆利質侯伊即軒表志闕軒居言反 樓剸王剸音專 手自劍合
功侯手自劍謂手剸其王而合戰封 湘成侯敞屠洛表在陽城 義陽侯衞山表在平氏 散侯
董荼吾表在陽城劉氏荼音大姑反蓋誤耳今以其人名余吾余吾匈奴小名也 臧馬康侯延表在朱虛 周
子南君表在長社 樂通侯欒大韋昭云在臨淮高平 瞭侯次公音遼表在舞陽 述陽侯建
德表在下邳 龍亢侯廣德晉灼云龍闕左傳齊侯圍龍龍魯邑蕭該云廣德所封止是龍有亢者誤也 蟉居虬
反 成安侯延年表在郟志在陳留 昆侯渠復累表在鉅鹿樂彥累力委反顏師古音力追反 騏
侯駒幾志屬河東表在北屈 梁期侯任破胡志屬魏郡 牧丘恬侯石慶表在平原 瞭侯
畢取表在下邳初以封次公又封畢取 將梁侯楊僕表志闕 安道侯揭陽令定表在南陽
隨桃侯趙光表在南陽 湘成侯監居翁表在堵陽監官也居姓翁字 海常莊侯蘇弘
表在琅邪 北石侯吳陽漢表作外石在濟南 下鄘侯左將軍黃同漢表作鄘西南夷傳騶將左
黃同則左是姓恐漢表云將黃同則左將是官不疑 繚嫈侯劉福繚音繚繞之繚嫈案字林音乙耕反西南夷傳
音騶嫈 蘷兒莊侯轅終古韋昭云在吳越界今爲鄉也 開陵侯建成表在臨淮 臨蔡侯

孫都表在河內 東成侯居服表在九江 無錫侯多軍表在會稽 涉多侯嘉表在南陽 平
州侯唊表在梁父 荻苴侯韓陰音狄蛆表在渤海 澅侯祭表在齊澅音獲水名在齊又音平卦反
騠茲侯稽滑姑騠音啼表在琅邪 若苴王苴子餘反 浩侯王恢表志闕 瓡讘侯扜
者縣名案表在河東志亦同即狐字扜音烏亦音汙 幾侯張路音機表在河東韋昭云路姑洛反 涅陽侯
子最表在濟志屬南陽

右太史公本表

當塗魏不害表在九江 潦陽江德潦音遼表在清河 富民田千秋表在蘄

右孝武封國名

安陽上官桀表在蕩陰志屬汝南 桑樂上官安表在千乘 富平張安世志屬平原 義陽
傅介子表在平氏 商利王山表在徐郡 建平杜延年表在濟陽 弋陽任宮志屬汝南 宜
城燕倉表在濟陰 宜春王訢志屬汝南 安平楊敞表在汝南志屬涿郡

右孝昭封國名

陽平蔡義志屬東郡 扶陽韋賢志屬沛郡表在蕭 平陵范明友表在武當 營平趙充
國表在濟南 陽成田延年表在濟陰非也且濟陰有成陽縣耳而潁川汝南又各有陽成縣城字從土在陽之下今
此似誤不可分別也 平丘王遷志屬陳留表在肥城 家在衞一作衙音牙地理志衙縣在馮翊 樂成霍
山表在平氏志屬南陽 冠軍霍雲志屬南陽 平恩許廣漢志屬魏郡 昌水田廣明表在於陵
高平魏相志屬臨淮 博望許中翁志屬南陽 平臺史子叔志屬常山 樂陵史子長
志屬臨淮平原亦有樂陵 博成張章表在臨淮 都成金安志屬潁川 平通楊惲表在博陽 高昌
董忠志屬千乘 爰戚趙成漢表作趙長平 樂昌王稚君表在汝南 邛成王奉光表在濟陰
安遠鄭吉表在慎 博陽邴吉表在南頓 建成黃霸表在沛 西平于定國表在臨淮

右孝宣時封

陽平表在東郡

建元已來王子侯者年表第九

茲侯明表志闕 安成侯蒼表在豫章 宜春侯成表志闕 句容哀侯黨表在會稽 句

陵侯福表志闕 杏山侯成表志闕 浮丘侯不審表在沛 廣戚節侯擇表志闕魯
共王子 丹陽哀侯敢表在蕪湖 盱台侯象之表志闕象之表作蒙之 湖孰頃侯胥表在
丹陽胥表作胥行 秩陽終侯漣表作秣陵漣表名纏 睢陵侯定國表作淮陵 龍丘侯代表在
瑯邪 張梁哀侯仁表志闕已上皆江都易王子 劇原侯錯表志闕 壤夷侯高表志闕 平
望夷侯賞表志闕 臨原敬侯始昌表作臨衆 葛魁節侯寬表志闕或鄉名 益都侯
胡表志皆闕 平酌戴侯彊漢表作平的志屬北海 劇魁夷侯墨志屬北海 壽梁侯守表在
壽樂 平度侯衍志屬東萊 宜成康侯偃表在平原 臨朐哀侯奴表在東海已上皆菑川懿王子
雷侯稀表在東海 東莞侯吉志在瑯邪 辟節侯壯表在東陽皆城陽共王子 尉文節侯丙
表在南郡 封斯共侯胡陽志屬常山 榆丘侯壽福表志皆闕 襄嚵侯建韋昭云廣平縣嚵音
仕咸反又仕儉反 邯會侯仁志屬魏郡 朝侯義凡侯不言郡縣表志皆闕 東城侯遺志屬九江 陰
城侯蒼表志闕已上皆趙敬肅王子 廣望侯安志屬涿郡 將梁侯朝平表在涿郡 新館侯
未央表在涿郡 新處侯嘉表在涿郡 陘城侯貞表在涿志屬中山已上皆中山靖王子 蒲領侯

嘉表在東海西熊侯明表志皆闕棗彊侯晏志屬清河畢梁侯嬰表在魏郡已上皆廣川惠王子
房光侯殷表在魏郡距陽侯白表志皆闕蔞安侯遂蔞音力俱反漢表蔞節侯無安字節諡也阿
武涽侯豫表志皆闕參戶侯勉志屬渤海州鄉節侯禁志屬涿郡成平侯禮表在南皮
廣侯順表在渤海蓋胥侯讓漢志在泰山表在魏郡已上皆河間獻王子陪安侯不害表在魏郡
榮簡侯騫漢表在營闕在茌平周堅侯何表志皆闕安陽侯桀表在平原五據侯臞丘
表在泰山舊作纓音鉤劉氏音烏霍反富侯龔表志皆闕倍繆侯明表在平原叢侯信叢音纖漢表作
前在平原今平原無前縣此例非一蓋鄉名也平侯遂志屬河南羽侯成志屬平原胡母侯楚表在泰山
自陪安侯不害已下十一人是濟北王子而漢表自安陽侯已下是濟北武王子同是元朔三年十月封恐因此誤也離石
侯綰表在上黨志屬西河邵侯慎表在山陽昌利侯嘉志屬齊郡藺侯憙志屬西河臨河侯
賢志屬朔方隰成侯忠志屬西河土軍侯郢客志屬西河皋狼侯遷表在臨淮千章侯
遇表在平原已上皆代共王子博陽康侯就志屬汝南寍陽節侯恢表在濟南瑕丘節侯
貞志屬山陽公丘夷侯順志屬沛郡郁狼侯騎韋昭云屬魯志不載狼音盧黨反又音郎西昌侯

敬已上皆代共王子陘城漢表作陸地侯義中山靖王子按漢表陸地爲得靖王子貞已封陸二人不合重封
邯平侯順趙敬肅王子四人以異年封故別見於此表在廣平也武始侯昌後立爲趙王表在魏象氏
節侯賀韋昭云鉅鹿縣易一作鄗安侯平已上皆趙敬肅王子志屬涿郡表在鄗也洛陵侯章長沙
定王子六人攸輿侯則按今長沙有攸縣攸本名攸輿表在南陽今無之也茶陵侯欣表在桂陽志屬長沙
建城侯拾表在豫章安衆康侯丹志屬南陽山拊音趺葉康侯嘉葉音攝縣名屬南陽已上皆長
沙定王子也利鄉侯嬰城陽共王子十人也有利侯釘表志闕東平侯慶表志闕運平
侯訢表在東海山州侯齒表志闕海常侯劉福表在琅邪鈞丘侯憲漢表作騶丘敬侯寬
也南城侯貞表志闕廣陵虒侯表徐廣曰一作廣陽晉灼曰虒音斯莊原侯皐已上皆城
陽共王子漢表作杜原臨樂敦侯光中山靖王子四人韋昭曰縣名屬渤海敦諡法善行不怠曰敦東野戴
侯章表志闕高平侯嘉表在平原廣川侯頗已上皆中山靖王子千鍾侯搖漢表作重侯檐
河間獻王子一人表在平原地理志有重丘也披陽敬侯燕齊孝王子九人蕭該音皮劉氏音皮彼反志屬千乘也
定敷侯越定地名敷諡也說文云敷讀如躍稻夷侯定志屬琅邪山侯國表在渤海繁安夷

侯忠表志闕柳康侯楊表志闕雲夷侯信志屬琅邪宇平共侯漯音沓志屬東萊柴
原侯代已上皆齊孝王子志屬泰山也栢陽漢表作暢侯終古趙敬肅王子二人表在中山鄗漢表作鄗
安侯延年音霍已上二人趙敬肅王子志屬常山桑丘節侯洋漢表名將夜中山靖王子九人表在深澤
也高丘哀侯破胡表志闕柳宿夷侯蓋表在涿郡戎丘侯讓表志闕樊輿節
侯條表志闕曲成侯萬歲表在涿郡安郭侯博表志闕安險侯應志屬中山安遙
侯恢已上皆中山靖王子夫夷敬侯義長沙定王十五人舂陵節侯買志屬南陽都梁敬
侯遂志屬零陵洮陽靖侯狗彘志屬零陵洮音滔又音道漢表名將泉陵節侯賢已上長沙定五
子志屬零陵終弋侯廣置衡山王賜子一人表在汝南麥侯昌城陽頃王子十九人漢表二十人有挾信
侯霸疑此表虒在琅邪鉅合侯發表在平原昌侯差志屬琅邪蕢侯萬音祕又扶謂反表在琅邪也
雩康侯澤志屬琅邪音呼加二音石洛侯敢表在琅邪扶滯漢表挾術侯昆吾表在琅邪滯音
浸挍侯霸漢表名雲挍音劾志闕說者或以爲琅邪被縣恐不然也栒侯讓栒音勒栒縣名屬平原父城
侯光徐廣云一作六城志在遼西表在東海彭侯彊表在東海庸侯談漢表名餘在琅邪翟侯壽

表在東海鱣侯應表在襄賁賁音肥襄賁縣名報侯息報縣名志屬北海漢作瓡節諡也韋昭以瓡爲諸槃反顏
師古云即瓡字也然此作報徐廣又云作瓡也虛墟音栒也水侯禹志屬琅邪東淮侯類表在北海栒音荀
侯賢表在東海按志栒在扶風與栒別也清音育也侯不疑已上十九人皆城陽頃王子表在東海按清水在南
陽南陽有清陽縣疑表非也陸侯何菑川靖王子表在壽光廣饒康侯國志屬齊郡缾音萍也敬
侯成韋昭云古缾邑音蒲經反志屬琅邪也俞閭侯無害已上菑川靖王子也甘井侯元廣川繆王
子二人表在鉅鹿也襄陵侯聖已上廣川繆王子表在鉅鹿也志屬河東皐虞侯建膠東王子三人志屬琅邪
魏其暢侯昌志屬琅邪祝茲侯延已上膠東王子按志松茲在廬江亦作祝茲表在琅邪劉氏云諸侯封名
史漢表多有不同不敢輒改今亦略檢表志同異以備多識也

漢興以來將相名臣年表第十

漢高皇帝元年以漢王還定雍明年立太子盈大事記謂誅伐封建薨叛相位置立丞相太尉三公也將
位命將興師御史大夫亞相也都關中咸陽也東函谷南嶢武西散關北蕭關在四關之中故曰關中用劉
敬張良計都之也破楚垓下音陔提名也在洨縣也踐皇帝位定陶在濟陰沇水之陽命咸

陽曰長安高帝六年按上盧綰及帝已封長安侯者蓋當時別有長安君也張蒼爲計相計相主天下書計及計吏也郃陽侯郃陰合在馮翊劉仲封也太上皇名執嘉一名瑞鄧侯音嵯此在沛郡後代鄧音贊在南陽御史大夫汾陰侯周昌汾陰縣屬河東江邑食侯趙堯御史大夫江邑漢志闕蜀湔氏反湔音煎氏音柢蜀郡縣名也辟陽侯曹窋竹律反代王武景帝子後封梁遷嚴道死雍嚴道在蜀郡雍在扶風滕公卒汝陰侯夏侯嬰也爲滕令故曰滕公芷陽鄉爲霸陵芷音止又音昌改反地理志有芷陽縣名霸陵者以霸水爲名也復作音伏句注竝如字句又音鉤復土將軍復音伏厲國桿戶幹反亦作悍徐廣曰姓徐一名厲郎祝茲侯脩侯周亞夫脩音條勃海有脩市縣一作修御史大夫趙綰代衛綰御史大夫青翟姓莊李沮音子如反廟壖垣而戀反壖垣外垣短墻也因扞將軍音于因扞地名公孫敖也御史大夫式卜式也御史大夫寬兒寬也御史大夫卿王卿也御史大夫周杜周也太初元年改厤以正月爲歲首始用夏正也大始元年裴駰以爲自天漢已後後人所續卽褚先生所補也後史所記又無興呼故今不討論也武帝建元元年年之有號始自武帝凡十一號建光六元光六元朔六元狩六元鼎六太初六元元封六大始四征和四天漢四後元一凡五十四年

史記索隱卷七終

長沙鄭業敬初校
香山何翰章覆校

史記索隱卷八

禮書第一書者五經六籍總名也此之八書記國家大體班氏謂之志志記也洋洋音羊洋洋美盛貌鄒誕生音翔大行大行秦官主禮儀漢景帝改曰大鴻臚鴻臚掌九賓之儀也錯衡錯鏤衡抏爲文飾也詩曰約軧錯衡毛傳云錯衡文衡也彫弊彫謂彫飾也言彫飾是奢侈之弊也門人之高第言子夏是孔子門人之中高第者謂才優而品第高也故論語四科有文學子游子夏是芬苣音止又昌改反疏房疏謂窗也側載臭苣劉氏云側持也臭香也芷香草也言天子行持得以香自隨也其餘則否臭爲香者山海經云臭如蘪蕪易云其臭如蘭是臭爲草之香也今以側爲邊側載者置也言天子之側恒置芳香於左右大抵按大抵猶大略也臣瓚以抵訓爲歸則是大略大歸其義通也寢兕以兕牛皮爲席持虎按以猛獸皮文飾倚較及伏軾故云持虎劉氏云畫之於旂竿及楯伕等以今所見爲說也鮫韅以鮫皮飾韅韅馬腹帶也彌龍彌亦音弭謂金飾衡梔爲龍此皆王者服御崇飾所以示威武故云所以養威也此文皆出大戴禮蓋是荀卿所說金薄璆龍劉氏云薄猶飾也璆然龍貌璆音虬知夫士出死要節言人誰知夫志士推誠守死要立名節仍是養生安身之本故下云人苟生之爲見若者必死是解上意言人苟以貪生之爲見不能見危致命若者必死若猶如也言執心爲見如此者必刑戮及身故云必死下文皆放此也情勝

之爲安覆解上禮義文理之所以養情墨者使人兩失之墨者不尚禮義而任儉嗇無仁恩故使人兩失之詩曰悅以使人人忘其死也強固之本也自此已下皆是儒分之功堅革利兵不足以爲勝覆上功名之總施鑽鑽謂矛刃及矢鏃也莊蹻起蹻音其略反楚將之名言其起兵亂後楚遂分爲四按漢志滇王莊蹻之後也叅是叅者驗也言驗是楚豈無利兵哉阻之鄧林按裴氏引山海經以爲夸父棄杖爲鄧林其言北飲大澤蓋非在中國也劉氏以爲今襄州南鳳林山是古鄧祁侯之國是楚之北境故云阻以鄧林也振槁振動也擊也槁乾葉也莫必其命言無人必係其性命偏亡鄒音遍諸侯不敢懷懷思也言諸侯不敢思以太祖配天而食也又一解王之子孫爲諸侯不思祀其父母故禮云諸侯不敢祖天子是也郊疇乎天子疇類也天子類得郊天餘並不合祭今大戴禮作郊止乎天子是也止或作疇因誤耳社至諸侯言天子已下至諸侯得立社啗及士大夫啗音含含謂包容諸侯已下至士大夫得祭社故禮云大夫成羣立社曰置社亦曰里社也鄒誕生音啗谷念反音義亦通不見古文各以意爲音耳今按大戴禮作導及士大夫導亦通也今此爲啗者當以導與蹈同後其字足失止唯有口存故使解者也穿鑿也以歸太一是謂大隆貴本親用兩者合而成文以歸太一太一者天地之本也得禮之文理是合於太一也隆者盛也高也得禮文理歸於太一禮之盛者也豆之先大羮一也樽之上玄樽俎之上生魚豆之

先大羹三者如一皆是本故云一也 利爵不啐 按儀禮祭畢獻祝西面告成是爲利爵祭初未行無算爵故不啐入口也 成事俎不嘗 成事卒哭之祭故記曰卒哭曰成事既是卒哭之祭始從吉祭故受爵而不嘗俎也 三侑之弗食 禮祭必立侑以勸尸食至三飯而止每飯有侑一人故有三侑既是勸尸故不相食也 大婚之未發齊也 發齊謂昏禮父親醮子而迎之前故曲禮云齊戒以告鬼神是婚禮有齊也 始死之未小斂一也 此五者皆禮之初始質而未備亦是貴本之義故云一也 大路素幬 音稠謂車蓋以素帷亦質也 喪服之先散麻一也 大路已下三事相似如一故云一也散麻取其質無文飾亦貴本也 縣一鍾尚拊隔 拊音撫隔懸鍾格不擊其鍾而拊其格不取其聲亦質也鄭氏隔音膊蓋依大戴禮也而鄭禮注云搏拊祝敔也 朱絃而通越一也 大瑟而練朱其絃又通其下孔使聲濁且遲上質而貴本不取其聲又自三年已下四事皆不取其聲也 凡禮始乎脫 脫猶脫略也始初也言禮之初尚疏略也 成乎文 言禮成就有文飾 終乎稅 音悅言禮終卒和悅人情也按大戴禮作終於隆隆謂盛也 情文代勝 音昇又尸證反或文勝情或情勝文是情文更代相勝也大戴禮作迭興也 其下復情以歸太一 言其次情文俱失歸心混沌天地之初復禮之本是歸太一也 太史公曰至矣哉 已下亦是太史公取荀卿禮論之意極言禮之損益以結禮書之論也 本末相順 禮之盛文理合以歸太一至禮之煞復情以歸太一是本末相順也 終始相應 禮始於脫略終於悅悅亦煞也煞與脫略是終始亦相應也 至文有以辨 言禮之至文能辨尊卑貴賤故云有以辨也 至察有以說 言禮之至察有以明隆煞損益委曲情文足以悅人心故云有以悅之也 禮之貌誠 誠有本作懇誠者非也 入焉而望 言擅作典制及褊陋之說入焉謂入禮則自嗛望知其失 而隊 言譽毀禮者自取隊滅也 恣睢 恣睢猶毀訾也 規矩誠錯 錯置也規員也矩曲尺也 禮之中能思索 索求也 隆文煞用 隆猶厚也煞猶薄也 君子之性守宮庭也 言君子之性守正不慢遠行如常守宮庭也 人域是域士君子也 域居也言君子之行非人居亦弗居也 外是人也 外謂人域之外非人所居之地以喻禮義之外別爲他行卽是小人故云外是人也 房皇周浹聖人也 房音旁旁皇猶徘徊也周浹猶周匝言徘徊周浹委曲得禮之序動不失中則是聖人之行也 故厚者禮之積 言君子聖人有厚大之德則爲禮之所積益弘廣也故曰甘受和白受采忠信之人可以學禮苟無忠信則禮不虛道然此文皆荀卿禮論也

樂書第二

嘄噭 上姑堯反又音叫下音竅也 封君世辟 辟亦君也 與齊優遂容於魯 齊人歸女樂而孔子

行言不能遂容於魯而去也或作逐客誤也 作五章以刺時 按家語所云孔子嗟季桓子作歌引詩曰彼婦人之口可以出走彼婦人之謁可以死敗優哉游哉聊以卒歲是五章之刺也 高祖過沛詩三侯之章 即大風歌是也其歌曰大風起兮雲飛揚威加海內兮歸故鄉安得猛士兮守四方是也侯語辭也詩曰侯其偉而是也猗兮亦語辭沛詩有三兮故云三侯 作十九章 按禮樂志安世房中樂有十九章 世多有故不論 言四時歌多有其詞故此不論載今見漢書禮樂志也 太一貢兮天馬下 按禮樂志貢作況況與貢意亦通 渥洼水中 注音一佳反烏花反蘇林音窪曲之窪窪郎窳是也 跇萬里 世亦逝鄒誕云一作亦音跇跇超也 名蒲梢 音史交反又本作騷亦同音 焦以殺 焦音如字鄒云作噍音將妙反 宮爲君 居中總四方宮絃最大用八十一絲聲重而尊故爲君 商爲臣 商是金金爲決斷臣事也七十二絲次宮如臣次君也 角爲民 用絲六十四聲居宮羽之中比君爲劣比物爲優故云清濁中人之象也 徵爲事 徵屬夏夏時生長萬物皆成形體亦有體故配事弦用絲五十四也 羽爲物 羽爲水最清物之象王肅云冬物聚故爲物弦用四十八絲也 苦滯 沾懘又本作 則槌 鄒音都回反徐廣曰今禮作陵音誚也 國之滅亡無日矣 無日猶言無復一日也以言君臣凌慢如此無復一日也則國之滅亡朝夕可待無復日也 綴兆舒疾 徐廣曰綴今禮作綴舞者酇列也又按下文其舞行及遠及短禮皆作綴恭是字之殘缺訛變耳故此爲綴而下又爲及也然竝依字讀義亦俱通恐違古記耳 樂著太始 著明也太始天也言樂能明太始是法天 禮居成物 言地能成萬物故成物謂地也居亦法也言禮法地也 著不息者天也 著謂著明白運天生不息者是天之功也故易乾卦云天行健君子以自强不息是 著不動者地也 著養萬物之不動者是地德也故易坤卦云安貞吉是也 南風之薰兮 此詩之辭出尸子及家語 椂龜 椂與寶同史記多作此字公羊傳寶龜青緣何休以緣爲甲𩓾千歲之龜青頰明于吉凶頰音耳占反 廉直經正 孫炎曰經法也今禮本作勁 肉好 王肅曰肉好言音之洪潤 狄成 王肅曰狄成言成而似夷狄之音也 類小大之稱 類今禮作律孫炎曰作樂器小大稱十二律也 奮至德之光 孫炎曰至德之光天地之道也 動四氣之和 孫炎曰四氣之和四時之化 蟠乎地 音盤鄒誕本作播亦作蟠皇偏以播爲舉恐非也 禮主其謙 王肅曰自謙愼也 樂主其反 孫炎曰反謂曲終還更始也 角觡 牛羊有䚡曰角麋鹿無䚡曰觡 干揚 鄭玄曰干楯也揚鉞也則揚與鍚同 壎篪 壎以土爲之大如鵞子形似鍾吹之爲聲篪以竹爲之六孔一孔上出名翹橫吹之今之橫笛是也詩云伯氏吹壎仲氏吹篪是也 未給下車 給禮文作及茲聲相近而字誤耳 建櫜 王肅云將帥能櫜弓矢而不用故建以爲諸侯因謂建櫜也 唯丘聞諸萇弘 按大戴禮云孔子適周訪禮於老聃學樂於萇弘是也

律書第三

一稟於律 按律有十二陽六爲律黃鍾太蔟姑洗蕤賓夷則無射陰六爲呂大呂夾鍾中呂林鍾南呂應鍾是也名曰律者釋名云律述也所以述陽氣也律歷志云呂旅助陽氣也按古律用竹又用玉漢末以銅爲之呂亦稱間古有六律六間之說元間大呂二間夾鍾是也漢京房知五音六律之數十二律之變至六十猶八卦之變爲六十四也故中呂上生執始執始下生去滅上下相生終於南呂而六十律畢也

六律爲萬事根本焉 按律歷志云夫推歷生律制器規圓矩方權重衡平準繩嘉量探賾索隱鉤深致遠莫不用焉是萬事之根本

望敵知吉凶 按周禮太師執同律以聽軍聲而占其吉凶是也故左傳稱師曠知南風之不競即其類也

聞聲效勝負 凡敵陣之上皆有氣色氣強則聲強其衆勁律者所以通氣故知吉凶也

其於兵械尤重 按易稱師出以律是於兵械尤重也

武王代紂吹律聽聲 其事當有所出今則未詳

齊用王子 徐廣云王子成父

大較 大較大法也故湻于髡曰車不較則不勝其任是也音角也

大至君辱 徐廣曰宋襄公是也

宿軍無用之地 謂常擁兵於郊野之外

選蠕 音軟選蠕謂動身欲有進取之狀也

新去湯火 謂秦亂楚漢交兵之時如遺墜湯火即書云人墜塗炭是也

孔子所稱有德君子 按論語孔子曰善人爲邦百年亦可以勝殘去殺是

七正二十八舍 七正日月五星七者可以正天時又孔安國曰七政日月五星各異政也二十八宿之所舍也舍止也宿次也言日月五星運行或舍於二十八次之分也

八正之氣 八謂八節之氣以應八方之風

主辟 辟音闢

危垝 鬼毀反

營室 定星也定中而可以作室故曰營室其星有室象也故天官書主廟此言主營胎陽氣而產之是說異也

須女 婺女名也

螾然 音引又音愼

寅 以愼反

符甲 符甲猶孚甲也

蜄也 音振或作娠二同音律厤志云振美於辰故

亥該也 按律厤志云該閡也於亥反

未言有滋味 律厤志云昧薆於未其意殊也

陰陽交故曰午 律厤志云愕布於午

申賊萬物 律厤志物堅於申

西者萬物之老 律厤志畱孰於酉

盡滅故曰戌 律厤志畢入於戌也

於注 音丁救反注咮也天官書云柳爲鳥咮則注柳星也

濁畱 按爾雅濁謂之畢畱即卯毛傳亦以畱爲卯也

至於奎 按天官書奎爲溝瀆婁爲聚衆胃爲天倉今此說並異及六律十母又與漢書不同今各是異家之說也

黃鍾長八寸十分一宮 按上文云律九九八十一以爲宮故云長八寸十分一宮而云黃鍾長九寸者九分之寸也劉歆鄭玄等皆以爲長九寸即十分之寸不依此法也云宮者黃鍾爲律之首宮爲五音之長十一月以黃鍾爲宮則聲得其正舊本多作七分蓋誤也

太呂長七寸五分三分一 謂十一月以黃鍾爲宮五行相次土生金故以大呂爲商者大呂以助陽宣化也

林鍾角 水生木故爲角不用褻宣者以陰氣起陽不用事故去之也

姑洗羽 亦以金生水故也

生鍾

分 此算術生鍾律之法也

子一分 自此已下十一辰皆以三乘之爲黃鍾實積之數

丑三分二 按子律黃鍾長九寸林鍾丑衡長六寸以九比六三分少一故云丑三分二即是黃鍾三分去一下生林鍾之數也

寅九分八 十二律皆以黃鍾爲主黃鍾長九寸太蔟長七寸寅九分八即是林鍾三分益一上生之義也

卯二十七分十六 此以丑三乘寅寅三乘卯得二十七南呂爲卯衡長五寸三分寸之一以三約二十七得九即黃鍾之本數又以三約十六得五縣三分之一即南呂之長故云卯二十七分十六亦是太蔟二分去一下生之義已下八辰竝准此然云丑三分二寅九分八者皆分之餘數也

黃鍾術曰以下生者 按蔡邕曰陽生陰爲下生陰生陽爲上生子午巳東爲上生巳西爲下生又律厤志云陰陽相生自黃鍾始黃鍾生太蔟左旋八八爲五從子至未得八下生林鍾是也又自未至寅亦得八上生太蔟然上下相生皆以此爲卒也

倍其實三其法 謂黃鍾下生林鍾黃鍾長九寸倍其實者二九十八三其法者以三爲法約之得六爲林鍾之長也

以上生者四其實三其法 四其實者謂林鍾上生太蔟林鍾長六寸以四乘六得二十四以三約之得八即爲太蔟之長

上九商八羽七角六宮五徵九 此五聲之數亦上生三分益一下生三分去一宮下生徵徵益一上生商商下生羽羽益一上生角然此文似數錯未暇研覈也

置一而九三之以爲法 按漢書律厤志曰太一元氣函三爲一行之於十二辰始動於子參之於丑得三又參之於寅得九是謂因而九三之也

韋昭曰置一而九以三乘之是也樂產云一氣生於子至丑而三是一三也又自丑至寅爲九皆以三乘之是九三之也又參之卯得二十七又參之於辰得八十一又參之於巳得二百四十三又參之午得七百二十九又參於未得二千一百八十七又參之於申得六千五百六十一又參於酉得萬九千六百八十三又參之於戌得五萬九千四十九又參至于亥得十七萬七千一百四十七謂之該數此陰陽合德氣鍾於子化生萬物也然丑三分寅九分者即分之餘數也

實如法得一 實謂以子一乘丑三至亥得十七萬七千一百四十七爲實數如法謂以上萬九千六百八十三之法除實得九爲黃鍾之長言得一者算術設法辭也得下有長一寸者皆衍字也韋昭云得九寸之一也姚氏謂得一即黃鍾之子數也

始於宮窮於角 即如上文宮下生徵徵上生商商下生羽羽上生角是其窮也

厤書第四

昔自在古厤建正作於孟春 按古厤者謂黃帝調厤以前有上元太初厤等皆以建寅爲正謂之孟春也及顓頊夏禹亦以建寅爲正唯黃帝及殷周魯竝建子爲正而秦正建亥漢初因之至武帝元封七年始改用太初厤仍以周正建子爲十一月朔旦冬至改元太初焉今按此文至於十二月節皆出大戴禮虞史伯夷之辭也

秭鴂先滜 按徐廣云秭音規者誤也當云秭音姊鴂音規蓋遺失耳言子規鳥春氣發動則先出野澤而鳴也又按大戴禮作瑞雉無釋未測其旨當是

字體各訛變耳**注秭規鳥一名鷤鳺**上音弟下音桂按楚詞云慮鷤鳺之先鳴使夫百草爲之不芳解者以鷤鳺爲杜鵑**卒於冬分**卒子律反分音如字卒盡也言建寅起孟春盡季冬則一歲事具也冬盡之後分爲來春故云冬分也**時雞三號卒明**三號三鳴也言夜至雞三鳴則天曉乃始爲正月一日言異歲也徐廣云卒一作平又作斯於文皆便**推本天元**言王者易姓而興必當推本天之元氣行運所在以定正朔以承天意故云承順厥意**蓋黃帝考定星麻**按系本及律麻志黃帝使羲和占日常儀占月臾區占星氣伶倫造律呂大撓作甲子隸首作筭數容成綜此六術而著調麻**嘉生**應劭云嘉穀也**放物**音昉依也**薦至**上音在見反古荐字改借用耳荐集也**正不率天亦不由人**此文出大戴禮是孔子稱周太史之詞**南正重**按左傳重爲句芒木正黎爲祝融火正此言南著劉氏以爲南字誤非也蓋重黎二人元是木火之官兼司天地職天是陽南是陽位故木亦是陽所以木正爲南正也而火是地正亦稱北正者火數二二地數地陰主北方故火正亦稱北正謂爲此故也而臣瓚以爲古文火字似北未爲深得也**孟陬**按正月爲陬陬音鄒又作侯反楚詞云攝提貞乎孟陬言麻數乖誤乃使孟陬殄滅不得其正也**攝提失方**按天官書云攝提三星若鼎足勾之直斗杓所指以建時節故曰攝提格格至也言攝提隨月建至故云格也**疇人**韋昭云疇類也孟康云同類之人明麻者也樂產云疇昔知星人**而巴落下閎**姚氏按益部耆舊傳云閎字長公明曉天文隱於落

下武帝徵待詔太史於地中轉渾天改顓頊麻作太初麻拜侍中不受**未能詹**按漢書作讐故徐廣云一作售售卽讐也韋昭云讐比校也鄭德云相應爲讐也**名察度驗**臣瓚云題名宿度候察進退以爲吉凶之狀依文作解爲得按漢書作名察發斂韋昭云發氣發斂氣斂又續漢書以爲道之發斂景之長短則發斂是日行道去極盈縮也**紬績日分**紬音宙又如字紬績者女紬緝之意以言造麻筭運者猶若女工紬緝而織之也**夏至**按夏至謂夏至冬至**七年爲太初元年**按改元封七年爲太初元年然漢始以建亥爲年首今改以建寅故以年爲元年韋昭云漢興至此百二歲按律麻志云乃以前麻上元太初四年千六百一十七歲至元封七年復得閼逢提攝之歲十一月甲子朔旦冬至也**年名焉逢攝提格**按爾雅云歲在甲日焉逢寅日攝提格則此甲寅之年十一月甲子朔旦夜半冬至也然此篇末亦云寅名攝提攝格則此甲寅之歲也又據二年名單閼三年名執徐等年次分明而漢志以爲其年在丙子當是班固用三統與太初麻不同故與太史公說有異而爾雅近代之作所記年名又不同也**注歲陰在寅左行**按蘇林云歲與星行所在之次**月名畢聚**聚音陬案虞喜云天元之始於十一月甲子夜半朔旦冬至日月若連珠俱起牽牛之初歲雄在閼逢雌在攝提格月雄在畢雌在訾訾則陬訾之宿日雄在甲雌則在子此則甲寅之元天道之首**麻術甲子篇**以十一月朔旦冬至得甲子甲子是陽氣支干之首故以甲子命麻術爲篇首非謂此年歲在甲子也**太初元年歲名焉逢**甲歲雄也

漢書作閼逢亦音焉與此音同**攝提格**寅歲陰也此依爾雅甲寅之歲若據漢志以爲丙子之年**月名畢聚**謂月值畢及陬訾也畢月雄也聚月雌也**日得甲子**謂十一月冬至旦得甲子也**夜半朔旦冬至**以建子爲正故以半夜爲朔其至與朔同日故云夜半朔旦冬至若建寅爲正者則以平旦爲朔也**正北**謂蔀首十一月甲子朔旦時加子爲冬至平旦故云正北也然每歲行周天全度外餘有四分之一以十二辰分之冬至常居四仲故子年在子丑年在卯寅年在午辰年在酉至後十九年蔀首在酉故云正西其正南正東竝准此也**十二**歲有十二至有閏則云十三也**無大餘無小餘**其歲甲子朔旦日月合於牽牛之初餘分皆盡故無大小餘也**大餘五十四**歲十二月六大六小合三百五十四日以六除之五六三十除三百日餘五十四日故下云大餘者日也**小餘三百四十八**太初麻法一月之日二十九日四十分日之四百四十九每兩月合成五十九日餘五十八分今十二月合餘六箇五十八得此數故云小餘者月也**大餘五**周天三百六十五度四分度之一日行一度去歲十一月朔在牽牛初爲冬至今歲十一月十二日又至牽牛初爲一周以六甲除之六六三十六除三百六十餘五故云大餘五也**小餘八**卽四分之一小餘滿三十二從大餘一四八三十二故云小餘八明年又加八得十六故下云小餘十六又明年又加八得二十四故下云小餘二十四又明年加八得三十二爲滿故下云無小餘此竝依太初法行之也**焉逢攝提格**如漢志太初元年歲在丙子據此則甲寅歲也爾雅釋天

云歲陽者甲乙丙丁戊巳庚辛壬癸十干是也歲陰者子丑寅卯辰巳午未申酉戌亥十二支是也歲陽在甲云焉逢謂歲干也歲陰在寅云攝提格謂歲支也**端蒙**乙也爾雅作旃蒙**單閼**卯也丹遏二音又音蟬爲二月歲在乙卯也**游兆**景也爾雅作柔**執徐**辰也三年**強梧**丁也**大芒駱**巳也四年**徒維**戊也**敦牂**午也天漢元年**祝犁**已也爾雅作著雍**計洽**未也二年**商橫**庚也爾雅作上章**赤奮若**丑也天官書及爾雅申爲汭漢丑爲赤奮若今四盬自太初已來計歲次與天官書不同者有後麻衍改故也三年也**昭陽**辛也爾雅作重光**作鄂**酉也四年**橫艾**壬也爾雅作玄黓**淹茂**戌也太始元年**尚章**癸也爾雅作昭陽也**困敦**亥也天官書子爲困敦爾雅同二年**焉逢**甲也**大淵獻**子也天官書亥爲大淵獻與爾雅同二年也**端蒙**乙也**汭漢**丑也天官書作赤奮若與爾雅同四年巳後自太始征和巳下訖篇末其年次甲乙皆准此竝褚先生所續

史記索隱卷八終

長沙鄭業敬初校

香山何翰章覆校

史記索隱卷九

天官書第五 按天文有五官官者星官也星厤有尊卑若人之官曹列位故曰天官

中宮 姚氏按春秋元命包云宮之爲言宣也宮氣立精爲神垣又文耀鉤曰中宮大帝其精北極星含元出氣流精生一也

天極星 按爾雅北極謂之北辰又春秋合誠圖云北辰其星五在紫微中楊泉物理論云北極天之中陽氣之北極也極南爲太陽極北爲太陰日月五星行太陰則無光行太陽則能照故爲昏明寒暑之限極也 **其一明者太一常居** 按春秋合誠圖云紫微大帝室太一之精也 **後句四星** 句音鉤勾曲也 **末大星正妃** 按援神契云辰極橫后妃四星從端大妃光明又按星經以後句四星名爲四輔其句陳六星爲六宮亦主六軍與此不同也 **皆曰紫宮** 按元命包曰紫之言此也宮之言中也言天神運動陰陽開閤皆在此中也宋均又以爲十二軍中外位各定總爲之紫宮也 **直斗口** 劉氏云如字直當也又音値也 **隋斗端兌** 隋音易果反劉氏云斗一作北按漢書天文志斗見北端作嵩兌作銳銳謂星形尖銳也 **曰陰德或曰天一** 按文耀鉤曰陰德爲天下剛柔宋均以爲陰行德者道常也 **天槍** 楚庚反 **天棓** 音皮韋昭音剖又詩緯曰槍三星棓五星在斗杓左右主槍人棓人石氏星讚云槍棓八星備非常也 **絕漢抵營室曰閣道** 絕度也抵屬也又按樂汁圖云閣道北斗輔石氏云閣道六星神所乘也 **北斗七星** 按春秋運斗樞云第一魁第二旋第三璣第四權第五衡第六開陽第七搖光第一至第四爲魁第五至第七爲標合而爲斗文耀鉤云斗者天之口舌玉衡屬杓魁爲琁璣整長厤云北斗七星星間相去九千里其二陰星不見者相去八千里也 **旋璣玉衡** 按尚書旋作璿馬融云璿美玉也機渾天儀可轉旋故曰機衡其中橫筩以璿爲機以玉爲衡蓋貴天象也鄭玄注大傳云渾儀中筩爲旋璣外規爲玉衡也 **以齊七政** 按尚書大傳云七政謂春秋冬夏天文地理人道所以爲政也人道政而萬事順成又馬融注尚書云七政者北斗七星各有所主第一曰正日第二曰主月法第三曰命火謂熒惑也第四曰煞土謂塡星也第五曰伐水謂辰星也第六曰危木謂歲星也第七曰剽金謂太白也日月五星各異故曰七政也 **衡殷南斗** 按晉灼云殷中也宋均云殷當也 **用昏建者杓** 說文云杓斗柄音必遙反卽招搖 **夜半建者衡** 孟康曰假令杓昏建寅衡夜半亦建寅也 **斗爲帝車運于中央** 姚氏按宋均曰言是大帝乘車巡狩故無所不紀也 **曰文昌宮** 文耀鉤曰文昌宮爲天府孝經援神契云文者精所聚昌者揚天紀輔拂並居以成天象故曰文昌 **一曰上將** 春秋元命包曰上將建威武次將正左右貴相理文緒司祿賞功進士司命主老幼司災主災咎也 **在魁中貴人牢** 樂汁圖云天理理貴人牢宋均曰以理牢獄也 **魁下六星兩兩相比曰三台** 按漢書東方朔願陳泰階六符孟康曰泰階三台也台星凡六星六符六星之符驗也應劭引黃帝泰階六符經曰泰階者天子之三階上階上星

爲男主下星爲女主中階上星爲諸侯三公下星爲卿大夫下階上星爲士下星爲庶人三階平則陰陽和風雨時不平則稼穡不成冬雷夏霜天行暴令好興甲兵修宮榭廣苑囿則上階爲之坼也 **注更河三星** 按詩記歷樞云更河中招搖爲胡兵宋均云招搖星在更河內又樂汁圖云更河天矛宋均以爲更河名天矛則更河是星名也 **句圜十五星** 句音鉤圜音員其形如連環卽貫索星也 **曰賤人之牢** 按詩記歷樞云賤人牢一曰大獄又樂汁圖云連營賤人牢宋均以爲連營貫索也 **東宮蒼龍** 按文耀鉤云東宮蒼帝其精爲龍也 **房心** 按爾雅云大辰房心尾也李巡曰大辰蒼龍宿體最明也 **心爲明堂** 春秋說題辭云房心爲明堂天王布政之宮尚書運期授曰房四表之道宋均云四星間有三道日月五星所從出入也 **大星天王前後星子屬** 鴻範五行傳曰心之大星天王也前星太子後星庶子 **房爲天府曰天駟** 爾雅云天駟房詩記歷樞云房爲天馬主車駕宋均云房既近心爲明堂又別爲天府及天駟也 **房有兩星曰衿** 一音其炎反元命包云鉤衿兩星以閑防神府闓舒爲主鉤距以備非常也 **左角李右角將** 李卽理理法官也故元命包云左角理物以起右角將帥而動又石氏云左角爲天田右角爲天門也 **大角天王帝廷** 按援神契云大角爲坐候宋均云坐帝坐也 **曰攝提** 按元命包云攝提之爲言提攜也言提斗攜角以接於下也 **亢爲疏廟** 元命包曰亢四星爲廟廷又文耀鉤爲疏廟宋均以爲疏外也廟或爲朝也 **氐爲天根** 爾雅云天根氐也孫炎以爲角亢下繫於氐若木之有根也 **主疫** 宋均云疫病也三月楡莢落故主疾疫也然此時物雖生而日宿在奎行毒氣故有疫也 **尾爲九子** 宋均云屬後宮場故得兼子子必九者取尾有九星也元命包云尾九星箕四星爲後宮之場也 **箕爲敖客** 宋均云敖調弄也箕以簸揚調弄象也箕又受物有去去來來客之象也 **曰口舌** 詩云維南有箕載翕其舌又詩緯云箕爲天口主出氣是箕有舌象讒言詩曰哆兮侈兮成是南箕謂有敖客行謁請之也 **火犯守角** 按韋昭曰火熒惑也 **南宮朱鳥權衡** 按文耀鉤云南宮赤帝其精爲朱鳥孟康曰軒轅爲權太微爲衡也 **衡太微三光之廷** 宋均曰太微天帝南宮也三光日月五星也 **十二星藩臣** 春秋合誠圖曰太微主法式陳星十二以備武急也 **內五星五帝坐** 詩含神霧云五精星坐其東蒼帝坐神名靈威仰精爲青龍之類是也 **蔚然曰郎位** 徐廣云一云烏哀按漢書作烏哀則烏哀蔚然皆星之貌狀其星爲郎位 **傍一大星將位** 按宋均云爲群郎之將帥是也 **月五星順入軌道** 韋昭云謂循軌道不邪逆也順入從西入之也 **司其出所守天子所誅也** 宋均云司察日月五星所守列宿若請官屬不去十日者於是天子命使誅討之也 **其逆入不軌道** 宋均云逆入從東入不軌道不由康衢而入者也以其所犯命之者亦謂隨所犯之位天子命誅其人也 **金火尤甚** 按火主銷物而金爲兵故尤急然則木水土爲小變也 **有隋星五** 宋均云南北爲隋又他果反隋

爲垂下**曰少微士大夫**春秋合誠圖云少微處士位又天官占云少微一名處士星也**權軒轅軒轅**
黃龍體援神契曰軒轅十二星后宮所居石氏星經以軒轅龍體主后妃也**如衡占**宋均云責在后黨嬉讒賊興招
此蓋按亦當天子命誅也**東井爲水事**元命包云東井八星主水衡也**兩河天闕間爲關梁**宋均
云兩河六星知逆邪言關梁之限知邪僞也**德成衡觀成潢傷成鉞**按德成衡衡則能平物故有德公平
者先成形於衡觀成潢爲帝車舍言王者遊觀亦先成形於潢也傷成鉞者傷敗也言王者敗德亦先成形於鉞以言有敗亂則有
鉞誅之然按文耀鉤則云德成潢敗成鉞其意異也又此下文禍成井誅成質皆是東井下義總列於此也**柳爲鳥注**
按漢書天文志注作喙爾雅云鳥喙謂之柳孫炎云喙朱鳥之口柳其星聚也以注爲柳星故主草木**七星頸爲員**
宮主急事按宋均云頸朱鳥頸也員宮喉也物在喉嚨終不久留故主急事也**張素爲廚**素嗉也爾雅云鳥張
嗉郭璞云嗉鳥受食之處也**軫爲車主風**宋均云軫四星居中又有二星爲左右轄車之象也軫與巽同位爲風車
動行疾似之也**五星入軫中兵大起**宋均云五星主行使使動兵車亦動也**西宮**文耀鉤云西宮白帝
其精白虎**咸池曰天五潢五潢五帝車舍**按元命包云咸池主五穀其星五者各有所職咸池言穀
生於水含秀含實主秋垂故一名五帝車舍以車載穀而販也**火入旱金兵水水**謂火金水入五潢則各致此災

也按宋均云不言木土者木土德星於此不爲害故也**畢曰罕車**爾雅云濁謂之畢孫炎以爲掩兔之畢或呼爲濁因
名星云**昴畢間爲天街**元命包云畢爲天階爾雅云大梁昴孫炎云昴畢之間日月五星出入要道若津梁也
主葆旅事姚氏按宋均云葆守也旅猶軍旅也言佐參伐以斬除凶也**北宮玄武**文耀鉤云北宮黑帝其精
玄武**虛危**爾雅云玄枵虛也又云北陸虛也解者以陸爲道孫炎曰陸中也北方之宿中也**危爲蓋屋**宋均云危
上一星高旁兩星隋下似乎蓋屋也**虛爲哭泣事**姚氏案荊州占以爲其宿二星南星主哭泣虛中六星不欲明明則
有大喪也**營室**元命包云營室十星埏陶精類始立紀綱包物爲室又爾雅云營室謂之定郭璞云定正也天下作宮室皆以
營室中爲正也**曰離宮閣道**按荊州占云閣道王良旗也有六星**漢中四星曰天駟**按元命包云漢
中四星曰騎一曰天駟也**旁一星曰王良**春秋合誠圖云王良主天馬也**八星絕漢曰天潢**元命
包曰潢主河渠所以度神通四方宋均云天潢天津也津湊也故主計度也**匏瓜**按荊州占云匏瓜一名天雞在河鼓東匏
瓜明歲則大熟也**其北河鼓**爾雅云河鼓謂之牽牛孫炎云河鼓之旗十二星在牽牛北或名河鼓爲牽牛也**務**
女爾雅云須女謂之務女是也一作婺**其北織女織女天孫也**按荊州占云織女一名天女天子女也
歲星姚氏按天官占云歲星一曰應星一曰經星一曰紀星物理論云歲行一次謂之歲星則十二歲而星一周天也**其**

所在五星皆從而聚按漢高帝元年五星皆聚于東井是也據天文志其年歲星在東井故四星從而聚之也
嬴縮按天文志曰凡五星早出爲嬴嬴爲客晚出爲縮縮爲主人五星嬴縮必有天應見杓也**其趨舍**音聚謂促**攝**
提格歲太歲在寅歲星正月晨出東方按爾雅歲在寅爲攝提格李巡云言萬物承陽起故曰攝提格格起也**曰監**
德歲星正月晨見東方之名已下皆出石氏星經文乃六星在斗牽牛失次見杓也漢書天文志則載甘氏及太初星厤所在之
宿不同也**單閼歲**在卯也歲星二月晨出東方之名爾雅云卯爲單閼李巡云陽氣推萬物而起故曰單閼單盡也閼止也
曰降入即歲星三月晨見東方之名其餘竝准此**執徐歲**爾雅辰爲執徐李巡云伏蟄之物皆敦舒而出故曰執徐
執蟄徐舒也**大荒駱歲**爾雅云在巳爲大荒駱姚氏云言萬物皆熾盛而大出霍然落落故曰荒駱也**曰跰踵**
天文志作路嶂字詁云嶂今作踵也**敦牂歲**爾雅云在午爲敦牂孫炎云敦盛牂壯也言萬物盛壯韋昭云敦音頓也**曰**
開明天文志作啓明**叶洽歲**爾雅云在未爲叶洽李巡云陽氣欲化萬物故曰協和洽合也**涒灘歲**爾雅云在
申爲涒灘李巡云涒灘物吐秀傾垂之貌也涒音他昆反灘音他丹反**作鄂歲**爾雅在酉爲作鄂李巡云作咢皆物芒枝
起之貌咢音愕今按下文云作鄂有芒則李巡解亦近得天文志云作詻音五格反與史記及爾雅竝異也**閹茂歲**爾雅
云在戌曰閹茂孫炎云萬物皆蔽冒故曰閹蔽茂冒也天文志作掩茂也**曰天睢**劉氏音吁唯反也**大淵獻歲**

爾雅云在亥爲大淵獻孫炎云淵深也大獻萬物於深謂蓋藏之於外耳**曰大章**徐廣云一作大皇按天文志亦作大皇也
困敦歲爾雅在子爲困敦孫炎云困敦混沌也言萬物初萌混沌於黃泉之下也**赤奮若歲**爾雅在丑爲赤奮若
李巡云言陽氣奮迅若順也**曰天皓**音昊漢志作昊**黫然**於閑反**三月生天棓長四尺**按天
文志此皆甘氏星經文而志又兼載石氏此不取石氏名申夫甘氏名德**察剛氣以處**徐廣云剛一作罰按姚氏引爾
雅熒惑謂之執法天官占之熒惑方伯象司察妖孽則此文察罰氣爲是**熒惑**春秋緯文耀鉤云赤帝熛怒之神爲熒惑焉位
在南方禮失則罰出晉灼云常以十月入太微受制而出行列宿司世道出入無常**居之殃還至雖大當小**
按還音旋旋疾也若熒惑反道居其舍所致殃禍速至則雖大反小**久而至當小反大**按久謂行遲也如此禍小
反大言久腊毒也**其南爲丈夫**按宋均云熒惑守輿鬼南爲丈夫受其咎北則女子受其凶也**當其行**宋均
云太白宿主軍來衡拒也**歷斗之會以定鎮星之位**晉灼曰常以甲辰之元始建斗歲鎮一宿二十八歲
而周天廣雅曰鎮星一名地侯文耀鉤云鎮黃帝含樞紐之精其體旋璣中宿之分也**曰牝牡**晉灼曰歲陽也太白陰也
故曰牝牡也**火與水合曰焠**按謂火與水俱從鎮星合也**土爲憂主孽卿**按文耀鉤云水土合
則成爐冶爐冶成則火興火興則土之子淬金成消爍消爍則土無子輔父無子輔父則益妖孽故子憂**七寸之內必**

按韋昭云必有禍也**察日行以處位**按太白晨出東方曰啓明故察日行以處太白之位也**太白**韓詩云太白晨出東方爲啓明昏見西方爲長庚又孫炎注爾雅以爲晨出東方高三丈命曰明晨昏見西方高三舍命曰太白**其紀上元**按上元是古麻之名言用上元紀麻法則攝提歲而太白與營室晨出東方至角而入與營室夕出西方凡出入東西各五爲八歲二百三十日復與營室晨出東方大率歲一周天也**經天天下革政**孟康曰謂出東入西出西入東也太白陰星出東當伏東出西當伏西過午爲經天又晉灼曰日陽也日出則星沒太白晝見午上爲經天**是謂𤔔**又作奭音奴亂反**居實有得也**按實謂星所合居之宿虛謂贏縮也**察日辰之會**按下文正四時及星辰之會是也**以治辰星之位**按皇甫謐辰星一名毚星或曰鉤星元命包曰北方辰星水生物布其紀故辰星理四時宋均曰辰星正四時之位得與北辰同名也**蚤爲月蝕**按宋均云辰星與月同精月爲大臣先期而出是躁也失則當誅故月蝕見祥**晚爲彗星**按宋均云辰星陰也彗亦陰陰謀未成故晚出也**出東方爲格**謂辰星出西方辰水也太白出東方太白金也水生金母子不相從故上有軍不戰今母子各出一方故爲格格謂言不和同故野有兵不戰然也**正旗出**按旗蓋太白芒角似旌旗**兔過太白**按廣雅云辰星謂之兔星則辰星之別名兔或作毚也**間可椷劒**椷音函函容也言中間可容一劒則函字本有咸音故字從咸劍古作劒也**七命曰小正**謂星凡有七名命者

廣雅書局栞

名也小正一也辰星二也天兔三也安周星四也細爽五也能星六也鉤星七也**月行中道**按中道房室星之中間也房有四星若人之房三間有四表然故曰房南爲陽間北爲陰間則中道房星之中間也故房是日月五星之行道然黃道亦經房心若月行得中道故陰陽和平若行陰間多陰事陽間則人主驕恣若歷陰星陽星之南北太陰太陽之道卽有大小若兵及大旱若喪也**外北三尺陰星**按謂陰間外北三尺曰陰星又北三尺曰太陰道則下陽星及太陽亦在陽間之南各三尺也**太陰大水兵也**太陰太陽皆道也月行近之故有水旱兵喪也**角間天門十月爲四月**謂月行入角與天門若十月犯之當爲來年四月成災十一月則主五月也**犯四輔輔臣誅**按謂月犯房星也四輔房四星也房以輔心故曰四輔**月蝕始日五月者六六月者五**始日謂食始起之日也依此文計唯有一百二十一月與元數甚爲懸校既無太初麻術不可得推而定今以漢志統麻法計則六月者七五月者一又六月者一五月者一凡一百三十五月而復始耳或術家各異或傳寫錯謬故此不同無以明知也**列星其宿地憂**謂月蝕列星二十八宿當其分地有憂憂謂兵及喪也**昭明星**按春秋合誠圖云赤帝之精象如太白七芒釋名爲筆星氣有一枝末銳似筆亦曰筆星也**五殘星**孟康云星表有青氣暈有毛填星之精也**漢者亦金之散**按水生金散氣郎水氣河圖括地象曰河精爲天漢也**炎火星**豔音也**格澤星**一音鶴鐸又音格宅格胡客反**天精**韋昭

云精謂清朗漢書作暒亦作腥郭璞云注三蒼云暒雨止無雲也**天蜇**五結反亦作蜺音同**月離于畢**按韋昭云離歷**相遇者**音偶漢書作禺**杼雲**姚氏按兵書云營上雲氣如織勿與戰也**杓雲**劉氏音時酌反說文音丁了反許愼注淮南云杓引也**若霧**音如字一音蒙一音亡遘反爾雅云天氣下地不應曰霧言蒙昧不明之意也**穹閭**鄒云一作弓閭天文志作弓字音穹蓋謂以氈爲閭崇穹然又宋均云穹獸名亦異說也**逢俉化言**俉音五故反逢俉謂相逢而驚也亦作迕音同化當爲訛字之誤耳**四時之卒始**謂立春日是去年四時之終卒今年之始也**戎叔爲**韋昭云戎叔大豆也爲成也又郭璞注爾雅亦云戎叔胡豆孟康同也**小雨趣兵**音促謂風從西北來則戎菽成而又有小雨則國兵趣起也**比數雨**比音鼻律反數音疏矩反謂以次數日以候一歲之雨以知豐穰也**五家**按謂五紀歲月日星辰麻數各有一家顓學習之故曰五家也**必貴三五**三五謂三十歲一小變五十歲一大變**故曰雖**

有明天子必視熒惑之所在此據春秋緯文耀鉤故言故曰**平城之圍**漢高祖之七年**月暈參畢七重**按天文志其占者畢昴間天街也街北胡也街南中國也昴爲匈奴參爲趙畢爲邊兵是歲高祖自將兵擊匈奴至平城爲冒頓所圍七日乃解則天象有若符契七重主七日也**星茀**音佩孛星也**于河戍**按天文志武帝元封之中星孛于河戍其占曰南戍爲越門北戍爲胡門朝鮮北胡之域也其河戍卽南河北河也**犖犖**力角反犖犖大事分

廣雅書局栞

明也**必通三五**按三謂三辰五謂五星**蒼帝行德天門爲之開**按謂王者行春令布德澤被天下應靈威仰之帝而天門爲之開以發德化也天門卽左右角間也**赤帝行德天牢爲之空**亦謂王者行德以應火精之帝謂舉大禮封諸侯之地則是赤帝行德夏陽主舒散故天牢謂之空則人主當赦宥也**天行德**按天謂北極紫微宮也言王者當天心則北辰有光耀是行德也北辰光耀則天子更立年也**一日二日**按謂星家之異說太史公兼記之耳**三能三衡者天廷也**上云南宮朱鳥權衡衡太微三光之庭則三衡者卽太微也其謂之三者爲日月五星也然斗第六第五星亦名衡又參三星亦名衡然並不爲天廷也

封禪書第六

中岳嵩高按獨不言至者蓋以天子所都也**二龍去之**如淳按國語二龍漦于夏庭是也**巫咸之興自此始**按尚書巫咸殷臣名伊陟贊告巫咸今此云巫咸之興自此始則以巫咸爲巫覡然楚詞亦以巫咸主神蓋太史公以巫咸是殷臣以巫接神事大戊使禳桑穀之災所以伊陟贊巫咸故云巫覡之興自此始也**而震死**謂武乙射天後獵於河渭而震死也**辟雍泮宮**按服虔云天子水匝爲辟雍諸侯水不匝至半爲泮宮禮統又云半有水半有宮是也**駵駒**赤馬黑鬣曰駵也**羝羊**詩傳云羝牡羊**汧渭間**按地理志汧水出汧縣西北入渭皇甫謐云文公徙都汧

者也**鄜衍**鄜地名後爲縣屬馮翊衍者鄭衆注周禮云下平曰衍又李奇三輔記云三輔謂山陵間爲衍也**縉紳者**姚氏云縉當作搢鄭衆注周禮云縉讀爲薦謂薦之於紳帶之間今按鄭意以縉爲薦則薦亦是進進而置於紳帶之間故史記亦多作薦字也**獲若石云**蘇林云質如石似肺**則若雄雞**按列異傳云陳倉人得異物以獻之道遇二童子云此名爲媦在地下食死人腦媦乃言云彼童子名陳寶得雄者王得雌者霸乃逐童子化爲雉秦穆公大獵果獲其雌爲立祠祭有光雷電之聲雄止南陽有赤光長十餘丈來入陳倉祠中所以代俗謂之寶夫人祠抑有由也**注葉君**按葉縣名在南陽葉君即雄雉之神故時與寶夫人神合也**用三百牢於鄜畤**按秦本紀德公元年以牲三百祠鄜畤今按百當爲白秦君西祀少昊時牲尙白秦諸侯也雖奢侈郊本特牲不可用三百牢以祭天蓋字誤耳**作伏祠**按服虔云周時無伏磔犬以禦災秦始作之漢舊儀云伏者萬鬼行日故閉不干求也故東觀漢記和帝初令伏閉晝日是也又厤忌釋日伏者何金氣伏藏之名四時代謝皆以相生而春木代水水生木也夏木代火火生木也冬水代金金生水也至秋則以金代火金畏於火故至庚日必伏庚者金日也**磔狗禦蠱**按左傳云皿蟲爲蠱梟磔之鬼亦爲蠱故月令云大儺旁磔注云磔禳也厲鬼爲蠱將出害人旁磔於四方之門故此亦磔狗邑四門也風俗通云殺犬磔禳也**管仲曰**按今管子書其封禪篇亡**禪云云**晉灼云山在蒙陰縣故城東北下有云云亭也**炎帝**鄧展云神農後子孫亦稱炎帝而登封者律厤志黃帝與炎帝戰於阪泉豈黃帝與神農身戰乎皇甫謐云炎帝傳位八代也**禪亭亭**應劭云在鉅平北十餘里服虔云在牟陰非也**會稽**晉灼云本名茅山吳越春秋云禹巡天下登茅山羣臣乃大會計更名茅山爲會稽亦曰苗山也**山戎**蓋服虔云今鮮卑是**卑耳**按山名在河東大陽卑讀如字也**注齊語**按即春秋外傳國語之書齊語也**辟耳**音辟賈逵云山險也**登熊耳**按荊州記未陽二縣東北有熊耳東西各一峯狀如熊耳因以爲名齊桓公並登之或云弘農熊耳下云望江洪知非也**兵車之會三**按左傳三謂魯莊十三年會北杏平宋亂僖四年侵蔡遂伐楚六年伐鄭圍新城是也**乘車之會六**據左氏傳云謂莊十四年會于鄄十五年又會鄄十六年盟于幽僖五年會首止八年盟于洮九年會葵丘也**鄗上黍**韋昭云設以不可得之物鄗音臛應劭云光武改高邑曰鄗姚氏云鄗縣屬常山一云鄗上山名**注名曰鰈**音荅郭璞云如牛脾細鱗紫黑色只一眼兩片合乃得行今江東呼爲王餘今亦曰版魚**注名曰鶼鶼**按山海經云崇吾之山有鳥狀如鳧一翼一目相得乃飛名云蠻郭璞注爾雅亦作鶼鶼**三置晉君**按謂惠公懷公文公也**吳陽上畤**吳陽地名蓋在岳之南又上云雍旁有故吳陽武畤今蓋因武畤又作上下畤以祭黃帝炎帝**周太史儋**音丁甘反孟康云即老子也韋昭按年表儋在孔子後百餘年作老聃也**五百歲當復合**按大顏厤評諸家而云周平王封襄公爲諸侯至昭王五十二年西周君獻邑凡五百一十六年爲合亦舉全數**合十七年伯王出**

自昭王滅周之後至始皇元年誅嫪毐正一十七年孟康云謂周封秦爲別秦并周爲合此襄公爲霸始皇爲王也**注人先祠山下**按漢書儀云祭人先於隴西縣人先山山上皆有土人山下有時埒如菜畦時中各有一土封故云時三蒼云時埒也**宋太丘社亡**應劭云亡淪入地也按亡社主亡也爾雅云左陵太丘郭璞云宋有太丘**黃帝地螾見**出呂氏春秋音引**周有赤烏之符**中候及呂氏春秋皆云有火自天止于王屋流爲烏云五至以數之也**騶嶧山**騶縣之嶧山騶縣本邾國魯穆公改作鄒從征記北巖有秦始皇所勒銘**蒲車**謂蒲裹車輪惡傷草木**葅稭**上音租下音戛周禮祭祀供茅葅說文云葅茅藉也稭禾稾去其皮祭天以此**天齊淵**顧氏按解道彪齊記云臨菑城南有天齊五泉並出有異於常言如天之齊腹也**曰天主**謂主祠天**下下者**小顏云以下下謂最下也**注一云之下上畤**此之一云與漢書郊祀志文同也**東陸監鄉**監音闞韋昭云縣名屬東平皇覽云蚩尤冢在東郡壽張縣門鄉城中**祠三山**小顏以爲下所謂三神山顧氏按地理志東萊曲成有參山山即此三山也非海中三神山也**注東萊不夜**不夜縣名屬東萊按解道彪齊記云不夜城蓋古有日夜出見於境故萊子立城以不夜爲名**注斗入海**謂斗絕曲入海也**四時主祠琅邪**按山海經云琅邪臺在勃海間按是山如臺地理志琅邪縣有四時祠也**齊威宣**謂威王宣王也**宋毋忌**按樂產引老子戒經云月中仙人宋無忌白澤圖云火之精曰宋無忌蓋其人火仙也**正伯僑**樂產按馬相如云正伯僑古仙人顧氏按裴秀冀州記云緱山仙人廟者昔有王喬犍爲武陽人爲栢人令於此得仙非王子喬也**充尙**無別所見**羨門高**按秦始皇使盧生求羨門子高是也**最後皆燕人**按最後猶言甚後也服虔說止有四人是也小顏云自宋無忌至最後凡五人劉伯莊亦同此說非也**主運**按主運是騶子書篇名也**莫不甘心焉**謂心甘羨也**以風爲解**顧野王云皆自解說遇風不至也**刻勒立書旁**小顏云今諸山皆有始皇所刻石文胡亥重刻其文具存也**此所謂無其德用事**按即此封禪書序云蓋有無其應而用事者矣此當有所據太史公再引以爲說**殽以東**按殽即崤山杜預云崤在弘農澠池縣西南即今之崤山是也亦音豪**相山**地理志在長沙**曰濟曰淮**按風俗通云濟廟在臨邑淮廟在平氏也**爲歲**于僞反**秋涸凍**按字林涸竭也下各反小顏云涸讀與沍同沍凝也下故反春則解秋則凝**冬塞**先代反與賽同賽今報神福也**薄山者襄山也**應劭云在潼關北十餘里穆天子傳云自河首襄山酈元水經云薄山統目與襄山不殊在今芮城北與中條山相連是薄襄一山也**岐山**地理志在美陽縣西北也**吳岳**徐廣云在汧**鴻冢**黃帝臣大鴻葬雍鴻冢蓋因大鴻葬爲名也**瀆山蜀之汶山**按地理志蜀郡湔氏道嶓山在西郭璞注云山在汶陽郡廣陽縣一名瀆山也**河祠臨晉**韋昭云馮翊縣地理志臨晉有河水祠**沔祠漢中**水經云沔水出武都沮縣注云東南注漢

謂漢水故祠之漢中樂產云漢女漢神也

湫淵 上子小反又子由反郎龍之所處也

江水祠蜀 按風俗通江出嶓山嶓山廟在江都地理志江都有江水祠蓋漢初祠之於源後祠之於委也又廣雅云江神謂之奇湘江記云帝女也卒爲江神華陽國志云蜀守李冰於彭門闕立江神祠三所漢書儀云祭四瀆用三正牲沉圭有車馬紺蓋也

四大冢 按謂四山爲大冢也又爾雅云山頂曰冢蓋亦因鴻冢而爲號也

灃滂 十三洲記灃水出鄠縣南也

長水 按百官表有長水校尉沈約宋書云營近長水因以爲名水經云長水出白鹿源今之荊溪水是也

鳴澤 按服虔云鳴澤澤名在涿郡道縣也

雍有日月參辰 按漢書舊儀云祭參辰星於地陽谷口夾道在右爲壇也

九臣十四臣 竝不見其名數所出故昔賢不論之也

諸布 按爾雅祭星曰布或諸布是祭星之處

諸逑 亦未詳逑漢書作遂

西亦有數十祠 西郎隴西之西縣秦之先舊都故有祠

湖 地理志湖縣屬京兆有周天子祠二所

灃滈有昭明 案樂產引河圖云熒惑星散爲昭明

天子辟池 樂產云未聞顧氏以爲壁池郎滈池所謂華陰平舒道逢使者持壁以遺滈池君故曰壁池今謂天子辟池郎周天子辟雍之地故周文王都酆武王都滈既立靈臺則亦有辟雍耳張衡亦以辟池爲雍

於社亳 徐廣云京兆杜縣有亳亭則杜字誤合作於杜亳且據文列於下皆是地邑則杜是縣按秦寍公與亳王戰亳王奔戎遂滅湯社皇甫謐亦云周桓王時自有亳王號湯非殷也而臣瓚以亳爲成湯之邑故云在濟陰非也按謂杜亳二邑有三社主之祠也

壽星

祠 壽星蓋南極老人星也見則天下理安故祠之以祈福壽

杜主故周右將軍 按地理志杜陵故杜伯國有杜主祠四墨子云周宣王殺杜伯不以罪後宣王田於圃見杜伯執弓矢射宣王伏弢而死也

最小鬼之神 謂其鬼雖小而有神靈

雍四時 雍有五時而言四者顧氏以爲兼下文上帝爲五非也按四時據秦舊而言也

木禺 一音寓寄也寄龍形於木寓鳥馬亦然一音偶亦謂偶其形於木也

龍欒車 謂車有鈴鈴乃有欒和之節故取名也

通權火 權如字解如張晏一音爟周禮有司爟爟火官非也

房中堂上 按禮樂志有安世房中歌皆謂祭時室中堂上歌先祖功德也

東宮雲中 廣雅曰東君也王逸注楚詞雲中雲也東君雲中亦見歸藏易也

社主 郎上文三社主也

巫保族纍 二神名纍力追反

巫先 謂古巫之先有靈者蓋巫咸之類也

司命 按周禮以槱燎祠司命鄭衆云司命文昌四星也

施糜 鄭氏云主施糜粥之神

祠九天 按孝武本紀云立九天廟於甘泉三輔故事云胡巫事九天於神明臺淮南子云中央曰鈞天東方曰蒼天東北閔天北方玄天西北幽天西方皓天西南朱天南方炎天東南陽天也

河決金堤其符 謂河決乃水德之符應也

刺六經 小顏云刺謂采取之也劉向七錄云文帝所造書有本制服制篇刺音七錫反

長門 徐云在霸陵也

日再中 晉灼云淮南云魯陽公與韓構戰酣日暮援戈麾之日爲却三舍豈其然乎

三歲一郊 按漢書舊儀云元年祭天二年祭地三年祭五時三歲一遍皇帝自行也

深澤侯 按表深澤侯趙將夕

孫夷侯胡紹封

武安侯 按是田蚡也

柏寢 按韓子云齊景公與晏子遊於少海登柏寢之臺而望其國

食巨棗 按包愷云巨或作臣

天神貴者太一 樂叶徵圖曰天宮紫微北極天一太一宋均云天一太一北極神之別名春秋佐助期曰紫宮天皇曜魄寶之所理也石氏云天一太一各一星在紫宮門外立承事天皇大帝

開八通鬼道 案司馬彪續漢書祭祀志云壇有八陛通道以爲門又三輔黃圖云上帝壇八觚神道八通廣三十步

解祠 謂祠祭以解殃咎求福祥

太一澤山君地長 此則人上書言古天子祭太一太一天神也澤山本紀作皐山君皐山君地長謂祭地於皐山同用太牢故云用牛蓋是異代之法也

武夷 顧氏按地理志云建安有武夷山溪有仙人葬處郎漢書所謂武夷君是時既用越巫勇之疑郎此神今按其祀用乾魚不饗牲牢或如顧說也

白金 按樂產云謂龍馬龜

各以勝日 按樂產云謂畫青車以甲乙畫赤車丙丁畫玄車壬癸畫白車庚辛畫黃車戊巳將有水事則乘黃車故下云駕車辟惡鬼是也

鼎湖 按三輔黃圖鼎湖宮名在藍田韋昭云地名近宜春按湖本屬京兆後分屬弘農恐非鼎湖之處也

康王后 康王名寄也

不相中 按三蒼云中得也

食馬肝死耳 按論衡云氣熱而毒盛故食走馬肝殺人故儒林傳云食肉無食馬肝是也

我何愛乎 上語欒大言子誠能修文成方我更何所愛惜乎謂不悋金寶及祿位也

棊自相

擊 顧氏按萬畢術云取雞血雜磨針鐵杵和磁石棊頭置局上郎自相抵也

得四印 謂五利將軍天士將軍地士將軍大通將軍謂四也

衛長公主 按衛子夫之子曰衛太子女曰衛長公主是衛后長女故曰長公主非如帝姊曰長公主之例

當利公主 按地理志東萊有當利縣

佩六印 更加樂通侯及天道將軍印爲六印

泰帝 按孔文祥云泰帝太昊也

神靈之封居七千 韋昭云黃帝時萬國其以修神靈得封者七千國或爲七十國樂產云以舜爲神明之後封嬀滿於陳之類是也顧氏按國語仲尼云山川之守足以紀綱天下者其守爲神汪茫氏之君守封禺之山也

乃斷斬非鬼神者 謂有非毀鬼神之人乃斷理而誅斬之

胡顛 說文曰胡牛垂頷也釋名云胡在咽下垂者郎所謂龍胡也

祭月以羊彘特 按樂產云祭日以太牢月以少牢特不用牝也小顏云牛羊若彘止一牲故云特也

贊饗 按顧氏云饗祀祠也漢舊儀云贊饗一人秩六百石也

盡多不讐 按鄭德云相應爲讐謂其言語不相應無驗也

子侯暴病死 新論云武帝出璽印石財有兆朕子侯則沒印帝畏惡故殺之風俗通亦云然顧胤按武帝集帝與子侯家語云道士皆言子侯得仙不足悲此說是也

墳星 樂產包愷竝作旗星旗星郎德星符瑞圖云旗星之極芒艷如旗本亦作旗也

作益延壽觀 小顏以爲作壽益延壽二館按漢武故事云作延壽觀高三十丈

作通天莖臺 按漢書竝無莖字疑衍也

五寬舒之祠官 按郊祀志云祠官寬舒議祠后土爲五壇故謂之五寬舒祠官也

河渠書第七

禹抑鴻水抑音憶然抑者遏也洪水滔天故禹遏之不令害人也漢書溝洫注作堙堙抑皆塞之也**乘毳**字亦作橇同音昌芮反注以撮子芮反又子絕反與蕝音同也**乃斯二渠**斯漢書作釃史記舊本亦作洒字從水按韋昭云疏決爲釃字音疏蹝反斯即分其流泄其怒是也二渠其一即漯川其二王莽時遂空也**東南爲鴻溝**按楚漢中分之界文穎曰即今官渡水也蓋爲二渠一南經武陽爲官渡水一東經大梁城即河溝今之汴河是也**三江五湖**三江按地理志北江從會稽毗陵縣北東入海中江從丹陽蕪湖縣東北至會稽陽羨縣東入海南江從會稽吳縣南東入海故禹貢有北江中江也五湖者郭璞江賦具區兆滆彭蠡青草洞庭是也又云太湖周五百里故曰五湖**辟沫水**辟音避沫音末按說文云沫水出蜀西南徼外與青衣合東南入江**自中山**小顏云中音仲即今之九嵕山之東仲山是也**西邸瓠口**按邸至也瓠口即谷口乃郊祀志所謂寒門谷口是也與池陽相近故曰田於何所池陽谷口是也**亦秦之利也**溝洫志鄭國曰臣爲韓延數歲之命爲東秦建萬代之功是也**溉澤鹵**溉古代反澤一作舄音昔又竝音尺本或作斥則如字讀之**鄃居河北**音輸韋昭云清河縣也**河壖**韋昭音而緣反河壖地又音人兗反**水工徐伯表**舊說徐伯表水工姓名也小顏以爲表者巡行穿渠之處而表記之若今豎標表是也**番係**上音婆又音潘按詩小雅云番惟司徒番氏也下音系也**從山東西**按謂從山東運漕而西入關也**人茭牧其中**按茭乾草也謂收茭及牧畜於中**令少府以爲稍入**其田既薄越人徙居者習水利故與而稍少其稅入之於少府也**自徵**音懲縣名也在馮翊小顏云即今之澄城也**商顏下**顏音崖又如字商顏山名也**以爲楗**其免反楗者樹於水中稍下竹及土石也**延道弛兮離常流**言河之決由其源道延長弛溢故使其道皆離常流故晉灼云言河道皆弛壞**搴長茭**搴音巳免反茭音交竹葦絙也茭一作茷音廢鄒氏又音緋也**關中輔渠**按溝洫志兒寬爲左內史奏請穿六輔渠謂之輔渠亦曰六渠也

平準書第八大司農屬官有平準令丞署以均天下郡國轉販貴則賣之賤則買之貴賤相權輸歸於京都故命曰平準

自天子不能具鈞駟按天子駕駟馬其色宜齊同今言國家貧天子不能具鈞色之駟馬漢書作醇駟醇與純同一色也或作騂非也**秦錢重難用**顏氏按古今注云秦錢半兩徑一寸二分重十二銖**更令民鑄錢**食貨志云鑄筴錢按古今注云榆筴錢重三銖錢譜云文爲漢興也**黃金一斤**按如淳云時以錢爲貨黃金一斤直萬錢非也又臣瓚注云秦以一溢爲一金漢以一斤爲一金是其義也**稽市物踊騰糶**李奇云稽貯滯韋昭云稽留待也稽市當如李韋二釋晉灼及馬融訓稽爲計及考於義爲疏如淳云踊騰低昂也低昂者乍賤乍貴也今按漢書糶字作躍者謂物踊貴而價起有如物之騰躍而起也然糶者出賣之名故食貨志云大熟則上糶三而舍一是也**經費**按經訓常也言封君已下皆以湯沐邑爲私奉故不領入天子之常稅爲一年之費**給中都官**按中都猶都內也皆天子之倉府以給中都官者即今太倉以禀官儲也**即山鑄錢**按即訓就就山鑄錢故下文云銅山是也一解即山山名也**益苑馬****以廣用**謂增益苑囿造廄而養馬以廣用則馬是軍國之用**募人輸粟爵至大庶長**按漢書食貨志云文帝用晁錯言令人入粟邊六百石爵上造稍增至四千石爲五大夫萬二千石爲大庶長各以多少爲差**注倉氏庾氏**按出食貨志**以武斷於鄉曲**謂鄉曲豪富無官位而以威勢主斷曲直故曰武斷也**抏弊**按三蒼音五官反鄒氏又五亂反按抏者耗也消耗之名言百姓貧弊故行巧抵之法也**邛僰**應劭云臨邛屬僰僰屬犍爲**彭吳**人姓名**滅朝鮮**彭吳始開其道而滅之也**吏發興誅之**謂發軍興以誅之也**轉漕**按說文云漕水轉穀也一云車運曰轉水運曰漕也**蓄墆無所食**墆音迭謂貯也韋昭音滯謂積也又按古今字詁墆今滯字則墆與滯同按謂富人貯墆積聚則貧者無所食也**級十七萬凡直三十餘萬金**大顏云一金萬錢也計十一級級十七萬合百八十七萬金而此云三十餘萬金其數必有誤者顏氏按解云初一級十七萬自此已上每級加二萬至十七級合成三十七萬也**官首者試補吏先除**官首武功爵第五也位稍高故得試爲吏先除用也**千夫如五**

大夫千夫武功爵第七五大夫二十爵第九也言千夫爵秩比於五大夫二十爵第九故楊僕以千夫爲吏是也**爵得至樂卿**按此言武功置爵唯得至於樂卿也臣瓚所引茂陵書蓋後人記其爵失次耳今注稱十爵至十八庶長爲樂卿十九至二十爲樂公乃以舊世爵釋武功爵蓋亦臆說非也大顏亦以爲然**廢格沮誹**格音閣亦如字沮音緒誹音非按謂廢格天子之命而不行及沮敗誹謗之者皆被窮治故云廢格沮誹之獄用矣**注蹛停一曰貯**蕭該按字林云貯塵也音佇此謂居積停滯塵久也或作貯子貢發貯鬻財是也**廢居**劉氏云廢出賣居停蓄也是出賣於居者爲廢故徐仙氏云有所廢有所畜是也**居邑**服虔云居穀於邑中是也**封君皆低首仰給**按服虔云仰給於商賈是也而劉伯莊以爲封君及大商皆低首營私以自給不佐天子非也**赤金**說文云銅赤金也注云丹陽銅者神異經云西方金山有丹陽銅也**天用莫如龍**易云行天莫如龍也**地用莫如馬**易云行地莫如馬也**人用莫如龜**禮曰諸侯以龜爲寶也**其文龍**顏氏按錢譜其文爲龍隱起肉好皆圓文又作雲霞之象**名白選**蘇林曰選音選撰之選包愷及劉氏音息戀反尚書大傳云夏后氏不殺不刑死罪罰二千饌馬融云饌六兩音漢書作撰音同**直三千**晉灼按黃圖直三千二百**以重差小方之**錢譜內好皆方隱起謂以八兩差爲三品此重六兩下小隋重四兩也云以重差小者謂半兩爲重故差小重六兩而其形方也**其文馬**錢譜肉好皆方隱起馬形肉好之下又是連珠文也**復**

小隋之湯果反爾雅注隋者狹長也謂長而方去四角也**其文𪓬**錢譜內圓好方爲隱起𪓬甲文**東郭咸陽**東郭姓咸陽名也按風俗通東郭牙齊大夫咸陽其後也**析秋毫**按言百物毫芒至秋皆美細今言弘羊等三人言利事織悉能分析其秋毫也**故吏皆適伐棘上林**謂故吏先免者皆適令伐棘上林不謂無馬者韋說非也**作昆明池**按黃圖云昆明池周四十里以習水戰又荀悅云昆明子居滇河中故習水戰以伐之也**屬少府**韋昭云天子私所給賜經用也公用屬大司農也**子牢盆**按蘇林云牢價直也今代人言雇手牢盆晉灼云蘇說是樂產云牢乃盆名其說異**奇民**包愷音羈諸侯也非農工之儔故言奇也**擅筦**音管上音善**富羨**弋戰反羨饒也與衍同義**沮事之議**沮止也僅等言山海之藏宜屬大農奇人欲擅利必有沮止之議此不可聽許也**欽左趾**按三蒼云欽踏脚鉗也字林徒計反張斐漢晉律序云狀如跟衣著足足下重六斤以代臏至魏武改以代刖也**異時**異時猶前時也**算軺車**說文云軺小車也傅子云漢代賤乘軺今則貴之言算軺車者有軺車使出稅一算二算也**賈人緡錢**緡音旻緡者絲繩以貫錢者千錢出二十算也**稽諸物**稽者停也留也即上文所謂廢居居邑是也**自占**按郭璞云占自隱度也謂各自隱度其財物多少爲文簿送之官也若不盡皆沒入於官音之贍反**占不悉**悉盡也具也若通家財不周悉盡者罰戍邊一歲**籍名田**謂賈人有市籍不許以名占田也**沒入田僮**若賈人更占田則沒其田及僕僮皆入之於官

大抵無慮抵音氐抵歸也劉氏云大抵猶大畧也按大抵無慮者謂言大畧歸於鑄錢更無他事從慮**人多姦鑄錢**按多姦巧雜以鉛錫也**鍾官赤側**鍾官掌鑄赤側之錢韋昭云側邊也故晉灼云以赤銅爲郭今錢見有赤側者**張湯死民不思**樂產云諸所廢興附上困下皆自湯故人不思之也**楊可告緡**姓楊名可也如淳云告緡者令楊可告占緡之不盡者也**少反者**反音番反謂反使從輕也按劉德爲京兆尹每行縣多所平反是也**分曹**如淳云曹輩也謂分曹輩而爲使也**官布多**布謂泉布**越欲與漢用船逐乃大修昆明**盖始穿昆明池欲與滇王戰今乃更大修之將與南越呂嘉戰逐故作樓船於是楊僕有將軍之號又下云因南方樓船卒二十餘萬人擊南越也**列觀環之**按昆明池有豫章館豫章地名以言將出軍於豫章故也**比沒入田**比昔所以入之田也**度四萬石**樂產云度猶運也**自羅乃足**按謂天子所給廩食者多故官自羅乃足也**所忠**人姓名服虔云掌故官取書於司馬相如者封禪書公孫卿因所忠言寶鼎是也唯姚察獨以爲所忠非也**齊人**晉灼云被教整齊人也**命曰株送徒**李奇曰先至者爲魁株應劭云株根本也送當作選選引也按應李二音是先至之人令之相引似若得其株本則枝葉自窮故曰株送徒又文穎曰凡鬪雞勝者爲株傳云陽溝之雞三歲爲株今鬪雞走馬者用之因其鬪雞本勝時名故云株送徒也**築令居**令音零姚氏音連韋昭云金城縣**列侯以百數**劉氏言其多以百爲數故

坐酎金失侯者一百六人**器苦惡**苦音苦楛反言苦其器惡而買賣也言器苦窳不好凡病之器云苦窳音庾語見本紀苦如字讀亦通也**地比給初郡**比音鼻謂南陽漢中已往之郡各以其地比近給初郡初郡即西南夷初所置之郡**卒奉**扶用反包氏同**不償其僟**服虔云雇載云僟言所輸物不足償其雇載之費也僟音子蔬反**他郡各輸急處**謂他郡能入粟輸其所在急要之處也**坐市列**謂吏坐市肆行列之中**金爲三品**即下或黃或赤白黃黃金也白白銀也赤赤銅也並見食貨志**或錢或布或刀或龜貝**按錢本名泉言貨之流如泉也故周有泉府之官及景王乃鑄大錢布者言貨流布故周禮有二夫之布食貨志貨布首長八分足支八分刀者錢也食貨志有契刀錯刀形如刀長二寸直五千以其形如刀故曰刀以其利於人也又古者貨貝寶龜食貨志有十朋五貝皆用爲貨其各有多少元龜直十貝故直二千一百六十已下各有差也

史記索隱卷九終

長沙鄭業敬初校
香山何翰章覆校

史記索隱卷十

吳太伯系家第一 系家者系諸侯代系也言其下及子孫常有國故孟子曰陳仲子齊之系家又董仲舒曰王者封諸侯非官之也得以代爲家也

吳太伯 國語曰黃池之會晉定公使謂吳王夫差曰夫命圭有命固曰吳伯不曰吳王是吳本伯爵也按范甯解論語曰太者善大之稱伯者長也周太王之元子故曰太伯稱仲雍季歷皆以字配名則伯亦是字又是爵但其名史籍先闕耳

弟仲雍 伯仲季是兄弟次第之字若表德之字意義與名相符則系本曰吳熟哉居蕃離宋忠曰熟哉仲雍字蕃離今吳之餘暨也解者云雍是熟食故曰雍字熟哉也

奔荊蠻號句吳 荊者楚之舊號以州而言之曰荊蠻者閩也南夷之名蠻亦稱越此言自號句吳吳名起於太伯明以前未有吳號地在楚越之界故稱荊蠻顏師古注漢書以吳言句者夷語發聲猶言於越爾此言號句吳當如顏解而注引宋忠以爲地名者系本居篇曰熟哉居藩離熟始徙句吳宋氏見史記有太伯自號句吳之文遂彌縫解彼云是太伯始所居地名裴氏引之恐非其義藩離既有其地句吳何總不知貞實吳人不聞別有城邑曾名句吳則系本之文或難依信吳地記曰太伯居梅里在閶闔城北五十里許

仲雍卒 吳地記曰仲雍家在吳鄉常熟縣西海虞山上與言偃冢並列

故夏虛是爲虞仲 夏都安邑虞都太陽之虞城在安邑南故曰夏虛左傳曰太伯虞仲太王之昭則虞仲是太王之子必也論語稱虞仲夷逸隱居放言是仲雍稱虞仲今周章之弟亦稱虞仲者蓋周章之弟字仲始封於虞故曰虞仲則仲雍本字仲而又爲虞之始祖故後代亦稱虞仲所以祖與孫同號也

子轉 譙周古史考云柯轉

子頗高 古史考作頗夢

子卑 古史考云卑軫

以開晉伐虢 春秋經僖公五年冬晉人執虞公左氏二年傳曰晉荀息請以屈產之乘與垂棘之璧假道伐虢宮之奇諫不聽虞公許之且請先伐之遂伐虢滅下陽五年傳曰晉侯復假道伐虢宮之奇諫不聽以其族行曰虞不臘矣八月甲午晉侯圍上陽冬十有二月滅虢虢師還遂襲虞滅之也

太伯至壽夢十九代 壽夢是仲雍十九代孫也

二年 自壽夢已下始有其年春秋唯記卒年計二年當成七年也

楚之亾大夫申公巫臣 左傳魯成二年曰巫臣使齊及鄭使介反幣而以夏姬行遂奔晉七年傳曰子重子反殺巫臣之族而分其室巫臣遺二子書曰余必使爾罷於奔命以死巫臣使於吳吳子壽夢悅之乃通吳于晉教吳乘車教之戰陳教之叛楚寘其子狐庸焉使爲行人吳始伐楚伐巢伐徐馬陵之會吳入州來子重反於是乎一歲七奔命是

十六年 春秋經襄三年楚公子嬰齊帥師伐吳左傳曰楚子重伐吳爲簡之師克鳩茲至于衡山也

二十五年王壽夢卒 襄十二年經曰秋九月吳子乘卒左傳曰壽夢計從成六年至此正二十五年系本曰吳熟姑徙句吳宋忠曰熟姑壽夢也代謂祝夢乘諸也壽熟音相近姑之言諸也毛詩傳讀姑爲諸知熟姑壽夢是一人又名乘也

長曰諸樊 春秋經書吳子遏左傳稱樊蓋遏是其名諸樊是其號公羊傳遏作謁

次曰餘祭 左傳曰閽戕戴吳杜預曰戴吳餘祭也又襄二十八年左傳齊慶封奔吳句餘與之朱方杜預曰句餘吳子夷末也計祭餘以襄二十八年卒則二十八年賜慶封邑不得是夷末且句餘餘祭或謂是一人夷末唯史記作餘昧左氏及公羊並爲餘祭夷末句餘音字各異不得爲一或杜氏誤耳

次曰季扎 公羊傳曰謁也餘祭也夷末也與季子同母者四人季子弱而才兄弟皆愛之同欲以爲君兄弟遞相爲君而致國于季子故謁也死餘祭也立餘祭也死夷末也立夷末也死則國宜之季子季子使而亾焉僚者長庶也即之闔閭曰將從先君之命則國宜之季子也如不從君之命則宜立者我也僚惡得爲君乎於是使專諸刺僚史記壽夢四子亦約公羊文但以僚爲餘昧子爲異耳左氏其文不明服虔用公羊杜預依史記及吳越春秋下注徐廣引系本曰夷昧及僚夷昧生光檢系本今無此語然按左孤庸對趙文子謂夷宋甚德而度其天所啓也此必君之子孫實終之若以僚爲末子不應此言又光言我王嗣國是夷昧子且明是庶子

諸樊元年已除喪至乃舍之 皆襄十四年左氏傳文

不義曹君 成十三年左傳曰曹宣公卒于師曹人使公子負芻守使公子欣時逆喪秋負芻殺其太子而自立杜預曰宣公庶子也負芻成公也欣時子臧也十五年傳曰會于戚執曹成公也執而歸諸京師諸侯將見子臧於王而立之子臧曰前志有之曰聖達節杜預曰聖人應天命不拘常禮也次守節杜預曰謂賢者也下失節杜預曰愚者妄動也爲君非吾節也雖不能聖敢失守乎遂逃奔宋也

君子曰 君子者左丘明所爲史評仲尼之詞指仲尼爲君子也

四年晉平公立 左傳襄十年春葬晉悼公平公即位是也

十三年樊卒 秋經襄二十五年十有二月吳子遏伐楚門于巢卒左傳曰吳子諸樊伐楚以報舟師之役門于巢巢牛臣曰吳王勇而輕若啓之將親門我獲射之必殪是君也死疆其少安從之吳子門焉牛臣隱於短墻以射之卒也

封於延陵 襄三十一年左傳趙文子問於屈狐庸曰延州來季子其果立乎杜預曰延州來季扎邑也昭二十七年左傳曰吳子使延州來季子聘于上國杜預曰季子本封延陵後復封州來故曰延州來成七年左傳曰吳入州來杜預曰州來楚邑淮南下蔡縣是昭十三年傳吳滅州來二十三年傳吳伐州來則州來本爲楚邑吳光伐滅遂以封季子也地理志會稽毗陵縣云季扎所居太康也地理志曰故延陵邑季扎所居栗頭有季扎祠地理志沛郡下蔡縣云古州來國爲楚所滅後吳取之至夫差遷昭侯於此公羊傳曰季子去之延陵終身不入吳國何休曰不入吳朝廷也此云封於延陵謂因而賜之以菜邑而杜預春秋釋例土地名則云延州來闕不知何故而爲此言也

泱泱 於巨反泱泱猶汪汪洋洋美盛貌也杜預曰和大之聲也

渢渢 音馮又音泛杜預曰中庸之聲

大而寬 左傳作大而婉杜預曰婉約也大而約則儉節易行寬字安讀爲婉也

招箾 韶簫二字體變耳

有感 感讀爲憾字省耳胡暗反

象箾 音朔又素交反

則盟主也 注引徐廣曰盟一作明按左傳亦作明此以聽聲知政言其明聽耳非盟會也

將舍於宿 注引左傳曰將舍於戚按太史公欲自爲一家事雖出左氏文則隨義而換既以舍字替宿遂誤宿字下替於戚戚既是邑名

理應不易今宜讀宿爲戚戚衛邑孫文子舊所居地**而又可以畔乎**左傳曰而又何樂此畔字宜讀曰樂樂謂所聞鐘聲也畔非其義也**趙文子**名武也**韓宣子**名起也**魏獻子**名鍾舒也**七年楚公子圍殺其王**今按春秋經襄二十五年吳子遏卒二十九年閽殺吳子餘祭昭十五年吳子夷末卒是餘祭在位四年餘昧在位七十年系家倒錯二王之年此七年正是餘昧之三年昭元年經曰冬十一月楚子麇卒左傳曰楚公子圍將聘于鄭未出境聞王有疾而還入問王疾遂縊而殺孫卿曰以冠纓絞之遂殺其子幕及平夏葬王于郟謂之郟敖也**注入棘櫟麻**杜預注彼云皆楚東鄙邑譙國酇縣東北有棘亭汝陰新蔡縣東北有櫟亭按解者以麻即襄城縣故麻城是也**至雩婁**昭五年左傳曰楚子使沈尹射待命於巢薳啓彊待命於雩婁今直言至雩婁略耳**餘祭卒**春秋襄二十九年經曰閽殺吳子餘祭左傳曰吳人伐越獲俘焉以爲閽使守舟吳子餘祭觀舟閽以刀殺之公羊傳曰近刑人則輕死之道是也**王餘昧二年楚公子棄疾殺靈王**據春秋即昧之十五年也昭十三年經曰夏四月楚公子比自晉歸于楚弒其君虔于乾谿楚公子棄疾殺公子比左傳具載以詞繁不錄公子比棄疾皆靈王弟也比即子干也靈王公子圍也即位後易名爲虔棄疾即位後易名熊居是爲平王史記以平王遂有楚國故曰棄疾弒君春秋以子干已爲王故曰比殺君彼此各有意義也**王僚二年**計僚元年當昭十六年比一年公子光亡王舟事在昭十七年左傳也**王僚**此文以爲餘末子公羊傳以爲

壽夢庶子也**光**此文以爲諸樊子系本以爲夷昧子也**伍子胥來奔**左傳昭二十年曰伍員如吳言伐楚之利於州于杜預曰州于吳子僚也公子光曰是宗爲戮而欲反其讎不可從也彼將有他志余姑爲之求士而鄙以待之乃見鱄設諸焉而耕於鄙是謂客禮以接待也**拔居巢鍾離**昭二十四年經曰冬吳滅巢左傳曰楚子爲舟師以略吳疆沈尹戌曰此行也楚必亡邑不撫人而勞之吳不動而速之吳人踵楚邊人不備遂滅巢及鍾離乃還也**居巢**地理志居巢屬廬江鍾離屬九江應劭曰鍾離子之國也**初楚邊邑卑梁氏**左傳無其事**伍子胥初奔吳至待專諸之事**依左傳即上五年公子光容之是也事合記於五年不應略彼而更具於此也**楚平王卒**昭二十六年春秋經書云楚子居卒十二諸侯表及左傳合于僚十一年也**十三年春吳**據表及左氏傳此合有十二年事竝見昭二十七年左傳也**燭庸蓋餘**春秋作掩餘史記竝作蓋餘義同而字異或者謂太史公被腐刑不欲言掩也賈逵及杜預及刺客傳皆云二公子王僚母弟而昭二十三年左傳曰光帥右掩餘帥左杜注彼則云掩餘吳王壽夢子又系族譜亦云二公子竝壽夢子若依公羊僚爲壽夢子則與系族譜合也**專諸勇士**專或作剸左傳作鱄設諸刺客傳曰諸棠邑人也**母老子弱**依王肅解與史記同於理無失服虔杜預見左傳下文云我爾身也以其子爲卿遂強解是無若我何猶言我無若是何語不近情過爲迂回非也**四月丙子**春秋經唯言夏四月左傳亦云丙子當別有按據不知出何書也

謁王僚飲謁請也本或作請也**夾持鈹**音披劉逵注吳都賦鈹兩刃小刀**詳爲**上音陽下如字左傳曰光僞足疾詳即僞也或讀此爲字音僞非也豈詳僞重言耶**匕首**劉氏曰匕首短劍也按鹽鐵論以爲長尺八寸通俗云其頭類匕故曰匕首也**二公子降楚楚封之舒下又伐楚拔舒殺二公子**左傳昭二十七年曰掩餘奔徐燭庸奔鍾吾三十年經曰吳滅徐徐子奔楚左傳曰吳子使徐人執掩餘使鍾吾人執燭庸二公子奔楚楚子大封而定其徙無封舒之事當是舒徐字亂又且疏略也**孫武曰**按左氏此年有子胥對耳無孫武事也**六年取居巢**左傳定二年當爲七年四年戰于栢舉吳人郢是也**鞭平王尸**左氏無此事也**今果如何**言今欲果敢伐楚可否也**堂谿氏注司馬彪云**按地理志而知**夫差取番**定六年左傳四月己丑吳太子終纍敗楚舟師杜預曰闔閭子夫差兄此以爲夫差當謂名異而一人耳左傳又曰獲潘子臣小惟子及大夫七人楚於是乎遷郢於鄀此言番番音潘楚邑名子臣即其邑之大夫也**孔子相魯**定十年左傳曰夏公會齊侯于祝其實夾谷孔丘相犂彌言於齊侯曰孔丘知禮而無勇是也但杜預以爲相會儀也而史遷孔子系家云攝行相事按左氏丘以公退曰士兵之又使茲無還揖是攝國相也**敗之姑蘇**姑蘇臺名在吳縣西三十里左傳定十四年曰越子大敗之靈姑浮以戈擊闔閭闔閭傷指還卒於陘去檇李七里杜預以爲檇李在嘉興縣南靈姑浮越大夫也**謂曰對曰**此爲以闔閭謂夫差夫差對闔閭左傳則云對

曰者夫差對所使之人也**注須池**須胡貢反水銀以爲池**注太伯至夫差二十六世**史記太伯至壽夢十九代諸樊已下六王唯二十五世**大夫伯嚭爲太宰**按左傳定四年伯嚭爲太宰當闔閭九年非夫差代也**敗越夫椒**賈逵云越地蓋近得之然其地闕不知所在杜預以爲太湖中椒山非戰所夫椒與椒山不得爲一凡夫差以報越爲志又伐越當在越地何乃不離吳境近在太湖中又按越語云敗五湖也**棲於會稽**鳥所止宿曰棲越爲吳敗依託於山林故以鳥棲爲喻左傳作保國語作棲**大夫種**大夫官也種名也吳越春秋以爲種姓文而劉氏云姓大夫非也**有過氏**過音戈寒浞之子澆所封國也猗姓國晉地道記曰東萊掖縣有過鄉北有過城古過國也**斟灌斟尋注夏同姓**賈氏據系本而知也按地理志北海壽光縣應劭曰古斟灌亭是也平壽縣復云故北斟尋禹後今斟城也然斟與鄩同**注有仍國名**未知其國所在春秋經桓五年天王使仍叔之子來聘穀梁經傳並作任叔仍任聲相近或是一地甫名猶鄀之類按地理志東平有任縣蓋古仍國**使人誘之**左傳云使女艾諜澆遂滅過戈杜預曰諜候也**七年敗齊艾陵**七年魯哀公之六年也左傳此年無伐齊事哀公十一年敗齊艾陵爾**徵百牢**事在哀七年是年當夫差八年不應上連七年按左傳曰子服景伯對不聽乃與之非謂季康子使子貢說得不用百牢太宰嚭自別召康子乃使子貢辭之耳**爲騶伐魯**左傳騶作邾聲相近自亂耳杜預注左傳亦曰邾今魯國騶縣是也騶亦音邾

十年十一年竝伐齊 依左氏合作十一年十二年也 子胥懼曰是棄吳也 左氏作豢吳豢
養也 有顓越勿遺 左傳曰其顓越不共則劓殄無遺育無俾易種于茲邑是商所以興也今君易之此則艾陵戰時也
使子胥於齊 左傳直曰使於齊杜預曰私使人至齊屬其子按左傳又曰反役王聞之明非子胥自使也 屬鏤
劍名見越絕書 墓上以梓 左傳云樹吾墓檟檟可材也吳其亾乎梓檟相類因變文也 抉吾眼置之吳
東門 抉烏穴反此國語文彼以抉爲辟又云以手抉之王慍曰孤不使大夫得有見乃盛以鴟夷投之江也 齊鮑氏
弒悼公 公名陽生左傳哀十年吳伐齊南鄙齊人弒悼公不言鮑氏又鮑氏以哀八年爲悼公所殺今言鮑氏蓋其宗黨耳
且此伐在艾陵戰之前年也今記於後亦爲顚倒也 召魯衞會槖皐 哀十二年左傳曰公會吳于槖皐衞侯會吳于
鄖此并言會衞槖皐者按左傳吳徵會于衞初衞殺吳行人懼謀於子羽子羽曰不如止也子木曰往也以本不欲赴會故魯以夏
會衞及秋乃會太史公以其本召於槖皐故不言鄖廣陵縣東南有發繇口槖音他各反也 注逡遒 上七巡反下酒尤反
趙鞅怒將伐吳乃長晉定公 此依左傳文按左傳趙鞅呼司馬寅曰建鼓整列二臣死之長幼必可知也
是趙鞅怒又曰司馬寅請姑視之反曰肉食者無墨今吳王有墨國其勝乎杜預曰墨氣色下也國爲敵所勝又曰太子死乎且夷
德輕不忍久請少待之乃先晉人是也徐廣所云據國語不與左傳合非也左氏魯襄公伐晉楚爲會先書晉晉有信耳外傳卽國

語也書有二名也外吳者吳夷賤之不許同中國故言外也 二十年越復吳 哀十九年左傳曰越人侵楚以誤吳
也杜預曰誤吳使不爲備也無伐吳事 於甬東 國語曰甬句東越地會稽句章縣東海中州也按今鄮縣是也 自剄
死 左傳曰乃縊越人以歸也 注猶亭卑猶位 按亭亭名卑猶位三字共爲地名吳地記曰徐杭山一名卑猶山是
注堞土 路禾反小竹籠以盛土

齊太公系家第二

太公望呂尙者 譙周曰姓姜名牙炎帝之裔伯夷之後掌四岳有功封之於呂子孫從其封姓尙其後也按後文王
得之渭濱云吾先君太公望子久矣故號太公望蓋牙是字尙是其名後武王號爲師尙父也 或封於申 地理志在南陽
宛縣申伯國也呂亦在宛縣之西也 蓋嘗窮困年老矣 譙周云呂望嘗屠牛於朝歌賣飲於孟津 非彲 徐廣
音螭知反餘本亦作螭字 伐崇密須 按郡國志在東郡廩丘縣北今曰顧城密須姞姓在河南密縣東故密城是也與安
定姬姓密國別也 誓曰蒼兕蒼兕 亦有本名作蒼雉按馬融曰蒼兕主舟楫官名又王充曰蒼兕者水獸九頭今
誓衆令急濟故言蒼兕以懼之然此文上下並今文泰誓也 羣公奉明水 周本紀毛叔鄭奉明水也 衞康叔
布采席 周本紀衞康叔布茲茲是席故此亦云繅席也 犁明至國 犁音里奚反犁猶比也一云犁猶遲也 衞

至穆陵北至無棣 舊說穆陵在會稽非也按今淮南有故穆陵門是楚之境無棣在遼西孤竹服虔以爲太公受
封境界所至不然也蓋言其征伐所至之域也 祭公慈母 系本作膚公慈母譙周亦曰祭公慈也 哀公不辰
系本作不臣譙周亦作不辰宋忠曰哀公荒淫田游國史作還詩以刺之也 其黨率營丘人 宋忠曰其黨周馬繻
人將胡公於貝水殺之而出自立是爲獻公 成公脫 系本及譙周皆作說 魯人以爲讓 讓猶責也 八年
伐紀 按春秋莊四年紀侯大去其國左傳云違齊難是也 成葵丘 杜預曰臨淄西有地名葵丘又桓三十五年會諸侯
於葵丘當魯僖公九年杜預云陳畱外黃縣有葵丘不同者葢葵丘有兩處杜意以成葵丘當不遠出齊境故引臨淄縣西之葵丘
若三十五年會諸侯於葵丘杜氏又以不合在本國故引外黃東葵丘爲注所以不同爾 遂獵沛丘 左傳作貝丘也 遊
雍林 亦有本作雍廩賈逵曰渠丘大夫左傳云雍廩殺無知杜預曰雍廩齊大夫此云遊雍林雍林人嘗有怨無知遂襲殺之
葢以雍林爲名其地有人殺無知賈言渠丘大夫者渠丘邑名雍林爲渠丘大夫也 笙瀆 賈逵云魯地句竇又按鄒誕生本作
莘瀆笙聲相近莘如字瀆音豆論語作溝瀆蓋後代聲轉而字異故諸文不同爾也 設輕重魚鹽之利 按管子有
理人輕重之法七篇輕重謂錢也又有捕魚煮鹽法也 二年伐滅郯 徐廣曰一作譚據春秋魯莊十年齊師滅譚是
也杜預曰譚國在濟南平陵縣西南然此郯乃東海郯縣不當作譚字也 城楚丘 賈逵曰楚丘衞地杜預曰在濟陰武城

縣南卽今之衞南縣 方城以爲城 按地理志葉縣南有長城號曰方城則杜預韋昭說爲得而服氏云在漢南未知有
何憑據 離枝孤竹 離支音零支又令祇又如字離枝孤竹皆古國名秦以離枝爲縣故地理去遼西令支縣有孤竹城
爾雅曰孤竹北戶西王母日下謂之西荒也 徐姬 按系本徐嬴姓禮婦人稱國及姓今言此徐姬者然姬是衆妾之總故漢
祿秩令云姬妾數百婦人亦總稱姬姬亦未必盡是姓也 生無詭 左傳作無虧也 雍巫有寵 賈逵曰以雍巫爲易
牙未知何據按管子有巫恐與雍巫是一人也 丙戎 左傳曰邴作邴歜也 庸職 左傳曰作閻職此言庸職不同者傳
所云閻姓職名也此言庸職庸非姓蓋謂受顧織之妻史意不同字則異耳 魯大夫如晉 成二年左傳魯臧宣叔衞
孫桓子如晉皆主於郤克是 合靡笄下 靡如字靡笄山名在濟南與代地靡笄山不同也 令齊東畝 隴畝
東行則齊車馬東向行馬也 欲尊王晉景公 王劭按張衡曰禮諸侯朝天子執玉既授而反之若諸侯自相朝則
不授玉齊頃公戰敗朝晉而授玉是欲尊晉侯爲王太史公探其旨而言今按此文不云授玉丁氏之說復何所依聊記異耳 中
行獻子 荀偃祖林父也爲中行後以姓中行氏也 上太行入孟門 孟門山在朝歌東北太行山在河內溫縣
西 陪臣爭趣 左傳作折趣此爲爭趣者是太史公變左氏之文言陪臣但爭趣投有淫者耳更不知他命也 崔杼
毋歸 毋音無也 犁且 卽餘反卽犁彌也 芮姬生子荼 左傳曰鬻姒之子荼嬖則荼母姓姒此芮姬不同也

譙周依左氏作鬻姒鄒誕生本作芮姁音五句反也**公子壽**一作嘉**駒黔**奔衛三人**公子駔**左傳作鉏**陽生**二人奔魯凡五公子也**伐魯取讙闡**二邑名讙在今博城縣西南杜預曰闡在東平剛縣北**監止有寵**監左傳作闞音苦濫反闞在東平須昌縣東南也**御鞅言簡公**鞅名也爲僕御之官故曰御鞅亦田氏之族按系本陳桓子無宇產子亹宣產子獻獻產鞅也**四乘如公**服虔曰成子兄弟八人二人共乘一車故四乘按系本東信子乞產成子常簡子齒宣子其夷穆子安廩立子尚豎茲子芒盈惠子得凡七人杜預又取昭子莊以充八人之數按系本昭子將來是桓子之子成子之叔父又不名莊強相證會言四乘有八人耳今按田完系家云田常兄弟四人如公宮與此事同今此唯稱四乘不言人數知四乘謂兄弟四人乘車而入非二人共車也然其昆弟三人不見者蓋時或不在不同入公宮不可強以四乘爲八人添叔父爲兄弟之數服杜殊失也**徐州**音舒其字從人左氏作舒舒陳氏邑說文作郐郐在華縣**公鶩**系本及譙周皆作敬蓋誤也**齊安平以東**安平齊邑按地理志涿郡有安平縣也**田會反廩丘**田會齊大夫廩邑東郡有廩丘縣也

魯周公系家第三

周公周地名在岐山之陽本太王所居後以爲周公之菜邑故曰周公即今之扶風雍東北故周城是也謚曰周文公見國語

旦爲子孝鄒誕本孝作敬也**負子之責**尚書曰負爲丕今此爲負者謂三王負於上天之責故我當代之鄭玄亦曰丕讀曰負**在強葆**強葆即襁褓古字少假借用也**異母同穎**尚書曰異畝此母義通鄒誕本同**嘉天子之命**徐廣云一作魯魯字誤也今書序作旅史記嘉天子命於文亦得何須作嘉旅**不敢訓周公**按尚書作讓也此作訓字誤耳義無所通徐氏合定其本何須云一作誚也**自周至豐**周鎬京也豐文王所作邑後武王都鎬於豐立文王廟按豐在鄠縣東臨豐水東去鎬二十五里也**周公奔楚**經典無文其事或別有所出而譙周云秦既燔書時人欲言金縢之事失其本末乃云成王少時病周公禱河欲代王死藏祝策於府成王用事人讒周公周公奔楚成王發府見策乃迎周公又與蒙恬傳同事或然也**其祖甲**孔安國以爲湯孫大甲馬融鄭玄以爲武丁子帝甲按紀年太甲唯得十二年此云祖甲享國三十三年知祖甲是帝甲明矣**周公卒秋未穫**據尚書武王崩後有此雷風異今此言周公卒後更有暴風之變始開金縢之書當不然也蓋由史遷不見古文尚書故說乖誤**子伯禽是爲魯公**周公元子就封於魯次子留相王室代爲周公其餘食小國者六人蔣凡邢茅胙祭也**平易近民**言爲政簡易者民必附近之近謂親近也**作肹誓**尚書作費徐廣云一作鮮一作獮按尚書大傳見作鮮誓鮮誓即肹誓古今字異義亦變也鮮獮也言於肹地誓衆自行獮田之禮以取鮮獸而祭故字或作鮮或作獮孔安國云費魯東郊地名即魯卿季氏之費邑地也**考公酋**

酋系本作就鄒誕本作道**煬公熙**一作怡考公弟**幽公宰**系本名圉**弟濆是爲魏公**系本濆作弗音沸魏作微且古書多用魏字作微則太史公意亦不殊也**厲公擢**系本作翟音持角反也**眞公濞**眞音愼本亦多作愼公按衛亦有眞侯可通也濞系本作摯或作鼻匹位反鄒誕本愼公嚊**惠公弗湟**系本作弗皇年表作弗生**長庶子息**隱公也系本隱公名息姑**爲息娶宋女惠公奪而妻之**左傳宋武公生仲子仲子手中有爲魯夫人文故歸魯生桓公今此云惠公奪息而自妻又經傳不言惠公無道左傳文見分明不知太史公何據而爲此說譙周亦深不信然**生子允**徐廣曰作軌也本亦作軌也系**子開立是爲湣公**系本名啓方今作開避漢景帝諱春秋作閔公也**以屍與之**本亦作死字也**見孟女**郎左傳云孟任黨氏二女孟長也任字也非姓耳**釐公元年**湣公弟名申成季相之魯國理魯人爲僖公作魯頌也**以汶陽鄪封季友**賈逵云魯二邑鄪或作費同祕音按費在汶水之北則汶陽非邑賈言二邑非也按地理志東海費縣班固云魯季氏邑蓋尚書費誓即其地**高梁**晉地在平陽縣西北**齊女爲哀姜**此哀非謚蓋以哭而過市國人哀之謂之哀姜故生稱哀與上桓夫人別也**生子倭**人唯反一作俀音同**魯諱之**謂不書其葬唯言公如晉是諱**以相三君**宣公成公襄公**注三家**

各征其一征謂起徒役也武子爲三軍故一卿主一軍之征賦也**太子卒**左傳曰毀敬歸之子野立三月卒也

入魯問禮齊系家亦然左傳無其事**齊歸之子稠**系本作裯又徐廣云一作袑音紹也**穆叔**魯大夫叔孫豹也宣伯喬如之弟也**臧昭伯弟會**系本臧會臧頃伯也宣叔許之孫與昭伯賜爲從父昆弟也**叔孫昭子**名婼即穆叔子**子家駒**魯大夫仲孫氏之族名駒謚懿伯也**郈昭伯**按系本昭伯名惡魯孝公之後稱厚氏也**高齕子將粟**系本子將上有貨字即梁丘據也齕音紇齊臣也左傳子將作子猶**東門遂**系本作述鄒誕本作秫又系本遂產子家歸父及昭子子嬰也**遇孟武伯於街**有本作衛者非也左傳於孟氏之衢**子將立是爲哀公**系本將作蔣也**子顯立是爲穆公**系本顯作不衍**平公叔**系本作旅**子屯立**作論反**子匽立**匽音偃也**文公賈**系本作湣公鄒誕本亦同仍云系家或作文公**徐州在魯東**按說文郐郐之下邑在魯東又郡國志曰魯國薛縣六國時曰徐州又紀年云梁惠王三十一年下邳遷于薛故名徐州則徐與郐並音舒**遷于下邑**下邑謂國外之小邑或有本作下邑然魯有下邑所以惑也**頃公卒于柯**按春秋齊伐魯柯而盟杜預云柯齊邑今濟北東柯也**斷斷如也**斷音魚斤反讀如論語誾誾如也言魯道雖微而洙泗之間尚誾誾如也鄒誕生亦音銀又作斷斷如尚書斷斷是專一之義徐廣又引地理志音五黠反云斷斷是鬬爭之貌故繁欽遂行賦云涉洙泗而飲馬兮恥少長之斷斷是也按下文云至于揖讓之禮則從矣魯尚有揖讓之風如論語音誾爲得

史記索隱卷十終

長沙鄭業敬初校
香山何翰章覆校

史記索隱卷十一

燕召公系家第四

召公 召者畿內菜地奭始食於召故曰召公或說者以爲文王受命取岐周故墟周召地分爵二公故詩有周召二南言皆在岐山之陽故言南後王封之北燕在今幽州薊縣故城是也亦以元子就封而次子留周室代爲召公至宣王時召康公虎其後也

九世至惠侯 竝國史先失也夫自惠侯已下皆無名亦不言屬唯昭王父子有名蓋在戰國時旁見他說耳

鄭侯立 按謚法無鄭鄭或是名

宣侯 譙周曰系本謂燕自宣侯已下皆父子相傳無及故系家桓侯已下並不言屬以其難明故也按今系本無燕代系宋忠依太史公書以補其闕尋徐廣作音尚引系本蓋近始散佚耳

莊公十六年與宋衛共伐周 譙周云據左氏燕與衛伐周惠王乃是南燕姞姓系家以爲南燕伯故著史考云北燕是姞姓耳今按左氏莊十九年衛師伐周二十年齊伐山戎傳云執燕仲父三十年齊伐山戎傳曰謀伐戎以其病燕故也據傳文及此記元是北燕不疑杜君安說仲父是南燕伯是北燕之大夫且燕衛俱是姬姓故有伐周納王之事若是姞姓燕與衛伐周則鄭何以獨伐燕而不伐衛乎

惠侯 燕四十二代有二惠侯二僖侯二宣侯三桓侯二文侯蓋國史微失本謚故重耳

桓公十六年 譙周云系家襄伯生宣伯無桓公今檢史記並有桓公立十六年又宋忠據此史補系家亦有桓公是允南所見本異則是燕有三桓公也

惠公懼奔齊 春秋昭三年北燕伯款奔齊至六年又云齊伐北燕一與此文合左傳無納款之文而云將納簡公晏子曰燕君不入矣齊遂受賂而還與此乖而又以款爲簡公簡公去惠公已五代則與春秋經傳不相協未可强言也

寵姬宋 宋其名也或作宗劉氏云其父兄爲執政故諸大夫共滅之

簡公十二年卒獻公立 王劭按紀年簡公後次孝公無獻公然紀年之書多是僞謬聊記異耳

孝公十二年韓趙滅智伯 按紀年智伯滅在成公二年

成公立十六年 按紀年成公名載

湣公三十一年卒三晉列爲諸侯 按紀年作文公二十四年卒簡公立十三年而三晉命邑爲諸侯與此不同

僖公三十年卒 紀年作簡公四十五年卒妄也按上簡公生獻公是

敗齊于林營 林營地名一云林地名於林地立營故曰林營

文公十九年 系本已上文公爲閔公則湣與閔同而上惠公之父又謚文公

十年燕君爲王 君卽易王也言君初以十年卽稱王也上言易王者易謚也後追書謚耳

蘇代爲齊使於燕 按戰國策曰子之使蘇代侍質子於齊齊使代報燕是也

鹿毛壽 案徐廣一作厝毛壽春秋後語亦作厝毛壽又韓子作潘壽

子之大重 大重謂尊貴也

禹薦益已 按以已配益則益已是伯益而經傳無其文未知所由

以啓人爲吏 人猶臣也謂以啓臣爲益吏

而吏無非天子人者 此人亦訓臣也

而効之子之 按鄭玄効呈也以印呈與子之

顧爲臣 顧猶反也

言噲反為子之臣也有本作願者非
悁恐 悁音通痛也恐懼也
此文武之時不可失也 謂如武王成文王之業伐紂之時然此語與孟子不同也
王令章子 按孟子云章子齊人
將五都之兵 五都卽齊也按臨淄是五都之一也
北地之衆 北地卽齊之北邊也
二年而燕人共立太子平 按上文太子平謀攻子之而年表又云君噲及太子相子之皆死紀年又云子之殺公子平今此又云立太子平是為燕昭王則年表紀年為謬也而趙系家云武靈王聞燕亂召公子職於韓立以為燕王使樂池送之裴駰亦以此系家無趙送公子職之事當是遙立職而送之事竟不就則昭王名平非職明矣進退參詳
唯獨聊莒卽墨 按餘篇及戰國策竝無聊
惠王七年卒 按趙系家惠文王二十八年燕相成安君公孫操弑其王樂資以為卽惠王也徐廣按年表是年燕武成王元年武成卽惠王子則惠王為成安君弑明矣此不言者燕遠諱不告或太史公之說疎也
今王喜 今王猶今上也有作令者非也按諡無令也
栗腹攻鄗 鄒氏音火各反一音昊
卿秦攻代 戰國策曰廉頗以二十萬遇栗腹於鄗樂乘以五萬遇爰秦於代燕人大敗不同也
將渠 人名姓也一云上卿秦及此將渠者卿將皆官也秦渠名也國史變文而書遂失姓也戰國策云爰秦爰是姓也卿是其官耳
五而伐一 謂以五人而伐一人
以處和 謂欲令人處之使和也
龐煖 音況遠反
督亢地圖 徐廣云涿有督亢亭地理志屬廣陽然督亢之田在燕東甚良沃欲獻秦故畫其圖而獻焉

內措齊晉 措交雜也又作錯劉氏云爭陌反

管蔡系家第五

封叔武於成 按春秋隱五年衞師入郕杜預曰東平剛父縣有郕鄉卽此成又地理志廩丘縣南有成故城應劭云武王封弟季載於成是古之成邑應仲遠誤云季載封耳
封叔處於霍 春秋閔元年晉滅霍地理志河東彘縣霍太山在東北是霍叔之所封
康叔封 孔安國曰康畿內國名地闕叔字也封叔名
冉季載 冉國也載名也季字也冉或作那按國語曰冉季鄭姬賈逵曰文王子聃季之國也莊十八年楚武王克權遷於那處杜云那處楚地南郡編縣有那口城聃與那皆音如甘反
皆有馴行 如字音巡馴善也
康叔為周司寇冉季為司空 事見定四年左傳
為魯卿士 按尚書云蔡仲克庸祗德周公以為卿士叔卒乃命諸王封之蔡元無仕魯之文又伯禽居魯乃是七年致政之後此言乃說居攝政之初未知史遷何憑而有斯言也
餘五叔皆就封 管叔蔡叔成叔曹叔霍叔
嫁其弟 弟女弟卽蕩舟之姬
司徒招 或作昭或作韶音時遙反
平侯 宋忠曰平侯徙下蔡今系家無者近脫耳
昭侯遷于州來 州來在淮南下蔡縣
誅賊利 利賊名也
後陳滅三十三年 魯哀十七年滅陳其楚滅蔡又在滅陳之後三十三年卽在春秋之後
曹叔振鐸系家 按上文叔振鐸其後為曹有系家言則曹亦合題系家今附管蔡之末而出者蓋以曹微小而少事迹因附管蔡之末不別題篇且又管雖無後仍是曹之兄故題管而略曹也
惠伯兕立 按注引孫檢未詳何代或云齊人亦恐其人不注史記今以王儉七志阮孝緒七錄竝無又不知是裴駰所錄否
宣公彊立 按左傳宣公名盧
弟負芻立三年晉虜成公 按左傳晉厲公執負芻歸于京師晉立宣公弟子臧子臧曰聖達節次守節下失節為君非吾節也遂奔宋曹人請晉晉謂子臧曰反國吾歸而君子臧反晉於是歸負芻
莊公夕姑 上音亦卽射姑也同音亦
聲公野隱公通 按譙周云春秋無其事今檢系本及春秋悼伯卒弟路立諡靜公實無聲公蓋是彼文自疎
無離曹禍 離卽罹罹被也
乃背晉干宋 干謂犯也言曹因棄晉而犯宋遂致滅也
注以小加大 加陵也小卽曹也大謂晉及宋也
太史公曰已下 檢諸本或無此論

陳杞系家第六

商均為封國 按商均所封虞卽今之梁國虞城是也
夏后之時或失或續 按夏代猶封虞思虞遂是也
遏父為周陶正 遏父遂之後陶正官名生滿
媯滿封之陳 左傳曰武王以元女太姬配虞胡公而封之陳以備三恪
正月甲戌己丑桓公鮑卒 陳亂故再赴其日
桓公弟他殺五

父及太子免是為厲公 譙周曰春秋傳謂他卽五父與此違者此以他為厲公太子免弟躍為利公而左傳以厲公名躍他立未踰年無諡故蔡人殺陳他又莊二十二年傳云陳厲公蔡出也故蔡人殺五父而立之則他與五父俱為蔡人所殺其事不異是一人明矣史記既以他為厲公遂以躍為利公尋厲利聲相近遂誤以他為厲公五父為別人是太史公錯耳班固又以厲公躍為桓公弟又誤
而重一言 謂申叔時之語
少姬生偃 按昭八年經云陳侯之弟招殺陳世子偃師左傳陳哀公元妃鄭姬生悼太子偃師今此云兩姬又分偃師為二人亦恐此非
殺陳使者 卽司徒招也一作苕也
自幕至于瞽瞍 按賈逵以幕為虞思非也左傳言自幕至瞽瞍知幕在瞽瞍之前必非虞思明矣
舜重之以明德 重音持用反按杜預以為舜有明德乃至遂有國義亦然也且又云自幕至瞽瞍無違命既云舜重之以明德是言舜有明德為天子也又云殷封遂代守之亦舜德也
至於遂 杜預以遂為殷封舜後之邑也按系本云陳舜後宋忠云虞思之後箕伯直柄中衰殷湯封遂於陳以祀舜
空籍五歲矣 惠公探取哀公死楚陳滅之後年為元年故今空籍五歲剡一云藉借也謂借失國之後年為五年
取胡沈 系本云胡歸姓沈姬姓國在汝南平輿胡亦在汝南
子越為湣公 按左傳湣公名周是史官記不同
孔子在陳 按孔子以魯定公十四年適陳當陳湣公之六年上文說是此十三年孔子仍在陳凡經八年何其久也
杞東樓公 杞國名也東樓公號諡也不名者史先失耳宋忠曰杞今陳留雍丘

縣故地理志云雍丘縣故杞國周武王封禹後爲東樓公是也蓋
周封杞而居雍丘至春秋時杞已遷東國故左氏隱四年傳云莒
人伐杞取牟婁牟婁曹東邑也僖十四年傳云杞遷緣陵地理志
北海有營陵淳于公之縣臣瓚云即春秋緣陵淳于公所都之邑
又州國名杞後改國曰州而稱淳于公故春秋桓五年經云州公
如曹傳云淳于公如曹然杞後代又稱子者以微小又僻居東夷
故襄二十九年經稱杞子來盟傳曰書曰子賤之是也
謀娶公娶音子臾反注一作謀音牒子德公
立系本及譙周並作惠公又云惠公生成公及桓公是此系家脫成公一代故云弟桓公姑容立非也且成公又見春秋經傳故
左傳莊二十五年云杞成公娶魯女有婚姻之好至僖二十二年卒始赴而書左傳云成公也未同盟故不書名是杞有成公必當
如譙周所說 孝公匄音蓋匄名 平公鬱一作郁釐譙周云名郁來蓋鬱郁釐來並聲相近遂不同耳 哀公
閼路閼音遏哀公殺兄潛公而立謚哀譙周云謚懿也 或封蓼六本或作英六皆通然蓼六皆咎繇之後也據系
本二國皆偃姓故春秋文五年左傳云楚人滅六臧文仲聞六與
蓼滅曰皐陶庭堅不祀忽諸杜預曰蓼與六皆咎繇後地理志云
六安故國皐陶後偃姓爲楚所滅又僖十七年齊人徐人伐英氏
杜預又曰英六皆皐陶後國名是有英蓼實未能詳或者英後改
號曰蓼也 伯翳之後爲秦 秦祖伯翳解者以翳益則一人今言十一人叙伯翳而又別言垂益則是二人也且按舜
本紀叙十人無翳而有彭祖彭祖亦墳典不載未知太史公意如
何只恐誤然據秦本紀叙翳之功云佐舜馴調鳥獸與舜典命益

史記索隱卷十 四 廣雅書局栞

作虞若予上下草木鳥獸不同則爲一人必矣今未詳其所由也 五人之後皆至帝王 舜禹身爲帝王其稷
契及翳則後代爲帝王也 滕薛騶 滕不知本封蓋軒轅氏子有滕姓是其祖也後周封文王子錯叔繡於滕故宋忠云今沛
國公丘是滕國也薛奚仲之後任姓蓋夏殷所封故春秋有滕侯
薛侯邾曹姓之國陸終氏之子會人之後邾國今魯鄒縣是也然
三國微小春秋時亦預監蓋史缺無可叙列也 江黃胡沈 按系本江黃二國並嬴姓又地理志江國在汝南安陽縣

衛康叔系家第七

衛康叔 康畿內國名宋忠曰康叔從康徙封衛衛即殷墟定昌之地畿內之康不知所在 欲攻成周 成周洛陽
其時周公相成王營洛邑猶居西周鎬京管蔡欲構難先攻成周於是周公東居洛邑代管蔡 武庚未集 集猶和也 居
河淇故商墟 宋忠曰今定昌也 康叔卒子康伯立 系本康伯名髡宋忠曰即王孫牟也事周康王
爲大夫按左傳所稱王孫牟父是也牟髡聲相近故不同耳譙周
古史考無康伯而云子牟伯立蓋以不安父子俱謚康故因其名
曰云牟伯也 庳伯立 系本作摯伯 貞伯立 系本作箕伯 頃侯厚賂周 按康誥稱命爾侯于東土
又云孟侯朕其弟小子封則康叔初封爲侯也此子康伯即稱伯
者謂方伯之伯非至子即降爵爲伯也故孔安國曰孟長也五侯
之長謂方伯州牧也故五代孫禰恆爲方伯耳至頃侯德衰不監
諸侯乃從本爵而稱侯非是至子即削爵及頃侯賂夷王而稱侯

也 恭伯入釐侯羨 音延延墓道又音以戰反恭伯名餘也 武公和 殺恭伯代立此說蓋非也按季札美
康叔武公之德又國語稱武公年九十五矣猶箴戒於國恭恪于
朝倚几有誦至于沒身謂之叡聖又詩著衛世子恭伯早卒不云
被殺若武公殺兄而立豈可以爲訓而刑之國史乎蓋太史公採雜說而爲此記耳 齊女子之 子之謂養之爲子也齊女
即莊姜也詩碩人篇美之是也 陳女 戴嬀也子桓公完爲州吁所殺戴嬀歸陳詩燕燕于飛之篇是 於濮 濮賈逵曰濮陳地
按濮水首受河又受汴汴亦受河東北至離派分爲二俱東北至
鉅野入濟則濮在曹衛之間賈言陳地非也若據地理志陳留封
丘縣濮水受沛當言陳留水也 輕賦平罪 輕賦稅平斷刑也平或作卒卒謂士卒也字連下讀亦一家之義 成公
出奔 奔楚 遂出奔陳 按左傳衛侯聞楚師敗懼出奔遂適陳是 私於周王鴆 按私謂賂之也 衛君
瑕出奔 元咺所立成公入而殺之故僖三十年經云衛殺其大夫元咺及公子瑕此言奔非也 齊郲歜弑其
君 郲歜與左氏同而齊系家作郲戎者蓋郲歜掌御戎車故號郲戎郲音祢歜亦作歜其君莊公也 二子怒如宿
左傳作戚此亦音戚也 定公弟秋 左傳作剽古今人表作焱蓋音相亂字易改耳音方遙反又匹妙反 見戎州
左傳曰戎州人攻之是也隱二年公會戎于潛杜預云陳留濟陽
縣東南有戎城濟陽與衛相近故莊公登臺望見戎州又七年云
戎伐凡伯于楚丘是戎近衛 莊公出奔 按左傳莊公本由晉趙氏納之立而背晉晉伐衛衛人出莊公立公子般師晉

史記索隱卷十 五 廣雅書局栞

師退莊公復入般師出奔初公登城見戎州已氏之妻髮好髡之
以爲夫人髢又欲剪戎州兼逐石圃故石圃攻莊公莊公懼踰北
牆折股入已氏已氏殺之今系家不言莊公復入及死已氏直云
出奔亦其疎也又左傳云衛復立般師齊伐衛立公子起執般師
明年衛石圃逐其君起起奔齊出公輒復歸是左氏詳而系家略也 衛石專曼逐其君起 左傳作石圃此作摶
音圃又音徒和反摶或作專諸本或無曼字 出公輒立二十一年 按出公初立十三年亡在外四年復入九
年卒是立二十一年自即位至卒凡經二十四年而卒 悼公黔立五年 按紀年云四年卒于越系本名虔 敬
公弗立 系本弗作費 子昭公糾立 系本云敬公生撓公舟非也 公子適 音的按系本適作虔虔悼
公也 聲公訓 訓亦作馴同休運反系本作聖公馳 成侯遫 音速系本作不逝按上穆公已名遫不可成侯更名則系
本是 成侯十一年公孫鞅入秦 按秦本紀云孝公元年鞅入秦又按年表成侯與秦孝公同年然則十一
年當爲元年字誤且 子嗣君立 按樂資據紀年以嗣君即孝襄侯也 魏東地 魏都大梁濮陽黎陽並是魏之東地
故立郡名東郡也 元君十四年更徙衛野王 按年表元君十一年秦置東郡十三年衛徙野王與此不
同也

宋微子系家第八

微子開者按尚書微子之命篇云命微子啓代殷後今此名開者避漢景帝諱殷帝乙之首子而帝紂之庶兄也按尚書亦以爲殷王元子而是紂之兄按呂氏春秋云生微子時母猶爲妾及爲妃而生紂故微子爲紂同母庶兄

滅阢國阢音耆耆即黎也鄒誕本云盈音黎孔安國云黎在上黨東北即今之黎亭是也

殷其典喪尚書典作淪篆字變易其義亦殊徐廣曰典國典也喪音息浪反

我其發出往尚書作狂益亦今文尚書意異耳

陋淫尚書作攘竊劉氏云陋淫猶輕擾也

箕子者紂親戚箕國子爵也司馬彪曰箕子名胥餘馬融王肅以箕子爲紂之諸父服虔杜預以爲紂之庶兄杜預云梁國蒙縣有箕子冢

象箸持略反按下云爲象箸必爲玉桮桮箸事相近周禮六樽有犧象壺泰著著地無足是也劉氏音直慮反則杯箸亦食用之物亦並通

肉袒面縛肉袒者袒衣露肉也面縛者縛手於背而面向前也劉氏云面卽背也義亦稍迂

內友內當爲燮燮和也

沈湎尚書作沈酗此作湎字其義當依馬注

曰涕音亦尚書作圛孔安國云氣駱驛亦連續今此文作涕是涕泣亦相連之狀也

曰霧音蒙然蒙與霧

亦通

注一曰濟曰霽徐廣所見本涕作涕蒙作濛義通而字變

曰舒依字讀按下有曰急

注未齔未齔末毀齒也音楚㥜反

朝鮮潮仙二音地因水爲名也

近婦人婦人之性多涕泣

漸漸兮漸漸麥芒之狀音子廉反又依字讀油油者禾黍之苗光悅貌

微仲衍按家語微子弟仲思名衍一名泄嗣微子爲宋公雖遷爵易位而班級不

過其故故以舊官爲稱故二微雖爲宋公猶微至子稽乃稱宋公

宋公稽譙周云末諡故名

公子鮒祀徐云一本作祀譙周亦作鮒祀據左氏卽湣公庶子也弑煬公欲立太子弗父何何讓不受

宋地霣星如雨與雨階也按僖十六年左傳霣石于宋五霣星也六鷁退飛過宋都是當襄公之時訪內史叔興曰君將得諸侯而不終也然莊七年傳又云恒星不見夜中星霣如雨與雨階也且與雨階下自在別年不與霣石退鷁之事同此史以霣石爲霣星遂連恒星不見之時與雨偕爲文故與左傳小不同也

鹿上之盟杜預云汝陰有鹿原縣按汝陰鹿原其地在楚僖二十一年宋人楚人齊人盟于鹿上是也然襄公始求諸侯於楚楚纔許之計未合至汝陰鹿上據今濟陰乘氏縣北有鹿城蓋此地也

取鄭二姬謂鄭大夫芊氏姜氏之女既是鄭氏故云二姬

是年重耳過襄公以傷泓按春秋戰于泓在僖二十三年重耳過宋及襄公卒在二十四年今此文以重耳過與傷泓共歲故云是年又重耳過與襄公卒共是一歲則不合更云十四年是進退俱不合於左氏蓋太史公之疎耳

昭公四年敗緣斯長丘徐廣曰魯系家云宋武公之代獲緣斯於長丘今云此時未詳者春秋文公十一年魯敗翟于鹹獲長狄緣斯於長丘齊系家惠公二年長翟來王子城父攻殺之此並取左傳之說載於諸國系家今考其年歲亦頗相協而魯系家云武公此云昭公蓋此昭當爲武然前代雖已有武公此杵臼當亦諡武也若昭不然豈下五系公子特爲君又合諡昭乎

景公昭公父糺左傳名周

公子特昭公也左傳作德

殺太子而自立按左傳景公無子取元公庶曾孫德及啓畜于公宮及景公卒先立啓後立德是爲昭公與此說乖未知太史公據何而爲此說

景公頭曼音萬

公子褍秦音端

悼公購由立悼公昭公子也昭公立四十七年表云四十九年購音古候反

悼公八年卒按紀年爲十八年

子辟公辟兵立按紀年云作桓侯壁兵則壁兵諡桓也又莊子云桓侯行未出城門其前驅呼辟蒙人止之後爲狂也司馬彪云呼辟使人避道蒙人以桓侯名辟而前驅呼辟故爲狂也

子剔成立王劭按紀年云宋易城盱廢其君辟而自立也

君偃自立爲王戰國策呂氏春秋以偃諡曰康王也

桀宋晉太康地記言其似桀也

春秋譏宋之亂自宣公廢太子而立弟國以不寧者十代按春秋公羊有此說左氏則無譏焉

大夫正考父美之故追道契湯高宗殷所以興作商頌按裴駰引韓詩商頌章句亦美襄公非也今按毛詩商頌序云正考父於周之太師得商頌十二篇以那爲首國語亦同此說今五篇存皆是商家祭祀樂章非考父追作也又考父佐戴武宣則在襄公前且百許歲安得述而美之斯謬說耳

傷中國闕禮義襃之也襄公臨大事不忘大禮而君子或以爲多且傷中國之亂闕禮義之史遂不嘉宋襄之盛德故太史公襃而述之故云襃之也

史記索隱卷十一終

長沙鄭業敬初校

香山何翰章覆校

史記索隱卷十二

晉系家第九

晉唐叔虞 按太叔以夢及手文而名曰虞至成王誅唐之後因戲削桐而封之叔字也故曰唐叔虞而唐有晉水至子燮改其國號曰晉侯然晉初封於唐故稱晉唐叔虞也且唐本堯後封在夏墟而都於鄂鄂今在大夏是也及成王滅唐之後乃分徙之於許郢之間故春秋有唐成公是也即今之唐州也 **武侯寗族** 系本作曼期譙周作曼旗也 **厲侯福** 系本作輻 **獻侯** 系本及譙周皆作蘇 **穆侯弗王** 鄒誕本作弗生或作潰王並音祕 **曲沃** 河東之縣名漢武改曰聞喜 **翼** 翼本晉都也自孝侯已下一號翼侯平陽絳邑縣東翼城是也 **子鱓** 音時戰反又音善又音陁 **子都** 系本作郄而他本亦有作都 **先晉穆侯** 晉有兩穆侯言先以別後 **櫟** 櫟鄭邑今河南陽翟是也故鄭之十邑有樗有華 **始都絳** 春秋莊二十六年傳士蔿城絳是也杜預曰今平陽絳邑縣應劭曰絳水西南也 **滅霍** 按永安縣西南汾水西有霍城古霍國有霍水出霍太山 **滅魏** 地理志河東北縣古魏國地記亦以為然服虔云在蒲坂非 **滅耿** 杜預曰平陽皮氏縣東南有耿鄉地記又曰皮氏縣汾水南耿城是耿國服虔云三國皆姬姓也 **殊自失** 太子之行如此妾前見君欲廢而恨之今乃自以恨為失也 **奔新城** 國語曰申生乃雉於新城廟韋昭云曲沃也新為太子城故曰新城 **居二**

日 左傳云六日不同 **齧桑** 裴氏云左傳作采桑按今平陽曲南七十里河水有采桑津是晉境服虔云翟地亦頗相近然字作齧桑齧桑衛地恐非也 **東至河內** 河內河曲也內音汭 **弟生悼子** 左傳作卓子音恥角反弟女弟也 **君弟毋會** 弟但也 **使死者復生** 謂荀息受公命而立奚齊雖復身死不背生時之命是死者復生也 **生者不慙** 言生者見荀息不背君命而死不為之羞慙也 **太子更葬矣** 更作也更葬謂改葬言後十四年晉不昌 **汾陽之邑** 按國語命里克汾陽之田百萬命丕鄭以負蔡之田七十萬今此不言亦其疏略也 **呂省** 左傳作呂甥 **郄稱冀芮** 三子晉大夫 **惠公禮倨** 禮倨謂受玉惰也事見僖十一年 **韓原** 在馮翊夏陽北二十里今之韓城縣是 **馬騺** 竹二反謂馬重而陷之於泥 **輅秦穆** 服虔云輅迎也音五嫁反鄒誕云五額反 **翟伐咎如** 赤狄之別種也隗姓也咎音高鄒誕本作囷如又云或作因 **長女妻重耳** 左傳伐廧咎如獲二女以叔隗妻趙衰公子取季隗隗生伯儵叔劉則叔隗長季隗少而不同也 **履鞮** 即左傳之勃鞮亦曰寺人披 **可用與** 音余諸本或為興興起也非翟可用興興起故奔之 **犁二十五年** 犁猶比也 **國禮禮重耳** 以國君之禮禮之也 **適諸侯禮** 上音敵 **且言何以易之** 子玉請殺重耳楚成王不許言人出言不可輕易之 **河伯視之** 視猶見也 **郇城** 音荀即文王之子所封又音環 **王城** 杜預云馮翊臨晉縣東有故王城今名武鄉城 **五虵為輔**

龍喻重耳五虵即五臣狐偃趙衰魏武子司空季子及子推也舊云五臣有先軫顛頡今恐二人非其數 **秦軍河上** 晉地也 **患之** 晉若攻楚則傷楚子送其入秦之德又欲釋宋不救乃虧宋公贈馬之惠進退有難是以患之 **其勢宜釋宋** 楚初得曹又新婚于衛今晉執曹伯而分曹衛之地於宋則楚急曹衛其勢宜釋宋 **宋公** 成公王臣 **齊將** 國歸父 **秦將** 小子慭 **踐土** 杜預云踐土鄭地然據此文晉師還至衡雍衡雍在河南故劉氏云踐土在河南下文踐土在河北今元城縣西有踐土驛義或然也 **王若曰父義和** 按尚書文侯之命是平王命晉文侯仇之語今此文乃襄王命文公重耳之事代數懸隔勳業全乖太史公雖復彌縫左氏而系家頗亦時有疏謬裴氏集解亦引孔馬之注而都不言時代乖角何習迷而同醉也然計平王至襄王為七代仇重耳為十一代而十三侯又平王元年至魯僖二十八年當襄二十年為一百三十餘歲矣學者頗合討論之而劉伯莊以為蓋天子命晉同此一辭尤非也 **王庭** 服虔云王庭是踐土者據二十八年五月公會晉侯盟于踐土又此上文四月甲午作王宮于踐土王庭即王宮也 **朝王于踐土** 案氏氏傳五月盟于踐土冬會諸侯于溫天王狩于河陽壬申公朝于王所此文亦說冬朝于王當合於河陽溫地不合取五月踐土之文 **先縠將右行** 左傳屠擊將右行與此異 **疑大夫師** 據左傳荀林父並是卿而云大夫師者非也不置佐者當避天子也或新置三行官未備耳 **乃間令使** 使謂燭之武 **東道交** 交猶好也諸本及左傳皆作主 **取晉汪以歸** 按左傳文

二年秦孟明視伐晉報殽之役無取晉汪之事又其年冬晉先且居等伐秦取汪彭衙而還則汪是秦邑止可晉伐秦取之豈得秦伐晉而取汪也或者晉先取秦今伐晉而收汪是汪從晉來故曰取晉而歸也彭衙在郃陽北汪不知所在 **取晉之都** 徐云年表曰徵然按文十年左傳春晉人伐秦取少梁夏秦伯伐晉取北徵北徵即年表之徵今云都者字誤也徵音懲亦馮翊之縣名 **頃王崩公卿爭權** 按春秋魯文十二年頃王崩周公閱與王孫蘇爭政故不赴是 **以車八百乘平周亂** 文十四年傳又云晉趙盾以諸侯之師八百乘納捷菑于邾不克乃還而周公閱與王孫蘇訟于晉趙宣子平王室而復之則以車八百乘自是宣子納邾捷菑不關王室之事但文相連耳多恐是誤也 **示眯明** 鄒誕云示眯為祁彌也即左傳之提彌明也提音市移反劉氏亦音祁為時移反則祁提二字同音也而此史記作示者示即周禮古本地神曰祇皆作示字此為祁者蓋由祇提音相近字遂變為祁也眯音米移反以眯為彌亦音相近耳又左氏桑下餓人是靈輒也其示眯明是嗾獒者也其人鬬而死即今合二人為一人非也 **三行** 如字 **先縱** 足用反又本作嗾又作蹤同素后反 **為殺易** 以豉反 **敗秦將赤** 赤即斥謂斥候之人也按宣八年左傳晉伐秦獲諜殺諸絳市蓋彼諜即此赤也晉成公六年為魯宣八年正同故知然 **伐辟取隆** 劉氏音隆即龍也魯北有龍山又此年當魯成二年經或書齊侯伐我北鄙傳曰圍龍又鄒誕及別本作偵字偵當作鄆文十二年季孫行父帥師城諸及鄆注曰偵即鄆也字變耳地理志云在東莞縣東也 **中行桓子**

荀林父也蕭桐姪子左傳作叔子荀騅音隹諡文子鄢陵偃又音於連反宦者奪之宦者孟張也我櫟音歷釋例云在河北地闕靡下徐云靡一作歷劉氏音眉綺反郎靡靡笄毋幾爲君幾音冀謂望也會諸侯於雞澤六卿強韓趙魏范中行及智氏爲六卿初韓趙魏爲三卿而分晉政故曰三晉中行寅荀偃之孫也范吉射音亦范獻子士鞅之子以伐四卿時趙魏韓共滅范氏及中行氏而分其地猶有智氏與三晉故曰四卿也出公鑿十七年年表云十八年也智伯乃立昭公曾孫驕是爲哀公按趙系家云驕是爲懿公又年表云出公十八年次哀公忌二年次懿公驕十七年紀年又云出公二十三年奔楚乃立昭公之孫是爲敬公系家亦云昭公生桓子雍雍生忌忌生懿公然晉趙系家及年表各各不同何況紀年之說也哀公四年趙襄子韓康子魏桓子共殺智伯共其地如紀年之說此乃出公二十二年事十五年魏文侯初立按紀年魏文侯初立在敬公十八年幽公之時晉畏畏懼也爲衰弱故反朝韓魏也宋忠引此注系本而良字爲衰盜殺幽公紀年云夫人秦嬴賊公於高寢之上幽公子止是爲烈公系本云幽公生烈公止又年表云魏誅幽公立其弟止子孝公頎立系本云孝公傾紀年以孝公爲桓公故韓子有晉桓侯十七年孝公卒紀年云桓公二十年趙成侯韓共侯遷桓公於屯留已後更無晉事子靜公

俱酒立系本云靜公俱靜公二年魏武侯韓哀侯趙敬侯滅晉後三分其地按紀年魏武侯以桓公十九年卒韓哀侯趙敬侯竝以桓公十五年卒又趙系家烈侯十六年與韓分晉封晉君端氏其後十年肅侯遷晉君於屯留

楚系家第十

卷章名老童故系本云老童生重黎重黎重氏黎氏二官代司天地重爲木正黎爲火正按左氏傳少昊氏之子曰重顓頊氏之子曰黎今以重黎爲一人仍是顓頊之子孫者劉氏云少昊氏之後曰重顓頊氏之後曰重黎對彼重則單稱黎若自言當家則稱重黎故楚及司馬氏皆重黎之後非關少昊之重愚謂此解爲當居火正此重黎爲火正彼少昊氏之後重自爲木正知此重黎即彼之黎也陸終生子六人系本云娶鬼方氏妹曰女嬇長曰昆吾系本云其一曰樊是爲昆吾又曰昆吾者衛是宋忠曰昆吾國名已姓所出左傳曰衛侯夢見被髮登昆吾之觀按今濮陽城中有昆吾臺二曰參胡系本云二曰惠連是爲參胡參胡者韓是宋忠曰參胡國名斯姓無後三曰彭祖系本云三曰籛是爲彭祖彭祖者彭城是虞翻云名翦爲彭姓封於大彭四曰會人系本云四曰求言是爲鄶人鄶人者鄭是宋忠曰求言名也妘姓所出鄶國也五曰曹姓系本云五曰安是爲曹姓曹姓邾是宋忠云安名也曹姓者諸曹所出六曰季連

芈姓系本云六曰季連是爲芈姓季連者楚是宋忠曰季連名也芈姓所出楚之先芈音彌是反芈羊聲也附沮才敘反熊黮一作黜音上感反黜音與黜與亶同字亦作亶熊楊鄒誕本作熊錫一作煬楊粵有本作楊雩音吁地名也今音越譙周亦作楊越長子康勾亶王系本康作庸亶作袒注江陵地理志云南郡之縣也楚文王自丹陽徙郢之中子紅爲鄂王有本作藝經二字音摯紅從下文熊摯紅譌也古史考及鄒氏劉氏等音無藝經恐非也少子執疵爲越章王系本無執字越作就子熊摯紅立如此史意即上鄂王紅也譙周以爲熊渠卒子熊翔立卒長子摯有疾少子熊延立此云摯紅卒其弟煞而自立曰熊延欲會此代系則翔亦毋庸之弟元嗣熊渠者毋庸既早亡摯紅立而被延弒故史考言摯有疾而此言弒也季徇旬俊反叔堪一作湛熊噩音鄂亦作咢熊坎苦感反一作菌又作欽熊眴徐音舜按玉篇在口部顧氏云楚之先即蚡冒也劉音舜其近代本即有字從日者劉舜音非是爲蚡冒古本蚡作粉音憤冒音亡北反或亡報反杜敖上音側狀反成王惲紆粉反左傳作頵紆貧反伐黃汝南弋陽縣故黃國滅夔譙周作滅歸歸即夔之地名歸鄉也寵姬姬當作妹願有進隱隱謂隱藏其意郟鄏按周書郟雒北山名音甲鄏謂田厚鄏故以名焉二十年圍宋以其殺楚使也左傳魯宣公十二年楚子伐蕭蕭人囚楚相宜僚王曰勿殺吾退蕭人殺之是殺楚使也子員立音雲左傳作麇析

父對曰據左氏此是右尹子革之詞此蓋誤也僇越大夫常壽過僇辱也殺蔡大夫觀起音官觀姓起名起子從音松費無忌左傳作極極忌聲相近楚恐城郢去年已城郢今又重言據左氏昭二十三年城郢二十四年無重城郢之文是史記誤也吳三公子昭三十年二公子奔楚公子掩餘奔徐公子燭庸奔鍾離此言三公子非也伏師閒塗閒塗即攢塗也故下云惠王後即罷兵歸葬服虔說非楡關此楡關當在大梁之西也蜀伐楚取茲方茲方地名今闕扞關按郡國志巴郡魚復縣有扞關盼子必用矣盼則嬰之同族復搏其士卒膊音亦有作附讀戰國策作整得八邑古本作八邑今亦作八城襄陵縣名在河東此國冠之上音官令尹乃尹中最尊故以國爲言猶如卿子冠軍然而大王和之和謂楚與齊相和親注商於在今順陽按地理志丹水及商屬弘農今言順陽者是魏晉始分置順陽郡商城丹水俱隸之兩國之兵必至兩國韓魏也是我亡於秦謂失商於之地與秦戰丹陽北丹陽在漢中秦破韓宜陽弘農之縣在澠池西南昭睢七余反墓在平陽非堯都也秦武遂去之亦非河間之縣則韓之平陽秦之武遂竝當在宜陽左右二十六年齊湣王按下文始言二十四年又更有二十六年則此錯云二十六年衍字也當是二十年事又徐廣推校二十年取武遂二十三年歸武遂則此必二十年二

事乎 十一年咸陽右扶風渭城縣故咸陽城也水北山南故曰咸陽咸皆也在趙主父主字亦或作王鶀鴈鶀音其小鴈也羅鸗呂靜音聾鄒亦音盧動反劉音龍鸗小鳥青首亦小皃有青首者騶費鄒祕二音見鳥六雙以喻下文秦趙等十二國故曰六雙朝昔之樂昔猶夕也還患音謂還遶也射國音石碆音番作磻石傅弋音附射噣鳥於東海噣音晝謂大鳥之有鉤喙者以比齊也還蓋長城以爲防上還音患謂遶也蓋者覆也言射者環遶蓋覆使無飛走之路因以長城爲防者徐以蓋爲益縣非也長城當在濟南顧據午道顧反也午道當在齊西界一從一橫爲午道亦未詳其處北達言齊晉既伏收燕不難也三國布䝙亦作䝙翅同式豉反三國齊趙燕也擊趙而顧病顧猶反也膺擊韓魏謂韓魏當秦之前故云膺擊俗本作鷹非垂頭中國垂頭猶申頸也言欲吞山東繇共主臣世君共主世君俱是周自謂也共主言周爲天下共所宗主也世君言周室代代君於天下塞騶魯之心騶魯有禮義之國今楚欲結怨兩周而奪九鼎是塞鄒魯之心其兵利身謂虎以爪牙爲兵而自利於防身也必萬於虎矣攻易而利大也居三代之傳器謂九鼎也吞三翮六翼翮亦作䎘同音麻三翮六翼亦謂九鼎空足曰翮六翼即六耳翼近耳傍事具爾雅夷陵陵名後爲縣屬南郡熊元左傳作完至新中按趙地無名新中者中字誤鉅鹿有新市疑中當爲市蘄機祈二音

史記索隱卷十二　五　廣雅書局栞

幾音祈孫檢裴注頻引孫檢不知其人本末蓋齊人

越王勾踐系家第十一

二十餘世至允常按越在蠻夷少康之後地遠國小春秋之初未通上國國史既微略無世系故紀年稱爲粵子據此文勾踐平吳之後周元王始命爲伯後遂僭而稱王勾踐按紀年云晉出公十年十一月於粵勾踐卒是菼執越敗吳於檇李事在左傳魯定公十四年敗之夫椒符焦二音本又作湫音酒小反賈逵云地名杜預云太湖中椒山也按國語云敗之五湖則椒山爲得敗夫椒在哀公元年保棲於會稽鄒誕云保山曰棲猶鳥棲於木以避害也故六韜曰軍處山之高者則曰棲行大夫種大夫官種名也一曰大夫姓猶司馬司徒之比蓋非也持滿者與天與天天與也言持滿不溢與天同道故天與之定傾者與人人主有定傾之功故人與之也節事者以地國語以作與此作以亦與義也言地能財成萬物人主宜節用以法地故地與之韋昭等解恐非行成於吳成者下也求和於吳也閒行紀閑反閒行猶微行乃以美女寶器國語云越飾美女二人使大夫種遺大宰嚭必有當也言悉五千人觸戰或有能當吳兵者故國語作耦耦亦相當對之名又下云無乃傷君王之所愛乎是有當則相傷也逢同逢姓同名故楚有逢伯填撫音鎮柘稽越大夫也國語作諸稽郢疥𤺋二音介斲斲之

艾陵在魯哀十一年廣齊高國國惠子高昭子而父而汝也父夫差也立若若亦汝也取吾眼置吳東門國語云吳王慍曰孤不使大夫得見乃盛以鴟夷投之于江也於黃池在哀十三年太子晉守據左氏傳太子名友習流二千人虞書云流宥五刑按流放之罪人使之習戰任爲卒伍故有二千人教士四萬人謂常所教練之兵也故孔子曰以不教民戰是謂棄之是也君子六千人謂君所子養有恩惠者又按左氏楚沈尹戍帥都君子以濟師杜預云都君子謂都邑之士有復除者國語王以私卒君子六千人諸御千人諸御謂御理事之官任軍職掌者不且得罪虞翻注並依國語之文今望此文謂使若空速去不且得罪於越義亦通君百家國語云與之夫婦三百是也王鼫與立鼫音石與音餘按紀年云於粵子勾踐卒是菼執次鹿郢立六年卒樂資云越語謂鹿郢爲鼫與也子王不壽立紀年云不壽立十年見殺是爲盲姑次朱勾立子王翁立紀年於粵子朱勾三十四年滅滕三十五年滅郯三十七年朱勾卒王翳卒子王之侯立紀年云翳三十三年遷于吳三十六年七月大子諸咎弒其君翳十月粵殺諸咎粵滑吳人立孚錯枝爲君明年大夫寺區定粵亂立初無餘之十二年寺區弟思賊殺其君莽安次無顓無顓八年薨是菼蠋卯故莊子云越人三弒其君子搜患之逃於丹穴不肯出越人薰之艾葉乘以王輿樂資云號曰無顓蓋無顓後乃次無疆也則王之侯即無餘之之侯卒子王無彊立蓋無顓之弟也音其

史記索隱卷十二　六　廣雅書局栞

良反試兵南陽此南陽在齊之南界莒之西常郯之境常邑名蓋田文所封邑郯故郯國二邑皆齊之南地商於析酈四邑並屬南陽楚之西南也宗胡宗胡邑名胡姓之宗因以名邑杜預云汝陰縣北有故胡城是夏路以左徐氏以爲江夏非也劉氏云楚適諸夏路出方城人向北行以西爲左故云夏路以左其意爲得也是目論也言越王知晉之失不自覺越之過猶人眼能見毫毛而自不見其睫故謂之目論也復讎龐長沙劉氏云復者發語之聲非也言發語聲者文勢然也則是脫況字耳讎當作犨犨邑名字訛耳則犨龐長沙是三邑也下云竟澤陵當爲竟陵澤言竟陵之山澤出材木故楚有七澤蓋其一也合上文爲四邑也楚威王殺王無彊北破齊於徐州按紀年粵子無顓薨後十年楚伐徐州遂無楚敗越殺無彊之語是無彊爲無顓之後紀年不得錄也表會稽山以奉邑國語云乃環會稽三百里以爲范蠡之地奉音扶用反鴟夷子皮范蠡自謂也蓋以吳王殺子胥而盛以鴟夷今蠡自以有罪故爲號也韋昭曰鴟夷革囊也或曰生牛皮也莊生據其時代非莊周也然驗其行事非子休而誰能信任於楚王乎

鄭系家第十二

友初封於鄭鄭縣名屬京兆秦武公十一年初縣杜鄭是也又系本云桓公居棫林徙拾宋忠云棫林與拾皆舊地名

是封桓公乃名為鄭耳至秦之縣鄭蓋是鄭武公東徙新鄭之後其舊鄭乃是故都故秦始縣之**幽王以為司徒**韋昭據國語以幽王八年為司徒也**虢鄶之君貪而好利**鄭語云虢叔恃勢鄶仲恃險皆有驕侈又加之以貪冒是也虢叔文王弟鄶妘姓之國也**欲居西方何如**國語曰公曰謝西之九州何如韋昭云謝申伯之國謝西有九州五州為鄉其說異耳**封叔虞於唐**唐者古國堯之後其君曰叔虞何以知然者據此系家下文云唐人之季代曰唐叔虞當武王邑姜方動大叔夢天命而子曰虞與之唐及生有文在手曰虞遂以名之及成王滅唐而國太叔故因以稱唐叔虞故杜預亦曰取唐君之名是也**果獻十邑**國語云太史伯曰若克二邑鄔蔽補丹依野時歷華君之土也虞鄶注皆依國語為記**武公掘突**譙周云名突滑皆非也蓋古史失其名太史公循舊失而妄記之耳何以知其然者按下文其孫昭公名忽厲公名突豈有孫與祖同名當時舊史雜記昭厲忽突之名遂誤以掘突為武公之字耳**鄭侵周地取禾**隱二年左傳鄭武公莊公為平王卿士王貳於虢及王崩周人將畀虢公政夏四月鄭祭足帥師取溫之麥及成周之禾是**始朝周桓王**杜預曰桓王即位周鄭交惡至是始朝故言始也左傳又曰周桓公言於王曰我周之東遷晉鄭焉依善鄭以勸來者懼猶不蔇況不禮焉鄭不來矣**與魯易祊許田**許田近許之田魯朝宿之邑祊者鄭所受助祭太山之湯沐邑鄭以天子不能巡守故以祊易許田各從其近**莊公與祭仲**左傳稱祭仲足蓋祭是邑其人名仲字仲足故傳云

祭封人仲足是也此繻葛之戰在魯桓公五年**高渠彌**一作彌一作眛並名卑反**祝聸**左傳作祝聃**三公子皆君也**此文則數太子忽及突子亹為三而杜預云不數太子以子突子亹子儀為三蓋得**厲公出居邊邑櫟**宋忠曰今潁川之陽翟縣按櫟音歷即鄭初得十邑之歷也**煞其大夫單伯**依左傳作檀伯檀伯鄭守櫟大夫事在桓十五年此文誤為單伯者蓋亦有所因也按魯莊公十四年厲公自櫟侵鄭事與周單伯會齊師伐宋相連故誤耳**公子嬰**左傳以鄭子名子儀此云嬰蓋別有所見**甫假**左傳作傅瑕此本多假借亦依字讀**伯父原**左傳謂之原繁**周惠王弟頹伐王**惠王莊王孫僖王子子頹王后姚所生事在莊十九年**文公踕立**音在接反系本云文公徙鄭宋忠云即新鄭**鄭伐滑**僖二十四年左傳鄭公子士泄堵俞彌帥師伐滑**襄王使伯犕**音服左傳王使伯服游孫伯如鄭請滑杜預云二子周大夫知伯犕即伯服也**不賜厲公爵祿**此言爵祿與左氏說異左傳云鄭伯享王王以后之盤鑑與之虢公請器王予之爵則爵酒器是太史公與丘明說別也**公怒濈**音戢左傳作瑕**悼公濆**劉音秘鄒本一作沸一作弗左傳作費扶味反**鄦公**音許**弟睔**公遜反**兄繻**音須鄒氏云一作纁音訓**子僤**紆粉反左傳作晃原**定公入敬王于周**避弟子朝之亂

史記索隱卷十二終

長沙鄭業敬初校

香山何翰章覆校

史記索隱卷十三

趙系家第十三

季勝生孟增是爲宅皐狼 按如此說是名孟增號宅皐狼而徐廣云或曰皐狼地名在河西按地理志皐狼是西河郡之縣名蓋孟增幸於成王成王居之於皐狼故云皐狼 **取驥之乘匹** 言造父取八駿品其色齊其力使駟調也竝四曰乘竝兩曰匹 **見西王母** 穆天子傳曰穆王與西王母觴於瑤池之上作歌是樂而忘歸也譙周不信此事而云余嘗聞之代俗以東西陰陽所出入宗其神謂之王父母或曰地名在西域有何見乎 **攻徐偃王** 譙周曰徐偃王與楚文王同時去周王遠矣且王者行有周衛豈聞亂而獨長驅日行千里乎竝言此事非實也 **五世生趙夙夙生共共生孟孟生衰** 系本云公明生共孟及趙夙夙生成季衰衰生宣孟盾在左傳云趙夙弟而此系家云共孟生衰譙周亦以此爲誤耳 **賜趙夙耿** 杜預曰耿今河東皮氏縣耿鄉是 **趙衰爲原大夫** 系本云成季徙原宋忠云今鴈門原平縣 **太子母** 穆嬴也 **晉景公** 成公之子名據 **更立襄公曾孫周是爲悼公** 徐廣云年表云襄公孫也晉系家襄公少子名周 **生景叔** 系本云景叔名成 **公孫支與子輿** 二子秦大夫公孫支子桑 **范魁之西** 范魁地名不知所在蓋趙地 **胥女孟姚** 即姓嬴吳廣之女姚姓孟字也

七代孫武靈王也 **吾有所見子晰也** 簡子見當道者乃寤曰嘻是吾前夢所見知其名曰子晰者 **籍秦** 據系本晉大夫籍游之孫籍談之子 **范氏** 系本云范氏晉大夫隰叔之子士蔿之後蔿生成伯缺缺生武子會會生文叔燮燮生宣叔匄匄生獻子鞅鞅生吉射 **中行氏** 系本云晉大夫逝敖生桓伯林父林父生宣伯庚宿庚宿生獻伯偃偃生穆伯吳吳生寅本姓荀自荀偃將中軍晉改中軍曰中行因氏焉元與智伯同祖逝遨故智氏亦稱荀 **智瑤** 系本云逝遨生莊子首首生武子鑵鑵生莊子朔朔生悼子盈盈生文子櫟櫟生宣子申申生智伯瑤 **荀櫟** 智文子 **韓不佞** 韓簡子 **魏哆** 魏簡子系本名取 **二子** 范吉射荀寅也 **中行文子** 荀寅也 **范昭子** 范吉射也 **昭公曾孫驕** 驕懿公也或作哀公其大父雍即昭公少子號戴子 **張孟同** 按戰國策作張孟談談者史遷之父名遷例改爲同 **代成君子浣立** 代成君名周伯魯之子系本云代成子起起即襄子之子無伯魯非也 **治中牟** 此趙中牟在河北非鄭之中牟 **襄子弟桓子** 系本云襄子子桓子與此不同 **中山武公初立** 按中山古鮮虞國姬姓也系本云中山武公居顧桓公徙靈壽爲趙武靈王所滅不言誰之子孫徐廣云中武公西周桓公之子亦無所據蓋未能得其實耳 **槍石二人** 槍七羊反槍與石二人名 **弟武公立** 譙周云系本及說趙語者竝無其事蓋別有據 **魏獻**

榮椽因以爲檀臺 劉氏云榮椽蓋地名其中有一高處可以爲臺非也按榮椽是良材可爲椽斲飾有光榮所以稱爲之故趙因用之以爲檀臺 **肅侯** 系本名語 **子武靈王立** 名雍 **召公子職爲燕王** 燕系家無其事蓋是疏也今此云使樂池送之必是憑舊史爲說且紀年之書其說又同則裴駰之解得其旨矣 **孟姚也** 孟姚吳廣女也廣舜之後故上文云余思虞舜之勳故命其冑女孟姚以配而七代之孫是已然舜後封虞在河東太陽山西上虞城是亦曰吳城虞吳音相近故舜後亦姓吳非獨太伯虞仲之裔 **錯臂** 錯臂亦文身謂以丹青錯畫其臂孔衍作右臂左袒謂右袒其臂也 **使紲謁之叔** 爲句 **甌越之人** 劉氏云今珠崖儋耳謂之甌人是有甌越 **三胡** 林胡樓煩東胡是三胡也 **且服奇者志淫** 按鄒魯好長纓是奇服非其志皆淫僻也而有孔門顏冉之屬豈是無奇行哉 **俗僻者入易** 言方俗僻處山谷而人皆改易不通大化則是吳越無秀士何得有延州來及大夫種之等 **至寍葭** 一作蔓葭縣名在中山 **而籍之** 籍錄也謂當時即記錄書之於籍 **二十五年惠后卒** 按謂武靈之前后太子章之母惠文王之嫡母也惠后卒後吳娃始當正室至孝成二年稱惠文后卒是也而下文又云孟姚卒後何寵衰欲并立亦誤也 **主父開之** 開謂開門而納之俗本亦作聞字者非也譙周及孔衍皆作閉之閉謂之藏也 **探爵鷇而食之** 按曹大家云鷇雀子也生受哺者謂之鷇 **梗陽** 地理志云太原榆次有梗陽鄉與杜預所據小別也 **十四年樂毅將趙秦韓魏燕攻齊** 按年表及韓魏等系家五國攻齊在明年然此下文十五年重擊齊是此文爲得蓋此年

同伐齊耳 **老婦恃輦而行耳** 按東晳云趙惠文王何者吳廣之甥娃嬴之子也如系家計之則武靈王十六年夢吳娃而納之至二十七年王薨及惠文三十二年卒孝成王元年遣長安君若娃年二十入王宮至此亦年六十左側亦可稱老而東廣徵言太后纔三十有奇者誤也 **信期曰** 即下文高信也 **公主死** 蓋吳娃女惠文王之姊 **以德與國** 與國趙也秦趙今爲與國秦徵兵韓帥之共趙伐齊以威聲和趙是以德與國 **上佼** 佼猶行也 **燕周** 趙人爲趙將 **歐** **代** 東胡叛趙驅略代地人衆以叛 **燕相公孫操弒其王** 按樂資云其王即惠王也 **子義聞之** 子義趙之賢人 **長安君** 孔衍云惠文后之少子也趙亦有長安今其地闕趙上黨亦然 **信梁** 秦將也 **太子死** 趙之太子也史失名 **徒父祺出** 趙大夫名祺 **廥燒** 積芻藁之處爲火所燒 **以尉文相國** 尉文蓋地名或曰尉官文名謂以尉文所食之地以封廉頗也古文質略文省耳 **栗腹卿秦** 二人皆燕將姓名 **十四年平原君趙勝死** 按年表在十五年也 **趙與燕易** 音亦謂與燕換易縣也 **幽繆王遷** 徐廣云系本年表及古史考皆云今王遷無謚今唯此獨稱幽繆王者蓋秦滅趙之後人臣竊追謚之太史公或別有所見故得而記之耳

魏系家第十四

畢公高與周同姓 左傳富辰說文王之子十六國有畢原酆豐言畢公是文王之子此云與周同姓似不用左氏

之說馬融亦云畢毛文王庶子**卜偃曰**晉掌卜大夫郭偃也**生魏武子**左傳武子名犨系本云畢萬生芒季芒季
生武仲州州與犨聲相近字異耳代亦不同**生悼子徙治霍**系本云武仲生莊子絳無悼子又系本居篇曰魏武
子居魏悼子徙霍宋忠曰霍今河東彘縣也則是有悼子系本卿大夫代自脫耳然魏今河北魏縣是也**生魏絳**諡昭子系
本云莊子文錯也居篇又曰昭子徙安邑亦與此文同也**僇辱楊干**左傳曰戮楊干之僕**生魏嬴嬴生獻**
子系本云獻子名荼荼莊子之子無魏嬴**獻子生魏侈**侈他本亦作哆蓋哆字誤而代數錯也按系本獻子生簡
子取取生襄子多而左傳云魏曼多是也則侈是襄子中間少簡子一代**魏侈之孫曰魏桓子**系本云襄子生
桓子駒**桓子之孫曰文侯都**系本云桓子生文侯斯其傳云孺子㼅是魏駒之子與此系代亦不同也**趙**
簡子趙鞅**中行文子**荀寅**范獻子**范吉射**韓康子**名虔**趙襄子**名無恤**智伯**智瑤
也本姓荀亦曰荀瑤**韓武子**系本武子名啓章康子子**子擊生子罃**乙耕反擊武侯也罃惠王也**河內**
按大河在鄴東故名鄴爲河內**三十五年秦復侵我陰晉**案年表作齊侵陰晉秦本紀云惠王六年魏納
陰晉陰晉更名曰寧秦徐氏云今之華陰也**三十八年秦敗我武下得其將識**識將名也武下魏地
文侯卒三十八年卒紀年云五十年卒**武侯元年趙敬侯初立**按紀年魏武侯之元年當趙列侯之

十四年不同也又系本敬侯名章**二年城安邑王垣**按紀年十四年城洛陽及安邑王垣徐廣云垣縣在王屋
山故曰王垣**翟敗我于澮**古外反于澮於澮水之側**齊威王初立**按紀年齊幽公之十八年而威王立
十六年武侯卒按紀年武侯二十六年卒**公孫頎**音祈**韓懿侯**哀侯之子**趙成侯**系本云成
侯名種**子罃與公中緩爭爲太子**按紀年武侯元年封公子緩趙侯種韓懿侯伐我取蔡而惠王伐趙
圍濁陽七年公子瑗如邯鄲以作難是說此事矣**故曰君終無適子**此蓋古人之言及俗說故云故曰**三**
年齊敗我觀津田完系家云敗魏於濁津而圍惠王惠王請獻觀以和解**六年伐取宋儀臺**按年
表作義臺然義臺見莊子司馬彪亦曰臺名郭象云義臺靈臺**中山君相魏**按魏文侯滅中山其弟守之後尋復國至
是始令相魏其中山後又爲趙所滅**十五年魯衛宋鄭來朝**按紀年魯恭侯宋桓侯衛成侯鄭釐侯來朝皆
在十四年是也鄭釐侯者韓昭侯也韓哀侯滅鄭而徙都之改號曰鄭**三十年與齊人戰敗於馬陵**
徐廣曰在元城按紀年二十八年與齊田盼戰于馬陵上二年魏敗韓馬陵十八年趙又敗魏桂陵桂陵與馬陵異處**三十**
一年秦趙齊共伐我按紀年二十九年五月齊田盼伐我東鄙九月秦衛鞅伐我西鄙十月邯鄲伐我北鄙王
攻衛鞅我師敗績是也然言二十九年不同**於是徙大梁**紀年以爲惠王九年蓋誤也**三十六年惠**

王卒按紀年惠成王三十六年改元稱一年未卒也**子襄王立**系本襄王名嗣**子哀王立**按系本襄王生
昭王無哀王蓋脫一代耳而紀年說惠成王三十六年又稱後元一十七年卒今此文分惠王之歷以爲二王之年又有哀王凡二
十二年紀事甚明蓋無足疑而孔衍敘魏語亦有哀王蓋紀年之作失哀王之代故分襄王之年爲惠王後元即以襄王之年包哀
王之代耳**樗里子**秦昭王弟疾居樗里因號焉**犀首**犀首官名即公孫衍**岸門**徐廣云潁陰有岸門亭劉氏云
河東皮氏縣有岸頭亭也**六年秦求立公子政**魏公子也**八年伐衛**紀年云八年翟章伐衛**昭**
魚昭奚恤也**薛公**田文也**魏章**章爲魏將後又相秦**太子之自相**太子即襄王也**陽晉封陵**
紀年作晉陽封谷**二十三年哀王卒**按汲冢紀年終於哀王二十年昭王三年喪畢始稱元年耳**子昭**
王立系本昭王名遬**芒卯以詐重**謂卯以智詐見重於魏**子安釐王立**系本安信王名圉**郪**
丘七絲反又音妻**中旗馮琴**按戰國策作推琴者春秋後語作伏琴而韓子作推瑟說苑作伏瑟文各不同**願王**
之勿易也以豉反**唐雎**七餘反**足以爲與也**與謂許與爲親而結和也**騎危**上音奇危棟上
也禮云中屋履危蓋昇屋以避兵**與大梁鄴**戰國策鄴作鄴字爲得**是復閼與之事**復音扶富反謂
前年秦韓相攻閼與而趙奢破秦軍**道涉谷**道猶行也涉谷是往楚之險路從秦向楚有兩道涉谷是西道河內是東道

垝津在河北音九毁反**所攻甚難**攻亦作致戰國策見作致軍言致軍糧難也**邢丘城**按戰國策云邢
上安城此少安字耳**河內共汲**汲亦作波波及汲皆縣名俱屬河內**聽使**上平聲下去聲**從林鄉軍**劉氏
云林地名蓋春秋時鄭地之棐林在大梁之西北徐廣云在宛陵也**五入囿中**囿即圃田圃田鄭藪屬魏徐廣云一作城
而戰國策作國中**文臺隳**文臺臺名列士傳曰隱陵君施酒文臺也**垂都焚**垂地名有廟曰都竝魏邑名**異**
日從之不成也從音足松反**秦橈之以講**橈音尼孝反謂韓被秦之兵橈擾已經三年云欲講說與
韓和**識亡不聽**識猶知也故戰國策云韓知亡猶不聽也**故臣願以從事**從音足松反從事言信而事王
也戰國策然**趙挾韓之質**言韓以質子入趙則趙挾韓質而親韓也**韓必効之**効猶致也謂致故地於趙
也**或爲增謂秦王**按戰國策作蘇秦爲公子增謂秦王**公孫喜**戰國策作公孫衍**太子增立**
是爲景湣王系本云安釐王生景湣王午**說者皆曰魏以不用信陵云云雖得**
阿衡之徒曷益乎按譙周曰以予所聞所謂天之亡者有賢而不用也如用之何有亡哉使紂用三仁周不能王
況秦虎狼乎

韓系家第十五

韓之先與周同姓按左氏傳云邗晉應韓武之穆是武王之子故詩稱韓侯出祖是有韓而先滅今據此文云其後裔事晉封于韓原曰韓武子則武子本是韓侯之後晉又封之於韓原今之馮翊韓城是也然按系本及左傳舊說皆謂韓萬是曲沃桓叔之子卽是晉之支庶又國語叔向謂韓宣子能修武子之德起再拜謝曰自桓叔已下嘉吾子之賜亦言桓叔是韓之祖也今以韓侯之後別有桓叔非關曲沃之桓叔如此則與太史公之意亦有違**武子後三世**系本云萬生賕伯賕伯生定伯簡簡生輿輿生獻子厥**宣子徙居州**宣子名起州今在河內是也**貞子徙平陽**系本作平子名須宣子子也又云景子居平陽平陽在山西宋忠曰今河東平陽縣**簡子代**徐廣云史記多無簡子莊子而云貞子生康子班氏亦同按系本有簡子名不信莊子子名庚趙系家亦有簡子名不佞**康子**名虎**武子**名啓章**子景侯立**紀年及系本皆作景子名處**子列侯取立**系本作武侯**列侯三年聶政殺韓相俠累**戰國策作殺韓傀高誘曰韓傀俠侯累也**列侯子文侯立**按紀年無文侯系本無列侯**哀侯二年滅鄭**按紀年魏武侯二十一年韓滅鄭哀侯入于鄭二十二年晉桓公邑哀侯于鄭是韓既徙都因改號曰鄭故戰國策謂韓惠王曰鄭惠王猶魏徙大梁稱梁王然也**六年韓嚴弒其君哀侯而懿侯立**按年表懿侯作莊侯又紀年云晉桓公邑哀侯于鄭韓山堅賊其君哀侯而立韓若山若山卽懿侯也則韓嚴爲韓山堅也而戰國策又有韓仲子名遂又恐是韓嚴也**韓姬弒其君悼公**紀年姬亦作玘迎音羊之反姬是韓大夫而王劭亦云不知悼公何君也**二十六年昭侯卒**按紀年鄭昭侯武薨次威侯立威侯七年與邯鄲圍襄陵五月梁惠王會威侯于巫沙十月鄭宣王朝梁不見威侯之卒下敗韓舉在威侯八年而此系家卽以爲宣惠王之年又上有殺悼公悼公又不知是誰之謚則韓微小國史失代系故此文及系本不同蓋亦不可復考**八年魏敗我將韓舉**韓舉則是韓將不疑而紀年云韓舉趙將蓋舉先爲趙將後入韓又紀年云其敗當韓威王八年是不同也**敗我脩魚**地名**韓將鯫申差**鯫申差二將鯫音瘦亦作鯫**公仲**韓相國名侈**一易二之計**一謂名都也二謂使不伐韓而又與之伐楚也**警公仲之行**警戒也戰國策作衞**將西購於秦**戰國策作講講亦謀議與購求意通**韓不能聽我**言韓王信楚之救雖不能聽待楚救至折入於秦猶德於楚也**韓之德王也必不鴈行以來**言韓以楚必救已已雖隨秦來戰猶德於王故不爲鴈行而來言不同心旅進也**以楚殉韓**殉從死也言以死助韓**止公仲之行**止不令西之秦**丹陽**故楚都在今均州**方城之外**方城楚之北境之外北境之北也**殆不合矣**殆不合於南鄭**以到之**到欺也猶俗云張到然戰國策作勁勁強也**楚陰得秦之不用也**言楚陰知秦不爲公用亦必易爲公相支拒也**昭魚**戰國策謂之昭獻**言收璽**劉氏云詐言昭魚來秦欲得秦官之印璽

收卽取之義也**芊戎**芊姓戎名秦宣太后弟號新成君**公叔伯嬰**按戰國策公叔伯嬰與蟣虱及公子咎並是襄王子然伯嬰卽太子嬰嬰前死故咎與蟣虱又爭立此取戰國策說伯嬰未立之前亦與蟣虱爭立故事重而文到也**爲韓求質子**令韓求楚更以別人爲質以替蟣虱也**楚王聽入質子於韓**質子蟣虱也**公又爲秦求質子楚**令芊戎致秦於楚索韓所逆質子令入之於秦也**陳筮**徐廣云一作莖戰國策作田苓

田敬仲完系家第十六

陳厲公他音徒何反此系家以他爲厲公而左傳厲公名躍陳系家又有利公躍利卽厲也是厲公名躍蓋他是厲公之兄未踰年無謚今此云厲公他非也他一名五父故經云蔡人殺陳他傳又云蔡人殺五父是也**敬仲生穉孟夷**系本作夷孟思蓋穉是名孟夷字也**孟夷生湣孟莊**系本作閔孟克**注一作芷**昌改反**以陳字爲田氏**據如此云敬仲奔齊以陳田二字聲相近遂以爲田氏應劭云始食菜於田則田是地名未詳其處**欒逞**音盈史記多作逞字**國惠子**名夏**高昭子**名張**子荼**音舒又如字**橐中**音託橐中謂皮橐之中**御鞅**御官也鞅名也亦田氏之族**監止**上音如字又音苦濫反監姓也名止**嫗乎采芑**言嫗之采芑菜皆歸入於田成子以刺齊國之政將歸陳**子我者監止之宗人也**按齊系家云子我夕賈逵云卽監止也尋其文意當是監止今云宗人蓋太史誤也**需事之賊**上音須需者疑也疑必致難故云事之賊也**徐州**音舒徐州齊邑薛縣是也非九州之徐**襄子盤**徐廣云一作壁音許旣反系本作班**莊子白**系本名伯**自安平以東**按司馬彪郡國志北海東安平六國時曰安平則徐廣云在北海是**成子有七十餘男**按鮑昱云陳成子有數十婦生男百餘人與此亦異然譙允南按春秋陳恒爲人雖志大負殺君之名至於行事亦脩整故能自保固非苟爲禽獸之行夫成事在德雖有姦子七十祇以長亂事豈然哉言其非實也**莊子卒子太公和立**按紀年齊宣公十五年田莊子卒明年立田悼子卒乃次立田和是莊子後有悼子蓋立年無幾所以作系本及記史者不得錄也而莊周及鬼谷子亦云田成子殺齊君十二代而有齊國今據系本系家自成子至王建之滅唯祇十代若如紀年則悼子及侯剡卽有十二代乃與莊子鬼谷說同明紀年亦非妄**宣公五十一年田會自廩丘反**紀年宣公五十一年公孫會以廩丘叛於趙十二月宣公薨於周正爲明年二月**康公貸立**音土代反**注伐魯取最**音祖外反**伐衞取毋**毋音貫古國名衞之邑今作毋者字殘缺耳**與魏文侯會濁澤**徐廣云康公十六年蓋依年表爲說而不省此上文貸立十四年又云明年會平陸又三年會濁澤則是十八年表及此注並誤也**太公和卒子桓公午立**紀年齊康公五年田侯午生二十二年田侯剡立後十年齊田午弒其君及孺子喜而爲公春秋後傳亦云田午弒田侯及其孺子喜而兼齊是爲

桓侯與此系家不同也 段干朋 段干姓朋名也戰國策作段干綸 田臣思 戰國策作田期思紀年謂之徐州子期蓋即田忌也 桓公午五年秦魏攻韓求救於齊齊桓公召大臣而謀 謂騶忌段干朋如戰國策威王二十六年邯鄲之役有此謀臣耳又南梁之難在宣王二年有鄒子田忌孫臏之謀戰國策又有張田其辭前後交互是記史者所取各異故不同耳 六年救衞桓公卒 按紀年梁惠王十二年當齊桓公十八年後威王始見則桓公十九年而卒與此不同 大弦濁以溫者君也 按春秋後語溫字作春春氣溫義亦相通也蔡邕曰凡絃以緩急為清濁琴緊其絃則清緩其絃則濁 醳之愉 上音釋與下文舍字並同愉音舒也 得全全昌 按得全謂人臣事君之禮全具無失故云得全也全昌者謂若無失則身名獲昌故云全昌也 謹毋離前 謂佩服此言常無離心目之前 狶膏棘軸 狶膏猪脂也棘軸以棘木為車軸至滑而堅也然而穿孔若方則不能運轉言逆理反經也故下忌曰謹請事左右言每事須順從 弓膠昔幹 音孤捍反昔久舊也幹弓幹也徐廣又曰一作乾考工記作枏幹則枏昔音相近言作弓之法以膠被昔幹而納諸檠中則是以勢令合耳 而不能傅合疏罅 傅音附罅音五嫁反以言膠幹可以勢暫合而久亦不能常傅合於疏罅隙縫以言人臣自宜彌縫得所豈待拘以禮制法式哉故下云請自附於萬人是也 大車不較 較者校量也言有常制若大車不較則車不能載常任琴不能成五音也 魏王問曰王亦有

寶乎威王曰有 按韓嬰詩外傳以為齊宣王其說異也 檀子者 檀子齊臣檀姓子美稱大夫皆稱子盼子田盼也黔夫及種首皆臣名事悉具戰國策也 泗上十二諸侯 鄒莒宋魯之比 孫子 孫臏也 敗魏桂陵 在威王二十六年 破魏馬陵 在宣王二年 殺其大夫牟辛 牟辛大夫姓字也徐廣曰一作夫人按年表亦作夫人字王劭按紀年云齊桓公十一年殺其君母宣王八年殺王后然則夫人之字或如紀年之說 其三十五年公孫閱 戰國策作公孫閈 謂成侯鄒忌曰 云云 田忌聞之因率其徒攻臨淄求成侯不勝而奔 按戰國策田忌前敗魏於馬陵因被構不得入齊非是居齊歷十年乃出奔也是時齊都臨淄且孟嘗列傳云田忌襲齊之邊邑其言為得即與系家不同也 戰於南梁 晉太康地理記曰戰國謂梁為南梁者別之於大梁少梁也 宣王二年戰南梁王召騶忌子 按紀年威王十四年田盼伐梁戰馬陵戰國策南梁之難有張田對曰早救之此云鄒忌者王劭云此時鄒忌死已四年又齊威時未稱王故戰國策謂之田侯今此以田侯為宜王又橫稱騶忌皆謬矣 明年梁惠王卒 按紀年梁惠王乃是齊湣王為東帝秦昭王為西帝時此時梁惠王改元稱一年未卒也而系家以其後即為魏襄王之年又以此文當齊宣王時實所不能詳考 齊稷下學士復盛 劉向別錄曰齊有稷門齊城門也談說之士期會於其下齊地記曰齊城西門側系水左右有講室趾往往存焉蓋因側系水出故曰稷門古側稷音相近耳又虞喜曰齊有稷山立館其下以待游士亦異說也春秋傳曰莒子如齊盟于稷門 湣王地 系本名遂 寡人弗能拔 能猶勝也言不勝其拔故聽齊拔之耳 逐張儀 逐隨也 摶三國之兵 摶音團團 謂擯領也徐作尊亦通也 三川 韓也 公令楚王 公謂陳軫 執左券 券要也左不正也言我以右執其左而責之 宋治不安 戰國策作宋地不安 結軼 軼音姪轍者車轍也言車轍往還如結也戰國策作結轍 淖齒 淖音女敎反 周子 蓋齊之謀臣史失名也戰國策以周子為蘇秦而楚字皆作燕然此時蘇秦死已久矣 住建共者客耶 音邪謂是建客邪客說建住言遂乃失策令建遷共共今在河內也 用客之不詳也 謂不詳審用客不知其善否也 比犯二君 比如字又頻律反二君即悼公簡公也信子廢晏孺子鮑牧以乞故殺悼公而成子又殺簡公故云田氏比犯二君也

史記索隱卷十三終

長沙鄭業敬初校

香山何翰章覆校

史記索隱卷十四

孔子系家第十七 古敎化之主吾之師也爲帝王之儀表示人倫之準的自子思以下代有哲人繼世象賢誠可仰同列國前史既定吾無間然矣又孔子非有諸侯之位而亦稱系家者以是聖人爲敎化之主又代有賢哲故稱系家焉

昌平鄉陬邑 陬是邑名昌平鄉號孔子居魯之鄒邑昌平鄉之闕里也 **防叔** 家語孔子宋微子之後宋襄公生弗父何以讓弟厲公弗父何生宋父周周生世子勝勝生正考父考父生孔父嘉五世親盡別爲公族姓孔氏孔父生子木金父金父生睪夷睪夷生防叔畏華氏之逼而奔魯故孔氏爲魯人也 **野合而生孔子** 家語云梁紇娶魯之施氏生九女其妾生孟皮孟皮病足乃求婚於顏氏徵在從父命爲婚其文甚明今此云野合者蓋謂梁紇老而徵在少非當壯室初笄之禮故云野合謂不合禮儀故論語云野哉由也又先進於禮樂野人也皆言野者是不合禮耳 **襄公二十二年** 公羊傳襄公二十一年十有一月庚子孔子生今以爲二十二年蓋以周正十一月屬明年故誤也後序孔子卒云七十二歲每少一歲也 **圩頂** 圩音烏頂音鼎圩頂言頂上窳也故孔子頂如反宇反宇者言屋宇之反中低而四旁高也 **叔梁紇死** 家語云生三歲而梁紇死 **疑其父墓處** 謂孔子少孤不的知父墳處非謂不知其塋地徵在笄年適於梁紇無幾而老死是少寡蓋以爲嫌不從送葬故不知墳處遂不告耳非諱之也 **五父之衢** 謂孔子不知父墓乃且殯其母於五父之衢是其謹愼也 **要絰** 家語孔子之母喪既練而見不非之也今此謂孔子實要絰要絰與饗爲陽虎所絀亦近誣矣一作要經要經猶帶經也故劉氏云嗜學之意是也 **孟釐子病** 昭公七年左傳云孟僖子病不能相禮乃講學之及其將死召大夫云云按謂病者不能禮爲病非疾困之謂也至二十四年僖子卒賈逵云仲尼時年三十五矣是此文誤也 **南宮敬叔** 左傳及系本敬叔與懿子皆孟僖子之子不應更言魯人亦太史公之疎耳 **爲季氏史** 有本作委吏按趙岐曰委吏主委積倉庫之吏 **適周** 莊子云孔子年五十一南見老聃蓋系家亦依此爲說而不究其旨遂俱誤也何者孔子適周豈訪禮之時即在十七耶且孔子見老聃云甚矣道之難行也此非十七之人語也乃既仕之後言耳 **送人以財** 莊周作軒 **爲人子者毋以有已** 家語作無以有已爲人子者 **爲人臣者毋以有已** 家語作無以惡已爲人臣 老王肅云言聽則仕不用則去保身全行臣之節也 **起纍紲之中** 家語無此一句孟子以爲不然之言也 **學之** **三月** 按論語子語魯太史樂非齊太史也又子在齊聞韶三月不知肉味無學之文今此合論語齊魯兩文而爲此言恐失事實 **將欲以尼谿田封孔子** 此說出晏子及墨子其文微異 **大賢之息** 息者生也言上古大賢生則有禮樂至周室微而始缺有間也 **奉子以季氏** 劉氏奉音扶用反非也今奉音如字謂奉待孔子如魯季氏之職故下文云以季孟之間待之也 **土缶中若羊** 家語云桓子穿井於費得物如土缶其中有羊焉是也 **蘷罔閬**

蘷音逵閬音兩家語作魍魎 **注蘷一足越人爲之山繅** 繅音騷然山繅獨一足是山神名故謂之蘷一足豐狀如人也 **注沐腫** 音木踵 **隳會稽** 會稽山名越之所都也吳伐越在魯哀元年 **釐姓** 音釐信家語云姓漆蓋誤系本無漆姓 **公山不狃** 狃音女久反鄒氏云一作蹂論語作弗擾 **使人召孔子** 撿家語及孔氏之書並無此言故桓譚亦以爲誣也 **四方皆則之** 家語作西方王肅云魯國近東故西方諸侯皆取法則焉 **及齊平** 及與也平成也謂與齊和好故云平 **鼓噪** 家語作萊人以兵鼓噪劫定公 音弗謂舞者所執故周禮課有祓舞擾音伐謂大楯也 **歷階** 謂歷階級也故王肅云歷階登階不聚足 **熒惑** 謂經營而惑亂也家語作熒侮 **汶陽** 左傳鄆讙及龜陰之田三田皆在汶陽也 **皆予之以歸** 家語作皆如歸 **舞康樂** 家語作容璣王肅云舞曲名也 **周道游** 謂請魯君爲周徧道路游行因出觀齊之女樂 **屯** 地名 **濁鄒家** 孟子曰孔子於衛主顏讎由彌子之妻與子路之妻兄弟也今此云濁鄒是子路之妻兄所說不同 **六萬** 若六萬石似太多當是六萬斗亦與漢之秩祿不同 **一出一入** 謂以兵仗出入以脅夫子也 **由彼缺也** 謂昔所破攻缺破之處也 **匡人** 匡宋邑也家語云匡人簡子以甲士圍夫子也 **然後得去** 家語子路彈劍而歌孔子和之曲三終匡人圍而去今此取論語文王既沒之文及從者甯武子然後得去蓋夫子再厄匡人或設辭以解圍或彈劍而釋難今此合論語家語之文以爲一事故彼此文交互耳 **吾鄉**

爲弗見見之禮答焉 上見如字下見音賢徧反去聲言我不爲相見之禮現而答之 **招搖市過之** 家語作遊過市 **或謂子貢曰** 家語姑布子卿謂子貢曰 **其顙似堯** 家語云河目而隆顙其頭似堯 **陳湣公** 家語國語皆作陳惠公非也按惠公以魯昭元年立定四年卒又按系家湣公十六年孔子適陳十三年亦在陳則湣公爲是 **盜闘而死** 家語云我盜鬪死挺劍而合衆將與之戰蒲人懼是也 **西河** 此西河在衛地非魏之西河也 **中牟** 此河北之中牟蓋在漢陽西 **師襄子** 家語師襄子曰吾雖以擊磬爲官而能於琴蓋師襄子魯人論語謂之擊磬襄是也 **幾然而長** 幾與注頎並音祈家語無此兩字 **望羊** 王肅云望羊望羊視也 **竇鳴犢舜華** 家語云聞趙簡子殺竇鳴犢及舜華國語云鳴鐸竇犨犨字鳴犢聲轉字異或作鳴鐸慶華當作舜華諸說皆同 **蛟龍** 曰蛟龍能興雲致[illegible] **陬操** 此陬鄉非魯之陬邑家語云作槃操也 **孔子遂行** 此魯哀二年也 [illegible]再有歸與之辭若前辭出孟子此[illegible]書各記之今前後再引[illegible] **歸乎歸乎** 此是系家[illegible] **社地七百里** 古者二十五家爲里里則各立社則書社者書其社之人名於籍蓋以七百里書社之人封孔子也故下冉求云雖累千社而夫子不利是也 **徵百牢** 此哀七年時也百牢牢具一百也周禮上公九牢侯伯七牢子男五牢今吳徵百牢夷不識禮故也子貢對以周禮而後吳亡是懲也 **注去吳會繒己四年** 徐說去會四年是也按左

此文孔子是時在衛歸魯不見有在陳之文在陳當哀公之初蓋年表誤爾**凡十四歲而反乎魯**前文孔子
以定公十四年去魯計至此十三年魯系家云定公十二年孔子去魯則首尾計十五年矣**季康子問政**論語季康
子問政子曰政者正也又哀公問曰何爲則人服子曰舉直錯諸枉則人服今此初論康子問政未合以孔子答哀公使人服蓋太
史公撮略論語爲文而失事實**恂恂**有本作逡逡音七旬反**辯辯**論語作便便**車子鉏商**春秋傳及家語
竝云車子鉏商而服虔以子爲姓非也今以車子爲主車車士微者之人也人微故略其姓則子非姓也**據魯親周**言夫
子修春秋以魯爲主故云據魯親周蓋孔子之時周禮微而親周王者以見天下之有宗主也**孔子年七十三**若孔
子以魯襄二十一年生至哀十六年爲七十三若襄二十二年生則孔子年七十二經傳生年不定致使孔子壽數不明**失禮**
爲昏失所爲僁左傳及家語皆云失志爲昏失禮爲僁僁與此不同也**雒離**各離二音又音落藜藜是草名也
毚檀上音讒毚檀檀樹之別種**安貴五味**安貴香名出西域五味藥草也**相訣而去**訣音決訣者別也
子贛廬於冢上按家語無上字且禮云適墓不登壟豈合廬於冢上上乎蓋上者亦是邊側之義**弟子內後**
世因廟藏孔子衣冠謂孔子所居之堂其弟子之中孔子沒後後代因廟藏夫子平生衣冠琴書於壽堂中
孔子生鯉按家語孔子年十九娶於宋之幵官氏之女一歲而生伯魚伯魚之生魯昭公使人遺之鯉魚夫子榮君之賜

因以名其子也**余祗迴留之不能**祗敬也言祗敬遲迴不能去之有本亦作低迴義亦通**言六藝者**
折中於夫子離騷云明五帝以折中王師叔云折中也正也宋均云折斷也中當也按言欲折斷其物而用之與度相
中當故以言其折中也
陳涉系家第十八按勝立數月而死無後亦稱系家者以其所遣王侯將相竟滅秦以其首事也
陽城韋昭云屬潁川地理志云屬汝南不同者按郡縣之名隨代分割蓋陽城舊屬汝南史遷云今爲汝陰後又分隸潁川韋
昭據以爲說故其不同他皆倣此**陽夏**夏音賈韋昭云淮陽縣後屬陳**傭耕**廣雅云傭役也按謂役力而受雇直也
鴻鵠之志哉尸子曰鴻鵠之鷇羽翼未合而有四海之心是按鴻鵠是一鳥若鳳凰然非謂鴻鴈與黃鵠也鵠音戶酷
反**發閭左**閭左謂居閭里之左也秦時復除者居閭左今力役凡在閭左者盡發之也又云凡居以富強爲右貧弱爲左
秦役戍多富者役盡兼取貧弱者也**適戍漁陽**適音直革反又音磔故漢書有七科適戍者屯兵而守也地理志漁陽縣
名在漁陽郡也**等死死國**謂欲經營圖國假使不成而敗猶勝爲戍卒而死也**二世少子**姚氏按隱士遺章邯
書云李斯云二世廢十七兄而立今王則二世是始皇第十八子**未知其死也**如淳云扶蘇自殺故人不知其死或
以不知何罪而死故天下冤二世殺之其意亦得今宜依文而解直是扶蘇爲二世所殺而百姓未知故欲詐自稱之也**爲天**

下唱漢書作倡倡謂先也說文云倡首也**乃行卜**行者先也一云行往也**卜之鬼乎**裴注引蘇林臣瓚義
亦當矣而李奇又云卜者戒曰所卜事雖成當死爲鬼惡指斥言之而勝失其旨反依鬼神起怪蓋亦得本旨也**念鬼**念者
思也謂思念欲假鬼神事耳**又間令**服虔云間音中間之間鄭氏云間謂竊令人行也孔文祥又云竊伺間隙不欲令衆
知之也**次所旁叢祠**次師所次舍處也墨子云建國必擇木之修茂者以爲叢位高誘注戰國策云叢神祠也叢樹
也**夜篝火**篝音溝漢書作構郭璞云篝籠也**將尉**官也漢舊儀大縣二人其尉將屯九百人故云將尉也**劒**
挺徐廣云挺奪也按奪卽脫也說文云挺拔也按謂尉拔劍而廣因奪之故得殺尉**藉第令無斬**蘇林云藉第假
借且令失期不斬則戍死者固十七八然第一音次第之第又小顏云第但也劉氏云藉音子夜反應劭讀如字云藉吏士之名藉
也各以意言蘇說爲近之也**舉大名**大名謂大稱名也**攻蘄**音機又音祈縣名屬沛縣**蘄下**下降也謂以兵
臨而卽降也**符離**韋昭云屬沛郡**徇蘄**李音云徇略也音辭峻反**至陳**地理志陳縣屬淮陽**郡守令皆**
不在張晏云郡守及令皆不在非也按地理志云秦三十六郡竝無陳郡則陳止是縣言守令則守非官也與下守丞同也則
皆字是衍字**譙門中**蓋謂陳縣之城門一曰麗譙故曰譙門中非上譙縣之門也譙縣守已下訖故也**張楚**按李
奇云欲張大楚國故稱張楚也**至東城**地理志屬九江**三川守**三川今洛陽也地有伊洛河故曰三川秦曰三川漢

曰河南郡李由李斯子也**房君蔡賜爲上柱國**房邑也爵之於房號曰房君蔡賜其姓名晉灼按張耳傳言相
國房君者蓋誤耳涉始號楚因楚有相國之官故以官蔡賜蓋其時草創亦未置相國之官**人奴產子生**按漢書無
生字小顏云猶今言家產奴也**次曹陽**晉灼云亭名也在弘農東十二里小顏云曹水之陽也其水出陝縣西南峴頭山北
流入河魏武帝謂之好陽**周文自剄**越系家句踐使罪人三行屬劍於頸曰不敢逃刑乃自剄郭璞注三蒼以爲剄刺也
趣趙兵上音促促謂催促也**亟入關**亟音棘亟急也**甯陵君**晉灼云今在梁國也按今梁國有甯陵縣是也
字轉毋耳**少遺兵**按遺謂畱餘也**陽城人鄧說**地理志陽城縣屬潁川說音悅凡人名皆音悅**將兵居**
郯音談東海之縣名非也按章邯軍此時未至東海此郯別是地名或恐剡當作郯郯是郯鄕之地或見下有東海郯故誤**銍**
人伍除地理志銍縣屬沛伍徐漢書作伍逢也**取慮人**地理志縣名屬臨淮音秋閭二音取又音子臾反**臘**
月臣瓚云建丑之月也顏游秦云按史記表二世二年十月誅葛嬰十一月周文死十二月陳涉死是也宗懍荊楚記云臘節在
十二月故因是謂之臘月也**還至下城父**按舊以陳王從汝陰還至城父縣因降之故云還至下城父又顧氏按郡
國志山桑縣有下城父聚在城父縣東下讀如字其說爲得之**涓人**音公玄反服虔云給涓通也如今謁者**倉頭軍**
韋昭云軍皆著青帽**以陳爲楚**爲如字讀謂又以陳地爲楚國**秦左右校**按郎左右校尉軍也**自辯數**

一音跡主反謂自辯說數與涉有故舊事驗也又音夥數謂自辯往數與涉有故此數猶朋友數之數也 **夥頤涉之爲王** 服虔云楚人謂多爲夥按又言頤者助聲之辭也謂涉爲王宮殿帷帳庶物夥多驚而偉之故稱夥頤也 **沈沈者** 應劭曰以爲沈沈宮室深邃貌故音長含反而劉伯莊以沈沈猶談談謂故人呼爲沈沈者猶俗云謂談談漢是 **故人皆自引去** 顏氏引孔叢云陳勝爲王妻之父兄往焉勝以衆賓待之妻父怒云怙強而傲長者不能久焉不辭而去是其事類也 **輒自治之** 謂吳房朱武等以素所不善者卽自驗問不往下吏 **褚先生曰** 徐廣與裴駰據所見別本及班彪奏事皆云合作太史公今據此是褚先生述史記加此贊首地形險阻數句之言然後始稱賈生之言因卽改太史公之目而自題已位號也已下義竝已見始皇之本紀訖 **仰關** 仰字亦作卬竝音仰謂秦地形高故竝仰向關門而攻秦亦有作卬字非也 **九國之師** 九國者謂六國之外更有宋衞中山 **流血漂櫓** 說文云櫓大楯也 **執敲朴** 臣瓚云短曰敲長曰朴 **貫弓** 音烏彎反又如字貫謂上弦也 **金人十二** 各重千石坐高二丈號曰翁仲 **而誰呵** 音何亦何字猶今巡更問何誰 **仟伯之中** 謂在千人百人之長也音千百如淳云時皆屈在仟伯之中陌音貊 **鉏耰棘矜** 鉏耰謂鉏木也論語曰耰而不輟是也棘戟也矜柄也音勤 **鄉時之士** 上音香亮反鄉時猶往時也謂孟嘗信陵蘇秦陳軫之比也 **度長絜大** 絜音下結反謂如結束知其大小也 **抑八州** 謂秦強而抑八州使朝已也漢書作招八州亦通也 **仁心不施** 式豉反言秦虎狼之國其仁心不施及於天下故亡也

外戚系家第十九 外戚紀后妃也后族亦代有封爵故也漢書則編之列傳之中王隱則謂之爲紀而在列傳之首也 **繼體守文** 按繼體謂非創業之主而是嫡子繼先帝之正體而立者也守文者猶法也謂非受命創制之君但守先帝法度爲之主耳 **非獨內德茂** 按謂非獨君德於內茂盛而亦有賢后妃外戚之親以助教化 **塗山** 韋昭云塗山國名禹所娶在今九江應劭云九江當塗有禹墟大戴云禹娶塗山氏之女謂之僑僑產啓 **末喜** 國語桀伐有施有施人以妹喜女焉韋昭云有施氏女姓喜 **有娀** 韋昭云契母簡狄有娀國女音嵩 **妲己** 國語殷辛伐有蘇氏蘇氏以妲己女焉按有蘇國也已姓也妲字也包愷云妲音丁達反 **姜原** 系本云帝嚳上妃有邰氏之女曰姜原鄭玄箋詩云姜姓嫄名履大人跡而生后稷 **大任** 按毛詩大任文王之母故詩云摯仲氏任毛詩云摯國任姓之中女也 **褒姒** 國語曰幽王伐有褒褒人以褒姒女焉按褒是國名姒是其姓卽龍漦之子褒人育而以女於幽王也然此文自夏之興至褒姒皆是魏如耳之母詞見國語及列女傳 **譏不親迎** 按公羊紀裂繻來逆女何以書譏也譏不親迎也 **陰陽之變萬物之統也** 以言若夫婦調能今四時和而陰陽變則能生萬物是陰陽卽夫婦也夫婦道和而能化生萬物萬物人爲之本故云萬物之統

妃匹之愛 妃音配又如字 **君不能得之於臣** 以言夫婦親愛之情雖君父之尊而不奪臣子所好愛使移其本意是不能得也故曰匹夫不可奪志是也 **或不能成子姓** 按鄭玄注記云姓者生也子姓謂衆孫也按卽趙飛燕等是也 **或不能要終** 按謂有始不能要其終也以言雖有子姓而意不能要終如栗姬衛后等皆是也 **惡能** 上音烏惡猶於何也 **呂娥姁** 呂后字音況羽反按漢書呂后名雉 **戚夫人** 漢書云得定陶戚姬 **無恙** 爾雅云恙憂也一說古者野居露宿恙噬人蟲也故人相恤云得無恙乎 **孝惠皇后** 按皇甫謐云名嫣 **居北宮** 按宮在未央北故曰北宮 **魏媼** 媼音烏老反然媼是婦人之老者通號故趙太后自稱媼及王媼劉媼之屬是也 **死山陰** **因葬焉** 顏氏按冢墓記在會稽縣縣西北楓山上今猶有兆域楓音莊洽反 **河南宮成皋臺** 按是河南宮之成皋臺漢書作成皋靈臺西征記云武牢城內有高祖殿西南有武庫 **薄昭封爲軹侯** 按地理志軹縣在河南恐地遠非其封也按長安東有軹道亭或當是所封也 **葬南陵** 按廟記云在霸陵南十里故謂南陵按今在長安東滻水東東原上名曰少陵在霸陵西南故曰東望吾子西望吾夫是也 **竇太后** 按皇甫謐云名猗房 **生女嫖** 音疋消反 **葬觀津** 按摯虞注決錄云竇太后父少遭秦亂隱身漁釣墜泉而死景帝立太后遣使者塡父所墜淵起大墳於觀津城南人間號曰竇氏青山也 **兄竇長君** 按決錄云建字長君 **從其家之長安** 謂從逐其宜陽之主人家而皆往長

安也 **與我決於傳舍中** 決者別也傳音轉傳舍謂郵亭傳置之舍蓋竇后初入宮時別其弟於傳舍之中也 **丐沐沐我** 丐音蓋丐者乞也沐米潘也謂后乞潘爲弟沐 **廣國爲章武侯** 地理志縣名屬勃海 **彭祖爲南皮侯** 地理志縣名屬勃海 **竇嬰爲魏其侯** 地理志縣名屬瑯琊也 **公昆弟** 按公亦祖也謂皇后同祖之昆弟如竇嬰卽皇后之兄子之比亦得家於長安故劉氏云公昆弟謂廣國等 **後景帝六歲** 是當武帝建元六年此文是也而漢書作元光誤 **王太后** 按皇甫謐名娡音志 **槐里人** 按地理志右扶風本名廢丘 **與兩女** 卽后及兒姁也 **欲奇兩女** 奇者異之也漢書作倚倚者依也 **王夫人生男** 卽武帝也漢武故事云帝以乙酉年七月七日生於猗蘭殿 **兒姁** 況羽反 **生四男** 謂廣川王越膠東王寄清河王舜常山王憲也 **皆過栗姬** 過音戈謂踰之 **以故望之** 望猶責望謂恨之也 **心慊之** 音銜銜謂恨也 **曰子以母貴** 此皆公羊傳文 **皇后兄信爲蓋侯** 地理志蓋縣屬太山 **大行奏事** 大行禮官行音衡 **封田蚡爲武安侯** 地理志縣名屬魏郡 **勝爲周陽侯** 地理志縣名屬上郡 **次林慮公主** 縣名屬河內本名隆慮避殤帝諱改名林慮慮音廬 **武帝祓** 蘇林音廢今亦音拂謂祓禊之遊水自潔故曰祓除 **凡生三女** 按謂諸邑石邑及衞長公主也封當利公主是 **一男名據** 卽戾太子也 **皇后姓陳氏** 漢武故事云后名阿嬌卽長公

主嫖女也曾祖父嬰堂邑侯傳至父午尚長公主生后**挾婦人媚道**按漢書云女子楚服等坐爲皇后呪詛大逆無道相連誅者三百人乃廢后居長門宮故司馬相如賦云陳皇后別在長門宮怨悶悲思奉黃金百斤爲相如取酒乃爲作頌以奏皇后復親幸作頌信有之也復親幸之恐非實也**衛青封長平侯**地理志縣名屬汝南**冠軍侯**子夫姊少兒之子去病封也地理志冠軍屬河陽**王夫人**生齊王閎**中山李夫人**生昌邑哀王髆**他姬子二人**漢書云李姬生廣陵王胥燕王旦也**李夫人**李延年之女弟漢書云帝悼之李少翁致其形爲賦此史記以爲王夫人最寵武帝悼惜絕論亦同史記爲王夫人**曰嚄**烏百反蓋驚怪之辭耳**修成子仲**金氏甥修成君之子也而名仲者又與大外祖王氏同字恐非也**一曰陰安侯**名不疑地理志縣名屬魏郡**二曰發干侯**名登地理志縣名屬東郡**三曰宜春侯**名伉地理志宜春縣名屬汝南**邢夫人號娙娥**服虔云娙音近硎徐廣音五耕反鄒誕生音莖字林音五經反說文云娙長也好也許慎云秦晉之間謂好爲娙又方言曰美貌謂之娥漢舊儀云娙娥秩比將軍御史大夫**尹婕好**韋昭云婕承好助也一云美好也聲類云幸也字亦從女漢舊儀云皇后爲婕好下輿禮比丞相也**娙何秩比中二千石**按崔浩云中猶滿也漢制九卿已上秩一歲滿二千斛又漢官儀云中二千石俸月百八十斛**容華秩比二千石**按二千石是郡守之秩漢官儀云其俸月百二十斛又有眞二千石者如淳云諸侯

史記索隱卷十四　七　廣雅書局栞

王相在郡守上秩眞二千石漢律眞二千石俸月二萬按是二萬斗也則二萬斗亦是二千石也崔浩云列卿已上秩石皆正二千石按此則是眞二千石也其云中二千石亦不滿二千蓋千八九百耳此崔氏之說今兼引而解之**鉤弋夫人**按夫人姓趙河間人漢書云武帝過河間望氣者言此有奇女天子乃使使召之女兩手皆拳上自披之手即時伸由是幸號曰拳夫人後居鉤弋宮號曰鉤弋夫人列仙傳云發手得一玉鉤故號焉漢武故事云宮在直城門南廟記云宮有千門萬戶不可記名也**姓趙氏**按漢書昭帝即位追尊太后父趙父爲順成侯**武帝年七十生昭帝**按徐廣依漢書以武帝年七十崩崩時昭帝年八歲此褚先生之記漢書云元始三年昭帝生誤也按元始當爲太始**死雲陽宮**按三輔故事云葬甘泉宮南後昭帝起雲陵邑三千戸漢武故事云旣殯香聞十里上疑非常人發棺視之無尸衣履存焉

楚元王系家第二十

高祖之同母少弟按漢書作同父言同父者以明異母也**過巨嫂食**漢書作丘應劭云丘姓也孟康云丘空也兄亡空有嫂也今此作巨巨大也謂長嫂也劉氏云巨一作丘**櫟釜**音歷謂以杓歷釜旁使爲聲漢書作轑音勞**羹頡侯**爵號耳非縣邑名以其櫟釜故也**都彭城**漢書云楚王王薛郡東海彭城三十六郡也**子夷王郢立**漢書名郢客**戊坐爲薄太后服私姦**漢書云私姦服舍中姚察云姦於服舍非必宮中又按集注服虔云私姦中人蓋以罪重故至削郡也**子延壽立十九年死**按太史公唯記王純爲國人告反國除蓋延壽後更封至十九年又謀反誅死故不同也**遂弟辟彊**音壁强二音又音闢壃**燒殺建德**建德其相名史先失姓也**無刑中公**漢書申公名培王戊胥靡之**趙任防與先生**此及漢書蹤不見趙不用防與公蓋當時猶知事迹或別有所見故太史公明引以結其贊

史記索隱卷十四終

長沙鄭業敬初校
香山何翰章覆校

史記索隱卷十四　八　廣雅書局栞

史記索隱卷十五

荆燕系家第二十一

諸劉不知何屬按注引漢書云賈高祖從父兄則班固或別有所見也定塞地[illegible]定塞地塞卽桃林之塞共尉共敖之子立劉賈爲荆王王淮東按表云劉賈都吳又漢書以東陽郡封賈東陽卽臨淮故云淮東也富陵地理志縣名屬臨淮劉澤諸劉遠屬也按注引漢書云高祖從祖昆弟又楚漢春秋田子春說張卿云劉澤宗家也按言宗家似疎遠矣然則班固言從祖昆弟當別有所見矣爲營陵侯地理志縣名在北海以畫干營陵侯畫一音計畫之畫又音圖畫之畫兩家義竝通也一切功臣按此一切猶一例同時也非如他一切訓權時也雅故本推轂按雅訓素也謂呂氏素心奉推高祖取天下若人推之推音昌誰反猶推轂欲前進塗然也此略同臣瓚之意也尙觖望觖音決又音企與齊王合謀西按漢書齊王傳云使祝午結琅邪王至齊因留琅邪王不得反國澤乃說求入關齊乃送之與此文不同者劉氏以爲燕齊兩史各言其主立功之迹太史公聞疑傳疑遂各記之則所謂實錄跳駈他彫反脫獨去也又音條謂疾去也肥如令郢人按如淳意以肥如亦臣名令郢人以告定國也小顏以爲定國欲有所誅煞餘臣而肥如令郢人乃告定國也然按地理志肥如在遼西也權激呂氏

按謂田子春欲王劉澤先使張卿說封呂産乃恐以大臣觖望澤卒得王故爲權激諸呂也事發相重按謂先發呂氏令重我亦得其功是事發相重也偉哉偉者盛也蓋盛其能激發也

齊悼惠王系家第二十二

能齊言者謂其語音及名物異於楚魏一云此時人多流亾故使齊言者皆還齊王亢禮如家人謂齊王是兄不爲君臣禮而乃亢敵如家人兄弟之禮故太后怒酈音歷侯注作鄺二字竝音孚鄺縣名在左馮翊鄺縣南陽呂台音胎呂后兄子也章封朱虛侯地理志縣名屬琅邪興居東牟侯地理志縣名屬東萊顧而父知田耳若生顧猶念也而及若皆訓女舅父駟鈞按舅謂舅父猶姨稱姨母相召平按廣陵人召平與東陵侯召平及此召平皆似別人也功臣表平子奴以父功封黎侯也齊王不敢離兵按服虔云不敢離其兵而到琅邪也分齊爲四謂濟南琅邪城陽并齊爲四也春秋富按小顏云言年幼也比之於財方未匱竭故謂之富也豈暇先言大人此蓋舊俗之言謂救火之急不暇先啓家長也亦猶國家有難不暇待詔命也矣庸人耳按矣庸謂凡矣庸劣之人也乃罷魏勃罷謂不罪而放遣之以爲物姚氏云物怪物凡爲七王將閭爲齊王志爲濟北王賢菑川王章城陽王卬膠西王辟光濟南王雄渠膠東王卬五剛反使路中大夫

按路姓爲中大夫官史失其名故言姓及官顧氏按路氏譜中大夫名卬也平陽侯按表是簡侯曹奇也欲重寵直寵反謂欲世寵貴於王宮也紀翁主按如淳云諸王女云翁主稱其母姓故謂之紀翁主事漢太后謂王太后武帝母也市租千金市租謂所賣之物出稅日得千金言齊人衆而且富也乃爲輕重之短謂偃扶齊不娶女之恨因言齊之短爲輕重之辭謂言臨菑富及吳楚孝王時事是共王八年徙王淮南按當孝文帝之十二年也濟北王志以安都侯地理志安都闕濟南王辟光以勒侯封勒漢書作扐竝音力地理志縣名屬平原也菑川王賢以武城侯地理志縣名屬平原膠東王雄渠以白石侯封地理志縣名屬金城

蕭相國系家第二十三

蕭相國何按春秋緯蕭何感昴精而生典獄制律以文無害按裴注已列數家今更引二說應劭云雖爲文吏而不刻害也韋昭云雖有文理不傷害爲沛主吏掾漢書云爲主吏吏功曹也又云何爲沛掾是何爲功曹掾也護高祖說文云護救視也奉錢三何獨以五奉音扶用反謂資俸之如字讀謂奉送之也錢三百謂他人三百何獨五百也劉氏云時錢有重者一當百有送錢三者與從事常辯之按何與御史從事常辯明言稱職也

故張晏曰何與共事修辯明何有方略是也何乃給泗水卒租忽反吏按何爲泗水郡卒吏如淳按律郡卒吏書佐各十人事第一按謂課最居第一也何嘗爲丞督事謂高祖爲沛令何爲丞常監督庶事也爭走音奏奏者趨向之轉漕上轉字劉氏音張戀反漕水運也封爲酇侯鄒氏云屬沛郡音嵯屬南陽音贊又臣瓚按茂陵書蕭何國在南陽則字當音贊今多呼爲嵯也注瓚曰今南鄉酇顧氏云南鄉郡名也太康地理志云魏武帝建安中分南陽立南鄉酇晉武帝又曰順陽郡也巳橈女敎反鄂君按功臣表鄂君卽鄂千秋封安平侯贏奉錢二謂人皆三何獨五所以爲贏二也音盈夫相國乃利民謂相國取人田宅以爲利故云乃利人也所以令相國自謝之亾收稾苗子還穰田人留稾入官李斯之分過按上文李斯歸惡自予是分過

曹相國系家第二十四

平陽侯曹參地理志平陽縣屬河東又按春秋緯及博物志竝云參字敬伯中涓古玄反將擊胡陵方與地理志二縣皆屬山陽郡攻秦監公軍按注公者監之名然本紀泗川監名平則平是名公爲相尊之稱也豐反爲魏時雍齒守豐爲魏反沛公取碭狐父地理志碭屬梁國狐父地名在梁碭之間徐氏引伍被云吳濞敗於狐父是吳與梁相拒而敗處祁善置按司馬彪郡國志穀熟有祁亭劉氏音遲又如字善置置名漢謂驛爲置攻

下邑西至虞地理志下邑虞皆屬梁國攻爰戚蘇林云縣名屬山陽注宣帝時有爰戚侯
按功臣表爰戚侯趙成及亢父地理志縣名屬東平北救阿按阿卽東阿也時章邯圍田榮於東阿也遷爲
戚公謂遷叅爲戚令號曰建成君地理志建成縣屬沛郡於成武南地理志成武縣屬山陽趙
賁音奔成陽南地理志縣名在濟陰成地名周武王封弟季載於成其後邑遷於成之陽故曰成陽曲遇巨禹反牛
凶反從攻陽武下轘轅緱氏地理志陽武緱氏二縣屬河南轘轅道名在緱氏南戰陽城郭東
徐廣云陽城在南陽應劭云山陽今潁陽潁陽是南陽之縣初攻下辯故道地理志二縣名皆屬武都辯音皮莧
反雍斄地理志二縣名屬右扶風斄音胎壤鄉高櫟櫟音歷按文穎云皆地名也然盡在右扶風今其地闕也
取咸陽更名曰新城按漢書高帝元年咸陽名新城武帝改曰渭城注東郡白馬有圍津
顧氏按水經注白馬津有韋鄉韋津韋城亦稱圍古今字變尉從才用反天柱侯反於衍氏天柱侯不
知其誰封衍氏魏邑按在廬江灊縣鄔孫遫音速鄔東地理志鄔太原縣名音烏古反攻著漯吐答反陰
平原鬲盧地理志著縣屬濟南盧縣屬泰山漯陰平原鬲三縣屬平原上假密漢書亦作假密按下定齊七十
縣則上假密非高密亦是齊地今闕蘄竹邑相蕭留地理志蘄竹邑相蕭四縣屬沛韋昭云留今屬彭城則漢初亦

屬沛也叅子窋音張律反豈少朕與按少者不足之詞故胡亥亦云丞相豈少我哉蓋帝以丞相豈不是嫌少
於我哉小顏以爲我年少非也然無言我告若也謂惠帝語窋無得言我告汝令諫汝父當自云是巳意也與
窋胡治乎按胡何也言語叅何爲治窋也覯若畫一漢書作講故文穎云講一作較按訓直又訓明言法明直
若畫一也覯音講亦作覯小顏云講和也畫一言其法整齊也窋諡靜侯子奇代侯諡簡子時代侯尚平
陽公主諡夷子襄代侯尚衛長公主子宗代侯諡恭

留侯系家第二十五

留侯韋昭云留今屬彭城按良求封留以始見高祖於留故也張良者漢書云字子房按王符皇甫謐竝以良爲韓之
公族姬姓也秦索賊急乃改姓名而韓先有張去疾及張譴恐非良之先代其先韓人良既歷代相韓故知其先韓人
顧氏按後漢書云張良出於城父城父縣屬潁川也悼惠王韓系家及系本竝作桓惠王五世相韓謂大父及
父相韓五王故云五代東見倉海君姚察以武帝時東夷穢君降爲倉海郡或因以名蓋得其近也與客狙
按應劭云狙伺也一曰狙伏伺也音七豫反謂狙之伺物必伏而候之故今云狙候是也博浪沙中服虔云地在陽武南
按今浚儀西北四十里有博浪城中副車按漢官儀天子屬車三十六乘屬車卽副車而奉車郎御而從後嘗閒

從容嘗訓經也閒閑字也從容閒暇也從容謂從任其容止不矜莊也下邳邳破眉反地理志下邳縣屬東海又云邳
在薛後徙此有上邳故此曰下邳圯上李奇云下邳人謂橋爲圯音怡文穎曰沂水上橋也應劭云沂水之上也姚察見史
記本有土旁作者乃引今會稽東湖大橋名爲靈圯圯亦音夷理或然也直墮其履崔浩云直猶故也亦恐不然直言正
也謂至良所正墮履欲毆烏后反良業爲取業猶本先也謂良心先巳爲取故遂跪而履之殆天授殆訓
近也旗幟音其試二音因其解謂卒將離心而懈怠毒藥苦於口利於病按此語見孔子家語
鯫生呂靜云鯫魚也謂小魚也音此垢反臣瓚按楚漢春秋鯫生姓解表商容閭按崔浩云表者標榜其里門也
商容紂時賢人也韓詩外傳曰商容執羽籥馮於馬徒欲以化紂而不能遂去伏於太行山武王欲以爲三公固辭不受偃革
爲軒蘇林云革者兵車也軒者朱軒皮軒也謂廢兵車而用乘車也說文云軒曲周屏車桃林按晉灼云在弘農南閿鄉
谷中應劭十二州記弘農有桃丘聚古桃林也山海經云夸父之山北有桃林廣三百里也楚唯毋強六國立
者復橈而從之按荀悅漢紀說此事云獨可使楚無強若強則六國屈橈而從之又韋昭云今無強楚者言六國立
必復屈橈從之是二說意同也豎儒幾敗而公事高祖罵酈生爲豎儒謂此儒生豎子耳幾音祈幾者殆近也而
公高祖自謂也漢書作乃公乃亦汝也什方侯地理志縣名屬廣漢什音十卽日駕西都關中按周

禮三日詢國遷乃爲大事高祖卽日西遷者蓋謂其日卽定計耳非卽日乃行胡苑崔浩云苑馬牧外接胡地馬生於胡故云
苑之利所謂金城千里天府之國按此言謂者皆是依憑古語言秦有四塞之國如金城也故淮南子
言雖有金城非粟不守蘇秦說惠王云秦地勢形便所謂天府是所憑也有四人四人四皓也謂東園公綺里季夏黃公角
里先生按陳留志云園公姓庾字宣明居園中因以爲號夏黃公姓崔名廣字少通齊人隱居夏里修道故號曰夏黃公角里先生
河內軹人太伯之後姓周名術字元道京師號曰霸上先生一曰用里先生又孔安國祕記作祿里此皆王劭據崔氏周氏世譜及
陶元亮四人目而爲此說毋愛子抱此語出韓子故等夷如淳云等夷言等輩曲郵音尤按司馬彪漢書
郡國志長安有曲郵聚今在新豐西俗謂之郵頭漢書舊儀云五里一郵郵人居間相去二里半按郵乃今之候也注其矢
曰矰馬融注周禮云矰者繳繫短矢謂之矰伊說云矰一絃可以仰高射數闋音曲穴反謂曲終也說文曰闋事也三
寸舌春秋緯云舌在口長三寸象斗玉衡赤松子列仙傳神農時雨師也能入火自燒崑崙山上隨風雨上下也辟
穀賓亦反然言有物按物謂精怪及藥物也所見父老與書按詩緯云風后黃帝師又化爲老子
以書授張良亦異說魁梧蘇林云梧音忤蕭該云今讀爲吾非也小顏云言其可驚悟失之子羽子羽澹臺滅明
字也仲尼弟子傳云狀貌甚惡又韓子云子羽有君子之容而行不稱其貌與史記文相反

史記索隱卷十五終

長沙鄭業敬初校
香山何翰章覆校

史記索隱卷十六

陳丞相系家第二十六

武戸牖鄉人徐廣云陽武屬魏而地理志屬河南郡蓋後陽武分屬梁國耳徐又云戸牖今爲東昏縣屬陳留與漢書地理志同按是秦時戸牖鄉屬陽武至漢以戸牖爲東昏縣屬陳留郡也　張負按負是婦人老宿之稱猶武負類也然此張負既稱富人或恐是丈夫爾　負郭高誘注戰國策云負背郭居也　長者車轍一作軌按言長者所乘安車與載運之車軌轍或別　里中社平爲宰其里名庫上里知者據蔡邕陳留東昏庫上里社碑云惟斯庫里古陽武之牖鄉陳平由此社宰遂相高祖也　魏無知漢書張敞與朱邑書云陳平須魏倩而後進孟康云即無知也　諸將盡讙讙譁也音懽又音喧漢書作皆怨　更以惡草具戰國策云食馮煖以草具如淳云薰草麄惡之具也　陛下弟出僞游雲夢蘇林云弟且也小顏云但也　南過曲逆章帝醜其名改云蒲陰也　主臣蘇林與孟康同既古人所未了故竝存兩解

絳侯周勃系家第二十七

其先卷人韋昭云屬河南地理志亦然然則後置榮陽郡而卷隷焉音丘玄反字林音丘權反　勃以織薄曲

爲生謂勃本以織蠶薄爲生業也韋昭云北方謂薄爲曲許愼注淮南云曲葦薄也郭璞注方言云植懸曲柱也音直吏反　常爲人吹簫給喪事左傳歌虞殯猶今挽歌類也歌者或有簫管　材官引強晉灼云申屠嘉爲材官蹶張　攻蒙虞二縣名地理志屬梁國　擊章邯車騎殿孫撿說是　東緡小顏音昏非也地理志山陽有東緡縣音旻然則戸牖之爲東緡音昏是屬陳留者音昏屬山陽者音旻也　攻齧桑徐氏云在梁彭城間　阿下謂東阿之下也　都關地理志縣屬山陽　張地理志東郡壽張縣光武改曰壽張　至碭一歲二月謂初起沛及還至碭得一歲又更二月也　虎賁令漢書云襄賁令賁音肥縣名屬東海徐廣又云句盾令所見本各別也　擊趙賁軍尸北賁音肥人姓名也尸卽尸鄉今偃師也謂尸縣之北　威武或是封號未必縣名也　攻槐里好時最地理志二縣屬右扶風　漆地理志漆縣在右扶風　擊章平姚卬軍卬音五郎反平下將　還下郿頻陽地理志郿屬右扶風頻陽屬左馮翊也　廢丘地理志槐里周曰犬丘懿王都之秦更名廢丘高祖三年更名槐里而此云槐里者槐里據後而書之又云廢丘者以章邯本都廢丘而亾亦據舊書之　鍾離地理志縣名屬九江古鍾離子國　燕王臧荼破之易下荼如字讀易水名因以爲縣在涿郡謂破荼軍於易水之下言近水也　馳道小顏以當高祖所行之道或以馳道爲秦之馳道故賈山傳云秦爲馳道東窮燕齊也　降下霍人蕭該云左傳以偪陽

子嶠綈諸霍人杜預云晉邑也字或作霍**岩石**晉灼音亦座反**乘馬絺**絺名也乘音始諮反**雁門守圂**圂守
之名音胡因反**守遬**音速**箕肆將勳**劉氏肆音如字包愷音以四反漢書勳亦作博字竝誤耳**靈丘**地理志縣
名屬代郡**御史大夫施屠渾都**施名也屠滅之也地理志渾都縣屬上谷一云御史大夫姓屠名渾都**阻**
陽按地理志沮陽縣屬上谷**最從高帝**最都凡也謂惣舉其從高祖攻戰克獲之數也**其椎少文**大顏云俗
謂愚爲鈍椎直追反今按椎如字讀之謂勃召說士東向而坐責之云趣爲我語其質朴之性以斯推之其少文皆如此**獄吏**
乃書牘背示之簿即牘也故魏志秦宓以簿擊頰則亦簡牘之類是也**太后以冒絮提文帝**
服虔云綸絮也提音弟又音啼非也蕭該音底提者擲也蕭音爲得恚者嗔也遭者逢也謂太后嗔乃逢冒絮因以提帝陌音貘貊
之貊方言云幪巾南楚之間云陌額也**條侯**地理志條縣屬渤海郡**許負相之**應劭云負河內溫人老嫗也姚
氏按楚漢春秋高祖封爲鳴雌亭侯是知婦人亦有封邑**有從理入口**從理橫理**彀弓弩**彀者張也**軍中**
聞將軍令不聞天子之詔六韜云軍中之事不聞君命**介冑之士不拜**應劭云左傳晉
郤克三肅使者而退杜預注肅若今揎鄭衆注周禮肅拜云但俯下手今時揎是**改容式車**軾者車前橫木若上有敬
則俯身而憑之**因自請上**漢書亞夫至淮陽問鄧都尉爲畫此計亞夫從之今此云自請者葢此亦聞疑而傳疑漢史得

史記索隱卷十六　二　廣雅書局栞

其實是也**願以梁委之**謂以梁委之於吳使吳兵不得過也亦有作餧音亦通**而使輕騎兵弓高**
侯等韓頹當也**陬**音子侯反**丹徒**地理志縣屬會稽**人主各以時行耳**謂人主各當其時而行事
不必一一相法也**顧得侯**許愼注淮南子云顧反也**封徐盧**功臣表唯徐盧封容城侯**注大欒**欒音李轉
反謂內欒也**尙席取櫡**顧氏按輿服雜事云六尙尙席掌武帳帷幔也櫡音筯漢書作箸箸者食所用也留侯云借前
筯以籌之禮曰羹之有菜者用挾挾亦箸之類故鄭玄云今人謂箸爲挾是也**此不足君所乎**言不設箸者此葢非
我意於君有不足乎故如淳云非故不足君之食具偶失之耳葢當然也所以帝視而笑也若本不爲足當別有辭未必爲之笑也
孟康晉灼雖採古人之情亦未必能得其實顧氏亦同孟氏之說又引魏武賜荀彧虛器各記異說也**工官尙方**工官
郎尙方之工所作物屬尙方故云工官尙方**縣官**縣官謂天子也所以謂國家爲縣官者夏家王畿內縣即國都也王者官
天下故曰官也**汙**汙音烏故反**吾不用也**孟康如淳已備兩解大顏以孟說爲得而姚察又別一解云帝責此吏不
得亞夫直辭以爲不足任用故召亞夫別詣廷尉使責問**坐酎金不善元鼎五年有罪國除**徐廣
曰諸列侯坐酎金失侯者皆在元鼎五年但此辭句如有顚倒○紀云坐酎金不善復云元鼎五年有罪國除似重有罪故云顚倒
而漢書云爲太子太傅坐酎金免官後有罪國除其文又錯也按表坐免官至元鼎五年坐酎金又失侯所以二史記之各有不同

也**足巳而不學**亞夫自以巳之智謀足而虛巳不學古文所以不體權變而動有近忤**守節不遜**守節
謂爭栗太子不封王信徐盧等不遜謂顧尙席取箸不對制獄是也

梁孝王系家第二十八

以勝爲梁王漢書梁王名揖葢是矣按景帝子中山靖王名勝是史記誤耳**梁王自初王通歷巳**
十一年矣謂自文帝二年初封代後徙淮陽又徙梁通數文帝二年至十二年徙梁爲十一年也**棘壁**按左傳宣
公二年宋華元戰于大棘杜預云在襄邑東南葢即棘壁是也**築東苑**築謂建也白虎通云苑所以東者何葢以東方生物
故也**三百餘里**葢言其奢非實辭或者梁國封城之方**廣睢陽城七十里**蘇林云廣其徑也太康地
理記云城方十三里梁孝王築之鼓倡節杵而後下和之者稱睢陽曲今踵以爲故所以樂家有睢陽曲葢採其遺音也**平臺**
如淳云在梁東北離宮所在者按今城東二十里臨新河有故臺地不甚高俗云平臺又一名修竹苑西京雜記云有落猨巖皃洲
雁渚連亘七十餘里是也**千乘萬騎**漢官儀曰天子法駕三十六乘大駕八十一乘皆備千乘萬騎而出也**出言**
蹕入言警漢舊儀云皇帝輦動稱警出殿則傳蹕止人清道言出入者互文耳出亦有蹕**奇邪計**周禮有奇衺之
人鄭玄云奇衺譎怪非常也奇音紀宜反邪音斜也**且百巨萬**如淳云巨亦大與大百萬同也韋昭云大百萬今萬萬

史記索隱卷十六　三　廣雅書局栞

關說袁盎云漢家法周道立子是有所關涉之說於帝也一云關者隔也引事而關隔其說不得行也**義格**張晏云格
止也服虔云格謂格閡不行蘇林音閣周成雜字云攱閣也通俗又云高置立攱棚云攱閣字林音紀又音詭也**意梁王**謂意
疑梁刺之**良山**漢書作梁山遊征記云良山際淸水今壽張縣南有良山服虔云是此山也**有獻牛足出背**
上張晏云足當處下所以輔身也今出背上象孝王背朝以干上也背者陰也又在梁山明爲梁也牛者田之畜衡在六月北方
數六故六月六日薨也**謚曰孝王**遊征記碭有梁孝王之家**分梁爲五國**長子買梁共王子子明濟川王子
彭離濟東王子定山陽王子不識濟陰五王也**平王襄**漢書作讓**罍樽**應劭云詩云酌彼金罍罍者畫雲雷之象以金
飾之**爭門措指**措音迮側格反漢書王陵傳迫迮前隊皆作此字說文云迫笮也謂爲門扇所笮**犴反**韋昭云犴
音岸按類犴反人姓名也反字或作友**栢邑侯**地理志栢邑闕**竇嬰之正言也**竇嬰袁盎皆言如周家立
子不合立弟**封小弟以應縣**此說與晉世家不同事與封叔虞同彼云封唐此云封應應亦成王之弟或別有所
見故不同**殷道親親周道尊尊**殷人尙質親親謂親其弟而授之周人尙文尊尊謂尊祖之正體故立其子尊
其祖也**梁郎某子**謂梁國之郎是孝王官屬某子史失其姓名也
五宗世家第二十九景帝子十四人武帝餘十三人爲王漢書謂之景十三王此名五宗者十三人爲王其

母五人同母者爲宗也 閼于 上音遏漢書無于字 兒姁 況羽反兒姁夫人名也王皇后之妹也 注問以五策 按漢書詔策問三十餘事 被服造次 小顏云被服言常居處其中也造次謂所向所行皆法於儒者 獻王 漢書云大行令奏謚法曰聰明睿智曰獻 頃王授代立 漢書云授謚頃音傾也 壖垣 服虔云宮外之餘地顧野王云墻外行馬內田音人掾反又音輭又音奴亂反壖墻外短垣也 行祖 按祖者行神行而祭之故曰祖也風俗通云共工氏之子曰修好遠遊故祀爲祖神又崔浩云黃帝之子累祖好遠遊而死於道因以爲行神也又聘禮云出祖釋軷祭脯酒而已按今祭禮以軷壤土爲壇於道則用黃羝或用狗以其血釁左輪也 江都易王非 按謚法好更故舊曰易也 美人淖姬 鄭氏音淖蘇林音泥淖之淖女教反淖姓也齊有淖齒是又漢書云建占易王所愛淖姬等十人與奸服舍中 膠西于王端 按廣周書謚法云能優其德曰于 皆去衛 謂不置宿衛人 究變 究者窮也故郭璞云究謂窮盡也 刻深 謂刻削深無仁恩也 持詭辯以中人 謂詭詐之辯以中傷於人 除二千石舍 謂彭祖自爲二千石掃除其舍以迎之 爲賈人權會 權音角獨言權酤謂獨酤也會音儈古外反謂爲賈人專權賣買之價儈以取利若今之知市矣韋昭則訓權爲平其注解爲得 國經租稅 經者常也謂王家入多於國家常納之租稅也 禨祥 按埤倉云禨祆祥也列子云荆人鬼越人禨謂楚信鬼神而越信禨祥也 行徼 上下孟反下工弔反徼是郊外之路謂巡徼而伺察境界 中山靖王勝 按漢書建元三年濟川中山王等來朝聞樂而泣天子問其故王對以大臣內讒肺腑日疎其言甚雄壯詞切而理文天子加親親之好可謂漢之英藩矣 子昆侈嗣 漢書昆侈謚康王子頃王輔嗣至孫國除也 程姬有所辟 姚氏按釋名云天子諸侯羣妾以次進御有月事者止不御更不口說故以丹注面目的的爲識令女史見之王察神女賦以爲脫袿裳免簪笄施玄的結羽釵的郎釋文所云也說文云姅女汙也漢律云見姅變不得侍祠姅音半 廣川惠王子齊立 漢書齊謚繆王謚法蔽人傷賢曰繆 及幸臣所忠等 按漢書言中尉奏彭祖子去嗣坐暴虐勃亂國除也 作樓車鏃矢 應劭曰左傳云登樓車以窺宋人謂看敵國營壘之虛實也李巡注爾雅金鏃以金爲箭鏃字林音子木反 長男挩 鄒氏一音之悅反蘇林音奪許慎說解字林云他活反字從木也 妒媢 下音亡報反鄒氏本作媢郭璞注三蒼云媢丈夫妒也又云妒女爲媢 大行騫 按謂是張騫

三王系家第三十

臣去病 霍去病也 盛夏吉時 按明堂月令云季夏月可以封諸侯立大官是也 守尚書令丞非 按奏狀有尚書令官位而史先闕其名耳丞非者尚書左右丞非其名也 臣青翟 莊青翟也 臣湯 張湯 太常臣

充 蓋趙充也 大行令臣息 李息 太子少傅臣安 任安也 天非爲君生人 左傳曰天生烝民立君以司牧之是言生人爲立君長司牧耳非天爲君而生人也 未教者 謂皇子等並未習教義 彊君連城 皇子未習教義而強使爲諸侯王以君連城之人 蕭文終 蕭何謚文終也 于鄼 按蕭何初封沛之鄼音贊後其子續封南陽之鄼音嵯 平津 公孫弘封平津侯平津高城之鄉名 尊建百有餘國 謂武帝廣推恩之詔分王諸侯王子弟故有百餘國 尊卑相踰 謂諸侯王子已爲列侯而今又家皇子爲列侯是尊卑相踰越矣 臣閎 齊王也王夫人子 臣旦 燕王也漢書云李姬子 臣胥 廣陵王也 撥亂世反諸正 春秋公羊傳文 爵位二等 謂王與列侯 支子封至諸侯王 謂立膠東王子慶爲六安王常山王子平爲眞定王子商爲泗水王是也 家皇子爲列侯 按時諸王稱國列侯稱家故云家皇子故爲尊卑失序 輿地圖 謂地爲輿者天地有覆載之德故謂天爲蓋謂地爲輿故地圖稱輿地圖疑自古有此名非始漢 曰於戲小子閎 此封齊王策文也又按武帝集此三王策皆武帝手製於戲音嗚呼戲或音羲 青社 蔡邕獨斷云皇子封爲王受天子大社之土若封東方諸侯則割青土藉以白茅授之以立社謂之茅土齊在東方故云青社 僤君子怠 謂若不圖於義則君子怠懈無歸附心 虐老獸心 按匈奴傳曰其國貴壯賤老壯者食肥美老食其餘是虐老也 邊甿 韋昭云甿民也三倉云邊人云甿 三十有二君皆來降期奔師 按漢書作三十二師降期作降旗而服虔云以三十二軍中之將下旗去之也如淳云郎昆邪王假旗鼓降時也若如此意則三十二君非軍將蓋戎狄酋帥時有三十二君來降也 無菲德 蘇林云菲廢也本亦作俷俷敗也孔文祥云菲薄也漢書作棐 匪教士不得從徵 韋昭云士非素教習不得從軍徵發故孔子曰不教人戰是謂棄之是也 五湖之間 按五湖者具區洮滆彭蠡青草洞庭是也或曰太湖五百里故曰五湖也 無侗好軼 侗音同褚先生解云無好軼樂馳騁弋獵 無邇宵人 邇近也宵人小人也鄒氏宵音謏謏亦小人也或作俊人 維稽古 褚先生解云維者度也稽者當也言當順古道也魏高貴鄉公云稽同也古天也謂堯能動天 曰蓬生麻中 已下並見荀卿子 無廢備 言無乏武備常備匈奴也 非教士不得從徵 褚先生非習禮義不得在其側也 宗正與太中大夫公戶滿意 宗正官名必以宗室有德者爲之不知時何人公戶姓滿意名爲太中大夫是使二人又有侍御史二人皆往使治廣陵也 曰我安得弟在者 按昭帝鉤弋夫人所生武帝崩時纔年十七八歲耳胥旦早封在外實合有疑然武帝春秋高惑於內寵誅太子而立童孺能不使胥旦疑怨亦由權臣輔政貪立幼主之利遂得鉤弋子當陽斯寔父德不弘遂令子道不順然犬各吠非主太中宗正人臣之職又亦當如此 爾雅 爾近也雅正也其書於正字義訓爲近故云爾雅相承云周公作以教成王又云子夏作之以解詩書也 內有異姓大夫

按內云有異姓大夫以正骨肉蓋錯也內合言同姓宗正是也外合言異姓太中大夫是也 **白芷漸之滫中** 白芷香草也音止又音昌改反漸音子潛反漸漬也滫讀如禮滫瀡之滫音思酒反

史記索隱卷十六終

長沙鄭業敬初校

香山何翰章覆校

史記索隱卷十七

伯夷列傳第一 列傳者謂敘列人臣事跡令可傳於後世故曰列傳

詩書雖缺 按孔子系家稱古詩三千餘篇孔子刪三百五篇爲詩今亾五篇又書緯稱孔子求得黃帝玄孫帝魁之書迄秦穆公凡三千三百三十篇乃刪以一百篇爲尚書十八篇爲中候今百篇之內見亾四十二篇是詩書又有缺亾也 **然虞夏之文可知也** 按尚書有堯典舜典大禹謨備言虞夏禪讓之事故云虞夏之文可知也 **天下重器** 言天位者是王者之重器故莊子云天下大器是也則大器亦重器也 **說曰堯讓天下** 按說者謂諸子雜記也然堯讓於許由及夏時卞隨務光等殷湯讓之天下並不受而逃事具莊周讓王篇 **太史公曰余登箕山** 蓋揚惲東方朔見其文稱余而加太史公曰也 **余以所聞由務光** 謂太史公所聞莊周所說許由務光等 **義至高** 謂堯讓天下於許由由遂逃箕山洗耳於潁水卞隨自投於桐水務光負石自沈於廬水是義至高也 **文辭不少概見何哉** 按概是梗概概謂略也蓋以見由光義至高而詩書之文辭遂不少梗概載見何以如此哉是太史公疑說者之言或非實也 **余悲伯夷之意** 謂悲其兄弟相讓又義不食周粟而餓死 **睹軼詩可異焉** 上睹音覩軼音逸謂見逸詩之文卽下采薇之詩是也不編入三百篇故云逸詩也可異焉者按論語云求仁得仁又何怨乎今其詩云我安適歸

矣于嗟徂兮命之衰矣是怨詞故云可異焉 **其傳曰伯夷叔齊孤竹君之二子** 按其傳蓋韓詩外傳及呂氏春秋也其傳云孤竹君是殷湯三月丙寅日所封相傳至夷齊之父名初字子朝伯夷名允字公信叔齊名致字公達解者云夷齊謚也伯仲又其少長之字按地理志孤竹城在遼西令支縣應劭云伯夷之國也其君姓墨胎氏者也 **盍往歸焉** 劉氏云盍者疑辭蓋謂其年老歸就西伯 **采薇** 薇蕨也爾雅云蕨鱉也 **登彼西山** 按西山郎首陽山也 **以暴易暴兮** 謂以武王之暴臣易殷紂之暴主而不自知其非矣 **神農虞夏忽焉沒兮** 言羲農虞夏敦樸禪讓之道超忽久矣終沒矣今逢此君臣爭奪故我安適歸矣 **于嗟徂兮命之衰矣** 于嗟嗟歎之辭也徂者往也死也言今餓死亦是運命衰薄不遇大道之時至幽憂而餓死 **由此觀之怨耶非耶** 太史公言已觀此詩之情夷齊之行似是有所怨邪又疑其云非是怨耶 **可謂善人者耶抑非也** 又敘論云若夷齊之行如此可謂善人者耶又非善人者耶亦疑也 **糟糠不厭** 厭者飫也謂不厭不飽也糟糠貧者之所飡也故曰糟糠之妻是也然顏生簞食瓢飲　亦未見糟糠之文也 **盜蹠日殺不辜** 蹠及注作跖並音之石反按盜蹠柳下惠之弟亦見莊子爲篇名 **肝人之肉** 劉氏云謂取人肉爲生肝非也按莊子云跖方休卒太山之陽膾人肝而餔之 **暴戾恣睢** 暴戾謂兇暴而惡戾也鄒誕恣音資睢音千餘反劉氏恣音如字睢音休季反恣睢謂恣行爲睢盱惡也 **注直弘農** 直音

如字直者當也亦音値者非也**潼鄉**潼音同按潼水名因爲鄉今之潼津關是亦爲縣也**是遵何德哉**言盜跖無道橫行天下竟以壽終是其人又遵行何德而致此哉**尤大彰較者也**按較明也言伯夷有德而餓死盜跖暴戾而壽終是賢不遇而惡道長尤大著明之證也**犯忌諱而身逸樂**謂若魯桓楚靈晉獻齊襄之比皆是**或擇地而蹈之**謂不仕暗君不飲盜泉裏足高山之頂竄跡滄海之濱是也**時然後言**按論語夫子時然後言**行不由徑**按論語澹臺滅明之行也**非公正不發憤而遇災禍者**謂人臣之節非公正之事不感激發憤或出忠言或致身命而卒遇禍災者不可勝數謂龍逄比干屈平伍胥之屬是也**余甚惑焉儻所謂天道非耶是耶**太史公惑於不軌逸樂公正而遇災害爲天道之非而又是耶深惑之也蓋天道玄遠聽聽暫遺或窮通數會不由行事所以行善未必福行惡未必禍故先達皆猶昧之也**舉世混濁淸士乃見**老子曰國家昏亂始有忠臣是舉代混濁則士之清潔者乃彰見故上文歲寒然後知松栢之後彫先爲此言張本也**豈以其重若彼其輕若此哉**按謂伯夷讓德之重若彼而采薇餓死之輕若此故又一解云操行不軌富厚累代是見重若彼公正發憤而遇禍災是其輕若此也**君子疾沒世而名不稱焉**自此已下雖論伯夷得夫子而名彰顏回附驥尾而行著蓋亦欲微見巳之著撰不已亦是疾沒世而名不稱焉故引賈子貪夫狥財烈士狥名是也又引同明相照同類相求雲從龍風從虎者言揔各以類相求故太史公言亦是操行廉直而不用於代卒陷非罪與伯夷相類故寄此而發論也**賈子曰**賈子賈誼也誼作鵩鳥賦云然故太史公引之而稱賈子也**夸者死權**言貪權勢以矜夸者至死不休故云死權也**衆庶馮生**馮者恃也音凭言衆庶之情蓋恃矜其生也鄒誕本作每生每者冒也卽冒貪之義**同明相照**巳下竝易繫辭文也**聖人作而萬物覩**按文引此句者謂聖人起而居位則萬物之情皆得覩見故以今日又得著書言世情之輕重也**附驥之尾**按蒼蠅附驥尾而致千里以譬顏回因孔子而名彰也

管晏列傳第二

潁上人按潁水名按地理志潁水出陽城志有潁陽臨潁縣今亦有潁上縣**嘗欺鮑叔**按呂氏春秋管仲與鮑叔同賈南陽及分財而管仲嘗欺鮑叔多自取鮑叔知其有母而貧不以爲貪也**子孫世祿於齊十餘世**按世本云莊仲產敬仲夷吾夷吾產武子鳴鳴產桓子啓方啓方產成子孺孺產莊子盧盧產悼子其夷夷產襄子武武產景子耏涉涉產帶凡九代也**故其稱曰**是夷吾著書所稱管子者其書有此言故略舉其要**貴輕重**輕重謂錢也今管子有輕重篇**桓實怒少姬**按謂怒蕩舟之姬而未絕蔡人嫁之是也**曹沫**音昧亦音末左傳作曹劌**故曰知與之爲取**老子曰將欲取之必固與之是知此爲政之所寶也**晏平仲**名嬰平謚仲字父桓子名弱也**事齊靈公莊公景公**按世家及系本靈公名環莊公名光景公名杵臼也**信於知巳**信讀曰申古周禮皆然也申於知巳謂以彼知我而我志獲伸**牧入山高乘馬輕重九府**皆管氏所著書篇名也按九府蓋錢之府藏其書論鑄錢之輕重故云輕重九府餘如別錄之說也**及晏子春秋**按嬰所著書名晏子春秋今其書有七十篇故下云其書世多有也**伏莊公尸**按左傳崔杼殺莊公晏嬰入枕莊公股而哭之成禮而出崔杼欲殺之是也**余雖爲之執鞭所忻慕焉**此太史公之所羨慕仰企平仲之行假令晏生在世已雖與爲之僕隸執鞭亦所忻慕是其好善之至也賢哉良史可以示人臣之炯戒也

老子韓非列傳第三

二人教迹全乖不宜同傳先賢已有成說今則不可依循宜令老子尹喜莊周同爲傳其韓非可居商君傳末

楚苦縣按地理志苦縣屬陳國者誤也苦縣本屬陳春秋時楚滅陳而苦又屬楚故云楚苦縣至高帝十一年立淮陽國陳縣苦縣皆屬焉裴氏所引不明見苦縣在陳縣下因云苦屬陳今檢地理志苦實屬淮陽郡苦音怙**名耳字聃**按許愼云聃耳曼也故名耳字聃有本字伯陽非正也然老子號伯陽父此傳不稱也**姓李氏**按葛玄曰李氏女所生因母姓也又云生而指李樹因爲姓焉**守藏室史**按藏室史周藏書室之史也又張蒼傳老子爲柱下史蓋卽藏室之柱下因以爲官

名**將問禮於老子**大戴記亦云然**且君子得其人則駕不得其人則蓬累而行**劉氏云蓬累猶扶持也累音六水反說者云頭戴物兩手扶之而行謂之蓬累也按蓬者蓋也累者隨也以言若得明君則駕車服冕不遭時則自覆蓋相攜隨而去耳**良賈深藏若虛君子盛德容貌若愚**良賈謂善貨賣之人賈音古深藏謂隱其寶貨不令人見故云若虛而君子之人身有盛德其容貌謙退有若愚魯之人然稽康高士傳亦載此語文則小異云良賈深藏外形若虛君子盛德容貌若不足也**去至關**李尤函谷關銘云尹喜要老子留作二篇而崔浩以尹喜又爲散關令是也**始秦與周合五百歲而離**按周秦二本紀竝云始周與秦國合而別別五百載又合合七十歲而霸王者出然與此傳離合反正尋其意義亦竝不相違也**注列仙傳**是劉向所記也**注物色而迹之**按謂覘其氣物有異色而尋迹之又按列仙傳老子西遊關令尹喜望其紫氣浮關而老子果乘青牛而過**蓋老子百六十有餘歲**此前古好事者據外傳以老子生年至孔子時故百六十歲或言二百餘歲者卽以周太史儋爲老子故二百餘歲也**李耳無爲自化淸淨自正**此太史公因行事於當篇之末結以此言亦是贊也按老子曰我無爲而民自化我好靜而民自正此是昔人所評老聃之德故太史於此引以記之**宗子注**音鑄**玄孫假**音古雅反**絀儒學**按絀音黜黜退而後之**莊子者蒙人**地理志蒙縣屬梁國劉向別錄云宋

之蒙人也大抵率寓言也大抵猶言大略也其書十餘萬言率皆立主客使之相對語故云偶言又音寓寓寄也故
別錄云作人姓名使相與言是寄辭於其人故莊子有寓言篇胠篋上音袪胠篋猶言開篋也胠亦音去篋去劫反詆訿
孔子詆訐也詆音邸訿音紫謂詆毀孔子也畏累虛亢桑子按莊子畏虛篇名也即老聃弟子畏累鄒氏音
畏於鬼反累音壘劉氏音上烏罪反下路罪反郭象云今東萊也亢音庚亢桑子王劭本作庚桑司馬彪云庚桑楚人姓名也洸
洋音汪洋二音又音晃養亦有本作瀁字孤豚孤者小也特也願為小豚不可得也無汙我汙音烏故反汙
瀆音烏瀆二音汙瀆瀆汙之小渠瀆也子亟去音棘亟猶急也申不害者京人申子名不害按別錄云今
河南京縣是也學術按術即刑名之法術也無侵韓者王劭按紀年云韓昭侯之世兵寇屢交異乎此言矣注
中書六篇按今人間有上下二篇又有中書六篇其篇中之言皆合上下二篇是書巳備過於太史公所記韓非
著書三十餘篇號曰韓子也其大歸本於黃老按劉氏云黃老之法不尚繁華清簡無為君臣自正韓非之論
詆駮浮淫法制無私而名實相稱故曰歸於黃老斯未為得其本旨今按韓子書有解老喻老二篇是大抵亦崇黃老之學耳數
以書諫韓王韓王安也所養非所用言非疾時君以祿養其臣者乃皆安祿養交之臣非勇悍忠鯁及折
衝禦侮之人也所用非所養又言人主今臨事任用並非常所祿賞之士故難可盡其死力悲廉直不容

於邪枉之臣又悲姦邪諂諛之臣不容廉直之士作孤憤五蠹內外儲說林說難此皆
所著書篇名也孤憤憤孤直不容於時也五蠹蠹政之事有五也內外儲按韓子有內儲外儲篇內儲言明君執術以制臣下制之
在巳故曰內也外儲言明君觀聽臣下之言行以斷其賞罰賞罰在彼故曰外也儲畜二事所謂明君也說林說難者廣說諸事其多
若林故曰說林也今韓子有說林上下二篇難者說前人行事與巳不同而詰難之故其書有說難篇說難曰說音稅難
音奴干反言遊說之道為難故曰說難其書詞甚高故特載之然此篇亦與韓子微異煩省小大不同劉伯莊亦申其意粗釋其微
文幽旨有劉說也又非吾敢橫失能盡之難也按韓子橫失作橫佚劉氏云吾之所言無橫無失陳
辭發策能盡說情此雖是難尚非難也在知所說之心可以吾意當之劉氏云開說之難正在於
此也按所說之心者謂人君之心也言以人臣疏末射尊重之意貴賤隔絕旨趣難知自非高識其近幾會故曰說之難也乃須審
明人主之意必以我說合其情故云吾說當也所說出於為名高者按謂所說之主中心本出欲立高名者也
故劉氏云稽古義黃祖述堯舜是也而說之以厚利謂人主欲立高名說臣乃陳厚利是其見下節也既不會高情
故遇卑賤必被遠斥矣所說出於厚利者也亦謂所說之君出意本規厚利而說臣乃陳名高之節則是說
者無心遠於我之事情必不見收用也故劉氏云若秦孝公志于強國而商鞅說以帝王故怒而不用所說實為厚

利按韓子實字作陰而顯為名高按顯者陽也謂其君實為厚利而佯作欲為名高之節也說之[illegible]
利則陰用其言而顯棄其身謂若下文云鄭武公陰欲伐胡而[illegible]其思極論深計雖知說當終遭其[illegible]
也周澤未渥按謂人臣事上其道未合至周之恩未洽渥於下而輒吐誠極言其說有功則其德亦亾亾無也韓子作
則見亾然見亾勝於德亾也又若說不行而有敗則疑如是者身危是恩意未深輒評時政不為所信更致嫌疑若下文所云鄰父
以墻壞有盜卻為見疑即其類也乃自以為也謂人主明有所出事乃自為功而說者與知是則以為間故身危也
強之以其所必不為劉氏云若項羽必欲衣錦東歸而說者強述關中建旨忤情自招誅滅也止之以
其所不能已者身危劉氏云若漢景帝決廢栗太子而周亞夫強欲止之竟不從其言後遂下獄是也則
以為粥權按韓非子粥權作賣重謂薦細微之人言堪大用則疑其挾詐而賣我之權也徑省其辭則不
知而屈之按謂人主意在文華而說者但徑捷省略其辭則以說者為無知而見屈辱也汎濫博文則多
而久之按謂人主志在簡要而說者務於浮辭汎濫博之涉文華則君上嫌其多迂誕文而無當者也知飾所說
之則敬按所說謂所說之主也飾其敬者說士當知人主之所敬而時以言辭文飾之而滅其醜醜謂人主若有
所避諱而醜之遊談者當滅其事端而不言無以其敵怒之按謂人主自勇其斷說士無巳意而攻間之是以卑

下之謀自敵於上以致譴怒也無以其難概之按概猶格也劉氏云秦昭王決欲攻趙白起苦說其難遂巳之心拒
格君上故致杜郵之僇也有與同失者則明飾其無失也按上文言人主規事譽人與某人同事同
行今說者之詞不得傷於同事同行之人仍可文飾其類也又若人主與同失者而說者則可以明飾其無失也大忠無
所拂辭拂音佛言大忠在匡君於善君初不從則且退止待君之悅而又幾諫即不拂悟於君也悟言無所擊
排謂大忠說諫之辭本欲歸於安人興化而無別有所擊射排擯按韓子作擊摩也知盡之難也謂人臣盡知事
上之道難也按徐廣曰知一作得難一作辭今按韓子作得盡之辭也得曠日彌久謂君臣道合曠日巳久是誠著
於君也周澤既渥謂君之渥澤周浹於臣魚水相須鹽梅相和也則非能仕之所設按韓子作非能
士之所恥也則幾矣按幾庶也謂庶幾於善諫說也申子卑卑劉氏云卑卑自勉勵之意也極慘礉
上七感反下胡革反按謂用法慘急而鞫礉深刻也

司馬穰苴列傳第四

晉伐阿甄按阿甄皆齊邑晉太康地記曰阿即東阿也地理志云甄城縣屬齊河也乃薦田穰苴按穰苴名
田氏之族為大司馬故曰司馬穰苴以為將軍謂命之為將以將軍也將者音即匠反遂以將軍為官名故尸子曰十萬

之師無將軍則亂六國時有其官 **旦日日中** 按旦日謂明日日中時期會於軍門也 **立表下漏** 按立表謂立木爲表以視日景下漏謂下漏水知刻數也 **援枹** 上音袁下音孚 **仆表決漏** 仆音赴按仆者臥其表也決決漏謂決去壺中漏水以賈失期過日中故也 **乃斬其僕車之左駙馬之左驂** 按謂斬其使者之僕及車之左駙駙當作軵竝音附謂車循外立木丞重較之材又斬其馬之左驂以御者在左故也 **田乞田豹** 田乞田僖子也豹亦僖子之族 **常曾孫田和因自立爲齊威王** 按此文誤也當云田和自立至其孫因爲齊威王故世家云田和自立號太公其孫因齊號爲威王 **亦少衰矣** 按謂司馬法說行兵揖讓有三代之法而齊區區小國又當戰國之時故云亦少衰矣

孫子吳起列傳第五

隊長 上音徒對反下音竹兩反 **趣使使** 上音促趣謂急也下音色吏反 **注越絕** 按越絕書云是子貢所著恐非也其書多記吳越亡後土地多是後人所錄也 **孫臏與龎涓** 上臏音頻忍反下龎音皮江反涓古玄反 **君弟重射** 弟但也重射謂好射也 **及臨質** 按質猶對也將欲對射之時也一云質謂堋非也 **夫解雜亂紛糾者** 按謂事之雜亂紛糾擊拏也 **不控捲** 按謂解雜亂紛糾者當善以手解之不可控捲而擊之捲卽拳也劉氏云控綜捲縮非也

救鬭者不搏撠 博戟二音按謂救鬭者當善爲解之無以手助相搏撠則其怒益熾矣按撠以手戟刺人 **批亢擣虛** 批音白結反亢苦浪反按批者相排批也音白滅反亢者敵人相拒也擣者擊也衝也虛者空也按謂前人相亢必須批之彼兵若虛則衝擣之欲令擊梁之虛也此當是古語故孫子以言之也 **形格勢禁** 謂若避其相亢擊擣彼虛則是事形相格而勢自禁則彼自爲解兵也 **是我一舉解趙之圍** 謂齊今引兵據大梁之衝是其方虛之時是一舉釋趙而斃魏 **蹶上將** 蹷卽音巨月反劉氏蹶猶斃也 **與齊戰於桂陵後十三歲** 王劭紀年云梁惠王十七年齊田忌敗梁于桂陵至二十七年十二月齊田肦敗梁於馬陵計相去無十三歲 **遂成豎子之名** 豎子謂孫臏 **李克曰起貪而好色** 按王劭云此李克云吳起貪下文云魏文侯知起廉盡能得士心又公叔之僕稱起爲人節廉豈前貪而後廉何言之相反也今按李克言起貪者起本家累千金破產求仕非貪也蓋言貪者是貪榮名耳故母死不赴殺妻將魯是也或者起未委質於魏猶有貪迹及其見用則盡廉能亦何異乎陳平之爲人也 **爲吮之** 鄒氏音弋軟反又才軟反 **左孟門** 劉氏按紂都朝歌今孟山在其西今言左則東邊別有孟門 **相田文** 按呂氏春秋作商文 **公叔爲相** 韓之公族 **并中悼王** 楚系家悼王名疑也 **太子立** 肅王臧也

伍子胥列傳第六

伍舉 按舉直諫見左氏楚世家 **太傅費無忌** 按左傳作費無極 **守城父** 本陳邑楚伐陳而有之地理志潁川有城父縣 **奮陽** 城父司馬之姓名也 **忍詢** 鄒氏云一作詬罵也音逅劉氏音火候反 **伍胥貫弓** 劉氏音貫爲彎又音古患反貫謂滿張 **華氏之亂** 左氏宋大夫華登欲殺元公事魯昭公二十一年也 **昭關** 其關在江西乃吳楚之境也 **注張勃曰** 按張勃晉人吳鴻臚嚴之子也作吳錄裴氏注引之是也 **注溧陽縣** 音栗溧水名也 **鍾離居巢** 二邑楚縣也按鍾離縣在六安古鍾離子之國系本謂之終犂嬴姓之國居巢國也桀奔南巢其國蓋遠尚書序巢伯來朝蓋因居之於淮南楚地也 **專諸** 左傳謂之專設諸 **郯宛伯州犂** 按州犂伯宗子也郯宛州犂子伯嚭郤宛子喜音嚭伯氏別姓郤 **二公子將兵** 公子燭庸及蓋餘也 **取六與灊** 六古國也皋陶之後所封灊縣有天柱山 **公子囊瓦** 按左氏楚公子貞字子囊其孫名瓦字子常此言公子又兼稱囊瓦蓋誤 **於豫章** 杜預云昔豫章在江北蓋分後徙之於江南也 **夫概** 古賚反 **子常敗走奔鄭** 公孫瓦也 **走郢** 音奏雲二音走向也郢國名 **至郢** 郢楚都也音以正反又一音以井反 **日莫途遠故倒行而逆施之** 按倒言丁老反施音如字子胥言志在復讐常恐且死不遂本心今幸而報豈論理乎譬如人行前途尚遠而日勢已莫其在顛倒疾行逆理施事何得責吾順理乎 **六月敗吳兵於稷** 按左傳作稷丘杜預云稷丘地名在郊外 **取番** 音普寒反又音婆蓋鄱陽也

徙于鄀 音若鄀楚地今闕 **病創** 音瘡 **夫湫** 音椒又如字 **大夫種** 劉氏云大夫種姓種名非也按今吳南有文種塚則種姓文爲大夫官也 **專愎** 皮逼反 **而抉吾眼** 烏穴反抉亦決也 **槖皋** 音託皋二音杜預云地名在淮南逡遒縣東南 **白公厲劍人問曰** 按左氏人卽子西之子平也白公弟王孫燕 **子綦** 左傳作子期也 **吳王太子** 左傳太子名友 **昭夫人之宮** 昭王夫人卽惠王母越女也 **如高府** 杜預云楚之別府也 **石乞從者屈固** 按徐廣云一作惠王從者屈固蓋此本爲得而左傳云石乞尹門圍公陽穴宮負王以如昭夫人之宮則公陽是王從者矣 **窘於江上** 音求殞反

史記索隱卷十七 終

長沙鄭業敬初校

香山何翰章覆校

史記索隱卷十八
仲尼弟子列傳第七
孔子曰受業身通者七十有七人按孔子家語亦有七十七人唯文翁孔廟圖作七十二人也
冉有季路按論語一曰德行二曰言語三曰政事四曰文學今此文學政事在言語上是其記異耳師也辟參
也魯按論語先言柴次言由今此傳序之亦與論語不同不得輒言其誤也孔子皆後之不竝世按自
臧文仲巳下孔子皆後之不竝世其所嚴事自老子及公綽巳上皆孔子同時也注大戴禮記按戴德撰禮號曰大
戴禮合八十五篇其四十七篇亡見今存者有三十八篇今裴氏所引在衛將軍篇孔子稱祁傒對晉平公之辭唯舉銅鞮介山二
人行耳蘧伯玉按大戴禮又云外寬而內直自娛於隱括之中直巳而不直人汲汲于仁以善存亡蓋蘧伯玉之行也
老萊子大戴記又云德恭而行信終日言不在悔尤之內貧而樂也蓋老萊子之行也晏平仲大戴記曰君擇臣而
使之臣擇君而仕之有道順命無道衡命蓋晏平仲之行也柳下惠大戴記又云孝恭慈仁允德圖義約貨亡怨蓋柳下
惠之行也銅鞮地理志縣名屬上黨顏回年二十九髮白蚤死按家語亦云年二十九而髮白三十
二而死王肅云此久遠之書年數錯誤未可詳也校其年則顏回死時孔子年六十一然則伯魚年五十先孔子卒時孔子且七十

也今此爲顏回先伯魚死而論語曰顏回死顏路請子之車孔子曰鯉也死有棺而無槨或爲設事之辭按顏回死在伯魚之前故
以論語爲設詞注衛瓘按瓘字伯玉晉太保亦注論語裴氏引之閔損家語亦云魯人少孔子十五歲不仕大
夫按論語季氏使閔子騫爲費宰子騫曰善爲我辭焉是不仕大夫不食汚君之祿冉耕字伯牛按家語云魯人
冉雍字仲弓家語云伯牛之宗族少孔子二十九歲仲由字子路家語一字季路亦云是卞人委
質按服虔注左氏云古者始仕必先書其名於策委死之質於君然後爲臣示必死節於君也注李充曰按充字弘
度晉中書侍郎亦作論語解也欒肇按肇字永初晉尚書郎作論語義也爲蒲大夫蒲衛邑子路爲之宰也爲
衛大夫按服虔云爲孔悝之邑宰方孔悝作亂按左傳蒯聵入孔悝家悝母伯姬劫悝於厠強與之盟而立蒯
聵非悝本心自作亂也宰予家語亦云魯人爲臨淄大夫按謂仕齊齊都臨淄故云爲臨淄大夫也與田
常作亂按左氏傳無宰我與田常作亂之文然有闞止字子我而因爭寵遂爲陳恆所殺恐字與宰予相涉因誤云然端
沐賜衛人家語作木子石公孫龍也地狹以泄按越絕書其泄字作淺王必惡越按惡猶畏
惡也子胥以諫死王劭按家語越絕並無此五字是時子胥未死國爲虛莽有本作棘恐誤也鈇屈
盧上鈇音膚鈇斧也劉氏一本無此字屈盧矛名不可以應卒按卒謂急卒也言計慮不先定不可以應卒有非常

之事吳王果與齊人戰於艾陵按左傳在哀十一年與晉相遇黃池按左傳黃池之會在
哀十三年越入吳吳與越平也越圍王宮夫差自殺按左傳越滅吳在哀二十二年則事竝懸隔數年蓋此文
欲終說其事故其辭相連五國各有變按左傳謂魯齊晉吳越也故云子貢一出存魯亂齊破吳強晉而霸越好
廢舉與時轉貨資按家語貨作化王肅云廢舉謂買賤賣貴也隨時轉貨以殖其資也劉氏云廢謂物貴而賣之
舉謂物賤而收買之轉貨謂轉貴收賤也是時子貢爲魯使於齊按左傳子貢爲魯使齊在哀十五年蓋此
文誤也言偃吳人家語云魯人按偃仕魯爲武城宰耳今吳郡有言偃冢蓋吳郡人爲是也卜商按家語云衛人
鄭玄云溫國人不同者溫國今河內溫縣元屬衛故子夏居西河在河東郡之西界蓋近龍門劉氏云今同州西縣有
子夏石室學堂也爲魏文侯師按子夏文學著於四科序詩傳易又孔子以春秋屬商又傳禮著在禮志而此史竝
不論空記論語小事亦其疏也顓孫師陳人鄭玄目錄陽城人陽城縣名屬陳郡曾參南武城人按武
城屬魯當時魯更有北武城故言南也澹臺滅明南遊至江按今吳國東南有澹臺湖即其遺跡所在以
貌取人失之子羽按家語子羽有君子之容而行不勝其貌而上文云滅明狀貌甚惡則以子羽形陋也今此孔
子云以貌取人失之子羽與家語正相反宓不齊家語云魯人字子賤少孔子四十九歲此云三十不同賢不齊

者五人按家語云不齊所父事者三人所兄事者五人所友者十一人不同也原憲鄭玄云魯人家語宋人少孔子
三十六歲原憲遂亡家語云隱居衛公冶長齊人家語云魯人名萇字子長范甯云字子芝南宮括
字子容家語作南宮縚按其人是魯孟僖子之子仲孫閱也蓋居南宮因姓焉公晳哀字季次家語作公
晳剋唯季次未嘗仕家語云未嘗屈節爲人臣故子特賞歎之亦見游俠傳也曾蒧音點又音其炎反字
晳家語云曾點字子晳曾參之父顏無繇字路回父家語云顏由字路回之父也孔子始教於闕里而受學焉
少孔子六歲故此傳云父子異時事孔子故易稱顏氏之子者是父子俱學孔門也商瞿魯人字子木家語云瞿
年三十八無子母欲更娶室孔子曰瞿過四十當有五丈夫子果然瞿謂梁鱣勿娶吾恐子或晚生非妻之過也馯臂子
弘馯徐廣音韓鄒誕生音汗按儒林傳蘭鄒子及漢書皆云馯臂字子弓今此獨作弘蓋誤耳應劭云子弓是子夏門人矯
子庸疵儒林傳及系本皆作蟜疵音自移反疵字或作疵蟜是姓疵名也字子肩然蟜姓魯莊公族也禮記蟜固見季武子
蓋魯人史儒林傳皆云魯人獨此云江東人蓋亦誤耳儒林傳云馯臂江東人蟜疵楚人也燕人周子家豎周豎
字子家有本作林淯于人光子乘羽淯于縣名在北海光羽字子乘齊人田子莊何田何字子
莊東武人王子中同王同字子中菑川人楊何自商瞿傳易至楊何凡八代相傳儒林傳何字

叔元高柴鄭玄云衞人家語齊人高氏之別族長不盈六尺狀貌甚惡此傳作五尺誤也漆彫開鄭玄云魯人家語云蔡人字子若少孔子十一歲又云習尚書不樂仕孔子曰可以仕矣對曰吾斯之未能信王肅云未得用斯書之意故曰未能信也公伯繚字周馬融云魯人家語無公伯繚而有申子周而譙周云疑公伯繚是讒愬之人孔子不責而云其如命何非弟子之流也今亦列比在七十二賢之數蓋太史公誤且繚亦作遼也司馬耕字子牛家語云宋人字子牛孔安國亦云宋人弟安子曰司馬犁也牛是桓魋之弟以魋爲宋司馬故牛遂以司馬爲氏也樊須字遲鄭玄云齊人家語云魯人也有若家語云魯人字子有少孔子三十三歲今此傳云四十二歲不知傳誤又所見不同也五丈夫子謂五男也巫馬施字子旗鄭玄云魯人家語云陳人字子期梁鱣字叔魚家語云齊人字叔魚也顏幸字子柳家語云顏幸字柳按禮記有顏柳或此人與鄭玄同少孔子四十六歲家語云少三十六歲魯人冉孺字子魯家語字子魯魯人作冉孺曹卹少孔子五十歲家語同伯虔字子折家語作伯處字子晳皆轉寫字誤未知適從公孫龍字子石家語或作寵又云礱七十子圖非礱也按字子石則礱或非謬鄭玄云楚人家語衞人然莊子所云堅白之談則其人也子石已右冉季產家語冉季字產秦祖字南家語字子南漆彫哆赤者反家語字子斂顏子驕家語名產孔子在衞南子招夫子爲次過市時產爲御也漆彫徒父家語字固也壤駟赤字徒家語字子徒者石高澤家語字季石作蜀字明家語同任不齊字選家語字子選也公良孺家語作良儒陳人字子正賢而有勇孔子周遊常以家車五乘孔子家語在三十五人之中亦見系家在三十二人不見蓋傳之數亦誤也鄒誕本作公襄儒后處字里家語同也公夏首字乘家語同也奚容箴字子晳家語同也公肩定字中家語同也顏祖字襄家語無此人也鄡單字子家鄡音苦堯反單音善則單名徐廣云一作鄔單鉅鹿有鄡縣太原有鄔縣家語無此人也罕父黑字子索家語作罕父黑字索秦商家語魯人字丕慈少孔子四歲其人堇與孔子父紇俱以力聞也申堂字周家語有申續字周論語有申棖鄭玄云申棖魯人弟子也蓋申堂是棖不疑以棖堂聲相近上文又有公伯繚亦字周家語則無伯繚是史記述伯繚一人者也公祖句茲字子之句音鉤榮子祺家語榮祈字子顏也縣成字子祺家語作子謀也左人郢字行家語同也燕級字思家語同也鄭國字子徒家語薛邦字徒史記作國而家語稱邦者蓋避漢祖諱而改鄭與薛字誤也秦非字子之施之常字子恒顏噲字子聲步叔乘字子車顏之僕字叔家語竝同原亢籍家語名亢字籍樂欬字子聲家語同也廉潔字子庸家語同也叔仲會字子期鄭玄云晉人家語魯人少孔子五十四歲與孔璇年相比二孺子俱執筆迭侍於夫子孟武伯見而放之是也顏何字冉家語字稱狄黑字晳家語同邦巽字子斂家語巽作選字子斂文翁圖作國選蓋亦由避漢諱改也劉氏作邦巽邦音圭所見各異也孔忠家語云忠字子蔑孔子兄之子也公西輿如字子上家語同公西箴字子上家語子上作子尚也已上四十二人無年及不見書傳者按家語此例唯有三十七人其公良孺秦商步叔仲會四人家語有事迹史記闕然自公伯遼秦冉鄡單三人家語不載而別有琴牢陳亢縣豐當此三人數皆互有也如文翁圖所記又有林放蘧伯玉申棖申堂俱是後人以所見增益於今殆不可考

商君列傳第八

公叔座公叔氏座名也座音在戈反爲中庶子官名也魏已置之非自秦也周禮夏官謂之諸子禮記文王世子謂之庶子掌公族也座之中庶子按戰國策云御庶子也魏惠王即魏侯之子名罃後徙大梁而稱梁也豈不悖哉謂疾重而悖亂也景監景姓楚之族也監音去聲平聲亦通比三比者頻也謂頻三見孝公言帝王之道也比音必耳反說君音稅下同君大說音悅固見非於世按商君書非作負見敖於人商君書作必見驁於人也不法其故言救弊爲政之術所爲苟可以強國則不必須要法於故事也甘龍曰孝公之臣甘姓龍名也按甘氏出春秋時甘昭公王子帶後也不肖者拘焉言賢智之人作法更禮而愚不肖者不明變通而輒拘制不使之行斯亦信然矣湯武不循古商君書作脩古殷夏不易禮指殷紂夏桀也令人爲什伍劉氏云五家爲保十保相連而相牧司連坐按牧司爲相糾發也一家有罪則九家連舉發若不糾舉則十家連坐恐變令不行故設重禁告姦者與斬敵首同賞按謂告一姦一人則得爵一級故云與斬敵首同賞也匿姦者與降敵同罰按律降敵者誅其身沒其家今匿姦者與之同罪也事末利及怠而貧者舉以爲收孥末謂工商也蓋農桑爲本故上云本業耕織也怠者懈也周禮謂之疲民以言懈怠不事事之人而貧者則糾舉而收錄其妻子沒爲官奴婢蓋其法特重於古也宗室非有軍功論不得爲屬籍按謂宗室若無軍功則不得入屬籍謂除其籍則雖無功不及爵秩也臣妾衣服以家次謂各隨其家爵秩之班次亦不使僭侈踰等也言初令謂鞅新變之法令爲初令皆趨令行之趨音七踰反趨者向也附也爲大良造即大上造也即秦之第十六爵名也今云良造者或後變其名耳冀闕冀闕即魏闕也冀記也出列教令當記於此門闕平斗桶音統量器名鄭玄音勇今之斛也居領阸之西按即安邑之東山領險阸之地即今蒲州之中條已東連汾晉之嶮嶝也西魏遂去安邑徙都大梁按紀年曰梁惠王二十九

年秦衛鞅伐梁西鄙則徙大梁在惠王之二十九年也秦封之於商於商二縣名在弘農按紀年云秦封商鞅在惠王三十年與此文合商君相秦十年又下云五月而秦孝公卒案戰國策云孝公行商君法十八年而死與此文不同者按此直云相秦十年耳而戰國策乃云行商君法十八年蓋連其未作相之年耳鞅之得見也從孟蘭皋按孟蘭皋人姓名也言鞅前因蘭皋得與趙良相見也子不說吾治秦與上說音悅下與音子自勝之謂强謂守謙敬之人是爲自勝若是者乃爲强若爭名得勝此非强之道三置晉國之君謂立晉惠公懷公文公也一救荆國之禍按六國年表穆公二十八年會晉救楚朝周是也教之化人也深於命按劉氏云敎謂商鞅之令也命謂秦君之命也言人畏鞅甚於秦君也人之効上捷於令上謂鞅之處分也令謂秦君之令也今君又左建外易按左建謂以左道建立威權也外易謂在外革易君命也闟戟闟亦鈒同所及反鄒又音吐臈注賁屈盧上音遼下音九物反按屈盧干將竝古良匠造矛戟者之名書曰恃德者昌此是周書之言孔子所刪之餘也歸十五都衛鞅所封商於二縣以爲國其中凡有十五都故趙良勸令歸之所以收君豈其微哉謂鞅於秦無仁恩故秦國之所以將收錄鞅者其効甚明故云豈其微哉走商邑上音奏奏走向也注京兆鄭縣按地理志京兆有鄭縣秦本紀云初縣杜鄭按其地是鄭桓公友之所封也於鄭黽池按云鄭黽池者時黽池屬鄭故也而徐廣云黽或作彭池者按鹽鐵論云商君困於彭池黽音亡忍反天資刻薄人也謂天資其人爲刻薄之行刻謂用刑深刻薄謂棄仁義不悃誠是薄也挾持浮說說音如字浮說即虛說也謂鞅得用刑政深刻又欺魏將是其天資自有狙詐則初爲孝公論帝王之術是浮說耳非其本性也開塞耕戰書按商君開謂刑嚴峻則政化開塞謂布恩賞則政化塞其意本於嚴刑少恩又爲田開阡陌及言斬敵首賜爵是耕戰書也注新序論曰按新序是劉歆所撰其中論商君故裴氏引之注歸藉音胙字合作胙誤爲藉耳按本紀周歸文武胙於孝公是也注刑用棄灰按說苑云秦法弃灰於道者有刑是其事也

廣雅書局栞

蘇秦列傳第九

蘇秦東周雒陽人也蘇秦字季子蓋蘇忿生之後巳姓也譙周云秦兄弟五人秦最少兄代代弟厲及辟鵠並爲游說之士此下云秦弟代代弟厲也鬼谷先生按鬼谷地名也扶風池陽潁川陽城並有鬼谷墟蓋是其人所居因爲號又樂壹注鬼谷子書云蘇秦欲神祕其道故假名曰鬼谷出游數歲大困而歸按戰國策此語在說秦王之後夫士業已屈首受書按謂士之立操業者素也本也言本已屈首低頭受書於師也徧觀之音遍官二音按謂盡觀覽其書也得周書陰符按戰國策云得太公陰符之謀則陰符是太公之兵符也以出揣

摩揣音初委反摩姥何反鄒誕本作揣摩靡讀亦爲摩王劭云揣情摩意是鬼谷之二章名非爲一篇也高誘曰揣定也摩合也定諸侯使讐其術以成六國之從也江遂曰揣人主之情摩而近之其意當矣皆少之謂王之左右素慣習知秦浮說多不中當世而以爲蘇秦智識淺故云少之劉氏云少謂輕之也北有代馬按有代郡馬邑也地理志代郡又有馬城縣一云代馬謂代郡兼有胡馬之利此天府按周禮春官有天府鄭玄云府物所藏言天尊此所藏若天府然說燕文侯上音稅下並同燕文侯史失名東有朝鮮潮仙二音潮仙水名北有胡林樓煩地理志樓煩屬鴈門郡西有雲中九原按地理志雲中九原二郡名秦曰九原漢武帝改曰五原郡注滹沲出鹵城按滹沲水名幷州之川也音呼沲又地理志鹵城縣名屬代郡滹沲河自縣東至參谷又東至文安入海也車六百乘粟支數年按戰國策車七百乘粟支十年南有碣石戰國策碣石山在常山九門縣地理志大揭石山在右北平驪城縣西南軍於東垣矣地理志高帝改曰眞定也趙肅侯按世本云肅侯名言請別白黑所以異陰陽按戰國策云請屏左右白言所以異陰陽其說異此然言別白黑者蘇秦言已今論趙國之利必使分明有如白黑分別陰陽殊與也則趙氏自操兵戰國策作自銷鑠據衛取卷地理志卷縣屬河南按戰國策云取淇注常山有蒲吾按徐氏所引據地理志云然也前有樓闕軒轅戰國策云前有軒轅又中

廣雅書局栞

記俗本亦有作軒晃者非本文也長姣音交說文云姣美也臣人之與臣於人按臣人謂巳爲彼臣也於人者謂我爲主使彼臣已也夫衡人者按衡人即游說從橫之士也東西爲橫南北爲從地形東西橫長故張儀相秦爲秦連橫恐愒諸侯上起拱反下許曷反謂相恐脅也鄒氏愒音憩其意疎通質音如字又音躓以言通其交質之情韓絕其糧道謂擁兵於崤關之外又守宜陽也趙涉河漳謂趙亦涉河漳而西欲與韓作援以阻秦軍楚絕其後謂出兵武關以絕秦兵之後魏塞其道按其道即河內之道戰國策其作午魏軍河外河外謂陝及曲沃等處也六國從親以賓秦謂六國之卒共爲合從相親獨以秦爲賓而共伐之黃金千鎰戰國策作萬鎰一鎰爲一金則二十兩曰一鎰爲米二升鄭玄以一溢爲二十四分之一其說異也錦繡千純音淳裴氏云純端疋名高誘注戰國策音屯屯束也又禮鄉射云某賢於某若干純純數也音旋也雕陰魏地也劉氏曰在龍門河之西北按地理志雕陰屬上郡說韓宣王按世本韓宣王昭侯之子也鞏成皋二邑本屬東周後爲韓邑地理志二縣並屬河南商阪之塞劉氏云蓋在商洛之閒適秦楚之險塞是也東有宛穰地理志宛穰二縣名並屬南陽洧水音于軌反水名出南方谿子按許愼注淮南子以爲南方谿子蠻出柘弩及竹弩少府時力距來韓又有少府所造時力距來二種之弩按時力者謂作之得時則力倍於常故有時力也距來者謂以弩埶勁利足

以距於來敵也其名並見淮南子**超足而射**按超足謂超騰用埶蓋起足蹋之而射也故下云蹠勁弩是也**皆出於冥山**莊子云南行至郢北面而不見冥山司馬彪云冥山在朔州北郭象云冥山在乎太極李軌云在韓國**棠谿**地理志棠谿亭在汝南吳房縣**墨陽**淮南子云服劍者貴於剡利而不期於墨陽莫耶則墨陽匠名也**合賻**按戰國策作合伯春秋後語作合相**鄧師**鄧國有工鑄劍而師名焉**宛馮**徐廣云滎陽有馮池謂宛馮人於馮池鑄劍故號宛馮**龍泉太阿**按吳越春秋楚王令風胡子請吳干將越歐冶作劍二其一曰龍泉二曰太阿又太康地記曰汝南西平有龍泉水可以淬刀劍特堅利故有龍泉之劍楚之寶劍也以特堅利故有堅白之論云黃所以爲堅也白所以爲利也齊辨之曰白所以爲不堅黃所以爲不利也故天下之寶劍韓爲衆一曰棠谿二曰墨陽三曰合伯四曰鄧師五曰宛馮六曰龍泉七曰太阿八曰莫耶九曰干將也然干將莫耶匠名也其劍皆出西平縣今有鐵官令一別領戶是古鑄劍之地也**當敵則斬堅甲鐵幕**按戰國策云當敵則斬甲盾鞮鍪鐵幕也鄒誕作陌劉云謂以鐵爲臂脛之衣言其劍利能斬之也**革抉**音決謂以革爲射決決射韝也**吷芮**吷與瞂同音伐謂楯也芮音如字謂繫楯之綬也**今茲效之**按鄭玄注禮云效猶呈也見也**寍爲雞口不爲牛後**按戰國策云寍爲雞尸不爲牛從延篤注云尸雞中主也從謂牛子也言寍爲雞中之主不爲牛之從後也**太息曰**太息謂久蓄氣而大吁也**今主君**謂指蘇秦也禮卿大夫稱主今嘉蘇子合

從諸侯褒而美之故稱曰主**說魏襄王**世本惠王子名嗣**許鄢**音偃又於建反戰國策作鄢按地理志潁川有許鄢二縣又有傿陵縣故所稱惑也傿音焉**注一篇**邊田反**昆陽召陵**地理志昆陽屬潁川召陵屬汝南也**舞陽新都新郪**地理志舞陽屬潁川新郪屬汝南按郎郪上章帝以封殷後於宋新都屬南陽按戰國策直云新郪無新都二字**無胥**按其地闕**西有長城**徐廣云滎陽卷縣有長城蓋據地險爲說也**築帝宮**謂爲秦築宮備其巡狩而舍之故謂之帝宮**受冠帶**謂冠帶制度皆受秦法**祠春秋**言春秋貢奉以助秦祭祀**禽夫差於干遂**按干遂地名不知所在然按干是水旁之高地故有江干河干是也又左思吳都賦云長干延屬是干爲江旁之地遂者道也於干有道因爲地名**注衣三屬之甲**衣音意屬音燭按三屬謂甲衣也覆髆一也甲裳二也脛衣三也甲之有裳見左傳也**注贏三日**上音盈謂齎糧**注中試**音竹仲反謂其筋力能負重所以得中試也**則復利其宅**復音福謂中試之人國家當優復賜之上田宅故云利其田宅也**蒼頭二十萬**謂以青巾裏頭以異於衆荀卿魏有蒼頭二十萬是也**廝徒十萬**廝音斯謂廝養之卒廝養馬之賤者今起爲之卒**割地以效實**謂割地獻秦以效已之誠實**效愚計**此效猶呈也見也**說齊宣王**世本名辟彊威王之子也**五家之兵**按高誘注戰國策云五家卽五國也**進如鋒矢**按戰國策作疾如錐矢高誘曰錐矢小矢喻徑疾也

呂氏春秋曰所貴錐矢者爲應聲而至**六博**案王逸注楚詞云博著也行六棊故曰六博**蹹鞠**上徒臘反下居六反注云蹴踘促六反蹴亦蹋也崔豹云起黃帝時習兵之埶也**過衛陽晉之道**按陽晉魏邑也魏世家哀王十六年秦拔魏蒲阪陽晉封陵是也劉氏云陽晉地名蓋適齊之道衛之西南也**徑乎亢父**亢音剛又苦浪反地理志縣名屬梁國也**恫疑**上音通一音洞恫恐懼也**虛猲**猲本一作喝並呼葛反高誘曰虛猲喘息懼貌也劉氏云秦自疑懼不敢進兵虛作恐怯之詞以脅韓魏也**說楚威王**威王名商宣王之子**夏州**裴駰據左氏及車胥說以夏州其文甚明而劉伯莊以爲夏州侯之本國亦未爲得也**海陽**按地理志無海陽劉氏云楚之東境**南有洞庭**今之青草湖是也在岳州界也**蒼梧**地名地理志有蒼梧郡**北有陘塞**陘山在楚北境威王十一年魏敗楚陘山是也**郇陽**上音荀北有郇陽其地當在汝南潁川之界驗地理志及太康地記北境並無郇邑郇邑在河東晉地計郇陽當是新陽聲相近字變耳汝南有新陽縣應劭云在新水之陽猶豳邑變爲栒亦當然也徐氏郇陽當是愼陽蓋其疎也**疑於王者**疑作擬讀**委蛇蒲服**委蛇謂以面掩地而進若蛇行也蒲服卽匍匐並音蒲卜**注秦字季子**按其嫂呼小叔爲季子耳未必卽其字允南卽以爲字未之得也**負郭田**負者背也枕也近城之地沃潤流澤最爲膏腴故曰負郭也**乃投從約書**按諸本亦作投言設者謂宣布其從約六國之事以告於秦若作投亦爲易解**俯而慶仰而弔**劉氏云當時慶弔應

有其詞但書家不錄耳**烏喙**音卓又音許穢反今之毒藥烏頭是**爲其愈充腹**劉氏以愈猶暫非也謂食烏頭爲其暫愈飢而充腹少時毒發而死亦與飢死同患也**今齊長主**按謂齊王年長也或作齊強故言長主**覆三軍得二將**按徐廣云齊覆三軍而燕失二將又戰國策云獲二將亦謂燕之二將是燕之失也**從子母弟**戰國策從作寵**而賈十倍**按謂紫色價貴於帛十倍而本是敗素以喻齊雖有大名而其國中困弊也**北夷方七百里**謂山戎北狄附齊者**必長賓之**長音如字賓爲擯**涇陽君高陵君**二人秦王母弟也高陵君名顯涇陽君名悝**正告**正告謂顯然而告天下也**浮於汶**音旻卽江所出之岷山也**乘夏水**夏音暇謂夏潦之水盛長時也**宛東下隨**宛縣之東而下隨邑**乘船出於巴**巴水名與漢水近**五渚**按五渚五處洲渚也劉氏以爲宛鄧之間臨漢水不得在洞庭或說五渚卽五湖益與劉說不同也**寡人射隼矣**按易曰射隼於高墉之上獲無不利秦王言我今伐楚必當捷獲也**起乎少曲**地名近宜陽也**莫不盡繇**音搖動也**我離兩周**離如字謂屯兵以羅二周也而乃觸擊于鄭故五日國舉舉猶拔也**塞女戟**女戟地名蓋在太行山之西**韓氏太原卷**劉氏卷音軌兗反也按舉安邑塞女戟及至韓氏之韓國宜陽也太原者魏地不至太原亦無別名太原者蓋太衍字也原當爲京及卷皆屬滎陽是魏境又下軹道是河內軹縣言道者亦衍字徐廣云霸陵有軹道亭非魏之境其疎謬如此

南陽封冀按魏之南陽卽河內也封封陵也冀冀邑皆在魏境故徐廣云河東皮氏縣有冀亭決滎口滎澤之口
與今汴河口通其水深可以灌大梁故云無大梁也決白馬之口白馬河津在東郡決其流以灌外黃及濟陽決
宿胥之口按紀年作胥蓋亦津之名今其地不知所在也魏無虛頓丘虛邑名地與酸棗相近爲齊
罪秦令齊滅宋仍以破宋爲齊之罪名攻魏重楚重猶附也尊也殘均陵在南陽蓋今之均州安黽厄
音盲縣名在江夏得講於魏講和也解也秦與魏和也至公子延至當爲質謂以公子延爲質也因犀
首屬行犀首公孫衍本魏將因之以屬軍行行音胡郎反謂連兵相續也傷於譙石而遇敗於陽
馬按譙石陽馬並趙地名非縣邑也嬴則兼欺舅與母案嬴猶勝也舅穰侯魏冉也母太后也適燕
者適音宅適者責也下同三川晉國之禍三晉之半以言西河之外上雒之地及三川晉國皆是秦
與魏戰之處秦兵禍敗我三晉之半是秦禍如此其大者乎而燕趙之秦者燕趙之人往秦者謂游說之士也
蘇秦兄弟三人按譙允南以爲蘇氏兄弟五人更有蘇辟蘇鵠與略亦同其說按蘇氏譜云然
張儀列傳第十
張儀者魏人也按晉有大夫張老又河東有張城張氏爲魏氏人必也而呂覽以爲魏氏餘子則盖魏之支庶也又

書略說餘子謂庶子也游說音稅譯之古釋字曰嘻音僖鄭玄曰嘻悲恨之聲相約從親從音足容
反而數讓之按謂數設詞而讓之讓亦責也數音朔寍渠能乎渠音詎古字少假借耳爲文檄
按徐廣云一作丈二檄王劭按春秋後語云文二尺檄許慎云檄二尺書從若飲若者汝也下文而亦訓汝苴蜀相
攻擊上苴音巴謂巴蜀之夷自相攻擊也今字作苴者按巴苴是草名今論巴遂誤作苴也或巴人巴郡本因芭苴得名所以
其字遂以苴爲巴也注益州天苴讀爲芭黎天苴卽巴苴也譙周蜀人也知天苴之音讀爲芭黎之芭按芭
黎卽織木葺爲葦籬也今江南亦謂葦籬曰芭籬也司馬錯七各反又七故反二音什谷之口一本作尋谷尋
什聲相近故其名惑也戰國策云轘轅緱氏之口亦其地相近也秦攻新城此新城當在河南伊闕之左右去王
遠矣王音于放反遇其財足以富人戰國策遇作得利盡西海西海謂蜀川也海者珍藏所聚
生猶謂秦中爲陸海然也其實西亦有海也名實附也按名謂傳其德也實謂得土地財寶臣請謁其故
謁者告也陳也故謂陳不宜伐之端由也起兵伐蜀十月取之六國年表在惠王二十二年十月也蒲陽
魏邑名也曰夏陽音下夏山名也亦曰大夏是蜀所都秦下兵攻河外河之西卽曲沃平周之邑等據
卷衍卷縣在河南衍地名秦折韓而攻梁戰國策折作挾也獻商於之地劉氏云商卽今之商

州有古商城其西二百餘里有古於城不欲出之按不字當作必時張儀爲楚所困故必欲出之也閒蘇秦
死按此時當秦惠王之後元十四年必折天下之脊按常山於天下在北有若人之背脊也枋船枋音
方謂並兩舫也亦音船扞關在楚之西界注巴郡魚復音伏按地理志巴郡有魚復縣偏守新城
上疋連反此云新城當在吳楚之間漢中其地在秦南山之南楚之西北漢水之北名曰漢中攻衛陽晉大關
天下胷夫以常山爲天下脊則此衛及陽晉當天下胷盖其地是秦晉齊楚之交道也以言秦兵據陽晉是大關天下胷則
他國不得動也泗上十二諸侯謂邊近泗水之側當戰國之時有十二諸侯宋魯邾莒之比也混一諸侯
混本作棍同胡本反而廝徒負養廝音斯謂雜役之賤者負養謂負檐以給養公家亦賤人也虎賁之士
跿跔科頭上跿跔音徒俱二音又音劬劉氏云謂跳躍也又集韻云偏舉一足曰跔戰國策曰虎摯之士跿跔科頭謂
不著兜鍪貫頤謂兩手捧頤而直入敵言其勇也奮戟謂又有執戟者奮怒而趨入陣探前趹後謂馬前足
探向前後足趹於後趹音烏穴反趹謂後足趹地言馬之走埶疾也蹄間三尋按七尺曰尋言馬走之疾前後蹄間一擲
過三尋也徒裼徒者徒跣也裼袒也謂袒而見肉也鴻臺之宮桑林之苑案此皆韓之宮苑亦見戰國策
番吾上音盤又音婆趙之邑也梁效河外按河外河之南邑若曲沃平周等也割河間謂河漳之間邑暫割

以事秦耳督過之督者正其事而責之督過是深責其過也塞午道此午道當在趙之東齊之西也午道地名也鄭
玄云一縱一橫爲午謂交道也金斗長其尾斗音主凡方者爲斗若安長柄則名爲枓音主尾郎斗之柄其形若刀也
熱啜音昌悅反按謂熱而啜之是羹也於下云厨人進斟斟謂羹勺故因名羹曰斟故左氏羊羹不斟是也恒山之
尾尾猶末也謂獻恒山城以與秦馮喜此與戰國策同舊本憙者誤也祭器必出凡王者大祭祀必陳設文物軒
車彝器等因謂此等爲祭器也外伐與國謂齊之伐梁也梁之與齊先相許與約從爲鄰故云與國也張儀相
魏一歲卒年表張儀以安僖王十年卒紀年云梁安僖王九年五月卒吾爲事來軫語犀首言我故來欲有
敎汝之事何不相見厭事矣上一豔反厭者飽也謂欲令其多事也田需需時爲魏相也中謝盖謂侍御之官
館莊子謂逆旅舍其人字莊子者或作卞莊子也或曰勿救便此蓋張儀等之計策願子爲子主
計子指陳軫也子主謂楚王臣主與王何異臣主爲軫之主楚王也王秦惠王以言我主與王俱宜待韓魏之斃
而擊之亦無異也秦魏之交可錯矣錯音措按錯停止也不得復過音戈言義渠道遠今日已後不
復得更過相見請謁事情謂欲以秦之緩急告語之也曰中國無事按謂山東諸侯齊魏之大國等秦
得燒掇焚杅上掇音都活反謂焚燒而侵掠焚杅音煩烏二音按焚揉而牽製也戰國策云秦且燒焫君之國是說其

事也君之有事謂山東諸國共伐秦事君之國謂秦求親義渠君也五國伐秦按表秦惠王後元七年楚魏齊韓趙五國共攻秦是其事也千純凡絲綿布帛等一段爲一純純音屯此公孫衍所謂耶按謂上文犀首云君之國有事秦將輕使重幣事君之國故云衍之所謂因起兵襲秦以傷張儀也入李伯之下謂義渠破秦而收軍而入於李伯之下則李伯人名或邑號戰國策伯作帛佩五國之印爲約長犀首後相五國或從或橫常爲約長振暴下音步卜反振謂振揚而暴露其短以扶其說按扶謂說彼之非成我之是扶會己之說辭成其衡道張儀說六國使連衡而事秦故云成其衡道然山東地形從長蘇秦相六國令從親而賓秦也關西地形衡長張儀相六國令破其從而連秦之衡故謂張儀爲連橫矣

史記索隱卷十八終

長沙鄭業敬初校

香山何翰章覆校

史記索隱卷十九

樗里子甘茂列傳第十一

樗里子名疾按樗木名也音攄高誘曰其里有大樗樹曰樗里然疾居渭南陰鄉之樗里故號曰樗里子又按紀年則謂之褚里疾也滑稽多智滑音骨稽音雞鄒誕又音滑稽或解云滑亂也稽同也言便捷之人言非若是言是若非謂能亂同異也一云滑稽酒器可轉注吐酒不已以言俳優之人出口成章詞不窮竭如滑稽之吐酒不已也爵右更按右更秦之第十四爵名也惠王八年使伐曲沃出其人按年表云十一年拔魏曲沃歸其人又秦本紀惠文王後元八年五國共圍秦秦使庶長疾與戰修魚斬首八萬十一年樗里疾攻魏焦降之則焦與曲沃同在十一年明矣而傳云八年拔之不同王劭按本紀年表及此傳三處記秦伐國並不同又與紀年不合今亦殆不可考號爲嚴君按嚴君是爵邑之號當是封之嚴道游騰游姓騰名也知伯之伐仇猶戰國策云知伯欲伐仇猶遺之大鍾載以廣車高誘注以仇猶爲厹由韓子作仇由地理志臨淮有厹猶縣也昭王元年樗里子將伐蒲按紀年云楮里疾圍蒲不克而秦惠王薨事與此合胡衍人姓名也衛必折而從之戰國策云今蒲入於秦衛必折而入於衛與此文相反章臺之東按黃圖在漢長安故城西武庫正直其墓直如字讀直猶當也甘茂者下蔡人地理志下蔡縣屬汝南也事下蔡史舉先生戰國策及韓子皆云史舉上蔡監門蜀侯煇音暉又音胡昆反秦之公子封蜀也華陽國志作煇相壯反側狀反姓陳也迎甘茂於息壤按山海經啓筮云鯀竊帝之息壤以堙洪水或是此也南陽積之久矣謂上黨南陽並積貯日久矣倍數險行千里數音率腴反公孫奭按戰國策作公孫衍其弟立爲昭王按趙系家昭王名稷系本云名側也楚圍韓雍氏按秦惠王二十六年楚圍雍氏至昭王七年又圍雍氏韓求救於秦是再圍也劉氏云此是前圍雍氏當赧王之三年戰國策及紀年與此並不同解口地解口秦地名近韓今將與楚也封小令尹又封楚之小令尹以杜陽亦秦地今以封楚令尹是秦楚合也彼有以失之彼公孫奭及甘茂也有以失之謂不見委任情有所失而交走秦也韓楚怨不解二國交走向秦也與魏講罷兵鄒氏云講讀曰媾媾猶和也置之鬼谷按徐廣云在陽城劉氏云此鬼谷在關內雲陽是矣位之上卿而處之按處猶留也范蜎音休緣反又休軟反注一作蠉休緣反戰國策云作蝝也內行章義之難謂召滑內心猜詐外則佯章恩義而卒包藏禍心搆難於楚也注一云內句章昧之難按戰國策云納章句之難事文信侯戰國策云甘羅事呂不韋爲庶子請張卿即張唐也卿字也大項橐音託尊其道德故云大項橐應侯范雎齎臣五城上音

倒奚反一音賫並謂割五城與臣也 **得上谷三十城** 戰國策云得三十六縣 **今秦有十一** 謂以十一城與秦也

穰侯列傳第十二

穰侯魏冉 宣太后之異父長弟也姓魏名冉封之穰地理志穰縣在南陽宣太后者惠王之妃姓芈氏曰芈八子者是也 **惠文后先武王死** 秦本紀云昭王二年庶長壯與大臣公子爲逆皆誅及惠文后皆不得良死又按紀年云秦內亂殺其太后及公子雍公子壯是也 **華陽君** 華陽韓地後屬秦芈戎後又號新城君 **高陵君** 名顯 **涇陽君** 名悝 **誅季君** 按季君卽公子壯僭立而號曰季君穰侯力能立昭王爲將軍衛咸陽誅季君及惠文后故本紀言伏誅又云及惠文后皆不得良死蓋謂惠文后時黨公子壯欲立之及壯誅而太后憂死故云不得良死亦史諱之也又逐武王后出之魏亦事勢然也 **仇液** 戰國策作机郝蓋是一人而記別也 **宋公** 戰國策作宋交 **陶** 陶卽定陶也徐廣云作陰陶陰字本易惑也王劭按定陶見有魏冉冢作陰誤也 **三梁** 梁卽南梁也 **故國** 衛之故國蓋楚丘也下文故地亦同謂楚丘也戰國策衛字皆作燕子良作子之恐非也 **盡晉國** 河東河西河內竝是魏地卽故晉國今言秦蠶食魏氏盡晉國之地也 **講** 和也 **必見欺** 謂與秦欲講少割地而求秦質子恐不然必被秦欺也 **所聞於魏** 須賈說穰侯言魏人謂梁王若少割地而求秦質必是欺我卽聞魏見欺於秦也 **陶邑必亡** 陶一作魏言秦前攻得魏之城邑秦罷則亡而還於魏也 **魏氏方疑** 賈引魏人之說不許王講于秦是言魏氏方疑可以少割地而收魏也 **從以此散** 楚趙怒魏之與秦講皆爭事秦是東方從國於此是解散也故云從以此散 **兩道** 穰侯封陶魏效絳與安邑是得河東地言從秦適陶開河西河東之兩道 **幾盡故宋** 上音祈此時宋已滅是秦將盡得宋地也 **無行危** 言莫行圍梁之危事 **益趙** 既得觀津仍令趙伐齊而秦又以兵益助趙也 **臣竊必之** 告齊王言秦必定不益兵以助趙

白起王翦列傳第十三

新城 在河南也 **安邑** 魏以安邑入秦然安邑以東至乾河皆韓故地故云取韓安邑之地 **光狼城** 地理志不載光狼城蓋屬趙國 **野王** 地理志野王縣屬河內在太行東南孟康曰古邢國也 **鄭道已絕** 鄭國卽韓之都在河南秦伐野王是上黨歸韓之道絕也 **平陽君** 平陽君未詳何人 **藺** 今其地闕西河別有藺縣也 **注泫氏** 地理志泫氏今在上黨郡也 **上黨** 謂屯兵長平以據援上黨 **斥兵** 謂犯秦之斥候兵也 **茄** 音加裨將名也 **鄣** 鄣堡城尉官也 **發年十五以上** 時已屬秦故發其兵 **定上黨** 秦前攻趙已破上黨今迴兵復定其郡其餘城猶屬趙也 **杜郵** 按故咸陽城在渭北杜郵今在咸陽城中 **注張虛捲猶可畏也○非但憂平原君之補袒諸侯之捄至也** 捲音奉袒音濁覓反字亦作綻捄音救 **頻陽** 地理志頻陽縣屬左馮翊應劭曰在頻水之陽也 **王賁** 賁音奔 **寑** 徐廣云固始寑丘固始縣屬淮陽寑丘地名也 **城父** 在汝南卽應鄉 **使使還** **請善田者五輩** 謂使者五度請也 **超距** 猶跳躍也

孟子荀卿列傳第十四

按序傳孟嘗君第十四而此傳爲第十五蓋後人差降之矣

孟軻騶人也 軻音苦何反又苦賀反鄒魯地名又云邾邾人徙鄒故也 **受業子思之門人** 王劭以人爲衍字則以軻親受業孔伋之門也今言門人者乃受業於子思之弟子也 **萬章之徒** 孟子有萬章公明高等蓋竝軻之門人也萬姓章名 **大竝世盛衰** 言其大體隨代盛衰觀時而說事 **騶衍** 桓寬王充竝以衍之所言迂怪虛妄干惑六國之君因納其異說所謂匹夫而營惑諸侯者是也 **禆海** 禆音脾禆海小海也九州之外更有大瀛海故知此禆是小海也且將有禆將禆是小義也 **始也濫耳** 濫卽濫觴是江原之初始故此文意以濫爲初也謂衍之術言君臣上下六親之際行事之所施所始皆可爲後代之宗本故云濫耳 **懼然顧化** 懼音劬謂衍之術皆動人心見者莫不懼然駐想又內心留顧而已化之謂欲從其術也按化者是易常聞而貴異術也 **襒席** 按字林曰疋結反韋昭曰敷蔑反張揖三蒼訓詁云襒拂也謂側而行以衣襒席爲敬不敢正坐當賓主之禮也 **擁篲** 按篲帚也謂爲之埽地以衣擁帚而却行恐塵埃之

及長者所以爲敬也 **作主運** 按劉向別錄云鄒子書有主運篇 **孟軻困於齊梁同乎哉** 按仲尼孟子法先王之道行仁義之化且菜色困窮而鄒衍執詭怪營惑諸侯其見禮重如此可爲長太息哉 **梁惠王謀攻趙** **孟軻稱太王去邠** 今按孟子太王去邠是軻對滕文公語今云梁惠王謀攻趙與孟子不同 **持方枘欲內圜鑿** 按方枘是筍也圜鑿是孔也謂工人斲木上方筍而內之圜孔不可入也故楚詞云以方枘而內圜鑿吾固知其鉏鋙而不入是也謂戰國之時仲尼孟軻以仁義干聖主猶方枘圜鑿然 **儻亦有牛鼎之意乎** 按呂氏春秋云函牛之鼎不可以烹雞是牛鼎言衍之術迂大儻若大用之是有牛鼎之意而譙周亦云觀太史公此論是其愛奇之甚 **齊之稷下先生** 稷下齊之城門也或云稷下山名謂齊之學士集於稷門之下 **環淵** 按劉向別錄環作姓也 **接子** 古著書人之稱號 **私心在彼有之** 謂私心實在彼馬與謳也有之謂我實有此二事也 **荀卿趙人** 名況卿者時人相尊而號曰卿也仕齊爲祭酒仕楚爲蘭陵令後亦謂之孫卿子者避漢宣帝諱改也 **談天衍** 謂鄒衍談天地廣大及終始五行言天事故云談天 **雕龍奭** 謂鄒奭修衍文飾若雕龍之文 **炙轂過髡** 按劉向別錄過字作輠輠車之盛膏器也炙之雖盡猶有餘津言髡智不盡如炙輠也按劉氏云轂衍字也今按文稱炙轂過則是器名音如字讀謂盛脂之器名過過與鍋字相近蓋卽脂器也轂卽車轂過過爲潤轂之物則轂非衍字矣 **齊襄王時** 按襄王名法章湣王子莒人所

立者荀卿三爲祭酒案禮食必祭先飲酒亦然必以席中之尊者一人祭耳後因以爲官名故吳王濞爲劉氏祭酒是也而卿三爲祭酒者謂荀卿出入前後三度處列大夫康莊之位而皆爲其所尊故云三爲祭酒也趙亦有公孫龍按卽仲尼弟子名也此云趙人弟子傳作衛人鄭玄云楚人各不能知其眞也又下文云並孔子同時或曰在後所以知非趙人也田駢步堅步經反二音劇子之言按著書之人姓劇氏而稱子也前史不記其名也故趙有劇孟及劇辛也楚有尸子長盧按尸子名佼音絞晉人事具別錄長盧未詳阿之吁子阿齊之東阿也吁音芋別錄作芋子今吁亦如字也注爲雲梯之械按梯者構木瞰高也言雲者言其昇高入雲故曰雲梯械者器也謂攻城之樓櫓也注解帶爲城謂墨子爲衞解身上革帶以爲城也注以牒爲械按牒者小木札也械者樓櫓等也注公輸般之攻械盡劉氏音械謂飛梯撞車飛石車弩之具注般詘詘音丘勿反所謂般技已盡墨之守有餘禽滑釐墨子弟子之姓字也釐音里或曰並孔子時或曰在其後按別錄云今按墨子書有文子文子卽子夏之弟子問於墨子如此則墨子在七十子之後也

孟嘗君列傳第十五

田嬰者齊威王少子宣王庶弟也按戰國策及諸書並無此言蓋諸田之別子也故戰國策每稱

田盼田嬰云盼子嬰子也王劭又按戰國策云齊貌辨謂齊宣王曰王方爲太子時辨謂靖郭君不若廢太子更立郊師靖郭君不忍宣王太息曰寡人少殊不知以此言之嬰非宣王弟明也宣王二年田忌與孫臏田嬰俱伐魏敗之馬陵紀年當梁惠王二十八年至三十一年改爲後元宣王七年嬰與韓昭侯魏惠王會東阿紀年當惠王之後元十一年彼文作平阿又云十三年會齊威王于鄄與此明年齊宣王與梁惠王會鄄文同但齊之威宣二王文舛互並不同湣王卽位三年而封田嬰於薛紀年以爲梁惠王後元十三年四月齊威王封田嬰于薛十月齊城薛十四年薛子嬰來朝十五年齊威王薨嬰初封彭城皆與此文異也母竊舉生之按上舉謂初誕而舉之下舉謂浴而乳之生謂長養之也不利其父母按風俗通云俗說五月五日生男害父女害母玄孫之孫爲何曰不能知也按爾雅云玄孫之子爲來孫來孫之子爲昆孫昆孫之子爲仍孫仍孫之子爲雲孫又有耳孫亦是玄孫之子不同也短褐短亦音豎豎褐謂褐衣而豎裁之以其省而便諡爲靖郭君按謂死後別號之曰靖郭耳則靖郭或封邑號故漢齊王舅父駟鈞封靖郭侯是也欲以遺所不知何人按遺音唯季反猶言不知欲遺以與何人注南陬音鄒亦音陬陬者城隅也舍業厚遇之按舍業者捨棄其家產業而厚事賓客也劉氏云舍音赦謂爲之築舍立居業木禺人音偶又音寓謂以土木爲之偶類於人也蘇代以土

偶比涇陽君木偶比孟嘗君也抵昭王幸姬抵音丁禮反按抵謂觸冒而求之也更封傳更者改也改前封傳而易姓名不言是孟嘗之名封傳猶今之驛券不自德是愍王遣孟嘗君自言已無德也蘇代爲西周戰國策韓慶爲西周謂薛公舍人魏子舍人官微記姓而略其名故云魏子收邑入收其國之租稅也而聽親弗親姓弗名也戰國策作祝弗蓋祝爲得也收周最以厚行周最本厚於齊今欲逐之而相秦之亡將蘇代謂孟嘗君令齊收周最以自厚其行又且得反齊王之有信以不逐周最也又禁天下之變變謂齊秦合則親弗呂禮用用則秦齊輕孟嘗諡爲孟嘗君按孟嘗襲父封薛而號曰孟嘗君云諡非也孟字也嘗邑名詩云居嘗與許鄭箋云嘗或作常嘗邑在薛之旁是也馮驩音歡字或作讙音況遠反躡蹻蹻音脚字亦作蹻又作屩亦作僑傳舍逐緣反又蒯緱蒯草名蒯聵之蒯緱音侯字亦作候謂把劍之物言其劍無物可裝但以蒯繩纏之故云蒯緱遷之幸舍按傳舍幸舍及代舍並當上中下三等之客所舍之名耳貸錢多者不能與其息按與猶還也息猶利也文奉邑少也言文奉之邑少故令出息於薛夫朝趣市趣音娶趣向也過市朝上音光臥反下音潮謂市之行位有如朝列因言市朝耳所期物忘其中按其物謂入市心中所期之物利故平明側肩爭門而入今日暮所期忘其中忘者無也其中市朝之中言日暮物盡故掉臂不顧也

平原君虞卿列傳第十六

有躄者槃散上躄音壁蹣音先寒反亦作散同音罷癃上音皮下呂宮反罷癃謂背疾也言腰曲而背癃高乃穎脫而出按鄭玄曰穎環也脫音吐活反目笑而未發也按鄭玄曰皆目視而輕笑之未能卽發棄之奉銅槃上數奉反若周禮則用珠槃也取雞狗馬之血按盟之所用牲貴賤不同天子用牛及馬諸侯用犬及豭大夫已下用雞今此總言盟之用血故云取雞狗馬之血來耳唼此血音所甲反公等錄錄音祿按王劭云錄借字耳又說文云錄錄隨從之貌使趙重於九鼎大呂九鼎大呂國之寶器言毛遂至楚使趙重於九鼎大呂言爲天下所重也操右券以責言虞卿論平原君取封事成則操其右券以責其報德也平原君以孝成王十五年卒按六國年表及世家並云十四年卒與此不同鄒衍過音戈注杼意通指上杼音墅杼者舒也注繳紛繳音吁謂繳繞紛亂爭言而競後息不能無害也躡蹻蹻亦作繑音腳徐廣云繑草履也注食邑虞趙之虞在河東太陽縣今之虞鄉縣也發重使而爲媾古候反按求和曰媾媾亦講講亦和也趙郝音釋爲足下解負親攻之言爲足下解其負橋而親自攻之也試言公之私按私謂私心也過平原上音戈虞卿既以魏齊之故魏齊魏相與應侯有仇秦求之急乃抵虞卿卿弃相

卬乃與齊閒行亡歸梁以託信陵君信陵君疑未決齊自殺故虞卿失相乃窮愁而著書也

魏公子列傳第十七

信陵君案地理志無信陵或是鄉邑名也有能深得趙王陰事按譙周作探得趙王陰事曰侯嬴音盈又曹植音嬴瘦之嬴俾倪上音普計反下音五計反鄒誕云又上音疋未反下五第反徧贊賓客上音遍贊者告也謂以侯生遍告賓客屏人間語間音閑間語謂靜語也晉鄙魏將姓名也如姬資之三年舊解資之三年謂服齊衰也今按資者畜也謂欲爲父復讐之資畜於心已得三年矣嚄唶上烏白反下爭格反按嚄唶謂多詞句也負韊矢音蘭謂以盛矢如今之胡簏而短也注呂忱呂姓忱名作字林言韊盛弩矢之器以鄗音臛趙邑名屬常山以負於魏上負音佩注漿一作醪按別錄云漿或作醪字徒豪舉耳謂豪者舉之舉亦音據也毛公薛公史不記其名抑秦抑音憶按抑謂以兵壓之公子皆名言公子所得進兵法而必稱其名以言其恕也而虜魏王魏王名假

春申君列傳第十八

楚頃襄王名横考烈王完之父駑犬受其弊按謂兩虎鬭乃受弊於駑犬也劉氏云受猶承也從親之要音腰以言山東從韓魏是其腰使盛橋守於韓按秦使盛橋守事於韓亦如楚使召滑相越然也竝內行章義之難不信威信音申又并蒲衍首垣此蒲在衛之長垣蒲鄉也衍在河南與卷相近首埊牛首垣卽長垣非河東之垣也以臨仁平丘仁及平丘二縣名謂以兵臨此二縣則黃及濟陽等自嬰城而守也按地理志平丘屬陳留今不知所在濮磨之北地名埊地近濮也亦單矣音丹單者盡也言王之威盡行矣榆次之禍智伯敗於榆次也地理志屬太原有梗陽鄉不知干隧之敗干隧吳之敗處地名干水邊也隧道路也沒利於前謂智伯及吳王沒伐趙及伐齊之利於前而自易其患於後後卽榆次干隧之難也從而伐齊上從音縱用反劉氏云從猶領躍躍毚兔上天歷反下音讒欲欺大國也大國謂秦也王無重世之德重世猶累世也摺頤上音拉下音夷必攻隨水右壤楚都陳隨水之右壤埊在隨之西卽今鄧州之西其地多山林者矣而使獨攻若秦楚搆兵不休則魏盡故家齊取泗上是使齊魏獨攻伐而得其利也足以挍於秦矣挍音教謂足以與秦爲敵也一云挍者報也言力能報秦爲帝未能言齊一年之後未卽能爲帝而能禁秦爲帝有餘力矣然禁字作楚者誤也遲令上音值值猶乃也令音力呈反韓魏歸帝重齊謂韓魏重齊令歸帝號此秦之計失注地於齊注謂以兵裁之也一經兩海謂西海至東海皆是秦地八年爲楚北

伐滅魯按年表云八年取魯封魯君於莒十四年而滅也毋望之禍周易有无妄卦其義殊也李園君之仇也言園是春申之仇也戰國策作君之舅也謂爲王之舅意異也朱亥卽上之朱英也作亥者史因趙有朱亥誤也李園弟所生子遂立是爲楚幽王按楚捍有母弟猶有庶兄負芻及昌平君是楚君完非無子而上文云考烈王無子誤也

史記索隱卷十九終

長沙鄭業敬初校

香山何翰章覆校

史記索隱卷二十

范雎蔡澤列傳第十九

魏中大夫 按漢書百官表中大夫秦官此魏有中大夫蓋古官也 須賈 須姓賈名也須氏蓋密須之後 爲魏昭王使 按世本昭王名遫襄王之子也 齊襄王 名法章 摺齒 上對答反謂打折其脅而又折其齒 卷以簀 簀謂葦荻之薄也用之以裹尸也 更溺范雎 更音羹溺即溲也溺音年弔反溲音所留反 三亭之南 按三亭亭名在魏境之邊道亭也今無其處一云魏之郊境惣有三亭皆祖餞之處與期三亭之南蓋送餞已畢無人處 至湖 按地理志京兆有湖縣本名胡武帝更名湖郞今湖城縣也 惡內諸侯客 內音納亦如字內者亦猶入也 忘索之 索猶搜也音柵又先格反 舍食草具 謂亦舍之而食以下客之具然草具謂麤食草萊之餼具 穰侯華陽君 穰侯謂魏冉宣太后之異父弟穰縣在南陽華陽君芈戎宣太后之同父弟亦號爲新城君是也 明主立政 按戰國策立作莅也 當椹質 椹音陟林反按椹者莝椹也質者鈇刃也腰斬者當椹質也 爲其割榮也 割榮即上之擅厚謂擅權也 而不概於王心 按戰國策概作關謂關涉於王心也徐注音同非也 亡其言 亡猶輕蔑也 注一云使持車 戰國策之文也 竊閔然不敏 鄒誕本作惛然音昏又云一作閔音敏閔猶昏闇也

莫不灑然變色 鄭玄曰灑然肅敬之貌也 秦王跽 音其紀反跽者長跪兩膝枝地 漆身爲厲 音賴癩病也言漆塗身生瘡如病癩 至於陵水 劉氏云陵水即栗水也按陵栗聲相近故惑也 下惑姦臣之態 按態謂姦臣詔詐之志也 溷先生 及注溷字並胡困反溷猶汨亂之意 施韓盧而搏蹇兔 戰國策云韓盧者天下之壯犬也是韓呼盧爲犬謂施韓盧而搏蹇兔以喻秦强言取諸侯之易 文子爲之 謂田文郎孟嘗君也猶戰國策謂田盼田嬰爲盼子嬰子然也 借賊兵 上子夜反一作藉字音亦同上 而齎盜糧 上音側奚反言爲盜齎糧也 擊斷無諱 無諱猶無畏也 弊御於諸侯 按弊者斷也御制也言穰侯執權以制御主斷於諸侯也 崔杼淖齒管齊 淖姓也音泥教反漢有淖姬是也高誘曰管典也言二人典齊權而行弒逆也 射王股擢王筋 按言射王股誤也崔杼射齊王之股淖齒擢湣王之筋是說二君事也 封范雎於應 按劉氏云河東臨晉縣有應亭即秦地有應也又按本紀以應爲太后養地解者云在潁川之應鄉未知孰是 孺子 劉氏云蓋謂雎爲小子也 以綈袍賜之 按綈厚繒也音啼蓋今之絁也 睚眦之怨 睚音崖賣反眦音士賣反又音崖債二音睚眦謂相嗔而怒目切齒 韓少曲 按蘇云起少曲一日而斷太行故劉氏以爲蓋在太行西南 貴而爲交者爲賤也 上爲音如字下爲音于僞反以言富貴而結交情深者爲有貧賤之時不可忘之也 秦攻韓汾陘 音刑陘蓋在韓之西界與汾相近也 因城河上 劉氏云此河上蓋近河之地本屬韓今秦得而城 馬服子 趙括之號也故虞喜志林馬號馬兵之首也號曰馬服者言能服馬也 代廉頗 鄒氏音疋波反 注徐云五十年 據秦本紀年表而知之也 激厲 上音擊 從唐舉相 荀卿書作唐莒 持國秉 按左傳國子寔執齊秉服虔曰秉權柄 曷鼻巨肩 曷鼻謂鼻如蝎蟲也巨肩謂肩巨於項也蓋項低而肩竪 注一作偈 音其例反 魋顏蹙齃 上魋音徒回反魋顏謂顏貌魋回若魋梧然也齃音烏曷反蹙齃謂鼻蹙眉 膝攣 攣謂兩膝攣曲也 又持粱 謂飯粱米飯而持其器以食也 刺齒肥 按刺齒二字字誤當爲齧字也齧肥謂食肥肉也 釜鬲 父歷二音 注款足謂之鬲 款者空也言其足中空也空足是曲足云見爾雅郭氏云鼎曲腳也按以款訓曲故云曲腳也 以其君父爲僇辱 言以比干子胥申生皆以至忠孝而見誅放故天下言爲其君父之所僇而憐其臣子也 批患折難 上白結反又音豐雞反批患謂擊而郤之折音之列反 夏育太史噭叱呼駭三軍 二人勇者夏育賁育也噭音皎 而身死庸夫 按高誘云夏育爲田搏所殺然太史噭未知爲誰所殺恐非齊襄王時太史也 入邑 劉氏云入猶充也謂招攜離散充滿城邑 信而不能詘 上信音申下詘音屈謂志已展而不退 或欲大投或欲分功 言夫博奕或欲大投其瓊以致勝或欲分功者謂觀其勢弱則投地而分功以遠救也事具爾雅也 注博縣於枰不必在行 按方言云所以投博謂之枰音平局也 二子不困厄惡能激乎 二子范雎蔡澤也雎厄於魏齊折脅摺齒澤困於趙被逐棄鬲是也惡音烏激音擊也

樂毅列傳第二十

魏文侯封樂羊以靈壽 地理志常山有靈壽縣中山桓公所都也 中山復國 中山魏雖滅之尚不絕祀故後更復國至趙武靈王又滅之也 楚相唐眛 莫葛反 於重丘 地理志縣名屬平原 於觀津 地理志觀津縣名屬信都漢初屬清河也 令趙嚪說秦 上嚪音田濫反字與啗字同也 幷護 護謂惣領之也 封樂毅於昌國 地理志縣名屬齊郡 騎劫 燕將姓名也 號曰望諸君 望諸澤名在齊蓋趙有之故號焉戰國策望作藍也 寍臺 燕臺也 大呂陳於元英 大呂齊鍾名元英燕宮殿名也 故鼎反于磨室 燕鼎前輸於齊今反入於磨室磨室亦宮名戰國策作厤室也 薊丘之植植於汶篁 薊丘燕所都之地也言燕之薊丘所植皆植齊王汶上之竹也徐注非也 以爲慊於志 按慊音苦簟反作嗛嗛者常慊慊然而不愜其志也 入江而不化 言子胥懷恨故雖投江而神不化猶爲波濤之臣也 誹謗隳 上音方味反下音許規反 以幸爲利 謂既臨不測之罪以幸免爲利今我仍義先生之恩雖身託外國而心亦不敢出也 忠臣去國不潔名 言忠

臣去離本國不自潔其名云已無罪故禮曰大夫去其國不說人以無罪是也 **臣雖不佞** 不佞猶不才也 **數奉教於君子矣** 上數音朔言我已數經奉教令於君子人謂已在外猶云已罪不說王之有非故下云不察疏遠之行斯亦忠臣之節也 **樂閒** 音紀閒反樂毅之子也 **其相栗腹** 栗姓腹名也漢有栗姬 **趙四戰之國也** 言趙數距四方之敵故云四戰之國 **及人志不入** 謂國亂而人離心向外故云不入又獄囚自出是政亂而士師不爲守法也 **趙封樂乘爲武襄君** 樂乘樂毅之宗人也 **樂臣公** 巨公本亦作巨公也 **教蓋公** 古闔反蓋公史不記名

廉頗藺相如列傳第二十一

廉頗爲趙將伐齊大破之取陽晉 按陽晉衛地後屬齊今趙取之司馬彪郡國志曰今衛國陽晉城是也有本作晉陽非也晉陽在太原雖亦趙地非齊所取 **廣成傳** 廣成是傳舍之名傳音張戀反 **設九賓** 周禮大行人別九賓謂九服之賓客也列傳云設九牢 **視而嘻** 音希乃驚而怒之辭也 **拔石城** 劉氏云蓋謂石邑 **會於西河外澠池** 在西河之南故云外按表在趙惠文王二十年也 **盆缻** 盆缶二音 **位在廉頗之右** 王劭按董勛答禮曰職高者名錄在上於人爲右職卑者名錄在下於人爲左是以謂下遷爲左 **肉袒負荊** 肉袒者謂袒衣而露肉也負荊者荊楚也可以爲鞭 **爲刎頸之交** 崔浩云言要齊生死而刎頸無悔也 **居二年廉頗復伐齊幾拔之** 世家云惠文王二十三年頗將攻魏之幾邑取之與此列傳合戰國策云秦敗閼與及攻魏幾幾亦屬魏而裴駰引齊世家及年表無伐齊拔幾之事疑其幾是故邑或屬齊魏故耳 **攻魏之防陵** 按防陵在楚之西屬漢中郡魏有房子蓋陵字誤也 **胥後令** 按胥須古人通用今者胥後令謂更不擬誅之故更待後也 爲須須者待也待後令謂許歷之言 **邯鄲許歷請復諫** 按邯鄲二字當爲欲戰謂臨戰之時許歷復諫也王粲詩云許歷爲完士一言猶敗秦是言趙奢用其計遂破秦軍也 江遂曰漢令稱完而不髡曰耐是完士未免從軍也 **趙以尉文封廉頗爲信平君** 信平號也徐廣云尉文邑名按漢書表有尉文節侯云在南郡蓋尉官也文名也謂取尉文所食之邑復以封頗而後號爲信平君 **李牧攻燕拔武遂方城** 按地理志武遂屬河間國方城屬廣陽也 **頃之三遺矢矣** 謂數起便矢一作屎 **輸入莫府** 按注如淳解莫大也云云又崔浩云古者出征爲將師軍還則罷無事處以幕帟爲府署故曰莫府則莫當作幕字之訛耳 **多閒諜** 上紀莧反下音牒 **百金之士五萬** 管子曰能破敵禽將者賞之百金 **彀者十萬人** 上音古候反彀謂能射也 **數千人委之** 委謂棄之恣其殺略也 **滅襜襤** 上音都甘反下音路郯反如淳云胡名也 **龐煖破燕軍** 按即馮煖也龐音皮江反煖音況遠反亦音喧

三　廣雅書局栞

劇辛 本趙人仕燕者 **秦破殺趙將扈輒** 扈氏輒名漢張耳時別有扈輒 **於武遂** 按劉氏云此本韓地在趙西恐非地理志河間武遂也 **桓齮** 音蟻 **番吾** 番音婆又音盤縣名地理志在常山 **威信敵國** 伸信音

田單列傳第二十二

田單 音丹 **注今之東安平** 按地理志東安平屬淄川國也 **斷其車軸末** 上音斷都緩反斷其軸恐長相撥也以鐵裹軸頭堅而易進也 **傅鐵籠** 傅音附按截其軸與轂齊以鐵鍱附軸末施轄於鐵中以制轂也又方言曰車轄齊謂之籠郭璞云車軸也 **操版插** 上七高反下初洽反 **卒至河上** 河上即齊之北界近河東齊之舊地 **號曰安平君** 以單初起安平故以爲號 **兵以正合以奇勝** 按奇謂權詐也注引魏武蓋亦軍令也 **善之者** 兵不厭詐故云善之 **出奇無窮** 謂權變多也 **奇正還相生** 言用兵之術或用正法或用奇計使前敵不可測量如尋環中不知端際也 **始如處女** 言兵之始如處女之軟弱也 **適人開戶** 上音敵若我如處女之弱則敵人輕侮開戶不爲備也 **後如脫兔適不及距** 言克敵之後卷甲而趨如兔之得脫而走疾也適不及距者若脫兔忽過而敵忘其所距也 **聞畫邑人王蠋賢** 畫一音獲又音胡卦反劉熙云齊西南近邑蠋音觸又音歜 **乃經其頸** 按經猶繫也 **自奮絕脰而死** 何休云脰頸齊語也音豆

魯仲連鄒陽列傳第二十三

好奇偉俶儻 按廣雅云俶儻卓異也 **新垣衍** 新垣姓衍名也爲梁將故漢有新垣平 **令趙帝秦** 新垣衍欲令趙尊秦爲帝也 **勝請爲紹介** 按紹介猶媒介也且禮賓至必因介以傳辭紹者繼也介不一人故禮云介紹而傳命是也 **世以鮑焦爲無從頌而死者皆非也** 從頌者從容也世人見鮑焦之死皆以爲不能自寬容而取死此言非也 **衆人不知則爲一身** 言衆人不識鮑焦之意焦以恥居濁世而避之非是自爲一身而憂死事見莊子也 **上首功之國** 秦法斬首多爲上功謂斬一人首賜爵一級故謂秦爲首功之國也 **權使其士** 言秦人以權詐使其戰士 **虜使其人** 言以奴虜使其人言無恩以恤下 **肆然而爲帝** 肆然猶肆志 **過而爲政** 謂以過惡而爲政也 **天子下席** 按謂烈王太子安王驕也下席言其寢苫居廬 **而智不若耶畏之也** 言僕夫十人而從一人者寍是力不勝亦非智不如正是畏懼其主耳 **曰噫嘻** 上音依下音僖者不平之聲 **夷維子** 按維東萊之邑其人居夷也號夷維子故晏子爲萊之維人是也 **諸侯辟舍** 辟音避避正寢按禮天子適諸侯必舍於祖廟 **納筦籥** 音管藥 **攝衽抱机** 音紀 **魯人投其籥不果納** 謂閉內門不入齊君 **將倍殯棺設北面** 倍音佩謂主人不在殯東將背其殯棺立西階上北面哭是背也天

廣雅書局栞

子乃於階上南面而弔也鄒魯之臣生則不得事養謂時君弱臣強故鄒魯君生時臣並不得盡事養死亦不得行賻襚之禮然齊欲行天子禮於鄒魯之臣皆不果納之是猶秉禮而存大體其後三十餘年按徐廣據年表以為田單攻聊城在長平後十餘年耳然三十餘年誤也勇士不却死而滅名却死猶避死也齊之南陽即楚之淮北泗上之地也魏攻平陸平陸邑名在西界得濟北之利即聊城之地也衡秦之勢成此時秦與齊和故云衡秦之勢成也齊棄南陽棄楚所攻之泗上也斷右壤又斷絕魏之所攻齊右壤之地平陸是也言右壤斷棄而不救也定濟北志在攻聊城而定濟北也今楚魏交退於齊按交者俱也前時楚攻南陽魏攻平陸二國之兵俱退而燕救又不至勢危也以賁說士言既養百姓又賁說士終擬強國也劉氏云讀說士為銳士意雖亦便不如依字矯國更俗欲令燕將歸燕矯正國事改更弊俗也亡意上音無言若必無還燕意則揖燕而東遊於齊乎富比陶衛按延篤注戰國策云陶朱公也衛衛公子荊非也王邵云魏冉封陶商君姓衛富比陶衛謂此也遺公子糺遺棄也謂棄子糺而事小白也曹子魯將曹昧是也技桓公之心按技猶擬也肆志肆猶放也莊忌夫子忌會稽人姓莊氏字夫子後避漢明帝諱改曰嚴淮陰枚生名乘字叔其子皐漢書並有傳蓋以衛枚氏而得姓也而介於羊勝公孫詭之間言鄒陽上書自

達而遊於二人之間或往彼或往此介者言有隔於其間故杜預曰介猶間也白虹貫日太子畏之烈士傳曰荊軻發後太子相氣見虹貫日不徹曰吾事不成後聞軻死事不就軻曰吾知其然是畏也又王邵云軻將入秦待其客未發太子丹疑其畏故曰畏之其解不如見虹貫日不徹也戰國策又云聶政刺韓傀亦曰白虹貫日也衛先生為長平之事太白食昴服虔云衛先生秦人白起攻趙軍於長平遣衛先生說昭王請益兵糧為穰侯所害事不成精誠感天故太白食昴昴趙分也如淳云太白主西方秦在西敗趙之兆也食謂干歷之也又王充云夫言白虹貫日者大白食昴實也夫言荊軻之謀衛先生之策感動皇天而貫日食昴是虛也左右不明言左右之不明不欲斥王昔玉人獻寶楚王誅之楚人卞和得玉璞事見國語及呂氏春秋注武王按世家楚武王名熊通注復獻文王文王名貲武王子也至成王時文王子也名惲貧子佯狂佯音陽謂詐為狂也司馬彪曰箕子名胥餘是也接輿避世張晏曰楚賢人高士傳曰楚人陸通字接輿也而後楚王胡亥之聽謂以楚王胡亥之聽為謬故後之而不用後猶下也子胥鴟夷按韋昭云以皮作鴟鳥形名曰鴟夷鴟夷皮檻也服虔曰用馬革作囊也以裹尸投之于江白頭如新按服虔云人不相知自初交至白頭猶如新也傾蓋如故服虔云如吳扎鄭僑也按家語孔子遇程子於途傾蓋而語又志林云傾蓋者道行相遇軿車對語兩蓋相切小欹之故曰傾也藉荊軻首上音子夜

反韋昭云謂於期逃秦之燕以頭與軻使入秦以示信也為燕尾生服虔云蘇秦於燕不出其信於燕則出尾生之信韋昭云尾生守信而死者按言蘇秦於燕獨守信如尾生故云如燕之尾生也注白圭為中山將按事見戰國策及呂氏春秋也食以駃騠按字林云決啼二音北狄之良馬也馬父驘母司馬喜臏腳於宋事見戰國策及呂氏春秋蘇林云六國時人相中山也范睢摺脅折齒按應侯傳作折脅摺齒是也說文拉摧也音力合反申屠狄自沈於河按莊子申屠狄諫而不用負石自投河韋昭云六國時人漢書云自沈於雍河服虔曰雍州之河又新序作抱甕自沈於河不同也徐衍負石於海亦見莊子張晏曰負石欲沈注齊桓公夜出迎客按此事見呂氏春秋注擊牛角商歌按謂為商聲而歌也或云商旅人歌也二音並通注南山研研音公彈反研者白淨貌也顧野王又作岸音也注與舜禪膳音如字讀協韻失之故也適至骭按埤蒼云骭脛也字林音下諫反魯聽季孫之說逐孔子論語齊人歸女樂季桓子受之三日不朝孔子行也宋信子罕之計囚墨翟按左氏司城子罕姓樂名喜乃宋之賢臣也漢書作子冉不知子冉是何人文頴曰子冉子罕也又按荀卿傳云墨翟孔子時或云在孔子後又襄二十九年左傳宋飢子罕請出粟按時孔子適八歲則墨翟與子罕不得相輩或以子冉為是也眾口鑠金按國語云眾心成城眾口鑠金賈逵云鑠消也眾口所惡雖金亦為之消亡又

風俗通云或說有美金於此眾人或共詆訿言其不純金賣者欲其必售因取鍛燒以見其眞是為眾口鑠金也積毀銷骨按大顏云讒人積久譖毀則父兄伯叔自相誅戮骨肉為之相滅也齊用越人蒙越人蒙未見所出漢書作子臧又張晏云子臧越人或蒙之字也公聽並觀小顏云公聽言不私並觀所見齊同也封比干之後修孕婦之墓按比干之後謂子也不見其文尚書封比干之墓又云剖孕婦則武王雖反商政亦未必修孕婦之墓也孫叔敖三去相不悔按三得相不喜知其才之自得也三去相不悔知非己之罪也於陵子仲辭三公為人灌園按孟子云陳仲子齊陳氏之族兄為齊卿仲子以為不義乃適楚居于於陵自謂於陵子仲楚王聘以為相子仲遂夫妻相與逃為人灌園烈士傳云字子終桀之狗可使吠堯及下跖之客可使刺由此並見戰國策服虔云仲由也應劭云許由也荊軻之湛七族湛音沈張晏云七族上至曾祖下至元孫又一說云父之族一也姑之子二也姊妹之子三也姊女子之子四也母之族五也從子六也及妻父母凡七要離之燒妻子事見呂氏春秋也蟠木根柢孟康云盤結之木也晉灼云柢柢木根也左右先為之容謂左右先加雕刻是為之容飾雖蒙堯舜之術按言雖蒙被堯舜之道獨化於陶鈞之上張晏云陶冶鈞範也作器下所轉者名鈞韋昭曰陶燒瓦之竈鈞木長七尺有絃所以調為器具也崔浩云以鈞制器萬殊故知造化也匕首竊發按風

俗通云其頭類匕故曰匕首短而便用也周用烏集韋昭云呂尚適周如烏之集使不羈之士[illegible]不可羈絆以比逸才之人與牛驥同皁應劭云皁櫪也韋昭云皁養馬之官下士也按養馬之官其衣皁也又郭璞云皁養馬器也此鮑焦所以忿世按晉灼云烈士傳鮑焦怨世不用以採蔬於道子貢難曰非其代而採其蔬此焦之有哉棄其蔬乃立枯洛水之上按此事見莊子及說苑韓詩外傳小有不同耳縣名爲勝母曾子不入按淮南子及鹽鐵論並云里名勝母曾子不入蓋以名不順故也尸子以爲孔子至勝母縣暮而不宿則不同也回面杜預云回邪也

屈原賈生列傳第二十四

屈原屬草稾屬音燭草稾謂創制憲令之本也漢書作草具崔浩謂發地造端也而作離慅慅亦作騷按楚詞慅作騷音素刀反應劭云離遭也騷憂也又離騷序云離別也騷愁也濯淖上音濁下音鬧汙泥上音烏故反下音奴計反皭然音自若反徐廣云疏淨之貌泥而不滓泥亦音涅滓亦音淄又並如字破楚師於丹淅二水名謂於丹水之北淅水之南丹水淅水皆縣名在弘農所謂丹陽淅破楚將屈丐屈姓丐名音蓋也襲楚至鄧按此鄧在漢水之北故鄧侯城也懷王悔追儀不及按張儀傳無此語也不如毋行按楚世家昭顧有此言蓋二人同諫王故彼此各隨錄之也長子頃襄王立名橫人君無愚知賢不肖此巳下太史公傷楚懷王之不任賢信讒而不能反國之論也注向秀向秀字子期晉人注易注張璠張璠亦晉人注易也可以汲按京房易章句言我道可汲而用也王明並受其福京房章句曰上有明王汲我道而用之天下並受其福故曰王明並受其福也漁父魚甫二音隨其流按楚詞作滑其泥何故懷瑾握瑜按楚詞此懷瑾握瑜作深思高舉也汶汶者乎汶汶者音閔汶猶昏暗也寍赴常流常流猶長流也蒙代俗之蠖溫乎音烏廓反溫蠖猶惛憒楚詞作蒙世之塵埃哉乃作懷沙賦按楚詞九懷曰懷沙礫以自沈此其義也莽莽音姥汨徂南土王師叔曰汨行貌也方言曰謂疾行也眴兮窈窈眴音舜徐氏云眴音眩窈音烏鳥反離湣之長鞠湣病鞠窮刓方以爲圜兮上五官反謂刻方木以爲圓其常法度尙未廢章畫職墨兮前度未改章明也畫計畫也楚詞職作志志念也餘如注解以爲下音戶鳳皇在笯音奴又女加反徐云一作郊注奴籠落按籠落謂藤蘿之相籠絡雞雉翔舞楚詞雉作鶩羌不知吾王師叔云羌楚人語辭言卿何爲也非駿疑桀兮按尹文子云千人曰俊萬人曰桀今乃誹俊疑桀固是庸人之態也重華不可悟兮楚詞作遻並吳故反王師叔云悟逢也豈知其故也

楚詞作莫知其何故含憂虞哀兮楚辭作舒憂娛哀娛音虞娛者樂也亂曰王師叔曰亂者理也所以發理詞指撮惣其要而重理前意也浩浩沅湘兮二水名按地理志湘水出零陵海[illegible]陽山北入江沅郎湘之後流也[illegible]幽拂兮楚詞作幽蔽也曾唫恒悲至不可謂兮楚詞無此二十一字餘何畏[illegible]楚詞[illegible]並作余遂自沈汨羅而死汨水在羅故曰汨羅地理志長沙有羅縣子之所徙荆州記羅縣北帶汨水汨音覓也景差按楊子法言及漢書古今人表皆作景瑳今作差是字省耳又按徐裴鄒三家皆無音是讀如字也賈生名義漢書並作誼也河南守吳公按吳姓也史失名故稱公適去韋昭云適謫也字林云丈厄切造託上音七到反伏竄下音如字又七外反闒茸上音天臘反下音而隴反按應劭胡廣云闒茸不才之人無六翮翱翔之用反尊貴字林曰闒茸不肖之人賢聖逆曳兮方正倒植胡廣云逆曳不得順隨道而行也倒植賢不肖顛倒易位也世謂伯夷貪兮謂盜跖廉按漢書作隨夷溷兮跖蹻廉一句皆兼兩人隨卞隨也夷伯夷也跖盜跖也蹻莊蹻也莫耶爲頓兮應劭曰莫耶吳大夫也作寶劒因名焉吳越春秋曰吳王使干將造劒二枚一曰干將二曰莫耶干將劒名也頓鈍也鉛刀爲銛鉛者錫也銛利也音纖言其暗惑也斡棄周鼎兮寶康瓠斡轉也烏活反爾雅云康瓠謂之甗甗音彥列反李巡云康謂大瓠也康空也晉灼云斡古管字也驥垂兩耳兮服鹽車戰國策曰夫驥服鹽車上太山中坂遷延負轅不能上伯樂下車哭之也誶曰李奇曰誶告也音信張晏曰訊離騷下章誶亂也劉伯莊音素對反訊猶宜也重宣其意周成師古音碎也高遰音逝也獨堙鬱漢書作壹鬱意亦通自縮而遠縮漢書作引也襲九淵神龍襲復也莊子曰千金之珠必在九重之淵而驪龍頷下故云九淵之神龍也沕深潛以自珍張晏曰沕潛藏也音密又音勿也彌融爚以隱處漢書作偭蟂獺徐廣又一本作彌蝎爚以隱處蓋物三本不同也按蘇林云偭音面應劭云偭背也蟂獺水蟲害魚者以云背惡從善也郭璞注爾雅似獺皃江東謂之魚鴆夫豈從螘與蛭螾螘音蟻漢書作蝦言偭然絕於蟂獺況從蝦與蛭螾也蛭音質螾音引也般紛紛其離此尤兮般音班又音盤桓也紛紛猶藉藉構讒之意也尤謂怨咎也亦夫子之辜也漢書辜作故夫子謂屈原也李奇曰亦夫子不如麟鳳翔逝之故罹此咎也瞝九州上丑知反謂歷觀也漢書作歷九州覽德煇而下之按言鳳皇翔見人君有德乃下故禮曰德煇動乎內是也汙瀆兮音烏獨二音汙潢汙瀆小渠也橫江湖之鱣鱏兮固將制於蟻螻莊子云庚桑楚謂弟子曰吞舟之魚蕩而失水則螻蟻能制之戰國策齊人說靜郭君亦同按以此喻小國暗主不容忠臣而爲讒賊小臣之所見害爲長沙傅按誼爲傅是吳芮之玄孫襲長沙王之時也非景帝之子長沙王發也荆州記長沙城西北隅有賈誼宅及誼石牀在矣楚人命鴞

曰服按鄧展云似鵲而大晉灼云巴蜀異物志云有鳥小雞體有文色土俗因形名之白服不能遠飛行不出域荊州記云巫縣有鳥如雌雞其名爲鵩楚人謂之服吳錄云服黑色鳴自呼**以自廣**按姚氏云廣猶寬也**單閼之歲**爾雅云歲在卯曰單閼李巡云單閼起也陽氣推萬物而起故曰單閼孫炎本作蟬焉蟬猶伸也**庚子日施兮**施音移施猶西斜也漢書作斜也**筴言其度**漢書作讖按說文云讖驗言也今此筴蓋雜筴辭云然**請問于服**于於也漢書本有作子服者小顏云子加美辭也**對以意**協音臆也**斡流而遷**斡音管斡轉也**變化而嬗**韋昭云而如也如蟬之蛻化也蘇林云嬗音禪謂其相傳與也**沕穆無窮**漢書作無間沕音密又音昧沕穆深微之貌以言其理昧深微不可盡言也**禍兮福所倚**此老子之言然禍字古作旤按倚者立身也伏下身也以言禍福遞來猶如倚伏也**傅說胥靡**徐廣云胥靡腐形也晉云胥相也靡隨也古者相隨坐輕刑之名墨子云傅說衣褐帶素傭築於傅巖在河東太陽夏縣又夏靖書云猗氏六十里黃河西岸吳坂下便得隱穴是說所潛身處也**何異糺纆**韋昭云纆徽也又風俗通云合繩爲糺字林云纆三合繩也又音墨**水激則旱矢激則遠**此乃淮南子及鶡冠子文也彼則水激則悍呂氏春秋作悍以言水激疾則去疾不能浸潤矢激疾則去遠也然說文旱與悍同音以言水矢流飛本以無礙爲通利今遇物觸之則激怒更勁疾而遠悍猶人或因禍致福倚伏無常也**大專槃物**漢書云大鈞播物此專讀曰鈞槃猶轉也與播

義同如淳曰陶者作器於鈞上以造化爲大鈞也虞喜志林云大鈞造化之神鈞陶萬物品授羣形者也虞喜按上鄒陽傳注云陶家名模下圓轉者爲鈞言其能制器大小以比之於天也**坱圠無垠**應劭云其氣坱圠非有限齊也按無垠謂無有際畔也說文云垠圻也郭璞注方言云坱圠云不測也又王逸注楚詞云坱圠雲霧氣昧也**天不可與慮**與音預也**天地爲鑪造化爲工**此莊子文**陰陽爲炭萬物爲銅**既以陶冶喻造化故以陰陽爲炭萬物爲銅**合散消息**莊子云人之生也氣之聚也聚則爲生散則爲死**千變萬化**莊子云人之形千變萬化未始有極**忽然爲人何足控摶**按控引也摶音徒端反控摶謂引持而自玩弄貴生之意也又本作控揣揣音初委反又音丁果反揣者量也故晉灼云或然爲人言此生甚輕耳何足引物量度已年命之長短而愛惜乎**化爲異物**謂死而形化爲鬼是爲異物也**足患**協音環**賤彼貴我**莊子云以物觀之自貴而相賤是也**物無不可**莊子云物固有所然物固有所可無物不然無物不可也**貪夫殉財烈士殉名**此語亦出莊子臣瓚云亡身從物謂之殉也**夸者死權**言好夸毗者死於權利是言貪權勢以自矜夸者至死不休也**注夸毗**按犍爲舍人注爾雅云夸毗卑身屈巳也曹大家云夸毗體柔人之夸毗也**注權勢不尤則夸者不悲**按尤者甚也告勢不甚用則夸毗者可悲也**品庶馮生**漢書作每生音謀在反孟康云每者貪也服虔云每念生也鄒誕本亦作每言唯念

已今此作馮馮亦持念之意也[illegible]按方言每字合從手旁每音莫改反[illegible]也**怵迫西東**漢書作亦有作私東應劭云諸侯爲私時天子居長安諸王悉在關東群小怵然內迫私家樂仕諸侯故云怵迫私東也李奇曰私名作西者言東西趨利也怵音黜又言怵者誘也**大人不曲**張議云德無不包靈府弘曠故名大人也**攌如囚拘**攌音和板反說文云攌大木柵也漢書作僒音去隕反**至人遺物**莊子云古之至人先存諸已後存諸人張議云體盡於聖德美之極謂之至人**眞人淡漠**莊子云古之眞人不知悅生不知惡死不以心損道不以人助天呂氏春秋曰精氣日新斜氣盡去反其天年謂之眞人也**釋知遺形**按釋智謂絕聖棄智也遺形者形故可使如槁木是也**超然自喪**謂心若死灰也莊周云今者吾喪我汝知之乎**得坻則止**漢書坻作坎按周易坎九二有險言君子見險則止**其死兮若休**莊子云勞我以生休我以死也**汜乎若不繫之舟**出莊子也**不以生故自寶**鄧展云自寶自貴也**養空而浮**言體道之人但養空性而心若浮舟也**德人無累**按德人謂上德之人心中無物累是得道之士也**細故蔕薊**薊音介漢書作介張楫云遰介鯁剌也以言細微事故不足遰介我心故云何足以疑也**受釐宣室**三輔故事云宣室在未央殿北應劭云釐祭餘肉也音僖**梁懷王太傅**梁懷王名揖文帝名**觀屈原所自沈淵**案荊州記云長沙羅縣北帶汨水去縣四十里是原自沈處北岸有廟也

史記索隱卷二十終

長沙鄭業敬初校

香山何翰章覆校

史記索隱卷二十一

呂不韋列傳第二十五

陽翟 音狄俗又音宅地理志縣名屬潁川按戰國策以不韋爲濮陽人又記其事迹亦多與此傳不同班固雖云太史公採戰國策然爲此傳當別有所聞見故不全依彼說或者劉向定戰國策時以已異聞改彼書遂令不與史記合也

大賈 音古鄭玄注周禮云行曰商處曰賈

賁貴 王邵賁音作育按育賁義同今依義

安國君 名柱後立是爲孝文王也

名子楚 卽莊襄王也戰國策曰本名異人後趙還不韋使以楚服見王后悅之曰吾楚人也而子字之乃變其名曰子楚也

質 舊音致今讀依此穀梁傳曰交質不及二伯左傳曰信不由中質無益也

蘖孫 韓信傳亦曰韓信襄王蘖孫張晏曰孺子曰蘖何休注公羊蘖賤子也以非嫡正故曰蘖

車乘進用 按下文云五百金爲進用宜依小顏讀爲費才刃反進者財也古字假借之也

與坐深語 謂既解不韋所言之意遂與密謀深語之也

毋幾得與長子 毋音無幾音冀望也左傳曰日月以幾戰國策曰子傒承國之業高誘注云子傒秦太子異人之異母之兄弟也

擧立以爲適而子之 此以爲一句子謂養之爲子也然欲分立以爲適作上句而子之夫在則尊重作下句竝通也

間從容 上音閑句容音七恭反竝通也

絕好善舞 言其姿容絕美而又善舞

釣奇 釣者以取魚喻也奇卽上云此奇貨可居也

至大朞 徐廣云十二月也譙周云十月生此過二月故云大朞蓋當然也既云自匿有娠則生政固當踰常朞也

所母華陽君 劉氏本作所生母生衍字也今檢諸本竝無生字

丞相 下文尊爲相國按百官表曰皆秦官金印紫綬丞天子助理萬機秦置左右高帝置一後更名相國哀帝更名大司徒

食河南雒陽 戰國策曰食藍田十二縣而秦本紀莊襄王元年置三川郡地理志高祖更名河南此秦代而曰河南者史記後作據漢郡而言之耳

魏有信陵 按王邵云孟嘗平原死稍在前信陵將五國兵攻秦河外正當在莊襄王不韋已爲相又春申與不韋竝時各相向十餘年不得言死之久矣

八覽六論十二紀 八覽者有始孝行愼大先識審分審應離俗時君也六論者開春愼行貴直不苟以順士容也十二紀者記十二月也其書有孟春等紀二十餘萬言二十六卷也

咸陽 地理志右扶風渭城縣故咸陽高帝更名新城景帝更名渭城按咸訓皆其地在渭水之北北陂之南水北曰陽山南亦曰陽皆在二者之陽也

葬芷陽 芷音止地理志京兆霸陵縣云故芷陽按在長安東

杜東 杜原之東

後百年旁當有萬家邑 按宣帝元康元年起杜陵漢舊儀武昭宣三邑陵皆三萬戶計去此一百六十餘年也

注窶人子 劉氏其矩反今俗本多作屢字蓋相承錯耳不近詞義今按說苑作窶子言輕諸侍中以爲窮窶家之子也

遷太后雍 按說苑云遷太后棫陽宮地理志說雍縣有棫陽宮秦昭王所起

其家 家謂家產資物竝沒入官人口則遷之蜀也

諡爲帝太后 王邵云秦不用諡法此蓋號耳其義亦當然也始皇稱皇帝之後故其母號爲帝太后豈謂累列生時之行乎

嫪毐貴封號文信侯 按文信侯不韋封也嫪毐封長信侯上文已言不韋封訖此贊中言嫪毐得寵貴由不韋耳今此合作長信侯也

斬之好時 地理志扶風有好時縣也

刺客列傳第二十六

曹沫 亡葛反左傳穀梁竝作曹劌然則沬宜音沬劌聲相近而字異耳此作曹沫事約公羊爲說然彼無其名直云曹子而已且左傳魯莊十年戰于長勺用曹劌謀敗齊而無劫桓公之事十三年盟于柯公羊始論曹子穀梁此年惟云曹劌之盟信齊侯也又記不具行事之時

遂匕首 匕音比劉向云短劍也鹽鐵論以爲長尺八寸其頭類匕故云匕首也

曰子將何欲 公羊傳曰管子進曰君何求何休注云桓公卒不應管仲進爲言之也

欲倍之 倍音佩也

專諸 專字文作剸音同左傳作鱄設諸

常邑人 地理志臨淮有常邑縣

內志 言其將有內難弒君之志且對外專生文吳世家曰知光有他志

餘祭 祭音則界反

夷昧 亡葛反公羊作餘末

九年楚平王卒 春秋二十六年楚子居卒是也吳世家云十二年此云九年竝誤據左傳合在僚之十一年也

蓋餘屬庸 屬音燭二子僚之弟也左傳作掩餘屬庸掩蓋義同屬燭字相亂耳

圍楚之潛 事在魯昭二十七年地理志廬江有潛縣天柱山在南音潛杜預左傳注云潛楚邑在廬江六縣西南也

母老子弱 左傳直注云王可殺也母老子弱是無若我何則是專設諸度僚可殺言其少援救故云無奈我何太史公採其意且據上文因復加與兩弟將兵外困之辭而服虔杜預見左氏下文云我爾身死以其子爲卿遂强解是無

四月丙子注僚之十二年夏也吳系家以爲十三年非也 左氏經傳唯言夏四月公羊穀梁無傳經更與左氏吳系家同此傳稱丙子當有所據不知出何書

伏甲士 左傳曰伏甲謂甲士也下文云出其伏甲以攻王

長鈹 音披兵器也劉逵吳都賦注鈹兩刃小刀

詳爲 上音陽下如字左傳曰光僞足疾此云詳詳則僞也或讀此爲字音僞非也豈詳僞重言耶

匕首刺 七賜反

豫讓 晉人按此傳所說皆約戰國策文

事范氏及中行氏 按左傳范氏謂昭子吉射也自士會食邑於范後因以邑爲氏中行文子荀寅也自荀林父將中行後因以官爲氏

智伯 按智伯襄子荀瑤也襄子林父荀首之後范中行智伯事已具趙系家

最怨智伯 初則醉以酒後又率韓魏水灌晉陽城不沒者三版故怨之也

漆其頭爲飲器 按大宛傳曰匈奴破月氏王以其頭爲飲器裴氏注彼引韋昭云飲器椑榼也晉灼曰飲器虎子也皆非椑所以盛酒耳非用飲者晉氏以爲褻器者以韓子呂氏春秋竝云襄子漆智頭爲溲杅故云

卒醳 上足律反下音醳字亦作釋

漆身爲癘 癘音賴賴惡癘疾病也凡漆有毒近之多患瘡腫若賴病然故豫讓以漆塗身令其若癩耳然厲賴聲相近古多假厲爲賴今之癩字從疒故楚有賴鄉亦作厲字戰國策說此亦作厲

字吞炭爲啞啞烏啞反謂痔病戰國策云漆身爲厲滅鬚去眉以變其容爲乞食人其妻曰狀貌不似吾夫何其音之甚相類也讓遂吞炭以變其音也**乃爲所欲**謂因得殺襄子**顧不易耶**顧反也耶不定之辭反不易邪言其易也**吾所爲者**劉氏云謂今爲癘啞也**所以爲此者**言盜爲厲而自刑不可求事襄子而行殺則恐傷人臣之義而近賊非忠也**三躍而擊之**戰國策曰衣盡血襄子回車之輪未周而亡此不言衣出血者太史公恐涉怪妄故略之耳**軹深井里人**地理志河內有軹縣深井軹縣之里名也**嚴仲子**高誘曰嚴遂字仲子**事韓哀侯**按聶政殺俠累在列侯三年後奕文侯後奕哀侯凡三代哀侯六年爲韓嚴所殺今言仲子事哀侯恐非其實且太史公聞疑傳疑事難的據欲使兩存故表傳各異**韓相俠累**上古夾反下力追反按戰國策俠累名傀也**有郄**戰國策云韓傀相韓嚴遂重於君二人相害嚴遂拔趙以救解是有郤之由也**自暢**徐氏云一作賜按戰國策作觴近爲得也**甘鼂**鄭氏音脆二義相通也**降志辱身**言其心志與身本應高潔今乃卑下其志屈辱其身論語孔子謂柳下惠降志辱身矣**未敢許人**禮記曰父母存不許友以死**韓衞間不甚遠**高誘曰韓都潁川陽翟衞都東郡濮陽故曰間不遠也**不能無生得**戰國策作無生情言所將人多或生異情故語泄此云生得言將多人往殺俠累後又被生擒而事泄亦兩俱通也**刺殺俠累**戰國策曰政直入上階刺韓傀韓傀走而抱哀侯聶政刺之兼中哀侯**注戰國策有東孟之會**按高誘曰東孟地名也**爲讎**徐注云一作難戰國策譙周亦同**自皮面決眼**皮面謂刃割其面皮欲令人不識決眼謂出其眼睛戰國策作抉眼此決亦通音烏穴反**政姊榮**榮其姊名也戰國策無榮字**乃於邑**劉氏云煩寃愁苦**察舉吾弟**按察謂觀察有志行乃舉之劉氏云察猶選之也**重自刑**重音持用反重猶復也爲人報讎死乃以妾故復自刑其身令人不識**以絕從**從音蹤古字少假借無旁足而徐氏爲從坐非也劉氏亦音足松反**無恙**爾雅云恙憂也楚辭云還及君之無恙風俗通云恙病也凡人相見及通書皆云無恙又易傳云上古之時草居露宿恙齧蟲也善食人心故俗相勞云無恙恙非病也**濡忍**濡潤也人性濡潤則能含忍故云濡忍也若勇躁則必輕死也**不重暴骸之難**重難並如字重猶惜也言不惜暴骸之爲難也**其後二百二十餘年**徐氏據六國年表聶政去荆軻一百七十年則爲此傳率略而言二百餘年亦當時不能細也**荆軻**按贊論稱公孫季功董生爲余道之此傳雖約戰國策而亦別記異聞**衞人謂慶卿**軻先齊人齊有慶氏則或本姓慶春秋慶封其後改姓賀此下亦至衞而改姓荆荆慶聲近隨在國而異其號耳卿者時人尊重之號猶如相尊美亦稱子然**蓋聶**上古臘反蓋姓聶名**目攝之**攝猶整也謂不稱已意用怒因視以攝整之也**魯句踐**魯姓句踐名也與越王同或有意義俗本踐作賤非**擊筑**筑似琴有絃用竹擊之取以爲名**高漸離**漸音如字王義之音哉廉反**鞠武**上音麴又如字人姓名也**欲批**

白結反批謂觸擊之**寒心**凡人寒甚則心戰恐懼亦戰今以懼譬寒言可爲心戰**禍必不振矣**振救也言禍及天下不可救之**北購**戰國策作講講和也今讀購與爲燕媾同媾亦合也漢史媾講兩字常雜今欲北與連和陳軫傳亦曰西購於秦也**蔽席**蔽音疋結反蔽猶拂也**不棄其孤也**按無父稱孤時燕王尚在而丹稱孤者或記者失辭或諸侯嫡子時亦僭稱孤也又劉向云丹燕王喜之太子**闚以重利**闚示也言以利誘之**秦王貪**絕句**忝荆軻所欲**燕丹子曰軻與太子遊東宮池軻拾瓦投鼃太子捧金丸進之又共乘千里馬軻曰千里馬肝美即殺馬進肝太子與樊將軍置酒於華陽臺出美人能鼓琴軻曰好手也斷以玉盤盛之軻曰太子遇軻甚厚是也**注方城縣有督亢亭**地理志廣陽國有薊縣司馬彪郡國志曰方城有督亢亭**揕其胷**徐氏音丁鴆反揕謂以劒刺其胷也又云一作抗抗苦浪反言抗推也其義非**搤捥**上烏華反下烏亂反勇者奮厲必先以左手扼右捥也捥古腕字**切齒腐心**切齒齒相磨切也爾雅曰治骨曰切腐音輔亦爛也猶今人事不可忍云腐爛然皆奮怒之音也**徐夫人**徐姓夫人名謂男子也**焠之**焠染也總潰反謂以毒藥染劒鍔也**忤視**忤者逆也五故反不敢逆視言人畏之甚也**地圖柙**戶甲反柙亦函也**操其室**室謂鞘也**諸郎中**若今宿衞之官**夏無且**且即餘反**王負劒**王劭曰古者帶劒上長拔之不出室欲王推之於背令前短易拔故云王負劒又燕丹子稱琴聲曰鹿盧之劒可負而拔之是也**以擿秦王**擿與擲同古字耳音持益反**衍水**水名在遼東**庸保**欒布傳曰賣庸於齊爲酒家人漢書作酒家保按謂庸作於酒家言可保信故云庸保鶡冠子曰伊尹保酒**宋子**徐注云縣名屬鉅鹿者據地理志而知也**從者**謂主人家之左右也**家丈人**劉氏云謂主人翁也又韋昭云古者名男子爲丈夫尊婦嫗爲丈人故漢書宣元六王傳所云丈人謂淮陽憲王外王母即張博母也故古詩曰三日斷五疋丈人故言遲**久畏約**約謂貧賤儉約既爲庸保常畏人故云畏約所以論語云不可以久處約**乃矐**海各反一音角說者云以馬屎燻令失明**鉛置**按劉氏云鉛爲挺著筑中令重以擊人**筑朴**普卜反朴擊也**不講於刺劒**按不講謂不論習之**天雨粟馬生角**燕丹子曰丹求歸秦王曰烏頭白馬生角乃許耳丹乃仰天歎烏頭即白馬亦生角風俗通及論衡皆有此說仍云廄門木烏生肉足**較然**較明也

李斯列傳第二十七

楚上蔡人地理志汝南上蔡縣云古蔡國武王弟叔度所封至十八代至平侯徙新蔡二蔡皆屬汝南後二代至昭侯徙下蔡屬沛六國時爲楚地故曰楚上蔡**鄉小史**劉氏云掌鄉文書**遊者主事**言萬乘爭雄之時遊說者可以立功成名當得典主事務也劉氏云遊歷諸侯當覓強主以事之於文紆迴非**此禽鹿視肉**禽鹿猶禽獸也言禽獸但知視肉而食之莊子及蘇子曰人而不學譬之視肉而食此楊子法言曰人而不學如禽何異言不能遊說取榮貴既如禽獸徒有

人面而強能行耳**非世**非者譏也所謂處士橫議也**胥人去其幾也**胥人猶胥吏小人也去猶失也幾者
動之微以言君子見幾而作不俟終日小人不識動微之會故每失時也劉氏云解幾爲強非也**而遂忍之**言因諸侯
有瑕釁則忍心而翦除故我將說秦以并天下**竄上騷除**騷音埽言秦欲并天下若炊婦埽除竈上之不淨不足爲難
一切逐客一切猶一例言盡逐故也言切者譬若利刀之割一運斤無不斷者解漢書爲權時義亦未得也**得百**
里奚於宛秦本紀云晉獻公以百里奚爲秦穆夫人媵於秦奚亡走宛楚鄙人執之是也**迎蹇叔於宋**秦紀
又曰百里奚謂穆公曰臣不如臣友蹇叔蹇叔賢而代莫知穆公厚幣迎之以爲上大夫今云於宋未詳所出**來丕豹公**
孫支於晉丕豹自晉奔秦左氏傳有明文公孫支所謂子桑也是秦大夫而云自晉來亦未見所出**并國二十**
秦本紀穆公用由余謀伐戎王益國十二開地千里遂霸西戎此都言五子之功故云并國二十或易爲十二誤也**惠王用**
張儀拔三川并巴蜀按惠王從之果滅蜀儀死後武王欲通車三川令甘茂伐宜陽今並云張儀爲相雖錯滅
蜀茂通三川皆歸功於相又三川是儀先伐故也**包九夷制鄢郢**九夷即屬楚之夷也地理志南郡江陵縣云故
楚郢都又宜城縣云故鄢也**饕食**高誘注淮南子云饕食盡無餘也**大阿之劍**越絕書曰楚王召歐冶子干將
作鐵劍三故一日干將二日莫邪三日大阿也**注纖離蒲梢**皆馬名徐氏據孫卿子而爲說**駃騠**決提二音周書

日正北以駃騠爲獻廣雅曰馬屬也郭景純注上林賦生三日而超其母也**充下陳**下陳猶後列也晏子曰有二女願得
入身於下陳也**宛珠之簪傅璣之珥**宛音於阮反傅音附宛謂以珠宛轉而裝其簪傅璣者以璣傅著於珥珥
者璫也璣是珠之不圓者或云宛珠隨珠也隨在漢水之南宛亦近漢故云宛傳璣者女飾也言女傅之珥以璣爲之並非秦所有
物也**隨俗雅好**謂閑雅變化而能通俗也**擊甕叩缶**說文云甕汲缾也於貢反缶瓦器也秦人鼓之以節樂缻
音甫有反**太山不讓土壤**管子曰山不辭土石故能成其高文子曰聖人不讓負薪之言以廣其名**以資敵**
國資猶給也**藉寇兵而齎盜糧**藉音積夜反齎音子奚反說文曰齎持遺也齎或爲資義亦通**以重陛**
下重音逐用反亟者再也**別白黑**劉氏云前時國異政家殊俗人造語莫辨其眞今乃分別白黑也**定一尊**
謂始皇并六國定天下海內共尊立一帝故云**所稅駕也**稅駕猶解駕言休息也李斯言已今日富貴已極然未知向後
吉凶止泊在何處**能薄而材譾**音義云宰殄反劉氏將淺反則譾亦淺義古人語自有重輕所以文字有異**而**
庶幾斯言忠臣之節本不避死言已今日亦庶幾盡忠不避死**水搖者萬物作**水搖者謂冰泮而水動也是春
時而萬物告生也**斯其猶人哉**言我今日猶是人人道守順豈能爲逆謀故下云安足與謀**砥死**砥音宅與
磔同古今字異耳磔謂裂其支體而殺之**粢糲**粢音資糲音郎葛反粢者稷也糲者麤粟飯也**采椽**采木名即今之櫟木

不觳於是觳音學爾雅云觳盡也監門下人飯猶不盡此若徐氏云一作觳觳萑也則字宜作較鄒氏音角**恣睢**
上資二反下呼季反恣睢猶放縱也謂肆情恣縱也**格虜**格強扞也虜奴隸也言嚴整之家本無格扞奴僕也**布帛尋**
常庸人弗釋八尺曰尋倍尋曰常以言其少也庸人弗釋尋常者謂庸人見則取之而不釋以其罪輕故下云罰不必
加則庸人弗釋尋常是也**鑠金百溢**爾雅鑠美也言百溢之美金在於地雖有盜跖之行亦不取者爲其財多而罪重也
故下云搏必隨手刑盜跖不搏也**盜跖弗搏**搏猶攫也取也凡鳥翼擊物曰搏足取曰攫故人取物亦謂之搏**峭**
塹峭峻也高也七笑反塹音漸以言峭峻則難登故樓季難五尺之限平塹則易陟故跛牸牧太山也**則舍**舍猶廢也止也
言爲人主不能行聖人督責之術則已廢止何爲勤身苦心爲天下所役何哉可不哀邪言非也**拂世磨俗**上音扶弗
反磨音莫何反拂世蓋言與代情乖戾磨俗言磨礪於俗使從已**阿房**旁音一如字**少我且固我**謂以我幼
故輕我也云固我者一云以我爲短少且固陋於我**韓玘**亦作起並音怡韓大夫弒其君悼公然韓無悼公或鄭之嗣君**爲**
韓安相也按表韓玘事昭侯昭侯已下四代至王安其說非**始皇弟子嬰**劉氏云弟字誤當爲孫子嬰二
世兄子

蒙恬列傳第二十八

恬嘗書獄文學謂恬嘗學獄法遂作獄官典文學**蒙驁**音敖又鄒氏音五到反**生隱宮**劉氏云蓋
其父犯宮刑妻子沒爲官奴婢妻後野合所生子皆承趙姓並宮之故云兄弟生隱宮謂隱宮者宦之謂也**北走**音奏然走
猶向也鄒氏音趣趣亦向義於字則乖**而俞弟立**俞即踰也音臾謂知太子賢而踰久不立是不忠也**曲宮**曲姓
宮名**臣少宦順幸沒世**蒙毅言已少事始皇順意因幸至始皇沒世可謂知上意**是以籍於諸**
侯言其惡聲很籍布於諸國而劉氏曰諸侯皆記其惡於吏籍非也**必參而伍**參謂三卿五即五大夫欲參伍更議
故曰過可振而諫可覺此故曰者必先志有此言蒙恬引之以成說也今不知出何書耳振者救也然語亦
倒以言前人受諫可覺則其過乃可救

長沙鄭業敬初校
香山何翰章覆校

史記索隱卷二十一　終

史記索隱卷二十二

張耳列傳第二十九

大梁按臣瓚今陳留大梁城是也亾命晉灼曰命者名也謂脫名籍而逃匿則削除名籍故以逃爲亾命遊外黃地理志屬陳留去抵父客如淳云抵歸也音丁米反請決謂女請父客爲決其夫而嫁之張耳絕苦陘地理志屬中山張晏曰章帝醜其名改曰漢昌刎頸交崔浩云言要齊生死斷頸無悔反用門者按門者即餘耳也自以其名而號令里中詐更別求也從白馬渡河按酈食其云白馬之津是津渡其地與黎陽對岸南有五嶺裴氏廣州記云大庾始安臨賀桂陽揭陽斯五嶺時閒不容息以言舉事不可失時時幾之迅速其間不容一喘息息頃也舍中曰謂其同舍中之人也漢書作舍人杖馬箠上音丈下之委反石邑地理志屬常山欲附趙難按羈旅勢弱難以立功也獨立趙後謂獨有立六國趙王之後嘗秦軍崔浩云嘗猶試望臣深望怨責也重去將按重訓難也或云重惜也天與不取此辭出國語雅遊鄭氏云雅故也韋昭云雅素也然素亦故也故遊言慣遊從故多人所稱譽南皮地理志屬勃海甘公天官書云齊甘公藝文志云楚有甘公齊楚不同劉歆七略云字逢甘德志林云甘公一名德泜水徐廣音遲蘇林音祇晉灼音丁禮反今俗呼此水則然按地理志音脂則蘇音爲得郭景純注山海經云泜水出常山中丘縣箕踞崔浩云屈膝坐其形如箕孱王按服虔音昨軒反弱小貌也孟康音仕連反齧指按小顏曰齧指以表至誠爲其約誓汙王蕭該音一故反說文云汙穢也乃壁人栢人謂於栢人縣館舍壁中著人欲爲變也要之置廁文穎云置人廁壁中以何高祖也張晏云鑿壁空之令人止中也今按云置廁者置人於複壁中謂之置廁廁者隱側之處因以爲言也亦音側刺剟徐廣音丁劣反按掇亦刺也漢書作刺爇張晏云爇灼也說文云燒也箯輿前服虔云音編編竹木如今峻可以糞除也何休著公羊筍音峻筍者竹箯一名編齊魯已北名爲筍郭璞三倉注云箯輿土器絕肮而死蘇林云亢頸大脈也俗所謂胡脈下郎反蕭該或音下浪反尚魯元公主韋昭曰尚奉也不敢言取崔浩云奉事公主小顏云尚配也易曰德尚于中行王弼亦以尚爲配恐非其義也魯元王偃魯謂偃以其母號而封也相然信按葛洪要用字苑云然猶爾也謂相和同諾者何也謂然諾相信雖死不顧也勢利交有本作私利交漢書作勢利故廉頗云天下以市道交君有勢利從君無勢則去此世其理是也

魏豹彭越列傳第三十

魏咎故寧陵君按晉灼云寧陵今梁國縣也即今寧陵是其兄魏咎按彭越傳云魏豹魏王咎從弟眞魏

後也忠臣乃見老子曰國家昏亂有忠臣此取以爲說也遺項它田巴按項它楚將田巴齊將也白駒過隙莊子云無異騏驥之馳過隙則謂馬也小顏云白駒謂日影也隙壁隙也以言速疾若日影過壁隙也與期旦日日出旦日謂明日之朝日出時也擅將其兵擅猶專也東傳海傳音附青衣蘇林曰縣名今爲臨邛瓚曰今漢嘉是也西至鄭地理志鄭屬京兆喋血音牒喋猶蹀也殺敵蹀血而行孝文紀喋血京師是也

黥布列傳第三十一

六人地理志廬江有六縣蘇林曰今爲六安也姓英氏按布本姓英國名也咎繇之後布以少時有人相云當刑而王故漢書云布改姓黥以厭當之也幾是乎裴駰曰臣瓚音機幾近也楚漢春秋作祈豈是乎故徐廣云一作豈劉氏作祈祈者語辭也亦通其俳笑之謂衆共以俳輩笑之曹偶曹輩也偶類也謂徒輩之類先從間道鄒氏云間猶閑也謂私也今以間音紀莧反間道即他道猶若反間之義嘗爲軍鋒按漢書作楚軍前簿簿者鹵簿謂左右按謂隨何因太宰主之太宰膳食之官韋昭曰主舍天下負之以不義負猶被也以不義被其身守徼徼謂邊境亭障以徼繞邊陲恒守之也乘塞按乘者登也登垣塞而守之間以梁地按服虔曰梁在楚漢之中間注恃一作罷按漢書作罷音皮事已構按構訓成也走漢走音奏向也腐儒腐音輔謂之腐儒者言如腐敗之物不任用賁赫上音肥人姓也赫音虛格反疏爵而貴之疏分也漢書曰禹決江疏河尚書曰列爵惟五分土惟三裂地是對文故知疏即分也敖庾之粟按太康地記云秦建敖倉於成皋又云庾云敖庾也故鄡音烏卦反封辥公千戶劉氏云辥公爲封千戶蓋關內侯也徐僮按地理志臨淮有徐縣僮縣會甀上古外反下持瑞反韋昭云蘄之鄉名漢書作箠應劭音保鉦下亭名長沙哀王哀字誤也是成王臣吳芮之子也兹鄉鄱陽鄡縣之鄉拔興白曷反疾也妒媚按王邵音媚媚亦妒也漢書外戚傳亦云或結寵妾妒媚之誅又論衡云妒夫媚婦則媚是妒之別名今原英布之誅爲疑賁赫與其妃有亂故至滅國所以不得言妒媚是媚也一云男妒曰媚

淮陰侯列傳第三十二

下鄉按下鄉鄉名屬淮陰郡南昌亭長按楚漢春秋作新昌亭長吾哀王孫劉德曰秦末多失國言王孫公子尊之也蘇林亦同張晏云字王孫非也袴下袴漢書作胯胯股也音枯化反然尋此文作袴欲依字讀何爲不通袴下即胯下也亦何必須作胯連敖李奇云楚官張晏云司馬也喑啞上於金反下烏路反喑啞懷怒氣叱咤咤字或作吒上昌栗反下卓嫁反叱咤發怒聲千人皆廢孟康曰廢伏也張晏曰廢偃也言語嘔嘔音吁嘔嘔猶區

區也漢書作姁姁鄧展曰姁姁好也張晏言吁**何不誅**按劉氏云言何所不誅也**何不散**劉氏云用東歸之兵擊東方之敵此敵無不散敗也**秋毫**按毫秋乃成又王逸注楚詞云銳毛爲毫夏落秋生也**可傳檄**按說文云檄二尺書也此云傳檄書以責所伐者**絕河關**按謂今蒲津關**塞臨晉**上音先得反臨晉縣名在河東之東岸對舊關**陳船欲度臨晉**劉氏云陳船地名在舊關之西今之朝邑是也按京兆有船司空縣不名陳船陳船者陳列船欲渡河也**襲安邑**按劉氏云夏陽舊無船豹不備之而防臨晉耳今安邑被襲故豹遂降也**閼與**司馬彪郡國志上黨沾縣有閼與聚閼音曷又音嫣與音余又音預**新喋血**舊音歃非也案陳湯傳喋血萬里韋昭音徒協反**東下井陘**按地理志常山石邑縣井陘山在西又穆天子傳云至于陘山之隧升于三道之磴是也**閒道卑山**按謂令從閒道小路向前望見陳餘軍營住仍須隱山自蔽勿令趙知也卑音蔽者蓋覆也楚漢春秋作卑山漢書作箄說文云箄蔽也從卑竹聲**傳飡**如淳曰小飯曰飡謂立待傳飡待破趙乃大食也**泜水上**徐廣音遲劉氏音脂**效首虜**如淳曰致也晉灼云效數也鄭玄注禮效猶呈見也**涉西河**此之西河當馮翊也**褕衣甘食**褕鄒氏音踰美也恐滅亾不久故廢止作業而事美衣甘食日偷苟且也慮不圖久故也漢書作靡衣媮食也**醳兵**劉氏依劉逵音醳酒謂以酒食養兵士也案史記古釋字皆如此作豈亦謂以酒醳醳兵士故字從酉**夾濰水**音維地理志濰水琅邪箕縣東北經都昌入海徐廣云出東莞而東

北流入海蓋據水經而說少不同耳**儋石**儋音都濫反石斗也蘇林解爲近得鮐音胎**吟而不言**吟鄒氏音拒蔭反又音琴**注一云卒遂不用**按漢書及戰國策皆有此文**伊盧卿**出司馬彪郡國志**郊兔死**郊音狡狡猾也吳越春秋作郊兔亦通漢書作狡兔戰國策曰東郭逡海內狡兔也**其舍人**按晉灼曰楚漢春秋云謝公也姚氏按功臣表云慎陽侯樂說淮陰舍人告信反未知孰是

韓信盧綰列傳第三十三

韓王信楚漢春秋云韓王信都恐謬也諸書不言有韓信都按韓初爲韓司徒後訛云中徒因誤以爲韓王名耳**孽孫**張晏云庶子爲孽子何休注公羊以爲孽賤子猶之伐木有孽生也漢書晁錯云孽子悼惠王是也**跂而**音企起踵也**其鋒東鄉**按姚氏云軍中將士氣鋒韋昭曰其氣鋒銳欲東也**注封爲穰侯**地理志穰縣屬南陽**冒頓**上音墨又音莫報反**白登**姚氏按北疆記桑乾河北有白登山冒頓圍漢高之所今猶有壘壁**傳兩矢**傳音附**柴將軍**應劭云柴武鄧展云柴奇晉灼云奇武之子應劭說爲得此時奇未爲將**僨於吳**蘇林曰僨音奮張晏曰僨僵仆也**痿人不忘起**痿耳誰反舊音耳睡反於義爲疏張揖云痿不能起哀帝紀云帝即位痿痺是也**弓高侯**地理志屬河間漢書功臣表屬信陵**襄城侯**按服虔云縣名功臣表屬魏郡**韓嫣**音偃又一言反又休延反並通**孫增**徐廣曰長君之子按博物志字季君也**龍頞侯**五格反又作雒音洛龍雒縣名**觖望**服虔音決觖望猶怨望也又音企韋昭音冀**宛朐人**地理志屬濟陰下又云梁人是褚先生之說異也

田儋列傳第三十四

田儋子市從弟榮榮子廣榮橫各遞爲王橫幷三齊**蝮螫手**上音芳服反下音臛又音釋**三齊**田市王膠東田都王齊田安王濟北**齮齕**上音蟻下音紇齮齕側齒齧也**長短說**言欲令此事長則長說之欲令此事短則短說之故戰國策亦名曰短長書是也**乃醳齊**此豈亦以醳酒之義並古釋字**雋永**書名也音松兗反**無不善畫者莫圖何哉**言天下非無善畫之人而不知圖畫田橫及其黨慕義死節之事故歎畫人不知畫此也

樊酈滕灌列傳第三十五

擊泗水監豐下按監者秦時御史監都也豐下豐縣之下也**破泗水守薛西**謂破其守於薛縣之西也**賜上聞爵**張晏云得徑上聞晉灼曰名通於天子也如淳曰或作上聞又引呂氏春秋當證上間間音中間**出亳南**按亳湯所都今河南偃師有湯亳是也**曲遇**音齵顒二音邑名也**宛陵**地理志屬河南**號賢成君**張晏曰食祿比封君而無邑徐廣曰賜爵有執圭執帛又有爵封而加美號又小顏云楚漢之際權設寵榮假其位號或得邑地或

空受爵此例多矣**賜重封**張晏云益祿也臣瓚以爲增封義亦近是而如淳曰正爵名非也小顏以爲重封者兼二號蓋爲得也**譙讓項羽**上音誚責也或才笑反或亦作誚**擊西丞白水北**按西謂隴西之西縣白水水名出武都經西縣東南流言噲擊西縣之丞在白水之北耳徐廣等說皆非也**章平**章平郎章邯子也**攻雍斄**按雍郎扶風雍昌縣斄音台郎后稷所封今之武功故斄城是音胎**壤東**小顏亦以爲地名**柳中**按柳中郎細柳地在長安西也**灌廢丘最**謂以水灌廢丘城陷其功最上也李奇曰廢丘郎槐里也上槐里此又言者疑此是小槐里非也按文云攻趙賁下郿槐里柳中咸陽總言是攻陷之邑別言以水灌廢丘其特最也何者初云槐里稱其新名後言最既是舉不欲再見其文故因舊稱廢丘**杜之樊鄉**按杜陵有樊鄉三秦記曰長安正南山名秦嶺谷名子午一名樊川一名御宿樊鄉郎川地**屠煑棗**檢地理志無煑棗晉說是功臣表有煑棗侯云清河之有煑棗城小顏以爲攻項籍屠煑棗合在河南非清河之城明矣今按續漢書郡國志在濟陰宛朐也**抵蘄南**抵音丁禮反抵訓至一云抵者丞相之名**呂須嬃屬**音須卷二音**他廣奪侯**按漢書平帝元始二年封噲玄孫之章爲武陽侯邑千戶**酈商**音歷**高陽人**聚名屬陳留**略地六月餘**事與酈生傳及年表小不同蓋史官意異也**於歧**此地名關蓋在河東鄭縣之界**栒關**按在漢中旬陽縣旬水上之關**破將軍焉氏**上音於然反下音支縣名屬安定漢書云破鄣郡別將**蘇駔軍**

於沅陽北地縣名駟者龍馬也栒邑按在漢中栒陽地理志右扶風音荀戰龍脫孟康曰地名在燕趙之界其地闕攻其前拒音巨又音矩裴駰云拒方陣鄒氏引左傳有左矩又云一作和和軍門也漢書作前垣小顏以爲攻其壁壘之垣也李奇以爲前鋒堅蔽若垣墻非也字況鄺寄字也鄒氏本作光亦音況給呂祿紿欺也詐也音待俞侯欒布俞音歈縣名音輸在河東封爲繆侯音穆邑也謚曰靖侯漢書無謚爲沛廄司御按楚漢春秋云滕公者御也後獄覆按韋昭曰高帝自言不傷嬰嬰證之是獄辭覆也注乞鞫按晉令云獄結竟呼囚鞫語罪狀囚若稱枉欲乞鞫者許之也得印一匱按說文云匱匣謂得其時自相部署之印芷陽上音止地名今霸陵也在京兆常蹶兩兒音厥又音巨月反一音居衛反漢書作蹳音撥面雍樹蘇林與晉灼皆言南方及京師謂抱兒爲擁樹今則無其言或當時有此說其應服之說蓋疎也食沂陽蓋鄉名也漢書作沂楚無其縣食茲氏縣名也地理志屬太原武泉地理志屬雲中細陽地理志屬汝南卒諡文侯按姚氏云三輔故事曰滕文公墓在飲馬橋東大道南俗人謂之馬冢博物志曰公卿送嬰葬至東都門外馬不行蹄地悲鳴得石銘曰佳城鬱鬱三千年見白日吁嗟滕公居此室乃葬之灌嬰號昌文君亦稱宣陵君皆非爵土加美號耳食杜平鄉謂食杜縣之平鄉李必駱甲一人名也姚氏按漢紀桓帝延熙三年追錄高祖功臣李必後黃門丞遂爲晉陽關內侯也栢公

王武按栢縣令也栢縣屬陳連尹蘇林曰楚官也按左傳連敖連尹襄老是留公族高密留縣令稱公族其名也高密縣名在北海漢書作假密地名不知所出未知孰是僮取慮徐取音秋慮音閭取又音趨僮徐是二縣取慮是一縣名破楚騎平陽小顏云此平陽在河南地理志太山有東平陽縣頤鄉徐廣云苦縣有頤鄉音以之反吳郡長下有郡守此長即令也如淳以爲雄長非也岩石服虔音沙劉氏音于臥反注一作銖按漢書作肥銖余與他廣通按他廣樊噲之孫後失封然亦訝太史公序蕭曹樊勝之功悉具則從他廣而得其事故備也

史記索隱卷二十二終

長沙鄭業敬初校

香山何翰章覆校

史記索隱卷二十三

張丞相列傳第三十六

陽武人案縣名屬陳留柱下方書周秦皆有柱下史謂御史也所掌及侍立恒在殿柱之下史謂御史故老子爲周柱下史今蒼在秦代亦居斯職方書者如淳以爲方技謂小事書之於方也或曰主四方文書也姚氏以爲下云明習天下圖書計籍主郡上計則方爲四方文書是也伏質小顏云質椹也爲主計謂攷計相之名更名主計也此蓋權時立號也爲職志官名也職主也志旗也謂掌旗幟之官也音昌志反東廂韋昭曰殿東堂也小顏云正寢之東西室皆號曰箱言似箱篋之形幾廢上音祈不知所出謂不知其計所出也極知其左遷按諸侯王表云左官之律韋昭以爲左猶下也禁不得下仕於諸王也然按地道尊右右貴左賤故謂貶秩爲左遷他皆此類也注諡悼按漢書列傳及表咸言周昌諡悼韋昭云或諡惠非也漢書又曰傳子至孫意有罪國除景帝復封昌孫左車爲安陽侯有罪國除若百工按晉灼說以爲若預及之辭爲得也注文帝二年皆徐氏據漢書爲說而誤云二年裴駰又引任安書證爲得其實子康侯代按漢書云傅子至孫穀有罪國除今此云康代八年子類代侯則穀即類也與漢書略同也材官蹶張孟康曰主張強弩又如淳曰材官之多力能蹹強弩張之故曰蹶張蹶音其月反漢令有蹶張士百人是也隊率

所類反壖垣如淳音畏懦之懦乃喚反韋昭音而緣反又音輭故他官居其中漢書作宂官謂散官也娖娖側角反小顏云持整之貌漢書作躖躖音初角反注一作斷一作躖上斷音都亂反義如尚書斷斷猗無他技一作躖則漢書文也韋丞相自車千秋以下皆褚先生等所記然丞相傳都自省略漢書則備繁君繁姓也音婆太史公曰深惟按此論匡衡已來事則後人所述也而亦稱太史公其序述淺陋一何誣也

酈生陸賈列傳第三十七

高陽人案高陽屬陳留圉縣高陽鄉名也故耆舊傳云食其高陽鄉人落魄按鄭氏云魄音薄應劭云志行衰惡之貌也握齱取應劭曰齱音若促鄒氏音齪角反韋昭云握齱小節也好苛禮按苛亦作荷賈逵云苛煩也小顏云苛細也適食其里中子適音釋服虔蘇林皆云沛公騎士適是食其里中人也按言適近作騎士莫爲我先按先謂先容言無人爲我作紹介也溲溺上所由反下乃弔反亦如字溲郎溺也踞牀洗按樂彥云邊牀曰踞豎儒按豎者僮僕之稱沛公輕之以比奴豎故曰豎儒也王者以人爲天按此語出管子工女謂女工工巧也漢書作紅音功適卒上音直革反按通俗文云罰罪云讁郎所謂讁戍又音陟革反卒租忽反漢反郤自奪便以言不取敖倉是漢郤自奪其便利方舡按方舡謂並舟也戰國策方舡積粟循江而下也刓而不能授上音

五官反按郭象注莊子云抏圜無圭角漢書作玩言玩惜不忍抏人也**破北魏**謂魏豹也豹在河北故也亦謂西魏以大梁在河南故也**子疥**音界更後封武遂三世地理志武遂屬河間按漢書作武陽子遂衍文也**陸賈楚人**按陳畱風俗傳云陸氏春秋時陸渾國之後晉侯伐之故陸渾子奔楚賈其後又陸氏譜云齊宣公支子達食菜于陸達生發發生臯適楚賈孫也**尉他**趙他爲南越尉故曰尉他他音駞**魋結**上直追反下音計謂爲髻一撮似椎而結之故字從結按其魋結二字依字讀之亦得謂夷人本被髮左衽今化同其風俗但魋其髮而結之**眞定**趙地也本名東恒屬常山**抗衡**按崔浩云抗對也衡車扼上橫木也抗衡言兩衡相對拒言不相避下**蹶然**蘇林音厥禮記子夏蹶然而起埤蒼云蹶起也**何渠**劉氏音詎漢書作遽字小顏以爲有何追促不如漢也**槖中裝**音托按如淳云以爲明珠之屬也又按詩傳曰大曰槖小曰囊埤蒼云有底曰囊無底曰槖謂以寶物以入囊槖也**卒滅趙氏**按韋昭云秦伯益後以趙同出非廉至造父有功於穆王封之趙城由此一姓趙氏**率不過**上音律下音戈**數見不鮮**上朔現二音數見謂時時來見汝也不鮮言必令鮮美作食莫令見不鮮之物也漢書作數擊鮮如淳云新殺曰鮮**無久慁公爲**慁患也公賈自謂也言汝諸子無久厭患公也**深念**深念深思之也**食三萬戶**按陳平傳食戶五千以曲逆秦時有三萬戶恐復業至此故稱**梁父侯**史失名如淳注漢書云遂布臣非也臣瓚曰布不用梁父侯計遂反耳其說是也**發喪**按劉氏云謂欲葬時須啓其殯宮故云發喪也**義不知君**按崔浩云建以母在義不以身許人也**百金往稅**按說文稅贈終服也音式芮反亦音遂**閎籍**按佞幸傳云高祖時有籍孺孝惠時有閎孺今惣言閎籍孺誤也**諸呂至深**按如淳說以爲宜珠非也小顏云辟陽侯與諸呂相知至深重得其理也**召其子爲太中大夫**按下文所謂與太史公善者

傅靳蒯成列傳第三十八

起橫陽按橫陽邑名在韓韓公子成初封橫陽君張良立爲韓王也**共德君**謂號耳非地邑共音恭**食邑雕陰**案孟康徐廣云縣名屬上郡**待懷**按服虔云待高祖於懷縣小顏按地理志屬河內今懷州也**屬淮陰**張晏云信時爲相國云淮陰者終言之也**殘博**博太山縣也顏祕監云屬曹參以殘破博縣也**爲代丞相將屯**如淳云漢初諸王官屬如漢朝故代有丞相按孔文祥云邊郡有屯兵寬爲代相國兼領屯兵後因置將屯將軍也**靳歙**音翕然之翕也**邢說軍**邢姓說名音悅**菑南**上音災今之考城屬濟陰也**趙將賁郝軍**漢書作趙賁軍按此在河北非曹參樊噲之所擊也**東至繒**按地理志繒屬東海**江陵王**按孔文祥云敖子共尉也**蘄竹**二邑名上音機竹郎竹邑**猗丞相儆破之**小顏云侯儆**事國人過律**按劉氏云役使也謂使人違律數多矣**蒯成侯緤者**姓周名緤緤音薛蒯者鄉名按三倉云蒯鄉在城父漢書作鄜字從崩從邑今書本並作蒯音管蒯之蒯

蘇音苦催反晉灼按功臣表屬長沙崔浩音苦壞反楚漢春秋作憑成侯則陪憑聲相近或得其實也**注緤子應爲鄲侯**蘇林音多屬陳畱地理志云沛郡有多縣按此文云子居表云子應不同也**操心**音倉高反

劉敬叔孫通列傳第三十九

劉敬本姓婁漢書作婁敬高祖曰婁卽劉也因姓劉耳**脫輓輅**輓者牽也音晚輅者鹿車前橫木二人前輓一人後推之音胡格反**鮮衣**上音仙鮮衣美服也**附離**按謂使離者相附也義見莊子**天府**按戰國策蘇秦說惠王曰大王之國地勢形便此所謂天府高誘注云府聚也**搤其亢**搤音厄亢音胡郎反一音胡剛反蘇林以爲亢頸大脈俗字謂胡脈**卽日駕西**按謂卽日西都之計定也**奉春君**按張晏云春爲歲之始以其首謀都關中故號奉春君**羸瘠**上力爲反下音稷瘠瘦也漢書作齒音漬齒肉也恐非**沮吾軍**沮才敘反詩傳曰沮止也壞也**擊敬廣武**地理志縣名屬雁門**河南白羊樓煩王**按張晏白羊國名二者並在河南按在朔方之河南舊並匈奴地秦亦謂新秦中也**徙所言十餘萬口**按小顏云今高陵櫟陽諸田華陰好時諸景及三輔諸屈諸懷尚多皆此時所徙**叔孫通者薛人**按楚漢春秋云名何薛縣名屬魯國也**衣一襲**按國語云一稱賈逵按禮記袍必有表單衣必有裳謂之一稱杜預云衣單複具云稱也**楚製**按孔文祥云短衣便事非儒者衣服高帝楚人故從其俗裁製**大猾**按類集云猾狡也音滑**搴旗**上音起焉反又巴勉反按方言云南方取物云搴許愼云搴取也**注阰之**按王逸云阰山名又按埤蒼云在楚地**綿蕞**徐音子外反如淳云翦茅樹地爲纂位尊卑之次蘇林音纂韋昭云引繩爲綿立表爲蕞音茲會反**注茅蕝**按賈逵云束茅以表位爲蕝又纂文云蕝今之纂字包愷音卽悅反又音纂**習肄**肄亦習也音異**朝十月儀**按小顏云漢以十月爲正故行朝歲之禮史家追書十月也按諸書云十月爲歲首不言以十月爲正月古今注亦云羣臣始朝十月也**傳言趨**按小顏云傳聲教入者皆令趨趨疾行爲敬也**九賓臚傳**漢書云設九賓臚句傳蘇林云上傳語告下云臚下傳語上云句臚猶行者矣韋昭云大行人掌賓客之禮今謂之鴻臚也九賓則周禮九儀也謂公侯伯子男孤卿大夫士也漢依此以爲臚傳也以次傳令上也向秀注莊子云從上語下曰臚音閭句音九注反**輦出房**按輿服志云殷周以輦載軍器職載蓺秦至始去輪而輿爲尊也**報職傳警**上職音識亦音試傳警漢儀云帝輦動則左右侍帷幄者稱警是也**置法酒**按文穎作酒法令也姚氏云進酒有禮也古人飮酒不過三爵君臣百拜終日宴不爲之亂也**攻苦食啖**按孔文祥云與帝共攻冒苦難俱食淡也按說文云淡薄味也音唐敢反**願先誅**楚漢春秋蕭何云臣三諫不從請以身當之撫劒將自殺上離席云吾定計不易太子**間往數蹕**韋昭云蹕止人行也按長樂未央宮東西相去稍遠間往謂非時也中間往來淸道煩於人也**過舉**按謂舉動有過也傳云君不舉不書**櫻桃**按呂氏春秋仲春羞以含

桃先薦寢廟高誘云進含桃也鸎鳥所含故曰含桃今之朱櫻卽是也 **若詘** 音屈 **委蛇** 蛇音移

季布欒布列傳第四十

任俠 上而禁反下音協如淳曰相與信爲任同是非爲俠權行州里力折公侯者其說爲近 **注俠傳** 下音普丁反其義難喻 **廣柳車** 按服虔臣瓚所據云東郡謂廣轍車爲廣柳車及茂陵書稱每縣廣柳車數百乘則凡大車任載者通名廣柳車然則柳爲車通名鄧展所說柳皆棺飾載以喪車欲人不知也事義相協最爲通允故禮曰設柳翣爲使人勿惡也鄭玄注周禮云柳聚也諸飾所聚也則是喪車稱柳後人通謂車爲柳也 **乘軺車** 按謂輕車一馬車也 **使酒難近** 使音如字近音其靳反使酒謂因酒縱性謂之使酒卽酗酒也 **無功竊寵** 季布言已無功能竊承恩寵得待罪河東其詞典省而文也 **數招權顧金錢** 義如孟康文穎所說 **宰較** 姑角二音 **袁絲** 盎字絲 **中司馬** 漢書作中尉之司馬 **竊籍其名** 籍音子亦反 **布母弟丁公** 按謂布之舅也 **爲家人時** 謂居家之人無官職 **趣亨** 上音促下音普盲反謂疾命赴鑊也 **提趣** 上音啼下音趨 **趣湯** 上音娶徐廣云一作走走趣向之也 **身履軍** 按徐氏云一作覆按下云搴旗則覆軍爲是勝於屨之與履

袁盎鼂錯列傳第四十一

袁盎 音如周禮盎齊烏浪反 **主在與在** 按如淳云人主在時與共理在時之事也 **亾與亾** 如淳云不以人主亾而不行其政令按如說爲得 **上益莊** 莊嚴也 **賁育** 賁孟賁育夏育也尸子云孟賁水行不避蛟龍陸行不避兕虎戰國策曰夏育叱呼駭三軍身死庸夫高誘曰育爲申繻所殺賁音奔也 **常侍騎** 按漢書儀云持節夾乘輿車騎從者云常侍騎 **不垂堂** 按張揖云恐簷瓦墮中人或云臨堂邊垂恐墮墜也 **不騎衡** 張晏云木衡馬也如淳云騎音於歧反衡樓殿邊欄楯也韋昭云衡車衡也騎音倚謂跨之按如淳之說爲長也 **注欄楯** 按纂要云宮殿四面欄縱者云檻橫者云楯也 **治之有絕** 按謂有絕吳反心也 **辟吾親** 按張晏云辟隱也言隱辟親不使遇禍也 自 **刀決張** 按帳軍幕也決之以出也 **不以親爲解** 按謂不以親爲辭也今此云解者亦謂不以親在而自解 **其後語塞** 按鄒氏云塞當作露非也按以盎言不宜立弟之義其後立梁王之語塞絕也 **梧生** 文穎云梧音陪韋昭云梧姓也 **鼂錯** 上音朝下音厝一如字讀按朝氏出南陽今西鄂鼂氏謂子朝之後也 **軹張恢生所** 軹縣人張恢先生所學申商之法 **掌故** 服虔云百石卒吏漢舊儀云太常博士弟子試射策中甲科補郎中乙科補掌故也 **注術岸高** 按韋昭云本無術字或云術道路也 **曰峭** 七笑反峭峻也 **壖垣** 上音乃戀反謂壖外之短垣也又音而緣反 **噤口** 上音其錦反又音其禁反

張釋之馮唐列傳第四十二

堵陽 韋昭音赭又音如字地名屬南陽 **訾** 音子移反字苑云貲積財也 **卑之毋甚高** 按卑下也欲令且卑下其志無甚高談論但令依時事無說古遠也 **上林尉** 漢書表上林有八丞十二尉百官志尉秩三百石 **諜諜** 音牒漢書作喋喋喋口多言 **徒文具** 按謂空具其文而無其實也 **北臨廁** 劉氏音初吏反按李奇曰霸陵北頭廁近霸水蘇林曰廁邊側也包愷音側義亦兩通也 **此走** 音奏按走猶向也 **倚瑟** 上音於綺按謂歌聲合於瑟聲相依倚也 **紵絮** 上張呂反下息慮反 **斮陳絮漆其閒** 按斮音側略反絮音女居反斮陳絮以漆著其閒也 **錮南山** 按張晏錮鑄也帝北向故北山回顧向南故云南山今按大顏云北山青石脆理密堪爲碑槨至今猶然故秦本紀作阿房或作酈山石槨是也故帝欲北山之石爲槨取其精牢釋之荅言但使薄葬冢中無可貪雖無石槨有何憂焉若使厚殉冢中有物雖并錮南山猶爲人所發掘也言南山者取其高厚之意張晏殊失其旨也 **出中渭橋** 張晏臣瓚之說皆非也案今渭橋有三所一所在城西北咸陽路曰西渭橋一所在東北高陵道曰東渭橋其中渭橋在古城之北也 **公共也** 小顏云公謂不私也 **廷尉當是** 按崔浩云當謂處其罪也按百官志云廷尉平刑罰奏當所應郡國讞疑罪皆處當以報之也 **以法奏之** 按法者依律以斷也 **一抔** 音步侯反按禮運云汙尊而抔飲鄭氏云抔手抔之字從手字本或作盃言一勺一杯兩音並通又音普回反坏者摶之未燒之名也注一坏土張晏云不欲指言故以取土譬者蓋不欲言盜開長陵及說傷迫近先帝故也 **釋之恐** 謂帝爲太子時與梁王入朝不下司馬門釋之劾故恐也 **結襪** 上音如字又音計 **取容當世** 謂姓公直不能曲屈見容於當世故至免官不仕也 **爲中郎署長** 按謂爲郎署之長也 **輦過** 下音戈謂文帝乘輦過郎署 **何自爲郎** 按崔浩云自從也帝訪唐何從爲郎又小顏云年老矣乃自爲郎恠之也 **爲官卒將** 按國語闔閭卒百人爲徹行行頭皆官將徐廣云一云官士將也 **注百人爲徹行將帥** 按國語百人爲徹行行頭皆官師賈逵云百人爲一隊也官師隊大夫也 **唐曰主臣** 案樂彥云人臣進對前稱主臣猶上書前云昧死按志林云馮唐面折萬乘何言不懼主臣爲驚怖其言益著也又魏武謂陳琳云卿爲本初檄何乃言及上祖琳謝云主臣益明主臣是驚怖也解巳見前志也 **朝那** 上音朝早也下音乃何反縣名屬安定也 **都尉卭** 按都尉姓孫名卭 **注撅** 音其月反 **軍市之租** 按謂軍中立市市有稅稅卽租也 **選車** 按六韜書有選車之法 **彀騎萬三千** 如淳云彀音構彀騎張弓之騎也 **百金之士** 晉灼云百金取其貴重也服虔曰良士直百金也劉氏云其功可賞百金者事見管子及爾雅 **東胡** 按崔浩云烏丸之先也國在匈奴之東故云東胡也 **澹林** 上丁甘反一本作襜襤 **趙幾霸** 幾音祈 **其母倡也** 按列女傳云邯鄲之倡 **郭開** 按開是趙之寵臣戰國策云秦多與開金使爲反閒 **顏聚** 音以喻反漢書

作最本齊將也**私養錢**按漢書市肆租稅之入爲新私奉養如淳云稟假錢也云官所別稟給也**五日一椎牛**椎音直追反擊也**尺籍伍符**按尺籍者謂書其斬首之功於尺之版伍符者命軍人伍伍相保不容奸詐**注故行不行**按謂故命人行而身不自行奪勞二歲也故與雇同**莫府**按莫訓大也又崔浩云古者出征無常處以幕爲府舍故云莫府莫當爲幕古字少耳**不相應**音乙陵反按謂數不同也

萬石張叔列傳第四十三

馴行音巡**戚里**小顏云此上有姻戚者皆居之故名其里爲戚里長安記戚里在城內**譙讓**上才笑反譙讓責讓**爲便坐**上于僞反下便音婢綿反蓋謂爲之不處正室別坐他處故曰便坐坐音如字便坐非正坐處也故王者所居有便殿便房義亦然也音婢見反亦通也**雖燕**燕謂閒燕之時燕安也**入子舍**按劉氏謂小房內非正室也小顏以爲諸子之舍若今諸房也**中帬廁牏**按親謂父也中帬近身衣也蘇林曰牏音投又音豆孟康曰廁行清牏行清中受糞函也言建又自洗盪廁竇竇者洗除穢汙之穴也又晉灼云今世謂反閈小袖衫爲侯牏此最廁近身之衣而徐廣云牏短板以築築廁墻也未知其義何從恐非也**陵里**按小顏陵里里名在茂陵非長安之戚里也**注趙同坐酎金**按漢書而知也**無名數四十萬**按小顏云無名數若今之無戶籍**歸難乎**音乃彈反言欲歸於何人**建陵侯**地理志縣名在代**戲車**按應劭云能左右超乘按今亦有弄車之戲**注櫟機轉**櫟音歷謂超踰之也轉音衛謂車轂頭**不譙呵**誰何二音誰何猶借訪也一作譙呵譙責讓也言不嗔責綰也**施易**上音移下音亦**無他腸**小顏云心腸之內無他惡也**誅栗卿**栗姬之兄弟蘇林云栗太子之舅也**如職所奏**以言但守職分而已不別有所奏議也**塞侯直不疑**按塞國名今桃林之塞也直姓也不疑名也與雋不疑同字**妄意不疑**謂妄疑其盜取將也**善盜嫂**按小顏云盜謂私之**仁爲人陰重不泄常衣弊補衣溺袴**按其解二各有理服虔云周仁性質重不泄人之陰謀也小顏云陰密也爲性密重不泄人言也霍去病少言不泄亦類也其人又常衣弊補衣及溺袴故爲不潔清之服是以得幸入臥內也又張晏云陰重不泄陰下溼故溺袴是以得比宦者出入後宮也仁有子孫者先未得此疾病所生也二者未知誰得其實也**期爲不潔清**謂心中常期不潔之服則期是故之意也小顏亦同**祕戲**謂後宮中戲劇所宜祕也**張歐**音烏後反漢書作歐孟康音驅也**安丘侯說**音悅**治刑名言**按劉向別錄云申子學號曰刑名家者循名以責實其尊君卑臣崇上抑下合於六經也說者云刑名家郎太史公所說六家之一也**塞侯功微而周文處讇**按直不疑以吳楚反時爲二千石將景帝封之功微也周文處讇者爲郎中令也陰重得幸出入臥內也

田叔列傳第四十四

田叔按下文字少卿**陘城人**音刑按縣名也屬中山**樂巨公**本燕人樂毅之後**蟲出**按謂死而蟲出也左傳齊桓公死未葬蟲流於戶外是也**搏二十**音博**暴坐**上音步下卜反**將車**將車猶御車也**因占著名數**言卜占而自占著家口名數隸於武功猶今附籍然也占音之豔反**無豪易高也**易音以豉反言邑小無豪易得高名也**爲詳耶**詳音羊謂詐受節不發兵不傳會太子也**不傳事可也**傳音附謂不附會也**鮮好者**上音仙謂太子請其鮮好之兵甲也

史記索隱卷二十三終

長沙鄭業敬初校

香山何翰章覆校

史記索隱卷二十四
扁鵲倉公列傳第四十五王劭云此豎方宜與日者龜策相接不合列於此後人誤也
鄭人按勃海無鄭縣當爲鄭縣音莫今屬河間爲舍長劉氏云守客館之帥長桑君隱者蓋神人以上
池之水按舊說云上池水未至地葢承取露竹木上水取之以和藥服之三十日當見鬼物也見垣一方人
方猶邊也言能隔墻見彼邊之人則眼通神也診脉上鄒氏音丈忍反劉氏音陳忍反司馬彪云診占也當晉昭公
時按左氏簡子專國在定頃二公之時非當昭公之世且趙系家叙此事亦在定公之初簡子疾五日不知
人按韓子云十日不知人所記異也公孫支子輿按二子皆秦大夫公孫支子桑也子輿未詳適有所
學適音釋言我適來有所受教命故云學也號太子按傳玄云號是晉獻所滅先此百二十餘年此時焉得有號則此云
號太子非也然按號後改稱郭春秋有郭公葢郭之太子也喜方喜音許旣反喜好也愛也方方伎之人也蹷蹷音厥
俞跗音臾附下又音趺鑱石撟引案杌毒熨鑱音士咸反謂石針也撟音九兆反謂爲按摩之法夭撟
引身如熊顧鳥伸也杌音玩亦謂按摩而玩弄身體使調也毒熨謂毒病之處以藥物熨帖也輸音束注反搦髓腦揲
荒搦音女角反揲音舌揲荒膏荒也爪幕幕音漠漠病也謂以爪決之不可曲止也止語助也不可委曲

具言目眩然而不瞚眩音縣瞚音舜舌撟然而不下撟音紀兆反撟舉也寡臣謂號君自謙云
已是偏遠之國寡小之臣也服臆上音皮力反下音憶長潸音山長潸謂長垂淚也承睫音接睫卽睫也承睫
言淚恒垂以承於睫也繵音直延反子陽陽扁鵲之弟子也厲鍼砥石鍼音針厲謂磨也砥音脂五分
之熨八減之齊按言五分之熨者謂熨之令溫暖之氣入五分也八減之齊者謂藥之齊和所減有八並越人當時
有此方也齊桓侯客之按傳玄曰是時齊無桓侯裴駰云謂是齊侯田和之子桓公午也葢與趙簡子頗亦相當痺
音必二反當傳西之長安傳音竹戀反傳乘傳送之緹縈緹音啼縈音紆營反數忔食飲忔音疑乙
反忔者風痺忔然不得動也重陽上音直隴反湯心湯依字讀涌疝上音勇下音訕所諫反鄒誕生疝音山也
前後溲音所留反前溲謂小便後溲大便也風癉客脬癉病也音亶脬音普交反字或作胞滫劉氏音巡跗
方符反適其共養適音釋共音恭按謂山跗家適近所持財物共養我我不敢當以言其人不堪療也瘕劉氏音加
雅反舊音遐鄒氏音嫁迵風下云飮食下嗌輒出之是風疾洞徹五藏故曰迵風瀺水瀺音士咸反濟北王
阿母按是王之妳母也病旋已言尋則已止也案法新謂於舊方伎能生新意也四百七十萬
曹偶四人按當今之四千七百貫也曹偶猶等輩也卽仆於廁仆音赴又音步北反懷子而不乳

乳音人喻反乳生也旋乳旋乳者言迴旋卽生也血如豆比五六枚比音必利反大蟲卽蚘蟲也
拊其頭拊音附又音撫卽竄以藥謂以爐燻之故云竄音七亂反汜音凡蟯瘕音饒櫝舊音堯遐宛
又如字循其尺其尺索刺麤而毛美奉髮循音巡按謂手循其尺索也刺音七賜反麤音七胡
反言循其尺索刺人手而麤是婦人之病也徐氏云奉一作鬈非其義也又云一作泰泰謂螓首言髮如螓螓事葢近也閤都
尉按閤者姓也爲都尉一云閤卽官閤都尉掌之故曰閤都尉也番陰脉番音芳袁反邪氣辟辟音必亦反猶
聚也愈深愈音庾入缺盆死按缺盆人乳房上骨名也沓風沓音徒合反風病之名也瘖瘖者失瘖也讀
如音又作厝厝者置也言使人運置其手足也公乘項處按公乘官名也項姓處名故上云倉公之師元里公乘陽慶亦
然也牡疝上音母下音色諫反旦日日夕死按旦日明日也言明日之夕死也脈得番陽脈病之名
曰番陽者以言陽脈之翻入虛裏也有數者能異之數音色住反謂術數之人乃可異其狀也方數數音術數
之數注一作菫音謹爲古傳方謂好能傳得古方也不爲愛公所言於意所不愛惜方術也吾
年中時按年中謂中年時也中年亦壯年也古人語自爾楊中倩倩音七見反人姓名也意好數數色
句反謂好術數也聖儒言意儒德慕聖人之道故云聖儒也

吳王濞列傳第四十六右五宗之國俱享大邦雖復逆亂萌心取汙朝典豈可謂非青社之國哉然淮南猶
有後不絕衡山亦其罪差輕比三卿之分晉方暴秦之滅周可不優乎安得出其王國不上同五宗三王列於世家其吳濞請與楚
元王同爲一篇淮南宜與齊悼惠王爲一篇
吳王濞按澎濞字也音披位反閒行謂獨行從他道逃走閒音紀閑反郃陽地理志馮翊縣名在郃水之陽
音合蘄西會甀地名也在蘄縣之西會音古兌反甀音錘塡塡音鎭拊拊音撫漢後五十年東
南有亂按應氏之意以後五十年東南有亂本是占氣者所說高祖素聞此說自以前難未弭恐後更生故說此言更以
戒濞如淳之說亦合事理豫章按鄣郡後改曰故鄣或稱豫章爲衍字也吳太子姚氏按楚漢春秋云吳太子名賢字
德明提音啼又音底又音弟秋請音淨孟說是也應劭所云齗獄先請不知何憑如淳云代已致請亦是臆說且文云使人
爲秋請謂使人爲此秋請之禮也察見淵中魚不祥按此語見韓子及文子韋昭曰知臣下陰私使憂患生變
爲不祥故當赦宥使自新也銅鹽按吳國有鑄錢煮鹽之利故百姓不別徭賦也卒踐更輒與平賈按漢
律卒更有三踐更居更過更也此言踐更輒與平賈者謂爲踐更合自出錢今王欲得人心乃與平價官讐之也卽山卽山
山名又卽者就也河閒郡按漢書作常山郡也銚音徒鳥反舐糠及米按言舐糠盡則至米謂削土盡則至

滅國也 **瞿然** 劉氏音九具反又說文云瞿遠視貌音九縛反 **而愁勞聖人之所以起** 按所謂般憂以啓明聖也 **越直長沙者** 服虔云直音値謂其境相接也 **因王子定長沙以北** 按謂南越之地與長沙地相接値者因長沙王子以定長沙以北也 **摶胡衆** 摶音專專謂專統領胡兵 **擅適過** 適音値革反又音宅 **鏦殺吳王** 上音七江反謂以戈刺殺之鄭氏又音春亦音從容之從謂撞殺之 **盛其頭** 張勃云吳王濞葬丹徒縣南其地名相唐今注本云武進縣恐錯也 **由父省** 音所景反省者滅也謂父仲從代王省封郃陽侯 **爭技** 謂與太子爭博爲爭技也

魏其武安侯列傳第四十七

父世觀津 按地理志觀津縣屬信都以言其累葉在觀津故云父世也 **宗室諸竇** 按謂宗室之中及諸竇之宗室又姚氏按酷吏傳周陽由父趙兼以淮南王舅侯周陽故因改氏由以宗室任爲郎則似是與國有親戚屬籍者亦得呼爲宗室也 **相提而論** 提音弟又音啼相提猶相抵也論音路頓反 **螫將軍** 上螫音釋螫怒也毒蟲怒必螫人又音火各反漢書作蠚即螫也 **毋類矣** 謂見誅滅無遺類 **臣有愛** 音如字愛猶惜也 **沾沾** 音襜又音當牒反小顏音他兼反 **注一作怗** 音如字又天牒反 **注怗音襜** 音尺占反 **田蚡** 扶粉反如蚡鼠之蚡音墳 **晚節** 按謂晚年也 **推轂趙綰** 按推轂謂自卑下之如謂之推車轂也 **除關** 謂除關門之稅 **以禮爲服制** 按其時禮度踰侈多不依禮今令吉凶服制皆法於禮 **適諸竇** 上音直格反 **士郡諸侯** 按謂仕諸郡及仕諸侯王國者猶言仕郡國也 **武安貌侵** 按服虔云侵短小也韋昭云刻确也按确音刻又孔文祥侵醜惡也音寢 **生貴甚** 按小顏云謂自尊高示貴寵其說疎也按生謂蚡自生尊貴之勢特甚故下云諸侯王多長年也蚡以肺腑爲相非痛折節以禮屈之則天下不肅者也 **以肺腑爲京師相** 腑音府肺音廢言如肝肺之相附又云柹木扎附木皮也詩云如塗塗附以言如皮之附木也 **非痛折節** 按痛甚也欲令其折節屈下於已不然天下不肅或解以爲蚡欲折節下士非也按下文不讓其兄蓋侯知非也 **立曲旃** 按曲旃旃柄上曲僭禮也通帛曰旃說文曰曲旃者所以招士也 **頴陰侯灌何** 按何是嬰子漢書作嬰誤也 **搏甫** 上音博謂擊 **已諾** 上音以謂已許諾必使副其前言也 **引繩批根** 按劉氏云二人相倚事如合繩共相依引也批音步結反批者排也漢書作排排根者蘇林云賓客去之者不與通也孟康云音根格謂引繩排彈其根格平生慕嬰交而棄者令不得退也小顏作根音痕格音下各反緪謂引繩排彈根括以退之者也 **注持彈** 按漢書本作拼彈音普耕反 **仲孺有服** 按服謂朞功之服也故應璩書曰仲孺不辭同生之服是也 **以服請宜往** 按徐廣云以服請不宜往其說非也正言夫請不以服爲解蚡不宜妄言也故駕自迎之也 **屬丞**

相 上之欲反屬猶付也小顏云若今之舞訖相勸也 **取燕王女** 按蚡娶燕王劉澤子康王嘉之女也 **注一作畢** 按漢書作畢畢盡也 **注灌嬰孫** 按漢書云臨汝侯灌賢則嬰之孫臨汝是改封也 **女兒** 猶云兒女也漢書作女曹兒曹輩也猶言兒女輩也 **呫囁耳語** 呫鄒音蚩輒反囁音汝輒反說文附耳小語也 **李將軍地乎** 按小顏云言今既毀程令李何地自安 **斬頭陷匈** 韋昭云言不避死亡也漢書作穴匈 **辟倪** 上普係反下五係反埤倉云睥睨邪視也 **不折必披** 按包愷音疋皮反 **藉吾第** 按晉灼云藉蹈也以言蹂藉之 **爲石人耶** 謂帝不如石人得長存也 **設百歲** 按設者脫也 **共一老禿翁** 按謂共治一老禿翁指竇嬰也服虔云首鼠一前一卻也 **君何不自喜** 按小顏云何不自謙遜爲可喜之事音許既反 **齰舌** 按說文云齰齧也音側革反 **繫都司空** 按百官表云宗正屬官主詔獄 **大行無遺詔** 按尚書無此景帝崩時大行遺詔乃魏其家臣印封之如淳說非也 **五年十月** 徐氏非者校武紀四年五月蚡薨疑竇嬰在前今云五年故疑非也 **病痱** 音肥又音扶味反風病也 **十二月晦** 張晏云見日月者蕃春垂至恐遇赦贖也 **衣襜褕** 上尺占反下音踰謂非正朝衣若婦人服也表云恬坐衣不敬國除 **不直武安** 按武帝以魏其灌夫事爲枉於武安侯爲不直特爲太后故耳

韓長孺列傳第四十八

梁成安人 按徐廣云在汝潁之間漢書地理志縣名屬陳留 **騶田生所** 按安國學韓子及雜家說於鄒縣田生之所 **將扞** 上音醬下音汗 **注景帝姊** 按即館陶公主 **弗省也** 音仙井反省者察也 **苛禮** 按謂苛細小禮以責之 **抵罪蒙** 上音丁禮反蒙縣名屬梁國也 **任鄗縣** 上音丑亞反字如姹任者誇也漢書作嫮音火亞反 **注一作衎** 音寒孟反 **足與治乎** 按謂不足與繩持之治音持也 **主辱臣死** 此語見國語 **悅一邪臣** 上音悅漢書作怵說文云怵誘也 **自上古不屬爲人** 按晉灼云不內屬於漢爲人 **聶翁壹** 聶姓也翁壹名也漢書云聶壹 **武州塞** 地理志縣名屬鴈門又崔浩云今平城直西百里有武州城也 **逗橈** 按應邵云逗曲行而避敵音豆又音住住謂留止也橈屈弱也女孝反一云橈顧望也 **而出於忠厚** 按出者去也言安國爲人無忠厚之行 **郅他** 上音質下徒何反謂三人姓名也壹遂也臧固也郅他也若漢書則云至他言至於他處亦舉名士也 **龍城** 音龍

李將軍列傳第四十九

世受射 按小顏云世受射法 **良家子** 按如淳云非醫巫商賈百工也 **爲郎武騎常侍** 按謂爲郎而補武騎常侍 **爲騎郎將** 小顏云爲騎郎將謂主騎郎也 **屬國公孫昆邪** 按典屬國官名公孫姓也昆邪名服

虞云中國人包愷云昆音魂也中貴人按董巴輿服志云黃門丞至密近使聽察天下謂之中貴人使者崔浩云在中而貴幸非德望故名不見也射雕按服虔云雕鶚也說文云似鷹墨色多子一名鶚以其毛作矢羽韋昭云鶚一名鵰也無部伍行陣按百官志云將軍領軍皆有部曲大將軍營五部部校尉一人部下有曲曲有軍候一人也自便音去聲刁斗上音貂按荀悅云刁斗小鈴如宮中傳夜鈴也蘇林云形如鋗以銅作之無緣受一斗故云刁斗鋗即鈴也注銅作鐎埤倉云鐎溫器有柄斗似銚無緣音焦莫府按大顏云凡將軍謂之莫府者蓋兵行舍於帷帳故稱莫府古字通用遂作莫爾雅訓莫爲大非斥候按許慎注淮南子云斥度候視也候望也故潁陰侯孫按灌嬰之孫名彊霸陵尉按百官志云尉大縣二人主盜賊凡有賊發則推索尋按之也竟死謂終竟廣身至死以爲恒也大黃按大黃黃間弩名也故韋昭曰角弩也色黃體大是也有功中率中音丁仲反率音律亦音雙筆反小顏云率謂軍功封賞之科著在法令故曰中率在下中按以九品而論在下之中當第八不爲後人按謂不在人後今得當單于按廣言自少時結髮而與匈奴戰唯今者得與單于相當遇也數奇按服虔云作事數不偶也音朔也小顏音所具反奇蕭該音居宜反食其音異基按趙將軍名也或亦依字讀亾導謂無人導引軍故失道也韓嫣或音偃又音許乾反園壖地人絹反又音乃段反又音圖宣反按壖地神道之地也黃圖云陽陵門西出神道茂陵神道廣四十

三丈也恨其父小顏云令其父恨而死上雍劉氏音僞大顏云雍地形高故云上天山按晉灼云在西域近蒲類海又西河舊事云白山東夏有雪匈奴謂之天山也悛悛音七旬反漢書作恂恂音詢下自成蹊按姚氏云桃李本不能言但以華實感物故人不期而往其下自成蹊徑也以喻廣雖不能出辭能有所感而忠心信物故也

衛將軍驃騎列傳第五十一

衛媼通衛姓也媼婦人老少通稱漢書曰與主家僮衛媼通按既云家僮故非老或者媼是老稱後追稱媼耳又外戚傳云媼父與魏王宗女魏媼通則亦魏是媼姓而小顏云衛者冒其夫姓也然按此文云侯妾衛媼似更無別夫也下云同母兄衛長君及姊子夫皆冒衛姓又似有夫其所冒之姓爲父與母未明也平陽公主家按如淳云本陽信長公主平陽侯所尚故稱平陽主注夷侯時按徐廣云夷侯曹參曾孫名襄又按世家及功臣表時或作嗃漢書作壽竝文字殘缺故不同也先母之子漢書作民母服虔云母嫡妻也青之適母顧氏云鄭季本妻編於民戶之閒故曰民母今本亦或作民母也兄弟數音去聲長女衛孺漢書云君孺往篡取之篡猶劫也奪也建章宮按晉灼云上林中宮名也衛夫人有男即衛太子據也至高闕按山名也小顏云一曰塞名在朔方之北河南地爲朔方郡按謂北地郡之北黃河之南岸頭侯按晉灼云河東皮氏縣之亭名也薄伐獫狁此小雅六月詩美宣王北伐也薄伐者言逐出之也按榆谷舊塞如淳云按行也尋也榆谷舊塞名也按水經云上郡之北有諸次水東經榆林塞爲榆谿是榆谷舊塞也破符離晉灼云二王號崔浩云漠北塞名裨王十人賈逵云裨益也小顏云裨王小王也若裨將然音頻移反立號而歸按謂立大將軍之號令而歸傅校獲王顏祕監云傅領也五百人謂之校以致克捷而獲王合騎侯按非邑地而以戰功爲號謂以軍合驃騎故云合騎若冠軍從驃然也出窳渾音庾服虔云塞名徐廣云在朔方漢書作窴渾窴音田也搏戰獲王上音博搏擊也小顏同今史漢本多作傳猶轉也南窌侯徐音匹教反韋昭云縣名或作窖音子校反與穴下卯竝音匹教反周霸徐廣云儒生也按郊祀志議封禪有周霸故知也剽姚上音匹遙反下音遙大顏按荀悅漢紀作票鷂票鷂勁疾之貌上音頻妙反下音弋召反斬捕首虜過當按小顏云計其所將人數則捕首虜爲多過於所當也一云漢軍亾失者少而殺獲匈奴數多故曰過當也大父行音胡浪反謂藉若侯是匈奴祖之行也漢書云藉若侯產產即大父之名季父羅姑比按顏氏云羅姑比單于季父名也小顏云比類也按下文既云再冠軍無容更言類也討遬濮音速卜二音按崔浩云匈奴部落名按下有遬濮王是國名也懾慴按說文云讋失氣也劉氏云上式涉反下之涉反休屠祭天金人按張晏云佛徒祠金人也如淳云祭天以金人爲主也屠音儲祁連山小顏云即天山也匈奴謂天祁連西河舊事謂白山天山祁連

恐非即天山也小月氏韋昭云音支西域傳大月氏本居敦煌祁連閒餘衆保南山遂號小月氏師大率減什三按漢書云減什七不同也小顏云破匈奴之師十減其七一云漢兵亾失之數下皆類此按後說爲是也酋涂王上音才由反下音徒漢書云楊武平鱳得得單于單相酋涂王此文省也稽沮王沮音子余反千騎將得王按漢書云右千騎將王然則此千騎將漢之將屬趙破奴得匈奴五王及王母也或云右千騎將即匈奴王之名校尉句王高不識按二人竝匈奴人也呼于屠王按三字共爲王號僕多按漢百官表作僕朋疑多是誤煇渠侯上音暉所將常選音宣變反謂驃騎常選擇取精兵畱落不遇按謂遲畱零落不偶合也先要邊按謂先於邊境要候漢人言其欲降漯陰侯上音他合反按地理志縣名在平原郡鷹庇爲煇渠侯漢書鷹作雍庇音必二反又音疋履反按漢書功臣表云元狩二年以煇渠封僕朋至三年又封鷹庇其地俱屬魯陽未詳所以禽棃按表作烏棃大當戶銅離徐廣一作稠離與漢書功臣表同此文云銅離文異也獟駻上音丘昭一反說文作趬行遮貌遮一作疾騂音胡旦反不能度幕輕畱按幕即沙漠古字少耳輕畱者謂匈奴以漢軍不能至故輕易畱而不去也遲明上音值待也待天欲明謂平明也諸本多作黎明鄒氏云黎遲也然黎黑也候天將明猶黑也殺傷大當以言所殺傷大略相當谷蠡王上音祿下音棃又音離涉獲章渠小顏云涉謂涉水也

章渠單于之近臣謂涉水而破獲之漢書云涉獲單于章渠也 比車耆 上必耳反 轉擊左大將 按漢書名雙 歷涉離侯 漢書作度難侯小顏云山名歷度也 弓閭 包愷音穹亦如字讀 登臨翰海 按崔浩云北海名羣烏之所解羽故云翰海廣異志云在沙漠北 ．逴行 音與卓同卓遠也 檮余山 音桃徒二音 獲屯頭王 按漢書云屯頭韓王等三人李奇曰皆匈奴王號 復陸支 復劉氏音伏小顏音福 樓專王 漢書作轉竝音專小顏音之究反也 伊卽靬 九言反 武昌侯安稽 故匈奴王姓趙也 校尉自爲 按徐自爲也 校尉敢 李廣子也 置大司馬 按如淳云本無大司馬今新置耳按前太尉其官又省今武帝始置此位衞將軍霍驃騎皆加此官 少言不泄 按孔文祥云謂質重少言膽氣在中也周仁陰重不泄其行亦同也 有氣敢往 謂果敢任氣也漢書作往亦作任也 穿域蹵鞠 徐氏云穿地爲營域蹵鞠書有域說篇又以杖打亦有限域也今之鞠戲以皮爲之中實以毛蹵蹋爲戲劉向別錄云蹴鞠兵勢所以陳武事知有材力也漢書作蹴鞠三倉云鞠毛可蹴以爲戲鞠音巨六反 象祁連山 按崔浩云去病破昆邪於此山故令爲冢象之以旌功也姚氏按冢在茂陵東北與衞青冢竝西者是青東者是去病冢上有竪石前有石馬相對又有石人也 謚之幷武與廣地曰景桓侯 按景桓兩謚也謚法布義行剛曰景是武謚也又曰辟土服遠曰桓是廣地之謚也以去病平生有武藝及廣邊地之功故云謚之幷武與廣地曰景桓侯

子嬗 音市戰反 最 謂凡計也 已爲將者十四人 按漢書云爲特將者十五人益通李廣也此李廣一人自有傳若漢書則七人自有傳八人附見七人謂李廣張騫公孫賀李蔡曹襄韓說蘇建也 郁郅人 服虔音窒小顏音質按北地縣名也 因杅 音于 至余吾 音餘又音徐按水名在朔方 李沮 音組豆之組 祋祤人 縣名在馮翊上音都活反下音詡祋又丁外反 何與 音預 無稱焉 謂不爲賢士大夫所稱譽

平津侯主父列傳第五十一

辥縣人 按辥縣屬魯國漢置蕃川國後割入齊也 緣飾以儒術 謂以儒術飾文法如衣服之有領緣以爲飾也 弘不得一 按韋昭以弘之才非不能得一以爲不可不敢逆上故耳 下比於人 比音鼻比者近也小顏音比方之比 丞相封平津侯 按漢書曰漢興皆以列侯爲丞相弘本無爵乃詔封弘高成之平津鄉六百五十戶爲平津侯以丞相封侯自弘始也 爲人意忌 謂弘外寬內深意多有忌害也 食一肉脫粟飯 按一肉言不兼味也脫粟纔脫穀而已言不精鑿也 恐竊病死 按人臣委質於君死生由君今若一朝病死是竊死也 天下通道五 按此語出子思子今見禮記中庸篇 遭遇右武 小顏云右亦上也言遭遇亂時則上武也 何恙不已 恙憂也言懼霜露寒涼之疾輕何憂於病不止禮曰疾止復初也 竟以丞相終 漢書云凡爲丞相御史六歲年八十終也 子

度嗣坐法失侯 漢書云坐不遣鉅野令史成詣公車論爲城旦元始中詔復弘後爲關內侯也 春蒐秋獮 按宋均云宗本仁義助少陽少陰之氣因而教以簡閱車徒 黃腄 縣名在東萊音逐瑞反注音縋 靡弊 上靡音糜弊猶彫敝也 燋愁 上音焦 徐樂 音岳 棘矜 下音勤矜今戟柄棘戟也 嚴安上書 按本姓莊避明帝諱後竝改嚴也安及徐樂竝拜郎中樂後爲中大夫 鍾虡 下音巨鄒本作鐻音同 上篤厚 上猶尚也貴也 下智巧 謂智巧爲下也 尉他屠睢 按尉官也他趙他也音徒何反屠睢人姓名睢音雖 嬰陳 謂勝廣舉兵於陳音如字又音據恐疎也下同 降羌僰 下白北反又父逼反 [illegible] 濊州 按濊州地名卽濊貊國也音紆廢反 燔其龍城 匈奴城名音龍上燔音煩燔燒也 形束壤制 按謂地形及土壤皆束制在諸侯也 注篹 音撰 故倒行暴施之 按偃語吾日莫塗遠恐赴前塗不跌故須倒行而逆施乃可及耳今此本作暴者言已困久得申須急暴行事以快意也暴者率也急也 洨孔車 上戶交反按縣名在沛下車音尺奢反 太皇太后詔 按徐廣云此是平帝元始中詔以續卷後則又非褚先生所錄也 較然 上音角較明也 困於燕雀 按謂公孫弘等未遇爲時所輕若飛鴻之未漸受困於燕雀也是燕雀安知鴻鵠之志也 遠跡羊豕之間 按公孫弘牧豕上式牧羊也 見主父而歎息 按上文嚴安等上書上曰公等安在何相見之晚是也 蒲輪迎枚生 按謂枚乘也漢始迎申公亦以蒲輪謂以蒲裹車輪恐傷草木也且蒲是草之美者故禮有蒲璧蓋畫蒲於輪以爲榮飾也

史記索隱卷二十四終

長沙鄭業敬初校

香山何翰章覆校

史記索隱卷二十五

匈奴列傳第五十二

曰淳維 張晏曰淳維以殷時奔北邊又樂彥括地譜云夏桀無道湯放之鳴條三年而死其子獯粥妻桀之衆妾避居北野隨畜移徙中國謂之匈奴其言夏后苗裔或當然也故應劭風俗通曰殷時曰獯粥改曰匈奴又服虔云堯時曰葷粥周曰獫狁秦曰匈奴韋昭漢曰匈奴葷粥其別名則淳維是其始祖蓋與獯粥是一也 **橐他** 韋昭曰背肉似橐故云橐也包愷音託他或作駝 **驢驘** 按古今注云驢牡馬牝生驘 **駃騠** 說文云駃騠馬父驘子也廣異志音決蹄也發蒙記刳其母腹而生列女傳云生七日超其母 **騊駼** 按郭璞注爾雅云騊駼馬青色音淘塗又字林云野馬山海經云北海有獸其狀如馬其名騊駼也 **驒奚** 韋昭驒音顛說文野馬屬徐廣云巨虛之類一云青驪驒文如鼉鄒誕本奚字作騱 **分地** 上音扶糞反 **少長** 上音式紹反下音陟兩反少長謂年稍長 **毌弓** 上音彎如字亦通也 **刀鋋** 音蟬按埤倉云鋋小矛鐵矜按古今字說云鏦通作矜 **注攣鞮氏** 上六緣反下丁啼反 **作周** 按謂始作周國也 **畎夷** 韋昭云春秋以為犬戎按畎音犬大顏云卽昆夷也山海經云黃帝生苗龍苗龍生融吾融吾生弄明弄明生白犬白犬有二牡是為犬戎說文赤狄本犬戎種故多從犬又山海經有人面獸身名曰犬夷賈逵云犬夷戎之別種也 **涇洛之北** 晉灼云洛水在馮翊懷德縣東南入渭又

按水經云出上郡彫陰泰昌山過華陰入渭卽漆沮水也 **山戎** 服虔云蓋今鮮卑 **汜邑** 蘇林音凡潁川襄城是按春秋地名云汜邑襄王所居故云襄城也 **居于陸渾** 按春秋左氏秦晉遷陸渾之戎于伊川杜預以為九姓之戎居陸渾在秦晉之間二國誘而徙之伊川遂從戎號今陸渾縣是也 **西河圁洛** 晉灼音嚚三蒼作圁地理志云圁水出上郡白土縣西東流入河韋昭云圜當為圁續郡國志及太康地志並作圁字也 **赤翟** 按左氏傳云晉師滅赤狄之潞氏杜氏以潞赤狄之別種也上黨潞縣又春秋地名云今曰赤涉胡 **白翟** 左氏晉師敗狄于箕郤缺獲白狄子杜氏以為白狄別種故西河郡有白部胡又國語云桓公西征攘白狄之地遂至于西河也 **有綿諸** 地理志天水有綿諸道 **狄豲** 地理志天水狄道應劭以豲戎邑音桓 **義渠** 韋昭云本西戎國有王秦滅之今在北地郡 **大荔** 按秦本紀厲恭公伐大荔取其王後更名臨晉故地理志臨晉故大荔國 **朐衍** 地理志縣名在北地徐廣音詡鄭氏音吁 **樓煩** 地理志縣名屬雁門應劭云故樓煩胡地 **林胡** 如淳云卽儋林為李牧所滅也 **東胡** 服虔云烏丸之先後為鮮卑在匈奴東故曰東胡按續漢書曰漢初匈奴冒頓滅其國餘類保烏桓山以為號俗隨水草居無常處以父之名字為姓父子男女悉髡頭為輕便 **注鮮卑** 按胡廣云鮮卑東胡別種又應奉云秦築長城徒役之士亾出塞外依鮮卑山因以為號 **句注** 服虔云音拘韋昭云山名在應陰館 **胡貉** 按貉卽濊也音亾格反 **宣太后** 服虔云昭王之母也 **並陰山** 徐廣云五原西安陽原縣北有陰山陰山在河

南陽山北並音傍白浪反 **至襄平** 韋昭云今遼東所理也 **三國邊匈奴** 按三國燕趙秦 **因河為塞** 按太康地記秦塞自五原北九百里謂之造陽東行終利賁山南漢陽西也漢一作漁 **適戍** 丁革反 **通直道** 蘇林云去長安八千里正南北相值道也 **九原** 韋昭云縣名屬五原也 **臨洮** 韋昭曰隴西縣 **北假中** 應劭云在北地陽山北韋昭云北假地名又按漢書元紀云北假田官蘇林以為北方田官也主以田假與貧人故曰北假也 **頭曼** 音莫官反韋昭音瞞 **冒頓** 音墨又如字 **注單于廣大之貌** 按漢書單于姓攣鞮氏其國稱之曰撐犂孤塗單于而匈奴謂天為撐犂謂子為孤塗單于者廣大之貌也言其象天故曰撐犂孤塗單于也又玄晏春秋云士安讀漢書不詳此言有胡奴在側言之曰此胡所謂天子與古書所說符會也 **鳴鏑** 應劭云髐箭也韋昭云矢鏑飛則鳴 **甌脫** 服虔云作土室以侯漢人又纂文曰區脫土穴也又云是地名故云生得甌脫王韋昭云界上屯守處也音一侯反脫音徒活反 **河南王** 如淳曰白羊王居河南 **閼氏** 舊音於連於曷反二音匈奴皇后號習鑿齒與燕王書云山下有紅藍花足下先知不北方人探取其花染緋黃按取其上英鮮者作烟肢婦人將用為顏色吾少時再三過見烟肢今日始視紅藍後當為足下致其種匈奴名妻作閼支言其可愛如烟肢也閼音煙想足下先亦不作此讀漢書也 **直上谷** 按姚氏云古字例以直為值值者當也 **谷蠡** 服虔音鹿離蠡又音黎也 **骨都侯** 按後漢書云骨都侯異姓大臣 **呼衍氏須卜氏** 按後漢書云呼衍氏

須卜氏常與單于婚姻須卜氏主獄訟也 **西接氏羌** 按風俗通云二氏本西南夷種地理志武都有白馬氏又魚豢魏略云漢置武都郡非其種人分竄山谷或號青氏或號白氏纂文云氏亦羊稱說文云羌西方牧羊人續漢書云羌三苗姜姓之別裔徙于三危今河間之西南羌是也 **單于庭** 按謂匈奴所都處為庭樂彥云單于無城郭不知何以國之穹廬前地若庭故云庭 **千長伯長什長** 按續漢書郡國志云里有魁人有什伍里魁王一里伯主百家什主十家伍長五家以相檢察故賈誼過秦以為俛起什百之中是也 **龍城** 漢書作龍城亦作龍字崔浩云西方胡皆事龍神故名大會處為龍城後漢書云匈奴俗歲有三龍祠祭天神 **蹛林** 服虔云音帶匈奴秋社八月中皆會祭處鄭氏云地名也晉灼云李陵與蘇武書云相競趨蹛林則服虔說是也又韋昭音多藍反姚氏按李牧傳大破匈奴滅襜襤此字與韋昭音頗同然林襤聲相近或以林為襤也 **小者軋** 服虔云刀割面也音烏八反鄧展云歷也如淳云櫨扶也三蒼云軋輾也軋說文云輾轢也 **丁零** 按魏略云在康居北去匈奴庭接習水七千里又云匈奴北有渾窳國 **屈射** 國名射音奕又音石 **盡青駹** 音武江反按青駹馬色青 **驪馬** 說文云驪黑色 **騂馬** 按詩傳云赤黃曰騂 **傳矢** 音附 **為書遺高后** 按漢書云高后時冒頓嫚騎乃使使遺高后書曰孤僨之君生於沮澤之中長於平野牛馬之域數至邊境願遊中國陛下獨立孤僨獨居兩主不樂無以自娛願以所有易其所無高后怒欲擊之 **諸將曰** 按漢書季布諫高后乃止 **義盧侯難氏** 匈奴將名也氏音支

呼揭音傑又音巳列反皆以爲匈奴按謂皆入匈奴一國望薪之地服虔云漢界上塞下地名今匈奴使至於此也係雩上音胡計反下音大胡反服繡袷綺衣按小顏云服者天子所服也以繡爲表綺爲裏以賜冒頓字林云袷衣無絮也音公袷反比余一按漢書作比疎一比音鼻小顏云辮髮之飾也以金爲之廣雅云比櫛也蒼頡篇云靡者爲比麤者爲梳按蘇林說今亦謂之梳比或亦帶飾者也黃金飾具帶一按謂要中大帶黃金胥紕一按漢書作犀毗或無下一字此作胥者犀聲相近或誤張晏云洛帶瑞獸名也東胡好服之按戰國策云趙武靈王賜周紹貝帶黃金師比延篤云胡革帶鉤也則此帶鉤亦名師比則胥犀與師竝相近而說各異耳班固與竇固牋云賜犀比金頭帶是也赤綈按說文云綈厚繒也稽粥音雞育二音重騎音湩酪二音按三蒼云湩乳汁也字林云竹用反穆天子傳云牛馬之湩臣莬人所具雖詳不取漢書作陽此亦音羊室屋之極生力必屈以言棟宇室屋之作人盡極以營其生至於氣力屈竭也屈音其勿反喋喋而佔佔冠固何當鄒展曰喋音牒佔囁耳語服虔曰口舌喋喋如渻曰言汝漢人多居室中固自宜着冠且不足貴也小顏云喋喋利口也佔佔衣裳貌喋音昌涉反佔音占言當思念無爲喋喋佔佔耳雖自謂着冠何所當益也北地都尉卬音五郎反徐廣云姓孫其後子單封爲缾侯音白丁反回中宮服虔云在北地武帝作宮始皇本紀三十七年登雞頭山過回中武帝元封四年通回中道出彭陽

韋昭云安定縣候騎崔浩云候邏騎盧卿按表盧作旅古今字耳且居漢書作且渠匈奴官號雕渠難按樂彥云當戶且渠各自一官彫難爲此官跂行喙息按跂音岐又音企言蟲豸之類或企踵而行或以喙而息皆得其安也蠕動按三蒼云蠕蠕動貌音軟淮南子云昆蟲蠕動釋逃虜人單于毋言章尼按文帝云我今日竝釋放彼國逃亾虜遣之歸本國汝單于無得更以言詞訴於章尼等責其逃也翁壹按衛青傳唯稱聶壹顧氏云壹名也老故稱翁義或然也奸蘭出物上音干干蘭謂犯禁私出物也武州塞蘇林云在雁門也尉史如渻云律近塞郡皆置尉百里一人士史尉史各二人也當路塞蘇林云直當道塞耳什辟縣按孟康云縣斗辟西近胡也什音斗辟音僻造陽郡卽斗辟縣是也伊稺斜稺音持利反斜音士嗟反斜鄒誕音直牙反蓋稺斜胡人語近得其實太子於單音丹傲極而取之按傲要也謂要其疲極而取之祭天金人韋昭云作金人以爲祭天主崔浩云胡祭以金人爲主今浮圖金人是也又漢書音義稱金人祭天本在雲陽甘泉山下秦奪其地徙之於休屠王右地故休屠有祭天金人象祭天人也事恐不然按得休屠金人後置之於甘泉也過居延韋昭曰張掖縣祁連山按西京舊事云山在張掖酒泉二界上東西二百餘里南北百里有松柏五木美水草冬溫夏涼宜畜牧匈奴失二山乃歌云亾我祁連山使我六畜不蕃息失我燕支山使我嫁婦無顏色祁連一名天山亦曰白山也新秦中如渻云長安以北朔方以南漢書食貨志云貧人充朔方以南新秦中也令居徐廣云在金城地理志云張掖令居縣姚氏令音連小顏云音零漢士物故按釋名云漢以來謂死爲物物故物就朽故也又魏臺訪議高堂崇對曰聞之先師物無也故事也言無復所能於事者也浮苴井音子餘反臣瓚云去九原二千里見漢輿地圖匈河水臣瓚云河水名去令居千里浚稽山應劭云在武威縣北呴犁湖上音鉤又音呼盧朐服虔云匈奴地名張晏云山名且鞮上子餘反下音低涿涂山上音卓下音以奢反余吾水徐廣云一作斜音邪山海經云北鮮之山鮮水出焉北流注余吾定哀之際按韓國要禮云中尼仕於定哀故其著春秋不切論當世而微其詞也而罔褒按罔者無也謂無其實而褒之是也忌諱當代故也患其徼一時權按徐音皎劉伯莊音叫皆非也按其字宜音僥徼者求也言求一時權寵而務讇其說音稅以便偏指不參按謂說者謀匈奴皆患其直徼求一時權幸但務諂進其說以自便其偏指不參詳終始利害也彼已將率彼已者猶詩人譏詞云彼已之子是也將率則指樊噲衛霍等也且鞮侯已下按張晏云自狐鹿單于已下皆劉向褚先生所錄班彪又撰而次之所以漢書匈奴傳有上下兩卷

南越列傳第五十三

尉他尉官也他名也姓趙他音徒河反又十三州記云大郡曰守小郡曰尉眞定人韋昭曰故郡名後更爲縣在常

山略定楊越按戰國策云吳起爲楚收楊越桂林按地理志武帝更名鬱林象郡按本紀始皇三十三年略陸梁地以爲南海鬱林象郡桂林地理志云武帝更名日南以謫音直革反任囂五刀反龍川令地理志縣名屬南海也絕新道按蘇林云秦所通越道卽被佗書服虔云矯詐作詔書使爲南海尉韋昭云被之以書音皮義反移檄告橫浦按南康記云南野縣大庾嶺三十里至橫浦在秦時關其下謂爲塞上陽山姚氏按地理志云揭陽有陽山縣今此縣上流百餘里有騎田嶺當是陽山關湟谿鄒氏劉氏本竝作湼音年結反漢書作湟谿音皇又衛青傳云出桂陽下湟水是也而姚察云史記作湼今本作湟湼及湟不同良由隨聞則輒改故也水經云含匯縣南有匯浦關未知孰是然鄒誕作湼漢書作湟蓋近於古以其黨爲假守按謂他所立其親黨爲郡縣之職或假守隆慮侯竈韋昭云姓周隆慮縣名屬河內音林閭二音不能踰嶺按此嶺卽陽山嶺西甌駱鄒氏云又有駱越姚氏按益州傳云交趾有駱田仰潮水上下人食其田名爲駱人有駱王駱侯諸縣自名爲駱將銅印青綬卽今之令長也後蜀王子將兵討駱侯自稱爲安陽王治封溪縣後南越王尉他攻破安陽王令二使典主交趾九眞二郡人尋此駱卽甌駱也躶國音和寡反躶露形也遣兩將軍按王恢韓安國悅好語入見悅漢書作怵韋昭云誘怵好語摎氏女上紀虬反摎姓出邯鄲藏其先武帝璽李奇云云其僭號安國少季安國姓也少季名也蒼梧

秦王有連按蒼梧越中王自名爲秦王即下趙光是也故云有連連者連姻也趙與秦同姓故稱秦王 **介漢使者**韋昭曰恃使者爲介胄志林云介者因也欲因使者權詐呂嘉然二家之說皆通韋昭以介爲恃介者間也以言間恃漢使者之權意即得云恃以介胄則非也虞喜以介爲因亦有所由按介者賓主所由也 **鏦嘉**韋昭云鏦撞也按字林七凶反又吳王濞傳鏦殺吳王與此同 **分弟兵就舍**按謂分取其兵也漢書作介介被也恃也 **郟壯士**如淳云郟縣名在潁川 **衞陽侯**韋昭云漢所封按功臣表衞陽屬下邳 **西封漢使節置塞上**按南康記以爲大庾名塞上也 **成安侯**按功臣表成安屬郟 **廣德爲龍亢侯**按龍亢屬譙國漢書龍亢作龔侯服虔音叩晉灼云古龍字 **下匯水**劉氏云匯當作湟漢書云下湟水或本作涯 **先陷尋陝**姚氏云尋陝在始興西三百里近連口也 **破石門**按廣州記在番禺縣北三十里昔呂嘉拒漢積石鎮江名曰石門又俗云石門水名曰貪泉飲之則令人變故吳隱之至石門酌水飲乃爲之歌云也 **犁旦城中皆降**鄒氏云犁一作比音必至反然犁即比義又解犁黑也天未明尚黑時也漢書史記亦作遲明遲音稚遲待也亦犁之義也 **臨蔡侯**按表屬河內 **揭陽令定**地理志揭陽縣屬南海揭音桀韋昭音其逝反劉氏音求例反定者令之名也按漢功臣表云定揭令意又別也 **蒼梧王趙光**按漢書云光聞漢兵至降封爲隨桃侯揭陽令史定爲安道侯越將畢取爲膫侯桂林監居翁爲湘城侯韋昭云湘城屬堵陽隨桃安道

膫三者皆屬南陽膫音遼也 **諭甌駱屬漢**案漢書甌駱三十餘萬口降漢 **注九眞儋耳朱崖**徐廣皆據漢書爲說

東越列傳第五十四

閩越按說文云閩東越蛇種也故字從蟲閩音旻 **姓騶氏**徐廣云一作駱是上云甌駱不姓騶 **閩中郡**徐廣云本建安侯官是按爲閩州按下文都東治韋昭以爲在侯官 **搖爲東海王都東甌**韋昭曰今永寧姚氏云甌水名永嘉記永出永甯山行三十餘里去郡城五里入江昔有東甌王都城有亭積石爲道今猶在也 **注東甌王廣武侯**徐廣云據年表而爲說 **不戰而耘**云耘音云耘除也漢書作隕音于粉反 **即鏦**劉氏又音窗鏦撞也 **繇君丑**繇音搖邑號也丑名 **屯豫章梅嶺**按徐廣云在會稽非也今按豫章三十里有梅嶺在洪崖山足當古驛道今此文云豫章梅嶺知非會稽也 **入白沙武林**徐廣云在豫章界按今豫章北二百里接鄱陽界地名白沙有水入湖名曰白沙坈東南八十里有武陽亭亭東南三十里地名武林此白沙武林今當閩越入京道 **出句章**鄭氏音勾會稽縣也 **出若邪**按姚氏云地名今闕 **東城侯**韋昭曰在九江 **建成侯敖爲開陵侯**徐廣云敖東越臣韋昭云開陵屬臨淮 **繚嫈侯**服虔云音縈縣名劉伯莊云繚音遼下紆營反城陽王子也 **東越將多軍**李奇云多軍名韋昭云多姓軍名也

朝鮮列傳第五十五

按朝音潮直驕反鮮音仙以有汕水故名也汕一音訕 **王滿者**按漢書滿燕人姓衞擊破朝鮮而自王之 **始全燕時**按始全燕時謂六國燕方全盛之時 **嘗略屬眞番朝鮮**如淳云燕嘗略二國以屬已也應劭云玄菟本眞番國 **注有番汗**徐氏據地理志而知也番音潘又音盤汗音寒 **浿水爲界**浿音旁沛反 **上下鄣**按地理志樂浪有雲鄣 **都王險**韋昭云古邑名徐廣曰昌黎有險瀆縣應劭注地理志遼東險瀆縣朝鮮王舊都臣瓚云險城在樂浪郡浿水之東也 **臨屯**東夷小國後以爲郡 **譙諭**說文云譙讓也喻曉也譙音才笑反 **爲名美**有殺將之美名 **御殺何**即送何之御也 **相路人**應劭云凡五人戎狄不知官紀故皆稱相也路人漁陽縣人如淳云相其國宰相路人名也 **將軍王唊**音頰一音協 **右渠子長**按漢書表云長路音各 **子最**路人子也名最 **參澅清侯**韋昭云縣名屬齊顧氏澅音獲 **陰荻苴侯**晉灼云屬勃海荻音狄苴音子餘反 **唊平州侯**韋昭云屬梁父 **長幾侯**韋昭云縣名屬河東 **最涅陽侯**韋昭云屬齊也 **洌口**蘇林曰縣名度海先得之

西南夷列傳第五十六

以什數劉氏音所具反鄒氏音所主反 **夜郎最大**荀說云犍爲屬國也韋昭云漢爲縣屬牂牁按後漢書云夜郎東接交趾其地在胡南其君長本出於竹以竹爲姓也 **靡莫**夷邑名滇與同姓 **滇最大**崔浩云後爲縣越巂太守所理也 **魋結**魋漢書作椎音直追反結音計 **同師以東**韋昭云邑名漢書作桐鄉 **楪榆**韋昭曰益州縣楪音葉 **巂昆明**崔浩云二國名韋昭云巂益州縣 **徙筰都**服虔云二國名韋昭云徙縣屬蜀筰縣在越巂徐廣云筰音昨 **冉駹**按應劭云汶江郡本冉駹音亾江反 **白馬最大**案夷邑名即白馬氏 **莊蹻**音炬灼反楚莊王弟爲盜者 **滇池方三百里**地理志益州滇池縣澤在西北後漢書云其池水源深廣而更淺狹有似倒流故謂滇池 **通五尺道**謂棧道廣五尺 **僰僮**韋昭云僰屬犍爲音蒲北反服虔云舊京師有僰婢 **注枸一作蒟**按晉灼音矩劉德云蒟樹如桑其椹長二三寸味酢取其實以爲醬美又云蒟緣樹而生非木也今蜀土家出蒟實似桑椹味辛似薑不酢又云取葉此注又云葉似桑葉非也廣志云色黑味辛下氣消穀 **注音窶**求羽反 **食重萬餘人**按食貨輜重車也音時用反 **道牂牁江**崔浩云牂牁繫船杙也以爲地名道猶從也地理志夜郎又有豚水東至南海四會入海此牂牁江 **身毒國**身音捐毒音篤一本作乾毒漢書音義一名天竺也 **且蘭**上音子余反小國名也後縣屬牂牁 **誅頭蘭**郎且蘭也 **勞寖靡莫**二國與滇王同姓 **後揃**音剪揃謂破分割也 **剽分二方**上音疋妙反言西夷

後被擲迫逐遂剽居西南二方各屬郡縣剽亦分義

史記索隱卷二十五終

長沙鄭業敬初校

香山何翰章覆校

史記索隱卷二十六

司馬相如列傳第五十七

擊劒呂氏春秋劒伎云持短入長倏忽縱橫之術也魏文典論云余好擊劒善以短乘長是也**名犬子**孟康云愛而字之也**既學**案秦宓云文翁遣相如受七經**騎常侍**張揖曰秩六百石常侍從格猛獸**莊忌夫子**徐廣曰郭璞皆云名忌字夫子案鄒陽傳云枚先生嚴夫子此則夫子是美稱時人以爲號漢書作嚴忌者按忌本姓莊避明帝諱改姓嚴也**徃舍都亭**按臨邛郭不之亭也**鼓一再行**按樂府長歌行短歌行行者曲也此言鼓一再行謂一兩曲**琴心挑之**張揖云挑嬈也以琴中嬈之嬈音徒了反挑音奴了反其詩曰鳳兮鳳兮歸故鄉遨遊四海求其皇有一艷女在此堂室邇人遐毒我腸何由交接爲鴛鴦也**亡奔相如**郭璞云婚不以礼爲亡也**家居徒四壁立**按孔文祥云徒空也家空無資儲但有四壁而已云就此中以安立也**弟如臨邛**文穎云弟且也郭璞云弟語辭如往也**空借**音假借與積同音·**過詑**上音戈下音勑亞反誇詑是也**脚麟**韋昭云謂持其一脚也司馬彪云脚椅也說文云椅偏引一脚也**割鮮染輪**李奇云鮮生肉也染濡也切生肉濡鹽而食之染或爲淬與下文膊割輪染意同也**葢特**郭璞云特獨也**雲夢**褚詮音亡棟反又音莫風反裴駰云孫叔敖激沮水作此澤張揖云楚藪也在南郡華容縣郭璞曰江夏安陸有雲夢城南郡枝江亦有雲夢城華容縣又有巴丘湖俗云即古雲夢澤也則張揖在華容者指巴湖也今安陸東見有雲夢城雲夢縣而枝江亦有者蓋縣名遠取此澤故有城也**注漢書音義**按漢書注此卷多不題注者姓名解者云是張揖亦兼有餘人也**赭堊**張揖云赭赤土出少室山至白至本草云一名白墡也**白坿**張揖曰白石英也出魯陽山蘇林音附郭璞音符也**琨珸**司馬彪云石之次玉者按河圖云流州多積石名昆吾石鍊之成鐵以作劒光明照如水精按字或作昆吾**蕙圃**司馬彪云蕙香草也本草云薰草一名蕙廣志云蕙草綠葉紫莖魏武帝以此燒香今東下田有此草莖葉似麻其華正紫也**衡**張揖云衡杜衡生下田山按山海經云天帝之山有草葉如葵臭如蘪蕪可以走馬博物志一名土杏云其根一似細辛葉似葵故藥對亦爲似細辛是也**蘭**張揖云秋蘭**芷若**張揖云若杜若芷白芷也本草云一名茝埤蒼云齊曰茝晉曰虈嚻字林曰茝音充在反虈音火嬌反本草又曰杜若一名杜衡今杜若葉似薑而有文理莖葉皆有長毛古今名號不同故共所呼別也**射干**廣雅云烏蓬射干本草名烏扇**芎藭**司馬彪云芎藭似藁本郭璞云今歷陽呼爲江離淮南子云夫亂人者若芎藭之與藁本**江離**吳錄曰臨海縣關水中生江離正青似亂髮郎離騷所云者是也廣志爲赤葉紅華則与張勃所說又別按今芎藭苗曰江離綠葉白華者又不同**蘪蕪**孟康云蘪無蘄延也似蛇牀而香樊光曰藁本一名蘪蕪根名蘄延又藥對以爲蘪蕪一名江離芎藭苗也則芎藭藁本江離蘪蕪並相似非是一物也**諸柘**張揖云諸柘甘柘也**搏且**

上音蒟上反下音子余反漢書作巴蕉也郭璞云搏且蘘荷屬未知孰是也按衍壇曼司馬彪云按衍寬下壇曼平博
也衍音弋戰反也蔵析音針斯二音孟康曰蔵馬藍也郭璞曰蔵酸漿江東名烏蔵析漢書作斯孟康云斯禾似燕麥埤蒼又云生水中華可食廣志云涼州地生析草皆如中國燕麥是也其㾴溼㾴音婢㾴下也藏莨郭璞云狼尾似茅
蒹葭音兼加孟康云蒹葭似蘆也郭璞云蒹蔽也似萑而細小高數尺江東人呼為蒹蒿又云葭蘆也似葦而細小江東人呼為烏燕蒳音五患反蔽音敵東蘠按續漢書云東蘠似蓬草實如葵子十一月熟廣志云子色青黑河西語云貸我東蘠償
我田粱也彫胡按謂菰米菰蘆郭璞云菰蔣也蘆葦也注菴閭蒿郭璞云子可療病也注軒于蕕
草郭璞云生水中今揚州有也注朱楊赤楊郭璞云赤莖柳生水邊尒雅云檉河柳是也騰遠孟康云騰遠烏名非也司馬彪云騰遠蛇也郭璞云騰蛇龍屬能興雲霧射干張揖云射干似狐能緣木蟃蜒郭璞云蟃蜒大獸長
百尋貙犴張揖云貙似貍而大犴胡地野犬似狐而小黑喙應劭音顏韋昭一音岸鄒誕生音苦姦反協音是干將之
雄戟應劭曰干將吳善冶者姓如淳曰干將鉄所出晉灼曰闔閭鑄干將劍應劭說是方言云戟中尖刺者所謂雄戟也周處風土記云戟為五兵雄也注胡中有鉅音巨按周禮冶氏為戈胡三之注云胡其子也又禮圖謂戟支曲下為胡也
烏號之雕弓黃帝上仙羣臣舉弓抱之而號見封禪書及郊祀志文韓詩外傳云弓工之妻曰此弓大山南烏號之柘

按淮南子云烏號柘桑其材堅勁烏棲其上將飛枝勁復起號呼其上伐取其材為弓因曰烏號古史考風俗通皆因此說也古
夏服之箭按夏羿善射者又服箭室之名故云夏服又夏后氏有良弓名繁弱其矢亦良卽繁弱箭服是也陽子
驂乘服虔云陽子仙人陵陽子也張揖云陽子伯樂也孫陽字伯樂秦繆公臣善御者也纖阿為御服虔云纖阿為月御或曰美女姣好貌又樂產曰纖阿山名有女子處其岩月歷岩度躍入月中因名月御也按節未舒郭璞曰言頓轡
也司馬彪云按轡徐行得節故曰按節馬足未展故曰未舒之也亦曰未得也轊騊駼上音衛轊車軸也謂車軸衝殺之頭
騎駼野馬乘遺風呂氏春秋云遺風之乘古今注云秦始皇馬名射遊騏韋昭云如馬一角尒雅云騏無角曰騏非
麒麟之麟注轕音葛弭節司馬彪云弭猶低也或云節今之所言杖節信也容與郭璞曰言自得徼䜘受
詘司馬彪云䜘倦也遮其倦者䜘音劇詘音屈說文云䜘勞也燕人謂勞䜘徼音古堯反襞積褰縐小顏云襞積今
之襛襛古謂之素積蘇林曰褰縐縮蹙之是也注簡齰反又草注縐裁在代反注迟曲字林音厂亦反
鬱橈谿谷孟康曰其縐中文理鬱迟曲有似于谿谷也衯衯裶裶郭璞云衣長貌揚袘戌削張晏
曰揚舉也袘衣袖也戌削裁制貌也獠於蕙圃尒雅云宵獵曰獠郭璞獠獵也又音遼也盤跚勃窣韋昭
曰盤跚匍匐上下也窣音素忽反射鵕鸃司馬彪云鵕鸃山雞也許慎云鷩鳥也郭璞曰似鳳有光彩音浚宜李彤云鵕

鸃神鳥飛光竟天也連駕鵝尒雅云舒雁鵝也郭璞曰野鵝也東陼巨海蘇林音渚陼小洲曰渚謂東有大海
之渚也觀於成山張揖云觀闕也於山上築宮闕郭璞云言在山下遊觀音館也勃澥按齊都賦云海傍曰勃斷
水曰澥也青丘郭璞云山名出九尾狐也喻呷孟康曰喻呷衣起張也韋昭云呷音呼甲也萃蔡孟康云萃蔡衣
聲也郭璞曰萃蔡猶璀璨也蔕芥張揖曰刺鯁也郭璞云言不覺有也先生指子虛也見客如淳曰見賓客禮待
故也李善曰言見先生是賓客之也王辭而不復郭璞曰復答也听然說文云听笑兒終始灞滻出
入涇渭張揖云灞滻二水盡於苑中不出故云終始也涇渭二水從宛外來又出苑去也涇水出安定涇陽縣开頭山東至
陽陵入渭渭水出隴西首陽縣鳥鼠同穴山東至華陰入河酆鎬張揖云豐水出鄠縣南山豐谷北入渭鎬水在昆明池北郭
璞云鎬水下流也豐潦潏應劭云潦流也潏涌出聲也張揖云又有潏水出南山姚氏云潦或作澇也澇水出鄠縣北注
滈水出杜陵今名沇水自南山皇子陂西北流注昆明池入渭
按此下文八川分流則從涇渭灞滻豐鎬潦潏為八晉灼曰從丹
水以下則有九從灞以下則七按今潏既是水名際丹紫三川自從涇
渭以下下適足八川是經營乎其內也又潘岳關中記曰涇渭灞滻
豐鎬潦潏上林賦所謂八川分疏椒丘之闕服虔云丘名楚詞曰馳椒丘且焉止息也按兩山俱起象雙闕如淳云丘
多椒也堆埼郭璞曰堆沙堆埼曲岸頭也洶湧澎湃司馬彪云洶湧跳起貌澎湃相戾也湧或作容澎或作滂

滭浡滵汩司馬彪云滭沸盛皃滵汩去疾也湢測泌瀄司馬彪云湢測迫也泌瀄相楔也郭璞云逼側筆櫛
四音澈洌蘇林曰流輕疾也滂濞沆溉沆溉亦作瀣司馬彪云滂濞水流聲也流瀣徐流郭璞云鼓怒鬱鯁之皃也
穹隆雲橈服虔云水旋還作泉也郭璞云水隴起回窳也蜿灗膠戾司馬彪云蜿灗展轉也膠戾邪屈也音婉
善支戾圓音也踰波趨浥司馬彪云踰波後陵前也趨音馬浹反浥輪于深泉也浥音焉浹反莅莅下瀨司馬彪云莅莅
水聲也滯沛郭璞云水洒散皃滯音丑制反瀺灂上音士湛反下音士卓反說文云水小聲也潏淈湁
潗郭璞云皆水微轉細涌皃潏淈音決骨湁音勅力反潗音緝廣雅云潏湁決流也周成雜字云湁潗水沸之皃也汩急
漂疾音汋曰華給反郭璞云詳立反汩急轉皃也翯乎滈滈上翯音鶴下滈音鎬詩曰白鳥翯翯郭璞云水白光
皃滈音昊也赤螭文穎曰龍子曰螭張揖云雌龍也明月珠子的皪江靡應劭曰靡邊也明月
珠子生於江中其光耀乃照于江邊張揖曰靡涯也郭璞曰的皪照也鵠鴇音保郭璞云鴇似雁無後指毛詩鳥獸疏云鴇
似雁而虎文也鵁目郭璞云未詳小顏云荆郢間有水鳥大如鷺而短尾其色紅白深目旁毛長而旋此其旋目乎鵁音旋
煩鶩鷛渠郭璞云煩鶩鴨屬鷛渠一名章渠也葴鸃張揖云葴鸃似魚虎而蒼黑鄒誕本作鴟鵄也汎淫泛
濫郭璞云皆鳥任風波自縱漂皃汎音芳劒反廣雅云汎汎泛浮也掩薄草渚張揖云掩覆也草叢生曰薄也菁藻

郭璞云菁水草藻藙也呂氏春秋曰太湖之菁左傳云蘋蘩蘊藻蘊即聚崔崣崛崎郭璞云皆崇屈巘折皃崔音作罪反崣音委崛音掘崎音倚振溪張揖云振拔也水注川曰溪注溪曰谷郭璞曰振猶灑也谽呀豁閜司馬彪云谽呀大皃閜空虛也陂池貏豸郭璞曰陂池旁頹皃陂音皮貏音衣被之被沇溶淫鬻郭璞云游激淖衍皃夷陸司馬彪曰平地稾本按桐君藥錄云苗似穹窮也茈薑張晏云子薑也按四民月令云生薑謂之茈薑音紫葴橙張揖云葴持闕郭璞云橙柚也姚氏以爲此前後皆草非橙也小顏云葴寒漿也持當爲符符鬼目也按今讀者亦呼爲登謂金登草也若蓀張揖云蓀香草姚氏云蓀草似昌蒲而無脊也生溪澗中蓀音孫鮮支黃礫張揖云皆草也未詳司馬彪云鮮支支子或云鮮支亦香草也小顏云黃礫黃屑木恐非也蔣芧青薠蔣菰也郭璞芧音佇又云三稜芧薠音煩日出東沼張揖云日朝出苑之東池暮入于苑之西陂中也螹旄貘犛郭璞云螹牛領有肉堆音容按今之犛牛也張揖云旄旄牛狀如牛而四節生毛貘白豹也似熊痺腳銳頭骨無髓食銅鐵音陌犛音貍又音茅或以爲猫牛犛牛黑色出西南徼外毛可爲拂是也窮奇象犀張揖云窮奇狀如牛而蝟毛其音如嘷狗食人郭璞云象大獸長鼻牙長一丈犀頭似豬痺腳一角在頭也麒麟張揖曰雄曰麒雌曰麟其狀麇身牛尾狼蹄一角郭璞云麒似麟而無角毛詩疏云麟黃色角端有肉京房傳云有五彩腹下黃色也角䚗張揖云音端角䚗似牛郭璞云似猪角在鼻上毛詩疏云可以爲弓

李陵曾以此弓遺蘇武華榱壁璫韋昭曰裁金爲璧以當榱頭司馬彪曰以璧爲瓦當夷嵏築堂服虔云平此山以爲堂如湻云嵏山名也累臺增成張揖云重累而成之故曰增成禮曰爲壇三成也巖突洞房郭璞曰言在巖突底爲室潛通臺上突音一弔反釋名以爲突幽也楚辭云冬有突廈夏屋寒王逸以爲複室也靈圄張揖云衆仙號淮南子云騎飛龍從湻圄許慎曰湻圄仙人也偓佺韋昭曰古仙人姓偓列仙傳云槐里採藥父也食松形體生毛數寸方眼能行追走馬也南榮應劭云屋檐兩頭如翼也故鄭玄云榮屋翼也七誘云飛榮似鳥舒翼是也暴偃臥也盤石裖厓如湻曰裖音振盛多也李奇曰振整也整頓池外之厓音之忍反也磼碟埤蒼云高皃也上士劫反下魚揖反又字林音磼才匝反碟五匝反旁唐郭璞云旁唐言盤薄赤瑕駁犖說文云瑕玉之小赤色張揖曰赤玉也司馬彪曰駁犖采點也音洛角反盧橘夏熟應劭曰伊尹書果之美者箕山之東青鳥之所有盧橘夏熟晉灼曰此雖賦上林博引異方珍奇不係於一也按廣州記云盧橘皮厚大小如甘酢多九月結實正赤明年二月更青黑夏熟吳錄云建安有橘冬月樹上覆裹明年夏色變青黑其味甚甘美盧即黑是也橪柹張揖曰橪橪支香草也韋昭曰橪音汝蔦反郭璞云橪支木也橪音烟徐廣曰橪棗也而善反說文曰橪酸小棗也淮南子云伐橪棗以爲矜音勤也楟柰厚朴張揖云楟柰山梨也司馬彪曰上黨謂之楟椋齊都賦云楟柰椋熟也厚朴藥名梬棗上音弋井反梬棗似柹也楊梅張揖云其大小似穀子而有核

其味酢出江南荊陽異物志其實外肉着核熟時正赤味甘酸櫻桃張揖曰一名含桃呂氏春秋爲鸎鳥所含故曰含桃爾雅云爲荊桃也荅遝離支郭璞云荅遝似李出蜀晉灼曰離支大如雞子皮麁剝去皮肌如雞子中黃其味甘多酢少廣異志云樹高五六丈如桂樹綠葉冬夏青茂有華朱色離字或作荔音力致反貤丘陵郭璞曰貤延也華楓㭐櫨張揖曰華皮可以爲索古今字林云櫨合櫸之木楓木厚葉弱支善搖郭璞云似白楊葉圓而岐有脂而香出犍爲舍人曰楓爲樹葉弱莖大風則鳴故曰楓爾雅云一名攝㭐枰即平仲木也櫨今黃櫨木也一云玉精食其子得仙也留落胥邪晉灼云留落未詳郭璞曰落櫻也中作器素胥邪似并閭司馬彪云胥邪樹高十尋葉在其末異物志實大如瓠繫在顛若挂物實外有皮中有核如胡桃核裏有膚厚半寸如豬膏裏有汁斗餘清如水味美於蜜仁頻并閭孟康曰頻㯶也張揖云并閭皮可爲索姚氏云檳一名椶即仁頻也林邑記云樹葉似甘蕉頻音賓欃檀欃音讒檀別名也皇覽云孔子墓後有欃檀樹也女貞荊州記云宜都有喬木叢生名爲女貞葉冬不落𡾞錯癹骫郭璞云蟠戾相摎楚詞云林木癹音跋骫音委阬衡閜砢郭璞云揭孽傾欹皃落英幡纚張晏云飛揚皃纚音所綺反猗旎從風張揖云猗旎阿那也瀏莅芔歙郭璞云皆林木鼓動之聲瀏音留莅如字又音栗也柴池茈虒張揖曰柴池參差也茈虒不齊也柴音差茈音惻氏反玄猨素雌蜼玃飛蠝張揖曰蜼似獼猴卬鼻而長尾玃似獼猴而大飛蠝飛鼠也其

狀如兔而鼠首以其頷飛郭璞曰蠝飛鼠也毛紫赤色飛且生一名飛生蜼音遺蠝音誄玄猨猨之雄者色也素雌猨之雌者色也玃音钁蜼似猴尾端爲兩岐天雨便以尾窒鼻兩孔郭璞云玃色蒼黑能攫搏人故云玃也蛭蜩蠼蝚司馬彪云山海經云不咸之山有飛蛭四翼蜩蟬也蠼猱獼猴也郭璞云蛭蜩未聞如湻曰蛭音質顧氏云玃音塗卓反山海經曰鼻塗山下有獸似鹿馬足人手四角名爲蠼蠼猱即此也字作玃郭璞云玃非也上巳有蜼玃此不應重見又神異經云西方深山有獸毛色如猴能緣高木其名曰蜩字林蠼音狄蛭音質蛭蜩二獸名獑胡㲉蛫張揖曰獑胡似獼猴頭上有髦腰以後黑郭璞曰㲉似䝔而大腰以後黃一名黃腰食獼猴㲉白狐子也蛫未聞姚氏按山海經即山有獸狀如龜白身赤首其名曰蛫又說文云獑胡黑身白腰若帶手有長白毛似握板也踔稀閒踔懸蹢也孫叔奉轡鄭氏云大僕公孫賀衛公驂乘大將軍衛青也按大駕出太僕御大將軍驂乘也扈從橫行出乎四校之中晉灼曰扈大也張揖曰跋扈縱橫不按鹵簿也文穎曰凡五校今言四者一校隨天子乘輿也鼓嚴簿張揖曰鼓嚴鼓也簿鹵簿也謂擊嚴鼓於鹵簿中也江河爲阹泰山爲櫓郭璞曰因山谷遮禽獸爲阹櫓望樓也蒙鶡蘇孟康曰鶡尾也蘇析羽也張揖曰鶡似雉鬬死不卻按蒙謂覆覆而取之鶡以蘇爲奇故特言之以成文耳鶡音曷決疑注云鳥尾爲蘇也絝白虎張揖曰著白虎文絝郭璞曰絝謂絆絡也被斑文文穎曰著斑文之衣輿服志云虎賁騎被虎文單衣單衣即此斑文也

跨壄馬按壄音野跨乘之也椎蜚廉弄解豸郭璞曰飛廉龍雀也鳥身鹿頭象在平樂館推音直追反張揖曰解豸似鹿而一角人君刑罰中則生於朝主觸不直者言今可得而弄也解音蟹豸音大妳反又音文介反格蝦蛤鋋猛氏孟康曰蝦蛤猛氏皆獸名晉灼曰蝦蛤鬭郭璞曰今蜀中有獸狀如熊而小毛淺有光澤名猛氏說文云鋋小矛也音蟬解脰陷腦張揖云脰頸也陷音苦念反亦依字讀也浸潭促節浸潭猶漸茸也漢書作浸淫或作乘輿按節也潭音尋揜焦明張揖曰焦明似鳳西方鳥樂叶圖徵曰焦明狀似鳳皇宋衷曰水鳥消搖乎襄羊郭璞曰襄羊猶彷徉聽葛天氏之歌張揖曰葛天氏三王時君號也呂氏春秋云其樂三人持牛尾投足以歌八闋一曰載人二曰玄鳥三曰遂草木四曰奮五穀五曰敬天常六曰建帝功七曰依地德八曰總禽獸之極巴俞宋蔡淮南于遮郭璞曰巴西閬中有俞水獠人居其上好舞初高祖募取以平三秦後使樂人習之因名巴俞舞也張揖曰禮樂記曰宋音宴女溺志蔡人謳員三人楚詞云吳謠蔡謳淮南鼓員四人于遮曲是其意也文成顛歌郭璞云未聞文穎曰文成遼西縣名其縣人善歌顛益州顛縣其人能作西南夷歌顛即滇也激楚結風文穎曰激衝激急風也結風回風回亦急風也楚地風氣既自漂疾然歌樂者猶復依激結之急風以爲節其樂促迅哀切也靡曼美色張揖曰靡細曼澤也韓子曼服皓齒也麗靡爛漫於前郭璞云言恣其觀也列女傳曰桀造爛漫之樂青琴宓妃伏儼曰青琴古神女也如淳曰宓妃伏羲女溺死洛水遂爲洛水之神宓音伏姣冶閑都郭璞云姣好也都雅也詩云姣人嫽兮方言云自關而東河濟之間凡好或謂之姣音絞說文云嫺雅也或作閑小雅曰都盛也絕殊離俗郭璞云俗無雙柔橈嬛嬛郭璞曰柔橈嬛嬛皆骨體耎弱長豔皃也廣雅云嬛嬛容也張揖曰嬛嬛猶婉婉也嫵媚孅弱埤蒼云嫵媚悅也通俗文云頰輔謂之嫵媚郭璞云孅弱弱皃埤蒼曰嫵弱謂容體纖細柔弱也曳獨繭之褕袣張揖云褕襜褕也袣袖也郭璞曰獨繭一繭絲也埤蒼云袣衣長皃也眇閻易以恤削郭璞曰閻易衣長皃恤削言如刻畫作也皓齒粲爛宜笑的皪郭璞曰鮮明皃也楚詞曰美人皓齒以姱又曰娥眉笑以的皪皪音皪也長眉連娟微睇緜藐郭璞曰連娟眉曲細也緜藐遠視皃也娟音一全反睇大計反藐音邈色授魂與心愉於側張揖曰彼色來授我我魂往與接也愉音踰往也愉悅也二義竝通也載雲罕張揖云罕畢也文穎曰郎天畢星名前有九旒雲罕之車按說者以雲罕爲旌旗非也且按中朝鹵簿圖云雲罕駕駟不兼言九旒罕車與九旒車別揜群雅揜捕也張揖曰詩小雅材七十四人大雅之材三十一人故曰群雅也言雲罕載之於車以捕群雅之士悲伐檀張揖曰其詩刺賢者不遇明主也樂樂胥毛詩云君子樂胥授天之祜言王者樂得賢材之人使之在位故天與之福祿也胥音先呂反喟然興道漢書作喟音許貴反功羨於五帝司馬彪云羨溢也音怡戰反抗士卒上音五官

反愀然郭璞云變色皃音作酉反故刪取其要歸正道而論之大顏云不取其夸奢靡麗之論唯取終篇歸於正道耳小顏云刪要非謂削除其詞而說者謂此賦已經史學刊剟失之也唐蒙使略通張揖曰蒙故鄱陽令今爲郎中使行略取之夜郎僰中文穎曰皆西夷後以爲夜郎屬牂牁僰屬犍爲音步北反巴蜀按巴蜀二郡名右弔番禺文穎曰番禺郡理也弔至也東伐閩越後至番禺故言右至也按姚氏弔讀如字小顏云兩國相伐漢發兵救之令弔番禺故遣太子入朝弔非至也往賓之賈逵云賓伏也乃發軍興制張揖曰發三軍之衆也興制謂起軍法制也按唐蒙爲使而用軍興法制也注烽如覆米䉛字林云䉛漉米藪也音一六反又纂要云䉛淅箕也此注是孟康說熢燧韋昭曰熢束草置之長木之端如挈皋見敵則燒舉之燧者積薪有難則焚之燧主晝熢主夜攝弓上音奴頰反析圭如淳曰析中分也白藏天子青在諸侯也東第列甲第在帝城東故云東第也重煩百姓重猶難也亟下縣道上音紀力反亟急也以巨萬計按巨萬猶萬萬也按數有大小二法張揖曰算法萬萬爲億是大數也鸞子曰十萬爲億是小數也漢用事者按謂公孫弘也卭筰之君長文穎曰卭者今爲卭都縣筰者今爲定筰縣皆屬越嶲郡請吏比南夷謂請置漢吏與南夷爲比例也愈於南夷張揖曰愈差也又云愈猶勝也晉灼曰南夷謂犍爲牂柯也西夷謂越嶲益州中郎將張揖曰移四百石五歲遷補大縣令壺充國按漢書公卿表太初元年爲鴻臚卿也縣令負弩矢先驅按亭吏二人弩矢合是亭長負之今縣令自負矢則亭長當負弩也且負弩亦守宰無定或隨輕重耳按霍去病出擊匈奴河東太守郊迎負弩又魏公子救趙擊秦秦軍解去平原君負韊矢迎公子於界上蜀以爲寵華陽國志云蜀大城北十里有升仙橋以送客觀也相如初入長安題其門云不乘赤車駟馬不過汝下也使女尚司馬長卿小顏云尚猶配也本或作當也斯榆鄭氏音臾張揖云斯俞國也按今斯讀如字益部耆舊傳謂之斯臾華陽國志邛都縣有四部斯臾一也益斥張揖曰斥廣也沫若水張揖曰沫水出蜀廣平徼外與青衣水合也若水出旄牛徼外至僰道入江華陽國志漢嘉縣有沫水音妹又音末爲徼張揖曰徼塞也以木柵水爲蠻夷界橋孫水通筰韋昭曰爲孫水作橋也按華陽國志云相如卒開僰道通南夷開越嶲郡韓說開益州唐蒙開牂牁斬筰王首置牂牁郡也業已建之按業者本也謂本由相如立此事也湛恩韋昭云上音沈而攘攘却也汝羊反舉苞滿服虔云夷種也滿字或作蒲也結軼下音轍漢書作軌張揖云結屈也羈縻案羈馬絡頭也縻牛韁也漢官儀馬云羈牛云縻言制四夷如牛馬之受羈縻也惡聞若說張揖曰惡聞若曹之言也包愷音一故反又音烏烏者安也固常之所異也按常人見之以爲異黎人懼焉張揖曰非常之事其本難知衆人懼也漉沉澹菑漉音鹿菑音災漢書作澌沉澹災解者云澌作灑灑分也音所綺反澹安沉深也音徒覽

反豈唯人哉按謂非獨人勤禹亦親其勞也躬奏腠無胈張揖曰奏作腠躬體也腠膚理也韋昭曰胈其
中小毛也胈音丁私反莊子云禹腓無胈脛不生毛李頤云胈白肉也音蒲末反注厭睡上音烏簟反下音竹垂反委
瑣握躪孔文詳云委瑣細碎握躪局促也參天貳地按天子比德於地是貳地也與己并天爲三是參天也故
禮曰天子與天地參是也浸淫按浸淫猶漸浸盭夫爲之垂涕張揖曰恨戾之夫也字或作戾盭古戾字二
方之君謂西夷邛僰南夷牂牁夜郎也疏逖不閉逖遠言其疏遠者不被閉絕也曶爽三蒼云曶爽早朝也
曶音昧按字林又音忽禔福說文云禔安也市支反合在於此張揖云在於憂勤佚樂之中也上減五
下登三李奇曰五帝之德漢比爲減三王之德漢出其上故云減五登三也虞憙志林云漢德欲減五帝之一以漢盈之然
以漢爲五帝之數自然是登於三王之上也今或作減或作咸是韋昭之說也敵罔靡徙按敵罔失容也靡徙失正也
烏獲張揖曰秦武王力士舉龍文鼎者也慶忌張揖曰吳王僚之子猝然廣雅云猝暴也音倉兀反駭不存
之地謂所不慮而猛獸駭發也逢蒙孟子云逢蒙學射於羿盡羿之道也銜橛之變張揖曰銜馬勒銜也橛騑坐不
馬口長銜也周遷輿服志云鉤逆上者爲橛橛在銜中以鐵爲之大如雞子鹽鐵論云無銜橛而禦捍馬橛音巨月反
垂堂張揖云畏簷瓦墮中人樂產云垂邊也恐墮墜之也登陂陁陂音普何反陁音徒何反坌入上音步寸反

曲江之隑州按隑音祈隑即碕謂曲岸頭也張揖曰隑長也苑中有曲江之象中有長州又有宮闕路謂之曲江在杜
陵西北五里又三輔舊事云樂遊原在北是也谾谾音苦江反晉灼曰音籠古巃字蕭該云谾或作巃長大皃也谽谺
呼含呼加二反汩淢噏上音于筆反淢音域疾皃也噏音許及反漢書作歙歙輕舉意也爲孝文園令百官
志云陵園令六百石掌按行掃除也列仙之傳居山澤按傳者謂相傳以列仙居山澤閒音持全反小顏及劉氏
竝作儒儒柔也衛士之稱非形容甚臞韋昭曰臞瘠也舍人云臞瘦也文子云堯臞瘦音巨俱反世有大人
張揖云喻天子向秀云聖人在位謂之大人張華云相如作遠遊之體以大人賦之也悲世俗迫隘如淳曰武帝云
誠得如黃帝去妻子如脫屣是悲世俗迫隘也悼指橋以偃蹇悼音徒弔反指音居桀反橋音嬌張揖曰指橋隨風
指靡偃蹇高皃應劭云旌旗屈撓之皃靡屈虹而爲綢綢音籌或音韜屈虹斷虹也紅杳眇以泫
潛蘇林曰注泫音炫潛音麵晉灼曰紅赤色皃杳眇深遠泫潛混合也紅或作虹也据以驕驁張揖曰据直項也驕
驁縱恣也据音據驕音居召反驁音五到反躩以連卷韋昭曰龍之形皃也躩音起碧反連卷音輦卷也沛艾
赳螑孟康曰赳螑申頸低頭張揖曰赳螑之牙跳也赳音居幼反螑音許救反仡以佁儗張揖曰仡舉頭也佁儗不
前也仡音蔪吏反儗音魚吏反也驤以孱顏服虔曰馬仰頭其口開正孱顏也韋昭曰顏音吾板反詩云兩服上驤注

云驤馬是也跮踱輵磍張揖曰跮踱疾行皃輵磍前却也跮音褚栗反踱音褚略反輵音烏葛反磍音曷蜩蟉
偃蹇蜩音徒弔反蟉音勑弔反張揖曰偃蹇却距也廣雅曰偃蹇夭嬌之皃怵㚟梁倚張揖曰怵㚟奔走梁倚相
著韋昭曰㚟音答略相如傳云倏㚟遠去㚟視也糾蓼叫奡踏以艐路蓼音了奡音五到反小顏云叫奡高
梟皃踏音徒荅反艐音届三倉云踏著地孫炎云艐古界字也狂趡張揖云趡走皃蔑蒙張揖曰蔑蒙飛揚也厮征
伯僑應劭曰厮役也張揖曰王子喬也漢書郊祀志作征伯僑此當別人恐非王子喬也綷雲蓋音祖內反如淳曰綷
合也合五綵雲爲蓋也紛湛湛音徒感反轇輵廣雅云轇輵驅馳也衝從上昌勇反下息冗反矔然矔音
鸛也嬐浸潯漢書嬐作傑傑仰也音襟嬐音魚錦反使所思往張揖曰使者姓名見食貨志五三六
經胡廣云五五帝也三三王也六六經也按六經詩書禮樂易春秋也歷選文穎曰選數之也率邇者踵武
按率循也邇近也言循覽近代之事則繼跡可知也紛綸威蕤胡廣曰紛亂也綸沒也葳蕤委頓也張揖云亂皃七
十有二君韓詩外傳及封禪書皆然爰周郅隆爰於也郅大也崇盛也應劭曰郅至也樊光云郅可見之大
也徐及皇甫之說皆非也以言文王改制及周而大盛也大行越成按行道也越於也以言道德大行於是而成之也
逢源泉張揖曰逢遇也喻其德盛若遇泉源之流也又作峰讀曰烽胡廣曰自此已下論漢家之德也導一莖六

穗鄭玄云蕖擇也說文云嘉禾一名蕖字林云禾一莖六穗謂之蕖也獲周餘珍按謂得周鼎也招翠黃乘
龍服虔云龍翠色又云即乘黃也乘四龍也周書云乘黃似狐背上有兩角也躍魚隕杭杭舟也胡廣云武王渡河
白魚入于王舟俯取以燎隕墜之於舟中也進讓之道何其爽與爽猶差也言周未可封而封漢可封而不
封爲進讓之道皆差之也不特創見文穎曰不獨一物造次見之胡廣云符瑞眾多應期相繼而至也設壇場
望幸華按謂本或作望華蓋華蓋星名在紫微太帝之上今言望華蓋太帝耳且言設壇場望幸者望聖帝之臨幸也義亦
兩通而孟康服虔云注本皆云望幸下有華字而虞摯流別集則唯云望幸當是也於義易通直以後人見華下有蓋字又幸字似
華字因疑惑遂安華字使之誤也蓋號以況榮按文穎曰蓋合也言考合前代之君搜其榮而相比況而爲號也大
顏云蓋語辭也言蓋欲紀功立號受天之況賜榮名也於義爲愜然其文云蓋詞義典質又上與幸字連文致令有華蓋之謬也
將以薦成按漢書作慶義亦通也挈三神之驩按徐氏云挈猶垂非也應劭作紀李奇韋昭作闕意亦不
遠三神韋昭以爲上帝太山梁父如淳謂地祇天神山岳也天爲質闇孟康曰言天道質昧以符瑞見意不可辭讓也
梁父靡幾也按幾音冀亦各竝時而榮咸濟代而屈自言古封禪之帝王是各竝時而榮
貴咸有濟代之動而屈者謂言抑屈揔不封禪使說者尚何稱述於後代也故上文云七十二君者哉不爲進越文穎

曰越踰也不爲苟進踰礼也**攄之無窮**廣雅云攄張舒也**茂實**胡廣曰飛揚英華之用聲騰馳茂盛之實也**此**按謂用此封禪**滲漉**按說文云滲漉水下流之皃也**氾布護之**胡廣曰氾普也言雨澤非偏於我普遍布散無所不蕿之也**侯不邁哉**李奇云侯何也言居何不行封禪之事也按邁訓行也如淳云侯維也**般般之獸**按般般文彩之皃也音班胡廣曰謂騶虞也**旼旼**音旻**虞氏以興**文穎曰舜百獸率舞則騶虞亦在其中者巳**濯濯之麟**詩人云麀鹿濯濯注云濯濯嬉遊皃也**宛宛黃龍**胡廣曰屈伸也**正陽顯見**文穎曰陽明也謂南面受朝也**云受命所乘**如淳云書傳所載據其比類以爲漢土德黃龍爲之應見之於成紀故云受命所乘也**春秋推見至隱**李奇曰隱猶微也言其義彰而文微若隱公見弑而經不書諱之韋昭曰推見事至于隱諱謂若晉文召天子經言狩河陽之屬**易本隱之以顯**韋昭曰易本陰陽之微妙出爲人事乃更昭著也虞喜志林曰春秋以人事通天道是推見以至隱也易以天道接人事是本隱以之明顯也**王公大人**文穎曰大雅先言大人王公之德後乃衆庶**小巳得失**文穎曰小雅之人材志狹小先道巳之憂苦其末流及上政之得失也故禮緯云小雅譏巳得失及之於上也

淮南衡山列傳第五十八

父世縣也按漢書曰毋家縣按謂父祖代居眞定也**袖鐵椎椎辟陽侯**按漢書作褏金椎椎之按魏公子無忌使朱亥袖四十斤鐵椎椎之也**所不當得**按謂有罪之人不得關內侯及二千石**大夫但**張揖曰大夫姓非也按上云男子但此云大夫但及士伍開章則知大夫是官也**簡忌**簡姓也音姦嚴助傳則作間忌亦同音姦**謾吏曰**上音慢慢誣也**不知安在**按實葬肥陵誣云不知處肥陵地名在肥水之上也**嚴道邛郵**按嚴道蜀郡之縣也縣有蠻夷曰嚴道道有邛萊山有郵置故曰嚴道邛郵也**子母從居**按欒産云妾媵之有子者從去也**他可**按謂他事可其制也**乃公勇**乃汝也汝公淮南王自謂也**獨斬丞相御史**按劉氏云袁盎此言亦大過也**徙淮南王喜**故城陽景王之子也**陰結賓客**淮南要略云安養士數千高才者八人蘇非李尚左吳陳由伍被毛周雷被晉昌號曰八公也**爲中詗**鄧展曰詗捕也徐廣曰伺候採察之名孟康曰詗音偵西方人以反間爲偵劉氏及包愷並音丑政反服虔云偵候也**靁被巧**按巧言善用劍也**一再辭讓**欒産云初一讓至二讓後遂不讓故云一再讓而誤中**卽訊太子**按欒産云卽就也訊問也就淮南按之不逮詣河南也**中尉宏**按百官表姓殷也**廢格明詔**崔浩云詔書募擊匈奴而雍遏應募者漢律所謂廢格按如淳注梁孝王傳云致閣不行也音各也**道長安來**如淳曰道猶言路由長安來姚承云道或作從**壽春莊芷**漢書作嚴正也**輿地圖**按志林云輿地圖漢家所畫非出遠古也**且吳何知反**按知猶解**鐖鏧**劉氏音上吾裏反下自洛反鐖鄂音機也**注大鎌謂之剴**鎌音廉剴音五哀反**若燋**音卽消反**法冠**崔浩云一名獬廌冠按蔡邕云楚王冠也秦滅楚以其君冠賜御史者也**一日發兵**崔浩云一日猶一朝卒然無定時也**下雉之城**雉音徐爾反按縣名在江夏**會肄丞相者**按肄習也音異**江都人救赫**下音赫漢書作枚劉向別錄云易家有救氏注也**白嬴**音盈人姓名也**中尉安**按漢書表司馬安也**大行息**按漢書表李息也

史記索隱卷二十六

長沙鄭業敬初校

香山何翰章覆校

史記索隱卷二十七

循吏列傳第五十九

按謂本法循理之吏也

庳車 庳下也音婢 高其梱 音口本反梱門限也 豫賈 下音嫁謂臨時評其貴賤不豫定也 子產鄭昭君之時 按鄭系家云子產鄭成公之少子事簡公定公簡公封子產以六邑子產受其半子產不事昭君亦無徐摯作相之事蓋別有所出太史記異耳 太官子期 子期亦鄭之公子也左傳國語亦無其說按系家鄭相子駟子孔與子產同時蓋亦子駟之兄弟也 子產死 按左傳及系家云子產死孔子泣曰子產古之遺愛也又韓詩稱子產卒鄭人耕者輟耒婦人捐其佩玦也 安所讎 讎音售 勿勿 音亡粉反 聽微決疑 言能察聽微理以決疑獄故周禮司寇以五聽察獄詞氣色耳目也又尚書曰伏念五六日至于旬時是也

汲鄭列傳第六十

以莊見憚 按莊者嚴也謂嚴威也案自漢明帝諱莊故已後莊皆云嚴 屋比 下音鼻 傅栢 傅音付人姓栢名為梁將也 注一名棄疾 漢書名棄疾 戇 戇愚也音下降反也 賜告者數 下音數按注賜告得去官家居予告居官不視事也 踰人 音庾按漢書瘉瘉猶勝也此作踰踰謂越過人也 貰馬 上音時夜反貰賒也鄒氏音勢

巧弄 下音路洞反 決讞 下音魚列反 巧詆 下音丁禮反 吾今召君矣 今郎今也謂今日後郎召君 濮陽段客 按漢書作段宏 常置驛馬長安諸郊 按置郎驛馬謂於置著馬也四面郊 不過算 音先管反按謂竹器以言無銅漆也漢書作具器食也 大農僦人 僦音即就反 注辜較 音姑角二音按謂當時作大農任賓客就人取庸直也或者貰物以應官取庸故下云多逋負注辜較榷者獨也言國家獨酤榷酤也此云辜較亦謂令賞賓客任人專其利故云辜較也 賓客益落 按落猶零落謂散也 下邽 音圭縣名屬京兆徐廣曰下邽作下邳

儒林列傳第六十一

余讀功令 按謂學者課功著之於令即今學令是也 仲尼干七十餘君 按後之記者失辭也按家語等說云孔子歷聘國莫能用謂周鄭齊宋曹衛陳楚杞莒匡等縱歷小國亦無七十餘國也 大者為師傅卿相 按子夏為魏文侯師子貢為齊相魯聘吳越蓋亦卿也宰予亦仕齊為卿餘未聞也 適戍 上音丁革反 申培公 徐廣云培一作陪音裴韋昭曰培申公之名音浮鄒氏音普來反也 韓太傅 韓嬰也為常山王太傅也 濟南伏生 按張華云名勝漢紀云字子賤 魯高堂 謝承云秦氏季代有魯人高堂伯則伯是其字云生者自漢已來儒者皆號生亦先生省字呼之耳 胡毋生 毋音無胡毋姓字子都 上屬所二千石 上時兩反屬音燭屬委也所二千石謂於所部之郡守相 常與計偕 計計吏也偕俱也謂令與計吏俱詣太常也 文章爾雅 謂詔書文章雅正訓辭深厚也 補中二千石屬 蘇林曰屬亦曹吏今縣官文書解云屬某甲 文學掌故補郡屬 如淳云漢儀弟子射策甲科百人補郎中乙科二百人補太子舍人皆秩比二百石次郡國文學秩百石也 申公以弟子從師入見 按漢書云申公少與楚元王俱事齊人浮丘伯受詩 與劉郢同師 按漢書云呂太后時徵浮丘伯在長安申公與元王郢客俱卒學也 不傳 謂申公不作詩傳但教授有疑則闕耳 蘭陵繆生 音亡救反繆氏出蘭陵一音穆所謂穆生為楚元王所禮也 此家人言耳 服虔云如家人言也按老子道德篇近而觀之理國理身而已故言此家人之言也 淮南賁生 音肥 弟子都養 謂倪寬家貧為弟子造食也何休注公羊灼烹為養案有廝養卒廝掌馬養造食 善為容 漢書作頌亦音容也 起其家逸書 按孔子臧與安國書云舊書潛于壁室欻尒復出古訓復申唯聞尚書二十八篇取象二十八宿河圖乃有百篇郎知以今讎古隸篆推科斗以定五十餘篇並為之傳也藝文志曰二十九篇得多六十篇起者謂起發以出也 公戶滿意 公戶姓滿意名也按鄧展云二人姓字非也 單次 上音善單姓次名也 魯商瞿 按商姓瞿名字子木瞿音劬 六代田何 按漢書云商瞿授東魯橋庇子庸庸授江東馯臂子弓子弓授燕周醜子家子家授東武孫虞子乘仲尼弟子傳作淳于人光羽子乘不同也子乘授田何子裝是六代孫也 楊何 按田何傳東武王同同傳菑川楊何 為江都相 按仲舒事易王王武帝兄也 遼東廟災 按漢書以為遼東高廟及長陵園殿災也仲舒為災異記草而未奏主父偃竊而奏之

酷吏列傳第六十二

昔天下之罔嘗密矣 按鹽鐵論云秦法密於凝脂 若救火揚沸 言本弊不除則其末難止 破觚為圜 應劭云觚八稜有隅者高祖反秦之政破觚為圜謂除其嚴法約三章耳 斲琱為樸 應劭云斲琱為樸也晉灼云凋弊也斲理凋弊之俗使反質樸 郅都 音質 楊人也 漢書云河東大楊人 寘姬 按姬生趙王彭祖也 濟南瞷氏 苟悅音閑鄒氏劉氏音莧同也 中都 按中如字謂以法中傷之 偶人象 漢書作寓人象按寓即偶也謂刻木偶類人形也一云寄人形於木也 操下 操音七刀反操執也 數都尉 上音所主反 解脫 上音紀賣反下音他活反謂脫鉗釱 貰貸 上音食夜反貰賒也又音勢下音天得反 由以宗家任為郎 按與國家有外戚婣屬比於宗室故曰宗家也 均茵伏 按均等也茵車蓐也伏車軾也言二人與由同載一車尚不敢與之均茵軾也謂下之也漢書伏作憑也 守勝屠公 風俗通云勝屠即申屠 趙禹斄人 音怡斄縣屬扶風 傳爰書 韋昭云爰

換也古者重刑嫌有愛惡故移換獄書使他官考實之故曰傳爰書也乾沒如淳曰得利爲乾失利爲沒補廷尉
史亭疑法廷史廷尉之吏也亭平也使之平疑事也欲傳古義音附補中都官按謂京師諸官府吏
無害蘇林云言若無比也蓋云其公平也俱攻剽說文云剽刺也一云劫又音敷妙反姊姰李奇音吁孟康音詡
也少蘊藉蘊音慍藉音謝張晏云爲人無所避故少所假借也上黨中令按謂補上黨郡中之令史失其縣名
修成君子仲按王太后之女號修成君其子名仲猾人佐吏爲理按謂豪猾之人干豫吏政故云佐吏
爲理也而卒起幸甘泉卒音七忽反告緡緡錢貫也漢氏有告緡令揚可主之謂緡錢出人有不出算錢
者令得告之也求爲可使謂求楊可之使廢格沮事應劭云沮敗已成之事格音閣黎來上音犁黎比也
徒請名禍猾吏按漢書作請召猜禍吏服虔曰徒但也猜惡也應劭曰猜疑也取吏名爲好猜疑人作禍敗者而使
之按漢書召作名拄平人上音仕疑反爲荀彘所縛按漢書云與左將軍荀彘俱擊朝鮮爲彘所縛還免
爲庶人病死惛惛音昏投缿音項器名受投書之器入不可出三倉胡江反置伯格長伯音阡陌格音村落
言阡陌村落皆置長也以爇大豪按爇猶爇炙之謂下戶之中有姦猾之人今按之以爇逐大姦作沈命法
服虔云沉匿不發覺之法韋昭云沉沒也杜周杜衍人地名外寬內深次骨次至也李奇曰其用法刻

至骨大氐盡抵以不道按大氐猶大都也氐音至彌僕彌姓僕名推減上音直追反下音減一作成是
也謂推繫之以成獄也螻蟄上音蝮虵下音鷙鷹也言其酷比之蝮毒鷹攫
大宛列傳第六十三按此傳合在西南夷下不宜在酷吏游俠之間今誤列于此也
大宛音苑又於袁反騫漢中人陳壽益部耆舊傳云騫漢中成固人注飲器椑榼椑音白迷反榼音古
盍反按謂今之偏榼也必更匈奴中更經也音羹堂邑氏胡奴甘父按謂堂邑縣人家胡奴名
甘父也云堂邑父者謂後史家從省唯稱堂邑父而略甘字甘或其姓號徑匈奴謂道經匈奴也遣騫謂大宛發遣騫
西也爲發道驛抵康居發道謂發驛令人導引而至康居也導音道抵至也居音渠也注一云立夫
人爲王按漢書張騫傳云立其夫人爲王也既臣大夏而居之謂月氏以大夏爲臣而爲之作君也不
得月氏要領李奇云要領要契也小顏以爲衣有要領劉氏云不得其要害然顏是其意於文字爲疏者也奉使
堂邑父君之官號扜罙國名也音汙彌二音于寘音殿注漢紀按謂荀悅所譔漢紀注拘彌拘音俱彌
卽罙也則拘彌與扜罙是一也康居音渠其南則河源出焉按漢書西域傳云河有兩源一出葱嶺一出于
寘山海經云河出崑崙東北隅郭璞云河出崑崙潛行地下至葱嶺山于寘國復分流岐出合而東注泑澤已而復行積石爲中國

河泑卽鹽澤也一名蒲昌海西域傳云一出于闐南山下與郭璞注山海經不同廣志云蒲昌海在于蒲類東者也東流注
鹽澤鹽水太康地記云河北得水爲河塞外得水爲海也錢如其王面漢書云幕爲人面荀悅云幕音漫無文面
也張晏云錢之文面也作人乘馬錢之幕作人面形韋昭云幕錢背也音漫包愷音慢畫草旁行上音獲小顏云草皮
之不柔者韋昭云外夷畫皆旁行今扶南猶中國直下也犂軒漢書作犂靳續漢書一名大秦條枝按三國志臨西海後
漢書云西海環其國惟西北通陸道然漢使自烏弋以還莫有至條枝者有弱水魏略云弱水在大秦西玄中記云天下之
弱者有崑崙之弱水鴻毛不能載也西王母山海經云玉山西王母所居穆天子傳云天子觴西王母瑤池之上括地圖云
崑崙弱水非乘龍不至有三足神鳥爲王母取食月氏與安息同按外國傳云外國稱天下有三衆云中國人衆
大秦寶衆月氏馬衆身毒國身音乾毒音篤孟康云卽天竺也所謂浮圖胡也出徙李奇云徙音斯蜀郡有徙縣也
北方閉氏筰韋昭云筰縣在越嶲筰音昨按南越破後殺筰侯以筰都爲沈黎郡又有定筰縣博望侯張
騫封號耳非地名小顏云取其能博廣瞻望也尋武帝置博望苑亦取斯義也昆莫之父按漢書父名難兜靡爲大月氏
所殺嗛肉蜚其上上音銜蜚亦飛鑿空按謂西域險阸本無道路今鑿空而通之也初郡按謂越嶲岐山
等郡謂之初者後背叛而併廢之也自酒泉列亭至玉門韋昭云玉門縣名在酒泉又有玉關在龍勒也犁

軒眩人韋昭云變化惑人也按魏略云犂靳多奇幻口中吹火自縛自解小顏亦以爲植瓜等也李哆音尺奢反又尺
者反昧蔡本大宛將也上音末下音先葛反惡覩夫謂昆侖者乎上惡音烏烏於何也睹見也言張騫
窮河源至大夏于寘於何而見崑崙爲河所出謂禹本紀及山海經爲虛妄也然按山海經河出崑崙東北隅西域傳云南山積石
山爲中國河積石本非河之發源猶尚書導洛自熊耳然其實出於冢嶺山乃東經熊耳今推此義河亦然矣則河源本崑崙而潛
流至于闐又東流至積石始入中國則山海經及禹貢各互舉耳余敢言也案漢書作所有放哉如淳云放蕩迂闊言
不可信也余敢言也亦謂山海經難可信耳而荀悅作效失之素矣
游俠列傳第六十四
功名俱著春秋按春秋謂國史也以言人臣有功名見記于其國之史是俱著春秋者也則獨行君子
行音下孟反不饜饜飽也於艶反阨困上音厄巳饗其利上音以亥音享受也言巳受其利則爲有德何
知必仁義也竊鉤者誅以言小竊則爲盜而受誅也侯之門仁義存言人臣委質於侯王門則須有
于仁義若遊俠輕健亦何必肯存仁義也久孤於代言拘學守義之士或抱咫尺繊微之事遂久以當代孤負我志而不
若卑論儕俗以取榮寵也聲施施音以豉反扞當代之文罔扞卽捍也違扞當代之法網謂紀於法禁也

軥牛上音古豆反按大牛當軛小爲軥牛陰脫季將軍之厄按季布爲漢所購求朱家以布髡鉗爲奴載以廣柳車而出之及尊貴而不見之亦高介至義之士然布竟不見報朱家之恩好博按六博戲也濟南瞯氏音閒按爲郅都所誅陳周庸陳國人姓周名庸代諸白代代郡人有白氏豪俠非一故言諸梁韓無辟梁國人韓姓無辟名辟音避陽翟薛兄音況陝韓孺陝當爲郟音如冉反郟音紀洽反漢書作寒儒郭解軹人漢書云河內軹人也陰賊以內心忍害藏命按謂亡命也自喜爲俠蘇林云言性喜爲俠也負解之勢負恃使之嚼即妙反謂酒盡是人吾所急也按謂吾心中所急言情切急之謂漢書作重也至踐更數過吏弗求數音朔謂頻免之也又音色主反數亦頻也以十數色具反仇家曲聽謂屈曲聽解也且無用按漢書作無庸蘇林曰且無便用吾言待我去令洛陽豪居其間也請得解客舍養之如淳云解多藏亡命者故喜事年少與解同志者知亡命者多歸解故多將車來欲爲解迎亡者而藏之者也不中貲按貲不滿三百萬已上爲不中太原鹵翁漢書作魯公孺魯姓也與徐廣之說不同也東陽田君孺漢書作陳君孺然陳田聲相近亦本同姓北道諸姚蘇林云道猶方也如淳云京師四出道也東道趙他羽公子舊解以趙他羽公子爲二人今按此姓趙名他羽字公子也

佞幸列傳第六十五

暴伉伉音苦浪反言暴猛伉直皆因關說按關訓通也謂公卿因之而通其詞說劉氏云有所言說皆關由之冠鵕鸃唐劭云鳥名毛可以飾冠許愼云鷩鳥也淮南子云趙武靈王服貝帶鵕鸃漢書云秦破趙以其冠賜侍中三倉云鵕鸃神鳥也飛光映天者也傅脂粉上音付宦者則趙同按漢書作趙談此云同者避太史公父名也以濯船濯音棹遲敎反衣褩音雋褩者衫襦之橫腰者覺而之上音敎文帝悅焉漢書云上曰鄧猶登也悅之唶吮之上仕格反下仕兗反吏輒沒入謂長公主別有物賜通吏輒沒入以充贓也注景帝姊按即館陶公主也乃令假衣食謂公主令人假與衣食竟不得名一錢按始天下名鄧氏錢今皆沒入卒竟無一錢之名也周文仁按漢書稱周仁上文稱周文今兼文仁恐後人加耳按仁字文寵最過庸按庸常也言仁最被恩寵過於常人乃不甚篤如韓嫣也韓王孫嫣音偃又音於建反按道侯韓說音悅嫣弟江都王歸國入宿衛謂還爵封於天子而請入宿衛給事狗中或犬監也歌初詩按初詩即所新造樂章彌子瑕衞靈公之臣事見說苑也

滑稽列傳第六十六按滑亂也稽同也言辨捷之人言非若是說是若非言能亂異同也

贅壻猶女之夫也比於子如人疣贅是餘剩之物也喜隱上許旣反喜好也喜隱謂好隱語淳于髡苦魂反冠纓索絕按索訓盡言冠纓盡絕也按孔衍春秋後語亦作冠纓盡絕也有穰田者按謂爲田求福穰甌窶滿篝按甌窶猶杯樓也窶音如婁古字少耳言豐年收穫易可滿篝籠耳汙耶滿車按司馬彪云汙耶下地田即下田之中有薪可滿車帣韝鞠䠊帣音卷紀免反謂收袖也韝音溝臂杅也鞠曲躬也䠊音其紀反與跪同音謂小跪目眙音與瞪同謂直視也杜丑餧反又音丑二反飲可八斗而醉二參按上云五六斗徑醉矣則此爲樂亦甚飲可八斗而未徑醉故云可樂醉二三言十有二三醉也注楚莊王時未有趙魏按此辨說者之詞後人所增飾之矣壠竈爲槨按皇覽亦說此事以壠竈爲葬穴也銅歷爲棺按歷即釜鬲也齎以薑棗按古者食肉用薑棗禮內則云實棗於其腹中屑桂與薑以酒諸其上而食之是也衣以火光皇覽云火送之著端葬之腸中孟曰若毋遠有所之按謂優孟語叔孫敖之子曰汝無遠有所之適他境恐王後求汝不得者也優孟按優者倡優也孟字也其優旃亦同旃其字耳優孟在楚旃在秦者也東武侯母按東武縣名侯乳母姓罰適譖之者謂帝罰適譖乳母之人也好讀外家傳語按東方朔亦多博觀外家之語則外家非正經即史傳雜說之書也東方朔按仲長統云遷爲滑稽傳序優旃事不稱東方朔非也朔之行事豈直旃孟之比哉而桓譚亦以遷內爲是又非也

滑稽楚詞云將突梯滑稽如脂如韋按崔浩云滑音骨滑稽流酒器也轉注吐酒終日不已言出口成章詞不窮竭若滑稽之吐酒故揚雄酒賦云鴟夷滑稽腹大如壺盡日盛酒日夜借沽是也又姚察云滑稽猶俳諧也滑讀如字稽音計也言諧語滑利其知計疾出故云滑稽陸沉於俗司馬彪云謂無水而沉也與議論共難之按方朔設詞對之即下文是答對之難也重櫟中上逐龍反下音歷重櫟欄楯之下有重欄處也騶牙音鄒按方朔以意自立名而偶中也以有九牙齊等故謂之騶牙猶騶騎然也衣褐懷寶此指東郭先生也言其身衣褐而懷寶玉淳于髡獻鵠於楚按韓詩外傳齊使人獻鵠於楚不言髡又說苑云魏文侯使舍人無擇獻鴻於齊皆略同而事異殆相涉亂也武帝徵北海太守漢書宣帝徵渤海太守龔遂非武帝時此褚先生記謬耳傳曰子產相鄭人不能欺按此三不欺自古傳記先達共所稱述今褚先生因記西門豹而稱之以成說也循吏傳記子產相鄭仁而且明故人不能欺之也子賤理單父人不忍欺按子賤爲政清淨彈琴三年不下堂而化是仁恩故不忍欺西門豹理鄴人不敢欺案豹以威化御俗故人不敢欺其德優劣鍾華之評寔爲允當

史記索隱卷二十七終

長沙鄭業敬初校
香山何翰章覆校

史記索隱卷二十八

日者列傳第六十七 按名卜筮曰日者以墨所以卜筮占候時日通名日者故也

太卜之起 按周礼有太卜之官此云由漢興者謂漢自文帝卜太橫之後其卜官更興盛焉 司馬季主 按云楚人而太史公不序其系蓋楚相司馬子期之後芊姓也季主見列仙傳 卜數中 按卜數猶術數也音所具反劉氏云數筮也亦通筮必易用大衍之數者也 獵纓正衿 獵猶攬也謂攬其冠纓而正其衣襟謂變而自飾也 免坐 免謂俛爲頫 行之汙 烏故反 誇嚴 謂卜者自矜誇而莊嚴說禍以誑人也 卑疵 下音貲 孅趍 上音纖纖趍猶足恭也 不能適 音釋適猶調也 利上奉 下扶用反 旋式正棊 按式即栻也旋轉也栻之行上圓象天下方法地用之則轉天綱加地之辰故云旋栻棊者筮之狀正棊蓋謂卜以作卦也 後乃有之 謂若卜之不祥則式不收也卜古而後有故云有之 勾踐放 下方往反 芒乎 上音芒莫郎反 悵然噤 上音暢下音禁劉氏音其錦反 精 下音所精者卜求神之米也言卜之不中乃可見奪其精米若爲人主計不審則身無所之處者也 務華絕根 言宋忠賈誼皆務華而喪其身是絕其根本也

龜策列傳第六十八 龜策傳有錄無書褚先生所補其敘事煩蕪陋略無可取

揲策定數 按徐廣上音逢揲謂兩手執蓍分而扐之故云揲策 注詗天 音火候反 悖背 上音倍下音佩 擣蓍 上音逐留反按郎稠也擣蓍郎藂者擣是古稠字也 傳曰 按此傳郎太卜所得古占龜之說也 蛈蠪伏之 按蛈當爲蛈蠪音龍注音決誤也 臑骨 上音乃高反一音乃導反臑臂也 后朱方 按萬畢術中有后朱方方中說嘉林中故云傳曰 白蛇蟠杆林 按林名白蛇蟠杆林龜藏其中杆音烏謂白蛇當蟠杆此林中也 凝然 音凝言求龜者齋戒以待常凝然也 他髮 上音徒我反按謂被髮也 豫且 下音子余反泉陽人網元龜者 今昔汝漁 今昔猶昨夜也以今日言之謂昨夜爲今昔 衛平 宋元君之臣也 不如誕謾 一音誕如字又誕田爛反謾音漫也 注一作訑 音吐禾反 拌蚌 拌音判判割也 象箸而羹 箸音持慮反則箸是筯爲與羹連則或非箸樽也記曰羹之有菜者用梜梜音筯也 其胻 胻音衡郎脚脛 陰兢 陰姓兢名 殺周太子歷 按煞周太子歷文在囚文王昌之上則近是季歷不被紂誅則其言近妄無容周更別有太子名歷也 涫湯 上音館涫沸也 徵絲灼之 按灼謂燔也燒絲以當薪務費人也 元王向日而謝 蓋欲神之以謝天也天之質闇日者天之光明著見者莫過也 被鄭之桐 徐氏云牛革桐爲鼓 三瓦而陳 劉氏云陳猶居也注作棟音都貢反 首仰 音魚兩反 足肣開 音琴肣謂兆足斂也 首俛 音免兆首伏也 龜之徼 音叫謂徼繞不明也 被龜 上音廢又音拂拂洗之以水雞卵摩之而

呪爲祖祖法也言以爲常法灼以荊若剛木土按古之灼龜取生荊枝及生堅木燒之斬斷以灼龜案土
字合依劉氏說上當連下句梁卵梯黃梁米也卵雞子也梯灼龜木也音次弟之弟言燒荊枝更遞而灼故有梯名一
音梯言灼之以漸如有階梯也黃者以黃絹裹梁卵以祓龜也必以黃者中之色主土而信故用雞也先以造灼鑽
造音竈造謂燒荊之處荊若木王靈夫子尊神龜而爲之作號諸靈數莉數所具反莉音近策或莉是策之別
名此卜筮之書其字亦無可覈皆放此六論按褚先生所取太卜雜占卦體及命召之後義益辭重沓殆無足採凡此六十
七條別者也

貨殖列傳第六十九論語云賜不受命而貨殖焉廣雅云殖立也孔安國尚書云殖生也生資貨財利
輓近世塗人耳目上音晚古字通用眇論上音妙下如字穀纑上音谷又音觳穀木名皮可爲紙纑
山中紵可以爲布音盧注紵屬音佇今山間野紵亦作苧柟梓南子二音金錫連下音蓮碁置言如
置碁子往往有之大較音角大較猶大略也賤之徵貴徵者求也謂此處物賤求彼貴賣之道之符符謂
合於道也山澤不辟下音闢辟開也通也莫之奪予音與言貧富自由無予奪齊冠帶衣履天
下言齊既富饒能冠帶天下豐厚被於他邦故海岱之間斂袂而朝齊言趨利者也計然韋昭云范蠡師也蔡謨云蠡所

著書名計然蓋非也徐廣亦以爲范蠡之師名研所謂研桑心計也范子曰計然者葵丘濮上人姓辛氏字文其先晉之公子南遊
越范蠡事之吳越春秋謂之計倪漢書古今人表計然列在第四則倪之與研是一人聲相近而相亂耳時用知物按言
知時所用之物歲在金穰五行不說土者土穰也旱則資舟國語大夫種曰賈人早資舟水資車以待也
夫糴二十病農音米賤則農夫病也若米斗直九十則商賈病故云病末謂逐末即商賈也積著音張呂反
毋息幣久停息貨物則無利貴出如糞土賤取如珠玉夫物極貴必賤極賤必貴貴出如糞土者
既極貴後恐其必賤故乘時出之如糞土賤取如珠玉者既極賤後恐其必貴故乘時取之如珠玉此所以爲貨殖也元注恐錯
乃乘扁舟音篇又音符殄反服虔云特舟也國語云范蠡乘輕舟適齊爲鴟夷子皮大顏曰若盛酒
者鴟夷也用之則多所容納不用則可卷而懷之不忤於物也按韓子云鴟夷子皮事田成子成子去齊之燕子皮乃從之也蓋范
蠡也之陶服虔云今定陶也與時逐韋昭云隨時逐利也不責於人按謂擇人而與人不負之故云不責
於人也廢著著音貯漢書亦作貯貯猶居也說文云貯積不厭糟糠饜飽也李克按漢書食貨志李悝
爲魏文侯作盡地力之教國以富強今此及漢書言克皆誤也劉向別錄則云李悝也予之食謂穀鹽盬起盬音
古按周禮鹽人云供苦鹽杜子春以爲苦讀如鹽鹽謂出鹽直用不煉也伊說云鹽鹽河東大鹽散鹽東海煑水爲鹽也烏氏

倮漢書作嬴按烏氏縣名氏音支名倮音踝也畜牧及衆謂畜牧及至衆多之時斥賣求奇繒物
謂斥物賣之以求奇物也間獻遺戎王按間獻猶私獻也谷量上音欲什倍其當子之畜
謂戎王償之牛羊十倍也當字漢書作償也寡婦清漢書巴寡婦清巴婦之邑清其名也家亦不訾按謂
其多不可訾量地重言重耕稼也重爲邪上音逐隴反重者難也畏言不敢爲姦邪雍隙徐氏云隙間孔也隙
者隴雍之間閒隙之地故云雍隙也而多賈音古櫟邑上音藥即櫟陽綰轂其口言褒斜道狹綰其道口有
若車轂之湊故云綰轂也易所鮮上音亦下音尠言以所多易其所少楊平陽陳楊邑名平陽二邑在趙之西陳
蓋衍字以下有楊平陽陳椽此因衍也言二邑之人皆西賈於秦翟北賈於種代種代在邑之北也懻忮上音冀下音寘奇
羨上音羈下音羊戰反奇羨謂奇有餘衍也羯羠不均上音巳乾反下音慈紀反徐廣云羠音兕皆健羊也其方人性
若羊健悍而不均陳椽其間椽音逐緣反陳椽猶經營馳逐也溫軹二縣名屬河內慣急上音絹注
一作儇音翾推剽推即追反推殺人而剽掠之跕屣上音帖下所綺反踔遠劉氏上音卓一音勑敎反
亦遠騰兒也人雕悍言如雕性性之捷捍也北隣烏桓隣音臨者亦却背之義他竝類此也東綰穢
貊按綰者綰統其要津則上云臨者謂却背之齪齪音側角反又音側斷反鄖關音雲果隋下音徒火反注蓏音

郎果反呰窳上音紫下音庾苟且懶墮之謂應劭云呰弱也晉灼曰窳病也命曰素封謂無爵邑之入秩祿之奉
則曰素封素空也千戶之邑戶率二百故千戶二十萬農工商賈亦歲萬息二千故百萬之家亦二
十萬牧馬二百蹄按馬有四足二百蹄有五十匹也漢書則云馬蹄噭千所記各異牛足角千按馬貴而
牛賤以此爲率則牛有百六十六頭有奇也千足羊澤中千足彘韋昭云二百五十頭水居千石
魚陂音陂漢書作皮音披千章之材漢書作千章之萩音秋服虔云章方也如淳云言任方章者千枚謂章大材也
樂産云萩梓木也可以爲轅千畝之巵茜巵音支鮮支也茜音倩一名紅藍花染繒赤黃也進醵音渠略反
醯醢千瓨開江反醬千檐下都甘反漢書作儋孟康曰儋石甖石甖受一石故云儋石一音都濫反船長
千丈按積數長千丈木千章按將作大匠掌材曰章曹掾注洪洞洪胡孔反洞音動又竝如字也髹者
千上音休謂漆也千謂千枚也馬蹄躈千徐廣音苦弔反馬八髎也音料埤倉云尻骨謂八髎一曰夜蹄小顏云噭
口也蹄與口共千則爲二百匹若顧胥則云上文馬二百蹄比二千乘之家不容亦二百則躈謂九竅通四蹄爲十三而成一馬所
謂生之徒十有三是也凡七十六匹馬按亦多於千戶侯比則不知其所荅布注音吐合反大顏音吐盍反按以爲麤厚之布
與皮草同以石而秤非白疊布也吳錄云有九德郡布名曰白疊廣志云疊毛織也漆千斗漢書作漆大斗按謂大斗大量

也言滿量千斗卽今之千桶也鹽豉千荅下音貽炎反說文云瓵瓦器受斗六合以解此荅非也按尚書大傳云文皮千合則數兩謂之合也三倉云榼盛鹽豉器音他果反則荅或榼之異名耳鮐鮆說文云鮐海魚音胎鮆魚飲而不食刀魚也尔雅云謂之鮤鮤魚也鮆音才爾反又音薺鯫千石鮑千鈞上音輒一音昨苟反鯫小魚也鮑音抱步飽反今之鮿魚也注鯫音輒膊魚也膊音鋪博反按破鮑不相離謂之膊兒漬云鮑聲類及韻集雖爲此解而鯫生之字見与此同按鯫者小雜魚也棗栗千石者三之按三之者三千石也必三之者取類上文故也以棗栗賤故三之爲三千石也狐鼦下音雕也羔羊千石謂杯皮重千石果菜千種千種者言其多也子貸金錢千貫按子謂利息也貸音土代反節駔會按節者節貴賤也駔舊音祖朗反今音奘駔者度牛馬市云駔儈者合市也音古外反淮南子云段干木晉國之大駔注云干木度市之魁也千畦韋昭云埒中畦猶隴也謂五十畝也劉熙注孟子云今俗以二十五畝爲小畦五十畝爲大畦王逸云畦猶區也竹千萬个釋名云竹曰箇木曰枚方言曰个枚也儀禮禮記字爲个又功臣表楊僅入竹三萬箇箇个古今字也注卓一作淖並音鬧一音淖亦音泥淖亦是姓故齊有淖齒漢有淖蓋與卓氏同出或以同音淖也汶山下上音岷也運籌策漢書云運籌以賈滇僮千人漢書云及相如列傳並云八百人也魋結之人上音椎髻謂通賈南越也富埒卓氏埒者隣畔言隣相次有游閒

公子之賜與名謂通賜與於游閒公子得其名然其贏得過當愈於纖嗇謂孔氏以貧給諸侯公子既已得賜與之名又蒙其所得之贏過於本貧故云過當乃勝於細碎儉嗇之賈也纖細也方言云纖小也愈勝也曹邴氏邴音柄也刁閒上音雕姓也閒如字盬爵無刁按奴自相謂曰盬免去求官爵耶曰無刁無刁相止之辭也言不去止爲刁氏作奴也師史師姓史名宣曲韋昭云地名高祖功臣有宣曲侯上林賦云西馳宣曲常在京輔今闕其地田嗇人爭取賤賈晉灼云爭取賤賈金玉也任氏獨取貴善謂買物必攻貴而善者不爭賤價也塞之斥也孟康曰邊塞主斥候之卒也又按斥開也相如傳云邊塞益斥是也橋姚橋姓姚名馬千匹言橋姚因斥塞而致此貧風俗通云馬稱匹者俗說云相馬及君子與人相匹故云或說馬夜行目照前四丈故云一匹或說度馬縱橫適得一匹又韓詩外傳云孔子與顏回登山望見一匹練前有藍視之果馬馬光景一匹長也齎貸子錢上音子稽反貸假也音吐得反與人物云齎周禮注齎所給與也千金貸吐代反其息什之謂出一得十倍秦揚以鹽一州漢書作甲一州服虔云富爲州之中第一桓發漢書稽發作雍伯雍於恭反漢書作翁伯也洒削上音先禮反削刀者名洒削謂摩刀以水洒之又方言云劍削關東謂之削音肖削一依字讀也胃脯晉灼云太官常以十月作沸湯燖羊胃以末椒薑粉之訖暴使燥則謂之脯故易售而致富

太史公自序傳

南正重以司天火正黎以司地按張晏云南方陽也火水配也木爲陰故命南正重司天火正黎兼地職臣瓚以爲重黎氏是司天地之官司地者宜曰北正古文作北字非也揚雄譙周並以爲然按國語黎爲火正以淳燿敦大光照四海又幽通賦云黎淳燿於高辛則火正爲是也故重黎氏序天地按重司天而黎司地是代序天地也據左氏重是少昊之子黎乃顓頊之胤二氏二正所出各別而史遷意欲合二氏爲一故總云在周程伯休甫其後非也然後按彪之序及干寶皆云司馬氏黎之後是也今總稱伯休甫是重黎之後者凡言地則舉天稱黎則兼重自是相對之文其實二官亦通職然休甫則黎之後也亦是太史公欲以史爲已任言先代天官所以兼稱重耳司馬氏代典周史按司馬夏官鄉不掌國自是先代兼爲史衞宏云司馬氏周史佚之後不知何據晉中軍隨會奔秦按左氏隨會自晉奔秦後乃奔魏自魏還晉故漢書云會奔秦魏也入少梁古梁國也秦滅之改曰少梁後名夏陽在趙者按何法盛晉書及司馬氏系本名凱以傳劒論服虔云代善劒也按解所以稱傳也蘇林云傳作摶言手摶論而釋之所以知名也錯孫蘄上音七合反下音紀豐反漢書作蘄賜死杜郵下音尤李奇曰地名在咸陽西按三秦記其地後改爲李里者也葬於華池晉灼云在鄠縣非也按司馬遷碑在夏陽西北四里蒯聵玄孫卬按晉譙國司馬無忌

作司馬氏系本云蒯聵生昭豫昭豫生憲憲生卬爲武信君將按漢書武臣號武信君王卬於殷漢書云項羽封卬爲殷王無澤漢書作毋擇並音亦也卒皆葬高門按蘇說非也按遷碑在夏陽西北去華池三里談爲太史公按茂陵書談以太史公丞爲太史令則公者遷所著書尊其父云公也然稱太史公皆遷稱述其父所作其實亦遷之詞而如淳引衞宏儀注稱位在丞相上謬矣按百官表又無其官且修史之官國家別有著撰則今州縣所上圖書皆先上之而後人不曉誤在丞相上耳有省不省耳按六家同歸於正然所從之道殊塗學或有傳習省察或有不省者耳注一作大詳按漢書作大詳言我觀陰陽之術大詳而今此作祥於義爲疎也不可徧循偏音遍偏循言難盡用也名家使人儉而善失眞按名家流出於礼官古者名位不同礼亦異數孔子必也正名乎按名家知礼亦異數是儉也受命不受辭或失其眞也瞻足萬物上音市艷反漢書作澹古今字異也紬聰明如淳云不尙賢絕聖棄智也曰堂高三尺按自此已下韓子之文故稱曰采椽不刮韋昭云采椽櫟榱也糲粱之食服虔云糲麤米也三倉云粱好粟親親尊尊之恩絕按禮親親父爲首尊尊君爲首也故曰聖人不朽至因者君之綱此出鬼谷子遷引之以成其章故稱故曰也謂之窾窾音款漢書作款款空也故申子云款言無成是也聲者名也以言實不稱名則謂之空空有聲也誦古文按遷及事伏生是學誦古

文尚書劉氏以爲左傳國語系本等書是亦名古文 **窺九疑** 山海經云南方蒼梧之丘蒼梧之泉在營道南其山九谿皆相似故曰九疑張晏云九疑舜葬故窺之尋上探禹穴蓋以先聖所葬處有古冊文故探窺之亦搜採遠矣 **禹穴** 越絕書云禹上茅山大會計更名曰會稽張勃吳錄云本名苗山一名覆釜禹會諸侯計功改曰會稽上有孔號曰禹穴也 **困鄱薛** 鄱本音番今音皮案田魯褒記云靈帝末有汝南陳子游爲魯相子游太尉陳蕃子也國人諱而改焉若如其說則蕃改鄱鄱皮聲相近後漸訛耳然地理志魯國蕃縣應劭曰邾國也音皮 **注周南** 張晏云自陝已東皆周南之地也 **還爲太史令** 博物志太史令茂陵顯武里大夫司馬遷年二十八三年六月乙卯除六百石 **紬史記** 如淳云抽徹舊書故事而次述之徐廣音抽小顏紬謂綴集之也 **石室金匱之書** 按石室金匱皆國家藏書之處 **建於明堂諸神受紀** 虞喜志林云改歷於明堂班之於諸侯諸侯羣神之主故曰諸神受記孟康云句芒祝融之屬皆受瑞紀 **先人有言** 先人謂先代賢人也 **周公卒五百歲而有孔子** 按孟子稱堯舜至湯五百餘歲湯至文王五百餘歲文王至孔子五百餘歲按太史公略取於孟子而揚雄孫盛深所不然所謂多見不知量也以爲淳氣育才豈有常數於五百之期何異瞬息是以上皇相次或有萬齡爲間而唐堯舜禹比肩並列降及周室聖賢盈朝孔子之沒千載莫嗣安在於千年五百乎其述作者蓋記注之志耳豈聖人之倫哉 **何敢讓焉** 漢書作攘晉灼云此古讓字言已當述先人之業何敢自嫌値五百歲而

讓也 **上大夫壺遂** 按遂爲詹事秩二千石故爲上大夫也 **是非二百四十二年** 按是非謂褒貶諸侯之得失也 **子曰我欲載之空言** 按孔子之言見春秋緯太史公引之以成說也空言謂褒貶是非也空立此文而亂臣賊子懼也 **不如見之於行事之深切著明也** 按孔子言我徒欲立空言設褒貶則不如附見於當時所因之事人臣有僭侈篡逆因就此筆削以褒貶深切著明而書之以爲將來之誡者也 **善善惡惡** 公羊傳曰善善及其子孫惡惡止其身也 **春秋文成數萬其指數千** 按張晏曰春秋萬八千字此云文成數萬字誤也裴駰以遷述仲舒所論公羊經傳凡四萬四千故云數萬又非也小顏云史遷豈以公羊傳爲春秋乎又春秋經一萬八千亦足稱萬非字之誤也 **皆失其本已** 按弒君亡國及奔走者皆是失仁義之道本耳已者語終之辭也 **約者** 按謂其義隱微而言約也 **述陶唐至于麟止** 服虔云武帝至雍獲白麟而鑄金作麟足形故云麟止遷作史記止於此猶春秋終於獲麟然也史記以黃帝爲首而云述陶唐者按五帝本紀贊云五帝尚矣然尚書載堯以來百家言黃帝其文不雅馴故述黃帝爲本紀之首而以尚書雅正故稱起於陶唐 **作五帝本紀** 應劭云有本則紀有家則代有年則表有名則傳 **虞舜不台** 台音怡悅也或音昭非也 **悼豪之旅** 按豪則嶠之異音旅師旅也 **鑄鏮** 下音巨鏮鐘也 **諸呂不台** 徐廣音胎非也按一音怡此贊本韻則怡懌爲是 **大臣洞疑** 按洞是洞達爲義言

所共疑也 **有司靡踵强弱之原云以世** 按踵謂繼也以字當作已世當作也並誤耳云已也皆語助之辭也 **以述來古** 按來古即古來也言比樂書以述自古已來樂之興衰也 **非兵不强** 按此律書之贊而云非兵不強者則此律書即兵書也古者師出以律則凡出軍皆聽律聲故云聞聲效勝負望敵知吉凶也 **黃帝湯武以興** 黃帝有版泉之師湯武有鳴條牧野之戰漸克桀紂 **閒不容翲忽** 案忽者總文之微也翲者輕也言律厤窮陰陽之妙其間不容絲忽也言翲恐衍字耳 **五家之文怫異** 怫音悖一音扶物反怫亦悖也言金木水火土五家之文各相悖異不同也 **維獘之行** 上獘音幣之獘幾也 **杭巧** 上五官反下若孝反 **申呂肖矣** 按徐廣注肖音府府猶衰微其音謫不可知從出也今按肖謂微弱而省少所謂申呂雖衰也 **繆權于幽** 按繆謂綢繆也音亡又反又謂太公綢繆爲權謀於幽昧不明若謂太公之陰謀也 **無易之禪** 謂王噲禪其相子之後卒危亂也 **殺鮮放度** 按系家云管叔名鮮蔡叔名度霍叔名處也 **太任十子** 太任文王妃子十子伯邑考武王管蔡霍魯衛毛聃曹是也 **衛頃不盈** 衛頃公也 **剔成暴虐** 上音湯成 **蚖鱓** 元單二音 **能忍詬** 詬火候反詬辱也 **蒯成** 上音裴其字言從崩邑又音浮 **葆守封禺** 上音保言東甌被越攻破之後保封禺之山今在武康縣也 **齊楚秦趙** **爲日者各有俗** 按日者傳云無以知諸國之俗今褚先生唯記司馬季主之事也 **龜策列傳** 三王不同

龜四夷各異卜其書既亡無以紀其異今褚少孫唯取太卜占龜之雜說詞甚煩蕪不能裁翦妄皆穿鑿此篇不才之甚也 **蓋公** 蓋姓也古合反 **司馬氏代主天官** 按此天官非周禮家宰天官乃謂知天文星厤之事爲天官且遷實黎之後而黎氏後亦總稱重黎以重本司天故太史公代掌天官蓋天官統太史之職言史是歷代之職恐非實事然衛宏以爲司馬氏周史佚之後故太史談云予之先人周之太史蓋或得其實也 **罔羅天下放失舊聞** 按舊聞有遺失放逸者網羅而考論之也 **年差不明** 按並時則年厤差殊亦略言難以明辯故作表也 **兵權山川鬼神** 按兵權即律書也其云兵今律書亦略言兵也山川即河渠書也鬼神封禪書也故云山川鬼神而封禪之也 **扶義俶儻不令已失時** 已音紀言扶義倜儻之士能立功名於當代不後於時者也 **爲太史公書** 按桓譚云遷所著書成以示東方朔朔皆署曰太史公則謂太史公是朔稱也亦恐其說未盡蓋遷自尊其父著述稱之曰公或云遷外孫楊惲所稱事或當爾也 **拾遺補藝** 按漢書作補闕此云藝謂補六義之闕也 **厥協六經異傳** 遷言以所撰取協於六經異傳諸家之說耳謙不敢比經藝也異傳者如子夏易傳毛公詩及韓嬰外傳伏生尚書大傳之流者也 **藏之名山副在京師** 言正本藏之書府副本留京師也穆天子傳云天子北征至于羣玉之山河平無險四徹中繩先生所謂策府郭璞云古帝王藏策之府則此謂藏之名山是也 **以俟後聖君子** 此語出公羊傳言夫子制春秋以俟後聖君子亦有樂乎

此也凡百三十按漢書曰十篇有錄無書張晏曰遷沒之後亡景紀武紀禮書樂書兵書將相表三王世家日者龜策傳傅靳等列傳也注元成間褚先生按景紀取班書補之武紀專取封禪書禮書取荀卿禮論樂取禮樂記兵書亡不補略述律而言兵遂分麻述以次之三王系家空取其策文以緝此篇何率略且重非當也日者不能記諸國之同異而論司馬季主龜策直太史所得占龜兆雜說而無筆削之功何蕪鄙也

夫太史公紀事上始軒轅下訖天漢雖博采古文及傳記諸子其間殘闕蓋多或旁摻異聞以成其說然其人好奇而詞省故事覈而文微是以後之學者多所未究其班氏之書成於後漢彪既後遷而述所以條流更明是兼采衆賢羣理畢備故其旨富其詞文是以近代諸儒共行鑽仰其訓詁蓋亦多門蔡謨集解之時已有二十四家之說所以於文無所滯於理無所遺而太史公之書既上序軒黃中述戰國或得之於名山壞壁或取之以舊俗風謠故其殘文斷句難究詳矣然古今為注解者絕省音義亦希始後漢延篤乃有音義一卷又別有章隱五卷不記作者何人近代鮮有二家之本宋中散大夫徐廣作音義一十卷唯記諸家本異同於義少有解釋又中兵郎裴駰亦名家之子也作集解注本合為八十卷見行於代仍云亦有音義前代久已散亡南齊輕車錄事鄒誕生亦撰音義三卷音則尚奇義則罕說隋秘書監柳顧言尤善此史劉伯莊云其先人曾從彼公受業或音解隨而記錄凡三十卷隋季喪亂遂失此書伯莊以貞觀之初奉勅於弘文館講授遂采鄒徐二說兼記憶柳公音旨遂作音義二十卷音乃周備義則更略惜哉古史微文遂由數賢秘寶故其學殆絕前朝吏部侍郎許子儒亦作注義不覩其書崇文館學士張嘉會獨善此書而無注義貞少從張學晚更研尋初以殘闕處多兼鄒褚少孫誣謬因憤發而補史記遂兼注之然其功殆半乃自唯曰千載古史良難

間然因退撰音義重作贊述蓋欲以剖盤根之錯節遵北轅於司南也凡為三十卷號曰史記索隱云

史記索隱卷二十八終

長沙鄭業敩初校
香山何翰章覆校

史記索隱卷二十九

○十二本紀述贊

五帝本紀

帝出少典居于軒丘既代炎歷遂禽蚩尤高陽嗣位靜深有謀大小遠近莫不懷柔爰洎帝嚳列聖同休帝摯之弟其名放勳就之如日望之如雲郁夷東作昧谷西曛明敭側陋玄德升聞能讓天下賢哉二君

夏本紀

堯遭鴻水黎人阻饑禹勤溝洫手足胼胝言乘四載動履四時娶妻有日過門不私九土既理玄珪錫兹帝啓嗣立有扈違命五子作歌太康失政羿浞侵侮夏室不競降于孔甲擾龍乖性嗟彼鳴條其終不令

殷本紀

簡狄吞乙是爲殷祖玄王啓商伊尹負俎上開三面下獻九主旋師泰卷繼相臣扈遷囂圮耿不常厥土武乙無道禍因射天帝辛淫亂拒諫賊賢九侯見醢炮烙興焉黃鉞斯仗白旗是懸哀哉瓊室殷祀用遷

周本紀

后稷居邰太王作周丹開雀録火降烏流三分既有八百不謀蒼兕誓衆白魚入舟太師抱樂箕子拘囚成康之日政簡刑措南巡不還西服莫附共和之後王室多故檿弧興謠龍漦作亹頹帶荏禍實傾周祚

秦本紀

柏翳佐舜皂斿是旌蜚廉事紂石槨斯營造父善馭封之趙城非子息馬厥號秦嬴禮樂射御西垂有聲襄公救周始命列國金祠白帝龍祚水德祥應陳寶妖除豐特里奚致霸衛鞅任刻厥後吞并卒成凶慝

秦始皇本紀

六國陵替二周淪亾并一天下號爲始皇阿房雲構金狄成行南遊勒石東瞰浮梁滈池見遺沙丘告喪二世矯制趙高是與詐因指鹿災生噬虎子嬰見推思報君父下乏忠佐上乃庸主欲振頹綱云誰克補

項羽本紀

亾秦鹿走僞楚狐鳴雲鬱沛谷劒挺吳城勳開魯甸勢合碭兵卿子無罪亞父推誠始救趙歇終誅子嬰違約王漢背關懷楚常遷上游臣迫故主靈壁大振成皐久拒戰非無功天實不與嗟彼蓋

代卒爲凶豎

高祖本紀

高祖初起始自徒中言從泗上即號沛公嘯命豪傑奮發材雄彤雲鬱碭素靈告豐龍變星聚蛇分徑空項氏主命負約棄功王我巴蜀實憤于衷三秦既北五兵遂東汜水即位咸陽築宮威加四海還歌大風

呂太后本紀

高祖猶微呂氏作妃及正軒掖佝私食其志懷安忍情挾猜疑置鴆齊悼殘彘戚姬孝惠崩殞其哭不悲諸呂用事天下示私大臣葅醢支孽芟夷禍盈斯驗蒼狗爲災

孝文本紀

孝文在代兆遇大横宋昌建册絳侯奉迎南面而讓天下歸誠務

農先籍甫德偃兵除辭削謗政簡刑清綈衣率俗露臺罷營法寬
張武獄恤緹縈霸陵如故千年頌聲
孝景本紀
景帝即位因脩靜默勉人於農率下以德制度斯創禮法可則一
朝吳楚乍起凶慝提局成舋拒輪致惑晁錯雖誅梁城未克條侯
出將追奔逐北坐見梟剠立翦牢賊如何太尉後卒下獄惜哉明
君斯功不錄
孝武本紀
孝武纂極四海承平志尚奢麗尤敬神明壇開八道接通五城朝
親五利夕拜文成祭非祀典巡乖卜征登嵩勒岱望景傳聲迎年
祀日改厤定正疲耗中土事彼邊兵日不暇給人無聊生俯觀嬴
政幾欲齊衡

○十表述贊
三代年表
高辛之胄大啓禎祥脩已吞薏石紐興王天命玄鳥簡夷生商姜
嫄履跡祚流岐昌俱膺厤運互有興亡風餘周召刑措成康出彘
之後諸侯日彊
十二諸侯年表
太史表次抑有條理起自共和終於孔子十二諸侯各編年紀興
亡繼及盛衰臧否惡不揜過善必揚美絕筆獲麟義取同恥
六國年表
春秋之後王室益卑楚強南服秦霸西垂三卿分晉八代興嬀遞
主盟會互爲雄雌二周前滅六國後隳壯哉嬴氏吞并若斯
秦楚之際月表
秦失其鹿羣雄競逐狐鳴楚祠龍興沛谷武臣自王魏豹必復田
儋據齊英布居六項王主命義帝見戮以月繫年道悠運速洶洶
天下瞻烏誰屋真人霸上卒享天祿
漢興已來諸侯王年表
漢有天下爰鑒興亡始誓河岳言峻寵章淮陰就楚彭越封梁荆
燕懿戚齊趙棣棠犬牙相制麟趾有光降及文景代有英王魯恭
梁孝濟北城陽仁賢足紀忠烈斯彰
高祖功臣侯者年表凡二百三十三人
聖賢影響風雲潛契高祖膺籙功臣命世起沛入秦憑謀仗計紀
勳書爵河盟山誓蕭曹輕重絳灌權勢咸就封國或盟罪戾仁賢
者祀昏虐者替永監前修良慙固蔕
惠景閒侯者年表

惠景之際天下已平諸呂構禍吳楚連兵條侯出封壯武奉迎薄
竇恩澤張趙忠貞本枝分蔭肺腑歸誠新市死事建陵勳榮或開
青杜俱受丹旌旋窺甲令吳芮有聲
建元以來侯者年表七十二國太史公舊四十五國褚先生補也
孝武之代天下多虞南討甌越北擊單于長平鞠旅冠軍前驅術
陽銜璧臨蔡破禺博陸上宰平津巨儒金章且佩紫綬行紆昭帝
已後勳寵不殊惜哉絕筆褚氏補諸
建元以來王子侯者年表
漢氏之初矯枉過正欲大本枝先封同姓建元已後藩翰克盛主
父上言推恩下令長沙濟北中山趙敬分邑廣封振振在詠扞城
禦侮曄曄輝映百足不僵一人有慶
漢興已來將相名臣年表

高祖初起嘯命羣雄天下未定王我漢中三傑既得六奇獻功章邯已破蕭何築宮周勃厚重朱虛至忠陳平作相條侯揔戎邳魏立志湯堯飾躬天漢之後表述非工

○八書述贊

禮書

禮因人心非從天下合誠飾貌救弊興雅以制黎甿以事宗社情文可重豐殺難假仲尼坐樹孫通蕝野聖人作教罔不由者

樂書

樂之所興在乎防慾陶心暢志舞手蹈足舜曰簫韶融稱屬續審音知政觀風變俗端如貫珠清同叩玉洋洋盈耳咸英餘曲

律書

自昔軒后爰命伶倫雄雌是聽厚薄伊均以調氣候以軌星辰軍容取節樂器斯因自微至著測化窮神大哉虛受含養生人

麻書

麻數之興其來尚矣重黎是司容成斯紀推步天象消息母子五勝輪環三正互起孟陬貞歲疇人順軌敬授之方履端爲美

天官書

在天成象有同影響觀天察變其來自往天官既書太史攸掌雲物必記星辰可仰盈縮匪愆應驗無爽至哉玄監云誰欲誷

封禪書

禮載升中書稱肆類古今盛典皇王能事登封報天降禪除地飛英騰實金泥石記漢承遺緒斯道不墜仙閭蕭然揚休勒誌

河渠書

水之利害自古而然禹疏溝洫隨山濬川爰洎後世非無聖賢鴻溝既劃龍骨斯穿填淤攸墾黎蒸有年宣房在詠梁楚獲全

平準書

平準之立通貨天下既入縣官或振華夏其名刀布其文龍馬增筭告緡裒多益寡弘羊心計卜式長者都內克殷取贍郊野

○三十系家述贊

吳太伯系家

太伯作吳高讓雄圖周章受國別封於虞壽夢初霸始用兵車三子遞立延陵不居光既篡位是稱闔閭王僚見殺賊由專諸夫差輕越取敗姑蘇甬東之恥空慙伍胥

齊太公系家

太公佐周寔秉陰謀既表東海乃居營丘小白致霸九合諸侯及溺內寵釁鍾蟲流莊公失德崔杼作仇陳氏專政原貨輕收悼簡

遘禍田闞非儔颯颯餘烈一變何由

魯周公系家

武王既沒成王幼孤周公攝政負扆據圖及還臣列北面躬如元子封魯少昊之墟夾輔王室系職不渝降及孝公穆仲致譽隱能讓國春秋之初丘明執簡褒貶備書

燕召公系家

召伯作相分陝而治人惠其德甘棠是思莊送霸主惠羅寵姬文公從趙蘇秦騁辭易王初立齊宣我欺燕噲無道禪位子之昭王待士思報臨菑督亢不就卒見芟夷

管蔡系家

武王之弟管蔡及霍周公居相流言是作狼跋致艱鴟鴞討惡胡能改行克復其爵獻舞執楚遇息禮薄穆侯虜齊蕩舟乖謔曹共

輕晉負羈先覺伯陽夢社祚傾振鐸

陳杞系家

盛德之祀必及百世舜禹餘烈陳杞是繼嬀滿受封東樓纂系閼路纂逆夏姬淫嬖二國衰微或興或替前并後虜皆亾楚惠勾踐勃興田和吞噬蟬聯血食豈其苗裔

衛康叔系家

司寇受封梓材有作成錫厥器夷加其爵暨武能脩從文始約詩美歸燕傳矜石碏皮冠射鴻乘軒使鶴宣縱淫嬖豐生伋朔蒯聵得罪出公行惡衛祚日衰失於君角

宋微子系家

殷有三仁微箕紂親一囚一去不顧其身頌美有客書稱作賓卒傳冢嗣或敘彞倫微仲之後世載忠勤穆亦能讓實爲知人傷泓

之役有君無臣偃號桀宋天之棄殷

晉唐叔系家

天命叔虞卒封於唐桐圭既削河汾是荒文侯雖嗣曲沃日强末知本末祚傾桓莊獻公昏惑太子罹殃重耳致霸朝周河陽靈既喪德厲亦無防四卿侵侮晉祚遽亾

楚系家

鬻熊之嗣周封於楚僻在荊蠻蓽路藍縷及通而霸僭號曰武文既伐申成亦赦許子圍篡嫡商臣殺父天禍未悔憑奸自怙昭困奔亾懷迫囚虜傾襄考烈祚衰南土

越勾踐系家

越祖少康至于允常其子始霸與吳爭强檇李之役闔閭見傷會稽之恥勾踐欲當種誘以利蠡悉其良折節下士致膽思嘗卒復

讎寇遂殄大邦後不量力滅於無疆

鄭系家

厲王之子得封於鄭代職司徒緇衣在詠虢鄶獻邑祭祝專命莊既犯王厲亦奔命居櫟克入夢蘭毓慶伯儵生囚叔瞻尸政釐簡之後公室不競負黍雖還韓哀日盛

趙系家

趙氏之系與秦同祖周穆平徐乃封造父帶始事晉夙初有土岸霸矯誅韓厥立武寶符臨代卒居伯魯簡夢翟犬靈歌處女胡服雖强建立非所頗牧不用王遷囚虜

魏系家

畢公之苗因國爲姓大名始賞盈數自正胙裔繁昌系載忠正楊于就戮智氏奔命文始建侯武實强盛大梁東徙長安北偵卯既

無功卬亦外聘王假削弱虜於秦政

韓系家

韓氏之先實宗周武事微國小春秋無語後裔事晉韓原是處趙孤克立智伯可取既徙平陽又侵負黍景趙俱侯惠又僭王秦敗脩魚魏會區鼠韓非雖使不禁狼虎

田敬叔系家

田完避難奔于大姜始辭羈旅終然鳳凰物莫兩盛代五其昌二君比犯三晉爭强和始擅命威遂稱王祭急燕趙弟列康莊秦假東帝莒立法章王建失國松柏蒼蒼

孔子系家

孔子之胄出于商國弗父能讓正考銘勒防叔來奔鄒人掎足尼丘誕聖闕里生德七十升堂四方取則卯誅兩觀攝相夾谷歌鳳

遠襃泣麟何促九流仰鏡萬古欽躅

陳涉系家

天下匈匈海內乏主犄鹿爭捷瞻烏爰處陳勝首事厥號張楚鬼怪是憑鴻鵠自許葛嬰東下周文西拒始親朱房又任胡武夥頤見殺腹心不與莊賈何人反噬城父

外戚系家

禮貴夫婦易敘乾坤配陽成化比月居尊河洲降淑天曜垂軒德著任姒慶流娀嫄逮我炎厤斯道克存呂權大寶竇喜玄言自茲已降立嬖以恩內無常主後嗣不繁

楚元王系家

漢封同姓楚有令名既滅韓信王失彭城穆生置醴韋孟作程王戊棄德與吳連兵太后命禮為楚罪輕文襄繼立世挺才英如何

趙遂代殞厥聲興亾之兆所任宜明

荊燕系家

劉賈初從首定三秦既渡白馬遂圍壽春始迎黥布絕間周殷賞功胙土與楚為隣營陵始爵勳由擊陳田生遊說受賜千斤權激諸呂事發榮身徙封傳嗣亾於郢人

齊悼惠系家

漢矯秦制樹屏自彊表海大國悉封齊王呂后肆怒乃獻城陽哀王嗣立其力不量朱虛仕漢功大策長東牟受賞稱亂貽殃膠東濟北雄渠辟光齊雖七國忠孝者昌

蕭相國系家

蕭何為吏文而無害及佐興王舉宗從沛關中既守轉輸是賴漢軍屢疲秦兵必會約法可久收圖可大指獸發蹤其功實最政稱畫一居乃非泰繼絕寵勤式旌礪帶

曹相國系家

曹參初起為沛豪吏始從中涓先圍善置執珪執帛攻城略地衍氏既誅昆陽失位北禽夏說東討田旣剖符定封功無與二市獄勿擾清淨不事侚主平陽代享其利

留侯系家

留侯倜儻志懷憤惋五代相韓一朝歸漢進履宜假運籌神算橫陽既立申徒作扞霸上扶危固陵靜亂人稱三傑辯稱八難赤松願遊白駒難絆嗟彼雄略曾非魁岸

陳丞相系家

曲逆窮巷門多長者宰肉先均佐喪後罷魏楚更用腹心難假棄印封金刺船露倮間行歸漢委質麾下滎陽計全平城圍解推陵

讓勃宜多益寡應變合權克定宗社

絳侯系家

絳侯佐漢質厚敦篤始擊碭東亦圍尸北所攻必取所討咸克陳豨伏誅臧荼破國事居送往推功伏德列侯還第太尉下獄繼相條侯紹封平曲惛哉賢將父子代辱

梁孝王系家

文帝少子徙封於梁太后鍾愛廣築睢陽旌旂警蹕勢擬天王功扞吳楚計醜孫羊竇嬰正議袁盎劫傷漢窮梁獄冠蓋相望禍成驕子致此猖狂雖分五國卒亦不昌

五宗系家

景十三子五宗親睦栗姬既廢臨江折軸闕于早薨河間儒服餘好宮苑端事馳逐江都有才中山禔福長沙地小膠東造鏃仁賢

者代悖亂者族兒姁四三分封爲六
三王系家
三王封系舊史爛然褚氏後補册書存焉去病建議青翟上言天
子冲挹志在急賢太常具禮請立齊燕閎國負海且祉惟玄胥人
不通葷粥遠邊明哉監戒式防厥愆

長沙鄭業敬初校
香山何翰章覆校

史記索隱卷二十九終

史記索隱卷三十

○七十列傳述贊

伯夷列傳
天道平分與善徒云賢而餓死盜且聚群吉凶倚伏報施紕紛子
罕言命得自前聞嗟彼素士不負青雲

管晏列傳
夷吾成霸平仲稱賢粟乃實廩豆不掩肩轉禍爲福危言獲全孔
賴左衽史忻執鞭成禮而去人望存焉

老子韓非列傳
伯陽立教清淨無爲道尊東魯迹竄西垂莊蒙栩栩申害卑卑形
名有術說難極知悲彼周防終亡李斯

司馬穰苴列傳
燕侵河上齊師敗績嬰薦穰苴武能威敵斬賈以徇三軍驚惕我
卒既强彼寇退壁法行司馬實賴宗戚

孫子吳起列傳
孫子兵法一十三篇美人既斬良將得焉其孫臏脚籌策龐涓吳
起相魏西河稱賢慘礉事楚死後留權

伍員列傳
讒人罔極交亂四國嗟彼伍氏被茲凶慝員獨忍詬志復寃毒霸
吳起師伐楚遂北鞭尸雪恥抉眼弃德

仲尼弟子列傳
教興闕里道在郰鄉異能就列秀士昇堂依仁遊藝合志同方將
師宫尹俎豆琳琅惜哉不霸空臣素王

商君列傳

衛鞅入秦景監是因王道不用霸術見親政必改革禮豈因循既欺魏將亦怨秦人如何作法逆旅不賓

蘇秦列傳

季子周人師事鬼谷揣摩既就陰符伏讀合從離衡佩印者六天王除道家人扶服賢哉代厲繼榮黨族

張儀列傳

儀未遭時頻被困辱及相秦惠先韓後蜀連衡齊魏傾危誑惑陳軫挾權犀首騁欲如何三晉繼有斯德

樗里子甘茂列傳

嚴君名疾厥號智囊既親且重稱兵外攘甘茂並相初佐魏章始推向壽乃攻宜陽甘羅妙歲卒起張唐

穰侯列傳

穰侯智識應變無方內倚太后外輔昭王四登相位再列封疆推齊撓楚破魏圍梁一夫開說憂憤而亡

白起王翦列傳

白起王翦俱善用兵遞爲秦將拔齊破荊趙任馬服長平遂坑楚陷李信霸上卒行賁離繼出三代無名

孟子荀卿列傳

六國之末戰勝相雄軻游齊魏其說不通退而著述稱吾道窮蘭陵事楚鄒衍談空康莊䧢列莫見收功

孟嘗君列傳

靖郭之子威王之孫既强其國實高其門好客喜士見重平原雞鳴狗盜魏子馮煖如何承睫薛縣徒存

平原君虞卿列傳

翩翩公子天下奇器笑姬從戮義士增氣兵解李同盟宅毛遂虞卿躡蹻受賞料事及困魏齊著書見意

魏公子列傳

信陵下士鄰國相傾以公子故不敢加兵頗知朱亥盡禮侯嬴遂却晉鄙終辭趙城毛薛見重萬古希聲

春申君列傳

黃歇辯智權略秦楚太子獲歸身作宰輔珠炫趙客邑開吳土烈王寡胤李園獻女無妄成災朱英徒語

范睢蔡澤列傳

應侯始困託載而西說行計立貴平寵稽倚秦市趙卒報魏齊剛成辯智范睢招攜勢利傾奪一言成蹊

樂毅列傳

昌國忠讜人臣所無連兵五國濟西爲墟燕王受間空聞報書義士慷慨明君軾閭閭垂繼將芳規不渝

廉頗藺相如列傳

清飈凜凜壯氣熊熊各竭誠義遞爲雌雄和璧聘返澠池好通負荊知懼屈節推工安邊定策頗收之功

田單列傳

軍法以正實尚奇兵斷軸自免反間先行群鳥或衆五牛揚旌卒破騎劫皆復齊城襄王嗣位乃封安平

魯仲連鄒陽列傳

魯連達士高才遠致釋難解紛辭祿肆志齊將挫辯燕軍沮氣鄒子過讒見詆獄吏慷慨獻說時王所器

屈原賈生列傳

屈平行正以事懷王瑾瑜比潔日月爭光忠而見放讒者益章賦騷見志懷沙自傷百年之後空悲弔湘

呂不韋列傳

不韋釣奇委質子楚華陽立嗣邯鄲獻女及封河南乃號仲父徙蜀懲謗懸金作語籌策既成富貴斯取

刺客列傳

曹沫盟柯返魯侵地專諸進炙定吳篡位彰弟哭市報主塗廁刎頸申冤操袖行事暴秦奪魄懦夫增氣

李斯列傳

鼠在所居人固擇地斯效智力功立名遂置酒咸陽人臣極位一夫誑惑變易神器國喪身誅本同末異

蒙恬列傳

蒙氏秦將內史忠賢長城首築萬里安邊趙高矯制扶蘇死焉絕地何罪勞人是懲呼天欲訴三代良然

張耳陳餘列傳

張耳陳餘天下豪俊忘年羈旅刎頸相信耳圍鉅鹿餘兵不進張既望深陳乃去印勢利傾奪隙末成釁

魏豹彭越列傳

魏咎兄弟因時而王豹後屬楚其國遂亡仲起昌邑歸漢外黃往來聲援再續軍粮德之乃王葅醢何傷

黥布列傳

九江初筮當刑而王既免徒中聚盜江上再雄楚卒頻破秦將病爲羽疑歸受漢杖貰赫見毀卒致無妄

淮陰侯列傳

君臣一體自古所難相國深薦策拜登壇沉沙決水拔幟傳飧與漢漢重歸楚楚安三分不議僞遊可歎

韓信盧綰列傳

韓襄遺孽始從漢中剖符南面徙邑北通頹當歸國龍頟有功盧綰親愛羣臣莫同舊燕是王東胡計窮

田儋列傳

秦項之際天下交兵六國樹黨自置豪英田儋殞寇立市相榮楚封王假齊破酈生兄弟更王海隅傳聲

樊酈滕灌列傳

聖賢影響雲蒸龍變屠狗販繒攻城野戰扶義西上受封南面酈況賣交舞陽內援滕灌更王奕葉繁衍

張丞相列傳

張蒼主計天下作程孫臣始絀秦麻尙行御史亞相相國阿衡申屠面折周子廷爭其佗娖娖無所發明

酈生陸賈列傳

廣野大度始冠側注踵門長揖深器重遇說齊歷下趣鼎何懼陸賈使越尉他懾怖相說國安書成王悟

傅靳蒯成列傳

陽陵信武結髮從漢動叶人謀功實天贊定齊破項我軍常冠蒯成委質夷險不亂主上稱忠人臣扼腕

劉敬叔孫通列傳

厦藉衆幹裘非一狐委輅獻說緜蕝陳書皇帝始貴車駕西都既安太子又和匈奴奉春稷嗣其功可圖

季布欒布列傳

季布季心有聲梁楚百金然諾十萬致距出守河東股肱是與欒
公哭越犯楚見虜赴鼎非寃誠知所處
袁盎朝錯列傳
袁絲公直亦多附會攬轡見重却席翳賴朝錯建策屢陳利害尊
主卑臣家危國泰悲彼二子名立身敗
張釋之馮唐列傳
張季未偶見識袁盎太子懼法嗇夫無狀驚馬罰金盜環悟上馮
公白首昧哉論將因對李齊收功魏尙
萬石張叔列傳
萬石謹孝自家形國郎中數馬內史匍匐綰無他腸塞有陰德刑
名張歐垂涕恤獄敏行訥言俱嗣芳躅
田叔列傳

田叔長者重義輕生張王既雪漢中是榮孟舍見廢抗說相明按
梁以禮相魯得情子仁坐事刺舉有聲
扁鵲倉公列傳
上池秘術長桑所傳始候趙簡知夢鈞天言占虢嗣尸蹷起焉倉
公贖罪陽慶推賢效驗多狀式具于篇
吳王濞列傳
吳楚輕悍王濞倍德富因採山釁成提局憍矜貳志連結七國嬰
命始監錯誅未塞天之悔禍卒取奔北
魏其武安侯列傳
竇嬰田蚡勢利相雄咸倚外戚或恃軍功灌夫自喜引重其中意
氣杯酒睚睨兩宮事竟不直寃哉二公
韓長孺列傳

安國忠愿初爲梁將因事坐法免徒起相死灰更燃生虜失訪推
賢見重賄金貽謗雪泣悟主臣節可亮
李將軍列傳
猨臂善射實負其能解鞍却敵圓陣摧鋒邊郡屢守大軍再從失
道見斥數奇不封惜哉名將天下無雙
衛將軍驃騎列傳
君子豹變貴賤何常靑本奴虜忽升戎行姊配皇極身尙平陽寵
榮斯僭取亂彝章嫖姚繼踵再靜邊方
平津侯主父列傳
平津巨儒晚年始遇外示寬儉內懷嫉妒備寵榮爵身受肺腑主
父推恩觀時設度生食五鼎死非時靈
匈奴列傳

獫狁薰粥居于北邊既稱夏裔式憬周篇頗隨畜牧屢擾塵煙爰
自冒頓尤聚控弦雖空帑藏未盡中權
南越列傳
中原鹿走羣雄莫制漢事西驅越權南裔陸賈騁說尉他去帝嫪
后內朝呂嘉狠戾君臣不協卒從剿棄
閩越列傳
勾踐之裔是曰無諸既席漢寵寔因秦餘騶駱爲姓閩中是居王
搖之立爰處東隅後嗣不道自相誅鋤
朝鮮列傳
衛滿燕人朝鮮是王玉險置都路人作相石渠首差涉何誚上兆
禍自斯狐疑二將山遂伏法紛紜無狀
西南夷列傳

西南外徼莋蹻首通漢因大夏乃命唐蒙勞㝱靡莫異俗殊風夜郞最大邛莋稱雄及置郡縣萬代推功

司馬相如列傳

相如縱誕竊貲卓氏其學無方其才足倚子虛過吒上林非侈四馬還邛百金獻伎惜哉封禪遺文卓爾

淮南衡山王列傳

淮南多橫舉事非正天子寬仁其過不更轞車致禍斗粟成詠王安好學女陵作詞兄弟不和傾國殞命

循吏列傳

奉職循理爲政之先恤人體國良所述焉叔孫鄭產自昔稱賢拔葵一利赦父非僭李離伏劍爲法而然

汲鄭列傳

河南矯制自古稱賢淮南臥理天子伏焉積薪興欲抗直愈堅鄭莊推士天下翕然交道勢利翟公愴旃

儒林列傳

孔氏之衰經書緒亂言諸六學始自炎漢著令立官四方扼腕曲臺壞壁書禮之冠傳易言詩雲蒸霧散興化致理鴻猷克贊

酷吏列傳

太上失德法令滋起破觚爲圓禁暴不止姦僞斯熾慘酷爰始乳獸揚威蒼鷹側視舞文巧詆懷生何恃

大宛列傳

大宛之迹元因博望始究河源旋窺海上條支西入天馬內向葱嶺無塵鹽池息浪曠哉絕域往往亭障

游俠列傳

游俠豪倨藉藉有聲權行州里力折公卿朱家脫季劇孟定傾急人之難免讎於更偉哉翁伯人貌榮名

佞倖列傳

傳稱令色詩刺巧言冠鵕入侍傅粉承恩黃頭賜蜀宦者同軒新聲都尉挾彈王孫泣魚竊駕著自前論

滑稽列傳

滑稽鴟夷如脂如韋敏捷之變學不失詞淳于索紀趙國興師楚優拒相寢丘獲祠偉哉金朔三章紀之

日者列傳

日者之名有自來矣吉凶占候著於墨子齊楚異法書亡罕紀後人斯繼季主獨美取免暴秦此焉終否

龜策列傳

三王異龜五帝殊卜或長或短若瓦若玉其記已亡其繇後續江使觸網見留宋國神能託夢不衞其足

貨殖列傳

貨殖之利工商是營廢居善積倚市邪贏白圭富國計然強兵保參朝請女築懷清素封千戶卓鄭齊名

太史公自序

太史良才寔纂先德周遊歷覽東南西北事覈詞簡是稱實錄報任投書申李下獄惜哉殘缺非才妄續

補史記序　小司馬氏

太史公古之良史也家承二正之業人當五百之運兼以代爲史官親掌圖籍慨春秋之絕筆傷舊典之闕文遂乃錯綜古今囊括記錄本皇王之遺事採人臣之故實爰自黃帝迄于漢武歷載悠

邈舊章罕補漁獵則窮於百氏筆削乃（一多咸字）成於一家父作子述其勤至矣然其敘勸褒貶頗稱折衷後之作者咸取則焉夫以首創者難爲功因循者易爲力自左氏之後未有體制而司馬公補立紀傳規模別爲書表題目莫不本紀十二象歲星之一周八書有八篇法天時之八節十表放剛柔十日三十系家比月有三旬七十列傳取懸車之暮齒百三十篇象閏餘而成歲其間禮樂刑政君舉必書福善禍淫用垂炯戒事廣而文局詞質而理暢斯亦盡美矣而有未盡善者具如後論雖意出當時而義非經遠蓋先史之未備成後學之深疑借如本紀敘五帝而闕三皇系家載列國而有外戚郕許春秋次國畧而不書張吳敵國藩王抑而不載竝編錄有闕竊所未安又列傳所著有管晏及老子韓非管晏乃齊之賢卿即如其例則吳之延陵鄭之子產晉之叔向衛之史魚

盛德不忝何爲蓋闕伯陽清虛爲教韓子峻刻制法靜躁不同德刑斯舛今宜柱史共漆園同傳公子與商君竝列可不善歟其中遠近乖張詞義踳駮或篇章倒錯或贊論麤疏蓋由遭逢非罪有所未暇故十篇有錄無書是也然其網絡古今敘述懲勸異左氏之微婉有南史之典實所以揚雄班固等咸稱其良史之才蓋信乎其然也後褚少孫亦頗加補綴然猶未能周備負業謝顓門人非博古而家傳是學頗事討論思欲續成先志潤色舊史輒黜陟階降改定篇目其有不備竝採諸典籍以補闕遺其百三十篇之贊既非周悉竝更申而述之附于衆篇之末雖曰狂簡必有可觀其所改更且條于後至如徐廣唯畧出音訓兼記異同未能考覈是非解釋文句其裴駰實亦後進名家博採群書專取經傳訓釋以爲集解然則時有冗長至於盤根錯節殘缺紕繆咸拱手而不

言斯未可謂通其學也今輒採按今古仍以裴爲本兼自愚管備爲之注號曰小司馬史記然前朝顏師古止注漢史今竝謂之顏氏漢書貞雖位不逮顏公既補舊史兼下新意亦何讓焉

三皇本紀第一

太史公作史記古今君臣宜應上自開闢下迄當代以爲一家之首尾今闕三皇而以五帝爲首者正以大戴禮有五帝德篇又帝系皆敘自黃帝已下故因以五帝本紀爲首其實三皇已還載籍罕備然君臣之始教化之先既論古史不合全闕近代皇甫謐作帝王代紀徐整作三五麻皆論三皇已來事斯亦近古之一證今竝採而集之作三皇本紀雖復淺近聊補闕云

秦本紀

秦雖嬴政之祖本西戎附庸之君豈以諸侯之邦而與五帝三王

同稱本紀斯必不可可降爲秦系家

項羽本紀

項羽掘起爭雄一朝假號西楚竟未踐天子之位而身首別離斯亦不可稱本紀宜降爲系家

呂太后本紀

呂太后本以女主臨朝自孝惠崩後立少帝而始稱制正附惠紀而論之不著或別爲呂后本紀豈得全沒孝惠而稱呂后本紀今依班氏分爲二紀焉

曹叔振鐸系家

右亦姬姓之國而文昭春秋之時頗稱強國其後數十代豈可附管蔡亡國之末而沒其篇今曹叔振鐸系家自爲一篇

許男鄦子系家

許文叔太岳之胤二邾曹姓之君並通好諸侯同盟大國不宜令沒其事亦可敘其本末補許邾系家焉

孔子系家

右教化之主吾之師也爲帝王之儀表示人倫之準的自子思已下代有哲人繼代象賢誠可仰同列國前史既定吾無間然

陳涉系家

右時因擾攘起自匹夫假託妖祥一朝稱楚厤年不永勳業蔑如繼之齊魯曾何等級可降爲列傳

張耳吳芮系家

右勢侔楚漢位埒齊韓俱懷從沛之心咸享誓河之業爵在列侯之上家傳累代之基長沙既曰令終趙王亦謂善始並可列同系家焉

吳濞淮南系家

右五宗之國俱享大邦雖復逆亂心取汙朝典豈可謂非靑社之國哉然淮南猶有後不絕衡山亦其罪差輕比三卿之分晉方暴秦之滅周可不優乎安得黜其王國不止上同五宗三王列於系家其吳濞請與楚元王同爲一篇淮南宜與齊悼惠王爲一篇

蕭相國

曹相國

畱侯　絳侯

五宗　三王

右六篇請各爲一篇

列傳

子產叔向列傳

按有管晏列傳其國僑羊舌肸等亦古之賢大夫合著在管晏之下不宜散入循吏之篇

老子韓非列傳

右二人教迹全乖不宜同傳先賢已有成說今則不可依循宜令老子尹喜莊周同爲傳其韓非可居商君傳末

魯連鄒陽屈原賈生列傳

魯連屈原當六國之時賈誼鄒陽在文景之日事迹雖復相類年代甚爲乖絕其鄒陽不可上同魯連賈生亦不可下同屈平今抽魯連同田單爲傳其屈原與宋玉等爲一傳其鄒陽與枚乘賈生等同傳

司馬相如汲鄭列傳

右不宜在西夷之下

大宛列傳

右宜在朝鮮之下不合在酷吏游俠之間斯蓋並司馬公之殘缺褚先生補之失也幸不深尤焉

爲述贊

右述贊之體深所不安何者夫敘事美功合有首末懲惡勸善是稱褒貶觀太史公贊論之中或國有數君或士兼百行不能備論終始自可畧申梗概遂乃頗取一事偏引一奇創爲一篇之贊將爲龜鑑誠所不取斯亦明月之珠不能無纇矣今並重爲一百三十篇之贊云

三皇本紀第二　小司馬氏撰幷注

太皡庖犧氏風姓代燧人氏繼天而王母曰華胥履大人迹於雷澤而生庖犧於成紀蛇身人首按伏犧風姓出國語其華胥已下出帝王代紀然雷澤澤名即舜所

漁之地在濟陰其成紀亦地名 按天水有成紀縣有聖德仰則觀象於天俯則觀法於地旁觀鳥獸之文與地之宜近取諸身遠取諸物始畫八卦以通神明之德以類萬物之情造書契以代結繩之政於是始制嫁娶以儷皮爲禮按譙周古史考伏犧制嫁娶以儷皮爲禮也結網罟以教佃漁故曰宓犧氏按事出漢書麻志宓音伏養犧牲以庖犧有龍瑞以龍紀官號曰龍師作三十五絃之瑟木德王注春令故易稱帝出乎震月令孟春其帝太皞是也按位在東方像日之明故稱太皞皞明也都於陳東封太山立一百一十一年崩按皇甫謐伏犧葬南郡或曰冢在山陽高平之西也其後裔當春秋時有任宿須句 顓臾皆風姓之胄也女媧氏亦風姓蛇身人首有神聖之德代宓犧立號曰女希氏無革造唯作笙簧按禮明堂位及系本皆云女媧作笙簧故易不載不承五運一曰水媧亦木德王蓋宓犧之後已經數世金木輪環周而復始特舉女媧以其功高而充三皇故頻木王也當其末年也

諸侯有共工氏任智刑以強霸而不王以水承木乃與祝融戰不勝而怒乃頭觸不周山崩天柱折地維缺女媧乃鍊五色石以補天斷鼇足以立四極聚蘆灰以止滔水以濟冀州按其事出淮南子也於是地平天成不改舊物女媧氏沒神農氏作按三皇說者不同譙周以燧人爲皇宋均以祝融爲皇而鄭玄依春秋緯以女媧爲皇承伏犧皇甫謐亦同今依之炎帝神農氏姜姓母曰女登有蟜氏之女爲少典妃感神龍而生炎帝人身牛首長於姜水因以爲姓按國語炎帝黃帝皆少典之子其母又皆有媧氏之女據諸子及古史考炎帝之後凡八代五百餘年軒轅氏代之豈炎帝黃帝同是昆弟而同母氏也皇甫謐以爲少典氏有女媧氏諸侯國號然則姜姬二帝同出少典氏黃帝之母又是神農母氏之後代女所同是有媧氏之女也火德王故曰炎帝以火名官斲木爲耜揉木爲耒耒耨之用以教萬人始教耕故號神農氏於是作蜡祭以赭鞭鞭草木始嘗百草始有醫藥又作五絃之瑟教人日中爲市交易而退各得其所遂重八卦爲六十四爻初都陳後居曲阜按今淮南陽有神農井又左傳魯有大庭氏之庫是也立一百二十年崩葬長沙神農本起列山故左氏稱列山氏之子曰柱亦曰厲山氏禮曰厲山氏之有天下是也案鄭玄云厲山神農所起亦曰有列皇甫謐曰厲山今隨之厲鄉也神農納奔水氏之女曰聽訞爲妃生帝魋魋生帝承承生帝明明生帝直直生帝氂氂生帝哀哀生帝克克生帝榆罔凡八代五百三十年而軒轅氏興焉按神農之後凡八代事見帝王代記及古史考然古典亡矣況譙皇二代皆前氏傳前聞君子考按古書而爲此說豈至今鑿空乎此紀亦據以爲說其易稱神農氏沒即榆罔榆罔猶襲神農之號也其後有州甫甘許戲露齊紀怡向申呂皆姜姓之後 竝爲諸侯或分掌四岳當周室甫侯申伯爲王賢相齊許列爲諸侯霸於中國蓋聖人德澤廣大故其祚胄繁昌久長云一說三皇天皇地皇人皇爲三皇既是開闢之初君臣之始圖緯所載不可全棄故兼序之天地初立有天皇氏十二頭澹泊自無所施爲而俗自化木德王歲起攝提兄弟十二人立各一萬

八千歲蓋天地初立神人首出行化故其年世長久也然言十二頭者非謂一人之身有十二頭蓋古質比之鳥獸頭數故也地皇十一頭火德王姓十一人興於熊耳龍門等山亦合萬八千歲人皇九頭乘雲車駕六羽出谷口兄弟九人分長九州各立城邑凡一百五十世合四萬五千六百年天皇下皆出河圖及三五麻也自人皇已後有五龍氏五龍氏兄弟五人竝乘龍上下故曰五龍氏也燧人氏按其君鑽燧出火教人熟食在伏犧氏前譙周以爲三皇之首也大庭氏柏皇氏中央氏卷須氏栗陸氏驪連氏赫胥氏尊盧氏渾沌氏昊英氏有巢氏朱襄氏葛天氏陰康氏無懷氏斯蓋三皇已來有天地者之號按皇甫謐以爲大庭已下一十五君皆襲庖犧之號事不經見難可依從然按古封太山者首有無懷氏乃在太昊之前豈得如謐所說但載籍不紀莫知姓王年代所都之處而韓詩以爲自古封太山禪梁甫者萬有餘家仲尼觀之不能盡識管子亦曰古封太山七十二家夷吾所識十有二焉首有無懷氏然則無懷之前天皇已後年紀悠邈皇王何昇而告但

古書亡矣不可備豈得謂無帝王耶故春秋緯稱自開闢至於獲麟凡三百二十七萬六千歲分爲十紀凡世七萬六百年一曰九頭紀二曰五龍紀三曰攝提紀四曰合雒紀五曰連通紀六曰序命紀七曰修飛紀八曰因提紀九曰禪通紀十曰流訖紀當黃帝時制九紀之間是以錄於此補紀之也

史記索隱卷三十終

長沙鄭業敬初校
香山何翰章覆校

讀史家多尙索隱宋諸儒尤推小司馬史記與小顏氏漢書如日月並炤故湻熙咸湻間官本頗多廣漢張介仲削去褚少孫續補諸篇以索隱爲附庸尊正史也趙山甫病非全書取所削者别刊一帙澄江耿直之又病其未便流覽以少孫所續循其卷第而附入之雖桐川郡有三刻惟耿本最精余家幸藏桐川本有二擬從張本恐流俗染人之深難免山甫之嫌擬從耿本恐列三皇本紀爲冠大非太史公象閏餘而成歲之數遂訂裴駰集解而重新焉每讀至舛逸同異處如宰我未嘗從田横之類輒不能忘情于小司馬幸又遇一索隱單行本子凡三十卷自序綴於二十八卷之尾後二卷爲贊述爲三皇本紀迺北宋祕省大字刊本晉亟正其譌謬重脫附于裴駰集解之後眞讀史第一快事也倘有問張守節正義者有王震澤先生行本在古虞毛晉識

案汴本釋文演注與桐川郡諸刻微有不同如鄭德作鄭玄劉氏作劉兆姓氏易曉其訛如詩含神霧援引書目豈得作時含神霧但樂彥通本作樂産未知何據高祖本紀中人乃以嫗爲不誠欲笞之諸本皆然漢書作欲苦之玆本獨作欲告之此類頗多不敢妄改至如世家世本俱作系家系本避李唐諱也後人輒爲改易小司馬能無遺憾邪晉又識

史記正義

［唐］張守節

文淵閣四庫全書本

欽定四庫全書

史部

史記正義提要至卷一

詳校官編修臣李如筠

欽定四庫全書

史記正義一百三十卷

提要

臣等謹案史記正義一百三十卷唐張守節撰守節始末未詳據此書所題則其官為諸王侍讀率府長史也是書據自序三十卷晁公武陳振孫二家所録則作二十卷蓋其標字列註亦如索隱後人散入句下已非其舊

至明代監本採附集解索隱之後更多所刪節失其本旨如守節所長在于地理故自序曰郡國城邑委曲詳明而監本于周本紀子帶立為王句下脱左傳云周與鄭人蘇忿生十二邑溫其一也十七字秦本紀反秦于淮南句下脱楚淮北之地盡入于秦九字項羽本紀項王自立為西楚霸王句下脱孟康云舊名江陵為南楚吳為東楚彭城為西楚十

九字吕后本紀吕平為扶柳侯句下脱漢扶柳縣也有澤七字孝景本紀遂西圍梁句下脱梁孝王都睢陽今宋州九字立楚元王子平陸侯句下脱應劭云平陸西河縣八字孝武本紀見五時句下脱或曰在雍州雍縣南孟康云畤者神靈上帝也十八字晉世家是為晉侯句下脱其城南半入州城中削為坊城牆北半見在十七字趙世家吾國東有河

薄洛之水句下脱案安平縣屬定州也八字餓死沙邱宮句下脱括地志云趙武靈王墓在蔚州靈邱縣東三十里應説是也二十三字韓世家得封于韓原句下脱古今地名云韓武子食采于韓原故城也十六字淮陰侯列傳家在伊盧句下脱韋昭及括地志皆説之也十字貨殖列傳殷人都河西句下脱盤庚都殷墟地屬河西也十字周人都河南句

下脱周自平王以後都洛陽九字自序卮困鄱句下脱漢末陳蕃子逸為魯相改音反田褒魯記曰靈帝末汝南陳子游為魯相陳蕃子也國人為諱而改焉三十九字又如秦本紀樗里疾相韓句下此本作福昌縣東十四里監本脱十四里三字貨殖傳夫燕亦勃碣之間句下此本作碣石渤海在西北監本脱北字又守節徵引故實頗為賅博故自序曰

古典幽微竊探其美而監本夏本紀皐陶作士句下脱士若大理卿也六字于是夔行樂句下脱若今太常卿也六字周本紀作臩命句下脱應劭云太僕周穆王所置蓋大御衆僕之長中大夫也二十一字以應為太后養地句下脱太后秦昭之母宣太后芈氏十一字秦始皇本紀為我遺鎬池君句下脱張晏云武王居鎬鎬池君則武王也伐商故神云

始皇荒淫若紂矣今武王可伐矣三十二字
叙論孝明皇帝句下脱班固典引云後漢明
帝永平十七年詔問班固太史遷贊語中寧
有非耶班固上表陳秦過失及賈誼言秦之
四十二字項羽本紀會稽守句下脱守音狩
景帝中二年七月更郡守為太守十六字孝
景本紀伐馳道樹殖蘭池句下脱案馳道天
子道秦始皇作之丈而樹十四字孝武本紀

是時上求神君句下脱漢武帝故事云起柏
梁臺以處神君長陵女子也先是嫁為人妻
生一男數歲死女子悼痛之歲中亦死而靈
宛若祠之遂聞言宛若為生民人多往請福
説家人小事有驗平原君亦事之至後子孫
尊貴及上即位太后延于宮中祭之聞其言
不見其人至是神君求出為營柏梁臺舍之
初霍去病微時自禱神君及見其形自修飾

欲與去病交接去病不肯謂神君曰吾以神
君精潔故齋戒祈福今欲婬此非也自絶不
復往神君慚之乃去也一百七十字見安期
生句下脱列仙傳云安期生瑯琊阜鄉亭人
也賣藥海邊秦始皇請語三夜賜金數千萬
出于阜鄉亭皆置去留書以赤玉舄一量為
報曰後千歲求我于蓬萊山下五十九字李
少君病死句下脱漢書起居注云李少君將

去武帝夢與共登嵩高山半道有使乘龍時
從雲中云太一請少君帝謂左右將舍我去
矣數月而少君病死又發棺看唯衣冠在也
六十一字史寛舒受其方句下脱姓史名寛
舒五字禮書疏房牀第句下脱疏謂窓也四
字律書其于十二支為丑句下脱徐廣曰此
中闕不説大吕及丑也案此下闕文或一本
云丑者紐也言陽氣在上未降萬物厄紐未

敢出也四十一字天官書氐為天根句下脱星經云氐四星為露寢聽朝所居其占明大則臣下奉度合誠圖云氐為宿宫也三十一字其内五星五帝坐句下脱犀下從謀也五字楚世家伐申過鄧句下脱服虔云鄧曼姓也七字趙世家事有所止句下脱為人君止于仁為人臣止于敬為人子止于孝為人父止于慈與國人交止于信三十一字封廉頗

為信平君句下脱言篤信而平和也七字韓世家公何不為韓求質于楚句下脱質子蟣虱四字又脱公叔嬰知秦楚不以蟣虱為事必以韓合于秦楚王聽入質子于韓二十六字又脱次下云知秦楚不以蟣虱為事重明脱不字十七字田叔列傳相常從入苑中句下脱堵牆也三字田蚡列傳其春武安侯病句下脱然夫子作春秋依夏正九字衛將軍

列傳平陽人也句下脱漢書云其父鄭季河東平陽人以縣吏給事平陽侯之家也二十三字至守節于六書五音至為詳審故書首有論字例論音例二條而監本于周本紀懼太子釗之不任句下脱釗音招又古堯反任而針反十一字秦始皇本紀彗星復見句下脱復扶富反見行見反八字以發縣卒句下脱子忽反下同五字佐弋竭句下脱弋音翊

三字二十人皆梟首句下脱梟古堯反懸首于木上曰梟十一字體解軻以徇句下脱紅賣反三字東收遼東而王之句下脱王于放反四字故歸其質子句下脱質音致三字衣服旌旄節旗句下脱旌音精旄音毛旗音其九字祇誦功德句下脱祇音脂三字赭其山句下脱赭音者三字僕射周青臣句下脱音夜二字上樂以刑殺為威句下脱五孝反三

字二世紀以安邊境句下脫音竟二字敘論為君討賊句下脫于偽反三字項羽本紀將秦軍為前行句下脫胡郎反三字高祖本紀時時冠之正義音館句下脫下同二字孝景紀天下乂安句下脫乂音魚廢反五字龍額拔墮句下脫徒果反三字攀龍胡額號句下脫户高反下同五字為且用事泰山句下脫為于偽反將為封禪也九字鄭世家設出奔鄢句下脫音偃二字田叔列傳喜游諸公句下脫喜許記反諸公謂丈人行也十一字其他一兩字之出入殆千有餘條尤不可毛舉茍非震澤王氏刊本具存無由知監本之妄删也

欽定四庫全書

史記正義目錄

卷十　史記二十二

漢興以来将相名臣年表

八書

卷一　史記二十三

禮書

卷二　史記二十四

樂書

卷三　史記二十五

律書

卷四　史記二十六

歴書

卷五　史記二十七

天官書

卷六　史記二十八

封禪書

卷七　史記二十九

河渠書

卷八　史記三十

平準書

世家

卷一　史記三十一

吴太伯

卷二　史記三十二

齊太公

卷三　史記三十三

魯周公

卷四　史記三十四

燕召公

卷五　史記三十五

管蔡

卷六　史記三十六

陳杞

列傳

商君鞅
卷九　史記六十九
蘇秦
卷十　史記七十
張儀　陳軫
犀首
卷十一　史記七十一
樗里子　甘茂

甘羅
卷十二　史記七十二
穰侯
卷十三　史記七十三
白起　王翦
卷十四　史記七十四
孟軻　淳于髡
慎到　騶奭

荀卿
卷十五　史記七十五
孟嘗君
卷十六　史記七十六
平原君　虞卿
卷十七　史記七十七
信陵君
卷十八　史記七十八

春申君
卷十九　史記七十九
范雎　蔡澤
卷二十　史記八十
樂毅
卷二十一　史記八十一
廉頗　藺相如
趙奢　李牧

卷四十八　史記一百八
韓安國
卷四十九　史記一百九
李廣
卷五十　史記一百十
匈奴
卷五十一　史記一百十一
衛青

卷五十二　史記一百十二
公孫弘　主父偃
卷五十三　史記一百十三
南越尉佗
卷五十四　史記一百十四
東越
卷五十五　史記一百十五
朝鮮

卷五十六　史記一百十六
西南夷
卷五十七　史記一百十七
司馬相如
卷五十八　史記一百十八
淮南厲王　淮南王安
衡山王
卷五十九循吏　史記一百十九

孫叔敖　子產
公儀休　石奢
李離
卷六十　史記一百二十
汲黯　鄭當時
卷六十一儒林　史記一百二十一
申生　轅固生
韓生　伏勝

董仲舒　胡毋生

卷六十二 酷吏　史記一百二十二

郅都　甯成

周陽由　趙禹

張湯　義縱

王溫舒　楊僕

減宣　杜周

卷六十三　史記一百二十三

大宛

卷六十四 游俠　史記一百二十四

朱家　劇孟

郭解

卷六十五 佞幸　史記一百二十五

鄧通　韓嫣

李延年

卷六十六 滑稽　史記一百二十六

淳于髡　優孟

優旃　東方朔

東郭先生　王先生

西門豹

卷六十七 日者　史記一百二十七

司馬季主

卷六十八　史記一百二十八

龜策

卷六十九 貨殖　史記一百二十九

范蠡　子貢

白圭　猗頓

卓氏　程鄭

宛孔氏　師史

任氏

卷七十　史記一百三十

太史公自序

史記正義序

史記者漢太史公司馬遷作遷生龍門耕牧河山之陽南遊江淮講學齊魯之郡紹太史繼春秋括文魯史而包左氏國語采世本戰國策而摭楚漢春秋貫紬經傳旁搜史子上起軒轅下暨天漢作十二本紀帝王興廢悉詳三十世家君國存亡畢著八書贊陰陽禮樂十表定代系年封七十列傳忠臣孝子之誠備矣筆削冠於史籍題目足以經邦裴駰服其善序事理辯而不華質

而不俚其文直其事核不虛美不隱惡故謂之實錄自劉向揚雄皆稱良史之才況墳典湮滅簡冊闕遺比之春秋言辭古質方之兩漢文省理幽守節涉學三十餘年六籍九流地里蒼雅銳心觀採評史漢詮衆訓釋而作正義郡國城邑委曲申明古典幽微竊探其美索理允愜次舊書之旨兼音解注引致傍通凡成三十卷名曰史記正義發揮膏肓之辭思濟滄溟之海未敢侔諸秘府冀訓詁而齊流庶貽厥子孫世疇茲史于時歲次

丙子開元二十四年八月殺青斯竟諸王侍讀宣義郎
守右清道率府長史張守節上

史記正義論例謚法解

論史例

古者帝王右史記言左史記事言為尚書事為春秋太史公兼之故名曰史記并採六家雜說以成一史備論君臣父子夫妻長幼之序天地山川國邑名號殊俗物類之品也太史公作史記起黃帝高陽高辛唐堯虞舜夏殷周秦訖于漢武帝天漢四年合二千四百一十三年作本紀十二象歲十二月也作表十象天之剛柔十日以記封建世代終始也作書八象一歲八節以記天地

日月山川禮樂也作世家三十象一月三十日三十輻共一轂以記世祿之家輔弼股肱之臣忠孝得失也作列傳七十象一行七十二日言七十者舉全數也餘二日象閏餘也以記王侯將相英賢略立功名於天下可序列也合百三十篇象一歲十二月及閏餘也而太史公作此五品廢一不可以統理天地勸奬箴誡為後之楷模也

論注例

史記文與古文尚書同者則取孔安國注若與伏生尚書同者則用鄭玄王肅馬融所釋與三傳同者取杜元凱服虔何休賈逵范甯等注與三禮論語孝經同者則取鄭玄馬融王肅之注與韓詩同者則取毛傳鄭箋等釋與周易同者則依王氏之注與諸子諸史雜書及先儒解釋善者而裴駰並引為注又徐中散作音訓校集諸本異同或義理可通者稱一本云又一本云自是別

記異文裴氏亦引之為注

論字例

史漢文字相承已久若悅字作說閑字作閒智字作知汝字作女早字作蚤後字作后既字作溉勅字作飭制字作剬此之般流緣古少字通共用之史漢本有此古字者乃為好本程邈變篆為隸楷則有常後代作文隨時改易衛宏官書數體呂忱或字多奇鍾王等家以能為法致令楷文改變非復一端咸著秘書傳之歷代又字

體乖日久其黼黻之字法從黹（丁履反）今之史本則有從㡀（音端）秦本紀云天子賜孝公黼黻鄒誕生音甫弗而鄒氏之前史本已從㡀矣如此之類並即依行不可更改若其黿鼉從龜辭從舌覺學從與泰恭從小匱匠從走巢藻從果耕籍從禾席下為帶美下為大裹下為衣極下為點析旁著片惡上安西餐側出頭離邊作禹此之等類例直是訛字寵（勑勇反）字為錫（音陽）以支（章移反）代文（問分反）將无混無若茲之流便成兩失

論音例

史文與傳諸書同者劉氏並依舊本為音至如太史公改五帝本紀便章百姓便程東作便程南譌便程西成便在伏物咸依見字讀之太史變尚書文者義理特美或訓意改其古澀何煩如劉氏依尚書舊音斯例蓋多不可具錄著在正義隨文音之君子宜詳其理庶明太史公之達學也然則先儒音字比方為音至魏秘書孫炎始作反音又未甚切今並依孫反音以傳後學鄭康

成云其始書之也倉卒無字或以音類比方假借為之趣於近之而已受之者非一邦之人其鄉同言異字同音異於茲遂生輕重訛謬矣然方言差别固自不同河北江南㝡為鉅異或失在浮清或滯於重濁今之取捨冀除茲弊夫質有精麤謂之好惡（並如字）心有愛憎稱為好惡（並去聲）當體則名譽（音預）情乖則曰毀譽（音餘）自壞（乎怪反）壞徹（上音怪）自斷（徒緩反自去離也）刀斷（端管反以刀割令相去也）耶（也奢反未審之辭也）也（亦且反助句之語也）復（音伏又扶富反重也）過（古卧反越度也）觧（核買反自散也）間（紀莧反隙也）

畜（許又反）畜（許六反養也）先（蘇前反）仙（屑然反）尤（羽求反）侯（胡溝反）治持（並音直之反）之（止而反）脂砥祗（並音旨夷反）惟維遺唯（並音以佳反）怡貽頤詒（並音與之反）夷寅彝姨（並音以脂反）私（息脂反）綏雖睢荾（並音息遺反）偲司伺絲（並音巨攴反）巵枝衹肢（並音章移反）祇歧（並音巨攴反）其期旗綦踑（並音渠之反）祈頎旂幾鐖（並音渠希反）僖熙嬉嘻（並音許其反）希晞睎稀（並音虛幾反）霏妃菲騑（並音芳非反）飛非扉（並音匪肥反）尸屍蓍（並音式脂反）詩（書之反）巾（居人反）斤（舉欣反）篇偏（並音芳連反）穿（詳連反）里李裏（並音良止反）至贄（並脂利反）志（之吏反）利泣（並力至反）吏（力置反）寺嗣飼（並辭吏反）字牸（並疾置反）自（疾二反）置致躓鷙（並陟利反）器（去冀反）氣（去既反）亟（去吏反）冀穊（几利反）既（居未反）覆（敷救反又敷福反）副（敷救反）富鍑（並府副反）若斯清濁實亦難分博學碩材乃有甄異此例極廣不可具言庶後學士幸留意焉

音字例

文或相似音或有異一字單錄乃恐致疑兩字連文檢尋稍易若音上字言上别之所音下字乃復書下有長句在文中須音則題其字

發字例

古書字少假借蓋多字或數音觀義點發皆依平上去入若發平聲每從寅起又一字三四音者同聲異唤一處共發恐難辯别故略舉四十二字如字初音者皆為正字不須點發

畜（許六反養也又許救反六畜也又他六反聚也）從（訟容反隨也又縱容反南北長也又但容反又子勇反相勸也又從用反侍從也又足用反恣也）數（色具反歷數述數也又色五反次第也又色角反頻也）傳（逐戀反書傳也又逐全反相付也又張戀反驛也）卒（子律反卒終也又蒼忽反急也尊忽反兵人也）

字體各別不辨故發之也**辟**君也微也又頻亦反罪也闢也尺亦反邪也又足致反諭也又音避隱也又普見反辟歷也**施**書移反張也又式豉反與也又羊豉反延也**間**紀閑反隙也又紀莧反間也又莧間反靜也**射**蛇夜反射也又成亦反音石**夏**胡馬反禹號也又胡嫁反春夏也又格雅反陽夏縣也**復**符富反重也又音伏也又音福徐役之也**重**直拱反尊也直龍反疊也又直用反累也**適**聖石反覔也又丁歷反夫也又張革反責也又音敵當也**汜**音祀水在成皐又音凡邑名在襄城又孚劒反為水在定陶高帝即位處也又音夷楚人呼土為汜橋**樂**音岳謂音樂也又音洛歡也又孚五教反好也情願也**覆**敷富反蓋也又數福反再也**恐**曲用反疑也又兵拱反懼也**惡**烏各反麤也又烏路反憎也又音烏謂於何也**斷**端管反有物割截也又段緩反自相分也又端亂反孟疑事也**解**佳買反除結縛也又核買反散也又佳債反息墮也又核詐反縱解**幾**音機庶幾也又音祈近也又音記亦冀望字也又音紀錄也**過**光卧反度也罪過也又音戈經過也度前也**率**所律反平例也率伏也又音類也又音刷徐廣云率即斂也又音色類反將帥也**屈**丘勿反曲也又君勿反姓也又羣勿反盡也強也**上**時讓反位也元在牧之上又時掌反自下而上**王**于方反人主也又于放反霸王也又盛也又張丈反長上也**籍**才昔反名籍也又薦藉也又粗夜反即借也**培**勃回反補也又蒲內反板也**勝**音升又式證反**難**乃丹反艱也乃旦反危也**使**所里反又所吏反**相**息羊反又息匠反**沈**針甚反又針禁反又直令反又沈禁反歃沒也**任**入令反又入禁反**棺**音官又古玩反又古患反斂之也**造**曹早反比到反至也**妻**七低反切帝反**費**非味反用也又音秘邑也扶未反姓也

謚法解

惟周公旦太公望開嗣王業建功于牧野終將葬乃制謚遂敘謚法謚者行之迹號者功之表古者有大功則賜之善號以為稱也車服者位之章也是以大行受大名細行受細名行出於已名生於人名謂號謚

民無能名神不名一善

一德不懈簡一不委曲

靖民則法皇靖安

平易不訾簡不信訾毀

德象天地帝同於天帝

尊賢貴義恭尊事賢人寵貴義士

仁義所往王民往歸之

敬事供上恭供奉也

立志及衆公志無私也

尊賢敬讓恭敬有德讓有功

執應八方侯所執行八方應之

既過能改恭言自知

賞慶刑威君能行四者

執事堅固恭守正不移

從之成羣君民從之

愛民長弟恭順長接弟

揚善賦簡聖所稱得人所善得實所賦得簡

執禮御賓恭迎待賓也

敬賓厚禮聖厚於禮

芘親之闕恭修德以蓋之

照臨四方明以明照之

尊賢讓善恭不專己善推於人

譖訴不行明逆知之故不行

威儀悉備欽威則可畏儀則可象

經緯天地文成其道

大慮靜民定思樹惠

道德博聞文無不知

純行不爽定行一不傷

學勤好問文不恥下問

安民大慮定以慮安民

慈惠愛民文惠以成政

安民法古定不失舊意

愍民惠禮文惠而有禮

辟地有德襄取人以義

賜民爵位文與同升

甲胄有勞襄亟征伐

綏柔士民德安民以居安士以事

小心畏忌僖思所當忌

剛彊直理武剛無欲彊不屈懷忠恕正曲直

質淵受諫釐深故能愛

諫爭不威德不以威拒諫

有罰而還釐知難而退

威彊敵德武與有德者敵

溫柔賢善懿 性純淑
克定禍亂武 以兵往故能定
心能制義度 制事得宜
刑民克服武 法以正民能使服
聰明叡哲獻 有通知之聰
夸志多窮武 大志行兵多所窮極
知質有聖獻 有所通而無蔽
安民立政成 政以安定

五宗安之孝 五世之宗
淵源流通康 性無忌
慈惠愛親孝 周愛族親
溫柔好樂康 好豐年勤民事
秉德不回孝 順於德而不違
安樂撫民康 無四方之虞
協時肇享孝 協合肇始
合民安樂康 富而教之

執心克莊齊 能自嚴
布德執義穆 故穆穆
資輔就共齊 資輔佐而共成
中情見貌穆 性公露
甄心動懼頃 甄精
容儀恭美昭 有儀可象行恭可美
敏以敬慎頃 疾於所慎敬
昭德有勞昭 能勞謹

柔德安衆靖 成衆使安
聖聞周達昭 聖聖通合
恭己鮮言靖 恭己正身少言而中
治而無眚平 無災罪也
寛樂令終靖 性寛樂義以善自終
執事有制平 不任意
威德剛武圉 禦亂患
布剛治紀平 施之政事

彌年壽考胡 久也

由義而濟景 用義而成

保民耆艾胡 六十曰耆七十曰艾

耆意大慮景 耆強也

布義行剛景 以剛行義

追補前過剛 勤善以補過

清白守節貞 行清白執志固

猛以剛果威 猛則少寬果敢行

欽定四庫全書　史記正義論例謚法解　十二

大慮克就貞 能大慮非正而何

猛以彊果威 強甚於剛

不隱無屈貞 恒然無私

彊義訖正威 問正言無邪

辟土服遠桓 以武正定

治典不殺祁 秉常不衰

克敬動民桓 敬以使之

大慮行節孝 言成其節

辟土兼國桓 兼人故啓土

治民克盡使 克盡無恩惠

能思辯衆元 別之使各有次

好和不爭安 生而少斷

行義說民元 民說其義

道德純一思 道大而德一

始建國都元 非善之長可以始之

大省兆民思 大親民而不殺

欽定四庫全書　史記正義論例謚法解　十三

主義行德元 以義為主行德故

外內思索思 言求善

聖善周聞宣 聞謂所聞善事也

追悔前過思 思而能改

兵甲亟作莊 以數征為嚴

行見中外慤 表裏

叡圉克服莊 通邊圉使能服

狀古述今譽 立言之稱

勝敵志强莊 不撓故勝

昭功寧民商 明有功者

死於原野莊 非嚴何以死難

克殺秉政夷 秉政不任賢

屢征殺伐莊 以嚴釐之

安心好靜夷 不爽政

武而不遂莊 武功不成

執義揚善德 稱人之善

柔質慈民惠 知其性

慈仁短折懷 短未六十折未三十

愛民好與惠 與謂施

述義不克丁 不能成義

夙夜警戒敬 敬身急戒

有功安民烈 以武立功

秉德尊業烈

合善典法敬 非敬何以善之

剛克為伐翼 伐功也

剛德克就肅 成其敬使為終

思慮深遠翼 小心翼翼

執心決斷肅 言嚴果

外內貞復白 正而復繫始

不生其國聲 生於外家

不勤成名靈 任本性不見賢思齊

未家短折傷 未家未娶

死而志成靈 志事不忝命

愛民好治戴 好民治

死見神能靈 有鬼不為厲

典禮不愆戴 無過

亂而不損靈 不能以治損亂

短折不成殤 有知而夭殤

好祭鬼怪靈 瀆鬼神不致遠

隱拂不成隱 不以隱括改其性

極知鬼神靈 其智能聰徹

不顯尸國隱 以閒主國

見美堅長隱 美過其令

殺戮無辜厲

官人應實知 能官人

愎佷遂過刺 去諫曰愎反是曰佷

肆行勞祀悼 放心勞於淫祀言不修德

不思忘愛刺 忘其愛已者

年中早夭悼 年不稱志

蚤孤短折哀 早未知人事

恐懼從處悼 從處言險圮

恭仁短折哀 體恭質仁功未施

凶年無穀荒 不務耕稼

好變動民躁 數移徙

外內從亂荒 家不治官不治

不悔前過戾 知而不改

好樂怠政荒 淫於聲樂怠於政事

怙威肆行醜 肆意行威

在國遭憂愍 仍多大喪

壅遏不通幽 弱損不凌

在國逢囏愍 兵寇之事

蚤孤鋪位幽 鋪位即位而卒

禍亂方作愍 國無政動長亂

動祭亂常幽 易神之班

使民悲傷愍 苛政賊害

柔質受諫慧 以虛受人

貞心大度匡 心正而用察少

名實不爽質 不傷言相應

德正應和莫 正其德應其信

溫良好樂長 言其人可好可樂

施勤無私類 無私唯義所在

慈和徧服順 能使人皆服其慈和

思慮果遠明 自任多近於專
博聞多能憲 雖多能不至於大道
嗇於賜與愛 言貪恡
滿志多窮惑 自足者必不惑
危身奉上忠 險不辭難
思慮不爽厚 不差所思而得
克威捷行魏 有威而敏行
好內遠禮煬 朋淫於家不奉禮

克威惠禮魏 雖威不逆禮
去禮遠衆煬 不率禮不親長
教誨不倦長 以道教之
內外賓服正 言以正服之
肇敏行成直 始疾行成言不深
彰義揜過堅 明義以蓋前過
疏遠繼位紹 非其弟過得之
華言無實夸 恢誕

好廉自克節 自勝其清飲
逆天虐民抗 背尊大而逆之
好更改舊易 變故改常
名與實爽繆 言名美而實傷
愛民在刑克 道之以政齊之以法
擇善而從比 比方善而從之
除殘去虐湯

隱哀也景武也施德為文除惡為武辟地為襄服遠為

桓剛克為僖施而不成為宣惠無內德為平亂而不損為靈由義而濟為景餘皆象也 以其所為謚象其事行 和會也勤勞也尊修也爽傷也肇始也怙恃也享祀也胡大也秉順也就會也錫與也典常也肆放也康虛也叡聖也惠愛也綏安也堅長也耆彊也考成也周至也懷思也武法也布施也敏疾也速也載事彌文以前周書謚法周代君王並取作謚故全寫一篇以傳後學

漢書地理志云本秦京師為內史 顏師古云京師天子所居畿內也秦并天

下改立郡縣而京畿所統時號內史言具在內以別於諸郡守也百官表云內史周官秦因之掌治京師景帝二年分置左內史右內史武帝太初元年更名京兆尹左內史名馮翊主爵中尉秦官掌列侯景帝六年更名都尉武帝太初元年更名右扶風治內史與左馮翊京兆尹是為三輔也

秦地於天官東井輿鬼之分壄其界自弘農故關以西京兆扶風馮翊北地上郡西河安定天水隴西南有巴蜀廣漢犍為武都西有金城武威張掖酒泉敦煌又西南有牂牁越巂益州

魏地觜觿參之分壄其界自高陵以東盡河東河內南

有陳留及汝南之召陵濦彊新汲西華長平潁川之舞陽郾陵河南之開封中牟陽武酸棗卷卷去權反

周地柳七星張之分壄今之河南洛陽穀城平陰偃師鞏緱氏

韓地角亢氐之分壄韓分晉得南陽郡及潁川之父城定陵襄城潁陽潁陰長社陽翟郟東接汝南西接弘農得新安宜陽鄭今河南之新鄭及成皋滎陽潁川之崇高城陽

趙地昴畢之分壄趙分晉得趙國北有信都真定常山又得涿郡之高陽莫州鄉東有廣平鉅鹿清河河間又得渤海郡之東平舒中邑文安東州成平章武河以北也南至浮水繁陽內黃斥丘西有太原定襄雲中五原上黨

燕地尾箕之分壄召公封於燕後三十六世與六國俱稱王東有漁陽右北平遼西遼東西有上谷代郡鴈門南有涿郡之易容城范陽北有新成故安涿縣良鄉新昌及渤海之安次樂浪玄菟亦宜屬焉

齊地虛危之分壄東有菑川東萊瑯耶高密膠東南有泰山城陽北有千乘清河以南渤海之高樂高城重合陽信西有濟南平原

魯地奎婁之分壄東至東海南有泗水至淮得臨淮之下相睢陵僮取慮

宋地房心之分壄今之沛梁楚山陽濟陰東平及東郡之須昌壽張今之睢陽

衛地營室東壁之分埜今之東郡及魏郡之黎陽河內之野王朝歌

楚地翼軫之分埜今之南郡江夏零陵桂陽武陵長沙及漢中汝南郡後陳魯屬焉

吳地斗牛之分埜今之會稽九江丹陽豫章廬江廣陵六安臨淮郡

粵地牽牛婺女之分埜今之蒼梧鬱林合浦交阯九真南海日南

以前是戰國時諸國界域及相侵伐犬牙深入然亦不能委細故略記之用知大略

欽定四庫全書

史記正義卷一

唐 張守節 撰

五帝本紀第一 鄭玄注中候勑省圖云德合五帝坐星者稱帝又坤靈圖云德配天地在正不在私曰帝按太史公依世本大戴禮以黃帝顓頊帝嚳唐堯虞舜為五帝譙周應劭宋均皆同而孔安國尚書序皇甫謐帝王世紀孫氏注世本並以伏犧神農黃帝為三皇少昊顓頊高辛唐虞為五帝裴松之史目云天子稱本紀諸侯曰世家本者繫其本系故曰本紀者理也統理衆事繫之年月名之曰紀第者次序之目一者舉數之由故曰五帝本紀第一

史記一 禮云動則左史書之言則右史書之正義云左陽故記動右陰

故記言言為尚書事為春秋按春秋時置左右史故云史記也

黃帝者 與地志云涿鹿本名彭城黃帝初都遷有熊也按黃帝有熊國君乃少典國君之次子號曰有熊氏又曰縉雲氏又曰帝鴻氏亦曰帝軒氏母曰附寶之祁野見大電繞北斗樞星感而懷孕二十四月而生黃帝於壽丘壽丘在魯東門之北今在兗州曲阜縣東北六里生日角龍顏有景雲之瑞以土德王故曰黃帝封泰山禪亭亭在牟陰

少典之子姓公孫名曰軒轅生而神靈弱而能言 言神異也易曰陰陽不測之謂神書云人惟萬物之靈故謂之神靈也

幼而徇齊

長而敦敏成而聰明 成謂年二十冠成人也聰明聞見明辯也此以上至軒轅皆大戴禮文

軒轅之時神農氏世衰 帝王世紀云神農氏姜姓也母曰任姒有蟜氏女登為少典妃

遊華陽有神龍首感生炎帝人身牛首長於姜水有聖德以火德王故號炎帝初都陳又徙魯又曰魁隗氏又曰連山氏又曰列山氏括地志云厲山在隨州隨縣北百里山東有石穴曰神農生於厲鄉所謂列山氏也春秋時為厲國諸侯相侵伐暴虐百姓而神農氏弗能征於是軒轅乃習用干戈㠯征不享諸侯咸來賓從而蚩尤最為暴莫能伐龍魚河圖云黃帝攝政有蚩尤兄弟八十一人並獸身人語銅鐵額食沙造五兵仗刀戟大弩威振天下誅殺無道萬民欽命黃帝行天子事黃帝以仁義不能禁止蚩尤乃仰天而歎天遣玄女下授黃帝兵符伏蚩尤後天下復擾亂黃帝遂畫蚩尤形像以威天下咸謂蚩尤不死八方皆為殄滅山海經云黃帝令應龍攻蚩尤蚩尤請風伯雨師以從大風雨黃帝乃下天女曰魃以止雨雨止遂殺蚩尤孔安國曰

九黎君號蚩尤是也炎帝欲侵陵諸侯諸侯咸歸軒轅軒轅乃修德振兵振整也治五氣蓺五種蓺音魚曳反種音腫撫萬民度四方度音徒洛反教熊羆貔貅貙虎熊音雄羆音碑貔音毗貅音休貙音丑于反羆如熊黃白色郭璞云貔執夷虎屬也按言教士卒習戰以猛獸之名名之用威敵也以與炎帝戰於阪泉之野阪音白板反括地志云阪泉今名黃帝在嬀州懷戎縣東五十六里出五里至涿鹿東北與涿水合又有涿鹿故城在嬀州東南五十里本黃帝所都也晉太康地里志云涿鹿城東一里有阪泉上有黃帝祠按阪泉之野則平野之地也三戰然後得其志謂黃帝克炎帝之後蚩尤作亂不用帝命言蚩尤不用黃帝之命也於是黃帝乃徵師諸侯與蚩尤

戰於涿鹿之野遂禽殺蚩尤而諸侯咸尊軒轅為天子代神農氏是為黃帝天下有不順者黃帝從而征之平者去之平服者即去也披山通道未嘗寧居東至于海登丸山丸音桓括地志云丸山即丹山在青州臨朐縣界朱虛故縣西北二十里丹水出焉丸音紈守節案括地志唯有凡山蓋凡山丸山是一山耳諸處字誤或丸或凡也漢書郊祀志云禪丸山顏師古云在朱虛亦與括地志相合明丸山是也及岱宗泰山東岳也在兗州博城縣西北三十里也西至于空桐登雞頭括地志云空桐山在肅州祿福縣東南六十里抱朴子內篇云黃帝西見中黃子受九品之方過空桐從廣成子受自然之經即此山括地志又云笄頭山一名崆峒山在原州平陽縣西百里禹貢涇水所

出輿地志云或即雞頭山也酈元云蓋大隴山異名也莊子云廣成子學道崆峒山黃帝問道於廣成子蓋在此按二處崆峒皆云黃帝登之未詳孰是南至于江登熊湘括地志云熊耳山在商州洛縣西十里齊桓公登之以望江漢也湘山一名艑山在岳州巴陵縣南十八里也北逐葷粥葷音薰粥音育合符釜山括地志云釜山在嬀州懷戎縣北三里山上有舜廟而邑于涿鹿之阿廣平曰阿涿鹿山名已見上涿鹿故城在山下即黃帝所都之邑於山下平地遷徙往来無常處以師兵為營衛環繞軍兵為營以自衛若轅門即其遺象官名皆以雲命為雲師置左右大監監于萬國監上監去聲下監平聲若周邵分陝也萬國和而鬼神山川封禪與為多焉獲寶鼎迎日推策

筴音策迎逆也黄帝受神筴命大撓造甲子容成造歷是也舉風后力牧常先大鴻
舉任用四人皆帝臣也帝王世紀云黄帝夢大風吹天下之塵垢皆去又夢人執千鈞之弩驅羊萬羣帝悟而
嘆曰風為號令執政者也垢去土后在也天下豈有姓風名后者哉夫千鈞之弩異力者也驅羊數萬羣能牧
民為善者也天下豈有姓力名牧者也於是依二占而求之得風后於海隅登以為相得力牧於大澤進以為
將黄帝因著占夢經十一卷藝文志云風后兵法十三篇圖三卷孫盧二十卷力牧兵法十五篇鄭元云風后黄
帝之三公也按黄帝仰天地置列侯衆官以風后配上台天老配中台五聖配下台謂之三公也封禪書云鬼臾
區號大鴻黄帝大臣也死葬雍故鴻冢是藝文志云鬼容區兵法三篇也以治民順天地之
紀言黄帝順天地陰陽四時之紀也幽明之占幽陰明陽也占數也言陰陽五行黄帝占數而

知之此文見大戴禮死生之說說謂儀制也民之生死此謂作儀制禮則之說存亡之難
難音乃憚反存亡猶生死也黄帝之前未有衣裳屋宇及黄帝造屋宇制衣服營殯葬萬民故免存亡之難
時播百穀草木言順四時之所宜而布種百穀草木也淳化鳥獸蟲蛾蛾音
魚起反又音豸豸音直氏反蟻蚍蜉也爾雅曰有足曰蟲無足曰豸旁羅日月星辰水波
土石金玉旁羅猶遍布也日月陰陽時節也星二十八宿也辰日月所會也水波瀾潏也言天不異
災土無別害水少波浪山出珍寶勞勤心力耳目節用水火材物節時節也
水陂障決洩也火山野禁放也材木也物事也言黄帝教民江湖陂澤山林原隰皆收採禁捕以時用之有節
令得其利也大戴禮云宰我問於孔子曰予聞榮伊曰黄帝三百年請問黄帝者人耶何以至三百年孔子曰

勞勤心力耳目節用水火材物生而民得其利百年死而民畏其神百年亡而民用其教百年故曰三百年也
有土德之瑞故號黄帝螾音以刃反黄帝二十五子其得姓
者十四人僖音力其反姞其吉反嫘音在宜反黄帝居軒轅之丘而娶於
西陵之女西陵國名也是為嫘祖一作傫嫘祖為黄帝正妃生
二子其後皆有天下其一曰玄囂是為青陽青陽降居
江水括地志云安陽故城在豫州新息縣西南八十里應劭云古江國也地理志亦云安陽古江國也
其二曰昌意降居若水昌意娶蜀山氏女曰昌僕生高
陽高陽有聖德焉華陽國志及十三州志云蜀之先肇於人皇之際黄帝為子昌意娶蜀山

氏後子孫因封焉帝顓頊高陽氏黄帝之孫昌意之子母曰昌僕亦謂之女樞河圖云瑶光如蜺貫月正白感
女樞於幽房之宫生顓頊首戴干戈有德文也黄帝崩列仙傳云軒轅自擇亡日與羣臣辭還葬橋山
山崩棺空唯有劍舄在棺焉葬橋山括地志云黄帝陵在寧州羅川縣東八十里子午山地理志云
上郡陽周縣橋山南有黄帝冢按陽周隋改為羅川爾雅云山銳而高曰橋也其孫昌意之子
高陽立是為帝顓頊也
帝顓頊高陽者黄帝之孫而昌意之子也靜淵以有謀
疏通而知事養材以任地載時以象天依鬼神以制義
鬼之靈者曰神也鬼神謂山川之神也能興雲致而潤養萬物也故已依憑之制義也制古制字治氣

以教化絜誠以祭祀北至于幽陵（幽州也）南至于交趾（趾音止交州也）西至于流沙（濟渡也括地志云居延海南甘州張掖縣東北千六十四里是）東至于蟠木動靜之物（動物謂鳥獸之類靜物謂草木之類）小大之神（大謂五嶽四瀆小謂丘陵墳衍）日月所照莫不砥屬帝顓頊生子曰窮蟬（帝舜之高祖也）顓頊崩而玄囂之孫高辛立是為帝俈

帝俈高辛者（帝王紀云俈母無聞焉）黄帝之曾孫也高辛父曰蟜極（蟜音居兆反本作橋音同又巨遥反帝堯之祖也）蟜極父曰玄囂玄囂父曰黄帝自玄囂與蟜極皆不得在位至高辛即帝位高辛

於顓頊為族子高辛生而神靈自言其名（帝王紀云帝俈高辛姬姓也其母生見其神異自言其名曰岌齠齔有德年十五而佐顓頊三十登位都亳以人事紀官也）普施利物不於其身聰以知遠明以察微順天之義知民之急仁而威惠而信修身而天下服取地之財而節用之撫教萬民而利誨之歷日月而迎送之（言作歷弦望晦朔日月未至而迎之過而送之上迎日推策是也）明鬼神而敬事之（天神曰神人神曰鬼又云聖人之精氣謂之神賢人之精氣謂之鬼言明識鬼神而敬事也）其色郁郁其德嶷嶷其動也時其服也士帝俈溉執中而徧天下（溉音既言帝俈治民若水之溉灌平等而執中正遍於天下也）日月所照風雨所至莫不從服（以上大戴文也）

帝俈娶陳鋒氏女（鋒音峯又作豐帝王紀云帝俈有四妃卜其子皆有天下元妃有台氏女曰姜嫄生后稷次妃有娀氏女曰簡狄生卨次妃陳豐氏女曰慶都生放勛次妃娵訾氏女曰常義生帝摯也）生放勛（放音方往反勳亦作勛音許云反言堯能放上代之功故曰放勛謚堯姓伊祁氏帝紀云帝堯陶唐氏祁姓也母慶都十四月生堯）娶娵訾氏女生摯（娵足須反訾紫移反）帝俈崩而摯代立帝摯立不善崩（帝王紀云帝摯之母於四人中班最在下而摯於兄弟最長得登帝位封異母弟放勛為唐侯摯在位九年政微弱而唐侯德盛諸侯歸之摯服其義乃率羣臣造唐而致禪唐侯自知有天命乃受帝禪乃封摯於高辛今定州唐縣也）而弟放勳立是為帝

堯

帝堯者（徐廣云號陶唐帝王紀云堯都平陽於詩為唐國徐才宗國都城記云唐國帝堯之裔子所封其北帝夏禹都漢曰太原郡在古冀州太行恒山之西其南有晉水括地志云今晉州所理平陽故城是也平陽河水一名晉水也）放勳其仁如天其知如神就之如日望之如雲富而不驕貴而不舒黄收純衣彤車乘白馬能明馴德以親九族九族既睦便章百姓百姓昭明合和萬國乃命羲和（呂刑傳云重即羲黎即和雖別為氏族而出自重黎也按聖人不獨治必須賢輔乃命相天地之官若周禮天官卿地官卿也）敬順昊天（敬猶恭勤也元氣昊然廣大故云昊天釋文云春為

蒼天夏為昊天秋為旻天冬為上天而獨為昊天者以堯能敬天大故以昊大言之數法日月星辰歷數之法日之甲乙月之大小昏明遞中之星日月所會之辰定其天數以為一歲之歷敬授民時尚書考靈耀云主春者張昏中可以種稷主夏者火昏中可以種黍菽主秋者虛昏中可以種麥主冬者昴昏中可以收斂也天子視四星之中知民緩急故云敬授民時也分命羲仲居郁夷曰暘谷郁音隅陽或作暘禹貢青州云隅夷既畧按隅夷青州也堯命羲仲理東方青州隅夷之地日所出處名曰陽明之谷羲仲主東方之官若周禮春官敬道日出便程東作道音導便程並如字後同導訓也三春主東故言日出耕作在春故言東作命羲仲恭勤道訓萬民東作之事使有程期日中星鳥以殷中春下中音仲夏秋冬並同其民析鳥獸字微申命

欽定四庫全書 史記正義 卷一 八

羲叔居南交羲叔主南方官若周禮夏官卿也便程南譌敬致譌音于偽反命羲叔宜恭勤民事致其種殖使有程期也日永星火以正中夏其民因鳥獸希革申命和仲居西土曰昧谷和仲主西方之官若周禮秋官職也敬道日入便程西成夜中星虛以正中秋其民夷易鳥獸毛毨申命和叔居北方曰幽都按北方幽州陰聚之地命和叔居理之北方之官若周禮冬官卿便在伏物日中星昴以正中冬其民燠鳥獸氄毛歲三百六十六日以閏月正四時信飭百官衆功皆興堯曰誰可順此事言將登用之嗣位也放齊曰嗣子丹朱開明

放音方往反鄭元云帝堯胤嗣之子名曰丹朱開明也按開解而達也帝王紀云堯娶散宜氏女曰女皇生丹朱汲冢紀年云后稷放帝子丹朱范汪荊州記云丹水縣在丹州堯子朱之所封括地志云丹朱故城在鄧州内鄉縣西南百三十里丹朱故為縣堯曰吁頑凶不用左傳云口不道忠信之言為嚚心不則德義之經為頑凶訟也言丹朱心既頑嚚又好爭訟不可用之堯又曰誰可者讙兜曰共工旁聚布功可用兜音井侯反堯曰共工善言其用僻似恭漫天不可漫音莫干反共工善為言語用意邪僻也似於恭敬罪惡漫天不可用也堯又曰嗟四嶽嗟嘆洪水問四嶽訊能理也孔安國云四嶽即上羲和四子也分掌四嶽之諸侯故稱焉湯湯洪水滔天浩浩懷山襄陵湯音商今讀如字蕩蕩廣平之貌言水奔

欽定四庫全書 史記正義 卷一 九

突有所滌除地上之物為水漂流蕩蕩然按懷藏包裹之義故懷為包釋言以襄為駕駕乘牛馬皆在上也言水襄上乘陵浩浩盛大勢若漫天下民其憂有能使治者皆曰鯀可堯曰鯀負命毀族不可負音佩依字通負違也族類也鯀性很戾違負教命毀敗善類不可用也詩云貪人敗類也嶽曰异哉試不可用而已异音異孔安國云异已已退也言餘人盡已唯鯀可試無成乃退堯於是聽嶽用鯀九歲功用不成爾雅釋天云載歲也夏曰祀周曰年唐虞曰載李巡云各自紀事不相襲也孫炎云歲取星行一次也祀取四時祭祀一訖也年取年穀一熟也載取萬物始更終也載者年之別名故以載為年也按功用不成水害不息故放退也至明年得舜乃殛之羽山而用其子禹也堯曰嗟四嶽朕在位七十載汝

能庸命踐朕位孔安國云堯年十六以唐侯升為天子在位七十載時八十六老將求代也嶽應曰鄙德忝帝位四嶽皆云鄙俚無德若便行天子事是辱帝位言已等不堪也堯曰悉舉貴戚及疏遠隱匿者衆皆於堯曰有矜在民間曰虞舜矜古頑反堯曰然朕聞之其何如嶽曰盲者子父頑母嚚弟傲能和以孝烝烝治不至姦烝之升反進也言父頑母嚚弟傲舜皆和以孝進之於善不至於姦惡也堯曰吾其試哉欲以二女試舜觀其理家之道也於是堯妻之二女妻音七計反二女娥皇女英也娥皇無子女英生商均舜升天子娥皇為后女英為妃觀其德於二女視其為德行於二女以理家而觀國也舜飭下二女

於嬀汭飭音敕下音胡亞反汭音芮舜能整齊二女以義理下二女之心於嬀汭使行婦道於虞氏也括地志云嬀汭水出蒲州河東南山許慎云水涯曰汭按地記云河東郡青山東山中有二泉下南流者嬀水北流者汭水二水異源合流出谷西注河嬀水北曰汭也又云河東縣二里故蒲坂城舜所都也城中有舜廟城外有舜宅及二妃壇如婦禮堯善之乃使舜慎和五典五典能從乃徧入百官百官時序賓於四門四門穆穆諸侯遠方賓客皆敬堯使舜入山林川澤暴風雷雨舜行不迷堯以為聖召舜曰女謀事至而言可績三年矣女登帝位舜讓於德不懌正月上日鄭元云帝王易代莫不改正建朔舜正建子此時未改故依堯正月上日也舜受終於文祖文祖者堯大祖也舜受堯終帝之事於文祖也尚書帝命驗云帝者承天立府以尊天重象也五府者黃曰神斗注云唐虞謂之天府夏謂之正室殷謂之重室周謂之明堂皆祀五帝之所也文祖者赤帝熛怒之府名曰文祖火精光明文章之祖故謂之文祖周曰明堂神斗者黃帝含樞紐之府名曰神斗斗主也土精澄靜四行之主故謂之神斗周曰太室顯紀者白帝招拒之府名顯紀紀法也金精斷割萬物故謂之顯紀周曰總章元矩者黑帝光紀之府名曰元矩矩法也水精元昧能權輕重故謂之元矩周曰元堂靈府者蒼帝靈威仰之府名曰靈府周曰青陽於是帝堯老命舜攝行天子之政以觀天命舜乃在璿璣玉衡以齊七政說文云璿赤玉也按舜雖受堯命猶不自安更以璿璣玉衡以正天文璣為運轉衡

為橫簫運璣使動於下以衡望之是王者正天文器也觀其齊與不齊今七政齊則己受禪為是蔡邕云玉衡長八尺孔徑一寸下端望之以視星宿並縣璣以象天而以衡望之轉璣窺衡以知星宿璣徑八尺圓周二尺五寸而強也鄭元云運轉者為璣持正者為衡尚書大傳云政者齊中也謂春秋冬夏天文地理人道所以為政也道正而萬事順成故天道政之大也遂類於上帝五經異義云非時祭天謂之類言以事類告也時舜告攝非常祭也王制云天子將出類于上帝鄭元云昊天上帝謂天皇大帝北辰之星禋于六宗周語云精意以享曰禋也孫炎云禋絜敬之祭也按星五星緯也辰日月所會十二次也司中司命文昌第五第四星也風師箕星也雨師畢星也孔安國云四時寒暑也日月星也水旱也禮祭法云埋少牢於大昭祭時也禳祈於坎壇祭寒暑也王宮祭日也夜明祭月也幽禜祭星雩禜祭水旱也司馬彪續漢書云安

帝立六宗祀於洛陽城西北亥地禮北大社魏因之至晋初荀顗言新祀以六宗之神諸家說不同乃廢之也望于山川望者遥望而祭山川也山川五嶽四瀆也爾雅云梁山晋望也辯於羣神辯音遍謂祭羣神也揖五瑞擇吉月日見四嶽諸牧班瑞揖音集周禮典瑞云王執鎮圭尺二寸公執桓圭九寸侯執信圭七寸伯執躬圭五寸子執穀璧男執蒲璧皆五寸言五瑞者王不在中也孔文詳云宋末會稽修禹廟於廟庭山土中得五等圭璧百餘枚形與周禮同皆短小此即禹會諸侯於會稽執以禮山神而埋之其璧今猶有在也歲二月東巡狩至於岱宗柴按既班瑞羣后即東巡者守土之諸侯會岱宗之嶽焚柴告至也王者巡狩以諸侯自專一國威福任己恐其擁遏上命澤不下流故巡行問人疾苦也風俗通云太山之尊者一曰岱宗始也長也萬物之始陰陽交代故為五

岳之長也按二月仲月也仲中也言得其中也望秩於山川乃以秩望祭東方諸侯境内之名山大川也言秩者五岳視三公四瀆視諸侯遂見東方君長合時月正日既見東方君長乃合同四時氣節月之大小日之甲乙使齊一也周禮太史掌正歲年以序事頒正朔於邦國則節氣晦朔皆天子頒之猶恐諸侯國異或不齊同因巡狩合正之同律度量衡律之十二律度之丈尺量之斗斛衡之斤兩皆使天下相同無制度長短輕重異也漢律志云虞書云同律度量衡所以齊遠近立民信也律有十二陽六為律陰六為呂律以統氣類物一曰黄鍾二曰太蔟三曰姑洗四曰蕤賓五曰夷則六曰無射呂以旅陽宣氣一曰林鍾二曰南呂三曰應鍾四曰大呂五曰夾鍾六曰中呂度者分寸尺丈引也所以度長短也本起黄鍾之管長以子穀秬黍中者一黍為一分十分為一寸十寸為尺十尺為丈十丈為引而五度

審矣量者龠合升斗斛也所以量多少也本起黄鍾之龠以子穀秬黍中者千有二百實為一龠十龠為合十合為升十升為斗十斗為斛而五量嘉矣衡權者銖兩斤鈞石也所以秤物輕重也本起於黄鍾之一龠容千二百黍重十二銖二十四銖為兩十六兩為斤三十斤為鈞四鈞為石而五權謹矣衡平也權重也修五禮周禮以吉禮事邦國之鬼神祇以凶禮哀邦國之憂以賓禮親邦國以軍禮同邦國以嘉禮親萬民也尚書堯典云類于上帝吉禮也如喪考妣凶禮也羣后四朝賓禮也大禹謨云汝徂征軍禮也堯典云女于時嘉禮也女音女慮反五玉三帛孔安國云諸侯世子執纁公之孤執玄附庸之君執黄也按三統紀推伏羲為天統色尚赤神農為地統色尚黑黄帝為人統色尚白少昊黄帝子亦尚白故高陽氏又天統亦尚赤堯為人統故用白二生羔鴈也鄭元注周禮大宗伯云羔小羔也取其羣不失其類也鴈取其候時而

行也卿執羔大夫執鴈按羔鴈性馴可生為贄一死雉也馬融云一死雉士所執也按不可生為贄故死雉取其守介死不失節也為摯贄音至贄執也鄭元云贄之言至所以自致也韋昭云贄六贄皮帛卿執羔大夫執鴈士執雉庶人執鹿工商執雞也如五器卒乃復卒音子律反復音伏五月南巡狩八月西巡狩十一月北巡狩皆如初歸至于祖禰廟禰音乃禮反何休云生曰父死曰考廟曰禰用特牛禮五歲一巡狩羣后四朝徧告以言徧音遍言遍告天子治理之言也明試以功車服以庸孔安國云功成則錫車服以表顯其能用也肇十有二州決川象以典刑孔安國云象法也法用常刑用不越法也流宥五刑孔安國云以流放之法寬五刑也鄭元云三宥

一曰弗識二曰過失三曰遺忘也鞭作官刑扑作教刑金作贖刑眚烖
過赦怙終賊刑欽哉欽哉惟刑之靜哉讙兜進言共工
讙兜渾沌也共工窮奇也鯀檮杌也三苗饕餮也左傳云舜臣堯流四凶投諸四裔以禦魑魅也堯曰
不可而試之工師工師若今大匠卿也共工果淫辟辟亦反四嶽舉
鯀治鴻水堯以為不可嶽彊請試之試之而無功故百
姓不便三苗左傳云自古諸侯不用王命虞有三苗夏有觀扈孔安國云縉雲氏之後為諸侯號
饕餮也吳起云三苗之國左洞庭而右彭蠡按洞庭湖名在岳州巴陵西南一里南與青草湖連彭蠡湖名在
江州潯陽縣東南五十二里以天子在北故洞庭在西為左彭蠡在東為右今江州鄂州岳州三苗之地也

在江淮荊州淮讀曰滙音胡罪反今彭蠡湖也本屬荊州尚書云南入于江東滙澤為彭蠡是也
數為亂於是舜歸而言於帝請流共工于幽陵尚書及大戴禮
皆作幽州括地志云故龔城在檀州燕樂縣界故老傳云舜流共工幽州居此城神異經云西北荒有人焉人
面朱髮蛇身人手足而食五穀禽獸頑愚名曰共工以變北狄言四凶流四裔各於四夷放共工等
為中國之風俗也放驩兜於崇山神異經云南方荒中有人焉人面鳥喙而有翼而手足扶
翼而行食海中魚為人很惡不畏風雨獸犯死乃休名曰讙兜也以變南蠻遷三苗於
三危括地志云三危山有峯故曰三危俗亦名卑羽山在沙州燉煌縣東南三十里神異經云西荒中有
人焉面目手足皆人形而胳下有翼不能飛為人饕餮淫逸無理名曰苗民又山海經云大荒北經黑水之北

有人有翼名曰苗民也以變西戎殛鯀於羽山殛音紀力反孔安國云殛竄放流皆
誅也括地志云羽山在沂州臨沂縣界神異經云東方有人焉人形而身多毛自解水土知通塞為人自用欲
為欲息皆曰云是鯀也以變東夷四辠而天下咸服堯立七十年
得舜二十年而老令舜攝行天子之政薦之於天堯辟
位凡二十八年而崩皇甫謐云堯即位九十八年通舜攝二十八年也凡年百一十七歲
孔安國云堯壽百一十六歲括地志云堯陵在濮州雷澤縣西三里郭生述征記云城陽縣東有堯冢亦曰堯
陵有碑是也括地志云雷澤縣本漢郕陽縣也百姓悲哀如喪父母三年四方
莫舉樂尚書三載四海遏密八音是也以思堯堯知子丹朱之不肖不

足授天下於是乃權授舜五帝官天下老則禪賢故權試舜也授舜則天
下得其利而丹朱病授丹朱則天下病而丹朱得其利
堯曰終不以天下之病而利一人而卒授舜以天下堯
崩三年之喪畢舜讓辟丹朱於南河之南括地志云故堯城在濮州
鄄城縣東北十五里竹書云昔堯德衰為舜所囚也又有偃朱故城在縣西北十五里竹書云舜囚堯復偃塞
丹朱使不與父相見也按濮州北臨漯大川也河在堯都之南故曰南河禹貢至于南河是也其偃朱城所居
即舜讓避丹朱於河南之南處也諸侯朝覲者不之丹朱而之舜獄訟
者不之丹朱而之舜謳歌者不謳歌丹朱而謳歌舜

曰天也夫而後之中國踐天子位焉是為帝舜

虞舜者括地志云故虞城在陝州河北縣東北五十里虞山之上酈元注水經云幹橋東北有虞城堯以女嬪于虞之地也又宋州虞城大襄國所封之邑杜預云舜後諸侯也又越州餘姚縣顧野王云舜後支庶所封之地舜姚姓故云餘姚縣西七十里有漢上虞故縣會稽舊記云舜上虞人去虞三十里有姚丘即舜所生也周處風土記云舜東夷之人生姚丘括地志又云姚墟在濮州雷澤縣東十三里孝經援神契云舜生於姚墟按二所未詳也名曰重華尚書云重華協於帝孔安國云華謂文德也言其光又重合於堯瞽瞍姓嬀妻曰握登見大虹意感而生舜於姚墟故姓姚目重童子故曰重華字都君龍顏大口黑色身長六尺一寸重華父曰瞽叟先后反孔安國云無目曰瞽舜父有目不能分別好惡故時人謂之瞽配

字曰叟叟無目之稱也瞽叟父曰橋牛橋又音嬌橋牛父曰句望句古侯反望音亡句望父曰敬康敬康父曰窮蟬窮蟬父曰帝顓頊顓頊父曰昌意以至舜七世矣自從窮蟬以至帝舜皆微為庶人舜父瞽叟盲而舜母死瞽叟更娶妻而生象象傲瞽叟愛後妻子常欲殺舜舜避逃及有小過則受罪順事父及後母與弟日以篤謹匪有懈舜冀州之人也蒲州河東縣本屬冀州宋永初山川記云蒲坂城中有舜廟城外有舜宅及二妃壇括地志云嬀州有嬀水源出城中耆舊傳云即舜釐降二女於嬀汭之所外城中有舜井城城北有歷山山上有舜廟未詳按嬀州亦冀州城是也舜耕歷山括地志云蒲州河東縣雷首山一名中條山亦名歷山亦名首陽山亦名蒲山亦名襄山亦名甘棗山亦名豬山亦名狗頭山亦名薄山亦名吴山此山西起雷首山東至吴坂凡十二名隨州縣分之歷山南有舜井又云越州餘姚縣有歷山舜井濮州雷澤縣有歷山舜井二所又有姚墟云生舜處也及嬀州歷山舜井皆云舜所耕處未詳也漁雷澤括地志云雷夏澤在濮州雷澤縣郭外西北山海經云雷澤有雷神龍首人頰鼓其腹則雷也陶河濱接於曹州濱河作瓦器也括地志云陶城在蒲州河東縣北三十里即舜所都也南去歷山不遠或陶所在則可何必定陶方得為舜陶之陶也斯或一一焉作什器於壽丘壽音受顏師古云軍法伍人為伍二伍為什則共器物故為什物之具為什器亦猶從軍及作役者十人為火共畜調度也就時於負夏舜父瞽叟頑母

嚚弟象傲皆欲殺舜舜順適不失子道兄弟孝慈欲殺不可得即求嘗在側舜年二十以孝聞三十而帝堯問可用者可用謂可為天子也四嶽咸薦虞舜曰可於是堯乃以二女妻舜以觀其內使九男與處以觀其外舜居嬀汭內行彌謹堯二女不敢以貴驕事舜親戚二女不敢以帝女驕慢舜之親戚親戚謂父瞽叟後母弟象妹顆手等也顆音古果反甚有婦道堯九男皆益篤篤惇也非唯二女恭勤婦道九男事舜皆益惇厚謹敬也舜耕歷山歷山之人皆讓畔韓子歷云農相侵畔舜往耕朞年耕者讓畔也漁雷澤雷澤上人皆讓居陶

河濱河濱器皆不苦窳苦讀如盬音古盬麤也窳音庾一年而所居成聚聚在喻反聚謂村落也二年成邑三年成都周禮郊野法云九夫為井四井為邑四邑為丘四丘為甸四甸為縣四縣為都也堯乃賜舜絺衣絺勑遲反細葛布衣也郗氏音竹几反與琴為築倉廩予牛羊瞽叟尚復欲殺之使舜上塗廩瞽叟從下縱火焚廩舜乃以兩笠自扞而下去得不死通史云瞽叟使舜滌廩舜告堯二女女曰時其焚汝鵲汝衣裳鳥工往舜既登廩得免去也後瞽叟又使舜穿井舜穿井為匿空旁出言舜潛匿穿孔旁從他井而出也通史云舜穿井又告二女二女曰去汝裳衣龍工往入井瞽叟與象下土實井舜從他井出去也括地志云舜井

在嬀州懷戎縣西外城中其西又有一井耆舊傳云並舜井也舜自中出帝王紀云河東有舜井未詳也舜既入深瞽叟與象共下土實井舜從匿空出去瞽叟象喜以舜為已死象曰本謀者象象與其父母分扶問反於是曰舜妻堯二女與琴象取之牛羊倉廩予父母象乃止舜宮居宮即室也爾雅云室謂之宮禮云命士已上父子異宮也鼓其琴舜往見之象鄂不懌曰我思舜正鬱陶舜曰然爾其庶矣舜復事瞽叟愛弟彌謹於是堯乃試舜五典百官皆治昔高陽氏有才子八人世得其利謂之八愷高辛氏有才子

八人世謂之八元此十六族者世濟其美不隕其名至於堯堯未能舉舜舉八愷使主后土春秋正義云后君也天曰皇天地曰后土以揆百事莫不時序言禹度九土之宜無不以時得其次序也舉八元使布五教于四方父義母慈兄友弟恭子孝內平外成杜預云內諸夏外夷狄也按契作五常之教諸夏太平夷狄向化也昔帝鴻氏有不才子掩義隱賊好行凶慝天下謂之渾沌慝惡也一本云天下之民謂之渾沌渾沌即讙兜也言掩義事陰為賊害而好凶惡故謂之渾沌也杜預云渾沌不開通之皃神異經云崑崙西有獸焉其狀如犬長毛四足似羆而無爪有目而不見行不開有兩耳而不聞有人知往有腹無五藏有腹直短食徑

過人有德行而往抵角有凶惡而行依憑之名渾沌又莊子云南海之帝為儵忽中央之帝為渾沌儵忽時相遇於渾沌之地渾沌待之甚善儵與忽謀欲報渾沌之德曰人皆有七竅以視聽食息此獨無有嘗試鑿之日鑿一竅七日而渾沌死按言讙兜性似故號之也少皞氏有不才子毀信惡忠崇飾惡言天下謂之窮奇謂共工言毀敗信行惡其忠直有惡言語高粉飾之故謂之窮奇按常行終必窮極好謟訣奇異於人也神異經云西北有獸其狀似虎有翼能飛便勦食人知人言語聞人鬬輒食直者聞人忠信輒食其鼻聞人惡逆不善輒殺獸往饋之名曰窮奇按言共工性似故號之也顓頊氏有不才子不可教訓不知話言天下謂之檮杌檮音道刀反杌音五骨反謂鯀也凶頑不可教訓不從詔令故謂之檮杌按言無疇匹言自縱恣也神異經云

西方荒中有獸焉其狀如虎而大毛長二尺人面虎足猪口牙尾長一丈八尺攪亂荒中名檮杌一名傲很一名難訓按言鯀性似故號之也此三族世憂之至于堯堯未能去縉雲氏今括州縉雲縣蓋其所封也書云縉赤繒也有不才子此以上四處皆左傳文或本有並文次相類四凶故書之恐本錯脫耳謂三苗也言貪飲食冒貨賄故謂之饕餮神異經云西南有人焉身多毛上頭戴豕性很惡好息積財而不用善奪人穀物强者畏羣而單名饕餮言三苗性似故號之貪於飲食冒于貨賄天下謂之饕餮天下惡之比之三凶舜賓於四門杜預云闢四門達四聰以賓衆賢之也乃流四凶族遷于四裔以御螭魅御音魚呂反螭音丑知反魅音媚按御魑魅恐更有邪諂之人故流放四凶以御之也故下云

無凶人也於是四門辟言毋凶人也舜入于大麓烈風雷雨不迷堯乃知舜之足授天下堯老使舜攝行天子政巡狩舜得舉用事二十年而堯使攝政攝政八年而堯崩三年喪畢讓丹朱天下歸舜而禹皐陶契后稷伯夷夔龍垂益彭祖高姚二音皐陶字庭堅英六二國是其後也契音薛殷之祖也伯夷齊太公之祖也夔巨龜反樂官也倕音垂亦作垂內言之官也益伯翳也即秦趙之祖彭祖自堯時舉用歷夏殷封於大彭自堯時而皆舉用未有分職分音符問反如字分為封疆爵土也於是舜乃至於文祖謀于四嶽辟四門明通四方耳目命十二

牧論帝德行厚德遠佞人舜命十二牧論帝堯之德又敦之於民遠黜邪佞之人言能如此則夷狄亦服從也則蠻夷率服舜謂四嶽曰有能奮庸美堯之事者使居官相事皆曰伯禹為司空可美帝功舜曰嗟然禹汝平水土維是勉哉禹拜稽首讓於稷契與皐陶舜曰然往矣舜曰棄黎民始飢汝后稷播時百穀稷農官也播時謂順四時而種百穀舜曰契百姓不親五品不馴馴音訓汝為司徒而敬敷五教在寬舜曰皐陶蠻夷猾夏寇賊姦軌軌亦作宄汝作士按言大理卿也五刑有服孔安國云服從也言輕重之中正也按墨黥鑿其額

涅以墨劓截鼻也剕刖足也宮淫刑也男子割勢婦人幽閉也大辟死刑也五服三就五流有度度音徒洛反尚書作宅孔安國云五刑之流各有所居也五成三居按謂度其遠近為三等之居也維明能信舜曰誰能馴予工皆曰垂可於是以垂為共工舜曰誰能馴予上下草木鳥獸皆曰益可於是以益為朕虞益拜稽首讓于諸臣朱虎熊羆孔安國云朱虎熊羆云臣也垂益所讓四人皆在元凱之中也舜曰往矣汝諧遂以朱虎熊羆為佐為益之佐也舜曰嗟四嶽有能典朕三禮皆曰伯夷可舜曰嗟伯夷以汝為秩宗若太常也漢書百官表云王莽太常曰秩宗依古也孔安國云

秋序宗尊也主郊廟之官也夙夜維敬直哉維靜潔靜清也潔明也孔安國云職典禮施政教使正直而清明伯夷讓夔龍舜曰然孔安國云然其推賢不許其讓也以夔為典樂教穉子穉胄雉反孔安國云胄長子謂元子以下至卿大夫子弟也歌詩蹈之舞之教長國子中和祗庸孝友直而溫寬而栗剛而無虐簡而無傲孔安國云剛失之虐簡失之傲教之以防其失也詩言意歌長言孔安國云詩言志以蹈其心歌詠其義以長其言也聲依永律和聲孔安國云聲五聲宮商角徵羽也律謂六律六呂十二月之音氣也當依聲律和樂也八音能諧毋相奪倫神人以和八音金石絲竹匏土革木也孔安國云倫理也八音能諧理不錯奪則神人咸和命夔使勉也夔曰於予擊石

拊石百獸率舞於音烏孔安國云石磬音之清者拊亦擊也舉清者和則其餘皆從矣樂感百獸使相率而舞則神人和可知也按磬一片黑石也下音福尤反周禮云夏官有服不氏掌服猛獸下士一人徒四人鄭玄云不服之獸也舜曰龍朕畏忌讒說殄偽振驚朕眾偽音危睡反言畏惡利口讒說之人兼殄絕姦為人寔恐其驚動我眾使龍遏絕之出入其命惟信實也此偽字太史公變尚書文也尚書偽字作行音下孟反言朕畏忌有利口讒說之人殄絕無德行之官也命汝為納言夙夜出入朕命惟信孔安國云納言喉舌之官也聽下言納於上受上言宣於下必信也舜曰嗟女二十有二人敬哉惟時相天事相視也當命二十二人各敬行其職惟在順時視天所宜而行事也三歲一考功三考絀陟遠近

衆功咸興分北三苗此二十二人咸成厥功皋陶為大理平皋陶作士正平天下罪惡也民各伏得其實伯夷主禮上下咸讓垂主工師工匠若今大匠卿也百工致功益主虞山澤辟婢亦反開也棄主稷百穀時茂契主司徒百姓親和龍主賓客遠人至十二牧行而九州莫敢辟違禹九州之民無敢辟違舜十二牧也唯禹之功為大披九山披音皮義反謂傍其山邊以通通九澤決九河定九州各以其職來貢不失厥宜方五千里至于荒服南撫交阯北發西戎析枝渠廋氏羌北戎發息慎東長

鳥夷鳥或作島括地志云百濟國西南海中有大島十五所皆置邑有人居屬百濟又倭國西南大海中島居凡百餘小國在京南萬三千五百里按武后改倭國為日本國四海之內爾雅云九夷八狄七戎六蠻謂之四海咸戴帝舜之功於是禹乃興九招之樂致異物鳳皇來翔天下明德皆自虞帝始舜年二十以孝聞年三十堯舉之年五十攝行天子事年五十八堯崩年六十一代堯踐帝位括地志云平陽今晉州城是也潘今媯州城是也蒲坂今蒲州南二里河東縣界蒲坂故城是也踐帝位三十九年南巡狩崩於蒼梧之野葬於江南九疑是為零陵舜之踐帝位載天子旗往

朝父瞽叟嚚唯謹如子道封弟象為諸侯帝王紀云舜弟象封於有鼻括地志云鼻亭神在道縣北六十里故老傳云舜葬九疑象來至此後人立祠名為鼻亭神輿地志云零陵郡應陽縣東有山山有象廟王隱晉書云此大泉陵縣北部東五里有鼻墟象所封也舜子商均亦不肖譙周云以虞封舜子今宋州虞城縣括地志云虞國舜後所封邑也或云封舜子均於商故號商均也舜乃豫薦禹於天十七年而崩三年喪畢禹亦乃讓舜子括地志云禹居洛州陽城者避商均非時久居也如舜讓堯子諸侯歸之然後禹踐天子位堯子丹朱舜子商均皆有疆土括地志云定州唐縣堯後所封宋州虞城縣舜後所封也以奉先祀服其服禮樂如

之以客見天子為天子之賓客也天子弗臣示不敢專也自黃帝至舜禹皆同姓而異其國號以章明德故黃帝為有熊帝顓頊為高陽帝嚳為高辛帝堯為陶唐帝舜為有虞帝禹為夏后而别氏姓姒氏契為商姓子氏棄為周姓姬氏太史公曰太史公司馬遷自謂也自叙傳云太史公曰先人有言又云太史公曰余聞之董生又云太史公遭李陵之禍明太史公司馬遷自號也遷為太史公官題贊首也虞憙云古者主天官者皆上公非獨遷學者多稱五帝尚矣然尚書獨載堯以來而百家言黃帝其文不雅馴馴訓也謂百家之言皆非典雅之訓薦紳先生難言之孔子所傳宰予問五帝德及帝繫姓繫音奚計反五帝德及帝繫姓皆大戴禮文及孔子家語篇名漢儒者以二書非經恐不是聖人之言故或不傳學也儒者或不傳余嘗西至空峒余太史公自稱也嘗曾也空桐山在原州平高縣西百里黃帝問道於廣成子處北過涿鹿涿鹿山在媯州東南五十里山側有涿鹿城即黃帝堯舜之都也東漸於海南浮江淮矣至長老皆各往往稱黃帝堯舜之處風教固殊焉總之不離古文者近是予觀春秋國語其發明五帝德帝繫姓章矣顧弟弗深考顧念也第但也太史公言博考古文擇其言表見之不虛甚章著矣思念亦且不須更深考論其所表見皆不虛

書缺有間矣言古文尚書缺失其間多矣而無說黃帝之語其軼乃時時見於他說非好學深思心知其意固難為淺見寡聞道也余并論次擇其言尤雅者故著為本紀書首太史公據古文并諸子百家論次擇其言語典雅者故著為五帝本紀在史記百三十篇書之首

史記正義卷一

欽定四庫全書

史部

史記正義卷二至四

詳校官編修臣李如筠

欽定四庫全書

史記正義卷二

唐　張守節　撰

夏本紀第二　史記二

夏禹夏者帝禹封國號也帝王紀云禹受封為夏伯在豫州外方之南今河南陽翟是也名曰文命帝王紀云父鯀妻脩己見流星貫昴夢接意感又吞神珠薏苡胸坼而生禹名文命字密身九尺二寸長本西夷人也大戴禮云高陽之孫鯀之子曰文命揚雄蜀王本紀云禹本汶山郡廣柔縣人也生於石紐括地志云茂州汶川縣石紐山在縣西七十三里華陽國志云今夷人共營其地方百里不敢居牧至今猶不敢放六畜按廣柔隋改曰汶川禹之父曰鯀鯀之父曰帝顓頊顓頊之父曰昌意昌意之父曰黃帝禹者黃帝之玄孫而帝顓頊之孫也禹之曾大父昌意及父鯀皆不得在帝位為人臣當帝堯之時鴻水滔天浩浩懷山襄陵下民其憂堯求能治水者羣臣四嶽皆曰鯀可堯曰鯀為人負命毀族不可四嶽曰等之未有賢於鯀者願帝試之於是堯聽四嶽用鯀治水九年而水不息功用不成於是帝堯乃求人更得舜舜登用攝行天子之事巡狩行視鯀之

治水無狀乃殛鯀於羽山以死殛音紀力反鯀之羽山化為黄熊入於羽淵能音乃來反下三點為三足也束晳發蒙紀云鼈三足曰熊天下皆以舜之誅為是於是舜舉鯀子禹而使續鯀之業堯崩帝舜問四嶽曰有能成美堯之事者使居官皆曰伯禹為司空可成美堯之功舜曰嗟然命禹女平水土維是勉之禹拜稽首讓於契后稷皋陶舜曰女其往視爾事矣禹為人敏給克勤其德不違其仁可親其言可信聲為律身為度稱以出亹亹穆穆為綱為紀禹乃遂與益后稷奉帝命命諸

侯百姓興人徒以傅土行山表木定高山大川禹傷先人父鯀功之不成受誅乃勞身焦思居外十三年過家門不敢入薄衣食致孝於鬼神卑宮室致費於溝淢陸行乘車水行乘船泥行乘橇按橇形如船而短小兩頭微起人曲一腳泥上擿進用拾泥上之物今杭州溫州海邊有之也山行乘檋按上山前齒短後齒長下山前齒長後齒短也檋音與上同也左準繩右規矩載四時以開九州通九道陂九澤度九山令益予衆庶稻可種卑溼命后稷予衆庶難得之食食少調有餘相給以均諸侯禹乃行相地宜所

有以貢及山川之便利禹行自冀州始冀州既載按理水及貢賦從帝都為始也黄河自勝州東直南至華陰即東至懷州南又東北至平州碣石山入海也東河之西南河之東南河之北皆冀州也壺口治梁及岐括地志云壺口山在慈州吉常縣西南五十里冀州境也梁山在人州韓城縣東南十九里岐山在岐州岐山縣東北十里二山雍州境也孔安國從東循山理水而西也既修太原至於嶽陽括地志云霍山在沁州沁原縣西七八十里覃懷致功至於衡漳括地志云故懷城在懷州武陟縣西十一里衡漳水在瀛州東北百二十五里平舒縣界也其土白壤賦上上錯田中中常衛既從大陸既為鳥夷皮服括地志云靺鞨國古肅慎也在京東北萬里已下東及北各抵大海其國南有白山

鳥獸草木皆白其人處山林間土氣極寒常為穴居以深為貴至接九梯養豕食肉衣其皮冬以猪膏塗身厚數分以禦風寒貴臭穢不潔作廁於中圜之而居多勇力善射弓長四尺如弩矢用楛長一尺八寸青石為鏃葬則交木作槨殺猪積槨上富者至數百貧者數十以為死人之糧以土上覆之以繩繫於槨頭出土上以酒灌酹繩腐而止無四時祭祀也夾右碣石入於海濟河維沇州九河既道雷夏既澤雍沮會同括地志云雷夏澤在濮州雷澤縣郭外西北雍沮二水在雷澤西北平地也桑土既蠶於是民得下丘居土其土黑墳草繇木條田中下賦貞作十有三年乃同其貢漆絲其篚織文浮於濟漯通於河海岱維青州按舜分青州為營州遼西及遼東嵎

夷既畧濰淄既道括地志云密州莒縣山濰水所出淄州淄川縣東北七十里原山淄水所出俗傳云禹理水功畢土石黑數里之中波若漆故謂之淄水也其土白墳海濱廣潟厥田斥鹵田上下賦中上厥貢鹽絺海物維錯岱畎絲枲鈆松怪石萊夷為牧其篚酓絲浮於汶通於濟海岱及淮維徐州淮沂其治蒙羽其藝大野既都東原底平廣平云原徐州在東故曰東原水去已致平復言可耕種也其土赤埴墳草木漸包其田上中賦中中貢維土五色韓詩外傳云天子社廣五丈東方青南方赤西方白北方黑上冒以黃土將封諸侯各取方土苴以白茅以為社也太康地記云城陽姑幕有五色土封諸侯

錫之茅土用為社此土即禹貢徐州土也今屬密州莒縣也羽畎夏翟嶧陽孤桐括地志云嶧山在兖州鄒縣南二十二里鄒山記云鄒山古之嶧山言絡繹相連屬也今猶多桐樹按今獨生桐尚微一偏似琴瑟泗濱浮磬括地志云泗水至彭城呂梁出石磬淮夷蠙珠臮魚其篚玄纖縞玄黑纖細縞白繒以細繒染為黑色浮於淮泗括地志云泗水源在兖州泗水縣東陪尾山其源有四道因以為名通於河淮海維揚州彭蠡既都陽鳥所居蠡音禮括地志云彭蠡湖在江州潯陽縣東南五十二里三江既入震澤致定澤在蘇州西四十五里三江者在蘇州東南三十里名三江口一江西南上七十里至太湖名曰松江古笠澤江一江東南上七十里自蜆湖名曰上江亦曰東江一江東北下三百餘里入海名曰下江亦曰婁江於其分

處號曰三江口顧夷吳地記云松江東北行七十里得三江口東北入海為婁江東南入海為東江并松江為三江是也言理三江入海非入震澤也按太湖西南湖州諸溪從天目山下西北宣州諸山有溪並下太湖太湖東北流名至三江口入海其湖無通彭蠡湖及太湖處並阻山陸諸儒及地志等解三江既入皆非也周禮職方氏云揚州藪曰具區川曰三江按五湖三江者韋昭注非也其源俱不通太湖引解三江既入失之遠矣五湖者菱湖游湖莫湖貢湖胥湖皆太湖東岸五灣為五湖蓋古時應別今並相連菱湖蟹山東周迴三十餘里西口闊二里其口南則莫里山北則徐侯山西與莫湖連莫湖在莫里山西及北北與胥湖連胥湖在胥山西南與莫湖連各周迴五六十里西連太湖游湖在北二十里在長山東湖西口闊二里其口東南岸樹里山西北岸長山湖周迴五六十里貢湖在長山西其口闊四五里口東南長山山南即山陽村西北連常州

無錫縣老岸湖周迴一百九十里已上湖身向東北長七十餘里兩湖西亦連太湖河渠書云於吳則通渠三江五湖貨殖傳云夫吳有三江五湖之利又太史公自敘傳云登姑蘇望五湖是也竹箭既布其草惟夭其木惟喬其土塗泥田下下賦下上上雜貢金三品瑤琨竹箭齒革羽毛周禮考工記云犀甲七屬兕甲六屬郭云犀似水牛猪頭大腹庳脚觽角好食棘也亦有一角者按西南夷常貢旄牛尾為旌旗之飾書詩通謂之旄故尚書云右秉白旄詩云建旄設旄皆此牛也島夷卉服括地志云百濟國西南渤海中有大島十五所皆邑落有人居屬百濟又倭國武皇后改曰日本國在百濟南隔海依島而居凡百餘小國此皆揚州之東島夷也按東南之夷草服葛越焦竹之屬越即苧祁也其篚織貝其包橘柚錫貢均江海

通淮泗荆及衡陽維荆州江漢朝宗於海括地志云江水源出岷州南岷山南流至益州即東南流入蜀至瀘州東流經三硤過荆州與漢水合孫卿子云江水其源可以濫觴也又云漢水源出梁州金牛縣東二十八里嶓冢山九江甚中沱涔已道括地志云繁江水受郫江爲首曰岷山導江東別爲沱源出益州新繁縣潛水一名復水今名龍門水源出利州綿谷縣東龍門山大石穴下也雲夢土爲治其土塗泥田下中賦上下貢羽旄齒革金三品杶幹栝柏礪砥砮丹維箘簵楛三國致貢其名包匭菁茅括地志云辰州盧溪縣西南三百五十里有包茅山武陽記云山際出包茅有刺而三脊因名包茅山其篚玄纁璣組九江入賜大龜浮於江

沱涔於漢踰於雒至於南河荆河惟豫州括地志云荆山在襄州荆山縣西八十里韓子云卞和得玉璞於楚之荆山即此也河洛州北河也伊雒瀍澗既入於河括地志云伊水出虢州盧氏縣東巒山東北流入洛洛水出商州洛南縣冢嶺山東流經洛州郭内又各合伊水瀍水出洛州新安縣東南流至洛州郭内南入洛澗水源出洛州新安縣東白石山東北與穀水合流經洛州郭内東流入洛也滎播既都道荷澤被明都括地志云荷澤在曹州濟陰縣東北九十里定陶城東今名龍池亦名九卿陂其土壤下土墳壚田中上賦雜上中貢漆絲絺紵其篚纖絮錫貢磬錯浮於雒達於河華陽黑水惟梁州括地志云黑水源出梁州城固縣西北太山汶嶓既藝括地志云岷山在岷州溢洛南一里連綿至蜀二千里皆名岷山嶓冢山在梁州金牛縣東二十八里湔音子踐反氐音丁奚反沱涔既道蔡蒙旅平括地志云蒙山在雅州嚴道縣南十里和夷厎績其土青驪田下上賦下中三錯貢璆鐵銀鏤砮磬熊羆狐狸織皮西傾因桓是來括地志云西傾山今彊臺山在洮州臨潭縣西南三百三十六里浮於潛踰於沔入於渭亂於河黑水西河惟雍州弱水既西涇屬渭汭括地志云涇水源出原州百泉縣西南笄頭山涇谷渭水源出渭原縣西七十六里鳥鼠山今名青雀山渭有三源並出鳥鼠山東流入河按言理涇水及至渭水又埋漆沮亦從渭流復理灃水亦同入渭者也漆沮既從括地志云漆水源出岐州普閏縣東南岐漆山

漆溪東入渭沮水一名川水源出雍州富平縣東入櫟陽縣南漢高帝於櫟陽置萬年縣十三州地理志云萬年縣南有涇渭北有小河即沮水也詩云古公去邠度漆沮即此二水灃水所同括地志云雍州鄠縣終南山灃水出焉荆岐已旅括地志云荆山在雍州富平縣今名掘陵原岐山在岐州岐山縣東北十里尚書正義云洪水時祭祀禮廢已旅祭言理水功畢也按雍州荆山即黄帝及禹鑄鼎地也襄州荆山縣西荆山即卞和得玉璞者終南敦物至於鳥鼠括地志云終南山一名中南山一名太一山一名南山一名橘山一名楚山一名泰山一名周南山一名地肺山在雍州萬年縣南五十里原隰厎績至於都野原隰幽州地也按原平高地也隰低下地也言從渭州致功西北至源州都野沙州三危山也括地志云都野澤在涼州姑臧縣東北二百八十里三危既度三苗

大序其土黃壤田上上賦中下貢璆琳琅玕浮於積石
至於龍門西河括地志云積石山今名小積山在河州枹罕縣西七里河州在京西一千四百
七十二里龍門山在同州韓城縣北五十里李奇云禹鑿通河水處廣八十步三秦記云龍門水懸船而行兩
旁有山水陸不通龜魚集龍門下數千不得上上則為龍故云暴鰓點頟龍門下按河在冀州西故云西河也
禹發源河水小積石山浮河東北下歷靈勝北而南行至於龍門皆雍州城也會於渭汭水經云河
水又南至潼關渭水從西注之也織皮昆侖析支渠搜西戎即序道九
山汧及岐至於荊山括地志云汧山在隴州汧源縣西六十里其山東隣汧岫西接隴岡
汧水出馬岐山在岐州踰於河壺口雷首至於太嶽括地志云壺口在慈州吉

昌縣西南雷首山在蒲州河東縣太嶽霍山也在沁州沁源縣砥柱析城至於王屋括地
志云底山俗名三門山陝石縣東北五十里黃河之中孔安國云底柱山名河水分流包山而過山見水中若
柱然也括地志云析城縣在澤州西南七十里注水經云析城山甚高峻上平坦有二水東濁西清左右不生
草木括地志云王屋山在懷州王屋縣北十里古今地名云山方七百里山高萬仞本冀州之河陽山也太
行常山至於碣石入於海括地志云太行山在懷州河內縣北二十五里有羊腸坂
恒山在定州恒陽縣西北百四十里道書福地記云恒山高三十三百丈上方二十里有大玄之泉神草十九
種可度俗西傾朱圉鳥鼠至於太華熊耳外方桐柏至於負
尾括地志云華山在華州華陰縣界八里熊耳山在虢州盧氏縣南五十里嵩高山亦名太室山亦名外方

山在洛州城陽縣北二十三里也桐柏山在唐州東南五十里淮水出焉橫尾山古陪尾山也在安州安陸縣
北六十里道嶓冢至於荊山括地志云嶓冢山在梁州荊山在襄州荊山縣西八十里也又
云荊山縣本漢臨沮縣地也沮水即漢水也按縣孫叔敖激沮水為雲夢澤是也內方至於大
別括地志云章山在荊州長林縣東北六十里今漢水附章山之東與經史符會按大別山今沙州在山上
漢江經其左今俗猶云甑山注云在安豐非漢所經也汶山之陽至於衡山括地志云
岷山在茂州汶川縣衡山在衡州湘潭縣西四十一里過九江至於敷淺原道九
川弱水至於合黎括地志云蘭門山一名合黎一名窮名山在甘州刪丹縣西南七里淮南
子云弱水源出窮名山又云合黎一名羌谷水一名鮮水一名覆表水今名副投河亦名張掖河南自吐谷渾

界流入甘州張掖縣今按合黎水出臨路松山東而北流歷張掖故城下又北流經張掖縣二十三里又北流
經合黎山折而北流經流沙磧之西入居延海行千五百里合黎山張掖縣西北二百里也餘波入
於流沙道黑水至於三危入於南海括地志云黑水源出伊吾縣北百二
十里又南流二十里而絕三危山在沙州燉煌縣東南四十里按南海即揚州東大海岷江下至揚州東入海
也其黑水源在伊州從伊州東南三千餘里至鄯州鄯州東南四百餘里至河州入黃河河州有小積石山即
禹貢浮於積石至於龍門者然黃河源從西南下出大崑崙東北隅東北流經于闐入鹽澤即東南潛行入吐
谷渾界大積石山又東北流至小積石山又東北流來處極遠無流其黑水當洪水時合從黃河而行何得入
於南海去此甚遠阻隔南山隴山岷山之屬當是洪水浩浩處西戎不深致功古文故有疏畧道河積

石至於龍門南至華陰華陰縣在華山北本魏之陰晉縣秦惠文王更名寧秦漢高帝改曰華陰東至砥柱砥柱山俗名三門山禹鑿北山三道河水故曰三門也又東至於盟津杜預云盟河內郡河陽縣南孟津也在洛陽城北都道所湊古今為津武王度之近代呼為武濟括地志云盟津周武王伐紂與八百諸侯會盟津亦曰孟津又曰富平津水經云小平津今云河陽津是也東過雒汭至於大邳李巡云山再重曰英一重曰邳括地志云大邳山今名黎陽東山又曰青壇山在衛州黎陽南七里張揖云今城皋非也北過降水至於大陸括地志云降水源出潞州屯留縣西南方東北流冀州入海北播為九河同為逆河入於海播布也河至冀州分布為九河下至滄州更同合為一大河名曰逆河而夾右碣石入於渤海也嶓冢道

瀁東流為漢括地志云嶓冢山水始出山沮洳故曰沮水東南為瀁水又為沔水至漢中為漢水至均州為滄浪水始欲出大江為夏口又為沔口漢江一名沔江也又東為蒼浪之水括地志云均州武當縣有滄浪水庾仲雍漢水記云武當縣西四十里漢水中有洲名滄浪洲也地記云水出荊山東南流為滄浪水過三澨入於大別南入於江東匯澤為彭蠡東為北江入於海汶山道江東別為沱又東至於醴過九江至於東陵東迆北會於滙東為中江入於海括地志云禹貢三江俱會於彭蠡合為一江入於海道沇水東為濟入於河泆為滎括地志云兗水出懷州王屋縣北十里王屋山頂崖下石泉渟不流其深不測至縣西北二里平地其源重發而東南流為汜水水經云汜東至溫縣西北為沛水又南當鞏之南北入於河釋名云濟者濟也下濟子細反按濟水入河而南截度河南岸溢滎澤在鄭州滎澤縣西北四里今無水成平地東出陶丘北括地志云陶丘在濮州鄄城西南二十四里又云在曹州城中徐才宗國都記云此城中高丘即古之陶丘又東至於荷又東北會於汶汶音問地理志云汶水出泰山郡萊蕪縣原山西南入沛又東北入於海道淮自桐柏地理志云桐柏山在南陽平氏縣東南淮水所出按在唐州東五十餘里東會於泗沂東入於海道渭自鳥鼠同穴括地志云鳥鼠山今名青雀山在渭州渭源縣西七十六里山海經云鳥鼠同穴之山渭水出焉郭璞注云今在隴西首陽縣西南山有鳥鼠同穴鳥名鵌鼠名鼵如人家鼠而短尾鵌似鵽而小黃黑色穴入地三四尺鼠在內

鳥在外鵌音余鼵扶廢反鵽音丁刮反似雉也東會於灃灃音豐括地志云雍州鄠縣終南山灃水出焉北入渭也又東北至於涇括地志云涇水出原州百泉縣西南笄頭山涇谷東南流入渭也東過漆沮入於河道雒自熊耳括地志云洛水出商州洛南縣西冢嶺山東北流入河熊耳山在虢州盧氏縣南五十里洛所經東北會於澗瀍括地志云澗水出洛州新安縣東白石山之陰地理志云瀍水出河南穀城縣替亭北東南入於洛又東會於伊東北入於河於是九州攸同四奧既居九山栞旅九川滌原九澤既陂四海會同六府甚修衆土交正致慎財賦咸則三壤成賦中國賜土姓祇台德先不距朕行令天

子之國以外五百里甸服百里賦納總二百里納銍三百里納秸服四百里粟五百里米甸服外五百里侯服百里采二百里任國三百里諸侯侯服外五百里綏服三百里揆文教二百里奮武衛綏服外五百里要服三百里夷二百里蔡要服外五百里荒服三百里蠻二百里流東漸於海西被於流沙朔南暨聲教訖於四海於是帝錫禹玄圭以告成功於天下（帝堯也玄水也以禹理水功成故錫玄圭以表顯之自此已上並尚書禹貢文）天下於是大平治皋陶作士（士若大理卿也）

以理民帝舜朝禹伯夷皋陶相與語帝前皋陶述其謀曰信其道德謀明輔和禹曰然如何皋陶曰於（音烏歎美之辭）慎其身修（絶句）思長敦序九族衆明高翼近可遠在已禹拜美言曰然皋陶曰於在知人在安民禹曰吁皆若是惟帝其難之知人則智能官人能安民則惠黎民懷之能知能惠何憂乎驩兜何遷乎有苗何畏乎巧言善色佞人皋陶曰然於行亦有九德亦言其有德乃言曰始事事寬而栗柔而立愿而共治而敬擾而毅直而溫簡

而廉剛而實彊而義章其有常吉哉日宣三德蚤夜翊明有家日嚴振敬六德亮采有國翕受普施九德咸事俊乂在官百吏肅謹毋教邪淫奇謀非其人居其官是謂亂天事天討有罪五刑五用哉吾言底可行乎禹曰女言致可績行皋陶曰余未有知思贊道哉（皋陶云我未有所知思之審贊於古道耳謙辭也已上並尚書皋陶謨文畧其經不全備也）帝舜謂禹曰汝亦昌言禹拜曰於予何言予思日孳孳皋陶難禹曰何謂孳孳禹曰鴻水滔天浩浩懷山襄陵下民皆服於水予

陸行乘車水行乘舟泥行乘橇山行乘檋行山栞木（行寒）（孟反栞口寒反）與益予衆庶稻鮮食以決九川致四海浚畎澮致之川與稷予衆庶難得之食食少調有餘補不足徙居衆民乃定萬國爲治皋陶曰然此而美也禹曰於帝慎乃在位安爾止輔德天下大應清意以昭待上帝命天其重命用休帝曰吁臣哉臣哉臣作朕股肱耳目予欲左右有民女輔之余欲觀古人之象日月星辰作文繡服色女明之予欲聞六律五聲八音來始滑以出入

五言女聽予即辟女匡拂予女無面諛退而謗予敬四輔臣諸衆讒嬖臣君德誠施皆清矣禹曰然帝即不時布同善惡則毋功帝曰此二字及下禹曰尚書並無太史公有四字帝及禹相荅極為次序當應別見書毋若丹朱傲維慢游是好毋水舟行朋淫於家用絶其世予不能順是禹曰予辛壬娶塗山癸甲生啓予不子此五字為一句禹辛日娶至甲四日往理水及生啓不入門我不得名子以故能成水土之功又一云過門不入不得有子愛之心帝繫云禹娶塗山氏之子謂之女媧是生啓也以故能成水土功輔成五服至於五千里州十二師外薄四海爾雅

云九夷八狄七戎六蠻謂之四海釋名云海晦也按夷蠻晦昧無知故云四海也咸建五長各道有功苗頑不即功帝其念哉帝曰道吾德乃女功序之也皋陶於是敬禹之德令民皆則禹不如言刑從之舜德大明於是夔行樂若今太常卿也祖考至羣后相讓鳥獸翔舞簫韶九成鳳皇來儀百獸率舞百官信諧帝用此作歌曰陟天之命維時維幾乃歌曰股肱喜哉元首起哉百工熙哉皋陶拜手稽首揚言曰念哉率為興事慎乃憲敬哉乃更為歌曰元首明哉股肱良哉庶事康哉

舜又歌曰元首叢脞哉股肱惰哉萬事墮哉帝拜曰然往欽哉於是天下皆宗禹之明度數聲樂為山川神主帝舜薦禹於天為嗣十七年而帝舜崩三年喪畢禹辭辟舜之子商均於陽城天下諸侯皆去商均而朝禹禹於是遂即天子位南面朝天下國號曰夏后姓姒氏帝禹立而舉皋陶薦之且授政焉而皋陶卒帝王紀云皋陶生於曲阜曲阜偃地故帝因之而以賜姓曰偃堯禪舜命之作士舜禪禹禹即帝位以咎陶最賢薦之於天將有禪之意未及禪而皋陶卒括地志云咎皋墓在壽州安豐縣南一百三十里故六城東東都陂內太冢也封皋

陶之後於英六英蓋蓼也括地志云光州固始縣本春秋時蓼國偃姓皋陶之後也左傳云子燮滅蓼太康地志云蓼國先在南陽故縣今豫州鄎縣界故胡城是後徙於此括地志云故六城在壽州安豐縣南一百三十二里春秋文五年秋楚成大心滅之或在許括地志云許故城在許州許昌縣南三十里本漢許縣故許國也而後舉益任之政十年帝禹東巡狩至於會稽而崩以天下授益三年之喪畢益讓帝禹之子啓而辟居箕山之陽按陰即陽城也括地志云陽城縣在箕山北十三里又恐箕字誤本是嵩字而字相似其陽城縣在嵩山南二十三里則為嵩山之陽也禹子啓賢天下屬意焉及禹崩雖授益益之佐禹日淺天下未洽故諸侯皆去

益而朝啓曰吾君帝禹之子也於是啓遂即天子之位是為夏后帝啓夏后帝啓禹之子其母塗山氏之女也有扈氏不服 括地志云雍州南鄠縣本夏之扈國也地理志云鄠縣古扈國有戶亭訓纂云戶扈鄠三字一也古今字不同耳 啓伐之大戰於甘將戰作甘誓乃召六卿申之啓曰嗟六事之人予誓告女有扈氏威侮五行怠棄三正天用勦絶其命今予維共行天之罰左不攻於左右不攻於右女不共命御非其馬之政女不共命用命賞於祖不用命僇於社予則帑僇汝遂滅有扈氏

天下咸朝夏后帝啓崩子帝太康立帝太康失國昆弟五人須於洛汭作五子之歌太康崩弟中康立是為帝中康帝中康時羲和湎淫廢時亂日胤往征之作胤征中康崩子帝相立帝相崩子帝少康立 帝王紀云帝羿有窮氏未聞其姓何先帝俈以上世掌射正至俈賜以彤弓素矢封之於鉏為帝司射歷虞夏羿學射於吉甫其臂長故以善射聞及夏之衰自鉏遷於窮石因夏民以代夏纂帝相徙於商丘依同姓諸侯斟尋羿恃其善射不脩民事淫於田獸棄其良臣武羅伯姻熊髡尨圉而信寒浞寒浞伯明氏之讒子伯明后以讒棄之而羿以為已相寒浞殺羿於桃梧而亨之以食其子其子不忍食之死於窮門浞遂代夏立為帝寒浞襲有窮之號因羿之室生奡及殪奡多力能陸地行舟使奡帥師滅斟灌斟尋殺夏帝相封奡於過封殪於戈恃其詐力不恤事初奡之殺帝相也妃仍氏女曰后緡歸有仍生少康初夏之貴臣曰靡事羿羿死逃於有鬲氏收斟尋二國餘燼殺寒浞立少康滅奡於過后杼滅殪於戈有窮遂亡也按帝相被篡歷羿浞二世四十年而此紀不說亦馬遷所為疏畧也奡音五告反殪音許器反括地志云故鉏城在滑州衛城縣東十里晉地記云河南有窮谷蓋本有窮氏所遷也括地志云商丘今宋州也斟灌故城在青州壽光縣東五十四里斟尋故城今青州北海縣是也故過鄉亭在萊州掖縣西北二十里本過國地故鬲城在洛州密縣界杜預云國名今平原鬲縣也戈在宋鄭之間也寒國在北海平壽縣東寒亭也伯明其君也臣瓚云斟尋在河南蓋後遷北海也汲冢古文云太康居斟尋羿亦居之桀又居之尚書云太康失邦兄弟五人須於洛汭此即太康居之為近洛也又吳起對魏武侯曰夏

桀之居左河濟右太華伊闕在其南羊腸在其北又周書度邑篇云武王問太公吾將因有夏之居即河南是也括地志云故鄩城在洛州鞏縣西南五十八里蓋桀所居也陽翟縣又是禹所封為夏伯 帝少康崩子帝予立帝予崩子帝槐立帝槐崩子帝芒立帝芒崩子帝泄立帝泄崩子帝不降立帝不降崩弟帝扃立帝扃崩子帝廑立帝廑崩立帝不降之子孔甲是為帝孔甲帝孔甲立好方鬼神事淫亂夏后氏德衰諸侯畔之天降龍二有雌雄孔甲不能食 音寺 未得豢龍氏陶唐既衰其後有劉累 括地志云劉累故城在洛州緱氏縣南五十五里乃劉累之故地也

學擾龍於豢龍氏以事孔甲孔甲賜之姓曰御龍氏受豕韋之後龍一雌死以食夏后夏后使求懼而遷去孔甲崩子帝皐立帝皐崩子帝發立帝發崩子帝履癸立是為桀帝桀之時自孔甲以來而諸侯多畔夏桀不務德而武傷百姓百姓弗堪迺召湯而囚之夏臺已而釋之湯修德諸侯皆歸湯湯遂率兵以伐夏桀桀走鳴條遂放而死括地志云廬州樂縣有巢湖即尚書成湯伐桀放於南巢者也淮南子云湯敗桀於歷山與末喜同舟浮江奔南巢之山而死國語云滿於巢湖又云夏桀伐有施施人以妹喜女焉女音女慮反桀

謂人曰吾悔不遂殺湯於夏臺使至此湯乃踐天子位代夏朝天下湯封夏之後括地志云夏亭故城在汝州郟城縣東北五十四里蓋夏後所封也至周封於杞也括地志云汴州雍丘縣古杞國城也周武王封禹後號東樓公也太史公曰禹為姒姓其後分封用國為姓故有夏后氏有扈氏有男氏斟尋氏彤城氏襃氏費氏杞氏繒氏辛氏冥氏斟氏戈氏孔子正夏時學者多傳夏小正云自虞夏時貢賦備矣或言禹會諸侯江南計功而崩因葬焉命曰會稽會稽者會計也括地志云禹陵在越州會稽縣南十三里廟在縣東南十一里

史記正義卷二

欽定四庫全書

史記正義卷三

唐 張守節 撰

殷本紀第三　史記三

殷契 括地志云相州安陽本盤庚所都即北冢殷墟南去朝歌城百四十六里竹書紀年云盤庚宇也北冢曰殷墟南去鄴四十里是舊都城西南三十里有洹水南岸三里有安陽城西有城名殷墟所謂北冢者也今按洹水在相州北四里安陽城即相州外城也 母曰簡狄有娀氏之女 按記云桀敗於有娀之墟有娀當在蒲州也 為帝俈次妃三人行浴見玄鳥墮其卵簡狄取吞之因孕生契契長而佐禹治水有功帝舜乃命契曰百姓不親五品不訓汝為司徒而敬敷五教五教在寬封於商 括地志云商州東八十里商洛縣本商邑古之商國帝俈之子卨所封也 賜姓子氏 括地志云故子城在渭州華城縣東北八十里蓋子姓之別邑 契興於唐虞大禹之際功業著於百姓百姓以平契卒子昭明立昭明卒子相土立 括地志云宋州城古閼伯之墟即商丘也又云羿所封之地 相土卒子昌若立昌若卒子曹圉立曹圉卒 圉音語出本草 子冥立冥卒子振立振卒子微立微卒子報丁立報丁卒子報乙

立報乙卒子報丙立報丙卒子主壬立主壬卒子主癸立主癸卒子天乙立是為成湯成湯自契至湯八遷湯始居亳 括地志云宋州穀熟縣西南三十五里南亳故城即南亳湯都也宋州北五十里大蒙城為景亳湯所盟地因景山為名河南偃師為西亳帝俈及湯所都盤庚亦從都之 從先王居 按亳偃師城也商丘宋州也湯即位都南亳後徙西亳也括地志云亳邑故城在洛州偃師縣西十四里本帝俈之墟商湯之都也 作帝誥湯征諸侯葛伯不祀湯始伐之湯曰予有言人視水見形視民知治不伊尹曰明哉言能聽道乃進君國子民為善者皆在王官勉哉勉哉湯曰汝不能敬命予大罰殛之無有攸赦作湯征伊尹名阿衡阿衡欲干湯而無由乃為有莘氏媵臣 括地志云古莘國在汴州陳留縣東五里故莘城是也陳留風俗傳云陳留外黃有莘昌亭本宋地莘氏邑也媵蝴剩反爾雅云媵將送也 負鼎俎以滋味說湯致於王道或曰伊尹處士湯使人聘迎之五反然後肯往從湯言素王及九主之事湯舉任以國政伊尹去湯適夏既醜有夏復歸於亳入自北門遇女鳩女房作女鳩女房湯出見野張網四面祝曰自天下四方皆入吾網湯曰嘻盡之矣乃去其三面祝曰欲

左左欲右右不用命乃入吾網諸侯聞之曰湯德至矣及禽獸當是時夏桀為虐政淫荒而諸侯昆吾氏為亂〔帝借時陸終之長於夏臺子昆吾氏之後也世本云昆吾者衛氏是〕湯乃興師率諸侯伊尹從湯湯自把鉞以伐昆吾遂伐桀湯曰格汝眾庶來女悉聽朕言匪台小子敢行舉亂有夏多罪予維聞女眾言夏氏有罪予畏上帝不敢不正今夏多罪天命殛之今女有眾女曰我君不恤我眾舍我嗇事而割政女其曰有罪其奈何夏王率止眾力率奪夏國有眾率怠

不和曰是日何時喪予與女皆亡夏德若茲今朕必往爾尚及予一人致天之罰予其大理女女毋不信朕不食言女不從誓言予則帑僇女無有攸赦以告令師作湯誓於是湯曰吾甚武號曰武王桀敗於有娀之虛桀犇於鳴條〔括地志云高涯原在蒲州安邑縣北三十里南坂口即古鳴條陌也鳴條戰地在安邑西〕夏師敗績湯遂伐三㚇俘厥寶玉〔括地志云曹州濟陰縣即古定陶也東有三㚇亭是也〕義伯仲伯作典寶湯既勝夏欲遷其社不可作夏社伊尹報於是諸侯心服湯乃踐天子位平定海內

湯歸至於泰卷陶〔陶古銘反〕中𤳳作誥既絀夏命還亳作湯誥維三月王自至於東郊告諸侯羣后毋不有功於民勤力迺事予乃大罰殛女毋予怨曰古禹皐陶久勞於外其有功乎民民乃有安東為江北為濟西為河南為淮四瀆已修萬民乃有居后稷降播農殖百穀三公咸有功於民故后有立昔蚩尤與其大夫作亂百姓帝乃弗予〔音與〕有狀先王言不可不勉曰不道毋之在國女毋我怨以令諸侯伊尹作咸有一德咎單作明居湯乃改

正朔易服色上白朝會以晝湯崩〔括地志云薄城北郭東三里平地有湯冢按在蒙即北薄也又云洛州偃師縣東六里有湯冢近桐宮蓋此是也〕太子太丁未立而卒於是迺立太丁之弟外丙是為帝外丙帝外丙即位三年崩立外丙之弟中壬〔仲壬二音〕是為帝中壬帝中壬即位四年崩伊尹迺立太丁之子太甲〔尚書孔子序云成湯既沒太甲元年不言有外丙仲壬而太史公採世本有外丙仲壬二書不同當是信則傳信疑則傳疑〕太甲成湯適長孫也是為帝太甲帝太甲元年伊尹作伊訓作肆命作徂后帝太甲既立三年不明暴虐不遵湯法亂德

於是伊尹放之於桐宮晉太康地記云尸鄉南有亳坂東有城太甲所放處也按尸鄉在洛州偃師縣西南五里也三年伊尹攝行政當國以朝諸侯帝太甲居桐宮三年悔過自責反善於是伊尹迺迎帝太甲而授之政帝太甲修德諸侯咸歸殷百姓以寧伊尹嘉之迺作太甲訓三篇褒帝太甲稱太宗太宗崩子沃丁立帝沃丁之時伊尹卒既葬伊尹於亳括地志云伊尹墓在洛州偃師縣西北八里又云宋州楚丘縣西北十五里有伊尹墓恐非也帝王世紀伊尹名摯為湯相號阿衡年百歲卒天霧三日沃丁以天子禮葬之咎單遂訓伊尹事作沃丁沃丁崩弟太

欽定四庫全書　史記正義　卷三　五

庚立是為帝太庚帝太庚崩子帝小甲立帝小甲崩弟雍已立是為帝雍已殷道衰諸侯或不至帝雍已崩弟太戊立是為帝太戊帝太戊立伊陟為相亳有祥桑穀共生於朝一暮大拱帝太戊懼問伊陟伊陟曰臣聞妖不勝德帝之政其有闕與帝其修德太戊從之而祥桑枯死而去伊陟贊言於巫咸按巫咸及子賢冢皆在蘇州常熟縣西海虞山上蓋二子本吳人也巫咸治王家有成作咸艾作太戊帝太戊贊伊陟於廟言弗臣伊陟讓作原命殷復興諸侯歸之故稱

中宗中宗崩子帝仲丁立帝仲丁遷於隞括地志云滎陽故城在鄭州滎澤縣西南十七里殷時敖地也河亶甲居相括地志云故殷城在相州內黃縣東南十三里即河亶甲所築都之故名殷城也祖乙遷於邢括地志云絳州龍門縣東南十二里耿城故耿國也帝仲丁崩弟外壬立是為帝外壬仲丁書闕不具帝外壬崩弟河亶甲立是為帝河亶甲河亶甲時殷復衰河亶甲崩子帝祖乙立帝祖乙立殷復興巫賢任職祖乙崩子帝祖辛立帝祖辛崩弟沃甲立是為帝沃甲帝沃甲崩立沃甲兄祖辛之子祖丁是為帝祖丁帝祖丁

欽定四庫全書　史記正義　卷三　六

崩立帝沃甲之子南庚是為帝南庚帝南庚崩立帝祖丁之子陽甲是為帝陽甲帝陽甲之時殷衰自仲丁以來廢適而更立諸弟子弟子或爭相代立比九世亂於是諸侯莫朝帝陽甲崩弟盤庚立是為帝盤庚帝盤庚之時殷已都河北盤庚渡河南復居成湯之故居迺五遷無定處湯自南亳遷西亳仲丁遷敖河亶甲居相祖乙居耿盤庚渡河南居西亳是五遷也殷民咨胥皆怨不欲徙盤庚乃告諭諸侯大臣曰昔高后成湯與爾之先祖俱定天下法則可修舍而弗勉何以

成德乃遂涉河南治亳行湯之政然後百姓由寧殷道復興諸侯來朝以其遵成湯之德也帝盤庚崩弟小辛立是為帝小辛帝小辛立殷復衰百姓思盤庚迺作盤庚三篇帝小辛崩弟小乙立是為帝小乙帝小乙崩子帝武丁立帝武丁即位思復興殷而未得其佐三年不言政事決定於冢宰以觀國風武丁夜夢得聖人名曰說以夢所見視羣臣百吏皆非也於是迺使百　營求之野得說於傅險中 地理志云傅險即傅說版築之處所隱之處窟名聖人窟在今陝州河北縣北七里即虞國虢國之界又有傅說祠注水經云沙澗水北虞山南經傅巖傅說隱室前俗名聖人窟 是時說為胥靡築於傅險見於武丁武丁曰是也得而與之語果聖人舉以為相殷國大治故遂以傅險姓之號曰傅說帝武丁祭成湯明日有飛雉登鼎耳而呴 音構呴雉鳴也詩云雉之朝呴 武丁懼祖己曰王勿憂先修政事祖己乃訓王曰唯天監下典厥義降年有永有不永非天夭民中絕其命民有不若德不聽罪天既附命正厥德乃曰其奈何嗚呼王嗣敬民罔非天繼常祀毋禮於弃道武

丁修政行德天下咸驩殷道復興帝武丁崩子帝祖庚立祖己嘉武丁之以祥雉為德立其廟為高宗遂作高宗肜日及訓帝祖庚崩弟祖甲立是為帝甲帝甲淫亂殷復衰帝甲崩子帝廩辛立帝廩辛崩弟庚丁立是為帝庚丁帝庚丁崩子帝武乙立殷復去亳徙河北帝武乙無道為偶人 偶五苟反偶對以土木為人對象於人形也 謂之天神與之博令人為行 為于偽反行胡孟反 天神不勝乃僇辱之為革囊盛血仰而射之命曰射天武乙獵於河渭之閒暴雷武乙震死子帝太丁立帝太丁崩子帝乙立帝乙立殷益衰帝乙長子曰微子啓啓母賤不得嗣少子辛辛母正后辛為嗣帝乙崩子辛立是為帝辛天下為之紂帝紂資辨捷疾聞見甚敏材力過人手格猛獸 帝王世紀云紂倒曳九牛撫梁易柱也 知足以距諫言足以飾非矜人臣以能高天下以聲以為皆出己之下好酒淫樂嬖於婦人愛妲己妲己之言是從於是使師涓作新淫聲北里之舞靡靡之樂厚賦稅以實鹿臺之錢 括地志云鹿臺在衛縣西南二十二里 而盈鉅橋

之粟益收狗馬奇物充仞宮室益廣沙丘苑臺括地志云沙丘臺在邢州平鄉東北二十里竹書紀年云自盤庚徙殷至紂之滅七百七十三年更不徙都紂時稍大其邑南距朝歌北據邯鄲及沙丘皆為離宮别館多取野獸蜚鳥置其中慢於鬼神大最樂戲於沙丘以酒為池括地志云酒池在衛州衛縣西二十三里太公六韜云紂為酒池迴船糟丘而牛飲者三千餘人為輩縣肉為林縣戶眠反使男女倮胡瓦反相逐其間為長夜之飲百姓怨望而諸侯有畔者於是紂乃重辟刑有炮烙之法以西伯昌九侯括地志云相州洛陽縣西南五十里有九侯城亦名鬼侯城蓋殷時九侯城也鄂侯為三公九侯有好女

入之紂九侯女不憙淫紂怒殺之而醢九侯鄂侯爭之彊辨之疾并脯鄂侯西伯昌聞之竊嘆崇侯虎知之以告紂紂囚西伯羑里羑一作牖音酉羑城在相州湯陰縣北九里紂囚西伯城也帝王世紀云囚文王文王之長子曰伯邑考質於殷為紂御紂烹為羹賜文王曰聖人當不食其子羹文王食之紂曰誰謂西伯聖者食其子羹尚不知也西伯之臣閎夭之徒求美女奇物善馬以獻紂紂乃赦西伯西伯出而獻洛西之地洛水一名漆沮水在同州洛西之地謂洛西文丹方等州也以請除炮烙之刑紂乃許之賜弓矢斧鉞使得征伐為西伯而用費中為政費音扶味反中音仲費姓仲名也費中善諛好利殷人弗親紂又用惡來惡來善毀讒諸侯以此益疏西伯歸乃陰修德行善諸侯多叛紂而往歸西伯西伯滋大紂由是稍失權重王子比干諫弗聽商容賢者百姓愛之紂廢之及西伯伐飢國滅之紂之臣祖伊聞之而咎周恐奔告紂曰天既訖我殷命假人元龜無敢知吉非先王不相我後人維王淫虐用自絕故天弃我不有安食不虞知天性不迪率典今我民罔不欲喪曰天曷不降威大命胡不至今王其奈

何紂曰我生不有命在天乎祖伊反曰紂不可諫矣西伯既卒周武王之東伐至盟津諸侯叛殷會周者八百諸侯皆曰紂可伐矣武王曰爾未知天命乃復歸紂愈淫亂不止微子數諫不聽乃與太師少師謀遂去比干曰為人臣者不得不以死爭迺強諫紂紂怒曰吾聞聖人心有七竅剖比干觀其心括地志云比干見微子去箕子狂乃歎曰主過不諫非忠也畏死不言非勇也過則諫不用則死忠之至也進諫不去者三日紂問何以自持比干曰修善行仁以義自持紂怒曰吾聞聖人心有竅信諸遂殺比干刳視其心也箕子懼乃詳狂為奴紂

又因之殷之太師少師乃持其祭樂器奔周周武王於是遂率諸侯伐紂紂亦發兵距之牧野括地志云今衛州城即殷牧野之地周武王伐紂築也甲子日紂兵敗紂走入登鹿臺衣其寶玉衣赴火而死周書云紂取天智玉琰五環身以自焚周武王遂斬紂頭縣之白旗殺妲己釋箕子之囚封比干之墓表商容之閭封紂子武庚祿父以續殷祀令修行盤庚之政殷民大說於是周武王為天子其後世貶帝號號為王而封殷後為諸侯屬周即武庚祿父也周武王崩武庚與管叔蔡叔作

亂成王命周公誅之而立微子於宋以續殷祀焉

太史公曰余以頌次契之事自成湯以來采於書詩契為子姓其後分封以國為姓有殷氏來氏宋氏空桐氏稚氏北殷氏目夷氏孔子曰殷路車為善而色尚白

史記正義卷三

欽定四庫全書

史記正義卷四

唐 張守節 撰

周本紀第四 史記四

周后稷因太王所居周原因號曰周地理志云右扶風縣岐山西北中水鄉周太王所邑括地志云故周城一名美陽城在雍州武功縣西北二十五里即太王城也名弃其母有邰氏女邰天來反亦作斄同說文云邰炎帝之後姜姓封邰周棄外家曰姜原姜原為帝嚳元妃姜原出野見巨人跡心忻然說欲踐之踐之而身動如

孕者居期而生子以為不祥弃之隘巷馬牛過者皆辟不踐徙置之林中適會山林多人遷之而弃渠中氷上飛鳥以其翼覆薦之姜原以為神遂收養長之初欲弃之因名曰弃古史考云棄帝嚳之胄其父亦不著與此文稍異也弃為兒時屹如巨人之志其游戲好種樹麻菽麻菽美及為成人遂好耕農相地之宜宜穀者稼穡焉種曰稼斂曰穡民皆法則之帝堯聞之舉弃為農師天下得其利有功帝舜曰弃黎民始飢爾后稷播時百穀封弃於邰括地志云故斄城一名武功城在雍州縣

西南二十二里古邰國名稷所封也有后稷及姜嫄祠毛萇云邰姜嫄國也后稷所生堯見天因邰而生后稷故因封於邰也號曰后稷別姓姬氏后稷之興在陶唐虞夏之際皆有令德后稷卒子不窋立括地志云不窋故城在慶州宏化縣南三里即不窋在戎狄所居之城也毛詩疏云虞及夏殷共有千二百歲每世在位皆八十年乃可充其數耳命之短長古今一也而使十五世君在位皆八十許載子必將老始生不近人情之甚以理而推實難據信也不窋末年夏后氏政衰去稷不務不窋以失其官而犇戎狄之間不窋卒子鞠立鞠卒子公劉立公劉雖在戎狄之間復修后稷之業務耕種行地宜自漆沮度渭取材用

公劉從漆縣漆水南渡渭水至南山取材木為用也括地志云豳州新平縣即漢漆縣也漆水在岐州普閏縣東岐山漆水東入渭行者有資居者有畜積民賴其慶百姓懷之多徙而保歸焉周道之興自此始故詩人歌樂思其德公劉卒子慶節立國於豳括地志云豳州新平縣即漢漆沮縣詩豳國公劉所邑之地也慶節卒子皇僕立皇僕卒子差弗立差弗卒子毀隃立毀隃卒子公非立公非卒子高圉立高圉卒子亞圉立亞圉卒子公叔祖類立公叔祖類卒子古公亶父立古公亶父復修后稷公劉之業積德行義國人皆戴之

薰育戎狄攻之欲得財物予之已復攻欲得地與民民皆怒欲戰古公曰有民立君將以利之今戎狄所為攻戰以吾地與民民之在我與其在彼何異民欲以我故戰殺人父子而君之予不忍為乃與私屬遂去豳渡漆沮踰梁山括地志云梁山在雍州好畤縣西北十八里鄭元云岐山西南然則梁山橫長其東當陽西北臨河其西當岐山東北自豳適周當踰之矣止於岐下豳人舉國扶老攜弱盡復歸古公於岐下及他旁國聞古公仁亦多歸之於是古公乃貶戎狄之俗而營築城郭室屋而邑別居

之作五官有司民皆歌樂之頌其德古公有長子曰太伯次曰虞仲太姜國語云齊許申呂四國皆姜姓也四岳之後太姜之家太姜太王之妃王季之母生少子季歷季歷娶太任國語云摯疇二國任姓虞仲仲虺之後太任之家太任王季之妃文王母也皆賢婦人列女傳云太姜太王娶以為妃生太伯仲雍王季太姜有色而貞順率導諸子至於成童靡有過失太王謀事必於太姜遷徙必興太任王季娶以為妃太任之性端壹誠莊維德之行及其有身目不視惡色耳不聽淫聲口不出傲言能以胎教子而生文王此皆有賢行也生昌有聖瑞尚書帝命驗云季秋之月甲子赤爵銜丹書入于酆止于昌戶其書云敬勝怠者吉怠勝敬者滅義勝欲者從欲勝義者凶凡事不強則不枉不敬則不正枉者廢滅敬者萬世以仁得之以仁守之其

量百世以不仁得之以仁守之其量十世以不仁得之不仁守之不及其世此益聖瑞古公曰我世當有興者其在昌乎長子太伯虞仲知古公欲立季歷以傳昌乃二人亡如荊蠻太伯奔吳所居城在蘇州北五十里常州無錫縣界梅里村其城及冢見在而云亡荊蠻者楚滅越其地屬楚秦滅楚其地屬秦秦諱楚改曰荊故通號吳越之地為荊及北人書史加云蠻勢之然也文身斷髮以讓季歷古公卒季歷立是為公季公季修古公遺道篤於行義諸侯順之公季卒子昌立是為西伯西伯曰文王帝王世紀云文王龍顏虎眉身長十尺有四乳雒書靈聽云蒼帝姬昌日角鳥鼻髙長八尺二寸聖智慈理也遵后稷公劉之業則古公公季之法篤仁敬老慈少禮下賢者日中不暇食以待士士以此多歸之伯夷叔齊在孤竹括地志云孤竹故城在平州盧龍縣南十二里殷時諸侯竹國也姓默氏也聞西伯善養老盍往歸之太顛閎夭散宜生鬻子辛甲大夫之徒皆往歸之崇侯虎譖西伯於殷紂曰西伯積善累德諸侯皆嚮之將不利於帝帝紂乃囚西伯於羑里閎夭之徒患之乃求有莘氏美女括地志云古㜪國城在同州河西縣南二十里世本云莘國姒姓夏禹之後即散宜生等求有莘美女獻紂者驪戎之文馬括地志云驪戎故城在雍州新豐縣東南十六里殷周時驪戎國城

也按駿馬赤鬣縞身目如黃金文王以獻紂也有熊九駟括地志云鄭州新鄭縣本有熊氏之墟也按九駟三十六匹馬也他奇怪物因殷嬖臣費仲而獻之紂紂大說曰此一物足以釋西伯況其多乎乃赦西伯賜之弓矢斧鉞使西伯得征伐曰譖西伯者崇侯虎也西伯乃獻洛西之地以請紂去炮烙之刑紂許之西伯陰行善諸侯皆來決平於是虞芮之人括地志云故虞城在陝州河北縣東北五十里虞山之上古虞國也故芮城縣西二十里古芮國也晉太康地記云虞西百四十里有芮城括地志云又閒原在河北縣西六十五里詩云虞芮質厥成毛萇云虞芮之君相與爭里久而不平乃相謂曰西伯仁人盍往質焉乃相與朝周二國君相謂曰我等小人不可履君子之庭乃相讓所爭地以為閒原至今尚在注引地理志芮在臨晉者恐疏然閒原在河東復與虞芮相接臨晉在河西同州非臨晉芮城明矣有獄不能決乃如周入界耕者皆讓畔民俗皆讓長虞芮之人未見西伯皆慙相謂曰吾所爭周人所恥何往為祇取辱耳遂還俱讓而去諸侯聞之曰西伯蓋受命之君明年伐犬戎又云黃帝生苗龍苗龍生融吾融吾生并明并明生白犬白犬有二是為犬戎說文云赤狄本犬種故字從犬又後漢書云犬戎槃瓠之後也今長沙武陵之郡大半是也又毛詩疏云犬戎昆夷是也明年伐密須括地志云陰密故城在涇州鶉觚縣西其東接縣城即古密國杜預云姞姓國在安定陰

睿縣也明年敗耆國即黎國也鄒誕生云本或作黎孔安國云黎在上黨東北括地志云故黎城黎侯國也在潞州黎城縣東北十八里尚書云西伯既戡黎是也殷之祖伊聞之懼以告帝紂紂曰不有天命乎是何能為明年伐邘括地志云故邘城在懷州河內縣西北二十七里古邘國城也左傳云邘晉應韓武王之穆也明年伐崇侯虎皇甫謐云夏鯀封虞夏商周皆有崇國崇國蓋在豐鎬之間詩云既伐于崇作邑于豐是國之地也而作豐邑括地志云周豐宮周文王宮也在雍州鄠縣東三十五里鎬在雍州西南三十二里自岐下而徙都豐明年西伯崩括地志云周文王墓在雍州萬年縣西南二十八里原上也太子發立是為武王西伯蓋即位五十年其囚羑里蓋

益易之八卦為六十四卦乾鑿度云垂黃策者羲益卦演德者文成命者孔也易正義云伏羲制卦文王卦辭周公爻辭孔十翼也按太史公言益者乃疑辭也文王著演易之功作周紀方贊其美不敢專定重易故稱益也詩人道西伯蓋受命之年稱王而斷虞芮之訟二國相讓後諸侯歸西伯者四十餘國咸尊西伯為王蓋此年受命之年稱王也帝王世紀云文王即位四十二年歲在鶉火文王更為受命之元年始稱王矣又毛詩云文王九十七而終終時受命九年則受命之元年年八十九也後十年而崩十當為九其說在後謚為文王謚法經緯天地曰文改法度制正朔矣追尊古公為太王公季為王季易緯云文王受命改正朔布王號於天下鄭元信而用之言文王稱王已改正朔布王號矣按天無二日土無

二王豈殷紂尚存而周稱王哉若文王自稱王改正朔則是功業成矣武王何復得云大勳未集欲卒父業也禮記大傳云牧之野武成大事而退追王太王亶父王季歷文王昌據此文乃是追王為王何得文王自稱王改正朔也蓋王瑞自太王興古公在邠被戎狄攻戰奪民太王曰民之在我與彼何異殺人父子而君之予不忍為遂遠去邠止於岐下邠人舉國盡歸古公他國聞古公仁亦多歸之乃貶戎狄之俗為室屋邑落而分別居之季歷又生昌有聖瑞蓋是王瑞自太王時而興起也然自西伯蓋即位五十年以下至太王興在西伯崩後重述其事為經傳不同不可全棄乃畧而書之引次其下事必可疑故數言蓋也武王即位謚法克定禍亂曰武春秋元命包云武王駢齒是謂剛強也太公望為師周公旦為輔召公畢公之徒左右王師修文王緒業九年

武王上祭於畢上音時掌反尚書武成篇云我文考文王誕膺天命以撫方夏惟九年大統未集大誓篇序云惟十有一年武王伐殷太誓篇云惟十有三年春大會于孟津大戴禮云文王十五而生武王則武王少文王十四歲矣禮記文王世子云文王九十七而終武王九十三而終按文王崩時武王已八十三矣八十四即位至九十三崩武王即位適滿十年言十三年伐紂者續文王受命年欲明其卒父業故也金縢篇云惟克商二年王有疾不愈按文王受命九年而崩十一年武王服闋觀兵孟津十三年克紂十五年有疾周公請命王有瘳後四年而崩則武王年九十三矣而太史公云九年王觀兵十一年伐紂則以為武王即位年數與尚書違甚疎矣東觀兵至于盟津為文王木主載以車中軍武王自稱太子發言奉文王以伐不敢自專乃告司

馬司徒司空諸節齊栗信哉予無知以先祖有德臣小子受先功畢立賞罰以定其功遂興師師尚父號曰總爾衆庶與爾舟楫後至者斬武王渡河中流白魚躍入王舟中武王俯取以祭既渡有火自上復于下至于王屋流爲烏其色赤其聲魄云是時諸侯不期而會盟津者八百諸侯諸侯皆曰紂可伐矣武王曰女未知天命未可也乃還師歸居二年聞紂昏亂暴虐滋甚殺王子比干囚箕子太師疵少師彊抱其樂器而犇周於是武

王徧告諸侯曰殷有重罪不可以不畢伐乃遵文王遂率戎車三百乘虎賁三千人甲士四萬五千人以東伐紂十一年十二月戊午師畢渡盟津畢盡也盡從河南渡河北諸侯咸會曰孳孳無怠武王乃作太誓告于衆庶今殷王紂乃用其婦人之言自絶于天毀壞其三正按三正三統也周以建子爲天統殷以建丑爲地統夏以建寅爲人統也離遏其王父母弟乃斷弃其先祖之樂乃爲淫聲用變亂正聲怡説婦人故今予發維共行天罰勉哉夫子不可再不可三二月甲子昧爽武

王朝至于商郊牧野乃誓括地志云衛州城故老云周武王伐紂至于商郊牧野乃築此城酈元注水經云自朝歌南至清水土地平衍據臯跨澤悉牧野也括地志又云紂都朝歌在衛州東北七十三里朝歌故城是也本妹邑殷王武丁始都之帝王世紀云帝乙復濟河北徙朝歌其子紂仍都焉武王左杖黄鉞右秉白旄以麾曰遠矣西土之人武王曰嗟我有國冢君司徒司馬司空亞旅師氏千夫長百夫長及庸蜀羌髳微纑彭濮人髳音矛括地志云房州竹山縣及金州古庸國也益州及巴利等州皆古蜀國隴右岷洮叢等州以西羌也微纑以南古髳國之地戎府之南古微盧彭二國之地濮在楚西南有髳州微濮州瀘府彭州焉武王率西南夷諸州伐紂也稱爾戈比爾干立

爾矛予其誓王曰古人有言牝雞無晨牝雞之晨惟家之索今殷王紂維婦人言是用自弃其先祖肆祀不荅昏弃其家國遺其王父母弟不用乃維四方之多罪逋逃是崇是長是信是使俾暴虐于百姓以姦軌于商國今予發維共行天之罰今日之事不過六步七步乃止齊焉夫子勉哉不過於四伐五伐六伐七伐乃止齊焉勉哉夫子尚桓桓如虎如羆如豺如離于商郊不禦克犇以役西土勉哉夫子爾所不勉其于爾身有戮誓已

諸侯兵會者車四千乘陳師牧野帝紂聞武王來亦發兵七十萬人距武王武王使師尚父與百夫致師以大卒馳帝紂師（大卒謂戎車三百五十乘士卒二萬六千二百五十人及虎賁三千人）紂師雖衆皆無戰之心心欲武王即入紂師皆倒兵以戰以開武王武王馳之紂兵皆崩畔紂紂走反入登于鹿臺之上蒙衣其珠玉（衣音於既反周書云甲子夕紂取天智玉琰五環身以自焚注天智玉之善者縫環其身自厚也凡焚四千玉也庶玉則銷天智玉不銷紂身不盡也）自燔于火而死武王持太白旗以麾諸侯諸侯畢拜武王武王乃揖諸侯（武王率諸侯伐天子天子曰死諸侯畢賀故武王揖諸侯言先拊循之心也）諸侯畢從武王至商國（謂至朝歌）商國百姓咸待於郊於是武王使羣臣告語商百姓曰上天降休商人皆再拜稽首武王亦荅拜遂入至紂死所武王自射之三發而後下車以輕劒擊之（周書作輕呂擊之輕呂劒名也）以黃鉞斬紂頭縣太白之旗已而至紂之嬖妾二女二女皆經自殺武王又射三發擊以劒斬以玄鉞縣其頭小白之旗武王已乃出復軍其明日除道修社及商紂宮及期百夫荷罕旗以先驅武王

弟叔振鐸奉陳常車周公旦把大鉞畢公把小鉞以夾武王散宜生太顛閎夭皆執劒以衛武王既入立于社南大卒之左右畢從毛叔鄭奉明水衛康叔封布茲召公奭贊采（贊佐也采幣也）師尚父牽牲尹佚筴祝曰（尹佚讀筴書祝文以祭社也）殷之末孫季紂（周書作末孫受德受德紂字也）殄廢先王明德侮蔑神祇不祀昬暴商邑百姓其章顯聞于天皇上帝於是武王再拜稽首曰膺更大命革殷受天明命武王又再拜稽首乃出封商紂子祿父殷之餘民武王為殷初定未集乃使其弟管叔鮮蔡叔度相祿父治殷（地理志云河內殷之舊都周既滅殷分其畿內為三國詩邶鄘衛是邶以封紂子武庚鄘管叔尹之衛蔡叔尹之以監殷民謂之三監帝王世紀云自殷都以東為衛管叔監之殷都以西為鄘蔡叔監之都以北為邶霍叔監之是為三監按二說各異未詳也）已而命召公釋箕子之囚命畢公釋百姓之囚表商容之閭命南宮括散鹿臺之財發鉅橋之粟以振貧弱萌隸命南宮括史佚展九鼎保玉命閎夭封比干之墓（封謂益其土及畫疆界括地志云比干墓在衛州汲縣北十里二百五十步）命宗祝享祠于軍乃罷兵西歸行狩記政事作武成封諸侯班

賜宗彝作分殷之器物武王追思先聖王乃襃封神農
之後於焦黃帝之後於祝左傳云祝其實夾谷杜預云夾谷即祝其也服虔云東海
郡祝其縣也帝堯之後於薊帝舜之後於陳括地志云陳州宛丘縣在陳城
中即古陳國也帝舜後遏父為周武王陶工武王賴其器用封其子嬀滿於陳都宛丘之側大禹之
後於杞括地志云汴州雍丘縣古杞國地理志云古杞國理此城周武王封禹後於杞號東樓公二十
一代為楚所滅於是封功臣謀士而師尚父為首封封尚父於
營丘曰齊水經注今臨淄城中有丘云古縣丘之地呂望所封齊之都也營丘在縣北百步外城中
輿地志云秦立為縣城臨淄水故曰臨淄也封弟周公旦於曲阜曰魯帝王世紀

云炎帝自陳營都於魯曲阜黃帝自窮桑登帝位後徙曲阜少昊邑於窮桑以登帝位都曲阜顓頊始都窮桑
徙商丘窮桑在魯北或云窮桑即曲阜也又為大庭氏之故國又是商奄之地皇甫謐云黃帝生於壽丘在魯
城東門之北居軒轅之丘於山海經云此地窮桑之際西射之南是也括地志云兖州曲阜縣外城即周公旦
子伯禽所築古魯城也封召公奭於燕封帝堯之後於薊封召公奭於燕觀其文稍似重也
水經注云薊城西北隅有薊丘因取名焉括地志云燕山幽州漁陽縣東南六十里國都城記云周武王封召
公奭於燕地在燕山之野故國取名焉按周封以五等之爵薊燕立國俱武王立因燕山薊丘為名其地足自
立國薊微燕盛乃并薊居之薊名遂絕焉今幽州薊縣古燕國也封弟叔鮮於管括地志云
鄭州管城縣外城古管國城也周武王弟叔鮮所封弟叔度於蔡括地志云豫州北七十里上蔡
縣古蔡國武王封弟叔度於蔡是也縣東十里有蔡岡因名也餘各以次受封武王徵
九牧之君登豳之阜以望商邑括地志云豳州三水縣西十里有豳原周先公
劉所都之地也豳城在此原上因公為名按蓋武王登此城望商邑武王至于周自夜不
寐周鎬京也武王伐紂還至鎬京憂未定天之保安故自夜不得寐也周公旦即王所曰
曷為不寐王曰告女維天不饗殷自發未生於今六十
年麋鹿在牧蜚鴻滿野蜚音飛古飛字也於今猶當今於今六十年從帝乙十年至伐
紂年也麋鹿在牧謂讒佞小人在朝位也飛鴻滿野謂忠賢君子見放棄也言紂父帝乙立後殷國益衰至伐
紂六十年間諂佞小人在於朝位忠賢君子放遷於野故詩云鴻鴈于飛肅肅其羽之子于征劬勞于野毛萇

云之子侯伯卿士也鄭元云鴻鴈知避陰陽寒暑喻民知去無道就有道也天不享殷乃今
有成維天建殷其登名民三百六十夫不顯亦不賓滅
以至今我未定天保何暇寐王曰定天保依天室悉求
夫惡貶從殷王受日夜勞來我西土我維顯服及德方
明服事也武王荅周公云定知天之安保我位得依天之宮室退除殷紂之惡日夜勞民又安定我之西土
我維明於事及我之德教施四方明行之乃可至於寢寐也自此已上為至周自夜不寐周公問之故先書
自洛汭延于伊汭居易毋固其有夏之居括地志云自禹至太康與
唐虞皆不易都城然則居陽城為禹避商均時非之都也帝王世紀云禹封夏伯今河南陽翟是汲冢古文云

太康居斟尋羿亦居之桀又居之括地志云故鄩城在洛州鞏縣西南五十八里也我南望三塗北望嶽鄙顧詹有河括地志云太行恒山連延東北接碣石接嶽山言北望太行恒山之邊鄙都邑也又晉州霍山一名太嶽在洛西北山在洛東北二說皆通粵詹雒伊毋遠天室粵者審慎之辭也言審慎瞻雒伊二水之陽無遠離此為天室也營周居于雒邑而後去括地志云故王城一名河南城本郟鄏周公新築在洛州河南縣北九里苑內東北隅自平王以下十二王皆都此城至敬王乃遷都成周至赧王又居王城也帝王世紀云王城西有郟鄏陌左傳云成王定鼎於郟鄏京相璠地名云郟山名鄏邑名縱馬於華山之陽華山在華陰縣南八里山南曰陽也放牛於桃林之虛括地志云桃林在陝州桃林縣西山海經云本火之山其北有林焉名曰桃林廣闊三百里中多馬湖水出焉北流入河也偃干戈振兵釋旅示天下不復用也武王已克殷後二年問箕子殷所以亡箕子不忍言殷惡以存亡國宜告箕子殷人不忍言殷惡以周國之所言告武王為洪範九類武王以類問天道武王亦醜故問以天道武王病天下未集羣公懼穆卜周公乃祓齋祓音廢又音拂齋音扎皆反祓謂除不祥求福也自為質音至周公祓齋自以贄幣告三王請代武王武王病乃瘳也欲代武王武王有瘳後而崩括地志云武王墓在雍州萬年縣西南二十八里畢原上也太子誦代立是為成王成王少周初定天下周公恐諸侯畔周公乃

攝行政當國管叔蔡叔羣弟疑周公與武庚作亂畔周周公奉成王命伐誅武庚管叔放蔡叔以微子開代殷後國於宋今宋州也頗收殷餘民以封武王少弟封為衛康叔尚書洛誥云我卜瀍水東亦惟洛食以居邶鄘衛之衆又多士篇序云成周既成遷殷頑民按是為東周古洛陽城也括地志云洛陽故城在洛州洛陽縣東北二十六里周公所築即成周城也輿地志云以周地在王城東故曰東周敬王避子朝亂自洛邑東居此以其迫阨不受王都故壞翟泉而廣之按武王滅殷國為邶鄘衛三監尹之武庚作亂周公滅之徙三監之民於成周頗收其餘衆以封康叔為衛侯即今衛州是也孔安國云以三監之民國康叔為衛侯周公懲其數叛故使賢母弟主之也晉唐叔得嘉穀獻之成王成王以歸周公于兵所周公受禾東土魯天子之命初管蔡畔周周公討之三年而畢定故初作大誥次作微子之命次歸禾次嘉禾次康誥酒誥梓材其事在周公之篇周公行政七年成王長周公反政成王北面就羣臣之位成王在豐使召公復營洛邑如武王之意周公復卜申視卒營築居九鼎焉曰此天下之中四方入貢道里均作召誥洛誥成王既遷殷遺民周公以王命告作多士無佚召公為保周公為師東伐淮夷殘

奄（奄音於險反括地志云泗水徐城縣北三十里古徐國即淮夷也兗州曲阜縣奄至即奄國之地也）遷其君薄姑（括地志云薄姑故城在青州博昌縣東北六十里薄姑氏殷諸侯封於此周滅之也）成王自奄歸在宗周（伐奄歸鎬京也）作多方既絀殷命襲淮夷歸在豐作周官興正禮樂度制於是改而民和睦頌聲興成王既伐東夷息慎來賀王賜榮伯作賄息慎之命成王將崩懼太子釗之不任（釗音招又古堯反任而針反）乃命召公畢公率諸侯以相太子而立之成王既崩二公率諸侯以太子釗見於先王廟申告以文王武王之所以為王業

之不易務在節儉毋多欲以篤信臨之作顧命太子釗遂立是為康王康王即位徧告諸侯宣告以文武之業以申之作康誥故成康之際天下安寧刑錯四十餘年不用康王命作策畢公分居里成周郊作畢命康王卒子昭王瑕立昭王之時王道微缺昭王南巡狩不返卒於江上（帝王世紀云昭王德衰南征濟于漢船人惡之以膠船進王王御船至中流膠液船解王及祭公俱沒于水中而崩其右辛游靡長臂且多力游振得王周人諱之）其卒不赴告諱之也立昭王子滿是為穆王穆王即位春秋已五十矣王道衰微穆王閔文武之道缺乃命伯臩申誡太僕國之政作臩命（尚書序云穆王令伯臩為太僕正應劭云太僕周穆王所置蓋大御衆僕之長中大夫也）復寧穆王將征犬戎祭公謀父諫（括地志云故祭城在鄭州管城縣東北十五里鄭大夫祭仲邑也釋例云祭城在河南上有敖倉周公後所封也）曰不可先王耀德不觀兵夫兵戢而時動動則威觀則玩玩則無震是故周文公之頌曰載戢干戈載櫜弓矢我求懿德肆于時夏允王保之先王之於民也茂正其德而厚其性阜其財求而利其器用明利害之鄉以文修之使之務利而辟

害懷德而畏威故能保世以滋大昔我先王世后稷以服事虞夏及夏之衰也（謂太康也）弃稷不務（言太康弃稷官）我先王不窋用失其官而自竄於戎狄之閒不敢怠業時序其德遵修其緒修其訓典朝夕恪勤守以敦篤奉以忠信奕世載德不忝前人（前人謂后稷也言不窋亦世載德不忝后稷及文王武王無不務農事）至于文王武王昭前之光明而加之以慈和事神保民無不欣喜商王帝辛大惡于民庶民不忍訢載武王以致戎于商牧（紂近郊地名牧野）是故先王非務武也勤恤

民隱而除其害也夫先王之制邦內甸服邦外侯服侯衛賓服夷蠻要服戎翟荒服甸服者祭侯服者祀賓服者享要服者貢荒服者王日祭月祀時享歲貢終王先王之順祀也有不祭則修意有不祀則修言有不享則修文有不貢則修名有不王則修德序成而有不至則修刑於是有刑不祭伐不祀征不享讓不貢告不王於是有刑罰之辟有攻伐之兵有征討之備有威讓之命有文告之辭布令陳辭而有不至則增修於德無勤民

於遠是以近無不聽遠無不服今自大畢伯士之終也犬戎氏以其職來王 賈逵云大畢伯士犬戎氏之二君也白狼白鹿犬戎之職貢也按大畢伯士終後犬戎氏常以其職來王 天子曰 祭公穆王之意故云天子曰 予必以不享征之且觀之兵無乃廢先王之訓而王幾頓乎 幾音祈 吾聞犬戎樹敦率舊德而守終純固其有以禦我矣王遂征之得四白狼四白鹿以歸自是荒服者不至諸侯有不睦者甫侯言於王作修刑辟王曰吁來有國有土告汝祥刑在今爾安百姓何擇非其人何敬非其刑何居

非其宜與兩造具備師聽五辭 漢書刑法志云五聽一曰辭聽二曰色聽三曰氣聽四曰耳聽五曰目聽周禮云辭不直則言繁目不直則視眊耳不直則對答惑色不直則貌赧氣不直則數端也 五辭簡信正於五刑五刑不簡正於五罰五罰不服正於五過五過之疵官獄內獄閱實其罪惟鈞其過五刑之疑有赦五罰之疑有赦其審克之簡信有衆惟訊有稽無簡不疑共嚴天威黥辟疑赦其罰百率閱實其罪劓辟疑赦其罰倍灑閱實其罪臏辟疑赦其罰倍差 倍中之差二百去三分一合三百十三鍰二兩也宮刑其罰五百臏刑輕其數豈加故知馬孔之說

非也 閱實其罪宮辟疑赦其罰五百率閱實其罪大辟疑赦其罰千率閱實其罪墨罰之屬千劓罰之屬千臏罰之屬五百宮罰之屬三百大辟之罰其屬二百五刑之屬三千命曰甫刑穆王立五十五年崩子共王繄扈立共王游於涇上密康公從 括地志云陰密故城在涇州鶉觚縣西東接縣城故密國也 有三女犇之其母曰必致之王夫獸三為羣人三為衆女三為粲王田不取羣 曹大家云羣衆粲皆多之名也田獵得三獸王不盡收以其害深也 公行不下衆 曹大家云公諸侯也公之所與衆人共議也 王御不參一

族夫粲美之物也衆以美物歸女而何德以堪之王猶不堪況爾之小醜乎小醜備物終必亡康公不獻一年共王滅密共王崩子懿王囏立懿王之時王室遂衰詩人作刺懿王崩共王弟辟方立是為孝王孝王崩諸侯復立懿王太子燮是為夷王（紀年云三年致諸侯翦齊哀公昴帝王世紀云十六年崩也）夷王崩子厲王胡立厲王即位三十年好利近榮夷公大夫芮良正（芮伯也）諫厲王曰王室其將卑乎夫榮公好專利而不知大難夫利百物之所生也天地之所

載也而有專之其害多矣天地百物皆將取焉何可專也所怒甚多而不備大難以是教王王其能久乎夫王人者將導利而布之上下者也使神人百物無不得極猶曰怵惕懼怨之來也故頌曰思文后稷克配彼天立我蒸民莫匪爾極大雅曰陳錫載周是不布利而懼難乎故能載周以至于今今王學專利其可乎匹夫專利猶謂之盜王而行之其歸鮮矣榮公若用周必敗也厲王不聽卒以榮公為卿士用事王行暴虐侈傲國人謗王召公諫曰民不堪命矣王怒得衛巫使監謗者（監音口銜反監察也以巫人神靈有謗毀必察也）以告則殺之其謗鮮矣諸侯不朝三十四年王益嚴國人莫敢言道路以目厲王喜告召公曰吾能弭謗矣乃不敢言召公曰是鄣之矣防民之口甚於防水水壅而潰傷人必多民亦如之是故為水者決之使導為民者宣之使言故天子聽政使公卿至於列士獻詩（上詩風刺）瞽獻典史獻書（史太史也上書諫）師箴（箴音針師樂太師也上箴戒之文）瞍賦矇誦百工諫庶人傳語（傳音逐緣反庶人微賤見時得

失不得上言乃在街巷相傳語）近臣盡規親戚補察（言親戚補王過失及察是非也）瞽史教誨耆艾修之而後王斟酌焉是以事行而不悖民之有口也猶土之有山川也財用於是乎出猶其有原隰衍沃也衣食於是乎生口之宣言也善敗於是乎興行善而備敗所以産財用衣食者也夫民慮之於心而宣之於口成而行之若壅其口其與能幾何王不聽於是國莫敢出言三年乃相與畔襲厲王厲王出奔於彘（括地志云晉州霍邑縣本漢彘縣後改彘曰永安從鄗鄉晉也）厲王太子靜匿召公之

家國人聞之乃圍之召公曰昔吾驟諫王王不從以及此難也今殺王太子王其以我為讎而懟怒乎夫事君者險而不讎懟怨而不怒況事王乎乃以其子代王太子王太子竟得脫召公周公二相行政號曰共和共音巨用反韋昭云彘之亂公卿相與和而脩政事號曰共和也魯連子云衛州共城縣本周共伯之國也共伯名和好行仁義諸侯賢之周厲王無道國人作難王奔于彘諸侯奉和以行天子事號曰共和元年十四年厲王死于彘共伯使諸侯奉王子靖為宣王而共伯復歸國于衛也世家云釐侯十三年周厲王出犇于彘共和行政焉二十八年周宣王立四十二年釐侯卒太子共伯餘立為君恭伯弟和襲攻恭伯于墓上恭伯入釐侯羨自殺

衛人因葬釐侯旁謚曰恭伯而立和為衛侯是為武公按此文共伯不得立而和立為武公武公之立在恭伯卒後年歲又不相當年表亦同明紀年及魯連子非也共和十四年厲王死于彘太子靜長于召公家二相乃共立之為王是為宣王宣王即位二相輔之脩政法文武成康之遺風諸侯復宗周十二年魯武公來朝宣王不脩籍于千畝應劭云古者天子耕籍田千畝為天下先瓚曰籍蹈籍也按宣王不脩親耕之禮也虢文公諫曰括地志云虢故城在岐州陳倉縣東西又云千畝原在晉州岳陽縣北不可王弗聽三十九年戰于千畝王師敗績于姜氏之戎宣王既亡南國之師乃料民於太原仲山甫毛萇云仲山甫樊穆仲也括地志云漢樊縣城在兖州瑕丘縣西南古樊國仲山甫所封也諫曰民不可料也宣王不聽卒料民四十六年宣王崩周春秋云宣王殺杜伯而無辜後三年宣王會諸侯田于圃日中杜伯起于道左衣朱衣冠操朱弓矢射宣王中心折脊而死國語云杜伯射王於鄗子幽王宮湼立幽王二年西州三川皆震按涇渭二水在雍州北洛水一名漆沮在雍州東北南流入渭此時以王城為東周鎬京為西周伯陽甫曰周將亡矣夫天地之氣不失其序若過其序民亂之也陽伏而不能出陰迫而不能蒸於是有地震今三川實震是陽失其所而填陰也陽失

而在陰原必塞原塞國必亡夫水土演而民用也土無所演民乏財用不亡何待昔伊洛竭而夏亡河竭而商亡今周德若二代之季矣其川原又塞塞必竭夫國必依山川山崩川竭亡國之徵也川竭必山崩若國亡不過十年數之紀也天之所弃不過其紀是歲也三川竭岐山崩三年幽王嬖愛襃姒括地志云襃國故城在梁州襃城縣東二百步古襃國也襃姒生子伯服幽王欲廢太子太子母申侯女而為后後幽王得襃姒愛之欲廢申后并去太子宜臼以襃

姒為后以伯服為太子周太史伯陽讀史記曰諸國皆有史以記事故曰史記周亡矣昔自夏后氏之衰也有二神龍止於夏帝庭而言曰余褒之二君夏帝卜殺之與去之與止之莫吉卜請其漦而藏之乃吉於是布幣而策告之龍亡而漦在櫝而去之夏亡傳此器殷殷亡又傳此器周比三代莫敢發之至厲王之末發而觀之漦流於庭不可除厲王使婦人裸而譟之漦化為玄黿以入王後宮後宮之童妾既齔而遭之既笄而孕笄音雞禮記云女子許嫁而笄鄭元云笄今簪無夫而生子懼而弃之宣王之時童女謡曰檿弧箕服實亡周國於是宣王聞之有夫婦賣是器者宣王使執而戮之逃於道而見鄉者後宮童妾所弃妖子出於路者夫婦賣檿弧者宣王欲執戮之遂逃於路遇此妖子哀而收之聞其夜啼哀而收之夫婦遂亡犇於褒褒人有罪請入童妾所弃女子者於王國語云周幽王伐有褒褒人以褒姒女焉與虢石甫比也以贖罪弃女子出於褒是為褒姒當幽王三年王之後宮見而愛之生子伯服竟廢申后及太子以褒姒為后伯服為太子太史伯

陽曰禍成矣無可奈何褒姒不好笑幽王欲其笑萬方故不笑幽王為熢燧峯燧二音晝日爇燧以望火煙夜舉燧以望火光也燧土魯也燧炬火也皆山上安之有寇舉之大鼓有寇至則舉熢火諸侯悉至至而無寇褒姒乃大笑幽王說之為數舉熢火其後不信諸侯益亦不至幽王以虢石父為卿用事國人皆怨石父為人佞巧善諛好利王用之又廢申后去太子也申侯怒與繒繒自陵反國語云繒姒姓夏禹後括地志云繒縣在沂州承縣古侯國西夷犬戎攻幽王幽王舉熢火徵兵兵莫至遂殺幽王驪山下虜褒姒盡取周賂而去按汲冢書晉咸和五年汲郡汲縣發魏襄王冢得古書冊七十五卷於是諸侯乃即申侯而共立故幽王太子宜臼是為平王以奉周祀平王立東遷于雒邑即王城也平王以前號東都至敬王以後及戰國為西周辟戎寇平王之時周室衰微諸侯彊并弱齊楚秦晉始大政由方伯四十九年魯隱公即位五十一年平王崩太子洩父音甫蚤死立其子林是為桓王桓王平王孫也桓王三年鄭莊公朝桓王不禮五年鄭怨與魯易許田許田天子之用事太山田也杜預云成王營王城有遷都之志故

賜周公許田以為魯國朝宿之邑後世因而立周公別廟焉鄭桓公友周宣王之母弟封鄭有助祭太山湯沐邑在祊鄭以天子不復巡狩故欲以祊易許田各從本國所近之宜也恐魯以周公別廟為疑故云已廢太山之祀而欲為魯祀周公遜辭以求也括地志云許田許州許昌縣南有魯城周公廟在城中祊田在沂州費縣東南按宛鄭大夫八年魯殺隱公子允令公子翬殺隱公也立桓公十三年伐鄭鄭射傷桓王桓王去歸二十三年桓王崩子莊王佗立莊王四年周公黑肩欲殺莊王而立王子克辛伯告王王殺周公王子克犇燕杜預云南燕姞姓也十五年莊王崩子釐王釐音僖謚作毋涼也胡齊立釐王三年齊桓公始霸五年

釐王崩子惠王閬立惠王二年初莊王嬖姬姚杜預云姚姓也生子穨穨有寵及惠王即位奪其大臣園以為囿故大夫邊伯等五人作亂謀召燕衛師南燕滑州胙城衛濮州衛南也伐惠王惠王犇溫左傳云蘇忿生十二邑桓王奪蘇子十二邑與鄭故蘇子同王大夫伐惠王溫十二邑之一也杜預云河內溫縣也已居鄭之櫟杜預云櫟今河南陽翟縣也立釐王弟穨為王樂及徧舞鄭虢君怒四年鄭與虢君伐殺王穨賈逵云鄭厲公突虢公林父也復入惠王惠王十年賜齊桓公為伯二十五年惠王崩子襄王鄭立襄王母早死後母曰惠后按陳國舜後嬀姓也惠后生叔帶惠王子襄王弟封之於甘括地志云故甘城在洛州河南縣西南二十五里左傳云甘昭公王子叔帶也洛陽記云河南縣西南二十五里有水出焉北流入洛山上有甘城即甘公釆邑也有寵於惠王襄王畏之三年叔帶與戎翟謀伐襄王襄王欲誅叔帶叔帶犇齊齊桓公使管仲平戎於周使隰朋平戎於晉王以上卿禮管仲管仲辭曰臣賤有司也有天子之二守國高在若節春秋來承王命何以禮焉陪臣敢辭王曰舅氏余嘉乃勳武王娶太公女為后故呼舅氏逵言之我善汝有平戎之功勳毋逆朕命管仲卒受下卿之禮而還杜預云管

仲不敢以職自高卒受本位之禮也九年齊桓公卒十二年叔帶復歸於周十三年鄭伐滑杜預云滑故國都河南緱氏縣為秦所滅時屬鄭晉後屬周事在魯僖公二十年括地志云緱氏故城本費城也在洛州緱氏縣南東二十五里也王使游孫伯服請滑鄭人囚之鄭文公怨惠王之入不與厲公爵左傳云莊公二十一年王巡虢狩虢公為王宮于玤王與之酒泉鄭伯之享王王以后之鞶鑑與之虢公請器王與之爵鄭伯由是怨王也杜預云后鞶帶而以鏡為飾也爵飲酒器也玤地酒泉周邑又怨襄王之與衛滑故因伯服王怒將以翟伐鄭富辰諫曰凡我周之東徙晉鄭焉依子穨之亂又鄭之由定今以小怨弃之王

不聽十五年王降翟師以伐鄭王德翟人將以其女為后富辰諫曰平桓莊惠皆受鄭勞王弃親親翟不可從王不聽十六年王絀翟后翟人來誅殺譚伯富辰曰我數諫不從如是不出王以我為懟乎乃以其屬死之初惠后欲立王子帶故以黨開翟人翟人遂入周襄王出犇鄭公羊傳云王者無外此其言出何不能事母也鄭居王于氾氾音凡括地志云故氾城在許州襄城縣一里左傳云天王出居於鄭處於氾是子帶立為王取襄王所絀翟后與居溫括地志云故溫城在懷州溫縣西二十里漢晉為縣本周司寇蘇忿生之邑左傳云

周與鄭人蘇忿生十二邑溫其一也地理志云溫縣故國已姓蘇忿生所封也十七年襄王告急于晉晉文公納王而誅叔帶襄王乃賜晉文公珪鬯弓矢為伯以河內地與晉賈逵云晉有功賞之以地陽樊溫原欑茅之田也二十年晉文公召襄王襄王會之河陽踐土括地志云故王宮在鄭州滎澤縣西北十五里王宮城中左傳云晉文公敗楚于城濮至于衡雍作王宮于踐土也按在城則所作在踐土城內東北隅有踐土一七臺東去衡齊三十餘里也諸侯畢朝書諱曰天王狩于河陽二十四年晉文公卒三十一年秦穆公卒三十二年襄王崩子頃王壬臣立頃王六年崩子匡王班立

匡王六年崩弟瑜立是為定王定王元年楚莊王伐陸渾之戎渾音魂杜預云允姓之戎居陸渾在秦西北二國誘而徙伊川遂從戎號今洛州陸渾縣取其號也後漢書云陸渾戎自瓜州遷于伊川左傳云初平王之東遷也辛有適伊川見被髮而祭于野者曰不及百年此其戎乎其禮先亡矣按至僖公二十二年秋秦晉遷陸渾之戎于伊川計至辛有言適百年也括地志云故麻城謂之蠻中在汝州梁縣界左傳單浮餘圍蠻氏杜預云城在河南新城東南伊洛之戎陸渾蠻氏城也俗以為麻蠻聲相近故耳按新城今伊闕縣是也次洛使人問九鼎王使王孫滿應設以辭楚兵乃去十年楚莊王圍鄭鄭伯降已而復之十六年楚莊王卒二十一年定王崩子簡王夷立

簡王十三年晉殺其君厲公迎子周於周立為悼公十四年簡王崩子靈王泄心立靈王二十四年齊崔杼弒其君莊公二十七年靈王崩子景王貴立景王十八年后太子聖而早卒二十年景王愛子朝欲立之左傳云子朝用成周之寶珪沈於河津人得諸河上杜預云禱河求福也珪自水出也按河神不敢受故也會崩子丐之黨與爭立國人立長子猛為王子朝攻殺猛猛為悼王晉人攻子朝而立丐是為敬王敬王元年晉人入敬王子朝自立敬王不得入居澤四年晉率諸侯入敬

王于周子朝為臣諸侯城周十六年子朝之徒復作亂敬王犇于晉十七年晉定公遂入敬王于周三十九年齊田常殺其君簡公四十一年楚滅陳孔子卒四十二年敬王崩子元王仁立元王八年崩子定王介立定王十六年三晉滅智伯分有其地二十八年定王崩長子去疾立是為哀王哀王立三月弟叔襲殺哀王而自立是為思王思王立五月少弟嵬攻殺思王而自立是為考王此三王皆定王之子考王十五年崩子威烈王午

立考王封其弟于河南帝王世紀云考哲王封弟揭於河南續周公之官是為西周桓公按自敬王遷都成周號東周也桓公都王城號西周桓公是為桓公以續周公之官職桓公卒子威公代立威公卒子惠公代立乃封其少子於鞏鞏音拱郭緣生述征記鞏縣周地鞏伯邑史記周顯王二年西周惠公封少子班於鞏以奉王室為東周惠公也子武公為秦所滅以奉王號東周惠公威烈王二十三年九鼎震命韓魏趙為諸侯二十四年崩子安王驕立是歲盜殺楚聲王安王立二十六年崩子烈王喜立烈王二年周太史儋幽王時有伯陽甫唐固曰伯陽甫老子也按幽王元年至孔子卒三百餘年孔子卒後一百二十九年儋見秦獻公然老子當孔子時唐固說非也見秦獻公曰秦本紀云獻公十一年見見後十五年周顯王致文武胙於秦孝公是復合時也始周與秦國合而別別五百載復合合十七歲而霸王者出焉周始與秦國合者謂周秦俱黃帝之後至非子末別封是合也而別者謂非子末年周封非子為附庸邑秦後二十九君至秦孝公二年五百載周顯王致文武胙於秦孝公復與之親是復合也合十七歲而霸王者出謂從秦孝公三年至十九年周顯王致胙於秦孝公是霸也孝公子惠王稱王是王者出也然五百載者非子生秦侯已下二十八君至孝公二年都合四百八十六年兼非子邑秦之後十四年則成五百載十年烈王崩弟扁立扁邊典反是為顯王顯王五年賀秦獻公獻公稱伯九

年致文武胙於秦孝公二十五年秦會諸侯於周二十六年周致伯於秦孝公三十三年賀秦惠王三十五年致文武胙於秦惠王四十四年秦惠王稱王秦本紀云惠王十三年與韓魏趙並稱王其後諸侯皆為王四十八年顯王崩子慎靚王定立慎靚王立六年崩子赧王延立王赧時東西周分治王赧從都西周敬王從王城東從成周十世至王赧從成周西從王城西周武公居焉西周武公之共太子死有五庶子毋適立司馬翦翦音子踐反楚臣也謂楚王曰不如以地資公子咎為請太子左成

曰楚臣也不可周不聽是公之知困而交疏於周也言以地資公子咎請為太子周若不許是楚於周交益疏不如請周君孰欲立以微告翦楚命翦適周諷周君欲立誰以微言告於翦翦令楚賀之以地果立咎為太子也此以上至西周武公是楚令周立公子咎為太子也翦請令楚賀之以地果立公子咎為太子八年秦攻宜陽括地志云故韓城一名宜陽城在洛州福昌縣東十四里即韓宜陽縣城也楚救之而楚以周為秦故將伐之蘇代為周說楚王曰何以周為秦之禍也言周之為秦甚於楚者欲令周入秦也故謂周秦也周知其不可解必入於秦此為秦取

周之精者也解音紀買反代言周若知楚疑親秦其計定不可解免周必親於秦也是為秦取周精妙之計為王計者周於秦因善之不於秦亦言善之以疏之於秦代言為王計者周親我因而善之周不親亦言善之楚若善周周必疏於秦也周絕於秦必入於郢矣郢楚都也楚既親周秦必絕周親楚矣以上至八年蘇代說楚令周秦借道兩周之間上借音精夕反下音子夜反將以伐韓周恐借之畏於韓不借畏於秦史厭烏減反又於點反謂周君曰何不令人謂韓公叔曰秦之敢絕周而伐韓者信東周也公何不與周地發質使之楚質音竹利反使音所吏反質使令云子及重臣等往楚為質使秦疑楚又得不信周也質平敵不相負也秦必疑楚不信周是韓不伐也又謂秦曰韓彊與周地將以疑周於秦也周不敢不受秦必無辭而令周不受又謂秦曰韓強與周地今秦疑周親則周不敢不受秦必無巧辭而令周不敢不受韓地也是受地於韓而聽於秦秦召西周君西周君惡往故令人謂韓王曰秦召西周君將以使攻王之南陽也王何不出兵於南陽周君將以為辭於秦周君不入秦秦必不敢踰河而攻南陽矣南陽今懷州也杜預云在晉山南以上至秦召西周君是西周君說韓令出兵河南謀秦也東周與西周戰韓救西周或為

東周說韓王曰為音于偽反及或人為東周說王令按兵無出則周德韓矣西周故天子之國多名器重寶王案兵毋出可以德東周韓按兵不出伐東周而東周甚愧韓之恩德也而西周之寶必可以盡矣韓出兵助西周雖不攻東周西周愧其佐助寶器必盡歸於韓以上至東周與西周戰是或人說韓令無救西周也王赧謂成君楚圍雍氏雍音於恭反括地志云故雍城在洛州陽翟縣東北二十五里故老云黃帝雍作柞臼所封也按其地時屬韓也韓徵甲與粟於東周東周君恐召蘇代而告之代曰君何患於是臣能使韓毋徵甲與粟於周又能為君得高都括地志云高都故城一名部都城在洛州伊闕縣北三十五里周

君曰子苟能請以國聽子代見韓相國曰楚圍雍氏期三月也今五月不能拔是楚病也謂楚兵獘弱也今相國乃徵甲與粟於周是告楚病也韓相國曰善使者已行矣代曰何不與周高都韓相國大怒曰吾毋徵甲與粟於周亦已多矣言幸甚也何故與周高都也代曰與周高都是周折而入於韓也秦聞之必大怒忿周即不通周使是以獘高都得完周也曷為不與相國曰善果與周高都以上至楚圍雍氏是蘇代為東周說韓令不徵甲而得高都三十四年蘇厲謂周君曰

秦破韓魏扑師武北取趙藺離石者藺音力刃反括地志云離石縣今石州所理縣也藺近離石皆趙二邑皆白起也是善用兵又有天命今又將兵出塞攻梁謂伊闕塞也在洛州南十九里伊闕山今名鍾山酈元注水經云兩山相對望之若闕伊水歷其間故謂之伊闕按今謂之龍門禹鑿以通水也梁破則周危矣君何不令人說白起乎曰楚有養由基者善射者也去柳葉百步而射之百發而百中之左右觀者數千人皆曰善射有一夫立其旁曰善可教射矣養由基怒釋弓搤劒曰客安能教我射乎客曰非我能教子支左詘右也夫去柳葉百步而射之百發而百中之不以善息少焉氣衰力倦弓撥矢鉤一發不中者百發盡息今破韓魏扑師武北取趙藺離石者公之功多矣今又將兵出塞過兩周倍韓攻梁一舉不得前功盡弃公不如稱病而無出以上至三十四年是蘇厲為周說白起無伐梁也四十二年秦破華陽約司馬彪云華陽亭名在密縣秦昭王三十三年秦背魏約使客卿胡傷擊魏將芒卯華陽破之六國年表云白起擊魏華陽芒卯走括地志云故華陽城在鄭州管城縣南四十里是按馬犯見秦破魏華陽約懼周危故謂請梁城周也馬犯謂周君曰請令梁城周乃謂梁王曰周王病

若死則犯必死矣馬犯周臣也乃說梁王曰秦破魏華陽之軍去周甚近周王憂懼國破猶身之重病若死則犯必死也犯請以九鼎自入於王王受九鼎而圖犯梁王曰善遂與之卒言戍周戍守也周雖未入九鼎於梁而梁信馬犯矯言遂與之卒令守周因謂秦王曰梁兵非戍周也將漸伐周而取九鼎寶器王若不信試出師於境以觀梁王之變也梁非戍周也將伐周也王試出兵境以觀之秦果出兵又謂梁王曰馬犯說秦得秦出兵於境又重歸說梁王也周王病甚矣犯請後可而復之復音扶富反復重也秦既破華陽軍今又出兵境上是周國病秦久矣犯前請卒戍周諸侯皆心疑梁取周後可更重請益卒守周乎今王使卒之周諸

侯皆生心後舉事且不信不若令卒為周城以匿事端既諸侯生心不如令卒使為築城以隱匿疑伐周之事端絕諸侯不信之心梁王遂使城周解諸侯之疑也梁王曰善遂使城周以上至四十二年是馬犯說梁王為周築城也四十五年周君之秦客謂周最曰公不若譽秦王之孝因以應為太后養地括地志云故應城殷時應國在城父按應城此時屬周太后秦昭之母宣太后芈氏秦王必喜是公有秦交交善周君必以為公功交惡勸周君入秦者必有罪矣客謂周最曰周君與秦交善是最之功也與秦交惡勸周君入秦者周最令必得勸周君之罪也以上四十五年是周客說周最令周君上應入秦得交善而歸也秦攻周

而周最謂秦王曰為王計者不攻周攻周實不足以利聲畏天下天下以聲畏秦必東合於齊兵弊於周合天下於齊則秦不王矣天下欲弊秦勸王攻周秦與天下弊則令不行矣令音力政反秦欲攻周最說秦曰周天子之國雖有重器名寶土地狹少不足利秦國王若攻之乃有攻天子之聲而令天下以攻天子之聲畏秦使諸侯歸於齊秦兵空弊於周則秦不王矣是天下欲弊秦故勸王攻周令秦受天下弊而令教命不行於諸侯矣以上秦攻周是周最說秦也五十八年三晉距秦周令其相國之秦以秦之輕也還其行以秦輕易周相故相國於是反歸周也客謂相國曰秦之輕重未可知

也言秦之輕相國重相國亦未可知秦欲知三國之情公不如急見秦王曰請為王聽東方之變秦王必重公重公是秦重周周以取秦也齊重則固有周聚按周聚事齊而和於齊周故得齊重令相國又得秦重是相國收秦周聚收齊周常不失大國之交也以收齊是周常不失重國之交也秦信周發兵攻三晉三晉韓魏趙也以上至五十八年是客說周相國令報三國之情得秦重也五十九年秦取韓陽城負黍括地志云陽城洛州縣也負黍亭在陽城縣西南三十五里故周邑左傳云鄭伐周負黍是也今屬韓國也西周恐倍秦與諸侯約從按諸說未允關東地南北長長為從六國共居之關西地東西廣廣為橫秦獨居之

將天下銳師出伊闕攻秦西周以秦取韓陽城負黍懼倍秦之約共諸侯連從領天下銳師從洛州南出伊闕攻秦軍令不得通陽城令秦無得通陽城秦昭王怒使將軍摎摎音糺虬反攻西周西周君犇秦謂西周武公頓首受罪盡獻其邑三十六口三萬秦受其獻歸其君於周君王赧卒劉伯莊云赧是慙恥之甚輕微危弱寄住東西足為慙赧故號之曰赧帝王世紀云名誕雖居天子之位號為諸侯之所役逼與家人無異名負責於民無以得歸乃上臺避之故周人名其臺曰逃責臺周民遂東亡秦取九鼎寶器而遷西周公於𢠸狐括地志云汝州外古梁城即𢠸狐聚也陽人故城即陽人聚也在汝州梁縣西四十里秦遷東周君也梁亦古梁城

也在汝州梁縣西南十五里新城令洛州伊闕縣也按墨狐陽人傍在三城之間後七歲秦莊襄王滅東西周括地志云故穀城在洛州河南縣西北十八里苑中河陰縣城本漢平陰縣在洛州洛陽縣東北五十里十三州志云在平津大河之南也魏文帝改曰河陰東西周皆入於秦周既不祀按王赧卒後天下無主三十五年七雄並爭至秦始皇立天下一統十五年海內咸歸於漢矣

太史公曰學者皆稱周伐紂居洛邑綜其實不然武王營之成王使召公卜居居九鼎焉而周復都豐鎬至犬戎敗幽王周乃東徙於洛邑所謂周公葬我畢畢在鎬東南杜中秦滅周漢興九十有餘載天子將封泰山東

巡狩至河南求周苗裔封其後嘉三十里地號曰周子南君括地志云周承休城一名梁雀塢在汝州梁縣東北二十六里帝王世紀云漢武帝元鼎四年東巡河洛思周德乃封姬嘉三千戶地方三十里為周子南君以奉周祀元鼎三年嘉弟昭進爵為承休侯在此城也平帝元始四年進為鄭公光武建武三年封姬觀為衛公顏師古云子南其封邑之號故總言周子南君按自顏以下皆姓姬氏著在史傳譜言子南為氏恐非比列侯以奉其先祭祀

史記正義卷四

欽定四庫全書

史部

史記正義卷五

詳校官編修臣李如篤

欽定四庫全書

史記正義卷五

唐 張守節 撰

史記五

秦本紀第五

秦之先帝顓頊之苗裔（黄帝之孫號高陽氏）孫曰女脩女脩織元鳥隕卵女脩吞之生子大業（列女傳云陶子生五歲而佐禹曹大家注云陶子者皐陶之子伯益也按此即知大業是皐陶）大業取少典之子曰女華女華生大費與禹平水土已成帝錫元圭禹受曰非予能成亦

大費為輔帝舜曰咨爾費贊禹功其賜爾皁游爾後嗣將大出乃妻之姚姓之玉女大費拜受佐舜調馴鳥獸鳥獸多馴服是為栢翳舜賜姓嬴氏大費生子二人一曰大廉實鳥俗氏二曰若木實費氏其元孫曰費昌子孫或在中國或在夷狄費昌當夏桀之時去夏歸商為湯御以敗桀於鳴條大廉元孫曰孟戲中衍鳥身人言（身體是鳥而能人言又云口及手足似鳥也）帝太戊聞而卜之使御吉遂致使御而妻之自太戊以下中衍之後遂世有功（謂費昌及中衍）以佐殷國故嬴姓為顯遂為諸侯其元孫曰中潏（中音仲潏音決宋忠注世本云仲滑生飛廉）在西戎保西垂生蜚廉蜚廉生惡來惡來有力蜚廉善走父子俱以材力事殷紂周武王之伐紂并殺惡來是時蜚廉為紂石北方（為于偽反劉伯莊云霍太山紂都之北也霍太山在晉州霍邑縣按在衛州朝歌之西方也）還無所報為壇霍太山而報得石棺（紂既已崩無所歸報故為壇就霍太山而祭紂報云作得石槨）銘曰帝令處父不與殷亂賜爾石槨以華氏死遂葬於霍太山蜚廉復有子曰季勝（音升）季勝生孟增孟增幸於周成王是

為宅皐狼（地理志云西河郡皐狼縣也按孟增居皐狼而生衡父）皐狼生衡父衡父生造父造父以善御幸於周繆王得驥溫驪驊駵騄耳之駟（騄音錄）西巡狩樂而忘歸（括地志云崑崙山在肅州酒泉縣南八十里六國春秋云前涼張駿酒泉守馬岌上言酒泉南山即崑崙之丘也周穆王見西王母樂而忘歸即謂此有石室王母堂珠璣鏤飾煥若神宮按肅州在京西北二千九百六十里即小崑崙也非河源出處者）徐偃王作亂（括地志云大徐城在泗州徐城縣北三十里古徐國也博物志云徐君宮人有娠而生卵以為不祥棄於水濱洲孤獨無有犬鵠蒼銜所棄卵以歸覆煖之乃成小兒生偃故宮人聞之更取養之及長襲為徐君後鵠蒼臨死生角而九尾化為成龍也鵠蒼或名后蒼括地志又云徐城在越州鄮縣東南入海二百里）

夏侯志云翁洲上有徐偃王城傳云昔周穆王巡狩諸侯共尊偃王穆王聞之令造父御乘騄裒之馬日行千
里自還討之或云命楚王帥師伐之偃王乃於此處立城以終造父為繆王御長驅歸
周以救亂古史考云徐偃王與楚文王同時去周穆王遠矣且王者行有周衛豈得救亂而獨長驅
日行千里乎並言此事非實按年表穆王元年去楚文王元年三百一十八年矣繆王以趙城
封造父括地志云趙城今晉州趙城縣是本彘縣地後改曰永安即造父之邑也造父族由
此為趙氏自蜚廉生季勝已下五世至造父別居趙趙
衰其後也惡來革者蜚廉子也早死有子曰女防女防
生旁皋旁皋生太几太几生大駱大駱生非子以造父

之寵皆蒙趙城姓趙氏非子居犬丘括地志云犬丘故地一名槐里亦曰
廢丘在雍州始平縣東南十里地里志云扶風槐里縣周曰犬丘懿王都之秦更名廢丘高祖三年更名槐里
也好馬及畜好火到反畜許救反善養息之犬丘人言之周孝王
孝王召使主馬于汧渭之間汧音牽言於二水之間在隴州以東馬大蕃
息孝王欲以為大駱適嗣申侯之女為大駱妻生子成為
適申侯乃言孝王曰昔我先酈山之女申侯之先娶於酈山為
戎胥軒妻胥軒仲衍曾孫也生中潏以親故歸周保西垂西垂
以其故和睦今我復與大駱妻生適子成申駱重婚西

戎皆服所以為王言申駱重婚重直龍反西戎皆從所以得為王即孝王王其
之於是孝王曰昔栢翳為舜主畜畜多息故有土賜姓
嬴今其後世亦為朕息馬朕其分土為附庸邑之秦括地
志云秦州清水縣本名秦嬴姓邑十三州志云秦亭秦谷是也周太史儋云始周與秦國合而別故天子邑之
秦使復續嬴氏祀號曰秦嬴亦不廢申侯之女子為駱
適者以和西戎秦嬴生秦侯秦侯立十年卒生公伯公
伯立三年卒生秦仲秦仲立三年周厲王無道諸侯或
叛之西戎反王室滅犬丘大駱之族周宣王即位乃以

秦仲為大夫誅西戎西戎殺秦仲秦仲立二十三年死
於戎有子五人其長者曰莊公周宣王乃召莊公昆弟
五人與兵七千人使伐西戎破之於是復予秦仲後及
其先大駱地犬丘并有之為西垂大夫注水經云秦莊公伐西戎破之
周宣與大駱犬丘之地為西垂大夫括地志云秦州上邽縣西南九十里漢隴西郡縣是也莊公居
其故西戎犬丘生子三人其長男世父世父曰戎殺我大
父仲我非殺戎王則不敢入邑遂將擊戎讓其弟襄公
襄公為太子莊公立四十四年卒太子襄公代立襄公

元年以女弟繆嬴為豐王妻襄公二年括地志云故汧城在隴州汧源縣東南三里帝王世紀云秦襄公二年徙都汧即此城戎圍犬丘世父世父擊之為戎人所虜歲餘復歸世父七年春周幽王用褒姒廢太子立褒姒子為適數欺諸侯諸侯叛之西戎犬戎與申侯伐周殺幽王酈山下而秦襄公將兵救周戰甚力有功周避犬戎難東徙雒邑周平王徙居王城即雒邑云我卜澗水東瀍水西者也襄公以兵送周平王平王封襄公為諸侯賜之岐以西之地曰戎無道侵奪我岐豐之地秦能攻逐戎即有

其地與誓封爵之襄公於是始國與諸侯通使聘享之禮乃用駵駒黃牛羝羊各三祠上帝西畤十二年伐戎而至岐卒生文公文公元年居西垂宮即上西縣是也三年文公以兵七百人東獵四年至汧渭之會曰昔周邑我先秦嬴於此後卒獲為諸侯乃卜居之占曰吉括地志云郿縣故城在岐州郿縣東北十五里毛萇云郿地名也秦文公東獵汧渭之會卜居之乃營邑焉即此城也即營邑之十年初為鄜畤括地志云三畤原在岐州雍縣南二十里封禪書云秦文公作鄜畤襄公作西畤靈公作吳陽上畤並此原上因名也用三牢十三年初有史以紀

事民多化者十六年文公以兵伐戎戎敗走於是文公遂收周餘民有之地至岐岐以東獻之周十九年得陳寶括地志云寶雞神在岐州陳倉縣東二十里故陳倉城中晉太康地志云秦文公時陳倉人獵得獸若彘不知名牽以獻之逢二童子童子曰此名為媦常在地中食死人腦即欲殺之拍捶其首媦亦語曰二童子名陳寶得雄者王得雌者霸陳倉人乃逐二童子化為雉雌上陳倉北坂為石秦祠之搜神記云其雄者飛至南陽其後光武起於南陽皆如其言也二十年法初有三族之罪二十七年伐南山大梓豐大特括地志云大梓樹在岐州陳倉縣南十里倉山上錄異傳云秦文公時雍南山有大梓樹文公伐之輒有大風雨樹生合不斷時有一人病夜往山中聞有鬼語樹神曰秦若使人

被髮以朱絲繞樹伐汝汝得不困耶樹神無言明日病人語聞公如其言伐樹斷中有一青牛出走入豐水中其後牛出豐水中使騎擊之不勝有騎墮地復上髮解牛畏之入不出故置髦頭漢魏晉因之武都郡立怒特祠是大梓牛神也按今俗畫青牛障是四十八年文公太子卒賜謚為竫公竫公之長子為太子是文公孫也五十年文公卒葬西山竫公子立是為寧公寧公二年公徙居平陽帝王世紀云秦寧公都平陽按岐山縣有陽平鄉鄉內有平陽聚括地志云平陽故城在岐州岐山縣西四十六里秦寧公徙都之處遣兵伐蕩社括地志云雍州三原縣有湯陵又有湯臺在始平縣西北八里按其國蓋在三原始平之界矣三年與亳戰亳王奔戎遂滅蕩社四年魯

公子翬音揮即羽父也弒其君隱公十二年伐蕩氏取之寧公生十歲立立十二年卒葬西山括地志云秦寧公墓在岐州陳倉縣西北三十七里秦陵山帝王世紀云秦寧公葬西山大麓故號秦陵山也按文公亦葬西山蓋秦陵山也生子三人長男武公為太子武公弟德公同母魯姬子德公母號魯姬子生出子寧公卒大庶長弗忌威壘音力追反三父廢太子而立出子為君出子六年三父等復共令人賊殺出子出子生五歲立立六年卒三父等乃復立故太子武公武公元年伐彭戲氏戲音許宜反戎號也蓋同州彭衙故城是也至於華山

下即華嶽之下也居平陽封宮宮名在岐州平陽城內也三年誅三父等而夷三族以其殺出子也鄭高渠眛殺其君昭公十年伐邽冀戎初縣之十一年初縣杜鄭括地志云下杜故城在雍州長安縣東南九里古杜伯國華州鄭縣也毛詩譜云鄭國者周畿內之地宣王封其弟於咸林之地是為鄭桓公按秦得皆縣之滅小虢虢音古伯反括地志曰故虢城在岐州陳倉縣東四十里次西十餘里又有城亦名虢城輿地志云此虢文王母弟虢叔所封是曰西虢按此虢滅時陝州之虢猶謂之小虢又云小虢羌之別種十三年齊人管至父連稱等殺其君襄公而立公孫無知晉滅霍魏耿括地志云霍晉州霍邑縣又春秋時霍伯國韋昭云霍姬姓也括地志云故耿城今名耿倉城在絳州龍門縣東南十二里故耿國也鄗城記云耿嬴姓國也齊雍廩雍於宮反廩力甚反是雍林邑人姓名也殺無知管至父等而立齊桓公齊晉為彊國十九年晉曲沃始為晉侯齊桓公伯於鄄伯音霸二十年武公卒葬雍平陽初以人從死從死者六十六人有子一人名曰白白不立封平陽即雍平陽也平陽時屬雍並在岐州解在上也立其弟德公德公元年初居雍城大鄭宮括地志云岐州雍縣南七里故雍城秦德公大鄭公城也以犧三百牢祠鄜畤卜居雍後子孫飲馬於河卜居雍之後國益廣大後代子孫得東飲馬於龍門之河梁伯芮伯來朝括地

志云南芮鄉故城在同州朝邑縣南三十里又有北芮城皆古芮伯國鄭元云周同姓之國在畿內為王卿士者左傳云桓公三年芮伯萬之母芮姜惡芮伯之多寵人故逐之出居魏今陝州芮城縣界有芮國城蓋是殷末虞芮爭田之芮國是也二年初伏六月三伏之節起秦德公為之故云初伏伏者隱伏避盛暑也歷忌釋云伏者何以金氣伏藏之日也四時代謝皆以相生立春木代水水生木立夏火代木木生火立冬水代金金生水立秋以金代火故至庚日必伏庚者金故曰伏也以狗禦蠱蠱者熱毒惡氣為傷害人故磔狗以禦之年表云初作伏祠社磔狗邑四門按磔禳也狗陽畜也以狗張磔於郭四門禳却熱毒氣也左傳云皿蟲為蠱顧野王云穀皆積變為飛蠱也德公生三十三歲而立立二年卒生子三人長子宣公中子成公少子穆公長子宣公

立宣公元年衛燕伐周衛惠公都即今衛都也燕南燕也周天王也括地志云滑州故城古南燕國應劭云南燕姞姓之國黃帝之後出惠王立王子頹三年鄭伯虢叔括地志云洛州汜水縣古東虢國亦鄭之制邑漢之成皋亦周穆王虎牢城左傳云宮之奇曰虢仲虢叔王季之穆也殺子頹而入惠王四年作密畤括地志云漢有五畤在岐州雍縣南則鄜畤吳陽上畤下畤密畤北畤秦文公夢黃蛇自天而下屬地其口止於鄜衍作畤郊祭白帝曰鄜畤秦宣公作密畤於渭南祭青帝秦靈公作吳陽上畤祭黃帝作下畤亦祠黃帝漢高帝曰天有五帝今四何也待我而具五遂立黑帝曰北畤是也與晉戰河陽勝之十二年宣公卒生子九人莫立立其弟成公成公元年梁伯括地志云同州韓城縣南二十二里少梁故城古少梁國都城記云梁伯國嬴姓之後與秦同祖秦穆公二十二年滅之芮伯來朝齊桓公伐山戎次于孤竹括地志云孤竹故城在平州盧龍縣十二里殷時諸侯竹國也成公立四年卒子七人莫立立其弟繆公繆公任好元年自將伐茅津劉伯莊云戎號也括地志云茅津及茅城在陝州河北縣西二十里注水經云茅亭茅戎號勝之四年迎婦於晉晉太子申生姊也其歲齊桓公伐楚至邵陵五年晉獻公滅虞虢虜虞君與其大夫百里傒以璧馬賂於虞故也既虜百里傒以為秦繆公夫人媵於秦百里傒亡秦走宛宛於元反今鄧州縣楚鄙

人執之繆公聞百里傒賢欲重贖之恐楚人不與乃使人謂楚曰吾媵臣百里傒在焉請以五羖羊皮贖之楚人遂許與之當是時百里傒年已七十餘繆公釋其囚與語國事謝曰臣亡國之臣何足問繆公曰虞君不用子故亡非子罪也固問語三日繆公大說授之國政號曰五羖大夫百里傒讓曰臣不及臣友蹇叔蹇叔賢而世莫知臣嘗游困於齊而乞食銍人銍音珍栗反銍地名在沛縣蹇叔收臣臣因而欲事齊君無知蹇叔止臣臣得脫齊難遂之周周王子頹好牛臣以養牛干之及頹欲用臣蹇叔止臣臣去得不誅事虞君蹇叔止臣臣知虞君不用臣臣誠私利祿爵且留再用其言得脫一不用及虞君難是以知其賢於是繆公使人厚幣迎蹇叔以為上大夫秋繆公自將伐晉戰於河西按河曲在華陰縣界也晉驪姬作亂太子申生死新城韋昭云曲沃新為太子城括地志云絳州曲沃縣有曲沃故城土人以為晉曲沃新城重耳夷吾出犇重耳奔翟夷吾奔少梁也九年齊桓公會諸侯於葵丘括地志云葵丘在曹州考城縣東南一里一百五十步郭內即桓公會處又青州臨

淄縣有葵邱即傳連稱管至父所戍處　晉獻公卒立驪姬子奚齊其臣里克殺奚齊荀息立卓子克又殺卓子及荀息夷吾使人請秦求入晉於是繆公許之使百里傒將兵送夷吾夷吾謂曰誠得立請割晉之河西八城謂同華等州也與秦及至已立而使丕鄭謝秦背約不與河西城而殺里克丕鄭聞之恐因與繆公謀曰晉人不欲夷吾實欲重耳今背秦約而殺里克皆呂甥郤芮之計也願君以利急召呂郤呂郤至則更入重耳便繆公許之使人與丕鄭歸召

欽定四庫全書　史記正義 卷五　十一

呂郤呂郤等疑丕鄭有閒乃言夷吾殺丕鄭丕鄭子丕豹奔秦說繆公曰晉君無道百姓不親可伐也繆公曰百姓苟不便何故能誅其大臣能誅其大臣此其調也調音徒聊反言能誅大臣丕鄭云是夷吾於百姓調和也劉伯莊音徒弔反按調選也邪臣誅忠臣用是夷吾能調選而通也不聽而陰用豹十二年齊管仲隰朋死晉旱來請粟丕豹說繆公勿與因其飢而伐之繆公問公孫支支曰饑穰更事耳不可不與問百里傒傒曰夷吾得罪於君其百姓何罪於是用百里傒公孫支言卒與之粟

以船漕車轉自雍相望至絳十四年秦飢請粟於晉晉君謀之羣臣虢射曰射音石因其飢伐之可有大功晉君從之十五年興兵將攻秦繆公發兵使丕豹將自往擊之九月壬戌與晉惠公夷吾合戰於韓地也左傳云僖公十五年秦晉戰于韓原秦獲晉侯以歸括地志云韓原在同州韓城縣西南十八里十六國春秋云魏顆夢父結草抗秦將杜回亦在韓原晉君棄其軍與秦爭利還而馬騺騺音致又勅利反國語云晉師潰戎馬還濘而止韋昭云濘深泥也繆公與麾下馳追之不能得晉君反為晉軍所圍晉擊繆公繆公傷於是岐下食善馬者

欽定四庫全書　史記正義 卷五　十二

三百人馳冒晉軍晉軍解圍遂脫繆公而反生得晉君初繆公亡善馬岐下野人共得而食之者三百餘人括地志云野人塢在岐州雍縣東北二十里按野人盜馬食處因名焉吏逐得欲法之繆公曰君子不以畜產害人吾聞食善馬肉不飲酒傷人乃皆賜酒而赦之三百人者聞秦擊晉皆求從從而見繆公窘亦皆推鋒爭死以報食馬之德於是繆公虜晉君以歸令於國齊宿吾將以晉君祀上帝周天子聞之曰晉我同姓為請晉君夷吾姊亦為繆公夫人夫人聞之

乃裒經跣白妾兄弟不能相救以辱君命繆公曰我得晉君以為功今天子為請夫人是憂乃與晉君盟許歸之更舍上舍而饋之七牢十一月歸晉君夷吾夷吾獻其河西地使太子圉為質於秦秦妻子圉以宗女是時秦地東至河晉河西八城入秦秦東境至河即龍門河也十八年齊桓公卒二十年秦滅梁芮梁芮國皆在同州秦滅其地故滅二國之君二十二年晉公子圉聞晉君病曰梁我母家也子圉母梁伯之女也而秦滅之我兄弟多即君百歲後秦必留我而晉輕亦更立他子

子圉乃亡歸晉二十三年晉惠公卒子圉立為君秦怨圉亡去乃迎晉公子重耳於楚而妻以故子圉妻重耳初謝後乃受繆公益禮厚遇之二十四年春秦使人告晉大臣欲入重耳晉許之於是使人送重耳二月重耳立為晉君是為文公文公使人殺子圉子圉是為懷公其秋周襄王弟帶以翟伐王王出居鄭王居于氾邑也二十五年周王使人告難於晉秦秦繆公將兵助晉文公入襄王殺王弟帶二十八年晉文公敗楚於城濮衛地也今濮州三十年繆公助晉文公圍鄭左傳僖公三十年晉侯秦伯圍鄭杜預云文公過鄭鄭不禮之鄭使人言繆公曰亡鄭厚晉於晉而得矣而秦未有利晉之彊秦之憂也繆公乃罷兵歸晉亦罷三十二年冬晉文公卒鄭人有賣鄭於秦曰我主其城門鄭可襲也繆公問蹇叔百里傒對曰徑數國千里而襲人希有得利者且人賣鄭庸知我國人不有以我情告鄭者乎不可繆公曰子不知也吾已決矣遂發兵使百里傒子孟明視蹇叔子西乞術及白乙丙將兵行日百里傒蹇

叔二人哭之繆公聞怒曰孤發兵而子沮哭吾軍何也沮自呂反沮敗也左傳云蹇叔哭之曰孟子吾見師之出不見其入也二老曰臣非敢沮君軍軍行臣子與往與音預臣老遲還恐不相見故哭耳二老退謂其子曰汝軍即敗必於殽阨矣殽音故交反阨音厄春秋云魯僖公三十三年晉人及姜戎敗秦師于殽括地志云三殽山又名嶔岑山在洛州永寧縣西北二十里即古之殽道也三十三年春秦兵遂東更晉地過周北門周王孫滿曰秦師無禮左傳云秦師過周北門左右免冑而下超乘者三百乘王孫滿尚幼觀之言於王曰秦師輕而無禮必敗杜預云王城北門也謂過天子門不卷甲束兵超乘示勇也不敗何

待兵至滑為八反括地志云緱氏故城在洛州緱氏縣東二十五里滑伯國也韋昭云姬姓小國也
鄭販賣賈人賣麥卦反賈音古左傳作商人也弦高持十二牛將賣之
周見秦兵恐死虜因獻其牛曰聞大國將誅鄭鄭君謹
脩守禦備使臣以牛十二勞軍士秦三將軍相謂曰將
襲鄭鄭今已覺之往無及已滅滑滑晉之邊邑也當是
時晉文公喪尚未葬太子襄公怒曰秦侮我孤因喪破
我滑遂墨衰絰發兵遮秦兵於殽擊之大破秦軍無一
人得脫者虜秦三將以歸文公夫人秦女也為秦三囚

將請曰繆公之怨此三人入於骨髓願令此三人歸令
我君得自快烹之晉君許之歸秦三將三將至繆公素
服郊迎嚮三人哭曰孤以不用百里傒蹇叔言以辱三
子三子何罪乎子其悉心雪恥毋怠遂復三人官秩如
故愈益厚之三十四年楚太子商臣弒其父成王代立
繆公於是復使孟明視等將兵伐晉戰于彭衙括地志云彭衙
故城在同州白水縣東北六十里秦不利引兵歸戎王使由余戎人姓名於
秦由余其先晉人也亡入戎能晉言聞繆公賢故使由

余觀秦秦繆公示以宮室積聚由余曰使鬼為之則勞
神矣使人為之亦苦民矣繆公怪之問曰中國以詩書
禮樂法度為政然尚時亂今戎夷無此何以為治不亦
難乎由余笑曰此乃中國所以亂也夫自上聖黃帝作
為禮樂法度身以先之僅以小治及其後世日以驕淫
阻法度之威以督責於下下罷極罷音皮則以仁義怨望
於上上下交爭怨而相篡弒至於滅宗皆以此類也夫
戎夷不然上含淳德以遇其下下懷忠信以事其上一

國之政猶一身之治不知所以治此真聖人之治也於
是繆公退而問內史廖曰孤聞鄰國有聖人敵國之憂
也今由余賢寡人之害將奈之何內史廖曰戎王處辟
匿未聞中國之聲君試遺其女樂以奪其志為由余請
以疏其間留而莫遣以失其期戎王怪之必疑由余君
臣有間乃可虜也且戎王好樂必怠於政繆公曰善因
與由余曲席而坐按牀在脩公左右相連而坐謂之曲席也傳器而食問其
地形與其兵勢盡詧而後令內史廖以女樂二八遺戎

王戎王受而說之終年不還於是秦乃歸由余由余數諫不聽繆公又數使人閒要由余由余遂去降秦繆公以客禮禮之問伐戎之形韓國云秦穆公都地方三百里并國十四辟地千里隴西北地郡是也三十六年繆公復益厚孟明等使將兵伐晉渡河焚船大敗晉人取王官及鄗鄗音郊左傳作郊杜預云書取言易也括地志云王官故城在同州澄城縣西北九十里又云南郊故城在縣北十七里又有北郊故城又有西郊古城左傳云文公三年秦伯伐晉濟河焚舟取王官及郊也括地志云蒲州猗氏縣南二里又有王官故城亦秦伯取者上文公秦東地至河蓋猗氏王官是也以報殽之役晉人皆城守不敢出

於是繆公乃自茅津括地志云茅津在陜州河北縣太陽縣也渡河自茅津南渡河也封殽中尸左傳云秦伯伐晉濟河焚舟晉人不出遂自茅津濟封殽尸而還杜預云封埋藏也為發喪哭之三日乃誓於軍曰嗟士卒聽無譁余誓告汝古之人謀黃髮番番音婆字當作皤皤白頭兒言髮白而更黃故云黃髮番番以申思謇叔百里傒也則無所過以申思不用蹇叔百里傒之謀故作此誓令後世以記余過君子聞之皆為垂涕曰嗟乎秦繆公之與人周也卒得孟明之慶三十七年秦用由余謀伐戎王益國十二開地千里遂霸西戎天子使召

公過賀繆公以金鼓三十九年繆公卒葬雍廟記云橐泉宮秦孝公造祈年觀德公起蓋在雍州城內括地志云秦穆公冢在岐州雍縣東南二里從死者百七十七人秦之良臣子輿氏三人毛萇云良善也三善臣也本傳云子車氏之三子杜預云子車秦大夫也名曰奄息仲行鍼虎亦在從死之中行音胡朗反鍼音其廉反應劭云秦穆公與羣臣飲酒酣公曰生共此樂死共此哀於是奄息仲行鍼虎許諾及公薨皆從死黃鳥詩所為作也杜預云以人葬為殉也括地志云三良冢在岐州雍縣二里故城內秦人哀之為作歌黃鳥之詩君子曰秦繆公廣地益國東服彊晉西霸戎夷然不為諸侯盟主亦宜哉死而棄民收其

良臣而從死且先王崩尚猶遺德垂法況奪之善人良臣百姓所哀者乎是以知秦不能復東征也繆公子四十人其太子罃代立是為康公康公元年往歲繆公之卒晉襄公亦卒襄公之弟名雍秦出也雍母秦女故言秦出也在秦晉趙盾欲立之使隨會韓昭云晉正卿士蔿之孫成伯之子季武子也食采於隨范故曰隨會或曰范會季范子字也來迎雍秦以兵送至令狐令音零括地志云令狐故城在蒲州猗氏縣界十五里也晉立襄公子而反擊秦師秦師敗隨會來奔二年秦伐晉於武城括地志云故武城一名武平城在華州鄭縣東北十

三里也 報令狐之役四年晉伐秦取少梁 前入秦後歸晉今秦又取之 六年秦伐晉取羈馬戰於河曲大敗晉軍晉人患隨會在秦為亂乃使魏讎餘 讎音受又作犨音同 詳反 詳音羊 合謀會詐而得會會遂歸晉康公立十二年卒子共公立共公二年晉趙穿弒其君靈公二年楚莊王彊北兵至雒問周鼎共公立五年卒子桓公立桓公三年晉敗我一將十年楚莊王服鄭北敗晉兵於河上當是之時楚霸為會盟合諸侯二十四年晉厲公初立與秦桓公夾河而盟

歸而秦倍盟與翟合謀擊晉二十六年晉率諸侯伐秦秦軍敗走追至涇而還桓公立二十七年卒子景公立景公四年晉欒書弒其君厲公十五年救鄭敗晉兵於櫟 櫟音歷括地志云洛州陽翟縣古櫟邑也 是時晉悼公為盟主十八年晉悼公彊數會諸侯率以伐秦敗秦軍秦軍走晉兵追之遂渡涇至棫林而還二十七年景公如晉與平公盟已而背之三十六年楚公子圍弒其君而自立是為靈王景公母弟后子鍼 音鉗 有寵景公母弟富或譖之恐誅乃

奔晉車重千乘晉平公曰后子富如此何以自亡對曰秦公無道畏誅欲待其後世乃歸三十九年楚靈王彊會諸侯於申 在鄧州南陽縣三十里 為盟主殺齊慶封景公立四十年卒子哀公立后子復來歸秦哀公八年楚公子棄疾弒靈王而自立是為平王十一年楚平王來求秦女為太子建妻至國女好而自娶之十五年楚平王欲誅建建亡 太子建亡之鄭鄭殺之 伍子胥奔吳晉公室卑而六卿彊欲內相攻是以久秦晉不相攻三十一年吳王闔閭與伍

子胥伐楚楚王亡奔隨吳遂入郢楚大夫申包胥來告急 包胥姓公孫封於申故號申包胥左傳云申包胥如秦乞師曰吳為封豕長蛇以荐食上國虐始於楚寡君失守社稷越在草莽使下臣告急曰夷德無厭若鄰於君疆埸之患也逮吳之未定君其取分焉若楚之遂亡君之土也若以君靈撫之出以事君 七日不食日夜哭泣 左傳云申包胥對秦伯曰寡君越在草莽未獲所伏下臣何敢即安立依於庭牆而哭日夜不絕聲勺飲不入口七日秦哀公為賦無衣九頓首而坐 於是秦乃發五百乘救楚 左傳魯定公五年秦子蒲子虎帥車五百乘以救楚敗吳師於軍祥 敗吳師吳師歸楚昭王乃得復入郢哀公立三十六年卒太子夷公夷公蚤死不得立立

夷公子是為惠公惠公元年孔子行魯相事五年晉卿中行范氏反晉晉使智氏趙簡子攻之范中行氏亡奔齊惠公立十年卒子悼公立悼公二年齊臣田乞弒其君孺子立其兄陽生為悼公六年吳敗齊師齊人弒悼公立其子簡公九年晉定公與吳王夫差盟爭長於黃池卒先吳吳彊陵中國十二年齊田常弒簡公立其弟平公常相之十三年楚滅陳秦悼公立十四年卒子厲共公立孔子以悼公十二年卒厲共公二年蜀人來賂

十六年塹河旁以兵二萬伐大荔取其王城荔音戾括地志云同州東三十里朝邑縣東三十步故王城大荔近王城邑二十一年初縣頻陽括地志云頻陽故城在雍州同官縣界古頻陽縣城也晉取武成二十四年晉亂殺智伯分其國與趙韓魏二十五年智開與邑人來奔開智伯子伯被趙襄子等滅其國其子與從屬來奔秦三十三年伐義渠虜其王括地志云寧慶二州春秋及戰國時為義渠戎國之地也三十四年日食厲共公卒子躁公立躁公二年南鄭反南鄭今梁州所理縣也春秋及戰國時其地近屬於楚也十三年義渠來伐至渭南十四年躁公卒立其弟懷公懷公四年庶長鼂長丁丈反鼂竹遥反鼂人名也劉伯莊音潮與大臣圍懷公懷公自殺懷公太子曰昭子蚤死大臣乃立太子昭子之子是為靈公靈公懷公孫也靈公六年晉城少梁秦擊之十三年城籍姑括地志云籍姑故城在同州韓城縣北三十五里靈公卒子獻公不得立立靈公季父悼子是為簡公簡公昭之弟而懷公子也劉伯莊云簡公是昭子之弟懷公之子厲公之孫今史記為簡公是厲公子者抄寫之誤簡公六年令吏初帶劍春秋官吏各得帶劍塹洛城重泉重直龍反括地志云重泉故城在同州蒲城縣東南四十五里也十六年卒子惠公立

惠公十二年子出子生十三年伐蜀取南鄭惠公卒出子立出子二年庶長改迎靈公之子獻公於河西而立之西者秦州西縣秦之舊地時獻公在西縣故迎立之殺出子及其母沈之淵旁秦以往者數易君君臣乖亂故晉復彊奪秦河西地奪前所上八城也獻公元年止從死二年城櫟陽括地志云櫟陽故城一名萬年城在雍州東北百二十里櫟陽漢七年分櫟陽城內為萬年縣隋文帝開皇三年遷都於龍首川今京城也改萬年為大興縣至唐武德元年又改曰萬年置在州東七里四年正月庚寅孝公生十一年周太史儋見獻公曰周故與秦國合而別別五

百歲復合合七十七歲而霸王出十六年桃冬花十八年雨金櫟陽 言雨金於秦國都明金瑞見也 二十一年與晉戰於石門 括地志云堯門山俗名石門在雍州三原縣西北三十三里上有路其狀若門故老云堯鑿山為門因名之武德年中於此山南置石門縣貞觀年中改為雲陽縣 斬首六萬天子賀以黼黻二十三年與魏晉戰少梁虜其將公孫痤 在戈反 二十四年獻公卒子孝公立年已二十一歲矣孝公元年河山以東彊國六與齊威楚宣魏惠燕悼韓哀趙成侯並淮泗之間 並白浪反謂淮泗二水 小國十餘楚魏與秦接界 楚北及魏西與秦相接北

欽定四庫全書　史記正義 卷五　二十三

自梁州漢中郡南有巴俞過江南有黔中巫郡也魏西界與秦相接南自華州鄭縣西北過渭水濵洛水東岸向北有上郡鄜州之地皆築長城以界秦境洛即漆沮水也 魏築長城自鄭濵洛以北有上郡楚自漢中南有巴黔中周室微諸侯力政爭相併秦僻在雍州不與中國諸侯之會盟夷翟遇之孝公於是布恵振孤寡招戰士明功賞下令國中曰昔我穆公自岐雍之間修德行武東平晉亂以河為界 即龍門河也 西霸戎翟廣地千里天子致伯諸侯畢賀為後世開業甚光美會往者厲躁簡公出子之不寧國家內憂未遑外事三晉攻奪我先君河西地諸侯卑秦醜莫大焉獻公即位鎮撫邊境徙治櫟陽且欲東伐復穆公之故地修穆公之政令寡人思念先君之意常痛於心賓客羣臣有能出奇計彊秦者吾且尊官與之分土於是乃出兵東圍陜城西斬戎之獂王衛鞅聞是令下西入秦因景監 監甲暫反人也 求見孝公二年天子致胙三年衛鞅說孝公變法脩刑內務耕稼外勸戰死之賞罰孝公善之甘龍杜摯等弗然相與爭之卒用鞅法百姓苦之居

欽定四庫全書　史記正義 卷五　二十四

三年百姓便之乃拜鞅為左庶長其事在商君語中七年與魏惠王會杜平 在同州登城縣界也 八年與魏戰元里 郃城在同州澄城縣界 有功十年衛鞅為大良造將兵圍魏安邑降之 括地志云安邑故城在絳州夏縣東北十五里本夏之都 十二年作為咸陽 括地志云咸陽故城亦名渭城在雍州咸陽縣東十五里京城北四十五里即秦孝公徙都之者今咸陽縣古之杜郵白起死處 築冀闕 劉伯莊云冀猶記事闕即象魏也 秦徙都之并諸小鄉聚 萬二千五百家為鄉聚猶村落之類也 集為大縣縣一令四十一縣為田開阡陌東地渡洛十四年初為賦十九年天子致伯 伯音霸又如字

孝公十九年天子始封爵為霸即太史儋云合七十七歲而霸王出之年故天子致伯桓譚新論云夫上古稱三皇五帝而次有三王五伯此天下君之冠首也故言三皇以道理而五帝用德化三王由仁義五伯以權知其說之曰無制令刑罰謂之皇有制令而無刑罰謂之帝賞善誅惡諸侯朝事謂之王興兵約盟以信義矯世謂之伯 二十年諸侯畢賀秦使公子少官率師會諸侯逢澤括地志云逢澤亦名逢池在汴州浚儀縣東南十四里 朝天子二十一年齊敗魏馬陵虞喜志林云濮州甄城縣東北六十餘里有馬陵澗谷深可以置伏按龐涓敗即此也 二十二年衛鞅擊魏虜魏公子卬封鞅為列侯號商君商州商洛縣在州東八十九里鞅所封也契所封地 二十四年與晉戰鴈門括地志云岸門

在許州長杜縣西北二十八里今名西武亭 虜其將魏錯七故反 孝公卒子惠文君立是歲誅衛鞅鞅之初為秦施法為于偽反 法不行太子犯禁鞅曰法之不行自於貴戚君必欲行法先於太子太子不可黥黥其傅師於是法大用秦人治及孝公卒太子立宗室多怨鞅鞅亡因以為反而卒車裂以徇秦國惠文君元年楚韓趙蜀人來朝二年天子賀三年王冠冠音館禮記云年二十行冠禮也 四年天子致文武胙齊魏為王五年陰晉人犀首犀音西地理志云華陰縣故陰晉秦惠王五年更名寧秦高祖八年更名華陰 為大良造六年魏納陰晉陰晉更名寧秦七年公子卬與魏戰虜其將龍賈斬首八萬八年魏納河西地九年渡河取汾陰皮氏渡河東取之括地志云汾陰故城俗名殷湯城在蒲州汾陰縣北九里皮氏在絳州龍門縣西一里八十步即古皮氏城也 與魏王會應應乙陵反括地志云故應城因應山為名古之應國在汝州魯山縣東三十里左傳云邘晉應韓武之穆也 圍焦降之括地志云焦城在陝州城內東北百步因焦水為名周同姓所封左傳云虞虢焦滑霍陽韓魏皆姬姓也杜預云八國皆為晉所滅按武王封商封神農之後於焦而後封姬姓也 十年張儀相秦魏納上郡十五縣今鄜綏等州也魏前納陰晉次納同丹二州今納上郡而盡河西濱洛之地矣 十一年

縣義渠地理志云北地郡義渠道秦縣也括地志云寧原慶三州秦北地郡戰國及春秋時為義渠戎國之地周先公劉不窋居之古西戎也 歸魏焦曲沃括地志云曲沃在陝州縣西南三十二里因曲沃水為名按焦曲沃二城相近本魏地通屬秦今還魏故言歸也 義渠君為臣更名少梁曰夏陽十二年初臘臘盧盍反十二月臘日也秦惠文王始效中國為之故云初臘臘禽獸以歲終祭先祖因立此日也風俗通云禮傳云夏曰嘉平殷曰清祀周曰蜡漢改曰臘禮曰天子大蜡八伊耆氏始為蜡蜡者索也歲十二月合聚萬物而索饗之 十三年四月戊午魏君為王韓亦為王魏襄王韓宣惠王也 使張儀伐取陝出其人與魏十四年更為元年二年張儀與齊楚大臣會齧桑三

年韓魏太子來朝張儀相魏五年王游至北河按王游觀北河至靈夏州之黄河也七年樂池樂音岳池徒何反裴氏音池也相秦韓趙魏燕齊帥匈奴共攻秦秦使庶長疾與戰脩魚虜其將申差脩魚韓邑也年表云秦敗我脩魚得韓將軍申差敗趙公子渴韓太子奐斬首八萬二千八年張儀復相秦九年司馬錯伐蜀滅之伐取趙中都西陽括地志云中都故縣在汾州平遙縣西十二里即西都也西陽即中陽也在汾州隰城縣南十里地里志云西都中陽屬西河郡此云伐取趙中都西陽趙世家云秦即取我西都及中陽年表云秦魏文王後元九年取趙中都西陽安邑趙武靈王十年秦取中都安陽本紀世家年表其縣名與年歲實同

所伐唯一處故具錄之以示後世十年韓太子蒼來質伐取韓石章韓地名也伐敗趙將泥趙將名也伐取義渠二十五城十一年摴里疾攻魏焦降之敗韓岸門斬首萬其將犀首走公子通封於蜀燕君讓其臣子之十二年王與梁王會臨晉庶長疾攻趙虜趙將莊張儀相楚十三年庶長章擊楚於丹陽虜其將屈匄斬首八萬又攻楚漢中取地六百里置漢中郡楚圍雍氏秦使庶長疾助韓而東攻齊到滿滿或作蒲秦將姓名也助魏攻燕十四年伐楚取召陵丹犂臣蜀

二戎號也臣伏於蜀蜀相殺蜀侯并丹犂二國降秦在蜀西南桃府管內本西南夷戰國時蜀滇國唐初置犂州丹州也相壯殺屬侯來降惠王卒子武王立韓魏齊楚越皆賓從武王元年與魏惠王會臨晉按魏惠王卒已二十五年矣誅蜀相壯張儀魏章皆東出之魏伐義渠丹犂二年初置丞相摴里疾甘茂為左右丞相張儀死於魏三年與韓襄王會臨晉外外謂臨晉城外外字一作水南公揭卒摴里疾相韓武王謂甘茂曰寡人欲容車通三川窺周室死不恨矣其秋使甘茂庶長封伐宜陽在河南府福昌縣東十四里故韓城是也此韓之大

郡伐取之三州路乃通也四年拔宜陽斬首六萬涉河城武遂按此邑本屬韓近平陽韓世家云貞子居平陽九世至哀侯徙鄭是世家云而韓猶服事秦者以先王墓在平陽而秦之武遂去之七十里故知近平陽魏太子來朝武王有力好戲力士任鄙烏獲孟說皆至大官王與孟說舉鼎絕臏臏音頻忍反絕斷也臏脛骨也八月武王死括地志云秦悼武王陵在雍州咸陽縣西北十五里也族孟說武王取魏女為后無子立異母弟是為昭襄王昭襄母楚人姓羋氏號宣太后武王死時昭襄王為質於燕燕人送歸得立昭襄王元年嚴君疾為相蓋封蜀郡嚴道縣因號嚴君疾名也

甘茂出之魏二年彗星見彗似歲反又先到反庶長壯與大臣諸侯公子為逆皆誅及惠文后皆不得良死悼武王后出歸魏三年王冠與楚王會黄棘棘紀力反蓋在房襄二州也與楚上庸括地志云上庸今房州竹邑縣及金州是也四年取蒲坂括地志云蒲坂故城在蒲州河東縣南二里即堯舜所都也彗星見五年魏王來朝應亭應音乙陵反復與魏蒲坂六年蜀侯煇反司馬錯定蜀庶長奐伐楚斬首二萬涇陽君質於齊日食晝晦七年拔新城楚世家云懷王二十九年秦復伐楚大破楚軍楚軍死二萬殺我將軍景缺年表云秦敗我襄城殺景缺括地志云

許州襄城縣即古新城縣也按世家年表則新字誤作襄字㮋里子卒八年使將軍芈戎攻楚取新市齊使章子魏使公孫喜韓使暴鳶共攻楚方城取唐眛趙破中山其君亡竟死齊魏公子勁韓公子長為諸侯九年孟嘗君薛文來相秦奐攻楚取八城殺其將景快十年楚懷王入朝秦秦留之薛文以金受免金受秦丞相姓名免奪其丞相樓緩為丞相十一年齊韓魏趙宋中國五國共攻秦蓋中山此時屬趙故云五國也至鹽氏而還括地志云鹽故城一名司鹽城在蒲州安邑縣按掌鹽地之官因稱氏秦與韓魏河北及封陵以和年表云秦與魏封陵與韓武遂以和按河外陝虢曲沃等地封陵在古蒲坂縣西南河曲之中武遂平陽地也彗星見楚懷王走之趙趙不受還之秦即死歸葬十二年樓緩免穰侯括地志云穰鄧州所理縣即古穰侯國魏冉為相予楚粟五萬石十三年向壽伐韓取武始括地志云武始故城在洛州武始縣西南十里左更白起攻新城白起傳云白起為左庶長將兵擊韓之新城括地志云洛州伊闕縣本是漢新城縣隋文帝改為伊闕在洛州南七十里五大夫禮出亡奔魏任鄙為漢中守十四年左更白起攻韓魏於伊闕括地志云伊闕在洛州南十九里注水經云昔大禹疏龍門以通水兩山相對望之若闕伊水歷其間故謂之伊闕按今洛南猶謂之龍門也

斬首二十四萬虜公孫喜拔五城十五年大良造白起攻魏取垣垣音袁前秦取蒲坂復以蒲坂與魏魏以為垣今又取魏垣復與之後秦以為蒲坂皮氏復予之攻楚取宛十六年左更錯取軹及鄧括地志云故軹城在懷州濟源縣東十三里故鄧城在懷州河陽縣西三十一里並六國時魏邑也按二城相連故云及也冉免封公子市宛公子悝鄧魏冉陶為諸侯十七年城陽君括地志云濮州雷澤縣本漢郕陽縣古郕伯姬姓之國周武王封弟季載於郕其後遷城之陽也入朝及東周君來朝秦以垣為蒲坂皮氏蒲坂今河東縣也皮氏故縣在絳州龍門縣西一里八十步王之宜陽十八年錯攻垣蓋蒲坂皮氏又歸魏魏復以為垣今秦攻取之也河

雍決橋取之十九年王為西帝齊為東帝皆復去之呂禮來自歸齊破宋宋王在魏死溫任鄙卒二十年王之漢中又之上郡北河二十一年錯攻魏河内魏獻安邑秦出其人募徙河東賜爵赦罪人遷之涇陽君封宛二十二年蒙武伐齊河東為九縣與楚王會宛與趙王會中陽二十三年尉斯離尉都尉斯離名也與三晉燕伐齊破之濟西王與魏王會宜陽與韓王會新城二十四年與楚王會鄢鄢於建反又音偃括地志云故偃城在襄州安養縣北三里古鄢子之國又會穰秦

取魏安城括地志云安城在豫州汝陽縣東南十七里至大梁燕趙救之秦軍去魏冉免相二十五年拔趙二城與韓王會新城與魏王會新明邑二十六年赦罪人遷之穰侯冉復相二十七年錯攻楚赦罪人遷之南陽南陽及上遷之穰皆今鄧州也白起攻趙取代光狼城括地志云光狼故城在澤州高平縣西二十里又使司馬錯發隴西因蜀攻楚黔中今黔府也拔之二十八年大良造白起攻楚取鄢鄧鄢鄧二城並在襄州赦罪人遷之二十九年大良造白起攻楚取郢為南郡括地志云郢城在荊州江陵縣東北六里楚平王築都之地也楚王走周君來王與楚王會襄陵括地志云襄陵在晉州臨汾縣東南三十五里土地十三州志云襄陵晉大夫犨邑也白起為武安君言能撫養軍士戰必剋得百姓安集故號武安故城在潞州武安縣西南五十里七國時趙邑即趙奢救閼與處也三十年蜀守若伐取巫郡華陽國志張若為蜀中郡守括地志云巫郡在夔州東百里及江南為黔中郡括地志云黔中故城在辰州沅陵縣西二十里江南今黔府亦其地也三十一年白起伐魏取兩城楚人反我江南黔中郡反歸楚三十二年相穰侯攻魏至大梁破暴鳶斬首四萬鳶走魏入三縣請和三十三年客卿胡傷攻魏卷卷音卯來反括地志云故卷城在鄭州原

武縣西北七里即衡雍也蔡陽長社取之括地志云蔡陽今豫州上蔡水之陽古城在豫州北七十里長社故城在許州長社縣西一里皆魏邑也擊芒卯華陽破之括地志云故華城在鄭州管城縣南三十里國語云史伯封鄭桓公虢鄶十邑華其一也華陽即此城也按是時韓趙衆兵於華陽攻秦即此矣斬首十五萬魏入南陽以和括地志云懷獲嘉縣即古之南陽杜預云在晉州山南河北故曰南陽秦破芒卯軍斬首十五萬魏入南陽以和三十四年秦與魏韓上庸地為一郡南陽免臣遷居之三十五年佐韓魏楚伐燕初置南陽郡今鄧州也前已屬秦秦置南陽郡在漢水之北釋名云在中國之南舊名陽地故以為名焉張衡南都賦云陪京之南居漢之陽三十六年客卿竈攻

齊取剛壽括地志云故剛城在兖州龔丘縣界壽郓州之縣子穰侯三十八年中更胡傷攻趙閼與閼於連反與音預閼與聚城一名烏蘇城在潞州銅鞮縣西北二十里趙奢破秦軍處又儀州和順縣即古閼與城亦云趙奢破秦軍處然儀州與潞州相近二所未詳又閼與山在潞州武安縣西南五十里趙奢拒秦軍於閼與即山北也按閼與山在武安故城西南又近武安故城蓋儀州是所封故地不能取四十年悼太子死魏歸葬芷陽括地志云芷陽在雍州藍田縣西六里三秦記云鹿原東有霸川之西坂故芷陽也四十一年夏攻魏取邢丘懷括地志云平皋故城本邢丘邑漢置平皋縣在懷州武德縣東南二十里故懷城周之懷邑在懷州武陟縣西十一里四十二年安國君為太子十月宣太后薨葬

芷陽酈山酈力知反在雍州新豐縣南十四里也九月穰侯出之陶四十三年武安君白起攻韓拔九城斬首五萬四十四年攻韓南郡取之四十五年五大夫賁音奔五大夫官賁名也攻韓取十城葉陽葉市涉反悝出之國未至而死四十七年秦攻韓上黨上黨降趙秦因攻趙趙發兵擊秦相距秦使武安君白起擊大破趙於長平四十餘萬盡殺之四十八年十月韓獻垣雍秦軍分為三軍武安君歸王齕將伐趙武安皮牢拔之司馬梗北定太原盡有韓上黨正月兵罷復守上黨其十月五大夫陵攻趙邯鄲四十九年正月益發卒佐陵陵戰不善免王齕代將其十月將軍張唐攻魏為蔡尉為于偽反蔡姓尉名捐弗守還斬之五十年十月武安君白起有罪為士伍遷陰密括地志云陰密故城在涇州鶉觚縣西即古密須國也張唐攻鄭拔之十二月益發卒軍汾城旁括地志云臨汾故城在絳州正平縣東北二十五里即古臨汾縣城也按汾城即此城是也武安君白起有罪死齕攻邯鄲不拔去還奔汾軍二月餘攻晉軍斬首六千晉楚流死河二萬人按此時無楚軍走字是也攻汾城即從

唐拔寧唐今晉州平陽堯都也括地志云寧新中七國時魏邑秦昭襄王拔魏寧新中更名安陽城即今相州外城是也新中寧新中更名安陽今相州外城古安陽城初作河橋此橋在同州臨晉縣東渡河至蒲州今蒲津橋也五十一年將軍摎攻韓取陽城負黍今河南府縣也負黍亭在陽城縣西南三十五里本周邑亦時屬韓也斬首四萬攻趙取二十餘縣首虜九萬西周君武公背秦與諸侯約從將天下銳兵出伊闕攻秦令秦毋得通陽城於是秦使將軍摎攻西周西周君走來自歸頓首受罪盡獻其邑三十六城口三萬秦王受獻歸其君於周五十二

年周民東亡其器九鼎入秦器謂寶器也禹貢金九牧鑄鼎於荆山下各象九州之物故言九鼎歷殷至周赧王十九年秦昭王取九鼎其一飛入泗水餘八入於秦中 周初亡五十三年天下來賓魏後秦使摎伐魏取吴城括地志云廣城故城在陝州河北縣東北五十里虞下之上亦名吴山周武王封弟虞仲於周之北故夏墟吴城即此城也 韓王入朝魏委國聽令五十四年王郊見上帝於雍五十六年秋昭襄王卒子孝文王立尊唐八子為唐太后孝文王之母也先死故尊之晉灼云除皇后自昭儀以下秩至百石凡十四等漢書外戚傳云八子視千石比中更 而合其葬於先王以其母唐太后與昭王合葬 韓王衰經入弔祠諸

侯皆使其將相來弔祠視喪事孝文王元年赦罪人修先王功臣褒厚親戚弛苑囿孝文王除喪十月己亥即位三日辛丑卒子莊襄王立莊襄王元年大赦罪人修先王功臣施德厚骨肉而布惠於民東周君與諸侯謀秦秦使相國呂不韋誅之盡入其國秦不絕其祀以陽人地賜周君奉其祭祀使蒙驁伐韓韓獻成皋鞏括地志云洛州汜水縣古之虢國亦鄭之制邑又名虎牢漢之成皋鞏恭味反今洛州鞏縣爾時秦滅東周韓亦得其地又獻於秦 秦界至大梁初置三川郡二年使蒙驁攻趙定太原三年蒙驁攻魏高都汲汲音急括地志云高都故城今澤州是汲故在衛州所理汲縣西南二十五里孟康云漢波縣今鄣城是也括地志云故鄣城在懷州河內縣西三十二里左傳云蘇忿生六十二邑鄣其一也 拔之攻趙榆次新城狼孟括地志云榆次并州縣即古榆次地也新城一名小平城在朔州善陽縣西南四十七里狼孟故城在并州陽曲縣東北二十六里接取三十七城并代朔三州之地矣 取三十七城四月日食四年王齕攻上黨上黨又反秦故攻之 初置太原郡上黨以北皆太原地即上三十七城也 魏將無忌率五國兵擊秦信陵君也率燕趙韓楚魏之兵擊秦也 秦却於河外蒙驁敗五國兵敗遂解而却至於河外河外陝華二州也

蒙驁敗解而去五月丙午莊襄王卒子政立是為秦始皇帝秦王政立二十六年初并天下為三十六郡號為始皇帝始皇帝五十一年而崩子胡亥立是為二世皇帝三年諸侯並起叛秦趙高殺二世立子嬰子嬰立月餘諸侯誅之遂滅秦其語在始皇本紀中

太史公曰秦之先為嬴姓其後分封以國為姓有徐氏郯氏莒氏終黎氏運奄氏菟裘氏將梁氏黄氏江氏脩魚氏白冥氏蜚廉氏秦氏然秦以其先造父封趙城為

趙氏

乾隆御覽之寶

史記正義卷五

欽定四庫全書

史部

史記正義卷六

詳校官編修臣李如筠

欽定四庫全書

史記正義卷六

唐 張守節 撰

秦始皇本紀第六　史記六

秦始皇帝者秦莊襄王子也莊襄王為秦質子於趙 質音致國強欲待弱之來相事故遣子及貴臣為質如上音國弱懼其侵伐令子及貴臣往為質音直實反又二國敵亦為交質音致左傳云周鄭交質王子狐為質於鄭鄭公子忽為質於周是也 見呂不韋姬悅而取之生始皇以秦昭王四十八年正月生於邯鄲

及生名為政姓趙氏 正音政周正建子之正也始皇以正月旦生於趙因為政後以始皇諱故音征 年十三歲莊襄王死政代立為秦王當是之時秦地已并巴蜀漢中越宛有郢置南郡矣北收上郡以東有河東太原上黨郡東至滎陽滅二周置三川郡呂不韋為相封十萬戶號曰文信侯招致賓客游士欲以并天下李斯為舍人蒙驁王齮 齮魚綺反劉伯莊云音綺後同 麃公等為將軍 麃彼苗反葢秦之縣邑大夫稱公若楚制 王年少初即位委國事大臣晉陽反

元年將軍蒙驁擊定之

二年麃公將卒攻卷 將子匠反卒子必反卷邱員反 斬首三萬

三年蒙驁攻韓取十三城王齮死十月將軍蒙驁攻魏氏暘有詭歲大饑

四年拔暘有詭三月軍罷秦質子歸自趙趙太子出歸國十月庚寅蝗蟲從東方來蔽天天下疫百姓內粟千石拜爵一級

五年將軍驁攻魏定酸棗 括地志云酸棗故城在滑州酸棗縣北十五里古酸棗縣南

燕虛長平 燕烏田反括地志云南燕城古燕國也滑州胙城縣是也姚虛在濮州雷澤縣東十三里孝經援神契云帝舜生於姚墟即東郡也長平故城在陳州宛邱縣西六十六里 雍邱山陽城 雍於用反汴州縣 皆拔之取二十城初置東郡冬雷

六年韓魏趙衛楚共擊秦取壽陵 徐廣云在常山按木趙邑也 秦出兵五國兵罷拔衛迫東郡其君角率其支屬徙居野王阻其山以保魏之河內

七年彗星先出東方見北方五月見西方 彗音似歲反見並音行練反孝經內記云彗出北斗兵大起彗在三台臣害君彗在太微君害臣彗在天獄諸侯作亂所指其處大惡彗

在日旁子欲殺父將軍鶩死以攻龍孤慶都括地志云定州恒陽縣西南四十里有白龍水又有挾龍山又定州唐縣東北五十四里有孤山蓋都山也帝王紀云望堯母慶都所居張晏云堯山在北堯母慶都山在南相去五十里北登堯山南望慶都山也注水經云望都故城東有山不連陵名之曰孤孤都聲相近疑即都山孤山及望都故城三處相近還兵攻汲彗星復見復扶富反見行見反西方十六日夏太后死子楚母也

八年王弟長安君成蟜蟜音紀兆反成蟜者長安君名也號為長安君將軍擊趙反將如字將猶領也又子匠反死屯留括地志云屯留故城在潞州長子縣東北三十里漢屯留吁國也軍吏皆斬死遷其民於臨洮臨洮水故名臨洮洮州在隴右去京

千五百五十一里言屯留之民被成蟜略衆共反故遷之於臨洮郡將軍壁死壁邊覓反言成蟜自殺壁壘之內卒屯留蒲鶮反戮其屍卒子忽反鶮音鳥注同蒲鶮皆地名河魚大上始皇八年黃河之魚西上入渭渭水也漢書五行志云魚者陰類臣民之象也十七年滅韓二十六年盡并天下自滅韓至并天下蓋十年矣周本紀云十年數之紀也天下之所棄不過其紀明關東後屬秦其象類先見也輕車重馬東就食嫪毒上躬虬反下酷改反封為長信侯予之山陽地予音與括地志云山陽故城在懷州修武縣西北太行山東南令毒居之宮室車馬衣服苑囿馳獵恣毒事無小大皆決於毒又以河西太原郡更為毒國

九年彗星見或竟天攻魏垣蒲陽垣作垣垣音袁括地志云故垣城漢縣治本魏王垣也在絳州垣縣西北二十里蒲邑故城在隰州隰縣北四十五里在蒲水之北故言蒲陽即晉公子重耳所居邑也四月上宿雍己酉王冠帶劍冠音灌禮記云年二十而冠按年二十一也長信侯毒作亂而覺矯王御璽崔浩云李斯磨和璧作之漢諸帝世傳服之謂傳國璽韋曜吳書云璽方四寸上勾交五龍文曰受命于天既壽永昌漢書云文曰昊天之命皇帝壽昌按二文不同漢書元后傳云王莽令王舜逼太后取璽玉太后怒投地其角小缺吳志云孫堅入洛埽除漢陵廟軍於甄官井得璽後歸魏晉懷帝永嘉五年六月帝蒙塵平陽璽入前趙劉聰至東晉成帝咸和四年石勒滅前趙得璽穆帝永和八年石勒為慕容儁滅濮陽太守戴施入鄴得璽使何融送晉傳宋宋傳南齊南

齊傳梁梁傳至天正二年侯景破梁至廣陵北齊將辛術定廣陵得璽送北齊至周建德六年正月平北齊璽入周周傳隋隋傳唐也及太后璽以發縣卒卒子忽反下同及衛卒官騎戎翟君公舍人將欲攻蘄年宮為亂蘄巨衣反括地志云蘄年宮在岐州城西故城內王知之令相國昌平君昌文君發卒攻毒戰咸陽括地志云咸陽故城亦名渭城在雍州北五里今咸陽縣東十五里秦孝公已下並都此城始皇鑄金人十二於咸陽即此也斬首數百皆拜爵及宦者皆在戰中亦拜爵一級毒等敗走即令國中有生得毒賜錢百萬殺之五十萬盡得毒等衛尉竭內史肆佐弋竭弋音翊中大夫令

齊等令力政反中大夫令秦官也齊名也二十人皆梟首梟古堯反縣首於木上曰梟
車裂以徇滅其宗說苑云秦始皇太后不謹幸郎嫪毒始皇取毒四支車裂之取兩弟撲殺之取太后遷之咸陽宮下令曰以大后事諫者戮而殺之蒺蔾其脊諫而死者二十七人茅焦乃上說曰齊客茅焦願以太后事諫皇帝曰走告若不見闕下積死人耶使者問焦焦曰陛下車裂假父有嫉妒之心囊撲兩弟有不慈之名遷母咸陽有不孝之行蒺蔾諫士有桀紂之治天下聞之盡瓦解無向秦者王乃自迎太后歸咸陽立茅焦為傅又爵之上卿括地志云茅焦滄州人也及其舍人輕者為鬼薪言毒舍人罪重者已刑戮輕者罰徒役三歲及奪爵遷蜀四千餘家家房陵括地志云房陵即今房州房陵縣古楚漢中郡地也是巴蜀之境地理志云房陵縣屬漢中郡在益州部接東南一

千三百一十里也四月寒凍有死者四月建巳之月孟夏寒凍民有死者以秦法酷急則天應之而史書之故尚書洪範云急常寒若孔注云君行急則常寒順之楊端和攻衍氏衍羊善反在鄭州彗星見西方又見北方從斗以南八十日
十年相國呂不韋坐嫪毒免桓齮為將軍齊趙來置酒
齊人茅焦說秦王曰秦方以天下為事而大王有遷母
太后之名恐諸侯聞之由此倍秦也秦王乃迎太后於
雍而入咸陽復居甘泉宮大索逐客李斯上書說乃止
逐客令李斯因說秦王請先取韓以恐他國於是使斯
下韓韓王患之與韓非謀弱秦大梁人尉繚來說秦王
曰以秦之彊諸侯譬如郡縣之君臣但恐諸侯合從翕
而出不意此乃智伯夫差湣王之所以亡也願大王毋
愛財物賂其豪臣以亂其謀不過亡三十萬金則諸侯
可盡秦王從其計見尉繚亢禮衣服食飲與繚同繚曰
秦王為人蜂準蜂孚逢反準章允反蜂蠆也高鼻也文穎曰準鼻也長目摯鳥膺鷙鳥鶻膺實向前其性悍勇豺聲少恩而虎狼心居約易出人下易以豉反言始皇居儉約之時易以謙卑得志亦輕食人言始皇得天下之志亦輕易而噉食於人

我布衣然見我常身自下我誠使秦王得志於天下天
下皆為虜矣不可與久游乃亡去秦王覺固止以為秦
國尉若漢太尉大將軍之比也卒用其計策而李斯用事
十一年王翦桓齮楊端和攻鄴取九城王翦攻閼與橑
楊漢表在清河十三州志云橑陽上黨西北百八十里也皆并為一軍翦將十八
日軍歸斗食以下一曰得斗粟為料什推二人從軍取鄴安陽
桓齮將
十二年文信侯不韋死竊葬其舍人臨者晉人也逐

出之臨力禁反臨哭也若是三晉之人逐出令歸也秦人六百石以上奪爵遷上音時掌反若是秦人哭臨者奪其官爵遷移於房陵五百石以下不臨遷勿奪爵若是秦人不哭臨不韋者不奪官爵亦遷移於房陵自今以來操國事不道如嫪毐不韋者籍其門視此籍錄其子孫禁不得仕官秋復嫪毐舍人遷蜀者當是之時天下大旱六月至八月乃雨

十三年桓齮攻趙平陽括地志云平陽故城在相州臨漳縣西二十五里又云平陽戰國時屬韓後屬趙殺趙將扈輒扈音戶輒張獵反趙之將軍斬首十萬王之河南正月彗星見東方十月桓齮攻趙

十四年攻趙軍於平陽取宜安括地志云宜安故城在常州槀城縣西南二十五里也破之殺其將軍桓齮定平陽武城即貝州武城縣外城是也七國時趙邑韓非使秦秦用李斯謀留非非死雲陽括地志云雲陽城在雍州雲陽縣西八十里秦始皇甘泉宮在焉韓王請為臣

十五年大興兵一軍至鄴一軍至太原取狼孟地動

十六年九月發卒受地韓南陽假守飢格雅反守音狩騰初令男子書年魏獻地於秦秦置麗邑麗力知反括地志云雍州新豐縣本周時驪戎邑左傳云晉獻公伐驪戎杜注云在京兆新豐縣其後秦滅之以為邑

十七年內史騰攻韓得韓王安盡納其地韓王安之九年秦盡滅之以其地為郡命曰潁川地動華陽太后卒民大饑

十八年大興兵攻趙王翦將上地上郡上縣今綏州等是也下井陘端和將河內羌瘣伐趙端和圍邯鄲城

十九年王翦羌瘣胡罪反盡定取趙地東陽得趙王趙幽繆王遷八年秦取趙地至平陽平陽在貝州歷亭縣界遷王於房陵引兵欲攻燕屯中山秦王之邯鄲諸嘗與王生趙時母家有仇怨皆阬之秦王還從太原上郡歸始皇帝母太后崩趙公子嘉率其宗

數百人之代自立為代王東與燕合兵軍上谷大飢

二十年燕太子丹患秦兵至國恐使荊軻刺秦王秦王覺之體解紅買反軻以徇而使王翦辛勝攻燕燕代發兵擊秦軍秦軍破燕易水之西

二十一年王賁音奔攻薊乃益發卒詣王翦軍遂破燕太子軍取燕薊城得太子丹之首燕王東收遼東而王之王于放反王翦謝病老歸新鄭反昌平軍從於郢大雨雪雨于遇反深二尺五寸

二十二年王賁攻魏引河溝灌大梁大梁城壞其王請降盡取其地

二十三年秦王復召王翦彊起之使將擊荊秦號楚為荊以莊襄王名子楚諱之故言荊也取陳以南至平輿輿音餘平輿預州縣也楚淮北之地盡入於秦虜荊王秦王游至郢陳荊將項燕立昌平君為荊王反秦於淮南昌平也楚淮北之地盡入於秦

二十四年王翦蒙武攻荊破荊軍昌平君死項燕遂自殺

二十五年大興兵使王賁將攻燕遼東得燕王喜燕王喜之五十三年燕亡還攻代虜代王嘉王翦遂定荊江南地言王翦遂平定楚及江南地降越君置為會稽郡降越君降胡江反楚威王已滅其餘自稱君長今降秦置會稽郡五月天下大酺天下歡樂大飲酒也秦既平韓趙魏燕楚五國故天下大酺也

二十六年齊王建與其相后勝音升齊相姓名發兵守其西界不通秦秦使將軍王賁從燕南攻齊得齊王建齊王建之三十四年齊國亡秦初并天下令丞令力政反乃令之赦令赦書相御史曰異日韓王納地效璽效猶至見請為藩臣已而倍約與趙魏合從畔秦故興兵誅之虜其王寡人以為善庶幾息兵革趙王使其相李牧來約盟故歸其質子質音致已而倍盟反我太原故興兵誅之得其王趙公子嘉乃自立為代王故舉兵擊滅之魏王始約服入秦已而與韓趙謀襲秦秦兵吏誅遂破之荊王獻青陽以西已而畔約擊我南郡故發兵誅得其王遂定其荊地燕王昏亂其太子丹乃陰令荊軻為賊兵吏誅滅其國齊王用后勝計絕秦使欲為亂兵吏誅虜其王平齊地寡人以眇眇之身

興兵誅暴亂賴宗廟之靈六王咸伏其辜天下大定今名號不更無以稱成功傳後世其議帝號丞相綰御史大夫劫廷尉斯等皆曰昔者五帝地方千里其外侯服夷服諸侯或朝或否天子不能制今陛下興義兵誅殘賊平定天下海內為郡縣郡人所羣聚也法令由一統自上古以來未嘗有五帝所不及臣等謹與博士議曰古有天皇有地皇有泰皇泰皇最貴臣等昧死上尊號王為泰皇命為制令為詔令音力政反制詔三代無文秦始有之天子自稱曰朕

王曰去泰去音卭呂反著皇采上古帝位號號曰皇帝他如議制曰可追尊莊襄王為太上皇制曰朕聞太古有號毋謚中古有號死而以行為謚如此則子議父臣議君也甚無謂朕弗取焉自今已來除謚法朕為始皇帝後世以計數色主反二世三世至千萬世傳之無窮始皇推終始五德之傳以為周得火德秦代周德從所不勝勝申證反秦以周為火德能滅火者水也故稱從其所不勝於秦方今水德之始改年始朝賀周以建子之月為正秦以建亥之月為正故其年始用十月而朝賀皆自十月朔衣

服旄旌節旗旌音精旄音毛旗音其周禮云析羽為旌熊虎為旗旄節者編毛為之以象竹節漢書云蘇武執節在匈奴牧羊節毛盡落是也韋昭云節者山國用人節澤國用龍節皆以金為之道路以旌節門關用符節都鄙用管節皆用竹為之皆上黑以水德屬北方故上黑數以六為紀符法冠皆六寸而輿六尺六尺為步乘六馬更名河曰德水以為水德之始剛毅戾深事皆決於法刻削毋仁恩和義然後合五德之數於是急法久者不赦丞相綰等言諸侯初破燕齊荆地遠不為于偽反置王毋以填之請立諸子唯上幸許始皇下其議於羣臣羣臣皆以為

便廷尉李斯議曰周文武所封子弟同姓甚衆然後屬疏遠相攻擊如仇讐諸侯更相誅伐周天子弗能禁止今海内賴陛下神靈一統皆為郡縣諸子功臣以公賦稅重賞賜之甚足易制天下無異意易音以豉反則安寧之術也置諸侯不便始皇曰天下共苦戰鬭不休以有侯王賴宗廟天下初定又復立國是樹兵也而求其寧息豈不難哉廷尉議是分天下以為三十六郡風俗通云周制天子方千里分為百縣縣有四郡故左傳云上大夫受縣下大夫受郡秦始皇初置三十六郡以監縣也郡置

守尉監更名民曰黔首大酺收天下兵聚之咸陽銷以為鍾鐻金人十二重各千石漢書五行志云二十六年有大人長五丈足履六尺皆夷狄服凡十二人見於臨洮故銷兵器鑄而象之謝承後漢書云銅人翁仲其名也三輔舊事云聚天下兵器鑄銅人十二各重二十四萬斤漢世在長樂宮門魏志董卓傳云椎破銅人十及銅鐘以鑄小錢關中記云董卓壞銅人餘二枚徙清門裏魏明帝欲將詣洛載到霸城重不可致後石季龍徙之鄴苻堅又徙入長安而銷之英雄記云昔大人見臨洮而銅人鑄至董卓而銅人毀也置廷宮中一法度衡石丈尺車同軌書同文字地東至海暨朝鮮暨其記反朝音潮鮮音仙海謂渤海南至揚蘇台等州之東海也暨及也東北朝鮮國括地志云高驪治平壤城本漢樂浪郡王險城即

古朝鮮也 西至臨洮羌中 洮吐高反括地志云臨洮郡即今洮州亦古西羌之地在京西千五
百五十一里羌中從臨洮西南芳州扶松府以西並古諸羌地也 南至北嚮戶北據河
為塞並陰山至遼東 塞先代反並白浪反謂靈夏勝等州之北黄河陰山在朔州北塞外
從河傍陰山東至遼東築長城為北界 徙天下豪富於咸陽十二萬戶諸
廟及章臺上林皆在渭南秦每破諸侯寫放其宮室作
之咸陽北阪上 今咸陽縣北阪上 南臨渭自雍門 今岐州雍縣東 以東
至涇渭殿屋複道周閣相屬 複音福屬之欲反廟記云北至九嵕甘泉南至長楊
五柞東至河西至汧渭之交東西八百里離宮別館相望屬地木衣綈繡土被朱紫宮人不徙窮年忘歸猶不能

欽定四庫全書　史記正義　卷六　十三

遍也 所得諸侯美人鐘鼓以充入之 三輔舊事云始皇表河以為秦東門
表汧以為秦西門表中外殿觀百四十五後宮列女萬餘人氣上衝於天
二十七年始皇巡隴西 隴西今隴右 北地 今寧州也 出雞頭山 括地
志云雞頭山在成州上祿縣東北二十里在京西南九百六十里酈元云蓋大隴山異名也後漢書隗囂傳云
王孟塞雞頭即此也按原州高縣西百里亦有笄頭山在京西北八百里黄帝雞山之所 過回中焉
括地志云回中宮在雍州西四十里言始皇欲西巡隴西之北從咸陽向西北出寧州西南行至成州出雞頭
山東還過岐州回中宮 作信宮渭南已更命信宮為極廟象天極
自極廟道通酈山作甘泉前殿築甬道 築音竹甬音勇應劭云謂於馳

道外築牆天子於中行外人不見 自咸陽屬之是歲賜爵一級治馳道
二十八年始皇東行郡縣上鄒嶧山 上時掌反鄒側留反嶧音亦國系云
鄒嶧山亦名鄒山在兖州鄒縣南三十二里魯穆公改邾作鄒其山遂從邑變山北去黄河三百餘里 立
石與魯諸儒生議刻石頌秦德議封禪 晉太康地記云為壇於泰山以
祭示增高也為墠於梁父以祭地示增廣也祭尚元酒而俎魚墠皆廣長十二丈壇高三尺階三等而樹石太
山之上高二丈一尺廣三尺秦之刻石云大 望祭山川之事乃遂上泰山 泰山
一日岱宗東嶽也在兖州博城縣西北三十里山海經云泰山其上多玉其下多石郭璞云從泰山下至山頭
百四十八里三百步道書福地記云泰山高四千九百丈二尺周迴二千里多芝草玉石長津甘泉仙人室又

欽定四庫全書　史記正義　卷六　十四

有地獄六口鬼神之府從西上下有洞天周迴三千里鬼神考讁之府 立石封祠祀下風
雨暴至休於樹下因封其樹為五大夫 封作復音福 禪梁父
父音甫在兖州泗水縣北八十里 刻所立石其辭曰皇帝臨位作制明
法臣下脩飭 飭音勑 二十有六年初并天下罔不賓服親
巡遠方黎民登茲泰山周覽東極從臣思迹 從財用反 本原
事業祗誦功德 祗音脂 治道運行諸產得宜皆有法式大
義休明垂於後世順承勿革皇帝躬聖既平天下不懈
於治夙興夜寐建設長利 長直良反 專隆教誨訓經宣達遠

近畢理咸承聖志貴賤分明男女理順慎遵職事昭隔內外靡不清淨施于後嗣化及無窮遵奉遺詔永承重戒於是乃並勃海以東並白浪反勃作渤蒲忽反過黃腄腄逐瑞反字或作腄括地志云黃縣故城在萊州黃縣東南二十五里古萊子國也牟平縣城在黃縣南百三十里十三州志云牟平縣古腄縣也窮成山登之罘罘音浮括地志云在萊州文登縣東北百八十里成山在文登縣西北百九十里窮猶登極也封禪書云八神五曰陽主祠之罘七日日主祠成山成山斗入海又云之罘山在海中文登縣古腄縣也立石頌秦德焉而去南登琅邪今兗川東沂州密州即古琅邪也大樂之留三月乃徙黔首三萬戶琅邪臺下括地

志云密州諸城縣東南百七十里有琅邪臺越王句踐觀臺也臺西北十里有琅邪故吳春秋云越王句踐二十五年徙都琅邪立觀臺以望東海遂號令秦晉齊楚以尊輔周室歃血盟即句踐起臺處括地志云琅邪山在密州諸城縣東南百四十里始皇立層臺於山上謂之琅邪臺孤立眾山之上秦王樂之留三月立石山上頌秦德也復十二歲復音福復三萬戶徙臺下者今琅邪臺作琅邪臺立石刻頌秦德明德意曰維二十六年皇帝作始端平法度萬物之紀以明人事合同父子聖智仁義顯白道理東撫東土以省卒士省山井反卒子忽反事已大畢乃臨于海皇帝之功勤勞本事上農除末黔首是富普天之下摶心揖志器械一量內成曰器甲冑兜鍪之屬外成曰械戈矛弓戟之屬壹量者同度量同書文字日月所照舟輿所載皆終其命莫不得意應時動事是維皇帝匡飭異俗陵水經地陵作凌猶歷也經界也憂恤黔首朝夕不懈除疑定法咸知所辟辟音避方伯分職諸治經易易音以豉反言方伯分職治所理常在平易舉錯必當莫不如畫畫音戶卦反謂政理齊整分明若畫無邪惡皇帝之明臨察四方尊卑貴賤不踰次行音胡郎反姦邪不容皆務貞良細大盡力莫敢怠荒遠邇辟隱辟疋亦反專務肅莊端直敦忠事業有常皇帝之德存定四

極誅亂除害興利致福節事以時諸產繁殖黔首安寧不用兵革協韻音棘六親相保終無寇賊驩欣奉教盡知法式六合之內皇帝之土西涉流沙解見夏紀南盡北戶東有東海北過大夏杜預云大夏太原晉陽縣按在今并州遂賓沈於大夏主參即此也人跡所至無不臣者功蓋五帝澤及牛馬莫不受德各安其宇維秦王兼有天下立名為皇帝乃撫東土至于琅邪列侯武城侯王離列侯通武侯王賁倫侯建成侯趙亥倫侯昌武侯成倫侯武信侯馮毋擇丞相隗林隗音五罪反

丞相王綰卿李斯卿王戊五大夫趙嬰五大夫楊樛音居虯反從與上才用反下預言王離以下十人從始皇咸與始皇議功德於海上立石於琅邪臺下十人名字並刻頌議於海上此頌前後序兩句為韻此二句為韻曰古之帝者地不過千里過音戈千里謂王畿諸侯各守其封域或朝或否相侵暴亂殘伐不止猶刻金石以自為紀古之五帝三王知教不同法度不明假威鬼神言五帝三王假借鬼神之威以欺服遠方之民若萇宏之比也以欺遠方實不稱名稱尺證反故不長久其身未歿諸侯倍叛法令不行今皇帝并一海內以為郡縣天下和平昭

明宗廟體道行德尊號大成羣臣相與誦皇帝功德刻于金石以為表經既已齊人徐市等上書言海中有三神山名曰蓬萊方丈瀛洲漢書郊祀志云此三神山者其傳在勃海中去人不遠蓋曾有至者諸仙人及不死之藥皆在焉其物禽獸盡白而黃金白銀為宮闕未至望之如雲及至三神山乃居水下臨之患且至風輒引船而去終莫能至云世主莫不甘心焉僊人居之請得齋戒與童男女求之於是遣徐市發童男女數千人入海求僊人括地志云亶州在東海中秦始皇使徐福將童男女入海求仙人止在一作至此州其數萬家至今洲上人有至會稽市易者吳人外國圖云亶州去琅邪萬里始皇還過彭城彭城徐州

所理縣也州東外城古之彭國也搜神記云陸終第三子曰籛鏗封於彭為商伯外傳云殷末滅彭祖氏齋戒禱祠欲出周鼎泗水使千人沒水求之弗得乃西南渡淮水之衡山括地志云衡山一名岣嶁山在衡州湘潭縣西四十一里岣音茍嶁音樓南郡今荊州也言欲向衡山即西北過南郡入武關過咸陽浮江至湘山祠括地志云黃陵廟在岳州湘陰縣北五十七里舜二妃之神二妃冢在湘陰北一百六十里青草山中盛宏之荊州記云青草湖南有青草山湖因山名焉列女傳云舜陟方死於蒼梧二妃死於江湘之閒因葬焉按湘山者乃青草山山近湘水廟在山南故言湘山祠逢大風幾不得渡上問博士曰湘君何神博士對曰聞之堯女舜之妻而葬此於是始皇大怒

使刑徒三千人皆伐湘山樹赭其山赭音者上自南郡由武關歸括地志云故武關在商州商洛縣東九十里春秋時少習也杜預云習商縣武關也

二十九年始皇東游至陽武博狼沙中狼音浪為盜所驚求弗得乃令天下大索十日登之罘刻石其辭曰維二十九年時在中春中音仲古者帝王巡狩常以中月陽和方起皇帝東游巡登之罘臨照于海從臣嘉觀從才用反觀音館原念休烈追誦本始大聖作治建定法度顯著綱紀外教諸侯光施文惠明以義理六國回辟必亦反貪戾無厭於廉反虐殺

不已皇帝哀衆遂發討師奮揚武德義誅信行威燀旁達莫不賓服烹滅彊暴振救黔首周定四極普施明法經緯天下永為儀則大矣哉宇縣之中承順聖意羣臣誦功請刻于石表垂于常式其東觀曰維二十九年皇帝春游覽省遠方逮于海隅遂登之罘昭臨朝陽觀望廣麗從臣咸念原道至明聖法初興清理疆内外誅暴彊武威旁暢振動四極禽滅六王闡并天下甾害絶息永偃戎兵皇帝明德經理宇内視聽不怠作立大義昭

設備器咸有章旗職臣遵分各知所行事無嫌疑黔首改化遠邇同度臨古絶尤常職既定後嗣循業長承聖治羣臣嘉德祗誦聖烈請刻之罘旋遂之琅邪道上黨入

三十年無事

三十一年十二月更名臘曰嘉平賜黔首里六石米二羊始皇為微行咸陽與武士四人俱夜出逢盜蘭池括地志云蘭池陂即古之蘭池在咸陽縣界秦記云始皇都長安引渭水為池築為蓬瀛刻石為鯨長二百丈逢盜之處也見窘武士擊殺盜關中大索二十日米石千六百

三十二年始皇之碣石使燕人盧生求羨門高誓古仙人刻碣石門壞城郭決通隄防其辭曰此一頌三句為韻遂興師旅誅戮無道為逆滅息武殄暴逆文復無罪復音福言秦以武力能殄息暴逆以文訓道令無罪失故復除之庶心咸服惠論功勞賞及牛馬恩肥土域皇帝奮威德并諸侯初一泰平墮壞城郭墮音許規反壞音怪墮毀也壞坼也言始皇毀坼關東諸侯舊城郭也夫自頹曰壞音戶怪反決通川防夷去險阻地勢既定黎庶無繇音遥天下咸撫男樂其疇

女修其業事各有序惠被諸產久並來田莫不安所羣臣誦烈請刻此石垂著儀矩因使韓終侯公石生求仙人不死之藥始皇巡北邊從上郡入燕人盧生使所吏反入海還以鬼神事因奏錄圖書曰亡秦者胡也始皇乃使將軍蒙恬發兵三十萬人北擊胡畧取河南地今靈夏勝等州秦畧取之

三十三年發諸嘗逋亡人贅壻賈人畧取陸梁地嶺南之人多處山陸其性彊梁故曰陸梁為桂林象郡南海即廣州南海縣以適遣戍適音

直華反戍守也廣州記曰五嶺者大庾始安臨賀揭楊桂陽輿地志云一曰臺嶺亦名塞上今名大庾二曰騎田三曰都龐四曰萌諸五曰越嶺西北斥逐匈奴自榆中並河以東屬之陰山屬之欽廣按五原今勝州也以為三十四縣城河上為塞又使蒙恬渡河取高闕山名在五原北兩山相對若闕甚高故言高闕陶山北假中酈元注水經云黃河經河目縣故城西縣在北假中北假地名按河目縣屬勝州名河北漢書地理志云屬五原縣築亭障以逐戎人徙謫實之初縣禁不得祠明星出西方

三十四年適治獄吏不真者築長城及南越地謂戍五嶺是南方越地

始皇置酒咸陽宮博士七十人前為壽僕射音夜周青臣進頌曰他時秦地不過千里賴陛下神靈明聖平定海內放逐蠻夷日月所照莫不賓服以諸侯為郡縣人人自安樂無戰爭之患傳之萬世自上古不及陛下威德始皇悅博士齊人淳于越進曰臣聞殷周之王千餘歲封子弟功臣自為枝輔今陛下有海內而子弟為匹夫卒有田常六卿之臣無輔拂蒲聿反何以相救哉事不師古而能長久者非所聞也今青臣又面諛以重陛下之過非忠臣始皇下其議丞相李斯曰五帝不相復三代不相襲各以治非其相反時變異也今陛下創大業建萬世之功固非愚儒所知且越言乃三代之事何足法也異時諸侯並爭厚招游學今天下已定法令出一百姓當家則力農工士則學習法令辟禁令力性反辟音避今諸生不師今而學古以非當世惑亂黔首丞相臣斯昧死言古者天下散亂莫之能一是以諸侯並作語皆道古以害今飾虛言以亂實人善其所私學以非上

之所建立今皇帝并有天下別黑白而定一尊私學而相與非法教人聞令下則各以其學議之入則心非出則巷議夸主夸口瓜反以為名異取以為高率羣下以造謗如此弗禁則主勢降乎上黨與成乎下禁之便臣請史官非秦記皆燒之非博士官所職天下敢有藏詩書百家語者悉詣守尉雜燒之有敢偶語詩書棄市偶對也以古非今者族吏見知不舉者與同罪令下三十日不燒黥為城旦所不去者醫藥卜筮種樹之書若欲有

學法令以吏為師制曰可

三十五年除道道九原抵雲陽塹山堙谷直通之於是始皇以為咸陽人多先王之宮廷小吾聞周文王都豐武王都鎬豐鎬之間帝王之都也乃營作朝宮渭南上林苑中先作前殿阿房（房白郎反括地志云秦阿房宮亦曰阿城在雍州長安縣西北一十四里按宮在上林苑中雍州郭城西南面即阿房宮城東面也顏師古云阿近也以其去咸陽近且號阿房）東西五百步南北五十丈上可以坐萬人下可以建丈旗（三輔舊事云阿房宮東西三里南北五百步庭中可受萬人又鑄銅人十二於宮前阿房宮以慈石

為門阿房宮之北闕門也）周馳為閣道自殿下直抵南山表南山之顛以為闕為複道自阿房渡渭屬之咸陽以象天極閣道絕漢抵營室也阿房宮未成成欲更擇令名名之作宮阿房故天下謂之阿房宮隱宮（餘刑見於市朝宮刑一百日隱於蔭室養之乃可故曰隱宮下蠶室是）徒刑者七十餘萬人乃分作阿房宮或作麗山發北山石椁乃寫蜀荊地材皆至關中計宮三百關外四百餘於是立石東海上朐界中以為秦東門因徙三萬家麗邑（麗音離）五萬家雲陽皆復不事十歲

盧生說始皇曰臣等求芝奇藥仙者常弗遇類物有害之者方中人主時為微行以辟惡鬼惡鬼辟真人至人主所居而人臣知之則害於神真人者入水不濡入火不爇（而說反）陵雲氣與天地久長今上治天下未能恬惔願上所居宮毋令人知然後不死之藥殆可得也於是始皇曰吾慕真人自謂真人不稱朕乃令咸陽之旁二百里內宮觀二百七十復道甬道相連帷帳鍾鼓美人充之各案署不移徙行所幸有言其處者罪死始皇帝

幸梁山宮（括地志云俗名望宮山在雍州好時縣西十二里北去梁山九里秦始皇起從山上見丞相車騎衆弗善即此山也）從山上見丞相車騎衆弗善也中人或告丞相丞相後損車騎始皇怒曰此中人泄吾語案問莫服當是時詔捕諸時在旁者皆殺之自是後莫知行之所在聽事羣臣受決事悉於咸陽宮侯生盧生相與謀曰始皇為人天性剛戾自用起諸侯并天下意得欲從以為自古莫及己專任獄吏獄吏得親幸博士雖七十人特備員弗用丞相諸大臣皆受成事倚辨於上上樂

以刺殺為威五孝反天下畏罪持祿莫敢盡忠上不聞過而日驕下懾伏謾欺以取容秦法不得兼方言秦施法不得兼方者令民之有方伎不得兼兩齊試不驗輒賜死言法酷不驗輒死然候星氣者至三百人皆良士畏忌諱諛不敢端言其過天下之事無大小皆決於上上至以衡石量書衡秤衡也言表牋奏請秤取一石日夜有程期不滿不休息日夜有呈不中呈中竹仲反不得休息貪於權勢至如此未可為求仙藥於是乃亡去始皇聞亡乃大怒曰吾前收天下書不中用者盡去之悉召文學方術士甚衆欲以興太平方士欲練以求奇藥今聞韓衆音終去不報徐市等費以巨萬計終不得藥徒姦利相告日聞盧生等吾尊賜之甚厚今乃誹謗我以重吾不德也諸生在咸陽者吾使人廉問或為訞言以亂黔首於是使御史悉案問諸生諸生傳相告引乃自除犯禁者四百六十餘人皆阬之咸陽使天下知之以懲後益發謫徙邊始皇長子扶蘇諫曰天下初定遠方黔首未集諸生皆誦法孔子今上皆重法繩之臣恐天下不安唯上察之

始皇怒使扶蘇北監蒙恬於上郡括地志云上郡故城在綏州上縣東南五十里秦之上郡城也三十六年熒惑守心有墜星下東郡至地為石黔首或刻其石曰始皇帝死而地分始皇聞之遣御史逐問莫服盡取石旁居人誅之因燔銷其石始皇不樂使博士為仙真人詩及行所游天下傳令傳逐戀反令力呈反樂人謌絃之秋使者從關東夜過華陰平舒道括地志云平舒故城在華州華陰縣西北六里水經注云渭水又東經平舒北枕渭濱破洿水南面通衢昔秦之將亡也江神送璧於華陰平舒道即其處也有人持璧遮使者曰為我遺滈池君遺庚季反滈湖老反括地志云滈水源出雍州長安縣西北滈池鄗元注水經云滈水承滈池北流入渭今按滈池水流入來通渠蓋鄗元誤矣張晏云武王居滈滈池君則武王也伐商故神云始皇荒淫若紂矣武王可伐矣因言曰今年祖龍死使者問其故因忽不見置其璧去使者奉璧具以聞始皇默然良久曰山鬼固不過知一歲事也退言曰祖龍者人之先也使御府視璧乃二十八年行渡江所沈璧也於是始皇卜之卦得游徙吉遷北河榆中三萬家謂北河勝州也榆中即今勝州榆林縣也言徙三萬家以應卦卜游徙吉也拜爵

一級
三十七年十月癸丑始皇出游左丞相斯從右丞相去
疾守少子胡亥愛慕請從上許之十一月行至雲夢望
祀虞舜於九疑山括地志云九疑山在永州唐興縣東南一百里皇覽冢墓記云舜冢在零
陵郡營浦縣九疑山言始皇至雲夢望祭虞舜於九疑山也浮江下觀籍柯渡海渚
括地志云舒州同安縣東按舒州在江中疑海字誤即昆州也過丹陽括地志云丹陽郡故在潤州江
寧縣東南五里秦兼并天下以為鄣郡也至錢唐錢唐今杭州縣臨浙江水波惡乃
西百二十里從狹中渡上會稽祭大禹上音上掌反越州會稽山上有

夏禹穴及廟望于南海而立石刻頌秦德其文曰此二頌三句為韻其
碑見在會稽山上其文及書皆李斯其字四寸畫如小指圓鐫今文字整頓是小篆字皇帝休烈
平一宇内德惠脩長三十有七年親巡天下周覽遠方
遂登會稽宣省習俗黔首齊莊羣臣頌功本原事迹追
守高明秦聖臨國始定刑名顯陳舊章章音彰碑文作畫璋也初
平法式審别職任以立恒常六王專倍貪戾慠猛率衆
自彊碑文作率衆邦强暴虐恣行寒彭反負力而驕數動甲兵數音
朔陰通閒使閒紀莧反又如字使所吏反以事合從合音閤從子容反行為

辟方行下孟反辟尺亦反内飾詐謀外來侵邊遂起禍殃義威誅
之殄熄殄田典反暴悖暴白報反悖音背亂賊滅亡聖德廣密六合之
中被澤無疆皇帝并宇兼聽萬事遠近畢清運理羣
物考驗事實各載其名貴賤並通善否陳前靡有隱情
飾省宣義飾音式省山景反飾謂文飾也省過也有子而嫁謂夫死有子棄之而嫁
倍死不貞防隔内外禁止淫泆男女絜誠夫為寄豭殺
之無罪男秉義程妻為逃嫁謂棄夫而逃嫁于人子不得母言妻棄夫
逃嫁子乃失母咸化廉清大治濯俗天下承風蒙被休經皆遵

度軌和安敦勉莫不順令力呈反黔首修潔人樂同則樂音
岳嘉保太平後敬奉法常治無極輿舟不傾從臣誦烈
從音才用反烈美也所隨巡從諸臣咸誦美請刻此石請刻此石光垂休銘還過
吳從江乘渡乘音時升反江乘故縣在潤州句容縣北六十里本秦舊縣也渡渭京兆也並
海上北至琅邪方士徐市等入海求神藥數歲不得費
多恐譴乃詐曰蓬萊藥可得然常為大鮫魚所苦鮫音交苦
音若故反故不得至願請善射與俱見則以連弩射之始皇
夢與海神戰如人狀問占夢博士曰水神不可見以大

魚蛟龍為候今上禱祠備謹而有此惡神當除去而善神可致乃令入海者齎捕巨魚具而自以連弩候大魚出射之自琅邪北至榮成山（即山也在萊州）弗見至之罘見巨魚射殺一魚遂並海西至平原津而病（今德州平原縣南六十里有張公故城城東有水津焉後名張公渡恐此平原郡古津也漢書公孫宏平津侯亦近此蓋平津即此津始皇渡此津而疾）始皇惡言死羣臣莫敢言死事上病益甚乃為璽書賜公子扶蘇曰與喪會咸陽而葬書已封在中車府令趙高行符璽事所未授使者七月丙寅始皇崩於沙

欽定四庫全書　史記正義　卷六　二十九

邱平臺（括地志云沙邱臺在邢州平鄉縣東北二十里又云平鄉縣東北四十里按始皇崩在沙邱之宮平臺之中邢州去京一千六百五十里）丞相斯為上崩在外（為于偽反）恐諸公子及天下有變乃秘之不發喪棺載轀涼車中（棺音館又古患反）故幸宦者參乘所至上食百官奏事如故宦者輒從轀涼車中可其奏事獨子胡亥趙高及所幸宦者五六人知上死趙高故嘗教胡亥書及獄律令法事胡亥私幸之高乃與公子胡亥丞相斯陰謀破去始皇所封書（去邱呂反）賜公子扶蘇者而更詐為丞相斯受始皇遺詔沙

邱立子胡亥為太子更為書賜公子扶蘇蒙恬數以罪（數音色具反）其賜死語具在李斯傳中行遂從井陘抵九原（抵丁禮反抵至也從沙邱至勝州三十里）會暑上轀車臭乃詔從官令車載一石鮑魚（鮑白卯反）以亂其臭行從直道至咸陽發喪太子胡亥襲位為二世皇帝九月葬始皇酈山始皇初即位穿治酈山及并天下天下徒送詣七十餘萬人穿三泉下銅（顏師古云三重之泉言至水也）而致椁宮觀百官奇器珍怪徙臧滿之（言冢內作宮觀及百官位次奇器珍怪徙滿冢中臧才浪反）令匠作機弩矢有

欽定四庫全書　史記正義　卷六　三十

所穿近者輒射之以水銀為百川江河大海機相灌輸（灌音館輸音戍）上具天文下具地理以人魚膏為燭（廣志云鯢魚聲如小兒啼有四足形如鱧可以治牛出伊水異物志云人魚似人形長尺餘不堪食皮利於鮫魚鋸材木入項上有小穿氣從中出秦始皇冢中以人魚膏為燭即此魚也出東海中今台州有之按今帝王用漆燈冢中則火不滅）度不滅者久之（度音田洛反）二世曰先帝後宮非有子者出焉不宜皆令從死死者甚衆葬既已下或言工匠為機藏皆知之藏重即泄大事畢已藏閉中羨（音延下同謂冢中神道）下外羨門盡閉工匠藏者無復出者樹草木以象山

關中記云始皇陵在驪山泉本北流障使東西流有土無石取大石於渭山諸山括地志云秦始皇陵在雍州新豐縣西南十里

二世皇帝元年年二十一趙高為郎中令任用事二世下詔增始皇寢廟犧牲及山川百祀之禮令羣臣議尊始皇廟羣臣皆頓首言曰古者天子七廟諸侯五大夫三雖萬世世不軼毀軼徒結反今始皇為極廟四海之內皆獻貢職增犧牲禮咸備毋以加先王廟或在西雍於用反西雍在咸陽西今岐州雍縣故城是也又一云西雍雍西縣也或在咸陽天子儀當獨

奉酌祠始皇廟自襄公已下軼毀所置凡七廟羣臣以禮進祠以尊始皇廟為帝者祖廟皇帝復自稱朕二世與趙高謀曰朕年少初即位黔首未集附先帝巡行郡縣以示彊威服海內今晏然不巡行即見弱毋以臣畜天下春二世東行郡縣李斯從到碣石並海南至會稽而盡刻始皇所立刻石石旁著著下畧反大臣從者名以章先帝成功盛德焉皇帝曰金石刻盡始皇帝所為也今襲號而金石刻辭不稱尺證反始皇帝其於久遠也二世言始滅六國威振古今自五帝三王未及既已襲位而見金石盡刻其頌不稱始皇成功盛德甚遠矣如後嗣為之者不稱成功盛德丞相臣斯臣去疾去丘呂反御史大夫臣德昧死言臣請具刻詔書刻石因明白矣臣昧死請制曰可遂至遼東而還於是二世乃遵用趙高申法令乃陰與趙高謀曰大臣不服官吏尚彊及諸公子必與我爭為之柰何高曰臣固願言而未敢也先帝之大臣皆天下累世名貴人也積功勞世以相傳久矣今高素小賤陛下幸稱舉令在上位管中事大臣鞅鞅特

以貌從臣其心實不服今上出不因此時案郡縣守尉有罪者誅之上以振威天下下以除去上生平所不可者今時不師文而決於武力願陛下遂從時毋疑即羣臣不及謀明主收舉餘民賤者貴之貧者富之遠者近之則上下集而國安矣二世曰善乃行誅大臣及諸公子以罪過連逮少近官三郎漢書百官表云有議郎中郎散郎又有左右三將謂郎中車郎戶郎無得立者而六公子戮死於杜公子將閭昆弟三人囚於內宮議其罪獨後二世使使令將閭曰公子

不臣罪當死吏致法焉將閭曰闕廷之禮吾未嘗敢不
從賓贊也廊廟之位吾未嘗敢失節也受命應對吾未
嘗敢失辭也何謂不臣願聞罪而死使者曰臣不得與
謀奉書從事將閭乃仰天大呼天者三曰天乎吾無罪
昆弟三人皆流涕拔劍自殺宗室振恐羣臣諫者以為
誹謗大吏持祿取容黔首振恐四月二世還至咸陽曰
先帝為咸陽朝廷小故營阿房宮為室堂未就會上崩
罷其作者復土 謂出土為陵既成還復其土故言復土 酈山酈山事大畢

令釋阿房宮弗就則是章先帝舉事過也復作阿房宮
外撫四夷如始皇計盡徵其材士 謂材官蹶張之士 五萬人為
屯衛咸陽令教射狗馬禽獸當食者多 謂材士及狗馬 度不足
下調 度田洛反下行嫁反調田弔反謂下令調斂也 郡縣轉輸菽粟芻藁皆令
自齎糧食咸陽三百里內不得食其穀用法益刻深七
月戍卒陳勝 音升 等反故荊地為張楚勝自立為楚王居
陳遣諸將徇地山東郡縣少年苦秦吏皆殺其守尉令
丞反以應陳涉相立為侯王合從西鄉名為伐秦不可
勝數也謁者使東方來以反者聞二世二世怒下吏後
使者至上問對曰羣盜郡守尉方逐捕今盡得不足憂
上悅武臣自立為趙王魏咎為魏王田儋為齊王沛公
起沛項梁舉兵會稽郡

二年冬陳涉所遣周章等將西至戲 戲音許宜反括地志云戲水源出雍州新豐縣西南驪山水經注云戲水出驪山馮公谷東北流今新豐縣東北十一里戲水當官道即至處 兵
數十萬二世大驚與羣臣謀曰奈何少府章邯曰 胡甘反
盜已至眾彊今發近縣不及矣酈山徒多請赦之授兵

以擊之二世乃大赦天下使章邯將擊破周章軍而走
遂殺章曹陽 括地志云曹陽故亭一名好陽亭在陝州桃林縣東南十四里即章邯殺周章處
二世益遣長史司馬欣董翳佐章邯擊盜殺陳勝城父 父音甫括地志云城父亳州所理縣 破項梁定陶 今曹州定陶縣 滅魏咎臨濟 今齊州州縣
楚地盜名將已死章邯乃北渡河擊趙王歇等於鉅
鹿 括地志云邢州平鄉縣城本鉅鹿縣圍趙王歇即此城 趙高說二世曰先帝臨
制天下久故羣臣不敢為非進邪說今陛下富於春秋
初即位奈何與公卿廷決事事即有誤示羣臣短也天

子稱朕固不聞聲於是二世常居禁中與高決諸事其後公卿希得朝見盜賊益多而關中卒發東擊盜者毋已右丞相去疾左丞相斯將軍馮劫進諫曰關東羣盜並起秦發兵誅擊所殺亡甚衆然猶不止盜多皆以戍漕轉作事苦賦稅大也請且止阿房宮作者減省（上色反）四邊戍轉二世曰吾聞之韓子曰堯舜采椽不刮茅茨不翦飯土塯啜土形雖監門之養（以讓反）不轂於此（又苦角反）（爾雅云觳盡也言堯舜采椽不刮茅茨不翦飯土塯啜土形雖監門之人供養亦不盡此之疎陋也）禹鑿

龍門通大夏（括地志云大夏今并州晉陽及分絳等州是昔高辛氏子實沈居之西近河言禹鑿龍門河水道得大通并州之地不壅溢也）決河亭水（亭平也又云決亭壅之水）放之海身自持築臿（臿音初洽反築檣杵也臿鍬也爾雅云鍬謂之臿）脛毋毛臣虜之勞不烈於此矣（烈美也言臣虜之勞猶不美於此矣又烈酷也禹鑿龍門通大夏道決黃河洪水放之海身持鍬杵使膝脛無毛賤臣奴虜之勤勞不酷烈於此辛苦矣）凡所為貴有天下者得肆意極欲主重（直拱反）明法下不敢為非以制御海內矣夫虞夏之主貴為天子親處窮苦之實以徇百姓尚何於法朕尊萬乘毋其實吾欲造千乘之駕萬乘之屬

充吾號名且先帝起諸侯兼天下天下已定外攘四夷以安邊境（音竟）作宮室以章得意而君觀先帝功業有緒今朕即位二年之間羣盜並起君不能禁又欲罷先帝之所為是上毋以報先帝次不為朕盡忠力（為于偽反）何以在位下去疾斯劫吏案責他罪去疾劫曰將相不辱自殺斯卒囚（卒子律反囚在由反謂禁錮也）就五刑三年章邯等將其卒圍鉅鹿楚上將軍項羽將楚卒往救鉅鹿冬趙高為丞相竟案李斯殺之夏章邯等戰數

卻二世使人讓邯邯恐使長史欣請事趙高弗見又弗信欣恐亡去高使人捕追不及欣見邯曰趙高用事於中將軍有功亦誅無功亦誅項羽急擊秦軍虜王離邯等遂以兵降諸侯八月己亥趙高欲為亂恐羣臣不聽乃先設驗持鹿獻於二世曰馬也二世笑曰丞相誤耶謂鹿為馬問左右左右或默或言馬以阿順趙高或言鹿者高因陰中諸言鹿者以法後羣臣皆畏高高前數言關東盜毋能為也及項羽虜秦將王離等鉅鹿下而前

章邯等軍數却上書請益助燕趙齊楚韓魏皆立為王自關以東大氐丁禮反氐猶畧盡畔秦吏應諸侯諸侯咸率其衆西鄉沛公將數萬人已屠武關使人私於高高恐二世怒誅及其身乃謝病不朝見二世夢白虎齧其左驂馬殺之心不樂怪問占夢卜曰涇水為祟雖遂反二世乃齋於望夷宮括地志云秦望夷宮在雍州咸陽縣東南八里張晏云臨涇水作之望北夷欲祠涇沈四白馬使使責讓高以盜賊事高懼乃陰與其壻咸陽令閻樂其弟趙成謀曰上不聽諫今事急欲

歸禍於吾宗吾欲易置上更立公子嬰子嬰仁儉百姓皆載其言使郎中令為内應詐為有大賊令樂召吏發卒追劫樂母置高舍遣樂將吏卒千餘人至望夷宮殿門縛衛令僕射曰賊入此何不止衛令曰周廬設卒甚謹安得賊敢入宮樂遂斬衛令直將吏入行射郎宦者大驚或走或格格者輒死死者數十人郎中令與樂俱入射上幄坐幃二世怒召左右左右皆惶擾不鬬旁有宦者一人侍不敢去二世入内謂曰公何不蚤告我乃至於此宦者曰臣不敢言故得全使臣蚤言皆已誅安得至今閻樂前即二世數曰足下驕恣誅殺無道天下共畔足下足下其自為計二世曰丞相可得見否樂曰不可二世曰吾願得一郡為王弗許又曰願為萬户侯弗許曰願與妻子為黔首比諸公子閻樂曰臣受命於丞相為天下誅足下足下雖多言臣不敢報麾其兵進二世自殺閻樂歸報趙高趙高乃悉召諸大臣公子告以誅二世之狀曰秦故王國始皇君天下故稱帝今六國

復自立秦地益小乃以空名為帝不可宜為王如故便立二世之兄子公子嬰為秦王以黔首葬二世杜南宜春苑中令子嬰齋當廟見受王璽齋五日子嬰與其子二人謀曰丞相高殺二世望夷宮恐羣臣誅之乃詳以義立我我聞趙高乃與楚約滅秦宗室而王關中今使我齋見廟此欲因廟中殺我我稱病不行丞相必自來來則殺之高使人請子嬰數輩子嬰不行高果自往曰宗廟重事王奈何不行子嬰遂刺殺高於齋宮三族高

家以徇咸陽子嬰為秦王四十六日楚將沛公破秦軍
入武關遂至霸上使人約降子嬰子嬰即係頸以組白
馬素車奉天子璽符降軹道旁沛公遂入咸陽封宮室
府庫還軍霸上居月餘諸侯兵至項籍為從長殺子嬰
及秦諸公子宗族遂屠咸陽燒其宮室虜其子女收其
珍寶貨財諸侯共分之滅秦之後各分其地為三名曰
雍王塞王翟王號曰三秦項羽為西楚霸王主命分天
下王諸侯秦竟滅矣後五年天下定於漢

太史公曰秦之先伯翳嘗有勲於唐虞之際受土賜姓
及殷夏之間微散至周之衰秦興邑于西垂自繆公以
來稍蠶食諸侯竟成始皇始皇自以為功過五帝地廣
三王而羞與之侔善哉乎賈生推言之也曰秦并兼諸
侯山東三十餘郡繕津關據險塞修甲兵而守之然陳
涉以戍卒散亂之衆數百奮臂大呼不用弓戟之兵鉏
櫌白梃望屋而食横行天下秦人阻險不守關梁不闔
長戟不刺彊弩不射楚師深入戰於鴻門曾無藩籬之
艱於是山東大擾諸侯並起豪俊相立秦使章邯將而
東征章邯因以三軍之衆要市於外以謀其上羣臣之
不信可見於此矣子嬰立遂不寤藉使子嬰有庸主之
材僅得中佐山東雖亂秦之地可全而有宗廟之祀未
當絶也秦地被山帶河以為固四塞之國也自繆公以
來至於秦王二十餘君常為諸侯雄豈世世賢哉其勢
居然也且天下嘗同心并力而攻秦矣當此之世賢智
並列良將行其師賢相通其謀然用於阻險而不能進

秦乃延入戰而為之開關百萬之徒逃北而遂壞豈勇
力智慧不足哉形不利勢不便也秦小邑并大城守險
塞而軍高壘毋戰閉關據阨荷戟而守之諸侯起於匹
夫以利合非有素王之行也其交未親其下未附名為
亡秦其實利之也彼見秦阻之難犯也必退師安土息
民以待其敝收弱扶罷以令大國之君不患不得意於
海内貴為天子富有天下而身為禽者其救敗非也秦
王足已不問遂過而不變二世受之因而不改暴虐以

重禍子嬰孤立無親危弱無輔三主惑而終身不悟亡不亦宜乎當此時也世非無深慮知化之士也然所以不敢盡忠拂過者秦俗多忌諱之禁忠言未卒於口而身為戮沒矣故使天下之士傾耳而聽重足而立拑口而不言是以三主失道忠臣不敢諫智士不敢謀天下已亂姦不上聞豈不哀哉先王知雍蔽之傷國也故置公卿大夫士以飾法設刑而天下治其彊也禁暴誅亂而天下服其弱也五伯征而諸侯從其削也內守外附

而社稷存故秦之盛也繁法嚴刑而天下振及其衰也百姓怨望而海內畔矣故周五序得其道而千餘歲不絕秦本末並失故不長久由此觀之安危之緖相去遠矣野諺曰前事之不忘後事之師也是以君子為國觀之上古驗之當世參以人事察盛衰之理審權勢之宜去就有序變化有時故曠日長久而社稷安矣秦孝公據殽函之固擁雍州之地君臣固守而窺周室有席卷天下包舉宇內囊括四海之意并吞八荒之心當是時

商君佐之內立法度務耕織修守戰之備外連衡而鬬諸侯於是秦人拱手而取西河之外孝公既沒惠王武王蒙故業因遺策南兼漢中西舉巴蜀東割膏腴之地收要害之郡諸侯恐懼會盟而謀弱秦不愛珍器重寶肥美之地以致天下之士合從締交相與為一當是時齊有孟嘗趙有平原楚有春申魏有信陵此四君者皆明知而忠信寬厚而愛人尊賢重士約從離衡并韓魏燕楚齊趙宋衛中山之衆於是六國之士有寗越徐尚

蘇秦杜赫之屬為之謀齊明周最陳軫昭滑樓緩翟景蘇厲樂毅之徒通其意吳起孫臏帶佗兒良王廖田忌廉頗趙奢之朋制其兵常以十倍之地百萬之衆叩關而攻秦秦人開關延敵九國之師逡巡遁逃而不敢進秦無亡矢遺鏃之費而天下諸侯已困矣於是從散約解爭割地而奉秦秦有餘力而制其斃追亡逐北伏尸百萬流血漂鹵因利乘便宰割天下分裂河山彊國請服弱國入朝延及孝文王莊襄王享國日淺國家無事及

至秦王續六世之餘烈振長策而御宇內吞二周而亡諸侯履至尊而制六合執捶拊以鞭笞天下威振四海南取百越之地以為桂林象郡百越之君俛首係頸委命下吏乃使蒙恬北築長城而守藩籬卻匈奴七百餘里胡人不敢南下而牧馬士不敢彎弓而報怨於是廢先王之道焚百家之言以愚黔首隳名城殺豪俊收天下之兵聚之咸陽銷鋒鑄鐻以為金人十二以弱黔首之民然後斬華為城因河為津據億丈之城臨不測之

谿以為固良將勁弩守要害之處信臣精卒陳利兵而誰何天下以定秦王之心自以為關中之固金城千里子孫帝王萬世之業也秦王既沒餘威振於殊俗陳涉甕牖繩樞之子甿隸之人而遷徙之才能不及中人非有仲尼墨翟之賢陶朱猗頓之富躡足行伍之間而倔起什伯之中率罷散之卒將數百之衆而轉攻秦斬木為兵揭竿為旗天下雲集響應贏糧而景從山東豪俊遂並起而亡秦族矣且夫天下非小弱也雍州之地殽函之固自若也陳涉之位非尊於齊楚燕趙韓魏宋衛中山之君鉏耰棘矜非銛於句戟長鎩也適戍之衆非抗於九國之師深謀遠慮行軍用兵之道非及鄉時之士也然而成敗異變功業相反也試使山東之國與陳涉度長絜大比權量力則不可同年而語矣然秦以區區之地千乘之權招八州而朝同列百有餘年矣然後以六合為家殽函為宮一夫作難而七廟隳身死人手為天下笑者何也仁義不施而攻守之勢異也秦并海

內兼諸侯南面稱帝以養四海天下之士斐然鄉風若是者何也曰近古之無王者久矣周室卑微五霸既歿令不行於天下是以諸侯力政彊侵弱衆暴寡兵革不休士民罷敝今秦南面而王天下是上有天子也既元元之民冀得安其性命莫不虛心而仰上當此之時守威定功安危之本在於此矣秦王懷貪鄙之心行自奮之智不信功臣不親士民廢王道立私權禁文書而酷刑法先詐力而後仁義以暴虐為天下始夫兼并者高

詐力安定者貴順權此言取與守不同術也秦離戰國而王天下其道不易其政不改是其所以取之守之者異也孤獨而有之故其亡可立而待借使秦王計上世之事並殷周之迹以制御其政後雖有淫驕之主而未有傾危之患也故三王之建天下名號顯美功業長久今秦二世立天下莫不引領而觀其政夫寒者利裋褐而饑者甘糟糠天下之嗸嗸新主之資也此言勞民之易為仁也鄉使二世有庸主之行而任忠賢臣主一心

而憂海内之患縞素而正先帝之過裂地分民以封功臣之後建國立君以禮天下虛囹圄而免刑戮除去收帑汙穢之罪使各反其鄉里發倉廩散財幣以振孤獨窮困之士輕賦少事以佐百姓之急約法省刑以持其後使天下之人皆得自新更節修行各慎其身塞萬民之望而以威德與天下天下集矣即四海之内皆讙然各自安樂其處唯恐有變雖有狡猾之民無離上之心則不軌之臣無以飾其智而暴亂之奸止矣二世不行此術而重之以無道壞宗廟與民更始作阿房宫繁刑嚴誅吏治刻深賞罰不當賦斂無度天下多事吏弗能紀百姓困窮而主弗收恤然後奸偽並起而上下相遁蒙罪者衆刑戮相望於道而天下苦之自君卿以下至於衆庶人懷自危之心親處窮苦之實咸不安其位故易動也是以陳涉不用湯武之賢不藉公侯之尊奮臂於大澤而天下響應者其民危也故先王見始終之變知存亡之機是以牧民之道務在安之而已天下雖有

逆行之臣必無響應之助矣故曰安民可與行義而危民易與為非此之謂也貴為天子富有天下身不免於戮殺者正傾非也是二世之過也襄公立享國十二年初為西畤葬西垂生文公文公立居西垂宫五十年死葬西垂生靜公靜公不饗國而死生憲公憲公享國十二年居西新邑死葬衙生武公德公出子出子享國六年居西陵庶長弗忌威累參父三人率賊賊出子鄙衍葬衙武公立武公享國二十年居平陽封宫葬宣陽聚

東南三庶長伏其罪德公立德公享國二年居雍大鄭宮生宣公成公繆公葬陽初伏以禦蠱宣公享國十二年居陽宮葬陽初志閏月成公享國四年居雍之宮葬陽齊伐山戎孤竹繆公享國三十九年天子致霸葬雍繆公學著人生康公康公享國十二年居雍高寢葬竘社生共公共公享國五年居雍高寢葬康公南生桓公桓公享國二十七年居雍太寢葬義里邱北生景公景公享國四十年居雍高寢葬邱里立一作二也南生畢公畢

公享國三十六年作三十七年葬車里北生夷公夷公不享國死葬左宮生惠公十年葬車里元年孔子行魯相事惠公享國十年葬車里康景生悼公悼公享國十五年雍本紀作十四年葬僖公西城雍生剌一作刹龔公剌龔公享國三十四年葬入里生躁公十四年居受寢葬悼公南也懷公四年葬櫟圉氏其十年彗星見躁公享國十四年居受寢葬悼公南其元年彗星見懷公從晉來享國四年葬櫟圉氏生靈公諸臣圍懷公懷公自殺肅靈公昭子子也居涇陽享國十年葬悼公西

生簡公簡公從晉來享國十五年葬僖公西生惠公其七年百姓初帶劍惠公享國十三年葬陵圉生出公出公享國二年出公自殺葬雍獻公享國二十三年葬囂圉生孝公孝公享國二十四年葬弟圉生惠文王其十三年始都咸陽本紀云十二年作咸陽築冀闕是十三年始都之惠文王享國二十七年葬公陵括地志云秦惠文王陵在雍州咸陽縣西北一十四里生悼武王悼武王享國四年葬永陵括地志云秦悼武王陵在雍州咸陽縣西十里俗名周武王陵非也昭襄王享國五十六年葬茝陽括地志云秦莊襄王陵在雍州

新豐縣西南三十五里俗亦謂為子楚始皇陵在北故亦謂為見子陵生孝文王孝文王享國一年葬壽陵生莊襄王莊襄王享國三年葬茝陽生始皇帝呂不韋相獻公立七年初行為市十年為戶籍相伍孝公立十六年時桃李冬華惠文王生十九年而立立二年初行錢有新生嬰兒曰秦且王悼武王生十九年而立立三年渭水赤三日昭襄王生十九年而立立四年初為田開阡陌孝文王生五十三年而立莊襄王生三十二年而立立二年取太原地莊襄王元年大

赦修先王功臣施德厚骨肉布惠於民東周與諸侯謀秦秦使相國不韋誅之盡入其國秦不絕其祀以陽人地賜周君奉其祭祀始皇饗國三十七年葬酈邑酈力知反生二世皇帝始皇生十三年而立二世皇帝享國三年葬宜春括地志云秦故胡亥陵在雍州萬年縣南三十四里上文葬以黔首也趙高為丞相安武侯二世生十二年而立

右秦襄公至二世六百一十歲秦本紀自襄公至二世五百七十六年矣年表自襄公至二世五百六十一年三說並不同未知孰是孝明皇帝班固典引云後漢明帝永平十

七年詔問班固太史遷贊語中寧有非耶班固上表陳秦過失乃賈誼言秦之十七年十月十五日乙丑日周歷已移周初十世三十七年七百以五序得其道故王至三十七歲至八百六十七歷數既過秦并天下是周歷已移也仁不代母秦直其位始皇以為周大德秦代周從所不勝為水德之始也按周木德也秦水德也五行之運水生木木生火火生土土生金金生水所生者為母出者為子帝王之次子代母秦稱水是母代子故言若有德之君相代不母承其子直音值言秦并天下稱帝是秦德值帝王之位呂政殘虐然以諸侯十三并兼天下極情縱欲養育宗親三十七年兵無所不加制作政令施於後王謂置郡縣壞井田開阡陌不立侯王始為伏臘又置丞相太尉御史大夫奉常郎中令僕射廷尉典客宗正少府中尉將作詹事水衡都尉監守縣令丞等皆施於後王至于隋唐矣蓋得聖人之威河神授圖蓋者疑辭也言始皇之威能吞并天下稱帝疑得聖人之威靈河神之圖録據狼狐蹈參伐佐攻驅除狼音郎狼狐主弓矢星天官書云參伐主斬艾事言秦據蹈狼狐參伐之氣驅滅天下距之上音巨之至也稱始皇始皇既殁胡亥極愚酈山未畢復作阿房以遂前策云凡所為貴有天下者肆意極欲大臣至欲罷先君所為誅斯去疾任用趙高痛哉言乎人頭畜鳴畜許又反言胡亥人身有頭而口能言語不辨好惡若六畜之鳴不威不伐惡此五字為一句也不篤不虛亡言胡亥藉帝王之威踞殘

酷暴虐溢已惡惡既深篤以至滅亡豈其虛哉距之不得留殘虐以促期雖居形便之國猶不得存子嬰度次得嗣冠音館玉冠佩華紱音拂車黃屋從百司謁七廟小人乘非位莫不怳忽失守偷安日日獨能長念卻慮父子作權近取於戶牖之間竟誅猾臣為于偽反君討賊高死之後賓婚未得盡相勞餐未及下咽酒未及濡脣楚兵已屠關中真人翔霸上素車嬰組奉其符璽以歸帝者鄭伯茅旌鸞刀嚴王退舍旌音精嚴音莊河決不可復壅魚爛不可復全賈誼司馬遷

曰向使嬰有庸主之才僅得中佐山東雖亂秦之地可全而有宗廟之祀未當絶也秦之積衰天下土崩瓦解（言秦國敗壞若屋宇崩頹衆瓦解散也）雖有周旦之材無所復陳其巧而以責一日之孤（日音馹一日之孤謂子嬰）誤哉俗傳秦始皇起罪惡胡亥極得其理矣復責小子（亦謂子嬰）云秦地可全所謂不通時變者也紀季以酅春秋不名（酅音户圭反括地志云安平城在青州臨淄縣東十九里古紀之酅邑帝王紀云周之紀國姜姓也紀侯潛齊哀公於周懿王王烹之外傳曰紀侯入為周士竹書云齊襄公滅紀郱鄑郚又括地志云郱城在青州臨朐縣東三十里郚城在北海縣東北七十里郚城在宻州安卯縣界郱音駢鄑音訾按秦始起罪惡胡亥極得其理國既崩絶箕子比干尚不能存殷庸主子嬰焉能救秦之敗以貫誼史遷不通時變不如紀季之深識也季紀侯少弟不書名故曰紀季）吾讀秦紀至於子嬰車裂趙高未嘗不健其決憐其志嬰死生之義備矣

乾隆御覽之寶

史記正義卷六

欽定四庫全書

史部

史記正義卷七至卷八

詳校官編修臣李如筠

欽定四庫全書

史記正義卷七

唐 張守節 撰

項羽本紀第七　史記七

項籍者下相人也（括地志云相故城在泗州宣預縣西北七十里秦縣項胡講反籍秦昔反）字羽初起時年二十四其季父項梁梁父即楚將項燕（烏賢反）為秦將王翦所戮者也項氏世世為楚將封於項（括地志云今陳州項城縣城即古項子國）故姓項氏項籍少時學書不成去

學劒又不成項梁怒之籍曰書足以記名姓而已劒一人敵不足學學萬人敵於是項梁乃教籍兵法籍大喜畧知其意又不肯竟學項梁嘗有櫟陽逮（櫟音藥逮音代）乃請蘄獄掾曹咎書抵櫟陽獄掾司馬欣以故事得已項梁殺人與籍避仇於吳中吳中賢士大夫皆出項梁下每吳中有大繇役及喪項梁常為主辦陰以兵法部勒賓客及子弟以是知其能秦始皇帝游會稽渡浙江梁與籍俱觀籍曰彼可取而代也梁掩其口曰毋妄言族矣梁以此奇籍籍長八尺餘力能扛鼎才氣過人雖吳中子弟皆已憚籍矣秦二世元年七月陳涉等起大澤中其九月會稽守（守音狩景帝中二年七月更郡守為太守）通謂梁曰（按言假者兼攝之也）江西皆反此亦天亡秦之時也吾聞先即制人後則為人所制吾欲發兵使公及桓楚（張晏云項羽殺宋義時桓楚為羽使懷王）將是時桓楚亡在澤中梁曰桓楚亡人莫知其處獨籍知之耳梁乃出誡籍持劒居外待梁復入與守坐曰請名籍使受命名桓楚守曰諾梁名籍入須臾梁眴籍曰可行矣於是籍遂拔

劒斬守頭項梁持守頭佩其印綬門下大驚擾亂籍所擊殺數十百人一府中皆慴服莫敢起梁乃名故所知豪吏諭以所為起大事遂舉吳中兵使人收下縣得精兵八千人梁部署吳中豪傑為校尉候司馬有一人不得用自言於梁梁曰前時某喪使公主某事不能辦以此不任用公眾乃皆伏於是梁為會稽守籍為裨將徇下縣廣陵人名平於是為陳王徇廣陵（揚州）未能下（下胡家反以兵威服之曰下）聞陳王敗走秦兵又且至乃渡江矯陳王命（矯紀兆反名平從廣陵渡京口注至吳非陳王命拜梁）拜梁為楚王

王上柱國曰江東已定急引兵西擊秦項梁乃以八千人渡江而西聞陳嬰已下東陽括地志東陽故城在楚州盱眙縣東七十里秦東陽縣城也在淮水南使使與連和俱西陳嬰者故東陽令史楚漢春秋云東陽獄史陳嬰居縣中素信謹稱為長者東陽少年殺其令相聚數千人欲置長無適用乃請陳嬰嬰謝不能遂彊立嬰為長縣中從者得二萬人少年欲立嬰便為王異軍蒼頭特起陳嬰母謂嬰曰自我為汝家婦未嘗聞汝先古之有貴者今暴得大名不祥不如有所屬事成猶得封侯事敗

易以亡非世所指名也嬰乃不敢為王謂其軍吏曰項氏世世將家有名於楚今欲舉大事將非其人不可我倚名族亡秦必矣於是衆從其言以兵屬項梁項梁渡淮黥布蒲將軍亦以兵屬焉凡六七萬人軍下邳被悲反下邳泗水縣也應劭云邳在薛徙此故曰下邳按有上邳故曰下邳當是時秦嘉已立景駒為楚王軍彭城東括地志云徐州彭城縣名相國也言秦嘉軍於此城之東欲距項梁項梁謂軍吏曰陳王先首事戰不利未聞所在今秦嘉倍陳王而立景駒逆無道乃進兵擊秦嘉秦嘉軍敗走追之至胡陵嘉還

戰一日嘉死軍降景駒走死梁地項梁已并秦嘉軍軍胡陵將引軍而西章邯軍至栗項梁使別將朱雞石餘樊君與戰餘樊君死朱雞石軍敗亡走胡陵項梁乃引兵入薛括地志云故薛城古薛侯國也在徐州滕國縣界黃帝之所封左傳曰定公元年薛宰云薛之祖奚仲居薛為夏車正後為孟嘗君曰又封邑也誅雞石項梁前使項羽別攻襄城許州襄城縣襄城堅守不下已拔皆阬之還報項梁項梁聞陳王定死名諸別將會薛計事此時沛公亦起沛往馬居鄛人范增年七十素居家好奇計往說項梁曰陳勝敗固

當顧著作云固宜當應敗也當音如字夫秦滅六國楚最無罪自懷王入秦不反楚人憐之至今故楚南公曰虞喜志林云南公者道士識廢興之數知亡秦者必於楚漢書藝文志云南公十三篇六國時人在陰陽家流楚雖三戶亡秦必楚也按服虔云三戶漳水津也孟康云津峽名也在鄴西三十里括地志云濁漳水又東經葛公亭北經三戶峽為三戶津在相州滏陽縣界然則南公辨陰陽識廢興之數知秦亡必於三戶故出言後項羽果度三戶津破章邯軍降章邯秦遂亡是南公之善識今陳勝首事不立楚後而自立其勢不長今君起江東楚蠭起之將皆爭附君者以君世世楚將為能復立楚之後也為于偽反於是項梁然其言

乃求楚懷王孫心民間為人牧羊立以為楚懷王從民所望也陳嬰為楚上柱國封五縣與懷王都盱台盱況于反眙以之反盱眙今楚州臨淮水懷王都之項梁自號為武信君居數月引兵攻亢父亢音剛又若浪反父音甫括地志云亢父故城在兗州任城縣南五十一里與齊田榮司馬龍且子余反軍救東阿括地志云東阿故城在濟州東阿縣西南二十五里漢東阿縣城秦時齊之阿也大破秦軍於東阿田榮即引兵歸逐其王假假亡走楚假相田角亡走趙角弟田間故齊將居趙不敢歸田榮立田儋子市為齊王項梁已破東阿下

軍遂追秦軍數使使趣下使色吏反趣音促齊兵欲與俱西田榮曰楚殺田假趙殺田角田間乃發兵項梁曰田假為與國之王窮來從我不忍殺之趙亦不殺田角田間以市於齊齊遂不肯發兵助楚項梁使沛公及項羽別攻城陽括地志云僕州雷澤縣本漢郕陽在州東九十一里地理志云城陽屬齊陰郡古郕伯國姬姓之國史記周武王封季弟載于郕其後遷於城之陽故曰城陽屠之西破秦軍濮陽東括地志云濮陽縣在濮州西八十六里濮縣也古吳之國按攻城陽屠之西破秦軍濮陽縣也軍即此縣東秦兵收入濮陽沛公項羽乃攻定陶定陶曹州城也從濮陽南攻定陶定陶未下去西畧地至雝丘雍丘今汴州縣也地理志云古杞國武封禹後於杞號東樓公二十一世簡公為楚所滅即此城也大破秦軍斬李由還攻外黃括地志云故周城即外黃之地在雍丘縣東張晏曰魏郡有內黃縣故加外也臣瓚曰縣有黃沛故名外黃未下項梁起東阿西北至定陶再破秦軍項羽等又斬李由益輕秦有驕色宋義乃諫項梁曰戰勝而將驕卒惰者敗今卒少惰矣秦兵日益臣為君畏之項梁弗聽乃使宋義使於齊道遇齊使者高陵君顯曰公將見武信君乎曰然曰臣論武信君軍必敗公徐行即免死疾行

則及禍秦果悉起兵益章邯擊楚軍大破之定陶項梁死沛公項羽去外黃攻陳留陳留堅守不能下沛公項羽相與謀曰今項梁軍破士卒恐乃與呂臣軍俱引兵而東呂臣軍彭城東項羽軍彭城西沛公軍碭括地志云宋州碭山縣本漢碭縣也在宋州東百五十里章邯已破項梁軍則以為楚地兵不足憂乃渡河擊趙大破之當此時趙歇為王陳餘為將張耳為相皆走入鉅鹿城章邯令王離涉間圍鉅鹿章邯軍其南築甬道而輸之粟陳餘為將將卒數萬人

而軍鉅鹿之北此所謂河北之軍也楚兵已破於定陶懷王恐從盱台之彭城并項羽呂臣軍自將之以呂臣為司徒以其父呂青為令尹以沛公為碭郡長封為武安侯將碭郡兵初宋義所遇齊使者高陵君顯在楚軍見楚王曰宋義論武信君之軍必敗居數日軍果敗兵未戰而先見敗徵此可謂知兵矣王召宋義與計事而大說之因置以為上將軍項羽為魯公為次將范增為末將救趙諸别將皆屬宋義號為卿子冠軍行至安陽

留四十六日不進（括地志云安陽縣相州所理縣七國時魏寧新中邑秦昭王拔魏寧新中更名安陽張耳傳云章邯軍鉅鹿南築甬道河餉王離項羽數絕邯甬道王離軍乏食項羽悉引兵渡河遂破章邯圍鉅鹿下又云渡河湛船持三日糧按從滑州白馬津齎三日糧不至邢州明此渡河相州漳河也宋義遣其子襄相齊送之至無鹽即今鄆州之東宿城是也若依顏監說在相州安陽宋義送子不可棄軍渡河南向齊西南入魯界飲酒高會非入齊之義雖知送子曲由宋州安陽理順然向鉅鹿甚遠不能數絕章邯甬道及持三日糧至也則之二理安陽送子至無鹽為長濟河絕甬道持三日糧寧有遲留史家多不委曲說之也）項羽曰吾聞秦軍圍趙王鉅鹿疾引兵渡河楚擊其外趙應其內破秦軍必矣宋義曰不然夫搏牛之蝱不可以破蟣蝨今秦攻趙戰勝則兵罷我承其敝不勝則我引兵鼓行而西必舉秦矣故不如先鬬秦趙夫被堅執銳義不如公坐而運策公不如義因下令軍中曰猛如虎很如羊（很何懇反）貪如狼彊不可使者皆斬之乃遣其子宋襄相齊身送之至無鹽飲酒高會天寒大雨士卒凍飢項羽曰將戮力而攻秦久留不行今歲饑民貧士卒食芋菽軍無見糧（胡練反顏監云無見在之糧）乃飲酒高會不引兵渡河因趙食與趙并力攻秦乃曰承其敝夫以

秦之彊攻新造之趙其勢必舉趙趙舉而秦彊何敝之承且國兵新破王坐不安席埽境內而專屬於將軍國家安危在此一舉今不恤士卒而徇其私非社稷之臣項羽晨朝上將軍宋義即其帳中斬宋義頭出令軍中曰宋義與齊謀反楚楚王陰令羽誅之當是時諸將皆慴服莫敢枝梧（枝音之移反梧音悟）皆曰首立楚者將軍家也今將軍誅亂乃相與共立羽為假上將軍（未得懷王命也假攝也）使人追宋義子及之齊殺之使桓楚報命於懷王懷王因

使項羽為上將軍當陽君蒲將軍皆屬項羽項羽已殺卿子冠軍威震楚國名聞諸侯乃遣當陽君蒲將軍將卒二萬渡河漳水救鉅鹿戰少利陳餘復請兵項羽乃悉引兵渡河皆沈船破釜甑燒廬舍持三日糧以示士卒必死無一還心於是至則圍王離與秦軍遇九戰絶其甬道大破之殺蘇角虜王離涉間不降楚自燒殺當是時楚兵冠諸侯諸侯軍救鉅鹿下者十餘壁莫敢縱兵及楚擊秦諸將皆從壁上觀楚戰士無不一以當十楚兵

呼聲動天諸侯軍無不人人惴恐於是已破秦軍項羽召見諸侯將入轅門無不膝行而前莫敢仰視項羽由是始為諸侯上將軍諸侯皆屬焉章邯軍棘原項羽軍漳南括地志云濁漳水一名漳水今俗名柳河在邢州平鄉縣南注水經云漳水一名大漳水兼有滲水之目也相持未戰秦軍數却二世使人讓章邯章邯恐使長史欣請事至咸陽留司馬門三日趙高不見有不信之心長史欣恐還走其軍不敢出走音奏故道趙高果使人追之不及欣至軍報曰趙高用事於中下無可為者今戰能勝高必疾妒吾功戰不能勝不免於死願將軍孰計之陳餘亦遺章邯書曰白起為秦將南征鄢郢北阬馬服攻城畧地不可勝計而竟賜死蒙恬為秦將北逐戎人開榆中地數千里竟斬陽周括地志云寧州羅川縣在州東南七十里漢陽周縣何者功多秦不能盡封因以法誅之今將軍為秦將三歲矣所亡失以十萬數而諸侯並起滋益多彼趙高素諛日久今事急亦恐二世誅之故欲以法誅將軍以塞責使人更代將軍以脱其禍夫將軍居外久多內郤有功亦誅且

天之亡秦無愚智皆知之今將軍內不能直諫外為亡國將孤特獨立而欲常存豈不哀哉將軍何不還兵與諸侯為從約共攻秦分王其地南面稱孤此孰與身伏鈇質妻子為僇乎章邯狐疑陰使侯始成使項羽欲約約未成項羽使蒲將軍日夜引兵度三戶軍漳南與秦戰再破之項羽悉引兵擊秦軍汙水上括地志云汙水源出懷州河內縣北大行山又云故邘城在河內縣西北二十七里古邘國地也左傳云邘晉應韓武之穆也大破之章邯使人見項羽欲約項羽召軍吏謀曰糧少欲聽其約軍吏皆曰善項羽

乃與朌洹水南殷虚上已盟章邯見項羽而流涕為言趙高項羽乃立章邯為雍王置楚軍中使長史欣為上將軍將秦軍為前行胡郎反到新安括地志云新安故城在洛州澠池縣東一十三里漢新安縣城也即坑秦卒處諸侯吏卒異時故繇使屯戍過秦中秦中吏卒遇之多無狀及秦軍降諸侯諸侯吏卒乘勝多奴虜使之輕折辱秦吏卒秦吏卒多竊言曰章將軍等詐吾屬降諸侯今能入關破秦大善即不能諸侯虜吾屬而東秦必盡誅吾父母妻子諸將微聞其計以告項羽項羽召黥布蒲將軍計曰秦

吏卒尚衆其心不服至關中不聽事必危不如擊殺之而獨與章邯長史欣都尉翳入秦於是楚軍夜擊阬秦卒二十餘萬人新安城南行畧定秦地函谷關有括地志云函谷關在陝州桃林縣西南十二里秦函谷關也圖記云西去長安四百餘里路在谷中故以為名兵守關不得入又聞沛公已破咸陽項羽大怒使當陽君等擊關項羽遂入至于戲西沛公軍霸上未得與項羽相見沛公左司馬曹無傷使人言於項羽曰沛公欲王關中使子嬰為相珍寶盡有之項羽大怒曰旦日饗士

卒為擊破沛公軍當是時項羽兵四十萬在新豐鴻門沛公兵十萬在霸上范增說項羽曰沛公居山東時貪於財貨好美姬今入關財物無所取婦女無所幸此其志不在小吾令人望其氣皆為龍虎成五采此天子氣也急擊勿失楚尹項伯者項羽季父也素善留侯張良張良是時從沛公項伯乃夜馳之沛公軍私見張良具告以事欲呼張良與俱去曰毋從俱死也張良曰臣為韓王送沛公為于偽反沛公今事有急亡去不義不可不語

良乃入具告沛公沛公大驚曰為之柰何張良曰誰為大王為此計者曰鯫生說我曰距關毋內諸侯秦地可盡王也故聽之良曰料大王士卒足以當項王乎沛公默然曰固不如也且為之柰何張良曰請往謂項伯言沛公不敢背項王也沛公曰君安與項伯有故張良曰秦時與臣游項伯殺人臣活之今事有急故幸來告良沛公曰孰與君少長良曰長於臣沛公曰君為我呼入吾得兄事之張良出要項伯項伯即入見沛公沛公奉

巵酒為壽約為婚姻曰吾入關秋毫不敢有所近籍吏民封府庫而待將軍所以遣將守關者備他盜之出入與非常也日夜望將軍至豈敢反乎願伯具言臣之不敢倍德也項伯許諾謂沛公曰旦日不可不蚤自來謝項王沛公曰諾於是項伯復夜去至軍中具以沛公言報項王因言曰沛公不先破關中公豈敢入乎令人有大功而擊之不義也不如因善遇之項王許諾沛公旦日從百餘騎來見項王至鴻門謝曰臣與將軍戮力而

攻秦將軍戰河北臣戰河南然不自意能先入關破秦得復見將軍於此今者有小人之言令將軍與臣有郤項王曰此沛公左司馬曹無傷言之不然籍何以至此項王即日因留沛公與飲項王項伯東嚮坐亞父南嚮坐亞父者范增也沛公北嚮坐張良西嚮侍范增數目項王舉所佩玉玦以示之者三項王默然不應范增起出召項莊（項羽從弟）謂曰君王為人不忍若入前為壽壽畢請以劍舞因擊沛公於坐殺之不者若屬皆且為所虜

莊則入為壽壽畢曰君王與沛公飲軍中無以為樂請以劍舞項王曰諾項莊拔劍起舞項伯亦拔劍起舞常以身翼蔽沛公莊不得擊於是張良至軍門見樊噲樊噲曰今日之事何如良曰甚急今日項莊拔劍舞其意常在沛公也噲曰此迫矣臣請入與之同命噲即帶劍擁盾入軍門（擁紆拱反　盾食允反）交戟之衛士欲止不內樊噲側其盾以撞（直江反）衛士仆地噲遂入披帷西嚮立瞋目視項王（瞋昌真反）頭髮上指目眦盡裂（眦自賜反）項王按劍而跽曰客

何為者張良曰沛公之參乘樊噲者也項王曰壯士賜之巵酒則與斗巵酒噲拜謝起立而飲之項王曰賜之彘肩則與一生彘肩樊噲覆其盾於地加彘肩上拔劍切而啗之項王曰壯士能復飲乎樊噲曰臣死且不避巵酒安足辭夫秦王有虎狼之心殺人如不能舉刑人如恐不勝天下皆叛之懷王與諸將約曰先破秦入咸陽者王之今沛公先破秦入咸陽毫毛不敢有所近封閉宮室還軍霸上以待大王來故遣將守關者備他盜

出入與非常也勞苦而功髙如此未有封侯之賞而聽
細説欲誅有功之人此亡秦之續耳竊為大王不取也
項王未有以應曰坐樊噲從良坐坐須臾沛公起如廁
因招樊噲出沛公已出項王使都尉陳平召沛公沛公
曰今者出未辭也為之柰何樊噲曰大行不顧細謹大
禮不辭小讓如今人方為刀俎我為魚肉何辭為於是
遂去乃令張良留謝良問曰大王來何操曰我持白璧一
雙欲獻項王玉斗一雙欲與亞父會其怒不敢獻公為

我獻之張良曰謹諾當是時項王軍在鴻門下沛公軍
在霸上相去四十里沛公則置車騎脱身獨騎與樊噲
夏侯嬰靳彊紀信等四人持劒盾步走從酈山下道芷
陽間行沛公謂張良曰從此道至吾軍不過二十里耳
度我至軍中公乃入沛公已去間至軍中張良入謝曰
沛公不勝桮杓不能辭謹使臣良奉白璧一雙再拜獻
大王足下玉斗一雙再拜奉大將軍足下項王曰沛公
安在良曰聞大王有意督過之脱身獨去已至軍矣項

王則受璧置之坐上亞父受玉斗置之地拔劒撞而破
之曰唉豎子不足與謀奪項王天下者必沛公也吾屬
今為之虜矣沛公至軍立誅殺曹無傷居數日項羽引
兵西屠咸陽殺秦降王子嬰燒秦宮室火三月不滅收
其貨寶婦女而東人或説項王曰關中阻山河四塞地
肥饒可都以霸項王見秦宮室皆已燒殘破又心懷思
欲東歸曰富貴不歸故鄉如衣繡夜行誰知之者説者
曰人言楚人沐猴而冠耳果然項王聞之烹説者項王

使人致命懷王懷王曰如約乃尊懷王為義帝項王欲
自王先王諸將相謂曰天下初發難時難乃憚反假立諸侯
後以伐秦然身被堅執鋭首事暴露於野暴蒲北反三年滅
秦定天下者皆將相諸君與籍之力也義帝雖無功故
當分其地而王之諸將皆曰善乃分天下立諸將為侯
王項王范增疑沛公之有天下業已講解又惡負約恐
諸侯叛之乃陰謀曰巴蜀道險秦之遷人皆居蜀乃曰巴
蜀亦關中地也故立沛公為漢王王巴蜀漢中都南鄭

括地志云南梁州所理縣也而三分關中王秦降將以距塞漢王項王乃立章邯為雍王王咸陽以西都廢丘括地志云大丘故城一名廢丘古城在雍州始平縣東南十里地理志云漢高二年引水灌廢丘章邯自殺更廢丘曰槐里長史欣者故為櫟陽獄掾嘗有德於項梁都尉董翳者本勸章邯降楚故立司馬欣為塞王王咸陽以東至河都櫟陽括地志云櫟陽故城一名萬年城在雍州櫟陽東北二十五里秦獻公之城櫟陽即此也立董翳為翟王王上郡都高奴括地志云延州州城即漢高奴縣徙魏王豹為西魏王王河東都平陽瑕丘申陽者張耳嬖臣也先下河南

郡迎楚河上故立申陽為河南王都雒陽括地志云洛陽故城在洛州洛陽縣東北二十六里周公所築即成周城也輿地志云成周之地秦莊襄王以為洛陽縣三川守理之後漢都洛陽改為雒漢以火德隱水故去洛旁水而加隹隹於去次為土土水之忌也水得土而流土得水而柔故除土以加水韓王成因故都都陽翟括地志云陽翟洛州縣也左傳云鄭伯突入于櫟杜預云櫟鄭別都今河南陽翟縣是也地理志云陽翟縣是屬潁川郡夏禹之國趙將司馬卬定河內數有功故立卬為殷王王河內都朝歌徙趙王歇為代王趙相張耳素賢又從入關故立耳為常山王王趙地都襄國括地志云邢州城本漢襄國縣秦置三十六郡於此置信都縣屬鉅鹿郡項羽改曰襄國立張耳為常山王理信都地理志云故邢侯國也帝王世紀云邢侯為紂三公以忠諫被誅史記云周武王封周公旦之子為邢侯左傳云凡蔣邢茅周公之胤也當陽君黥布為楚將常冠軍故立布為九江王都六括地志云故六城在壽州安豐縣百二十二里本六國偃姓皋繇之後所封也黥布亦皋繇之後居六鄱君吳芮鄱作番音婆率百越佐諸侯又從入關故立芮為衡山王都邾說文云音誅括地志云故邾城在黃州黃岡縣東南二十里本春秋時邾國邾子曹姓狹居至魯隱公徙蘄音機義帝柱國共敖共音恭將兵擊南郡功多因立敖為臨江王都江陵江陵荊州縣史記江陵故郢都也徙燕王韓廣為遼東王燕將臧荼從楚救趙因從入

關故立荼為燕王都薊徙齊王田市為膠東王括地志云即墨故城在萊州膠水縣南六十里古齊地本漢舊縣膠音交在膠水之東齊將田都從共救趙因從入關故立都為齊王都臨菑菑側其反括地志云青州臨菑縣地即古臨菑地也一名齊城古營邱之地所封齊之都也少昊時有爽鳩氏虞夏時有季萴殷時有逢伯陵殷末有薄姑氏為諸侯國此地後太公封方五百里故秦所滅齊王建孫田安項羽方渡河救趙田安下濟北數城引其兵降項羽故立安為濟北王都博陽在濟北田榮者數負項梁又不肯將兵從楚擊秦以故不封成安君地理志云成安縣在潁川郡屬豫州陳餘棄將印

去不從入關然素聞其賢有功於趙聞其在南皮括地志云故南皮城在滄州南皮縣北四里本漢皮縣城即陳餘所封也故因環封三縣番君將梅鋗功多故封十萬戶侯項王自立為西楚霸王貨殖傳云淮南北沛郡汝南郡為西楚也彭城以東東海吳廣陵為東楚也衡山九江江南豫章長沙為南楚孟康云舊名江陵為南楚吳為東楚彭城為西楚王九郡都彭城彭城徐州縣漢之元年四月諸侯罷戲下各就國項王出之國使人徙義帝曰古之帝者地方千里必居上游乃使使徙義帝長沙郴縣趣義帝行其羣臣稍稍背叛之乃陰令衡山臨江王

擊殺之江中韓王成無軍功項王不使之國與俱至彭城廢以為侯已又殺之臧荼之國因逐韓廣之遼東廣弗聽荼擊殺廣無終并王其地田榮聞項羽徙齊王市膠東而立齊將田都為齊王乃大怒不肯遣齊王之膠東因以齊反迎擊田都田都走楚齊王市畏項王乃亡之膠東就國田榮怒追擊殺之即墨榮因自立為齊王而西擊殺濟北王田安并王三齊三齊記云右即墨中臨淄左平陸謂之三齊榮與彭越將軍印令反梁地陳餘陰使張同夏說說齊王田榮曰項羽為天下宰不平今盡王故王於醜地而王其羣臣諸將善地逐其故主趙王乃北居代餘以為不可聞大王起兵且不聽不義願大王資餘兵請以擊常山以復趙王請以國為扞蔽齊王許之因遣兵之趙陳餘悉發三縣兵與齊并力擊常山大破之張耳走歸漢陳餘迎故趙王歇於代反之趙趙王因立陳餘為代王是時漢還定三秦項羽聞漢王皆已入關中且東齊趙叛之大怒乃以故吳令鄭昌為韓王以距漢令蕭公角等擊彭越彭

越敗蕭公角等漢使張良徇韓乃遺項王書曰漢王失職欲得關中如約即止不敢東又以齊梁反書遺項羽曰齊欲與趙并滅楚楚以此故無西意而北擊齊徵兵九江王布布稱疾不往使將將數千人行項王由此怨布也漢之二年冬項羽遂北至城陽田榮亦將兵會戰田榮不勝走至平原平原民殺之遂北燒夷齊城郭室屋皆阬田榮降卒係虜其老弱婦女徇齊至北海多所殘滅齊人相聚而叛之於是田榮弟田橫收齊亡卒得數萬人反城陽項

王因留連戰未能下春漢王部五諸侯兵（師古曰諸家之說皆非張良遺羽書曰漢欲令得關中如約即止不敢復東謂出關之東也今羽乃聞漢王東之時漢固已得三秦矣五諸侯者謂常山河南韓魏殷也此年十月常山王張耳降河南王申陽降韓王鄭昌降魏王豹降虜殷王卬皆漢東之後故知謂此為五諸侯時雖未得常山之地功臣年表云張耳棄國與大臣歸漢則當亦有士卒爾時雍王猶在廢丘被圍即非五侯之數也尋此紀文昭然可見前賢注釋並失指趣高紀及漢書皆言劫五諸侯兵凡兵初降士卒未有自指麾故須劫略而行又云發關中兵收三河士發謂差點發也收謂劫略收斂也韋昭云河南河東河內申陽都雒陽韓王成都陽翟皆河南也魏豹都平陽河東也司馬卬都朝歌張耳都襄國河內也此三河士則五諸侯兵也更著雍塞翟則成八諸侯矣重明顏公之說是故韓信傳云漢二年出關收

魏河南韓殷王皆降是）凡五十六萬人東伐楚項王聞之即令諸將擊齊而自以精兵三萬人南從魯出胡陵（按括地志云徐州魯兗州曲阜縣也地理志云湖陵在山陽縣屬也）四月漢皆已入彭城收其貨寶美人日置酒高會項王乃西從蕭（括地志云徐州蕭縣古蕭叔之國春秋時為宋附庸帝王世紀云周封子姓之別為附庸也）晨擊漢軍而東至彭城日中大破漢軍漢軍皆走相隨入穀泗水殺漢卒十餘萬人漢卒皆南走山（走音奏）楚又追擊至靈壁東（括地志云靈壁故城在徐州符離縣西北九十里）睢水上（睢音雖括地志云睢水首受浚儀縣莨蕩水東經取慮入泗過郡其西行至一千二百六十里者矣）漢軍卻為楚所擠多殺漢卒十餘萬人皆入睢水睢水為之不流（為于偽反）圍漢王三匝於是大風從西北而起折木發屋揚沙石窈冥晝晦逢迎楚軍楚軍大亂壞散而漢王乃得與數十騎遁去欲過沛收家室而西楚亦使人追之沛取漢王家家皆亡不與漢王相見漢王道逢得孝惠魯元乃載行楚騎追漢王漢王急推墮孝惠魯元車下滕公常下收載之如是者三曰雖急不可以驅柰何棄之於是遂得脫求太公呂后不相

遇審食其從太公呂后閒行求漢王反遇楚軍楚軍遂與歸報項王項王常置軍中是時呂后兄周呂侯（蘇林云以姓名侯也晉灼云外戚表周呂令武侯澤也呂縣名封於呂以為國顏師古云周呂封名令武其謚也蘇云以姓名侯非也）為漢將兵居下邑（括地志云宋州碭山縣本下邑縣也在宋州東一百五十里按今下邑在宋州東一百一十里）漢王閒往從之稍稍收其士卒至滎陽諸敗軍皆會蕭何亦發關中老弱未傅悉詣滎陽復大振楚起於彭城常乘勝逐北與漢戰滎陽南京索閒（括地志云京縣城在鄭州滎陽縣東南二十里鄭之京邑也晉太康地志云鄭太叔段所居邑

滎陽縣即大索城杜預云成皐東有大索城又有小索故城在滎陽縣北四里京相璠地名云京縣有大索亭小索亭大小氏兄弟居之故有小大之號按楚與漢戰滎陽南京索間即此三城耳楚以故不能過滎陽而西項王之救彭城追漢王至滎陽田横亦得收齊立田榮子廣為齊王漢王之敗彭城諸侯皆復與楚而背漢漢軍滎陽築甬道屬之河以取敖倉粟括地志云敖倉在鄭州滎陽縣西十五里縣門之東北臨汴水南帶三皇山秦時置倉於敖山名敖倉云漢之三年項王數侵奪漢甬道漢王食乏恐請和割滎陽以西為漢項王欲聽之歷陽括地志云和州歷陽縣本漢舊縣也淮南子云歷陽之都一夕

而為湖漢帝時歷陽淪為歷湖侯范增曰漢易與耳今釋弗取後必悔之項王乃與范增急圍滎陽漢王患之乃用陳平計間項王項王使者來為太牢具舉欲進之見使者詳驚愕曰吾以為亞父使者乃反項王使者更持去以惡食食上如字下音寺項王使者使者歸報項王項王乃疑范增與漢有私稍奪之權范增大怒曰天下事大定矣君王自為之願賜骸骨歸卒伍項王許之行未至彭城疽發背而死疽七餘反崔浩云疽附骨癰也括地志云髑髏山在廬州巢縣東北五里昔范增居北山之陽後佐項羽

漢將紀信說漢王曰事已急矣請為王誑楚為王王可以間出於是漢王夜出女子滎陽東門被甲二千人楚兵四面擊之紀信乘黃屋李斐云天子車以黃繒為蓋裏車傅左纛曰城中食盡漢王降楚軍皆呼萬歲漢王亦與數十騎從城西門出走成皐括地志云成皐故縣在洛州汜水縣西南二里項王見紀信問漢王安在信曰漢王已出矣項王燒殺紀信漢王使御史大夫周苛樅公魏豹守滎陽周苛樅公謀曰反國之王難與守城乃共殺魏豹楚下滎陽城生得周苛項

王謂周苛曰為我將我以公為上將軍封三萬户周苛罵曰若不趣降漢漢今虜若若非漢敵也項王怒烹周苛并殺樅公漢王之出滎陽南走宛葉得九江王布行收兵復入保成皐漢之四年項王進兵圍成皐漢王逃獨與滕公出成皐北門渡河走脩武從張耳韓信軍諸將稍稍得出成皐從漢王楚遂拔成皐欲西漢使兵距之鞏令其不得西是時彭越渡河擊楚東阿殺楚將軍薛公項王乃自東擊彭越漢王得淮陰侯兵欲渡河南

鄭忠說漢王乃止壁河内使劉賈將兵佐彭越燒楚積聚（積上積賜反）項王東擊破之走彭越漢王則引兵渡河復取成皋軍廣武就敖倉食項王已定東海來西與漢俱臨廣武而軍（括地志云東廣武西廣武在鄭州滎陽縣西二十里戴延之西征記云三皇山上有二城東曰東廣武西曰西廣武各在一山頭相去百步汴水從廣澗中東南流今涸無水城各有三面在敖倉西鄭緣生述征記云一澗橫絶上過名曰廣武相對皆立城壍遂號東西廣武）相守數月當此時彭越數反梁地絶楚糧食項王患之為高俎置太公其上（括地志云東廣武城有高壇即是項羽坐太公俎上者今名項羽堆亦呼為太公亭顔師古云俎者所以薦肉示欲烹之故置俎上）告漢王曰今不急下吾烹太公漢王曰吾與項羽俱北面受命懷王曰約為兄弟吾翁即若翁必欲烹而翁則幸分我一桮羮項王怒欲殺之項伯曰天下事未可知且為天下者不顧家雖殺之無益秖益禍耳項王從之楚漢久相持未決丁壯苦軍旅老弱罷轉漕項王謂漢王曰天下匈匈數歲者徒以吾兩人耳願與漢王挑戰決雌雄毋徒苦天下之民父子為也漢王笑謝曰吾寧鬭智不能鬭力項王令壯士出挑戰

漢有善騎射者樓煩楚挑戰三合樓煩輒射殺之項王大怒乃自被甲持戟挑戰樓煩欲射之項王瞋目叱之樓煩目不敢視手不敢發遂走還入壁不敢復出漢王使人間問之乃項王也漢王大驚於是項王乃即漢王相與臨廣武間而語漢王數之項王怒欲一戰漢王不聽項王伏弩射中漢王漢王傷走入成皋項王聞淮陰侯已舉河北破齊趙且欲擊楚乃使龍且往擊之淮陰侯與戰騎將灌嬰擊之大破楚軍殺龍且韓信因自立為齊王項王聞龍且軍破則恐使盱台人武涉往說淮陰侯淮陰侯弗聽是時彭越復反下梁地絶楚糧項王乃謂海春侯大司馬曹咎等曰謹守成皋則漢欲挑戰慎勿與戰毋令得東而已我十五日必誅彭越定梁地復從將軍乃東行擊陳留（括地志云陳留汴州縣也在州東五十里本漢陳留郡及陳留縣之地孟康云留鄭邑也後為陳所并故曰陳留臣瓚又按宋有留彭城留是也此留屬陳故曰陳留）外黃外黃不下數日已降項王怒悉令男子年十五已上詣城東欲阬之外黃令舍人兒年十三往說項王曰彭越彊

劫彊其兩反外黃外黃恐故且降待大王大王至又皆阬之百姓豈有歸心從此以東梁地十餘城皆恐莫肯下矣項王然其言乃赦外黃當阬者東至睢陽括地志云宋州外城本漢睢陽縣也地理志云睢陽縣故宋國也聞之皆爭下項王漢果數挑楚軍戰楚軍不出使人辱之五六日大司馬怒渡兵汜水括地志云汜水源出洛州汜水縣東南三十二里方山山海經云浮戲之山汜水出焉士卒半渡漢擊之大破楚軍盡得楚國貨賂大司馬咎長史翳塞王欣皆自剄汜水上大司馬咎者故蘄獄掾長史欣亦故櫟陽獄吏兩人嘗有德於項

梁是以項王信任之當是時項王在睢陽聞海春侯軍敗則引兵還漢軍方圍鍾離眛於滎陽東項王至漢軍畏楚盡走險阻是時漢兵盛食多項王兵罷食絶漢遣陸賈說項王請太公項王弗聽漢王復使侯公往說項王項王乃與漢約中分天下割鴻溝以西者為漢應劭云在滎陽東二十里張華云大梁城在浚儀縣北縣西北渠水東經此城南又北屈分為二渠其一渠東南流始皇鑿引河水以灌大梁謂之鴻溝楚漢會此處也其一渠東經陽武縣南為官渡水按張華此說是鴻溝而東者為楚項王許之即歸漢王父母妻子軍皆呼萬歲漢王乃封侯公

為平國君楚漢春秋云上欲封之乃肯見曰此天下辯士所居傾國故號曰平國君按說歸太公呂后能和平郡國匿弗肯復見曰此天下辯士所居傾國故號為平國君項王已約乃引兵解而東歸漢欲西歸張良陳平說曰漢有天下太半而諸侯皆附之楚兵罷食盡此天亡楚之時也不如因其機而遂取之今釋弗擊此所謂養虎自遺患也遺唯季反漢王聽之漢五年漢王乃追項王至陽夏括地志云陳州太康縣本漢陽夏縣也續漢書郡國志云陽夏縣屬陳國按太康縣城夏后太康所築隋改陽夏為太康南止軍與淮陰侯韓信建成侯彭越

期會而擊楚軍至固陵括地志云固陵縣名也在陳州宛丘縣西北四十二里而信越之兵不會楚擊漢軍大破之漢王復入壁深塹而自守謂張子房曰諸侯不從約為之柰何對曰楚兵且破信越未有分地其不至固宜君王能與共分天下今可立致也即不能事未可知也君王能自陳以東傅海傅音附著也陳即陳州古陳國都也自陳著海并齊舊地盡與齊王韓信也盡與韓信睢陽以北至穀城括地志云穀城故在濟州東阿縣東二十六里睢陽宋州也自宋州以北至濟州穀城際黃河盡與相國彭越以與彭越使各自為戰為于偽反則楚易敗也

漢王曰善於是乃發使者告韓信彭越曰并力擊楚楚破自陳以東傅海與齊王睢陽以北至穀城與彭相國使者至韓信彭越皆報曰請今進兵韓信乃從齊往劉賈軍從壽春並行屠城父（父音甫壽州壽春縣也城父亳州縣也屠謂多刑殺也劉賈入圍壽州引兵過淮北屠穀亳州城父而東北至垓下）至垓下（按垓下是高岡絕巖今猶高三四丈其聚邑及堤在垓之側因取名焉今在亳州真源縣東十里與老君相接洨音戶交反）大司馬周殷叛楚以舒屠六（括地志云舒今廬江則故舒城是也故六城在壽州安豐南百三十二里偃姓咎繇之後按周殷叛楚衆舉九江郡之兵隨劉賈而至垓下）舉九江兵（九江郡壽州也楚考

烈王二十二年自陳徙壽春號云郢至王負芻為秦將王翦蒙武所滅於此置九江郡應劭云自廬江尋陽分為北江）隨劉賈彭越皆會垓下詣項王項王軍壁垓下兵少食盡漢軍及諸侯兵圍之數重夜聞漢軍四面皆楚歌（顏師古云楚人之歌也猶言吳謳越吟若雞鳴為歌之名於理則可不得云雞鳴時也高祖戚夫人楚舞自為楚歌豈亦雞鳴時乎按顏說是也）項王乃大驚曰漢皆已得楚乎是何楚人之多也項王則夜起飲帳中有美人名虞（括地志云虞姬墓在濠州定遠縣東六十里長老傳云項羽美人冢也）常幸從駿馬名騅（音佳顧野王云青白色也釋畜云倉白雜毛騅也）常騎之於是項王乃悲歌忼慨自為詩曰力拔山兮氣蓋世時不利兮騅不逝騅不逝兮可柰何虞兮虞兮柰若何歌數闋美人和之（和音胡臥反楚漢春秋云歌曰漢兵已略地四方楚歌聲大王意氣盡賤妾何聊生）項王泣數行下（數色庚反行胡郎反）左右皆泣莫能仰視於是項王乃上馬騎（其倚反凡單乘曰騎後同）麾下（麾亦作戲同乎危反）壯士騎從者八百餘人直夜潰圍南出馳走平明漢軍乃覺之令騎將灌嬰以五千騎追之項王渡淮騎能屬者（屬音燭）百餘人耳項王至陰陵（括地志云陰陵縣故城在濠州定遠縣西北六十里地理志云陰陵縣屬九江郡）迷失道問一田父田父

紿曰左左乃陷大澤中以故漢追及之項王乃復引兵而東至東城（括地志云東城縣故城在濠州定遠縣東南五十里地理志云東城縣屬九江郡）乃有二十八騎漢騎追者數千人項王自度不得脫謂其騎曰吾起兵至今八歲矣身七十餘戰所當者破所擊者服未嘗敗北遂霸有天下然今卒困於此（卒子律反）天之亡我非戰之罪也今日固決死願為諸君快戰必三勝之為諸君潰圍斬將刈旗令諸君知天亡我非戰之罪也乃分其騎以為四隊四嚮漢軍圍之數重項王

謂其騎曰吾為公取彼一將令四面騎馳下期山東為三處（期遇山東分為三處漢軍不知項羽處括地志云九頭山在滁州全椒縣西北九十六里江表傳云項羽敗至烏江漢兵追羽至此一日九戰因名）於是項王大呼（火故反）馳下漢軍皆披靡（上披彼反靡言精體低垂）遂斬漢一將是時赤泉侯為騎將追項王項王瞋目而叱之赤泉侯人馬俱驚辟易數里（言人馬俱驚開張易舊處乃至數里）與其騎會為三處漢軍不知項王所在乃分軍為三復圍之項王乃馳復斬漢一都尉殺數十百人復聚其騎亡其兩騎耳乃謂其騎曰何如騎皆伏曰

如大王言於是項王乃欲東渡烏江（括地志云烏江亭即和州烏江縣是也晉初為縣注水經云水又北左傳黃律口漢書所謂烏江亭長艤船以待項羽即此也）烏江亭長艤船待謂項王曰江東雖小地方千里衆數十萬人亦足王也願大王急渡今獨臣有船漢軍至無以渡項王笑曰天之亡我我何渡為且籍與江東子弟八千人渡江而西今無一人還縱江東父兄憐而王我我何面目見之縱彼不言籍獨不愧於心乎乃謂亭長曰吾知公長者吾騎（音奇）此馬五歲所當無敵嘗一日行千里不忍

殺之以賜公乃令騎皆下馬步行持短兵接戰獨籍所殺漢軍數百人項王身亦被十餘創顧見漢騎司馬呂馬童曰若非吾故人乎馬童面之指王翳曰此項王也項王乃曰吾聞漢購我頭千金邑萬戶（漢以一斤金為千金當一萬錢也）吾為汝德（為于偽反言呂馬童與項羽先是故人舊有恩德於羽一云德行也）乃自刎而死王翳取其頭餘騎相蹂踐爭項王相殺者數十人最其後郎中騎楊喜騎司馬呂馬童郎中呂勝楊武各得其一體五人共會其體皆是分其地為五封呂馬童

為中水侯（地理志云中水縣屬涿郡應劭云在易渡二水之中故曰中水）封王翳為杜衍侯（括地志云杜衍侯故縣在鄧州南陽縣西八里）封楊喜為赤泉侯封楊武為吳防侯（吳防豫州縣括地志云吳房縣本漢舊縣孟康云吳王闔廬弟夫概奔楚楚封於此為唐谿氏本房子國以封吳故曰吳房）封呂勝為涅陽侯（涅年結反括地志云涅陽故地城在鄧州穰縣東北六十里本漢舊縣也應劭云在涅水之陽）項王已死楚地皆降漢獨魯不下漢乃引天下兵欲屠之為其守禮義為主死節乃持項王頭視魯魯父兄乃降始楚懷王初封項籍為魯公及其死魯最後下故以魯公禮葬項王穀城（括地志云項羽

墓在濟州東阿東縣二十七里穀城西三里述征記項羽墓在穀城西北三里半許毀壞有碣石項王之墓

漢王為發哀泣之而去諸項氏枝屬漢王皆不誅乃封項伯為射陽侯射音食夜反括地志云楚州山陽本漢射陽縣吳地志云在射水之陽故曰射陽桃侯括地志云故城在滑州胙城縣東四十里漢書云高祖十二年封劉襄為桃侯也平皐侯括地志云平皐故城在懷州武德縣東二十里漢平皐縣按他音徒何反玄武侯皆項氏賜姓劉氏

太史公曰吾聞之周生曰孔文祥云周生漢時儒者姓周也按太史公云吾聞之周生則是漢人與太史公耳目相接明矣舜目蓋重瞳子又聞項羽亦重瞳

子羽豈其苗裔邪何興之暴也夫秦失其政陳涉首難豪傑蠭起相與並爭不可勝數然羽非有尺寸乘勢起隴畝之中三年遂將五諸侯滅秦分裂天下而封王侯政由羽出號為霸王位雖不終近古以來未嘗有也及羽背關懷楚顏師古云背關背約不王高祖於關中懷楚謂思東歸而都彭城放逐義帝而自立怨王侯叛已難矣自矜功伐奮其私智而不師古謂霸王之業欲以力征經營天下五年卒亡其國辛音子律反五年謂高帝元年至五年殺項羽東城身死東城尚不覺寤而不自責過矣乃引天亡我非用兵之罪也豈不謬哉

史記正義卷七

欽定四庫全書

史記正義卷八

唐 張守節 撰

高祖本紀第八　史記八

高祖沛豐邑中陽里人姓劉氏字季父曰太公春秋握成圖云劉媪夢赤烏如龍戲已生執嘉母曰劉媪帝王世紀云漢昭靈后含始游洛池有寶雞銜赤珠出刻曰英吞之生高祖詩含神霧亦云含媪即昭靈后也陳留風俗傳云沛公起兵野戰喪皇妣於黃鄉天下平定使使者以梓宮招魂幽於是丹蛇在水自洒濯入梓宮其浴處有遺髮謚曰昭靈夫人漢儀註云高帝母起兵

時死小黃城後於小黃立陵廟括地志云小黃故城在汴州陳留縣東北三十三里顏師古云皇甫謐等妄引讖記好奇騁博强為高祖父母名字皆非正史所說蓋無文馬寧有劉媪本姓實存史遷肯不詳載即理而言斷可知矣其先劉媪嘗息大澤之陂夢與神遇是時雷電晦冥太公往視則見蛟龍於其上已而有身遂產高祖高祖為人隆準而龍顏美須髯左股有七十二黑子河圖云帝劉季口角戴勝斗胷龜背龍股長七尺八寸合成圖云赤帝體為朱鳥其表龍顏多黑子按左陽也七十二黑子者赤帝七十二日之數也木火土金水各居一方一歲三百六十日四方分之各得九十日土居中央並索四季各十八日俱成七十二日故高祖七十二黑子者應火德七十二日之微也有一木七十日者非也許北人

呼為魘而吳楚謂之誌誌記也仁而愛人喜施喜許記反施尸豉反意豁如也常有大度不事家人生產作業及壯試為吏為泗水亭長秦法十里一亭十亭一鄉亭長主亭之吏高祖為泗水亭長也國語有寓室即今之亭也亭長蓋今里長也民有訟諍吏留平辨得成其政括地志云泗水亭在徐州沛縣東一百步有高祖廟也廷中吏無所不狎侮好酒及色常從王媪武負貰酒醉臥武負王媪見其上常有龍怪之高祖每酤留飲酒讎數倍及見怪歲竟此兩家常折券棄責高祖常繇咸陽縱觀觀秦皇帝包愷云上音館下音官恣意故縱觀也喟然太息曰嗟乎大丈夫當如此

也單父人呂公善沛令避仇從之客因家沛焉沛中豪桀吏聞令有重客皆往賀蕭何為主吏主進令諸大夫大夫客之貴者總稱之曰進不滿千錢坐之堂下高祖為亭長素易諸吏乃紿為謁曰賀錢萬實不持一錢謁入呂公大驚起迎之門呂公者好相人見高祖狀貌因重敬之引入坐蕭何曰劉季固多大言少成事高祖因狎侮諸客遂坐上坐上在果反下在臥反無所詘音丘忽反酒闌呂公因目固留高祖不敢對衆顯言故目動而留之高祖竟酒後呂公曰臣少好相人

相人多矣無如季相願季自愛臣有息女息生也謂所生之女也願為季箕帚妾酒罷呂媼怒呂公曰公始常欲奇此女與貴人沛令善公求之不與何自妄許與劉季呂公曰此非兒女子所知也卒與劉季呂公女乃呂后也生孝惠魯元公主漢帝制女曰公主儀比諸侯姊妹曰長公主儀比諸侯王姑曰大長公主儀比諸侯王

高祖為亭長時常告歸之田呂后與兩子居田中耨有一老父過請飲呂后因餔之必捕反以食飼人也父本請飲呂后因飼之國語云圃中童子無不餔老父相呂后曰夫人天下貴人令相兩子

見孝惠曰夫人所以貴者乃此男也相魯元亦皆貴老父已去高祖適從旁舍來呂后具言客有過相我子母皆大貴高祖問曰未遠乃追及問老父老父曰鄉者夫人嬰兒皆似君君相貴不可言高祖乃謝曰誠如父言不敢忘德及高祖貴遂不知老父處高祖為亭長乃以竹皮為冠令求盜之薛治之時時冠之音館下同及貴常冠所謂劉氏冠音官顏師古云後號為劉氏冠其後詔曰爵非公乘以上不得冠劉氏冠即此也乃是也高祖以亭長為縣送徒酈山徒多道亡自度比至皆亡之度田洛反比必寐反到豐西澤中止飲夜乃解縱所送徒曰公等皆去吾亦從此逝矣徒中壯士願從者十餘人高祖被酒被加也夜徑澤中令一人行前行音下孟反行前者還報曰前有大蛇當徑願還高祖醉曰壯士行何畏乃前拔劍擊斬蛇按其蛇大理須別求是劍斬之三尺劍者常佩之括地志云斬蛇溝源出徐州豐縣中平地故老云高祖斬蛇處至縣西五十里入泡水也蛇遂分為兩徑開行數里醉因臥後人來至蛇所有一老嫗夜哭人問何哭嫗曰人殺吾子故哭之人曰嫗子何為見殺嫗曰吾子白

帝子也化為蛇當道今為赤帝子斬之故哭人乃以嫗為不誠欲笞之嫗因忽不見後人至高祖覺後人告高祖高祖乃心獨喜自負諸從者日益畏之秦始皇帝常曰東南有天子氣於是因東游以厭之高祖即自疑亡匿隱於芒碭山澤巖石之間括地志云宋州碭山縣在州東一百五十里本漢碭陽縣也碭山在縣東呂后與人俱求常得之高祖怪問之呂后曰季所居上常有雲氣京房易兆候云何以知賢人隱顏師古曰四方常有大雲五色具而不雨其下有賢人隱矣故呂后望雲氣而得之故從往常得季高祖心喜沛中子

弟或聞之多欲附者矣秦二世元年秋陳勝等起蘄至陳而王號為張楚諸郡縣皆多殺其長吏以應陳涉沛令恐欲以沛應涉掾主吏蕭何曹參乃曰君為秦吏今欲背之率沛子弟恐不聽願君召諸亡在外者可得數百人因劫衆衆不敢不聽乃令樊噲召劉季劉季之衆已數十百人矣於是樊噲從劉季來沛令後悔恐其有變乃閉城城守欲誅蕭曹蕭曹恐踰城保劉季劉季乃書帛射城上謂沛父老曰天下苦秦久矣今父老雖為

沛令守諸侯並起今屠沛沛令共誅令擇子弟可立者立之以應諸侯則家室完不然父子俱屠無為也父老乃率子弟共殺沛令開城門迎劉季欲以為沛令劉季曰天下方擾諸侯並起今置將不善壹敗塗地吾非敢自愛恐能薄（能才能也高祖謙言材能薄劣不能完全其衆能者獸形色似熊足似鹿為物堅中而強力人之有賢才者皆謂之能也）不能完父兄子弟此大事願更相推擇可者蕭曹等皆文吏自愛恐事不就後秦種族其家盡讓劉季諸父老皆曰平生所聞劉季諸珍怪當貴且卜

筮之莫如劉季最吉於是劉季數讓衆莫敢為乃立季為沛公祠黃帝祭蚩尤於沛庭而釁鼓旗幟皆赤由所殺蛇白帝子殺者赤帝子故上赤於是少年豪吏如蕭曹樊噲等皆為收沛子弟二三千人攻胡陵方與還守豐秦二世二年陳涉之將周章軍西至戲而還燕趙齊魏皆自立為王項氏起吳秦泗川監平將兵圍豐二日出與戰破之命雍齒守豐引兵之薛泗川守壯（如淳曰壯名也）敗於薛走至戚（括地志云沂州臨沂縣有漢戚縣故城地理志云臨沂縣屬東海郡）沛公左

司馬得泗川守壯殺之沛公還軍亢父（音剛又苦浪反括地志云亢父縣也沛公屯軍於此也）至方與周市來攻方與未戰陳王使魏人周市畧地周市使人謂雍齒曰豐故梁徙也今魏地已定者數十城齒今下魏魏以齒為侯守豐不下且屠豐雍齒雅不欲屬沛公及魏招之即反為魏守豐沛公引兵攻豐不能取沛公病還之沛沛公怨雍齒與豐子弟叛之聞東陽甯君秦嘉立景駒為假王在留（括地志云留城在徐州沛縣東南五十里即張良所封處）乃往從之欲請兵以攻豐是時秦

將章邯從陳別將司馬尼將兵北定楚地屠相至碭 括地志云故相地在徐州符離縣西北九十里碭在宋州東一百五十里 東陽甯君沛公引兵西與戰蕭西不利還收兵聚留引兵攻碭三日乃取碭因收碭兵得五六千人攻下邑拔之還軍豐聞項梁在薛 今徐州滕縣縣故薛城也 從騎百餘往見之項梁益沛公卒五千人五大夫將十人沛公還引兵攻豐從項梁月餘項羽已拔襄城 襄城許州縣 還項梁盡名別將居薛聞陳王定死因立楚後懷王孫心為楚王治盱台 楚縣也 項梁號武信

君居數月北攻亢父救東阿 濟州縣也 破秦軍齊軍歸楚獨追北使沛公項羽別攻城陽屠之軍濮陽之東 濮陽故城在濮州西八十六里本漢濮陽縣 與秦軍戰破之秦軍復振守濮陽環水 按二說皆通其濮陽縣北臨黃河言秦軍北阻黃河南鑿溝引黃河水環繞作壁壘為固楚軍乃去 楚軍去而攻定陶定陶未下沛公與項羽西略地至雍丘之下與秦軍戰大破之斬李由還攻外黃 在雍丘東 外黃未下項梁再破秦軍有驕色宋義諫不聽秦益章邯兵夜銜枚擊項梁大破之定陶項梁死沛公與項羽方攻陳留

聞項梁死引兵與呂將軍俱東呂臣軍彭城東項羽軍彭城西沛公軍碭章邯已破項梁軍則以為楚地兵不足憂乃渡河北擊趙大破之當是之時趙歇為王秦將王離圍之鉅鹿城此所謂河北之軍也秦二世三年楚懷王見項梁軍破恐徙盱台都彭城并呂臣項羽軍自將之以沛公為碭郡長 括地志云宋州本秦碭郡蘇林云長如郡守韋昭云秦名曰守是時改曰長 封為武安侯將碭郡兵封項羽為長安侯號為魯公呂臣為司徒其父呂青為令尹 應劭云天子曰師尹諸侯曰令尹時去六國近故置令尹臣瓚曰諸侯之卿唯楚稱令尹其餘國不稱時立楚之後故置官司皆如楚舊也

趙數請救懷王乃以宋義為上將軍項羽為次將范增為末將北救趙令沛公西略地入關與諸將約先入定關中者王之當是時秦兵彊常乘勝逐北諸將莫利先入關獨項羽怨秦破項梁軍奮願與沛公西入關懷王諸老將皆曰項羽為人僄悍猾賊項羽嘗攻襄城襄城無遺類皆阬之諸所過無不殘滅且楚數進取前陳王項梁皆敗不如更遣長者扶義而西 遣長者扶持仁義而西告諭秦長火令降下也

告諭秦父兄秦父兄苦其主久矣今誠得長者往毋侵暴宜可下令項羽僄悍今不可遣獨沛公素寬大長者可遣卒不許項羽而遣沛公西畧地收陳王項梁散卒乃道碭至成陽與杠里秦軍夾壁破魏二軍楚軍出兵擊王離大破之沛公引兵西遇彭越昌邑地里志云昌邑縣屬山陽括地志云在曹州成武縣東北三十二里有梁丘故城是也因與俱攻秦軍戰不利還至栗遇剛武侯顔師古云史失其名姓唯識其爵號不知誰也不當改為剛侯武應氏以為懷王將又云魏將無據矣表六年三月封丞顔二人說是奪其軍可四千餘人并之

與魏將皇欣魏申徒武蒲之軍並魏將也欣字或作訢音許斤反蒲漢書作滿並攻昌邑並通也昌邑未拔西過高陽酈食其謂監門曰諸將過此者多吾視沛公大人長者乃求見說沛公沛公方踞牀使兩女子洗足酈生不拜長揖曰足下必欲誅無道秦不宜踞見長者於是沛公起攝衣謝之延上坐食其說沛公襲陳留得秦積粟乃以酈食其為廣野君酈商為將將陳留兵與偕攻開封開封未拔西與秦將楊熊戰白馬括地志云白馬故城在滑州衛南縣西南二十四里戴延之西征記云白馬城故衛之曹

邑又戰曲遇東大破之楊熊走之滎陽二世使使者斬以徇南攻潁陽屠之因張良遂畧韓地轘轅當是時趙別將司馬卬方欲渡河入關沛公乃北攻平陰絕河津南戰雒陽東軍不利還至陽城今洛州夏禹所都收軍中馬騎與南陽守齮戰犨東破之略南陽郡南陽守齮走保城守宛守音狩宛於元反括地志云南陽縣地城在宛大城之南隅其西南有二面皆故宛城沛公引兵過而西張良諫曰沛公雖欲急入關秦兵尚衆距險今不下宛宛從後擊彊秦在前此危道也於是沛公乃夜

引兵從他道還更旗幟黎明圍宛城三匝南陽守欲自剄其舍人陳恢曰死未晚也乃踰城見沛公曰臣聞足下約先入咸陽者王之今足下留守宛宛大郡之都也連城數十人民衆積蓄多吏人自以為降必死故皆堅守乘城今足下盡日止攻士死傷者必多引兵去宛宛必隨足下後足下前則失咸陽之約後又有彊宛之患為足下計莫若約降封其守因使止守引其甲卒與之西諸城未下者聞聲爭開門而待足下通行無所累沛

公曰善乃以宛守為殷侯封陳恢千户引兵西無不下者至丹水括地志云故丹城在鄧州内鄉縣西南百三十里南去丹水二百步汲冢紀年云后稷放帝子丹朱于丹水是也與地志云秦為丹水縣也地理志云丹水縣屬弘農郡抱朴子云丹水出丹魚先夏至十日夜伺之魚浮水側光照如火網而取之割其血以塗足可以步行水上長居川中不溺高武侯鰓襄侯王陵降西陵還攻胡陽遇番君别將梅鋗與皆降析酈遣魏人甯昌使秦使者未來是時章邯已以軍降項羽於趙矣初項羽與宋義北救趙及項羽殺宋義代為上將軍諸將黥布皆屬破秦將王離軍降章邯諸侯皆附及

趙高已殺二世使人來欲約分王關中沛公以為詐乃用張良計使酈生陸賈往説秦將啗以利因襲攻武關破之又與秦軍戰於藍田南益張疑兵旗幟諸所過毋得掠鹵秦人憙秦軍解因大破之又戰其北大破之乘勝遂破之

漢元年十月沛公已未年七月至霸上項羽封十八諸侯沛公漢王後劉項五年戰鬬漢遂滅楚天下歸漢故郤書初至霸上戰之沛公兵遂先諸侯至霸上故霸陵在雍州萬年縣東北二十五里漢霸陵文帝之陵邑也東南去霸陵十里地理志云霸陵故芷陽文帝更名三秦記云霸城秦穆公築為宮因名霸城漢於北置霸陵廟記云霸城漢文帝築沛公入關遂至霸上即此也秦王子嬰素車白馬係頸以組封皇帝璽符節按天子有六璽皇帝行璽皇帝之璽皇帝信璽天子行璽天子之璽天子信璽凡事皆用之璽令施行天子信璽以遣拜封王侯之璽以發兵皆以武都紫泥封青布囊白素兩端無縫三秦記云紫泥水在今成州興地志云漢封詔璽用紫泥則此水之泥也降軹道旁軹音紙括地志云軹道在雍州萬年縣東北十六里苑中諸將或言誅秦王沛公曰始懷王遣我固以能寬容且人已服降又殺之不祥乃以秦王屬吏屬之欲文屬付也遂西入咸陽欲止宮休舍休息也言欲居止宮殿中而息也樊噲張良諫乃封秦重

寶財物府庫還軍霸上名諸縣父老豪傑曰父老苦秦苛法久矣誹謗者族偶語者弃市吾與諸侯約先入關者王之吾當王關中與父老約法三章耳殺人者死傷人及盜抵罪餘悉除去秦法諸吏人皆案堵如故凡吾所以來為父老除害非有所侵暴無恐且吾所以還軍霸上待諸侯至而定約束耳乃使人與秦吏行縣鄉邑告諭之秦人大喜爭持牛羊酒食獻饗軍士沛公又讓不受曰倉粟多非乏不欲費人人又益喜唯恐沛公不為秦王或説沛公

曰秦富十倍天下地形彊今聞章邯降項羽項羽乃號
為雍王王關中令則來沛公恐不得有此可急使兵守
函谷關（顔師古曰今桃林南有洪溜澗古函谷也其水北流入河西岸猶有舊關餘跡西征記云道形
如函也其水山原壁立數十仞谷中容一車）無内諸侯軍稍徵關中兵以自
益距之沛公然其計從之十一月中項羽果率諸侯兵
西欲入關關門閉聞沛公已定關中大怒使黥布等攻
破函谷關十二月中遂至戲（許宜反）沛公左司馬曹無傷
聞項王怒欲攻沛公使人言項羽曰沛公欲王關中令

子嬰為相珍寶盡有之欲以求封（曹無傷欲就項羽求封）亞父勸
項羽擊沛公方饗士旦日合戰是時項羽兵四十萬號
百萬沛公兵十萬號二十萬力不敵會項伯欲活張良
夜往見良因以文諭項羽（項羽本紀云項伯曰沛公不先破關中公豈敢入乎今人
有大功擊之不義此以文諭之）項羽乃止沛公從百餘騎驅之鴻門見
謝項羽項羽曰此沛公左司馬曹無傷言之不然籍何
何以至此沛公以樊噲張良故得解歸歸立誅曹無傷
項羽遂西屠燒咸陽秦宮室所過無不殘破秦人大失

望然恐不敢不服耳項羽使人還報懷王懷王曰如約
項羽怨懷王不肯令與沛公俱西入關而北救趙後天
下約（懷王初約先入咸陽者王之今羽北救趙故失約在後也）乃曰懷王者吾家項
梁所立耳非有功伐何以得主約本定天下諸將及籍
也乃佯尊懷王為義帝實不用其命正月（崔浩云史官以正月紀四
時故書正月也荀悅云先春後正月也顔師古云凡此諸月號皆太初正歷之後記事者追改之非當時本
稱也以十月為歲首即以十月為正月今此正月當是謂之四月也他皆放此）項羽自立為西
楚霸王王梁楚地九郡都彭城負約更立沛公為漢王

（梁州本漢中郡以漢水為名）王巴蜀漢中都南鄭三分關中立秦三
將章邯為雍王（以岐州雍縣為名）都廢丘司馬欣為塞王（塞先代反
韋昭云在長安東名桃林塞按桃林塞今華州潼關也顔師古云取河華之固為阨塞耳非桃林）都櫟
陽董翳為翟王（文穎云本上郡秦所置項羽以董翳為王更名曰翟也）都高奴楚
將瑕丘申陽為河南王（在黄河之南故曰河南即今河南府）都洛陽趙將
司馬卬為殷王（以商帝盤庚國殷中之地改商為殷在相州安陽縣即北冢殷墟南去朝歌百
三十六里故號殷王都朝歌）都朝歌趙王歇徙王代趙相張耳為常
山王都襄國當陽君黥布為九江王都六懷王柱國共

敖為臨江王孟康云本南郡改為臨江國是也都江陵番君吳芮為衡
山王都邾燕將臧荼為燕王都薊故燕王韓廣徙王遼
東廣不聽臧荼攻殺之無終封成安君陳餘河間三縣
居南皮封梅鋗十萬户四月兵罷戲下戲音麾許慎注淮南子云戲大旗也
諸侯各就國漢王之國項王使卒三萬人從楚與諸
侯之慕從者數萬人從杜南韋昭云杜今陵邑括地志云杜陵故城在雍州萬年
縣東南十五里漢杜陵縣宣帝陵邑也北去宣帝陵五里廟記云故杜伯也入蝕中去輒燒
絕棧道以備諸侯盜兵襲之亦示項羽無東意至南鄭

諸將及士卒多道亡歸士卒皆歌思東歸韓信說漢王
曰項羽王諸將之有功者而王獨居南鄭是遷也軍吏
士卒皆山東之人也日夜跂而望歸跂音丘賜反說文云跂舉踵也司馬
彪云跂望也及其鋒而用之可以有大功天下已定人皆自
寧不可復用不如決策東鄉爭權天下項羽出關使人
徙義帝曰古之帝者地方千里必居上游音流乃使使徙
義帝長沙郴縣趣義帝行趣音促羣臣稍倍叛之乃陰
令衡山王臨江王擊之殺義帝江南項羽怨田榮立齊

將田都為齊王田榮怒因自立為齊王殺田都而反楚
予彭越將軍印令反梁地楚令蕭公角擊彭越彭越大
破之陳餘怨項羽之弗王已也令夏說說田榮上音悅下音稅請
兵擊張耳齊予陳餘兵擊破常山王張耳張耳亡歸漢
迎趙王歇於代復立為趙王趙王因立陳餘為代王項
羽大怒北擊齊八月漢王用韓信之計從故道還襲雍
王章邯邯迎擊漢陳倉今岐州縣也雍兵敗還走止戰好時
又復敗走廢丘漢王遂定雍地東至咸陽引兵圍雍王

廢邱而遣諸將畧定隴西北地上郡令將軍薛歐王吸
出武關因王陵兵南陽括地志云王陵故城在商州上洛縣南三十一里荆州記云昔
漢高祖入秦王陵起兵丹水以應之此城王陵所築因名也以迎太公呂后於沛楚
聞之發兵距之陽夏不得前令故吳令鄭昌為韓王距
漢兵
二年漢王東畧地塞王欣翟王翳河南王申陽皆降韓
王昌不聽使韓信擊破之於是置隴西北地上郡渭南
河上中地郡關外置河南郡更立韓太尉信為韓王諸

將以萬人若以一郡降者封萬户繕治河上塞諸故秦苑囿園池皆令人得田之正月虜雍王弟章平大赦罪人漢王之出關至陝撫關外父老還張耳來見漢王厚遇之二月令除秦社稷更立漢社稷三月漢王從臨晉渡魏王豹將兵從下河内虜殷王置河内郡南渡平陰津至雒陽新城（括地志云洛州伊闕縣在州南七十里本漢新城也隋文帝改新城為伊闕取伊闕山為名也）三老董公遮說漢王（百官表云十里一亭亭有長十亭一鄉鄉有三老三老掌教化皆秦制也又楚產云横道自言曰遮楚漢春秋云董公八十二遂封為成侯）以義帝死

故漢王聞之袒而大哭遂為義帝發喪臨三日發使者告諸侯曰天下共立義帝北面事之今項羽放殺義帝於江南大逆無道寡人親為發喪諸侯皆縞素悉發關内兵收三河士南浮江漢以下（南收三河士發關内兵從雍州入子午道至漢中歷漢水而下從務東行至徐州擊楚）願從諸侯王擊楚之殺義帝者是時項王北擊齊田榮與戰城陽田榮敗走平原（德州平原縣）平原民殺之齊皆降楚楚因焚燒其城郭係虜其子女齊人叛之田榮弟横立榮子廣為齊王齊王反楚城陽項羽雖聞漢東既已連齊兵欲遂破之而擊漢漢王以故得劫五諸侯兵遂入彭城項羽聞之乃引兵去齊從魯（兖州曲阜也）出胡陵（地里志云胡陵在山陽郡）至蕭（徐州蕭縣）與漢大戰彭城靈壁東（在徐州符離縣西北九十里）睢水上大破漢軍多殺士卒睢水為之不流乃取漢王父母妻子於沛置之軍中以為質當是時諸侯見楚彊漢敗還皆去漢復為楚塞王欣亡入楚呂后兄周呂侯為漢將兵居下邑漢王從之稍收士卒軍碭漢王乃西過梁地至虞使謁者隨何之

之九江王布所曰公能令布舉兵叛楚項羽必留擊之得留數月吾取天下必矣隨何往說九江王布布果背楚楚使龍且往擊之漢王之敗彭城而西行使人求家室家室亦亡不相得敗後乃獨得孝惠六月立為太子大赦罪人令太子守櫟陽諸侯子在關中者皆集櫟陽為衛引水灌廢丘廢丘降章邯自殺更名廢丘為槐里於是令祠官祀天地四方上帝山川以時祀之興關内卒乘塞是時九江王布與龍且戰不勝與隨何間行

行歸漢漢王稍收士卒與諸將及關中卒益出是以兵大振滎陽破楚京索閒

三年魏王豹謁歸視親疾至即絶河津反爲楚漢王使酈生說豹豹不聽漢王遣將軍韓信擊大破之虜豹遂定魏地置三郡曰河東今蒲州也太原今并州上黨今潞州漢王乃令張耳與韓信遂東下井陘擊趙斬陳餘趙王歇其明年立張耳爲趙王漢王軍滎陽南築甬道甬音勇韋昭云起土築墻中閒爲道應劭云恐敵抄輜重故築垣墻如街巷屬之河以取敖倉孟康云敖地名在滎陽西北山上臨

河有大倉太康地理志云秦建敖倉於成臯與項羽相距歲餘項羽數侵奪漢甬道漢軍乏食遂圍漢王漢王請和割滎陽以西者爲漢項王不聽漢王患之乃用陳平之計予陳平金四萬斤以閒疏楚君臣於是項羽乃疑亞父亞父是時勸項羽遂下滎陽及其見疑乃怒辭老願賜骸骨歸卒伍未至彭城而死漢軍絶食乃夜出女子東門二千餘人被甲楚因四面擊之將軍紀信乃乘王駕詐爲漢王誑楚楚皆呼萬歲之城東觀以故漢王得與數十騎出西門遁令御史大夫周苛魏豹樅公守滎陽諸將卒不能從者盡在城中周苛樅公相謂曰反國之王難與守城因殺魏豹漢王之出滎陽入關收兵欲復東袁生說漢王曰漢與楚相距滎陽數歲漢常困願君王出武關項羽必引兵南走王深壁令滎陽成臯閒且得休使韓信等輯河北趙地連燕齊君王乃復走滎陽未晚也如此則楚所備者多力分漢得休復與之戰破楚必矣漢王從其計出軍宛葉閒宛於元反葉式涉反宛鄧州縣也葉汝州縣水經注云本楚惠王封諸

梁子衆號曰葉城即子高之故邑也與黥布行收兵項羽聞漢王在宛果引兵南漢堅壁不與戰是時彭越渡睢水與項聲薛公戰下邳彭越大破楚軍項羽乃引兵東擊彭越漢王亦引兵北軍成臯項羽已破走彭越聞漢王復軍成臯乃復引兵西拔滎陽誅周苛樅公而虜韓王信遂圍成臯漢王跳獨與滕公共車出成臯玉門北渡河馳宿脩武自稱使者晨馳入張耳韓信壁而奪之軍乃使張耳北益收兵趙地使韓信東擊齊漢王得韓信軍則復振引

兵臨河南禦軍小脩武南欲復戰郎中鄭忠乃說止漢王使高壘深塹勿與戰漢王聽其計使盧綰劉賈將卒二萬人騎數百渡白馬津入楚地與彭越復擊破楚軍燕郭西遂復下梁地十餘城淮陰已受命東未渡平原漢王使酈生往說齊王田廣廣叛楚與漢和共擊項羽韓信用蒯通計遂襲破齊齊王烹酈生東走高密項羽聞韓信已舉河北兵破齊趙且欲擊楚則使龍且周蘭往擊之韓信與戰騎將灌嬰擊大破楚軍殺龍且齊王

廣奔彭越當此時彭越將兵居梁地往來苦楚兵絕其糧食

四年項羽乃謂海春侯大司馬曹咎曰謹守成皐若漢挑戰（挑田弔反下同）慎勿與戰無令得東而已我十五日必定梁地復從將軍乃行擊陳留外黃睢陽下之漢果數挑楚軍楚軍不出使人辱之五六日大司馬怒度兵汜水（汜音祀在成皐故城東）士卒半渡漢擊之大破楚軍盡得楚國金玉貨賂大司馬咎長史欣皆自剄汜水上項羽至睢陽聞海春侯破乃引兵還漢軍方圍鍾離眛於滎陽東項羽至盡走險阻韓信已破齊使人言曰齊邊楚權輕不為假王恐不能安齊漢王欲攻之留侯曰不如因而立之使自為守乃遣張良操印綬立韓信為齊王項羽聞龍且軍破則恐使盱台人武涉往說韓信韓信不聽楚漢久相持未決丁壯苦軍旅老弱罷轉餉漢王項羽相與臨廣武之間而語項羽欲與漢王獨身挑戰漢王數項羽曰始與項羽俱受命懷王曰先入定關中者王之

項羽負約王我於蜀漢罪一項羽矯殺卿子冠軍而自尊罪二項羽已救趙當還報而擅刼諸侯兵入關罪三懷王約入秦無暴掠項羽燒秦宮室掘始皇帝冢私收其財物罪四又彊殺秦降王子嬰罪五詐阬秦子弟新安二十萬王其將罪六項羽皆王諸將善地而徙逐故主令臣下爭叛逆罪七項羽出逐義帝彭城自都之奪韓王地并王梁楚多自予罪八項羽使人陰弒義帝江南罪九夫為人臣而弒其主殺已降為政不平主約

不信天下所以不容大逆無道罪十也吾以義兵從諸侯誅殘賊使刑餘罪人擊殺項羽何苦乃與公挑戰項羽大怒伏弩射中漢王漢王傷胸乃捫足曰虜中吾指漢王病創臥張良彊請漢王起行勞軍以安士卒毋令楚乘勝於漢漢王出行軍（行寒孟反）病甚因馳入成皋病愈西入關至櫟陽存問父老置酒梟故塞王欣頭櫟陽市留四日復如軍軍廣武關中兵益出當此時彭越將兵居梁地往來苦楚兵絕其糧食田橫往從之項羽數擊

彭越等齊王信又進擊楚項羽恐乃與漢王約中分天下割鴻溝而西者為漢鴻溝而東者為楚項王歸漢王父母妻子軍中皆呼萬歲乃歸而別去項羽解而東歸漢王欲引而西歸用留侯陳平計乃進兵追項羽至陽夏南止軍與齊王信建成侯彭越期會而擊楚軍至固陵不會楚擊漢軍大破之漢王復入壁深塹而守之用張良計於是韓信彭越皆往及劉賈入楚地圍壽春（今壽州）漢王敗固陵乃使使者名大司馬周殷舉九江兵而迎之武王行屠城父（父音甫今亳州縣）隨何劉賈齊梁諸侯皆大會垓下立武王布為淮南王

五年高祖與諸侯兵共擊楚軍與項羽決勝垓下淮陰侯將三十萬自當之孔將軍居左費將軍居右皇帝在後絳侯柴將軍在皇帝後項羽之卒可十萬淮陰先合不利卻孔將軍費將軍縱（二人韓信將也縱兵擊項羽也以縱字為絕句孔將軍蓼侯孔熙費侯陳賀也）楚兵不利淮陰侯復乘之（復侯富反乘猶登也進也）大敗垓下項羽卒聞漢軍之楚歌以為漢盡得楚地項羽乃敗而

走是以兵大敗使騎將灌嬰追殺項羽東城斬首八萬遂畧定楚地魯為楚堅守不下漢王引諸侯兵北示魯父老項羽頭魯乃降遂以魯公號葬項羽穀城還至定陶馳入齊王壁奪其軍正月諸侯及將相相與共請尊漢王為皇帝漢王曰吾聞帝賢者有也空言虛語非所守也吾不敢當帝位羣臣皆曰大王起微細誅暴逆平定四海有功者輒裂地而封為王侯大王不尊號皆疑不信臣等以死守之漢王三讓不得已曰諸君必以為

便便國家甲午乃即皇帝位汜水之陽汜音敷紉反括地志云高祖即位壇在曹州濟陰縣界張晏曰汜水在濟陰界取其汜愛弘大而潤下皇帝曰義帝無後齊王韓信習楚風俗徙為楚王都下邳音被悲反泗州下邳縣是楚王韓信之都立建成侯彭越為梁王都定陶曹州濟陰縣城是梁王彭越之都故韓王信為韓王都陽翟洛州陽翟縣是韓王信之都徙衡山王吳芮為長沙王都臨湘括地志云潭州長沙縣本漢臨湘縣長沙王吳芮都之芮墓在長沙縣北四里番君之將梅鋗有功從入武關故德番君淮南王布燕王臧荼趙王敖皆如故天下大定高祖都雒陽諸

侯皆臣屬故臨江王驩為項羽叛漢令盧綰劉賈圍之不下數月而降殺之雒陽五月兵皆罷歸家諸侯子在關中者復之十二歲其歸者復之六歲食之食音寺一歲高祖置酒雒陽南宮括地志云南宮在雒州雒陽縣東北二十六里洛陽故城中輿地志云秦時已有南北宮高祖曰列侯諸將無敢隱朕皆言其情吾所以有天下者何項氏之所以失天下者何高起王陵對曰陛下慢而侮人項羽仁而愛人然陛下使人攻城畧地所降下者因以予之與天下同利也項羽妬賢嫉能有功者害之賢者疑之戰勝而不予人功得地而不予人利此所以失天下也高祖曰公知其一未知其二夫運籌策帷帳之中決勝於千里之外吾不如子房鎮國家撫百姓給餽饟不絕糧道吾不如蕭何連百萬之軍戰必勝攻必取吾不如韓信此三者皆人傑也吾能用之此吾所以取天下也項羽有一范增而不能用此其所以為我擒也高祖欲長都雒陽齊人劉敬說及留侯勸上入都關中高祖是日駕入都關中六月大赦

天下十月燕王臧荼反攻下代地高祖自將擊之得燕王臧荼即立太尉盧綰為燕王使丞相噲將兵攻代其秋利幾反幾音機姓名也項羽之將為陳縣令降漢高帝徵諸侯利幾恐故反高祖自將兵擊之利幾走利幾者項氏之將項氏敗利幾為陳公不隨項羽亡降高祖高祖侯之潁川高祖至雒陽舉通侯籍召之而利幾恐故反

六年高祖五日一朝太公如家人父子禮太公家令說太公曰天無二日土無二王今高祖雖子人主也太公

雖父人臣也柰何令人主拜人臣如此則威重不行後高祖朝太公擁篲迎門却行高祖大驚下扶太公太公曰帝人主也柰何以我亂天下法於是高祖乃尊太公為太上皇心善家令言賜金五百斤十二月人有上變事告楚王信謀反上問左右左右爭欲擊之用陳平計乃偽遊雲夢會諸侯於陳楚王信迎即因執之是日大赦天下田肯賀因說高祖曰陛下得韓信又治秦中秦形勝之國帶河山之險縣隔千里持戟百萬秦得百二焉

地勢便利其以下兵於諸侯譬猶居高屋之上建瓴水也夫齊東有琅邪即墨之饒南有泰山之固西有濁河之限北有勃海之利地方二千里持戟百萬縣隔千里之外齊得十二焉故此東西秦也非親子弟莫可使王齊矣高祖曰善賜黃金五百斤後十餘日封韓信為淮陰侯分其地為二國高祖曰將軍劉賈數有功以為荆王王淮東弟交為楚王王淮西子肥為齊王王七十餘城民能齊言者皆屬齊 按言齊之遠國次秦中故封子肥七十餘城近齊城邑能齊言者咸割屬齊親子故大其都也孟說恐非 乃論功與諸列侯剖符行封徙韓王信太原

七年匈奴攻韓王信馬邑 按神記云昔秦人築城於武周塞以備胡城將成而崩者數矣有馬馳走周旋反覆父老異之因依以築城乃不崩遂名馬邑括地志云朔州城漢鴈門即馬邑縣城也攻韓信於馬邑即此城 信因與同謀反太原白土曼丘臣王黃立故趙將趙利為王以反高祖自往擊之會天寒士卒墮指者什二三遂至平城 括地志云朔州定襄縣本漢平城縣縣東北三十里有白登山山上有臺名曰白登臺漢書匈奴傳云蹋頓圍高帝於白登七日即此也服虔云白登臺名去平城七里李穆

叔趙記云平城東七里有土山高百餘尺方十餘里亦謂此也 匈奴圍我平城七日而後罷去令樊噲止定代地立兄劉仲為代王二月高祖自平城過趙雒陽至長安長樂宮成丞相已下徙治長安

八年高祖東擊韓王信餘反寇於東垣蕭丞相營作未央宮 括地志云未央宮在雍州長安縣西北十里長安故城中顏師古云未央殿雖南嚮而當上書奏事謁見之徒皆詣北闕公車司亦在北焉是則以北闕為正門而又有東門東闕至於西南兩無門闕也蕭何初立未央宮以厭勝之術理宜然也按北闕為正者蓋象秦作前殿渡渭水屬之咸陽以象天極閣道絕漢抵營宮 立東闕北闕前殿武庫太倉高祖還見宮闕壯甚怒

謂蕭何曰天下匈匈苦戰數歲成敗未可知是何治宮室過度也蕭何曰天下方未定故可因遂就宮室且夫天子以四海為家非壯麗無以重威且無令後世有以加也高祖乃說高祖之東垣過柏人括地志云柏人故城在邢州柏人縣西北十二里漢柏人屬趙國趙相貫高等謀弒高祖高祖心動因不留代王劉仲棄國亡自歸雒陽廢以為合陽侯括地志云郃陽故城在同州河西縣三里魏文侯十七年攻秦至鄭而還築在郃水之陽也九年趙相貫高等事發覺夷三族廢趙王敖為宣平侯

是歲徙貴族楚昭屈景懷齊田氏關中未央宮成高祖大朝諸侯羣臣置酒未央前殿高祖奉玉卮起為太上皇壽曰始大人常以臣無賴不能治產業不如仲力今某之業所就孰與仲多殿上羣臣皆呼萬歲大笑為樂十年十月淮南王黥布梁王彭越燕王盧綰荊王劉賈楚王劉交齊王劉肥長沙王吳芮皆來朝長樂宮括地志云秦櫟陽故宮在雍州櫟陽縣北三十五里秦獻公所造三輔黃圖云高祖都長安未有宮室居櫟陽宮也春夏無事七月太上皇崩櫟陽宮楚王梁王皆來送葬赦櫟陽因更命酈邑曰新豐作麗音力知反括地志云新豐故城在雍州新豐縣西南四里漢新豐宮也太上皇時悽愴不樂高祖切因左右問故答以平生所好皆屠販少年酤酒賣雉蹴踘以此為歡今皆無此故不樂高祖乃作新豐徙諸故人實之太上皇乃悅按前于驪邑築城寺徙其民實之未改其名太上皇崩後命曰新豐八月趙相國陳豨反代地上曰豨嘗為吾使甚有信代地吾所急也故封豨為列侯以相國守代令乃與王黃等劫掠代地代地吏民非有罪也其赦代民九月上自東往擊之至邯鄲上喜曰豨不南據邯鄲而阻漳水吾知其無能為也聞豨將皆故賈人也上曰

吾知所以與之乃多以金啗豨將豨將多降者十一年高祖在邯鄲誅豨等未畢豨將侯敞將萬餘人游行王黃軍曲逆張春渡河陳豨將也又劉伯莊云彼時聊城在黃河之東王莽時乾令濁河西北也今在博州西北深丘道里記云王莽元城人居近河側祖父墳墓為水所衝引河入深州此王莽河固枯也擊聊城括地志云故聊城在博州聊城縣西二十里春秋時齊之西界聊攝也戰國時亦為齊地秦漢皆為東郡之聊城也漢使將軍郭蒙與齊將擊大破之太尉周勃道太原入定代地至馬邑馬邑不下即攻殘之豨將趙利守東垣高祖攻之不下月餘卒罵高祖高

祖怒城降令出罵者斬之不罵者原之於是乃分趙山北立子恒以為代王都晉陽春淮陰侯韓信謀反關中夷三族夏梁王彭越謀反廢遷蜀復欲反遂夷三族立子恢為梁王子友為淮陽王秋七月淮南王黥布反東并荆王劉賈地北渡淮楚王交走入薛高祖自往擊之立子長為淮南王

十二年十月高祖已擊布軍會甀布走令別將追之高祖還歸過沛留置酒沛宮括地志云沛宮故地在徐州沛縣東南二十里一步悉召故人父老子弟縱酒發沛中兒得百二十人教之歌酒酣高祖擊筑音竹應劭云狀似瑟而大頭安弦以竹擊之故名曰筑顏師古云今筑形似瑟而小細項自為歌詩曰大風起兮雲飛揚威加海内兮歸故鄉安得猛士兮守四方令兒皆和習之高祖乃起舞慷慨傷懷泣數行下謂沛父兄曰游子悲故鄉吾雖都關中萬歲後吾魂魄猶樂思沛且朕自沛公以誅暴逆遂有天下其以沛為朕湯沐邑復其民世世無有所與沛父兄諸母故人日樂飲極驩道舊故為笑樂十餘日高祖欲去沛父兄固請留高祖高祖曰吾人衆多父兄不能給乃去沛中空縣皆之邑西獻高祖復留止張音張亮反飲三日沛父兄皆頓首曰沛幸得復豐未復唯陛下哀憐之高祖曰豐吾所生長極不忘耳吾特為其以雍齒故反我為魏沛父兄固請乃并復豐比沛於是拜沛侯劉濞為吳王漢將別擊布軍洮水南北皆大破之追得斬布鄱陽樊噲別將兵定代斬陳豨當城括地志云當城在朔州定襄縣界上地十三州記云當城在高柳東八十里縣當常山故曰當城十一月高祖自布軍至長安十二月高祖曰秦始皇帝楚隱王陳涉魏安釐王齊湣王趙悼襄王皆絶無後予守冢各十家秦皇帝二十家魏公子無忌五家赦代地吏民為陳豨趙利所劫掠者皆赦之陳豨降將言豨反時燕王盧綰使人之豨所與陰謀上使辟陽侯迎綰審食其也括地志云辟陽故城在冀州信都縣西三十五里漢舊縣綰稱病辟陽侯歸具言綰反有端矣二月使樊噲周勃將兵擊燕王綰赦燕吏民與反者立皇子建為燕王高祖擊布時為流矢所中行道病病甚呂后迎良醫醫

曰病可治於是高祖嫚罵之曰吾以布衣持三尺劍取天下此非天命乎命乃在天雖扁鵲何益遂不使治病賜金五十斤罷之已而呂后問陛下百歲後蕭相國即死令誰代之上曰曹參可問其次上曰王陵可然陵少戇陳平可以助之陳平智有餘然難以獨任周勃重厚少文然安劉氏者必勃也可令為太尉呂后復問其次上曰此後亦非而所知也盧綰與數千騎居塞下候伺幸上病愈自入謝四月甲辰高祖崩長樂宮四日不發喪

呂后與審食其謀曰諸將與帝為編戶民今北面為臣此常怏怏今乃事少主非盡族是天下不安人或聞之語酈將軍酈將軍往見審食其曰吾聞帝已崩四日不發喪欲誅諸將誠如此天下危矣陳平灌嬰將十萬守滎陽樊噲周勃將二十萬定燕代此聞帝崩諸將皆誅必連兵還鄉以攻關中大臣內叛諸侯外反亡可翹足而待也審食其入言之乃以丁未發喪大赦天下盧綰聞高祖崩遂亡入匈奴丙寅葬己巳立太子丙寅葬後四日至己巳即立太子為帝有本脫己字者妄引漢書云已下者非至太上皇廟三輔黃圖云太上皇廟在長安城香室南馮翊府北括地志云漢太上皇廟在雍州長安縣西北長安故城中酒池之北高帝廟北高帝廟亦在故城中也羣臣皆曰高祖起微細撥亂世反之正平定天下為漢太祖功最高上尊號為高皇帝太子襲號為皇帝孝惠帝也令郡國諸侯各立高祖廟以歲時祠及孝惠五年思高祖之悲樂沛以沛宮為高祖原廟高祖所教歌兒百二十人皆令為吹樂後有缺輒補之高帝八男長庶齊悼惠王肥次孝惠呂后子次戚夫人子趙

隱王如意次代王恒已立為孝文帝薄太后子次梁王恢呂太后時徙為趙共王次淮陽王友呂太后時徙為趙幽王次淮南厲王長次燕王建

太史公曰夏之政忠忠之敝小人以野故殷人承之以敬敬之敝小人以鬼故周人承之以文文之敝小人以僿故救僿莫若以忠三王之道若循環終而復始周秦之間可謂文敝矣秦政不改反酷刑法豈不繆乎故漢興承敝易變使人不倦得天統矣朝以十月車服黃屋左

纛葬長陵

欽定四庫全書

史記正義 卷八 三五

史記正義卷八

欽定四庫全書

史部

史記正義卷九至十二

詳校官編修臣李如筠

欽定四庫全書

史記正義卷九

唐　張守節　撰

呂后本紀第九　　史記九

呂太后者高祖微時妃也生孝惠帝女魯元太后及高祖為漢王得定陶戚姬愛幸生趙隱王如意孝惠為人仁弱高祖以為不類我常欲廢太子立戚姬子如意如意類我戚姬幸常從上之關東日夜啼泣欲立其子代

太子呂后年長常留守希見上益疏如意立為趙王後幾代太子者數矣賴大臣爭之及留侯策太子得毋廢呂后為人剛毅佐高祖定天下所誅大臣多呂后力呂后兄二人皆為將長兄周呂侯死事封其子呂台為酈侯子產為交侯次兄呂釋之為建成侯高祖十二年四月甲辰崩長樂宮太子襲號為帝是時高祖八子長男肥孝惠兄也異母肥為齊王餘皆孝惠弟戚姬子如意為趙王薄夫人子恒為代王諸姬子子恢為梁王子友為淮陽王子長為淮南王子建為燕王高祖弟交為楚王兄子濞為吳王非劉氏功臣番君吳芮子臣為長沙王呂后最怨戚夫人及其子趙王迺令永巷囚戚夫人而召趙王使者三反趙相建平侯周昌謂使者曰高帝屬臣趙王趙王年少竊聞太后怨戚夫人欲召趙王并誅之臣不敢遣王王且亦病不能奉詔呂后大怒迺使人召趙相趙相徵至長安迺使人復召趙王王來未到孝惠帝慈仁知太后怒自迎趙王霸上與入宮自挾與

趙王起居飲食太后欲殺之不得閒孝惠元年十二月帝晨出射趙王少不能蚤起太后聞其獨居使人持酖飲之犂明孝惠還趙王已死於是迺徙淮陽王友為趙王夏詔賜酈侯父追謚為令武侯太后遂斷戚夫人手足去眼煇耳飲瘖藥使居廁中命曰人彘居數日迺召孝惠帝觀人彘孝惠見問迺知其戚夫人迺大哭因病歲餘不能起使人請太后曰此非人所為臣為太后子終不能治天下孝惠以此日飲為淫樂不聽政故有病

也二年楚元王齊悼惠王皆來朝十月孝惠與齊王燕飲太后前孝惠以為齊王兄置上坐如家人之禮太后怒迺酌兩卮酖置前令齊王起為壽齊王起孝惠亦起取卮欲俱為壽太后迺恐自起泛孝惠卮齊王怪之因不敢飲詳醉去問知其酖齊王恐自以為不得脫長安憂齊內史士說王曰太后獨有孝惠與魯元公主今王有七十餘城而公主迺食數城王誠以一郡上太后為公主湯沐邑太后必喜王必無憂於是齊王迺上城陽

之郡尊公主為王太后呂后喜許之迺置酒齊邸漢法諸侯各起邸第於京師也樂飲罷歸齊王三年方築長安城四年就半五年六年城就諸侯來會十月朝賀七年秋八月戊寅孝惠帝崩發喪太后哭泣不下留侯子張辟彊為侍中年十五謂丞相曰太后獨有孝惠今崩哭不悲君知其解乎解紀賣反言哭解憜有所思也又音戶賣反解節解也又紀買反謂解說也丞相曰何解辟彊曰帝毋壯子毋音無太后畏君等君今請拜呂台呂產呂祿為將將兵居南北軍及諸呂皆入宮居中用事如此則太后心安君等幸得脫禍矣丞相迺如辟彊計太后說其哭迺哀呂氏權由此起迺大赦天下九月辛丑葬太子即位為帝謁高廟元年號令一出太后太后稱制議欲立諸呂為王問右丞相王陵王陵曰高帝刑白馬盟曰非劉氏而王天下共擊之今王呂氏非約也太后不說問左丞相陳平絳侯周勃勃等對曰高帝定天下王子弟今太后稱制王昆弟諸呂無所不可太后喜罷朝王陵讓陳平絳侯曰始與高帝啑血盟諸君

不在邪今高帝崩太后女主欲王呂氏諸君從欲阿意背約何面目見高帝地下陳平絳侯曰於今面折廷爭臣不如君夫全社稷定劉氏之後君亦不如臣王陵無以應之十一月太后欲廢王陵乃拜為帝太傅奪之相權王陵遂病免歸迺以左丞相平為右丞相以辟陽侯審食其為左丞相左丞相不治事令監宮中如郎中令食其故得幸太后常用事公卿皆因而決事迺追尊酈侯父為悼武王欲以王諸呂為漸四月太后欲侯諸呂迺

先封高祖之功臣郎中令無擇為博城侯括地志云兖州博城本漢博城縣城魯元公主薨賜謚為魯元太后子偃為魯王魯王父宣平侯張敖也封齊悼惠王子章為朱虛侯括地志云朱虛故城在青州臨朐縣東六十里漢朱虛也十三州志云丹朱遊故虛故云朱虛也虛猶丘也朱猶丹也以呂祿女妻之齊丞相壽為平定侯少府延為梧侯乃封呂種為沛侯括地志云徐州沛縣古城也呂平為扶柳侯括地志云扶柳故城在冀州信都縣西三十里漢扶柳縣也有澤澤中多柳故曰扶柳張買為南宮侯太后欲王呂氏先立孝惠後宮子彊為淮陽王子不疑為常山王括地志云常山故城在恒州真定縣南八里本漢東垣邑也子山為襄成侯子朝為軹侯括地志云故軹城在懷州終原縣東南十三里七國時魏邑子武為壺關侯太后風大臣大臣請立酈侯呂台為呂王初呂台為呂王後呂產王梁更名梁曰呂太后許之建成康侯釋之卒嗣子有罪廢立其弟呂祿為胡陵侯縣名屬山陽章帝改曰胡陸續康侯後二年常山王薨以其弟襄成侯為常山王更名義十一月呂王台薨謚為肅王太子嘉代立為王三年無事四年封呂嬃為臨光侯呂他為俞侯括地志云故鄃城在德州平原縣西南三十里本漢鄃縣呂他邑也呂更始為贅其侯呂忿為

呂成侯括地志云故呂城在鄧州南陽縣西三十里呂尚先祖封及諸侯丞相五人宣平侯女為孝惠皇后時無子佯為有身取美人子名之劉伯莊云諸美人元幸呂氏懷身而入宮生子殺其母立所名子為太子孝惠崩太子立為帝帝壯或聞其母死非真皇后子迺出言曰后安能殺吾母而名我我未壯壯即為變太后聞而患之恐其為亂迺幽之永巷中言帝病甚左右莫得見太后曰凡有天下治為萬民命者蓋之如天容之如地上有懽心以安百姓百姓欣然以事其上懽欣交通而天下治今皇帝病久不已迺失惑惛亂不能繼嗣奉宗廟祭祀不可屬天下其代之羣臣皆頓首言皇太后為天下齊民計所以安宗廟社稷甚深羣臣頓首奉詔帝廢位太后幽殺之五月丙辰立常山王義為帝更名曰弘不稱元年者以太后稱天下事也以軹侯朝為常山王置太尉官絳侯勃為太尉五年八月淮陽王薨以弟壺關侯武為淮陽王六年十月太后曰呂王嘉居處驕恣廢之以肅王台弟呂產為呂王夏赦天下封齊

悼惠王子興居為東牟侯七年正月太后召趙王友友以諸呂女為后弗愛愛他姬諸呂女妒怒去讒之于太后誣以罪過曰呂氏安得王太后百歲後吾必擊之太后怒以故召趙王趙王至置邸不見令衛圍守之弗與食其羣臣或竊饋輒捕論之趙王餓乃歌曰諸呂用事兮劉氏危迫脅王侯兮彊授我妃我妃既妒兮誣我以惡讒女亂國兮上曾不寤我無忠臣兮何故弃國自決中野兮蒼天舉直于嗟不可悔兮寧蚤自財為王而餓

死兮誰者憐之呂氏絶理兮託天報仇丁丑趙王幽死以民禮葬之長安民冢次己丑日食晝晦太后惡之心不樂乃謂左右曰此為我也二月徙梁王恢為趙王呂王産徙為梁王梁王不之國為帝太傅立皇子平昌侯太為呂王更名梁曰呂呂曰濟川太后女弟呂嬃有女為營陵侯劉澤妻澤為大將軍太后王諸呂恐即崩後劉將軍為害迺以劉澤為琅邪王以慰其心梁王恢之徙王趙心懷不樂太后以呂産女為趙王后王后從官皆諸呂擅權微伺趙王趙王不得自恣王有所愛姬王后使人酖殺之王乃為歌詩四章令樂人歌之王悲六月即自殺太后聞之以為王用婦人弃宗廟禮廢其嗣宣平侯張敖卒以子偃為魯王敖賜謚為魯元王秋太后使使告代王欲徙王趙代王謝願守代邊太傅産丞相平等言武信侯呂禄上侯位次第一請立為趙王太后許之追尊禄父康侯為趙昭王九月燕靈王建薨有美人子太后使人殺之無後國除八年十月立呂肅王

子東平侯呂通為燕王封通弟呂莊為東平侯三月中呂后祓還祓芳弗反又音廢後同過軹道見物如蒼犬據高后掖忽弗復見卜之云趙王如意為祟高后遂病掖傷高后為外孫魯元王偃年少蚤失父母孤弱迺封張敖前姬兩子侈為新都侯壽為樂昌侯以輔魯元王偃及封中大謁者張釋為建陵侯呂榮為祝茲侯諸中宦者令丞皆為關内侯食邑五百户七月中高后病甚迺令趙王呂禄為上將軍軍北軍呂王産居南軍呂太后誡産禄

曰高帝已定天下與大臣約曰非劉氏王者天下共擊之今呂氏王大臣弗平我即崩帝年少大臣恐為變必據兵衛宮慎毋送喪毋為人所制辛巳高后崩遺詔賜諸侯王各千金將相列侯郎吏皆以秩賜金大赦天下以呂王産為相國以呂祿女為帝后高后已葬以左丞相審食其為帝太傅朱虛侯劉章有氣力東牟侯興居其弟也皆齊哀王弟居長安當是時諸呂用事擅權欲為亂畏高帝故大臣絳灌等未敢發朱虛侯婦呂祿女

陰知其謀恐見誅迺陰令人告其兄齊王欲令發兵西誅諸呂而立朱虛侯欲從中與大臣為應齊王欲發兵其相弗聽八月丙午齊王欲使人誅相相召平迺反舉兵欲圍王王因殺其相遂發兵東詐奪琅邪王兵并將之而西語在齊王語中齊王迺遺諸侯王書曰高帝平定天下王諸子弟悼惠王王齊悼惠王薨孝惠帝使留侯良立臣為齊王孝惠崩高后用事春秋高聽諸呂擅廢帝更立又比殺三趙王滅梁趙燕以王諸呂分齊為四忠臣進諫上惑亂弗聽今高后崩而帝春秋富未能治天下固恃大臣諸侯而諸呂又擅自尊官聚兵嚴威刧列侯忠臣矯制以令天下宗廟所以危寡人率兵入誅不當為王者漢聞之相國呂産等迺遣潁陰侯灌嬰將兵擊之灌嬰至滎陽迺謀曰諸呂權兵關中欲危劉氏而自立今我破齊還報此益呂氏之資也迺留屯滎陽使使諭齊王及諸侯與連和以待呂氏變共誅之齊王聞之迺還兵西界待約呂祿呂産欲發亂關中内憚絳侯朱虛等外

畏齊楚兵又恐灌嬰畔之欲待灌嬰兵與齊合而發猶豫未決當是時濟川王太淮陽王武常山王朝名為少帝弟及魯元王呂后外孫皆年少未之國居長安趙王祿梁王産各將兵居南北軍皆呂氏之人列侯羣臣莫自堅其命太尉絳侯勃不得入軍中主兵曲周侯酈商老病其子寄與呂祿善絳侯迺與丞相陳平謀使人劫酈商令其子寄往紿說呂祿曰高帝與呂后共定天下劉氏所立九王呂氏立三王皆大臣之議事已布告諸

侯諸侯皆以為宜令太后崩帝少而足下佩趙王印不急之國守藩廼為上將將兵留此為大臣諸侯所疑足下何不歸將印以兵屬太尉請梁王歸相國印與大臣盟而之國齊兵必罷大臣得安足下高枕而王千里此萬世之利也呂祿信然其計欲歸將印以兵屬太尉使人報呂產及諸呂老人或以為便或曰不便計猶豫未有所決呂祿信酈寄時與出游獵過其姑呂嬃嬃大怒曰若為將而弃軍呂氏今無處矣廼悉出珠玉寶器散

堂下曰毋為他人守也左丞相食其免八月庚申旦平陽侯窋行御史大夫事見相國產計事郎中令賈壽使從齊來因數產曰王不蚤之國今雖欲行尚可得邪具以灌嬰與齊楚合從欲誅諸呂告產廼趣產急入宮平陽侯頗聞其語廼馳告丞相太尉太尉欲入北軍不得入襄平侯通尚符節廼令持節矯内太尉北軍太尉復令酈寄與典客劉揭先說呂祿曰帝使太尉守北軍欲足下之國急歸將印辭去不然禍且起呂祿以為酈兄不欺已

遂解印屬典客而以兵授太尉太尉將之入軍門行令軍中曰為呂氏右襢為劉氏左襢軍中皆左襢為劉氏太尉行至將軍呂祿亦已解上將印去太尉遂將北軍然尚有南軍平陽侯聞之以呂產謀告丞相平丞相平廼召朱虛侯佐太尉太尉令朱虛侯監軍門令平陽侯告衛尉毋入相國產殿門呂產不知呂祿已去北軍廼入未央宮欲為亂殿門弗得入徘徊往來平陽侯恐弗勝馳語太尉太尉尚恐不勝諸呂未敢訟言誅之廼遣

朱虛侯謂曰急入宮衛帝朱虛侯請卒太尉予卒千餘人入未央宮門遂見產廷中日餔時遂擊產產走天風大起以故其從官亂莫敢鬬逐產殺之郎中府吏廁中朱虛侯已殺產帝命謁者持節勞朱虛侯朱虛侯欲奪節信謁者不肯朱虛侯則從與載因節信馳走斬長樂衛尉呂更始還馳入北軍報太尉太尉起拜賀朱虛侯曰所患獨呂產今已誅天下定矣遂遣人分部悉捕諸呂男女無少長皆斬之辛酉捕斬呂祿而笞殺呂嬃使

人誅燕王呂通而廢魯王偃壬戌以帝太傅食其復為左丞相戊辰徙濟川王王梁立趙幽王子遂為趙王遣朱虚侯章以誅諸呂氏事告齊王令罷兵灌嬰兵亦罷滎陽而歸諸大臣相與陰謀曰少帝及梁淮陽常山王皆非真孝惠子也呂后以計詐名他人子殺其母養後宫令孝惠子之立以為後及諸王以彊呂氏今皆已夷滅諸呂而置所立即長用事吾屬無類矣不如視諸王最賢者立之或言齊悼惠王高帝長子今其適子為齊

王推本言之高帝適長孫可立也大臣皆曰呂氏以外家惡而幾危宗廟亂功臣今齊王母家駟鈞惡人也即立齊王則復為呂氏欲立淮南王以為少母家又惡迺曰代王方今高帝見子最長仁孝寬厚太后家薄氏謹良且立長故順以仁孝聞於天下便迺相與共陰使人召代王代王使人辭謝再反然後乘六乘傳後九月晦日己酉至長安舍代邸大臣皆往謁奉天子璽上代王共尊立為天子代王數讓羣臣固請然後聽東牟侯與居曰誅呂氏吾無功請得除宫迺與太僕汝陰侯滕公入宫前謂少帝曰足下非劉氏不當立乃顧麾左右執戟者掊兵罷去有數人不肯去兵宦者令張澤諭告亦去兵滕公迺召乘輿車載少帝出少帝曰欲將我安之乎滕公曰出就舍舍少府迺奉天子法駕迎代王於邸報曰宫謹除代王即夕入未央宫有謁者十人持戟衛端門曰天子在也足下何為者而入代王迺謂太尉太尉往諭謁者十人皆掊兵而去代王遂入而聽政夜有

司分部誅滅梁淮陽常山王及少帝於邸代王立為天子二十三年崩謚為孝文皇帝

太史公曰孝惠皇帝高后之時黎民得離戰國之苦君臣俱欲休息乎無為故惠帝垂拱高后女主稱制政不出房户天下晏然刑罰罕用罪人是希民務稼穡衣食滋殖

史記正義卷九

欽定四庫全書

史記正義卷十

唐 張守節 撰

史記十

孝文本紀第十

孝文皇帝高祖中子也高祖十一年春已破陳豨軍定代地立為代王都中都括地志云中都故城在汾州平遥縣西南十二里秦屬太原郡也太后薄氏子即位十七年高后八年七月高后崩九月諸呂呂産等欲為亂以危劉氏大臣共誅之謀召立代王事在呂后語中丞相陳平太尉周勃等使人迎代王

代王問左右郎中令張武等張武等議曰漢大臣皆故高帝時大將習兵多謀詐此其屬意非止此也特畏高帝呂太后威耳今已誅諸呂新啑血京師此以迎大王為名實不可信願大王稱疾毋往以觀其變中尉宋昌進曰羣臣之議皆非也夫秦失其政諸侯豪桀並起人人自以為得之者以萬數然卒踐天子之位者劉氏也天下絶望一矣高帝封王子弟地犬牙相制此所謂磐石之宗也天下服其彊二矣漢興除秦苛政約法令施德惠人人自安難動摇三矣夫以呂太后之嚴立諸呂為三王擅權專制然而太尉以一節入北軍一呼士皆左袒為劉氏叛諸呂卒以滅之此乃天授非人力也今大臣雖欲為變百姓弗為使其黨寧能專一邪方今内有朱虚東牟之親外畏吴楚淮南琅邪齊代之彊方今高帝子獨淮南王與大王大王又長賢聖仁孝聞於天下故大臣因天下之心而欲迎立大王大王勿疑也

代王報太后計之猶與未定卜之龜卦兆得大横占曰大横庚庚余為天王夏啓以光代王曰寡人固已為王矣又何王卜人曰所謂天王者乃天子於是代王乃遣太后弟薄昭往見絳侯絳侯等具為昭言所以迎立王意薄昭還報曰信矣毋可疑者代王乃笑謂宋昌曰果如公言乃命宋昌參乘張武等六人乘傳詣長安至高陵休止括地志云高陵故城在雍州高陵縣西南一里本名横橋架渭水上三輔舊事云秦於渭南有興宫渭北有咸陽宫秦昭王欲通二宫之間造横長橋三百八十步橋北京石水中舊有忖留神象此神曾與魯

班語班令其出留曰我貌醜卿善圖物容不出班於是拱手與語曰出頭見我留乃出首班以脚畫地忖留覺之使没水故置其象於水上唯有肯以上魏太祖馬見而驚命移下之而使宋昌先馳之長安觀變昌至渭橋丞相以下皆迎宋昌還報代王馳至渭橋羣臣拜謁稱臣代王下車拜太尉勃進曰願請間言宋昌曰所言公公言之所言私王者不受私太尉乃跪上天子璽符代王謝曰至代邸而議之遂馳入代邸羣臣從至丞相陳平太尉周勃大將軍陳武御史大夫張蒼宗正劉郢朱虛侯劉章東牟侯劉興居典客劉

揭皆再拜言曰子弘等皆非孝惠帝子不當奉宗廟臣謹請與陰安侯列侯頃王后與琅邪王宗室大臣列侯吏二千石議曰大王高帝長子宜為高帝嗣願大王即天子位代王曰奉高帝宗廟重事也寡人不佞不足以稱宗廟願請楚王計宜者寡人不敢當羣臣皆伏固請代王西鄉讓者三南鄉讓者再丞相平等皆曰臣伏計之大王奉高帝宗廟最宜稱雖天下諸侯萬民以為宜臣等為宗廟社稷計不敢忽願大王幸聽臣等臣謹奉天子璽符再拜上代王曰宗室將相王列侯以為莫宜寡人寡人不敢辭遂即天子位羣臣以禮次侍乃使太僕嬰與東牟侯興居清宫奉天子法駕迎于代邸皇帝即日夕入未央宫乃夜拜宋昌為衛將軍鎮撫南北軍以張武為郎中令行殿中還坐前殿於是夜下詔書曰間者諸吕用事擅權謀為大逆欲以危劉氏宗廟賴將相列侯宗室大臣誅之皆伏其辜朕初即位其赦天下賜民爵一級女子百户牛酒酺五日

孝文皇帝元年十月庚戌徙立故琅邪王澤為燕王辛亥皇帝即阼主人階也謁高廟右丞相平此時尚右徙為左丞相太尉勃為右丞相大將軍灌嬰為太尉諸吕所奪齊楚故地皆復與之壬子遣車騎將軍薄昭迎皇太后于代皇帝曰吕産自置為相國吕禄為上將軍擅矯遣灌將軍嬰將兵擊齊欲代劉氏嬰留滎陽弗擊與諸侯合謀以誅吕氏吕産欲為不善丞相陳平與太尉周勃謀奪吕産等軍朱虛侯劉章首先捕吕産等太尉身率襄平

侯通持節承詔入北軍典客劉揭身奪趙王呂祿印益封太尉勃萬户賜金五千斤丞相陳平灌將軍嬰邑各三千户金二千斤朱虛侯劉章襄平侯通東牟侯劉興居邑各二千户金千斤封典客揭為陽信侯括地志云陽信故城在滄州無棣縣東南三十里漢陽信縣賜金千斤十二月上曰法者治之正也所以禁暴而率善人也今犯法已論而使毋罪之父母妻子同產坐之及為收帑朕甚不取其議之有司皆曰民不能自治故為法以禁之相坐坐收所以累其

心使重犯法所從來遠矣如故便上曰朕聞法正則民愨罪當則民從且夫牧民而導之善者吏也其既不能導又以不正之法罪之是反害於民為暴者也何以禁之朕未見其便其熟計之有司皆曰陛下加大惠德甚盛非臣等所及也請奉詔書除收帑諸相坐律令正月有司言曰蚤建太子所以尊宗廟請立太子上曰朕既不德上帝神明未歆享天下人民未有嗛志今縱不能博求天下聖賢有德之人而禪天下焉而曰豫建太子

是重吾不德也謂天下何其安之有司曰豫建太子所以重宗廟社稷不忘天下也上曰楚王季父也春秋高閱天下之義禮多矣明於國家之大體吳王於朕兄也惠仁以好德淮南王弟也秉德以陪朕豈為不豫哉諸侯王宗室昆弟有功臣多賢及有德義者若舉有德以陪朕之不能終是社稷之靈天下之福也今不選舉焉而曰必子人其以朕為忘賢有德者而專於子非所以憂天下也朕甚不取也有司皆固請曰古者殷周有國

治安皆千餘歲古之有天下者莫不長焉用此道也立嗣必子所從來遠矣高帝親率士大夫始平天下建諸侯為帝者太祖諸侯王及列侯始受國者皆亦為其國祖子孫繼嗣世世弗絕天下之大義也故高帝設之以撫海內今釋宜建而更選於諸侯及宗室非高帝之志也更議不宜子某最長純厚慈仁請建以為太子上乃許之因賜天下民當代父後者爵各一級封將軍薄昭為軹侯三月有司請立皇后薄太后曰諸侯皆同姓立

太子母為皇后皇后姓竇氏上為立后故賜天下鰥寡孤獨窮困及年八十已上孤兒九歲已下布帛米肉各有數上從代來初即位施德惠天下塡撫諸侯四夷皆洽驩乃循從代來功臣上曰方大臣之誅諸呂迎朕朕狐疑皆止朕唯中尉宋昌勸朕朕以得保奉宗廟已尊昌為衛將軍其封昌為壯武侯 括地志云壯武故城在萊州即墨縣西六十里古萊夷國有漢壯武縣故城 諸從朕六人官皆至九卿 漢置九卿一曰太常二曰光祿三曰衛尉四曰太僕五曰廷尉六曰大鴻臚七曰宗正八曰大司農九曰少府是為九卿也 上曰

列侯從高帝入蜀漢中者六十八人皆益封各三百戶故吏二千石以上從高帝潁川守尊等十人食邑六百戶淮陽守申屠嘉等十人五百戶衛尉定等十人四百戶封淮南王舅父趙兼為周陽侯 括地志云周陽故城在絳州聞喜縣東二十九里 齊王舅父駟鈞為清郭侯秋封故常山丞相蔡兼為樊侯 括地志云漢樊縣城在兗州瑕丘西南一十五里地理志云樊縣古樊國仲山甫所封 人或說右丞相曰君本誅諸呂迎代王今又矜其功受上賞處尊位禍且及身右丞相勃乃謝病免罷左丞相平專為丞相

二年十月丞相平卒復以絳侯勃為丞相上曰朕聞古者諸侯建國千餘歲各守其地以時入貢民不勞苦上下驩心靡有遺德今列侯多居長安邑遠吏卒給輸費苦而列侯亦無由教馴其民 馴古訓字 其令列侯之國為吏及詔所止者遣太子十一月晦日有食之 按說文云日蝕則朔月蝕則望而云晦日蝕之恐歷錯誤 十二月望日又食上曰朕聞之天生蒸民為之置君以養治之人主不德布政不均則天示之

以菑以誡不治乃十一月晦日有食之適見于天菑孰大焉朕獲保宗廟以微眇之身託于兆民君王之上天下治亂在朕一人唯二三執政猶吾股股也朕下不能理育羣生上以累三光之明其不德大矣令至其悉思朕之過失及知見思之所不及白以告朕及舉賢良方正能直言極諫者以匡朕之不逮因各飭其任職務省繇費以便民朕既不能遠德故憪然念外人之有非是以設備未息今縱不能罷邊屯戍而又飭兵厚衛其罷

衛將軍軍太僕見馬遺財足餘皆以給置傳正月上曰農天下之本其開籍田朕親率耕以給宗廟粢盛三月有司請立皇子為諸侯王上曰趙幽王幽死朕甚憐之已立其長子遂為趙王遂弟辟彊及齊悼惠王子朱虛侯章東牟侯興居有功可王乃立趙幽王少子辟彊為河閒王以齊劇郡立朱虛侯為城陽王立東牟侯為濟北王皇子武為代王子参為太原王子揖為梁王上曰古之治天下朝有進善之旌誹謗之木所以通治道而

欽定四庫全書　史記正義 卷十　九

來諫者今法有誹謗妖言之罪是使衆臣不敢盡情而上無由聞過失也將何以來遠方之賢良其除之民或祝詛上以相約結而後相謾吏以為大逆其有他言而吏又以為誹謗此細民之愚無知抵死朕甚不敢自今以來有犯此者勿聽治九月初與郡國守相為銅虎符竹使符

三年十月丁酉晦日有食之十一月上曰前日計遣列侯之國或辭未行丞相朕之所重其為朕率列侯之國絳侯勃免丞相就國以太尉潁陰侯嬰為丞相罷太尉官屬丞相四月城陽王章薨淮南王長與從者魏敬殺辟陽侯審食其五月匈奴入北地居河南為寇帝初幸甘泉六月帝曰漢與匈奴約為昆弟毋使害邊境所以輸遺匈奴甚厚今右賢王離其國將衆居河南降地非常故往來近塞捕殺吏卒驅保塞蠻夷令不得居其故陵轢邊吏入盗甚敖無道非約也其發邊吏騎八萬五千詣高奴遣丞相潁陰侯灌嬰擊匈奴匈奴去發中尉材官屬衛將軍軍長安辛卯帝自甘泉之高奴因幸太

欽定四庫全書　史記正義 卷十　十

原見故羣臣皆賜之舉功行賞諸民里賜牛酒復晋陽中都民 故城在汾州平遥縣西南十三里 三歲留游太原十餘日濟北王興居聞帝之代欲往擊胡乃反發兵欲襲滎陽於是詔罷丞相兵遣棘蒲侯陳武為大將軍將十萬往擊之祁侯賀 括地志云并州祁縣城晋大夫祁奚之邑 為將軍軍滎陽七月辛亥帝自太原至長安廼詔有司曰濟北王背德反上詿誤吏民為大逆濟北吏民兵未至先自定及以軍地邑降

者皆赦之復官爵與王興居去來亦赦之八月破濟北軍虜其王赦濟北諸吏民與王反者六年有司言淮南王長廢先帝法不聽天子詔居處毋度出入擬於天子擅為法令與棘蒲侯太子奇謀反遣人使閩越及匈奴發其兵欲以危宗廟社稷羣臣議皆曰長當弃市帝不忍致法於王赦其罪廢勿王羣臣請處王蜀嚴道邛都邛其恭反括地志云嚴道今為縣即邛州所理縣也縣有蠻夷曰道故曰嚴道邛都縣本邛都國漢為縣今嶲州也西南夷傳云滇池以北君長以十數邛都最大是也按羣臣請處淮南王長屬之嚴道不爾更遠邛都西有

邛僰山也又邛僰山在雅州滎經縣界滎經武德年閒置本秦嚴也華陽國志云邛筰山故邛人筰人界也山巖峭峻曲回九折乃至上下有疑水棧即王尊登者也今從九折西南行至嶲州山多雨少晴俗呼名為漏天帝許之長未到處所行病死上憐之後十六年追尊淮南王長謚為厲王立其子三人為淮南王衡山王廬江王十三年夏上曰蓋聞天道禍自怨起而福繇德興百官之非宜由朕躬今祕祝之官移過于下以彰吾之不德朕甚不取其除之五月齊太倉令淳于公有罪當刑詔獄逮徙繫長安太倉公無男有女五人太倉公將行會逮罵其女曰生子不生男有緩急非有益也其少女緹縈自傷泣乃隨其父至長安上書曰妾父為吏齊中皆稱其廉平今坐法當刑妾傷夫死者不可復生刑者不可復屬雖復欲改過自新其道無由也妾願沒入為官婢贖父刑罪使得自新書奏天子天子憐悲其意乃下詔曰蓋聞有虞氏之時畫衣冠異章服以為僇晉書刑法志云三皇設言而民不違五帝畫衣冠而民知禁犯黥者皁其巾犯劓者丹其服犯臏者墨其體犯宮者雜其屨大辟之罪殊刑之極布其衣裾而無領緣投之於市與衆棄之而民不犯何則至治也

今法有肉刑三而姦不止其咎安在非乃朕德薄而教不明歟吾甚自愧故夫馴道不純而愚民陷焉詩曰愷悌君子民之父母今人有過教未施而刑加焉或欲改行為善而道毋由也朕甚憐之夫刑至斷支體刻肌膚終身不息何其楚痛而不德也豈稱為民父母之意哉其除肉刑上曰農天下之本務莫大焉今勤身從事而有租稅之賦是為本末者毋以異其於勸農之道未備其除田之租稅

十四年冬匈奴謀入邊為寇攻朝那塞殺北地都尉卬上乃遣三將軍軍隴西北地上郡中尉周舍為衛將軍郎中令張武為車騎將軍軍渭北車千乘騎卒十萬帝親自勞軍勒兵申教令賜軍吏卒帝欲自將擊匈奴羣臣諫皆不聽皇太后固要帝帝乃止於是以東陽侯張相如為大將軍成侯赤為內史欒布為將軍擊匈奴匈奴遁走春上曰朕獲執犧牲珪幣以事上帝宗廟十四年于今歷日縣長以不敏不明而久撫臨天下朕甚自

愧其廣增諸祀墠場珪幣昔先王遠施不求其報望祀不祈其福右賢左戚先民後己至明之極也今吾聞祠官祝釐皆歸福朕躬不為百姓朕甚愧之夫以朕不德而躬享獨美其福百姓不與焉是重吾不德其令祠官致敬毋有所祈是時北平侯張蒼為丞相方明律歷魯人公孫臣上書陳終始傳五德事言方今土德時土德應黃龍見當改正朔服色制度天子下其事與丞相議丞相推以為今水德始明正十月上黑事以為其言非是請罷之

十五年黃龍見成紀天子乃復召魯公孫臣以為博士申明土德事於是上乃下詔曰有異物之神見于成紀無害於民歲以有年朕親郊祀上帝諸神禮官議毋諱以勞朕有司禮官皆曰古者天子夏躬親禮祀上帝於郊故曰郊於是天子始幸雍郊見五帝以孟夏四月荅禮焉趙人新垣平以望氣見因說上設立渭陽五廟欲出周鼎當有玉英見

十六年上親郊見渭陽五帝廟亦以夏荅禮而尚赤

十七年得玉杯刻曰人主延壽於是天子始更為元年令天下大酺其歲新垣平事覺夷三族後二年上曰朕既不明不能遠德是以使方外之國或不寧息夫四荒之外不安其生封畿之內勤勞不處二者之咎皆自於朕之德薄而不能遠達也間者累年匈奴並暴邊境多殺吏民邊臣兵吏又不能諭吾內志以重吾不德也夫久結難連兵中外之國將何以自寧今朕夙興夜寐勤

勞天下憂苦萬民為之怛惕不安未嘗一日忘於心故遣使者冠蓋相望結軼（音轍）於道以諭朕意於單于今單于反古之道計社稷之安便萬民之利親與朕俱棄細過偕之大道結兄弟之義以全天下元元之民和親已定始于今年後六年冬匈奴三萬人入上郡三萬人入雲中以中大夫令勉為車騎將軍軍飛狐故楚相蘇意為將軍軍句注將軍張武屯北地河内守周亞夫為將軍居細柳宗正劉禮為將軍居霸上祝茲侯軍棘門以

備胡數月胡人去亦罷天下旱蝗帝加惠令諸侯毋入貢弛山澤減諸服御狗馬損郎吏員發倉庾以振貧民民得賣爵孝文帝從代來即位二十三年宮室苑囿狗馬服御無所增益有不便輙弛以利民嘗欲作露臺召匠計之直百金上曰百金中民十家之産吾奉先帝宫室常恐羞之何以臺為上常衣綈衣所幸慎夫人令衣不得曳地幃帳不得文繡以示敦樸為天下先治霸陵皆以瓦器不得以金銀銅錫為飾不治墳欲為省毋煩民南越王尉佗自立為武帝然上召貴尉佗兄弟以德報之佗遂去帝稱臣與匈奴和親匈奴背約入盜然令邊備守不發兵深入惡煩苦百姓吳王詐病不朝就賜几杖羣臣如袁盎等稱説雖切常假借用之羣臣如張武等受賂遺金錢覺上乃發御府金錢賜之以愧其心弗下吏專務以德化民是以海内殷富興於禮義後七年六月己亥帝崩於未央宫遺詔曰朕聞蓋天下萬物之萌生靡不有死死者天地之理物之自然者奚可甚

哀當今之時世咸嘉生而惡死厚葬以破業重服以傷生吾甚不取且朕既不德無以佐百姓今崩又使重服久臨以離寒暑之數哀人之父子傷長幼之志損其飲食絶鬼神之祭祀以重吾不德也謂天下何朕獲保宗廟以眇眇之身託于天下君王之上二十有餘年矣賴天地之靈社稷之福方内安寧靡有兵革朕既不敏常畏過行以羞先帝之遺德維年之久長懼于不終今乃幸以天年得復供養于高廟朕之不明與嘉之其奚哀

悲之有其令天下吏民令到出臨三日皆釋服毋禁取婦嫁女祠祀飲酒食肉者自當給喪事服臨者皆無踐經帶無過三寸毋布車及兵器毋發人男女哭臨宮殿宮殿中當臨者皆以旦夕各十五舉聲禮畢罷非旦夕臨時禁毋得擅哭以下服大紅十五日小紅十四日纖七日釋服佗不在令中者皆以此令比率從事布告天下使明知朕意霸陵山川因其故毋有所改歸夫人以下至少使令中尉亞夫為車騎將軍屬國悍為將屯將

軍郎中令武為復土將軍發近縣見卒萬六千人發內史卒萬五千人藏郭穿復土屬將軍武乙巳羣臣皆頓首上尊號曰孝文皇帝太子即位于高廟丁未襲號皇帝孝景皇帝元年十月制詔御史蓋聞古者祖有功而宗有德制禮樂各有由聞歌者所以發德也舞者所以明功也高廟酎奏武德文始五行之舞孝惠廟酎奏文始五行之舞孝文皇帝臨天下通關梁不異遠方除誹謗去肉刑賞賜長老收恤孤獨以育羣生減嗜欲不受獻不私其利也罪人不帑不誅無罪除肉刑出美人重絕人之世朕既不敏不能識此皆上古之所不及而孝文皇帝親行之德厚侔天地利澤施四海靡不獲福焉明象乎日月而廟樂不稱朕甚懼焉其為孝文皇帝廟為昭德之舞以明休德然後祖宗之功德著於竹帛施於萬世永永無窮朕甚嘉之其與丞相列侯中二千石禮官具為禮儀奏丞相臣嘉等言陛下永思孝道立昭德之舞以明孝文皇帝之盛德皆臣嘉等愚所不及臣

謹議世功莫大於高皇帝德莫盛於孝文皇帝高皇廟宜為帝者太祖之廟孝文皇帝廟宜為帝者太宗之廟天子宜世世獻祖宗之廟郡國諸侯宜各為孝文皇帝立太宗之廟諸侯王列侯使者侍祠天子歲獻祖宗之廟請著之竹帛宣布天下制曰可

太史公曰孔子言必世然後仁善人之治國百年亦可以勝殘去殺誠哉是言漢興至孝文四十有餘載德至盛也廩廩鄉改正服封禪矣謙讓未成於今嗚呼豈不

仁哉

史記正義卷十

史記正義卷十一

唐 張守節 撰

孝景本紀第十一　史記十一

孝景皇帝者（謚法曰繇義而濟曰景）孝文之中子也母竇太后孝文在代時前后有三男及竇太后得幸前后死及三子更死故孝景得立

元年四月乙卯赦天下乙巳賜民爵一級五月除田半

租為孝文立太宗廟令羣臣無朝賀匈奴入代與約和親

二年春封故相國蕭何孫係為武陵侯男子二十而得傅四月壬午孝文太后崩廣川長沙王皆之國丞相申屠嘉卒八月以御史大夫開封侯陶青為丞相彗星出東北秋衡山雨雹（雨于付反）大者五寸深者二尺熒惑逆行守北辰月出北辰間歲星逆行天廷中置南陵及内史祋祤為縣

三年正月乙巳赦天下長星出西方天火燔雒陽東宮大殿城室吳王濞音披備反高祖兄仲子故漢高祖十二年封三十三年反年表云都無其實在江都也楚王戊高祖弟楚王交孫嗣二十一年都彭城趙王遂高祖孫幽王友子嗣二十六年反都邯鄲膠西王卬卬五郎反高祖孫齊悼惠王子故昌侯十年反都密州高密縣濟南王辟光辟音壁高祖孫齊悼惠王子故初侯立十一年反括地志云濟南故城在淄州長山縣西北三十里菑川王賢高祖孫齊悼惠王子故武城侯立十一年反都劇括地志云菑州縣也故劇城在青州壽光縣南三十一里故紀國膠東王雄渠高祖孫齊悼惠王子故白石侯五十一年反都即墨括地志云即墨故城在密州膠水縣東南六十里即膠東國反發兵西鄉天

子為誅晁錯遣袁盎諭告不止遂西圍梁梁孝王都睢陽今宋州上乃遣大將軍竇嬰大尉周亞夫將兵誅之六月乙亥赦亡軍及楚元王子蓺等蓺魚曳反字亦作藝音同與謀反者封大將軍竇嬰為魏其侯地理志云魏其屬琅邪立楚元王子平陸侯應劭云平陸西河縣劉禮為楚王立皇子端為膠西王子勝為中山王徙濟北王志濟子禮反濟北國今濟州盧縣即濟北王所都為菑川王淮陽王餘淮陽國今陳州為魯王今兖州曲阜縣汝南王非汝南國今豫州為江都王江都國今揚州也吳王濞所都反誅景帝改為江都國封皇子非也齊王將盧齊國青州臨淄也將盧齊悼惠王之孫襄王之子年表云燕王嘉皆薨

四年夏立太子立皇子徹為膠東王六月甲戌赦天下後九月更以弋陽為陽陵括地志云漢景帝陵也在雍州咸陽縣東三十里按杜作壽陵也復置津關用傳出入冬以趙國為邯鄲郡

五年三月作陽陵渭橋五月募徙陽陵予錢二十萬江都大暴風從西方來壞城十二丈丁卯封長公主子蟜為隆慮侯徙廣川王為趙王

六年春封中尉趙綰為建陵侯括地志云建陵故縣在沂州氶縣界江都

丞相嘉為建平侯隴西太守渾邪為平曲侯括地志云平曲縣故城在瀛州文安縣北七十里趙丞相嘉為江陵侯故將軍布為鄃侯梁楚二王皆薨後九月伐馳道樹殖蘭池按馳道天子道秦始皇作之丈而樹

七年冬廢栗太子為臨江王臨江忠州縣雖王臨江而都沅陵十二月晦日有食之春免徒隸作陽陵者丞相青免二月乙巳以太尉條侯條田彫反字亦作蓨音同周亞夫為丞相四月乙巳立膠東王太后為皇后丁巳立膠東王為太子名徹

中元年封故御史大夫周苛孫平為繩侯故御史大夫周昌子左車為安陽侯四月乙巳赦天下賜爵一級除禁錮地動衡山原都雨雹大者尺八寸

中二年二月匈奴入燕遂不和親三月召臨江王來即死中尉府中夏立皇子越為廣川王子寄為膠東王封四侯九月甲戌日食

中三年冬罷諸侯御史中丞春匈奴王二人率其徒來降皆封為列侯漢書表云中三年安陵侯子軍桓侯賜遒侯陸彊容城侯徐盧易侯僕日范陽

侯代翁侯邯鄲七人以匈奴王降皆封為列侯按紀言二人者是匈奴二王為首降立皇子方乘為清河王三月彗星出西北丞相周亞夫死以御史大夫桃侯劉舍為丞相四月地動九月戊戌晦日食軍東都門外

中四年三月置德陽宮大蝗秋赦徒作陽陵者

中五年夏立皇子舜為常山王封十侯惠景間年表云亞王侯盧他之龍盧侯陳留蟜乘氏侯劉買桓邑侯劉明蓋侯王信按其五人是中元五年封餘檢不獲中元三年匈奴王二人降封為列侯惠景間表云匈奴王降為侯者有七人三其五人是十侯之數六月丁巳赦天下賜爵一級天下大潦更命諸侯丞相曰相秋地動

中六年二月巳卯行幸雍郊見五帝三月雨雹四月梁孝王都睢陽今宋州城陽共王城陽今僕州雷縣古城陽也共音恭謚法嚴敬故事曰恭汝南王皆薨立梁孝王子明為濟川王表云分梁置也子彭離為濟東王表云分梁置也子定為山陽王地理志云景帝中六年別為山陽國屬兗州子不識為濟陰王地理志云景帝中六年別為濟陰國屬兗州梁今曹州是也梁分為五封四侯更命廷尉為大理將作少府為將作大匠主爵中尉為都尉長信詹事為長信少府將行為大長秋大行為行人奉常為太常典客為大行治粟內史為大農以大內為二千石置左右內官

屬大內七月辛亥日食八月匈奴入上郡

後元年冬更命中大夫為衛尉漢書百官表云衛尉秦官掌宮闈門衛屯兵景帝初更名中大夫分後元年復為衛尉三月丁酉赦天下賜爵一級中二千石諸侯相爵右庶長四月大酺五月丙戌地動其蚤食時復動上庸地動二十二日壞城垣七月乙巳日食丞相劉舍免八月壬辰以御史大夫綰為丞相封為建陵侯

後二年正月地一日三動郅將軍郅真栗反郅都傳云匈奴刻木為郅都而

射不中擊匈奴酺五日令内史郡不得食馬粟沒入縣官令徒隸衣七緵布衣於既反緵祖工反緵八十縷也與布相似七升布用五百六十縷止馬春為歲不登禁天下食不造歲省列侯遣之國三月匈奴入鴈門十月租長陵田大旱衡山國河東雲中郡衡山國今衡州河東今蒲州雲中郡今勝州民疫後三年十月日月皆食赤五日十二月晦雷日如紫五星逆行守太微月貫天庭中正月甲寅皇太子冠甲子孝景皇帝崩遺詔賜諸侯王以下至民為父後爵一級

天下戶百錢出宮人歸其家復無所與太子即位是為孝武皇帝三月封皇太后弟蚡為武安侯弟勝為周陽侯置陽陵

太史公曰漢興孝文施大德天下懷安至孝景不復憂異姓而晁錯刻削諸侯遂使七國俱起合從而西鄉以諸侯大盛而錯為之不以漸也及主父偃言之而諸侯以弱卒以安安危之機豈不以哉

史記正義卷十一

欽定四庫全書

史記正義卷十二

唐　張守節　撰

孝武本紀第十二　　史記十二

孝武皇帝者謚法云克定禍亂曰武孝景中子也母曰王太后孝景四年以皇子為膠東王孝景七年栗太子廢為臨江王以膠東王為太子孝景十六年崩太子即位為孝武皇帝孝武皇帝初即位尤敬鬼神之祀元年漢興已六

十餘歲矣天下乂安薦紳之屬又音魚廢反皆望天子封禪改正度也而上鄉儒術招賢良趙綰王臧等以文學為公卿欲議古立明堂城南以朝諸侯草巡狩封禪改歷服色事未就會竇太后治黄老言不好儒術使人微得趙綰等姦利事召案綰臧綰臧自殺漢書孝武帝二年御史大夫趙綰坐請無奏事太皇太后及郎中令王臧皆下獄自殺應劭云王臧儒者欲立明堂辟雍太后素好黄老術非薄五經因故絕奏事太后太后怒故令殺諸所興為者皆廢後六年竇太后崩其明年上徵文學之士公孫弘等明年上初至雍郊見五

畤畤音止括地志云漢五帝畤在岐州雍縣南孟康云畤者神靈之所止或曰在雍州雍縣南孟康云畤者神靈上帝也按五畤者鄜畤密畤吳陽畤北畤先是文公作鄜畤祭白帝秦宣公作密畤祭青帝秦靈公作吳陽上畤下畤祭赤黃帝漢高祖作北畤祭黑帝是五畤也後常三歲一郊是時上求神君漢武帝故事云起柏梁臺以處神君長陵女子也先是嫁為人妻生一男數歲死女子悼痛之歲中亦死而靈宛若祠之遂聞言宛若為生民人多往請福說家人小事有驗平原君亦事之至後子孫尊貴及上即位太后延於宮中祭之聞其言不見其人至是神君求出為營柏梁臺舍之初霍去病微時自禱神君及見其形自修飾欲與去病交接去病不肯謂神君曰吾以神君精潔故齋戒祈福今欲婬此非也自絕不復往神君慙之乃去也舍之上林中蹏氏觀神君者長陵女子以子

死悲哀故見神於先後宛若宛若祠之其室民多往祠平原君往祠其後子孫以尊顯及武帝即位則厚禮置祠之內中聞其言不見其人云是時而李少君亦以祠竈穀道卻老方見上上尊之少君者故深澤侯入以主方匿其年及所生長常自謂七十能使物卻老其游以方徧諸侯無妻子人聞其能使物及不死更饋遺之常餘金錢帛衣食人皆以為不治產業而饒給又不知其何所人愈信爭事之少君資好方善為巧發奇中嘗從

武安侯飲坐中有年九十餘老人少君乃言與其大父游射處老人為兒時從其大父行識其處一坐盡驚少君見上上有故銅器問少君少君曰此器齊桓公十年陳於柏寢括地志云柏寢臺在青州千乘縣東北二十一里韓子云景公與晏子遊於少海登柏寢之臺而望其國公曰美哉堂乎後代孰將有此晏子云其田氏乎公曰寡人有國而田氏家奈何對曰奪之則近賢遠不肖治其煩亂輕其刑罰振窮乏恤孤寡行恩惠崇節儉雖十田氏其如何當即此也已而案其刻果齊桓公器一宮盡駭以少君為神數百歲人也少君言於上曰祠竈則致物致物而丹砂可化為黃金

黃金成以為飲食器則益壽益壽而海中蓬萊僊者可見見之以封禪則不死黃帝是也臣嘗游海上見安期生列仙傳云安期生琅耶阜鄉亭人也賣藥海邊秦始皇請語三夜賜金數千萬出於阜鄉亭皆置去留書以赤玉舄一量為報曰後千歲求我於蓬萊山下食巨棗大如瓜安期生僊者通蓬萊中合則見人不合則隱於是天子始親祠竈而遣方士入海求蓬萊安期生之屬而事化丹砂諸藥齊為黃金矣居久之李少君病死漢書起居注云李少君將去武帝夢與共登嵩高山半道有使乘龍時從雲中云太一請少君帝謂左右將舍我去矣數月而少君病死又發棺看唯衣冠在

也天子以爲化去不死也而使黄鍾音直僞反史寬舒受其方姓史名寬舒求蓬萊安期生莫能得而海上燕齊怪迂之方士多相效更言神事矣亳人薄誘忌奏祠泰一方曰天神貴者泰一泰一佐曰五帝五帝五天帝也國語云蒼帝靈威仰赤帝赤熛怒白帝白招矩黑帝叶光紀黄帝含樞紐尚書帝命驗云蒼帝名靈威仰赤名文祖黄帝名神汁白帝名顯紀黑帝名玄矩佐者謂配祭也古者天子以春秋祭泰一東南郊用太牢具七日爲壇開八道之鬼道於是天子令太祝立其祠長安東南郊常奉祠如忌方其後人有上書言古者天

子三年一用太牢具祠神三一天一地一泰一天子許之令太祝領祠之忌泰一壇上如其方後人復有上書言古者天子常以春秋解祠祠黄帝用一梟破鏡冥羊用羊祠馬行神名也用一青牡馬泰一臯山山君地長丁丈反三並神名用牛武夷君神名用乾魚陰陽使者以一牛令祠官領之如其方而祠於忌泰一壇旁其後天子苑有白鹿以其皮爲幣以發瑞應造白金焉白金三品武帝所鑄也如淳曰雜鑄銀錫爲白金也平準書云造銀錫爲白金以爲天用莫如龍地用莫如馬人用莫如龜故曰白金三品其一曰重八兩圜之其文龍名曰白選直三千二曰重差小方之其文馬直五百三曰復小橢之其文龜直三百錢譜云白金第一其形圓如錢肉好圓文爲一龍白銀第二其形方小長肉好亦小長好上下文爲二馬白銀第三其形似龜肉好小是文爲龜甲也其明年郊雍獲一角獸若麃然有司曰陛下肅祇郊祀上帝報享錫一角獸蓋麟云漢書終軍傳云從上雍獲白麟一角戴肉設武備而不爲害所以爲仁於是以薦五時時加一牛以燎力召反焚也賜諸侯白金以風符應合于天地於是濟北王以爲天子且封禪乃上書獻泰山及其旁邑天子受之更以他縣償之常山王有辠遷天子封其弟於真

定以續先王祀而以常山爲郡然後五嶽皆在天子之郡其明年齊人少翁漢武故事云少翁年二百歲色如童子以鬼神方見上上有所幸王夫人漢書作李夫人夫人卒少翁以方術蓋夜致王夫人及竈鬼之貌云天子自帷中望見焉於是乃拜少翁爲文成將軍賞賜甚多以客禮禮之文成言曰上即欲與神通宮室被服不象神神物不至乃作畫雲氣車及各以勝日駕車辟惡鬼又作甘泉宮中爲臺室畫天地泰一諸神而置祭具以致天神居歲餘其方益

裒神不至乃為帛書以飯牛飯房晚反書絹帛上為怪言語以飼牛詳弗知也言此牛腹中有奇殺而視之得書書言甚怪天子疑之有識其手書問之人果為書於是誅文成將軍漢武故事云文成誅月餘日使者藉貨關東還逢之於漕亭還見言之上乃疑發其棺無所見唯有竹簡一枚捕驗間無蹤跡也而隱之其後則又作柏梁銅柱承露僊人掌之屬矣文成死明年天子病鼎湖甚巫醫無所不致至不愈游水發根乃言曰上郡有巫病而鬼下之上召置祠之甘泉及病使人問神君神君言曰天子毋憂病病少愈強與我會甘泉於是病愈遂幸甘泉病良已大赦天下置

壽宮神君神君最貴者大夫其佐曰大禁司命之屬皆從之非可得見聞其音與人言等時去時來來則風肅然也居室帷中時晝言然常以夜天子祓然後入因巫為主人關飲食所欲者言行下又置壽宮北宮括地志云壽宮北宮皆在雍州長安縣西北三十里長安故城中漢書云武帝壽宮以處神君張羽旗設供具以禮神君神君所言上使人受書其言命之曰書法書音獲按其一之法其所語世俗之所知也毋絶殊者而天子獨喜

其事祕世莫知也其後三年有司言元宜以天瑞命不宜以一二數孝景以前即位以一二數年至其終武帝即位初有年號改元以建元為始一元曰建元二元以長星曰元光三元以郊得一角獸曰元狩云其明年冬天子郊雍議曰今上帝朕親郊而后土毋祀則禮不荅也有司與太史公祠官寬舒等議天地牲角繭栗今陛下親祀后土后土宜於澤中圜丘為五壇壇一黃犢太牢具已祠盡瘞而從祠衣上黃於是天子遂東始立后土祠汾陰脽上如寬舒等議上親望

拜如上帝禮禮畢天子遂至滎陽而還過雒陽下詔曰三代邈絶遠矣難存其以三十里地封周後為周子南君以奉先王祀焉是歲天子始巡郡縣侵尋於泰山矣其春樂成侯上書言欒大欒大膠東宮人故嘗與文成將軍同師已而為膠東王尚方而樂成侯姊為康王后毋子康王死他姬子立為王而康后有淫行與王不相中得相危以法康后聞文成已死而欲自媚於上乃遣欒大因樂成侯求見言方天子既誅文成後悔恨其早

死惜其方不盡及見欒大大悅大為人長美言多方畧而敢為大言處之不疑大言曰臣嘗往來海中見安期羨門之屬顧以為臣賤不信臣又以為康王諸侯耳不足予方臣數言康王康王又不用臣臣之師曰黃金可成而河決可塞不死之藥可得僊人可致也臣恐效文成則方士皆掩口惡敢言方哉上曰文成食馬肝死耳子誠能脩其方我何愛乎大曰臣師非有求人人者求之陛下必欲致之則貴其使者令有親屬以客禮待之

勿卑使各佩其信印乃可使通言於神人神人尚肯邪不邪致尊其使然後可致也於是上使先驗小方鬬旗旗音其文本或作綦說文云棋博綦也高誘註淮南子云取雞血與針磨搗之以和磁石用塗綦頭曝乾之置局上即相拒不止也自相觸擊是時上方憂河決而黃金不就鍊丹砂鉛錫為黃金不就乃拜大為五利將軍居月餘得四金印佩天士將軍地士將軍大通將軍天道將軍印制詔御史昔禹疏九江決四瀆間者河溢皋陸隄繇不息顏師古云皋水旁地也廣平曰陸言水大氾溢自皋及陸而繇作堤條役甚多不暇休息朕臨天下二十有八年天若遺朕士而大通焉乾稱蜚龍鴻漸于般意庶幾與焉其以二千戶封地士將軍大為樂通侯賜列侯甲第僮千人乘輿斥車馬帷帳器物以充其家又以衛長公主妻之齎金萬斤更名其邑曰當利公主天子親如五利之第使者存問所給連屬於道自大主將相以下皆置酒其家獻遺之於是天子又刻玉印曰天道將軍使使衣羽衣夜立白茅上五利將軍亦衣羽衣立白茅上受印以示弗臣也而佩天道者且為天子道天神

也於是五利常夜祠其家欲以下神神未至而百鬼集矣然頗能使之其後治裝行東入海求其師云大見數月佩六印貴振天下而海上燕齊之間莫不搤捥而自言有禁方能神僊矣其夏六月中汾陰巫錦為民祠魏脽后土營旁見地如鉤狀掊視得鼎鼎大異於衆鼎文鏤無款識怪之言吏吏告河東太守勝勝以聞天子使使驗問巫錦得鼎無姦詐乃以禮祠迎鼎至甘泉從行上薦之至中山晏溫有黃雲蓋焉有麃過上自射之因以

祭云至長安公卿大夫皆議請尊寶鼎天子曰間者河溢歲數不登故巡祭后土祈為百姓育穀今年豐廡未有報鼎曷為出哉有司皆曰聞昔太帝興神鼎一一者一統天地萬物所繫終也黄帝作寶鼎三象天地人也禹收九牧之金鑄九鼎皆嘗鬺烹上帝鬼神遭聖則興遭逢也鼎雖淪泗水遭聖興起故出汾陰西至甘泉也遷于夏商周德衰宋之社亡社主民也社以石為之宋社即亳社也周武王代紂乃立亳社以為監戒覆上棧下使通天地陰陽之氣周禮衆圍當危民故宋之社為亡殷後也鼎乃淪伏而不見頌云自堂徂基

此以下至胡考之休是周頌絲衣之詩自堂徂内往外基門内塾也鄭元云門側之堂謂之塾繹禮輕使士升堂視壺濯及籩豆之屬降往於塾牲自羊徂牛充包乃舉鼎告潔禮之次也自羊徂牛自堂徂基先視羊後及牛也毛萇云先小後大也鼐鼎及鼒不虞不驁胡考之休今鼎至甘泉光潤龍變承休無疆合茲中山有黄白雲降蓋若獸為符是甘泉更路弓乘矢集獲壇下報祠大饗惟受命而帝者心知其意而合德焉鼎宜見於祖禰藏於帝廷以合明應制曰可入海求蓬萊者蓬萊方丈瀛洲勃海中三神山也言蓬萊不遠而不能至者殆不見其氣上乃遣望

氣佐候其氣云其秋上幸雍且郊或曰五帝泰一之佐也宜立泰一而上親郊之上疑未定齊人公孫卿曰今年得寶鼎其冬辛巳朔旦冬至與黄帝時等卿有札書曰黄帝得寶鼎宛侯問於鬼臾區區對曰黄帝得寶鼎神策是歲己酉朔旦冬至得天之紀終而復始於是黄帝迎日推策後率二十歲率音律又音類又所律反三音並通後皆放此也得朔旦冬至凡二十推三百八十年黄帝僊登于天卿因所忠欲奏之所忠視其書不經疑其妄書謝曰寶鼎事

已決矣尚何以為卿因嬖人奏之上大說召問卿對曰受此書申功申公已死上曰申功何人也卿曰申功齊人也與安期生通受皇帝言無書獨有此鼎書曰漢興後當黄帝之時漢之聖者在高祖之孫且曾孫也寶鼎出而與神通封禪封禪七十二王河圖云王者封太山禪梁父易姓登柴有七十二君也唯黄帝得上泰山封申功曰漢主亦當上封上封則能僊登天矣黄帝時萬諸侯而神靈之封居七千天下名山八而三在蠻夷五在中國中國華山首山太室

泰山東萊此五山黃帝之所常遊與神會黃帝且戰且學僊患百姓非其道乃斷斬非鬼神者百餘歲然後得與神通黃帝郊雍上帝宿三月鬼臾區號大鴻死葬雍故鴻冢是也其後黃帝接萬靈明廷明廷者甘泉也所謂寒門者谷口也黃帝采首山銅鑄鼎於荆山下鼎既成有龍垂胡顊下迎黃帝黃帝上騎羣臣後宮從上龍七十餘人龍乃上去餘小臣不得上乃悉持龍顊龍顊拔墮徒果反黃帝之弓百姓仰望黃帝既上天乃抱其弓與胡顊號戶高反下同故後世因名其處曰鼎湖括地志云湖水原出虢州湖城縣南三十五里夸父山北流入河即鼎湖也其弓曰烏號於是天子曰嗟乎吾誠得如黃帝吾視去妻子如脫躧耳乃拜卿為郎東使候神於太室上遂郊雍至隴西西登空桐空桐山在原州平高縣西一百里幸甘泉令祠官寬舒等具泰一祠壇壇放薄忌泰一壇壇三垓五帝壇環居其下各如其方黃帝西南除八通鬼道泰一所用如雍一畤物而加醴棗脯之屬殺一貍牛以為俎豆牢具而五帝獨有俎豆醴

進其下四方地為餟食劉伯莊云謂繞壇設諸神祭座相連綴也羣神從者及北斗云已祠胙餘皆燎之其牛色白鹿居其中彘在鹿中水而洎之劉伯莊云以大羹和祭食燎之按以鹿內牛中以彘內鹿中水玄酒也祭日以牛祭月以羊彘特泰一祝宰則衣紫及繡五帝各如其色日赤月白十一月辛巳朔旦冬至昧爽天子始郊拜泰一朝朝日夕夕月則揖而見泰一如雍禮其贊饗曰天始以寶鼎神筴授皇帝朔而又朔終而復始皇帝敬拜見焉而衣上黃其祠列火滿壇壇旁烹炊具有司云祠上有光焉公卿言皇帝始郊見泰一雲陽括地志云漢雲陽宮在雍州雲陽縣北八十一里有通天臺即黃帝以來祭天圜丘之處武帝以五月避暑八月乃還也有司奉瑄玉嘉牲薦饗漢書儀云祭天養牛五歲至二千斤是夜有美光及晝黃氣上屬天太史公祠官寬舒等曰神靈之休祐福兆祥宜因此地光域立泰一畤壇以明應令太祝領祀及臘間祠三歲天子一郊見其秋為伐南越告禱泰一以牡荆畫幡日月北斗登龍以象天一三星為泰一鋒名曰靈旗李奇云畫旗樹泰一壇上名靈旗畫日月北斗登龍等為兵禱為于偽反

則太史奉以指所伐國（韋昭云牡剛也荆弱按用牡荆指伐國取其剛為稱故畫北旗指之）而五利將軍使不敢入海之泰山祠上使人微隨驗實無所見五利妄言見其師其方盡多不讐上乃誅五利（漢武故事云東方朔言欒大無狀上發怒乃斬之）其冬公孫卿候神河南見僊人跡緱氏城上有物若雉往來城上天子親幸緱氏城視跡問卿得毋效文成五利乎卿曰僊者非有求人主人主求之其道非少寬假神不來言神事事如迂誕（迂音于誕音但迂遠也誕大也）積以歲乃可致於是郡國各除道繕治

宮觀名山神祠所以望幸矣其年既滅南越上有嬖臣李延年以好音見上善之下公卿議曰民間祠尚有鼓舞之樂今郊祠而無樂豈稱乎公卿曰古者祀天地皆有樂而神祇可得而禮或曰泰帝使素女（泰帝謂太昊伏羲氏）鼓五十弦瑟悲帝禁不止故破其瑟為二十五弦於是塞南越禱祠泰一后土始用樂舞益召歌兒作二十五絃及箜篌瑟自此起其來年冬上議曰古者先振兵澤旅然後封禪乃遂北巡朔方勒兵十餘萬還祭黃帝冢橋山

澤兵須如上曰吾聞黃帝不死今有冢何也或對曰黃帝已僊上天羣臣葬其衣冠既至甘泉為且（為于僞反將為封禪也）用事泰山（道書福地記云泰山高四千九百丈二尺周迴二千里）先類祠泰一自得寶鼎上與公卿諸生議封禪（白虎通云王者易姓而起天下太平功成封禪以告太平禪梁父之趾廣厚也刻石紀號著己之功績天以高為尊地以厚為德故增泰山之高以放天禪梁甫之趾以報地封者附廣之禪者將以功相傳授之）封禪用希曠絕莫知其儀禮而羣儒采封禪尚書周官王制之望祀射牛事齋人丁公年九十餘曰封者合不死之名也秦皇帝不得

上封陛下必欲上稍上即無風雨遂上封矣上於是乃令諸儒習射牛草封禪儀數年至且行天子既聞公孫卿及方士之言黃帝以上封禪皆致怪物與神通欲放黃帝以嘗接神僊人蓬萊士高世比德於九皇而頗采儒術以文之羣儒既以不能辯明封禪事又牽拘於詩書古文而不敢騁上為封祠器示羣儒或曰不與古同徐偃又曰太常諸生行禮不如魯善周霸屬圖封事於是上絀偃霸盡罷諸儒弗用三月遂東幸緱氏禮登

中嶽太室從官在山下聞若有言萬歲云漢儀注云有稱萬歲可十萬人聲問上上不言問下下不言於是以三百户封太室奉祠命曰崇高邑顔師古云以崇奉嵩高山故謂之崇高也東上泰山山之草木葉未生乃令人上石立之泰山顛上遂東巡海上行禮祠八神齊人之上疏言神怪奇方者以萬數然無驗者乃益發船令言海中神山者數千人求蓬萊神人公孫卿持節常先行候名山至東萊言夜見一人長數丈就之則不見見其跡甚大類禽獸云羣臣有言見一老父牽

狗言吾欲見巨公已忽不見上既見大跡未信及羣臣有言老父則大以為僊人也宿留海上與方士傳車及間使求僊人以千數四月還至奉高上念諸儒及方士言封禪人人殊不經難施行天子至梁父禮祠地主乙卯令侍中儒者皮弁薦紳射牛行事封泰山下東方如郊祠泰一之禮封廣丈二尺高九尺其下則有玉牒書書祕禮畢天子獨與侍中奉車子侯上泰山亦有封其事皆禁明日下陰道丙辰禪泰山下阯東北肅然山如祭

后土禮天子皆親拜見衣上黄而盡用樂焉江淮間一茅三脊為神藉五色土益雜封縱遠方奇獸蜚禽及白雉諸物頗以加祠兕旄牛犀象之屬弗用皆至泰山然後去封禪祠其夜若有光晝有白雲起封中天子從封禪還坐明堂羣臣更上壽於是制詔御史朕以眇眇之身承至尊兢兢焉懼弗任維德菲薄不明于禮樂脩祀泰一若有象景光屑如有望依依震於怪物欲止不敢遂登封泰山至於梁父而后禪肅然自新嘉與士大夫

更始賜民百户牛一酒十石加年八十孤寡布帛二匹復博奉高蛇丘歷城毋出今年租税其赦天下如乙卯赦令行所過毋有復作事在二年前皆勿聽治又下詔曰古者天子五載一巡狩用事泰山諸侯有朝宿地其令諸侯各治邸泰山下諸侯各於太山朝宿地起第住擬天子用事太山而居止天子既已封禪泰山既無風雨菑而方士更言蓬萊諸神山若將可得於是上欣然庶幾遇之乃復東至海上望冀遇蓬萊焉奉車子侯暴病一日死上乃遂去並海

上北至竭石巡自遼西歷北邊至九原五月返至甘泉有司言寶鼎出為元鼎以今年為元封元年其秋有星茀于東井後十餘日有星茀于三能望氣王朔言候獨見其星出如瓠食頃復入焉有司言曰陛下建漢家封禪天其報德星云其來年冬郊雍五帝還拜祝祠泰一贊饗曰德星昭衍厥維休祥壽星仍出淵耀光明信星昭見皇帝敬拜泰況之饗其春公孫卿言見神人東萊山若云見天子天子於是幸緱氏城拜卿為中大夫遂

至東萊宿留之數日毋所見見大人跡復遣方士求神怪采芝藥以千數是歲旱於是天子既出毋名乃禱萬里沙過祠泰山還至瓠子自臨塞決河留二日沈祠而去使二卿將卒塞決河河徙二渠復禹之故跡焉是時既滅南越越人勇之乃言越人俗信鬼而其祠皆見鬼數有效昔東甌王敬鬼壽至百六十歲後世謾怠故衰耗乃令越巫立越祝祠安臺無壇亦祠天神上帝百鬼而以雞卜雞卜法用雞一狗一生祝願訖即殺雞狗煮熟又祭獨取雞兩眼骨上自有孔裂似人物形則吉不足則凶今嶺南猶行此法也上信之越祠雞卜始用焉公孫卿曰僊人可見而上往常遽以故不見今陛下可為觀如緱氏城置脯棗神人宜可致且僊人好樓居於是上令長安則作蜚廉桂觀甘泉則作益延壽觀使卿持節設具而候神人乃作通天臺置祠具其下將招來神僊之屬於是甘泉更置前殿始廣諸宮室夏有芝生殿防內中天子為塞河興通天臺若有光云乃下詔曰甘泉防生芝九莖赦天下毋有復作其明年伐朝鮮夏旱公孫卿

曰黃帝時封則天旱乾封乾音干蘇林云天旱欲使封土乾燥也顏師古云三歲不而暴所封之土令乾鄭氏云但祭不立尸為乾封三年上乃下詔曰天旱意乾封乎其令天下尊祠靈星焉靈星即龍星也張晏云龍星左角曰天田則農祥也見而祭之其明年上郊雍通回中道巡之春至鳴澤從西河歸其明年冬上巡南郡至江陵而東登禮灊之天柱山號曰南嶽浮江自尋陽出樅陽過彭蠡祀其名山川北至琅邪並海上四月中至奉高脩封焉初天子封泰山泰山東北阯古時有明堂處處險不敞上欲治明堂奉高旁

未曉其制度濟南人公玉帶上黃帝時明堂圖明堂圖中有一殿四面無壁以茅蓋通水圜宮垣為複道上有樓從西南入命曰昆侖天子從之入以拜祠上帝焉於是上令奉高作明堂汶上如帶圖及五年脩封則祠泰一五帝於明堂上坐令高皇帝祠坐對之祠后土於下房以二十太牢天子從昆侖道入始拜明堂如郊禮禮畢燎堂下而上又上泰山有祕祠其顛而泰山下祠五帝各如其方黃帝并赤帝而有司侍祠焉泰山上舉火下悉

應之其後二歲十一月甲子朔旦冬至推歷者以本統天子親至泰山以十一月甲子朔旦冬至日祠上帝明堂每脩封禪其贊饗曰天增授皇帝泰元神筴周而復始皇帝敬拜泰一東至海上考入海及方士求神者莫驗然益遣冀遇之十一月乙酉柏梁烖十二月甲午朔上親禪高里祠后土臨渤海將以望祠蓬萊之屬冀至殊庭焉上還以柏梁烖故朝受計甘泉（顧胤云柏梁被烖故受記故之物於甘泉也顏師古曰受郡國計簿也）公孫卿曰黃帝就青靈臺十二日

燒黃帝乃治明庭明庭甘泉也方士多言古帝王有都甘泉者其後天子又朝諸侯甘泉甘泉作諸侯邸勇之乃曰越俗有火烖復起屋必以大用勝服之於是作建章宮（括地志曰建章宮在雍州長安縣西二十里長安故城西）度為千門萬戶前殿度高未央其東則鳳闕高二十餘丈其西則唐中數十里虎圈（圈其遠反括地志云虎圈天在長安城中西偏也）其北治大池漸臺（臣瓚云泰液言象陰陽津液以作池也）高二十餘丈名曰泰液（臣瓚云泰液言象陰陽津液以作池也）池中有蓬萊方丈瀛洲壺梁象海中神山龜魚

之屬其南有玉堂璧門大鳥之屬乃立神明臺井幹樓度五十餘丈輦道相屬焉夏漢改歷以正月為歲首而色上黃官名更印章以五字因為太初元年是歲西伐大宛蝗大起丁夫人雒陽虞初等以方祠詛匈奴大宛焉其明年有司言雍五畤無牢熟具芬芳不備乃命祠官進畤犢牢具五色食所勝而以木耦馬代駒焉獨五帝用駒行親郊用駒及諸名山川用駒者悉以木耦馬代行過乃用駒他禮如故其明年東巡海上考神仙之屬

未有驗者方士有言黃帝時為五城十二樓以候神人於執期命曰迎年顏師古云迎年若言祈年上許作之如方明年上親禮祠上帝衣上黃焉公玉帶曰黃帝時雖封泰山然風后封鉅岐伯張揖云岐伯黃帝太醫令黃帝封東泰山禪凡山合符然後不死焉天子既令設祠具至東泰山東泰山卑小不稱其聲乃令祠官禮之而不封禪焉其後令帶奉祠候神物夏遂還泰山脩五年之禮如前而加禪祠石閭石閭者在泰山下阯南方方士多言此僊人之閭

也故上親禪焉其後五年復至泰山脩封還過祭常山今天子所興祠泰一后土三年親郊祠建漢家封禪五年一脩封薄忌泰一及三一冥羊馬行赤星五寬舒之祠官以歲時致禮凡六祠皆太祝領之致如八神諸神明年凡山他名祠行過則祀去則已方士所興祠各自主其人終則已祠官弗主他祠皆如其故令上封禪其後十二歲而還徧於五嶽四瀆矣而方士之候祠神人入海求蓬萊終無有驗而公孫卿之候神者猶以大人跡為解無其效天子益怠厭方士之怪迂語矣然終羈縻弗絕冀遇其真自此之後方士言祠神者彌衆然其效可睹矣

太史公曰余從巡祭天地諸神名山川而封禪焉入壽宮侍祠神語究觀方士祠官之言於是退而論次自古以來用事於鬼神者具見其表裏後有君子得以覽焉至若俎豆珪幣之詳獻酬之禮則有司存焉

乾隆御覽之寶

史記正義卷十二

欽定四庫全書

史部

史記正義卷十三至十四

詳校官編修臣李如筠

欽定四庫全書

史記正義卷十三

唐 張守節 撰

史記十三

三代世表第一 以五帝久古傳記少見夏殷以來乃有尚書略有年月比於五帝事迹易明故舉三代為首表者明也明言事儀

太史公曰五帝三代之記尚矣自殷以前諸侯不可得而譜 譜布也列其事也 周以來乃頗可著孔子因史文次春秋紀元年正時日月蓋其詳哉至於序尚書則略無年月

或頗有然多闕不可錄故疑則傳疑蓋其慎也余讀諜記黃帝以來皆有年數稽其歷譜諜終始五德之傳古文咸不同乖異夫子之弗論次其年月豈虛哉於是以五帝繫諜尚書集世紀黃帝以來訖共和為世表

帝王世國號	黃帝號有熊
顓頊屬	黃帝生昌意
俈屬	黃帝生玄囂
堯屬	黃帝生玄囂
舜屬	黃帝生昌意
夏屬	黃帝生昌意
殷屬	黃帝生玄囂
周屬	黃帝生玄囂

帝顓頊 黃帝孫起黃帝至顓頊三世	昌意生顓頊為高陽氏	玄囂生蟜極	玄囂生蟜極	昌意生顓頊顓頊生窮蟬	昌意生顓頊	玄囂生蟜極蟜極生高辛	玄囂生蟜極蟜極生高辛
帝俈 黃帝曾孫起黃帝至帝俈四世號高辛		蟜極生高辛高辛生帝俈	蟜極生高辛高辛生放勛	窮蟬生敬康敬康生句望		高辛生禼	高辛生后稷為周祖
帝堯 起黃帝至俈子五世號唐堯			放勛為堯	句望生蟜牛蟜牛生瞽叟		禼為殷祖	后稷生不窋
帝舜 黃帝玄孫之玄孫號虞				瞽叟生重華是為帝舜	顓頊生鯀鯀生文帝	禼生昭明	不窋生鞠
帝禹 黃帝耳孫號夏					文命是為禹	昭明生相土	鞠生公劉
帝啟 伐有扈甘誓						相土生昌若	公劉生慶節
帝太康						昌若生曹圉曹圉生冥	慶節生皇僕皇僕生差弗
帝仲康 太康弟						冥生振	差弗生毀渝毀渝生公非
帝相						振生微微生報丁	公非生高圉高圉生亞圉

欽定四庫全書

史記正義 卷十三

二

帝少康						報丁生報乙報乙生報丙	亞圉生公祖類
帝予 相為過澆所滅后緡歸有仍生少康其子予復禹績						報丙生主壬主壬生主癸	公祖類生太王亶父
帝槐						主癸生天乙是為殷湯從湯至黃帝十七世	亶父生季歷季歷生文王昌益易卦
帝芒							文王昌生武王發
帝泄							
帝不降							
帝扃 不降弟							
帝廑							
帝孔甲 不降子好鬼神淫亂不好德二龍去							
帝皋							
帝發							
帝履癸 是為桀							

欽定四庫全書

史記正義 卷十三

三

從禹至桀十七世從黃帝至桀二十世

殷湯代夏氏殷湯 從黃帝至湯十七世

帝外丙 湯太子太丁蚤卒故立次弟外丙

帝仲壬 外丙弟

帝太甲 故太子太丁子淫伊尹放之桐宮三年悔過自責伊尹乃迎之復位

帝沃丁 伊尹卒

帝太庚 沃丁弟

帝小甲 太庚弟殷道衰諸侯或不至

帝雍己 小甲弟

帝太戊 雍己弟以桑穀生稱中宗

帝中丁

帝外壬 中丁弟

帝河亶甲 外壬弟

帝祖乙

帝祖辛

帝沃甲 祖辛弟

帝祖丁 祖辛子

帝南庚 沃甲子

帝陽甲 祖丁子

帝盤庚 陽甲弟從河南

帝小辛 盤庚弟

帝小乙 小辛弟

帝武丁 雉升鼎耳雊得傅說稱高宗

帝祖庚

帝甲 祖庚弟淫

帝廩辛

帝庚丁 廩辛弟殷徙河北

帝武乙 慢神震死

帝太丁

帝乙 殷益衰

帝辛 是為紂弑

從湯至紂二十九世從黃帝至紂四十六世

周武王代殷 從黃帝至武王十九世

	魯	齊	晉	秦	楚	宋	衛	陳	蔡	曹	燕
成王誦	周公旦	太公尚	唐叔虞	惡來助紂父飛廉有力	熊繹繹父鬻熊	微子啟	康叔	胡公滿	叔度	叔振鐸	召公奭
	初封武王弟	初封文王武王師	初封武王子	初封	初封事文王	初封紂庶兄	初封武王弟	初封舜之後	初封武王弟	初封武王弟	初封周同姓
康王釗 刑錯四十餘年	魯公伯禽	丁公呂伋	晉侯燮	女防	熊乂	微仲 啟弟	康伯	申公	蔡仲		九世至東侯
昭王瑕 南巡不返不赴諱之	考公	乙公	武侯	旁皋	熊黮	宋公	孝伯	相公	蔡伯	太伯	
穆王滿 作甫刑荒服不至	煬公 考公弟	癸公	成侯	大几	熊勝	丁公	嗣伯	孝公	宮侯	仲君	
恭王伊扈	幽公	哀公	厲侯	大駱	熊煬	湣公 丁公弟	疌伯	慎公	厲侯	宮伯	

	魯	齊	晉	秦	楚	宋	衛	陳	蔡	曹
懿王堅 周道衰詩人作刺	魏公	胡公	靖侯	非子	熊渠	煬公 湣公弟	靖伯	幽公	武侯	孝伯
孝王方 懿王弟	厲公	獻公 弒胡公		秦侯	熊無康	厲公	貞伯	釐公		夷伯
夷王燮 懿王子	獻公 厲公弟	武公		公伯	熊鷙紅	釐公	頃侯			
厲王胡 以惡聞過亂出奔遂死于彘	真公			秦仲	熊延 紅弟		釐侯			
共和 二伯行政	武公 真公弟				熊勇					

張夫子問褚先生曰詩言契后稷皆無父而生今案諸傳記咸言有父父皆黃帝子也得無與詩謬乎褚先生曰不然詩言契生於卵后稷人迹者欲見其有天命精誠之意耳鬼神不能自成須人而生柰何無父而生乎一言有父一言無父信以傳信疑以傳疑故兩言之堯知契稷皆賢人天之所生故封之契七十里後十餘世

至湯王天下堯知后稷子孫之後王也故益封之百里其後世且千歲至文王而有天下詩傳曰湯之先為契無父而生契母與姊妹浴於玄丘水有燕銜卵墮之契母得故含之誤吞之即生契契生而賢堯立為司徒姓之曰子氏子者茲茲益大也詩人美而頌之曰殷社芒芒天命玄鳥降而生商商者質殷號也文王之先為后稷后稷亦無父而生后稷母為姜嫄出見大人蹟而履踐之知於身則生后稷姜嫄以為無父賤而棄之道中

羊牛避不踐也抱之山中山者養之又捐之大澤鳥覆席食之姜嫄怪之於是知其天子乃取長之堯知其賢才立以為大農姓之曰姬氏姬者本也詩人美而頌之曰厥初生民深修益成而道后稷之始也孔子曰昔者堯命契為子氏為有湯也命后稷為姬氏為有文王也太王命季歷明天瑞也太伯之吳遂生源也天命難言非聖人莫能見舜禹契后稷皆黃帝子孫也黃帝策天命而治天下德澤深後世故其子孫皆復立為天子是

天之報有德也人不知以為氾從布衣匹夫起耳夫布衣匹夫安能無故而起王天下乎其有天命然黃帝後世何王天下之久遠邪曰傳云天下之君王為萬夫之黔首請贖民之命者帝有福萬世黃帝是也五政明則修禮義因天時舉兵征伐而利者王有福千世蜀王黃帝後世也（譜記普云蜀之先肇於人皇之際黃帝與子昌意娶蜀山氏女生帝俈立封其支庶於蜀歷虞夏商周衰先稱王者蠶叢國破子孫居姚嶲等處）至今在漢西南五千里常來朝降輸獻於漢非以其先之有德澤流後世邪行道

德豈可以忽乎哉人君王者舉而觀之漢大將軍霍子孟名光者亦黃帝後世也此可為博聞遠見者言固難為淺聞者說也何以言之古諸侯以國為姓霍者國名也武王封弟叔處於霍後世晉獻公滅霍公後世為庶民往來居平陽平陽在河東河東晉地分為魏國以詩言之亦可為周世周起后稷后稷無父而生以三代世傳言之后稷有父名高辛高辛黃帝曾孫黃帝終始傳曰漢興百有餘年有人不短不長出白燕之鄉（一作白蟲按宜）

光平陽人平陽今晉州霍邑本秦時霍伯國漢為彘縣後漢改彘曰永安隋又改為霍邑遍檢記傳無白燕之名疑白彘是鄉之名持天下之政時有嬰兒主卻行車霍將軍者本居平陽白燕臣為郎時與方士考功謂年老為方士最功也會旗亭下為臣言豈不偉哉

史記正義卷十三

欽定四庫全書

史記正義卷十四

唐　張守節　撰

十二諸侯年表第二　史記十四

太史公讀春秋歷譜諜至周厲王未嘗不發書而歎也曰嗚呼師摯見之矣紂為象箸而箕子唏周道缺詩人本之衽席關雎作仁義陵遲鹿鳴刺焉及至厲王以惡聞其過公卿懼誅而禍作厲王遂奔于彘亂自京師始

而共和行政焉是後或力政彊乘弱興師不請天子然挾王室之義以討伐為會盟主政由五伯諸侯恣行淫侈不軌賊臣篡子滋起矣齊晉秦楚其在成周微甚封或百里或五十里晉阻三河齊負東海楚介江淮秦因雍州之固四國迭興更為伯主文武所褒大封皆威而服焉是以孔子明王道干七十餘君莫能用故西觀周室論史記舊聞興於魯而次春秋上記隱下至哀之獲麟約其辭文去其煩重以制義法王道備人事浹七十子

之徒口受其傳指為有所剌譏襃諱挹損之文辭不可以書見也魯君子左丘明懼弟子人人異端各安其意失其真故因孔子史記具論其語成左氏春秋鐸椒為楚威王傳為王不能盡觀春秋采取成敗卒四十章為鐸氏微趙孝成王時其相虞卿上采春秋下觀近勢亦著八篇為虞氏春秋（按其文八篇藝文志云十五篇虞卿撰）呂不韋者秦莊襄王相亦上觀尚古删拾春秋集六國時事以為八覽六論十二記為呂氏春秋及如荀卿孟子公孫固韓

非之徒各往往捃摭春秋之文以著書不可勝紀漢相張蒼歷譜五德上大夫董仲舒推春秋義頗著文焉

太史公曰儒者斷其義馳說者騁其辭不務綜其終始歷人取其年月數家隆於神運譜諜獨記世謚其辭略欲一觀諸要難於是譜十二諸侯自共和訖孔子表見春秋國語學者所譏盛衰大指著于篇為成學治古文者要删焉

		庚申				甲子		
周		共和元年宣王少以大臣共和行政	二 厲王子居召公宮是為宣王	三	四	五	六	七
魯	真公濞	十五年一云十四年	十六	十七	十八	十九	二十	二十一
齊	武公壽	十年	十一	十二	十三	十四	十五	十六
晉	靖侯宜臼	十八年	晉釐侯司徒元年	二	三	四	五	六
秦	秦仲	四年	五	六	七	八	九	十
楚	熊勇	七年	八	九	十	楚熊嚴元年	二	三
宋	釐公	十八年	十九	二十	二十一	二十二	二十三	二十四
衛	釐侯	十四年	十五	十六	十七	十八	十九	二十
陳	幽公寧	十四年	十五	十六	十七	十八	十九	二十
蔡	武侯	二十三年	二十四	二十五	二十六	蔡夷侯元年	二	三
曹	夷伯	二十四年	二十五	二十六	二十七	二十八	二十九	三十
鄭								
燕	惠侯	二十四年	二十五	二十六	二十七	二十八	二十九	三十
吳								

八	九	十	十一	十二
二十二	二十三	二十四	二十五	二十六
十七	十八	十九	二十	二十一
七	八	九	十	十一
十一	十二	十三	十四	十五
四	五	六	七	八
二十五	二十六	二十七	二十八	宋惠公覸元年
二十一	二十二	二十三	二十四	二十五
二十一	二十二	二十三	陳厲公孝元年	二
四	五	六	七	八
曹幽伯彊元年	二	三	四	五
三十一	三十二	三十三	三十四	三十五

		甲戌		
十三	十四 宣王即位共和罷	宣王元年厲王子	二	三
二十七	二十八	二十九	三十	魯武公敖元年
二十二	二十三	二十四	二十五	二十六
十二	十三	十四	十五	十六
十六	十七	十八	十九	二十
九	十	楚熊霜元年	二	三
二	三	四	五	六
二十六	二十七	二十八	二十九	三十
三	四	五	六	七
九	十	十一	十二	十三
六	七	八	九	曹戴伯鮮元年
三十六	三十七	三十八	燕釐侯莊元年	二

四	五	六	七	八
二	三	四	五	六
齊厲公無忌元年	二	三	四	五
十七	十八	晉獻公籍元年	二	三
二十一	二十二	二十三	秦莊公元年	二
四	五	六	楚熊徇元年	二
七	八	九	十	十一
三十一	三十二	三十三	三十四	三十五
八	九	十	十一	十二
十四	十五	十六	十七	十八
二	三	四	五	六
三	四	五	六	七

		甲申		
九	十	十一	十二	十三
七	八	九	十	魯懿公戲元年
六	七	八	九	齊文公赤元年
四	五	六	七	八
三	四	五	六	七
三	四	五	六	七
十二	十三	十四	十五	十六
三十六	三十七	三十八	三十九	四十
十三	十四	十五	十六	十七
十九	二十	二十一	二十二	二十三
七	八	九	十	十一
八	九	十	十一	十二

十四	十五	十六	十七	十八
二	三	四	五	六
二	三	四	五	六
九	十	十一	穆侯弗生元年	二
八	九	十	十一	十二
八	九	十	十一	十二
十七	十八	十九	二十	二十一
四十一	四十二	衞武公和元年	二	三
十八	十九	二十	二十一	二十二
二十四	二十五	二十六	二十七	二十八
十二	十三	十四	十五	十六
十三	十四	十五	十六	十七

十九	二十	二十一	二十二
七	八	九	魯孝公稱元年伯御立爲君稱爲懿公子括伯御武公孫
七	八	九	十
三	四 娶齊女爲夫人	五	六
十三	十四	十五	十六
十三	十四	十五	十六
二十二	二十三	二十四	二十五
四	五	六	七
二十三	二十四	二十五	二十六
蔡釐侯所事元年	二	三	四
十七	十八	十九	二十
			鄭桓公友元年始封周宣王母弟
十八	十九	二十	二十一

二十三	二十四	二十五	二十六
二	三	四	五
十一	十二	齊成公說元年	二
七 以伐條生太子仇	八	九	十 以千畝戰生仇弟成師二子名反君子譏之後亂
十七	十八	十九	二十
十七	十八	十九	二十
二十六	二十七	二十八	二十九
八	九	十	十一
二十七	二十八	二十九	三十
五	六	七	八
二十一	二十二	二十三	二十四
二	三	四	五
二十二	二十三	二十四	二十五

二十七	二十八	二十九	三十	甲辰 三十一
六	七	八	九	十
三	四	五	六	七
十一	十二	十三	十四	十五
二十一	二十二	二十三	二十四	二十五
二十一	二十二	楚熊鄂元年	二	三
三十	三十一 宋惠公薨	宋戴公立元年	二	三
十二	十三	十四	十五	十六
三十一	三十二	三十三	三十四	三十五
九	十	十一	十二	十三
二十五	二十六	二十七	二十八	二十九
六	七	八	九	十
二十六	二十七	二十八	二十九	三十

三十二	三十三	三十四	三十五	三十六	三十七	三十八	三十九	四十
十一 周宣王誅伯御立其弟稱是爲孝公	十二	十三	十四	十五	十六	十七	十八	十九
八	九	齊莊公贖元年	二	三	四	五	六	七
十六	十七	十八	十九	二十	二十一	二十二	二十三	二十四
二十六	二十七	二十八	二十九	三十	三十一	三十二	三十三	三十四
四	五	六	七	八	九	楚若敖元年	二	三
四	五	六	七	八	九	十	十一	十二
十七	十八	十九	二十	二十一	二十二	二十三	二十四	二十五
三十六	陳武公靈元年	二	三	四	五	六	七	八
十四	十五	十六	十七	十八	十九	二十	二十一	二十二
三十	曹惠公伯雉元年	二	三	四	五	六	七	八
十一	十二	十三	十四	十五	十六	十七	十八	十九
三十一	三十二	三十三	三十四	三十五	三十六	燕頃侯元年	二	三

欽定四庫全書

甲寅							
四十一	四十二	四十三	四十四	四十五	四十六	幽王元年	二 三川震
二十	二十一	二十二	二十三	二十四	二十五	二十六	二十七
八	九	十	十一	十二	十三	十四	十五
二十五	二十六	二十七 穆侯卒弟殤叔自立太子仇出奔	晉殤叔元年	二	三	四 仇攻殺殤叔立爲文侯	晉文侯仇元年
三十五	三十六	三十七	三十八	三十九	四十	四十一	四十二
四	五	六	七	八	九	十	十一
十三	十四	十五	十六	十七	十八	十九	二十
二十六	二十七	二十八	二十九	三十	三十一	三十二	三十三
九	十	十一	十二	十三	十四	十五	陳夷公說元年
二十三	二十四	二十五	二十六	二十七	二十八	二十九	三十
九	十	十一	十二	十三	十四	十五	十六
二十	二十一	二十二	二十三	二十四	二十五	二十六	二十七
四	五	六	七	八	九	十	十一

		甲子						
三王取褒姒	四	五	六	七	八	九	十	十一幽王為犬戎所殺
二十八	二十九	三十	三十一	三十二	三十三	三十四	三十五	三十六
十六	十七	十八	十九	二十	二十一	二十二	二十三	二十四
二	三	四	五	六	七	八	九	十
四十三	四十四	秦襄公元年	二	三	四	五	六	七始列為諸侯
十二	十三	十四	十五	十六	十七	十八	十九	二十
二十一	二十二	二十三	二十四	二十五	二十六	二十七	二十八	二十九
三十四	三十五	三十六	三十七	三十八	三十九	四十	四十一	四十二
二	三	陳平公燮元年	二	三	四	五	六	七
三十一	三十二	三十三	三十四	三十五	三十六	三十七	三十八	三十九
十七	十八	十九	二十	二十一	二十二	二十三	二十四	二十五
二十八	二十九	三十	三十一	三十二	三十三	三十四	三十五	三十六以幽王故犬戎所殺
十二	十三	十四	十五	十六	十七	十八	十九	二十

			甲戌					
平王元年東徙雒邑	二	三	四	五	六	七	八	九
三十七	三十八	魯惠公弗湟元年	二	三	四	五	六	七
二十五	二十六	二十七	二十八	二十九	三十	三十一	三十二	三十三
十一	十二	十三	十四	十五	十六	十七	十八	十九
八初立西畤祠白帝	九	十	十一	十二伐戎至岐而死	秦文公元年	二	三	四
二十一	二十二	二十三	二十四	二十五	二十六	二十七	楚霄敖元年	二
三十	三十一	三十二	三十三	三十四	宋武公司空元年	二	三	四
四十三	四十四	四十五	四十六	四十七	四十八	四十九	五十	五十一
八	九	十	十一	十二	十三	十四	十五	十六
四十	四十一	四十二	四十三	四十四	四十五	四十六	四十七	四十八
二十六	二十七	二十八	二十九	三十	三十一	三十二	三十三	三十四
鄭武公元年	二	三	四	五	六	七	八	九
二十一	二十二	二十三	二十四	燕哀侯元年	二	燕鄭侯元年	二	三

	十	八	三十四	二十	五	三	五	五十二	十七	蔡共侯興元年	三十五	十 取申侯女武姜	四
	十一	九	三十五	二十一	六	四	六	五十三	十八	二	三十六	十一	五
	十二	十	三十六	二十二	七	五	七	五十四	十九	蔡戴侯元年	曹穆公元年	十二	六
	十三	十一	三十七	二十三	八	六	八	五十五	二十	二	二	十三	七
甲申	十四	十二	三十八	二十四	九	楚蚡冒元年	九	衛莊公楊元年	二十一	三	三	十四 生莊公悟生	八
	十五	十三	三十九	二十五	十 作鄜畤	二	十	二	二十二	四	曹桓公終生元年	十五	九
	十六	十四	四十	二十六	十一	三	十一	三	二十三	五	二	十六	十
	十七	十五	四十一	二十七	十二	四	十二	四	陳文公圉元年生桓公鮑厲公他他母蔡女	六	三	十七 生太叔段	十一
	十八	十六	四十二	二十八	十三	五	十三	五	二	七	四	十八	十二

	十九	十七	四十三	二十九	十四	六	十四	六	三	八	五	十九	十三
	二十	十八	四十四	三十	十五	七	十五	七	四	九	六	二十	十四
	二十一	十九	四十五	三十一	十六	八	十六	八	五	十	七	二十一	十五
	二十二	二十	四十六	三十二	十七	九	十七	九	六	蔡宣侯措論元年	八	二十二	十六
	二十三	二十一	四十七	三十三	十八	十	十八 生魯桓公母	十	七	二	九	二十三	十七
甲午	二十四	二十二	四十八	三十四	十九 作祠陳寶	十一	宋宣公力元年	十一	八	三	十	二十四	十八
	二十五	二十三	四十九	三十五	二十	十二	二	十二	九	四	十一	二十五	十九
	二十六	二十四	五十	晉昭侯元年封其季弟成師于曲沃曲沃大於國君子譏曰晉人亂自曲沃始矣	二十一	十三	三	十三	十 文公卒	五	十二	二十六	二十
	二十七	二十五	五十一	二	二十二	十四	四	十四	陳桓公元年	六	十三	二十七	二十一

						甲辰	
二十八	二十九	三十	三十一	三十二	三十三	三十四	三十五
二十六	二十七	二十八	二十九	三十	三十一	三十二	三十三
五十二	五十三	五十四	五十五	五十六	五十七	五十八	五十九
三	四	五	六	潘父殺昭侯納成師不克昭侯子立是為孝侯	二	三	四
二十三	二十四	二十五	二十六	二十七	二十八	二十九	三十
十五	十六	十七	武公元年	二	三	四	五
五	六	七	八	九	十	十一	十二
十五	十六	十七 愛妾子州吁州吁好兵	十八	十九	二十	二十一	二十二
二	三	四	五	六	七	八	九
七	八	九	十	十一	十二	十三	十四
十四	十五	十六	十七	十八	十九	二十	二十一
母欲立段公不聽鄭莊公寤生元年祭仲生	二	三	四	五	六	七	八
二十二	二十三	二十四	二十五	二十六	二十七	二十八	二十九

三十六	三十七	三十八	三十九	四十	四十一	四十二
三十四	三十五	三十六	三十七	三十八	三十九	四十
六十	六十一	六十二	六十三	六十四	齊釐公祿父元年	二 同母弟夷仲生公孫毋知也
五	六	七	八	九 曲沃桓叔成師卒子代立為莊伯	十	十一
三十一	三十二	三十三	三十四	三十五	三十六	三十七
六	七	八	九	十	十一	十二
十三	十四	十五	十六	十七	十八	十九 公卒命立弟和為穆公
二十三	夫人無子桓公立衛桓公完元年	二 弟州吁驕桓黜之出奔	三	四	五	六
十	十一	十二	十三	十四	十五	十六
十五	十六	十七	十八	十九	二十	二十一
二十二	二十三	二十四	二十五	二十六	二十七	二十八
九	十	十一	十二	十三	十四	十五
三十	三十一	三十二	三十三	三十四	三十五	三十六

甲寅

四十三	四十四	四十五	四十六
四十一	四十二	四十三	四十四
三	四	五	六
十二	十三	十四	十五
三十八	三十九	四十	四十一
十三	十四	十五	十六
宋穆公和元年	二	三	四
七	八	九	十
十七	十八	十九	二十
二十二	二十三	二十四	二十五
二十九	三十	三十一	三十二
十六	十七	十八	十九
燕穆侯元年	二	三	四

四十七	四十八	四十九
四十五	四十六	魯隱公息姑元年母聲子
七	八	九
十六曲沃莊伯殺孝侯晉人立孝侯子郄爲鄂侯	元年曲沃彊於晉	二
四十二	四十三	四十四
十七	十八	十九
五	六	七
十一	十二	十三
二十一	二十二	二十三
二十六	二十七	二十八
三十三	三十四	三十五
二十	二十一	二十二段作亂奔
五	六	七

欽定四庫全書

五十	五十一	桓王元年
二	三二月日蝕	四
十	十一	十二
三	四	五
四十五	四十六	四十七
二十	二十一	二十二
八	九公屬孔父立殤公馮奔鄭	宋殤公與夷元年
十四	十五	十六州吁弒公自
二十四	二十五	二十六衛石碏來告故執州吁
二十九	三十	三十一
三十六	三十七	三十八
二十三公悔思母不見穿地相見	二十四侵周取禾	二十五
八	九	十

甲子

二使虢公伐晉之曲沃	三	四
五公觀魚于棠君子譏之	六鄭人來渝平	七
十三	十四	十五
六鄂侯卒曲沃莊伯復攻晉立鄂侯子光爲哀侯	晉侯侯光元年	二莊伯卒子稱立爲武公
四十八	四十九	五十
二十三	二十四	二十五
二鄭伐我我伐鄭	三	四
衛宣公元年晉共立之討州吁	二	三
二十七	二十八	二十九
三十二	三十三	三十四
三十九	四十	四十一
二十六	二十七始朝王王不禮	二十八
十一	十二	十三

欽定四庫全書

五	六	七	八	九
八 易許田君子譏之	九 三月大雨雹	十	十一 大夫翬請殺桓公求為相公不聽即殺公	魯桓公允元年母宋武公女生手文為魯夫人
十六	十七	十八	十九	二十
三	四	五	六	七
秦寧公元年	二	三	四	五
二十六	二十七	二十八	二十九	三十
五	六	七 諸侯敗我我師與衛人伐鄭	八	九
四	五	六	七	八
三十	三十一	三十二	三十三	三十四
三十五	蔡桓侯封人元年	二	三	四
四十二	四十三	四十四	四十五	四十六
二十九 與魯璧易許田	三十	三十一	三十二	三十三 以璧加魯易許田
十四	十五	十六	十七	十八

欽定四庫全書

史記正義　卷十四

			甲戌	
十	十一	十二	十三 伐鄭	十四
二 宋賂以鼎入於太廟君子譏之	三 翬迎女齊侯送女君子譏之	四	五	六
二十一	二十二	二十三	二十四	二十五 山戎伐我
八	晉少子元年	二	三	曲沃武公殺小子周伐曲沃立晉哀侯弟湣為晉侯晉侯湣元年
六	七	八	九	十
三十一	三十二	三十三	三十四	三十五 侵隨隨為善得止
華督見孔父妻好悅之華督殺孔父及殺殤公宋公馮元年華督為相	二	三	四	五
九	十	十一	十二	十三
三十五	三十六	三十七	三十八	弟佗殺太子免代立國亂再赴陳厲公佗元年
五	六	七	八	九
四十七	四十八	四十九	五十	五十一
三十四	三十五	三十六	三十七 伐周傷王	三十八 太子忽救齊齊將妻之
燕宣侯元年	二	三	四	五

十五	十六	十七	十八	十九	二十	二十一
七	八	九	十	十一	十二	十三
二十六	二十七	二十八	二十九	三十	三十一	三十二 毋知釐公令秩服如太子
二	三	四	五	六	七	八
十一	十二	秦出公元年	二	三	四	五
三十六	三十七 伐隨弗拔但盟罷兵	三十八	三十九	四十	四十一	四十二
六	七	八	九	十 執祭仲	十一	十二
十四	十五	十六	十七	十八 太子伋弟壽爭死	十九	衛惠公朔元年
二 生敬仲完	三 周史卜完後世齊王	四	五	六	七 公淫蔡蔡殺公	陳莊公林元年桓公子
十	十一	十二	十三	十四	十五	十六
五十二	五十三	五十四	五十五	曹莊公射姑元年	二	三
三十九	四十	四十一	四十二	四十三	鄭厲公突元年	二
六	七	八	九	十	十一	十二

	甲申		
二十二	二十三	莊王元年生子頹	二 有兄弟
十四	十五 天王求車非禮	十六 公會曹謀伐鄭	十七 日蝕不書日官失之
三十三	齊襄公諸兒元年貶毋知秩服毋知怨	二	三
九	十	十一	十二
六 三父殺出公立其兄武公	秦武公元年彭至華山	二	三
四十三	四十四	四十五	四十六
十三	十四	十五	十六
二	三 朔奔齊立黔牟	衛黔牟元年	二
二	三	四	五
十七	十八	十九	二十
四	五	六	七
三 諸侯伐我報宋故	四 祭仲立忽公出居櫟	鄭昭公元年忽母鄧女祭仲取之	二 渠彌殺昭公
十三	燕桓公元年	二	三

三	四 周公欲殺王而立子克王誅周公克奔燕	五	六	七
十八 公與夫人如齊齊侯通焉使彭生殺公於車上	魯莊公同元年	二	三	四
四 殺魯桓公誅彭生	五	六	七	八 伐紀去其都邑
十三	十四	十五	十六	十七
四	五	六	七	八
四十七	四十八	四十九	五十	五十一 王伐隨夫人心動王卒軍中
十七	十八	十九	宋湣公捷元年	二
三	四	五	六	七
六	七	陳宣公杵臼元年杵臼莊公弟	二	三
蔡哀侯獻舞元年	二	三	四	五
八	九	十	十一	十二
鄭子亹元年齊殺子亹昭公弟	鄭子嬰元年子亹之弟	二	三	四
四	五	六	七	燕莊公元年

		甲午			
八	九	十	十一	十二	十三
五 與齊伐衛納惠公	六	七 星隕如雨與雨偕	八 子糾來奔齊管仲俱避毋知亂	九 魯欲與糾入後小白齊距魯使生致管仲	十 齊伐我為糾故
九	十	十一	十二 毋知弒君自立	齊桓公小白元年春齊殺毋知	二
十八	十九	二十	二十一	二十二	二十三
九	十	十一	十二	十三	十四
楚文王貲元年始都郢	二 伐申過鄧鄧人曰楚可取鄧侯不許	三	四	五 息夫人陳女過蔡蔡不禮惡之楚	六 伐蔡獲哀侯以歸
三	四	五	六	七	八
八	九	十 齊立惠公黔牟奔周	衛惠公朔復入十四年	十五	十六
四	五	六	七	八	九
六	七	八	九	十	十一 楚虜我侯
十三	十四	十五	十六	十七	十八
五	六	七	八	九	十
二	三	四	五	六	七

十四	十一 臧文仲弔宋水	三	二十 四	十五	七	九 宋大水公自罪魯使臧文仲來弔	十七	十	十二	十九	十一	八
十五	十二	四	二十 五	十六	八	十 萬殺君仇牧有義	十八	十一	十三	二十	十二	九
釐王元年	十三 曹沬劫桓公反所亡地	五 與魯人會柯	二十 六	十七	九	宋桓公御說元年莊公子	十九	十二	十四	二十 一	十三	十
二	十四	六	二十 七	十八	十	二	二十	十三	十五	二十 二	十四	十一
三	十五	七 始霸會諸侯於鄄	二十 八 曲沃武公滅晉侯緡以寶獻周周命武公爲晉君并其地	十九	十一	三	二十 一	十四	十六	二十 三	鄭厲公元年厲公亡後十歲復入	十二
四	十六	八	晉武公稱并晉已立三十八年不更元因其元年	二十 葬雍初以人從死	十二 伐鄧滅之	四	二十 二	十五	十七	二十 四	二 諸侯伐我	十三

甲辰

五	十七	九	二十 九 武公卒子詭諸立爲獻公	秦德公元年武公弟	十三	五	二十 三	十六	十八	二十 五	三	十四
惠王元年取陳后	十八	十	晉獻公詭諸元年	二 初作伏祠磔狗邑四門	楚堵囏元年	六	二十 四	十七	十九	二十 六	四	十五
二 燕衛伐王王奔溫立子穨	十九	十一	二	秦宣公元年	二	七 取衛文公女弟	二十 五	十八	二十	二十 七	五	十六 伐王王奔溫立子穨
三	二十	十二	三	二	三	八	二十 六	十九	蔡穆侯肸元年	二十 八	六	十七 鄭執我仲父
四 誅穨惠王復入	二十 一	十三	四	三	四	九	二十 七	二十	二	二十 九	七 救周亂入王	十八
五	二十 二	十四 陳完[illegible]來奔[illegible]祖也[illegible]桓公十四年陳[illegible]二十二年周惠王之五年	五 伐驪戎得姬	四 作密畤	五 弟惲殺堵敖自立	十	二十 八	二十 一 厲公子完奔齊	三	三十	鄭文公捷元年	十九
六	二十 三 公如齊觀社	十五	六	五	楚成王惲元年	十一	二十 九	二十 二	四	三十 一	二	二十

甲寅

七	八	九	十 賜齊侯命	十一	十二	十三	十四
二十四	二十五	二十六	二十七	二十八	二十九	三十	三十一
十六	十七	十八	十九	二十	二十一	二十二	二十三 伐山戎為燕也
七	八 盡殺故晉侯群公子	九 始城聚都之	十	十一	十二 太子申生居曲沃重耳居蒲城夷吾居屈驪姬故	十三	十四
六	七	八	九	十	十一	十二	秦成公元年
二	三	四	五	六	七	八	九
十二	十三	十四	十五	十六	十七	十八	十九
三十	三十一	衛懿公赤元年	二	三	四	五	六
二十三	二十四	二十五	二十六	二十七	二十八	二十九	三十
五	六	七	八	九	十	十一	十二
曹釐公夷元年	二	三	四	五	六	七	八
三	四	五	六	七	八	九	十
二十一	二十二	二十三	二十四	二十五	二十六	二十七	二十八

十五	十六	十七	十八
三十二 莊公弟叔牙鴆死子般殺季友奔陳立湣公	魯湣公開元年	二 慶父殺湣公季友自陳立申為釐公殺慶父	魯釐公申元年哀姜喪自齊至
二十四	二十五	二十六	二十七 殺女弟魯莊公夫人淫故
十五	十六 伐魏取霍始封趙夙耿畢萬魏始此	十七 申生將軍君子知其廢	十八
二	三	四	秦穆公任好元年
十	十一	十二	十三
二十	二十一	二十二	二十三
七	八 翟伐我公好鶴士不戰滅我國	國怨惠公亂滅其後更立黔牟弟衛戴公元年	衛文公燬元年戴公弟也
三十一	三十二	三十三	三十四
十三	十四	十五	十六
九	曹昭公元年	二	三
十一	十二	十三	十四
二十九	三十	三十一	三十二

	甲子			
十九	二十	二十一	二十二	二十三
二	三	四	五	六
二十八 爲衛築楚丘救戎狄伐	二十九 與蔡姬共舟蕩公公怒歸蔡姬	三十 率諸侯伐蔡蔡潰遂伐楚責包茅貢	三十一	三十二 率諸侯伐鄭
十九 荀息以幣假道于虞以伐虢滅下陽	二十	二十一 申生以驪姬讒自殺重耳奔蒲夷吾奔屈	二十二 滅虞虢重耳奔狄	二十三 夷吾奔梁
二	三	四 迎婦於晉	五	六
十四	十五	十六 齊伐我至陘使屈完	十七	十八 伐許許君肉袒謝楚從之
二十四	二十五	二十六	二十七	二十八
二 齊桓公率諸侯爲我城楚丘	三	四	五	六
三十五	三十六	三十七	三十八	三十九
十七	十八 以女故齊伐我	十九	二十	二十一
四	五	六	七	八
十五	十六	十七	十八	十九
三十三	燕襄公元年	二	三	四

二十四	二十五 襄王立畏太叔	襄王元年諸侯立王	二
七	八	九 齊率我伐晉亂至高梁還	十
三十三	三十四	三十五 夏會諸侯于葵丘天子使宰孔賜胙命無拜	三十六 使隰朋立晉惠公
二十四	二十五 伐翟以重耳故	二十六 公卒立奚齊里克殺之及卓子立夷吾	晉惠公夷吾元年誅里克倍秦約
七	八	九 夷吾使郤芮賂求入夷吾	十 丕鄭子豹亡來
十九	二十	二十一	二十二
二十九	三十 公疾太子茲父讓兄目夷賢公不聽	三十一 公薨未葬齊桓會葵丘	宋襄公茲父元年目夷相
七	八	九	十
四十	四十一	四十二	四十三
二十二	二十三	二十四	二十五
九	曹共公元年	二	三
二十	二十一	二十二	二十三
五	六	七	八

		甲戌		
三 戎伐我太叔帶召之欲誅叔帶叔帶奔齊	四	五	六	七
十一	十二	十三	十四	十五 五月日有食之不書史官失之
三十七	三十八 使管仲平戎于周欲以上卿禮讓受下卿	三十九 使仲孫請王言王叔帶王怒	四十	四十一
二	三	四 饑請粟秦與我	五 秦饑請粟晉倍之	六 秦虜惠公復立之
十一 救王伐戎戎去	十二	十三 丕豹欲無與公不聽輸晉粟起雍至絳	十四	十五 以盜食善馬士得破晉
二十三 伐黃	二十四	二十五	二十六 滅六英	二十七
二	三	四	五	六
十一	十二	十三	十四	十五
四十四	四十五	陳穆公款元年	二	三
二十六	二十七	二十八	二十九	蔡莊公甲午元年
四	五	六	七	八
二十四 有妾夢天與之蘭生穆公蘭	二十五	二十六	二十七	二十八
九	十	十一	十二	十三

欽定四庫全書

八	九	十	十一	十二	十三
十六	十七	十八	十九	二十	二十一
四十二 王以戎寇告齊齊徵諸侯戍周	四十三	孝公昭元年	二	三	四
七 重耳聞管仲死去之齊	八	九	十	十一	十二
十六 為河東置官司	十七	十八	十九 滅梁梁好城不居民罷相驚故亡	二十	二十一
二十八	二十九	三十	三十一	三十二	三十三 執宋襄公復歸之
七 隕五石六鷁退飛過我都	八	九	十	十一	十二 召楚盟
十六	十七	十八	十九	二十	二十一
四	五	六	七	八	九
二	三	四	五	六	七
九	十	十一	十二	十三	十四
二十九	三十	三十一	三十二	三十三	三十四
十四	十五	十六	十七	十八	十九

甲	申		
十四 叔帶復歸於周	十五	十六 王奔氾氾鄭地也	十七 晉納王
二十二	二十三	二十四	二十五
五 歸王弟帶	六 伐宋以其不同罪	七	八
十三 太子圉質秦亡歸	十四 圉立為懷公	晉文公元年誅子圉魏武子為魏大夫趙衰為原大夫咎犯曰求霸莫如內王	二
二十二	二十三 迎重耳於楚厚禮之妻之女重耳願歸	二十四 以兵送重耳	二十五 欲內王軍河上
三十四	三十五 重耳過厚禮之	三十六	三十七
十三 泓之戰楚敗之	十四 公疾死泓戰	宋成公王臣元年	二
二十二	二十三 重耳從齊過無禮	二十四	二十五
十	十一	十二	十三
八	九	十	十一
十五	十六 重耳過無禮僖負羈私善	十七	十八
三十五 君如楚宋伐我	三十六 重耳過無禮叔詹諫	三十七	三十八
二十	二十一	二十二	二十三

十八	十九	二十 王狩河陽	二十一
二十六	二十七	二十八 公如踐土會朝	二十九
九	十 孝公薨弟潘因衛子開方殺孝公子立潘	齊昭公潘元年會晉敗楚朝周王	二
三 宋服	四 救宋報曹衛恥	五 侵曹伐衛取五鹿執曹伯諸侯敗楚而朝河陽周命賜公土地	六
二十六	二十七	二十八 會晉伐楚朝周	二十九
三十八	三十九 使子玉伐宋	四十 晉敗子玉于城濮	四十一
三 倍楚親晉	四 楚伐我我告急於晉	五 晉救我楚兵去	六
衛成公鄭元年	二	三 晉伐我取五鹿公出奔立公子瑕會晉朝復歸晉	四 晉以衛畀宋
十四	十五	十八 會晉伐楚朝周王	陳共公朔元年
十二	十三	十四 晉伐我執公復歸之	十五
十九	二十	二十一 晉伐我執公復歸之	二十二
三十九	四十	四十一	四十二
二十四	二十五	二十六	二十七

欽定四庫全書

甲午

二十二	三十	三	七 聽周歸衛成公與秦圍鄭	三十 圍鄭有言即去	四十二	七	五 周入成公復衛	二	十六	二十三	四十三 秦晉圍我以晉故	二十八
二十三	三十一	四	八	三十一	四十三	八	六	三	十七	二十四	四十四	二十九
二十四	三十二	五	九 文公薨	三十二 將襲鄭蹇叔曰不可	四十四	九	七	四	十八	二十五	四十五 文公薨	三十
二十五	三十三 僖公薨	六 狄侵	晉襄公驩元年破秦於殽	三十三 襲鄭晉敗我殽	四十五	十	八	五	十九	二十六	鄭繆公蘭元年秦襲我弦高詐之	三十一
二十六	魯文公興元年	七 伐衛衛伐我	二	三十四 敗殽將亡歸公復其官	四十六 王欲殺太子立職職恐與傅潘崇殺王王欲食熊蹯死不聽自立為王	十一	九 晉伐我我伐晉	六	二十	二十七	二	三十二

史記正義　卷十四　二十四

欽定四庫全書

二十七	二	八	三 秦報我殽敗于汪	三十五 伐晉報殽敗我于汪	楚穆王商臣元年以其太子宅賜崇為相	十二	十	七	二十一	二十八	三	三十三
二十八	三 公如晉	九	四 秦伐我取王官我不出	三十六 以孟明等伐晉晉不敢出	二 晉伐我	十三	十一	八	二十二	二十九	四	三十四
二十九	四	十	五 伐秦圍邧新城	三十七 晉伐我圍邧新城	三 滅江	十四	十二 公如晉	九	二十三	三十	五	三十五
三十	五	十一	六 趙成子欒貞子霍伯臼季皆卒	三十八	四 滅六蓼	十五	十三	十	二十四	三十一	六	三十六
三十一	六	十二	七 公卒趙盾為太子少欲更立君恐誅遂立太子為靈公	三十九 繆公薨葬殉以人從死者百七十人君子譏之故不言卒	五	十六	十四	十一	二十五	三十二	七	三十七
三十二	七	十三	晉靈公夷皋元年趙盾專政	秦康公罃元年	六	十七 公孫固殺成公	十五	十二	二十六	三十三	八	三十八

史記正義　卷十四　二十五

		甲辰			
三十三 襄王崩	頃王元年	二	三	四	五 頃王崩
八 王使衛來求金以葬非禮	九	十	十一 敗長翟于鹹而歸得長翟	十二	十三
十四	十五	十六	十七	十八	十九
二 秦伐我取武城報令狐之戰	三 率諸侯救鄭	四 伐秦拔少梁秦取我北徵	五	六 秦取我羈馬與秦戰河曲秦師遁	七 得隨會
二	三	四 晉伐我取少梁我伐晉取北徵	五	六 伐晉取羈馬怒與我大戰河曲	七 晉詐得隨會
七	八 伐陳以其服晉	九	十	十一	十二
宋昭公杵臼元年襄公之子	二	三	四 敗長翟長丘	五	六
十六	十七	十八	十九	二十	二十一
十三	十四	十五	十六	十七	十八
二十七	二十八	二十九	三十	三十一	三十二
三十四	三十五	曹文公壽元年	二	三	四
九	十 楚伐我	十一	十二	十三	十四
三十九	四十	燕桓公元年	二	三	四

六 公卿爭政故不赴	匡王元年	二	三	四
十四 彗星入北斗周史曰七年宋齊晉君死	十五 六月辛丑日蝕邾伐我	十六	十七 齊伐我	十八 襄仲殺嫡立庶子為宣公
二十 昭公卒弟商人殺太子自立是為懿公	齊懿公商人元年	二 不得民心	三 伐魯	四 公刖邴歜父而奪閻職妻二人共殺公立桓公子惠公
八 趙盾以車八百乘納捷菑弗克	九 我入蔡	十	十一 率諸侯平宋	十二
八	九	十	十一	十二
楚莊王侶元年	二	三 滅庸	四	五
七	八	九 襄夫人使衛伯殺昭公弟鮑立	宋文公鮑元年昭公弟晉率諸侯平我	二
二十二	二十三	二十四	二十五	二十六
陳靈公平國元年	二	三	四	五
三十三	三十四 晉伐我莊侯薨	蔡文公申元年	二	三
五	六 齊入我郛	七	八	九
十五	十六	十七	十八	十九
五	六	七	八	九

	甲寅			
五	六 匡王崩	定王元年	二	三
魯宣公俀元年魯立宣公不正公室卑	二	三	四	五
齊惠公元年取魯濟西之田	二 王子成父敗長翟	三	四	五
十三 趙盾救陳宋伐鄭	十四 趙穿弒靈公趙盾使穿迎公子黑臀于周立之趙氏賜公族	晉成公黑臀元年伐鄭	二	三 中行桓子荀林父救鄭伐陳
秦共公和元年	二	三	四	五
六 伐宋陳以倍我服晉故	七	八 伐陸渾至雒問鼎輕重	九 若敖氏為亂滅之伐鄭	十
三 楚鄭伐我以我倍楚故也	四 華元以羊羹故陷鄭	五 贖華元亡歸	六	七
二十七	二十八	二十九	三十	三十一 楚伐鄭與我平晉中行桓子距楚救鄭伐我
六	七	八	九	十
四	五	六	七	八
十	十一	十二 宋圍我	十三	十四
二十 與楚侵陳遂侵宋晉使趙盾伐我以倍晉故	二十一 與宋師戰獲華元	二十二 華元亡歸	鄭靈公夷元年公子歸生以黿故殺靈公	鄭襄公堅元年靈公庶弟楚伐晉來救
十	十一	十二	十三	十四

四	五	六	七	八
六	七	八 七月日蝕	九	十 四月日蝕
六	七	八	九	十 公卒崔杼有寵高國奔衛
四 與鄭侵陳	五	六 與魯伐秦獲秦諜殺之絳市六日而蘇	七 使桓子伐楚以諸侯師伐陳救鄭成公卒	景公據元年與宋伐鄭
秦桓公元年	二	三 晉伐我獲諜	四	五
十一	十二	十三 伐陳滅舒蓼	十四 伐鄭晉郤缺救鄭敗我	十五
八	九	十	十一	十二
三十二 與晉伐陳	三十三	三十四	三十五	衛穆公遫元年齊高固來奔
十一 晉衛侵我	十二	十三 楚伐我滅舒蓼	十四	十五 夏徵舒以其母辱殺靈公
九	十	十一	十二	十三
十五	十六	十七	十八	十九
二	三	四	五 楚伐我晉來救敗楚師	六 晉沐楚伐我
十五	十六	燕宣公元年	二	三

	甲子				
九	十	十一	十二	十三	十四
十一	十二	十三	十四	十五 初稅畝	十六
齊頃公無野元年	二	三	四	五	六
二	三 救鄭為楚所敗河上	四	五 伐鄭	六 救宋執解揚有使節秦伐我	七 隨會滅赤狄
六	七	八	九	十 伐莒	十一
十六 率諸侯誅陳夏徵舒立陳靈公子午	十七 圍鄭鄭伯肉袒謝釋之	十八	十九 圍宋為殺使者	二十 圍宋五月華元告子反以誠楚罷	二十一
十三	十四 伐陳	十五	十六 殺楚使者楚圍我	十七 華元告楚楚去	十八
二	三	四	五	六	七
陳成公午元年靈公太子	二	三	四	五	六
十四	十五	十六	十七	十八	十九
二十	二十一	二十二	二十三 文公薨	曹宣公廬元年	二
七	八	九	十 晉伐我	十一 左楚伐宋執解揚	十二
四	五 楚圍我我卑辭以解	六	七	八	九

十五	十六	十七	十八	十九
十七 日蝕	十八 宣公薨	魯成公黑肱元年春齊取我隆	二 與晉伐齊齊歸我汶陽竊與楚盟	三 會晉宋衛曹伐鄭
七 晉使郤克來齊婦人笑之克怒歸去	八 晉伐敗我	九	十 晉郤克敗公於鞌虜逢丑父	十一 頃公如晉欲王晉晉不敢受
八 使郤克使齊婦人笑之克怒歸	九 伐齊質子彊兵罷	十	十一 與魯敗齊	十二 始置六卿率諸侯伐鄭
十二	十三	十四	十五	十六
二十二	二十三 莊王薨	楚共王審元年	二 秋申公巫臣竊徵舒母奔晉以為邢大夫冬伐衛魯救齊	三
十九	二十	二十一	二十二	宋共公瑕元年
八	九	十	十一 穆公薨與諸侯敗齊反侵地楚伐我	衛定公臧元年
七	八	九	十	十一
二十 文侯薨	蔡景侯固元年	二	三	四 伐鄭
三	四	五	六	七
十三	十四	十五	十六	十七 晉率諸侯伐我
十	十一	十二	十三	十四

欽定四庫全書

甲戌				
二十	二十一	簡王元年	二	三
四 公如晉晉不敬公欲倍晉合於楚	五	六	七	八
十二	十三	十四	十五	十六
十三 魯公來不敬	十四 梁山崩伯宗隱其人而用其言	十五 使欒書伐鄭遂侵蔡	十六 以巫臣始通於吳而謀楚	十七 復趙武田邑侵蔡
十七	十八	十九	二十	二十一
四 子反救鄭	五 伐鄭倍我故也鄭悼公來訟	六	七 伐鄭	八
二	三	四	五	六
二	三	四	五	六
十二	十三	十四	十五	十六
五	六	七 晉侵我	八	九 晉侯伐我
八	九		十一	十二
十八 晉欒書取我氾襄公薨	鄭悼公費元年公如楚訟	二 悼公薨楚伐我晉使欒書來救	鄭成公睔元年悼公弟也楚伐我	二
十五	燕昭公元年	二	三	四
		吳壽夢元年	二 巫臣來謀伐楚	三

史記正義 卷十四 四十二

欽定四庫全書

						甲申
四	五	六	七	八	九	十
九	十 公如晉送葬諱之	十一	十二	十三 會晉伐秦	十四	十五 始與吳通會鍾離
十七 頃公薨	齊靈公環元年	二	三	四 伐秦	五	六
十八 執鄭成公伐秦伐我	十九	晉厲公壽曼元年	二	三 伐秦至涇敗之獲其將成差	四	五 三郤讒伯宗殺之伯宗好直諫
二十二 伐晉	二十三	二十四 與晉侯夾河盟歸倍盟	二十五	二十六	二十七	秦景公元年
九 救鄭冬與晉戰	十	十一	十二	十三	十四	十五 許畏鄭請徙葉
七	八	九	十	十一 晉率我伐秦	十二	十三 宋華元奔晉復還
七	八	九	十	十一	十二 定公薨	衛獻公衎元年
十七	十八	十九	二十	二十一	二十二	二十三
十	十一	十二	十三	十四	十五	十六
十三	十四	十五	十六	十七 晉率我伐秦	曹成公負芻元年	二 晉執我公以歸
三 與楚盟公如晉執公伐我	四 晉率諸侯伐我	五	六	七 伐秦	八	九
五	六	七	八	九	十	十一
四	五	六	七	八	九	十 與魯會鍾離

史記正義 卷十四 四十三

十一	十二	十三	十四 簡王崩	靈王元年生有髭	二
十六 宣伯告晉欲殺季文子文子以義脫	十七	十八 成公薨	魯襄公午元年圍宋彭城	二 會晉城虎牢	三
七	八	九	十 我不救鄭晉伐我使太子光質於晉	十一	十二 伐吳
六 敗楚鄢陵	七	八 欒書中行偃殺厲公立襄公孫為悼公	晉悼公元年圍宋彭城	二 率諸侯伐鄭城虎牢	三 魏絳辱楊干
二	三	四	五	六	七
十六 救鄭不利子反醉軍敗殺子反歸	十七	十八 為魚石伐宋彭城	十九 侵宋救鄭	二十	二十一 使子重伐吳至衡山使何忌侵陳
宋平公成元年	二	三 楚伐彭城封魚石	四 楚侵我取犬丘晉誅魚石歸我彭城	五	六
二	三	四	五 圍宋彭城	六	七
二十四	二十五	二十六	二十七	二十八	二十九 倍楚盟楚侵我
十七	十八	十九	二十	二十一	二十二
三	四	五	六	七	八
十 倍晉盟楚晉伐我楚來救	十一 公如晉	十二 與楚伐宋	十三 晉伐敗我兵洧上楚來救	十四 成公薨晉率諸侯伐我	鄭釐公惲元年
十二	十三	燕武公元年	二	三	四
十一	十二	十三	十四	十五	十六 楚伐我

甲午

三	四	五	六	七	八	九 王叔奔晉
四 公如晉	五 季文子卒	六	七	八 公如晉	九 與晉伐鄭會河上問公年十二可冠於衛	十 楚鄭伐我西鄙
十三	十四	十五	十六	十七	十八 與晉伐鄭	十九 令太子光高厚會諸侯鍾離
四 魏絳說和戎狄狄朝晉	五	六	七	八	九 率齊魯宋衛曹伐鄭秦伐我	十 率諸侯伐鄭荀罃伐秦
八	九	十	十一	十二	十三 伐晉楚為我援	十四 晉伐我
二十二 伐陳	二十三 伐陳	二十四	二十五 圍陳	二十六 伐鄭	二十七 伐鄭師于武城為秦	二十八 使子囊救鄭
七	八	九	十	十一	十二 晉率我伐鄭師	十三 鄭伐我衛來救
八	九	十	十一	十二	十三 晉率我伐鄭師[illegible]父[illegible]妻	十四 救宋
三十 楚伐我	成公薨陳哀公弱元年	二	三 楚圍我為公亡歸	四	五	六
二十三	二十四	二十五	二十六	二十七 鄭侵我	二十八 晉師我伐鄭	二十九
九	十	十一	十二	十三	十四	十五
二	三	四	五 子駟使賊夜殺釐公詐以病卒赴諸侯	鄭簡公嘉元年釐公子	二 誅子駟晉率諸侯伐我我與盟楚怒伐我	三 晉率諸侯伐我楚來救子孔作亂子產攻之
五	六	七	八	九	十	十一
十七	十八	十九	二十	二十一	二十二	二十三

欽定四庫全書　史記正義　卷十四　四十六

甲辰

十	十一	十二	十三	十四	十五
十一 三桓分為三軍各將軍	十二 公如晉	十三	十四 日蝕	十五 日蝕齊伐我	十六 齊伐我地震齊復伐我北鄙
二十	二十一	二十二	二十三 衛獻公來奔	二十四 伐魯	二十五 伐魯
十一 率諸侯伐鄭秦敗我櫟晉用魏絳九合諸侯	十二	十三	十四 率諸侯大夫伐秦敗棫林	十五 悼公薨	晉平公彪元年我敗楚于湛阪
十五 我使庶長鮑伐晉救鄭敗之櫟	十六	十七	十八 晉率諸侯大夫伐我敗棫林	十九	二十
二十九 鄭晉伐我	三十	三十一 吳伐我敗之共王薨	楚康王招元年共王太子出奔吳	二	三 晉伐我敗湛阪
十四 楚伐我	十五	十六	十七	十八	十九
十五 救鄭敗晉師櫟	十六	十七	十八 孫文子攻公公奔齊立定公弟秋	衛殤公秋元年定公弟	二
七	八	九	十	十一	十二
三十	三十一	三十二	三十三	三十四	三十五
十六	十七	十八	十九	二十	二十一
四 與楚伐宋晉率諸侯伐我秦來救	五	六	七	八	九
十二	十三	十四	十五	十六	十七
二十四	二十五 壽夢卒	吳諸樊元年楚敗我	二 季子讓位楚伐我	三	四

欽定四庫全書　史記正義　卷十四　四十七

十六	十七	十八	十九	二十	二十一	二十二
十七 齊伐我北鄙	十八 與晉伐齊	十九	二十 日蝕	二十一 公如晉日再蝕	二十二 孔子生	二十三
二十六 伐魯	二十七 晉圍臨淄晏嬰大破之	二十八 廢光立子牙為太子光與崔杼殺牙自立晉衛伐我	齊莊公元年	二	三 晉欒逞來奔晏嬰曰不如歸之	四 遣欒逞入曲沃伐晉取朝歌
二	三 率魯宋衛鄭圍齊大破之	四 與衛伐齊	五	六 魯襄公來殺羊舌虎	七 欒逞奔齊	八
二十一	二十二	二十三	二十四	二十五	二十六	二十七
四	五 伐鄭	六	七	八	九	十
二十 伐陳	二十一 晉帥我伐齊	二十二	二十三	二十四	二十五	二十六
三 伐曹	四	五 晉率我伐齊	六	七	八	九 齊伐我
十三 宋伐我	十四	十五	十六	十七	十八	十九
三十六	三十七	三十八	三十九	四十	四十一	四十二
二十二 伐衛	二十三 成公薨	曹武公勝元年	二	三	四	五
十	十一 晉率我圍齊楚伐我	十二 子產為卿	十三	十四	十五	十六
十八	十九 武公薨	燕文公元年	二	三	四	五
五	六	七	八	九	十	十一

二十三	二十四
二十四侵齊日再蝕	二十五齊伐我北鄙以報孝伯之師
五畏晉通楚晏子謀	六晉伐我報朝歌崔杼以莊公通其妻殺之立其弟為景公
九	十伐齊至高唐報太行之役
二十八	二十九公如晉盟不結
十一與齊通率陳蔡伐鄭救齊	十二吳伐我以報舟師之役射殺吳王
二十七	二十八
十	十一
二十楚率我伐鄭	二十一鄭伐我
四十三楚率我伐鄭	四十四
六	七
十七子產曰范宣子為政我請伐陳	十八伐陳入陳
六	燕懿公元年
十二	十三諸樊伐楚迫巢門傷射以薨

甲寅	
二十五	二十六
二十六	二十七日蝕
齊景公杵臼元年公如晉請歸衛獻公	二慶封欲專誅崔氏杼自殺
十一誅衛殤公復入獻公	十二
三十	三十一
十三率陳蔡伐鄭	十四
二十九	三十
十二	衛獻公衎後元年
二十二楚率我伐鄭	二十三
四十五	四十六
八	九
十九楚率陳蔡伐我	二十
二	三
吳餘祭元年	二

欽定四庫全書

二十七
二十八公如楚葬康王
三冬鮑高欒氏謀慶封發兵攻慶封慶封奔吳
十三
三十二
十五康王薨
三十
二
二十四
四十七
十
二十一
四懿公薨
三齊慶封來奔

史記正義 卷十四

景王元年
二十九吳季子來觀周樂所知樂所為
四吳季札來使與晏嬰歡
十四吳季札來曰晉政卒歸韓魏趙
三十三
楚熊郟敖元年
三十二
三
二十五
四十八
十一
二十二季札謂子產曰政將歸子子以禮幸脫於厄矣
燕惠公元年齊高止來奔
四守門閽殺餘祭季札使諸侯

二	三	四	五	六
三十	三十一 襄公薨昭公年十九有童心	魯昭公裯元年	二 公如晉至河晉謝還之	三 晏嬰使晉見叔向曰齊政歸田氏叔向曰晉公室卑
五	六	七	八	九
十五	十六	十七 秦后子來奔	十八 齊田無宇來送女	十九
三十四	三十五	三十六 秦后子奔晉車千乘	三十七	三十八
二	三 王季父圍為令尹	四 令尹圍殺郟敖自立為靈王	楚靈王圍元年共王子肘王	二
三十三	三十四	三十五	三十六	三十七
衛襄公惡元年	二	三	四	五
二十六	二十七	二十八	二十九	三十
四十九 為太子取楚女公通焉太子殺公自立	蔡靈侯班元年	二	三	四
十二	十三	十四	十五	十六
二十三 諸公子爭寵相殺子產子戚止之	二十四	二十五	二十六	二十七 夏如晉冬如楚
二	三	四	五	六 公欲殺公卿立幸臣公卿誅幸臣公恐出奔齊
五	六	七	八	九

欽定四庫全書

甲子

七	八	九	十	十一	十二
四 稱病不會楚	五	六	七 季武子卒日蝕	八 公如楚楚留之賀章華臺	九
十	十一	十二 公如晉請伐燕入其君	十三 入燕君	十四	十五
二十	二十一 秦后子歸秦	二十二 齊景公來請伐燕入其君	二十三 入燕君	二十四	二十五
三十九	四十 公卒后子自晉歸	秦哀公元年	二	三	四
三 夏合諸侯宋地盟伐吳朱方誅慶封冬吳報我取三城	四 率諸侯伐吳	五 伐吳次乾谿	六 執芋尹亡人入章華	七 就章華臺內亡人實之成陳	八 弟棄疾將兵定陳
三十八	三十九	四十	四十一	四十二	四十三
六 稱病不會楚	七	八	九 夫人姜氏無子	衛靈公元年	二
三十一	三十二	三十三	三十四	三十五 弟招作亂哀公自殺	陳惠公吳元年哀公孫也楚來定我
五	六	七	八	九	十
十七 稱病不會楚	十八	十九	二十	二十一	二十二
二十八 子產曰三國不會	二十九	三十	三十一	三十二	三十三
七	八	九 齊伐我	燕悼公元年惠公歸至卒	二	三
十 楚誅慶封	十一 楚率諸侯伐我	十二 楚伐我次乾谿	十三	十四	十五

					甲戌
十三	十四	十五	十六	十七	十八 后太子卒
十 四月日蝕	十一	十二 朝晉至河晉謝之歸	十三	十四	十五 日蝕
十六	十七	十八 公如晉	十九	二十	二十一
二十六 春有星出婺女十月公薨	晉昭公夷元年	二	三	四	五
五	六	七	八	九	十
九	十 醉殺蔡侯使棄疾圍之棄疾居之為蔡侯	十一 王伐徐以恐吳次乾谿民罷於役怨王	十二 棄疾作亂自立靈王自殺復陳蔡	楚平王居元年共王子抱王	二 王為太子取秦女好自娶之
四十四 平公薨	宋元公佐元年	二	三	四	五
三	四	五 公如晉朝嗣君	六	七	八
二	三	四	五 楚平王復陳立惠公	六	七
十一	十二 靈侯如楚楚殺之使棄疾居之為蔡侯	蔡侯廬元年景侯子	二 楚平王復立景侯子廬	三	四
二十三	二十四	二十五	二十六	二十七	曹平公須元年
三十四	三十五	三十六 公如晉	鄭定公寧元年	二	三
四	五	六	七	燕共公元年	二
十六	十七	吳餘昧元年	二	三	四

十六 公如晉晉留之葬公恥之	二十	二十一	二十二	二十三	二十四	二十五
二十二	十七 正月朔日蝕彗星見辰	十八	十九 地震	二十 齊景公與晏子狩入魯問禮	二十一 公晉至河晉謝之歸月蝕	二十二 日蝕
六 公卒六卿彊公室卑	二十三	二十四	二十五	二十六 獵魯界因入魯	二十七	二十八
十一	晉頃公棄疾元年	二	三	四	五	六 周室亂公平亂立敬王
三	十二	十三	十四	十五	十六	十七
六	四 與吳戰	五	六	七 誅伍奢尚太子建奔宋伍胥奔吳	八 蔡侯來奔	九
九	七	八 火	九	十 公毋信詐殺諸公子太子建來奔見亂之鄭	十一	十二
八	十	十一 火	十二	十三	十四	十五
	九	十 火	十一	十二	十二	十四
二	六	七	八	九 平公薨靈公孫東國殺平侯子而自立	蔡悼侯東國元年奔楚	二
四 父欲禳之子產曰不如修德	三	四 平公薨	曹悼公午元年	二	三	四
	五	六 火	七	八 楚太子建從宋來奔	九	十
三	四	五 共公薨	燕平公元年	二	三	四
吳僚元年	二 與楚戰	三	四	五 伍員來奔	六	七

火欲禳之 火訊父 禳訊禳

		甲申			
敬王元年	二	三	四	五	六
二十三 地震	二十四 鸜鵒來巢	二十五 公欲誅季氏三桓氏攻公公出居鄆	二十六 齊取鄆處公	二十七	二十八 公如晉求入晉弗聽處之乾侯
二十九	三十	三十一	三十二 彗星見晏子曰田氏有德於齊可畏	三十三	三十四
七	八	九	十 知櫟趙鞅內王於王城	十一	十二 六卿誅公族分其邑各使其子為大夫
十八	十九	二十	二十一	二十二	二十三
十 吳伐敗我	十一 吳卑梁人爭桑伐取我鍾離	十二	十三 欲立子西子西不肯秦女子為昭王	楚昭王珍元年誅無忌以說眾	二
十三	十四	十五	宋景公頭曼元年	二	三
十六	十七	十八	十九	二十	二十一
十五 吳敗我兵取胡沈	十六	十七	十八	十九	二十
三	蔡昭侯申元年悼侯弟	二	三	四	五
五	六	七	八	九	曹襄公元年
十一 楚建作亂殺之	十二	十三	十四	十五	十六
五	六 公如晉請內王	七	八	九	十
八 公子光敗楚	九	十	十	十二 公子光使專諸殺僚五	吳闔閭元年

欽定四庫全書

史記正義 卷十四

七	八	九	十 晉使諸侯為我築城	十一	十二
二十九 公如鄆齊侯曰主君公恥之復之乾侯	三十	三十一 日蝕	三十二 公卒乾侯	魯定公宋元年昭公喪自乾侯至	二
三十五	三十六	三十七	三十八	三十九	四十
十三	十四 頃公卒	晉定公午元年	二 率諸侯為周築城	三	四
二十四	二十五	二十六	二十七	二十八	二十九
三	四 吳王公子來奔封以扞吳	五 吳伐我六潛	六	七 囊瓦伐吳敗我豫章蔡侯來朝	八
四	五	六	七	八	九
二十二	二十三	二十四	二十五	二十六	二十七
二十一	二十二	二十三	二十四	二十五	二十六
六	七	八	九	十 朝楚以裘故留	十一
二	三	四	五 平公弟通殺襄公自立	曹隱公元年	二
鄭獻公蠆	二	三	四	五	六
十一	十二	十三	十四	十五	十六
二	三 公子奔楚	四 伐楚六潛	五	六 楚伐我迎擊敗之取楚之居巢	七

甲午

十三	十 與晉率諸侯侵楚	十五	十六 王子朝之徒作亂故王奔晉	十七 劉子迎王晉入王
三	四	五 陽虎執季桓子與盟釋之日蝕	六	七 齊伐我
四十一	四十二	四十三	四十四	四十五 侵衛伐魯
五	六 周與我率諸侯侵楚	七	八	九 入周敬王
三十	三十一 楚包胥請救	三十二	三十三	三十四
九 蔡昭侯留三歲得裘故歸	十 吳蔡伐我入郢昭王亡伍子胥鞭平王墓	十一 秦救至吳去昭王復入	十二 吳伐我番楚恐徙鄀	十三
十	十一	十二	十三	十四
二十八	二十九 與蔡爭長	三十	三十一	三十二 齊侵我
二十七	二十八	陳懷公柳元年	二	三
十二 與子常裘歸如晉請伐楚	十三 與衛爭長衛侵我吳與我伐楚郢	十四	十五	十六
三	四	曹靖公路元年	二	三
七	八	九	十 魯侵我	十一
十七	十八	十九	燕簡公元年	二
八	九 與蔡伐楚入郢	十	十一 伐楚取番	十二

欽定四庫全書

甲辰

十八	十九	二十	二十一	二十二	二十三
八 陽虎欲伐三桓三桓攻陽虎虎奔陽	九 伐陽虎虎奔齊	十 公會齊侯于夾谷孔子相齊歸我地	十一	十二 齊來歸女樂季桓子受之孔子行	十三
四十六 魯伐我我伐魯	四十七 囚陽虎虎奔晉	四十八	四十九	五十 遺魯女樂	五十一
十 伐衛	十一 陽虎來奔	十二	十三	十四	十五 趙鞅伐范中行
三十五	三十六 哀公薨	秦惠公元年彗星見	二 生躁公懷公簡公	三	四
十四 子西為民泣民亦泣蔡昭侯恐	十五	十六	十七	十八	十九
十五	十六 陽虎來奔	十七	十八	十九	二十
三十三 晉魯侵伐我	三十四	三十五	三十六	三十七 伐魯	三十八 孔子來祿之如魯
四 公如吳吳留之因死吳	陳湣公越元年	二	三	四	五
十七	十八	十九	二十	二十一	二十二
四 靖公薨	曹伯陽元年	二	三 國人有夢眾君子立社宮謀亡曹振鐸請待公孫彊許之	四 衛伐我	五
十二	十三 獻公薨	鄭聲公勝元年鄭益弱	二	三	四
三	四	五	六	七	八
十三 陳公來留之死於吳	十四	十五	十六	十七	十八

史記正義 卷十四

二十四	二十五	二十六	二十七	二十八	二十九
十四	十五定公薨日蝕	魯哀公將元年	二	三地震	四
五十二	五十三	五十四伐晉	五十五輸范中行氏粟	五十六	五十七乞救范氏
十六	十七	十八趙鞅圍范中行朝歌伐我	十九趙鞅圍范中行鄭來救敗我	二十	二十一趙鞅拔邯鄲柏人有之
五	六	七	八	九	十惠公薨
二十	二十一滅胡以吳敗我倍之	二十二率諸侯圍蔡	二十三	二十四	二十五
二十一	二十二鄭伐我	二十三	二十四	二十五孔子過宋桓魋惡之	二十六
三十九太子蒯聵出奔	四十	四十一伐晉	四十二靈公薨蒯聵子輒立晉納太子蒯聵于戚	衛出公輒元年	二
六孔子來	七	八吳伐我	九	十	十一
二十三	二十四	二十五楚伐我以吳怨故	二十六畏楚私召吳人乞遷于州來州來近吳	二十七	二十八大夫共誅昭侯
六公孫彊好射獻鴈君使為司城聽政	七	八	九	十宋伐我	十一
五子產卒	六伐宋	七	八敗范中行氏與趙鞅戰于鐵敗伐閒	九	十
九	十	十一	十二	燕獻公元年	二
十九伐越敗我傷闔閭指以死	吳王夫差元年	二伐越	三	四	五

甲寅

三十	三十一	三十二	三十三	三十四	三十五
五	六	七公會吳王于繒徵百牢季康子使子貢謝之	八吳為邾伐我至城下盟而去齊取我三邑	九	十與吳伐齊
五十八景公薨立嬖姬子為太子	齊晏孺子元年田乞詐立陽生殺孺子	齊悼公陽生元年	二伐魯取三邑	三	四吳魯伐我鮑子殺悼公齊人立其子壬為簡公
二十二趙鞅敗范中行中行奔齊伐衛	二十三	二十四侵衛	二十五	二十六	二十七使趙鞅伐齊
秦悼公元年	二	三	四	五	六
二十六	二十七救陳王死	楚惠王章元年	二子西召建子勝於吳為白公	三伐陳陳與吳故	四伐鄭
二十七	二十八伐晉	二十九侵鄭圍曹	三十曹倍我我滅之	三十一鄭圍我敗之于雍丘	三十二伐鄭
三晉伐我救范氏故	四	五晉侵我	六	七	八孔子自陳來
十二	十三吳伐我楚來救	十四	十五	十六倍楚與吳成	十七
蔡成侯朔元年	二	三	四	五	六
十二	十三宋伐我	十四宋圍我鄭救我	十五宋滅曹虜伯陽		
十一	十二	十三	十四	十五圍宋敗我師雍丘伐我	十六
三	四	五	六	七	八
六	七伐陳	八魯會我繒	九	十	十一與魯伐齊救陳誅伍員

三十六	三十七	三十八	三十九	四十
十一 齊伐我冉有言故迎孔子孔子歸	十二 與吳會橐臯用田賦	十三 與吳會黃池	十四 西狩獲麟衛出公來奔	十五 子服景伯使晉子爲齊歸我侵地
齊簡公元年魯與吳敗我	二	三	四 田常殺簡公立其弟爲平公常相之專國權	齊平公鶩元年景公子也齊自是稱田氏
二十八	二十九	三十 與吳會黃池爭長	三十一	三十二
七	八	九	十	十一
五	六 白公勝數請子西伐鄭以父怨故	七 伐陳	八	九
三十三	三十四	三十五 鄭敗我師	三十六	三十七 熒惑守心子韋曰善
九 孔子歸魯	十 公如晉與吳會橐臯	十一	十二 父蒯聵入輒出亡	衛莊公蒯聵元年
十八	十九	二十	二十一	二十二
七	八	九	十	十一
十七	十八 宋伐我	十九	二十	二十一
九	十	十一 敗宋師	十二	十三
十二 與魯敗齊	十三 與魯會橐臯	十四 與晉會黃池	十五	十六

欽定四庫全書　史記正義　卷十四　六十

四十一	四十二	甲子
十六 孔子卒	十七	四十三 敬王崩
二	三	十八 二十七卒
三十三	三十四	四 二十五卒
十二	十三	二十五 二十七卒
十 白公勝殺令尹子西攻惠王葉公攻白公白公自殺惠王復國	十一	十四 卒子厲公立
三十八	三十九	十二 五十七卒
二	三 莊公辱戎州人戎州人與趙簡子攻莊公出奔	四十 六十四卒
二十三 楚滅陳殺湣公	二十四	衛君起元年石傅逐起出輒復入
十二	十三	
		十四 十九卒
二十二	二十三	
十四	十五	二十四 三十八卒
十七	十八 楚敗我	十六 二十八卒
		十九 二十二卒

欽定四庫全書　史記正義　卷十四　六十一

乾隆御覽之寶

史記正義卷十四

欽定四庫全書

史部

史記正義卷十五至十七

詳校官編修臣李如筠

欽定四庫全書

史記正義卷廿五

唐 張守節 撰

六國表第三 史記十五

太史讀秦記至犬戎敗幽王周東徙洛邑秦襄公始封為諸侯作西畤用事上帝僭端見矣禮曰天子祭天地諸侯祭其域内名山大川今秦雜戎翟之俗先暴戾後仁義位在藩臣而臚於郊祀君子懼焉臚作臚音旅祭名又旅陳也

及文公踰隴攘夷狄尊陳寶營岐雍之間而穆公修政東竟至河則與齊桓晉文中國侯伯侔矣是後陪臣執政大夫世祿六卿擅晉權征伐會盟威重於諸侯及田常殺簡公而相齊國諸侯晏然弗討海内爭於戰功矣三國終之卒分晉田和亦滅齊而有之六國之盛自此始務在彊兵并敵謀詐用而從衡短長之說起矯稱蠭出誓盟不信雖置質剖符猶不能約束也秦始小國僻遠諸夏賓之比於戎翟至獻公之後常雄諸侯論秦之

德義不如魯衛之暴戾者量秦之兵不如三晉之彊也然卒并天下非必險固便形埶利也蓋若天所助焉或曰東方物所始生西方物之成孰夫作事者必於東南收功實者常於西北故禹興於西羌（禹生於茂州汶川縣本冉駹國皆西羌）湯起于亳周之王也以豐鎬伐殷秦之帝用雍州興漢之興自蜀漢秦既得意燒天下詩書諸侯史記尤甚為其有所刺譏也詩書所以復見者多藏人家而史記獨藏周室以故滅惜哉惜哉獨有秦記又不載日月其

文畧不具然戰國之權變亦有可頗采者何必上古秦取天下多暴然世異變成功大傳曰法後王何也以其近已而俗變相類議卑而易行也（易以豉反後王近代之王法與已連接世俗之變又相類也故議卑淺而易識行耳）學者牽於所聞見秦在帝位日淺不察其終始因舉而笑之不敢道此與以耳食無異悲夫余於是因秦記踵春秋之後起周元王表六國時事訖二世凡二百七十年著諸所聞興壞之端後有君子以覽觀焉

周	秦	魏獻子	韓宣子	趙簡子	楚	燕	齊
元王元年	厲共公元年	衛出公輒後元年		四十二	楚惠王章十三年 吳伐我	燕獻公十七年	齊平公驁五年
二	二 蜀人來賂	晉定公卒		四十三	十四 越圍吳吳怨	十八	六
三	三	晉出公錯元年		四十四	十五	十九	七 越人始來
四	四			四十五	十六 越滅吳	二十	八
五	五 楚人來賂			四十六	十七 蔡景侯卒	二十一	九 晉知伯瑤來伐我
六	六 義渠來賂緜諸乞援			四十七	十八 蔡聲侯元年	二十二	十
七	七 彗星見			四十八 衛莊公飲大夫不解襪公怒即攻公公奔宋	十九 王子英奔秦	二十三	十一
八	八			四十九	二十	二十四	十二
定王元年	九			五十	二十一	二十五	十三

欽定四庫全書

史記正義　卷十五　四

二	三	四	五	六	七	八	九	十	十一
十 庶長將兵拔魏城彗星見	十一	十二	十三	十四	十五	十六 塹阿旁伐大荔補龐戲城	十七	十八	十九
			知伯伐鄭駟桓子如齊求救	鄭聲公卒	鄭哀公元年				
五十一	五十二	五十三	五十四 知伯謂簡子欲廢太子襄子襄子怨知伯		五十六	五十七	五十八	五十九	六十
二十二 魯哀公卒	二十三	二十四 魯悼公元年三桓勝魯如小侯	二十五	二十六	二十七	二十八	二十九	三十	三十一
二十六	二十七	二十八	燕孝公元年	二	三	四	五	六	七
十四	十五	十六	十七 救鄭晉師去中行文子謂田常乃今知以亡	十八	十九	二十	二十一	二十二	二十三

欽定四庫全書

史記正義　卷十五　五

十二	十三	十四
二十 公將師與綿諸戰	二十一	二十二
	晉哀公忌元年 表云晉出公錯十八年晉哀公忌二年晉懿公驕驕十七年丙午世本云昭公生桓子雍雍生忌忌生懿公驕世家云晉出公十七年晉哀公驕十八年丙午懿公奔出公道死知伯乃立昭公曾孫驕為晉君是為哀公哀公大父雍晉昭公少子號戴子生忌忌善智伯早死故智伯欲并晉未敢乃立忌子驕為君據三處不同未知孰是	衛悼公黚元年
襄子元年 未除服登夏屋誘代王以金斗殺代王封伯魯子周為代成君	二	三
三十二 蔡聲侯卒	三十三 蔡元侯元年	三十四
八	九	十
二十四	二十五	齊宣公就匜元年

十五	十六	十七	十八	十九	二十	二十一	二十二	二十三
二十三	二十四	二十五 晉大夫智開率其邑人來奔	二十六 左庶長城南鄭	二十七	二十八 越人來逆女	二十九 晉大夫知伯寬率其邑人來奔	三十	三十一
	魏桓子敗智伯于晉陽			衛敬公元年				
	韓康子敗智伯晉陽							
四 與智伯分范中行地	五 襄子敗智伯晉陽與魏韓三分其地	六	七	八	九	十	十一	十二
三十五	三十六	三十七	三十八	三十九 蔡侯齊元年	四十	四十一	四十二 楚滅蔡	四十三
十一	十二	十三	十四	十五	燕成公元年	二	三	四
二	三	四	五 宋景公卒	六 宋昭公元年	七	八	九	十

二十四	二十五	二十六	二十七	二十八	考王元年	二	三	四	五	六	七
三十二	三十三 伐義渠虜其王	三十四 日蝕晝晦星見	秦躁公元年	二 南鄭反	三	四	五	六	七	八 六月雨雪日月蝕	九
								晉幽公柳元年服韓魏			
十三	十四	十五	十六	十七	十八	十九	二十	二十一	二十二	二十三	二十四
四十四 滅杞杞夏之後	四十五	四十六	四十七	四十八	四十九	五十	五十一	五十二	五十三	五十四	五十五
五	六	七	八	九	十	十一	十二	十三	十四	十五	十六
十一	十二	十三	十四	十五	十六	十七	十八	十九	二十	二十一	二十二

八	十			二十五	五十六	燕湣公元年	二十三
九	十一			二十六	五十七	二	二十四
十	十二	衛昭公元年		二十七	楚簡王仲元年滅莒	三	二十五
十一	十三 義渠伐秦侵至渭陽			二十八	二	四	二十六
十二	十四			二十九	三 魯悼公卒	五	二十七
十三	秦懷公元年生靈公			三十	四 魯元公元年	六	二十八
十四	二			三十一	五	七	二十九
十五	三			三十二	六	八	三十
威烈王元年	四 庶長鼂殺懷公太子蚤死大臣立太子之子為靈公	衛悼公亹元年		三十三 襄子卒	七	九	三十一
二	秦靈公元年生獻公	魏文侯斯元年	韓武子元年	趙桓子元年	八	十	三十二
三	二	二	二 鄭幽公元年韓殺之	趙獻侯元年	九	十一	三十三

四	三 作上下畤	三	三 鄭立幽公子為繻公元年	二	十	十二	三十四
五	四	四	四	三	十一	十三	三十五
六	五	五 魏誅晉幽公立其弟止	五	四	十二	十四	三十六
七	六	六 晉烈公止元年魏滅少梁	六	五	十三	十五	三十七
八	七 與魏戰少梁	七	七	六	十四	十六	三十八
九	八 城塹河瀕初以君主妻河	八 復城少梁	八	七	十五	十七	三十九
十	九	九	九	八	十六	十八	四十
十一	十 補龐城城籍姑靈公卒立其季父悼子是為簡公	十	十	九	十七	十九	四十一
十二	秦簡公元年	十一 衛慎公元年	十一	十 中山武公初立	十八	二十	四十二
十三	二 與晉戰敗鄭下	十二	十二	十一	十九	二十一	四十三 代晉敗黃城圍陽狐

欽定四庫全書

十四	十五	十六	十七	十八	十九	二十	二十一	二十二	二十三 九鼎震
三	四	五 日蝕	六 初令吏帶劍	七 塹洛城重泉初租禾	八	九	十	十一	十二
十三 公子擊圍繁龐出其民人	十四	十五	十六 伐秦築臨晉元里	十七 擊宋中山伐秦至鄭還築洛陽	十八 文侯受經子夏過段干木之閭常式	十九	二十 卜相李克翟璜爭	二十一	二十二 初為侯
十三	十四	十五	十六	韓景侯虔元年伐鄭取雍丘鄭城京	二 鄭敗韓于負黍	三	四	五	六 初為侯
十二	十三 城平邑	十四	十五	趙列侯籍元年魏使太子伐中山	二	三	四	五	六 初為侯
二十	二十一	二十二	二十三	二十四 簡王卒	楚聲王當元年魯穆公元年	二	三	四	五 魏韓趙始列為諸侯
二十二	二十三	二十四	二十五	二十六	二十七	二十八	二十九	三十	三十一
四十四 伐魯莒及安陽	四十五 伐魯取都	四十六	四十七	四十八 取魯郕	四十九 與鄭會于西城伐衛取毋丘	五十	五十一 田會以廩丘反	齊康公貸元年	二 宋悼公元年

史記正義 卷十五

十

欽定四庫全書

二十四	安王元年	二	三 王子定奔晉	四	五	六	七	八	九
十三	十四 伐魏至陽狐	十五	秦惠公元年	二	三 日蝕	四	五 伐緜	六	七
二十三	二十四 伐秦至陽狐	二十五 太子罃生	二十六 虢山崩壅河	二十七	二十八	二十九	三十	三十一	三十二 伐鄭城酸棗
七	八	九 鄭圍陽翟	韓列侯元年	二 鄭殺其相駟子陽	三 鄭人殺君三月盜殺韓相俠累	四 鄭相子陽之徒殺其君繻公	五 鄭康公元年	六 救魯鄭負黍反	七
七 列侯好音欲賜歌者田徐越侍以仁義乃止	八	九	趙武公元年	二	三	四	五	六	七
六 盜殺聲王	楚悼王類元年	二 三晉來伐我至乘丘	三 歸榆關于鄭	四 敗鄭師圍鄭鄭人殺子陽	五	六	七	八	九 韓伐我負黍
燕釐公元年	二	三	四	五	六	七	八	九	十
二	四	五	六	七	八	九	十 宋休公元年	十一 伐魯取最	十二

史記正義 卷十五

十一

十	八	三十三 晉孝公頎元年	八	八	十	十一	十三
十一	九 代韓宜陽取六邑	三十四	九 秦伐宜陽取六邑	九	十一	十二	十四
十二	十 與晉戰武城縣陜	三十五 齊伐取襄陽	十	十	十二	十三	十五 魯伐我平陸
十三	十一 太子生	三十六 秦侵晉	十一	十一	十三	十四	十六 與晉衛會濁澤
十四	十二	三十七	十二	十二	十四	十五	十七
十五	十三 蜀取我南鄭	三十八	十三	十三	十五	十六	十八
十六	秦出公元年	魏武侯元年 襲邯鄲敗焉	韓文侯元年	趙敬侯元年 武公子朝作亂奔魏	十六	十七	十九 田常曾孫田和始列爲諸侯遷康公海上食一城
十七	二 庶長改迎靈公太子立爲獻公誅出公	二 城安邑王垣	二 伐鄭取陽城伐宋到彭城執宋君	二	十七	十八	二十 伐魯破之田和卒
十八	秦獻公元年	三	三	三	十八	十九	二十一 田和子桓公午立

欽定四庫全書

十九	二 城櫟陽	四	四	四 魏敗我兔臺	十九	二十	二十二
二十	三 日蝕晝晦	五	五	五	二十	二十一	二十三
二十一	四 孝公生	六	六	六	二十一	二十二	二十四
二十二	五	七 伐齊至桑丘	七 伐齊至桑丘鄭敗晉	七 伐齊至桑丘	楚肅王臧元年	二十三	二十五 伐燕取桑丘
二十三	六 初縣蒲藍田善明氏	八	八	八 襲衛不克	二	二十四	二十六 康公卒田氏遂并齊而有之太公望之後絕祀
二十四	七	九 翟敗我澮伐齊至靈丘	九 伐齊至靈丘	九 伐齊至靈丘	三	二十五	齊威王因齊元年 自田常至威王威王始以齊彊天下
二十五	八	十 晉靜公俱酒元年	十	十	四 蜀伐我茲方	二十六	二
二十六	九	十一 魏韓趙滅晉絕無後	十一 韓哀侯元年分晉國	十一 分晉國	五	二十七	三 三晉滅其君
烈王元年	十 日蝕	十二	二 滅鄭康公二十年滅無後	十二	六 魯共公元年	二十八	四
二	十一 縣櫟陽	十三	三	趙成侯元年	七	二十九	五

三	十二	十四	四	二	八	三十 敗齊林狐	六 魯伐入陽關晉伐至博陵
四	十三	十五 衛聲公元年敗趙北藺	五	三 伐衛取都鄙七十三 魏敗我藺	九	燕桓公元年	七 宋辟公元年
五	十四	十六 伐楚取魯陽	六 韓嚴殺其君	四	十 魏取我魯陽	二	八
六	十五	惠王元年	壯侯元年	五 伐齊于甄 魏敗我懷	十一	三	九 趙伐我甄
七	十六 民大疫日蝕	二 敗韓馬陵	二 魏敗我馬陵	六 魏敗涿澤圍惠王	楚宣王良夫元年	四	十 宋剔成元年
顯王元年	十七 櫟陽雨金四月至八月	三 齊伐我觀津	三	七 侵齊至長城	二	五	十一 伐魏取觀 趙取我長城
二	十八	四	四	八	三	六	十二
三	十九 敗韓魏洛陽	五 與韓會宅陽 城武都	五	九	四	七	十三
四	二十	六 伐宋取儀臺	六	十	五	八	十四
五 賀秦	二十一	七	七	十一	六	九	十五
六	二十二	八	八	十二	七	十	十六

欽定四庫全書

七	二十三 與魏戰少梁虜其太子	九 與秦戰少梁虜我太子	九 魏敗我于澮大雨三月	十三 魏敗我于澮	八	十一	十七
八	秦孝公元年 彗星見西方	十 取趙皮牢 衛成侯元年	十	十四	九	燕文公元年	十八
九 致胙于秦	二 天子致胙	十一	十一	十五	十	二	十九
十	三	十二 星晝墮有聲	十二	十六	十一	三	二十
十一	四	十三	韓昭侯元年 秦敗我西山	十七	十二	四	二十一 鄒忌以鼓琴見威王
十二	五	十四 與趙會鄗	二 宋取我黃池 魏取我朱	十八 趙孟如齊	十三 君尹黑迎女秦	五	二十二 封鄒忌為成侯
十三	六	十五 魯衛宋鄭侯來	三	十九 與燕會阿 與齊宋會平陸	十四	六	二十三 與趙會平陸
十四	七 與魏王會杜平	十六	四	二十	十五	七	二十四 與魏會田於郊
十五	八 與魏戰元里斬首七千取少梁	十七 與秦戰元里秦取我少梁	五	二十一 魏圍我邯鄲	十六	八	二十五

欽定四庫全書 史記正義 卷十五 十六

十六	十七	十八	十九	二十	二十一	二十二	二十三	二十四	二十五 諸侯會
九	十 衛公孫鞅為大良造伐安邑降之	十一 城商塞衛鞅圍固陽降之	十二 初取小邑為三十一縣令為田開阡陌	十三 初為有秩史	十四 初為賦	十五	十六	十七	十八
十八 邯鄲降齊日敗桂陵	十九 諸侯圍我襄陵築長城塞固陽	二十 歸趙邯鄲	二十一 與秦遇彤	二十二	二十三	二十四	二十五	二十六	二十七 丹封名會丹魏大臣
六 伐東周取陵觀廩丘	七	八 申不害相	九	十 韓姬弑其君悼公	十一 昭侯如秦	十二	十三	十四	十五
二十二 魏敗邯鄲	二十三	二十四 魏歸邯鄲與魏盟漳水上	二十五	趙肅侯元年	二	三 公子范襲邯鄲不勝死	四	五	六
十七	十八 魯康公元年	十九	二十	二十一	二十二	二十三	二十四	二十五	二十六
九	十	十一	十二	十三	十四	十五	十六	十七	十八
二十六 敗魏桂陵	二十七	二十八	二十九	三十	三十一	三十二	三十三 殺其大夫牟辛	三十四	三十五 田忌襲齊不勝

欽定四庫全書 史記正義 卷十五 十七

二十六 致伯秦	二十七	二十八	二十九	三十	三十一	三十二	三十三 賀秦
十九 城武城從東方牡丘來歸天子致伯	二十 諸侯畢賀會諸侯于澤朝天子	二十一 馬生人	二十二 封大良造商鞅	二十三 與晉戰岸門	二十四 秦大荔圍合陽孝公薨商君反死彤地	秦惠文王元年楚韓趙蜀人來	二 天子賀行錢宋太丘社亡
二十八	二十九 中山君為相	三十 齊虜我太子申殺將軍龐涓	三十一 秦商君伐我虜我公子卬	三十二 公子赫為太子	三十三 衛鞅亡歸我我恐弗內	三十四	三十五 孟子來王問利國對曰君不可言利
十六	十七	十八	十九	二十	二十一	二十二 申不害卒	二十三
七	八	九	十	十一	十二	十三	十四
二十七 魯景公偃元年	二十八	二十九	三十	楚威王熊商元年	二	三	四
十九	二十	二十一	二十二	二十三	二十四	二十五	二十六
三十六	齊宣王辟彊元年	二 敗魏馬陵田忌田嬰田盼將孫子為師	三 與趙會伐魏	四	五	六	七 與魏會平河南

三十四	三 王冠拔韓宜陽	三十六	二十四 秦拔我宜陽	十五	五	二十七	八 與魏會於甄
三十五	四 天子致文武胙魏夫人來	魏襄王元年 與諸侯會徐州以相王	二十五 旱作高門屈宜臼曰昭侯不出此門	十六	六	二十八 蘇秦說燕	九 與魏會於徐州諸侯相王
三十六	五 陰晉人犀首為大良造	二 秦敗我彫陰	二十六 高門成昭侯卒不出此門	十七	七 圍齊於徐州	二十九	十 楚圍我徐州
三十七	六 魏以陰晉為和命曰寧秦	三 伐趙衛平侯元年	韓宣惠王元年	十八 齊魏伐我我決河水浸	八	燕易王元年	十一 與魏伐趙
三十八	七 義渠內亂庶長操將兵定之	四	二	十九	九	二	十二
三十九	八 魏入少梁河西地于秦	五 與秦河西地少梁秦圍我焦曲沃	三	二十	十	三	十三
四十	九 渡河取汾陰皮氏圍焦降之與魏會應	六 與秦會應秦取汾陰皮氏	四	二十一	十一 魏敗我陘山	四	十四
四十一	十 張儀相公子桑圍蒲陽降之魏納上郡	七 入上郡于秦	五	二十二	楚懷王槐元年	五	十五 宋君偃元年

欽定四庫全書　史記正義　卷十五　十八

四十二	十一 義渠君為臣歸魏焦曲沃	八 秦歸我焦曲沃	六	二十三	二	六	十六
四十三	十二 初臘會龍門	九	七	二十四	三	七	十七
四十四	十三 四月戊午魏君為王	十	八 魏敗我韓舉	趙武靈王元年魏敗我趙護	四	八	十八
四十五	相張儀將兵取陝初更元年	十一 衛嗣君元年	九	二 城鄗	五	九	十九
四十六	二 相張儀與齊楚會齧桑	十二	十 君為王	三	六 敗魏襄陵	十	齊湣王元年
四十七	三 張儀免相相魏	十三 秦取曲沃平周女化為丈夫	十一	四 韓會區鼠	七	十一	二
四十八	四	十四	十二	五 取韓女為夫人	八	十二	三 封田嬰于薛
慎靚王元年	五 王北遊戎地至河上	十五	十三	六	九	燕噲王元年	四 迎婦于秦
二	六	十六	十四 秦來擊我取鄢	七	十 城廣陵	二	五

欽定四庫全書　史記正義　卷十五　十九

三	四	五	六	周赧王元年	二	三
七 五國共擊秦不勝而還	八 與韓趙戰斬首八萬敗儀復相	九 擊蜀滅之取趙中都西陽安邑	十	十一 侵義渠得二十五城	十二 樗里子擊藺陽虜趙將公子繇通封蜀	十三 庶長章擊楚斬首八萬
魏哀王元年 擊秦不勝	二 齊敗我觀津	三	四	五 秦拔我曲沃歸其人走犀首岸門	六 秦來立公子政為太子與秦王會臨晉	七 擊齊虜聲子于濮與秦擊燕
十五 擊秦不勝	十六 秦敗我脩魚得韓將軍申差	十七	十八	十九	二十	二十一 秦助我攻楚圍景座
八 擊秦不勝	九 與韓魏擊秦齊敗我觀澤	十 秦取我中都西陽安邑	十一 秦敗我將軍英	十二	十三 秦拔我藺虜將趙莊	十四
十一 擊秦不勝	十二	十三	十四	十五 魯平公元年	十六 張儀來相	十七 秦敗我將屈丐
三 擊秦不勝	四	五 君讓其臣子之國顧為臣	六	七 君及太子噲子之皆死	八	九 燕人共立公子平
六	七 敗魏趙觀澤	八	九	十	十一	十二

四	五	六	七	八	九	十	十一	十二
十四 蜀相殺蜀侯	秦武王元年 誅蜀相壯張儀魏章皆死于魏	二 初置丞相樗里子甘茂為丞相	三	四 拔宜陽城斬首六萬涉河城武遂	秦昭王元年	二 彗星見桑君為亂誅	三	四 彗星見
八 圍衛	九 與秦會臨晉	十 張儀死	十一 與秦會應	十二 太子往朝秦	十三 秦擊皮氏未拔而解	十四 秦武王后來歸	十五	十六 秦拔我蒲坂晉陽封陵
韓襄王元年	二	三	四 與秦會臨晉秦擊我宜陽	五 秦拔我宜陽斬首六萬	六 秦復與我武遂	七	八	九 秦取武遂
十五	十六 吳廣入女生子何立為惠王后	十七	十八	十九 初胡服	二十	二十一	二十二	二十三
十八	十九	二十	二十一	二十二	二十三	二十四 秦來迎婦	二十五 與秦王會黃棘秦復歸我上庸	二十六 太子質秦
燕昭王元年	二	三	四	五	六	七	八	九
十三	十四	十五	十六	十七	十八	十九	二十	二十一

十三	五	十七 與秦會臨晉復我蒲坂	十 太子嬰與秦王會臨晉因至咸陽而歸	二十四	二十七	十	二十二
十四	六 蜀反司馬錯往誅蜀守煇定蜀日蝕晝晦伐楚	十八 與秦擊楚	十一 秦取我穰與秦擊楚	二十五 趙攻中山惠后卒	二十八 秦韓魏齊敗我將軍唐昧于重丘	十一	二十三 與秦擊楚公子將大有功
十五	七 樗里疾卒擊楚斬首三萬魏冉為相	十九	十二	二十六	二十九 秦取我襄城殺景缺	十二	二十四 秦使涇陽君來為質
十六	八 楚王來因留之	二十 與齊王會於韓	十三 齊魏王來立咎為太子	二十七	三十 王入秦秦取我八城	十三	二十五 涇陽君復歸秦薛文入相秦

十七	九	二十一 與齊韓共擊秦于函谷河渭絕一日	十四 與齊魏共擊秦	趙惠文王元年以公子勝為相封平原君	楚頃襄王元年秦敗我十六城	十四	二十六 與魏韓共擊秦孟嘗君歸相齊
十八	十 楚懷王亡之趙趙弗內	二十二	十五	二 楚懷王亡來弗內	二	十五	二十七
十九	十一 彗星見復與魏封陵	二十三	十六 與齊魏擊秦秦與我武遂和	三	三 懷王卒於秦來歸葬	十六	二十八
二十	十二 樓緩免穰侯魏冉為丞相	魏昭王元年 秦尉錯來擊我襄城	韓釐王咎元年	四 圍殺主父與齊燕共滅中山	四 魯文侯元年	十七	二十九 佐趙滅中山

二十一	十三 任鄙為漢中守	二 與秦戰解不利	二	五	五	十八	三十 田甲劫王相薛文走
二十二	十四 白起擊伊闕斬首二十四萬	三 佐韓擊秦秦敗我兵伊闕	三 秦敗我伊闕二十四萬虜將喜	六	六	十九	三十一
二十三	十五 魏冉免相	四	四	七	七 迎婦秦	二十	三十二
二十四	十六	五	五 秦拔我宛城	八	八	二十一	三十三
二十五	十七 魏入河東四百里	六 芒卯以詐見重	六 與秦武遂地方二百里	九	九	二十二	三十四

二十六	十八 客卿錯擊魏至軹取城大小六十一	七 秦擊我取城大小六十一	七	十	十	二十三	三十五
二十七	十九 十月為帝十二月復為王任鄙卒	八	八	十一 秦拔我桂陽	十一	二十四	三十六 為東帝二月復為王
二十八	二十	九 秦拔我新垣曲陽之城	九	十二	十二	二十五	三十七
二十九	二十一 魏納安邑及河內	十 宋王死我溫	十 秦敗我兵夏山	十三	十三	二十六	三十八 齊滅宋
三十	二十二 蒙武擊齊	十一	十一	十四 與秦會中陽	十四 與秦會宛	二十七	三十九 秦拔我列城九

三十一	二十三 尉斯離與韓魏燕趙共擊齊破之	十二 與秦擊齊濟西與秦王會西周	十二 與秦擊齊濟西與秦王會西周	十五 取齊淮北	十五 取齊淮北	二十八 與秦三晉擊齊燕獨入至臨菑取其寶器	四十 五國共擊湣王王走莒
三十二	二十四	十三 秦拔我安城兵至大梁而還	十三	十六 與秦王會穰	十六	二十九	齊襄王法章元年
三十三	二十五	十四 大水衛懷君元年	十四 與秦會兩周間	十七 秦拔我兩城	十七	三十	二
三十四	二十六 魏冄復為丞相	十五	十五	十八 秦拔我石城	十八	三十一	三
三十五	二十七 擊趙斬首二萬地動壞城	十六	十六	十九 秦敗我軍斬首三萬	十九 秦擊我與秦漢北及上庸地	三十二	四
三十六	二十八	十七	十七	二十 與秦會黽池藺相如從	二十 秦拔鄢西陵	三十三	五
三十七	二十九 白起擊楚拔郢更東至竟陵以為南郡	十八	十八	二十一	二十一 秦拔我郢燒夷陵王亡走陳	燕惠王元年	六
三十八	三十 白起封為武安君	十九	十九	二十二	二十二 秦拔我巫黔中	二	七
三十九	三十一	魏安釐王元年 秦拔我兩城封弟公子無忌為信陵君	二十	二十三	二十三 秦所拔我江旁反秦	三	八

四十	三十二	二 秦拔我兩城軍大梁下韓來救與秦溫以和	二十一 暴鳶救魏為秦所敗走開封	二十四	二十四	四	九
四十一	三十三	三 秦拔我四城斬首四萬	二十二	二十五	二十五	五	十
四十二	三十四 白起擊魏華陽軍芒卯走得三晉將斬首十五萬	四 與秦南陽以和	二十三	二十六	二十六	六	十一
四十三	三十五	五 擊燕	韓桓惠王元年	二十七	二十七 擊燕魯頃公元年	七	十二
四十四	三十六	六	二	二十八 司相如擊齊至平邑	二十八	燕武成王元年	十三
四十五	三十七	七	三	二十九 秦拔我閼與趙奢將擊秦大敗之賜號曰馬服	二十九	二	十四 秦楚擊我剛壽
四十六	三十八	八	四	三十 秦擊我閼與城不拔	三十	三	十五
四十七	三十九	九 秦拔我懷城	五	三十一	三十一	四	十六
四十八	四十 太子質於魏者死歸葬芷陽	十	六	三十二	三十二	五	十七

周	秦	魏	韓	趙	楚	燕	齊
四十九	四十一	十一 秦拔我廩丘	七	三十三	三十三	六	十八
五十	四十二 宣太后薨 安國君為太子	十二	八	趙孝成王元年 秦拔我三城 平原君相	三十四	七 齊田單拔中陽	十九
五十一	四十三	十三	九 秦拔我城汾旁	二	三十五	八	齊王建元年
五十二	四十四 秦拔韓取南陽	十四	十 秦擊我太行	三	三十六	九	二
五十三	四十五 秦攻韓取十城	十五	十一	四	楚考烈王元年 秦取我州 黃歇為相	十	三
五十四	四十六 王之南鄭	十六	十二	五 使廉頗距秦於長平	二	十一	四
五十五	四十七 白起破趙長平殺卒四十五萬	十七	十三	六 使趙括代廉頗將白起破括四十五萬	三	十二	五
五十六	四十八	十八	十四	七	四	十三	六
五十七	四十九	十九	十五	八	五	十四	七
五十八	五十 王齕鄭安平圍邯鄲及齕還軍拔新中	二十 公子無忌救邯鄲秦兵解去	十六	九 秦圍我邯鄲楚魏救我	六 春申君救趙	燕孝王元年	八

欽定四庫全書　史記正義　卷十五　二十六

周	秦	魏	韓	趙	楚	燕	齊
五十九	五十一	二十一 韓魏楚救趙新中秦兵罷	十七	十	七 救趙新中	二	九
	五十二 取西周王	二十二	十八	十一	八 取魯魯君封於莒	三	十
	五十三	二十三	十九	十二	九	燕王喜元年	十一
	五十四	二十四	二十	十三	十 徙於鉅陽	二	十二
	五十五	二十五 衛元君元年	二十一	十四	十一	三	十三
	五十六	二十六	二十二	十五 平原君卒	十二 柱國景伯死	四 伐趙趙破我軍殺栗腹	十四
	秦孝文王元年	二十七	二十三	十六	十三	五	十五
	秦莊襄王楚元年	二十八	二十四 秦拔我城皋滎陽	十七	十四 楚滅魯頃公遷卞邑為家人絶祀	六	十六
	蒙驁擊趙榆次新城狼孟得三十七城日蝕	二十九	二十五	十八	十五 春申君徙封於吳	七	十七
	王齮擊上黨初置太原郡魏公子無忌率五國却我軍河外蒙驁解去	三十 無忌率五國兵敗秦軍河	二十六 秦拔我上黨	十九	十六	八	十八
	始皇帝元年	三十一	二十七	二十 秦拔我晉陽	十七	九	十九

欽定四庫全書　史記正義　卷十五　二十七

二	三十二	二十八	二十一	十八	十	二十
三 蒙驁擊韓取十二城王齮死	三十三	二十九 秦拔我十二城	趙悼襄王偃元年	十九	十一	二十一
四 七月蝗蔽天下百姓納粟千石拜爵一級	三十四 信陵君死	三十	二 太子從質秦歸	二十	十二 趙拔我武遂方城	二十二
五 蒙驁取魏酸棗二十城初置東郡	魏景湣王元年 秦拔我二十城	三十一	三 趙相魏相會柯盟	二十一	十三 劇辛死於趙	二十三
六 五國共擊秦	二 秦拔我朝歌衛從濮陽徙野王	三十二	四	二十二 王東徙壽春命曰郢	十四	二十四
七 彗星見北方西方夏太后薨蒙驁死	三 秦拔我汲	三十三	五	二十三	十五	二十五
八 嫪毐封長信侯	四	三十四	六	二十四	十六	二十六
九 彗星見竟天嫪毐為亂遷其舍人于蜀彗星復見	五	韓王安元年	七	二十五 李園殺春申君	十七	二十七
十 相國呂不韋免齊趙來置酒太后入咸陽大賓	六	二	八 入秦置酒	楚幽王悼元年	十八	二十八 入秦置酒

十一 呂不韋之河南王翦擊鄴閼與取九城	七	三	九 秦拔我閼與鄴取九城	二	十九	二十九
十二 發四郡兵助魏擊楚呂不韋卒復嫪毐舍人遷蜀者	八 秦助我擊楚	四	趙王遷元年	三 秦魏擊我	二十	三十
十三 桓齮擊平陽殺趙扈輒斬首十萬因東擊趙王之河南彗星見	九	五	二 秦拔我平陽敗扈輒斬首十萬	四	二十一	三十一
十四 桓齮定平陽武城宜安韓使非來我殺非韓王請為臣	十	六	三 秦拔我宜安	五	二十二	三十二
十五 興軍至鄴一軍至太原取狼孟	十一	七	四 秦拔我狼孟鄱吾軍鄴	六	二十三 太子丹質於秦亡來歸	三十三
十六 置麗邑發卒受韓南陽地	十二 獻城秦	八 秦來受地	五 地大動	七	二十四	三十四

秦	魏	韓	趙	楚	燕	齊
十七 內史騰擊得韓王安盡取其地置穎川郡華陽太后薨	十三	九 秦虜王安	六	八	二十五	三十五
十八	十四 衛君角元年	秦滅韓	七	九	二十六	三十六
十九 王翦拔趙虜王遷之邯鄲帝太后薨	十五		八 秦王翦虜王遷邯鄲公子嘉自立為代王	十 幽王卒弟郝立為哀王三月負芻殺哀王	二十七	三十七
二十 燕太子使荊軻刺王覺之王翦將擊燕	魏王假元年		代王嘉元年	楚王負芻元年負芻哀王庶兄	二十八 太子丹使荊軻刺秦王秦伐我	三十八
二十一	二		二	二 秦大破我取十城	二十九 秦拔我薊得太子丹王徙遼東	三十九
二十二 王賁擊魏得其王假盡取其地	三 秦虜王假		三	三	三十	四十
二十三 王翦蒙武擊破楚軍殺其將項燕			四	四 秦破我將項燕	三十一	四十一
二十四 王翦蒙武破楚虜其王負芻			五	五 秦虜王負芻	三十二	四十二
二十五 王賁擊燕虜王喜又擊得代王嘉五月天下大酺			六 秦將王賁虜王嘉秦滅趙	秦滅楚	三十三 秦虜王喜拔遼東	四十三
二十六 王賁擊齊虜王建初并天下立為皇帝					秦滅燕	四十四 秦虜王建
二十七 更命河為德水為金人十二命民曰黔首同天下書分為三十六郡						秦滅

二十八 為阿房宮之衡山治馳道帝之琅邪道南郡入為太極廟賜戶三十爵一級

二十九 郡縣大索十日帝之琅邪道上黨入

三十

三十一 更命臘曰嘉平賜黔首里六石米二羊以嘉平大索二十日

三十二 帝之碣石道上郡入

三十三 遣諸逋亡及賈人贅壻略取陸梁為桂林南海象郡以適戍西北戎為四十四縣

三十四 適治獄吏不直者築長城及南方越地覆獄故失

三十五 為直道道九原通甘泉

三十六 徙民於北河榆中耐徙三處

三十七 十月帝之會稽琅邪還至沙丘崩子胡亥立為二世皇帝殺蒙恬道九原入復行錢

二世元年 十月戊寅大赦罪人十一月為兔園十二月就阿房宮其九月郡縣皆反楚兵至戲章邯擊卻之出衛君角為庶人

二 將軍章邯長史司馬欣都尉董翳追楚兵至河誅丞相斯去疾將軍馮劫

三 趙高反二世自殺高立二世兄子嬰子嬰立刺殺高夷三族諸侯入秦嬰降為項羽所殺尋誅羽天下屬漢

史記正義卷十五

欽定四庫全書

史記正義卷十六

唐 張守節 撰

秦楚之際月表第四　史記十六

太史公讀秦楚之際曰初作難發於陳涉虐戾滅秦自項氏撥亂誅暴平定海內卒踐帝祚成於漢家五年之間號令三嬗自生民以來未始有受命若斯之亟也昔虞夏之興積善累功數十年德洽百姓攝行政事考之

于天然後在位湯武之王乃由契后稷修仁行義十餘世不期而會孟津八百諸侯猶以為未可其後乃放弒秦起襄公章於文繆獻孝之後稍以蠶食六國百有餘載至始皇乃能并冠帶之倫以德若彼用力如此蓋一統若斯之難也秦既稱帝患兵革不休以有諸侯也於是無尺土之封墮壞名城銷鋒鏑鉏豪桀維萬世之安然王跡之興起於閭巷合從討伐軼於三代鄉秦之禁適足以資賢者為驅除難耳故憤發其所為天下雄安

在無土不王此乃傳之所謂大聖乎豈非天哉豈非天哉非大聖孰能當此受命而帝者乎

二世元年七月陳涉起陳八月武臣起趙九月項梁起吳田儋起 秦 十二月魏咎起魏陳王立之三年六月韓成起韓項梁立之也	七月	八月	九月楚兵至戲
楚	楚隱王陳涉起兵入秦	二 葛嬰為涉徇九江立襄彊為楚王	三 周文兵至戲敗而陳嬰聞涉王即殺彊
項			項梁號武信君
趙		武臣始至邯鄲自立為趙王始	二
齊			齊王田儋始儋狄人諸田宗彊從弟榮弟橫
漢			沛公初起
燕			韓廣為趙畧地至薊自立為燕王始
魏			魏王咎始咎在陳不得歸國
韓			

	二年十月	十一月	十二月	端月	二月	三月
楚	四 誅葛嬰	五 周文死	六 陳涉死	楚王景駒始秦嘉立之	二 嘉為上將軍	三
項	二	三	四	五 涉將召平矯拜項梁為楚柱國急西擊秦	六	七
趙	三	四 李良殺武臣張耳陳餘走	五	趙王歇始張耳陳餘立之	二	二
齊	二 儋之起殺狄令自王	三	四	五 誅景駒以擅自王不請我	六 景駒使公孫慶讓齊誅慶	七
漢	二 擊胡陵方與破秦監軍	三 殺泗水守	四 雍齒叛沛公以豐降魏沛公還攻豐不能下	五 沛公聞景駒王在留往從與擊秦軍碭西	六 攻下碭收得兵六千與故凡九千人	七 攻拔下邑遂擊豐豐不拔聞項梁兵衆往請擊豐
燕	二	三	四	五	六	七
魏	二	三 齊趙共立周市市不肯曰必立魏咎云	四 咎自陳歸立陳涉死	五 章邯已破涉圍咎臨濟	六	七

四月	四 渠擊殺景駒秦嘉遂入薛兵十餘萬衆	八	四	八	八 沛公如薛見項梁梁益沛公卒五千擊豐拔之	八	八 臨濟急周市如齊楚請救	
五月	五	九	五	九	九 雍齒奔魏	九	九	
六月	楚懷王始都盱台故懷王孫梁立之	十 梁求楚懷王孫得之民間立為楚王	六	十 儋救臨濟章邯殺田儋榮走東阿	十 沛公如薛共立楚懷王	十	十 咎自殺臨濟降秦	韓王成韓始
七月	二 陳嬰為柱國	十一 天大雨三月不見星	七	十一 齊立田假為王秦急圍榮東阿	十一 沛公與項羽北救東阿破秦軍濮陽東屠城陽	十一	十一 咎弟豹走東阿	二
八月	三	十二 救東阿破秦軍乘勝至定陶項梁有驕色	八	楚救榮得解歸逐田假立儋子市為齊王始	十二 沛公與項羽西略地斬三川守李由於雍丘	十二	十二	三
九月	四 徙都彭城	十三 章邯破殺項梁於定陶項羽恐還軍彭城	九	二 田假走楚楚趣齊救趙田榮以假故不肯	十三 沛公聞項梁死還軍從懷王軍於碭	十三	魏豹自立為魏王都平陽始	四

後九月	五 拜宋義為上將軍	懷王封項羽於魯為次將屬宋義北救趙	十 秦軍圍歇鉅鹿陳餘出收兵	三 齊救假乃出兵項羽怒田榮	十四 懷王封沛公為武安侯將碭郡兵西約先至咸陽王之	十四	二	五
三年十月	六	二	十一 章邯破邯鄲徙其民於河內	四 齊將田都叛榮往助項羽救趙	十五 攻破東郡尉及王離軍於成武南	十五 使將臧荼救趙	三	六 從項羽畧入關
十一月	七 拜籍上將軍	三 羽矯殺宋義將其兵渡河救鉅鹿	十二	五	十六	十六	四	七
十二月	八	四 大破秦軍鉅鹿下諸侯將皆屬項羽	十三 楚救至秦圍解	六 故齊王建孫田安下濟北從項羽救趙	十七 救趙至栗得皇訢武蒲軍與秦軍戰破之	十七	五 豹救趙	八 分魏為殷國
端月	九	五 虜秦將王離	十四 張耳怒陳餘棄將印去	七 項羽田榮分齊為二國	十八	十八	六	九
二月	十	六 攻破章邯章邯軍却	十五	八	十九 得彭越軍昌邑襲陳留用酈食其策軍得積粟	十九	七	十

三月	四月	五	六月	七月	八月 趙高殺二世
十一	十二	二年一月	二	三	四
七	八 楚急攻章邯章邯恐使長史欣歸秦請兵趙高讓之	九 趙高欲誅欣欣恐亡走告章邯謀叛秦	十 章邯與楚約降未定項羽許而擊之	十一 項羽與章邯期殷虛章邯等已降與盟以邯為雍	十二 以秦降都尉翳長史欣為上將將秦降軍
十六	十七	十八	十九 張耳從楚西入秦	二十	二十一 趙王歇留國陳餘亡居南皮
九	十	十一	十二	十三	十四
二十 攻開封破秦將楊熊熊走滎陽秦斬熊以徇	二十一 攻潁陽略韓地北絕河津	二十二	二十三 攻南陽守齮破之陽城郭東	二十四 降下南陽封其守齮	二十五 攻武關破之
二十	二十一	二十二	二十三	二十四	二十五
八 分韓為河南國	九	十	十一	十二	十三
十	十二	十二	十四	十五 中陽下河南降楚	十六

史記正義 卷十六 六

欽定四庫全書

九月 子嬰為王	十月	十一月	十二月
五	六	七	八
十三	十四 項羽將諸侯兵四十餘萬行略地西至於河南	十五 羽詐阬殺秦降卒二十萬人於新安	十六 至關中誅秦王子嬰屠燒咸陽分天下立諸侯
二十二	二十三 張耳從楚西入秦	二十四	二十五 分趙為代國
十五	十六	十七	十八 項羽怨榮之分齊為三國
二十六 攻下嶢及藍田以留侯策不戰皆降	二十七 漢元年秦王子嬰降沛公入破咸陽平秦還軍霸上待諸侯約	二十八 沛公出令三軍秦民大悅	二十九 與項羽有郄見之戲下講解羽倍約分關中為四國
二十六	二十七	二十八	二十九 臧荼從入分燕為二國
十四	十五 從項羽略地遂入關	十六	十七 分魏為殷國
十七	十八	十九	二十 分韓為河南國

史記正義 卷十六 七

欽定四庫全書

史記正義 卷十六

義帝元年	二徙都江南郴	三
九諸侯尊懷王為義帝	西楚主伯項籍始為天下主命立十八王	二都彭城
十七項籍自立為西楚霸王		二都江都
分楚為四 分為衡山	王吳芮始故番君	二都邾
分為臨江	王共敖始故楚柱國	二都江陵
分為九江	王英布始故楚將	二都六
二十七更名為常山王	王張耳始故楚將	二都襄國
分為代	二十七王趙始故趙王	二十八都代
十九更名為臨菑	王田都始故齊將	二都臨菑
分為濟北	王田安始故齊將	二都博陽
分為膠東	二十王田市始故齊王	二十一都即墨
正月分關中為漢	二月漢王始故沛公	三月都南鄭
分關中為雍	王章邯始故秦將	二都廢丘
分關中為塞	王司馬欣始故秦將	二都櫟陽
分關中為翟	王董翳始故秦將	二都高奴
三十燕	王臧荼始故燕將	二都薊
分為遼東	三十一王韓廣始故燕王	三十二都無終
十八更為西魏	十九王魏豹始故魏王	二十都平陽
分為殷	王司馬卬始故趙將	二都朝歌
二十一韓	二十二王韓成始故韓將	二十三都陽翟
分為河南	王申陽始故楚將	二都洛陽

八

欽定四庫全書

史記正義 卷十六

四	五	六	七
三諸侯罷戲下皆之國	四	五	六
三	四	五	六
三	四	五	六
三	四	五	六
三	四	五	六
二十九	三十	三十一	三十二
三	四田榮擊都都降楚	五齊王田榮始故齊相	二
三	四	五	六田榮擊殺安
二十二	二十三	二十四田榮擊殺市	屬齊
四月	五月	六月	七月
三	四	五	六
三	四	五	六
三	四	五	六
三	四	五	六
三十三	三十四	三十五	三十六
二十一	二十二	二十三	二十四
三	四	五	六
二十四	二十五	二十六	二十七項羽誅成
三	四	五	六

九

八	九	十項羽滅義帝
七	八	九
七	八	九
七	八	九
七	八	九
七	八	九 耳降漢
三十三	三十四	三 十五歇後王趙
三	四	五
七屬齊		
八月	九月	十月王至陝
七邯守廢丘漢圍之	八	九
七欣降漢國除	屬漢為河南上郡	
七翳降漢國除	屬漢為上郡	
七	八	九
三十七臧荼擊殺廣無終滅之	屬燕	
二十五	二十六	二十七
七	八	九
二十八韓王鄭昌始項羽立之	二	三
七	八	九

十	十一	十二
十	十一	十二
十	十一	十二
十	十一	十二
	歇以陳餘為代王號成安君	二
三十六代王歇還王趙	三 十七	三十八
六	七	八項籍擊榮走平原平原民殺之
十一月	十二月	正月
十漢拔我隴西	十一	十二漢拔我北城
十	十一	十二
二十八	二十九	三十
十	十一	十二
韓王信始漢立之 屬漢為河南郡	二	三

二年一月
二年一月
十三
二年一月
三
三十九
項藉立故齊王田假為齊王
二月
二年一月
二年一月
三十一
十三
四

二
二
十四
二
四
四十
二田榮弟橫反城陽擊假走楚楚殺假
三月王擊殺
二
二
三十二降漢為廢王
十四降漢印廢
五

欽定四庫全書

三項羽以兵三萬破漢兵五十六萬
三
十五
三
五
四十一
三齊王田廣始榮子橫立之
四月王伐楚至彭城懷定
三
三
三十三從漢伐楚
為河內郡屬漢
六從漢伐楚

史記正義 卷十六

四
四
十六
四
六
四十二
二
五月王走滎陽
四
四
三十四豹歸叛漢
七

五
五
十七
五
七
四十三
三
六月王入關立太子復如滎陽
五漢殺邯廢丘
五
三十五
八

六	七	八	九
六	七	八	九
十八	十九	二十	二十一
六	七	八	九
八	九	十	十一
四十四	四十五	四十六	四十七
四	五	六	七
七月	八月	九月	後九月
屬漢為隴西北屯戎地郡			
六	七	八	九
三十六	三十七	三十八漢將韓信虜豹	屬漢為河東上黨郡
九	十	十一	

十	十一	十二	三年一月	二	三	四
十	十一	十二	三年一月	二	三	四
二十二	二十三	二十四	二十五	二十六	二十七	二十八
十	十一	十二布身降漢	地屬項籍			
十二漢將韓信斬陳餘	十三	屬漢為大原郡				
四十八漢滅歇立張耳	屬漢為郡					
八	九	十	十一	十二	十三	十四
二年十月	十一月	十二月	正月	二月	三月	四月楚圍王滎陽
十	十一	十二	三年一月	二	三	四
二年一月	二	三	四	五	六	七

五	六	七	八	九	十	十一漢將韓信破殺龍且
五	六	七	八	九	十	十一
二十九	三十	三十一王敖薨	臨江王驩始敖子	二	三	四
						趙王張耳始漢立之
十五	十六	十七	十八	十九	二十	二十一漢將韓信擊殺廣
五月	六月	王出滎陽	八月周苛樅公殺魏豹	九月	四年十月	十一月
五	六	七	八	九	十	十一
八	九	十	十一	十二	三年一月	二

十二	四年一月	二	三漢御史周苛入楚	四
十二	四年一月	二	三	四
五	六	七	八	九
二	三	四	五	六
屬漢為郡		齊王韓信始漢立之	二	三
十二月	正月	二月立信王齊	三月周苛入楚	四月王出滎陽豹死
十二	四年一月	二	三	四
三	四	五	六	七

五	六	七	八	九	十	十一
五	六	七	八	九	十	十一
十	十一	十二	十三	十四	十五	十六
		淮南王英布始漢立之	二	三	四	五
七	八	九	十	十一	十二	二年一月
四	五	六	七	八	九	十
五月	六月	七月立布為淮南王	八月	九月太公呂后歸自楚	五年十月	十一月
五	六	七	八	九	十	十一
八	九	十	十一	十二	四年一月	二

欽定四庫全書

史記正義 卷十六

十二誅籍	齊王韓信徙楚王	二	三	四
十二	十三徙王長沙	屬淮南國		
十七漢虜驩	屬漢為南郡			
六	七淮南國	八	九	十
二	二趙國	四	五	六
十一	十二徙王楚屬漢南四郡			
	正月殺項籍天下平諸侯臣屬漢	二月甲午王更號即皇帝位於定陶	三月	四月
十二	五年一月燕國	二	三	四
	復置梁國	一月梁王彭越始	二	三
三	四韓王信	五徙王代都馬邑	六	七
	分臨江為長沙國	衡山王吳芮為長沙王	二	

五	六	七	八	九王得故項羽將鍾離眛以聞
十一	十二	二年一月	二	三
七	八	九耳薨謚景王	趙王張敖立耳子	二
五月	六月帝入關	七月	八月帝自將誅燕	九月
五	六	七	八	九反漢虜荼
四	五	六	七	八
八	九	十	十一	十二
四	五	六薨謚文王	長沙成王臣始尚子	二

欽定四庫全書

十
四
三
後九月
燕王盧綰始漢太尉
九
五年一月
三

史記正義卷十六

欽定四庫全書

史記正義卷十七

唐 張守節 撰

漢興以來諸侯年表第五　　史記十七

太史公曰殷以前尚矣周封五等公侯伯子男然封伯禽康叔於魯衛地各四百里親親之義襃有德也太公於齊兼五侯地尊勤勞也武王成康所封數百而同姓五十五地上不過百里下三十里以輔衛王室管蔡康

叔曹鄭或過或損厲幽之後王室缺侯伯彊國興焉天子微弗能正非德不純形勢弱也漢興序二等高祖末年非劉氏而王者若無功上所不置而侯者天下共誅之高祖子弟同姓為王者九國唯獨長沙異姓而功臣侯者百餘人自鴈門太原以東至遼陽為燕代國常山以南大行左轉度河濟阿甄以東薄海為齊趙國自陳以西南至九疑東帶江淮穀泗薄會稽為梁楚吳淮南長沙國皆外接於胡越而內地北距山以東盡諸侯地大者或五六郡連城數十置百官宮觀僭於天子漢獨有三河東郡潁川南陽自江陵以西至蜀北自雲中至隴西與內史京兆也凡十五郡而公主列侯頗食邑其中何者天下初定骨肉同姓少故廣彊庶孽以鎮撫四海用承衛天子也漢定百年之間親屬益踈諸侯或驕奢忕邪臣計謀為淫亂大者叛逆小者不軌于法以危其命殞身亡國天子觀於上古然後加惠使諸侯得推恩分子弟國邑故齊分為七趙分為六梁分為五淮南分

三及天子支庶子為王王子支庶為侯百有餘焉吳楚時前後諸侯或以適削地是以燕代無北邊郡吳淮南長沙無南邊郡景帝時漢境北至燕代燕代之北未列為郡吳長沙之國南至嶺南嶺南越未平亦無南邊郡齊趙梁楚支郡名山陂海咸納於漢諸侯稍微大國不過十餘城小侯不過數十里上足以奉貢職下足以供養祭祀以蕃輔京師而漢郡八九十形錯諸侯閒犬牙相臨秉其阸塞地利彊本幹弱枝葉之勢也尊卑明而萬事各得其所矣臣遷謹記高祖以來至太初

諸侯譜其下益損之時令後世得覽形勢雖彊要之以

仁義為本

欽定四庫全書　史記正義　卷十七　三

高祖元年	二	三	四
楚	都彭城		
齊	都臨菑		初王信元年故相國
荊	都吳		
淮南	都壽春		十月乙丑初王武王英布元年
燕	都薊		
趙	都邯鄲		
梁	都淮陽		
淮陽	都陳		
代	十一月初王韓信元年都馬邑	二	二
長沙			

欽定四庫全書　史記正義　卷十七　四

五	六		七 八
齊王信徙為楚王元年反廢	正月丙午	初王交元年交高祖弟也	二 三
二 徙楚	正月甲子	初王悼惠王肥元年肥高祖子	二 三
	正月丙午	初王劉賈元年	二 三
二	三		四 五
九月壬子初王盧綰元年	二		三 四
初王張耳元年	二		三 四 廢
初王彭越元年	二		三 四
四 降匈奴國除為郡			
二月乙未初王文王吳芮元年薨	成王臣元	年	二 三

九	十	十一
四來朝	五來朝	六
四來朝	五來朝	六
四	五來朝	六為英布所殺國除為郡
六來朝	七來朝反誅	十二月庚午厲王長元年長高祖子
五	六來朝	七
初王隱王如意元年如意高祖子	二	三
	六來朝反誅	二月丙午初王恢元年恢高祖子
五來朝		
		二月丙寅初王友元年友高祖子徙趙
	後置代都中都	三月丙子初王元年
四	五來朝	六

十二	孝惠元年	二	三
七	八	九來朝	十
七	八	九來朝	十
更為吳國十月辛丑初王濞元年濞高祖兄仲子	二故沛侯	三	四
二	三	四	五
三月甲午初王靈王建元年建高祖子	二	三	四
四死	淮陽王徙於趙名友元年是為幽王	二	三
二	三	四	五
二	為郡		
二	三	四	五
七	八	哀王回元年	二

四	五	六	七
十一來朝	十二	十三	十四來朝
			初置魯國
十一來朝	十二	十三薨	哀王襄元年
五	六來朝	七	八來朝
六來朝	七	八	九來朝
五	六來朝	七	八來朝
四來朝	五	六	七來朝
			初置常山國
六	七		九來朝
			初置呂國
			復置淮陽國
六	七	八	九
三	四	五	六

高后元年
十五
四月元王張偃元年 高后外孫 故趙王敖子
二
九
十
九
八
四月辛卯哀王不疑元年 薨
十
四月辛卯呂王台元年 薨
四月辛卯初王懷王強元年 強惠帝子
十
七

欽定四庫全書

十六
二
三
十
十一
十
九
七月癸巳初王義元年 皇子 哀王弟 義孝惠子 故襄城侯 已為帝
十一
十一月癸亥呂王嘉元年 嘉肅王子
二
十一
燕王右元年

二	四
十七	十八
三	四
四來朝	五
十一	十二
十二	十三
十一	十二
十	十一
二	五月丙午初王朝元年 朝惠帝子 故軹侯
十二	十三
三	三
三	四
十二	十三
二來朝	三

五	六
十九	二十
五	六
六	七
	初置琅邪國
十三	十四
十四來朝	十五
十三	十四
十二	十三
二	三
十四	十五
	嘉廢七月丙辰呂產元年產肅王弟故汶侯
四	
五無嗣	初王武元年
十四	十五
四	五

七
二十一
八
王澤元年故營陵侯
十五
十六
十五絶
十四楚呂產徙梁元年
四
十六趙徙王呂產元年
二呂產徙王梁七月丁巳王太元年惠帝子
孝惠帝子故壺關侯武
十六
六

八
二十二
九
二
十六
十七
十月辛丑初王呂通元年肅王子故東平侯九月誅國除
初王呂通元年呂后兄子胡陵侯誅國除
五非子誅國除為郡
二有罪誅為郡
三
二
十一
七

孝文前元年
二十三
十薨
初置成陽郡
初置濟北
三徙燕
十七
十八
十月庚戌琅邪王澤徙燕元年
十月庚戌趙王遂元年
分為河間都洛城
初置太原都晉陽
復置梁國
二武誅國除
十八為文帝
八

欽定四庫全書

二
惠王郢元年

文王則元年
二月乙卯景王章元年
二月乙卯興居王元年悼惠王子
國除為郡

十八
十九
二是為敬王遷
二幽王子
二月乙卯初王文王辟彊元年辟彊趙幽王子

二月乙卯初王參元年文帝子
二月乙卯初王懷王勝元年勝文帝子

二月乙卯初王武王武元年文帝子
九

三
二

二
二悼惠子故朱虛侯
二興居故東牟侯

十九來朝
二十來朝
康王喜元年
三
二

二
二

復置淮陽國
二徙淮陽
靖王著元年

史記正義　卷十七　十一

欽定四庫全書

三

三
共王喜元年
為郡

二十
二十一
二
四
三

三更為代王
三

代王武侯淮陽三年
三太原王參更號為代王三年實居太原是為孝王
二

五
四薨

四
二

二十一
二十
三
五
四

四

四
四
三

六
王戊元年

五
三

二十二
二十三王無道遷蜀死雍
四
六
五

五

五
五
四

七
二

六
四

二十三
為郡
五
七來朝
六

六來朝

六來朝
六來朝
五

史記正義　卷十七　十一

欽定四庫全書　史記正義　卷十七　十三

八	九	十	十一
三	四	五	六
七來朝	八	九	十
五	六來朝	七	八徙淮南為郡屬齊
二十四	二十五	二十六	二十七
六來朝	七	八	九
八	九	十	十一
七來朝	八	九	十
七	八	九	十來朝薨無後
七	八	九	十來朝徙梁為郡
七	八	九	十來朝
六	七	八	九

十二	十三
七	八來朝
十一來朝	十二
二十八	二十九
城陽王喜徙淮南元年	二
十	十一
十二來朝	十三
十一來朝	十二
十一淮陽王武徙梁年是為孝王	十二
十一	十二
十	十一

欽定四庫全書　史記正義　卷十七　十四

十四	十五
九	十
	初置衡山
十三	十四薨無後
	復置城陽國
	復置濟北國
	分為濟南國
	分為菑川都劇
	分為膠西都宛
	分為膠東都即墨
三十	三十一
三	四徙城陽
十二來朝	十三來朝
十四	十五
十三薨	哀王福元年薨無後國除為郡
	初置廬江國
十三	十四來朝
十三	十四
十二	十三

十六	後元年
十一	十二
四月丙寅王勃元年	淮南厲王子故安陽侯
四月丙寅王將閭元年	齊悼惠王子故陽虛侯
淮南王喜徙城陽十三年	十四
四月丙寅初王志元年	齊悼惠王子故安都侯
四月丙寅初王辟光元年	齊悼惠王子故扐侯
四月丙寅初王賢元年	齊悼惠王子故武安侯
四月丙寅初王卯元年	齊悼惠王子故平昌侯
四月丙寅初王雄渠元年	齊悼惠王子故白石侯
三十二	三十三
四月丙寅王安元年	淮南厲王子故阜陵侯
十四	十五
十六	十七
四月丙寅王賜元年	淮南厲王子故陽周侯
十五	十六
十五	十六
十四	十五

二	三	四	五	六	七	孝景前元年
十三	十四	十五	十六來朝	十七	十八	十九
三	四	五	六	七	八	九
三	四	五	六	七	八	九
十五	十六	十七	十八來朝	十九	二十	二十一
三	四	五來朝	六	七	八	九
三	四	五	六	七	八	九
三	四	五	六來朝	七	八	九
三	四	五	六	七	八	九
三	四	五	六來朝	七	八	九
三十四	三十五	三十六	三十七	三十八	三十九	四十
三	四	五	六	七來朝	八	九
十六	十七	十八來朝	十九	二十	二十一	二十二
十八	十九	二十來朝	二十一	二十二	二十三	二十四
						復置河間國
						初置廣川都信都
三	四	五	六	七	八	九
十七	十八來朝	十九	二十	二十一	二十二	二十三
						初置臨江都江都
						初置汝南國
						初置淮陽國
十七薨	恭王發元年	二	三	四	五	六
十六	十七	十八	十九	二十來朝	二十一來朝薨無後國除	復置長沙國

二	三
二十來朝	二十一反誅
分楚復置魯國	六月乙亥淮陽王徙魯元年是為恭王
十	十一
十	十一
二十二	二十三
十來朝	十一徙菑川
十	十一反誅
十	十一賢反誅濟北王志徙菑川十一年是為懿王
十	十一反誅六月乙亥子王端元年景帝子
十	十一反誅
四十一	四十二反誅
十	十一
二十三	二十四
二十五來朝	二十六
三月甲寅初王獻王德元年景帝子	二來朝
三月甲寅王彭祖元年景帝子	二來朝
初置中山都盧奴	六月乙亥靖王勝元年景帝子
十	十一
二十四來朝	二十五來朝
三月甲寅初王閼元年景帝子	二
三月甲寅初王元元年景帝子	三
三月甲寅初王非元年景帝子徙魯	二
七	八
三月甲寅定王發元年景帝子	三

四月乙巳立太子
文王禮元年王子敖平陸侯
二來朝
十二徙濟北廬江王賜徙衡山王元年
懿王壽元年
二十四
十二
為郡
十二
二
四月乙巳初王元年是為孝武帝
初置江都六月乙亥淮南王非為江都王元年是為易王
十二
二十五
為郡
三
三
二
十二徙壽山國除為郡
二十六
三薨無後國除為郡
三徙江都
為郡
九
三

二
三
二
二來朝
二十五
十三薨是為貞王
十三
三
二
二
十三來朝
二十六薨
廣川王彭祖徙趙四年是為敬肅王
四
四徙趙國除為信都郡
三
二十七
十
四

六
三來朝薨
四
三
三
二十六
武王胡元年
十四
四
三
三
十四
王定國元年
五
五
四
二十八
復置臨江郡
十一
五來朝

七十一月乙丑太子廢
安王道元年
五
四
四
二十七
二
十五
五
四四月丁巳為太子復置膠東國
四
十五
二
六
六
五來朝
二十九來朝
十一月乙丑初王閔王榮元年景帝子太子廢為王
十二
六來朝

中元年
二來朝
六來朝
五
五
二十八
三
十六來朝
六來朝
五復置膠東國
五
十六
三
七
七
復置廣川國
六
三十
二
十三
七

二
三
七
六
六
二十九來朝
四
十七來朝
七
四月乙巳初王康王宋元年景帝子
六
十七
四
八來朝
八來朝
四月乙巳惠王越元年景帝子
七
初置清河都濟陽
三十一來朝
三
十四
八

欽定四庫全書

三	
八	
七來朝	
七	
三十	
五	
十八	
八	
二	
七	
十八	
五來朝	
九	
九	
二	
八	
三月丁巳衷王乘元年景帝子	
三十二	
四坐廟壖垣為宮自殺國除為南郡	
十五來朝	
九	

史記正義 卷十七 九

四	五
五	六來朝
九	十
八	九
八	九
三十一	三十二
六	七
十九	二十
九	十
三	四來朝
八	九
十九來朝	二十
六	七
十	十一
十	十一
三	四
九來朝	十
二	三
復置常山國	三月丁巳初王憲王舜元年孝景子
三十三	三十四
	分為濟川國
	分為濟東國
	分為山陽國
	分為濟陰國
十六	十七
十來朝	十一來朝

欽定四庫全書

六	後元
七	八
十一	十二
十	十一
十	十一
三十三	頃王延元年
八	九
二十一	二十二來朝
十一	十二
五	六
十	十一
二十一	二十二
八	九來朝
十二	十三來朝
十二	十三來朝
五	六
十一	十二
四	五
二	三
三十五來朝甍	恭王買元年孝王子
五月丙戌初王明元年梁孝王子	二
五月丙戌初王彭離元年梁孝王子	二
五月丙戌初王定元年梁孝王子	二
五月丙戌初王不識元年梁孝王子	二甍無後國除
十八	十九
十二	十三

史記正義 卷十七 十

二	三	孝武建元元年	二
九	十	十一	十二來朝
十三	十四	十五	十六來朝
十二	十三	十四	十五
十二	十三	十四	十五
二	三	四	五
十來朝	十一	十二	十三
十			
二十三	二十四	二十五	二十六
十三	十四	十五	十六
七	八來朝	九	十
十二	十三	十四	十五
二十三	二十四	二十五	二十六來朝
十來朝	十一	十二	十三
十四	十五	十六	十七
十四	十五	十六	十七
七	八	九	十
十三	十四	十五	十六
六	七	八	九來朝
四	五	六	七
二	三	四	五
三	四	五	六
三	四	五	六
三	四	五	六
二十	二十一	二十二	二十三
十四	十五	十六	十七

三	四	五	六	元光元年	二	三
十三	十四	十五	十六	十七	十八來朝	十九來朝
十七	十八	十九	二十	二十一	二十二	二十三
十六	十七	十八	十九	二十	二十一	二十二
十六	十七	十八	十九	二十	二十一	二十二卒
六	七	八	九	十來朝	十一	十二
十四	十五	十六	十七	十八	十九	二十
二十七	二十八	二十九	三十	三十一	三十二	三十三
十七	十八	十九	二十來朝	二十一	二十二	二十三
十一	十二	十三	十四	十五來朝	十六	十七
十六	十七來朝	十八	十九	二十	二十一	二十二
二十七	二十八	二十九	三十	三十一	三十二	三十三
十四	十五	十六	十七	十八來朝	十九	二十
十八	十九	二十	二十一來朝	二十二	二十三	二十四
十八	十九	二十	二十一	二十二	二十三	二十四
十一	十二	繆王元年	二	三	四	五
十七來朝	十八	十九	二十	二十一	二十二來朝	二十三來朝
十	十一	十二薨無後國除為郡				
八	九來朝	十	十一	十二	十三	十四
六	七薨	平王襄元年	二	三	四	五
七	八為郡					
七	八	九	十	十一	十二	十三
七明殺中傅	八	九薨無後國除為郡				
二十四來朝	二十五	二十六	二十七	二十八	二十九	正義元年
十八來朝	十九	二十	二十一	二十二	二十三來朝	二十四來朝

四	五	六	元朔元年	二
二十	二十一	二十二薨	襄王注元年	二
二十四	二十五	二十六薨	安王光元年	二
二十三	二十四	二十五	二十六	二十七
厲王次昌元年	二	三	四	五薨無後國除為郡
十三	十四來朝	十五	十六	十七
二十一	二十二	二十三	二十四來朝	二十五
三十四	三十五薨	靖王建元年	二	三
二十四	二十五	二十六	二十七	二十八來朝
十八	十九	二十	二十一	二十二
二十三	二十四	二十五	二十六	王建元年
三十四	三十五	三十六	三十七	三十八
二十一	二十二	二十三	二十四坐禽獸行自殺國除為郡	
二十五	二十六	二十七來朝	二十八	二十九
二十五	二十六來朝	恭王不害元年	二	三
六	七	八	九	十
二十四	二十五	二十六	二十七	二十八
十五	十六	十七	十八	十九
六	七	八	九	十來朝
十四來朝	十五	十六	十七	十八
二	三	四	五	六
二十五	二十六	二十七	康王庸元年	二

三	四	五	六	元狩元年
三	四來朝	五	六	七
三	四	五	六	七
二十八	二十九	三十	三十一	三十二反自殺國除
十八	十九	二十	二十一來朝	二十二
二十六	二十七	二十八	二十九	三十
四	五	六	七	八
二十九	三十	三十一	三十二	三十三
二十三	二十四	二十五來朝	二十六	二十七
二	三	四	五	六
三十九	四十	四十一安有罪削國二縣	四十二	四十三反自殺為六安郡
三十	三十一	三十二	三十三	三十四來朝
四薨	剛王堪元年	二	三	四
十一	十二	十三	十四來朝	十五
二十九來朝	三十	三十一	三十二	三十三
二十	二十一	二十二來朝	二十三	二十四
十一	十二	十三	十四	十五
十九	二十來朝	二十一	二十二	二十三
七	八	九	十	十一
三	四	五	六	七

欽定四庫全書

二	三	四	五	六
八	九	十來朝	十一	十二
八來朝	九	十	十一	十二
			復置齊國	四月乙巳初王懷王閎元年閎武帝子
二十三	二十四	二十五	二十六來朝薨	敬王義元年
三十一	三十二來朝	三十三	三十四	三十五
九	十	十一	十二來朝	十三
三十四	三十五	三十六	三十七	三十八
二十八	哀王賢元年	二	三	四
七反自殺國除為廣陵郡			更為廣陵國	四月乙巳初王胥元年武帝子
以故陳為郡七月丙子	二	三	四	五
			復置燕國	四月乙巳初王剌王旦元年武帝子
三十五	三十六	三十七	三十八	三十九
五	六	七	八	九來朝
十六	十七	十八	十九	二十
三十四	三十五來朝	三十六	三十七	三十八
二十五	二十六	二十七	二十八	二十九來朝
十六	十七	十八	十九	二十
二十四	二十五	二十六來朝	二十七	二十八
十二來朝	十三	十四	十五	十六
八來朝	九	十	十一	十二

史記正義 卷十七

欽定四庫全書

元鼎元年
十三
十三
二
二
三十六
十四
三十九
五
二
六
二
四十
十
二十一來朝
三十九
三十
二十一
二十九剛攻殺人遷上庸國為太河郡
十七
十三

二
十四薨
十四來朝
三
三
三十七
十五
四十
六
三
七
三
四十一
十一
二十二
四十
三十一
二十二
十八來朝
十四

三
節王純元年
十五
初置泗水都郡
四
四
三十八
十六
四十一
七
四
八
四
四十二
十二薨
二十三
四十一來朝
復置清河郡
三十二薨子為王
二十三
十九徙清河為太原郡
十五來朝

史記正義 卷十七　二十五

欽定四庫全書

原書卷次訛誤

四
二
十六
思王商元年
五
五
三十九
十七
四十二
八
五
九
五
四十三
頃王授元年
二十四
四十二薨
二十代王義徙清河年是為剛王
史為真定國頃王平元年常山憲王子
二十四
十六

五
三
十七
二
六
六
四十
十八
四十三
九
六
十
六
四十四
二
二十五來朝
四十三哀王昌元年即年薨
二十一
二
二十五
十七

六
四
十八
三
七
七
四十一來朝
十九
四十四
十
七
十一來朝
七
四十五
三
二十六
康王昆侈元年
二十二
三
二十六
十八

史記正義 卷十六　二十六

欽定四庫全書　史記正義　卷十七

元封元年	二	三	四	五	六
五	六	七	八	九	十
十九	二十	二十一來朝	二十二	二十三朝泰山	二十四
四	五	六	七	八	九
八薨無後國除為郡					
八來朝	九薨	昌王武元年	二	三	四
四十二	四十三	四十四	四十五	四十六朝泰山	四十七
二十	項王遺元年	二	三	四	五
四十五	四十六	四十七薨無後國除			
十一	十二	十三	十四	戴王通平元年	二
八	九	十	十一	十二	十三
十二	十三	十四	十五	十六	十七
八	九	十	十一	十二	十三
四十六	四十七	四十八	四十九	五十	五十一
四	五	六	七	八	九
二十七	二十八	二十九	三十	三十一	三十二
二	三	四	五	六	七
二十三	二十四	二十五來朝	二十六	二十七	二十八
四來朝	五	六	七	八	九來朝
二十七	二十八	二十九	三十	三十一	三十二
十九	二十	二十一	二十二	二十三	二十四

二十七

欽定四庫全書　史記正義　卷十七

太初元年	二	三	四
十一	十二	十三	十四
二十五	二十六	二十七	二十八
十	薨子哀王安世元年即戴王賀元年安世子	二	
			戴王賀元年
五	六	七薨	
四十八	四十九	五十	五十一
六	七	八	九
三	四	五	六
十四	十五	十六	十七
十八來朝	十九	二十	二十一
十四	十五	十六	十七
五十二	五十三	五十四	五十五
十	十一	十二	十三
三十三	三十四	三十五	三十六
八	九來朝	十	十一
二十九	三十	三十一	三十二
十	十一	十二	十三
三十三	三十四	三十五	三十六來朝
三十五	二十六	二十七	二十八來朝

二十八

乾隆御覽之寶

史記正義卷十七

欽定四庫全書　史部

史記正義卷十八

詳校官編修臣李如筠

欽定四庫全書

史記正義卷十八

唐　張守節　撰

高祖功臣侯年表第六　高祖初定天下表明有功之臣而侯之若蕭曹等　史記

十八

太史公曰古者人臣功有五品以德立宗廟定社稷曰勳以言曰勞用力曰功明其等曰伐積日曰閱封爵之誓曰使河如帶泰山如厲國以永寧爰及苗裔始未嘗

不欲固其根本而枝葉稍陵夷衰微也余讀高祖侯功臣察其首封所以失之者曰異哉所聞書曰協和萬國遷于夏商或數千歲蓋周封八百幽厲之後見於春秋尚書有唐虞之侯伯歷三代千有餘載自全以蕃衛天子豈非篤於仁義奉上法哉漢興功臣受封者百有餘人天下初定故大城名都散亡戶口可得而數者十二三是以大侯不過萬家小者五六百戶後數世民咸歸鄉里戶益息蕭曹絳灌之屬或至四萬小侯自倍富厚

如之子孫驕溢忘其先淫嬖至太初百年之間見侯五謂平陽侯曹宗曲周侯酈終根楊阿侯卞仁戴侯秋家穀陵侯韓偃也餘皆坐法隕命亡國耗矣罔亦少密焉然皆身無兢兢於當世之禁云居今之世志古之道所以自鏡也未必盡同帝王者各殊禮而異務要以成功為統紀豈可緄乎觀所以得尊寵及所以廢辱亦當世得失之林也何必舊聞於是謹其終始表見其文頗有所不盡本末著其明疑者闕之後有君子欲推而立之得以覽焉

國名 此國名匡左行一道成是諸侯所封國名也

侯功

高祖 十二

孝惠 七

高后 八

孝文 二十三

孝景 十六

太初 建元至元封六年三十六 元年盡後元二年十八

侯第

平陽

以中涓從起沛至霸上侯以將軍入漢以左丞相出征齊魏以右丞相為平陽侯萬六百戶

七 六年十二月甲申懿侯曹參元年

五 其二年為相國

二 六年十月靖侯窋元年

八

十九

四 後元四年簡侯奇元年

三 四年夷侯時元年

十三

十 元光五年恭侯襄元年

十六 元鼎三年今侯宗元年

二

信武

以中涓從起宛朐入漢以騎都尉定三秦擊項羽別定江陵侯五千三百戶以車騎將軍攻黥布陳豨

七 六年十二月甲申肅侯靳歙元年

七

五

三 六年夷侯亭元年

十八 後三年侯亭坐事國人過律奪侯國除

十一

清陽	汝陰
以中涓從起豐至霸上為騎郎將入漢以將軍擊項羽功侯三千一百戶	以令史從降沛為太僕常奉車為滕公竟定天下入漢中至孝惠魯元侯六千九百戶常為太僕
七 六年十二月甲申定侯王吸元年	七 六年十二月甲申文侯夏侯嬰元年
七	七
八	八
七 元年哀侯彊元年 十六 八年哀侯伉元年	八 九年夷侯竈元年 七 十六年恭侯賜元年 八
四 五年哀侯不害元年 十二	十六
七 元光二年侯不害薨無後國除	七 元光二年侯頗二年 十九 元鼎二年頗坐尚公主與父御婢姦罪自殺國除
十四	八

陽陵	廣嚴
以舍人從起橫陽至霸上為騎將入漢定三秦屬淮陰定齊為齊丞相侯二千六百戶	以中涓從起沛至霸上為連敖入漢以騎將定燕趙得將軍侯二千二百戶
七 六年十二月甲申景侯傅寬元年	七 六年十二月甲申壯侯呂歐元年
五 六年隨項侯靖元年 二	
八	八
十四 十五年恭侯則元年 九	一 二年戴侯勝元年 九 十六年恭侯嘉元年至後元七年嘉薨無後國除 十三
二 前四年侯偃元年 十三	
十八 元狩元年侯偃以與淮南王謀反國除	
	二十八

廣平

以舍人從起豐，至霸上，為郎中，入漢，以將軍擊項羽、鍾離眛，功侯，四千五百戶。

七 六年十二月甲申敬侯薛歐元年

七

八 元年靖侯山元年

十八

五 後元三年侯澤元年

八 中二年有罪絕 平棘

五 中五年復封節侯澤元年

十 其十年為丞相

五 元朔四年侯穰元年

三 元狩元年穰受淮南王財物稱臣在赦前詔問謾罪國除

十五

博陽

以舍人從起碭，以刺客將，入漢，以都尉擊項羽滎陽，絕甬道，擊殺追卒功侯。

七 六年十二月甲申壯侯陳濞元年

七

八

十八

五 後元三年侯始元年

四 前五年侯始有罪國除

塞 中五年封始

二 後元元年始有罪國除

十九

曲逆

以故楚都尉，漢王二年初從修武，為都尉，遷為護軍中尉，出六奇計，定天下，侯，五千戶。

七 六年十二月甲申獻侯陳平元年

七 其五年為左丞相

八 其元年徙為右丞相，後專為丞相，相孝文二年。

二 三年恭侯買元年

十九 五年簡侯悝元年

四

十三 五年侯何元年

十 元光五年侯何坐畧人妻棄市國除

四十七

堂邑

以自定東陽，為將，屬楚項梁，為楚柱國。四歲，項羽死，屬漢，定豫章、浙江，都浙自立為王壯息，侯，千八百戶。復相楚元王十一年。

七 六年十二月甲申安侯陳嬰元年

七

四

四 三年恭侯祿元年

二

二十二 三年夷侯午元年

十六

十一 元光六年季須元年

十三 元鼎元年侯須坐母長公主卒未除服姦兄弟爭財當死自殺國除

八十六

欽定四庫全書

周呂

以呂后兄初起以客從入漢為侯還定三秦將兵先入碭漢王之解彭城往從之復發兵佐高祖定天下功侯

三

六年正月丙戌令武侯呂澤元年

四

九年子台封酈侯元年

七

有罪

建成

以呂后兄初起以客從擊三秦漢王入漢而釋之還豐沛奉衛呂宣王太上皇天下已平封釋之為建成侯

七

六年正月丙戌康侯釋之元年

二

三年侯則元年

五

有罪

胡陵

元年五月丙寅封則弟大中大夫呂祿元年

七

八年祿為趙王國除追尊康侯為昭王祿以趙王謀不善大臣誅祿遂滅呂

欽定四庫全書

留

以廄將從起下邳以韓申徒下韓國言上張旗志秦王恐降解上與項羽之郄為漢王請漢中地常計謀平天下侯萬戶

七

六年正月丙戌文成侯張良元年

七

二

三年不疑元年

六

四

五年侯不疑坐與門大夫謀殺故楚內史當死贖為城旦國除

六十二

射陽

兵初起與諸侯共擊秦為楚王令尹漢王與項羽有郄於項羽項伯緣解難以破子羽纏嘗有功封射陽侯

七

六年正月丙午侯項纏元年賜姓劉氏

二

三年侯纏卒嗣子睢有罪國除

酇

以客初起從入漢為丞相備守蜀及關中給軍食佐上定諸侯法令立宗廟侯八千戶

七 三年正月丙午文終侯蕭何元年
三年為丞相九年為相國

二
五 三年哀侯祿元年

一
七 二年懿侯同元年同祿弟

十 筑陽
九 元年同有罪封何小子延元年
一 後元四年煬侯遺元年
三 五年侯則元年

一 有罪
七 武陽 前一年封煬侯弟幽侯嘉元年
八 中一年侯勝元年

十 元朔二年侯勝坐不敬絕
三 元狩三年封何孫恭侯慶元年
酇 元狩六年侯壽成元年
元封四年壽成為太常犧牲不如令國除

曲周

以將軍從起岐攻長社以南別定漢中及蜀定三秦擊項羽侯四千八百戶

七 六年正月丙午景侯酈商元年

七

八

二十三 元年侯寄元年

九 有罪絕
繆
七 中三年封商地子靖侯堅元年

九 元光四年康侯遂元年
五 元朔三年侯宗元年
十三 元鼎二年侯終根元年
十八 後二年五月侯終根坐呪詛誅國除

絳

以中涓從起沛至霸上為侯定三秦食邑為將軍入漢定隴西擊項羽守嶢關定泗水東海八千一百戶

七 六年正月丙午武侯周勃元年

七

八 其四年為太尉

十一 元年為右丞相 三年免復為丞相
六 十二年侯勝元年
條
六 後元二年封勃子亞夫元年

十 其三為太尉七為丞相有罪國除
平曲 三
三 後元年封勃子恭侯堅元年

十六 元朔五年侯建德元年
十三 元鼎五年侯建德坐酎金國除

四

舞陽

以舍人起沛從至霸上為侯入漢定三秦為將軍擊項籍再益封從破燕執韓信侯五千戶

七 六年正月丙午武侯樊噲元年
其七年為將軍相國三月

六
一 七年侯伉元年 呂須子
八 坐呂氏誅族

二十三 元年封樊噲子荒侯市人元年

六 七年侯它廣元年

六 中元五年侯它廣非荒侯市人子國除

潁陰

以中涓從起碭至霸上為昌文君入漢定三秦食邑以車騎將軍屬淮陰定濟淮南及下邑殺項籍侯五千戶

七 六年正月丙午懿侯灌嬰元年

七

八

四 其一為太尉三為丞相五年平侯何元年 九

九 中三年侯彊元年 七

六 有罪絕

九 元光二年封嬰孫臨汝侯侯賢元年

元朔五年侯賢行財罪國除

九

汾陰

初起以職志擊破秦入漢出關以內史堅守敖倉以御史大夫定諸侯比清陽侯二千八百戶

七 六年正月丙午悼侯周昌元年

四年哀侯開方元年

三 建平

四 有罪絕 八

四 前五年侯意元年 十三 有罪

安陽 八 中二年封昌孫左車後元元年有罪國除

十六

梁鄒

兵初起以謁者從擊破秦入漢以將軍擊定諸侯功比博陽侯二千八百戶

七 六年正月丙午孝侯武儒元年

四 五年侯最元年

三

八

二十三

十六

元光元年頃侯嬰齊元年 六

三 元光四年侯山柎元年

二十 元鼎五年侯山柎坐酎金國除

成

兵初起以舍人從擊秦為都尉入漢定三秦出關以將軍定諸侯功比厭次侯二千八百戶

七 六年正月丙午敬侯董渫元年

七 元年康侯赤元年

八

二十三

六 有罪絕 節氏

五 中五年復封康侯赤元年

二 建元四年恭侯霸軍元年

五 元光三年侯朝元年

十二 元狩三年侯朝為濟南太守與成陽王女通不敬國除

二十五

參	費
以執盾前元年從起碭以左司馬入漢以將軍三以都尉擊項羽屬韓信功侯	以舍人前元年起碭以左司馬入漢用都尉屬韓信擊項羽有功為將軍定會稽浙江湖陽侯
七 六年正月丙午侯孔聚元年	七 六年正月丙午圉侯陳賀元年
七	七
八	八
八 九年侯臧元年 十五	二十三 元年共侯常元年
十六	一 二年侯偃元年 八 中元二年有罪絕 巢 中元六年封賀子侯最元年 四 後元三年最薨無後國除
十四 元朔三年侯臧坐為太常南陵橋壞衣冠車不得度國除	

陽夏	隆慮
以特將將卒五百人前元年從起宛朐至霸上為侯以遊擊將軍別定代已破臧荼封豨為陽夏侯	以卒從起碭以連敖入漢以長鈹都尉擊項羽有功侯
五 六年正月丙午侯陳豨元年	七 六年正月丁未哀侯周竈元年
十年八月豨以趙相國將兵守代漢使召豨豨反以其兵與王黃等略代自立為燕漢殺豨靈丘	七
	八
	十七 後元二年侯通元年
	六
	七 中元元年侯通有罪國除
	三十四

陽都	以趙將從起鄗至霸上為樓煩將入漢定三秦別降翟王屬悼武王殺龍且彭城為大司馬破羽軍葉拜為將軍忠臣侯七千八百戶	七 六年正月戊申敬侯丁復元年	七	五 六年趮侯甯元年 三	九 十年侯安成元年 十四	二年侯安成有罪國除			十七
新陽	以漢五年用左令尹初從功比堂邑侯千戶	七 六年正月壬子胡侯呂清元年	三 四年頃侯世元年 四	八	六 七年懷侯義元年 二 九年惠侯它元年 十五	四 五 中三年譚元年 七	二十八 元鼎五年侯譚坐酎金國除		八十一

東武	以戶衛起薛為悼武王破秦軍杠里楊熊軍曲遇入漢為越戶將軍定三秦以都尉堅守敖倉為將軍破藉軍功侯二千戶	七 六年正月戊午貞侯郭蒙元年	七	五 六年侯他元年 三	二十三	五 六年侯他弃市國除			四十一
汁邡	以趙將前三年從定諸侯二千五百戶功比平定侯齒故沛豪有力與上有郄故晚從	七 六年三月戊子肅侯雍齒元年	二 三年荒侯巨元年 五	八	二十三	二 三年侯野元年 十 中元六年終侯桓元年 四	二十七 元鼎五年終侯桓坐酎金國除		五十七

棘蒲

以將軍前元年率將二千五百人起薛別救東阿至霸上二歲十月入漢擊齊歷下軍田既功侯

七

六年三月丙申剛侯陳武元年

七

八

十六

後元年侯武薨嗣子奇反不復置後國除

十三

都昌

以舍人前元年從起沛以騎隊率先降翟王虜章邯功侯

七

六年三月庚子莊侯朱軫元年

七

八

元年剛侯率元年

七

十六

八年夷侯詘元年

元年恭侯偃元年

二

三年侯辟彊元年

五

中元元年辟彊薨無後國除

二十三

欽定四庫全書

史記正義 卷十八

武彊

以舍人從至霸上以騎將入漢還擊項羽屬丞相甯功侯用將軍擊黥布侯

七

六年三月庚子莊侯莊不識元年

七

六

七年商侯嬰元年

二

十七

六

後元二年侯青翟元年

十六

二十五

元鼎二年侯青翟坐為丞相與長史朱買臣等逮御史大夫湯不直國除

三十三

貰

以越戶將從破秦入漢定三秦以都尉擊項羽千六百戶功比臺侯

二

六年三月庚子齊侯呂元年

五

八年恭侯方山元年

七

八

十一

元年煬侯赤元年

十二

十二年康侯遺元年

十六

十六

元朔五年侯倩元年

八

元鼎元年侯倩坐殺人棄市國除

海陽

以越隊將從破秦入漢定三秦以都尉擊項羽侯千八百戶

七

六年三月庚子齊信侯搖毋餘元年

二

三年哀侯昭襄元年

五

四

五年康侯建元年

四

二十三

三

四年哀侯省元年

十

中六年侯省薨無後國除

三十七

南安

以河南將軍漢王三年降晉陽以亞將破臧荼侯九百戶

七

六年三月庚子莊侯宣虎元年

七

八

八

九年共侯戎元年

十一

四

後元四年侯千秋元年

七

中元年侯千秋坐傷人免

六十三

肥如

以魏太僕三年初從以車騎都尉破龍且及彭城侯千戶

七

六年三月庚子敬侯蔡寅元年

七

八

二

三年莊侯成元年

十四

七

後元年侯奴元年

元年侯奴薨無後國除

六十六

曲城

以曲城戶將卒三十七人初從起碭至霸上為執珪為二隊將屬悼武王入漢定三秦以都尉破項羽軍陳下功侯四千戶為將軍擊燕代拔之

七

六年三月庚子圉侯蟲逢元年

七

八

八

元年侯捷元年

有罪絕

五

後元三年復封恭侯捷元年

有罪絕

十二

三

五

五年復封恭侯捷元年

三

建元二年侯皋柔元年

十五

元狩三年侯皋柔坐為汝南太守知民不用赤側錢為賦國除

河陽

以卒前元年起碭從以二隊將入漢擊項羽身得郎將處功侯以丞相定齊地

七

六年三月庚子莊侯陳涓元年

七

元年侯信元年 三

四年侯信坐不償人責過六月奪侯國除

淮陰

兵初起以卒從項梁梁死屬項羽為郎中至咸陽亡從入漢為連敖典客蕭何言為大將軍別定魏齊為王徙楚坐擅發兵廢為淮陰侯

五

六年四月侯韓信元年

十一年信謀反關中呂后誅信夷三族國除

芒

以門尉前元年初起碭至霸上為武定君入漢還定三秦以都尉擊項羽侯

六年侯昭元年 三

九年侯昭有罪國除

孝景三年昭以故芒侯將兵從太尉亞夫擊吳楚有功復封 十二

後元元年三月張侯申元年

十一

元朔六年侯申坐尚南宮公主不敬國除

故市

以執盾初起入漢為河上守遷為假相擊項羽侯千戶功比平定侯

三

六年四月癸未侯閻澤赤元年

九年孝侯毋害元年 四

七

後四年戴侯續元年 十九

四

四

孝景五年侯穀嗣 十二

元鼎五年侯穀坐酎金國除 二十八

五十五

柳丘

以連敖從起薛，以二隊將入漢，定三秦，以都尉破項籍軍，為將軍，侯千戶

七
六年六月丁亥，齊侯戎賜元年

七

四 五年，定侯安國元年
四

二十三

三 四年，敬侯嘉成元年
十 後元元年，侯角嗣，有罪，國除

三十九

魏其

以舍人從沛，以郎中入漢，為周信侯，定三秦，遷為郎中騎將，破籍東城，侯千戶

七
六年六月丁亥，莊侯周定元年

七

四 五年，侯間元年
四

二十三

二
前三年，侯間反，國除

四十四

欽定四庫全書

祁

以執盾漢王三年初起從晉陽，以連敖擊項籍，漢王敗走，賀方將軍擊楚，追騎以故不得進。漢王顧謂賀祁子留彭城，軍執圭東擊羽，急絕其近壁，侯千四百戶

七
六年六月丁亥，穀侯繒賀元年

七

八

十一
十二 十二年，頃侯湖元年

五
十一 六年，侯它元年

八
元光二年，侯它從射，擅罷，不敬，國除

五十

平

兵初起，以舍人從擊秦，以郎中入漢，以將軍定諸侯，守洛陽，功侯，比費侯賀，千三百戶

六
六年六月丁亥，悼侯沛嘉元年
一 上二年，靖侯奴元年

七

八

十五
八 十六年，侯執元年

十一
中元五年，侯執有罪，國除

三十二

史記正義 卷十八

魯

以舍人從起沛，至咸陽為郎中，入漢以將軍從定諸侯，侯，四千八百戶，功比舞陽侯。死事，無代侯

七
六年中毋侯疵元年

七

四
五年毋侯疵薨無後國除

七

故城

兵初起以謁者從入漢以將軍擊諸侯以右丞相備守淮陽功比厭次侯二千戶

七
六年中莊侯尹恢元年

一
五
三年侯開方元年

二
三年侯方奪侯為關內侯

欽定四庫全書

任侯

以騎都尉漢五年起從東垣擊燕代屬雍齒有功侯為車騎將軍

七
六年侯張越元年

七

二
三年侯越坐匿死罪免為庶人國除

史記正義 卷十八 二十六

棘丘

以執盾隊史前元年從起碭破秦以治粟內史入漢以上郡守擊定西魏地功侯

七
六年侯襄元年

七

四
四年侯襄奪侯為仕伍國除

阿陵	昌武
以連敖前元年從單父以塞疏入漢還定三秦屬悍武王以都尉擊籍功侯	初起以舍人從以郎中入漢定三秦以郎中將擊諸侯侯九百八十戶比魏其侯
七 六年七月庚寅頃侯郭亭元年	七 六年七月庚寅靖信侯單甯元年
七	五 六年夷侯如意元年 二
八	八
二 三年惠侯歐元年 二十一	二十三
一 前二年侯勝客元年 有罪絕 八 南 四 中六年靖侯延居元年	十六 中四年康侯賈成元年
十二 元光六年侯則元年 十七 元鼎四年侯則坐酎金國除	十 元光五年侯得元年 四 元狩元年侯得坐傷人二旬內死棄市國除
二十七	四十五

高苑	宣曲
初起以舍人從入漢定三秦以中尉破籍侯千六百戶比斥丘侯	以卒從起留以騎將入漢定三秦破籍軍滎陽為郎騎破鍾離昧軍固陵侯六百七十戶
七 六年七月戊戌制侯丙倩元年	七 六年七月戊戌齊侯丁義元年
元年簡侯得元年	七
八	八
十五 十六年孝侯武元年 八	十 十一年侯通元年 十三
十六	四 有罪除 發婁 中五年復封侯通元年 中六年侯通有罪國除
二 建元元年侯信元年 建元三年侯信坐出入屬車間奪侯國除	
四十一	四十三

絳陽	東茅
以越將從起留入漢定三秦擊臧荼侯七百四十戶從攻馬邑及布	以舍人從碭至霸上以二隊入漢定三秦以都尉擊項羽破臧荼侯捕韓信為將軍益邑千戶
七 六年七月戊戌齊侯華無害元年	七 六年八月丙辰敬侯劉釗元年
七	
八	八
四年恭侯勃齊元年 三 十六 後元四年侯祿元年 四	三年侯吉元年 二 十三 十六年侯吉奪爵國除
三 前四年侯祿坐出界有罪國除	
四十六	四十八

斥丘	臺
以舍人從起豐以左司馬入漢以亞將攻籍剋敵都尉擊破籍武城為漢中尉擊布為斥丘侯千戶	以舍人從起碭用隊率入漢以都尉擊籍籍死轉擊臨江屬將軍賈功侯以將軍擊漢
八 六年八月丙辰懿侯唐厲元年	七 六年八月甲子定侯戴野元年
七	七
八	八
	三 四年侯才元年 二十
九年恭侯鼂元年 八 十三 後元六年侯賢元年	二 三年侯才反國除
元鼎二年侯尊元年 二十五 三 元鼎五年侯尊坐酎金國除	
四十	五十五

安國

以客從起豐以廄將別定東郡南陽從至霸上入漢守豐上東因從戰不利奉孝惠魯元出淮水中及堅守豐于雍侯五千戶

七
六年八月甲子武侯王陵元年定侯安國

七
其六年為右丞相

七一
八年哀侯忌元年

二十三
元年終侯游元年

十六

建元元年三月安侯辟方元年 二
元狩三年侯定元年 十
元鼎五年侯定坐酎金國除 八

十二

樂成

以中涓騎從碭中為騎將入漢定三秦侯以都尉擊籍屬灌嬰殺龍且更為樂成侯千戶

七
六年八月甲子節侯丁禮元年

七

八

五年夷侯 四 馬從元年
十
後七年武侯 八 客元年

十六

元鼎二年 二 侯義元年
十
五
元鼎五年侯義坐言五 三 利侯不道棄市國除

四十二

辟陽

以舍人初起侍呂后孝惠沛三歲十月呂后入楚食其從一歲侯

七
六年八月甲子幽侯審食其元年

七

三
四年侯 二 平元年
十

二
三年平坐反國除

安平

以謁者漢王三年初從定諸侯有功秩舉蕭何功侯二千戶

七
年八月甲子敬侯諤千秋元年

二
孝惠三年 簡 侯嘉元年
五

七一
八年頃侯應元年

十
後三年煬 三 侯寄元年
十

十五一
後三年侯但元年

元狩元年坐與淮南王女陵通 十八 遺淮南書稱臣盡力棄市國除

六十一

蒯成

以舍人從起沛至霸上侯入漢定三秦食邑池陽擊項羽軍滎陽絕甬道從出度平陰遇淮陰侯軍襄國楚漢約分鴻溝以緤為信戰不利不敢離上侯三千三百戶

六年八月甲子 七 尊侯周緤元年

十二年十月乙未定蒯成

七

八

五

緤子昌代有罪絕國除

中元元年封緤鄲子康侯應元年

一八

中二年侯中居元年

二十六

元鼎三年居坐為太常有罪國除

二十二

北平

以客從起陽武至霸上為常山守得陳餘為代相從趙相侯為計相四歲淮南相十四歲千三百戶

七

六年八月丁丑文侯張蒼元年

七

八

二十三

其四為丞相五歲罷

五

六年康侯奉元年

八

三

後元元年侯預元年

四

建元五年侯預坐臨諸侯喪後不敬國除

六十五

欽定四庫全書

高胡

以卒從起杠里入漢以都尉擊籍以都尉定燕侯千戶

七

六年中侯陳夫乞元年

七

八

四

五年殤侯程嗣薨無後國除

八十二

厭次

以慎將前元年從起留入漢以都尉守廣武功侯

六年中侯元頃 七 元年

七

八

元年侯 五 賀元年

六年侯賀謀反國除

一十四

平皋

- 項它漢六年以碭郡長初從賜姓為劉氏功比戴侯彭祖五百八十戶
- 六 七年六月癸亥煬侯劉它元年
- 四
- 三 五年恭侯遠元年
- 八
- 二十三
- 十六 建元元侯光元年
- 二 建元元年侯勝元年
- 十八 元鼎五年侯勝坐酎金國除

復陽

- 以卒從起薛以將軍入漢以右司馬擊項籍侯千戶
- 六 七年十月甲子剛侯陳胥元年
- 七
- 八
- 十
- 十三 十一年恭侯嘉元年
- 五
- 十一 六年康侯拾元年
- 十二 元朔元年侯彊元年
- 七 元狩二年坐父拾非嘉子國除
- 四十九

河陽

- 以中謁者從入漢以郎中騎從定諸侯侯五百戶功比高胡侯
- 三 七年十月甲子齊哀侯元年漢表云齊侯其石
- 三 十年侯安國元年
- 七
- 八
- 二十三
- 十六 中元四年侯午元年中絕
- 二十 元鼎四年恭侯章元年
- 七 元封元年坤山侯仁元年
- 三
- 二十 征和二年十月仁與母坐祝詛大逆無道國除

朝陽

- 以舍人從起薛以連敖入漢以都尉擊項羽後攻韓王信侯千戶
- 六 七年三月丙寅齊侯華寄元年
- 七
- 八 元年文侯要元年
- 十三 十四年侯當元年
- 十
- 十六
- 十三 元朔二年侯當坐教人上書枉法罪國除
- 六十九

欽定四庫全書　史記正義　卷十八　三十八

國名	棘陽	涅陽
侯功	以卒從胡陵入漢以郎將迎左丞相軍以擊諸侯侯千戶	以騎士漢王二年從出關以郎將擊斬項羽侯千五百戶比杜衍侯
高祖	六 七年七月丙辰莊侯杜得臣元年	六 七年中莊侯呂勝元年
孝惠	七	七
高后	八	八
孝文	五 六年質侯但元年 十八	四 五年莊侯子成實非子不當為侯國除
孝景	十六	
建元至元封	九 元光四年懷侯武元年 九 元朔五年侯武薨無後國除	
侯第	八十一	百四

欽定四庫全書　史記正義　卷十八　三十九

國名	平棘	羹頡
侯功	以客從起亢父斬章邯所署蜀守用燕相侯千戶	以高祖兄子從軍擊反韓王信為郎中將信母嘗有罪高祖微時太上憐之故封為羹頡侯
高祖	七 七年中懿侯執元年	六 七年中侯劉信元年
孝惠	七	七
高后	七 一 八年侯辟彊元年	元年信有罪削爵一級為關內侯
孝文	五 六年侯辟彊有罪鬼薪國除	
孝景		
建元至元封		
侯第	六十四	

深澤

以趙將漢王三年降屬淮陰侯定趙齊楚以擊平城侯七百戶

八年十月癸丑 五 齊侯趙將夜元年

七

二年奪 一 絕
三年復封 封一年薨

十四年復 四 封將夜元年
後元二年戴 六 侯頭元年

三年侯 二 循元年
七
更
中五年封頭子 五 夷侯胡元年

十
元朔五年夷侯 六 胡薨無後國除

九十八

柏至

以駢憐從起昌邑以說衛入漢以中尉擊籍侯十戶

七年七月戊辰 六 靖侯許溫元年

七

二年 一 有罪絕
二年復 六 封溫如故

元年簡侯 十 祿元年
四
十五年哀 九 侯昌元年

十
六

元光二年共 七 侯如安元年
元狩三年 十 侯福元年
三
元鼎二年侯 五 福有罪國除

五十八

欽定四庫全書

中水

以郎中騎將漢王元年從起好畤以司馬擊龍且後共斬項羽侯千百戶侯

六
七年正月己酉莊侯呂馬童元年

七

八

十年夷侯 九 假元年
三
十
十三年共侯 一 青肩元年

十
六

建元六年靖 五 侯德元年
元光元年侯 三 宜城元年
十
元鼎五年宜成 三 坐酎金國除

杜衍

以郎中騎漢王三年從起下邳屬淮陰從灌嬰共斬項羽侯千七百戶

七年正月己酉 六 莊侯王翳元年

七

五

六年共侯 三 福元年
五年侯市 四 臣元年
七
十
十二年侯 二 翕元年
十
二
有罪絕後元元年復封 三 翳子彊侯郢人元年
元光四年侯 九 定國元年
十
二
元狩四年侯 定 國有罪國除

百二

史記正義 卷十八

赤泉

以郎中騎漢王二年從起杜屬淮陰後從灌嬰共斬項羽侯千九百户

六
七年正月己酉莊侯楊喜元年

七

一
元年奪絕 七 二年復封

十一
十二年定侯 十二 殷元年

四年侯無 三 害元年
六
有罪 臨 絕
汝
中五年復封 五 無害元年

七
元光二年侯無害有罪國除

百三

恂

以燕將軍漢王四年從曹咎軍為燕相告燕王荼反侯以燕相國定盧奴千九百户

五
八年十月丙辰項侯温疥元年

九十二

武原

漢七年以梁將軍初從擊韓信陳豨黥布功侯二千八百户功比高陵

五
八年十二月丁未靖侯衛胠元年

三
四年共侯寄元年
四

八

二十三

四年侯不 三 害元年
十
後二年不害坐 三 葬過律國除

九十二

磨

以趙衛將軍漢王三年從起盧奴擊項羽敖倉下為將軍攻臧荼有功侯千户

五
八年七月癸丑簡侯程黑元年

十

二
二年孝侯釐元年
六

十
後元元年 六 侯竈元年
七

七
中元元年竈有罪國除

九十二

欽定四庫全書

槀

高帝七年為將軍從擊代陳豨有功侯六百戶

五
八年十二月丁未祇侯陳錯元年

二
三年懷侯嬰元年
五

八

七年共侯應元年 六十四
後五年侯安元年 三

十六

不得千秋父 十二
元狩二年侯千秋元年 七
元鼎二年侯千秋坐酎金國除 九

百二十四

宋子

以漢三年以趙羽林將初從擊定諸侯功比磨侯五百四十戶

四

一
十二年共侯不疑元年

七

八

九十四
十年侯九元年

八
中元二年侯九坐買塞外禁物罪國除

九十九

欽定四庫全書

猗氏

以舍人從起豐入漢以都尉擊項羽侯二千四百戶

五
八年三月丙戌敬侯陳遬元年

六
七年靖侯交元年
一

八

二十三

三年頃侯差元 二 年薨無後國除

五十

史記正義 卷十八

清

以弩將初起從入漢以都尉擊項羽代侯比彭侯千戶

五
八年三月丙戌簡侯窒中元年

七
元年頃侯聖元年

八

七十六
八年康侯鮒元年

十六

元狩三年恭侯右元年 二十
元鼎四年侯生元年 七
元鼎五年侯生坐酎金國除 一

七十一

彊

以客吏初起從入漢以都尉擊項羽代侯比彭侯千戶

三
八年三月丙辰簡侯留勝元年
二
十一年戴侯章元年

七

八

十二
十三年侯服元年
二
十五年侯服有罪國除

七十二

彭

以卒從起薛以弩將入漢以都尉擊項羽代侯千戶

五
八年三月丙戌簡侯秦同元年

七

八

二
三年戴侯執元年
二十一

二
三年侯武元年
十一
後元元年武有罪國除

七十

吳房

以郎中騎將漢王元年從下邽擊陽夏以都尉斬項羽有功侯七百戶

五
八年二月辛巳莊侯楊武元年

七

八

十二
二十年侯去疾元年
十一

十四
後元元年去疾有罪國除

九十四

甯

以舍人從起碭入漢以都尉擊臧荼功侯千戶

五
八年四月辛卯莊侯魏選元年

七

八

十五
十六年恭侯連元年
八

三
元年侯指元年
四年侯指坐出國界有罪國除

七十八

昌

以齊將漢王四年從淮陰侯起無鹽定齊擊籍及韓王信於代侯千戶

五　八年六月戊申　圉侯盧卿元年

七

八

十四　十五年侯通元年

九

二　二年侯通反國除

百九

共

以齊將漢王四年從淮陰侯起臨菑擊籍及韓王信於平城有功侯千二百戶

五　八年六月壬子莊侯盧罷師元年

七

八

六　七年惠侯當元年

八　十五年懷侯商元年

五　後四年侯商薨無後國除

百十四

閼氏

以代太尉漢王三年降為雁門守以特將平代反寇侯千戶

四　八年六月壬子節侯馮解敢元年

一　十二年恭侯它元年

薨無後絕

十四　二年封恭侯遺腹子文侯遺元年

八　十六年恭侯勝之元年

五十一　前六年侯平元年

二十八　元鼎五年侯平坐酎金國除

安丘

以卒從起方與屬魏豹二歲五月以執鈹入漢以司馬擊籍以將軍定代侯三千戶

五　八年七月癸酉懿侯張說元年

七

八

十二

十一　十三年恭侯奴元年

三　四年敬侯執元年

十三　三年康侯訢元年

十八　元狩元年侯指元年

九　元鼎四年侯指坐入上林謀盜鹿國除

合陽

高祖兄。兵初起，侍太公守豐。天下已平，以六年正月立仲為代王。高祖八年，匈奴攻代，王弃國亡，廢為合陽侯。

五 八年九月丙子，侯劉仲元年。

二 仲子濞為吳王。以子吳王故，尊仲謚為代頃侯。

襄平

兵初起，紀成以將軍從擊，破秦，入漢，定三秦，功侯。定平，侯戰好時，死事，子通襲成功侯。

五 八年九月丙子，侯紀通元年。

七

八

二十三

九 中元三年，康侯相夫元年。

七

十二 元朔元年，侯夷吾元年。

十九 元封二年，侯夷吾薨，無後，國除。

龍

以卒從漢王元年起霸上，以謁者擊籍，斬曹咎，侯千。

五

八年後九月己未，敬侯陳署元年。

七

六 七年，侯堅元年。

一

六 後元元年，侯堅奪侯，國除。

八十四

繁

以趙騎將從，漢三年從擊諸侯，侯比吳房，千五百戶。

四

九年十一月壬寅，莊侯彊瞻元年。

四

三 五年，康侯獨元年。六一 悼侯

八

三十三

三 四年，侯寄元年。

六

七 中三年，侯安國元年。

十八 元狩元年，安國為人所殺，國除。

九十五

欽定四庫全書　史記正義　卷十八

陸梁

詔以為列侯，自置吏，受令長沙王

二

九年三月丙辰侯須毋元年

一

十二年共侯桑元年

七

八

十八

五

後三年康侯慶忌元年

十

六

元年侯冉元年

二十八

元鼎五年侯冉坐酎金，國除

百三十七

高京

周奇起兵，以內史入從，擊破秦，為御史大夫，入漢，圍取諸侯，堅守滎陽，功比辟陽。奇以御史大夫死事，子成為後，襲侯

四

九年四月丙寅侯周成元年

七

八

二十

後五年坐謀反，繫死，國除，絕

中元年封成孫繩應元年

侯平嗣不得元年

元狩四年平坐為太常不繕治園陵，不敬，國除

六十

離

元年四月戊寅鄧弱元年

失此侯始所起及所絕

義陵

以長沙柱國侯，千五百戶

四

九年九月丙子侯吳程元年

三

四

四年侯種元年

六

七年侯種薨，無後，國除，皆失謚

百三十四

欽定四庫全書　史記正義　卷十八　五十四

宣平	東陽
兵初起張耳誅秦為相合諸侯兵鉅鹿破秦定趙為常山王陳餘反襲耳弃國與大臣歸漢漢定趙為王卒子敖嗣其臣貫高不善廢為侯	高祖六年為中大夫以河間守擊陳狶力戰功侯千三百戶
四　元年四月武侯張敖元年	二　十一年十二月癸巳武侯張相如元年
七	七
信　六　平	八
十五　敖子偃為魯王國除	十五　十六年共侯殷元年 五 三　後元五年戴侯安國元年
十五　元年以故魯王為南宮侯 八　十六年哀侯歐元年	三 十三　四年哀侯彊元年
罷　九　絕 睢　十　陽 八　元光三年封偃孫侯廣元年 十　元鼎二年侯昌元年 三　太初三年侯昌為太常之祠國除	建元元年彊薨無後國除
三	百十八

欽定四庫全書　史記正義　卷十八　五十五

開封	沛
以右司馬漢王五年初從以中尉擊燕定代侯比共侯二千戶	高祖兄合陽侯劉仲子侯
一　十一年十二月丙辰閔侯陶舍元年 一　景帝時侯青元年	一　十一年十二月癸巳侯劉濞元年 十二年十月辛丑侯濞為吳王國除
七　景帝時為丞相	
八	
二十三	
九　中元三年節侯偃元年 七	
十八　元光五年侯睢元年 元鼎五年侯睢坐酎金國除	
百十五	

慎陽

為淮陰舍人告淮陰侯信反侯二千戶

二 十三年十二月甲寅侯樂說元年

七

八

二十三

十二 中元六年靖侯願之元年 四

二十二 建元元年侯買之元年 元狩五年侯買之坐鑄白金弃市國除

禾成

以卒漢二年初從以郎中擊代斬陳豨侯千九百戶

二 十二年正月己未孝侯公孫耳元年

七

八

四 五年懷侯漸元年

九 十四年侯漸薨無後國除

百十七

堂陽

以中涓從起沛以郎入漢以將軍擊籍為惠侯坐守滎陽降楚免後復來以郎擊籍為上黨守擊豨侯八百戶

二 十一年正月己未哀侯孫赤元年

七 元年侯德元年

八

二十三

十三 中六年侯德有罪國除

七十七

祝阿

以客從起齧桑以十隊將入漢以將軍定魏太原破井陘屬淮陰侯以瓴度軍擊籍及攻豨侯八百戶

二 十一年正月己未孝侯高邑元年

七

八

四十四 五年侯成元年 後三年侯成坐事國人過律國除

七十四

長脩

以漢二年用御史初從出關以內史擊諸侯功比須昌侯以廷尉死事千九百戶

二　十一年正月丙辰平侯杜恬元年　一云杜恪

二　三年懷侯中元年　五

八

五年侯喜元年　四十九

八　罪絕　中五年復封陽平侯相夫元年　五

三十三　元封四年侯相夫坐為太常與樂令無可當鄭舞人擅繇不如令闌出函谷關國除

江邑

以漢五年為御史用奇計從御史大夫周昌為趙相而伐陳豨功侯六百戶

二　十一年五月辛未侯趙堯元年

七

元年侯堯有罪國除

欽定四庫全書

營陵

以漢三年為郎中擊項羽以將軍擊陳豨得王黃為侯與高祖疏屬劉氏世為衛尉萬二千戶

二　十一年侯劉澤元年

七

五　六年侯澤為琅邪王國除

八十八

史記正義　卷十八

土軍

高祖六年為中地守以廷尉擊龍[illegible]侯千二百戶就國後為燕相

二　十一年二月丁亥武侯宣義元年

五　六年孝侯莫如元年　二

八

二十三

二年康侯平元年　二十四

五　建元六年侯生元年

八　元朔二年生坐與人妻姦罪國除

百十三

廣阿

以客從起沛為御史守豐二歲擊籍為上黨守陳豨反堅守侯千八百戶後遷御史大夫

二

十一年二月丁亥懿侯任敖元年

八

三 三年夷侯竟元年

三十 四年敬侯但元年

十六

四 建元五年侯越元年

二十一 元鼎二年侯越坐為太常廟酒酸不敬國除

八十九

須昌

以謁者漢王元年初起漢中雍軍塞陳謁上上計欲還衍言從它道道通後為河間守陳豨反誅都尉相如功侯千四百戶

二

十一年二月己酉功侯守衍五年

七

八

二五四

四 從元四年侯不害元年

四

一

百七

欽定四庫全書

臨轅

初起從為郎以都尉守蘄城以中尉侯五百戶

二

十一年二月乙酉堅侯戚鰓元年

四 五年夷侯觸龍元年

三

八

二十三

二十三 四年共侯忠元年

三 建元四年侯賢元年

二十五 元鼎五年侯賢坐酎金國除

百十六

汲侯

高祖六年為太僕擊代豨有功侯千二百戶為趙大傅

二

十一年二月己巳終侯公上不害元年

一

六 二年夷侯武元年

十三 十四年康侯通元年

十

十六

一 建元二年侯廣德元年

九 元光五年廣德坐妻精大逆罪頗連廣德棄市國除

百二十三

史記正義 卷十八

六十一

寧陵

以舍人從陳留以郎入漢破曹咎成皋為上將隨馬都尉擊陳豨功侯千戶

十一年二月辛亥夷侯呂臣元年

七

八

十　十一年戴侯射元年　十三

三　四年惠侯始元年

一　五年侯始薨無後國除

七十二

汾陽

以郎中騎千人前二年從起陽夏擊項羽以中尉破鍾離眛功侯

二　十一年二月辛亥侯靳彊元年

七

二　三年共侯解元年　六

二十三

四　五年康侯胡元年　十二　絕

江鄒　元鼎五年侯石元年

太始四年五月丁卯侯石坐為太常行太僕事治嗇夫可年益縱年國除

九十六

欽定四庫全書

史記正義 卷十八

戴

以卒從起沛以卒開沛城門為太公僕以中令擊豨侯千二百戶

二　十一年三月癸丑敬侯彭祖元年

七

二　三年共侯悼元年　六

七　八年夷侯安國元年　十六

十六

十　元朔五年侯安期元年　六

元鼎五年侯蒙元年　十二

二十八　後元元年五月甲戌坐祝詛無道國除

百三十六

衍

以漢二年為燕令以都尉下楚九城堅守燕侯九百戶

二　十一年七月乙巳簡侯翟盱元年

七

三　四年祗侯山元年

二

三　六年節侯嘉元年

二十三

十六

二　建元三年侯不疑元年

十　元朔元年不疑坐挾詔書論罪國除

百三十

欽定四庫全書

平州

漢王四年以燕相從擊籍還擊荼以故二千石將為列侯千戶

二 十二年八月甲辰共侯昭涉掉尾元年

七

八

一 二年戴侯福元年 三 五年懷侯它人元年 四十五 九年孝侯馬童元年

十四 二 後元二年侯昧元年

二十二 元狩五年侯昧坐行馳道中更呵馳去罷國除

中牟

以卒從起沛入漢以郎中擊布功侯二千三百戶始高祖微時有急給高祖一馬故得侯

一 十二年十月乙未共侯單父聖元年

七

八

七 八年敬侯繒元年 五 十一 十二年戴侯終根元年

十六

十 元光元年侯舜元年 十八 元鼎五年侯舜坐酎金國除

百二十五

史記正義 卷十八 六十四

欽定四庫全書

邔

以故羣盜長臨江將已而為漢擊臨江王及諸侯破布功侯千戶

一 十一年十月戊戌莊侯黃極忠元年

七

八

十一 十二年慶侯榮盛元年 九 三 後元五年共侯明元年

十六

十六 元朔五年侯遂元年 八 元鼎元年遂坐賣宅縣官故貴國除

百十一

博陽

以卒從起豐以隊卒入漢擊籍成皋有功為將軍布反定吳郡侯千四百戶

一 十二年十一月辛丑節侯周聚元年

七

八

八 九年侯遬元年 十五

十二 中五年侯遬奪爵一級國除

五十三

史記正義 卷十八 六十五

陽義

以荊令尹漢王五年初從擊鍾離昧及陳公利幾破之徙為漢大夫坐至陳取韓信還為中尉從擊布功侯二千戶

一
十二年十月壬寅定侯靈常元年

七

六
七年共侯賀元年
二

六
七年哀侯勝元年
六
十二年侯勝薨無後國除

百九

下相

以客從起沛周侯從擊破齊田解軍以楚丞相堅守彭城距布軍功侯二千戶

一
十二年十月乙酉莊侯冷耳元年

七

八

二
三年侯慎元年
十
二
一

二
三年三月侯慎反國除

八十五

德

以代頃王子侯頃王吳王濞父也廣濞之弟也

一
十二年十一月庚辰哀侯劉廣元年

七

七

二
三年頃侯通元年
六

二
六年侯齕元年
十
三

元鼎四年侯何元年
二
十
七
一
元鼎五年侯何坐酎金國除

百二十七

高陵

以騎司馬漢王元年從起廢立以都尉破田橫龍且追籍至東城以將軍擊布九百戶

一
十二年十一月丁亥圉侯王周元年

七

二
三年惠侯并弓元年
六

十
十三年侯行元年
二
十
一

二
二年反國除

九十二

期思

淮南王布中大夫有郤上書告布反侯二千石布盡殺具宗族

一

十二年十二月癸卯康侯賁赫元年

七

八

十三

十四年赫薨無後國除

百三十二

穀陵

以卒從前二年起柘擊籍定代為將軍功侯

一

十二年正月乙丑定侯馮谿元年

七

八

六十七

七年共侯熊元年

一三十二

三年隱侯卬元年

五年獻侯解元年

四

建元四年侯偃元年

百五

欽定四庫全書

戚

以都尉漢二年初起櫟陽攻廢丘破之因擊項籍別屬丞韓信破齊軍攻臧荼遷為將軍擊信侯合千戶

一

十二年十二月癸卯圉侯季必元年

七

八

三二十

四年齊侯班元年

十六

建元三年侯信成元年

二

二十

元狩五年侯信成坐為太常縱丞相侵神道壖不敬國除

壯

以楚將漢三年降起臨濟以郎中擊籍陳豨功侯六百戶

一

十二年正月乙丑敬侯許倩元年

七

八

二十三

一十五

建元二年侯恢元年

一九十五

建元二年殤侯則元年

元光五年侯廣宗元年

元鼎元年侯廣宗坐酎金國除

百十二

欽定四庫全書　史記正義　卷十八　七十

成陽

以魏即漢王二年從起陽武擊籍屬魏豹死屬相國彭越太原尉定代侯六百戶

一　十二年十月乙酉定侯意元年

七

八

十　十一年侯信元年　十三

十六

建元元年侯有罪鬼薪國除

百一十

桃

以客從漢王二年從起定陶以大謁者擊布侯千戶為淮陰守項氏親也賜姓

一　十二年二月丁巳安侯劉襄元年

七

奪絕二年　一　復封襄　七

九　十年哀侯舍元年　十四　景帝時為丞相

十六

建元元年厲侯申元年　十三

元朔二年侯自為元年

十五　元鼎五年侯自為坐酎金國除

百三十五

欽定四庫全書　史記正義　卷十八　七十一

高梁

食其兵起以客從擊破秦以列侯入漢還定諸侯常使約和諸侯列卒兵聚侯功比平侯嘉以死事子疥襲食其功侯九百戶

一　十二年三月丙寅共侯酈疥元年

七

八

二十三

十六

元光三年侯勃元年　八

元狩元年坐詐詔衛山王取金當死病死國除

六十六

紀信

以中涓從起豐以騎將入漢以將軍擊籍後攻盧綰侯七百戶

一　十二年六月丙辰匡侯陳倉元年

七

三年夷侯開元年　二　六

十七

後二年六月侯陽元年　六

三年陽反　二　國除

八十

欽定四庫全書　史記正義　卷十八　七十二

甘泉

以車司馬漢王元年初從起高陵屬劉賈以都尉從軍侯

一

十二年六月壬辰侯王竟元年

六一

七年戴侯莫搖元年

八

十十三

十一年侯嫖元年

九

十年侯嫖有罪國除

百六

煑棗

以越連敖從起豐別以郎將入漢擊諸侯以都尉侯九百戶

一

十二年六月壬辰靖侯赤元年

二十二

二年赤子康侯武元年

二十

八

中二年侯昌元年

二

中四年有罪國除

七十五

欽定四庫全書　史記正義　卷十八　七十三

張

以中涓騎從起豐以郎將入漢從擊諸侯七百戶

一

十二年六月壬辰節侯毛澤元年

七

八

十二

十一年夷侯慶元年

十一

十三年侯舜元年

十二

中六年侯舜有罪國除

七十九

鄡陵

以卒從起豐入漢以都尉擊籍恭侯七百戶

一

十二年中莊侯朱濞元年

七

三

五

四年恭侯慶元年

六

七年恭侯慶薨無後國除

五十二

菌

以中涓從起單父不入關以舉籍布燕王綰得南陽侯二千七百戶 | 前元年

十二年十六月壯侯張平元年

一

七

五年侯滕元年

四

四

四年侯滕有罪國除

三

四十八

史記正義卷十八

欽定四庫全書

史部

史記正義卷十九至二十二

詳校官編修臣李如筠

欽定四庫全書

史記正義卷十九

唐 張守節 撰

史記十九

惠景間侯者年表第七

太史公讀列封至便侯曰有以也夫長沙王者著令甲稱其忠焉昔高祖定天下功臣非同姓疆土而王者八國至孝惠時唯獨長沙全禪五世以無嗣絕竟無過為藩守職信矣故其澤流枝庶毋功而侯者數人及孝惠訖孝景間五十載追修高祖時遺功臣及從代來吳楚之勞諸侯子弟若肺腑外國歸義封者九十有餘咸表始終當世仁義成功之著者也

國名	侯功	孝惠七	高后八	孝文二十三	孝景十六	建元至元封六年三十六	太初已後
便	長沙王子侯二千石	七 元年九月頃王子吳淺元年	八	二十二 後七年恭侯信元年 一	五 前六年侯廣志元年 十一	二十九 元鼎五年侯千秋坐酎金國除	
軑	長沙相侯七百戶	六 二年四月庚子侯利君元年	二 三年侯豨元年 六	十五 十六年侯彭祖元年 八	十六	元封元年侯秩為東海太守行過不請擅發卒兵為衛當斬會赦國除 三十	
平都	以齊將高祖三年降定齊侯千戶	二 五年六月乙亥孝侯劉到元年	八	二 三年侯成元年 二十一	十四 後元二年侯成有罪國除		

右孝惠時二

國名	侯功	孝惠七	高后八	孝文二十三	孝景十六	建元至元封六年三十六	太初已後
扶柳	高后姊長姁子后		元年四月庚寅侯呂平元年 七 八年侯平坐呂氏事誅國除				
郊	呂后兄悼武王身佐高祖定天下呂氏佐高祖治天下天下大安封武王少子產為郊侯		元年四月辛卯侯呂產元年 五 六年七月壬辰產為呂王國除 高后八年九月產以呂王為漢相謀為不善大臣誅產遂滅諸呂				
南宮	以父越人為高祖騎將從軍以太中大夫侯		六 元年四月乙酉齊侯陽成延元年 二 七年敬侯去疾元年				

梧	平定	博成	沛	襄成
以軍匠從起郟入漢後為少府作長樂未央宮築長安城先就功侯五百户	以卒從高祖起留以家車吏入漢以梟騎都尉擊項籍得樓煩將功用齊丞相侯	以悼武王郎中兵初起從高祖起豐攻雍丘擊項籍力戰奉衛悼武王出滎陽功侯	呂后兄康侯少子侯奉呂宣王寢園	孝惠子侯
六 元年四月乙酉齊侯陽成延元年 二 七年敬侯去疾元年	八 元年四月乙酉敬侯齊受元年	三 元年四月乙酉敬侯馮無擇元年 四 四年侯代元年 高后八年侯代坐呂氏事誅國除	七 元年四月乙酉侯呂種元年 一 為不其侯 高后八年侯種坐呂氏事誅國除	一 元年四月辛卯侯義元年 高后四年侯義為常山王國除
二十三	一 二年齊侯市人元年 四 六年恭侯應元年 十八			
九 中三年靖侯偃元年 七	十六			
八 元光三年侯戎奴元年 十四 元狩五年侯戎奴坐謀殺季父棄市國除	七 元光二年康侯延居元年 十八 元鼎二年侯昌元年 二 元鼎四年昌有罪國除			

欽定四庫全書

史記正義 卷十九

軹	壺關	沅陵	上邳	朱虛	昌平
孝惠子侯	孝惠子侯	長沙嗣成王子侯	楚元王子侯	齊悼惠王子侯	孝惠子侯
三 元年四月辛卯侯朝元年 高后四年侯朝為常山王國除	四 元年四月辛卯侯武元年 高后五年侯武為淮陽王國除	八 元年十一月壬申頃侯吳陽元年	二年五月丙申侯劉郢客元年	七 二年五月丙申侯劉章元年	三 四年二月癸未侯太元年 高后七年太為呂王國除
		十七 後二年頃侯福元年 六	孝文元年侯郢客為楚王國除	一 孝文二年侯章為城陽王國除	
		十一 中元五年哀侯周元年 四 後二年侯周薨無後國除			

贅其	呂侯昆弟子用淮陽丞相侯	四 四年四月丙申侯勝元年 八年侯勝坐呂氏事誅國除			
中邑	以執不從高祖入漢以中尉破曹咎用呂相侯六百户	五 四年四月丙申貞侯朱通元年	十七 後元二年侯悼元年 六	十五 後元三年侯悼有罪國除	
樂成	以隊卒從高祖起沛以屬皇訢以郎擊陳餘用衛尉侯六百户	二 四年四月丙申簡侯衛無擇元年 六年恭侯勝元年 三	二十三	十五 後元三年侯侈元年 一	五 建元六年侯侈坐以買田宅不法又請求吏罪國除
山都	高祖五年為郎中柱下令以衛將軍擊陳豨用梁相侯	四年四月丙申貞侯王恬開元年 五	三 四年惠侯中黃元年 二十	三 四年敬侯觸龍元年 十三	二十三 元狩五年侯當元年 八 元封元年侯當坐與奴闌入上林苑國除
松兹	兵初起以舍人從起沛以郎吏入漢還得雍王邯家屬功用常山丞相侯	四年四月丙申夷侯徐厲元年 五	六 七年康侯悼元年 十七	十二 中元六年侯偃元年 四	五 建元六年侯偃有罪國除

成陶	以卒從高祖起單父為呂氏舍人度呂氏淮之功用河南守侯五百户	四年四月丙申夷侯周信元年 五	十一 十二年孝侯勃元年 三 十一年侯勃有罪國除
俞	以連敖從高祖破秦入漢以都尉定諸侯功比朝陽侯嬰死子它襲功用太中大夫侯	四 四年四月丙申侯呂它元年 八年侯它坐呂氏事誅國除	
滕	以舍人郎中十二歲以都尉屯霸上用楚相侯	四 四年四月丙申侯呂更始元年 八年侯更始坐呂氏事誅國除	
醴陵	以卒從漢王三年初起櫟陽以卒吏擊項籍為河內都尉長沙相侯六百户	四年四月丙申侯越元年 五	三 孝文四年侯越有罪國除
呂成	呂氏昆弟子侯	四年四月丙申侯呂忿元年 四 八年侯忿坐呂氏事誅國除	
東牟	齊悼惠王子侯	六年四月丁酉侯劉興居元年 三	一 孝文二年侯興居為濟北王國除

國名	侯功	孝惠	高后	孝文	孝景	建元至元封
鍾	呂肅王子侯		六年四月丁酉侯呂通元年 二 高后八年侯通為燕王坐呂氏事國除			
信都	以張敖魯元太后子侯		八年四月丁酉侯侈元年 一	孝文元年侯侈有罪國除		
樂昌	以張敖魯元太后子侯		八年四月丁酉侯受元年 一	孝文元年侯受有罪國除		
祝茲	呂后昆弟子侯		八年四月丁酉侯呂榮元年坐呂氏事誅國除			
建陵	以大謁者侯宦者多奇		八年四月丁酉侯張華元年高后八年九月奪侯國除			
東平	以燕王呂通弟侯		八年五月丙辰侯呂莊元年坐呂氏事誅國除			

右高后時三十一　孝文二十三　孝景十六

國名	侯功	孝惠	高后	孝文	孝景	建元至元封
陽信	高祖十二年為郎以典客奪趙王呂祿印關殿門拒呂產等入共尊立孝文侯二千户			元年二月辛丑侯劉揭元年 十四 十五年侯中意元年 九	景帝六年侯中意有罪國除 五	
軹	高祖十年為郎從軍十七歲為太中大夫迎孝文代用車騎將軍迎太后侯萬户薄太后弟			元年四月乙巳侯薄昭元年 十 十一年易侯戎奴元年 十三	十六	建元二年侯梁元年 一
壯武	以家吏從高祖起山東以都尉從之滎陽食邑以代中尉勸代王入驂乘至代邸王卒為帝功侯千四百户			元年四月辛亥侯宋昌元年 二十三	中元四年侯昌奪侯國除 十一	
清都	以齊哀王舅父侯			元年四月辛未侯駟鈞元年 五 孝文前六年鈞有罪國除		
周陽	以淮南厲王舅父侯			元年四月辛未侯趙兼元年 五 孝文前六年兼有罪國除		

樊	以睢陽令高祖初起從阿以韓家子還定北地用常山相侯千二百户			十二 元年六月丙寅侯蔡兼元年 九 十五年康侯客元年	九 中元三年恭侯平元年 七	十三 元朔二年侯辟方元年 十四 元鼎四年侯辟方有罪國除
管	齊悼惠王子侯			二 四年五月甲寅恭侯劉罷軍元年 十八 三年侯戎奴反國除	二 三年侯戎奴反國除	
瓜丘	齊悼惠王子侯			十一 四年五月甲寅侯劉寧國元年 九 十五年侯偃元年	二 三年侯偃反國除	
營	齊悼惠王子侯			十 四年五月甲寅平侯劉信都元年 十 十四年侯廣元年	二 孝景三年侯廣反國除	
楊虛	齊悼惠王子侯			十二 四年五月甲寅恭侯劉將廬元年 十六年侯將廬為齊王有罪國除		
朸	齊悼惠王子侯			十一 四年五月甲寅侯劉辟光元年 十六年侯辟光為濟南王國除		

安都	齊悼惠王子侯			十二 四年五月甲寅侯劉志元年 十六年侯志為濟北王國除		
平昌	齊悼惠王子侯			十二 四年五月甲寅侯劉卬元年 十六年侯卬為膠西王國除		
武城	齊悼惠王子侯			十二 四年五月甲寅侯劉賢元年 十六年侯賢為菑川王國除		
白石	齊悼惠王子侯			十二 四年五月甲寅侯劉雄渠元年 十六年侯雄渠為膠東王國除		
波陵	以陽陵君侯			五 七年三月甲寅康侯魏駟元年 孝文十二年康侯魏駟薨無後國除		
南鄭	以信平君侯			七年三月丙寅侯起元年 孝文時坐復父故奪爵級關內侯		

阜陵	以淮南厲王子侯			八 八年五月丙午侯劉安元年 孝文十六年安為淮南王國除			
安陽	以淮南厲王子侯			八 八年五月丙午侯勃元年 孝文十六年侯勃為衡山王國除			
陽周	以淮南厲王子侯			八 八年五月丙寅侯劉賜元年 孝文十六年侯賜為廬江王國除			
東城	以淮南厲王子侯			七 八年五月丙寅哀侯劉良元年 孝文十五年侯良薨無後國除			
犂	以齊相召平子侯千四百一十户			十一 十年四月癸丑頃侯召奴元年 三 後五年侯澤元年	十六	十六 元朔五年侯延元年 十九 元封六年侯延坐不出持馬斬國除	
缾	以北地都尉孫卬匈奴入北地力戰死事子侯			十 十四年三月丁巳侯孫單元年	二 孝景前二年侯鄲謀反國除		

欽定四庫全書

弓高	以匈奴相國降故韓王信孽子侯千二百三十七户			十六年六月丙子莊侯韓穨當元年 八	十六 前元年侯則元年	十六 元朔五年侯則薨無後國除	
襄成	以匈奴相國降侯故韓王信太子之子侯千四百三十二户			七 十六年六月丙子哀侯韓嬰元年 一 後元七年侯澤之元年	十六	十五 元朔四年侯澤之坐詐病不從不敬國除	
故安	孝文元年舉淮陽守從高祖入漢功侯食邑五百户用丞相侯一千七百一十二户			後元三年四月丁巳節侯申屠嘉元年 五	二 前三年恭侯蔑元年 十四	十九 元狩二年清安侯臾元年 五 元鼎元年臾坐為九江太守有罪國除	
章武	以孝文后弟侯萬一千八百六十九户			後元七年六月乙卯景侯竇廣國元年 一	六 前七年恭侯完元年 十	八 元光三年侯常坐元年 十 元狩元年侯常坐坐謀殺人未殺罪國除	

南皮	以孝文后兄竇長君子侯六千四百六十戶				後元七年六月乙卯侯竇彭祖元年 一	十六	五 建元六年侯良元年 五 元光五年侯桑林元年 十八 元鼎五年侯桑林坐酎金罪國除

右孝文時二十 孝景十六

平陸	楚元王子侯三千二百六十七戶					元年四月乙巳劉侯禮元年一云乙卯 二 孝景三年侯禮為楚王國除	
休	楚元王子侯					元年四月乙巳侯富元年 二 孝景三年侯富以兄子戊為楚王反富與家屬長安北闕自歸不能相救上印綬詔復王後以平陸侯為楚王更富封為紅侯	
沈猶	楚元王子侯千三百八十戶					元年四月乙巳夷侯劉穢元年 十六	四 建元五年侯受元年 十八 元狩三年侯受坐為宗正聽謁不具宗室不敬國除

紅	楚元王子侯千七百五十戶					四 三年四月乙巳莊侯富元年一云禮侯 一 前七年悼侯澄元年 九 中元元年敬侯發元年發一作嘉	十五 元朔四年侯章元年 一 元朔五年侯章薨無後國除
宛朐	楚元王子					二 元年四月乙巳侯劉埶元年 孝景三年侯埶反國除	
魏其	以大將軍屯滎陽扞吳楚七國反已破為侯三千三百五十戶					十四 三年六月乙巳侯竇嬰元年	九 建元元年為丞相二歲免 元光四年侯嬰坐爭灌夫事上書稱為先帝詔矯制害棄市國除
棘樂	楚元王子侯戶千二百一十三					十四 三年八月壬子敬侯劉調元年	二十 建元二年恭侯應元年 元朔元年侯慶元年 十六 元鼎五年侯慶坐酎金國除

俞	以將軍吳楚反時擊齊有功布故彭越舍人越反時布使齊還已梟越布祭哭之當亨出忠言高祖赦之燕布反布為都尉戶千八百		六年四月丁卯侯欒布元年 六 中元五年侯布薨	元狩六年侯賁坐為太常廟犧牲不如令有罪國除
建陵	以將軍擊吳楚功用中尉侯戶一千三百一十		六年四月丁卯敬侯衛綰元年 十一	十 元光五年侯信元年 十八 元鼎五年侯信坐酎金國除
建平	以將軍擊吳楚功用江都相侯戶三千一百五十		六年四月丁卯哀侯程嘉元年 十一	七 元光二年節侯橫元年 一 元光三年侯回元年 一 元光四年侯回薨無後國除
平曲	以將軍擊吳楚功用隴西太守侯戶三千三百二十		六年四月己巳侯公孫昆邪元年 五 中元四年侯昆邪有罪國除太僕賀父	

欽定四庫全書

史記正義 卷十九

江陽	以將軍擊吳楚功用趙相侯戶二千五百四十一		四 六年四月壬申康侯蘇嘉元年 七 中元二年懿侯盧元年	二 十 建元三年侯明元年 六 元朔六年侯雕元年 十一 元鼎五年侯雕坐酎金國除
遽	以趙相建德王遂反建德不聽死事子侯戶千九百七十		中元二年四月己巳侯橫元年 六 後元二年侯橫有罪國除	
新市	以趙內史王慎王遂反慎不聽死事子侯戶一千十四		五 中元二年四月乙巳康侯元年 三 後元元年殤侯始昌元年	九 元光四年殤侯始昌為人所殺國除
商陵	以楚太傅趙夷吾王戊反不聽死事子侯一千四十五戶		中元二年四月乙巳侯周元年 八	二十九 元鼎五年侯周坐為丞相知列侯酎金輕下廷尉自殺國除

山陽	以楚相張尚王戊反尚不聽死事子侯戶千一百一十四		中元二年四月乙巳侯當居元年 八	十六 元朔五年侯當居坐為太常程博士弟子故不以實罪國除	
安陵	以匈奴王降侯戶一千五百一十七		中元三年十一月庚子侯子軍元年 七	五 建元六年侯子軍薨無後國除	
垣	以匈奴王降侯		中元二年十二月丁丑侯賜元年 三 六年賜死不得及嗣		
道	以匈奴王降侯戶五千五百六十九		中元三年十二月丁丑侯隆彊元年不得隆彊嗣	後元年四月甲辰侯則坐使巫齊少君祠祝詛上大逆無道國除	
容成	以匈奴王降侯七百戶		中元三年十二月丁丑侯唯徐盧元年 七	十四 建元二年康侯綽元年 二 元朔三年侯光元年	十八 後三年五月壬辰侯光坐祠祝詛國除

欽定四庫全書

易	以匈奴王降侯				中元二年十二月丁丑侯僕黥元年 六 後元二年侯僕黥薨無嗣		
范陽	以匈奴王降侯戶千百九十七				中元三年十二月丁丑端侯代元年 七	七 元光二年懷侯德元年 二 元光四年侯德薨無後國除	
翕	以匈奴王降侯				中元三年十二月丁丑侯邯鄲元年 七	九 元光四年侯邯鄲坐行來不請長信不敬國除	
亞谷	以匈奴東胡王降故燕王盧綰子侯千五百戶				中元五年四月丁巳簡侯它父元年 二 後元元年安侯種元年 三	十一 建元元年康侯偏元年 二十四 元光六年侯賀元年	十五 征和三年七月辛巳賀坐太子事國除
隆慮	以長公主嫖子侯戶四千一百二十六				中元五年五月丁丑侯蟜元年 五	二十四 元鼎元年侯蟜坐母長公主薨未除服姦禽獸行當死自殺國除	

史記正義 卷十九

乘氏	桓邑	蓋	塞	武安
以梁孝王子侯	以梁孝王子侯	以孝景后兄侯戶二千八百九十	以御史大夫前將軍兵擊吳楚功侯戶千四十六	以孝景后同母弟侯戶八千三百一十四
一 中元五年五月丁卯侯買元年 中元六年侯買嗣為梁王國除	一 中元五年五月丁卯侯明元年 [illegible]中六年為濟川王國除	五 中元三年五月甲戌靖侯王信元年	三 後元元年八月侯直不疑元年	後元三年三月侯田蚡元年 一
		二十 元狩三年侯偃元年 八 元鼎五年侯偃坐酎金國除	三 建元四年侯相如元年 十二 元朔四年侯堅元年 十三 元鼎五年侯堅坐酎金國除	九 元光四年侯梧元年 五 元朔三年侯梧坐衣襜褕入宮廷中不敬國除

欽定四庫全書　史記正義　卷十九　十九

周陽
以孝景后同母弟侯戶六千五十一
後元三年三月懿侯田勝元年 一
十一 元光元年侯彭祖元年 八 元狩二年侯彭祖坐當歸與章侯宅不與罪國除

欽定四庫全書　史記正義　卷十九　二十

史記正義卷十九

欽定四庫全書

史記正義卷二十

唐 張守節 撰

建元以來侯者年表第八　史記二十

太史公曰匈奴絶和親攻當路塞閩越擅伐東甌請降二夷交侵當盛漢之隆以此知功臣受封侔於祖考矣何者自詩書稱三代戎狄是應荆荼是徵齊桓越燕伐山戎武靈王以區區趙服單于秦繆用百里霸西戎吳楚之君以諸侯役百越况乃以中國一統明天子在上兼文武席卷四海内輯億萬之衆豈以晏然不為邊境征伐哉自是後遂出師北討彊胡南誅勁越將卒以次封矣

國名	侯功	元光	元朔	元狩	元鼎	元封	太初已後
翕	匈奴相降侯元朔二年屬車騎將軍擊匈奴有功益封	三 四年七月壬午侯趙信元年	五 六年侯信為前將軍擊匈奴遇單于兵敗信降匈奴國除				

國名	侯功	元光	元朔	元狩	元鼎	元封	太初已後
持裝	匈奴都尉降侯	一 六年後九月丙寅侯樂元年	六	六	元鼎元年侯樂死無後國除		
親陽	匈奴相降侯	三 四年十月癸巳侯月氏元年	五 元朔五年侯月氏坐亡斬國除				
若陽	匈奴相降侯	三 四年十月癸巳侯猛元年	五 元朔五年侯猛坐亡斬國除				
南奅	以騎將軍從大將軍青擊匈奴得王功侯太初二年以丞相封為葛繹侯		二 五年四月丁未侯公孫賀元年	六	四 元鼎五年侯賀坐酎金國除絶十歲		
合騎	以護軍都尉三從大將軍擊匈奴至右賢王庭得王功侯元朔六年益封		二 五年四月丁未侯公孫敖元年	一 元狩二年侯敖將兵擊匈奴與驃騎將軍期後畏懦當斬贖為庶人國除			

樂安	以輕車將軍再從大將軍青擊匈奴得王功侯		二 五年四月丁未侯李蔡元年	四 元狩五年侯蔡以丞相侵盜孝景園神道壖地罪自殺國除			
龍頟	以都尉從大將軍青擊匈奴得王功侯元鼎六年以横海將軍擊東越功為案道侯		二 五年四月丁未侯韓説元年	六	四 元鼎五年侯説坐酎金國絶二歲復侯	六 元年五月丁卯按道侯説元年	十三 征和三年子長代有罪絶子曾復封為龍頟侯
隨成	以校尉三從大將軍青擊匈奴攻農吾先登石累得王侯功		二 五年四月乙卯侯趙不虞元年	三 元狩三年侯不虞坐為定襄都尉匈奴敗太守以聞非實坐謾國除			
從平	以校尉三從大將軍青擊匈奴至右賢王庭數為鴈行上石山先登功侯		二 五年四月乙卯公孫戎奴元年	一 元狩二年侯戎奴坐為上郡太守發兵擊匈奴不以聞謾國除			
長平	以元朔三年再以車騎將軍擊匈奴取朔方河南功侯元朔五年以大將軍擊匈奴破右賢王益封三千戶		五 二年三月丙辰烈侯衛青元年	六	六	六	太初元年今侯伉元年

平陵	以都尉從車騎將軍青擊匈奴功侯以元朔五年用游擊將軍從大將軍益封	五 二年三月丙辰侯蘇建元年	六		六 元鼎六年侯建為右將軍與翕侯信俱敗獨身脫來歸當斬贖國除		
岸頭	以都尉從車騎將軍青擊匈奴功侯元朔六年從大將軍益封	五 二年六月壬辰侯張次公元年	元狩元年次公坐與淮南王女陵奸及受財物罪國除				
平津	以丞相詔所褒侯		四 三年十一月乙丑獻侯公孫弘元年	二 元狩三年侯度元年 四	六	三 元封四年侯度坐為山陽太守有罪國除	
涉安	以匈奴單于太子降侯		三年四月丙子侯於單元年 三 五年卒無後國除				
昌武	以匈奴王降侯以昌武侯從驃騎將軍擊左賢王功益封		三 四年七月庚申堅侯趙安稽元年	六	六	一 二年侯充國元年 三	太初元年侯充國薨亡後國除
襄城	以匈奴相國降侯		三 四年七月庚申侯無龍元年一云乘龍	六	六	六	太初二年無龍從浞野侯戰死 一 二 四年侯病已元年

國名	侯功	元光	元朔	元狩	元鼎	元封
涉軹	以校尉三從大將軍青擊匈奴至右賢王庭得王虜閼氏功侯		五年四月丁未侯李朔元年 二	元狩元年侯朔有罪國除		
宜春	以父大將軍青破右賢王功侯		五年四月丁未侯衛伉元年 二	六	元鼎元年侯伉坐矯制不害國除	
陰安	以父大將軍青破右賢王功侯		五年四月丁未侯衛不疑元年 二	六	四 元鼎五年侯不疑坐酎金國除	
發干	以父大將軍青破右賢王功侯		五年四月丁未侯衛登元年 一	六	四 元鼎五年侯登坐酎金國除	
博望	以校尉從大將軍六年擊匈奴知水道及前使絕國大夏功侯		六年三月甲辰侯張騫元年 一	一 元狩二年侯騫坐以將軍擊匈奴畏懦當斬贖國除		

 五

欽定四庫全書

國名	侯功	元光	元朔	元狩	元鼎	元封
冠軍	以嫖姚校尉再從大將軍六年擊匈奴斬相國功侯元狩二年以驃騎將軍擊匈奴至祁連益封迎渾邪王益封擊左右賢王益封		六年四月壬申景桓侯霍去病元年 一	六	元鼎元年哀侯嬗元年 六	元封元年哀侯嬗薨無後國除
衆利	以上谷太守四從大將軍六年擊匈奴首虜千級以上功侯		六年五月壬辰侯郝賢元年 一	一 元狩二年侯賢坐為上谷太守入戍卒財物上計謾罪國除		
潦	以匈奴趙王降侯			元年七月壬午悼侯趙王煖訾元年 一 元狩二年煖訾死無後國除		
宜冠	以校尉從驃騎將軍二年出擊匈奴功故匈奴歸義			二年正月乙亥侯高不識元年 二 元狩四年不識擊匈奴戰軍功增首不以實當斬贖罪國除		

 六

煇渠	從驃	下麾	漯陰
以校尉從驃騎將軍二年再出擊匈奴得王功侯以校尉從驃騎將軍二年虜五王功益封匈奴歸義	以司馬再從驃騎將軍數深入得兩王子騎將功侯以匈河將軍元封三年擊樓蘭功復侯	以匈奴王降侯	以匈奴渾邪王將衆十萬降侯萬户
五 二年二月乙丑忠侯僕多元年	五 二年五月丁丑侯趙破奴元年	五 二年六月乙亥侯呼毒尼元年	四 二年七月壬午定侯渾邪元年
三 元鼎四年侯電元年 三	四 元鼎五年侯破奴坐酎金國除	四 元鼎五年煬侯伊即軒元年 二	六 元鼎元年魏侯蘇元年
六	浞野 三年侯破奴元年 四	六	五 元封五年魏侯蘇薨無後國除
四	一 二年侯破奴以浚稽將軍擊匈奴失軍爲虜所得國除	四	

煇渠	河綦	常樂	符離
以匈奴王降侯	以匈奴右王與渾邪降侯	以匈奴大當户與渾邪降侯	以右北平太守從驃騎將軍四年擊右王將重會期首虜二千七百人功侯
四 三年七月壬午悼侯扁訾元年	四 三年七月壬午康侯烏犁元年	四 三年七月壬午肥侯稠雕元年	三 四年六月丁卯侯路博德元年
一 二年侯扁訾死無後國除	二 元鼎三年餘利鞮元年 四	六	六
	六	六	六
	四	二 太初三年今侯廣渠元年	太初元年侯路博德有罪國除

壯	衆利	湘成	義陽	散
以匈奴歸義匈奴因淳王從驃騎將軍四年擊左王以少破多捕虜二千一百人功侯	以匈奴歸義樓剸王從驃騎將軍四年擊右王手自劍合功侯	以匈奴符離王降侯	以北地都尉從驃騎將軍四年擊左王得王功侯	以匈奴都尉降侯
三 四年六月丁卯侯復陸支元年	三 四年六月丁卯賓侯伊即軒元年	三 四年六月丁卯侯敞屠洛元年	三 四年六月丁卯侯衛山元年	三 四年六月丁卯侯董荼吾元年
二 元鼎三年今侯偃元年 四	六	四 元鼎五年侯敞屠洛坐酎國除	六	六
六	五 六年今侯當時元年 一		六	六
四	四		四	二 太初三年今侯安漢元年 二

欽定四庫全書

史記正義 卷二十

臧馬	周子南君	樂通	瞭	術陽	龍亢
以匈奴王降侯	以周後紹封	以方術侯	以匈奴歸義王降侯	以南越王兄越高昌侯	以校尉摎世樂擊南越死事子侯
四年六月丁卯康侯延年元年 一 六年侯延年死不得置後國除					
	三 四年十一月丁卯侯姬嘉元年	一 四年四月乙巳侯五利將軍欒大元年 五年侯大有罪斬國除	四年六月丙午侯次公元年 一 五年侯次公坐酎金國除	四年侯建德元年 一 五年侯建德有罪國除	二 五年三月壬午侯廣德元年
	三 四年君賀元年 三				六 元封六年侯廣德有罪國除

成安	以校尉韓千秋擊南越死事子侯				二 五年三月壬子侯延年元年	六 元封六年侯延年有罪國除	
昆	以屬國大且渠擊匈奴功侯				二 五年五月戊戌昆侯渠復累元年	六	四
騏	以屬國騎擊匈奴捕單于兄功侯				二 五年五月壬子侯駒幾元年	六	四
梁期	以屬國都尉五年閒出擊匈奴得復累絺縵等功侯				二 五年七月辛巳侯任破胡元年	六	四
牧丘	以丞相及先人萬石積德謹行侯				二 五年九月丁丑恪侯石慶元年	六	二 三年侯德元年 二
瞭	以南越將降侯				一 六年三月乙酉侯畢取元年	六	四

欽定四庫全書

將梁	以樓船將軍擊南越推鋒却敵侯				一 六年三月乙酉侯楊僕元年	三 元封四年侯僕有罪國除	
安道	以南越揭陽令聞漢兵至自定降侯				一 六年三月乙酉侯揭陽令定元年	六	四
隨桃	以南越蒼梧王聞漢兵至降侯				一 六年四月癸亥侯趙光元年	六	四
湘成	以南越桂林監聞漢兵破番禺諭甌駱兵四十餘萬降侯				一 六年五月壬申侯監居翁元年	六	四
海常	以伏波司馬捕得南越王建德功侯				一 六年七月乙酉壯侯蘇弘元年	六	太初元年侯弘死無後國除
北石	以故東越衍侯佐繇王斬餘善功侯					六 元年正月壬午侯吳陽元年	三
下鄜	以故甌駱左將斬西于王功侯					六 元年四月丁酉侯左將軍黃同元年	四

繚嫈	以故校尉從橫海將軍說擊東越功侯					元年五月乙卯侯劉福元年 一 二年侯福有罪國除	
籞兒	以軍卒斬東越徇北將軍功侯					元年閏月癸卯莊侯轅終古元年 六	太初元年終古死無後國除
開陵	以故東越建成侯與繇王共斬東越王餘善功侯					元年閏月癸卯侯建成元年 六	四
臨蔡	以故南越郎聞漢軍破番禺為伏波得南越相呂嘉功侯					元年閏月癸卯侯孫都元年 六	四
東成	以故東越繇王斬東越王餘善功侯萬戶					元年閏月癸卯侯居服元年 六	四
無錫	以東越將軍漢兵至弃軍降侯					元年侯多軍元年 六	四

欽定四庫全書

涉都	以父弃故南海守漢兵至以城邑降子侯					元年中侯嘉元年 六	太初二年侯嘉薨無後國除 二
平州	以朝鮮將漢兵至降侯					三年四月丁卯侯唊元年 一 四年侯唊薨無後國除	
荻苴	以朝鮮相漢兵至圍之降侯					三年四月侯朝鮮相韓陰元年 四	四
澅清	以朝鮮尼谿相使人殺其王右渠來降侯					三年六月丙辰侯朝鮮尼谿相侯參元年 四	四
騠兹	以小月氏若苴王將眾降侯					四年十一月丁卯侯稽谷姑元年 三	太初元年侯稽谷姑薨無後國除
浩	以故中郎將將兵捕得車師王功侯					四年正月甲申侯王恢元年 一 四年四月侯恢坐使酒泉矯制害當死贖國除封凡三月	

瓡讘	以小月氏王將衆千騎降侯					四年正月乙酉侯扜者元年 二 六年侯勝元年 四
幾	以朝鮮王子漢兵圍朝鮮降侯					四年三月癸未侯張䧵歸義元年 二 元封六年侯張䧵使朝鮮謀反死國除
涅陽	以朝鮮相路人漢兵至首先降道死其子侯					三 四年三月壬寅康侯子最元年 二 太初二年侯最死無後國除

欽定四庫全書　史記正義 卷二十　十五

右太史公本表

當塗魏不害以圉守尉捕淮陽反者公孫勇等侯

蒲　蘇昌以圉尉史捕淮陽反者公孫勇等侯

潦陽江德以園廄嗇夫共捕淮陽反者公孫勇等侯

富民田千秋家在長陵以故高廟寢郎上書諫孝武曰子弄父兵罪當笞父子之怒自古有之蚩尤畔父黃帝涉江上書至意拜為大鴻臚征和四年為丞相封三千戶至昭帝時病死子順代立為虎牙將軍匈奴不至質誅死國除

右孝武封國名

後進好事儒者褚先生曰太史公記事盡於孝武之事故復修記孝昭以來功臣侯者編于左方令後好事者得覽觀成敗長短絕世之適得以自戒焉當世之君子行權合變度時施宜希世用事以建功有土封侯立名當世豈不盛哉觀其持滿守成之道皆不謙讓驕蹇爭權喜揚聲譽知進不知

欽定四庫全書　史記正義 卷二十　十六

退終以殺身滅國以三得之及身失之不能傳功於後世令恩德流子孫豈不悲哉夫龍頟侯曾為前將軍世俗順善厚重謹信不與政事退讓愛人其先起於晉六卿之世有土君國以來為王侯子孫相承不絕歷年經世以至于今凡八百餘歲豈可與功臣及身失之者同日而語之哉悲夫後世其誡之

博陸霍光家在平陽以兄驃騎將軍故貴前事武帝覺

捕得侍中謀反者馬何羅等功侯三千戸中輔幼主昭帝為大将軍謹信用事擅治尊為大司馬益封邑萬戸後事宣帝歷事三主天下信鄉之益封二萬戸子禹代立謀反族滅國除

秺　金翁叔名日磾以匈奴休屠王太子從渾邪王将衆五萬降漢歸義侍中事武帝覺捕侍中謀反者馬何羅等功侯三千戸中事昭帝謹厚益封三千戸子弘代立為奉車都尉事宣帝

安陽上官桀家在隴西以善騎射從軍稍貴事武帝為左将軍覺捕斬侍中謀反者馬何羅弟重合侯通功侯三千戸中事昭帝與大将軍霍光争權因以謀反族滅國除

桑樂上官安以父桀為将軍故貴侍中事昭帝安女為昭帝夫人立為皇后故侯三千戸驕蹇與大将軍霍光争權因以父子謀反族滅國除

富平張安世家在杜陵以故御史大夫張湯子武帝時給事尚書為尚書令事昭帝謹厚習事為光禄勲右将軍輔政十三年無適過侯三千戸及事宣帝代霍光為大司馬用事益封萬六千戸子延壽代立為太僕侍中

義陽傅介子家在北地以從軍為郎為平樂監昭帝時刺殺外國王天子下詔書曰平樂監傅介子使外國殺摟蘭王以直報怨不煩師有功其以邑千三百戸封介子為義陽侯子厲代立争財相告有罪國除

商利王山齊人也故為丞相史會騎将軍上官安謀反山說安與俱入丞相斬安山以軍功為侯三千戸上書願治民為代太守為人所上書言繫獄當死會赦出為庶人國除

建平杜延年以故御史大夫杜周子給事大将軍幕府發覺謀反者騎将軍上官安等罪封為侯邑二千七百戸拜為太僕元年出為西河太守五鳳三年

入為御史大夫
陽任宮以故上林尉捕格謀反者左將軍上官桀殺
之便門封為侯二千戶後為太常及行衛尉事節
儉謹信以壽終傳於子孫
宜城燕倉以故大將軍幕府軍吏發謀反者騎將軍上
官安有罪功封侯邑二千戶為汝南太守有能名
宜春王訢家在齊本小吏佐史稍遷至右輔都尉武帝
數幸扶風郡訢共置辦拜為右扶風至孝昭時代

桑弘羊為御史大夫元鳳三年代田千秋為丞相
封二千戶立二年為人所上書言暴自殺不殊子
代立為屬國都尉
安平楊敞家在華陰故給事大將軍幕府稍遷至大司
農為御史大夫元鳳六年代王訢為丞相封二千
戶立二年病死子賁代立十三年病死子翁君代
立為典屬國三歲以季父惲故出惡言繫獄當死
得免為庶人國除

右孝昭時所封國名
陽平蔡義家在溫故師受韓詩為博士給事大將軍幕
府為杜城門候入侍中授昭帝韓詩為御史大夫
是時年八十衰老常兩人扶持乃能行然公卿大
臣議以為為人主師當以為相以元平元年代楊
敞為丞相封二千戶病死絕無後國除
扶陽韋賢家在魯通詩禮尚書為將士授魯大儒入侍
中為昭帝師遷為光祿大夫大鴻臚長信少府以

為人主師本始三年代蔡義為丞相封扶陽侯千
八百戶為丞相五歲多恩不習吏事免相就第病
死子玄成代立為太常坐祠廟騎奪爵為關內侯
平陵范明友家在隴西以家世習外國事使護西羌事
昭帝拜為度遼將軍擊烏桓功侯二千戶取霍光
女為妻地節四年與諸霍子禹等謀反族滅國除
營平趙充國以隴西騎士從軍得官侍中事武帝數將
兵擊匈奴有功為護軍都尉中事昭帝昭帝崩議

立宣帝決疑定策以安宗廟功侯封二千五百戶
陽成田延年以軍吏事昭帝發覺上官桀謀反事後留
遲不得封為大司農本造廢昌邑王議立宣帝決
疑定策以安宗廟功侯二千七百戶逢昭帝崩方
上事並急因以盜都內錢三千萬發覺自殺國除
平丘王遷家在衛為尚書郎習刀筆之文侍中事昭帝
帝崩立宣帝決疑定策以安宗廟功侯二千戶為
功祿大夫秩中二千石坐受諸侯王金錢財漏泄

中事誅死國除
樂成霍山山者大將軍光兄子也光未死時上書曰臣
兄驃騎將軍去病從軍有功病死賜謚景桓侯絕
無後臣光願以所封東武陽邑三千五百戶分與
山天　之拜山為侯後坐謀反族滅國除
冠軍霍雲以大將軍兄驃騎將軍適孫為侯地節三年
天子下詔書曰驃騎將軍去病擊匈奴有功封為
冠軍侯薨卒子侯代立病死無後春秋之義善善
及子孫其以邑三千戶封雲為冠軍侯後坐謀反
族滅國除
平恩許廣漢家昌邑坐事下蠶室獨有一女嫁之宣帝
未立時素與廣漢出入相通卜相者言當大貴以
故廣漢施恩甚厚地節三年封為侯邑三千戶病
死無後國除
昌水田廣明故郎為司馬稍遷至南郡都尉淮陽太守
鴻臚左馮翊昭帝崩議廢昌邑王立宣帝決疑定

策以安宗廟本始三年封為侯邑二千三百戶為
御史大夫後為祁連將軍擊匈奴軍不至質當死
自殺國除
高平魏相家在濟陰少學易為府卒史以賢良舉為茂
陵令遷河南太守坐賊殺不辜繫獄當死會赦免
為庶人有詔守茂陵令為揚州刺史入為諫議大
夫復為河南太守遷為大司農御史大夫地節三
年譖毀韋賢代為丞相封千五百戶病死長子賓

代立坐祠廟失侯
博望許中翁以平恩侯許廣漢弟封為侯邑二千户亦
故有私恩為長樂衛尉死子延年代立
樂平許翁孫以平恩侯許廣漢少弟故為侯封二千户
拜為彊弩將軍擊破西羌還更拜為大司馬光祿
勳亦故有私恩故得封嗜酒好色以早病死子湯
代立
將陵史子回以宣帝大母家封為侯二千六百户與平

臺侯昆弟行也子回妻宜君故成王孫嫉妒絞殺
侍婢四十餘人盜斷婦人初產子臂膝以為媚道
為人所上書言論棄市子回以外家故不失侯
平臺史子叔以宣帝大母家封為侯二千五百户衛太
子時史氏内一女於太子嫁一女魯王今見魯王
亦史氏外孫也外家有親以故貴數得賞賜
樂陵史子長以宣帝大母家貴侍中重厚忠信以發覺
霍氏謀反事封三千五百户

博成張章父故潁川人為長安亭長失官之北闕上書
寄宿霍氏第舍卧馬櫪間夜聞養馬奴相與語言
諸霍氏子孫欲謀反狀因上書告反為侯封三千
户
都成金安上先故匈奴以發覺故大將軍霍光子禹等
謀反事有功封侯二千八百户安上者奉車都尉
秺侯從羣子行謹善退讓以自持欲傳功德於子
孫

平通楊惲家在華陰故丞相楊敞少子任為郎好士自
喜知人居衆人中常與人顔色以故高昌侯董忠
引與屏語言霍氏謀反狀共發覺告反侯二千户
為光祿勳到五鳳四年作為妖言大逆罪腰斬國
除
高昌董忠父故潁川陽翟人以習書詣長安忠有材力
能騎射用短兵給事期門與張章相習知章告語
忠霍禹謀反狀忠以語常侍騎郎楊惲共發覺告

反侯二千户今為梟騎都尉侍中坐祠宗廟乘小車奪百户

爰戚趙成用發覺楚國事侯二千三百户地節元年楚王與廣陵王謀反成發覺反狀天子推恩廣德義下詔書曰無治廣陵王廣陵王不變更後復坐祝詛滅國自殺國除今帝復立子為廣陵王

鄼地節三年天子下詔書曰朕聞漢之興相國蕭何功第一今絶亡後朕甚憐之其以邑三千户封蕭何玄孫建世為鄼侯

平昌王長君家在趙國常山廣望邑人也衛太子時嫁太子家為太子男史皇孫為妃生子男絶不聞聲問行且四十餘歳至今元康元年中詔徵立以為侯封五千户宣帝舅父也

樂昌王稚君家在趙國常山廣望邑人也以宣帝舅父外家封為侯邑五千户平昌侯王長君弟也

邛成王奉光家在房陵以女立為宣帝皇后故封千五百户言奉光初生時夜見光其上傳聞者以為當貴云後果以女故為侯

安遠鄭吉家在會稽以卒伍起從軍為郎使護將弛刑士田渠黎會匈奴單于死國亂相攻日逐王將衆來降漢先使語吉吉將吏卒數百人往迎之衆頗有欲還者因斬殺其渠率遂與俱入漢以軍功侯二千户

博陽邴吉家在魯本以治獄為御史屬給事大將軍幕

府常施舊恩宣帝遷為御史大夫封侯二千户神爵二年代魏相為丞相立五歳病死子翁孟代立為將軍侍中甘露元年坐祠宗廟不乘大車而騎至廟門有罪奪爵為關内侯

建成黄霸家在陽夏以役使徙雲陽以廉吏為河内守丞遷為廷尉監行丞相長史事坐見知夏侯勝非詔書大不敬罪久繫獄三歳從勝學尚書會赦以賢良舉為揚州刺史潁川太守善化男女異路耕

者讓畔賜黃金百斤秩中二千石居穎川入為太子太傅遷御史大夫五鳳三年代邴吉為丞相封千八百戶

西平于定國家在東海本以治獄給事為廷尉史稍遷御史中丞上書諫昌邑王遷為光祿大夫為廷尉乃師受春秋變道行化謹厚愛人遷為御史大夫代黃霸為丞相

右孝宣時所封

陽平王稚君家在魏郡故丞相史女為太子妃太子立為帝女為皇后故侯千二百戶初元以來方盛貴用事游宦求官於京師者多得其力未聞其有知略廣宣於國家也

史記正義卷二十

欽定四庫全書

史記正義卷二十一

唐　張守節　撰

建元以來王子侯者年表第九　史記二十一

制詔御史諸侯王或欲推私恩分子弟邑者令各條上朕且臨定其號名

太史公曰盛哉天子之德一人有慶天下賴之

國名	王子號	元光	元朔	元狩	元鼎	元封	太初
茲	河間獻王子		二 五年正月壬子侯劉明元年	二 元狩三年侯明坐謀反殺人弃市國除			
安成	長沙定王子	一 六年七月乙巳思侯劉蒼元年	六	六	六 元年今侯自當元年	六	四
宜春	長沙定王子	一 六年七月乙巳侯劉成元年	六	六	四 五年侯成坐酎金國除		
句容	長沙定王子	一 六年七月乙巳哀侯劉黨元年	元朔元年哀侯黨薨無後國除				

句陵	長沙定王子	六年七月乙巳侯劉福元年 一	六	六	四 五年侯福坐酎金國除		
杏山	楚安王子	六年後九月壬戌侯劉成元年 一	六	六	四 五年侯成坐酎金國除		
浮丘	楚安王子	六年後九月壬戌侯劉不審元年 一	六	四 五年今侯霸元年 二	四 五年侯霸坐酎金國除		
廣戚	魯共王子		元年十一月丁酉節侯劉擇元年 六	元年侯始元年 六	四 五年侯始坐酎金國除		
丹楊	江都易王子		元年十二月甲辰哀侯敢元年 六	元狩元年侯敢薨無後國除			
盱台	江都易王子		元年十二月甲辰侯劉象之元年 六	六	四 五年侯象之坐酎金國除		
湖孰	江都易王子		元年正月丁亥頃侯劉胥行元年 六	六	四 五年今侯聖元年 二	六	四
秩陽	江都易王子		元年正月丁卯終侯劉漣元年 六	六	三 四年終侯漣薨無後國除		
睢陵	江都易王子		元年正月丁卯侯劉定國元年 六	六	四 五年侯定國坐酎金國除		

龍丘	江都易王子		二年五月乙巳侯劉代元年 五	六	四 五年侯代坐酎金國除		
張梁	江都易王子		二年五月乙巳哀侯劉仁元年 五	六	二 今侯須元年 四	六	四
劇	菑川懿王子		二年五月乙巳原侯劉錯元年 五	六	一 二年孝侯廣昌元年 五	六	四
壤	菑川懿王子		二年五月乙巳夷侯劉高遂元年 五	六	元年今侯延元年 六	六	四
平望	菑川懿王子		二年五月乙巳夷侯劉賞元年 五	二 二年今侯楚人元年 四	六	六	四
臨原	菑川懿王子		二年五月乙巳敬侯劉始昌元年 五	六	六	六	四
葛魁	菑川懿王子		二年五月乙巳節侯劉寬元年 五	三 四年今侯戚元年 三	二 元鼎三年侯戚坐殺人弃市國除		
益都	菑川懿王子		二年五月乙巳侯劉胡元年 五	六	六	六	四

欽定四庫全書

平酌	菑川懿王子		二年五月乙巳戴侯劉彊元年 五	六	元年思侯中時元年 六	六	四
劇魁	菑川懿王子		二年五月乙巳夷侯劉墨元年 五	六	六	元年侯昭元年 三 四年侯德元年	四
壽梁	菑川懿王子		二年五月乙巳侯劉守元年 五	六	四 五年侯守坐酎金國除		
平度	菑川懿王子		二年五月乙巳侯劉衍元年 五	六	六	六	四
宜成	菑川懿王子		二年五月乙巳康侯劉偃元年 五	六	六 元年侯福元年	六	太初元年侯福坐殺弟弃市國除
臨朐	菑川懿王子		二年五月乙巳哀侯劉奴元年 五	六	六	六	四
雷	城陽共王子		二年五月甲戌侯劉豨元年 五	六	五 五年侯豨坐酎金國除		
東莞	城陽共王子		三年五月甲戌侯劉吉元年 三 元朔五年侯吉有痼疾不朝廢國除				

史記正義 卷二十一 四

欽定四庫全書

辟	城陽共王子		二年五月甲戌節侯劉壯元年 三 五年侯朋元年 二	六	四 五年侯朋坐酎金國除		
尉文	趙敬肅王子		二年六月甲午節侯劉丙元年 五	元年侯犢元年 六	四 元鼎五年侯犢坐酎金國除		
封斯	趙敬肅王子		二年六月甲午共侯劉胡陽元年 五	六	六	六	一 四年今侯如意元年
榆丘	趙敬肅王子		二年六月甲午侯劉壽福元年 五	六	四 元鼎五年侯壽福坐酎金國除		
襄嚵	趙敬肅王子		二年六月甲午侯劉建元年 五	六	四 元鼎五年侯建坐酎金國除		
邯會	趙敬肅王子		二年六月甲午侯劉仁元年 五	六	六	六	四
朝	趙敬肅王子		二月六月甲午侯劉義元年 五	六	二 二年今侯祿元年 四	六	四
東城	趙敬肅王子		二年六月甲午侯劉遺元年 五	六	元年侯遺有罪國除		

史記正義 卷二十一 五

國名	王子號	元光	元朔	元狩	元鼎	元封	太初
陰城	趙敬肅王子		二年六月甲午侯劉蒼元年 五	六	六	元年侯蒼有罪國除	
望廣	中山靖王子		二年六月甲午侯劉安中元年 五	六	六	六	四
將梁	中山靖王子		二年六月甲午侯劉朝平元年 五	六	四 元鼎五年侯朝平坐酎金國除		
新館	中山靖王子		二年六月甲午侯劉未央元年 五	六	四 元鼎五年侯未央坐酎金國除		
新處	中山靖王子		二年六月甲午侯劉嘉元年 五	六	四 元鼎五年侯嘉坐酎金國除		
陘城	中山靖王子		二年六月甲午侯劉貞元年 五	六	四 元鼎五年侯貞坐酎金國除		
蒲領	廣川惠王子		三年十月癸酉侯劉嘉元年 四				
西熊	廣川惠王子		三年十月癸酉侯劉明元年 四				

欽定四庫全書 史記正義 卷二十一 六

國名	王子號	元光	元朔	元狩	元鼎	元封	太初
棗彊	廣川惠王子		三年十月癸酉侯劉晏元年 四				
畢梁	廣川惠王子		三年十月癸酉侯劉嬰元年 四	六	六	二 元封四年侯嬰有罪國除	
房光	河間獻王子		三年十月癸酉侯劉殷元年 四	六	元鼎元年殷有罪國除		
距陽	河間獻王子		三年十月癸酉侯劉白元年 四	四 五年侯渡元年 二	四 元鼎五年侯渡有罪國除		
蔞安	河間獻王子		三年十月癸酉侯劉邈元年 四	六	六	元年今侯嬰元年 六	四
阿武	河間獻王子		三年十月癸酉湣侯劉豫元年 四	六	六	六	二 三年今侯寬元年
參戶	河間獻王子		三年十月癸酉侯劉勉元年 四	六	六	六	四

欽定四庫全書 史記正義 卷二十一 七

州鄉	河間獻王子		三年十月癸酉節侯劉禁元年 四	六	六	五 六年今侯惠元年 一
成平	河間獻王子		三年十月癸酉侯劉禮元年 四	二 元狩三年侯禮有罪國除		
廣	河間獻王子		三年十月癸酉侯劉順元年 四	六	四 元鼎五年侯順坐酎金國除	
蓋胥	河間獻王子		三年十月癸酉侯劉讓元年 四	六	四 元鼎五年侯讓坐酎金國除	
陪安	濟北貞王子		三年十月癸酉康侯劉不害元年 四	六	二年哀侯秦客元年 一 二 元鼎三年侯秦客薨無後國除	
榮簡	濟北貞王子		三年十月癸酉侯劉騫元年 四	二 三年侯騫有罪國除		
周堅	濟北貞王子		三年十月癸酉侯劉何元年 四	四 五年侯當時元年 二	四 元鼎五年侯當時坐酎金國除	

州鄉	四

欽定四庫全書

安陽	濟北貞王子		三年十月癸酉侯劉桀元年 四	六	六	六	四
五據	濟北貞王子		三年十月癸酉侯劉臒丘元年 四	六	四 元鼎五年侯臒丘坐酎金國除		
富	濟北貞王子		三年十月癸酉侯劉襲元年 四	六	六	六	四
陪	濟北貞王子		三年十月癸酉繆侯劉明元年 四	六	一 三年侯邑元年 二 元鼎五年侯邑坐酎金國除		
叢	濟北貞王子		三年十月癸酉侯劉信元年 四	六	四 元鼎五年信侯坐酎金國除		
平	濟北貞王子		三年十月癸酉侯劉遂元年 四	元狩元年侯遂有罪國除			

羽	濟北貞王子		三年十月癸酉侯劉成元年 四	六	六	六	四
胡毋	濟北貞王子		三年十月癸酉侯劉楚元年 四	六	四 元鼎五年侯楚坐酎金國除		
離石	代共王子		三年正月壬戌侯劉綰元年 四	六	六	六	四
邵	代共王子		三年正月壬戌侯劉慎元年 四	六	六	六	四
昌利	代共王子		三年正月壬戌侯劉嘉元年 四	六	六	六	四
藺	代共王子		三年正月壬戌侯劉熹元年				
臨河	代共王子		三年正月壬戌侯劉賢元年				

隰成	代共王子		三年正月壬戌侯劉忠元年				
土軍	代共王子		三年正月壬戌侯劉郢客元年		侯郢客坐與人妻姧弃市		
皋狼	代共王子		三年正月壬戌侯劉遷元年				
千章	代共王子		三年正月壬戌侯劉遇元年				
博陽	齊孝王子		三年三月乙卯康侯劉就元年 四	六	二 三年侯終吉元年 二 元鼎五年侯終吉坐酎金國除		
寧陽	魯共王子		三年三月乙卯節侯劉恬元年 四	六	六	六	四
瑕丘	魯共王子		三年三月乙卯節侯劉貞元年 四	六	六	六	四
公丘	魯共王子		三年三月乙卯夷侯劉順元年 四	六	六	六	四

郁狼	魯共王子		三年三月乙卯侯劉騎元年 四	六	四 元鼎五年侯騎坐酎金國除		
西昌	魯共王子		三年三月乙卯侯劉敬元年 四	六	四 元鼎五年侯敬坐酎金國除		
陘城	中山靖王子		三年三月癸酉侯劉義元年 四	六	四 元鼎五年侯義坐酎金國除		
邯平	趙敬肅王子		三年四月庚辰侯劉順元年 四	六	四 元鼎五年侯順坐酎金國除		
武始	趙敬肅王子		三年四月庚辰侯劉昌元年	六	六	六	四
象氏	趙敬肅王子		三年四月庚辰節侯劉賀元年 四	六	六	二 元封三年思侯安德元年 四	四
易	趙敬肅王子		三年四月庚辰安侯劉平元年 四	六	六	四 五年今侯種元年 二	四
洛陵	長沙定王子		四年三月乙丑侯劉章元年 三	一 元鼎二年侯章有罪國除			

攸輿	長沙定王子		四年三月乙丑侯劉則元年 三	六	六	六	太初元年侯則篡死罪弃市國除
茶陵	長沙定王子		四年三月乙丑侯劉欣元年 三	六	一 二年哀侯陽元年 五	六	太初元年侯陽薨無後國除
建成	長沙定王子		四年三月乙丑侯劉拾元年 三	五 元狩六年拾坐不朝不敬國除			
安衆	長沙定王子		四年三月乙丑康侯劉丹元年 三	六	六	二 六年今侯山拊元年 一	四
葉	長沙定王子		四年三月乙丑康侯劉嘉元年 三		四 元鼎五年侯嘉坐酎金國除		
利鄉	城陽共王子		四年三月乙丑康侯劉嬰元年 三	二 元狩二年侯嬰有罪國除			
有利	城陽共王子		四年三月乙丑侯劉釘元年 三	元狩元年侯釘坐遺淮南書稱臣弃市國除			
東平	城陽共王子		四年三月乙丑侯劉慶元年 三	三 元狩三年侯慶坐與姊妹姦有罪國除			

運平	城陽共王子		四年三月乙丑侯劉訢元年 三	六	四 元鼎三年侯訢坐酎金國除		
山州	城陽共王子		四年三月乙丑侯劉齒元年 三	六	四 元鼎十年侯齒坐酎金國除		
海常	城陽共王子		四年三月乙丑侯劉福元年 三	六	四 元鼎五年侯福坐酎金國除		
鈞丘	城陽共王子		四年三月乙丑侯劉憲元年 三	三 四年今侯執德元年 三	六	六	四

南城	城陽共王子		四年三月乙丑侯劉貞元年 三	六	六	六	四
廣陵	城陽共王子		四年三月乙丑常侯劉表元年 三	四 五年侯成元年 二	四 元鼎五年侯成坐酎金國除		
莊原	城陽共王子		四年三月乙丑侯劉皋元年 三	六	四 元鼎五年侯皋坐酎金國除		
臨樂	中山靖王子		四年四月甲午侯劉光元年 三	六	六	五 六年今侯建元年 一	四

東野	中山靖王子		四年四月甲午侯劉章元年 三	六	六	六	四
高平	中山靖王子		四年四月甲午侯劉嘉元年 三	六	四 元鼎五年侯嘉坐酎金國除		
廣川	中山靖王子		四年四月甲午侯劉頗元年 三	六	四 元鼎五年侯頗坐酎金國除		
千鍾	河閒獻王子		四年四月甲午侯劉搖元年一元劉陰 三	一 元狩二年侯陰不使人為秋請有罪國除			

披陽	齊孝王子		四年四月乙丑敬侯劉燕元年 三	六	四 五年今侯隅元年 二	六	四
定	齊孝王子		四年四月乙卯敬侯劉越元年 三	六	三 四年侯德元年 三	六	四
稻	齊孝王子		四年四月乙丑夷侯劉定元年	六	二 二年今侯都陽元年 四	六	四
山	齊孝王子		四年四月乙卯侯劉國元年 三		六	六	四

繁安	齊孝王子		四年四月乙卯侯劉忠元年 三	六	六	六	三 四年今侯壽元年 二
柳	齊孝王子		四年四月乙卯康侯劉陽元年 三	六	三 四年侯罷師元年 三	四 五年侯自為元年 二	四
雲	齊孝王子		四年四月乙卯夷侯劉信元年 三	六	五 六年今侯歲發元年 一	六	四
牟平	齊孝王子		四年四月乙卯共侯劉渫元年 三	二 四年今侯奴元年 四	六	六	四
柴	齊孝王子		四年四月乙卯原侯劉代元年 三	六	六	六	四
栢陽	趙敬肅王子		五年十一月辛酉侯劉終吉元年 三	六	六	六	四
鄗	趙敬肅王子		五年十一月辛酉侯劉延年元年 二	六	四 元鼎五年侯延年坐酎金國除		
桑丘	中山靖王子		五年十一月辛酉節侯劉洋元年 二	六	三 四年今侯德元年 三	六	四

高丘	中山靖王子		五年三月癸酉哀侯劉破胡元年 二	六	元鼎五年侯破胡薨無後國除		
柳宿	中山靖王子		五年三月癸酉夷侯劉蓋元年 二	二 二年侯蘇元年 四	四 元鼎五年侯蘇坐酎金國除		
戎丘	中山靖王子		五年三月癸酉侯劉讓元年 二	六	四 元鼎五年侯讓坐酎金國除		
樊輿	中山靖王子		五年三月癸酉節侯劉條元年 二	六	六	六	四
曲成	中山靖王子		五年三月癸酉侯劉萬歲元年 二	六	四 元鼎五年侯萬歲坐酎金國除		
安郭	中山靖王子		五年三月癸酉侯劉博元年 二	六	六	六	四
安險	中山靖王子		五年三月癸酉侯劉應元年 二	六	四 元鼎五年侯應坐酎金國除		
安道	中山靖王子		五年三月癸酉侯劉恢元年 二	六	四 元鼎五年侯恢坐酎金國除		

夫夷	長沙定王子		五年三月癸酉敬侯劉義元年 二	六	四 五年今侯禹元年 二	六	四
春陵	長沙定王子		五年六月壬子侯劉買元年 二	六	六	六	四
都梁	長沙定王子		五年六月壬子敬侯劉遂元年 二	六	一 元年今侯傒元年 六	六	四
洮陽	長沙定王子		五年六月壬子靖侯劉狗彘元年 二	五 元狩六年侯狗彘薨無後國除			
泉陵	長沙定王子		三年六月壬子節侯賢元年 工	六	六	六	四
終弋	衡山王賜子		六年四月丁丑侯劉廣置元年 二	六	四 元鼎五年侯廣置坐酎金國除		
麥	城陽頃王子			元年四月戊寅侯劉昌元年 六	四 元鼎五年侯昌坐酎金國除		
鉅合	城陽頃王子			元年四月戊寅侯劉發元年 六	四 元鼎五年侯發坐酎金國除		

昌	城陽頃王子			元年四月戊寅侯劉差元年 六	四 元鼎五年侯差坐酎金國除		
蕢	城陽頃王子			元年四月戊寅侯劉方元年 六	四 元鼎五年侯方坐酎金國除		
雩殷	城陽頃王子			元年四月戊寅康侯劉澤元年 六	六	六	四
石洛	城陽頃王子			元年四月戊寅侯劉敬元年 六	六	六	四
扶浸	城陽頃王子			元年四月戊寅侯劉昆吾元年 六	六	六	四
挍	城陽頃王子			元年四月戊寅侯劉霸元年 六	六	六	
朸	城陽頃王子			元年四月戊寅侯劉讓元年 六	六	六	四
父城	城陽頃王子			元年四月戊寅侯劉光元年 六	四 元鼎五年侯光坐酎金國除		

庸	城陽頃王子			元年四月戊寅侯劉譚元年 六	六	六	四
翟	城陽頃王子			元年四月戊寅侯劉壽元年 六	四 元鼎五年侯壽坐酎金國除		
鱣	城陽頃王子			元年四月戊寅侯劉應元年 六	四 元鼎五年侯應坐酎金國除		
彭	城陽頃王子			元年四月戊寅侯劉偃元年 六	四 元鼎三年侯偃坐酎金國除		
瓡	城陽頃王子			元年四月戊寅侯劉息元年 六	六	六	四
虛水	城陽頃王子			元年四月戊寅侯劉禹元年 六	六	六	四
東淮	城陽頃王子			元年四月戊寅侯劉類元年 六	四 元鼎五年侯類坐酎金國除		
栒	城陽頃王子			元年四月戊寅侯劉買元年 六	四 元鼎五年侯買坐酎金國除		

涓	城陽頃王子			元年四月戊寅侯劉不疑元年 六	四 元鼎五年侯不疑坐酎金國除		
陸	菑川靖王子			元年四月戊寅侯劉何元年 六	六	六	四
廣饒	菑川靖王子			元年十月辛卯康侯劉國元年 六	六	六	四
缾	菑川靖王子			元年十月辛卯侯劉成元年 六	六	六	四
俞閭	菑川靖王子			元年十月辛卯侯劉不害元年 六	六	六	四
甘井	廣川穆王子			元年十月乙酉侯劉元元年 六	六	六	四
襄陵	廣川穆王子			元年十月乙酉侯劉聖元年 六	六	六	四
皋虞	膠東康王子				元年五月丙午侯劉建元年 三 四年今侯處元年 三	六	四

魏其	膠東康王子				元年五月丙午陽侯劉昌元年 六	六	四
祝茲	膠東康王子				元年五月丙午侯劉延元年 四 元鼎五年延坐弃印綬出國不敬國除		

史記正義卷二十一

史記正義卷二十二

唐 張守節 撰

漢興以來將相名臣年表第十 史記二十二

	大事記	相位	將位	御史大夫位
高皇帝元年	春沛公為漢王之南鄭秋還定雍	一 丞相蕭何守漢中		御史大夫周苛守滎陽
二 立太子	春定塞翟魏河南韓殷國夏伐項籍至彭城還據滎陽	二 守關中	一 太尉長安侯盧綰	一
三	魏豹反使韓信別定魏伐趙楚圍我滎陽	三	二	
四	使韓信別定齊及燕太公自楚歸與楚界洪渠	四	三 周苛守滎陽死	御史大夫汾陽侯周昌
五 入都關中	冬破楚垓下殺項籍春王踐皇帝位定陶	五 罷太尉官	四 後九月綰為燕王	
六	尊太公為太上皇劉仲為代王立大市更命咸陽曰長安	六 封為酇侯張蒼為計相		

年	大事記	相位	將位	御史大夫位
七	長樂宮成自櫟陽徙長安代匈奴匈奴圍我平城	七		
八	擊韓信反虜於趙城貫高作亂明年覺誅之匈奴攻代王代王棄國亡廢為郃陽侯	八		
九	未央宮成置酒前殿太上皇輦上坐帝奉玉卮上壽曰始常以臣不如仲力今臣功孰與仲多太上皇笑殿上稱萬歲徙齊田楚昭屈景于關中	九 遷為國相		御史大夫昌為趙丞相
十	太上皇崩陳豨反代地	十		御史大夫江邑侯趙堯
十一	誅淮陰彭越黥布反	十一	周勃為大尉攻代後官省	
十二	冬擊布還過沛夏上崩置長陵	十二		
孝惠元年	趙隱王如意死始作長安城西北方除諸侯丞相為相	十三		
二	楚元王齊悼惠王來朝	十四 七月癸巳齊相平陽侯曹參為相國 七月辛未何薨		
三	初作長安城濁湔氐反擊之	二		
四	三月甲子赦無所復作	三		

年	大事記	相位	將位	御史大夫位
五	為高祖立廟於沛城成置歌兒一百二十人	八月乙丑參卒 四		
六	七月齊悼惠王薨立太倉西市八月赦齊	一 十月乙巳安國侯王陵為右丞相十月己巳曲逆侯陳平為左丞相	[illegible]	廣阿侯任敖為御史大夫
七	上崩大臣用張辟彊計呂氏權重以呂台為呂王立少帝己卯葬安陵	二		
高后元年	王孝惠諸子置孝悌力田	三 十一月甲子徙平為右丞相 辟陽侯審食其為左丞相		
二	十二月呂王台薨子嘉代立為呂王行八銖錢	四 平 二 食其		平陽侯曹窋一本為御史大夫在六年
三		五 三		
四	廢少帝更立常山王弘為帝	六 四	置太尉官 一 絳侯周勃為太尉	
五	八月淮陽王薨以其弟壺關侯武為淮陽王令戍卒歲更	七 五	二	
六	以呂產為呂王四月丁酉赦天下晝昏	八 六	三	
七	趙王幽死以呂祿為趙王梁王徙趙自殺	九 七	四	

八	孝文元年	二	三	四	五	六	七	八
七月高后崩九月誅諸呂後九月代王至踐位皇帝 後九月食其免相	除收孥相坐律立太子賜民爵	除誹謗律皇子武為代王參為太原王勝為梁王 十月丞相平薨	徙代王武為淮陽王上幸太原濟北王反匈奴大入上郡以地盡與太原太原更號代 十一月壬子勃免相之國	十二月乙巳嬰卒	除錢律民得鑄錢	廢淮南王遷嚴道道死雍	四月丙子初置南陵	太僕汝陰侯滕公卒
十 七月辛巳為帝太傅九月丙戌復為丞相 八	十一 十一月辛巳平徙為左丞相太尉絳侯周勃為丞相	一 十一月乙亥絳侯勃復為丞相	一 十二月乙亥太尉潁陰侯灌嬰為丞相 罷太尉官	一 正月甲午御史大夫北平侯張蒼為丞相	二	三	四	五
五 隆慮侯竈為將軍擊南越	六 勃為相潁陰侯灌嬰為太尉	一	二 棘蒲侯陳武為大將軍擊濟北昌侯盧卿共侯盧罷師甯侯魏遬深澤侯將夜皆為將軍屬武祁侯賀將兵屯滎陽	安丘侯張說為將軍擊胡出代				
御史大夫蒼				關中侯申屠嘉為御史大夫				

九	十	十一	十二	十三	十四	十五	十六	後元元年	二	三	四	五
溫室鐘自鳴以芷陽鄉為霸陵	諸侯王皆至長安	上幸代地動	河決東郡金隄徙淮陽王為梁王	除肉刑及田租稅律戍卒令	匈奴大入蕭關發兵擊之及屯長安旁	黃龍見成紀上始郊見雍五帝	上始見渭陽五帝	新垣平詐言方士覺誅之	匈奴和親地動 八月戊戌相蒼免	置谷口邑		上幸雍
六	七	八	九	十	十一	十二	十三	十四	十五 八月庚午御史大夫申屠嘉為丞相封故安侯	二	三	四
					成侯董赤內史欒布昌侯盧卿隆慮侯竈甯侯遬皆為將軍東陽侯張相如為大將軍皆擊匈奴中尉周舍郎中令張武皆為將軍屯長安旁							
御史大夫敬									御史大夫青			

六	匈奴三萬人入上郡一萬人入雲中	五	以中大夫令免為車騎將軍軍飛狐故楚相蘇意為將軍軍句注將軍張武屯北地河內守周亞夫為將軍軍細柳宗正劉禮軍霸上祝茲侯徐厲軍棘門以備胡數月胡去亦罷	
七	六月己亥孝文皇帝崩其年乙未太子立民出臨三日葬霸陵	六	中尉亞夫為車騎將軍郎中令張武為復土將軍屬國捍為將屯將軍詹事戎奴為車騎將軍侍太后	
孝景元年	立孝文皇帝廟郡國為太宗廟	七 置司徒官		

二	立皇子德為河間王閼為臨江王餘為淮南王非為汝南王彭祖為廣川王發為長沙王四月中孝文太后崩 嘉卒	八 開封侯陶青為丞相		御史大夫錯
三	吳楚七國反發兵擊皆破之皇子端為膠西王勝為中山王	二 置太尉官	中尉條侯周亞夫為太尉擊吳楚曲周侯酈寄為將軍擊趙竇嬰為大將軍屯滎陽欒布為大將軍擊齊	
四	立太子	三	二 太尉亞夫	御史大夫蚡
五	置陽陵邑 丞相北平侯張蒼卒	四	三	
六	徙廣川王彭祖為趙王	五	四	御史大夫陽陵侯岑邁

七	廢太子榮為臨江王四月丁巳膠東王立為太子 丞相青免	六月乙巳太尉條侯亞夫為丞相 罷太尉官	五 遷為丞相	御史大夫舍
中元元年		二		
二	皇子越為廣川王寄為膠東王	三		
三	皇子乘為清河王 丞相亞夫免	四 御史大夫桃侯劉舍為丞相		御史大夫綰
四	臨江王徵自殺葬藍田燕數萬為銜土置冢上	二		
五	皇子舜為常山王	三		

六	梁孝王武薨分梁為五國王諸子子買為梁王明為濟川王彭離為濟東王定為山陽王不識為濟陰王	四		
後元元年	五月地動七月乙巳日蝕 舍免	五 八月壬辰御史大夫建陵侯衛綰為丞相		御史大夫不疑
二		二	六月丁丑御史大夫岑邁卒	
三	正月甲子孝景崩二月丙子太子立	三		

孝武建元元年		四 魏其侯竇嬰為丞相 綰免	置太尉 武安侯田蚡為太尉	御史大夫抵 表云牛抵
二	置茂陵 嬰免相	二月乙未太常柏至侯許昌為丞相	蚡免太尉罷太尉官	御史大夫趙綰
三	東甌王廣武侯望率其家四萬餘人來降處廬江郡	二		
四		三		御史大夫青翟
五	行三分錢	四		
六	正月閩越王反 孝景太后崩 昌免相	五 六月癸巳武安侯田蚡為丞相	青翟為太子太傅	御史大夫安國
元光元年		二		
二	帝初之雍郊見五畤	三	夏御史大夫韓安國為護軍將軍衛尉李廣為驍騎將軍太僕公孫賀為輕車將軍大行王恢為將屯將軍太中大夫李息為材官將軍篡單于馬邑不合誅恢	
三	五月丙子決河於瓠子	四		
四	十二月丁亥地動 蚡卒	五 平棘侯薛澤為丞相		御史大夫歐

五	十月族灌夫家棄魏其侯市	二		
六	南夷始置郵亭	三	太中大夫衛青為車騎將軍出上谷衛尉李廣為驍騎將軍出鴈門太中大夫公孫敖為騎將軍出代太僕公孫賀為輕車將軍出雲中皆擊匈奴	
元朔元年	衛夫人立為皇后	四	車騎將軍青出鴈門擊匈奴衛尉韓安國為將屯將軍軍代明年屯漁陽卒	
二		五	春車騎將軍衛青出雲中至高闕取河南地	
三	匈奴敗代太守友	六		御史大夫弘
四	匈奴入殺襄代上郡	七		
五	匈奴敗代都尉朱英 澤免相	八 十一月乙丑御史大夫公孫弘為丞相封平津侯	春長平侯衛青為大將軍擊右賢衛尉蘇建為游擊將軍屬青左內史李沮為彊弩將軍太僕賀為車騎將軍代相李蔡為輕車將軍岸頭侯張次公為將軍大行息為將軍皆屬大將軍擊匈奴	

六	元狩元年	二	三	四
	十月中淮南王安衡山王賜謀反皆自殺國除	匈奴入鴈門代郡江都王建反膠東王子慶立為六安王	匈奴入右北平定襄	
二		四 御史大夫樂安侯李蔡為丞相	二	三
大將軍青再出定襄擊胡合騎侯公孫敖為中將軍太僕賀為左將軍郎中令李廣為後將軍翕侯趙信為將軍敗降匈奴衛尉蘇建為將軍敗身脫皆屬青左內史沮為彊弩將軍		冠軍侯霍去病為驃騎將軍擊胡至祁連合騎侯敖為將軍出北地博望侯張騫郎中令李廣為將軍出右北平		大將軍青出定襄郎中令李廣為前將軍太僕公孫賀為左將軍主爵趙食其為右將軍平陽侯曹襄為後將軍擊單于
	御史大夫蔡	御史大夫湯		

五	六	元鼎元年	二	三	四	五	六	元封元年	二	三
蔡侵園壖自殺	四月乙巳皇子閎為齊王旦為燕王胥為廣陵王		青翟有罪自殺		立常山憲王子平為真定王商為泗水王六月中河東汾陰得寶鼎	三月中南越相嘉反殺其王及漢使者	十二月東越反			
四 太子少傅武彊侯莊青翟為丞相	二	三	四 太子太傅高陵侯趙周為丞相	二	三	周坐酎金自殺 四 九月辛巳御史大夫石慶為丞相封牧丘侯	二	三	四	五
						衛尉路博德為伏波將軍出桂陽主爵楊僕為樓船將軍出豫章皆破南越	故龍額侯韓說為橫海將軍出會稽樓船將軍楊僕出豫章中尉王溫舒出會稽皆破東越		秋樓船將軍楊僕左將軍荀彘出遼東擊朝鮮	
			湯有罪自殺 御史大夫慶					御史大夫寬		

年	大事記	相位	將位	御史大夫位
四		六		
五		七		
六		八		
太初元年	改曆以正月為歲首	九		
二	正月戊申慶卒	十 三月丁卯太僕公孫賀為丞相封葛繹侯		
三		二		御史大夫延廣
四		三		

年	大事記	相位	將位	御史大夫位
天漢元年		四		御史大夫卿
二		五		
三		六		御史大夫周
四		七	春貳師將軍李廣利出朔方至余吾水上游擊將軍韓說出五原因杅將軍公孫敖皆擊匈奴	
大始元年		八		
二		九		
三		十		御史大夫勝之
四		十一		
征和元年	冬巫蠱起	十二		
二	七月壬午太子發兵殺游擊將軍說使者江充	三月丁巳涿郡太守劉屈氂為丞相封彭城侯		御史大夫成
三	六月劉屈氂因蠱斬	二	春貳師將軍李廣利出朔方以兵降胡重合侯莽通出酒泉御史大夫商丘成出河西擊匈奴	

年	大事記	相位	將位	御史大夫位
四		六月丁巳大鴻臚田千秋為丞相封富民侯		
後元元年		二		
二		三	二月己巳光祿大夫霍光為大將軍博陸侯都尉金日磾為車騎將軍秺侯太僕安陽侯上官桀為大將軍	
孝昭始元元年		四 九月磾卒		
二		五		
三		六		

年	大事記	相位	將位	御史大夫位
四		七	三月癸酉衛尉王莽為左將軍騎都尉上官安為車騎將軍	
五		八		
六		九		
元鳳元年		十	九月庚午光祿勳張安世為右將軍	御史大夫訢
二		十一		
三		十二	十二月庚寅中郎將范明友為度遼將軍擊烏丸	

年	大事記	相位	將位	御史大夫位
四	三月甲戌千秋卒	三月乙丑御史大夫王訢為丞相封富春侯		御史大夫楊敞
五	十二月庚戌訢卒	二		
六		十一月乙丑御史大夫楊敞為丞相封安平侯	九月庚寅衛尉平陵侯范明友為度遼將軍擊烏丸	
元平元年	敞卒	九月戊戌御史大夫蔡義為丞相封陽平侯	四月甲申光祿大夫龍頟侯韓曾為前將軍五月丁酉水衡都尉趙充國為後將軍右將軍張安世為車騎將軍	御史大夫昌水侯田廣明

年	大事記	相位	將位	御史大夫位
孝宣本始元年		二		
二		三	七月庚寅御史大夫田廣明為祁連將軍龍頟侯韓曾為後將軍營平侯趙充國為蒲類將軍度遼將軍平陵侯范明友為雲中太守富民侯田順為虎牙將軍皆擊匈奴	
三	三月戊子皇后崩 六月乙丑義薨	六月甲辰長信少府韋賢為丞相封扶陽侯 五月軍罷祁連將軍廣明虎牙將軍順有罪自殺		御史大夫魏相

年	大事記	相位	將位	御史大夫位
四	十月乙卯立霍后	二		
地節元年		三		
二		四 三月庚午將軍光卒	二月丁卯侍中中郎將霍禹為右將軍	
三	立太子 五月甲申丞相賢老賜金百斤	六月壬辰御史大夫魏相為丞相封高平侯	七月安世為大司馬衛將軍禹為大司馬	御史大夫邴吉
四		二 七月壬寅禹要斬		
元康元年		三		
二		四		

年	大事記	相位	將位	御史大夫位
三		五		
四		六 八月丙寅安世卒		
神爵元年	上郊甘泉太畤汾陰后土	七	四月樂成侯許延壽為彊弩將軍後將軍充國擊羌酒泉太守辛武賢為破羌將軍韓曾為大司馬車騎將軍	
二	上郊雍五畤祋祤出寶璧玉器	八		
三	三月相卒	四月戊戌御史大夫邴吉為丞相封博陽侯		御史大夫望之
四		二		
五鳳元年		三		
		四 五月己丑增卒	五月延壽為大司馬車騎將軍	御史大夫霸
三	正月吉卒	三月壬申御史大夫黃霸為丞相封建成侯		御史大夫延年
四		二		
甘露元年		三 三月丁未延壽卒		
二	赦殊死賜高年及鰥寡孤獨帛女子牛酒	四		御史大夫定國

年	大事記	相位	將位	御史大夫位
三	三月己丑霸薨	七月丁巳御史大夫于定國為丞相封西平侯		太僕陳萬年為御史大夫
四		二		
黃龍元年		三	樂陵侯史子長為大司馬車騎將軍太子太傅蕭望之為前將軍	
孝元 初元元年		四		
二		五		
三		六	十二月執金吾馮奉世為右將軍	
四		七		中少府貢禹為御史大夫 十二月丁未長信少府薛廣德為御史大夫
五		八	二月丁巳平恩侯許嘉為左將軍	
永光元年	十月戊寅定國免	九 七月子長免就第	九月衛尉平昌侯王接為大司馬車騎將軍 三月廣德免	七月太子太傅韋玄成為御史大夫
二	三月壬戌朔日食	二月丁酉御史大夫韋玄成為丞相封扶陽侯丞相賢子	七月太常任千秋為奮武將軍擊西羌雲中太守韓次君為建威將軍擊羌後不行	二月丁酉右扶風鄭弘為御史大夫

三		二	右將軍平恩侯許嘉為車騎將軍侍中光祿大夫樂昌侯王商為右將軍右將軍馮奉世為左將軍	
四		三		
五		四		
建昭元年		五		
二		六		弘免 光祿勳匡衡為御史大夫
三	六月甲辰丞相玄成薨	七月癸亥御史大夫匡衡為丞相封樂安侯		衛尉繁延壽為御史大夫

四		二		
五		三		
竟寧元年		四	六月己未衛尉楊平侯王鳳為大司馬大將軍	延壽卒 三月丙寅太子少傅張譚為御史大夫
孝成 建始元年		五		
二		六		
三	十二月丁丑衡免	七	十月右將軍樂昌侯王商為光祿大夫右將軍執金吾弋陽侯任千秋為右將軍 [illegible]	譚免 廷尉尹忠為御史大夫

四		三月甲申右將軍樂昌侯王商為右丞相	任千秋為右將軍長樂衛尉史丹為右將軍	十月己亥尹忠自刺 少府張忠為御史大夫
河平元年		二		
二		三		
三		四	十月辛卯史丹為左將軍太僕平安侯王章為右將軍	
四	四月[illegible]王商免	六月丙午諸吏散騎光祿大夫張禹為丞相		

陽朔元年		二		
二		三		張忠卒 六月太僕王音為御史大夫
三			九月甲子御史大夫王音為車騎將軍	十月乙卯光祿勳于永為御史大夫
四		七月乙丑右將軍光祿勳平安侯王章卒		閏月壬戌永卒
鴻嘉元年	三月[illegible]卒	四月庚辰薛宣為丞相		

史記正義卷二十二

欽定四庫全書

史部

史記正義卷二十三至二十六

詳校官編修臣李如鵠

史記正義卷二十三

唐 張守節 撰

禮書第一 天地位日月明四時序陰陽和風雨節羣品滋茂萬物宰制君臣朝儀尊卑貴賤有序咸謂之禮經六籍咸謂之書故曲禮云道德仁義非禮不成教訓正俗非禮不備分爭辯訟非禮不決云云

史記二十三

太史公曰洋洋美德乎宰制萬物役使羣衆豈人力也哉 言天地宰制萬物役使羣品順四時而動成有成功豈藉人力營為哉是美善盛大衆多之德也故孔子曰四時行焉百物生焉

余至大行禮官觀三代損益乃知緣人情而制禮依人性而作儀其所由來尚矣人道經緯萬端規矩無所不貫誘進以仁義束縛以刑罰故德厚者位尊祿重者寵榮所以總一海內而整齊萬民也人體安駕乘 時證反 為之金輿錯衡以繁其飾 為于偽反錯作鎗七公反 目好五色為之黼黻文章以表其能耳樂鐘磬為之調諧八音以蕩其心口五味為之庶羞酸鹹以致其美情好珍善為之琢磨圭璧以通其意故大路越席 按括草蒲草越戶括反 皮弁布裳 以鹿子皮為弁也按裳積素而為裳

也朱紘洞越大羹玄酒所以防其淫侈救其彫敝是以君臣朝廷尊卑貴賤之序下及黎庶車輿衣服宮室飲食嫁娶喪祭之分事有宜適物有節文仲尼曰禘自既灌而往者吾不欲觀之矣周衰禮樂壞大小相踰管仲之家兼備三歸循法守正者見侮於世奢溢僭差者謂之顯榮自子夏門人之高弟也猶云出見紛華盛麗而說入聞夫子之道而樂二者心戰未能自決而況中庸以下漸漬於失教被服於成俗乎孔子曰必也正名於

衛所居不合仲尼沒後受業之徒沈湮而不舉或適齊楚或入河海論語云大師摯適齊亞飯干適楚鼓方叔入于河少師陽擊磬襄入于海魯哀公時禮樂崩人皆去也豈不痛哉至秦有天下悉內六國禮儀采擇其善雖不合聖制其尊君抑臣朝廷濟濟依古以來秦採擇六國禮儀尊君抑臣朝廷濟濟依古以來典法行之至于高祖光有四海叔孫通頗有所增益減損大抵皆襲秦故自天子稱號稱尺證反下至佐僚及宮室官名少所變改孝文即位有司議欲定儀禮孝文好道家之學以為繁禮飾貌無益於治躬化謂何耳孝文本紀云上身衣弋綈所幸慎夫人令衣不曳地幃帳不得文繡治霸陵皆以瓦器是躬化節儉謂何嫌耳故罷去之孝景時御史大夫鼂錯明於世務刑名數干諫孝景曰諸侯藩輔臣子一例古今之制也今大國專治異政不稟京師恐不可傳後孝景用其計而六國畔逆吳楚趙菑川濟南膠西謂六國齊孝王狐疑城守三國兵圍齊齊使路中大夫告天子不言七國也以錯首名天子誅錯以解難上紀買反下乃憚反事在袁盎語中是後官者養交安祿而已莫敢復議今上即位招致儒術之士令共定儀十餘年不就或

言古者太平萬民和喜瑞應辨至辨音遍乃采風俗定制作上聞之制詔御史曰蓋受命而王各有所由興殊路而同歸謂因民而作追俗為制也議者咸稱太古百姓何望漢亦一家之事典法不傳謂子孫何化隆者閎博治淺者褊狹可不勉與乃以太初之元改正朔易服色封泰山定宗廟百官之儀以為典常垂之於後云禮由人起人生有欲欲而不得則不能無忿忿而無度量則爭音諍爭則亂先王惡其亂故制禮義以養人之欲給人

之求使欲不窮於物物不屈於欲屈求物反二者相待而長是禮之所起也故禮者養也稻粱五味所以養口也椒蘭芬茝所以養鼻也鍾鼓管絃所以養耳也刻鏤文章所以養目也疏房牀第所以養體也疏謂窻也第側里反故禮者養也君子既得其養又好其辨也所謂辨者貴賤有等長少有差貧富輕重皆有稱也故天子大路越席所以養體也謂蒲華為席既潔且柔潔可以祀神柔可以養體也側載臭茝所以養鼻也前有錯衡所以養目也和鸞之聲皇品云鸞以金為鸞懸鈴

其中於衡上以為遲疾之節所以正威儀行舒疾也步中武象驟中韶護所以養耳也步猶緩車則和鸞之音中於武象驟車中於韶護也龍旂九斿所以養信也斿音旒寢兕持虎鮫韅兕音似爾雅云兕似牛彌龍所以養威也故大路之馬必信至教順然後乘之所以養安也孰知夫士出死要節之所以養生也夫音扶要音腰孰知猶審知也出死猶處死也審知志士推誠處死要立名節若曹沫茅焦所以養生命也孰知夫輕費用之所以養財也費音芳味反輕猶薄言審知斟薄費用則能畜聚所以養財貨也孰知夫恭敬辭讓之所以養安也言審知恭敬辭讓所以養禮安身孰知夫禮義文理之所以養情也言審知禮義文章道理所以養其情性此四科是儒者有禮義故兩得之也人苟生之為見若者必死苟且若如此也言平凡好生人且見操節之士以禮義處死養得其生有効如此者必死也苟利之為見若者必害言平凡好利之人且見利義之士以輕省費用養得其財有効如此者必害身怠惰之為安若者必危惰徒卧反情性之為安若者必滅言平凡怠惰之人且有見禮之士以恭敬禮讓養得安樂有効如此者必危亡也勝音叔證反言平凡好勝之人目見利之士禮義文理養得情有効如此者必滅亡也此四科是墨者無禮義故兩失之也故聖人一之於禮義則兩得之矣一之於情性則兩失之矣故儒者將使人兩得之者也墨者將使人

兩失之者也是儒墨之分分音扶問反分猶等也若儒等而是治辨之極彊固之木威行之道功名之總則天下歸矣治辨之極也彊固之本也固堅固也言國以禮義四方欽仰無有攻伐故為彊而且堅固本也威行之道也以禮義導天下天下伏而歸之故為威行之道也功名之總也以禮義率天下天下咸遵之故為功名之總也合也聚也王公由之由禮義也所以一天下臣諸侯也弗由之所以捐社稷也故堅革利兵不足以為勝高城深池不足以為固嚴令繁刑不足以為威由其道則行不由其道則廢楚人鮫革犀兕所以為甲堅如金石宛之鉅鐵宛城今鄧州南陽縣

（城是音於元反鉅劉鐵也）施鑽如蠭蠆輕利剽遬（上匹妙反下音速剽遬疾也）卒如熛風（卒村忽反熛必遙反熛風疾也）然而兵殆於垂涉唐眜死焉莊蹻起楚分而為四（以起字為絕句或云楚莊王苗裔也括地志云師州黎州在京西南五千六百七十里戰國楚威王時莊蹻王滇則為滇國之地楚昭王徙都鄀莊蹻王滇楚襄王徙都陳楚考烈王徙都壽春咸被秦逼乃四分也然昭王雖在莊蹻之前故荀卿兼言之也）參是豈無堅革利兵哉（參七含反言蹻楚國豈無堅甲利兵哉為其不由禮義故衆分也）其所以統之者非其道故也汝潁以為險（括地志云水源出汝州魯山縣西伏牛山亦名猛山汝水至豫州郾城縣名濆水爾雅云河有濆汝有墳亦汝之別名潁水源出洛水嵩高縣東南三十五里陽乾山俗

名潁山地理志高陵山汝出東南至新蔡縣入淮陽乾江山潁水出東至更蔡入淮地）江漢以為池（江即岷江從蜀入楚在荊州南漢江從漢中東南入江四水為楚之險固也）阻之以鄧林緣之以方城（括地志云方城房州竹山縣東南四十一里其山頂上四面險峻山南有城長十餘里名為方城即此山也）然而秦師至鄢郢舉若振槁（鄢音鄢括地志云古城在襄州安養縣北三里古鄢子之國鄧之南鄙也又率道縣南九里有故鄀城漢惠帝改曰宜城也郢城荊州江陵縣東北六里即吳公子光伐楚楚平王恐城郢者也又楚武王始都郢絕南故城是也在江陵北十五里也）是豈無固塞險阻哉其所以統之者非其道故也紂剖比干囚箕子為炮烙刑殺無辜時臣下懍然莫必其命然

而周師至而令不行乎下不能用其民是豈令不嚴刑不峻哉其所以統之者非其道故也古者之兵戈矛弓矢而已然而敵國不待試而詘（詘卯勿反試用也）城郭不集溝池不掘（求勿反又求厥反）固塞不樹機變不張然而國晏然不畏外而固者無他故焉明道而均分之（分扶問反言明儒墨之分使禮義均等則下應之如影響耳）時使而誠愛之則下應之如景響有不由命者然後俟之以刑（事君以禮義民有不由禮義者然後待之以刑則民知罪伏刑矣）則民知辠矣故刑一人而天下服辠人不尤其上知辠

之在已也是故刑罰省而威行如流無他故焉由其道故也故由其道則行不由其道則廢古者帝堯之治天下也蓋殺一人刑二人而天下治傳曰威厲而不試刑措而不用天地者生之本也先祖者類之本也（類種類也）君師者治之本也無天地惡生（惡音烏）無先祖惡出無君師惡治三者偏亡則無安人（偏疋然反）故禮上事天下事地尊先祖而隆君師是禮之三本也故王者天太祖諸侯不敢懷大夫士有常宗所以辨貴賤貴賤治得之本也郊疇乎天

子社至乎諸侯函及士大夫所以辨尊者事尊卑者事卑宜鉅者鉅宜小者小故有天下者事七世有一國者事五世有五乘之地者事三世有三乘之地者事二世有特牲而食者不得立宗廟所以辨積厚者流澤廣積薄者流澤狹也大饗上玄尊俎上腥魚先大羹貴食飲之本也大饗上玄尊而用薄酒食先黍稷而飯稻粱祭嚌先大羹而飽庶羞貴本而親用也貴本之謂文親用之謂理兩者合而成文以歸太一是謂太隆故尊之上

玄尊也皇侃云玄酒水也上古未有酒而始之祭但酌水用之至晚世雖有酒存古禮尚用水代酒也俎之上腥魚也豆之上大羹一也利爵弗啐也成事俎弗嘗也三宥之弗食也大昏之未廢齊也大廟之未內尸也始絕之未小斂一也大路之素幬也郊之麻絻喪服之先散麻一也三年哭之不反也清廟之歌一唱而三嘆縣一鍾尚拊膈朱絃而通越一也凡禮始乎脫成乎文終乎銳故至備情文俱盡言情文俱盡言是禮之至備也其次情文代勝其下復情以歸太一天地以合日月以明四時以序星辰以行江海以流萬物以昌好惡以節喜怒以當以為下則順以為上則明自天地以下八事大禮之備情文俱盡故用為下則順用為上則明也

太史公曰至矣哉立隆以為極而天下莫之能益損也本末相順終始相應應乙陵反應當也至文有以辨至察有以說天下從之者治不從者亂從之者安不從者危小人不能則也小人猶庶人也則法也言天下士以上至于帝王能從禮者則治安不能從禮者則危亂庶人據於事不能法禮也禮之貌誠深矣言禮之貌信深厚矣雖有鄒子堅白同異之辨明察之於禮義之中自然儒弱敗壞之禮也堅白同異之察入焉而

弱其貌誠大矣言禮之貌信廣大矣雖有擅作典制褊陋之說文辭入於禮義之中自然成淫俗褊陋之言擅作興制褊陋之說入焉而嗛其貌誠高矣言禮之貌信尊高矣雖有暴慢恣睢輕俗以為高之屬入於禮義之中自然成墜落暴慢輕俗之人暴慢恣睢輕俗以為高之屬入焉而墜故繩誠陳則不可欺以輕重規矩誠錯錯七故反則不可欺以方員君子審禮則不可欺以詐偽詐偽謂堅白同異擅作典制暴戾恣睢自高也故陳繩曲直定懸衡輕重分錯規矩方員自消滅矣故繩者直之至也衡者平之至也規矩者方員之至也禮者人道之極也然而不法禮者不足禮謂之

無方之民法禮足禮謂之有方之士禮之中能思索謂之能慮能慮勿易易謂輕易也謂之能固能慮能固加好之焉聖矣好久到反言人以得禮之中又能思察索求其禮謂之能思慮又不輕易其禮謂之能堅固能慮能固其禮更加好之乃聖人也天者高之極也地者下之極也日月者明之極也無窮者廣大之極也聖人者道之極也道謂禮義也言人有禮義則為聖人比於天地日月廣大之極也以財物為用以貴賤為文以多少為異以隆殺為要文貌繁情欲省禮之隆也文貌省情欲繁禮之殺也文貌情欲相為內外表裏並

行而雜禮之中流也言文飾情用表裏外內合於儒墨是得禮情之中而流行不息也君子上致其隆下盡其殺而中處其中中謂情文也步驟馳騁廣騖不外騖音務言君子之人上存文飾下務減省而合情文處得其中縱有戰陣殺戮邪惡則不棄於禮義矣三皇步五帝驟三王馳五伯騖也是以君子之性守宮庭也宮庭聽朝處喻君子心內常守禮義若宮庭焉人域是域士君子也處平凡人域之中能知禮義之域限即為士及君子也外是民也於是中焉房皇周浹曲直得其次序聖人也故厚者禮之積也大者禮之廣也高者禮之隆也明者禮之盡也言君子內守其禮德厚大積廣至於高尊明禮則是禮之終竟也此書是諸先生荀卿禮論兼為之

史記正義卷二十三

欽定四庫全書

史記正義卷二十四

唐　張守節　撰

樂書第二（天有日月星辰地有山陵河海歲有萬物成熟國有聖賢宮觀周域官僚人有言語衣服體貌端修咸謂之樂樂書者猶樂記也鄭元云以其記樂之義也按别錄目屬樂記葢十一篇合為一篇十一篇者有樂本有樂論有樂施有樂言有樂禮有樂情有樂化有象法有賓牟有師乙有魏文侯今雖合之亦畧有分焉劉向校書得書樂二十三篇著於别錄今樂記雖有十二篇其名猶存也）史記二十四

太史公曰余每讀虞書至於君臣相敕維是幾安而股

肱不良萬事墮壞未嘗不流涕也成王作頌推己懲艾（音刈）悲彼家難（乃惲反家難謂文王囚羑里武王伐紂）可不謂戰戰恐懼善守善終（言成王作頌悲文王戰戰恐懼推己戒勵為治是善守善終也）君子不為約則修德（為于偽反）滿則棄禮佚能思初安能惟始沐浴膏澤而歌詠勤苦非大德誰能如斯傳曰治定功成禮樂乃興海內人道益深其德益至所樂者益異滿而不損則溢盈而不持則傾凡作樂者所以節樂（音洛言不樂至荒淫也）君子以謙退為禮以損減為樂樂其如此也以為州異國殊情習不同故博采風俗協比聲律（比音鼻）以補短移化助流政教天子躬於明堂臨觀而萬民咸蕩滌邪穢斟酌飽滿以飾厥性故云雅頌之音理而民正嘄噭之聲興而自奮鄭衛之曲動而心淫及其調和諧合鳥獸盡感而況懷五常含好惡自然之勢也治道虧缺而鄭音興起封君是辟（辟并亦反）名顯鄰州爭以相高自仲尼不能與齊優遂容於魯雖退正樂以誘世作五章以刺時猶莫之化也凌遲以至六國流沔沈佚遂往不反卒於喪身

滅宗并國於秦秦二世尤以為娛丞相李斯進諫曰放棄詩書極意聲色祖伊所以懼也（祖伊諫殷紂紂不聽孔安國云祖乙後賢臣也）輕積細過恣心長夜紂所以亡也趙高曰五帝三王樂各殊名示不相襲朝廷下至人民得以接歡喜合殷勤非此和說不通解澤不流（說音悅解音蟹言非此樂和適亦悅樂之不通散恩澤之事不流各一世之化也諫二世故名之也）亦各一世之化度時之樂何必華山之騄耳而后行遠乎二世然之高祖過沛詩三侯之章令小兒歌之高祖崩令沛得以四時歌儛宗廟孝

惠孝文孝景無所增更於樂府習常隸舊而已（隸音異）至今上即位作十九章令侍中李延年次序其聲拜為協律都尉通一經之士不能獨知其辭皆集會五經家相與共講習讀之乃能通知其意多爾雅之文漢家常以正月上辛祠太一甘泉以昏時夜祠到明而終常有流星經於祠壇上使僮男僮女七十人俱歌春歌青陽夏歌朱明秋歌西皞冬歌玄冥（禮記月令云玄冥水官也）世多有故不論又嘗得神馬渥洼水中復次以為太一之歌歌曲曰太

一貢兮天馬下（太一北極太星也）霑赤汗兮沫流赭騁容與兮跇萬里今安匹兮龍與友後代大宛得千里馬馬名蒲梢次作以為歌歌詩曰天馬來兮從西極經萬里兮歸有德承靈威兮降外國涉流沙兮四夷服中尉汲黯進曰凡王者作樂上以承祖宗下以化兆民今陛下得馬詩以為歌協於宗廟先帝百姓豈能知其音邪上默然不說丞相公孫弘曰黯誹謗聖制當族凡音之起由人心生也（皇侃云此章有三品故名為樂本備言音聲所起故名樂本夫樂之起其事有二一是人心感樂樂聲從心而生一是樂感人心心隨樂聲而變也）人心之動物使之然也（物者外境也外有善惡來觸於心則應觸而動故云物使之然也）感於物而動故形於聲聲相應故生變（崔靈恩云緣五聲名自相應不足為樂故變使雜令聲音諧和也）變成方謂之音（皇侃云單聲不足故變雜五聲使交錯成文乃謂為音也）比音而樂之及干戚羽旄謂之樂也（比音鼻次也音五音也言五音雖雜猶未足為樂復須次比器之音及文武所執之物共相諧會乃是由音得名為樂武陰文陽故所執有輕重異）樂者音之所由生也（合音乃成樂是樂由音而生諸樂生起所由之生也）其本在人心感於物也（本猶初也物外境也言將欲明樂隨心見故更陳此句也）是故其哀心感者其聲噍以

殺（殺所介反噍踧急也若外境痛苦則其心哀戚哀感在心故樂聲踧急而殺也此下六者皆人君見前境來感已而制樂音隨心見之也）其樂心感者其聲嘽以緩（嘽寬也若外境可美則其心歡樂歡樂在心故樂聲必隨而寬緩也）其喜心感者其聲發以散（若外境會意其心喜悅喜在心故樂聲發揚也）其怒心感者其聲麤以厲（若外境乖失故已心怒謂怒隨心心隨怒而發揚故無輕硋則樂聲麤彊而嚴厲也）其敬心感者其聲直以廉（廉隅也若外境尊高故已心悚悚敬在內則樂聲直而有廉角也）其愛心感者其聲和以柔（柔軟也若外境憐慕故已心愛惜愛惜在內則樂和柔也）六者非性也（性本靜寂無此六事六事之生由應感見而動故云非性）感於物而後動是故先王慎所

以感之六事隨見而動非關本性先王聖人在上制正禮以防之故先王慎所以感之者也故禮以導其志樂以和其聲政以一其行刑以防其姦胡孟反禮樂刑政其極一也四事防慎所感之由也用禮教導其志用世樂諧和其聲用法律齊其行用刑辟防其凶民不復流僻徒感防之使同其一歸不為非也極至也所以同民心而出治道也上四事功成民同其心俱不邪僻故治道出也民心所觸有前六者不同故聖人用後四者制凡音者生人心者也此樂本章第二段明樂感人心也人心即君人心也樂音之善惡由君上心之所好故云生於人心者也情動於中故形於聲情君之情也中猶心也心既感物而動故形見於聲也聲成文謂之音謂之音清濁雖異各見於外成於文彩並謂之音也是故治世之音安以樂其政和樂音洛言平理之世其樂音安靜而歡樂也正政同也亂世之音怨以怒其政乖亂世之音民心怨怒樂聲亦怨由其政乖僻故也亡國之音哀以思其民困思音四亡國謂將欲滅亡之國樂音悲哀而愁思亡國之時民之心哀思其樂音亦哀思由其民困苦故也聲音之道與政通矣政和則聲音安樂政乖則聲音怨怒是聲音之道與正通矣宮為君宮屬土居中央總四方君之象也商為臣角為民角屬木以其清濁中民之象也徵為事徵屬火以其微清事之象者也羽為物五者不亂則無惉懘之音矣惉敝也懘敗也君臣民事物五者各得其用不相壞亂則五音之響無弊敗也宮亂則荒宮亂則其聲放散由其君驕溢故也其

君驕商亂則槌商音亂其聲欹邪不正由其臣不理於官壞故也其臣壞角亂則憂角音亂其聲憂愁由政虐民怨故也其民怨徵亂則哀徵音亂其聲哀苦由繇役不休其民事勤勞其事勤羽亂則危羽音亂其聲傾危由君賦重於其民貧乏故也其財匱五者皆亂迭相陵謂之慢迭互也陵越也五聲並不和則君臣上下互相陵越所以謂之為慢也如此則國之滅亡無日矣鄭衛之音亂世之音也比於慢矣鄭音好濫淫志衛音促速煩志並是亂世音雖亂而未滅亡故比慢也比必以反桑間濮上之音昔殷紂使師延作長夜靡靡之樂以致亡國武王伐紂此樂師師延將樂器投濮水而死後晉國樂師師涓夜過此水聞水中作此樂因聽而寫之既得還國為晉平公奏之師曠撫之曰此亡國之音也得此必於桑間濮上乎紂之所由亡也亡國之音也其政散其民流誣上行私而不可止若用此濮上之音其政必離散而民人流徙逃亡緣臣誣上各行私情國即滅亡而不可禁止也凡音者生於人心者也此樂章第三段也前第一明人心感樂第二段明樂感人心此段聖人制正樂以應之此段自有二重自凡音至反人道為一重却應第二段樂感人心也又自人心生而靜至王道備矣為一重却應第一段人心感樂也樂者通於倫理者也音初生自君心形而成樂樂成則能通百姓使各盡其類分故曰通倫理者也是故知聲而不知音者禽獸是也知音而不知樂者眾庶是也唯君子為能知樂是故審聲以知音聲為音本若欲知音當須

審定其聲然後音可知審音以知樂音為樂本前審定其音然後可知樂也審樂以知政樂為政本前審定其樂然後政可知也而治道備矣前審定其本後識其末則為治之道乃可備矣是故不知聲者不可與言音不知音者不可與言樂知樂則幾於禮矣禮謂治國之禮包萬事萬事備具始是禮極令知樂者但正君臣民事物五者之情於禮未極故云幾於禮也禮樂皆得謂之有德德者得也若聽樂而知禮則是禮樂皆得二者備具則是有德之君也又言有德之人是能得禮樂之情故云德者得也是故樂之隆非極音也大樂之盛本在移風易俗非窮鐘鼓之音故云非極音也故樂云樂云鐘鼓云乎哉是也食饗之禮非極味也食音嗣食享謂宗廟祭也夫禮之盛本在

安上治民非崇玉帛至味故云非極味也故論語禮云禮云玉帛云乎哉是也清廟之瑟朱絃而疏越一倡而三嘆有遺音者矣倡音唱一唱謂一人始唱歌三嘆謂三人讚嘆也樂歌此文王之道不極音聲故但以熟弦廣孔少唱寡和此音有德傳於無窮是有餘音不已一云所重在德本不在音是有遺餘音念之不忘也大饗之禮大享即食享也變食言大崇其名故也不尚重味故食言大也此言禮盛不作至味之事尚玄酒祫祭之禮則列玄尊在上五齊在下也而俎腥魚九俎有肴生腊是俎腥魚者生魚也俎雖有三牲而兼載生魚也大羹不和和胡卧反大羹肉汁也祫祭有肉汁為羹無鹽菜之芼和也有遺味者矣遺亦餘也此者質素之食禮人主誠設之道不極滋味故尚明水而腥魚此禮可重流芳竹帛傳之無已有餘味一云禮本在德不在甘味故用水魚而遺味也是故先王之制禮樂也非以極口腹耳目之欲也將以教民平好惡而反人道之正也好火到反惡一故反平均也言先王制禮作樂本是教訓澆民平於好惡之理故去惡歸善不為口腹耳目之欲令反歸人之正道也人生而靜天之性也此第三段第二重也人初生未有情欲其情欲至靜稟于自然是天之性也感於物而動性之頌也其心雖靜感外情因物而動是性之貪慾也物至知知然後好惡形焉上知音智好惡無節於內知誘於外不能反已天理滅矣言好惡不自節量於心唯知情欲誘之於外不能反還已躬之善則天性滅絕矣夫物之感人無窮而人之好惡無節則是物至而

人化物也夫物不一故言無窮也若人心嗜慾無度隨好惡不能節之則與之而化故云人化物人化物也者滅天理而窮人欲者也心隨物化則滅天性而恣人心之欲也於是有悖逆詐偽之心有淫佚作亂之事是故彊者脅弱衆者暴寡知者詐愚勇者苦怯疾病不養老幼孤寡不得其所此大亂之道也是故先王制禮樂人為之節衰麻哭泣此以下並是陳禮節人之事也制五服哭泣所以紀喪事之節而不使背死忘生也事死者難故以哀哭為前也所以節喪紀也鐘鼓干戚所以和安樂也婚姻冠笄所以別男女也冠音貫笄音雞射鄉食饗所以正

交接也禮節民心樂和民聲政以行之刑以防之禮樂刑政四達而不悖則王道備矣樂者為同禮者為異此第二章名為樂論其中有四段此章論禮樂同異也夫樂使率土合和是同也禮使父子殊別是為異也同則相親異則相敬樂勝則流禮勝則離勝式證反勝猶過也禮樂雖有同異而又相須也若樂過和同而無禮則流慢無復尊卑之敬若禮過殊隔無樂則親屬離析無復骨肉之愛也合情飾貌者禮樂之事也樂和內是合情也禮撿迹是飾貌也禮義立則貴賤等矣樂文同則上下和矣文謂聲成文也若作樂文采諧同則上下並和是樂和民聲也好惡著則賢不肖別矣好惡並去聲又並如字著張慮反若法律分明

欽定四庫全書 史記正義 卷二十四 九

善惡章著則賢愚斯別是政化行矣刑禁暴爵舉賢則政均矣王者為用刑則禁制暴慢䟽爵以舉賞賢良則政治均平是刑以防之矣既是禁暴而又言舉祿者示刑最為重不宜獨行必須賞罰兼明也然禮樂之用非政不行明須四事達行也仁以愛之義以正之如此則民治行矣言禮樂刑政既均又須仁以愛民義以正民如此則民順理正行矣樂由中出樂論第二段謂樂功也出猶生也為人在中和有未足故生此樂也禮自外作作猶起也為人在敬有未足起此禮也樂由中出故靜樂和心在內故云靜禮自外作故文禮肅人貌貌在外故云動大樂必易易以豉反朱弦䟽越是也大禮必簡玄酒腥魚是也樂至則無怨禮至則不爭樂行主和和達則民無復怨怨也禮行主謙謙達則民不爭競也揖讓而治天下者禮樂之謂也暴民不作諸侯賓服兵革不試五刑不用百姓無患天子不怒如此則樂達矣合父子之親前云禮至不爭故致天下尊卑之序也禮使父慈子孝是合父子之親也即父事三老也明長幼之序長坐幼立是明長幼之序即凡事五更是也以敬四海之內孝經云教以孝所以敬天下之為人父教以弟所以敬天下之為人兄教以臣所以敬天下之為君即是敬四海之內也天子如此則禮行矣言天子能躬行禮則臣下必用禮如此則禮行矣合父子以下悉自天子自身行之也大樂與天地同和此樂論第三段論禮與樂唯聖能識也言天地以氣氤氳合生萬物大樂之理順陰陽律呂生養萬物是大樂與天地同和也大禮與

欽定四庫全書 史記正義 卷二十四 十

天地同節言天有日月地有山川高卑殊形生用各別大禮辯尊卑貴賤等差異別是大禮與天地同節和故百物不失樂與天地同和能生成性萬物節故祀天祭地禮與天地生成同節有尊卑上下報萬物之功明則有禮樂明猶外也言聖王能使樂與天地同和禮與天地同節又能顯明其禮樂以教人也幽則有鬼神幽內也言聖王又能內敬鬼神助天地生成萬物如此則四海之內合敬同愛矣言行禮同節故四海合敬矣樂同和故四海同愛矣禮者殊事合敬者也尊卑貴賤之別是殊事也施之同以莊敬是合敬也樂者異文合愛者也宮商錯而成文隨事而制變是異文同以勸愛是合愛也禮樂之情同故明王以相沿也樂情主和禮情主敬致化是同以其致化情同故明王相因述也

故事與時並言聖王所為之事與所當之時並行也若堯舜揖讓之事與淳和之時並行湯武干戈之事與澆薄之時並行此句明禮也名與功偕名謂樂名也偕俱也功者揖讓干戈之功也聖王制樂之名與所建之功俱作也若堯舜樂名咸池大韶湯武樂名大護大武也故鐘鼓管磬羽籥干戚樂之器也此陳樂事也鐘鼓之屬是樂之器有形質故為事也詘信俯仰級兆舒疾樂之文也文飾之事也簠簋俎豆制度文章禮之器也升降上下周旋裼襲禮之文也故知禮樂之情者能作既能窮本知末知變又能著誠去偽所以能述作故謂之聖也識禮樂之文者能述謂上文屈伸俯仰升降上下也作者之謂聖堯舜禹湯之屬是也述者之謂

明游夏之屬是也明聖者述作之謂也樂者天地之和也禮者天地之序也此樂論第四段也謂禮樂之情也樂法天地之氣故云天地之和禮仲天地之形故云天地之序禮樂從天地而來王者必於天地然後能興起禮樂也和故百物皆化序故羣物皆別樂由天作禮以地制天用和氣化物物從氣化是由天作也地有高下區分以生萬物禮有品節殊文是由地制也過制則亂過作則暴明於天地然後能興禮樂也禮樂既不可誤故須明天地者乃可制作也論倫無患樂之情也既云惟聖人識禮樂之情此以下更說其情狀不同也倫類也賀瑒云樂使物得類序而無害是樂之情也欣喜驩愛樂之容也容猶事也賀瑒云八音克諧使物欣喜此樂之事迹也中正無邪禮之質也明禮情也質本也禮以心內中正無有邪僻是禮之本莊敬恭順禮之制也明禮情之事也謂容貌莊敬謙恭謹慎是禮之節制也若夫禮樂之施於金石越於聲音用於宗廟社稷事于山川鬼神則此所以與民同也言四者施用祭祀隨世而異則前王所不專故文云則此所以與民同言隨世也王者功成作樂治定制禮此第三章名禮樂章言明王為治制禮作樂故名禮樂章其中有三段一明禮樂齊其用必對二明禮樂法天地之事三明天應禮樂也其功大者其樂備其治辨者其禮具辨皮勉反又邊練反夫禮樂必由功治有小大故禮樂應之而廣狹也若上世民淳易化故王者功治廣徧是以禮樂備也而殷周民澆難化故王者功治偏

狹則禮樂亦不具干戚之舞非備樂也證樂不備也干戚周武也樂以文德為備故用朱絲疏越干戚之舞故非備樂也亨孰而祀非達禮也解禮不具也謂腥俎玄尊表誠象古而已不在芬苾孰味是乃澆世為之非達禮也五帝殊時不相沿樂三王異世不相襲禮庾蔚之云樂興於五帝禮成於三王樂興王者之功禮隨世之質文崔靈恩云五帝淳澆不同故不得相沿為樂三王文質之不等故不得相襲為同禮樂極則憂禮粗則偏矣及夫敦樂而無憂禮備而不偏者其唯大聖乎天高地下萬物散殊而禮制行也天高於上地卑於下萬物布散殊別於其中而大聖制禮別異尊卑是衆大而行故云禮制行矣禮以節制為義故云禮制流而不息合同而

化而樂興也天地二氣流行不息合同氤氳化生萬物而大聖作樂合同人心是以象天地而起故云樂興也春作夏長仁也秋斂冬藏義也仁近於樂義近於禮近其靳反春夏生長萬物故為仁愛樂主陶和萬性故仁近於樂也秋則殺斂冬則蟄藏並是義主斷割禮為節限故義近於禮也樂者敦和率神而從天此釋仁近樂之義言樂之為體敦厚和同因循聖人之神氣而從順於天禮者辯宜居鬼而從地此解義近禮之由居鬼猶循神也鬼謂先賢也禮之為體尊卑殊別各有其宜因居先賢鬼氣而從順於地分別禮分故聖人作樂以應天作禮以配地禮樂明備天地官矣天尊地卑君臣定矣此禮樂章第二段也明禮樂法天地事也言君尊於上臣卑於下是象天地定矣

高卑已陳貴賤位矣動靜有常小大殊矣方以類聚物以羣分則性命不同矣性生也萬物各有嗜好謂之性命者長短夭壽也所祖之物既稟大小之殊故性命夭壽不同也在天成象在地成形言日月星辰之光耀草木鳥獸之體貌也如此則禮者天地之別也結禮之別也此天地明聖制禮殊別是天地之分別也亦別辨宜居鬼而從地也地氣上濟天氣下降明禮樂法天地氣也天地二氣之升降合而生物故樂以氣法也弦歌聲氣升降相合以教民也然氣從下升此樂象氣故從地始也形以上尊故禮象形從天始也陰陽相摩二氣切磨而萬物生發作樂亦令聲氣切磨使民心生敬也天地相蕩天地八節蕩動也天地化物八節更相感動作樂亦令八音相感動也鼓之

以雷霆萬物雖以氣生而物未發故雷霆以鼓動之如樂用鐘鼓以發節也大雷曰霆奮之以風雨萬物皆以風雨奮迅而出如樂用儛奮迅以象之使發人情也動之以四時萬物生長隨四時而動如樂各逐心內所須而奏之煖之以日月煖音喧遠反萬物之生必須日月煖照如樂有蘊藉使人喧昭也蘊藉者歌不直言而長言嗟嘆之屬也而百物化興焉如此則樂者天地之和也結樂之和也如此有聖人作樂法天地和同是樂者天地之和也亦是敦和率神而從天地化不時則不生此禮樂章第三段明天地應於禮樂也前聖人既作禮樂此明天地應樂也若人主行化失時天地應以惡氣毀物故云化不時則不生也男女無別則亂登此明天地應禮也登成也若人君行禮男女無別則天地應而錯亂成之也此天地之

情也結隨禮得失而應之是天地之情也然樂是氣化故云害物禮是形教故言亂人也及夫禮樂之極乎天而蟠乎地行乎陰陽而通乎鬼神言陰陽和四時順以應禮樂禮樂與鬼神並助天地而成化也窮高極遠而測深厚樂著太始而禮居成物著猶處也天為萬物之始故曰太始天蒼而氣化樂亦氣化故云處太始也成物地也體盤薄長成萬物也在地成形禮亦形教故云居成也地卑故曰居天高故曰著也著不息者天也著不動者地也此美禮樂配天地也著亦處也言樂氣處運生不息者配天也禮制尊卑定位成養萬物處不移動者配地也一動一靜者天地之間也此美禮樂若分則配天地若合則與百物齊一也靜動而生萬物稟天動地靜而生故呼百物為天地之間也故聖人

曰禮云樂云引聖證此章也言聖人云明此一章是禮樂法天地也故言聖人曰禮云樂云樂動禮靜其並用事如天地間物有動靜也昔者舜作五弦之琴以歌南風此第四章明樂施明禮樂前備後施布天下也中有三段一明施樂以賜諸侯也二明施樂須節既賜之所以宜節也三明禮樂所施各有本意本德世本神農作琴今云舜作者非謂舜始造也改用五弦琴特歌南風詩始自舜也五弦者無文武二弦唯宮商角徵羽之五弦也南風是孝子之詩也南風養萬物而孝子之歌也得父母生長如萬物得南風也舜有孝行故以五弦之琴歌南風詩以教理天下之孝也夔始作樂以賞諸侯故天子之為樂也以賞諸侯之有德者也德盛而教尊五穀時孰陳其合賞也若諸侯教德明盛教化尊嚴年穀豐稔故天子賞樂也天下

因而法之也然後賞之以樂故其治民勞者其舞行綴遠行音胡郎反綴音下衛反本或作綴音同此明雖得樂賜而隨功得優劣也舞位行列也綴謂纘列也若諸侯治民勞苦由君德薄王賞之以樂則舞人少不滿溢去纘疏遠者也其治民佚者其舞行綴短佚音逸若諸侯治民暇逸由君德盛王賞舞人多則滿將去纘促近也庾蔚之云此為虞夏禮也虞猶淳故可隨功賜樂殷周漸澆易生忿怨不宜猶有優劣是以同制諸侯六佾故與周禮不同也故觀其舞而知其德觀其舞位人多少去綴近遠即知其君德薄厚也聞其謚而知其行行音故孟反制死謚隨君德故聞死謚則知其生行此一句比擬其舞也大章章之也既生時舞則知德死則聞謚驗行故更引死後聞樂則知行事解之也大章堯樂也章明也民樂堯德大明故名樂曰大章後人聞大章則知堯生時德大明上章是堯德之明下章是後明於堯德白虎通云大章大明天地之道咸池備也韶繼也夏大也殷周之樂盡也天地之道寒暑不時則疾此則樂施章第二段明施樂須節也既必須節故引譬例寒暑天地之氣也若寒暑不得則民多疾疫也風雨不節則饑風雨天事也風雨有聲形故為事也若飄灑淒厲不有時節則穀損民饑也教者民之寒暑也教不時則傷世寒暑不時既為民疾苦樂教不時則傷世俗之化也事者民之風雨也事不節則無功風雨不節則民饑饉禮事不節則治無功也然則先王之為樂也以法治也善則行象德矣此廣樂所以須節已言先王為樂必以法治治善則臣下之行皆象君之德也夫

豢豕為酒非以為禍也此言禮須節也豢養也言前王豢犬豕及作酒之事本以為禮祀神祇設賓客和親族禮賢能而賓非為民作禍災也而獄訟益煩則酒之流生禍也此禮事也言民得豢酒無復節限卒至沈酗鬭爭殺傷而刑獄益生煩多則是酒之流害生其禍也是故先王因為酒禮一獻之禮賓主百拜終日飲酒而不得醉焉此先王之所以備酒禍也故酒食者所以合歡也此結節功也既防酒禍故飲不醉爭以時合歡適也樂者所以象德也此樂施章第三段明禮樂之所施各有本意在於象德也此言樂意也言樂之所施於人本有和愛之德禮者所以閑淫也此言禮意也言禮之所施於人大止邪淫過失也是故先王有大事

必有禮以哀之民有喪則先王制衰麻哭泣之禮以節之使其各遂哀情是禮以哀之也有大福必有禮以樂之樂音洛大福祭祀者慶也民慶必歌舞飲食庶羞之禮使不過而各逐歡樂是有以樂之也哀樂之分皆以禮終分扶問反結二事哀樂雖反皆用禮節各終其分故云皆以禮終樂也者施也禮也者報也施式豉反此第六段樂象法章第五段不以次第而亂升在此段明禮樂用別也庚蔚之云樂者所以宣暢四氣導達情性功及物而不知其所報即是出而不反所以謂施也禮者所以通彼之意故有往必有來所以謂報也樂樂其所自生此廣施也樂名所起由民下之心所樂生非有所報也而禮反其所自始此廣報也反猶報也禮生無名但是事耳隨時得質文之事而報之樂章德聞名知德若大章是也禮報

情反始也禮報人情而制隨質文之始也所謂大路者天子之輿也此以下廣言禮以報為體之事輿車也大路天子之車也諸侯朝天子修其職貢若有勳勞者天子賜之大路也龍旂九旒天子之旌也庚蔚之云龍旂九旒上公之旌青黑緣者天子之葆龜也緣以絹反從之以牛羊之羣則所以贈諸侯也合結上諸事皆是天子送諸侯禮也言五等諸侯朝畢反去天子贈之大路龍旂寶龜又送之以牛羊之羣也樂也者情之不可變者也此第七章明樂之情與之符達鬼神合而不可變也中有三段一明禮樂情達鬼神也二證禮樂達鬼神之事三明識禮樂之本可尊也前第六章明象象必見情故以樂主情樂變則情變故云情之不可變也禮也者理之不可易者也禮主事禮別也故云事之不可易者也樂統同解情不變也統領也同和合之情者也禮別異解事不可易也禮別於尊卑之事也禮樂之說貫乎人情矣貫猶通也言人情莫過於同異而禮樂能統同辨異故其說理能通人情窮本知變樂之情也庚蔚之云樂能通和性分使各不失其所是窮自然之本也使人不守其所守是知變通之情也著誠去偽禮之經也著竹慮反去卯呂反著明也經常也著明誠信違去詐偽是理之常行也禮樂順天地之誠見胡練反合明禮樂也禮出於地尊卑有序是見地情也樂出於大遠近和合是見天之情也達神明之德達通也禮樂不失則天降甘露地出醴泉是通於神明之德也降興上下之神樂六變天神下八變地祇出是興降上下之神而凝是精粗之體領父子君臣之節

是故大人舉禮樂則天地將為昭焉為正偽反昭音照此樂情章第二段明禮樂能通達鬼神之事前既云能通鬼神此明其事也大人聖人與天地合德故舉禮樂為教而天地從之大明也天地欣合陰陽相得欣喜也合猶蒸也禮樂化行故天氣下地氣蒸合陰陽交會故相得也論體謂之天地論氣謂之陰陽也煦嫗覆育萬物然後草木茂區萌達區音勾草木據其成體之茂區萌據其新牙故曰達達猶出也菽豆之屬直出曰萌稻稷之屬也羽翮奮角觡生觡加客反羽翮鳥也角觡獸也鳥獸得天地覆育煦嫗故飛者則奮翅翮走者則生角觡也蟄蟲昭蘇蟄蟲得陰陽煦嫗故皆出地上如夜得曉如死更有氣也羽者嫗伏毛者孕鬻伏房富反羽鳥也毛獸也二氣既交萬物生乳故鳥生卵嫗伏之獸懷孕而生育之者也

胎生者不殰而卵生者不殈殰音讀殈音呼覔反胎生獸也卵生鳥也懷任在內而死曰殰卵坼不成子曰殈令和氣不殰殈也則樂之道歸焉耳庾蔚之云一論天地二氣萬物各得其所乃歸於樂耳樂者非謂黃鍾大呂弦歌干揚也此樂情章第三段明識禮樂本者為尊識末者為卑黃鍾大呂之屬故云非謂也揚舉也謂舉楯以為舞也樂之末節也黃鍾已下是樂之末節也故童者舞之末事易之不足貴重故使童子小兒儛奏之也布筵席陳樽俎列籩豆以升降為禮者此亦明末也用禮之本在著誠去偽安上理民不在鋪筵席樽俎升降為禮之事也禮之末節也布筵以下是禮之末節也故有司掌之有司典禮小官也末節事易不為可重故小官掌其事也解樂師辯乎

聲詩故北面而弦此更引事證樂師曉樂者辨別聲詩聲謂歌也言樂師雖能別歌詩並是末事故北面言坐處卑也宗祝辯乎宗廟之禮故後尸此禮事也宗祝大祝即有司之屬也雖能分別正宗廟之禮然佐於尸而非為敬之主為卑故在尸後也商祝辯乎喪禮故後主人商祝者殷商之神祝習商家神祀以相佐喪事故云辯喪禮具雖掌喪事而非發喪之主故在主人後言立處賤也是故德成而上上謂堂也德成謂人君禮樂德成則為君故居堂上南面尊之也藝成而下下堂下也藝成謂樂師伎藝雖成唯識禮樂之末故在堂下北面卑之也行成而先行胡孟反先猶前也尸及喪主也行成謂尸尊而人孝故為行成事成而後事為劣故為在宗商二祝也識尸及主人後也是故先王有上有下有先有後

然後可以有制於天下也故先王使上下前後尊卑分乃可制禮作樂以班於天下也如周公六年乃為禮也樂者聖人之所樂也此樂施章第三段後也誤在此閒淫之後又用此章廣為象其德故云聖人之所以觀德也而可以善民心其感人深其風移俗易故先王著其教焉夫人有血氣心知之性此第五章名言樂明樂歸趣之事中有三段一言人心隨王之樂也二明前王制正樂化民也三言邪樂不可化民也前既以施人人必應之言其歸趣也此言人心隨王之樂也夫人不生則已既已生必有血氣心知之性也而無哀樂喜怒之常性合五常之行有喜怒哀樂之分但其發無常時隨外境所觸故亦無常也應感起物而動解所有四事之由也緣外故來感心心觸感來起動應之故有上四

事也然後心術形焉是故微焦哀之音作而民思憂殺音所界反又色例反思音先利反此以下皆言心樂感而應見外事也若人君叢脞情志細劣其樂音噍戚殺急不舒緩也音既局促故民應之無憂也嘽緩慢易繁文簡節之音作而民康樂嘽昌單反易以豉反樂音洛嘽綽也緩和也慢疏也繁文多也康和樂安也言人君道德綽和疏易則樂音多文采與節奏簡畧而下民所以安粗厲猛起奮末廣賁之音作而民剛毅粗音麄賁房粉反又音墳粗畧也厲嚴也猛剛起動也末支體也廣大也憤氣充也言人君若性麄嚴剛動而四支奮躍則樂充大民應之所以剛毅也廉直經正莊誠之音作而民肅敬經音勁言人君廉直勁而剛正則樂音矜嚴而誠信故民應之所以肅敬也寬裕肉好

順成和動之音作而民慈愛肉仁救反好火到反肉肥也謂音如肉之肥言人君寬容肥好則樂音順成而和動故民應之所以慈愛也流辟邪散狄成滌濫之音作而民淫亂辟疋亦反邪音斜狄音惕狄滌皆往來疾速也往來速而成故云狄成往來疾而僭濫故云滌濫也言君上流淫縱辟回邪放散則樂音有往來速疾僭差之響故民應之而淫亂也心本無此六事由隨王而起來是故先王本之情性此言樂章第二段也前言民隨樂變此言先王制正樂化民也言聖人制樂必本人之性情也稽之度數制之禮義稽考也制樂又考天地度數為之如律呂應十二月八音應八風之屬也合生氣之和道五常之行道音導行故孟反合應也使之陽而不散陰而不密陽謂稟陽氣多人也氣舒散人稟陽多則

春陰氣閉密人稟陰多則密縝令以樂通二者之性皆使中和故陽者不散陰者不密也剛氣不怒柔氣不懾懾之涉反懼也性剛者好怒柔者好懼令以樂和使各得其所不至怒懼也四暢交於中而發作於外四陰陽剛柔也暢通也交互也中心也令以樂調和四事通暢交互於中心而行用舉動發於外不至散密怒懾者也皆安其位而不相奪也此結樂為本情性之事也閉陽開陰抑剛引柔悉使中庸故天下安其位無復相侵奪之也然後立之學等前用樂陶情和暢然後乃以樂語樂舞二事教之民各隨己性才等差而學之以備分也廣其節奏省其文采以繩德厚也類小大之稱比終始之序以象事行使親疏貴賤長幼男女之理皆形見於樂此結本人

之情以下緣本而教親疏以下之理悉章著樂功使聞者皆知而見緝睦情也故曰樂觀其深矣此引古語證觀感人之深矣土敝則草木不長水煩則魚鼈不大此言樂章第三段言邪樂不可化民將言樂之由故此前以天地為譬此以地為譬也敝猶勞熱猶數攪動也土過勞熱水過撓動則草木魚鼈不長大也氣衰則生物不育此以天譬也氣者天時氣也氣若衰微則生物不復成遂也世亂則禮廢而樂淫此合譬也世謂時世亂其禮不備樂不節故流淫過度水土勞弊則草木魚鼈不長大如時世濁亂之禮樂不可為化矣是故其聲哀而不莊樂而不安樂音洛此證樂淫之事也淫樂則聲哀而無莊故雖奏以自樂必致傾危非自安之道故云樂而不安若關雎樂而不淫哀而不傷則是有莊敬而安者也慢易以犯

節易以豉反言無莊敬慢易也無節奏故云犯節也即是哀而不莊也流湎以忘本湎音沔靡靡無窮失於終止故言忘本即樂而不安之義也廣則容姦言淫慝禮樂聲無節也廣聲緩也容含也其聲緩者則含容姦偽也狹則思欲狹聲急也其聲急者則思欲之攻也感滌蕩之氣而滅平和之德感動也言此惡樂能動善人滌蕩之善氣使失其所而滅善人平和之德也是以君子賤之也君子用樂調和是故賤於動滅平和之氣也凡姦聲感人而逆氣應之此第六章名象法也本第八失次也明人君作樂則天地必法象應之中有五段一明淫樂正樂俱能成象二明君子所從正樂皆有本非可假偽四證第三段有本不偽之由五明禮樂之用前有證故明其用別也今此明淫正二樂具能成象故先言淫樂為習應人事也言君奏姦聲之樂以感動

人民則天地應之而生逆亂之氣也逆氣成象而淫樂興焉興生也若逆氣流行於世而民又習之為法故云成象既習亂為法故民之樂聲生於淫佚也正聲感人而順氣應之順氣成象而和樂興焉言順氣流行民習成法故樂聲亦生於和也倡和有應倡音昌尚反和胡卧反君唱之天地和之民應之故云唱和有應也回邪曲直各歸其分分房問反此是有應也回邪不正也曲折也直不邪也言相應和表直影正表曲影邪各歸其分也而萬物之理以類相動也姦聲致慝正聲招順是以天下萬物之理各隨君善惡以類而相動也是故君子反情以和其志此樂象章第二段也明君子從正樂也君子人君也反猶本也民下所習既從於君故君宜本情不使流宕以自安和其志也比類以成其

欽定四庫全書　史記正義　卷二十四

行行故孟反萬物之理以類相動故君子比於正類以成己行也姦聲亂色不留聰明淫樂廢禮不接於心術惰慢邪辟之氣不設於身體此以下皆反情性之類事也術道也既本情和志又比類成行故姦聲亂色不留視聽淫樂慝禮不與心道相接情慢邪僻不設置己身也聲色是事故云聽明而氣無形故於身為設也故使耳目鼻口心知百體皆由順正以行其義百體謂身體百節既不行姦亂已下諸事故能使諸行並由順正以行其德美化其天下也不留聰明於姦聲亂色故耳目得順正也不用心術接淫慝禮樂故心知得順正也不設身於情僻故百體得順正也言鼻口者嗜不一也亦因戒臭味順正也不然後發以聲音文以琴瑟其身已正故然後乃可制樂為化故用歌之音聲內發己之德用琴瑟之響外

發己之行歌者在上此是堂上之樂故前明之也動以干戚飾以羽旄從以簫管又用干戚羽旄簫管從而播之絲竹在下此是堂下之樂故後明之也奮至德之光動四氣之和以著萬物之理是故清明象天廣大象地終始象四時周旋象風雨歷解樂所以能通天地言歌聲清明是象天氣也廣大謂鍾鼓有形質是象地形也謂奏歌周而復始如四時循環也若樂六變九變謂舞人迴旋如風雨從天而下也五色成文而不亂八風從律而不姦百度得數而有常小大相成小大謂日晦小大相通以成歲也賀瑒云十二律互相為宮羽而相成也終始相生歲月終而更始也賀瑒云五行宮商迭相為終始也倡和清濁代相為經代更也經常也

欽定四庫全書　史記正義　卷二十四

日月半歲陰陽更相為常也即還相為宮也故樂行而倫清謂上正樂之行也謂下事張本也即樂行之事也由正樂既行故人民之道清也耳目聰明不視聽姦亂故視聽聰明血氣和平口鼻心之百體皆由從正故血氣和平移風易俗天下皆寧既皆由從正以行其義故風移俗革天下陰陽皆安寧移是移徙之名易是改易之稱也文王之國自有文王之風桀紂之邦亦有桀紂之風桀紂之後文王之風被於紂民易前之惡俗從今之善俗上行謂之風下習謂之俗故曰樂者樂也引舊語樂名廣證前事也前事邪正之樂雖異並是其人所樂故名曰樂也君子樂得其道雖其人所樂而名為樂而人心不同故所樂有異有異而名通故皆名樂君子堯舜也道謂仁義故制樂亦仁義也小人樂得其欲小人桀紂也人欲邪淫也以道制欲則

樂而不亂若君在上小人在下君子樂用仁義以制小人之欲則天下安樂而不敢為亂也以欲忘道則惑而不樂若小人有上君子在下則小人肆縱其慾忘正道而天下從化皆為亂惑不得安樂是故君子反情以和其志若有道制欲則是君子以欲忘道則為小人故君子之人本情修性以和其志不使逆欲忘道反情以至其行也廣樂以成其教內本清和志而外又廣於樂以成其教然後發以聲音以著萬物之理也樂行而民鄉方君上內和志行樂教流行故民皆向君子之道即仁義制欲者故樂行而倫清以至天下安寧也可以觀德矣結樂使人知上之事故觀知其德也德者性之端也此樂象章第三段明邪正有本皆可為也德得理也性之端本也言人稟性皆以得理為本也樂者德之華也得理於內樂為外故云德華也

金石絲竹樂之器也歷解飾所須也樂為德華若莫之能用故須金石之器也詩言其志也前金石為器須用詩述申其志志在心不述不暢故用詩述之也歌詠其聲也若直述其志則無揾藉之美故又長言歌詠使聲音之美可得而聞之也舞動其容也若直詠歌未暢故又舉手蹈足以動其形容也三者本乎心然後樂氣從之三者志聲容也樂氣詩歌舞也君子前有三德為本乎心後乃詩歌舞可觀故云然後樂氣從之也是故情深而文明德為性本故曰情深也樂為德華故云文明氣盛而化神歌舞蹈樂氣從之故云氣盛天下咸寧故曰化神也和順積中而英華發外唯樂不可以為偽內外符合而無有虛假不可以為偽也樂者心之動也此樂象章第四段也明證前第三段樂本之事緣有前境可樂而心動應之故云樂者心之動也聲者樂之象也象法也樂舞無聲則不彰故聲為樂之法也文采節奏聲之飾也若直有聲而無法度故須文采節奏聲之儀飾也君子動其本本德也心之動必應德也樂其象德行必應法也然後治其飾飾文采節奏也前動心有德次行樂有法然後乃理其文飾也是故先鼓以警戒此引武王伐紂之事證前有德後有飾也武王聖人是前有德也而用此節奏是後有飾也先鼓者為武王伐紂未戰之前鳴皮鼓以警戒使軍衆逆備也今作武王樂者未奏之前鳴皮鼓以敕人使預備具也是明志後有事也三步以見方見胡練反三步只三步也見方謂方戰也武王伐紂未戰之前兵士樂奮其勇出軍陣前三步示勇氣方將戰也今作樂象之纘列畢而儛者將欲儛先舉足三頓為步以表方將

儛之勢也再始以著往著竹慮反再始謂兩過為始也著明也文王受命十一年而武王除喪軍至孟津觀兵曰紂未可伐也乃還師是一始也至十三年更興師代之是再始也今舞武者前成列將欲舞而不儛是一始也去復更來是二過始明象武王再往故云再始著往也復亂以飾歸復者伏也飾音勑後亂者紂凶亂而安復之飾歸者武王伐紂勝鳴金鐃整武而歸也以去奏皮鼓歸奏金鐃者皮文也金武也初示文德使紂自敗之則不伐紂既不敗因而用兵用兵既竟故鳴金鐃而歸示用已竟也今奏武儛初皮鼓警衆末鳴鐃以歸象伐紂已竟也鐃鐙鐸也奮疾而不拔也謂舞形也奮迅疾速也拔傾側也代紂時士卒歡喜奮迅急速以尚威勢猛而不傾側也今武舞亦奮迅急而速不傾側象極幽而不隱皆謂文末節奏也獨樂其志不厭其道言武王諸將人各欣悅象武王有德

天下之志並無厭干戈君臣之道備舉其道不私其欲緣人人不厭故作樂者事事法之欲備舉武王之道耳非為私情之所欲也是以情見而義立不厭武王之道其情既見則不私其欲義亦立也樂終而德尊為樂之理既終是象德之事其德亦尊顯也君子以好善小人以息過樂理周足象德可尊以教世何往而不可君子聞之則好善小人聞之則改過也故曰生民之道樂為大焉此引舊語結樂道之為大君子曰禮樂不可以斯須去身此第十章名為樂化章第十以化民故次賓牟賈成第十也其章中皆言樂陶化為善也凡四段一明人生禮樂恒與已俱也二明禮樂不可偏用各有一失也三明聖人御禮作樂之由也四明聖人制禮作樂天下服從此初段明人生禮樂恒與已俱也恒故能化化故在前也引君子

之言以張本也斯須俄頃也失之者死故俄頃不可去身者也致樂以治心則易直子諒之心油然生矣易直子諒之心生則樂樂則安安則久久則天天則神天則不言而信神則不怒而威致樂以治心者也結所由也有威信由於深審樂以結心之故致禮以治躬者也前明樂治心今明禮檢迹若深審於禮以治身則莊敬也鄭元云禮自外作故治身也治躬則莊敬莊敬則嚴威既身莊敬儼然人望而畏之是威嚴也治內難見發明樂句多治外易覩發明禮句少而又結也心中斯須不和不樂而鄙詐之心入之矣外貌斯須不莊不敬而慢易之心入之矣故樂也者動於

內者也禮也者動於外者也樂極和禮極順內和而外順則民瞻其顏色而弗與爭也望其容貌而民不生易慢焉德輝動乎內而民莫不承聽理發乎外而民莫不承順故曰知禮樂之道舉而錯之天下無難矣錯七故反引奮證民莫不承聽莫不承順也聖王有能詳審極致禮樂之道舉而措之於天下天下悉從無難為之事也樂也者動於內者也禮者動於外者也此樂化章第三段也明禮樂不可偏用各有一失既方明所失故前更言其所發外內不同也動亦感觸故禮主其謙樂主其盈禮謙而進以進為文樂盈而反以反為文禮謙而不進

則銷樂盈而不反則放故禮有報而樂有反禮得其報則樂樂得其反則安禮之報樂之反其義一也夫樂者樂也人情之所不能免也此樂化章第三段也明聖人所以制樂由人樂於歌舞故聖人制樂以和樂之故云樂者樂也但攤樂是人所貪貪不能自止故云人情也樂必發諸聲音形於動靜人道也聲音動靜性術之變盡於此矣故人不能無樂樂不能無形形而不為道不能無亂先王惡其亂故制雅頌之聲以道之使其聲足以樂而不流使其文足以綸而不息使其曲直繁省廉肉節奏足以

感動人之善心而已矣不使放心邪氣得接焉是先王立樂之方也是故樂在宗廟之中君臣上下同聽之則莫不和敬在族長鄉里之中長幼同聽之則莫不和順在閨門之內父子兄弟同聽之則莫不和親故樂者審一以定和比物以飾節節奏合以成文所以合和父子君臣附親萬民也是先王立樂之方也故聽其雅頌之聲志意得廣焉前云先王制之聲音形於動靜故此證其事也此是發於聲音也民聽正聲得益盛德之美志意得廣大也執其干戚習其俯仰詘信容貌得莊焉行其

綴兆要其節奏行列得正焉進退得齊焉故樂者天地之齊中和之紀人情之所不能免也夫樂者先王之所以飾喜也此樂化章第四段也明樂惟聖人在上者制作天下乃從服也若內有喜則外歌舞以飾之故云王以樂飾喜也軍旅鈇鉞者先王之所以飾怒也故先王之喜怒皆得其齊矣喜則天下和之怒則暴亂者畏之先王之道禮樂可謂盛矣魏文侯問於子夏曰此章第八明文侯問也文侯故晉大夫畢萬之後見子夏而問於樂也吾端冕而聽古樂此文侯問事也謂玄冕凡冕服其制正幅袂二尺二寸故稱端也着玄冕衣與玄端同色故曰端冕聽古樂也此當是廟中聽樂玄冕祭服也則唯恐臥聽鄭衛之音則不知倦敢問古樂之如彼何也新樂之如此何也子夏答曰今夫古樂進旅而退旅子夏之答凡有三初則舉古禮次新樂以酧問意又因更別說以誘引文侯欲使更問也和正以廣此是答述古樂之情旅衆也弦匏笙簧合守拊鼓拊音數武反拊一名相亦奏古笙樂也弦琴也匏瓠屬也四十六簧笙十九至十三簧也簧施於匏笙之管端者也合會也守待也拊者皮為之以糠實如革囊也用手撫之鼓也言奏弦匏笙簧之時若欲令堂上作樂則撫拊堂上樂工聞撫拊乃弦歌也若欲令堂下作樂則擊鼓堂下樂工聞鼓乃吹管播樂也言弦匏笙簧皆待拊為節故言會守拊鼓也始奏以文止亂以武治亂以相訊疾以雅君子於是語

於是道古修身及家平均天下此古樂之發也今夫新樂進俯退俯此第二述雜樂也俯曲也新樂行列不齊而進退曲也姦聲以淫溺而不止及優侏儒獶雜子女不知父子樂終不可以語不可以道古此新樂之發也此結新樂答也今君之所問者樂也所好者音也此第三別誘引文侯更問前故說此句言文侯所問乃是樂而好鏗鏘之音非律呂克諧之正樂也夫樂之與音相近而不同文侯曰敢問如何子夏答曰夫古者天地順而四時當當丁浪反此答古樂之由也天地從四時當聖人在上故也民有德而五穀昌疾疢不作而無祅祥此

之謂大當然後聖人作為父子君臣以為之紀綱紀綱既正天下大定天下大定然後正六律和五聲弦歌詩頌此之謂德音德音之謂樂詩曰莫其德音其德克明克明克類克長克君王此大邦克順克俾俾於文王其德靡悔既受帝祉施于孫子此之謂也今君之所好者其溺音與文侯曰敢問溺音者何從出也子夏答曰鄭音好濫淫志子夏歷述四國之所由以答文侯也宋音燕女溺志衛音趣數煩志齊音驁辟驕志四者皆淫於色而害於德是以

祭祀不用也詩曰肅雍和鳴先祖是聽夫肅肅敬也雍雍和也夫敬以和何事不行為人君者謹其所好惡而已矣君好之則臣為之上行之則民從之詩曰誘民孔易此之謂也然後聖人作為鞉鼓椌楬壎篪此六者德音之音也然後鍾磬竽瑟以和之干戚旄狄以舞之此所以祭先王之廟也所以獻酬酳酢也所以官序貴賤各得其宜也此所以示後世有尊卑長幼序也鍾聲鏗鏗以立號號以立橫橫以立武君子聽鍾聲則思武臣石聲硜硜以立別別以致死君子聽磬聲則思死封疆之臣絲聲哀哀以立廉廉以立志君子聽琴瑟之聲則思志義之臣竹聲濫濫以立會會以聚眾君子聽竽笙簫管之聲則思畜聚之臣鼓鼙之聲讙讙以立動動以進眾君子聽鼓鼙之聲則思將帥之臣君子之聽音非聽其鏗鎗而已也彼亦有所合之也賓牟賈侍坐於孔子此第九章名賓牟賈問者蓋孔子之問本為牟賈而設故云牟賈問也孔子與之言及樂曰夫武之備戒之已久何也此孔子問牟賈及樂之事凡問有五此其一也備戒者謂將欲作樂前鳴鼓警戒使樂人各備容儀言初欲奏樂時既已

備戒使有節奏故令武備者備戒已久疑其遲久故問之也答曰病不得其眾也牟賈答也亦有五而二答是三答非今答是也言武王伐紂時憂不得眾心故前鳴鼓戒眾久之乃出戰也故今舞者久久乃出象武王憂不得眾心故也永嘆之淫液之何也此第二問也答曰恐不逮事也此答亦是也言眾士望武王欲伐速恒恐不及伐事之機故有詠嘆淫液之聲發揚蹈厲之已蚤何也第三問也發初也揚舉袂也蹈頓足蹋地厲顏色勃然如戰色也問樂舞何意發初揚袂又蹈頓足蹋地勃然作色何忽如此何也答曰及時事也此答非也牟賈意言發揚蹈厲象武王一人意欲及時之事故早為此者也鄭亦隨賈意注之也武坐致右憲左何也憲音軒第四問也坐跪也致至也軒起也問舞人何忽有時而跪也答曰非武坐

也此荅亦非也牟賈言武奮之士不應有坐也聲淫及商何也第五問也荅曰非武音也此荅又非也子曰若非武音則何音也孔子評其荅武音不貪但不知其實解理空言其非反問也荅曰有司失其傳也傳直緣反賈荅言武王伐有貪是有司傳之謬妄故有此矣如非有司失其傳則武王之志荒矣賈又云假令非傳者繆妄則是武王末年志荒耄之時故有貪商之聲也子曰唯丘之聞諸萇弘亦若吾子之言是也萇音直良反吾子牟賈也言我聞萇弘所言亦如賈今所言之也賓牟賈起免席而請曰免猶避也前所荅四事五不被叩問今疑不知前荅之是非故起所疑而問也夫武之備戒之已久則既聞命矣敢問遲

之遲而又久何也子曰居吾語汝夫樂者象成者也總干而山立武王之事此下明應象成之事也荅所以遲也象武王伐紂持楯立以待諸侯至故云武王之事也發揚蹈厲太公之志也荅遲久已竟而牟賈前荅發揚蹈厲以為象武王欲及時事非也言此是太公志耳太公相武王代紂志願武王之速得自奮其威勇以助之也武亂皆坐周召之治也賈前荅武坐非也因又為之說言言當伐紂時士卒行伍有亂者周召二公以治正之使其跪敬致右軒左以待處分故令八佾象鬬時之亂狀相正之則俱跪蹶乃更起以作行列象周召之事耳非武舞有坐之也且夫武始而北出說五事既竟而遲久之意未周故更廣其象成之事荅前五事故云且夫也始而北出者謂奏樂象武王觀兵孟津之時也王居鎬在南紂居朝歌在河北故儛者南來時楯向北尚象之也再成而滅商再成謂儛者再來奏時也儛者初始前一向北而不儛象武王前觀孟津不伐而反也至再往而向北遂奏成擊刺三成而南儛者第三奏往而轉向南象武王勝紂向南還鎬之時也四成而南國是疆儛者第四奏象周太平時南方荊蠻並來歸服為周之疆界五成而分陝周公左召公右儛者至第五奏而東西中分之為左右二部象周太平後周公召公分職為左右二伯之時六成復綴以崇天子夾振之而四伐盛振威於中國也夾音古合反夾振謂武王與大將軍夾軍而奮鐸振動士卒也言當奏武樂時亦兩人執鐸夾之為節之象也凡四伐到一止當伐紂時士卒皆四伐一止也故牧誓云今日之事不過四伐五伐是也故作武樂儛者亦以干戈伐之象也分夾而進

事蚤濟也久立於綴以待諸侯之至也且夫女獨未聞牧野之語乎今衛州所理汲縣即牧野之地也更欲語牟賈奏武樂遲久之意其語即下所陳是也武王克殷反商未及下車車戎車也軍法一車三人乘之步卒七十牧誓云戎車三百兩則二萬二千五百人也而封黃帝之後於薊封帝堯之後於祝地理志云平原即祝阿縣也薊音計幽州縣是也封帝舜之後於陳陳州宛邱縣故陳城是也下車而封夏后氏之後於杞汴州雍邱縣故杞國封殷之後於宋封王子比干之墓釋箕子之囚使之行商容而復其位庶民弛政庶民倍祿濟河而西濟渡也河黃河也武王伐紂事畢從

懷州河陽縣南渡河至洛州從洛城而西歸鎬京也馬散華山之陽而弗復乘牛散桃林之野而不服示無復用服亦乘也桃林在華山之旁此二處並牝牛馬放生地初伐就此取之今事竟歸之前處故尚書武成篇序云武王伐殷往伐歸獸是也車甲弢而藏之府庫而弗復用倒載干戈苞之以虎皮將率之士使為諸侯名之曰建櫜然後天下知武王之不復用兵也散軍而郊射左射貍首右射騶虞而貫革之射息也裨冕搢笏而虎賁之士稅劒也祀乎明堂而民知孝朝覲然後諸侯知所以臣耕籍然後諸侯知所以敬五者天

下之大教也食三老五更於太學天子袒而割牲執醬而饋執爵而酳冕而總干所以教諸侯之悌也若此則周道四達禮樂交通則夫武之遲久不亦宜乎子貢見師乙而問焉曰賜聞聲歌各有宜也如賜者宜何歌也師乙曰乙賤工也何足以問所宜請誦其所聞而吾子自執焉寬而靜柔而正者宜歌頌廣大而靜疏達而信者宜歌大雅恭儉而好禮者宜歌小雅正直清廉而謙者宜歌風肆直而慈愛者宜歌商溫良而能斷者宜歌

齊夫歌者直己而陳德動己而天地應焉四時和焉星辰理焉萬物育焉故商者五帝之遺聲也商人志之故謂之商齊者三代之遺聲也齊人志之故謂之齊明乎商之詩者臨事而屢斷明乎齊之詩者見利而讓也臨事而屢斷勇也見利而讓義也有勇有義非歌孰能保此故歌者上如抗下如隊曲如折止如槀木居中矩句中鉤累累乎殷如貫珠故歌之為言也長言之也說之故言之言之不足故長言之長言之不足故嗟嘆之嗟嘆之不足故不知手之舞之足

之蹈之子貢問樂結此前事悉是荅子貢問之事其樂記者公孫尼子次撰也為樂記通天地貫人情辯政治故細解之以前劉向別錄篇次與鄭目錄同而樂記篇次又不依鄭目今此又篇次顛倒者以褚先生升降故今亂也今逐舊次第隨段記之使後覽知也以後文出褚意耳凡音由於人心天之與人有以相通如景之象形響之應聲故為善者天報之以福為惡者天與之以殃其自然者也故舜彈五弦之琴歌南風之詩而天下治紂為朝歌北鄙之音身死國亡舜之道何弘也紂之道何隘也夫南風之詩者生長之音也舜樂好之樂與天地同意得萬國之驩心故

天下治也夫朝歌者不時也北者敗也鄙者陋也紂樂好之與萬國殊心諸侯不附百姓不親天下畔之故身死國亡而衛靈公之時時衛都楚邱楚故城在宋楚邱縣北三十里衛之楚邱邑也將之晉至於濮水之上舍括地志云在曹州離狐縣界即師延投處也夜半時聞鼓琴聲問左右皆對曰不聞乃名師涓曰吾聞鼓琴音問左右皆不聞其狀似鬼神為我聽而寫之師涓曰諾因端坐援琴聽而寫之明日曰臣得之矣然未習也請宿習之靈公曰可因復宿明日報曰習矣即去之

晉見晉平公平公置酒於施惠之臺一本虒祁之堂左傳云虒祁之宮杜預云虒祁地名也在絳州西四十里臨汾水也酒酣靈公曰今者來聞新聲請奏之平公曰可即令師涓坐師曠旁援琴鼓之未終師曠撫而止曰此亡國之聲也不可聽平公曰何道出師曠曰師延所作也與紂為靡靡之樂武王伐紂師延東走自投濮水之中故聞此聲必於濮水之上先聞此聲者國削平公曰寡人所好者音也願遂聞之師涓鼓而終之平公曰音無此最悲乎師曠曰有平公曰可得聞乎

師曠曰君德義薄不可以聽之平公曰寡人所好者音也願聞之師曠不得已援琴而鼓之一奏之有玄鶴二八集乎廊門再奏之延頸而鳴舒翼而舞平公大喜起而為師曠壽反坐問曰音無此最悲乎師曠曰有昔者黃帝以大合鬼神今君德義薄不足以聽之聽之將敗平公曰寡人老矣所好者音也願遂聞之師曠不得已援琴而鼓之一奏之有白雲從西北起再奏之大風至而雨隨之飛廊瓦左右皆奔走平公恐懼伏於廊屋之

間晉國大旱赤地三年聽者或吉或凶夫樂不可妄興也

太史公曰夫上古明王舉樂者非以娛心自樂快意恣欲將欲為治也正教者皆始於音音正而行正故音樂者所以動盪血脉通流精神而和正心也故宮動脾而和正聖商動肺而和正義角動肝而和正仁徵動心而和正禮羽動腎而和正智故樂所以內輔正心而外異貴賤也上以事宗廟下以變化黎庶也琴長八尺一寸正

度也弦大者為宮而居中央君也商張右傍其餘大小相次不失其次序則君臣之位正矣故聞宮音使人溫舒而廣大聞商音使人方正而好義聞角音使人惻隱而愛人聞徵音使人樂善而好施聞羽音使人整齊而好禮夫禮由外入樂自內出故君子不可須臾離禮須臾離禮則暴慢之行窮外不可須臾離樂離樂則姦邪之行窮內故樂音者君子之所養義也故古者天子諸侯聽鐘磬未嘗離於庭卿大夫聽琴瑟之音未嘗離

於前所以養行義而防淫佚也夫淫佚生於無禮故聖王使人耳聞雅頌之音目視威儀之禮足行恭敬之容口言仁義之道故君子終日言而邪辟無由入也

史記正義卷二十四

欽定四庫全書

史記正義卷二十五

唐　張守節　撰

律書第三　史記二十五

王者制事立法物度軌則壹稟於六律六律為萬事根本焉其於兵械尤所重 內成曰器外成曰械械謂弓矢殳矛戈戟劉伯莊云吹律審聲聽樂觀政師曠審歌知晉楚之彊弱故云兵械尤所重 故云望敵知吉凶 凡兩軍相敵上皆有雲氣及日暈天官書云暈等力鈞厚長大有勝薄短小無勝故望雲氣知勝負彊弱引舊語乃曰故云

聞聲效勝負 周禮云大師執同律以聽軍聲而詔其吉凶左傳云師曠知南風不競即其類 百王不易之道也武王伐紂吹律聽聲推孟春以至于季冬殺氣相并 人君暴虐酷急即常寒應寒生北方乃殺氣也武王伐紂吹律從春至冬殺氣相并律亦應之故洪範咎徵云急常寒若是也 而音尚宮 兵書云夫戰大師吹律合商則戰勝軍事張彊角則軍擾多變失志宮則軍和主卒同心徵則將急數怒軍士勞羽則兵弱少威焉 同聲相從物之自然何足怪哉兵者聖人所以討彊暴平亂世夷險阻救危殆自含血戴角之獸見犯則校而況於人懷好惡喜怒之氣喜則愛心生怒則毒螫加 螫音釋 情性之

理也昔黄帝有涿鹿之戰以定火災顓頊有共工之陳以平水害成湯有南巢之伐以殄夏亂（南巢今廬州巢縣是也淮南子云湯伐桀放之歷上與末喜同舟浮江奔南巢之山而死按巢即山名古巢國也云南巢者在中國之南也）遞興遞廢勝者用事所受於天也自是之後名士迭興晉用咎犯（狐偃也咎季也又云舅臣也）而齊用王子吳用孫武申明軍約賞罰必信卒伯諸侯兼列邦士雖不及三代之誥誓然身寵君尊當世顯揚可不謂榮焉豈與世儒闇於大較不權輕重猥云德化不當用兵大至窘辱失守小乃侵犯削弱遂執不移等哉故教笞不可廢於家刑罰不可捐於國誅罰不可偃於天下用之有巧拙行之有逆順耳夏桀殷紂手搏豺狼足追四馬勇非微也百戰克勝諸侯懾服權非輕也秦二世宿軍無用之地（謂三十萬備北闕五十萬守五嶺也云連兵於邊陲即是宿軍無用之地）連兵於邊陲力非弱也結怨匈奴絓禍於越（絓朝卦反顏野王云絓者所礙）勢非寡也及其威盡勢極閭巷之人為敵國咎生窮武之不知足甘得之心不息也高祖有天下三邊外畔大國之王雖稱蕃輔

臣節未盡會高祖厭苦軍事亦有蕭張之謀故偃武一休息羈縻不備歷至孝文即位將軍陳武等議曰南越朝鮮（朝音潮鮮音仙高驪平壤城本漢樂浪郡王險城即古朝鮮之地時朝鮮王滿據之也）自全秦時內屬為臣子後且擁兵阻阸選蠕觀望高祖時天下新定人民小安未可復興兵今陛下仁惠撫百姓恩澤加海內宜及士民樂用征討逆黨以一封疆孝文曰朕能任衣冠念不到此會呂氏之亂功臣宗室共不羞恥誤居正位常戰戰慄慄恐事之不終且兵凶器雖克所願動亦耗病謂百姓遠方何又先帝知勞民不可煩故不以為意朕豈自謂能今匈奴內侵軍吏無功邊民父子荷兵日久（荷音何我反）朕常為動心傷痛無日忘之今未能銷距願且堅邊設候結和通使休寧北陲為功多矣且無議軍故百姓無內外之繇得息肩於田畝天下殷富粟至十餘錢鳴雞吠狗煙火萬里可謂和樂者乎太史公曰文帝時會天下新去湯火人民樂業因具欲然能不擾亂故百姓遂安自年六七十翁亦未嘗至市

井游敖嬉戲如小兒狀孔子所稱有德君子者邪書曰
七正二十八舍律歷天所以通五行八正之氣天所以
成孰萬物也舍者日月所舍舍者舒氣也不周風居西
北主殺生東壁居不周風東主辟生氣而東之至於營
室天官書云營室為清廟曰離宮閣道是有宮室象此言主營胎陽氣而產之二說不同營室者
主營胎陽氣而產之東至于危危垝也言陽氣之危垝
故曰危十月也律中應鍾白虎通云應者應也言萬物應陽而動下藏也漢初依秦
以十月為歲首故起應鍾應鍾者陽氣之應不用事也其於十二子

為亥亥者該也孟康云閡藏塞也陰雜陽氣閉塞為萬物作種也言陽氣藏於
下故該也廣莫風居北方廣莫者言陽氣在下陰莫陽
廣大也故曰廣莫東至於虛虛者能實能虛言陽氣冬
則宛藏於虛宛音蘊日冬至則一陰下藏一陽上舒故曰
虛東至于須女言萬物變動其所陰陽氣未相離尚相
如胥也故曰須女十一月也律中黃鍾白虎通云黃中和之氣言陽氣
於黃泉之下動養萬物黃鍾者陽氣踵黃泉而出也其於十二子
為子子者滋也滋者言萬物滋於下也其於十母為壬

癸壬之為言任也言陽氣任養萬物於下也癸之為言
揆也言萬物可揆度故曰癸東至牽牛牽牛者言陽氣
牽引萬物出之也牛者冒也言地雖凍能冒而生也牛
者耕植種萬物也東至於建星建星建諸生也十二
月律中大呂大呂者其於十二子為丑徐廣云此中闕不說大呂及丑
也按此下闕文或一本云丑者紐也言陽氣在上未降萬物厄紐未敢出也丑者紐也言陽
氣在上未降萬物厄紐未敢出條風居東北主出萬物
條之言條治萬物而出之故曰條風南至於箕箕者言

萬物根棋故曰箕正月也律中泰簇簇音十豆反白虎通云泰者太也簇者
湊也言萬物始大湊地而出之泰簇者言萬物簇生也故曰泰簇其於
十二子為寅寅言萬物始生螾然也故曰寅南至於尾
言萬物始生如尾也南至於心言萬物始生有華心也
南至於房房者言萬物門戶也至于門則出矣明庶
風居東方明庶者明衆物盡出也二月也律中夾鍾白虎通云
夾孚甲也言萬物孚夾種類分也夾鍾者言陰陽相夾厠也其於十二
子為卯卯之為言茂也言萬物茂也其於十母為甲乙

甲者言萬物剖符甲而出也乙者言萬物生軋軋也南至于氐（氐丁禮反）氐者言萬物皆至也南至於亢亢者言萬物亢見也南至于角角者言萬物皆有枝格如角也三月也律中姑洗（姑音沽洗音先典反白虎通云姑者故也洗者鮮也言萬物去故就新莫不鮮明也）姑洗者言萬物洗生其於十二子為辰辰者言萬物之蜄也清明風居東南維主風吹萬物而西之軫軫者言萬物益大而軫軫然西至於翼翼者言萬物皆有羽翼也四月也律中仲吕仲吕者言萬物盡旅而西行也

其於十二子為巳巳者言陽氣之巳盡也西至于七星七星者陽數成於七故曰七星西至于張張者言萬物皆張也西至于注注者言萬物之始衰陽氣下注故曰注五月也律中蕤賓（蕤仁隹反白虎通云蕤者下也賓者敬也言陽氣上極陰氣始賓敬之也）蕤賓者言陰氣幼少故曰蕤痿陽不用事故曰賓景風居南方景者言陽氣道竟故曰景風其於十二子為午午者陰陽交故曰午其於十母為丙丁丙者言陽道著明故曰丙丁者言萬物之丁壯也故曰丁西至于弧

弧者言萬物之吳落且就死也西至于狼狼者言萬物可度量斷萬物故曰狼涼風居西南維主地地者沈奪萬物氣也（沈一作洗）六月也律中林鍾（白虎通云林者衆也言萬物成熟種類衆也）林鍾者言萬物就死氣林林然其於十二子為未未者言萬物皆成有滋味也北至於罰罰者言萬物氣奪可伐也北至于參參言萬物可參也故曰參七月也律中夷則（白虎通云夷傷也則法也言萬物始傷被刑法也）夷則言陰氣之賊萬物也其於十二子為申申者言陰用事申賊萬物故曰申北

至于濁濁者觸也言萬物皆觸死也故曰濁北至于留留者言陽氣之稽留也故曰留八月也律中南吕（白虎通云南任也言陽氣尚任包大生薺麥也）南吕者言陽氣之旅入藏也其於十二子為酉酉者萬物之老也故曰酉閶闔風居西方閶者倡也闔者藏也言陽氣道萬物闔黃泉也其於十母為庚辛庚者言陰氣庚萬物故曰庚辛者言萬物之辛生故曰辛北至于胃胃者言陽氣就藏皆胃胃也北至于婁婁者呼萬物且內之也北至于奎奎者主毒螫殺

萬物也奎而藏之九月也律中無射音亦白虎通云射終也言萬物隨陽而終當復隨陰而起無有終已此說六呂十干十二支與漢書不同無射者陰氣盛用事陽氣無餘也故曰無射其於十二子為戌戌者言萬物盡滅故曰戌

律數

九九八十一以為宮

三分去一五十四以為徵

三分益一七十二以為商

三分去一四十八以為羽

三分益一六十四以為角

黃鐘長八寸七分一宮

大呂長七寸五分三分一

大蔟者長七寸七分二角

夾鐘長六寸一分三分一

姑洗長六寸七分四羽

仲呂長五寸九分三分二徵

蕤賓長五寸六分三分一

林鐘長五寸七分四角

夷則長五寸四分三分二商

南呂長四寸七分八徵

無射長四寸四分三分二

應鐘長四寸二分三分二羽

生鐘分分音扶問反

子一分丑三分二寅九分八孟康云元氣始起於子未分之時天地人混合為一

故子數獨一漢書律歷志云太極元氣函三為一行於十二辰始動於子參之於丑得三又參於寅得九又參於卯得二十七又參於辰得八十一又參於巳得二百四十三又參於午得七百二十九又參於未得二千一百八十七又參於申得六千五百六十一又參於酉得萬九千六百八十三又參於戌得五萬九千四十九又參於亥得十七萬七千一百四十七此陰陽合德氣鍾於子化生萬物者也然丑三分二寅九分八者並是分之餘數而漢書不說也卯二十七分十六辰八十一分六十四巳二百四十三分一百二十八午七百二十九分五百一十二未二千一百八十七分一千二十四申六千五百六十一分四千九十六酉一萬九千六百八十三分八千

一百九十二戌五萬九千四十九分三萬二千七百六十八亥十七萬七千一百四十七分六萬五千五百三十六

生萬鍾

術曰以下生者倍其實三其法以上生者四其實三其法上九商八羽七角六宮五徵九置一而九三之以為法實如法得長一寸凡得九寸命曰黃鍾之宮故曰音始於宮窮於角數始於一終於十成於三氣始於冬至

周而復生神生於無形無形謂大陽氣天地未形之時言神本在太虛之中而無形也成於有形天地既分二儀已質萬物之形成於天地之閒神在其中然後數形而成聲數謂天數也聲謂宮商角徵羽也言天數既形則能成其五聲故曰神使氣氣就形形理如類有可類或未形而未類或同形而同類類而可班類而可識聖人知天地識之別故從有以至未從有謂萬物形質也未有謂天地未形以得細若氣微若聲氣謂大易之氣聲謂五聲之聲然聖人因神而存之言聖人因神理其形體尋迹至於大易之氣故云因神而存之上云從有以至未有是也雖妙必効情核其華道者明矣妙謂微妙之性也効猶見也核研核也華道神妙之道也言人雖有微妙之性必須程督己之情理然後研核神妙之道乃能究其形體辨其成聲故謂明矣故下云非有聖心以乘聰明孰能存天下之神而成形之情哉是也非其聖心以乘聰明孰能在天地之神而成形之情哉神者物受之而不能知及其去來言萬物受神妙之氣不能知覺及神去來亦不能識其往復故聖人畏而欲存之唯欲存之神之亦存言聖人畏神妙之理難識而欲常存之唯欲常存之故其神亦存其欲存之者故莫貴焉言平凡之人欲得精神存者故亦莫如貴神之妙

太史公曰故旋璣玉衡以齊七政即天地二十八宿十

母十干十二子十二支鍾律調自上古建律運歷造曰度可據而度也度田洛反合符節通道德即從斯之謂也

史記正義卷二十五

欽定四庫全書

史記正義卷二十六

唐　張守節　撰

史記二十六

歷書第四

昔自在古歷建正作於孟春於時冰泮發蟄百草奮興秭鴂先滜物迺歲具生於東次順四時卒于冬分時雞三號卒明撫十二節卒于丑撫猶循也自平明寅至雞鳴丑凡十二辰辰盡丑又至明朝寅使一日一夜故曰幽明日月成故明也明者孟也幽者幼也

幽明者雌雄也雌雄代興而順至正之統也日歸于西起明於東月歸於東起明於西正不率天又不由人則凡事易壞而難成矣王者易姓受命必慎始初改正朔易服色推本天元順承厥意

太史公曰神農以前尚矣蓋皇帝考定星歷建立五行起消息皇侃云乾者陽生為息坤者陰死為消也正閏餘鄧平落下閎云一月之日二十九日八十一分日之四十八按計其餘分成閏故云正閏餘也每一歲三百六十六日餘六日小月六日是一歲餘十二日大計三十三月則一閏之耳於是有天地神祇物類之官應劭云黃帝受命有雲瑞故以雲紀官春官為青雲夏官為縉雲秋官為白雲冬官為黑雲中官為黃雲按黃帝置五官各以物類名其職掌也是謂五官各司其序不相亂也民是以能有信神是以能有明德民神異業敬而不瀆故神降之嘉生民以物享劉伯莊云物事也人皆順事而享福也災禍不生所求不匱少皡氏之衰也九黎亂德民神雜擾不可放物禍菑薦至莫盡其氣顓頊受之乃命南正重司天以屬神命火正黎司地以屬民使復舊常無相侵瀆其後三苗服九黎之德孔安國云三苗縉雲氏之後諸侯也按服從也言九黎之君在少皡之世作亂今三苗之君從九黎亂德故南北二官皆廢使歷數失序

故二官咸廢所職而閏餘乖次孟陬殄滅攝提無紀歷數失序堯復遂重黎之後不忘舊者使復典之而立羲和之官明時正度則陰陽調風雨節茂氣至民無夭疫年耆禪舜申戒文祖云言於文祖之廟以申戒舜也天之歷數在爾躬舜亦以命禹由是觀之王者所重也夏正以正月殷正以十二月周正以十一月蓋三王之正若循環窮則反本天下有道則不失紀序無道則正朔不行於諸侯幽厲之後周室微陪臣執政史不記時君不告朔

故疇人子弟分散或在諸夏或在夷狄是以其機祥廢
而不統周襄王二十六年閏三月而春秋非之先王之
正時也履端於始舉正於中歸邪於終履端於始序則不
愆舉正於中民則不惑歸邪於終事則不悖其後戰國
並爭在於彊國禽敵救急解紛而已豈遑念斯哉是時
獨有鄒衍明於五德之傳（傳音竹戀反五德五行也）而散消息之分以
顯諸侯而亦因秦滅六國兵戎極煩又升至尊之日淺
未暇遑也而亦頗推五勝而自以為獲水德之瑞更名

河曰德水而正（音征以秦始皇名諱之故改也）以十月色上黑然歷度
閏餘未能睹其真也漢興高祖曰北畤待我而起亦自
以為獲水德之瑞雖明習歷及張蒼等咸以為然是時
天下初定方綱紀大基高后女主皆未遑故襲秦正朔
服色至孝文時魯人公孫臣以終始五德上書言漢德
土德宜更元改正朔易服色當有瑞瑞黃龍見事下丞
相張蒼張蒼亦學律歷以為非是罷之其後黃龍見成紀
張蒼自黜所欲論著不成而新垣平以望氣見頗言正

歷服色事貴幸後作亂故孝文帝廢不復問至今上即
位招致方士唐都分其天部而巴落下閎運算轉歷然
後日辰之度與夏正同乃改元更官號封泰山因詔御
史曰乃者有司言星度之未定也廣延宣問以理星度
未能詹也蓋聞昔者黃帝合而不死名察度驗定清濁
起五部建氣物分數然蓋尚矣書缺樂弛朕甚閔焉朕
唯未能循明也紬績日分率應水德之勝今日順夏至
黃鍾為宮林鍾為徵太簇為商南呂為羽姑洗為角自

是以後氣復正羽聲復清名復正變以至子日當冬至
則陰陽離合之道行焉十一月甲子朔旦冬至已詹其
更以七年為太初元年年名焉逢攝提格月名畢聚日
得甲子夜半朔旦冬至歷術甲子篇太初元年歲名焉
逢攝提格月名畢聚日得甲子（置大餘五十四筭每年加五十四日滿六十日除之奇筭留之每至閏後一年加二十三筭亦滿六十日除之奇筭留之若繞足六十日明年云無大餘無小餘也又明年以置五十四筭如上法置小餘三百四十八筭每年加三百八分滿九百三十八分成一日歸上餘筭留之若至閏後一年加八百四十七分亦滿九百四十八分成日歸大餘奇留之明年以加三百四十八）

筭如上法夜半朔旦冬至置大餘五筭加五日滿六十日則除之後年更置五筭如上法置小餘八筭每年加八筭滿三十二分為一百歸大餘後年更置八分如上法小餘有曰也小餘者日之奇分也

正北黃鍾管子時氣應稱正北順行四時仲所至為正月一日是歲之始盡一章十九年黃鍾管應在酉則稱正西他皆放此十二無大餘無小餘無大小餘者以出閏月之歲有三百五十四日三百四十八分除五甲三百日餘有五十四日三百四十八分綠未滿六十日故置為來年大小餘亦為太初元年日得甲子朔旦冬至前年無奇日分故無大小餘也無大餘無小餘

焉逢攝提格太初元年焉音於乾反後同　十二

大餘五十四月朔旦甲子日法也

小餘三百四十八未滿日之分數也其分每滿九百四十則成一日即歸上歲五十日矣大餘五十四日每歲除小月六日則成三百五十四日除五甲三百日猶除五十四日為未滿六十日故稱大餘五十四小餘三百四十八者其大數五十四之外更除分三百四十八故稱小餘三百四十八也此大小餘是月朔甲子日朔以出閏月之數一歲則有三百五十四日三百四十八分每六十日之餘為未滿六十日故有大小餘也是太初元年奇日奇分也

大餘五冬至甲子月法也

小餘八未滿日之分數也其分每滿三十二則成一日即歸上成六日矣大餘五者每歲三百六十五日除六甲三百六十日猶除五日故稱大餘五日也小餘八者每歲三百六十五日四分日之一則一日三十二分是一歲二百六十五日八分故稱小餘是冬至甲子日法未出閏月之數每六十日餘之為未滿六十日故有大小餘也此是太初元年奇日奇分也

端蒙單閼二年單音丹又音特連反閼烏葛反又於連反　閏十三

大餘四十八　小餘六百九十六

大餘十　小餘十六

游兆執徐三年三年丙辰歲也　十二

大餘十二　小餘六百三

大餘十五　小餘二十四

彊梧大荒落四年梧音語四年丁巳歲也　十二

大餘七　餘十一

大餘二十一　無小餘

大餘一　小餘三百五十九

徒維敦牂天漢元年牂音作郎反天漢元年戊午歲　閏十三

大餘二十六　小餘八

祝犁協洽二年二年己未歲也　十二

大餘二十五　小餘二百六十六

大餘三十一　小餘十六

商横涒灘三年涒音吐魂反灘音吐丹反又作涒漢字音與上同三年庚申歲也　十二

大餘十九　小餘六百一十四

大餘三十六　小餘二十四

昭陽作噩四年四年辛酉歲也　閏十三

大餘十四　小餘二十二

大餘四十二　無小餘

横艾淹茂大始元年元年壬戌歲也　十二

大餘三十七　小餘八百六十九

大餘四十七　小餘八

尚章大淵獻二年二年癸亥歲也　閏十三

大餘三十二　小餘二百七十七

大餘五十二　小餘一十六

焉逢困敦三年敦音頓三年甲子歲也　十二

大餘五十六　小餘一百八十四

大餘五十七　小餘二十四

端蒙赤奮若四年四年乙丑歲也　十二

大餘五十　小餘五百三十二

大餘三　無小餘唯前解小餘是日之餘分也自右歷書已下小餘又非是年名復不周備恐褚先生及後人所加

游兆攝提格征和元年李巡註云萬物承陽而起故曰攝提格起也孔文祥云以歲在寅正月出東方為衆星之紀以攝提宿故曰攝提以其為歲月之首起於孟陬故云格政也

大餘四十四　小餘八百八十　閏十三

大餘八　小餘八

彊梧單閼三年李巡註云言陽氣推萬物而起故曰單閼單閼止也　十二

大餘八　小餘七百八十七

大餘十三　小餘十六

徒維執徐三年李巡云伏蟄之物皆敷舒而出故云執徐之也　十二

大餘三　小餘一百九十五

大餘十八　小餘二十四

祝犂大荒落四年姚察云言萬物皆熾盛而大出霍然落之故云荒落也　閏十三

大餘五十七　小餘五百四十三
商横敦牂後元元年 爾雅云敦盛也牂壯也言萬物盛壯也　十二
大餘二十四　無小餘
大餘二十一　小餘四百五十
大餘二十九　小餘八
胎陽汁洽二年 李巡云言陰陽化生萬物和合故曰協洽也　閏十三
大餘十五　小餘七百九十八
大餘三十四　小餘十六

横艾涒灘始元元年正西 孫炎注云爾雅云涒灘萬物吐秀傾垂之貌也　十二
大餘三十九　小餘七百五
大餘三十九　小餘二十四
大餘三十四　小餘一百一十三
尚章作噩二年 李巡云作鄂萬物皆落枝起之貌也　十二
大餘四十五　無小餘
焉逢淹茂三年 李巡云言萬物皆蔽冒故曰閹茂蔽冒也　閏十三
大餘二十八　小餘四百六十一

大餘五十　小餘八
端蒙困敦四年 孫炎云困敦混沌也言萬物萌混沌於黄泉之下也　十二
大餘五十二　小餘三百六十八
大餘五十五　小餘十六
游兆困敦五年　十二
大餘四十六　小餘七百一十六
無大餘　小餘二十四
彊梧赤奮若六年 李巡云陽氣奮迅萬物而起無不若其性故曰赤奮若赤奮若陽色奮迅也若順也

閏十三
大餘四十一　小餘一百二十四
大餘六　無小餘
徒維攝提格元鳳元年　十二
大餘五　小餘三十一
大餘十一　小餘八
祝犂單閼二年　十二
大餘五十九　小餘三百七十九

大餘十六　小餘十六
商橫執徐三年　閏十三
大餘五十三　小餘七百二十七
大餘二十一　小餘二十四
昭陽大荒落四年　十二
大餘十七　小餘六百三十四
大餘二十七　無小餘
橫艾敦牂五年　閏十三

大餘十二　小餘四十二
大餘三十二　小餘八
尚章汁洽六年　十二
大餘三十五　小餘八百八十九
大餘三十七　小餘十六
馬逢涒灘元平元年　十二
大餘三十　小餘二百九十七
大餘四十二　小餘二十四

端蒙作噩本始元年　閏十三
大餘二十四　小餘六百四十五
大餘四十八　無小餘
游兆閹茂二年　十二
大餘四十八　小餘五百五十二
大餘五十三　小餘八
彊梧大淵獻三年孫炎云淵獻深也獻萬物於天深於藏蓋也　十二
大餘四十二　小餘九百

大餘五十八　小餘十六
徒維困敦四年　閏十三
大餘三十七　小餘三百八
大餘三　小餘二十四
祝犂赤奮若地節元年　十二
大餘一　小餘二百一十五
大餘九　無小餘
商橫攝提格二年　閏十三

大餘五十五　小餘五百六十三
大餘十四　小餘八
昭陽單閼三年正南　十二
大餘十九　小餘四百七十
大餘十九　小餘十六
橫艾執徐四年　十二
大餘十三　小餘八百一十八
大餘二十四　小餘二十四

尚章大荒落元康元年　閏十三
大餘八　小餘二百二十六
大餘三十　無小餘
焉逢敦牂二年　十二
大餘三十二　小餘一百三十三
大餘三十五　小餘八
端蒙協洽三年　十二
大餘二十六　小餘四百八十一

大餘四十　小餘十六
游兆涒灘四年　閏十三
大餘二十　小餘八百二十九
大餘四十五　小餘二十四
彊梧作噩神雀元年　十二
大餘四十四　小餘七百三十六
大餘五十一　無小餘
徒維淹茂二年　十二

大餘三十九　小餘一百四十四
大餘五十六　小餘八
祝犂大淵獻三年　閏十三
大餘三十三　小餘四百九十二
大餘一　小餘十六
商橫困敦四年　十二
大餘五十七　小餘三百九十九
大餘六　小餘二十四

昭陽赤奮若五鳳元年 閏十三
大餘五十一 小餘七百四十七
大餘十二 無小餘
横艾攝提格二年 十二
大餘十五 小餘六百五十四
大餘十七 小餘八
尚章單閼三年 十二
大餘十 小餘六十二

大餘二十二 小餘十六
焉逢執徐四年 閏十三
大餘四 小餘四百一十
大餘二十七 小餘二十
端蒙大荒落甘露元年 十二
大餘二十八 小餘三百一十七
大餘三十三 無小餘
游兆敦牂二年 十二

大餘二十二 小餘六百六十五
大餘三十八 小餘八
彊梧協洽三年 閏十三
大餘十七 小餘七十三
大餘四十三 小餘十六
徒維涒灘四年 十二
大餘四十 小餘九百二十
大餘四十八 小餘二十四

祝犂作噩黄龍元年 閏十三
大餘三十五 小餘三百二十八
大餘五十四 無小餘
商横淹茂初元元年正東 十二
大餘五十九 小餘二百三十五
大餘五十九 小餘八
昭陽大淵獻二年 十二
大餘五十三 小餘五百八十三

大餘四　小餘十六
橫艾困敦三年　閏十三
大餘四十七　小餘九百三十一
大餘九　小餘二十四
尚章赤奮若四年　十二
大餘十一　小餘八百三十八
大餘十五　無小餘
焉逢攝提格五年　十二

大餘六　小餘二百四十六
大餘二十　小餘八
端蒙單閼永光元年　閏十三
無大餘　小餘五百九十四
大餘二十五　小餘十六
游兆執徐二年　十二
大餘二十四　小餘五百一
大餘三十　小餘二十四

彊梧大荒落三年　十二
大餘十八　小餘八百四十九
大餘三十六　無小餘
徒維敦牂四年　閏十三
大餘十三　小餘二百五十七
大餘四十一　小餘八
祝犂協洽五年　十二
大餘三十七　小餘一百六十四

大餘三十六　小餘十六
商橫涒灘建昭元年　閏十三
大餘三十一　小餘五百一十二
大餘五十一　小餘二十四
昭陽作噩二年　十二
大餘五十五　小餘四百一十九
大餘五十七　無小餘
橫艾閹茂三年　十二

大餘四十九　小餘七百六十七
大餘二　小餘八
尚章大淵獻四年　閏十三
大餘四十四　小餘一百七十五
大餘七　小餘十六
焉逢困敦五年　十二
大餘八　小餘八十二
大餘十二　小餘二十四

端蒙赤奮若竟寧元年　十二
大餘二　小餘四百三十
大餘十八　無小餘
游兆攝提格建始元年　閏十三
大餘五十六　小餘七百七十八
大餘二十二　小餘八
彊梧單閼二年
大餘二十　小餘六百八十五

大餘二十八　小餘十六
徒維執徐三年　閏十三
大餘十五　小餘九十三
大餘三十三　小餘二十四
祝犁大荒落四年
右歷書大餘者日也小餘者月也端旃蒙者年名
也支丑名赤奮若寅名攝提格于丙名游兆正北
冬至加子時　正西加酉時　正南加午時　正東加卯時

史記正義卷二十六

欽定四庫全書
史部
史記正義卷二十七至二十九

詳校官編修臣李如筠

欽定四庫全書
史記正義卷二十七
唐 張守節 撰
天官書第五張衡云文曜麗乎天其動者有七日月五星是也日者陽精之宗月者陰精之宗五星五行之精衆星列布體生於地精成於天列居錯峙各有所屬在野象物在朝象官在人象事其以神著有五列焉是有三十五名一居中央謂之北斗四布於方各七為二十八舍日月五星應示吉凶也
史記二十七
中宮天極星其一明者太一常居也太一天帝之別名也劉伯莊云太一

天神之最尊貴者也旁三星三公三公三星在北斗杓東又三公三星在北斗魁西並為太尉司徒司空之象主變出陰陽主佐機務占以徙為不吉居常則安金火守之並為咎也或曰子屬後句四星末大星正妃餘三星從宮之屬也環之匡衛十二星藩臣皆曰紫宮前列直斗口三星隨北端兌若見若不曰陰德星經云陰德二星在紫微宮內尚書西主施德惠者故贊陰德遺惠周急賑撫占以不明為宜明新君踐極也又云陰德星中宮女主之象星動搖衆起宮掖貴嬪內妾惡之或曰天一天一一星疆閶闔外天帝之神主戰鬭知人吉凶明而有光則陰陽和萬物成人主吉不然反是太一一星次天一南亦天帝之神主使十六神知風雨水旱兵革飢饉疾疫占以不明及移為災也星經云天一太一二星

主王者即位令諸立赤子而傳國位者星不欲徵徵則廢立不當其次宗廟不享食矣紫宮左三星曰天槍右五星曰天棓龐掌反天棓五星在女牀東北天子先驅所以禦兵也占星不具國兵起也後六星絶漢抵營室曰閣道漢天河也直度曰絶抵至也營室七星天子之宮亦為玄宮亦為清廟主上公亦天子離宮別館也王者道被草木營室歷九象而可觀閣道六星在王良北飛閣之道天子欲遊別宮之道占一星不見則輦路不通動搖則宮掖之內起兵也北斗七星所謂旋璣玉衡以齊七政杓攜龍角按角星為天關其閒天門其內天庭黃道所經七耀所行左角為理主刑其南為太陽道右角為將主兵其北為太陰道也蓋天之三門故其星明大則天下太平賢人在位不然反是也衡殷南斗魁枕參首枕之禁反衡斗

衡也魁斗第一星也言北方斗斗衡直當北之魁枕於參星之道北斗之杓連於龍角南斗六星為天廟丞相太宰之位主薦賢良授爵祿又主兵天機南二星魁天梁中央一星天相北二星天府庭也占斗星盛明王道和平爵祿行不然反是參主斬刈又為天獄主殺罰其中三星橫列者三將軍東主後將軍西南曰右足主偏將軍故軒轅氏占之以北曰左肩主左將軍西北曰右肩主右將軍東南曰左足應七將也中央三小星曰伐天之都尉也主戎狄之國不欲明若芒角張明與參等大臣謀亂兵起夷狄內戰七將皆明天下主兵振王道缺參失色軍散敗動搖邊候有急參左足入玉井中及金火守皆為起兵用昏建者杓杓自華以西南杓東北第七星也華華山也言北斗昏建用斗杓星指寅也杓華山西南之地也夜半建者衡衡殷中州河濟之閒衡北斗衡也言北斗夜半建用斗衡指寅殷當也斗衡黃河清水之閒地也平旦建者魁魁海岱以惠北也言北斗旦建用斗魁指寅也海岱代郡也言魁星主海岱之東北地也隨三時所指有前三建也斗為帝車運於中央臨制四鄉分陰陽建四時均五行移節度定諸紀皆繫於斗斗魁戴匡六星曰文昌宮一曰上將二曰次將三曰貴相四曰司命五曰司中六曰司祿在斗魁中貴人之牢占明及其中有星此貴人下獄也魁下六星兩兩相比者名曰三能三能色齊君臣和不齊為乖戾輔星大臣之象也占欲其小而明若大而明則臣奪君政小而明則臣不任職明大與斗合國兵暴起暗而遠斗臣不死則奪

若近臣專賞用賢排佞則輔生角近臣擅國持印將謀社稷則輔生翼不然則死也明近輔臣親彊斥小疏弱杓端有兩星一內為矛招搖一外為盾天鋒星經云梗河星為戟劒之星若星不見或進退不定鋒鏑亂起將為邊境之患也有句圜十五星屬杓屬音燭曰賤人之牢貫索九星在七公前一曰連索主法律禁暴強也為賤人牢也且一星為門欲其開也占星悉見則獄事繁不見則刑務簡動搖則斧鉞用中虛則改元口開則有赦人主憂若閉口及星入牢中有自繫死者常夜候之一星不見有小喜二星不見則賜祿三星不見則人主德令且赦遠十七日近十六日若有客星出見其小大大有大赦小亦如之也其牢中星實則囚多虛則開出天一槍棓矛盾動搖角大兵起東宮蒼

龍房心心為明堂大星天王前後星子屬不欲直直則天王失計房為府曰天駟其陰右驂房星君之位亦主左驂亦主良馬故為駟王者恒祠之是馬祖也旁有兩星曰衿占明而近房天下同心鈎鈐房心之間有客星出及疎坼者皆地動之祥也北一星曰舝說文云舝車軸耑鍵也兩相穿背也星經云鍵閉一星在房東北掌管籥也占一反不居其所則津梁不通宮門不禁居則反是也東北曲十二星曰旗兩旗者左旗九星在河鼓左也右旗九星在河鼓右也皆天之鼓旗所以為旌表占欲其明大光潤將軍吉不然為兵憂及不居其所則津梁不通動搖則兵起也旗中四星曰天市天市二十三星房星東北主國市聚交易之所一曰天旗明則市吏急商人無利忽然不明反是市中星衆則歲實稀則

歲虛熒惑犯戮不忠之臣彗星出當徙市易都客星入兵大起出之有貴喪也中六星曰市樓市中星衆者實其虛則耗耗貧無也房南衆星曰騎官左角李右角將大角者天王帝廷大角一星在兩攝提間人君之象也占其明盛黃潤則天下大同也其兩旁各有三星鼎足句之曰攝提攝提六星夾大角大臣之象恒直斗杓所指紀八節察萬事者也占色溫溫不明而大者人君恐客星入之聖人受制也攝提者直斗杓所指以建時節故曰攝提格亢為疏廟聽政之所也其占明大則輔臣忠天下寧不然則反是也主疾其南北兩大星曰南門南門二星在庫樓南天之外門占門則氐羌貢暗則諸夷叛客星守之外兵且至也氐為天根星經云氐四星為露寢聽朝所居其占明大則臣下奉度合誠圖云氐為宿宮也主疫氐房心三宿為災於辰在卯宋之分野尾為九子尾箕尾為析木之津於辰在寅燕之分野尾九星為後宮亦為九子星近心第一星為后妃次三星並為次三嬪末二星為妾占均明大小相承則後宮敘而多子不然則不金火守之後宮兵起若明暗不常妃嫡乖亂妾勝失序曰君臣斥絕不和箕為敖客曰口舌敖音傲箕主入風亦后妃之府也移徙入河國人相食金火入守天下亂月宿其野為風起火犯守角則有戰熒惑犯守箕尾氐星自生芒角則有戰陣之事若熒惑守房心及房心自生芒角則王者惡之也房心王者惡之也南宮朱鳥柳八星為朱鳥味天之廚宰主尚食和滋味權衡權四星在軒轅尾西主烽火備警急占以明為安靜不明則警急動搖芒角亦如之

衡太尾之庭也衡大微三光之廷匡衛十二星藩臣大微宮垣十星在翼軫地天子之宮庭五帝之坐十二諸侯之府也其外藩九卿也南藩中二星間於端門次東第一星為左執法廷尉之象第二星為上相第三星為次相第四星為次將第五星為上將端門西第一星為右執法御史大夫之象也第二星為上將第三星為次將第四星為次相第五星為上相其東垣北左執法上相兩星間名曰左掖門上相兩星間名曰東華門上相次相上將次將間名曰太陽門其西垣右執法上將間名曰右掖門上將間名曰西華門次將次相間名曰中華門次相兩星間名曰太陰門各依其名是其職也占與紫宮垣同也西將東相南四星執法中端門門左右掖門門內六星諸侯內五諸侯五星列在帝庭其星並欲光明潤澤若枯燥則各於其處受其災變大至誅戮小至流亡

若動搖則禮命以干主者審其分以占之則無咸也又云諸侯五星在東井北河主判舉戒不虞又曰理陽察
得失一曰帝師二曰帝友三曰三公四曰博士五曰太史此五者為天子定疑議也占明大潤澤大小齊等則
國之福不然則上下相猜忠臣不用其內五星五帝坐黃帝坐一星在太微宮中含樞紐之
神四星夾黃帝坐蒼帝東方靈威仰之神赤帝南方赤熛怒之神白帝西方昭矩之神黑帝北方叶光紀之神
五帝並設神靈集謀者也占五座明而光則天子得天地之心羣下從謀也不然則失位金火來守入太微若
順入軌道司其出之所守則為天子所誅也其逆入若不軌道以所犯名之中坐成形後聚一十
五星蔚然曰郎位郎位五星在太微中帝坐東北周之元士漢之光祿中散諫議此三署郎
中是今之尚書郎占欲其大小均耀光潤有之吉也傍一大星將位也將子象反郎將一星

在郎位東北所以為武備令之左右中郎將占大而明角將恣不可當也月五星順入軌道
謂月五星順入軌道入太微庭也司其出所守天子所誅也其逆入若
不軌道以所犯命之中坐成形皆羣下從謀也命名也謂月五
星逆入不依軌道司察其所犯太微中帝坐帝坐必成其刑戮皆是羣下相從而謀上也金火尤甚
若金火逆入不軌道犯帝坐尤甚於月及水土木也廷藩西有隋星五曰少微士
大夫廷太微廷藩衛也少微四星在太微南北列第一星處士也第二星議士也第三星博士也第四星
大夫也占以明大黃潤則賢士舉不明反是月五星犯守處士憂宰相易也權軒轅軒轅黃
龍體軒轅十七星在七星北黃龍之神主雷雨之神後宮之象也陰陽交感雷激為電和為雨怒為風亂

霧凝為霜散為露聚為雲氣立為虹蜺離為背璚分為抱珥二十四變皆軒轅主之其大星女主也次北星夫
人也次北一星妃也其次諸星皆次妃之屬女主南一小星女御也左一星少民后宗也占欲其小黃而明吉
大明則為後宮爭競移徙則國人流迸東西角大張而振敗水火金守軒轅女主惡也前大星女
主象旁小星御者後宮屬月五星守犯者如衡占東井
為水事其西曲星曰鉞東井八星鉞一星輿鬼四星為質一星為鶉首於辰在未皆秦
之分野一八星黃道云所經為天之亭侯主水衡事法令所取平也王者用法平則井星明而端列鉞一星附井
之前主伺奢淫而斬之占不欲其明與井齊或搖動則天子用鉞於大臣月宿井有風雨之變也鉞北
北河南南河南河三星北河三星分夾東井南北置而為戒一曰陽門亦曰越門北河北戒一曰

陰門亦為胡門兩戒門三光之常道也占以南星不見則南道不通北亦如之動搖及火守中國兵起也又云
動則胡越為變或連近臣以結之兩河天闕間為關梁闕丘二星在河南天子之雙闕
諸侯之兩觀亦象魏縣書之府金火守之主兵戰闕下也輿鬼鬼祠事中白者為質
輿四星主祠事天田也主視明察姦謀東北星主積馬東南星主積兵西南星主積布帛西北星主積金玉隨
其變占之中一星為積屍主名質主喪死祠祀占鬼星明大穀成不明百姓散質欲其沒不明明則兵起大臣
誅下人死之火守南北河兵起穀不登故德成衡觀成潢傷
成鉞禍成井誅成質柳為鳥注主木草喙丁救反一作注柳八星星一
星張六星為鶉火於辰在午皆周之分野柳為朱鳥咮天之廚宰主尚食和滋味占以順明為凶金火守之國

兵大起七星頸為員官主急事七星為頸一名天都主衣裳文繡主急事以明為吉
暗為凶金火守之國兵大起張素為廚主觴客張六星六為嗉主天廚飲食賞賚觴客占
以明為吉暗為凶金火守之國兵大起翼為羽翮主遠客翼二十星軫四星長沙一星轄
二星令轄七星皆為鶉尾於辰在巳楚之分野翼二十二星為天樂府又主夷狄亦主遠客占明大禮樂興四
夷服徙則天子舉兵以罰亂者軫為車主風軫四星主冢宰輔臣又主車騎亦主風占明大則車
騎用太白守之天下學校散文儒失業兵戈大興熒惑守之南方有不用命之國當發兵伐之辰星守之徐泗
有戮之者其旁有一小星曰長沙長沙一星在軫中主壽命占明主長壽子孫昌也
星星不欲明明與四星等若五星入軫星中兵大起軫

南衆星曰天庫天庫一星主太白秦也在五車中樓庫有五車車星角
若茲衆及不具無處車馬西宮咸池咸池三星在五車中天潢南魚鳥之
所託也金犯守之兵起火守之有災也曰天五潢五潢五帝車舍五車五星三柱
九星在畢東北天子三兵車舍也西北大星曰天庫主太白秦也次東北星天獄主辰燕趙也次東曰天倉主
歲衛魯也次東南曰司空主鎮楚也次西南曰卿主熒惑魏也占五車均明柱皆見則倉庫實不見其國絕食
兵見起五車三柱有變各以其國占之三柱入出一月米貴三倍期二年出三月貴十倍一年柱出不與天倉
相近軍出米貴轉粟千里柱倒立尤其火入天下旱金入兵水入水也火入旱金兵水水
中有三柱柱不具兵起奎曰封豕為溝瀆奎若圭反十六星婁三星為降

婁於辰在戌魯之分野奎天之府庫一曰天豕亦曰封豕主溝瀆西南大星所謂天豕目占以明為吉星不欲
團圓團圓則兵起暗則臣干命之咎亦不欲開闔無常當有白衣稱命於山谷者五星犯奎臣主共德權臣擅
命不可禁者王者宗祀不潔則奎動搖若灕隙有光則近臣謀上之應亦廄人饑饉之厄太白守奎胡貊之憂
可以伐之熒惑星守之則有水之憂連以三年填歲星守之中國之利外國不利可以興師動衆斬斷無道
婁為聚衆婁三星為苑牧養犧牲以共祭祀亦曰聚衆占動搖則衆兵聚金火守之兵起也胃
為天倉胃三星昴七星畢八星為大梁於辰在酉趙之分野謂主倉廩五穀之府也占明則天下和平
五穀豐稔不然反是也其南衆星曰廥積蒭藁六星在天苑西主積藁草者不見則牛馬
暴死火守災起也昴曰髦頭昴一星為髦頭胡星亦為獄事明天下獄訟平暗為刑罰濫六星明

與大星等大星且主其兵大起搖動若跳躍者胡兵大起一星不見皆兵之憂也胡星也為白衣
會畢曰罕車畢八星曰罕車為邊兵主弋獵其大星曰天高一曰邊將四夷之尉也星明大天下
安遠夷入貢失色邊亂畢動兵起月宿則多雨毛萇云畢所謂掩兔也為邊兵主弋獵其
大星旁小星為附耳附耳一星屬畢大星之下次天高東南隅主為人主聽得失伺
愆過星明則中國微邊寇警移動則讒佞行入畢國起兵附耳搖動有讒亂臣在側
昴畢間為天街天街三星在畢昴間主國界也街南為華夏之國街北為夷狄之國土金守胡
兵入也其陰陰國陽陽國參為白虎觜三星參三星外四星為實沈於辰在申魏
之分野為白虎形也三星真是也為衡石下有三星兌曰罰為斬

艾事罰亦作伐春秋軍斗樞云參伐事主斬艾也其外四星左右肩股也小三星隅置曰觜觿為虎首主葆旅事觜子思反觿胡規反葆音保觜觿為虎首主收斂葆旅事也葆旅野生之可食也占金木來守國易正吳起也其南有四星曰天廁天廁四星在屏主溷也占色黃吉青與白皆凶不見則人寢疾廁下一星曰天矢天矢一星在廁南占與天廁同也矢黃則吉青白黑凶其西有句曲句音鉤九星三處羅一曰天旗參旗九星在參西大旗也指麾遠近以從命者王者斬伐當理則天旗曲直順理不然則兵動於外可以憂之若明而稀則邊寇動不然則不二曰天苑天苑十六星如環狀在畢南天子養禽獸益稀暗則多死也三曰九游九游九星在玉井西南天子之兵旗

所以導軍進退亦領州列邦並不欲搖動搖動則九州分散人又失業信命一不通於中國憂以金火守之亂起也其東有大星曰狼狼一星參東南狼為野將主侵掠占非其處則人相食色黃白而明吉赤角兵起金木火守亦如之狼角變色多盜賊下有四星曰弧弧九星在狼東南天之弓也以伐叛懷遠又主備盜賊之知姦邪者弧矢向狼動移多盜明大變色亦如之矢不直狼又多盜引滿則天下盡兵也直狼狼比地有大星曰南極老人老人一星在弧南一曰南極為人主之壽命延長之應常以秋分之曙見於景春分之夕見於丁見國長命故謂之壽昌天下安寧不見人主憂也老人見治安不見兵起常以秋分時候之於南郊附耳入畢中兵起北宮玄武南斗六星牽牛六星並北宮玄武之宿虛

危虛二星危三星為玄枵於辰在子齊之分野虛主死喪哭泣事又為邑居廟堂祭祀禱祝之事亦天之冢宰主平理天下覆藏萬物占動則有死喪哭泣之應火守則天子將兵水守則人飢饉金守臣下兵起危為宗廟祀事主女市架屋占動則有土功火守天下兵水守下謀上也危為蓋屋蓋屋二星在危南主天子所居宮室之官也占金火守入國兵起孛彗尤甚危為架屋自有星恐文誤也虛為哭泣之事其南有眾星曰羽林天軍羽林三十五星三三而聚散在壘壁南天軍也亦天宿衛之兵革出不見則天下亂金火水入軍起也軍西為壘壘壁陳十二星橫列在營室南天軍之垣壘占之非故兵起將軍死也或曰鉞旁有一大星為北落若微亡軍星動角益希及五星犯北落北落師門一星在羽林西南天軍之門也長安

城北落門以象此也主非常以候兵占明則軍安微弱則兵起金火守有兵為虜犯塞水土則吉入軍軍起火金水尤甚火軍憂水患木土軍吉危東六星兩兩相比曰司空比音鼻比近也危東兩兩相比者是司空等星也司空唯一星耳又不在危東恐命字誤為空也司命二星在虛北主喪送司祿二星在司命北主官司危二星在司祿北主危亡司非二星在危北主愆過皆賓司之職占大為君憂常則吉也營室為清廟曰離宮閣道漢中四星曰天駟旁一星曰王良王良五星在奎北河中天子奉御官也其動策馬則兵騎滿野客星守之津橋不通金火守入皆兵之憂王良策馬策一星在王良前主天子僕也占以動搖移在王良前或居馬後別為策馬策馬而兵動也按豫章周騰字叔達南昌人為侍御史桓帝當南

郊平明廄出騰仰觀曰夫王者象星今宮中星及策馬
星悉不動工明日必不出至四更皇太子卒遂止也
車騎滿野旁有八星絕漢曰天潢天潢旁江星 天江四星在尾
北主太陰也不欲明明而動
水暴出其星明大水不禁也 江星動人涉水杵臼四星
在危南 杵臼三星在丈人星旁主軍糧占正下直臼吉
與臼不相當軍糧絕也臼星在南主舂其占覆
則歲大飢仰 匏瓜 匏音白包反匏瓜五星在離珠北天
則大熟也 子果園占明大光潤歲熟不則包果
之實不登客 有青黑星守之魚鹽貴南斗 南斗六星
守魚鹽貴也 在南也 為
廟其北建星 建星在斗北臨黃道天之都關也斗建
之間七耀之道亦主旗輅占動搖則人勞
不然則不月暈蛟龍見牛馬疫月五星
犯守大臣相謀為關梁不通及大水也 建星者旗也牽

牛 牽牛為犧牲亦為關梁其北二星一曰即路一曰聚
火又上一星主道路關梁通不明不通天下牛疫死
移入漢中天 為犧牲其北河鼓 河鼓三星在牽牛北主
下乃亂也 軍鼓蓋天子三將軍中
央大星大將軍其南左星左將軍其北右星右將軍所
以備關梁而拒難也占明大光潤將軍吉動搖差戾亂
兵起直將有功曲則將失計也自昔
傳牽牛織女七月七日相見此星也 河鼓大星上將左
右左右將婺女 須女四星亦婺女天少府也南斗牽牛
須女皆為星紀於辰在丑越之分野而
斗牛為吳之分野也須女賤妾之稱婦職之卑者主布
帛裁製嫁娶占水守之萬物不成火守布帛貴人多死
土守有女喪 其北織女 織女三星在河北天紀東天女
金守兵起也 也主果蓏絲帛珍寶占王者致
孝於神明則三星俱明不然則暗而微天下女工廢明
則理大星怒而角布帛踊貴不見則兵起晉書天文志

云晉太史令陳卓總甘石巫咸三家所著星圖大凡二
百八十三宮一千四百六十四星以為定計今略其昭
昭者以備 織女天女孫也察日月之行 晉內云太歲在
天官云 四仲則歲行三
宿太歲四孟四季則歲行二宿二八十六
三四十二而行二十八宿十二歲而周天 以揆歲星順
逆 天官云歲星者東方木之精蒼帝之象也其色明而
內黃天下安寧夫歲星欲春不動動則農廢歲星盈
縮所在之國不可伐可以罰人失次則民多病見則喜
夫所居國人主有福不可以搖動人主怒無光仁道失
歲星順行仁德加也歲星農官主五穀天文志云春日
甲乙四時春也五常仁五事貌也人主仁虧貌失逆時
令傷木氣則 曰東方木主春日甲乙義失者罰出歲星
罰見歲星
歲星贏縮以其舍命國 舍所止宿也命名也 所在國不可伐可以

罰人其趨舍而前曰贏退舍曰縮贏其國有兵不復縮其
國有憂將亡 將音子匠反 國傾敗其所在五星皆從而聚
於一舍其下之國可以義致天下以攝提格歲歲陰左
行在寅歲星右轉居丑正月與斗牽牛晨出東方名曰
監德色蒼蒼有光其失次有應見柳歲早水晚旱歲星
出東行十二度百日而止反逆行逆行八度百日復東
行歲行三十度十六分度之七率日行十二分度之一
十二歲而周天出常東方以晨入於西方用昏單閼歲

歲陰在卯星居子以二月與婺女虛危晨出曰降入大有光其失次有應見張名曰降入其歲大水執徐歲歲陰在辰星居亥以三月居與營室東壁晨出曰青章青青甚章其失次有應見軫曰青章歲早旱晚水大荒駱歲歲陰在巳星居戌以四月與奎婁胃昴晨出曰跰踵跰白邊反踵之勇反熊熊赤色有光其失次有應見亢敦牂歲歲陰在午星居酉以五月與胃昴畢晨出曰開明炎炎有光炎鹽驗反偃兵唯利公王不利治兵其失次有應見房歲

早旱晚水叶洽歲歲陰在未星居申以六月與觜觿觜子斯反觿胡規反參晨出曰長列昭昭有光利行兵其失次有應見箕涒灘歲歲陰在申星居未以七月與東井輿鬼晨出曰大音昭昭白其失次有應見牽牛作鄂歲歲陰在酉星居午以八月與柳七星張晨出曰為長王作作有芒國其昌熟穀其失次有應見危曰大章有旱而昌有女喪民疾閹茂歲歲陰在戌星居巳以九月與翼軫晨出曰天睢白色大明其失次有應見東壁歲水女喪大淵獻歲歲陰在亥星居辰以十月與角亢晨出曰大章蒼蒼然星若躍而陰出旦是謂正平起師旅其率必武其國有德將有四海其失次有應見婁困敦歲歲陰在子星居卯以十一月與氐房心晨出曰天泉玄色甚明江池其昌不利起兵其失次有應在昴赤奮若歲歲陰在丑星居寅以十二月與尾箕晨出曰天皓黫然黑色甚明其失次有應見參當居不居居之又左右搖未當去去之與他星會其國凶所居久國有德厚其角動乍小

乍大若色數變人主有憂其失次舍以下進而東北三月生天棓棓音蒲講反歲星之精散而為天槍天棓天衝天猾國皇天欃及登天荊真若天猿天垣蒼彗皆以應凶災也天棓者一名覺星本類星者如末銳長四尺出東北方西方其出則天下兵爭也長四尺末兌進而東南三月生彗星天彗者一名埽星本類星末類彗小者數寸長長或竟天而體無光假日之光故夕見則東指晨見則西指若日南北皆隨日光而指光芒所及為災變見則兵起除舊布新彗所指之處弱也長二丈類彗星退而西北三月生天欃欃楚咸反天欃者在西南長四丈銳京房云天欃為兵赤地千里枯骨籍籍天文志云天槍主兵亂也長四丈末兌退而西南三月生天槍槍楚行反天槍者長數丈兩頭

銳出西方方其見不過三月必有破為亂君伏死其辜天文志云孝文時天槍夕出西南占曰為兵喪亂其六年十一月匈奴入上郡雲中漢起兵以衛京師也長數丈兩頭兑謹視其所見之國不可舉事用兵其出如浮如沉其國有土功如沉如浮其野亡色赤而有角其所居國昌迎角而戰者不勝星色赤黃而沈所居野大穰穰人羊反豊熟也色青白而赤灰所居野有憂歲星入月其野有逐相與太白鬬其野有破軍歲星一曰攝提曰重華曰應星曰紀星營室為清廟歲星廟也察剛氣以處熒惑曰南方火主夏日丙

丁禮失罰出熒惑熒惑失行是也出則有兵入則兵散以其舍命國熒惑熒惑為勃亂殘賊疾喪饑兵天官占云熒惑為執法之星其行無常以其舍命國為殘賊為疾為喪為飢為兵環繞句已芒角動搖乍前乍後其殃逾甚熒惑主死喪大鴻臚之象主甲兵太司馬之義伺驕奢亂孽執法官也其精為風伯惑童兒歌謡嬉戲也反道二舍以上居之三月有殃五月受兵七月半亡地九月太半亡地因與俱出入國絕祀居之殃還至雖大當小反大其南為丈夫北為女子喪若角動繞環之及乍前乍後左右殃益大與他星鬬凡五星鬬皆為戰鬬兵不在外則為內亂鬬謂光芒相及光相逮為害不相逮不害五星皆從而聚於一舍三星若合是謂驚立絕行其國外內有兵與喪人民飢乏改立侯王四星若合是為大王其國兵喪暴起君子憂小人流五星若合是為易行有德者受慶奄有四方無德者受殃乃以亡也其下國可以禮致天下法出東行十六舍而止逆行二舍六旬復東行自所止數十舍十月而入西方伏行五月出東方其出西方曰反明主命者惡之東行急一日行一度半其行東西南北疾也兵各聚其下用戰順之勝逆之敗熒惑從太白軍憂離之軍卻出太白陰有分軍

行其陽有偏將戰當其行太白逮之破軍殺將其入守犯太微軒轅營室主命惡之心為明堂熒惑廟也謹候此歷斗之會以定填星之位曰中央土主季夏日戊己黃帝主德女主象也歲填一宿其所居國吉未當居而居若已去而復還還居之其國得土不乃得女若當居而不居既已居之又西東去其國失土不乃失女不可舉事用兵其居久其國福厚易福薄其一名曰地侯主歲歲行十二度百十二分度之五日行二十八分度之

一二十八歲周天其所居五星皆從而聚於一舍其下之國可重重音逐龍反言五星皆從填星其下之國倚重而致天下以填王木土故也致天下禮德義殺刑盡失而填星乃為之動搖贏為王不寧其縮有軍不復填星其色黃九芒音曰黃鍾宮其失次上二三宿曰贏有主命不成不乃大水失次下二三宿曰縮有后戚其歲不復不乃天裂若地動斗為文太室填星廟天子之星也木星與土合為內亂飢星經云凡五星木與土合為內亂飢與水合為變謀更事與火合為旱與金合為白衣會也主勿用戰敗水則

變謀而更事水為旱金為白衣會若水金在南牝牡星經云金在南木在北名曰牝牡年穀大熟金在北木在南其年或有或無年穀熟金在北歲偏無火與水合為焠焠忽內反星經凡五星火與水合為焠用兵舉事大敗與金合為鑠為喪不可舉事用兵從軍為憂離之軍卻與土合為憂生孽卿與木合飢戰敗也與金合為鑠為喪皆不可舉事用兵大敗土為憂生孽卿大饑戰敗為北軍為北軍北也凡軍敗曰北軍困舉事大敗土與水合穰而擁閼擁於拱反閼烏葛反有覆軍其國不可舉事出亾地入得地金為疾為內兵亡地三星若合其宿地國外內有兵與喪

改立公王四星合兵喪並起君子憂小人流五星合是謂易行有德受慶改立大人掩有四方子孫蕃昌無德受殃若亾五星皆大其事亦大皆小事亦小蚤出者為贏贏者為客晚出者為縮縮者為主人必有天應見於杓星同舍為合相淩為鬬七寸以內必之矣五星色白圜為喪旱赤圜則中不平為兵青圜為憂水黑圜為疾多死黃圜則吉赤角犯我城黃角地之爭白角哭泣之聲青角有兵憂黑角則水意行窮兵之所終五星同色

天下偃兵百姓寧昌春風秋雨冬寒夏暑動搖常以此填星出百二十日而逆西行西行百二十日反東行見三百三十日而入入三十日復出東方太歲在甲寅鎮星在東壁故在營室察日行以處位太白晉灼云常以正月甲寅與熒惑晨出東方二百四十日而入又出西方二百四十日而入入三十五日而復出東方出以寅戌入以丑未天官占云太白者西方金之精白帝之子上公大將軍之象也一名殷星一名大正一名熒星一名官星一名梁星一名滅星一名大囂一名大衰一名大爽徑一百里天文志云其日庚辛四時秋也五常義也五事言也人主義虧言失逆時令傷金氣罰見太白春見東方以晨秋見西方以夕曰西方秋司兵月

行及天矢太白五芒出早為月蝕晚為天矢及彗其精散為天杵天柎伏靈大敗司姦天狗賊星天殘卒起星為古歷星若竹彗牆星猿星白彗皆以示變之也日庚辛主殺殺失者罰出太白太白失行以其舍命國其出行十八舍二百四十日而入入東方伏行十一舍百三十日其入西方伏行三舍十六日而出當出不出當入不入是謂失舍不有破軍必有國君之簒其紀上元其紀上元是星古歷初起上元之法也以攝提格之歲與營室晨出東方至角而入與營室夕出西方至角而入與角晨出入畢與角夕出入畢與畢

晨出入箕與畢夕出入箕與箕晨出入柳與箕夕出入柳與柳晨出入營室與柳夕出入營室凡出入東西各五為百歲二百二十日復與營室晨出東方其大率歲一周天始出東方行遲率日半度一百二十日必逆行一二舍上極而反東行行日一度半一百二十日入其庳近日曰明星柔高遠日曰大囂剡其始出西行疾率日一度半百二十日上極而行遲日半度百二十日旦入必逆行一二舍而入其庳近日曰太白柔高遠曰大

相剡出以辰戌入以丑未當出不出未當入而入天下偃兵兵在外入未當出而出當入而不入下起兵有破國其當期出也其國昌其出東為東入東為北方出西為西入西為南方所居久其鄉利疾其鄉凶出西逆行至東正西國吉出東至西正東國吉其出不經天經天天下革政小以角動兵起始出大後小兵弱出小後大兵強出高用兵深吉淺凶庳淺吉深凶日方南金居其南日方北金居其北曰贏鄭元云方猶向也謂晝漏半而置土圭表陰陽審其南北

也影短於土圭謂之日南是地於日為近南也長於土圭謂之日北是地於日為近北也凡日影於地千里而差一寸周禮云日南則影短多暑日北則影長多寒孟康云會為太白也影日中之影也侯王不寧用兵進吉退凶日方南金居其北日方北金居其南曰縮侯王有憂用兵退吉進凶用兵象太白行疾疾行遲遲行角敢戰動摇躁躁國以靜靜順角所指吉反之皆凶出則出兵入則入兵赤角有戰白角有喪黑圜角憂有水事青圜小角憂有木事黃圜和角有土事有年太白星圓天下和平若芒角有土事有年謂豐熟也其已出三日而復有微入入三日乃

復盛出是謂耎其下國有軍敗將北其已入三日又復
微出出三日而復盛入其下國有憂師有粮食兵革遺
人用之遺准季反卒雖衆將為人虜其出西失行外國敗其
出東失行中國敗其色大圜黃澤可為好事其圜大赤
兵盛不戰太白白比狼比卑耳反下同比類也晉書天文志云凡五星有色大小不同各依
其行而應時節色變有類凡青比參左肩赤比心大星黃比參右肩白比狼星黑比奎大星不失本色而應其
四時者吉色害其行凶也赤比心黃比參參色林反下同左肩蒼比參右肩
黑比奎大星五星皆從太白而聚乎一舍其下之國可

以兵從天下居實有得也晉書天文志云凡五星所出所直之辰其國為得位者歲
星以德熒惑為禮鎮星有福太白兵強辰陰陽和所直之辰順其色而角者勝其色害者敗居實有得居虛無
得也勝位勝色行得盡勝也居虛無得也行勝色勝音升刺反下同色勝位
有位勝無位有色勝無色行得盡勝之出而留桑榆間
疾其下國疾漢書作病也上而疾未盡其日過參天疾其對國
上復下下復上有反將其入月將僇金木星合光其下
戰不合兵雖起而不鬬合相毀野有破軍出西方昏而
出陰陰兵強暮食出小弱夜半出中弱雞鳴出大弱是

謂陰陷於陽其在東方乘明而出陽陽兵之彊雞鳴出
小弱夜半出中弱昏出大弱是謂陽陷於陰太白伏也
以出兵兵有殃其出卯南南勝北方出卯北北勝南方
正在卯東國利出酉北北勝南方出酉南南勝北方正
在酉西國勝其與列星相犯小戰五星大戰其相犯太
白出其國敗出其北北國敗行疾武不行文色白五芒
出蚤為月蝕晚為天矢及彗星將發其國出東為德舉
事左之迎之吉出西為刑舉事右之背之吉反之皆凶

太白光見景戰勝晝見而經天是謂爭明強國弱小國
強女主昌亢為疏廟太白廟也太白大臣也其號上公
其他名殷星太正營星觀星宮星明星大衰大澤終星
大相天浩序星月緯大司馬位謹候此察日辰之會晉灼
云常以二月春分見奎婁五月夏至見東井八月秋分見角亢十一月冬至見牽牛出以辰戌入以丑未二旬
而入晨候之東方夕候之西方也以治辰星之位曰北方水太陰之精
主冬日壬癸刑失者罰出辰星天官占云辰星北水之精黑帝之子宰相之祥
也一名細極一名鉤星一名爨星一名伺祠經一百里亦偏將廷尉相也天文志云其日壬癸四時冬也五常

智也五事聽也人主智虧聽失逆時令傷水氣則罰見辰星也以其宿命國是正四時仲春春分夕出郊奎婁胃東五舍為齊仲夏夏至夕出郊東井輿鬼柳東七舍為楚仲秋秋分夕出郊角亢氐房東四舍為漢仲冬冬至晨出郊東方與尾箕斗牽牛俱西為中國其出入常以辰戌丑未其蚤為月蝕晚為彗星及天矢其時宜效不效為失效見也言宜見不見為失罰之也追兵在外不戰一時不出其時不和四時不出天下大飢其當效而出也色白為旱黃為五穀熟赤為兵黑為水出東

欽定四庫全書　史記正義　卷二十七　二十四

方大而白有兵於外解常在東方其赤中國勝其西而赤外國利無兵於外而赤兵起其與太白俱出東方皆赤而角外國大敗中國勝其與太白俱出西方皆赤而角外國利五星分天之中積於東方中國利積於西方外國用者利五星皆從辰星而聚於一舍其所舍之國可以法致天下辰星不出太白為客其出太白為主出而與太白不相從野雖有軍不戰出東方太白出西方若出西方太白出東方為格野雖有兵不戰失其時而出為當寒反溫當溫反寒當出不出是謂繫卒兵大起其入太白中而上出破軍殺將客軍勝下出客亡地辰星來抵太白太白不去將死正旗上出旗星名有九星言辰星上則破軍殺將客勝也破軍殺將客勝下出客亡地視旗所指以命破軍其繞環太白若與鬭大戰客勝免過太白閒可椷劍漢書云辰星過太白閒太白可椷劍明廣雅是也小戰客勝免居太白前軍罷出太白左小戰摩太白有數萬人戰主人吏死出太白右去三尺軍急約戰青角兵憂黑角水赤行窮兵之所終

欽定四庫全書　史記正義　卷二十七　二十五

免七命曰小正辰星天攙安周星細爽能星鉤星其色黃而小出而易處天下之文變而不善矣免五色青圜憂白圜喪赤圜中不平黑圜吉赤角犯我城黃角地之爭白角號泣之聲其出東方行四舍四十八日其數二十日而反入于東方其出西方行四舍四十八日其數二十日而反入于西方其一候之營室角畢箕柳出房心閒地動辰星之色春青黃夏赤白秋青白而歲熟冬黃而不明即變其色其時不昌春不見大風秋則不實

夏不見有六十日之旱月蝕秋不見有兵春則不生冬不見陰雨六十日有流邑夏則不長角亢氐兖州房心豫州尾箕幽州斗江湖牽牛婺女楊州虛危青州營室至東壁并州奎婁胃徐州昴畢冀州觜觿參益州括地志云漢武帝置十三州改梁州為益州廣漢廣漢今益州咎縣是也分今河内上黨雲中然按星經益州魏地畢觜參之分今河内上黨雲中是未詳也東井輿鬼雍州柳七星張三河翼軫荊州七星為貟官辰星廟蠻夷星也兩軍相當日暈暈等力鈞厚長大有勝薄短小無勝重抱大破無抱為和

背不和為分離相去直為自立立侯王指暈若曰殺將負且戴有喜圍在中中勝在外外勝青外赤中以和相去赤外青中以惡相去氣暈先至而後去居軍勝先至先去前利後病後至後去前病後利後至先去前後皆病居暈不勝見而去其發疾雖勝無功見半日以上功太白虹屈短上下兊有者下大流血日暈制勝近期三十日遠期六十日其食食所不利復生生所利而食益盡為主位以其直及日所宿加以日時用命其國也月

行中道安寧和平陰間多水陰事外北三尺陰星北三尺太陰大水兵陽間驕恣陽星多暴獄太陽大旱喪也角天門十月為四月十一月為五月十二月為六月水發近三尺遠五尺犯四輔輔臣誅行南北河以陰陽言南河三星北河三星若月行北河以陰則南河以陽則水旱兵喪也旱水兵喪月蝕歲星孟康云凡星入月見月中為星蝕月月掩星星滅為月蝕星也其宿地饑若亡熒惑也亂填星也下犯上太白也強國以戰敗辰星也女亂食大角大角一星在兩攝提間人君之象也主命者惡之心則為内賊亂也

列星其宿地憂月食始日五月者六六月者五五月復六六月者一而五五月者凡五百一十三月而復始故月蝕常也日蝕為不臧也甲乙四海之外日月不占丙丁江淮海岱也戊己中州河濟也庚辛華山以西壬癸恒山以北日蝕國君月蝕將相當之國皇星皇星者大而赤類南極老人去地三丈如炬火見則内外有兵喪之難大而赤狀類南極所出其下起兵兵強其衝不利昭明星大而白無角乍上乍下所出國起兵多變

五殘星五殘一名五鋒出正東東方之分野狀類辰星去地可六七丈則見五分毁敗之徵大臣誅亾之象出正東東方之野其星狀類辰星去地可六丈大
賊星大賊星者一名六賊出正南南方之野星去地可六丈大而赤數動有光出則禍合天下出
正南南方之野星去地可六丈大而赤數動有光
司危星司危者出正西西方分野也大如太白去地可六丈見則以天子不義失國而豪傑起出
正西西方之野星去地可六丈大而白類太白
獄漢星出正北北方之野星去地可六丈大而赤數動
察之中青此四野星所出出非其方其下有兵衝不利

四填星所出四隅去地可四丈
地維咸光四鎮星出四隅去地可四丈地維咸光星亦出四隅去地可三丈若月始出所見下有亂者亡有德者昌也亦出四隅去地可三丈若月始出所見下有
亂亂者亡有德者昌
燭星狀如太白其出也不行見則滅所燭者城邑亂如
星非星如雲非雲命曰歸邪歸邪出必有歸國者星者
金之散氣本曰火星衆國吉少則凶漢者亦金之散氣
其本曰水漢星多多水少則旱其大經也天鼓有音如雷

非雷音在地而下及地其所往者兵發其下
天狗狀如大奔星有聲其下止地類狗所墮及炎火望
之如火光炎炎衝天其下圜如數頃田處上兑者則有
黃色千里破軍殺將
格澤星者如炎火之狀黃白起地而上下大上兑其見
也不種而穫不有土功必有大害
蚩尤之旗類彗而後曲象旗見則王者征伐四方
旬始出於北斗旁狀如雄雞其怒青黑象伏鼈

枉矢類大流星虵行而倉黑望之如有毛羽然長庚如
一匹布著天著音直略反此星見兵起星墜至地則石也春秋云星隕如雨是也令吳郡西鄉見有落星石其石天下多有也河濟之閒時有墜星天
精而見景星景星狀如半月生於晦朔助月為明見則人君有德明聖之慶也景星者
德星也其狀無常出於有道之國凡望雲氣春秋元命包云陰陽聚為雲氣也釋名云雲猶云衆盛也氣猶餼然也有聲即無形也仰而望之三四百里
平望在桑榆上餘二千里登高而望之下屬地者三千
里雲氣有獸居上者勝勝音升剩反雲兩氣相敵也兵書云雲雉或如雄雞臨城有城

必降自華以南氣下黑上赤嵩高三河之郊氣正赤恒山
之北氣下黑上青勃碣海岱之閒氣皆黑江淮之閒氣
皆白徒氣白土功氣黄車氣乍高乍下往往而聚騎氣
卑而布卒氣摶前卑而後高者疾前方而後高兑
而卑者郄其氣平者其行徐前高而後卑者不止
而反氣相遇者卑勝高兑勝方氣來卑而循車通者不
過三四日去之五六里見氣來高七八尺者不過五六
日去之十餘里見氣來高丈餘二丈者不過三四十日

去之五六十里見稍雲精白者其將悍其士怯其大根
而前絶遠者當戰青白其前抵者戰勝其前赤而仰者
戰不勝陣雲如立垣杼雲類杼軸雲摶兩端兑杓雲如
繩者居前亘天其半半天其蛪者類闕旗故鉤雲句曲
句音古候反諸此雲見以五色合占而澤摶密崔豹古今注云黄帝與蚩
尤戰於涿鹿之野常有五色雲氣金枝玉葉止于帝上有花葩之象故因作華蓋也京房易兆候云視四方常
有大雲五色具其下賢人隱也青雲潤蔽日在西北為舉賢良也其見動人及有占兵
必起兵鬬其直王朔所候決於日旁日旁雲氣人主象

洛書云有雲象人青衣無手在日西天子之氣皆如其形以占故北夷之氣如
羣畜穹閭南夷之氣類舟船幡旗大水處敗軍場破國
之虚下有積錢金寶之上皆有氣不可不察海旁蜃氣
象樓臺廣野氣成宮闕然雲氣各象其山川人民所聚
積淮南子云土地各以類生人是故山氣多男澤氣多瘖風氣多聾林氣多癃木氣多傴石氣多力險阻氣
多壽谷氣多痺丘氣多狂廟氣多仁陵氣多貪輕土多利足重土多遲清水音小濁水音大湍水人重中土多
聖人皆象其氣皆應其類也故候息耗者入國邑視封疆田疇之正
治城郭室屋門户之潤澤次至車服畜産精華實息者

吉虚耗者凶若煙非煙若雲非雲郁郁紛紛蕭索輪囷
是謂卿雲卿音慶卿雲見喜氣也若霧非霧衣冠而不濡
見則其域被甲而趨天雷電蝦虹辟歷夜明者陽氣之
動者也春夏則發秋冬則藏故候者無不司之天開縣
物地動坼絶趙世家幽繆王遷五年代地動自樂徐以西北至平陰臺屋牆垣太半壞地坼東西百
三十步山崩及徙川塞谿垘水澹澤竭地長見象城郭門
閭閨臬枯槀宮廟邸第人民所次謡俗車服觀民飲食
五穀草木觀其所屬倉府廐庫四通之路六畜禽獸所

產去就魚鼈鳥鼠觀其所處鬼哭若呼其人逢俉化言誠然凡候歲美惡謹候歲始歲始或冬至日產氣始萌臘明日人衆卒歲一會飲食發陽氣故曰初歲正月旦王者歲首立春日四時之卒始也四始者候之日謂正月旦歲之始時之始日之始月之始故云四始言以四時之日候歲吉凶也而漢魏鮮集臘明正月旦決八風風從南方來大旱西南小旱西方有兵西北戎菽為小雨趣兵北方為中歲東北為上歲東方大水東南民有疾疫歲惡故八風各與其衝對課多者為勝多勝少久勝亟疾勝徐旦至食為麥食至日昳為稷

昳至餔為黍餔至下餔為菽下餔至日入為麻欲終日有雨有雲有風有日正月旦欲其終一日有風有日則一歲之中五穀豐熟無災害也日當其時者深而多實無雲有風日當其時淺而多實有雲風無日當其時深而少實有日無雲不風當其時者稼有敗如食頃小敗熟五斗米頃大敗則風復起有雲其稼復起各以其時用雲色占種其所宜其雨雪若寒歲惡是日光明聽都邑人民之聲聲宮則歲善吉商則有兵徵旱羽水角歲惡或從正月旦比數雨率日食一升至七升而極過之不占數至十二日日直其月占水旱為其環城千里內占則其為天下候竟正月被月列宿日風雲有變占其國并太歲所在則知其歲豐稔水旱飢饉也月所離列宿日風雲占其國然必察太歲所在在金穰水毀木饑火旱此其大經也正月上甲風從東方宜蠶風從西方若旦黃雲惡冬至短極縣土炭炭動鹿解角蘭根出泉水躍略以知日至決要晷景歲星所在五穀逢昌其對為衝歲乃有

殃言晷景歲星行不失次則無災異五穀逢其昌盛若晷景歲星行而失舍有所衝則歲乃有殃禍災變也

太史公曰自初生民以來世主曷嘗不曆日月星辰及至五家三代五家黃帝高陽高辛唐虞堯舜也三代夏殷周也言生民以來何曾不曆日月星辰及至五帝三王亦於紹繼而明天數陰陽也紹而明之內冠帶外夷狄分中國為十有二州仰則觀象於天俯則法類於地天則有日月地則有陰陽天有五星地有五行天則有列宿地則有州域三光者陰陽之精氣本在地而聖人統理之幽厲以往尚矣所見天變皆國殊窟穴家占物怪以合

時應其文圖籍禨祥不法禨音機顧野王云禨祥吉凶之先見也按自古以來所見
天變國皆異其所說不同及家占物怪用合時應者書其文并圖籍凶吉並不可法則故孔子論六經記異事
而說其所應不書變見之蹤也是以孔子論六經紀異而說不書至天道
命不傳傳其人不待告待須也言天道性命忽有志事可傳授之則傳其大指微
妙自在天性不須深告語也告非其人雖言不著著作慮反著明也言天道性命告非
其人雖為言說不得著明微妙曉其意也昔之傳天數者高辛之前重黎左傳
云蔡墨曰少昊氏之子曰黎為火正號祝融即火行之官知天數於唐虞羲和羲氏和氏掌天
地四時之官也有夏昆吾昆吾陸終之子虞翻云昆吾名楚為己姓封昆吾世本云昆吾衛者也

殷商巫咸巫咸殷賢臣也本吳人冢在蘇州常熟海隅山上子賢亦在此也周室史佚
萇弘史佚周武王時太史尹佚也萇弘周靈王時大夫也於宋子韋鄭則裨竈裨竈
鄭大夫也在齊甘公七錄云楚人戰國時作天文星占八卷楚唐昧莫葛反趙尹
皋魏石申七錄云石申魏人戰國時作天文八卷也夫天運三十歲一小變
百年中變五百載大變三大變一紀三紀而大備此其
大數也為國者必貴三五上下各千歲然後天人之際
續備太史公推古天變未有可考于今者蓋略以春秋
二百四十二年之間謂從隱公元年至哀公十四年獲麟也隱公十一年桓公十八年莊

公三十一年閔公二年僖公三十三年文公十八年宣公十八年成公十八年襄公三十一年昭公三十二年定公十五
年哀公十四年凡二百四十二年也日蝕三十六謂隱公三年二月己巳桓公三年七月壬辰朔十七年十
月朔莊公十八年三月朔二十五年六月辛未朔二十六年十二月癸亥朔三十年九月庚午朔僖公五年九月戊申朔
二十二年三月庚午十五年五月朔文公元年二月癸亥朔十五年六月辛卯朔宣公八年七月庚子朔十年四月丙辰
朔十七年六月癸卯朔成公十六年六月丙辰朔十七年七月丁巳朔襄公十四年二月乙未朔十五年八月丁
巳朔二十年十月丙辰朔二十一年九月庚戌朔十月庚辰朔二十三年二月癸酉朔二十四年七月甲子朔
八月癸巳朔二十七年十二月乙亥朔昭公七年四月甲辰朔十五年六月丁巳朔十七年六月甲戌朔二十
一年七月壬午朔二十二年十二月癸酉朔二十四年五月乙未朔三十年十二月辛亥朔定公五年三月辛

亥朔十二年十一月丙寅朔十五年八月庚辰朔凡蝕三十六也彗星三見謂文公十四年七月
有星入於北斗昭公十七年冬有星孛于大辰哀公十三年有星孛於東方宋襄公時星隕
如雨謂僖公十五年正月戊申朔隕石于宋五也天子微諸侯力政五伯代
興趙岐注孟子云齊桓晉文秦穆宋襄楚莊也更為主命自是之後衆暴寡
大并小秦楚吳越夷狄也為強伯秦祖非子初邑於秦地在西戎楚子鬻熊
始封丹陽荆蠻吳太伯居吳周章因封吳號句吳越祖少康之子初封於越以守禹祀地稱東越皆戎夷之地
故言夷狄也後秦穆楚莊吳闔閭越句踐皆得封為伯也田氏篡齊周安王二十三年齊公辛田和
并齊而立為齊侯三家分晉周安王二十六年魏武侯韓文侯趙敬侯共滅晉靜而三分其地

並為戰國爭於攻取兵革更起城邑數屠因以饑饉疾疫焦苦臣主共憂患其察禨祥候星氣尤急近世十二諸侯七國相王王於放反謂漢孝景帝三年吳王濞楚王戊趙王遂濟南王辟光淄川王賢膠東王雄渠也言從衡者繼踵而臯唐甘石因時務論其書傳故其占驗凌襍米鹽凌雜交亂也米鹽細碎也言臯唐甘石等因時務論其書傳中災異所紀錄者故其占驗交亂細碎其語在漢書五行志中也二十八舍主十二州二十八舍謂東方角亢氐房心尾箕北方斗牛女虛危室壁西方奎婁胃昴畢觜參南方井鬼柳星張翼軫星經云角亢鄭之分野兗州氐房心宋之分野豫州尾箕燕之分野幽州南斗牽女吳越之分野揚州須女虛齊之分野青

州危室壁衛之分野幷州奎婁魯之分野徐州胃昴趙之分野冀州畢觜參魏之分野益州東井輿鬼秦之分野雍州柳星張周之分野三河翼軫楚之分野荆州也斗秉兼之言北斗所建秉十二辰兼十二州二十八宿自古所用從來久遠矣所從來久矣秦之疆也候在太白占於狼弧太白狼弧皆西方之星故秦占候也吳楚之疆候在熒惑占於鳥衡熒惑鳥衡皆南方之星故吳楚之占候也鳥衡柳星也一本作注張也燕齊之疆候在辰星占於虛危辰星虛危皆北方之星故燕齊占候也宋鄭之疆候在歲星占於房心歲星房心皆東方之星故宋鄭占候也晉之疆亦候在辰星占於參罰辰星參罰皆北方西方之星故晉占候也及秦并吞三晉燕代

自河山以南者中國河黃河也山華山也從華山及黃河以南為中國也中國於四海內則在東南為陽爾雅云九夷八狄七戎六蠻謂之四海之內中國從河山東南為陽也陽則日歲星熒惑填星日人質反填音鎮日陽也歲星屬東方熒惑屬南方填星屬中央皆在南及東為陽也占於街南畢主之天街二星主畢昴主國界也街南為華夏之國街北為夷狄之國則畢星主陽其西北則猢狢月氏諸衣旃裘引弓之民為陰狢音陌氏音支從河山西北及秦晉為陰也陰則月太白辰星月陰也太白屬西方辰星屬北方皆在北及西為陰也占於街北昴主之天街星北為夷狄之國則昴星主之陰也故中國山川東北流其維首在隴蜀言中國山

及川東北流行若南山首在崑崙葱嶺東北行連隴山至南山華山渡河東北盡碣石山黃河首起崑崙山渭水岷江發源出隴山皆東北東入勃海也尾沒於勃碣是以秦晉好用兵復占太白太白主中國主猶領也入也星經云太白在北月在南中國敗太白在南月在北中國不敗也是狐狢數侵掠之也而胡狢數侵掠獨占辰星辰星出入躁疾常主夷狄其大經也此更為客主人更格行反下同星經云辰星不出太白為客辰星出太白為主人辰星太白不相從雖有軍不戰辰星出東方太白出西方若辰星出於西方太白出東方為格野雖有兵不戰合宿乃戰辰星入太白中五日及入而上出破軍殺將客勝不出客亡地視旗所指熒惑為勃外則理兵內則理政故曰雖有明天

子必視熒惑所在諸侯更強時災異記無可録者
秦始皇之時十五年彗星四見久者八十日長或竟天
其後秦遂以兵滅六王并中國外攘四夷死人如亂麻
因以張楚並起三十年之間（謂從秦始皇十六年起兵滅韓至漢高祖五年滅項羽則三十六年矣）兵相駘藉不可勝數自蚩尤以來未嘗若斯
也項羽救鉅鹿枉矢西流山東遂合從諸侯西坑秦人
誅屠咸陽漢之興五星聚於東井平城之圍月暈參畢
七重諸吕作亂日蝕晝晦吴楚七國叛逆彗星數丈天

狗過梁野及兵起遂伏尸流血其下元光元狩蚩尤之
旗再見長則半天其後京師師四出（元光元年太中大夫衛青等伐匈奴元狩二年冠軍侯霍去病等擊胡元鼎五年衛尉路博德等破南越及韓説破東越并破西南夷開十餘郡元年樓船將軍楊僕擊朝鮮也）誅夷狄者數十年而伐胡尤甚越之亡
熒惑守斗（南斗為吴越之分野）朝鮮之拔星茀於河兵征大宛星
茀招搖（招搖一星次北斗杓端主胡兵也占角變則兵革大行）此其犖犖大者若
至委曲小變不可勝道由是觀之未有不先形見而應
隨之者也夫自漢之為天數者星則唐都氣則主朔占

歲則魏鮮故甘石歷五星法唯獨熒惑有反逆行逆行
所守及他星逆行日月薄蝕皆以為占余觀史記考行
事百年之中五星無出而不反逆行反逆行嘗盛大而
變色日月薄蝕行南北有時此其大度也故紫宫（中宫也）
房心（東宫也）權衡（南宫也）咸池虛危（北宫也）列宿部星（五官列宿部内之星也）此天之五官坐位也為經不移徙大小有差闊狹
有常水火金木塡星此五星者天之五佐（言水火金木土五星佐天行德也）為經緯見伏有時（五星行南北為經東西為緯也）所過行贏縮有

度日變修德月變省刑星變結和凡天變過度乃占國
君彊大有德者昌弱小飾詐者亡太上修德其次修政
其次修救次修禳正下無之夫常星之變希見而三光
之占亟用日月暈適雲風此天之客氣其發見亦有大
運然其與政事俯仰最近大人之符此五者天之感動
為天數者必通三五終始古今深觀時變察其精粗則
天官備矣

蒼帝行德天門為之開（為於偽反下同蒼帝東方靈威仰之帝也春萬物開發東作起

則天發其德化天門為之開也

赤帝行德天牢為之空赤帝南方赤熛怒之帝也夏萬物茂盛功作大興則天施德惠天牢為之空虛也天牢六星在北斗魁下不對中台王東禁暴亦貴人之牢也

黃帝行德天夭為之起黃帝中央含樞紐之帝季夏萬物盛大則當大赦含養羣品也

風從西北來必以庚辛一秋中五至大赦三至小赦

白帝行德以正月二十日二十一日月暈圍常大赦載謂有太陽也一曰白帝行德畢昴為之圍白帝西方白招矩之帝也秋萬物咸成則暈圍畢昴三暮帝德乃成也圍三暮德乃成不三暮及圍不

合德不成二曰以辰圍不出其旬

黑帝行德天關為之動黑帝北方協光紀之帝也冬萬物閉藏為之動為之開閉也天一星在五車南畢西北為天門日月五星所道主邊事亦為限隔內外障絕往來禁道之作違者占芒角有兵起五星守之主貴人多死也

天行德天子更立年不德風雨破石三能三衡者天廷也晉書天文志云三台主開德宣符也所以和陰陽而理萬物也三衡者北斗魁四星為璇璣杓三星為玉衡人君之象號令主也又太微天子宮庭也太微為衡衡主平也為天庭理法平辭理也按言三台三衡者皆天帝之庭號令舒散平理也故言三台三衡言若有客星出三台三衡之廷必有奇異教令也客星出天廷有奇令

史記正義卷二十七

史記正義卷二十八

唐 張守節 撰

封禪書第六

此泰山上築土為壇以祭天報天之功故曰封此泰山下小山上除地報地之功故曰禪言禪者神之也白虎通云或曰封者金銀繩或曰石泥金繩封之印璽也五經通義云易姓而王致太平必封泰山禪梁父荷天命以為王使理群生告太平於天報群神之功

史記二十八

自古受命帝王曷嘗不封禪蓋有無其應而用事者矣未有睹符瑞見而不臻乎泰山者也雖受命而功不至

至梁父矣而德不洽洽矣而日有不暇給是以即事用希傳曰三年不為禮禮必廢三年不為樂樂必壞每世之隆則封禪答焉及衰而息厥曠遠者千有餘載近者數百載故其儀闕然堙滅其詳不可得而記聞云尚書曰舜在璇璣玉衡以齊七政遂類于上帝禋于六宗望山川徧羣神輯五瑞擇吉月日見四岳諸牧還瑞歲二月東巡狩至于岱宗岱宗泰山也括地志云泰山一曰岱宗東嶽也在兗州博城縣西北三十里周禮云兗州鎮曰岱宗柴望秩于山川遂覲東后東后者諸侯也合時月正日同律度量衡脩五禮五玉三帛二牲一死贄五月巡狩至南岳南岳衡山也括地志云衡山一名岣嶁山在衡州湘潭縣西四十一里八月巡狩至西岳西岳華山也括地志云華山在華州華陰縣南八里古文以為敦物周禮云豫州鎮曰華山十一月巡狩至北岳北岳恒山也括地志云恒山在定州恒陽縣西北百四十里周禮云并州鎮曰恒山皆如岱宗之禮中岳嵩高也括地志云嵩山亦名太室亦名外方也在洛州陽城縣西北二十三里五載一巡狩禹遵之後十四世至帝孔甲淫德好神神瀆二龍去之其後三世湯伐桀欲遷夏社不可作夏

社後八世至帝太戊有桑穀生於廷一暮大拱懼伊陟曰妖不勝德太戊脩德桑穀死伊陟贊巫咸巫咸之興自此始後十四世帝武丁得傅說為相殷復興焉稱高宗有雉登鼎耳雊武丁懼祖己曰脩德武丁從之位以永寧後五世帝武乙慢神而震死後三世帝紂淫亂武王伐之由此觀之始未嘗不肅祇後稍怠慢也周官曰冬日至祀天於南郊迎長日之至夏日至祭地祇皆用樂舞而神乃可得而禮也天子祭天下名山大川五岳

視三公四瀆視諸侯諸侯祭其疆内名山大川四瀆者江河淮濟也天子曰明堂辟雍諸侯曰泮宮周公既相成王郊祀后稷以配天宗祀文王於明堂以配上帝自禹興而修社祀后稷稼穡故有稷祠郊社所從來尚矣自周克殷後十四世世益衰禮樂廢諸侯恣行而幽王為犬戎所敗周東徙雒邑秦襄公攻戎救周始立為諸侯（秦襄公周平王元年封也）秦襄公既侯居西垂（漢隴西郡西縣也今在秦州上封縣西南九十里也）自以為主少皡之神作西畤祠白帝其牲用駵

駒黃牛羝羊各一云其後十六年秦文公東獵汧渭之閒卜居之而吉（括地志云郿縣故城在岐州郿縣東北十五里即此城也）文公夢黃蛇自天下屬地其口止於鄜衍文公問史敦敦曰此上帝之徵君其祠之於是作鄜畤用三牲郊祭白帝焉自未作鄜畤也而雍旁故有吳陽武畤雍東有好畤皆廢無祠或曰自古以雍州積高神明之隩故立畤郊上帝諸神祠皆聚云蓋黃帝時嘗用事雖晚周亦郊焉其語不經見搢紳者不道作鄜畤後九年文公獲若石云于陳倉北阪城祠之（三秦記云太白山西有陳倉山山有石雞與山雞不別趙高燒山山雞飛去而石雞不去晨鳴山頭聲聞三里或昔見王雞括地志云陳倉山在岐州陳倉縣南又云寶雞神祠在漢陳倉縣故城中今陳倉縣東石雞在陳倉山上祠在陳倉城故言獲若石于陳倉北阪城同）其神或歲不至或歲數來來也常以夜光輝若流星從東南來集于祠城則若雄雞其聲殷云野雞夜雊以一牢祠命曰陳寶作鄜畤後七十八年秦德公既立卜居雍後子孫飲馬于河遂都雍雍之諸祠自此興用三百牢於鄜畤作伏祠磔狗邑四門以禦蠱菑德公立二年卒其後六

年秦宣公作密畤於渭南祭青帝其後十四年秦繆公立病臥五日不寤寤乃言夢見上帝上帝命繆公平晉亂史書而記藏之府而後世皆曰秦繆公上天秦繆公即位九年齊桓公既霸會諸侯於葵丘（括地志云葵丘在曹州考城縣東南一里五十步郭內即桓公所會處也）而欲封禪管仲曰古者封泰山禪梁父者（括地志云梁父山在兗州泗水縣北八十里也）七十二家（韓書外傳云孔子升泰山觀易姓而王可得而數者七十餘人不得而數者萬數也按管仲所記自無懷氏以下十二家其六十家無紀錄也）而夷吾所記者十有二焉昔無懷氏封泰山禪云云

括地志云云云山在兖州博城縣西南三十里也虙羲封泰山禪云云神農封泰山禪云云炎帝封泰山禪云云黃帝封泰山禪亭亭括地志云亭亭山在兖州博城縣西南三十里也顓頊封泰山禪云云帝俈封泰山禪云云堯封泰山禪云云舜封泰山禪云云禹封泰山禪會稽括地志云會稽山一名衡山在越州會稽縣東南一十二里也湯封泰山禪云云周成王封泰山禪社首皆受命然後得封禪桓公曰寡人北伐山戎過孤竹括地志云孤竹故城在平州盧龍縣南一十里殷時孤竹國也西伐大夏涉流沙束馬懸車上卑耳之山南伐至

召陵漢兵部括地志云邵陵故城在豫州郾城縣東四十五里也登熊耳山以望江漢兵車之會三而乘車之會六九合諸侯一匡天下諸侯莫違我昔三代受命亦何以異乎於是管仲睹桓公不可窮以辭因設之以事曰古之封禪鄗上之黍北里之禾所以為盛江淮之間一茅三脊所以為藉也東海致比目之魚西海致比翼之鳥然後物有不召而自至者十有五焉今鳳凰麒麟不來嘉穀不生而蓬蒿藜莠茂鴟梟數至而欲封禪毋乃不可乎於是桓公乃止是

歲秦繆公內晉君夷吾其後三置晉國之君平其亂繆公立三十九年而卒其後百有餘年而孔子論述六藝傳略言易姓而王封泰山禪乎梁父者七十餘王矣其俎豆之禮不章蓋難言之或問禘之說孔子曰不知知禘之說其於天下也視其掌詩云紂在位文王受命政不及泰山武王克殷二年天下未寧而崩爰周德之洽維成王成王之封禪則近之矣及後陪臣執政季氏旅於泰山仲尼譏之是時萇弘以方事周靈王諸侯莫朝

周周力少萇弘乃明鬼神事設射貍首貍首者諸侯之不來者依物怪欲以致諸侯諸侯不從而晉人執殺萇弘周人之言方怪者自萇弘其後百餘年秦靈公作吳陽上畤祭黃帝作下畤祭炎帝後四十八年周太史儋見秦獻公曰秦始與周合合而離五百歲當復合合十七年而霸王出焉王于放反秦周俱黃帝之後至非子末別封是合也合而離者謂非子末年周封非子為附庸邑之秦是離也五百歲當復合者謂從非子邑秦後二十九君至秦孝公二年五百歲周顯王致文武胙於秦孝公復與之親是復合也十七年霸王出焉者謂從秦孝公三年至十九年周顯王致伯

於秦孝公是霸王也孝公惠王稱王者出焉然五百歲者非子生秦侯已下二十八君至孝公二年合四百八十六年兼非子邑秦之後十四年則成五百歲矣諸家解皆非也櫟陽雨金秦獻公自以為得金瑞故作畦畤櫟陽而祀白帝其後百二十歲而秦滅周周之九鼎入于秦或曰宋太丘社亡而鼎沒于泗水彭城下其後百一十五年而秦并天下秦始皇既并天下而帝或曰黃帝得土德黃龍地螾見夏得木德青龍止於郊草木暢茂殷得金德銀自山溢周得火德有赤烏之符今秦變周水德之時昔秦文公出獵獲

黑龍此其水德之瑞於是秦更命河曰德水以冬十月為年首色上黑度以六為名張晏云水北方黑水終數六故以方六寸為符六尺為步音上大呂事統上法即帝位三年東巡郡縣祠騶嶧山頌秦功業於是徵從齊魯之儒生博士七十人至乎泰山下諸儒生或議曰古者封禪為蒲車惡傷山之土石草木埽地而祭席用葅稭言其易遵也始皇聞此議各乖異難施用由此絀儒生而遂除車道上自太山陽至巔立石頌秦始皇帝德明其得封也從陰道下禪於梁父其禮頗采太祝之祀雍上帝所用而封藏皆秘之世不得而記也始皇之上太山中阪遇暴風雨休於大樹下諸儒生既絀不得與用於封事之禮聞始皇遇風雨則譏之於是始皇遂東游海上行禮祠名山大川及八神求僊人羡門之屬八神將自古而有之或曰太公以來作之齊所以為齊以天齊也其祀絕莫知起時八神一曰天主祠天齊天齊淵水居臨菑南郊山下者二曰地主祠太山梁父蓋天好陰祠之必於高山之下小

山之上命曰時地貴陽祭之必于澤中圓丘云三曰兵主祠蚩尤蚩尤在東平陸監鄉齊之西境也四曰陰主祠三山五曰陽主祠之罘括地志云之罘山在萊州文登縣西北九十里六曰月主祠之萊山皆在齊北並勃海七曰日主祠成山成山斗入海最居齊東北陽以迎日出云八曰四時主祠琅邪琅邪在齊東方蓋歲之所始皆言用一牢具祠而巫祝所損益珪幣雜異焉自齊威宣之時騶子之徒論著終始五德之運及秦帝而齊人奏之故始皇采用

之而宋毋忌正伯僑充尚羨門子高最後皆燕人為方僊道形解銷化依於鬼神之事騶衍以陰陽主運顯於諸侯而燕齊海上之方士傳其術不能通然則怪迂阿諛苟合之徒自此興不可勝數也自威宣燕昭使人入海求蓬萊方丈瀛州此三神山者其傳在勃海中去人不遠患且至則船風引而去蓋嘗有至者諸僊人及不死之藥皆在焉其物禽獸盡白而黃金銀為宮闕未至望之如雲及到三神山反居水下臨之風輒引去終莫

能至云世主莫不甘心焉及至秦始皇并天下至海上則方士言之不可勝數始皇自以為至海上而恐不及矣使人乃齎童男女入海求之船交海中皆以風為解曰未能至望見之焉其明年始皇復游海上至琅邪過恒山從上黨歸後三年游碣石考入海方士從上郡歸後五年始皇南至湘山遂登會稽並海上冀遇海中三神山之奇藥不得還至沙丘崩（括地志云沙丘臺在邢州平鄉東北三十里）二世元年東巡碣石並海南歷太山至會稽皆禮祠之

而刻勒始皇所立石書旁以章始皇之功德其秋諸侯畔秦三年而二世弑死始皇封禪之後十二歲秦亡諸儒生疾秦焚詩書誅僇文學百姓怨其法天下畔之皆譌曰始皇上太山為暴風雨所擊不得封禪此豈所謂無其德而用事者邪昔三代之君皆在河洛之間（世本云夏禹都陽城避商均也又都平陽或在安邑或在晉陽也帝王世紀云殷湯都亳在梁又都偃師至盤庚徙河北又徙偃師也周文武都酆鄗至平王徙都河南按三代之居皆在河洛之間也）故嵩高為中岳而四岳各如其方四瀆咸在山東至秦稱帝都咸陽則天

岳四瀆皆并在東方自五帝以至秦軼興軼衰名山大川或在諸侯或在天子其禮損益世殊不可勝記及秦并天下令祠官所常奉天地名山大川鬼神可得而序也於是自殽以東名山五大川祠二曰太室太室嵩高也恒山太山會稽湘山水曰濟曰淮春以脯酒為歲祠因泮凍秋涸凍冬賽禱祠其牲用牛犢各一牢具珪幣各異自華以西名山七名川四曰華山（括地志云華山在華州華陰縣南八里古文以為敦物也謂云華嶽本一山當河水過而行河神巨靈手盪脚蹋開而為兩今脚跡在東首陽下手

掌在華山今呼為仙掌河流於二山之間也闕山圖云巨靈胡者偏得神天之道能造山川出江河也薄山薄山者襄山也薄音白落反衰音色眉反括地志云薄山亦名衰山一名寸棘山一名渠山一名雷首山一名獨頭山一名首陽山一名吳山一名條山在陝州河北縣城北十里此山西起雷山東至吳坂凡十名以州縣分之多在蒲州今史文云自華以西未詳也岳山岐山吳岳鴻冢瀆山瀆山蜀之汶山水曰河祠臨晉即同州馮翊縣本漢臨晉縣也收大荔秦獲之更名括地志云大河祠在同州朝邑縣南三十里山海經云水夷人面乘兩龍也太公金匱云馮脩也魚龍河圖云河伯姓呂公子夫人姓馮名夷河伯字也華陰潼鄉隄首人水死化為河伯應劭云夷馮夷乃水仙也沔祠漢中湫淵祠朝那括地志云朝那湫祠在原州平高縣東南二十里湫谷水

源出寧州安定縣江水祠蜀括地志云江瀆祠在益州城都縣南八里秦并天下江水祠蜀亦春秋泮涸禱賽如東方名山川而牲牛犢牢具珪幣各異而四大冢鴻岐吳岳皆有嘗禾陳寶節來祠其河加有嘗醪此皆在雍州之域近天子之都故加車一乘騂駒四霸產括地志云霸水古滋水也亦名曰藍谷水即秦嶺水之下流也雍州藍田縣滻水即荊谿狗枷之下流也在雍州萬年縣也長水灃澇括地志云灃水源在雍州長安縣西南山灃谷涇渭皆非大川以近咸陽盡得比山川祠而無諸加汧洛括地志云汧水源出隴州汧源縣西南汧山東入渭洛水源出慶州洛源縣由於山南流入渭又云洛水商州洛南縣西冢嶺山東北流入河按有三洛水未知祠何者二淵地理志云三川源在慶州華地縣西子午嶺東三川合因名也鳴澤括地志云鳴澤在幽州范陽縣西十五里按遒縣在易州淶水縣北一里故遒城是也澤在遒南蒲山岳嶧山之屬為小山川亦皆歲禱賽泮涸祠禮不必同而雍有日月參辰南北斗熒惑太白歲星塡星二十八宿風伯雨師四海九臣十四臣諸布諸嚴諸逑之屬百有餘廟西亦有數十祠於湖有周天子祠於下邽有天神灃滈有昭明天子辟池於社亳有三社主之祠壽星祠南亢在辰為壽星三月之時萬物始生建於春氣布養各盡其性不罹災夭故壽

而雍菅廟亦有杜主杜主故周之右將軍括地志云杜祠雍州長安縣西南二十五里其在秦中最小鬼之神者各以歲時奉祠唯雍四時上帝為尊括地志云鄜時吳陽上下時是言秦用四時祠上帝青赤白最尊貴之也其光景動人民唯陳寶故雍四時春以為歲禱因泮凍秋涸凍冬賽祠五月嘗駒及四仲之月祠若月祠陳寶節來一祠春夏用騂秋冬用駠時駒四匹木禺龍欒車一駟木禺車馬一駟各如其帝色黃犢羔各四珪幣各有數皆生瘞埋無俎豆之具豆以木為之受四升高尺二寸漆其中大夫以上赤

雲氣畫諸侯加象飾口足天子玉飾之也三年一郊秦以冬十月為歲首故常以十月上宿郊見通權火拜於咸陽之旁而衣上白其用如經祠云西時畦時祠如其故上不親往諸此祠皆太祝常主以歲時奉祠之至如他名山川諸鬼及八神之屬上過則祠去則已郡縣遠方神祠者民各自奉祠不領於天子之祝官祝官有祕祝即有菑祥輒祝祠移過於下謂有災祥輒令祝官祠祭移其咎惡於衆官及百姓也漢興高祖之微時嘗殺大蛇有物曰蛇白帝子也而殺者赤帝子高祖

初起禱豐枌榆社徇沛為沛公則祠蚩尤釁鼓旗遂以十月至灞上與諸侯平咸陽立為漢王因以十月為年首而色上赤二年東擊項籍而還入關問故秦時上帝祠何帝也對曰四帝有白青黃赤帝之祠高祖曰吾聞天有五帝而有四何也莫知其說於是高祖曰吾知之矣乃待我而具五也乃立黑帝祠命曰北時有司進祠上不親往悉召故秦祝官復置太祝太宰如其故儀禮因令縣為公社下詔曰吾甚重祠而敬祭令上帝之祭

及山川諸神當祠者各以其時禮祠之如故後四歲天下已定詔御史令豐謹治枌榆社常以四時春以羊彘祠之令祝官立蚩尤之祠於長安長安置祠祝官女巫其梁巫祠天地天社天水房中堂上之屬晉巫祠五帝東君雲中司命巫社巫族人先炊之屬先炊古炊母之神也秦巫祠社主巫保族纍之屬荆巫祠堂下巫先司命施糜之屬九天巫祠九天太玄經云一中天三徒天四罰更天五睟天六郭天七咸天八治天九成天也皆以歲時祠宮中其河巫祠河於臨晉而南山巫祠

南山秦中秦中者二世皇帝各有時月其後二歲或曰周興而邑邰立后稷之祠至今血食天下顏師古云祭有牲牢故言血食遍於天下於是高祖制詔御史其令郡國縣立靈星祠漢舊儀云五年脩復周家舊祠祀后稷於東南為民祈農報厥功夏則龍星見而始雩龍星左角為天田右角為大庭天田為司馬教人種百穀為稷靈者神也辰之神為靈星故以壬辰日祠靈星於東南金勝為土相也廟記云靈星祠在長安城東十里常以歲時祠以牛高祖十年春有司請令縣常以春三月及時臘祠社稷以羊豕民里社各自財以祠制曰可其後十八年孝文帝即位即位十三年

下詔曰令祕祝移過於下朕甚不取自今除之始名山大川在諸侯諸侯祝各自奉祠天子官不領及齊淮南國廢 齊有泰山淮南有天柱山二山初天子祝官不領遂廢其祀令諸侯奉祠令令太祝盡以歲時致禮如秦故儀 令太祝盡以歲時致禮如故是歲制曰朕即位十三年于今賴宗廟之靈社稷之福方內艾安民人靡疾閒者比年登朕之不德何以饗此皆上帝諸神之賜也蓋聞古者饗其德必報其功欲有增諸神祠有司議增雍五時路車各一乘駕被具 顏師古云駕被馬之飾皆具 西時畦時

禺車各一乘禺馬四匹駕被具其河湫漢水 河秋黃河及湫泉 加玉各二 言二水祭時各加玉璧二枚 及諸祠各增廣壇場圭幣俎豆以差加之而祝釐者歸福於朕百姓不與焉自今祝致敬毋有所祈魯人公孫臣上書曰始秦得水德今漢受之推終始傳則漢當土德土德之應黃龍見宜改正朔易服色色上黃是時丞相張蒼好律歷以為漢乃水德之始故河決金堤其符也年始冬十月色外黑內赤與德相應如公孫臣言非也罷之後三歲黃龍見成紀 按成紀云秦州縣也 文帝乃召公孫臣拜為博士與諸生草改歷服色事其夏下詔曰異物之神見于成紀無害於民歲以有年朕祈郊上帝諸神禮官議無諱以勞朕有司皆曰古者天子夏親郊祠上帝於郊故曰郊於是夏四月文帝始郊見雍五時祠衣皆上赤其明年趙人新垣平以望氣見上言長安東北有神氣成五采若人冠絻焉或曰東北神明之舍西方神明之墓也天瑞下宜立祠上帝以合符應於是作渭陽五帝廟同宇 括地志云渭陽五帝廟在

雍州咸陽縣東三十里宮殿疏云五帝廟一宇五殿也按一宇之內而設五帝各依其方帝別為一殿而門各如帝色也 帝一殿面各五門各如其帝色祠所用及儀亦如雍五時夏四月文帝親拜霸渭之會 渭陽五廟在二水之合北岸 以郊見渭陽五帝五帝廟南臨渭北穿蒲池溝水 顏師古云蒲池謂蒲而種池也蒲字或作蘭言其水恐顏說非按括地志云渭北咸陽縣有蘭池而始皇逢盜蘭池者也言穿溝引渭水入蘭池也疑滿字誤作為蒲重更錯失 權火舉而祠若光輝然屬天焉於是貴平上大夫賜累千金而使博士諸生刺六經中作王制謀議巡狩封禪事文帝出長安門 括地志云久長門故

亭在雍州萬年縣東北苑中後館陶公主長門園武帝以長門宮即此若見五人於道北遂因其直北立五帝壇祠以五牢具其明年新垣平使人持玉杯上書闕下獻之平言上曰闕下有寶玉氣來者已視之果有獻玉杯者刻曰人主延壽平又言臣候日再中居頃之日卻復中於是始更以十七年為元年令天下大酺平言曰周鼎亡在泗水中今河溢通泗臣望東北汾陰直有金寶氣意周鼎其出乎兆見不迎則不至於是上使使治廟汾陰南臨河欲祠出周鼎人有

上書告新垣平所言氣神事皆詐也下平吏治誅夷新垣平自是之後文帝怠於改正朔服色神明之事而渭陽長門五帝使祠官領以時致禮不往焉明年匈奴數入邊興兵守禦後歲少不登數年而孝景即位十六年祠官各以歲時祠如故無有所興至今天子今天子初即位尤敬鬼神之祀元年漢興已六十餘歲矣天下乂安搢紳之屬皆望天子封禪改正度也而上鄉儒術招賢良趙綰王臧等以文學為公卿欲議古立明堂城南以朝諸侯草巡狩封禪改歷服色事未就會竇太后治黃老言不好儒術使人微伺得趙綰等姦利事召案綰臧綰臧自殺諸所興皆廢後六年竇太后崩其明年徵文學之士公孫弘等明年今上初至雍郊見五時後常三歲一郊是時上求神君舍之上林中蹏氏觀神君者長陵女子以子死見神於先後宛若宛若祠之其室民多往祠平原君往祠其後子孫以尊顯及今上即位則厚禮置祠之內中聞其言不見其人云是時李少君亦

以祠竈穀道卻老方見上上尊之少君者故深澤侯舍人主方匿其年及其生長常自謂七十能使物卻老其游以方徧諸侯無妻子人聞其能使物及不死更饋遺之常餘金錢衣食人皆以為不治生業而饒給又不知其何所人愈信爭事之少君資好方善為巧發奇中嘗從武安侯飲坐中有九十餘老人少君乃言與其大父游射處老人為兒時從其大父識其處一坐盡驚少君見上上有故銅器問少君少君曰此器齊桓公十年陳

於柏寢已而案其刻果齊桓公器一宮盡駭以為少君
神數百歲人也少君言上曰祠竈則致物致物而丹沙
可化為黃金黃金成以為飲食器則益壽益壽而海中
蓬萊僊者乃可見見之以封禪則不死黃帝是也臣嘗
游海上見安期生安期生食巨棗大如瓜安期生僊者
通蓬萊中合則見人不合則隱於是天子始親祠竈遣
方士入海求蓬萊安期生之屬而事化丹沙諸藥齊為
黃金矣居久之李少君病死天子以為化去不死而使

黃錘史寬舒受其方求蓬萊安期生莫能得而海上燕
齊怪迂之方士多更來言神事矣亳人謬忌奏祠太一
方曰天神貴者太一太一佐曰五帝古者天子以春秋
祭太一東南郊用太牢七日為壇開八通之鬼道於是
天子令太祝立其祠長安東南郊常奉祠如忌方其後
人有上書言古者天子三年壹用太牢祠神三一天一
地一太一天子許之令太祝領祠之於忌太一壇上如
其方後人復有上書言古者天子常以春解祠祠黃帝

用一梟破鏡冥羊用羊祠馬行用一青牡馬太一澤山
君地長用牛武夷君用乾魚陰陽使者以一牛令祠官
領之如其方而祠於忌太一壇旁其後天子苑有白鹿
以其皮為幣以發瑞應造白金焉其明年郊雍獲一角
獸若麟然有司曰陛下肅祇郊祀上帝報享錫一角獸
蓋麟云於是以薦五畤畤加一牛以燎錫諸侯白金風
符應合于天也於是濟北王以為天子且封禪乃上書
獻太山及其旁邑天子以他縣償之常山王有罪遷天

子封其弟於真定以續先王祀而以常山為郡然後五
岳皆在天子之邦其明年齊人少翁以鬼神方見上上
有所幸王夫人夫人卒少翁以方蓋夜致王夫人及竈
鬼之貌云天子自帷中望見焉於是乃拜少翁為文成
將軍賞賜甚多以客禮禮之文成言曰上即欲與神通
宮室被服非象神神物不至乃作畫雲氣車及各以勝
日駕車辟惡鬼又作甘泉宮中為臺室畫天地太一諸
鬼神而致祭具以致天神居歲餘其方益衰神不至乃

為帛書以飯牛詳不知言曰此牛腹中有奇殺視得書書言甚怪天子識其手書問其人果是偽書於是誅文成將軍隱之其後則又作柏梁銅柱承露仙人掌之屬矣文成死明年天子病鼎湖甚巫醫無所不致不愈游水發根言上郡有巫病而鬼神下之上召置祠之甘泉及病使人問神君神君言曰天子無憂病病少愈彊與我會甘泉於是病愈遂起幸甘泉病良已大赦置酒壽宮神君壽宮神君最貴者太一其佐曰大禁司命之屬

皆從之非可得見聞其言言與人音等時去時來來則風肅然居室惟中時晝言然常以夜天子祓然後入因巫為主人關飲食所以言行下又置壽宮北宮張羽旗設供具以禮神君神君所言上使人受書其言命之曰書法其所語世俗之所知也無絕殊者而天子心獨喜其事祕世莫知也其後三年有司言元宜以天瑞命不宜以一二數一元曰建二元以長星曰光三元以郊得一角獸曰狩云其明年冬天子郊雍議曰今上帝朕親

郊而后土無祀則禮不荅也有司與太史公祠官寬舒議天地牲角璽栗今陛下親祠后土后土宜於澤中圜丘為五壇壇一黃犢太牢具已祠盡瘞而從祠衣上黃於是天子遂東始立后土祠汾陰脽丘如寬舒等議上親望拜如上帝禮禮畢天子遂至滎陽而還過雒陽下詔曰三代邈絕遠矣難存其以三十里地封周後為周子南君以奉其先祀焉是歲天子始巡郡縣浸尋於泰山矣其春樂成侯上書言欒大欒大膠東宮人故嘗與

文成將軍同師已而為膠東王尚方而樂成侯姊為康王后無子康王死他姬子立為王而康后有淫行與王不相中相危以法康后聞文成已死而欲自媚於上乃遣欒大因樂成侯求見言方天子既誅文成後悔其早死惜其方不盡及見欒大大說大為人長美言多方略而敢為大言處之不疑大言曰臣常往來海中見安期羨門之屬顧以臣為賤不信臣又以為康王諸侯耳不足與方臣數言康王康王又不用臣臣之師曰黃金可

成而河決可塞不死之藥可得僊人可致也然臣恐效文成則方士皆奄口惡敢言方哉上曰文成食馬肝死耳子誠能脩其方我何愛乎大曰臣師非有求人人者求之陛下必欲致之則貴其使者令有親屬以客禮待之勿卑使各佩其信印乃可使通言於神人神人尚肯邪不邪致尊其使然後可致也於是上使驗小方鬬棊棊自相觸擊是時上方憂河決而黃金不就乃拜大為五利將軍居月餘得四印佩天士將軍地士將軍大通

將軍印制詔御史昔禹疏九江決四瀆間者河溢皋陸隄繇不息朕臨天下二十有八年天若遺朕士而大通焉乾稱蜚龍鴻漸于般朕意庶幾與焉其以二千戶封地士將軍大為樂通侯賜列侯甲第僮千人乘轝斥車馬帷幄器物以充其家又以衛長公主妻之齎金萬斤更命其邑曰當利公主天子親如五利之第使者存問供給相屬於道自大主將相以下皆置酒其家獻遺之於是天子又刻玉印曰天道將軍使使衣羽衣夜立白茅上五利將軍亦衣羽衣夜立白茅上受印以示不臣也而佩天道者且為天子道天神也於是五利常夜祠其家欲以下神神未至而百鬼集矣然頗能使之其後裝治行東入海求其師云大見數月佩六印貴震天下而海上燕齊之間莫不搤捥而自言有禁方能神僊矣其夏六月中汾陰巫錦為民祠魏脽后土營旁見地如鉤狀掊視得鼎鼎大異於衆鼎文鏤無款識怪之言吏吏告河東太守勝勝以聞天子使使驗問巫得鼎無姦

詐乃以禮祠迎鼎至甘泉從行上薦之至中山曣𥈽有黃雲蓋焉有麃過上自射之因以祭云至長安公卿大夫皆議請尊寶鼎天子曰間者河溢歲數不登故巡祭后土祈為百姓育穀今歲豐廡未報鼎曷為出哉有司皆曰聞昔泰帝興神鼎一一者壹統天地萬物所繫終焉黃帝作寶鼎三象天地人禹收九牧之金鑄九鼎皆嘗亨鬺上帝鬼神遭聖則興鼎遷于夏商周德衰宋之社亡鼎乃淪沒伏而不見頌云自堂徂基自羊徂牛鼐

鼎及鼒不吳不驁胡考之休令鼎至甘泉光閏龍變承休無疆合茲中山有黄白雲降蓋若獸為符路弓乘矢集獲壇下報祠大享唯受命而帝者心知其意而合德焉鼎宜見於祖禰藏于帝廷以合明應制曰可入海求蓬萊者言蓬萊不遠而不能至者殆不見其氣上乃遣望氣佐候其氣云其秋上幸雍且郊或曰五帝太一之佐也宜立太一而上親郊之上疑未定齊人公孫卿曰令年得寶鼎其冬辛巳朔旦冬至與黄帝時等卿有札

書曰黄帝得寶鼎宛朐問於鬼臾區鬼臾區對曰黄帝得寶鼎神策是歲己酉朔旦冬至得天之紀終而復始於是黄帝迎日推策後率二十歲復朔旦冬至凡二十推三百八十年黄帝僊登于天卿因所忠欲奏之所忠視其書不經疑其妄書謝曰寶鼎事已決矣尚何以為卿因嬖人奏之上大說乃召問卿對曰受此書申公申公已死上曰申公何人也卿曰申公齊人與安期生通受黄帝言無書獨有此鼎書曰漢興復當黄帝之時曰

漢之聖者在高祖之孫且曾孫也寶鼎出而與神通封禪封禪七十二王唯黄帝得上太山封申公曰漢王亦當上封上封則能僊登天矣黄帝時萬諸侯而神靈之封居七千天下名山八而三在蠻夷五在中國中國華山首山太室太山東萊此五山黄帝之所常游與神會黄帝且戰且學僊患百姓非其道者乃斷斬非鬼神者百餘歲然後得與神通黄帝郊雍上帝宿三月鬼臾區號大鴻死葬雍故鴻冢是也其後黄帝接萬靈明廷明廷者甘

泉也所謂寒門者谷口也黄帝采首山銅鑄鼎於荆山下鼎既成有龍垂胡髯下迎黄帝黄帝上騎羣臣後宫從上者七十餘人龍乃上去餘小臣不得上乃悉持龍髯龍髯拔墮墮黄帝之弓百姓仰望黄帝既上天乃抱其弓與胡髯號故後世因名其處曰鼎湖其弓曰烏號於是天子曰嗟呼吾誠得如黄帝吾視去妻子如脫躧耳乃拜卿為郎東使候神於太室上遂郊雍至隴西西登崆峒幸甘泉令祀官寬舒等具太一祠壇祠壇放薄

忌太一壇壇三垓五帝壇環居其下各如其方黄帝西南除八通鬼道太一其所用如雍一時物而加醴棗脯之屬殺一貍牛以為俎豆牢具而五帝獨有俎豆醴進其下四方地為餟食羣臣從者及北斗云已祠胙餘皆燎之其牛色白鹿居其中彘在鹿中水而洎之祭日以牛祭月以羊彘特太一祝宰則衣紫及繡五帝各如其色日赤月白十一月辛巳朔旦冬至昧爽天子始郊拜太一朝朝日夕夕月則揖而見太一如雍郊禮其贊饗

曰天始以寶鼎神策授皇帝朔而又朔終而復始皇帝敬拜見焉而衣上黄其祠列火滿壇壇旁亨炊具有司云祠上有光焉公卿言皇帝始郊見太一雲陽有司奉瑄玉嘉牲薦饗是夜有美光及晝黄氣上屬天太史公祠官寬舒等曰神靈之休祐福兆祥宜因此地光域立太畤壇以明應令太祝領秋及臘間祠三歲天子一郊見其秋為伐南越告禱太一以牡荆畫幡日月北斗登龍以象天一三星為太一鋒命曰靈旗為兵禱則太史奉

以指所伐國而五利將軍使不敢入海之太山祠上使人隨驗實毋所見五利妄言見其師其方盡多不讎上乃誅五利其冬公孫卿候神河南言見僊人跡緱氏城上有物如雉往來城上天子親幸緱氏城視跡問卿得毋效文成五利乎卿曰僊者非有求人主人主者求之其道非少寬假神不來言神事事如迂誕積以歲乃可致也於是郡國各除道繕治宫觀名山神祠所以望幸也其春既滅南越上有嬖臣李延年以好音見上善之

下公卿議曰民間祠尚有鼓舞樂今郊祠而無樂豈稱乎公卿曰古者祠天地皆有樂而神祇可得而禮或曰太帝使素女鼓五十弦瑟悲帝禁不止故破其瑟為二十五弦於是賽南越禱祠太一后土始用樂舞益召歌兒作二十五弦及空侯琴瑟自此起其來年冬上議曰古者先振兵釋旅然後封禪乃遂北巡朔方勒兵十餘萬還祭黄帝冢橋山釋兵須如上曰吾聞黄帝不死今有冢何也或對曰黄帝已僊上天羣臣葬其衣冠既至

甘泉為且用事太山先類祠太一自得寶鼎上與公卿諸生議封禪封禪用希曠絕莫知其儀禮而羣儒采封禪尚書周官王制之望祀射牛事齊人丁公年九十餘曰封禪者合不死之名也秦皇帝不得上封陛下必欲上稍上即無風雨遂上封矣上於是乃令諸儒習射牛草封禪儀數年至且行天子既聞公孫卿及方士之言黃帝以上封禪皆致怪物與神通欲放黃帝以上接神僊人蓬萊士高世比德於九皇而頗采儒術以文之羣

儒既已不能辨明封禪事又牽拘於詩書古文而不能騁上為封禪祠器示羣儒羣儒或曰不與古同徐偃又曰太常諸生行禮不如魯善周霸屬圖封禪事於是上絀偃霸而盡罷諸儒不用三月遂東幸緱氏禮登中岳太室從官在山下聞若有言萬歲云問上上不言問下下不言於是以三百户封太室奉祠命曰崇高邑東上太山太山之草木葉未生乃令人上石立之太山巔上遂東巡海上行禮祠八神齊人之上疏言神怪奇方者

以萬數然無驗者乃益發船令言海中神山者數千人求蓬萊神人公孫卿持節常先行候名山至東萊言夜見大人長數丈就之則不見見其跡甚大類禽獸云羣臣有言見一老父牽狗言吾欲見巨公已忽不見上即見大跡未信及羣臣有言老父則大以為僊人也宿留海上予方士傳車及間使求僊人以千數四月還至奉高上念諸儒及方士言封禪人人殊不經難施行天子至梁父禮祠地主乙卯令侍中儒者皮弁薦紳射牛行

事封太山下東方如郊祠太一之禮封廣丈二尺高九尺其下則有玉牒書書祕禮畢天子獨與侍中奉車子侯上太山亦有封其事皆禁明日下陰道丙辰禪太山下趾東北肅然山如祭后土禮天子皆親拜見衣上黃而盡用樂焉江淮間一茅三脊為神藉五色土益雜封縱遠方奇獸蜚禽及白雉諸物頗以加禮兕牛犀象之屬不用皆至太山祭后土封禪祠其夜若有光晝有白雲起封中天子從禪還坐明堂羣臣更上壽於是制詔

御史朕以眇眇之身承至尊兢兢焉懼不任維德菲薄不明于禮樂脩祠太一若有象景光屑如有望震於怪物欲止不敢遂登封太山至于梁父而後禪肅然自新嘉與士大夫更始賜民百户牛一酒十石加年八十孤寡布帛二匹復博奉高蛇丘歷城無出今年租税其大赦天下如乙卯赦令行所過毋有復作事在二年前皆勿聽治又下詔曰古者天子五載一巡狩用事太山諸侯有朝宿地其令諸侯各治邸太山下天子既已封太

山無風雨災而方士更言蓬萊諸神若將可得於是上欣然庶幾遇之乃復東至海上望冀遇蓬萊焉奉車子侯暴病一日死上乃遂去並海上北至碣石巡自遼西歷北邊至九原五月反至甘泉有司言寶鼎出為元鼎以今年為元封元年其秋有星茀于東井後十餘日有星茀于三能望氣王朔言候獨見填星出如瓜食頃復入焉有司皆曰陛下建漢家封禪天其報德星云其來年冬郊雍五帝還拜祝祠太一贊饗曰德星昭衍厥維休祥壽星仍出淵耀光明信星昭見皇帝敬拜太祝之享其春公孫卿言見神人東萊山若云欲見天子天子於是幸緱山城拜卿為中大夫遂至東萊宿留之數日無所見見大人跡云復遣方士求神怪采芝藥以千數是歲旱於是天子既出無名乃禱萬里沙過祠太山還至瓠子自臨塞決河留二日沈祠而去使二卿將卒塞決河徙二渠復禹之故跡焉是時既滅兩越越人勇之乃言越人俗鬼而其祠皆見鬼數有效昔東甌王敬鬼

壽百六十歲後世怠慢故衰耗乃令越巫立越祝祠安臺無壇亦祠天神上帝百鬼而以雞卜上信之越祠雞卜始用公孫卿曰僊人可見而上往常遽以故不見今陛下可為觀如緱城置脯棗神人宜可致也且僊人好樓居於是上令長安則作蜚廉桂觀甘泉則作益延壽觀使卿持節設具而候神人乃作通天莖臺置祠具其下將招來僊神人之屬於是甘泉更置前殿始廣諸宮室夏有芝生殿房內中天子為塞河興通天臺若見有

光云乃下詔甘泉房中生芝九莖赦天下毋有復作其明年伐朝鮮夏旱公孫卿曰黄帝時封則天旱乾封三年上乃下詔曰天旱意乾封乎其令天下尊祠靈星焉其明年上郊雍通回中道巡之春至鳴澤從西河歸其明年冬上巡南郡至江陵而東登禮灊之天柱山號曰南岳浮江自尋陽出樅陽過彭蠡禮其名山川北至琅邪並海上四月中至奉高脩封焉初天子封太山太山東北阯古時有明堂處處險不敞上欲治明堂奉高旁

未曉其制度濟南人公玉帶上黄帝時明堂圖明堂圖中有一殿四面無壁以茅蓋通水圜宫垣為複道上有樓從西西入命曰昆侖天子從之入以拜祠上帝焉於是上令奉高作明堂汶上如帶圖及五年脩封則祠太一五帝於明堂上坐令高皇帝祠坐對之祠后土於下房以二十太牢天子從昆侖道入始拜明堂如郊禮禮畢燎堂下而上又上泰山自有祕祠其巔而太山下祠五帝各如其方黄帝并赤帝而有司侍祠焉山上舉火

下悉應之其後二歲十一月甲子朔旦冬至推歷者以本統天子親至太山以十一月甲子朔旦冬至日祠上帝明堂毋脩封禪其贊饗曰天增授皇帝太一元神策周而復始皇帝敬拜太一東至海上考入海及方士求神者莫驗然益遣冀遇之十一月乙酉柏梁烖十二月甲午朔上親禪高里祠后土臨勃海將以望祀蓬萊之屬冀至殊廷焉上還以柏梁烖故朝受計甘泉公孫卿曰黄帝就青靈臺十二日燒黄帝乃治明廷明廷甘泉

也方士多言古帝王有都甘泉者其後天子又朝諸侯甘泉甘泉作諸侯邸勇之乃曰越俗有火烖復起屋必以大用勝服之於是作建章宫度為千門萬户前殿度高未央其東則鳳闕高二十餘丈其西則唐中數十里虎圈其北治大池漸臺高二十餘丈命曰太液池中有蓬萊方丈瀛洲壺梁象海中神山龜魚之屬其南有玉堂壁門大鳥之屬乃立神明臺井幹樓度五十丈輦道相屬焉夏漢改歷以正月為歲首而色上黄官名更印

章以五字為太初元年是歲西伐大宛蝗大起丁夫人雒陽虞初等以方祠詛匈奴大宛焉其明年有司上言雍五畤無牢熟具芬芳不備乃令祠官進畤犢牢具色食所勝而以木禺馬代駒焉獨五月嘗駒行親郊用駒及諸名山川用駒者悉以木禺馬代行過乃用駒他禮如故其明年東巡海上考神僊之屬未有驗者方士有言黃帝時為五城十二樓以候神人於執期命曰迎年上許作之如方命曰明年上親禮祠上帝焉公玉帶曰

黃帝時雖封太山然風后封臣岐伯令黃帝封東太山禪凡山合符然後不死焉天子既令設祠具至東太山太山卑小不稱其聲乃令祠官禮之而不封禪焉其後令帶奉祠候神物夏遂還太山脩五年之禮如前而加以禪祠石閭石閭者在太山下阯南方方士多言此僊人之閭也故上親禪焉其後五年復至太山脩封還過祭恒山今天子所興祠太一后土三年親郊祠建漢家封禪五年一脩封薄忌太一及三一冥羊馬行赤星五寬舒之祠官以歲時致禮凡六祠皆太祝領之至如八神諸明年凡山他名祠行過則祠行去則已方士所興祠各自主其人終則已祠官不主他祠皆如其故今上封禪其後十二歲而還徧於五岳四瀆矣而方士之候伺神人入海求蓬萊終無有驗而公孫卿之候神者猶以大人之跡為解無有效天子益怠厭方士之恠迂語矣然羈縻不絶冀遇其真自此之後方士言神祠者彌衆然其效可睹矣

太史公曰余從巡祭天地諸神名山川而封禪焉入壽宮侍祠神語究觀方士祠官之意於是退而論次自古以來用事於鬼神者具見其表裏後有君子得以覽焉若至俎豆珪幣之詳獻酬之禮則有司存

史記正義卷二十八

欽定四庫全書

史記正義卷二十九

唐 張守節 撰

河渠書第七　史記二十九

夏書曰禹抑鴻水十三年過家不入門陸行載車水行載舟泥行蹈毳山行即橋以別九州隨山浚川任土作貢通九道陂九澤顔師古云通九州之道及鄣遏其澤也度九山度田洛反釋名云山者産也治水以志九州山澤所生物産言於地所宜商而度之以制貢賦然河菑衍溢害

中國也尤甚唯是為務故道河自積石歷龍門在同州韓城縣北五十里為鑿廣八十步南到華陰華陰縣也魏之陰晉秦惠文王更名寧秦漢高帝改曰華陰也東下砥柱底柱山俗名三門山在硤石縣東北五十里在河之中也及孟津在洛州河陽縣南門外也雒汭至于大邳孔安國云山再成曰邳按在衛州黎陽縣南七里也於是禹以為河所從來者高水湍悍難以行平地數為敗乃厮二渠以引其河北載之高地過降水絳水源出潞州屯留縣西南方山東北至于大陸大陸澤在邢州及趙州界一名廣河澤一名鉅鹿澤也播為九河言過絳水及大陸水之口至冀州分為九河也同為逆河入于勃海九州既疏九

澤既灑諸夏艾安功施于三代自是之後滎陽下引河東南為鴻溝以通宋鄭陳蔡曹衛與濟汝淮泗會于楚西方則通渠漢水雲夢之野東方則通鴻溝江淮之間於吳則通渠三江五湖於齊則通菑濟之間於蜀蜀守冰鑿離碓辟沫水之害穿二江成都之中括地志云大江一名汶江一名管橋水一名清江亦名水江西南自溫江縣界流來又云郫江一名成都江一名市橋江亦名中日江亦曰内江西北自新繁縣界流來二江並在益州成都縣界杜預益州記云二江者郫江流江也風俗通云秦昭王使李冰為蜀守開成都縣兩江溉田萬頃神須取女二人以為婦冰自以為女與神婚徑至祠勸神酒酒杯

澹澹因厲聲責之因忽不見良久有兩蒼牛鬭於江岸有閒輙還流汗謂官屬曰吾鬭疲極不當相助耶南向腰中正白者我綬也主簿刺殺北面者江神遂死華陽國志云蜀時濯錦流江中則鮮明也此渠皆可行舟有餘則用溉浸百姓饗其利至于所過往往引其水益用溉田疇之渠以萬億計然莫足數也西門豹引漳水溉鄴括地志云漳水一名濁漳水源出潞州長子縣西力黄山地理志云濁漳水在長子鹿谷山東至鄴入清漳按力黄鹿谷二山非鹿也鄴相州之縣也以富魏之河内而韓聞秦之好興事欲罷之毋令東伐乃使水工鄭國間說秦令鑿涇水自中山西邸瓠口為渠括地志云中一名仲山在雍州雲陽

縣西十五里又云焦穫藪亦名瓠在涇陽北城外也抵至也至渠首起雲陽縣西南二十五里今枯也並北山東注洛三百餘里欲以溉田中作而覺秦欲殺鄭國鄭國曰始臣為閒然渠成亦秦之利也秦以為然卒使就渠渠就用注填閼之水溉澤鹵之地四萬餘頃收皆畝一鍾於是關中為沃野無凶年秦以富彊卒并諸侯因命曰鄭國渠漢興三十九年孝文時河決酸棗東潰金隄括地志云金隄一名十里隄在白馬縣東五里於是東郡大興卒塞之其後四十有餘年今天子元光之中而河決於瓠子東

南注鉅野括地志云鄆州鉅野縣東北大澤是通於淮泗於是天子使汲黯鄭當時興人徒塞之輒復壞是時武安侯田蚡為丞相其奉邑食鄃貝州縣也鄃居河北河決而南則鄃無水菑邑收多蚡言於上曰江河之決皆天事未易以人力為彊塞塞之未必應天而望氣用數者亦以為然於是天子久之不事復塞也是時鄭當時為大農言曰異時關東漕粟從渭中上度六月而罷而漕水道九百餘里時有難處引渭穿渠起長安並南山下至河三百餘里徑

易漕度可令三月罷而渠下民田萬餘頃又可得以溉田此損漕省卒而益肥關中之地得穀天子以為然令齊人水工徐伯表悉發卒數萬人穿漕渠三歲而通通以漕大便利其後漕稍多而渠下之民頗得以溉田矣其後河東守番係言漕從山東西歲百餘萬石更砥柱之限敗亡甚多而亦煩費穿渠引汾括地志云汾水源出嵐州靜樂縣北百三十里管涔山北東南流入并州即西南流入至絳州蒲州入河也溉皮氏括地志云皮氏故城在絳州龍門縣西百三十步自秦漢魏晉皮氏縣皆治也汾陰括地志云汾陰故城俗名殷湯城在蒲汾

陰縣北九里漢汾陰縣下引河溉汾陰蒲坂下度可得五千頃五千頃故盡河壖棄地民茭牧其中耳今溉田之度可得穀二百萬石以上穀從渭上與關中無異而砥柱之東可無復漕天子以為然發卒數萬人作渠田數歲河移徙渠不利則田者不能償種久之河東渠田廢予越人令少府以為稍入其後人有上書欲通褒斜道括地志云褒谷在梁州褒城縣北五十里斜水源出褒城縣西北九十八里衙嶺山與褒水同源而派流漢書溝洫志云褒水通河斜水通渭皆以行船是也按褒城即褒中縣也及漕事下御史大夫張湯湯

閻其事因言抵蜀從故道（括地志云鳳州兩當縣本漢故道縣也在州之西五十里）故道多阪回遠今穿褒斜道少阪近四百里而褒水通沔斜水通渭皆可以行船漕漕從南陽（南陽郡今鄧州）上沔入褒褒之絕水至斜間百餘里以車轉從斜下下渭如此漢中之穀可致山東從沔無限（限之言多也山東渭河南之東山南之東及江南淮南皆經砥柱主運今並從沔便於三門之漕也）便於砥柱之漕且褒斜材木竹箭之饒擬於巴蜀天子以為然拜湯子卬為漢中守發數萬人作褒斜道五百餘里道果便近而水湍石不

可漕其後莊熊羆言臨晉（括地志云同州本臨晉城也一名大荔城亦曰馮翊城）民願穿洛以溉重泉（洛漆沮水也括地志云重泉故城在同州蒲城縣東南四十五里在同州西北四十五里）以東萬餘頃故鹵地誠得水可令畝十石於是為發卒萬餘人穿渠自徵引洛水至商顏下岸善崩（言商原之崖峯土性踈故善崩毀也）乃鑿井深者四十餘丈往往為井井下相通行水水穨以絕商顏東至山嶺十餘里間井渠之生自此始穿渠得龍骨（括地志云伏龍祠在同州馮翊縣西北四十里故老云漢時自徵穿渠引洛得龍骨其後立祠因以伏龍為名今祠頗有靈驗也）故名曰龍首渠作

之十餘歲渠頗通猶未得其饒自河決瓠子後二十餘歲歲因以數不登而梁楚之地尤甚天子既封禪巡祭山川其明年旱乾封少雨天子乃使汲仁郭昌發卒數萬人塞瓠子決於是天子已用事萬里沙（括地志云萬里沙在華州接縣東北二十里也）則還自臨決河沈白馬玉璧于河令羣臣從官自將軍已下皆負薪寘決河是時東郡燒草以故薪柴少而下淇園之竹以為楗天子既臨河決悼功之不成乃作歌曰瓠子決兮將柰何皓皓旰旰兮閭殫為河殫為

河兮地不得寧功無已時兮吾山平吾山平兮鉅野溢魚沸鬱兮柏冬日延道弛兮離常流蛟龍騁兮方遠遊歸舊川兮神哉沛不封禪兮安知外為我謂河伯兮何不仁泛濫不止兮愁吾人齧桑浮兮淮泗滿久不反兮水維緩一曰河湯湯兮激潺湲北渡迂兮浚流難搴長茭兮沈美玉河伯許兮薪不屬薪不屬兮衛人罪燒蕭條兮噫乎何以禦水穨林竹兮楗石菑宣房塞兮萬福來於是卒塞瓠子築宮其上名曰宣房宮而道河北行

二渠復禹舊迹而梁楚之地復寧無水災自是之後用事者爭言水利朔方西河河西酒泉皆引河及川谷以溉田而關中輔渠靈軹引堵水汝南九江引淮東海引鉅定太山下引汶水皆穿渠為溉田各萬餘頃佗小渠披山通道者不可勝言然其著者在宣房

太史公曰余南登廬山觀禹疏九江遂至于會稽太湟上姑蘇望五湖東闚洛汭大邳迎河行淮泗濟漯洛渠西瞻蜀之岷山及離碓北自龍門至于朔方曰甚哉水

之為利害也余從負薪塞宣房悲瓠子之詩而作河渠書

乾隆御覽之寶

史記正義卷二十九

欽定四庫全書

史部

史記正義卷三十至三十四

詳校官編修臣李如筠

欽定四庫全書

史記正義卷三十

唐　張守節　撰

平準書第八　史記三十

漢興接秦之弊丈夫從軍旅老弱轉糧饟作業劇而財匱自天子不能具鈞駟而將相或乘牛車齊民無藏蓋於是為秦錢重難用更令民鑄錢一黃金一斤約法省禁而不軌逐利之民蓄積餘業以稽市物物踊騰糶米

至石萬錢馬一匹則百金天下已平高祖乃令賈人不得衣絲乘車重租稅以困辱之孝惠高后時為天下初定復弛商賈之律然市井之子孫亦不得仕宦為吏量吏祿度官用以賦於民而山川園池市井古人未有市及井若朝聚井汲水便將貨物於井邊貨賣故言市井租稅之入自天子以至于封君湯沐邑皆各為私奉養焉不領於天下經費漕轉山東粟以給中都官歲不過數十萬石至孝文時莢錢益多輕乃更鑄四銖錢其文為半兩令民縱得自鑄錢故吳諸侯也以即山鑄錢富埒天子其後卒以叛逆鄧通大夫也以鑄錢財過王者故吳鄧氏錢布天下而鑄錢之禁生焉匈奴數侵盜北邊屯戍者多邊粟不足給食當食者於是募民能輸及轉粟於邊者拜爵爵得至大庶長孝景時上郡以西旱亦復修賣爵令而賤其價以招民及徒復作得輸粟縣官以除罪益造苑馬以廣用而宮室列觀輿馬益增修矣至今上即位數歲漢興七十餘年之間國家無事非遇水旱之災民則人給家足都鄙廩庾皆滿而府庫餘貨財京師之錢累巨萬貫朽而不可

校太倉之粟陳陳相因充溢露積於外至腐敗不可食眾庶街巷有馬阡陌之間成羣而乘字牝者儐而不得聚會守閭閻者食粱肉為吏者長子孫居官者以為姓號故人人自愛而重犯法先行義而後絀恥辱焉當此之時網疏而民富役財驕溢或至兼并豪黨之徒以武斷於鄉曲宗室有土公卿大夫以下爭于奢侈室廬輿服僭于上無限度物盛而衰固其變也自是之後嚴助

朱買臣等招來東甌(烏侯反今台州永寧是也)事兩越(南越及閩越南越今廣州南海也閩越今建州建安也)江淮之間蕭然煩費矣唐蒙司馬相如開路西南夷鑿山通道千餘里以廣巴蜀巴蜀之民罷焉彭吳賈滅朝鮮置滄海之郡則燕齊之間靡然發動及王恢設謀馬邑匈奴絶和親侵擾北邊兵連而不解天下苦其勞而干戈日滋行者齎居者送中外騷擾而相奉百姓抏弊以巧法財賂衰耗而不贍入物者補官出貨者除罪選舉陵遲廉耻相冒武力進用法嚴令具

興利之臣自此始也其後漢將歲以數萬騎出擊胡及車騎將軍衛青取匈奴河南地(謂靈夏三州地取在元朔二年)築朔方(今夏州也括地志云夏州秦上郡漢分置朔方郡魏不改隋置夏州也)當是時漢通西南夷道作者數萬人千里負擔餽糧率十餘鍾致一石散幣於邛僰以集之數歲道不通蠻夷因以數攻吏發兵誅之悉巴蜀租賦不足以更之乃募豪民田南夷入粟縣官而內受錢於都內東至滄海之郡人徒之費擬於南夷又興十萬餘人築衛朔方轉漕甚遼遠自山東咸被其勞費數十百巨萬府庫益虛乃募民能入奴婢得以終身復為郎增秩及入羊為郎始於此其後四年而漢遣大將將六將軍軍十餘萬擊右賢王獲首虜萬五千級明年大將軍將六將軍仍再出擊胡得首虜萬九千級捕斬首虜之士受賜黃金二十餘萬斤虜數萬人皆得厚賞衣食仰給縣官而漢軍之士馬死者十餘萬兵甲之財轉漕之費不與焉於是大農陳藏錢經耗賦稅既竭猶不足以奉戰士有司言天子曰朕聞五帝之

教不相復而治禹湯之法不同道而王所由殊路而建德一也北邊未安朕甚悼之日者大將軍攻匈奴斬首虜萬九千級留蹛無所食議令民得買爵及贖禁錮免減罪請置賞官命曰武功爵級十七萬凡直八十餘萬金諸買武功爵官首者試補吏先除千夫如五大夫其有罪又減二等爵得至樂卿以顯軍功軍功多用越等大者封侯卿大夫小者郎吏吏道雜而多端則官職耗廢自公孫弘以春秋之義繩臣下取漢相張湯用峻文

決理為廷尉於是見知之法生而廢格沮誹窮治之獄用矣其明年淮南衡山江都王謀反迹見而公卿尋端治之竟其黨與而坐死者數萬人長吏益慘急而法令明察當是之時招尊方正賢良文學之士或至公卿大夫公孫弘以漢相布被食不重味為天下先然無益於俗稍騖於功利矣其明年驃騎仍再出擊胡獲首四萬其秋渾邪王率數萬之衆來降於是漢發車二萬乘迎之既至受賞賜及有功之士是歲費凡百餘巨萬初先

是往十餘歲河決觀梁楚之地固已數困而緣河之郡隄塞河輒決壞費不可勝計其後番係欲省底柱之漕穿汾河渠以為溉田作者數萬人鄭當時為渭漕渠回遠鑿直渠自長安至華陰作者數萬人朔方亦穿渠作者數萬人各歷二三朞功未就費亦各巨萬十數天子為伐胡盛養馬馬之來食長安者數萬匹卒牽掌者關中不足乃調旁近郡而胡降者皆衣食縣官縣官不給天子乃損膳解乘輿駟出御府禁藏以贍之其明年山東被水菑民多饑乏於是天子遣使者虛郡國倉廥以振貧民猶不足又募豪富人相貸假尚不能相救乃徙貧民於關以西及充朔方以南新秦中七十餘萬口衣食皆仰給縣官數歲假予產業使者分部護之冠蓋相望其費以億計不可勝數於是縣官大空而富商大賈或蹛財役貧轉轂百數廢居居邑封君皆低首仰給冶鑄煑鹽財或累萬金而不佐國家之急黎民重困於是天子與公卿議更錢造幣以贍用而摧浮淫并兼之徒

是時禁苑有白鹿而少府多銀錫自孝文更造四銖錢至是歲四十餘年從建元以來用少縣官往往即多銅山而鑄錢民亦閒盜鑄錢不可勝數錢益多而輕物益少而貴有司言曰古者皮幣諸侯以聘享金有三等黃金為上白金為中赤金為下今半兩錢法重四銖而姦或盜摩錢裏取鎔錢益輕薄而物貴則遠方用幣煩費不省乃以白鹿皮方尺緣以藻繢為皮幣直四十萬王侯宗室朝覲聘享必以皮幣薦璧然後得行又造銀錫為白金以為天用莫

如龍地用莫如馬人用莫如龜故白金三品其一曰重八兩圜之其文龍名曰白選直三千二曰重差小方之其文馬直五百三曰復小橢之其文龜直三百令縣官銷半兩錢更鑄三銖錢文如其重盜鑄諸金錢罪皆死而吏民之盜鑄白金者不可勝數於是以東郭咸陽孔僅為大農丞領鹽鐵事桑弘羊以計筭用事侍中咸陽齊之大煑鹽孔僅南陽大冶皆致生累千金故鄭當時進言之弘羊雒陽賈人子以心計年十三侍中故三人

言利事析秋豪矣法既益嚴吏多廢免兵革數動民多買復及五大夫徵發之士益鮮於是除千夫五大夫為吏不欲者出馬故吏皆通適令伐棘上林作昆明池其明年大將軍驃騎大出擊胡得首虜八九萬級賞賜五十萬金漢軍馬死者十餘萬匹轉漕車甲之費不與焉是時財匱戰士頗不得祿矣有司言三銖錢輕易姦詐乃更請諸郡國鑄五銖錢周郭其下令不可磨取鋊焉大農上鹽鐵丞孔僅咸陽言山海天地之藏也皆宜屬

少府陛下不私以屬大農佐賦願募民自給費因官器作煑鹽官與牢盆浮食奇民欲擅管山海之貨以致富羨役利細民其沮事之議不可勝聽敢私鑄鐵器煑鹽者釱左趾沒入其器物郡不出鐵者置小鐵官便屬在所縣使孔僅東郭咸陽乘傳舉行天下鹽鐵作官府除故鹽鐵家富者為吏吏道益雜不選而多賈人矣商賈以幣之變多積貨逐利於是公卿言郡國頗被菑害貧民無產業者募徙廣饒之地陛下損膳省用出禁錢以

振元元寬貸賦而民不齊出於南畝商賈滋衆貧者畜積無有皆仰縣官異時算軺車賈人緡錢皆有差請算如故諸賈人末作貰貸買居邑稽諸物及商以取利者雖無市籍各以其物自占率緡錢二千而一算諸作有租及鑄率緡錢四千一算非吏比者三老北邊騎士軺車以一算商賈人軺車二算船五丈以上一算匿不自占占不悉戍邊一歲沒入緡錢有能告者以其半畀之賈人有市籍者及其家屬皆無得籍名田以便農敢犯

令沒入田僮天子乃思卜式之言召拜式為中郎爵左庶長賜田十頃布告天下使明知之初卜式者河南人也以田畜為事親死式有少弟弟壯式脫身出分獨取畜羊百餘田宅財物盡予弟式入山牧十餘歲羊致千餘頭買田宅而其弟盡破其業式輒復分予弟者數矣是時漢方數使將擊匈奴卜式上書願輸家之半縣官助邊天子使使問式欲官乎式曰臣少牧不習仕宦不願也使問曰家豈有冤欲言事乎式曰臣生與人無分

爭式邑人貧者貸之不善者教順之所居人皆從式式何故見冤於人無所欲言也使者曰苟如此子何欲而然式曰天子誅匈奴愚以為賢者宜死節於邊有財者宜輸委如此而匈奴可滅也使者具其言入以聞天子以語丞相弘弘曰此非人情不軌之臣不可以為化而亂法願陛下勿許於是上久不報式數歲乃罷式式歸復田牧歲餘會軍數出渾邪王等降縣官費衆倉府空其明年貧民大徙皆仰給縣官無以盡贍卜式持錢二十萬予河南守以給徙民河南上富人助貧人者籍天子見卜式名識之曰是固前而欲輸其家半助邊乃賜式外繇四百人式又盡復予縣官是時富豪皆爭匿財唯式尤欲輸之助費天子於是以式終長者故尊顯以風百姓初式不願為郎上曰吾有羊上林中欲令子牧之式乃拜為郎布衣屩而牧羊歲餘羊肥息上過見其羊善之式曰非獨羊也治民亦猶是也以時起居惡者輒斥去毋令敗羣上以式為奇拜為緱氏令試之緱氏

便之遷為成皋令將漕最上以為式朴忠拜為齊王太傅而孔僅之使天下鑄作器三年中拜為大農列於九卿而桑弘羊為大農丞筦諸會計事稍稍置均輸以通貨物矣始令吏得入穀補官郎至六百石自造白金五銖錢後五歲赦吏民之坐盜鑄金錢死者數十萬人其不發覺相殺者不可勝計赦自出者百餘萬人然不能半自出天下大抵無慮皆鑄金錢矣犯者衆吏不能盡誅取於是遣博士諸大徐偃等分曹循行郡國舉兼并

之徒守相為吏者而御史大夫張湯方隆貴用事減宣杜周等為中丞義縱尹齊王溫舒等用慘急刻深為九卿而直指夏蘭之屬始出矣而大農顏異誅初異為濟南亭長以廉直稍遷至九卿上與張湯既造白鹿皮幣問異異曰今王侯朝賀以蒼璧直數千而其皮薦反四十萬本末不相稱天子不説張湯又與異有郤及人有告異以它議事下張湯治異異與客語客語初令下有不便者異不應微反脣湯奏異當九卿見令不便不入

言而腹誹論死自是之後有腹誹之法以此而公卿大夫多諂諛取容矣天子既下緡錢令而尊卜式百姓終莫分財佐縣官於是楊可告緡錢縱矣郡國多姦鑄錢錢多輕而公卿請令京師鑄鍾官赤側一當五賦官用非赤側不得行白金稍賤民不寶用縣官以令禁之無益歲餘白金終廢不行是歲也張湯死而民不思其後二歲赤側錢賤民巧法用之不便又廢於是悉禁郡國無鑄錢專令上林三官鑄錢既多而令天下非三官錢

不得行諸郡國所前鑄錢皆廢銷之輸其銅三官而民之鑄錢益少計其費不能相當唯真工大姦乃盜為之卜式相齊而楊可告緡徧天下中家以上大抵皆遇告杜周治之獄少反者乃分遣御史廷尉正監分曹往即治郡國緡錢得民財物以億計奴婢以千萬數田大縣數百頃小縣百餘頃宅亦如之於是商賈中家以上大率破民偷甘食好衣不事畜藏之產業而縣官有鹽鐵緡錢之故用益饒矣益廣關置左右輔初大農筦鹽鐵

官布多置水衡欲以主鹽鐵及楊可告緡錢上林財物眾乃令水衡主上林上林既充滿益廣是時越欲與漢用船戰逐乃大修昆明池列觀環之治樓船高十餘丈旗幟加其上甚壯於是天子感之乃作柏梁臺高數十丈宮室之修由此日麗乃分緡錢諸官而水衡少府大農太僕各置農官往往即郡縣比沒入田田之其沒入奴婢分諸苑養狗馬禽獸及與諸官諸官益新置多徒奴婢眾而下河漕度四百萬石及官自糴乃足所忠言

世家子弟富人或鬭雞走狗馬弋獵博戲亂齊民乃徵諸犯令相引數千人命曰株送徒入財者得補郎郎選衰矣是時山東被河菑及歲不登數年人或相食方一二千里天子憐之詔曰江南火耕水耨令饑民得流就食江淮間欲留之處遣使冠蓋相屬於道護之下巴蜀粟以振之其明年天子始巡郡國東度河河東守不意行至不辦自殺行西踰隴隴西守以行往卒天子從官不得食隴西守自殺於是上北出蕭關從數萬騎獵新秦中以勒

邊兵而歸新秦中或千里無亭徼於是誅北地太守以下而令民得畜牧邊縣官假馬母三歲而歸及息什一以除告緡用充仞新秦中既得寶鼎立后土太一祠公卿議封禪事而天下郡國皆豫治道橋繕故宮及當馳道縣縣治官儲設供具而望以待幸其明年南越反西羌侵邊為桀於是天子為山東不贍赦天下因南方樓船卒二十餘萬人擊南越數萬人發三河以西騎擊西羌又數萬人度河築令居初置張掖酒泉郡而上郡朔方西河河西開田官斥塞卒六十萬人戍田之中國繕道餽糧遠者二千近者千餘里皆仰給大農邊兵不足乃發武庫工官兵器以贍之車騎馬乏絕縣官錢少買馬難得乃著令令封君以下至三百石以上吏以差出牝馬天下亭亭有畜牸馬歲課息齊相卜式上書曰臣聞主憂臣辱南越反臣願父子與齊習船者往死之天子下詔曰卜式雖躬耕牧不以為利有餘輒助縣官之用今天下不幸有急而式奮願父子死之雖未戰可謂

義形於內賜爵關內侯金六十斤田十頃布告天下天下莫應列侯以百數皆莫求從軍擊羌越至酎少府省金而列侯坐酎金失侯者百餘人乃拜式為御史大夫式既在位見郡國多不便縣官作鹽鐵鐵器苦惡賈貴或彊令民賣買之而船有算商者少物貴乃因孔僅言船算事上由是不悅卜式漢連兵三歲誅羌滅南越番禺以西至蜀南者置初郡十七且以其故俗治毋賦稅南陽漢中以往郡各以地比給初郡吏卒奉食幣物傳

車馬被具而初郡時時小反殺吏漢發南方吏卒往誅
之間歲萬餘人費皆仰給大農大農以均輸調鹽鐵助
賦故能贍之然兵所過縣為以訾給毋乏而已不敢言
擅賦法矣其明年元封元年卜式貶秩為太子太傅而
桑弘羊為治粟都尉領大農盡代僅筦天下鹽鐵弘羊
以諸官各自市相與爭物故騰躍而天下賦輸或不償
其僦費乃請置大農部丞數十人分部主郡國各往往
縣置均輸鹽鐵官令遠方各以其物貴時商賈所轉販

者為賦而相灌輸置平準于京師都受天下委輸名工
官治車諸器皆仰給大農大農之諸官盡籠天下之貨
物貴即賣之賤則買之如此富商大賈無所牟大利則
反本而萬物不得騰踊故抑天下物名曰平準天子以
為然許之於是天子北至朔方東到太山巡海上並北
邊以歸所過賞賜用帛百餘萬匹錢金以巨萬計皆取
足大農弘羊又請令吏得入粟補官及罪人贖罪令民
能入粟甘泉各有差以復終身不告緡他郡國各輸急
處而諸農各致粟山東漕益歲六百萬石一歲之中太
倉甘泉倉滿邊餘穀諸物均輸帛五百萬匹民不益賦
而天下用饒於是弘羊賜爵左庶長黃金再百斤焉是
歲小旱上令官求雨卜式言曰縣官當食租衣稅而已
今弘羊令吏坐市列肆販物求利亨弘羊天乃雨

太史公曰農工商交易之路通而龜貝金錢刀布之幣
興焉所從來久遠自高辛氏之前尚矣靡得而記云故
書道唐虞之際詩述殷周之世安寧則長庠序先本絀

末以禮義防于利事變多故而亦反是是以物盛則衰
時極而轉一質一文終始之變也禹貢九州各因其土
地所宜人民所多少而納職焉湯武承弊易變使民不
倦各兢兢所以為治而稍陵遲衰微齊桓公用管仲之
謀通輕重之權徼山海之業以朝諸侯用區區之齊顯
成霸名魏用李克盡地力為彊君自是之後天下爭於
戰國貴詐力而賤仁義先富有而後推讓故庶人之富
者或累巨萬而貧者或不厭糟糠有國彊者或并羣小

以臣諸侯而弱國或絕祀而滅世以至秦卒并海內虞夏之幣金為三品或黃或白或赤或錢或布或刀或龜貝及至秦中一國之幣為三等黃金以溢名為上幣銅錢識曰半兩重如其文為下幣而珠玉龜貝銀錫之屬為器飾寶藏不為幣然各隨時而輕重無常於是外攘夷狄內興功業海內之士力耕不足糧饟女子紡績不足衣服古者嘗竭天下之資財以奉其上猶自以為不足也無異故云事勢之流相激使然曷足怪焉

史記正義卷三十

欽定四庫全書

史記正義卷三十一

唐　張守節　撰

吳太伯世家第一　史記三十一

吳太伯吳國號也太伯居梅里在常州無錫縣東南六十里至十九世孫壽夢居之號句吳壽夢卒諸樊南徙吳至二十一代孫光使子胥築闔閭城都之今蘇州也太伯弟仲雍皆周太王之子而王季歷之兄也季歷賢而有聖子昌大王欲立季歷以及昌於是太伯仲雍二人乃犇荊蠻文身斷髮

示不可用江熙云太伯少弟季歷生文王昌有聖德太伯知其必有天下故欲傳國於季歷以太王病託採藥於吳越不反太王薨而季歷立一讓也季歷薨而文王立二讓也文王薨而武王立遂有天下三讓也又釋云太王病而託採藥生不事之以禮一讓也太王薨而不反使季歷主喪不葬之以禮二讓也斷髮文身示不可用使歷主祭祀不祭之以禮三讓也以避季歷季歷果立是為王季而昌為文王太伯之犇荊蠻自號句吳荊蠻義之從而歸之千餘家立為吳太伯太伯卒無子弟仲雍立是為吳仲雍仲雍卒子季簡立季簡卒子叔達立叔達卒子周章立是時周武王克殷求太封周章弟虞仲於周之

北故夏虛是為虞仲列為諸侯周章卒子熊遂立熊遂卒子柯相立柯音歌相音相匠反柯相卒子彊鳩夷立彊鳩夷卒子餘橋疑吾立橋音蟜騎反餘橋疑吾卒子柯盧立柯盧卒子周繇立繇音遥又音由周繇卒子屈羽立屈居勿反屈羽卒子夷吾立夷吾卒子禽處立禽處卒子轉立轉卒子頗高立頗高卒子句卑立是時晉獻公滅周北虞公以開晉伐虢也句卑卒子去齊立去齊卒子壽夢立夢莫公反壽夢立而吳始益大稱王自太伯作吳五世而武王克殷封其

後為二其一虞在中國其一吳在夷蠻十二世而晉滅中國之虞中國之虞滅二世而夷蠻之吳興中國之虞滅後二世合七十一年至壽夢而興大稱王大凡從太伯至壽夢十九世王壽夢二年楚之亡大夫申公巫臣怨楚將子反而犇晉自晉使吳教吳用兵乘車令其子為吳行人吳於是始通於中國吳伐楚十六年楚共王伐吳至衡山二十五年王壽夢卒壽夢有子四人長曰諸樊次曰餘祭祭側界反次曰餘昧昧莫葛反次曰季札季札賢而壽夢欲立之季札讓不

可於是乃立長子諸樊攝行事當國王諸樊元年諸樊已除喪讓位季札季札謝曰曹宣公之卒也諸侯與曹人不義曹君將立子臧子臧去之以成曹君君子曰能守節矣君義嗣誰敢干君有國非吾節也札雖不材願附於子臧之義吳人固立季札季札棄其室而耕乃舍之舍音捨秋吳伐楚楚敗我師四年晉平公初立十三年王諸樊卒有命授弟餘祭欲傳以次必致國於季札而止以稱先王壽夢之意且嘉季札之義兄弟皆欲致國

令以漸至焉季札封於延陵故號曰延陵季子王餘祭三年齊相慶封有罪自齊來犇吳吳予慶封朱方之縣以為奉邑以女妻之富於在齊四年吳使季札聘於魯請觀周樂為歌周南召南曰美哉始基之矣猶未也然勤而不怨歌邶鄘衛曰美哉淵乎憂而不困者也吾聞衛康叔武公之德如是是其衛風乎歌王曰美哉思而不懼其周之東乎思音肆歌鄭曰其細已甚民不堪也是其先亡乎歌齊曰美哉泱泱乎大風也哉表東海者其太公

乎國未可量也歌豳曰美哉蕩蕩乎樂而不淫其周公之東乎歌秦曰此之謂夏聲夫能夏則大大之至也其周之舊乎歌魏曰美哉渢渢乎大而婉儉而易行以德輔此則盟主也歌唐曰思深哉其有陶唐氏之遺風乎不然何憂之遠也非令德之後誰能若是歌陳曰國無主其能久乎自鄶以下無譏焉歌小雅曰美哉思而不貳怨而不言其周德之衰乎猶有先王之遺民也歌大雅曰廣哉熙熙乎曲而有直體其文王之德乎歌頌曰

至矣哉直而不倨曲而不詘近而不偪遠而不攜遷而不淫復而不厭哀而不愁樂而不荒用而不匱廣而不宣施而不費取而不貪處而不底行而不流五聲和八風平節有度守有序盛德之所同也見舞象箾南籥者曰美哉猶有憾見舞大武曰美哉周之盛也其若此乎見舞韶護者曰聖人之弘也猶有慚德聖人之難也見舞大夏曰美哉勤而不德非禹其誰能及之見舞招箾曰德至矣哉大矣如天之無不幬也如地之無不載也

雖甚盛德無以加矣觀止矣若有他樂吾不敢觀去魯遂使齊說晏平仲曰子速納邑與政無邑無政乃免於難齊國之政將有所歸未得所歸難未息也故晏子因陳桓子以納政與邑是以免於欒高之難乃憚反在魯昭公八年欒施高疆二氏作難陳桓子和之乃解也去齊使於鄭見子產如舊交謂子產曰鄭之執政侈難將至矣政必及子子為政慎以禮不然鄭國將敗去鄭適衛說蘧瑗史狗史鰌公子荊公叔發公子朝曰衛多君子未有患也自衛如晉將舍

於宿聞鐘聲曰異哉吾聞之辯而不德必加於戮夫子獲罪於君以在此懼猶不足而又可以畔乎夫子之在此猶燕之巢于幕也君在殯而可以樂乎遂去之文子聞之終身不聽琴瑟適晉說趙文子韓宣子毋本云名秦魏獻子曰晉國其萃於三家乎將去謂叔向曰吾子勉之君侈而多良大夫皆富政將在三家吾子直必思自免於難季札之初使北過徐君徐君好季札劍口弗敢言季札心知之為使上國未獻還至徐徐君已死於是乃

解其寶劍繫之徐君冢樹而去括地志云徐君廟在泗州徐城縣西南一里即延陵季子掛劍之徐君也從者曰徐君已死尚誰予乎季子曰不然始吾心已許之豈以死倍吾心哉七年楚公子圍弒其王夾敖而代立是為靈王十年楚靈王會諸侯而以伐吳之朱方以誅齊慶封吳亦攻楚取三邑而去十一年楚伐吳至雩婁十二年楚復來伐次於乾谿楚師敗走十七年王餘祭卒弟餘昧立王餘昧二年楚公子弃疾弒其君靈王代立焉四年王餘昧卒欲授弟季札季札

讓逃去於是吳人曰先王有命兄卒弟代立必致季子季子今逃位則王餘昧後立今卒其子當代乃立王餘昧之子僚為王王僚二年公子光伐楚敗而亡王舟光懼襲楚復得王舟而還五年楚之亡臣伍子胥來奔公子光客之公子光者王諸樊之子也常以為吾父兄弟四人當傳至季子季子即不受國光父先立即不傳季子光當立陰納賢士欲以襲王僚八年吳使公子光伐楚敗楚師迎楚故太子建母於居巢以歸因北伐敗陳蔡之師九年公子光伐楚拔居巢鍾離初楚邊邑卑梁氏之處女與吳邊邑之女爭桑二女家怒相滅兩國邊邑長聞之怒而相攻滅吳之邊邑吳王怒故遂伐楚取兩都而去兩都即鍾離居巢伍子胥之初奔吳說吳王僚以伐楚之利公子光曰胥之父兄為僇於楚欲自報其仇耳未見其利於是伍員知光有他志乃求勇士專諸吳越春秋云專諸豐邑人伍子胥初亡楚如吳時遇之於途專諸方與人鬬甚不可當其妻呼還子胥怪而問其狀專諸曰夫屈一人之下必申萬人之上胥因而相之雄貌深目侈口熊背知其勇士見之光喜乃客伍

子胥子胥退而耕於野以待專諸之事十二年冬楚平王卒十三年春吳欲因楚喪而伐之使公子蓋餘燭庸以兵圍楚之六灊使季札於晉以觀諸侯之變楚發兵絕吳兵後吳兵不得還於是吳公子光曰此時不可失也告專諸曰不索何獲我真王嗣當立吾欲求之季子雖至不吾廢也專諸曰王僚可殺也母老子弱而兩公子將兵攻楚楚絕其路方今吳外困於楚而內空無骨鯁之臣是無奈我何光曰我身子之身也四月丙子光伏

甲士於窟室而謁王僚飲王僚使兵陳於道自王宮至光之家門階戶席皆王僚之親也人夾持鈹公子光詳為足疾入于窟室使專諸置匕首於炙魚之中以進食手匕首刺王僚鈹交於匈遂弑王僚公子光竟立為王是為吳王闔廬闔廬乃以專諸子為卿季子至曰苟先君無廢祀民人無廢主社稷有奉乃吾君也吾敢誰怨乎哀死事生以待天命非我生亂立者從之先人之道也復命哭僚墓復音伏下同復位而待吳公子燭庸蓋餘二

人將兵遇圍於楚者聞公子光弑王僚自立乃以其兵降楚楚封之於舒王闔廬元年舉伍子胥為行人而與謀國事楚誅伯州犂其孫伯嚭亡奔吳吳以為大夫三年吳王闔廬與子胥伯嚭將兵伐楚拔舒殺吳亡將二公子光謀欲入郢將軍孫武曰民勞未可待之四年伐楚取六與灊五年伐越敗之六年楚使子常囊瓦伐吳左傳云楚囊瓦為令尹杜預云囊之孫子常迎而擊之大敗楚軍於豫章取楚之居巢而還九年吳王闔廬謂伍子胥孫武曰始子之言郢未可入今果如何二子對曰楚將子常貪而唐蔡皆怨之王必欲大伐必得唐蔡乃可闔廬從之悉興師與唐蔡西伐楚至於漢水楚亦發兵拒吳夾水陳音陣吳王闔廬弟夫槩音古代反欲戰闔廬弗許夫槩曰王已屬臣兵兵以利為上尚何待焉遂以其部五千人襲冒楚楚兵大敗走於是吳王遂縱兵追之比至郢五戰楚五敗楚昭王亡出郢奔鄖鄖公弟左傳云鄖公辛之弟懷也欲弑昭王昭王與鄖公犇隨而吳兵遂入郢子胥伯嚭鞭平王之尸

以報父讎十年春越聞吳王之在郢國空乃伐吳吳使別兵擊越楚告急秦秦遣兵救楚擊吳吳師敗闔廬弟夫槩見秦越交敗吳吳王留楚不去夫槩亡歸吳而自立為吳王闔廬聞之乃引兵歸攻夫槩夫槩敗奔楚楚昭王乃得以九月復入郢而封夫槩於堂谿為堂谿氏括地志云豫州吳房縣在州西北九十里應劭云吳王闔廬弟夫槩奔楚封之於堂谿氏本房子國以封吳故曰吳房十一年吳王使太子夫差伐楚取番楚恐而去郢徙鄀十五年孔子相魯十九年夏吳伐越越王句踐迎

擊之檇李越使死士挑戰挑音田鳥反三行造吳師呼自剄
行故郎反造千到反呼火故反剄堅鼎反吳師觀之越因伐吳敗之姑蘇傷
吳王闔廬指軍卻七里吳王病傷而死闔廬使立太子
夫差謂曰爾而忘句踐殺汝父乎對曰不敢三年乃報
越王夫差元年以大夫伯嚭為太宰習戰射常以報越
為志二年吳王悉精兵以伐越敗之夫椒報姑蘇也越
王句踐乃以甲兵五千人棲於會稽使大夫種因吳太
宰嚭而行成國語云越飾美女八人納太宰嚭曰子苟赦越之罪請委國為臣

妾吳王將許之伍子胥諫曰昔有過氏殺斟灌以伐斟
尋滅夏后帝相帝相之妃后緡方娠逃於有仍而生少
康少康為有仍牧正有過又欲殺少康少康奔有虞有
虞思夏德於是妻之以二女而邑之於綸有田一成有
衆一旅後遂收夏衆撫其官職使人誘之遂滅有過氏
復禹之績祀夏配天不失舊物今吳不如有過之彊而
句踐大於少康今不因此而滅之又將寬之不亦難乎
且句踐為人能辛苦今不滅後必悔之吳王不聽聽太

宰嚭卒許越平與盟而罷兵去七年吳王夫差聞齊景
公死而大臣爭寵新君弱乃興師北伐齊子胥諫曰越
王句踐食不重味衣不重采弔死問疾且欲有所用其
衆此人不死必為吳患今越在腹心疾而王不先而務
齊不亦謬乎吳王不聽遂北伐齊敗齊師於艾陵至繒
召魯哀公而徵百牢季康子使子貢以周禮說太宰嚭
乃得止因留略地於齊魯之南九年為騶伐魯至與魯
盟乃去十年因伐齊而歸十一年復北伐齊越王句踐

率其衆以朝吳厚獻遺之吳王喜唯子胥懼曰是棄吳
也諫曰越在腹心今得志於齊猶石田無所用且盤庚
之誥有顛越勿遺商之以興吳王不聽使子胥於齊子
胥屬其子於齊鮑氏還報吳王吳王聞之大怒賜子胥
屬鏤之劍以死屬音燭鏤音力于反將死曰樹吾墓上以梓令可
為器抉吾眼置之吳東門以觀越之滅吳也吳俗傳云子胥亡後
越從松江北開渠至橫山東北築城伐吳子胥乃與越
軍夢令從東南入破吳越王即移向三江口岸立壇殺
白馬祭子胥杯動酒盡越乃開渠子胥作濤盪羅城東
開入滅吳至今猶號曰示浦門曰鱔鮮是從東門入滅

吳也齊鮑氏弑齊悼公吳王聞之哭於軍門外三日乃從海上攻齊齊人敗吳吳王乃引兵歸十三年吳召魯衛之君會於橐皋十四年春吳王北會諸侯於黃池欲霸中國以全周室六月戊子越王句踐伐吳乙酉越五千人與吳戰丙戌虜吳太子友丁亥入吳吳人告敗於王夫差夫差惡其聞也或泄其語吳王怒斬七人於幕下七月辛丑吳王與晉定公爭長吳王曰於周室我為長晉定公曰於姬姓我為伯趙鞅怒將伐吳乃長晉定公

吳王已盟與晉別欲伐宋太宰嚭曰可勝而不能居也乃引兵歸國國亡太子內空王居外久士皆罷敝於是乃使厚幣以與越平十五年齊田常殺簡公十八年越益彊越王句踐率兵使伐敗吳師於笠澤楚滅陳二十年越王句踐復伐吳二十一年遂圍吳二十三年十一月丁卯越敗吳越王句踐欲遷吳王夫差於甬東予百家居之吳王曰孤老矣不能事君王也吾悔不用子胥之言自令陷此遂自剄死越王滅吳誅太宰嚭以為不忠而歸

太史公曰孔子言太伯可謂至德矣三以天下讓民無得而稱焉余讀春秋古文乃知中國之虞與荊蠻句吳兄弟也延陵季子之仁心慕義無窮見微而知清濁嗚呼又何其閎覽博物君子也

史記正義卷三十一

欽定四庫全書

史記正義卷三十二

唐 張守節 撰

齊太公世家第二 括地志云天齊池在青州臨淄縣東南十五里封禪書云齊之所以為齊者以天齊

史記三十二

太公望呂尚者東海上人其先祖嘗為四嶽佐禹平水土甚有功虞夏之際封於呂或封於申姓姜氏夏商之時申呂或封枝庶子孫或為庶人尚其後苗裔也本姓

姜氏從其封姓故曰呂尚呂尚蓋嘗窮困年老矣以漁釣奸周西伯 奸音干括地志云茲泉水源出岐州岐山縣西南凡谷呂氏春秋云太公釣於茲泉遇文王酈元云磻磎中有泉謂之茲泉積水為陣即太公釣處今謂之凡谷有石壁深鳥幽邃人跡罕及東南隅有石室蓋太公所居水次盤石釣處即太公垂釣之所其投竿跪餌兩膝遺跡猶存是磻磎之稱也其水清泠神異北流十二里注于渭說苑云呂望年七十釣于渭渚三日三夜魚無食者望即忿脫其衣冠上有農人者古之異人謂望曰子姑復釣必細其綸芳其餌徐徐而投無令魚駭望如其言初下得鮒次得鯉刺魚腹得書書文曰呂望封於齊望知其異 西伯將出獵卜之曰所獲非龍非彲非虎非羆所獲霸王之輔於是周西伯獵果遇太公於渭之陽與語大說曰自吾先君太公曰當有聖人適周周以興子真是耶吾太公望子久矣故號之曰太公望載與俱歸立為師或曰太公博聞嘗事紂紂無道去之游說諸侯無所遇而卒西歸周西伯或曰呂尚處士隱海濱周西伯拘羑里散宜生閎夭素知而招呂尚呂尚亦曰吾聞西伯賢又善養老盍往焉三人者為西伯求美女奇物獻之於紂以贖西伯西伯得以出反國言呂尚所以事周雖異然要之為文武師周西伯昌之脫羑里歸與呂尚陰謀修德以傾商政其事多兵權與奇計

六韜云武王問太公曰律之音聲可以知三軍之消息乎太公曰深哉王之問也夫律管十二其要有五宮商角徵羽此其正聲也萬代不易五行之神道之常也可以知敵金木水火土各以其勝攻之其法以天清靜無陰雲風雨夜半遣輕騎往至敵人之壘九伯步偏持律管橫耳大呼驚之有聲應管其來甚微角管齊應當以白虎徵管聲應當以玄武商管聲應當以勾陳五管盡不應無有商聲當以青龍此五行之府佐勝之徵陰敗之機也 故後世之言兵及周之陰權皆宗太公為本謀周西伯政平及斷虞芮之訟而詩人稱西伯受命曰文王伐崇密須犬夷大作豐邑天下三分其二歸周者太公

之謀計居多文王崩武王即位九年欲脩文王業東伐
以觀諸侯集否師行師尚父左杖黄鉞右把白旄以誓
曰蒼兕蒼兕揔爾衆庶與爾舟楫後至者斬遂至盟津
諸侯不期而會者八百諸侯諸侯皆曰紂可伐也武王
曰未可還師與太公作此大誓居二年紂殺王子比干
囚箕子武王將伐紂卜龜兆不吉風雨暴至羣公盡懼
唯太公彊之勸武王武王於是遂行十一年正月甲子
誓於牧野伐商紂紂師敗績紂反走登鹿臺遂追斬紂

明日武王立于社羣公奉明水衛康叔封布采席師尚
父牽牲史佚策祝以告神討紂之罪散鹿臺之錢發鉅
橋之粟以振貧民封比干墓釋箕子囚遷九鼎修周
政與天下更始師尚父謀居多於是武王已平商而王
天下封師尚父於齊營丘（括地志云營丘在青州臨淄北百步外城中）東就
國道宿行遲逆旅之人曰吾聞時難得而易失客寢甚
安殆非就國者也太公聞之夜衣而行犂明至國萊侯
來伐與之爭營丘營丘邊萊萊人夷也會紂之亂而周

初定未能集遠方是以與太公爭國太公至國修政因
其俗簡其禮通商工之業便魚鹽之利而人民多歸齊
齊為大國及周成王少時管蔡作亂淮夷（孔安國云淮浦之夷徐州之戎）
畔周乃使召康公命太公曰東至海西至河南至穆
陵北至無棣五侯九伯實得征之齊由此得征伐為大
國都營丘葢太公之卒百有餘年子丁公呂伋（謚法述義不克曰丁）
立丁公卒子乙公得立乙公卒子癸公慈母立癸公
卒子哀公不辰立哀公時紀侯譖之周周烹哀公而立

其弟靜是為胡公（謚法彌年壽考曰胡）胡公徙都薄姑（括地志云薄姑城在青州博昌縣東北六十里）而當周夷王之時哀公之同母少弟山怨
胡公乃與其黨率營丘人襲攻殺胡公而自立是為獻
公獻公元年盡逐胡公子因徙薄姑都治臨菑九年獻
公卒子武公壽立武公九年周厲王出奔居彘（直厲反括地志云晉州霍邑縣也鄭元云霍山在彘本秦時霍伯國）十年王室亂大臣行政號曰
共和二十四年周宣王初立二十六年武公卒子厲公
無忌立厲公暴虐故胡公子復入齊齊人欲立之乃與

攻殺厲公胡公子亦戰死齊人乃立厲公子赤為君是為
文公而誅殺厲公者七十人文公十二年卒子成公脫立
成公九年卒子莊公購立莊公二十四年犬戎殺幽王周東
徙雒秦始列為諸侯五十六年晉弒其君昭侯六十四年莊
公卒子釐公祿甫立釐公九年魯隱公初立十九年魯桓
公弒其兄隱公而自立為君二十五年北戎伐齊鄭使太
子忽來救齊齊欲妻之忽曰鄭小齊大非我敵遂辭之
三十二年釐公同母弟夷仲年死其子曰公孫無知釐公愛

之令其秩服奉養比太子三十三年釐公卒太子諸兒
立是為襄公襄公元年始為太子時嘗與無知鬬及立
絀無知秩服無知怨四年魯桓公與夫人如齊齊襄公
故嘗私通魯夫人魯夫人者襄公女弟也自釐公時嫁
為魯桓公婦及桓公來而襄公復通焉魯桓公知之怒
夫人夫人以告齊襄公齊襄公與魯君飲醉之使力士
彭生抱上魯君車因拉殺魯桓公（拉音力合反）桓公下車則
死矣魯人以為讓而齊襄公殺彭生以謝魯八年伐紀

紀遷去其邑十二年初襄公使連稱管至父戍葵丘瓜
時而往及瓜而代往戍一歲卒瓜時而公弗為發代或
為請代公弗許故此二人怒因公孫無知謀作亂連稱
有從妹在公宮無寵使之間襄公曰事成以女為無知
夫人冬十二月襄公游姑棼（音扶云反）遂獵沛丘（左傳云齊襄公田于貝丘墜車傷足即此也）見彘從者曰彭生公怒射之彘人立而啼
公懼墜車傷足失屨反而鞭主屨者茀三百（茀非佛反下同茀主屨者也）出宮而無知連稱管至父等聞公傷乃遂率其衆

襲宮逢主屨茀茀曰且無入驚宮驚宮未易入也無知
弗信茀示之創（音瘡）乃信之待宮外令茀先入茀先入即
匿襄公戶間良久無知等恐遂入宮茀反與宮中及公
之幸臣攻無知等不勝皆死無知入宮求公不得或見
人足於戶間發視乃襄公遂弒之而無知自立為齊君
桓公元年春齊君無知游於雍林雍林人嘗有怨無知
及其往游雍林人襲殺無知告齊大夫曰無知弒襄公
自立臣謹行誅唯大夫更立公子之當立者唯命是聽

初襄公之醉殺魯桓公通其夫人殺誅數不當淫於婦人數欺大臣羣弟恐禍及故次弟糾奔魯其母魯女也管仲名忽傅之次弟小白奔莒鮑叔傅之小白母衛女也有寵於釐公小白自少好善大夫高傒傒音奚及雍林人殺無知議立君高國先陰召小白於莒魯聞無知死亦發兵送公子糾而使管仲別將兵遮莒道射中小白帶鉤小白佯死管仲使人馳報魯魯送糾者行益遲伐魯至齊則小白已入高傒立之是為桓公桓公之中鉤

佯死以誤管仲已而載溫車中馳行亦有高國內應故得先入立發兵距魯秋與魯戰于乾時魯兵敗走齊兵掩絕魯歸道齊遺魯書曰子糾兄弟弗忍誅請魯自殺之召忽管仲讎也請得而甘心醢之不然將圍魯魯人患之遂殺子糾于笙瀆召忽自殺管仲請囚桓公之立發兵攻魯心欲殺管仲鮑叔牙曰臣幸得從君君竟以立君之尊臣無以增君君將治齊即高傒與叔牙足也君且欲霸王非管夷吾不可夷吾所居國國重不可失也於是桓公從之乃詳為召管仲欲甘心實欲用之管仲知之故請往鮑叔牙迎受管仲及堂阜而脫桎梏齋祓而見桓公桓公厚禮以為大夫任政桓公既得管仲與鮑叔隰朋高傒修齊國政連五家之兵設輕重魚鹽之利以贍貧窮祿賢能齊人皆說二年伐滅郯郯子奔莒初桓公亡時過郯郯無禮故伐之五年伐魯魯將師敗魯莊公請獻遂邑以平桓公許與魯會柯而盟魯將盟曹沫以匕首劫桓公於壇上曰反魯之侵地桓公許

之已而曹沫去匕首北面就臣位桓公後悔欲無與魯地而殺曹沫管仲曰夫劫許之而倍信殺之愈一小快耳而棄信於諸侯失天下之援不可於是遂與曹沫三敗所亡地於魯諸侯聞之皆信齊而欲附焉七年諸侯會桓公於甄而桓公於是始霸焉十四年陳厲公子完音桓號敬仲來奔齊齊桓公欲以為卿讓於是以為工正田成子常之祖也二十三年山戎伐燕燕告急於齊齊桓公救燕遂伐山戎至于孤竹而還燕莊公遂送桓公

入齊境桓公曰非天子諸侯相送不出境吾不可以無禮於燕於是分溝割燕君所至與燕命燕君復修召公之政納貢于周如成康之時諸侯聞之皆從齊二十七年魯湣公母曰哀姜桓公女弟也哀姜淫於魯公子慶父慶父弑湣公哀姜欲立慶父魯人更立釐公桓公召哀姜殺之二十八年衛文公有狄亂告急於齊齊率諸侯城楚邱而立衛君二十九年桓公與夫人蔡姬戲船中蔡姬習水蕩公公懼止之不止出船怒歸蔡姬弗絕

蔡亦怒嫁其女桓公聞而怒興師往伐三十年春齊桓公率諸侯伐蔡蔡潰遂伐楚楚成王興師問曰何故涉吾地管仲對曰昔召康公命我先君太公曰五侯九伯若實征之以夾輔周室賜我先君履東至海西至河南至穆陵北至無棣楚貢包茅不入王祭不具是以來責昭王南征不復是以來問楚王曰貢之不入有之寡人罪也敢不共乎昭王之出不復君其問之水濱齊師進次于陘夏楚王使屈完將兵扞齊齊師退次召陵桓公矜屈完以其衆屈完曰君以道則可若不則楚方城以為城江漢以為溝君安能進乎乃與屈完盟而去過陳陳袁濤塗詐齊令出東方覺秋齊伐陳是歲晉殺太子申生三十五年夏會諸侯于葵邱周襄王使宰孔賜桓公文武胙彤弓矢大路命無拜桓公欲許之管仲曰不可乃下拜受賜秋復會諸侯於葵邱益有驕色周使宰孔會諸侯頗有叛者晉侯病後遇宰孔宰孔曰齊侯驕矣弟無行從之是歲晉獻公卒里克殺奚齊卓子（卓丑角反）秦穆公以夫人入公子夷吾為晉君桓公於是討晉亂

至高梁使隰朋立晉君還是時周室微唯齊楚秦晉為彊晉初與會（與音預下同）獻公死國內亂秦穆公辟遠不與中國會盟楚成王初收荊蠻有之夷狄自置唯獨齊為中國會盟而桓公能宣其德故諸侯賓會於是桓公稱曰寡人南伐至召陵望熊山北伐山戎離枝孤竹西伐大夏涉流沙（大夏并州晉陽是也）束馬懸車登太行至卑耳山（卑音辟劉伯莊及鄒誕並如字）而還諸侯莫違寡人寡人兵車之會三（左傳

云曾莊十三年會北杏以平宋亂僖四年侵蔡遂伐楚六年伐鄭圍新城也乘車之會六左傳云魯莊十四年會于鄄十五年又會鄄十六年同盟于幽僖五年會首止八年盟于洮九年會葵丘是也九合諸侯一匡天下匡正也一匡天下謂定襄王為太子之位也昔三代受命有何以異於此乎吾欲封泰山禪梁父管仲固諫不聽乃說桓公以遠方珍恠物至乃得封桓公乃止三十八年周襄王弟帶與戎翟合謀伐周齊使管仲平戎於周周欲以上卿禮管仲管仲頓首曰臣倍臣安敢三讓乃受下卿禮以見三十九年周襄王弟帶來奔齊齊使仲

孫請王為帶謝襄王怒弗聽四十一年秦穆公虜晉惠公復歸之是歲管仲隰朋皆卒括地志云管仲冢在青州臨淄縣南二十一里牛山上與桓公冢連隰朋墓在青州臨淄縣東北七里也管仲病桓公問曰羣臣誰可相者管仲曰知臣莫如君公曰易牙如何即雍巫也賈逵云雍巫雍人名巫易牙也對曰殺子以適君非人情不可公曰開方如何管子云衛公子開方去其千乘之太子而臣事君也對曰倍親以適君非人情難近公曰豎刀如何刀鳥條反顏師古云豎刀易牙皆齊桓公臣管仲有病桓公往問之曰將何以教寡人管仲曰願君遠易牙豎刀公曰易牙烹其子以快寡人尚可疑耶對曰人之情非不愛其子也其子之忍又將何愛於君公曰豎刀自宮以近寡人猶尚疑耶對曰人之情非不愛其身也其身之忍又將何有於君公曰諾管仲遂盡逐之而公食不甘心不怡者三年公曰仲父不已過乎於是皆即召反明年公有病易牙豎刀相與作亂塞宮門築高墻不通人有一婦人踰垣入至公所公曰我欲食婦人曰吾無所得又曰我欲飲婦人曰吾無所得公曰何故曰易牙豎刀相與作亂塞宮門築高墻不通人故無所得公慨然歎涕出曰嗟乎聖人所見豈不遠哉若死者有知我將何面目見仲父乎蒙衣袂而死乎壽宮蟲流於戶蓋以楊門之扇二月不葬也對曰自宮以適君非人情難親管仲死而桓公不用管仲言卒近用三子三子專權四十二年戎伐周周告急齊齊令諸侯各發卒戍周是歲晉公子重耳來

桓公妻之四十三年初齊桓公之夫人三曰王姬徐姬蔡姬皆無子桓公好內多內寵如夫人者六人長衛姬生無詭少衛姬生惠公元鄭姬生孝公昭葛嬴生昭公潘密姬生懿公商人宋華子生公子雍桓公與管仲屬孝公於宋襄公以為太子雍巫有寵於衛共姬因宦者豎刀以厚獻於桓公亦有寵桓公許之立無詭管仲卒五公子皆求立冬十月乙亥齊桓公卒易牙入與豎刀因內寵殺羣吏而立公子無詭為君太子昭奔宋桓公

病五公子各樹黨爭立及桓公卒遂相攻以故宮中空莫敢棺音古患反桓公尸在牀上六十七日尸蟲出於戶十二月乙亥無詭立乃棺赴辛巳夜斂殯桓公十有餘子要其後立者五人無詭立三月死無謚次孝公次昭公次懿公次惠公孝公元年三月宋襄公率諸侯兵送齊太子昭而伐齊齊人恐殺其君無詭齊人將立太子昭四公子之徒攻太子太子走宋宋遂與齊人四公子戰五月宋敗齊四公子師而立太子昭是為齊孝公宋以

桓公與管仲屬之太子故來征之以亂故八月乃葬齊桓公括地志云齊桓公墓在臨菑縣南二十一里牛山上亦名鼎足山一名牛首崗一所二墳晉永嘉末人發之初得版次得水銀池有氣不得入經數日乃牽犬入中得金蠶數十薄珠襦玉匣繒綵軍器不可勝數又以人殉葬骸骨狼藉也六年春齊伐宋以其不同盟于齊也夏宋襄公卒七年晉文公立十年孝公卒孝公弟潘因衛公子開方殺孝公子而立潘是為昭公昭公桓公子也其母曰葛嬴昭公元年晉文公敗楚於城濮賈逵云衛地也而會諸侯踐土朝周天子使晉稱伯音霸六年翟侵齊晉文公卒秦兵敗於殽十二年秦穆公卒十九年五月昭公卒子舍立為齊君舍之母無寵於昭公國人莫畏昭公之弟商人以桓公死爭立而不得陰交賢士附愛百姓百姓說及昭公卒子舍立孤弱即與衆十月即墓上弒齊君舍而商人自立是為懿公懿公桓公子也其母曰密姬懿公四年春初懿公為公子時與丙戎之父獵爭獲不勝及即位斷丙戎父足而使丙戎僕左傳云乃掘而刖之杜預云斷其尸足也庸職之妻國語及左傳作閻職好公內之宮使庸職驂乘

五月懿公游於申池二人浴戲職曰斷足子戎曰奪妻者二人俱病此言乃怨謀與公游竹中二人弒懿公車上棄竹中而亡去懿公之立驕民不附齊人廢其子而迎公子元於衛立之是為惠公惠公桓公子也其母衛女曰少衛姬避齊亂故在衛惠公二年長翟來王子城父攻殺之埋之於北門晉趙穿弒其君靈公十年惠公卒子頃公無野立頃音傾初崔杼有寵於惠公惠公卒高國畏其偪也逐之崔杼奔衛頃公元年楚莊王彊伐陳

二年圍鄭鄭伯降已復國鄭伯六年春晉使郤克於齊齊使夫人帷中而觀之郤克上夫人笑之郤克曰不是報不復涉河歸請伐齊晉侯弗許齊使至晉郤克執齊使者四人河內殺之八年晉伐齊齊以公子彊質晉晉兵去十年春齊伐魯衛魯衛大夫如晉請師皆因郤克晉使郤克以車八百乘為中軍將士燮將上軍欒書將下軍以救魯衛伐齊六月壬申與齊侯兵合靡笄下癸酉陳于鞌逢丑父為齊頃公右頃公曰馳之破晉軍會

食射傷郤克流血至履克欲還入壁其御曰我始入再傷不敢言疾恐懼士卒願子忍之遂復戰戰齊急丑父恐齊侯得乃易處頃公為右車絓於木而止（絓胡封反止也有所礙也）晉小將韓厥伏齊侯車前曰寡君使臣救魯衛戲之丑父使頃公下取飲（左傳云及華泉驂絓於木而止丑父使公下如華泉取飲周父御左車苑茷為右載齊侯獲免也）因得亡脫去入其軍晉郤克欲殺丑父丑父曰代君死而見僇後人臣無忠其君者矣克舍之丑父遂得亡歸齊於是晉軍追齊至馬陵齊侯請以寶器謝不聽必得笑克者蕭桐叔子令齊東畝對曰叔子齊君母齊君母亦猶晉君母子安置之且子以義伐而以暴為後其可乎於是乃許令反魯衛之侵地（左傳云晉師及齊國使齊人歸我汶陽之田也）十一年晉初置六卿賞鞌之功齊頃公朝晉欲尊王晉景公晉景公不敢受乃歸歸而頃公弛苑囿薄賦歛振孤問疾虛積聚以救民民亦大說厚禮諸侯竟頃公卒百姓附諸侯不犯十七年頃公卒子靈公環立靈公九年晉欒書弑其君厲公十年晉悼公伐齊齊令公子光質晉十九年立子光為太子高厚傅之

令會諸侯盟於鍾離（括地志云鍾離故城在沂州承縣界）二十七年晉使中行獻子伐齊齊師敗靈公走入臨菑晏嬰止靈公靈公弗從曰君亦無勇矣晉兵遂圍臨菑臨菑城守不敢出晉焚郭中而去二十八年初靈公取魯女生子光以為太子仲姬戎姬戎姬嬖仲姬生子牙屬之戎姬戎姬請以為太子公許之仲姬曰不可光之立列於諸侯矣今無故廢之君必悔之公曰在我耳遂東太子光使高

厚傳牙為太子靈公疾崔杼迎故太子光而立之是為莊公莊公殺戎姬五月壬辰靈公卒莊公即位執太子牙於句竇之邱殺之八月崔杼殺高厚晉聞齊亂伐齊至高唐莊公三年晉大夫欒盈奔齊莊公厚客待之晏嬰田文子諫公弗聽四年齊莊公使欒盈間入晉曲沃為內應以兵隨之上太行入孟門欒盈敗齊兵還取朝歌六年初棠公妻好棠公死崔杼取之莊公通之數如崔氏以崔杼之冠賜人侍者曰不可崔杼怒因其伐晉

欲與晉合謀襲齊而不得間莊公嘗笞宦者賈舉賈舉復侍為崔杼間公（間音閒又如字）以報怨五月莒子朝齊齊以甲戌饗之崔杼稱病不視事乙亥公問崔杼病遂從崔杼妻崔杼妻入室與崔杼自閉戶不出公擁柱而歌宦者賈舉遮公從官而入閉門崔杼之徒持兵從中起公登臺而請解不許請盟不許請自殺於廟不許皆曰君之臣杼疾病不能聽命近於公宮陪臣爭趣有淫者不知二命公踰牆射中公股公反墜遂弒之晏嬰立崔杼

門外曰君為社稷死則死之為社稷亡則亡之若為己死己亡非其私暱誰敢任之門開而入枕公尸而哭三踊而出人謂崔杼必殺之崔杼曰民之望也舍之得民丁丑崔杼立莊公異母弟杵臼是為景公景公母魯叔孫宣伯女也景公立以崔杼為右相慶封為左相二相恐亂起乃與國人盟曰不與崔慶者死晏子仰天曰嬰所不獲唯忠於君利社稷者是從不肯盟慶封欲殺晏子崔杼曰忠臣也舍之齊太史書曰崔杼弒莊公崔杼

殺之其弟復書崔杼復殺之少弟復書崔杼乃舍之景公元年初崔杼生子成及彊其母死取東郭女生明東郭女使其前夫子無咎與其弟偃（杜預云東郭偃東郭姜之弟也）相崔氏成有罪（左傳云成有疾而廢之杜預云有惡疾也）二相急治之立明為太子成請老於崔杼崔杼許之二相弗聽曰崔宗邑不可成彊怒告慶封（左傳云成彊告慶封曰夫子身亦子所知也唯無咎與偃是從父兄莫能進矣恐害夫子敢以告慶封曰苟利夫子必去之難吾助汝乃殺東郭偃棠無咎於崔氏朝也其妻及崔杼皆縊死崔明奔魯）慶封與崔杼有郤欲其敗也成彊殺無咎偃於崔

杼家家皆奔亡崔杼怒無人使一宦者御見慶封慶封曰請爲子誅之使崔杼仇盧蒲嫳攻崔氏殺成彊盡滅崔氏崔氏婦自殺崔杼歸亦自殺慶封爲相國專權三年十月慶封出獵初慶封已殺崔杼益驕嗜酒好獵不聽政令慶舍用政已有內郤田文子謂桓子曰亂將作田鮑高欒氏相與謀慶氏慶舍發甲圍慶封宮四家徒共擊破之慶封還不得入奔魯齊人讓魯封奔吳吳與之朱方聚其族而居之富於在齊其秋齊人徙葬莊公

僇崔杼尸於市以說衆九年景公使晏嬰之晉與叔向私語曰齊政卒歸田氏田氏雖無大德以公權私有德於民民愛之十二年景公如晉見平公欲與伐燕十八年公復如晉見昭公二十六年獵魯郊因入魯與晏嬰俱問魯禮三十一年魯昭公辟季氏難奔齊齊欲以千社封之子家止昭公昭公乃請齊伐魯取鄆（鄆鄆城也）以居昭公三十二年彗星見景公坐柏寢嘆曰堂堂誰有此乎羣臣皆泣晏子笑公怒晏子曰臣笑羣臣諛甚景公曰彗星出東北當齊分野寡人以爲憂晏子曰君高臺深池賦斂如弗得刑罰恐弗勝茀星將出彗星（茀音佩謂客星侵近邊側欲相害又曰彗息歲反若茀形見其境有亂也）何懼乎公曰可禳否晏子曰使神可祝而來（祝音章受反）亦可禳而去也百姓苦怨以萬數而君令一人禳之安能勝衆口乎是時景公好治宮室聚狗馬奢侈厚賦重刑故晏子以此諫之四十二年吳王闔閭伐楚入郢四十七年魯陽虎攻其君不勝奔齊請齊伐魯鮑子諫景公乃囚陽虎陽虎得亡奔晉

四十八年與魯定公好會夾谷犂鉏曰孔丘知禮而怯請令萊人爲樂因執魯君可得志景公害孔丘相魯懼其霸故從犂鉏之計方會進萊樂孔子歷階上使有司執萊人斬之以禮讓景公景公慚乃歸魯侵地以謝而罷去是歲晏嬰卒五十五年范中行反其君於晉晉攻之急來請粟田乞欲爲亂樹黨於逆臣說景公曰范中行數有德於齊不可不救乃使乞救而輸之粟五十八年夏景公夫人燕姬適子死景公寵妾芮姬生子荼荼

少其母賤無行諸大夫恐其為嗣乃言願擇諸子長賢者為太子景公老惡言嗣事又愛荼母欲立之憚發之口乃謂諸大夫曰為樂耳國何患無君乎秋景公病命國惠子高昭子立少子荼為太子逐羣公子遷之萊景公卒太子荼立是為晏孺子冬未葬而羣公子畏誅皆出亡荼諸異母兄公子壽駒黔奔衛三公子公子駔陽生奔魯萊人歌之曰景公死乎弗與埋三軍事乎弗與謀師乎師乎胡黨之乎晏孺子元年春田乞僞事高國者

每朝乞驂乘言曰子得君大夫皆自危欲謀作亂又謂諸大夫曰高昭子可畏及未發先之大夫從之六月田乞鮑牧乃與大夫以兵入公宮攻高昭子昭子聞之與國惠子救公公師敗田乞之徒追之國惠子奔莒遂反殺高昭子晏圉奔魯八月齊秉意茲田乞敗二相乃使人之魯召公子陽生陽生至齊私匿田乞家十月戊子田乞請諸大夫曰常之母有魚菽之祭幸來會飲會飲田乞盛陽生橐中置坐中央發橐出陽生曰此乃齊君

矣大夫皆伏謁將與大夫盟而立之鮑牧醉乞誣大夫曰吾與鮑牧謀共立陽生鮑牧怒曰子忘景公之命乎諸大夫相視欲悔陽生前頓首曰可則立之否則已鮑牧恐禍起乃復曰皆景公子也何為不可乃與盟立陽生是為悼公悼公入宮使人遷晏孺子於駘殺之幕下而逐孺子母芮子芮子故賤而孺子少故無權國人輕之悼公元年齊伐魯取讙闡初陽生亡在魯季康子以其妹妻之及歸即位使迎之季姬與季魴侯通言其情

魯弗敢與故齊伐魯竟迎季姬季姬嬖齊復歸魯侵地鮑子與悼公有郤不善四年吳魯伐齊南方鮑子弒悼公赴于吳吳王夫差哭於軍門外三日將從海入討齊齊人敗之吳師乃去晉趙鞅伐齊至賴而去齊人共立悼公子壬是為簡公簡公四年春初簡公與父陽生俱在魯也闞止有寵焉及即位使為政田成子憚之驟顧於朝御鞅言簡公曰田闞不可並也君其擇焉弗聽子我夕田逆殺人逢之遂捕以入田氏方睦使囚病而遺

守囚者酒醉而殺守者得亡子我盟諸田於陳宗初田豹欲為子我臣使公孫言豹豹有喪而止後卒以為臣幸於子我子我謂曰吾盡逐田氏而立女可乎對曰我遠田氏矣且其違者不過數人何盡逐焉遂告田氏子行曰彼得君弗先必禍子子行舍於公宮夏五月壬申成子兄弟四乘如公子我在幄出迎之遂入閉門宦者禦之子行殺宦者公與婦人飲酒于檀臺成子遷諸寢公執戈將擊之太史子餘曰非不利也將除害也成子

出舍于庫聞公猶怒將出曰何所無君子行拔劍曰需事之賊也誰非田宗所不殺子者有如田宗乃止子我歸屬徒攻闈與大門皆弗勝乃出田氏追之豐邱人執子我以告殺之郭關成子將殺大陸子方田逆請而免之以公命取車於道出雍門田豹與之車弗受曰逆為余請豹與余車余有私焉事子我而有私於其讎何以見魯衛之士庚辰田常執簡公于徐州公曰余蚤從御鞅言不及此甲午田常弒簡公于徐州田常乃立簡公弟驁是為平公平公即位田常相之專齊之政割齊安平以東為田氏封邑平公八年越滅吳二十五年卒子宣公積立宣公五十一年卒子康公貸立田會反廩邱康公二年韓魏趙始列為諸侯十九年田常曾孫田和始為諸侯遷康公海濱二十六年康公卒呂氏遂絕其祀田氏卒有齊國為齊威王彊於天下

太史公曰吾適齊自泰山屬之琅邪北被于海膏壤二千里其民闊達多匿知其天性也以太公之聖建國本

桓公之盛修善政以為諸侯會盟稱伯不亦宜乎洋洋哉固大國之風也

史記正義卷三十二

欽定四庫全書

史記正義卷三十三

唐 張守節 撰

魯周世家第三　史記三十三

周公旦者周武王弟也自文王在時旦為子孝篤仁異於羣子及武王即位旦常輔翼武王用事居多武王九年東伐至盟津周公輔行十一年伐紂至牧野（衛州即牧野之地東北去朝歌七十三里）周公佐武王作牧誓破殷入商宫已殺紂

周公把大鉞召公把小鉞以夾武王釁社告紂之罪于天及殷民釋箕子之囚封紂子武庚祿父使管叔蔡叔傅之以續殷祀徧封功臣同姓戚者封周公旦於少昊之虛曲阜（括地志云兖州曲阜縣外城即魯公伯禽所築也）是為魯公周公不就封留佐武王武王克殷二年天下未集武王有疾不豫羣臣懼太公召公乃繆卜周公曰未可以戚我先王周公於是乃自以為質設三壇周公北面立戴璧秉圭告於大王王季文王史策祝曰惟爾元孫王發勤勞阻疾若爾三王是有負子之責於天以旦代王發之身旦巧能多材多藝能事鬼神乃王發不如旦多材多藝不能事鬼神乃命于帝庭敷佑四方用能定汝子孫于下地四方之民罔不敬畏無墜天之降葆命我先王亦永有所依歸（墜直類反）今我其即命於元龜爾之許我我以其璧與圭歸以俟爾命爾不許我我乃屏璧與圭周公已令史策告大王王季文王欲代武王發於是乃即三王而卜卜人皆曰吉發書視之信吉周公喜開籥乃見書遇

吉周公入賀武王曰王其無害旦新受命三王維長終是圖茲道能念予一人周公藏其策金縢匱中誡守者勿敢言明日武王有瘳其後武王既崩成王少在強葆之中（強闊八寸長八尺用約小兒於背而負行葆小兒被也）周公恐天下聞武王崩而畔周公乃踐阼代成王攝行政當國管叔及其羣弟流言於國曰周公將不利於成王周公乃告太公望召公奭曰我之所以弗辟（音避）而攝行政者恐天下畔周無以告我先王大王王季文王三王之憂勞天下久矣

於今而后成武王蚤終成王少將以成周我所以為之若此於是卒相成王而使其子伯禽代就封於魯周公戒伯禽曰我文王之子武王之弟成王之叔父我於天下亦不賤矣然我一沐三捉髮一飯三吐哺起以待士猶恐失天下之賢人子之魯慎無以國驕人管蔡武庚等果率淮夷而反周公乃奉成王命興師東伐作大誥遂誅管叔殺武庚放蔡叔收殷餘民以封康叔於衛封微子於宋以奉殷祀寧淮夷東土二年而畢定諸侯咸

服宗周天降祉福唐叔得禾異母同穎獻之成王成王命唐叔以餽周公於東土作餽禾周公既受命禾嘉天子命作嘉禾東土以集周公歸報成王乃為詩貽王命之曰鴟鴞王亦未敢訓周公成王七年二月乙未王朝步自周至豐使太保召公先之雒相土其三月周公往營成周雒邑卜居焉曰吉遂國之成王長能聽政於是周公乃還政於成王成王臨朝周公之代成王治南面倍依以朝諸侯及七年後還政成王北面就臣位匔匔

如畏然初成王少時病周公乃自揃其蚤沈之河以祝於神曰王少未有識奸神命者乃旦也亦藏其策於府成王病有瘳及成王用事人或譖周公周公奔楚成王發府見周公禱書乃泣反周公周公歸恐成王壯治有所淫佚乃作多士作毋逸毋逸稱為人父母為業至長久子孫驕奢忘之以亡其家為人子可不慎乎故昔在殷王中宗嚴恭敬畏天命自度治民震懼不敢荒寧故中宗饗國七十五年其在高宗（武丁也）久勞于外為與小

人作其即位乃有亮闇三年不言言乃讙不敢荒寧密靖殷國至于小大無怨故高宗饗國五十五年其在祖甲不義惟王久為小人于外知小人之依能保施小民不侮鰥寡故祖甲饗國三十三年多士稱曰自湯至于帝乙無不率祀明德帝無不配天者在今後嗣王紂誕淫厥佚不顧天及民之從也其民皆可誅周多士文王日中昃不暇食饗國五十年作此以誡成王成王在豐天下已安周之官政未次序於是周公作周官官別其

宜作立政以便百姓百姓說周公在豐病將没曰必葬
我成周以明吾不敢離成王周公既卒成王亦讓葬周
公於畢括地志云周公墓在雍州咸陽北十二里畢原上從文王以明予小子
不敢臣周公也周公卒後秋未穫暴風雷雨禾盡偃大
木盡拔周國大恐成王與大夫朝服以開金縢書王乃
得周公所自以為功代武王之說二公及王乃問史百
執事史百執事曰信有昔周公命我勿敢言成
王執書以泣曰自今後其無繆卜乎昔周公勤勞王家

惟予幼人弗及知今天動威以彰周公之德惟朕小子
其迎我國家禮亦宜之孔安國云周公以成王未寤故留東未還成王改過自新遣使者逆之亦國家禮有德之宜也王孔二說非也按言成王以開金縢之書知天風雷以彰周公之德故成王亦設郊天之禮以迎我國家先祖配食之禮亦當宜之故成王出郊天反雨不風也王出郊天乃
雨反風禾盡起二公命國人凡大木所偃盡起而築之
歲則大熟於是成王乃命魯得郊祭文王魯有天子禮
樂者以褒周公之德也周公卒子伯禽固已前受封是
為魯公魯公伯禽之初受封之魯三年而後報政周公

周公曰何遲也伯禽曰變其俗革其禮喪三年然後除
之故遲太公亦封於齊五月而報政周公周公曰何疾
也曰吾簡其君臣禮從其俗為也及後聞伯禽報政遲
乃嘆曰嗚呼魯後世其北面事齊矣夫政不簡不易民
不有近平易近民民必歸之伯禽即位之後有管蔡等
反也淮夷徐戎亦並興反於是伯禽率師伐之於肹作
肹誓曰陳爾甲冑無敢不善無敢傷牿古毒反牿牛馬牢也令臣無傷其牢恐牛馬逸馬牛其風臣妾逋逃勿敢越逐敬復之無敢寇

攘踰牆垣魯人三郊三隧峙爾芻茭糗糧楨榦糗去九反楨音真無敢不逮我甲戌築而征徐戎無敢不及有大刑作
此肹誓遂平徐戎定魯魯公伯禽卒子考公酋立考公
四年卒立弟熙是謂煬公煬公築茅闕門六年卒子幽
公宰立幽公十四年幽公弟潰殺幽公而自立是為魏
公魏公五十年卒子厲公擢立厲公三十七年卒魯人立
其弟具是為獻公獻公三十二年卒子真公濞立真公
十四年周厲王無道出奔彘共和行政二十九年周宣

王即位三十年真公卒弟敖立是為武公武公九年春武公與長子括少子戲（許義反又音許宜反後同）西朝周宣王宣王愛戲欲立戲為魯太子周之樊仲山父諫宣王曰廢長立少不順不順必犯王命犯王命必誅之故出令不可不順也令之不行政之不立行而不順民將弃上夫下事上少事長所以為順今天子建諸侯立其少是教民逆也若魯從之諸侯效之王命將有所壅若弗從而誅之是自誅王命也誅之亦失不誅亦失王其圖之宣王

弗聽卒立戲為魯太子夏武公歸而卒戲立是為懿公懿公九年懿公兄括之子伯御（伯我家反下同也）與魯人攻弒懿公而立伯御為君伯御即位十一年周宣王伐魯殺其君伯御而問魯公子能道順（道音導順音訓）諸侯者以為魯後樊穆仲曰魯懿公弟稱（尺證反）肅恭明神敬事耆老賦事行刑必問於遺訓而咨於固實不干所問不犯所知宣王曰然能訓治其民矣乃立稱於夷宮是為孝公自是後諸侯多畔王命孝公二十五年諸侯畔周犬戎殺

幽王秦始列為諸侯二十七年孝公卒子弗湟立是為惠公惠公三十年晉人弒其君昭侯四十五年晉人又弒其君孝侯四十六年惠公卒長庶子息攝當國行君事是為隱公初惠公適夫人無子（適音的）公賤妾聲子生子息息長為娶於宋宋女至而好惠公奪而自妻之生子允登宋女為夫人以允為太子及惠公卒為允少故魯人共令息攝政不言即位隱公五年觀漁於棠八年與鄭易天子之太山之邑祊及許田君子譏之十一年

冬公子揮諂謂隱公曰百姓便君君其遂立吾請為君殺子允君以我為相隱公曰有先君命吾為允少故攝代今允長矣吾方營菟裘之地而老焉以授子允政揮懼子允聞而反誅之乃反譖隱公於子允曰隱公欲遂立去子子其圖之請為子殺隱公子允許諾十一月隱公祭鍾巫齊于社圃館于蔿氏揮使人弒隱公于蔿氏而立子允為君是為桓公桓公元年鄭以璧易天子之許田二年以宋之賂鼎入於太廟君子譏之三年使揮

迎婦于齊為夫人六年夫人生子與桓公同日故名曰同同長為太子十六年會于曹伐鄭入厲公十八年春公將有行遂與夫人如齊申繻諫止公不聽遂如齊齊襄公通桓公夫人公怒夫人夫人以告齊侯夏四月丙子齊襄公饗公公醉使公子彭生抱魯桓公因命彭生搚其脅公死于車魯人告于齊曰寡君畏君之威不敢寧居來修好禮禮成而不反無所歸咎請得彭生以除醜於諸侯齊人殺彭生以說魯立太子同是為莊公莊

公母夫人因留齊不敢歸魯莊公五年冬伐衛内衛惠公八年齊公子糾來奔九年魯欲內子糾於齊後桓公桓公發兵擊魯魯急殺子糾召忽死齊告魯生致管仲魯人施伯曰世本云施伯魯惠公孫齊欲得管仲非殺之也將用之用之則為魯患不如殺以其屍與之莊公不聽遂囚管仲與齊齊人相管仲十三年魯莊公與曹沫會齊桓公於柯曹沫劫齊桓公求魯侵地已盟而釋桓公桓公欲背約管仲諫卒歸魯侵地十五年齊桓公始霸二十三年莊公如齊觀社三十二年初莊公築臺臨黨氏見孟女說而愛之許立為夫人割臂以盟孟女生子斑斑長說梁氏女往觀圉人犖自牆外與梁氏女戲犖力角反斑怒鞭犖莊公聞之曰犖有力焉遂殺之是未可鞭而置也斑未得殺會莊公有疾莊公有三弟長曰慶父次曰叔牙次曰季友莊公取齊女為夫人曰哀姜哀姜無子哀姜娣田戾反曰叔姜生子開莊公無適嗣愛孟女欲立其子斑莊公病而問嗣於弟叔牙叔牙曰一繼一及魯

之常也慶父在可為嗣君何憂莊公患叔牙欲立慶父退而問季友季友曰請以死立斑也莊公曰曩者叔牙欲立慶父奈何季友以莊公命命牙待於鍼巫氏使鍼季劫飲叔牙以鴆曰飲此則有後奉祀不然死且無後牙遂飲鴆而死魯立其子為叔孫氏八月癸亥莊公卒季友竟立子斑為君如莊公命侍喪舍于黨氏未至公宮止於舅氏先時慶父與哀姜私通欲立哀姜娣子開及莊公卒而季友立斑十月己未慶父使圉人犖殺魯公子斑於

黨氏季友犇陳慶父竟立莊公子開是為湣公湣公二年慶父與哀姜通益甚哀姜與慶父謀殺湣公而立慶父慶父使卜齮襲殺湣公於武闈齮魚綺反闈音韋季友聞之自陳與湣公弟申如邾請魯求内之魯人欲誅慶父慶父恐奔莒於是季友奉子申入立之是為釐公釐公亦莊公少子哀姜恐奔邾季友以賂如莒求慶父慶父歸使人殺慶父慶父請奔弗聽乃使大夫奚斯行哭而往慶父聞奚斯音乃自殺齊桓公聞哀姜與慶父亂以危魯

乃台之邾而殺之以其屍歸戮之魯魯釐公請而葬之季友母陳女故亡在陳陳故佐送季友及子申季友之將生也父魯桓公使人卜之曰男也其名曰友閒于兩社為公室輔季友亡則魯不昌及生有文在掌曰友遂以名之號為成季其後為季氏慶父後為孟氏也釐公元年以汶陽鄪封季友季友為相九年晉里克殺其君奚齊卓子齊桓公率釐公討晉亂至高梁而還立晉惠公十七年齊桓公卒二十四年晉文即位三十三年釐

公卒子興立是為文公文公元年楚太子商臣弒其父成王代立三年文公朝晉襄公十一年十月甲午魯敗翟于鹹獲長翟橋如富父終甥春其喉以戈殺之埋其首於子駒之門以命宣伯初宋武公之世鄋瞞伐宋鄋作度音所劉反瞞莫寒反司徒皇父帥師禦之以敗翟于長丘獲長翟緣斯晉之滅路獲喬如弟棼如齊惠公二年鄋瞞伐齊齊王子城父獲其弟榮如埋其首於北門衛人獲其季弟簡如鄋瞞由是遂亡十五年季文子使於晉十八

年二月文公卒文公有二妃長妃齊女哀姜生子惡及視次妃敬嬴嬖愛生子倭倭私事襄仲襄仲欲立之叔仲曰不可襄仲請齊惠公惠公新立欲親魯許之冬十月襄仲殺子惡及視而立倭是為宣公哀姜歸齊哭而過市曰天乎襄仲為不道殺適適音的立庶市人皆哭魯人謂之哀姜魯由此公室卑三桓彊宣公倭十二年楚莊王彊圍鄭鄭伯降復國之十八年宣公卒子成公黑肱立是為成公季文子曰使我殺適立庶失大援者襄仲

襄仲立宣公公孫歸父有寵宣公欲去三桓與晉謀伐三桓會宣公卒季文子怨之歸父奔齊成公二年春齊伐取我隆夏公與晉郤克敗齊頃公於鞍齊復歸我侵地四年成公如晉晉景公不敬魯魯欲背晉合於楚或諫乃不十年成公如晉晉景公卒因留成公送葬魯諱之十五年始與吳王壽夢會鍾離括地志云鍾離國故城在濠州鍾離縣東五里十六年宣伯告晉欲誅季文子文子有義晉人弗許十八年成公卒子午立是為襄公是時襄公三歲也襄

公元年晉立悼公往年冬晉欒書弑其君厲公四年襄公朝晉五年季文子卒家無衣帛之妾廐無食粟之馬府無金玉以相三君君子曰季文子廉忠矣九年與晉伐鄭晉悼公冠襄公於衛季武子從相行禮十一年三桓氏分為三軍十二年朝晉十六年晉平公即位二十一年朝晉平公二十二年孔丘生生在周靈王二十一年魯襄二十二年晉平七年吳諸樊十年二十五年齊崔杼弑其君莊公立其弟景公二十九年吳延陵季子使魯問周樂盡知其意魯人敬

焉三十一年六月襄公卒其九月太子卒魯人立齊歸之子裯為君是為昭公昭公年十九猶有童心穆叔不欲立曰太子死有母弟可立不即立長年鈞擇賢義鈞則卜之今裯非適嗣且又居喪意不在戚而有喜色若果立必為季氏憂季武子弗聽卒立之比及葬三易衰君子曰是不終也昭公三年朝晉至河晉平公謝還之魯恥焉四年楚靈王會諸侯於申昭公稱病不往七年季武子卒八年楚靈王就章華臺召昭公昭公往賀賜

昭公寶器已而悔復詐取之十二年朝晉至河晉平公謝還之十三年楚公子棄疾弑其君靈王代立十五年朝晉晉留之葬晉昭公魯恥之二十年齊景公與晏子狩竟因入魯問禮二十一年朝晉至河晉謝還之二十五年春鸜鵒來巢師已曰文成之世童謡曰鸜鵒來巢公在乾侯鸜鵒入處公在外野季氏與郈氏鬭雞季氏芥雞羽郈氏金距季平子怒而侵郈氏郈昭伯亦怒平子臧昭伯之弟會偽讒臧氏匿季氏臧昭伯囚季氏人季

平子怒因臧氏老臧郈氏以難告昭公昭公九月戊戌伐季氏遂入平子登臺請曰君以讒不察臣罪誅之請遷沂上弗許請囚於鄪弗許請以五乘亡弗許子家駒曰君其許之政自季氏久矣為徒者衆衆將合謀弗聽郈氏曰必殺之叔孫氏之臣戾謂其衆曰無季氏與有孰利皆曰無季氏是無叔孫氏戾曰然救季氏遂敗公師孟懿子聞叔孫氏勝亦殺郈昭伯郈昭伯為公使故孟氏得之三家共伐公公遂奔己亥公至于齊齊景公

曰請致千社待君子家曰弃周公之業而臣於齊可乎乃止子家曰齊景公無信不如早之晉弗從叔孫見公還見平子平子頓首初欲迎昭公孟孫季孫後悔乃止二十六年春齊伐魯取鄆而居昭公焉夏齊景公將內公令無受魯賂申豐汝賈許齊臣高齕子將粟五千庾子將言於齊侯曰羣臣不能事魯君有異焉宋元公為魯如晉求內之道卒叔孫昭子求內其君無病而死不知天弃魯乎抑魯君有罪于鬼神也願君且待齊景公從之二十八年昭公如晉求入季平子私於晉六卿六卿受季氏賂諫晉君晉君乃止居昭公乾侯二十九年昭公如鄆齊景公使人賜昭公書自謂主君昭公恥之怒而去乾侯三十一年晉欲內昭公召季平子平子布衣跣行因六卿謝罪六卿為言曰晉欲內昭公衆不從晉人止三十二年昭公卒於乾侯魯人共立昭公弟宋為君是為定公定公立趙簡子問史墨曰季氏亡乎史墨對曰不亡季友有大功於魯受鄪為上卿至于武子

文子世增其業魯文公卒東門遂殺適立庶魯君於是失國政政在季氏於今四君矣民不知君何以得國是以為君慎器與名不可以假人定公五年季平子卒陽虎私怒因季桓子與盟乃捨之七年齊伐我取鄆以為魯陽虎邑以從政八年陽虎欲盡殺三桓適而更立其所善庶子以代之載季桓子將殺之桓子詐而得脫三桓共攻陽虎陽虎居陽關九年魯伐陽虎陽虎奔齊已而奔晉趙氏左傳云仲尼曰趙氏其世有亂乎杜預云受亂人故十年定公與齊

景公會於夾谷孔子行相事齊欲襲魯君孔子以禮歷階誅齊淫樂齊侯懼乃止歸魯侵地而謝過十二年使仲由毀三桓城收其甲兵孟氏不肯墮城伐之不克而止季桓子受齊女樂孔子去十五年定公卒子將立是為哀公哀公五年齊景公卒六年齊田乞弑其君孺子七年吳王夫差彊伐齊至繒徵百牢於魯季康子使子貢說吳王及太宰嚭以禮詘之吳王曰我文身不足責禮乃止八年吳為鄒伐魯至城下盟而去齊伐我取

三邑十年伐齊南邊十二年齊伐魯季氏用冉有有功思孔子孔子自衛歸魯十四年齊田常弑其君簡公於徐州孔子請伐之哀公不聽十五年使子服景伯子貢為介適齊齊歸我侵地田常初相欲親諸侯十六年孔子卒二十二年越王勾踐滅吳王夫差二十七年春季康子卒夏哀公患三桓將欲因諸侯以劫之三桓亦患公作難故君臣多閒公游於陵阪遇孟武伯於衢曰請問余及死乎對曰不知也公欲以越伐三桓八月哀公如陘氏三桓攻公公奔于衛去如鄒遂如越國人迎哀公復歸卒于有山氏子寧立是為悼公悼公之時三桓勝魯如小侯畀於三桓之家十三年三晉滅智伯分其地有之三十七年悼公卒子嘉立是為元公元公二十一年卒子顯立是為穆公穆公三十三年卒子奮立是為共公共公二十二年卒子屯立是為康公康公九年卒子匽立是為景公景公二十九年卒子叔立是為平公是時六國皆稱王平公十二年秦惠王卒二十二年

平公卒子賈立是為文公文公七年楚懷王死于秦二十三年文公卒子讎立是為頃公頃公二年秦拔楚之郢楚頃王東徙于陳十九年楚伐我取徐州二十四年楚考烈王伐滅魯頃公亡遷於下邑為家人魯絕祀頃公卒于柯魯起周公至頃公凡三十四世

太史公曰余聞孔子稱曰甚矣魯道之衰也洙泗之間齗齗如也觀慶父及叔牙閔公之際何其亂也隱桓之事襄仲殺適立庶三家北面為臣親攻昭公昭公以奔

至其揖讓之禮則從矣而行事何其戾也

史記正義卷三十三

欽定四庫全書

史記正義卷三十四

唐　張守節　撰

燕召公世家第四　史記三十四

召公奭與周同姓姓姬氏周武王之滅紂封召公於北燕其在成王時召公為三公自陝以西召公主之自陝以東周公主之成王既幼周公攝政當國踐祚召公疑之作君奭君奭不說周公周公乃稱湯時有伊尹假于

皇天在太戊時有若伊陟臣扈假于上帝巫咸治王家在祖乙時則有若巫賢在武丁時則有若甘般率維茲有陳保乂有殷於是召公乃說召公之治西方甚得兆民和召公巡行鄉邑有棠樹今之棠梨樹也括地志云召伯廟在洛州壽安縣西北五里召伯聽訟甘棠之下周人思之不伐其樹後人懷其德因立廟有棠在九曲城東阜上決獄政事其下自侯伯至庶人各得其所無失職者召公卒而民人思召公之政懷棠樹不敢伐哥詠之作甘棠之詩自召公已下九世至惠侯燕惠侯當周厲王奔彘共

和之時惠侯卒子釐侯立釐音僖是歲周宣王初即位釐侯二十一年鄭桓公初封於鄭三十六年釐侯卒子頃侯立頃侯二十年周幽王淫亂為犬戎所弑秦始列為諸侯二十四年頃侯卒子哀侯立哀侯二年卒子鄭侯立鄭侯三十六年卒子繆侯立繆侯七年而魯隱公元年也十八年卒子宣侯立宣侯十三年卒子桓侯立桓侯七年卒子莊公立莊公十二年齊桓公始霸十六年與宋衛共伐周惠王惠王出奔溫立惠王弟頹為周王

十七年鄭執燕仲父內惠王于周二十七年山戎來侵我齊桓公救燕遂北伐山戎而還燕君送齊桓公出境桓公因割燕所至地予燕予音與括地志云燕留故城在滄州長蘆縣東北十七里即齊桓公分溝割燕君所至地與燕因築此城故名燕留使燕共貢天子如成周時職使燕復修召公之法三十三年卒子襄公立襄公二十六年晉文公為踐土之會稱伯三十一年秦師敗于殽三十七年秦穆公卒四十年襄公卒桓公立桓公十六年卒宣公立宣公十五年卒昭公立昭公十三年

卒武公立是歲晉滅三郤大夫武公十九年卒文公立文公六年卒懿公立懿公元年齊崔杼弑其君莊公四年卒子惠公立惠公元年齊高止來奔六年惠公多寵姬公欲去諸大夫而立寵姬宋大夫共誅姬宋惠公懼奔齊四年齊高偃如晉請共伐燕入其君晉平公許與齊伐燕入惠公惠公至燕而死燕立悼公悼公七年卒共公立共公五年卒平公立晉公室卑六卿始彊大平公十八年吳王闔閭破楚入郢十九年卒簡公立簡公

十二年卒獻公立晉趙鞅圍范中行於朝歌獻公十二年齊田常弑其君簡公十四年孔子卒二十八年獻公卒孝公立孝公十二年韓魏趙滅知伯分其地三晉彊十五年孝公卒成公立成公十六年卒湣公立湣公三十一年卒釐公立是歲三晉列為諸侯釐公三十年伐齊敗于林營釐公卒桓公立桓公十一年卒文公立是歲秦獻公卒秦益彊文王十九年齊威王卒二十八年蘇秦始來見說文公文公予車馬金帛以至趙趙肅侯

用之因約六國為從長（從兄從反 長丁丈反）秦惠王以其女為燕太子婦二十九年文公卒太子立是為易王易王初立齊宣王因燕喪伐我取十城蘇秦說齊使復歸燕十城十年燕君為王蘇秦與燕文公夫人私通懼誅乃說王使齊為反間欲以亂齊（使音所吏反 間音紀莧反）易王立十二年卒子燕噲立燕噲既立齊人殺蘇秦蘇秦之在燕與其相子之為婚而蘇代與子之交及蘇秦死而齊宣王復用蘇代燕噲三年與楚三晉攻秦不勝而還子之相燕貴

重主斷蘇代為齊使於燕燕王問曰齊王奚如對曰必不霸燕王曰何也對曰不信其臣蘇代欲以激燕王以尊子之也於是燕王大信子之子之因遺蘇代百金而聽（瓚云秦以一溢為一金 孟康云二十四兩曰溢）其所使鹿毛壽謂燕王不如以國讓相子之人之謂堯賢者以其讓天下於許由許由不受有讓天下之名而實不失天下今王以國讓於子之子之必不敢受是王與堯同行也燕王因屬國於子之子之大重或曰禹薦益已而以啟人為吏及老而以啟人為不足任乎天下傳之於益已而啟與交黨攻益奪之天下謂禹名傳天下於益已而實令啟自取之今王言屬國於子之而吏無非太子人者是名屬子之而實太子用事也王因收印自三百石吏已上而效之子之子之南面行王事而噲老不聽政顧為臣國事皆決於子之三年國大亂百姓恫怨將軍市被（人姓也）與太子平謀將攻子之諸將謂齊湣王曰因而赴之破燕必矣齊王因令人謂燕太子平曰寡人聞太子之義將廢

私而立公飭君臣之義（飭音勑）明父子之位寡人之國小不足以為先後（先後並去聲）雖然則唯太子所以令之太子因要黨聚衆將軍市被圍公宮攻子之不克將軍市被及百姓反攻太子平將軍市被死以徇因搆難數月死者數萬衆人恫恐百姓離志孟軻謂齊王曰今伐燕此文武之時不可失也王因令章子將五都之兵以因北地之衆以伐燕士卒不戰城門不閉燕君噲死齊大勝燕子之亡二年而燕人共立太子平是為燕昭王燕昭

王於破燕之後即位卑身厚幣以招賢者謂郭隗曰齊因孤之國亂而襲破燕孤極知燕小力少不足以報然誠得賢士以共國以雪先王之恥孤之願也先生視可者得身事之郭隗曰王必欲致士先從隗始況賢於隗者豈遠千里哉於是昭王為隗改築宮而師事之樂毅自魏往鄒衍自齊往劇辛自趙往士爭趨燕燕王弔死問孤與百姓同甘苦二十八年燕國殷富士卒樂軼輕戰於是遂以樂毅為上將軍與秦楚三晉合謀以伐齊

齊兵敗湣王出亡於外燕兵獨追北入至臨淄盡取齊寶燒其宮室宗廟齊城之不下者獨唯聊莒即墨其餘皆屬燕六歲昭王三十三年卒子惠王立惠王為太子時與樂毅有隙及即位疑毅使騎劫代將樂毅亡走趙齊田單以即墨擊敗燕軍騎劫死燕兵引歸齊悉復得其故城湣王死于莒乃立其子為襄王惠王七年卒韓魏楚共伐燕燕武成王立武成王七年齊田單伐我拔中陽十三年秦敗趙於長平四十餘萬十四年武成王卒子孝王立孝王元年秦圍邯鄲者解去三年卒子今王喜立今王喜四年秦昭王卒燕王命相栗腹約歡趙以五百金為趙王酒還報燕王曰趙王壯者皆死長平其孤未壯可伐也王召昌國君樂間問之對曰趙四戰之國（趙東鄰燕西接秦境南錯韓魏北連胡貊故言四戰）其民習兵不可伐王曰吾以五而伐一對曰不可燕王怒羣臣皆以為可卒起二軍車二千乘栗腹將而攻鄗卿秦攻代（今代州也戰國策云廉頗以二十萬遇栗腹於鄗樂乘以五萬遇慶秦於代燕人大敗與此不同也）唯獨大夫將渠謂

燕王曰與人通關約交以五百金飲人之王使者報而反攻之不祥兵無成功燕王不聽自將偏軍隨之將渠引燕王綬止之曰王必無自往往無成功王蹵之以足將渠泣曰臣非以自為為王也燕君至宋子趙使廉頗將擊破栗腹於鄗破卿秦樂乘於代樂間奔趙廉頗逐之五百餘里圍其國燕人請和趙人不許必令將渠處和燕相將渠以處和趙聽將渠解燕圍六年秦滅東西周置三川郡七年秦拔趙榆次三十七城秦置太原郡

九年秦王政初即位十年趙使廉頗將攻繁陽拔之趙孝成王卒悼襄王立使樂乘代廉頗廉頗不聽攻樂乘樂乘走廉頗奔大梁十二年趙使李牧攻燕拔武遂方城劇辛故居趙與龐煖善已而亡走燕燕見趙數困于秦而廉頗去令龐煖將也欲因趙弊攻之問劇辛辛曰龐煖易與耳燕使劇辛將擊趙趙使龐煖擊之取燕軍二萬殺劇辛秦拔魏二十城置東郡十九年秦拔趙之鄴（即相州鄴縣也）九城趙悼襄王卒二十三年太子丹質於秦

亡歸燕二十五年秦虜滅韓王安置潁川郡二十七年秦虜趙王遷滅趙趙公子嘉自立為代王燕見秦且滅六國秦兵臨易水禍且至燕太子丹陰養壯士二十人使荆軻獻督亢地圖於秦因襲刺秦王秦王覺殺軻使將軍王翦擊燕二十九年秦攻拔我薊燕王亡徙居遼東斬丹以獻秦三十年秦滅魏三十三年秦拔遼東虜燕王喜卒滅燕是歲秦將王賁（賁音奔王翦子）亦虜代王嘉

太史公曰召公奭可謂仁矣甘棠且思之況其人乎燕北迫蠻貉內措齊晉崎嶇彊國之間最為弱小幾滅者數矣然社稷血食者八九百歲於姬姓獨後亡豈非召公之烈耶

史記正義卷三十四

欽定四庫全書　史部

史記正義卷三十五至三十九

詳校官編修臣李如筠

欽定四庫全書

史記正義卷三十五

唐　張守節　撰

管蔡世家第五　史記三十五

管叔鮮音仙括地志云鄭州管城縣外城即管國城也是叔鮮所封國也蔡叔度者周文王子而武王弟也武王同母兄弟十人母曰太姒國語云杞繒二國姒姓夏禹之後太姒之家太姒文王之妃武王之母烈女傳云太姒者武王之母禹後姒氏之女也在郃之陽在渭之涘仁而明道文王嘉之親迎於渭造舟為梁及入太姒思任旦夕勤勞以進婦道太

姒號曰文母文王理外文母治內太姒生十男教誨自少及長未嘗見邪僻之事言常以正道持之也文王正妃也其長子曰伯邑考次曰武王發次曰管叔鮮次曰周公旦次曰蔡叔度次曰曹叔振鐸次曰成叔武括地志云濮州雷澤縣在東南九十一里漢郕陽縣古郕伯姬姓之國其後遷於成之陽次曰霍叔處處昌汝反括地志云晉州霍邑縣本漢彘縣也鄭玄註周禮云霍山在彘本春秋時霍伯國地次曰康叔封次曰冄季載冄作冉音奴甘反或作郝音同冄國名也季載人名也伯邑考最長所以加伯諸中子咸言叔以載最少故言季載冄季載最少同母兄弟十人唯發旦賢左右輔文王左右並去聲故文王舍伯邑考而以發

為太子及文王崩而發立是為武王伯邑考既已前卒矣武王已克殷紂平天下封功臣昆弟於是封叔鮮於管封叔度於蔡二人相紂子武庚祿父治殷遺民封叔旦於魯而相周為周公封叔振鐸於曹封叔武於成封叔處於霍康叔封冉季載皆少未得封武王既崩成王少周公旦專王室管叔蔡叔疑周公之為不利於成王乃挾武庚以作亂周公旦承成王命伐誅武庚殺管叔而放蔡叔遷之與車十乘徒七十人從而分殷餘民為

二其一封微子啟於宋以續殷祀其一封康叔為衛君是為衛康叔封季載於冉冉季康叔皆有馴行於是周公舉康叔為周司寇冉季為周司空以佐成王治皆有令名於天下蔡叔度既遷而死其子曰胡胡乃改行率德馴善周公聞之而舉胡以為魯卿士魯國治於是周公言於成王復封胡於蔡以奉蔡叔之祀是為蔡仲餘五叔皆就國無為天子吏者蔡仲卒子蔡伯荒立蔡伯荒卒子宮侯立宮侯卒子厲侯立厲侯卒子武侯立武侯之時周厲王失國奔彘共和行政諸侯多叛周武侯卒子夷侯立夷侯十一年周宣王即位二十八年夷侯卒子釐侯所事立釐侯三十九年周幽王為犬戎所殺周室卑而東徙秦始得封為列侯（周幽王為犬戎所殺平王東徙洛邑秦襄公以兵救因送平王至洛故平王封襄公）四十八年釐侯卒子共侯興立共侯二年卒子戴侯立戴侯十年卒子宣侯措父立宣侯二十八年魯隱公初立三十五年宣侯卒子桓侯封人立桓侯三年魯弒其君隱公二十年桓侯卒弟哀侯獻舞立

哀侯十一年初哀侯娶陳息侯亦娶陳息夫人將歸過蔡蔡侯不敬息侯怒請楚文王來伐我我求救於蔡蔡必來楚因擊之可以有功楚文王從之虜蔡哀侯以歸哀侯留九歲死於楚凡立二十年卒蔡人立其子肸是為繆侯繆侯以其女弟為齊桓公夫人十八年齊桓公與蔡女戲船中夫人蕩舟桓公止之不止公怒歸蔡女而不絕也蔡侯怒嫁其弟齊桓公怒伐蔡蔡潰遂虜繆侯南至楚邵陵已而諸侯為蔡謝齊齊侯歸蔡侯二十九

年繆侯卒子莊侯甲午立莊侯三年齊桓公卒十四年晉文公敗楚於城濮二十年楚太子商臣弑其父成王代立二十五年秦穆公卒三十三年楚莊王即位三十四年莊侯卒子文侯申立文侯十四年楚莊王伐陳殺夏徵舒十五年楚圍鄭鄭降楚楚復醳之（醳音釋）二十年文侯卒子景侯同立景侯元年楚莊王卒二十九年景侯為太子般娶婦於楚而景侯通焉太子弑景侯而自立是為靈侯靈侯二年楚公子圍弑其王郟敖而自立

為靈王（郟紀洽反敖五高反）九年陳司徒招弑其君哀公楚使公子棄疾滅陳而有之十二年楚靈王以靈侯弑其父誘蔡靈侯于申（故申城在鄧州）伏甲飲之醉而殺之刑其士卒七十人令公子棄疾圍蔡十一月滅蔡使棄疾為蔡公（蔡之大夫也）楚滅蔡三歲楚公子棄疾弑其君靈王代立為平王平王乃求蔡景侯少子廬立之是為平侯是年楚亦復立陳楚平王初立欲親諸侯故復立陳蔡後平侯九年卒靈侯般之孫東國攻平侯子而自立是為悼侯悼侯父曰隱太子友者靈侯之太子平侯立而殺隱太子故平侯卒而隱太子之子東國攻平侯子而代立是為悼侯悼侯三年卒弟昭侯甲立昭侯十年朝楚昭王持美裘二獻其一於昭王而自衣其一楚相子常欲之不與子常讒蔡侯留之楚三年蔡侯知之乃獻其裘於子常子常受之乃言歸蔡侯蔡侯歸而之晉請與晉伐楚十三年春與衛靈公會邵陵蔡侯私與周萇弘以求長於衛衛使史鰌言康叔之功德乃長衛夏為晉滅沈楚

怒攻蔡蔡昭侯使其子為質於吳（質音致）以共伐楚冬與吳王闔閭遂破楚入郢蔡怨子常子常恐奔鄭十四年吳去而楚昭王復國十六年楚令尹為其民泣以謀蔡蔡昭侯懼二十六年孔子如蔡楚昭王伐蔡蔡恐告急於吳吳為蔡遠約遷以自近易以相救昭侯私許不與大夫計吳人來救蔡因遷蔡于州來二十八年昭侯將朝于吳大夫恐其復遷乃令賊利殺昭侯已而誅賊利以解過而立昭侯子朔是為成侯成侯四年宋滅曹十

年齊田常弑其君簡公十三年楚滅陳十九年成侯卒子聲侯産立聲侯十五年卒子元侯立元侯六年卒子侯齊立侯齊四年楚惠王滅蔡蔡侯齊亡蔡遂絶祀後陳滅三十三年伯邑考其後不知所封武王發其後為周有本紀言管叔鮮作亂誅死無後周公旦其後為魯有世家言蔡叔度其後為蔡有世家言曹叔振鐸其後為曹有世家言成叔武其後世無所見霍叔處其後晉獻公時滅霍康叔封其後為衛有世家言冉季載其後

世無所見

太史公曰管蔡作亂無足載者然周武王崩成王少天下既疑賴同母之弟成叔冉季之屬十人為輔拂是以諸侯卒宗周故附之世家言

曹叔世家曹叔振鐸者周武王弟也武王已克殷紂封叔振鐸於曹叔振鐸卒子太伯脾立太伯卒子仲君平立仲君平卒子宫伯侯立宫伯侯卒子孝伯雲立孝伯雲卒子夷伯喜立夷伯二十三年周厲王奔于彘三十年卒弟幽伯彊立幽伯九年弟蘇殺幽伯代立是為戴伯戴伯元年周宣王已立三歳三十年戴伯卒子惠伯兕立惠伯二十五年周幽王為犬戎所殺因東徙益卑諸侯畔之秦始列為諸侯三十六年惠伯卒子石甫立其弟武殺之代立是為繆公繆公三年卒子桓公終生立桓公三十五年魯隱公立四十五年魯弑其君隱公四十六年宋華公督弑其君殤公及孔父五十五年桓公卒子莊公夕姑立莊公二十三年齊桓公始霸三十

一年莊公卒子釐公夷立釐公九年卒子昭公班立昭公六年齊桓公敗蔡遂至楚召陵九年昭公卒子共公襄立共公十六年初晉公子重耳其亡過曹曹君無禮欲觀其駢脅（駢白邊反脅許業反）釐負羈（釐音僖曹大夫）諫不聽私善於重耳二十一年晉文公重耳伐曹虜共公以歸令軍毋入釐負羈之宗族閭或説晉文公曰昔齊桓公會諸侯復異姓今君囚曹君滅同姓何以令於諸侯晉乃復歸共公二十五年晉文公卒三十五年共公卒子文公壽

立文公二十三年辛子宣公彊立宣公十七年卒弟成公負芻立成公三年晉厲公伐曹虜成公以歸已復釋之五年晉欒書中行偃使程滑弑其君厲公二十三年成公卒子武公勝立武公二十六年楚公子棄疾弑其君靈王代立二十七年武公卒子平公頃立平公四年卒子悼公午立是歲宋衛陳鄭皆火悼公八年宋景公立九年悼公朝於宋宋囚之曹立其弟野是為聲公悼公死於宋歸葬聲公五年平公弟通弑聲公代立是為

隱公隱公四年聲公弟露弑隱公代立是為靖公靖公四年卒子伯陽立伯陽三年國人有夢衆君子立于社宮謀欲亡曹曹叔振鐸止之請待公孫彊許之旦求之曹無此人夢者戒其子曰我亡爾聞公孫彊為政必去曹無罹曹禍及伯陽即位好田弋之事六年曹野人公孫彊亦好田弋獲白鴈而獻之且言田弋之說因訪政事伯陽大說之有寵使為司城以聽政夢者之子乃亡去公孫彊言霸說於曹伯十四年曹伯從之乃背晉干宋宋景公伐之晉人不救十五年宋滅曹執曹伯陽及公孫彊以歸而殺之曹遂絕其祀

太史公曰余尋曹共公之不用僖負羈乃乘軒者三百人晉世家云晉師入曹數之以其不用僖負羈言而美女乘軒三百人也知唯德之不建及振鐸之夢豈不欲引曹之祀者哉如公孫彊不修厥政叔鐸之祀忽諸至如公孫彊不脩霸道之政而伯陽之子立叔鐸猶尚饗祭祀宣合忽絕之哉

史記正義卷三十五

欽定四庫全書

史記正義卷三十六

唐 張守節 撰

史記三十六

陳杞世家第六

陳胡公滿者虞帝舜之後也昔舜為庶人時堯妻之二女居于嬀汭其後因為氏姓姓嬀氏舜已崩傳禹天下而舜子商均為封國夏后之時或失或續至於周武王克殷紂乃復求舜後得嬀滿封之於陳以奉帝舜祀是為胡公胡公卒子申公犀侯立申公卒弟相公皋羊立

相公卒立申公子突是為孝公孝公卒子慎公圉戎立慎公當周厲王時慎公卒子幽公寧立幽公十二年周厲王奔于彘二十三年幽公卒子釐公孝立釐公六年周宣王即位三十六年釐公卒子武公靈立武公十五年卒子夷公說立是歲周幽王即位夷公三年卒弟平公燮立（燮先牒反）平公七年周幽王為犬戎所殺周東徙秦始列為諸侯二十三年平公卒子文公圉立文公元年取蔡女生子佗（徒何反）十年文公卒長子桓公鮑立桓公二十三年魯隱公初立二十六年衛殺其君州吁三十三年魯弒其君隱公三十八年正月甲戌己丑陳桓公鮑卒（甲戌己丑凡十六日）桓公弟佗其母蔡女故蔡人為佗殺五父及桓公太子免而立佗是為厲公桓公病而亂作國人分散故再赴厲公二年生子敬仲完周太史過陳陳厲公使以周易筮之卦得觀之否是為觀國之光利用賓于王此其代陳有國乎不在此其在異國（六四變內卦為中國外卦

為異國）非此其身在其子孫（內卦為身外卦為子孫變在外故知在子孫也）若在異國必姜姓（六四變此爻是辛未觀上體巽未為羊巽為女女乘羊故為姜姜齊姓故知在齊）姜姓太嶽之後物莫能兩大陳衰此其昌乎（周敬王四十一年楚惠王殺陳湣公齊簡公周敬王三十九年被田常殺之）厲公取蔡女蔡女與蔡人亂厲公數如蔡淫七年厲公所殺桓公太子免之三弟長曰躍中曰林少曰杵臼共令蔡人誘厲公以好女與蔡人共殺厲公而立躍是為利公利公者桓公子也利公立五年卒立中弟林是為莊公莊公七年卒少弟杵

曰立是為宣公宣公三年楚武王卒楚始彊十七年周惠王娶陳女為后二十一年宣公後有嬖姬生子款欲立之乃殺其太子禦寇禦寇素愛厲公子完完懼禍及己乃奔齊齊桓公欲使陳完為卿完曰羈旅之臣幸得免負擔君之惠也不敢當高位桓公使為工正（周禮云冬官為考工主作器械）齊懿仲欲妻陳敬仲卜之占曰是謂鳳皇于飛和鳴鏘鏘有嬀之後將育于姜五世其昌並于正卿八世之後莫之與京（杜預云敬八代孫田常之子襄子盤也而杜以常為八代者以桓子無宇生武子開與釐子乞皆相繼事齊故以常為八代）三十七年齊桓公伐蔡蔡敗南侵楚至召陵還過陳陳大夫轅濤塗惡其過陳詐齊令出東道東道惡桓公怒執陳轅濤塗是歲晉獻公殺其太子申生四十五年宣公卒子款立是為穆公穆公五年齊桓公卒十六年晉文公敗楚師於城濮是歲穆公卒子共公朔立共公六年楚太子商臣弒其父成王代立是為穆王十一年秦穆公卒十八年共公卒子靈公平國立靈公（謚法云亂而不損曰靈）元年楚莊王即位六年

楚伐陳十年陳及楚平十四年靈公與其大夫孔寧儀行父皆通於夏姬（列女傳陳女夏姬者陳大夫夏徵舒之母御叔之妻也三為王后七為夫人公侯爭之莫不迷惑失意杜預云夏姬鄭穆公女陳大夫御叔之妻左傳云殺御叔殺靈侯戮夏南出孔儀喪陳國）衷其衣以戲於朝泄冶諫曰君臣淫亂民何效焉靈公以告二子二子請殺泄冶公弗禁遂殺泄冶十五年靈公與二子飲於夏氏公戲二子曰徵舒似汝二子曰亦如公徵舒怒靈公罷酒出徵舒伏弩廄門射殺靈公孔寧儀行父皆奔楚靈公太子午奔晉徵舒自立為陳侯徵舒故陳大夫也夏姬御叔之妻舒之母也成公九年冬楚莊王為夏徵舒殺靈公率諸侯伐陳謂陳曰無驚吾誅徵舒而已已誅徵舒因縣陳而有之羣臣畢賀申叔時使於齊來還獨不賀莊王問其故對曰鄙語有之牽牛徑人田田主奪之牛徑則有罪矣奪之牛不亦甚乎今王以徵舒為賊弒君故徵兵諸侯以義伐之已而取之以利其地則後何以令於天下是以不賀莊王曰善乃迎陳靈公太子午於晉而立之復君陳如故是

為成公孔子讀史記至楚復陳曰賢哉楚莊王輕千乘之國而重一言（家語云孔子讀史記至楚復陳喟然曰賢哉楚莊王輕千乘之國而重一言之信非申叔時之忠弗能建其義非楚莊王之賢亦不能受其訓也）二十八年楚莊王卒二十九年陳倍楚盟三十年楚共王代陳是歲成公卒子哀公弱立楚以陳喪罷兵去哀公三年楚圍陳復釋之二十八年楚公子圍弒其君郟敖自立為靈王三十四年初哀公娶鄭長姬生悼太子師少姬生偃二嬖妾長妾生留少妾生勝留有寵哀公哀公屬之其弟司徒

招哀公病三月招殺悼太子立留為太子哀公怒欲誅招招發兵圍守哀公哀公自經殺招卒立留為陳君四月陳使使赴楚楚靈王聞陳亂乃殺陳使者使公子棄疾發兵伐陳陳君留奔鄭九月楚圍陳十一月滅陳使棄疾為陳公招之殺悼太子也太子之子名吳出奔晉晉平公問太史趙曰陳遂亡乎對曰陳顓頊之族陳氏得政於齊乃卒亡自幕至於瞽瞍無違命舜重之以明德至於遂世世守之及胡公周賜之姓使祀虞帝且盛

德之後必百世祀虞之世未也其在齊乎楚靈王滅陳五歲楚公子棄疾弒靈王代立是為平王平王初立欲得和諸侯乃求故陳悼太子師之子吳立為陳侯是為惠公惠公立探續哀公卒時年而為元空籍五歲矣七年陳火十五年吳王僚使公子光伐陳取胡沈而去二十八年吳王闔閭與子胥敗楚入郢是年惠公卒子懷公柳立懷公元年吳破楚在郢召陳侯陳侯欲往大夫曰吳新得意楚王雖亡與陳有故不可倍懷公乃以疾

謝吳四年吳復召懷公懷公恐如吳吳怒其前不往留之因卒吳陳乃立懷公之子越是為湣公湣公六年孔子適陳吳王夫差伐陳取三邑而去十三年吳復來伐陳陳告急楚楚昭王來救軍於城父吳師去是年楚昭王卒於城父時孔子在陳十五年宋滅曹十六年吳王夫差伐齊敗之艾陵使人召陳侯陳侯恐如吳楚伐陳二十一年齊田常弒其君簡公二十三年楚之白公勝殺令尹子西子綦襲惠王葉公攻敗白公白公自殺二十

四年楚惠王復國以兵北伐殺陳湣公遂滅陳而有之是歲孔子卒

杞東樓公者夏后禹之後苗裔也殷時或封或絶周武王克殷紂求禹之後得東樓公封之於杞以奉夏后氏祀東樓公生西樓公西樓公生題公題公生謀娶公謀娶公當周厲王時謀娶公生武公武公立四十七年卒子靖公立靖公二十三年卒子共公立共公八年卒子德公立德公十八年卒弟桓公姑容立桓公十七年

卒子孝公匄立孝公十七年卒弟文公益姑立文公十四年卒弟平公鬱立平公十八年卒子悼公成立悼公十二年卒子隱公乞立七月隱公弟遂弑隱公自立是為釐公釐公十九年卒子湣公維立湣公十五年楚惠王滅陳十六年湣公弟閼路弑湣公代立是為哀公哀公立十年卒湣公子敕立是為出公出公十二年卒子簡公春立立一年楚惠王之四十四年滅杞杞後陳亡三十四年杞小微其事不足稱述舜之後周武王封之陳至楚惠王滅之有世家言禹之後周武王封之杞楚惠王滅之有世家言契之後為殷殷有本紀言殷破周封其後於宋齊湣王滅之有世家言后稷之後周秦昭王滅之有本紀言皋陶之後或封英六楚穆王滅之無譜伯夷之後至周武王復封於齊曰太公望陳氏滅之有世家言伯翳之後至周平王時封為秦項羽滅之有本紀言垂益夔龍其後不知所封不見也右十一人者皆唐虞之際名有功德臣也其五人之後皆至帝王餘乃為顯諸侯滕薛騶夏殷周之間封也小不足齒列弗論也

周武王時侯伯尚千餘人及幽厲之後諸侯力攻相并江黄胡沈之屬不可勝數故弗采著于傳上

太史公曰舜之德可謂至矣禪位於夏而後世血食者歷三代及楚滅陳而田常得政於齊卒為建國百世不絶苗裔兹兹有土者不乏焉至禹於周則杞微甚不足數也楚惠王滅杞其後越王句踐興

史記正義卷三十六

欽定四庫全書

史記正義卷三十七

唐 張守節 撰

衛康叔世家第七　　史記三十七

衛康叔名封周武王同母少弟也其次尚有冉季冉季最少武王已克殷紂復以殷餘民封紂子武庚祿父比諸侯以奉其先祀勿絶為武庚未集恐其有賊心武王乃令其弟管叔蔡叔傅相武庚祿父以和其民武王既

崩成王少周公旦代成王治當國管叔蔡叔疑周公乃與武庚祿父作亂欲攻成周周公旦以成王命興師伐殷殺武庚祿父管叔放蔡叔以武庚殷餘民封康叔為衛君居河淇間故商墟周公旦懼康叔齒少乃申告康叔曰必求殷之賢人君子長者問其先殷所以興所以亡而務愛民告以紂所以亡者以淫於酒酒之失婦人是用故紂之亂自此始為梓材（若梓人為材君子觀為法則也梓匠人也）示君子可法則故謂之康誥酒誥梓材以命之康叔之國

既以此命能和集其民民大悅成王長用事舉康叔為周司寇賜衛寶祭器以章有德康叔卒子康伯代立康伯卒子考伯立考伯卒子嗣伯立嗣伯卒子疌伯立疌伯卒子靖伯立靖伯卒子貞伯立貞伯卒子頃侯立頃侯厚賂周夷王夷王命衛為侯頃侯立十二年卒子釐侯立釐侯十三年周厲王出奔于彘共和行政焉二十八年周宣王立四十二年釐侯卒太子共伯餘立為君共伯弟和有寵於釐侯多予之賂和以其賂賂士以襲

攻共伯於墓上共伯入釐侯羨自殺衛人因葬之釐侯旁謚曰共伯而立和為衛侯是為武公武公即位修康叔之政百姓和集四十二年犬戎殺周幽王武公將兵往佐周平戎甚有功周平王命武公為公五十五年卒子莊公揚立莊公五年取齊女為夫人好而無子又取陳女為夫人生子蚤死陳女女弟亦幸於莊公而生子完完母死莊公令夫人齊女子之立為太子莊公有寵妾生子州吁十八年州吁長好兵莊公使將石碏諫莊

公曰庶子好兵使將亂自此起不聽二十三年莊公卒太子完立是為桓公桓公二年弟州吁驕奢桓公絀之州吁出奔十三年鄭伯弟段攻其兄不勝亡而州吁求與之友十六年州吁收聚衛亡人以襲殺桓公州吁自立為衛君為鄭伯弟段欲伐鄭請宋陳蔡與俱三國皆許州吁州吁新立好兵弑桓公衛人皆不愛石碏乃因桓公母家於陳詳為善州吁至鄭郊石碏與陳侯共謀使右宰醜進食因殺州吁于濮而迎桓公弟於邢而立之是

為宣公宣公七年魯弑其君隱公九年宋督弑其君殤公及孔父十年晉曲沃莊伯弑其君哀侯十八年初宣公愛夫人夷姜夷姜生子伋以為太子而令右公子傅之右公子為太子取齊女未入室而宣公見所欲為太子婦者好說而自取之更為太子取他女宣公得齊女生子壽子朔令左公子傅之太子伋母死宣公正夫人與朔共讒惡太子伋宣公自以其奪太子妻心惡太子欲廢之及聞其惡大怒乃使太子伋於齊而令盜遮界上殺之左傳云衛宣公使太子伋之齊使盜待諸莘將殺之杜預云莘衛地與太子白旄而告界盜見持白旄者殺之且行子朔之兄壽太子異母弟也知朔之惡太子而君欲殺之乃謂太子曰界盜見太子白旄即殺太子太子可毋行太子曰逆父命求生不可遂行壽見太子不止乃盜其白旄而先馳至界界盜見其驗即殺之壽已死而太子伋又至謂盜曰所當殺乃我也盜并殺太子伋以報宣公宣公乃以子朔為太子十九年宣公卒太子朔立是為惠公左右公子

不平朔之立也惠公四年左右公子怨惠公之讒殺前太子伋而代立乃作亂攻惠公立太子伋之弟黔牟為君惠公奔齊衛君黔牟立八年齊襄公率諸侯奉王命共伐衛納衛惠公誅左右公子衛君黔牟奔于周惠公復立惠公立三年出亡亡八年復入與前通年凡十三年矣二十五年惠公怨周之容舍黔牟與燕伐周周惠王奔溫衛燕立惠王弟頹為王二十九年鄭復納惠王三十一年惠公卒子懿公赤立懿公即位好鶴括地志云故鶴

城在滑州匡城縣西南十五里左傳云衛懿公好鶴有乘軒者狄伐衛公欲戰國人受甲者皆曰使鶴鶴寔有祿位余焉能戰俗傳懿公養鶴於此城因名也淫樂奢侈九年翟伐衛衛懿公
欲發兵兵或畔大臣言曰君好鶴鶴可令擊翟於是遂
入殺懿公懿公之立也百姓大臣皆不服自懿公父惠
公朔之讒殺太子伋代立至於懿公常欲敗之卒滅惠
公之後而更立黔牟之弟昭伯頑之子申為君是為戴
公戴公申元年卒齊桓公以衛數亂乃率諸侯伐翟為
衛築楚邱括地志云城武縣有楚邱亭立戴公弟燬為衛君燬音毁是

為文公文公以亂故奔齊齊人入之初翟殺懿公也衛
人憐之思復立宣公前死太子伋之後伋子又死而代
伋死者子壽又無子太子伋同母弟二人其一曰黔牟
嘗代惠公為君八年復去其二曰昭伯昭伯黔牟皆已
前死故立昭伯子申為戴公戴公卒復立其弟燬為文
公文公初立輕賦平罪身自勞與百姓同苦以收衛民
十六年晉公子重耳過無禮十七年齊桓公卒二十五
年文公卒子成公鄭立成公三年晉欲假道於衛救宋

成公不許晉更從南河渡救宋徵師於衛衛大夫欲許
成公不肯大夫元咺攻成公成公出奔咺況遠反晉文公重
耳伐衛分其地予宋討前過無禮及不救宋患也衛成
公遂出奔陳二歲如周求入與晉文公會晉使人鴆衛
成公成公私於周主鴆令薄得不死已而周為請晉
文公卒入之衛而誅元咺衛君瑕出奔七年晉文公卒
十二年成公朝晉襄公十四年秦穆公卒二十六年齊
邴歜弑其君懿公三十五年成公卒子穆公遬立遬音速

穆公二年楚莊王伐陳殺夏徵舒三年楚莊王圍鄭鄭
降復釋之十一年孫良夫救魯伐齊復得侵地穆公卒
子定公臧立定公十二年卒子獻公衎立獻公十三年
公令師曹教宮妾鼓琴妾不善曹笞之妾以幸惡曹於
公公亦笞曹三百十八年獻公戒孫文子甯惠子食皆
往日旰不召而去射鴻於囿二子從之公不釋射服與
之言二子怒如宿孫文子子數侍公飲使師曹歌巧言
之卒章師曹又怒公之嘗笞三百乃歌之欲以怒孫文

子報衛獻公文子語蘧伯玉伯玉曰臣不知也遂攻出獻公獻公奔齊齊置衛獻公於聚邑孫文子甯惠子共立定公弟秋為衛君是為殤公殤公秋立封孫文子林父於宿十二年甯喜與孫林父爭寵相惡殤公使甯喜攻孫林父林父奔晉復求入故衛獻公獻公在齊齊景公聞之與衛獻公如晉求入晉為伐衛誘與盟衛殤公會晉平公平公執殤公與甯喜而復入衛獻公獻公亡在外十二年而入獻公後元年誅甯喜三年吳延陵季

子使過衛見蘧伯玉史鰌曰衛多君子其國無故過宿孫林父為擊磬曰不樂音大悲使衛亂乃此矣是年獻公卒子襄公惡立襄公六年楚靈王會諸侯襄公稱病不往九年襄公卒初襄公有賤妾幸之有身夢有人謂曰我康叔也令若子必有衛名而子曰元妾怪之問孔成子成子曰康叔者衛祖也及生子男也以告襄公襄公曰天所置也名之曰元襄公夫人無子於是乃立元為嗣是為靈公靈公五年朝晉昭公六年楚公子棄疾弒靈王自立為平王十一年火三十八年孔子來祿之如魯後有隙孔子去後復來三十九年太子蒯聵與靈公夫人南子有惡欲殺南子蒯聵與其徒戲陽遬謀朝使殺夫人戲音羲戲陽後悔不果蒯聵數目之夫人覺之懼呼曰呼火故反太子欲殺我靈公怒太子蒯聵奔宋已而之晉趙氏四十二年春靈公游于郊令子郢僕郢靈公少子也字子南靈公怨太子出奔謂郢曰我將立若為後郢對曰郢不足以辱社稷君更圖之夏靈公卒夫人

命子郢為太子曰此靈公命也郢曰亡人太子蒯聵之子輒在也不敢當於是衛乃以輒為君是為出公六月乙酉趙簡子欲入蒯聵乃令陽虎詐命衛十餘人衰絰歸簡子送蒯聵衛人聞之發兵擊蒯聵蒯聵不得入入宿而保衛人亦罷兵出公輒四年齊田乞弒其君孺子八年齊鮑子弒其君悼公孔子自陳入衛九年孔文子問兵於仲尼仲尼不對其後魯迎仲尼仲尼反魯十二年初孔圉文子取太子蒯聵之姊生悝孔氏之豎渾良

夫美好孔文子卒良夫通於悝母太子在宿悝母使良夫於太子太子與良夫言曰苟能入我國報子以乘軒免子三死毋所與（杜預云三罪紫衣袒裘帶劍也紫衣君服也熱故偏袒不敬也衛侯求令名者與之食焉太子請使良夫良夫紫衣狐裘不釋劍而食太子使牽退數之罪而殺之）與之盟許以悝母為妻閏月良夫與太子入舍孔氏之外圃昏二人蒙衣而乘宦者羅御如孔氏孔氏之老欒甯問之稱姻妾以告遂入適伯姬氏既食悝母杖戈而先太子與五人介與猳從之伯姬劫悝於廁强盟之遂劫以登臺

欒甯將飲酒炙未熟聞亂使告仲由召護駕乘車行爵食炙奉出公輒奔魯仲由將入遇子羔將出曰門已閉矣子路曰吾姑至矣子羔曰不及莫踐其難子路曰食焉不辟其難子羔遂出子路入及門公孫敢闔門曰毋入為也子路曰是公孫也求利而逃其難由不然利其祿必救其患有使者出子路乃得入曰太子焉用孔悝雖殺之必或繼之且曰太子無勇若燔臺必舍孔叔太子聞之懼下石乞盂黶敵子路（燔音煩舍音捨黶音乙減反）以戈擊之割纓子路曰君子死冠不免結纓而死（纓冠綏也）孔子聞衛亂曰嗟乎柴也其來乎由也其死矣孔悝竟立太子蒯聵是為莊公莊公蒯聵者出公父也居外怨大夫莫迎立元年即位欲盡誅大臣曰寡人居外久矣子亦嘗聞之乎羣臣欲作亂乃止二年魯孔丘卒三年莊公上城見戎州曰戎虜何為是戎州病之十月戎州告趙簡子簡子圍衛十一月莊公出奔衛人立公子斑師為衛君齊伐衛虜斑師更立公子起為衛君衛君起元年衛

石曼尃逐其君起起奔齊衛出公輒自齊復歸立初出公立十二年亡亡在外四年復入出公後元年賞從亡者立二十一年卒出公季父黚攻出公子而自立是為悼公悼公五年卒子敬公弗立敬公十九年卒子昭公糾立是時三晉强衛如小侯屬之（屬趙也）昭公六年公子亹（音尾）弒之代立是為懷公懷公十一年公子穨弒懷公而代立是為慎公慎公父公子適適父敬公也慎公四十二年卒子聲公訓立聲公十一年卒子成侯速立成

侯十一年公孫鞅入秦十六年衛更貶號曰侯二十九年成侯卒子平侯立平侯八年卒子嗣君立嗣君五年更貶號曰君獨有濮陽四十二年卒子懷君立懷君三十一年朝魏魏囚殺懷君魏更立嗣君弟是為元君元君為魏壻故魏立之元君十四年秦拔魏東地秦初置東郡更徙衛野王縣而并濮陽為東郡二十五年元君卒子君角立君角九年秦并天下立為始皇帝二十一年二世廢君角為庶人衛絕祀

太史公曰余讀世家言至於宣公之太子以婦見誅弟壽爭死以相讓此與晉太子申生不敢明驪姬之過同俱惡傷父之志然卒死亡何其悲哉或父子相殺兄弟相滅亦獨何哉

史記正義卷三十七

欽定四庫全書

史記正義卷三十八

唐 張守節 撰

宋微子世家第八　史記三十八

微子開者殷帝乙之首子而紂之庶兄也紂既立不明淫亂於政微子數諫紂不聽及祖伊以周西伯昌之修德滅阢阢國懼禍至以告紂紂曰我生不有命在天乎是何能為於是微子度紂終不可諫欲死之及去未能

自決乃問於太師少師曰殷不有治政不治四方我祖遂陳於上紂沈湎於酒婦人是用亂敗湯德於下殷既小大好草竊姦宄卿士師師非度皆有罪辜乃無維獲小民乃並興相為敵讎今殷其典喪若涉水無津涯殷遂喪越至于今曰太師少師我其發出往吾家保于喪今女無故告予顛躋如之何其太師若曰王子天篤下菑亡殷國乃毋畏畏不用老長今殷民乃陋淫神祇之祀今誠得治國國治身死不恨為死終不得治不如去遂亡

箕子者紂親戚也紂始為象箸箕子歎曰彼為象箸必為玉桮為桮則必思遠方珍怪之物而御之矣輿馬宮室之漸自此始不可振也紂為淫佚箕子諫不聽人或曰可以去矣箕子曰為人臣諫不聽而去是彰君之惡而自說於民吾不忍為也乃被髮佯狂而為奴遂隱而鼓琴以自悲故傳之曰箕子操王子比干者亦紂之親戚也見箕子諫不聽而為奴則曰君有過而不以死爭則百姓何辜乃直言諫紂紂怒曰吾聞聖人之心有七

竅信有諸乎乃遂殺王子比干刳視其心微子曰父子有骨肉而臣主以義屬故父有過子三諫不聽則隨而號之人臣三諫不聽則其義可以去矣於是太師少師乃勸微子去遂行周武王伐紂克殷微子乃持其祭器造於軍門肉袒面縛左牽羊右把茅膝行而前以告於是武王乃釋微子復其位如故武王封紂子武庚祿父以續殷祀使管叔蔡叔傅相之武王既克殷訪問箕子武王曰於乎維天陰定下民相和其居我不知其常倫

所序箕子對曰在昔鯀陻鴻水汩陳其五行帝乃震怒不從鴻範九等常倫所斁鯀則殛死禹乃嗣興天乃錫禹鴻範九等常倫所序初一曰五行二曰五事三曰八政四曰五紀五曰皇極六曰三德七曰稽疑八曰庶徵九曰嚮用五福畏用六極五行一曰水二曰火三曰木四曰金五曰土水曰潤下火曰炎上木曰曲直金曰從革土曰稼穡潤下作鹹炎上作苦曲直作酸從革作辛稼穡作甘五事一曰貌二曰言三曰視四曰聽五曰思

貌曰恭言曰從視曰明聽曰聰思曰睿恭作肅從作治明作智聰作謀睿作聖八政一曰食二曰貨三曰祀四曰司空五曰司徒六曰司寇七曰賓八曰師五紀一曰歲二曰月三曰日四曰星辰五曰歷數皇極皇建其有極斂時五福用傅錫其庶民維時其庶民于女極錫女保極凡厥庶 民毋有淫朋人毋有比德維皇作極凡厥庶民有猷有為有守女則念之不恊于極不離于咎皇則受之而安而色曰予所好德女則錫之福時人斯

其維皇之極毋侮鰥寡而畏高明人之有能有為使羞
其行而國其昌凡厥正人既富方穀女不能使有好于
而家時人斯其辜于其毋好女雖錫之福其作女用咎
毋偏毋頗遵王之義毋有作好遵王之道毋有作惡遵
王之路毋偏毋黨王道蕩蕩毋黨毋偏王道平平毋反
毋側王道正直會其有極歸其有極曰王極之傅言是
夷是訓于帝其順凡厥庶民極之傅言是順是行以近
天子之光曰天子作民父母以為天下王三德一曰正

直二曰剛克三曰柔克平康正直彊不友剛克內友柔
克沈漸剛克高明柔克維辟作福維辟作威維辟玉食
臣無有作福作威玉食臣有作福作威玉食其害于而
家凶于而國人用側頗辟民用僭忒稽疑擇建立卜筮
人乃命卜筮曰雨曰濟曰涕曰霧曰克曰貞曰悔凡七
卜五占之用二衍貣立時人為卜筮三人占則從二人
之言女則有大疑謀及女心謀及卿士謀及庶人謀及
卜筮女則從龜從筮從卿士從庶民從是之謂大同而
身其康彊而子孫其逢吉女則從龜從筮從卿士逆庶
民逆吉卿士從龜從筮從女則逆庶民逆吉庶民從龜
從筮從女則逆卿士逆吉女則從龜從筮逆卿士逆庶
民逆作內吉作外凶龜筮共違于人用靜吉用作凶庶
徵曰雨曰陽曰奧曰寒曰風曰時五者來備各以其序
庶草繁廡一極備凶一極亡凶曰休徵曰肅時雨若曰
治時暘若曰知時奧若曰謀時寒若曰聖時風若曰咎徵
曰狂常雨若曰僭常暘若曰舒常奧若曰急常寒若曰

霧常風若王眚維歲卿士維月師尹維日歲日月時毋
易百穀用成治用明畯民用章家用平康日月歲時既
易百穀用不成治用昏不明畯民用微家用不寧庶民
維星星有好風星有好雨日月之行有冬有夏月之從
星則以風雨五福一曰壽二曰富三曰康寧四曰攸好
德五曰考終命六極一曰凶短折二曰疾三曰憂四曰貧
五曰惡六曰弱於是武王乃封箕子於朝鮮而不臣也
其後箕子朝周過故殷虛感宮室毀壞生禾黍箕子傷

之欲哭則不可欲泣為其近婦人乃作麥秀之詩以歌詠之其詩曰麥秀漸漸兮禾黍油油彼狡僮兮不與我好兮所謂狡童者紂也殷民聞之皆為流涕武王崩成王少周公旦代行政當國管蔡疑之乃與武庚作亂欲襲成王周公周公既承成王命誅武庚殺管叔放蔡叔乃命微子開代殷後奉其先祀作微子之命以申之國于宋微子故能仁賢乃代武庚故殷之餘民甚愛戴之微子開卒立其弟衍是為微仲微仲卒子宋公稽立宋

公稽卒子丁公申立丁公申卒子湣公共立湣公共卒弟煬公熙立煬公即位湣公子鮒祀弒煬公而自立曰我當立是為厲公厲公卒子釐公舉立釐公十七年周厲王出奔彘二十八年釐公卒子惠公覸立惠公四年周宣王即位三十年惠公卒子哀公立哀公元年卒子戴公立戴公二十九年周幽王為犬戎所殺秦始列為諸侯三十四年戴公卒子武公司空立武公生女為魯惠公夫人生魯桓公十八年武公卒子宣公力立宣公有太子與夷十

九年宣公病讓其弟和曰父死子繼兄死弟及天下通義也我其立和和亦三讓而受之宣公卒弟和立是為穆公穆公九年病召大司馬孔父謂曰先君宣公舍太子與夷而立我我不敢忘我死必立與夷也孔父曰羣臣皆願立公子馮穆公曰毋立馮吾不可以負宣公於是穆公使馮出居鄭八月庚辰穆公卒兄宣公子與夷立是為殤公君子聞之曰宋宣公可謂知人矣立其弟以成義然卒其子復享之殤公元年衛公子州吁弒其

君完自立欲得諸侯使告于宋曰馮在鄭必為亂可與我伐之宋許之與伐鄭至東門而還二年鄭伐宋以報東門之役其後諸侯數來侵伐九年大司馬孔父嘉妻好出道遇太宰華督督說目而觀之督利孔父妻乃使人宣言國中曰殤公即位十年耳而十一戰民苦不堪皆孔父為之我且殺孔父以寧民是歲魯弒其君隱公十年華督攻殺孔父取其妻殤公怒遂弒殤公而迎穆公子馮於鄭而立之是為莊公莊公元年華督為相九

年執鄭之祭仲要以立突為鄭君祭仲許竟立突十九年莊公卒子湣公捷立湣公七年齊桓公即位九年宋水魯使臧文仲往弔水湣公自罪曰寡人以不能事鬼神政不脩故水臧文仲善此言此言乃公子子魚教湣公也十年夏宋伐魯戰於乘丘魯生虜宋南宮萬宋人請萬萬歸宋十一年秋湣公與南宮萬獵因博爭行湣公怒辱之曰始吾敬若今若魯虜也萬有力病此言遂以局殺湣公于蒙澤大夫仇牧聞之以兵造公門萬搏

牧牧齒著門闔死因殺太宰華督乃更立公子游為君諸公子奔蕭公子禦說奔亳萬弟南宮牛將兵圍亳冬蕭及宋之諸公子共擊殺南宮牛弒宋新君游而立湣公弟禦說是為桓公宋萬奔陳宋人請以賂陳陳人使婦人飲之醇酒以革裹之歸宋宋人醢萬也桓公二年諸侯伐宋至郊而去三年齊桓公始霸二十三年迎衛公子燬於齊立之是為衛文公文公女弟為桓公夫人秦穆公即位三十年桓公病太子茲甫讓其庶兄目夷為嗣桓公義太子意竟不聽三十一年春桓公卒太子茲甫立是為襄公以其庶兄目夷為相未葬而齊桓會諸侯于葵邱襄公往會襄公七年宋地霣星如雨與雨偕下六鷁退蜚風疾也八年齊桓公卒宋欲為盟會十二年春宋襄公為鹿上之盟以求諸侯於楚楚人許之公子目夷諫曰小國爭盟禍也不聽秋諸侯會宋公盟于盂目夷曰禍其在此乎君欲已甚何以堪之於是楚執宋襄公以伐宋冬會于亳以釋宋公子魚曰禍猶未也十三年夏宋伐鄭子魚曰禍在此矣秋楚伐宋以救

鄭襄公將戰子魚諫曰天之棄商久矣不可冬十一月襄公與楚成王戰于泓楚人未濟目夷曰彼衆我寡及其未濟擊之公不聽已濟未陳又曰可擊公曰待其已陳陳成宋人擊之宋師大敗襄公傷股國人皆怨公公曰君子不困人於阨不鼓不成列子魚曰兵以勝為功何常言與必如公言即奴事之耳又何戰為楚成王已救鄭鄭享之去而取鄭二姬以歸叔瞻曰成王無禮謂取

鄭二姬也其不沒乎為禮卒於無別有以知其不遂霸也是年晉公子重耳過宋襄公以傷於楚欲得晉援厚禮重耳以馬二十乘十四年夏襄公病傷於泓而竟卒子成公王臣立成公元年晉文公即位三年倍楚盟親晉以有德於文公也四年楚成王伐宋宋告急於晉五年晉文公救宋楚兵去九年晉文公卒十一年楚太子商臣弒其父成王代立十六年秦穆公卒十七年成公卒年表云公孫固殺成公成公弟禦殺太子及大司馬公孫固世本云宋莊公孫名固為大司馬而自立為君宋人共殺君禦而立成公少子杵臼年

表云宋昭元年杵臼襄公之子徐廣曰一云成公少子是為昭公昭公四年宋敗長翟緣斯於長邱七年楚莊王即位九年昭公無道國人不附昭公弟鮑革賢而下士先襄公夫人欲通於公子鮑不可乃助之施於國施貳是反襄夫人助公子鮑布施恩惠於國人也因大夫華元為右師公子華元鮑因請得為右師華元戴公五代孫華督之曾孫也昭公出獵夫人王姬使衛伯攻殺昭公杵臼弟鮑革立是為文公文公元年晉率諸侯伐宋責以弒君聞文公定立乃

去二年昭公子因文公母弟須與武繆戴莊桓之族為亂文公盡誅之出武繆之族四年春鄭命楚伐宋宋使華元將鄭敗宋囚華元華元之將戰殺羊以食士其御羊羹不及故怨馳入鄭軍故宋師敗得囚華元宋以兵車百乘文馬四百疋按文馬者裝飾其馬四百匹用牽車伯乘遺鄭贖華元也又曰文馬赤鬣縞身目如黃金贖華元未盡入華元亡歸宋十四年楚莊王圍鄭鄭伯降楚楚復釋之十六年楚使過宋宋有前仇執楚使九月楚莊王圍宋十七年楚以圍宋五月不解

宋城中急無食華元乃夜私見楚將子反子反告莊王王問城中何如曰析骨而炊易子而食莊王曰誠哉言我軍亦有二日糧以信故遂罷兵去二十二年文公卒子共公瑕立始厚葬君子譏華元不臣矣共公元年華元善楚將子重又善晉將欒書兩盟晉楚十三年共公卒華元為右師魚石為左師司馬唐山攻殺太子肥欲殺華元華元奔晉魚石止之至河乃還誅唐山乃立共公少子成是為平公平公三年楚共王拔宋之彭城以

封宋左師魚石四年諸侯共誅魚石而歸彭城於宋三十五年楚公子圍弑其君自立為靈王四十四年平公卒子元公佐立元公三年楚公子棄疾弑靈王自立為平王八年宋火十年元公毋信詐殺諸公子大夫華向氏作亂楚平王太子建來奔見諸華氏相攻亂建去如鄭十五年元公為魯昭公避季氏居外為之求入魯行道卒子景公頭曼立景公十六年魯陽虎來奔已復去二十五年孔子過宋宋司馬桓魋惡之欲殺孔子孔子

微服去三十年曹倍宋又倍晉宋伐曹晉不救遂滅曹有之（宋景公滅曹在魯哀公八年周敬王三十三年也）三十六年齊田常弑簡公三十七年楚惠王滅陳熒惑守心心宋之分野也景公憂之司星子韋曰可移於相景公曰相吾之股肱曰可移於民景公曰君者待民曰可移於歲景公曰歲饑民困吾誰為君子韋曰天高聽卑君有君人之言三熒惑宜有動於是候之果徙三度六十四年景公卒宋公子特攻殺太子而自立是為昭公昭公者元公之曾庶孫也昭公父公孫糾糾父公子褍秦褍秦即元公少子也景公殺昭公父糾故昭公怨殺太子而自立昭公四十七年卒子悼公購由立辟公三年卒子剔成立剔成四十一年剔成弟偃攻襲剔成剔成敗奔齊偃自立為宋君君偃十一年自立為王東敗齊取五城南敗楚取地三百里西敗魏軍乃與齊魏為敵國盛血以韋囊縣而射之命曰射天淫於酒婦人羣臣諫者輒射之於是諸侯皆曰桀宋宋其復為紂所為不可不誅告齊伐宋

王偃立四十七年齊湣王魏楚伐宋殺王偃遂滅宋而三分其地

太史公曰孔子稱微子去之箕子為之奴比干諫而死殷有三仁焉春秋譏宋之亂自宣公廢太子而立弟國以不寧者十世襄公之時修行仁義欲為盟主其大夫正考父美之故追道契湯高宗殷所以興作商頌襄公既敗於泓而君子或以為多傷中國闕禮義褒之也宋襄之有禮讓也

史記正義卷三十八

史記正義卷三十九

唐　張守節　撰

晉世家第九　　史記三十九

唐叔虞者周武王子而成王弟初武王與叔虞母會時夢天謂武王曰余命女生子名虞余與之唐及生子文在其手曰虞故遂因命之曰虞武王崩成王立唐有亂

括地志云故唐城在絳州翼城縣西二十里即堯裔子所封春秋云夏孔甲時有堯苗裔劉累者以豢龍事孔

甲夏后嘉之賜氏御龍以更豕韋之後龍一雌死潛醢之以食夏后既而使求之懼而遷於魯縣夏后召孟別封劉累之孫于大夏之墟為侯至周成王時唐人作亂成王滅之而封太叔更遷唐人子孫于杜謂之杜伯即范丐所云在周為杜唐氏按魯縣汝州魯山縣是今隨州棗陽縣東南一百五十里上唐鄉故城即後子孫徙於唐

周公誅滅唐成王與叔虞戲削桐葉為珪以與叔虞曰以此封若史佚因請擇日立叔虞成王曰吾與之戲耳史佚曰天子無戲言言則史書之禮成之樂歌之於是遂封叔虞於唐唐在河汾之東方百里故曰唐叔虞

括地志云故鄂城在慈州昌寧縣東二里按與絳州夏縣相近禹都安邑故城在縣東北十五里故云在大夏

也然封于河汾二水之東方百里正合在晉州平陽縣不合在鄂未詳姓姬氏字子于唐叔子燮是為晉侯（燮先牒反括地志云故唐城在并州晉陽縣北二里城記云堯築也國都城記云唐叔虞之子燮父徙居晉水傍今并理故唐城唐者即燮父初徙之處其城南半入州城中削為坊城墻北半見在毛詩譜云叔虞子燮父以堯墟南有晉水改曰晉侯）晉侯子寧族是為武侯武侯之子服人是為成侯成侯子福是為厲侯厲侯之子宜臼是為靖侯靖侯已來年紀可推自唐叔至靖侯五世無其年數靖侯十七年周厲王迷惑暴虐國人作亂厲王出奔于彘大臣行政故曰共和（厲王奔彘周召和共百姓行政

號曰共和）十八年靖侯卒子釐侯司徒立釐侯十四年周宣王初立十八年釐侯卒子獻侯籍立獻侯十一年卒子穆侯費王立穆侯四年取齊女姜氏為夫人七年伐條生太子仇十年伐千畝有功生少子名曰成師晉人師服曰異哉君之命子也太子曰仇仇者讎也少子曰成師成師大號成之者也名自命也物自定也今嫡庶名反逆此後晉其能毋亂乎二十七年穆侯卒弟殤叔自立太子仇出奔殤叔三年周宣王崩四年穆侯太子仇率其徒襲殤叔而立是為文侯文侯十年周幽王無道犬戎殺幽王周東徙而秦襄公始列為諸侯三十五年文侯仇卒子昭侯伯立昭侯元年封文侯弟成師于曲沃曲沃邑大於翼翼晉君都邑也成師封曲沃號為桓叔靖侯庶孫欒賓（世本云欒叔賓父也）相桓叔桓叔是時年五十八矣好德晉國之衆皆附焉君子曰晉之亂其在曲沃矣末大於本而得民心不亂何待七年晉大臣潘父弒其君昭侯而迎曲沃桓叔桓叔欲入晉晉人發兵攻桓

叔桓叔敗還歸曲沃晉人共立昭侯子平為君是為孝侯誅潘父孝侯八年曲沃桓叔卒子鱓代桓叔是為曲沃莊伯孝侯十五年曲沃莊伯弒其君晉孝侯于翼晉人攻曲沃莊伯莊伯復入曲沃晉人復立孝侯子郄為君是為鄂侯（音郎戟反）鄂侯二年魯隱公初立鄂侯六年卒曲沃莊伯聞晉侯卒乃興兵伐晉周平王使虢公將兵伐曲沃莊伯莊伯走保曲沃晉人共立鄂侯子光是為哀侯哀侯二年曲沃莊伯卒子稱代莊伯立（稱尺證反）是為

曲沃武公哀侯六年魯弑其君隱公哀侯八年晉侵陘廷陘廷與曲沃武公謀九年伐晉于汾旁（白郎反汾水之旁）虜哀侯晉人乃立哀侯子小子為君是為小子侯小子元年曲沃武公使韓萬殺所虜晉哀侯曲沃益彊晉無如之何晉小子之四年曲沃武公誘召晉小子殺之周桓王使虢仲（馬融云周武王克商封文王異母弟虢仲於夏陽）伐曲沃武公武公入于曲沃乃立晉哀侯弟緡為晉侯晉侯緡四年宋執鄭祭仲而立突為鄭君晉侯十九年齊人管至父弑其君

襄公晉侯二十八年齊桓公始霸曲沃武公伐晉侯緡滅之盡以其寶器賂獻于周釐王釐王命曲沃武公為晉君列為諸侯於是盡併晉地而有之曲沃武公已即位三十七年矣更號曰晉武公晉武公始都晉國前即位曲沃通年三十八年武公稱者先晉穆侯曾孫也曲沃桓叔孫也桓叔者始封曲沃武公莊伯子也自桓叔初封曲沃以至武公滅晉也凡六十七歲而卒代晉為諸侯武公代晉二歲卒與曲沃通年即位凡三十九年而卒子獻公詭諸立獻公元年周惠王弟頹攻惠王惠王出奔居鄭之櫟邑五年伐驪戎得驪姬驪姬弟俱愛幸之八年士蔿說公曰故晉之羣公子多不誅亂且起乃使盡殺諸公子而城聚都之命曰絳始都絳九年晉羣公子既亡奔虢虢以其故再伐晉弗克十年晉欲伐虢士蔿曰且待其亂十二年驪姬生奚齊獻公有意廢太子乃曰曲沃吾先祖宗廟所在而蒲邊秦屈邊翟不使諸子居之我懼焉於是使太子申生居曲沃公子重

耳居蒲公子夷吾居屈獻公與驪姬子奚齊居絳晉國以此知太子不立也太子申生其母齊桓公女也曰齊姜早死申生同母女弟為秦穆公夫人重耳母翟之狐氏女也夷吾母重耳母女弟也獻公子八人而太子申生重耳夷吾皆有賢行及得驪姬乃遠此三子十六年晉獻公作二軍公將上軍太子申生將下軍趙夙御戎畢萬為右伐滅霍滅魏滅耿還為太子城曲沃賜趙夙耿賜畢萬魏以為大夫士蔿曰太子不得立矣分之都

城而位以卿先為之極又安得立不如逃之無使罪至為吳太伯不亦可乎猶有令名太子不從卜偃曰畢萬之後必大萬盈數也魏大名也以是始賞天開之矣天子曰兆民諸侯曰萬民今命之大以從盈數其必有衆初畢萬卜仕於晉國遇屯之比辛廖占之曰吉屯固比入吉孰大焉其後必蕃昌十七年晉侯使太子申生伐東山里克諫獻公曰太子奉冢祀社稷之粢盛以朝夕視君膳者也故曰冢子君行則守有守則從從曰撫軍

守曰監國古之制也夫率師專行謀也誓軍旅君與國政之所圖也非太子之事也師在制命而已稟命則不威專命則不孝故君之嗣適不可以帥師君失其官率師不威將安用之公曰寡人有子未知其太子誰立里克不對而退見太子太子曰吾其廢乎里克曰太子勉之教以軍旅不共是懼何故廢乎且子懼不孝毋懼不得立脩己而不責人則免於難太子帥師公衣之偏衣上衣去聲下衣如字佩之金玦玦音決里克謝病不從太子太子遂

伐東山十九年獻公曰始吾先君莊伯武公之誅晉亂而虢常助晉伐我言虢助晉伐曲沃也又匿晉亡公子果為亂弗誅後遺子孫憂乃使荀息以屈產之乘假道於虞虞假道遂伐虢取其下陽以歸獻公私謂驪姬曰吾欲廢太子以奚齊代之驪姬泣曰太子之立諸侯皆已知之而數將兵百姓附之奈何以賤妾之故廢適立庶君必行之妾自殺也驪姬詳譽太子而陰令人譖惡太子而欲立其子二十一年驪姬謂太子曰君夢見齊姜太子速祭曲

沃歸釐於君太子於是祭其母齊姜於曲沃上其薦胙於獻公獻公時出獵置胙於宮中驪姬使人置毒藥胙中居二日獻公從獵來還宰人上胙獻公獻公欲饗之驪姬從旁止之曰胙所從來遠宜試之祭地地墳與犬犬死與小臣小臣死驪姬泣曰太子何忍也其父而欲弒代之況他人乎且君老矣旦暮之人曾不能待而欲弒之謂獻公曰太子所以然者不過以妾及奚齊之故妾願子母辟之他國若早自殺毋徒使母子為太子所

魚肉也始君欲廢之妾猶恨之至於今妾殊自失於此
太子聞之奔新城獻公怒乃誅其傅杜原款或謂太子
曰為此藥者乃驪姬也太子何不自辭明之太子曰吾
君老矣非驪姬寢不安食不甘即辭之君且怒之不可
或謂太子曰可奔他國太子曰被此惡名以出人誰內
我我自殺耳十二月戊申申生自殺於新城此時重耳
夷吾來朝人或告驪姬曰二公子怨驪姬譖殺太子驪
姬恐因譖二公子申生之藥胙二公子知之二子聞之恐

重耳走蒲夷吾走屈保其城自備守初獻公使士蔿為
蔿為詭反為于偽反 二公子築蒲屈城弗就夷吾以告公公怒士
蔿士蔿謝曰邊城少寇安用之退而歌曰狐裘蒙茸一
國三公吾誰適從卒就城及申生死二子亦歸保其城
二十二年獻公怒二子不辭而去果有謀矣乃使兵伐
蒲蒲人之宦者勃鞮 勃白沒反鞮都提反韋昭云伯楚寺人勃之字也於文公時為勃鞮
也 命重耳促自殺重耳踰垣宦者追斬其衣袪重耳遂
奔翟使人伐屈屈守城不可下是歲也晉復假道於虞
以伐虢虞之大夫宮之奇諫虞君曰晉不可假道也是
且滅虞虞君曰晉我同姓不宜伐我宮之奇曰太伯虞
仲太王之子也太伯亡去是以不嗣虢仲虢叔王季之
子也為文王卿士其記勳在王室藏於盟府將虢是滅
何愛于虞且虞之親能親於桓莊之族乎桓莊之族何
罪盡滅之虞之與虢脣之與齒脣亡則齒寒虞公不聽
遂許晉宮之奇以其族去虞其冬晉滅虢虢公醜奔周
還襲滅虞虜虞公及其大夫井伯百里奚 南雍州記云百里奚宋井

伯宛人也 以媵秦穆姬而修虞祀荀息牽曩所遺虞屈產之
乘馬奉之獻公獻公笑曰馬則吾馬齒亦老矣二十
三年獻公遂發賈華等伐屈屈潰 民逃其上曰潰 夷吾將奔翟
冀芮曰不可重耳已在矣今往晉必移兵伐翟翟畏晉
禍且及不如走梁梁近於秦秦彊吾君百歲後可以求
入焉遂奔梁二十五年晉伐翟翟以重耳故亦擊晉於
齧桑晉兵解而去當此時晉彊西有河西與秦接境北
邊翟東至河內驪姬弟生悼子二十六年夏齊桓公大

會諸侯於葵丘（在曹州考城縣東南一里）晉獻公病行後未至逢周之宰孔宰孔曰齊桓公益驕不務德而務遠略諸侯弗平君弟毋會毋如晉何獻公亦病復還歸病甚乃謂荀息曰吾以奚齊為後年少諸大臣不服恐亂起子能立之乎荀息曰能獻公曰何以為驗對曰使死者復生生者不慙為之驗於是遂屬奚齊於荀息荀息為相主國政秋九月獻公卒里克邳鄭欲內重耳以三公子之徒作亂謂荀息曰三怨將起秦晉輔之子將何如荀息曰

吾不可負先君言十月里克殺奚齊于喪次獻公未葬也荀息將死之或曰不如立奚齊弟悼子而傅之荀息立悼子而葬獻公十一月里克弑悼子于朝荀息死之君子曰詩所謂白珪之玷猶可磨也斯言之玷不可為也其荀息之謂乎不負其言初獻公將伐驪戎卜曰齒牙為禍及破驪戎獲驪姬愛之竟以亂晉里克等已殺奚齊悼子使人迎公子重耳於翟（國語云里克及邳鄭使屠岸迎夷吾公子重耳於翟曰國亂民擾得國在亂治民在擾子盍入乎）欲立之重耳謝曰負父之命（負音佩）出奔父死不得脩人子之禮侍喪重耳何敢入大夫其更立他子還報里克里克使迎夷吾於梁夷吾欲往呂省（省音眚杜預云姓瑕呂名飴生字子金）郤芮（郤成子即冀芮）曰內猶有公子可立者而外求難信計非之秦輔強國之威以入恐危乃使郤芮厚賂秦約曰即得入請以晉河西之地與秦乃遺里克書曰誠得立請遂封子於汾陽之邑秦穆公乃發兵送夷吾於晉齊桓公聞晉內亂亦率諸侯如晉秦兵與夷吾亦至晉齊乃使隰朋會秦俱入夷

吾立為晉君是為惠公齊桓公至晉之高梁而還歸惠公夷吾元年使邳鄭謝秦曰始夷吾以河西地許君今幸得入立大臣曰地者先君之地君亡在外何以得擅許秦者寡人爭之弗能得故謝秦亦不與里克汾陽邑而奪之權四月周襄王使周公忌父會齊秦大夫共禮晉惠公惠公以重耳在外畏里克為亂賜里克死謂曰微里子寡人不得立雖然子亦殺二君一大夫為子君者不亦難乎里克對曰不有所廢君何以興欲誅之其

無辭乎乃言為此臣聞命矣遂伏劍而死於是邳鄭使謝秦未還故不及難晉君改葬恭太子申生秋狐突之下國遇申生申生與載而告之曰夷吾無禮余請於帝將以晉與秦秦將祀余狐突對曰臣聞神不食非其宗君其祀毋乃絶乎君其圖之申生曰諾吾將復請帝後十日新城西偏將有巫者見我焉許之遂不見及期而往復見申生告之曰帝許罰有罪矣獘於韓兒乃謡曰恭太子更葬矣後十四年晉亦不昌昌乃在兄邳鄭使

秦聞里克誅乃說秦繆公曰呂省郤稱冀芮實為不從若重賂與謀出晉君入重耳事必就秦繆公許之使人與歸報晉厚賂三子三子曰幣厚言甘此必邳鄭賣我於秦遂殺邳鄭及里克邳鄭之黨七輿大夫邳鄭子豹奔秦言伐晉繆公弗聽惠公之立倍秦地及里克誅七輿大夫國人不附二年周使召公過禮晉惠公惠公禮倨召公譏之四年晉饑乞糴於秦繆公問百里奚百里奚曰天菑流行國家代有救菑恤鄰國之道也與之邳

鄭子豹曰伐之繆公曰其君是惡其民何罪卒與粟自雍屬絳五年秦饑請糴於晉晉君謀之慶鄭曰以秦得立已而倍其地約晉饑而秦貸我今秦饑請糴與之何疑而謀之虢射曰往年天以晉賜秦秦弗知取而貸我今天以秦賜晉晉其可以逆天乎遂伐之惠公用虢射謀不與秦粟而發兵且伐秦秦大怒亦發兵伐晉六年春秦繆公將兵伐晉晉惠公謂慶鄭曰秦師深矣奈何鄭曰秦内君君倍其賂晉饑秦輸粟秦饑而晉倍之乃欲

因其饑伐之其深不亦宜乎晉卜御右慶鄭皆吉公曰鄭不孫乃更令步陽御戎家僕徒為右進兵九月壬戌秦穆公晉惠公合戰韓原惠公馬騺不行秦兵至公窘召慶鄭為御鄭曰不用卜敗不亦當乎遂去更令梁繇靡御（韋昭云梁由靡大夫也）虢射為右輅秦穆公繆公壯士冒敗晉軍晉軍敗遂失秦繆公反獲晉公以歸秦將以祀上帝晉君姊為繆公夫人衰絰涕泣公曰得晉侯將以為樂今乃如此且吾聞箕子見唐叔之初封曰其後必當

大矣晉庸可滅乎乃與晉侯盟王城而許之歸晉侯亦使呂省等報國人曰孤雖得歸毋面目見社稷卜曰立子圉晉人聞之皆哭秦繆公問呂省晉國和乎對曰不和小人懼失君亡親（君惠公也親父母也言懼失君國亂恐亡父母不憚立子圉也）不憚立子圉曰必報讎寧事戎狄（小人言立子圉為君之後必報秦終不事秦寧事戎狄耳）其君子則愛君而知罪以待秦命曰必報德有此二故不和於是秦繆公更舍晉惠公餽之七牢（餽音匱一牛一羊一豕為一牢）十一月歸晉侯晉侯至國誅慶鄭修政教謀曰

重耳在外諸侯多利內之欲使人殺重耳於狄重耳聞之如齊八年使太子圉質秦（質音致）初惠公亡在梁梁伯以其女妻之生一男一女梁伯卜之男為人臣女為人妾故名男為圉女為妾十年秦滅梁梁伯好土功治城溝民力罷（音皮）怨其衆數相驚曰秦寇至民恐惑秦竟滅之十三年晉惠公病內有數子太子圉曰吾母家在梁梁今秦滅之我外輕於秦而內無援於國君即不起病大夫輕更立他公子乃謀與其妻俱亡歸秦女曰子一

國太子辱在此秦使婢子侍以固子之心子亡矣我不從子亦不敢言子圉遂亡歸晉十四年九月惠公卒太子圉立是為懷公子圉之亡秦怨之乃求公子重耳欲內之子圉之立畏秦之伐也乃令國中諸從重耳亡者與期期盡不到者盡滅其家狐突之子毛及偃從重耳在秦弗肯召懷公怒囚狐突突曰臣子事重耳有年數矣今召之是教之反君也何以教之懷公卒殺狐突秦繆公乃發兵送內重耳使人告欒郤之黨（欒枝郤穀之屬）為內

應殺懷公於高梁入重耳重耳立是為文公晉文公重耳晉獻公之子也自少好士年十七有賢士五人曰趙衰狐偃咎犯文公舅也賈佗先軫魏武子自獻公為太子時重耳固已成人矣獻公即位重耳年二十一獻公十三年以驪姬故重耳備蒲城守秦獻公二十年獻公殺太子申生驪姬讒之恐不辭獻公而守蒲城獻公二十二年獻公使宦者履鞮趣殺重耳重耳踰垣宦者逐斬其衣袪重耳遂奔狄狄其母國也是時重耳年四十

三從此五士其餘不名者數十人至狄狄伐咎如得二女以長女妻重耳生伯儵（直留反）叔劉以少女妻趙衰生盾居狄五歲而晉獻公卒里克已殺奚齊悼子乃使人迎欲立重耳重耳畏殺因固謝不敢入已而晉更迎其弟夷吾立之是為惠公惠公七年畏重耳乃使宦者履鞮與壯士欲殺重耳重耳聞之乃與趙衰等曰始吾奔狄非以為可用興以近易通故且休足休足久矣固願徙之大國夫齊桓公好善志在霸王收恤諸侯今聞管

仲隰朋死此亦欲得賢佐盍往乎於是遂行重耳謂其妻曰待我二十五年不來乃嫁其妻笑曰犂二十五年（杜預云言將死入木也不復成嫁也）吾冢上柏大矣雖然妾待子重耳居狄凡十二年而去過衛衛文公不禮去過五鹿饑而從野人乞食野人盛土器中進之重耳怒趙衰曰土者有土也君其拜受之至齊齊桓公厚禮而以宗女妻之有馬二十乘重耳安之重耳至齊二歲而桓公卒會豎刁等為內亂齊孝公之立諸侯兵數至留齊凡五歲重耳

愛齊女毋去心趙衰咎犯乃於桑下謀行齊女侍者在桑上聞之以告其主其主乃殺侍者勸重耳趣行重耳曰人生安樂孰知其他必死於此不能去齊女曰子一國公子窮而來此數士者以子為命子不疾反國報勞臣而懷女德竊為子羞之且不求何時得功乃與趙衰等謀醉重耳載以行行遠而覺重耳大怒引戈欲殺咎犯咎犯曰殺臣成子偃之願也重耳曰事不成我食舅氏之肉咎犯曰事不成犯肉腥臊何足食乃止遂行過

曹曹共公不禮欲觀重耳駢脅曹大夫釐負羈曰晉公子賢又同姓窮來過我奈何不禮共公不從其謀負羈乃私遺重耳食置璧其下重耳受其食還其璧去過宋宋襄公新困兵於楚傷於泓聞重耳賢乃以國禮禮於重耳宋司馬公孫固善於咎犯曰宋小國新困不足以求入更之大國乃去過鄭鄭文公弗禮鄭叔瞻諫其君曰晉公子賢而其從者皆國相且又同姓鄭之出自厲王而晉之出自武王鄭君曰諸侯亡公子過此者衆安

可盡禮叔瞻曰君不禮不如殺之且後爲國患鄭君不聽重耳去之楚楚成王以適諸侯禮待之重耳謝不敢當趙衰曰子亡在外十餘年小國輕子況大國乎今楚大國而固遇子子其毋讓此天開子也遂以客禮見之成王厚遇重耳重耳甚卑成王曰子即反國何以報寡人重耳曰羽毛齒角玉帛君王所餘未知所以報王曰雖然何以報不穀重耳曰即不得已與君王以兵車會平原廣澤請辟王三舍楚將子玉怒曰王遇晉公子至厚

今重耳言不遜請殺之成王曰晉公子賢而困於外久從者皆國器此天所置庸可殺乎且言何以易之居楚數月而晉太子圉亡秦秦怨之聞重耳在楚乃召之成王曰楚遠更數國乃至晉秦晉接境秦君賢子其勉行厚送重耳重耳至秦繆公以宗女五人妻重耳故子圉妻與往重耳不欲受司空季子曰其國且伐況其故妻乎且受以結秦親而求入子乃拘小禮忘大醜乎遂受繆公大歡與重耳飲趙衰歌黍苗詩繆公曰知子欲急反國矣趙衰與重耳下再拜曰孤臣之仰君如百穀之望時雨是時晉惠公十四年秋惠公以九月卒子圉立十一月葬惠公十二月晉國大夫欒郤等聞重耳在秦皆陰來勸重耳趙衰等反國爲內應甚衆於是秦繆公乃發兵與重耳歸晉晉聞秦兵來亦發兵拒之然皆陰知公子重耳入也唯惠公之故貴臣呂郤之屬呂甥郤芮也不欲立重耳重耳出亡凡十九歲而得入時年六十二矣晉人多附焉文公元年春秦送重耳至河咎犯曰臣

從君周旋天下過亦多矣臣猶知之況於君乎請從此去矣重耳曰若反國所不與子犯共者河伯視之乃投璧河中以與子犯盟是時介子推從在舡中乃笑曰天實開公子而子犯以爲己功而要市於君固足羞也吾不忍與同位乃自隱渡河秦兵圍令狐晉軍于廬柳二月辛丑咎犯與秦晉大夫盟於郇壬寅重耳入于晉師丙午入于曲沃丁未朝于武宮即位爲晉君是爲文公羣臣皆往懷公圉奔高梁戊申使人殺懷公懷公故大

臣吕省郤芮本不附文公文公立恐誅乃欲與其徒謀燒公宫殺文公文公不知始嘗欲殺文公宦者履鞮知其謀欲以告文公解前罪求見文公文公不見使人讓曰蒲城之事女斬予袪其後我從狄君獵女為惠公來求殺我惠公與女期三日至而女一日至何速也女其念之宦者曰臣刀鋸之餘不敢以二心事君倍主故得罪於君君已反國其無蒲翟乎且管仲射鉤桓公以霸今刑餘之人以事告而君不見禍又且及矣於是見之

遂以吕郤等告文公文公欲召吕郤吕郤等黨多文公恐初入國國人賣己乃為微行會秦繆公於王城國人莫知三月己丑吕郤等果反焚公宫不得文公文公之衛徒與戰吕郤等引兵欲奔秦繆公誘吕郤等殺之河上晉國復而文公得歸夏迎夫人於秦秦所與文公妻者卒為夫人秦送三千人為衛以備晉亂文公修政施惠百姓賞從亡者及功臣大者封邑小者尊爵未盡行賞周襄王以弟帶難出居鄭地來告急晉晉初定欲發兵恐他亂起是以賞從亡未至隱者介子推推亦不言禄禄亦不及推曰獻公子九人唯君在矣惠懷無親外内棄之天未絶晉必將有主主晉祀者非君而誰天實開之二三子以為己力不亦誣乎竊人之財猶曰是盜況貪天之功以為己力乎下冒其罪上賞其姦上下相蒙難與處矣其母曰盍亦求之以死誰懟推曰尤而效之罪有甚焉且出怨言不食其禄母曰亦使知之若何對曰言身之文也身欲隱安用文之文之是求顯也其母

曰能如此乎與女偕隱至死不復見介子推從者憐之乃懸書宫門曰龍欲上天五蛇為輔龍已升雲四蛇各入其宇一蛇獨怨終不見處所文公出見其書曰此介子推也吾方憂王室未圖其功使人召之則亡遂求所在聞其入緜上山中於是文公環緜上山中而封之以為介推田號曰介山以記吾過且旌善人從亡賤臣壺叔曰君三行賞賞不及臣敢請罪文公報曰夫導我以仁義防我以德惠此受上賞輔我以行卒以成立此受

次賞矢石之難汗馬之勞此復受次賞若以力事我而無補吾缺者此受次賞三賞之後故且及子晉人聞之皆說二年春秦軍河上將入王趙衰曰求霸莫如入王尊周周晉同姓晉不先入王後秦入之毋以令於天下方今尊王晉之資也三月甲辰晉乃發兵至陽樊圍溫入襄王于周四月殺王弟帶周襄王賜晉河內陽樊之地四年楚成王及諸侯圍宋宋公孫固如晉告急先軫曰報施定霸於今在矣狐偃曰楚新得曹而初婚於衛

若伐曹衛楚必救之則宋免矣於是晉作三軍趙衰舉郤穀將中軍郤臻佐之使狐偃將上軍狐毛佐之命趙衰為卿欒枝將下軍先軫佐之荀林父御戎魏犨為右犨昌由反又音受往伐冬十二月晉兵先下山東而以原封趙衰五年春晉文公欲伐曹假道於衛衛人弗許還自河南度侵曹伐衛正月取五鹿二月晉侯齊侯盟于斂盂衛侯請盟晉晉人不許衛侯欲與楚國人不欲故出其君以說晉衛侯居襄牛公子買守衛楚救衛不卒晉侯

圍曹三月丙午晉師入曹數之以其不用釐負羈言而用美女乘軒者三百人也令軍毋入僖負羈宗家以報德楚圍宋宋復告急晉文公欲救則攻楚為楚嘗有德不欲伐也欲釋宋宋又嘗有德於晉患之先軫曰執曹伯分曹衛地以與宋楚急曹衛其勢宜釋宋於是文公從之而楚成王乃引兵歸楚將子玉曰王遇晉至厚今知楚急曹衛而故伐之是輕王王曰晉侯亡在外十九年困日久矣果得反國險阨盡知之能用其民天之所

開不可當子玉請曰非敢必有功願以間執讒慝之口也楚王怒少與之兵於是子玉使宛春告晉請復衛侯而封曹臣亦釋宋咎犯曰子玉無禮矣君取一臣取二勿許先軫曰定人之謂禮楚一言定三國子一言而亡之我則毋禮不許楚是棄宋也不如私許曹衛以誘之執宛春以怒楚既戰而後圖之晉侯乃囚宛春於衛且私許復曹衛曹衛告絕於楚楚得臣怒擊晉師晉師退軍吏曰為何退文公曰昔在楚約退三舍可倍乎楚師

欲去得臣不肯四月戊辰宋公齊將秦將與晉侯次城濮己巳與楚兵合戰楚兵敗得臣收餘兵去甲午晉師還至衡雍作王宮於踐土初鄭助楚楚敗懼使人請盟晉侯晉侯與鄭伯盟五月丁未獻楚俘於周 俘音孚囚也 駟介百乘徒兵千天子使王子虎命晉侯為伯賜大輅彤弓矢百玈弓矢千 彤徒冬反玈音盧 秬鬯一卣珪瓚虎賁三百人晉侯三辭然後稽首受之周作晉文侯命王若曰父義和丕顯文武能慎明德昭登於上布聞在下維時上帝

集厥命于文武恤朕身繼予一人永其在位於是晉文公稱伯癸亥王子虎盟諸侯於王庭晉焚楚軍火數日不息文公歎左右曰勝楚而君猶憂何文公曰吾聞能戰勝安者唯聖人是以懼且子玉猶在庸可喜乎子玉之敗而歸楚成王怒其不用其言貪與晉戰讓責子玉子玉自殺晉文公曰我擊其外楚誅其內內外相應於是乃喜六月晉人復入衛侯壬午晉度河北歸國行賞狐偃為首或曰城濮之事先軫之謀文公曰城濮之事偃說

我毋失信先軫曰軍事勝為右吾用之以勝然此一時之說偃言萬世之功奈何以一時之利而加萬世功乎是以先之冬晉侯會諸侯於溫欲率之朝周力未能恐其有畔者乃使人言周襄王狩于河陽壬申遂率諸侯朝王於踐土孔子讀史記至文公曰諸侯無召王王狩河陽者春秋諱之也丁丑諸侯圍許曹伯臣或說晉侯曰齊桓公合諸侯而國異姓今君為會而滅同姓曹叔振鐸之後晉唐叔之後合諸侯而滅兄弟非禮晉侯說

復曹伯於是晉始作三行荀林父將中行先縠將右行先蔑將左行七年晉文公秦穆公共圍鄭以其無禮於文公亡過時及城濮時鄭助楚也圍鄭欲得叔瞻叔瞻聞之自殺鄭持叔瞻告晉晉曰必得鄭君而甘心焉鄭恐乃間令使謂秦穆公曰亡鄭厚晉於晉得矣而秦未為利君何不解鄭得為東道交秦伯說罷兵晉亦罷兵九年冬晉文公卒子襄公歡立是歲鄭伯亦卒鄭人或賣其國於秦 左傳云秦晉伐鄭燭之武說秦師罷令杞子逢孫揚孫三大夫戍鄭杞子自鄭使告於秦

（曰鄭人使我掌其北門之管若潛師以來國可得也）秦繆公發兵往襲鄭十二月秦兵過我郊襄公元年春秦師過周無禮王孫滿譏之兵至滑鄭賈人弦高將市于周遇之以十二牛勞秦師秦師驚而還滅滑而去晉先軫曰秦伯不用蹇叔反其衆心此可擊欒枝曰未報先君施於秦擊之不可先軫曰秦侮吾孤伐吾同姓何德之報遂擊之襄公墨衰絰四月敗秦師于殽虜秦三將孟明視西乞秫白乙丙以歸遂墨以葬文公文公夫人秦女謂襄公曰秦欲得其三將

戮之公許遣之先軫聞之謂襄公曰患生矣軫乃追秦將秦將渡河已在船中頓首謝卒不反後三年秦果使孟明代晉報殽之敗取晉汪以歸四年秦繆公大興兵伐我渡河取王官（括地志云王官故城在同州澄城縣西北六十里左傳文三年秦伐晉取王官即此先言渡河史文顛倒耳）封殽尸而去晉不敢出遂城守五年晉伐秦取新城報王官役也六年趙衰成子欒貞子咎季子犯霍伯皆卒趙盾代趙衰執政七年八月襄公卒太子夷皋少晉人以難故欲立長君趙盾曰立襄公弟雍好善而長先君愛之且近於秦秦故好也立善則固事長則順奉愛則孝結舊好則安賈季曰不如其弟樂辰嬴嬖於二君立其子民必安之趙盾曰辰嬴賤班在九人下其子何震之有且為二君嬖淫也為先君子（樂文公子也）不能求大而出在小國僻也母淫子僻無威（僻疋亦反言樂僻隱在陳而遠三援也）陳小而遠無援將何可乎使士會如秦迎公子雍賈季亦使人召公子樂於陳趙盾廢賈季以其殺陽處父十月葬襄公十一月賈季奔翟是歲秦繆公亦

卒靈公元年四月秦康公曰昔文公之入也無衛故有呂郤之患乃多與公子雍衛太子母繆嬴日夜抱太子以號泣於朝曰先君何罪其嗣亦何罪舍適而外求君將安置此出朝則抱以適趙盾所頓首曰先君奉此子而屬之子曰此子材吾受其賜不材吾怨子今君卒言猶在耳而棄之若何趙盾與諸大夫皆患繆嬴且畏誅乃背所迎而立太子夷皐是為靈公發兵以距秦送公子雍者趙盾為將往擊秦敗之令狐先蔑隨會亡奔秦

秋齊宋衛鄭曹許君皆會趙盾盟於扈以靈公初立故
也四年伐秦取少梁秦亦取晉之郩六年秦康公伐晉
取羈馬晉侯怒使趙盾趙穿郤缺擊秦大戰河曲趙穿
最有功七年晉六卿患隨會之在秦嘗為晉亂乃詳令
魏壽餘反晉降秦秦使隨會之魏因執會以歸晉八年
周頃王崩公卿爭權故不赴晉使趙盾以車八百乘平
周亂而立匡王是年楚莊王初即位十二年齊人弒其
君懿公十四年靈公壯侈厚歛以彫墻從臺上彈人觀

其避丸也宰夫胹熊蹯不孰（胹音而 蹯音樊）靈公怒殺宰夫使
婦人持其屍出棄之過朝趙盾隨會前數諫不聽而又
見死人手二人前諫隨會先諫不聽靈公患之使鉏麑
刺趙盾（鉏音鋤 麑音迷）盾閨門開居處節鉏麑退歎曰殺忠臣
棄君命罪一也遂觸樹而死初盾常田首山見桑下有
餓人餓人示眯明也盾與之食食其半問其故曰宦三
年未知母之存不願遺母盾義之益與之飯肉已而為
晉宰夫趙盾弗復知也九月晉靈公飲趙盾酒伏甲將

攻盾公宰示眯明知之恐盾醉不能起而進曰君賜
臣觴三行可以罷欲以去趙盾令先毋及難盾既去靈
公伏士未會先縱齧狗名敖明為盾搏殺狗盾曰棄人
用狗雖猛何為然不知明之為陰德也已而靈公縱伏
士出逐趙盾示眯明反擊靈公之伏士伏士不能進而
竟脫盾盾問其故曰我桑下餓人問其名弗告明亦因
亡去盾遂奔未出晉境乙丑盾昆弟將軍趙穿襲殺靈
公於桃園而迎趙盾趙盾素貴得民和靈公少侈民不

附故為弒易盾復位晉太史董狐書曰趙盾弒其君以
視於朝盾曰弒者趙穿我無罪太史曰子為正卿而亡
不出境反不誅國亂非子而誰孔子聞之曰董狐古之
良史也書法不隱宣子良大夫也為法受惡（為于偽反）惜也出疆
乃免趙盾使趙穿迎襄公弟黑臀于周而立之是為成
公成公者文公少子其母周女也壬申朝于武宮成
公元年賜趙氏為公族伐鄭鄭倍晉故也三年鄭伯初
立附晉而棄楚楚怒伐鄭晉往救之六年伐秦虜秦將

赤七年成公與楚莊王爭强會諸侯于扈陳畏楚不會晉使中行桓子伐陳因救鄭與楚戰敗楚師是年成公卒子景公據立景公元年春陳大夫夏徵舒弑其君靈公二年楚莊王伐陳誅徵舒三年楚莊王圍鄭鄭告急晉晉使荀林父將中軍隨會將上軍趙朔將下軍郤克欒書先縠韓厥鞏朔佐之六月至河聞楚已服鄭鄭伯肉袒與盟而去荀林父欲還先縠曰凡來救鄭不至不可將率離心卒度河楚已服鄭欲飲馬于河為名而去楚

與晉軍大戰鄭新附楚畏之反助楚攻晉晉軍敗走河爭度舡中人指甚衆楚虜我將智罃歸而林父曰臣為督將敗當誅請死景公欲許之隨會曰昔文公之與楚戰城濮成王歸殺子玉文公乃喜令楚已敗我師又誅其將是助楚殺仇也乃止四年先縠以首計而敗晉軍河上恐誅乃奔翟與翟謀伐晉晉覺乃族縠縠先軫子也五年伐鄭為助楚故也是時楚莊王彊以挫晉兵河上也六年楚伐宋宋來告急晉晉欲救之伯宗謀曰楚

天方開之不可當乃使解揚紿為救宋鄭人執與楚楚厚賜使反其言令宋急下解揚紿許之卒至晉君言楚欲殺之或諫乃歸解揚七年晉使隨會滅赤狄八年使郤克於齊齊頃公母從樓上觀而笑之所以然者郤克僂而魯使蹇衛使眇故齊亦令人如之以導客郤克怒歸至河上曰不報齊者河伯視之至國請君欲伐齊景公問知其故曰子之怨安足以煩國弗聽魏文子請老休辟郤克克執政九年楚莊王卒晉伐齊齊使太子彊

為質於晉晉兵罷十一年春齊伐魯取隆魯告急衛衛與魯皆因郤克告急於晉乃使郤克欒書韓厥以兵車八百乘與魯衛共伐齊夏與頃公戰於鞌傷困頃公頃公乃與其右易位下取飲以得脫去齊師敗走晉追北至齊頃公獻寶器以求平不聽郤克曰必得蕭桐姪子為質齊使曰蕭桐姪子頃公母頃公母猶晉君母奈何必得之不義請復戰晉乃許與平而去楚申公巫臣盜夏姬以奔晉晉以巫臣為邢大夫十二年冬齊頃公如晉

欲上尊晉景公為王景公讓不敢晉始作六卿韓厥鞏朔趙穿荀騅趙括趙旃皆為卿智罃自楚歸十三年魯成公朝晉晉弗敬魯怒去倍晉晉伐鄭取汜十四年梁山崩問伯宗伯宗以為不足怪也十六年楚將子反怨巫臣滅其族巫臣怒遺子反書曰必令子罷於奔命乃請使吳令其子為吳行人教吳乘車用兵吳晉始通約伐楚十七年誅趙同趙括族滅之韓厥曰趙衰趙盾之功豈可忘乎奈何絶祀乃復令趙庶子武為趙後復與

之邑十九年夏景公病立其太子壽曼為君是為厲公後月餘景公卒厲公元年初立欲和諸侯與秦桓公夾河而盟歸而秦倍盟與翟謀伐晉三年使吕相讓秦因與諸侯伐秦至涇敗秦於麻隧虜其將成差五年三郤讒伯宗殺之伯宗以好直諫得此禍國人以是不附厲公六年春鄭倍晉與楚盟晉怒欒書曰不可以當吾世而失諸侯乃發兵厲公自將五月渡河聞楚兵來救范文子請公欲還郤至曰發兵誅逆見彊辟之無以令諸

侯遂與戰癸巳射中楚共王目楚兵敗於鄢陵子反收餘兵拊循欲復戰晉患之共王召子反其侍者豎陽穀進酒子反醉不能見王怒讓子反子反死王遂引兵歸晉由此威諸侯欲以令天下求霸厲公多外嬖姬歸欲盡去羣大夫而立諸姬兄弟寵姬兄曰胥童嘗與郤至有怨及欒書又怨郤至不用其計而遂敗楚乃使人間謝楚楚來詐厲公曰鄢陵之戰實至召楚欲作亂内子周立之會與國不俱是以事不成厲公告欒書欒書曰

其殆有矣願公試使人之周微考之果使郤至於周欒書又使公子周見郤至郤至不知見賣也厲公驗之信然遂怨郤至欲殺之八年厲公獵與姬飲郤至殺豕奉進宦者奪之郤至射殺宦者公怒曰季子欺予將誅三郤未發也郤錡欲攻公曰我雖死公亦病矣郤至曰信不反君智不害民勇不作亂失此三者誰與我我死耳十二月壬午公令胥童以兵八百人襲攻殺三郤胥童因以劫欒書中行偃于朝曰不殺二子患必及公公曰

一旦殺三卿寡人不忍益也對曰人將忍君公弗聽謝欒書等以誅郤氏罪大夫復位二子頓首曰幸甚幸甚公使胥童為卿閏月乙卯厲公游匠驪氏欒書中行偃以其黨襲捕厲公囚之殺胥童而使人迎公子周于周而立之是為悼公悼公元年正月庚申欒書中行偃弒厲公葬之以一乘車厲公囚六日死死十日庚午智罃迎公子周來至絳刑雞與大夫盟而立之是為悼公辛巳朝武宮二月乙酉即位悼公周者其大父捷晉襄公

少子也不得立號為桓叔桓叔最愛桓叔生惠伯談談生悼公周周之立年十四年矣悼公曰大父父皆不得立而辟難於周客死焉寡人自以疏遠毋幾為君今大夫不忘文襄之意而惠立桓叔之後賴宗廟大夫之靈得奉晉祀豈敢不戰戰乎大夫其亦佐寡人於是逐不臣者七人脩舊功施德惠收文公入時功臣後秋伐鄭鄭師敗遂至陳三年晉會諸侯悼公問羣臣可用者祁傒舉解狐解狐傒之仇復問舉其子祁午君子曰祁傒

可謂不黨矣外舉不隱仇內舉不隱子方會諸侯悼公弟楊干亂行魏絳戮其僕悼公怒或諫公公卒賢絳任之政使和戎戎大親附十一年悼公曰自吾用魏絳九合諸侯和戎翟魏子之力也賜之樂三讓乃受之冬秦取我櫟十四年晉使六卿率諸侯伐秦度涇大敗秦軍至棫林而去十五年悼公問治國於師曠師曠曰惟仁義為本冬悼公卒子平公彪立平公元年伐齊齊靈公與戰靡下齊師敗走晏嬰曰君亦毋勇何不止戰遂去

晉追遂圍臨菑盡燒屠其郭中東至膠南至沂齊皆城守晉乃引兵歸六年魯襄公朝晉晉欒逞有罪奔齊八年齊莊公微遣欒逞於曲沃以兵隨之齊兵上太行欒逞從曲沃中反襲入絳不戒平公欲自殺范獻子止公以其徒擊逞逞敗走曲沃曲沃攻逞逞死遂滅欒氏宗逞者欒書孫也其入絳與魏氏謀齊莊公聞逞敗乃還取晉之朝歌去以報臨菑之役也十年齊崔杼弒其君莊公晉因齊亂伐敗齊於高唐去報太行之役也十四

年吳延陵季子來使與趙文子韓宣子魏獻子語曰晉國之政卒歸此三家矣十九年齊使晏嬰如晉與叔嚮語叔嚮曰晉季世也公厚賦為臺池而不恤政政在私門其可久乎晏子然之二十二年伐燕二十六年平公卒子昭公夷立昭公六年卒六卿强公室卑子頃公去疾立頃公六年周景王崩王子爭立晉六卿平王室亂立敬王九年魯季氏逐其君昭公昭公居乾侯十一年衛宋使使請晉納魯君季平子私賂范獻子獻子受之

乃謂晉君曰季氏無罪不果入魯君十二年晉之宗家祁傒孫叔嚮子相惡於君六卿欲弱公室乃遂以法盡滅其族而分其邑為十縣各令其子為大夫晉益弱六卿皆大十四年頃公卒子定公午立定公十一年魯陽貨奔晉趙鞅簡子舍之十二年孔子相魯十五年趙鞅使邯鄲大夫午不信欲殺午午與中行寅范吉射親攻趙鞅鞅走保晉陽定公圍晉陽荀櫟韓不信魏侈與范中行為仇仍移兵伐范中行范中行反晉君擊之敗范中行范中行走朝歌保之韓魏為趙鞅謝晉君乃赦趙鞅復位二十二年晉敗范中行氏二子奔齊三十年定公與吳王夫差會黃池爭長趙鞅時從卒長吳三十一年齊田常殺其君簡公而立簡公弟驁為平公三十三年孔子卒三十七年定公卒子出公鑿立出公十七年智伯與趙韓魏共分范中行地以為邑出公怒告齊魯欲以伐四卿四卿恐遂反攻出公出公奔齊道死故智伯乃立昭公曾孫驕為晉君是為哀公哀公大父雍晉昭

公少子也號為戴子戴子生忌忌善智伯早死故智伯欲盡并晉未敢乃立忌子驕為君當是時晉國政皆決智伯晉哀公不得有所制智伯遂有范中行地最彊哀公四年趙襄子韓康子魏桓子共殺智伯盡併其地十八年哀公卒子幽公柳立幽公之時晉畏反朝韓趙魏之君獨有絳曲沃餘皆入三晉十五年魏文侯初立十八年幽公淫婦人夜竊出邑中盜殺幽公魏文侯以兵誅晉亂立幽公子止是為烈公烈公十九年周威烈王

賜趙韓魏皆命為諸侯二十七年烈公辛子孝公頎立
孝公九年魏武侯初立襲邯鄲不勝而去十七年孝公
卒子靜公俱酒立是歲齊威王元年也靜公二年魏武
侯韓哀侯趙敬侯滅晉後而三分其地靜公遷為家人
晉絕不祀

太史公曰晉文公古所謂明君也亡居外十九年至困
約及即位而行賞尚忘介子推况驕主乎靈公既弒其
後成景致嚴至厲大刻大夫懼誅禍作悼公以後日衰

六卿專權故君道之御其臣下固不易哉

史記正義卷三十九

欽定四庫全書

史部

史記正義卷四十至四十二

詳校官編修臣李如筠

欽定四庫全書

史記正義卷四十

唐 張守節 撰

楚世家第十　史記四十

楚之先祖出自帝顓頊高陽高陽者黄帝之孫昌意之子也高陽生稱（尺證反）稱生卷章卷章生重黎重黎為帝嚳高辛居火正甚有功能光融天下帝嚳命曰祝融共工氏作亂帝嚳使重黎誅之而不盡帝乃以庚寅日誅

重黎而以其弟吴回為重黎後復居火正為祝融吴回生陸終陸終生子六人拆剖而産焉其長一曰昆吾（括地志云濮陽縣古昆吾國也昆吾故城在縣西三十里臺在縣西百步即昆吾墟也）二曰參胡三曰彭祖（括地志云彭城古彭祖國也外傳云殷末滅彭祖國也虞翻云名翦神仙傳云彭祖諱鏗帝顓頊之玄孫至殷末年已七百六十七歲而不衰老遂往流沙之西非壽終也）四曰會人（括地志云故鄶城在鄭州新鄭縣東北二十二里毛詩譜云昔高辛氏之土祝融之墟歷唐至周重黎之後妘姓處其地是為鄶國為鄭武公所滅也）五曰曹姓（括地志云故邾國在黄州黄岡縣東南百二十一里史記云邾子曹姓也）六曰季連羋姓楚其後也昆吾氏夏之時嘗為侯伯桀之時湯滅之彭祖氏殷之時嘗為侯伯殷之末世滅彭祖氏季連生附沮附沮生穴熊其後中微或在中國或在蠻夷弗能紀其世周文王之時季連之苗裔曰鬻熊鬻熊子事文王蚤卒其子曰熊麗熊麗生熊狂熊狂生熊繹熊繹當周成王之時舉文武勤勞之後嗣而封熊繹於楚蠻封以子男之田姓羋氏居丹陽（潁容六傳例云楚居丹陽今枝江縣故城是括地志云歸州巴東縣東南四里歸故城楚子熊繹之始國也又熊繹墓在歸州秭歸縣輿地志云秭歸縣東有丹陽城周迴八里熊繹始封也）楚子熊繹與魯公伯

禽衛康叔子牟晉侯燮齊太公子呂伋俱事成王熊繹生熊艾熊艾生熊䵣熊䵣生熊勝熊勝以弟熊楊為後熊楊生熊渠熊渠生子三人當周夷王之時王室微諸侯或不朝相伐熊渠甚得江漢間民和乃興兵伐庸（括地志云房州竹山縣本漢上庸縣古之庸國昔周武王伐紂庸蠻在焉）楊粵至于鄂（五各反劉伯莊云地名在楚之西後徙楚今東鄂州是括地志云鄧州向城縣南二十里西鄂故城是楚西鄂）熊渠曰我蠻夷也不與中國之號謚乃立其長子康為句亶王中子紅為鄂王（括地志云武昌縣鄂王舊都今鄂王神即熊渠子之神也）少子執疵

為越章王即上鄂王紅也皆在江上楚蠻之地及周厲王之時暴虐熊渠畏其伐楚亦去其王後為熊毋康毋康早死熊渠卒子熊摯紅立摯紅卒其弟弑而代立曰熊延譙周言摯有疾此言殺未詳宋均注樂緯云熊渠嫡嗣曰熊摯有惡疾不得為後別居于夔為楚附庸後王命曰夔子也熊延生熊勇熊勇六年而周人作亂攻厲王厲王出奔彘熊勇十年卒弟熊嚴為後熊嚴十年卒有子四人長子伯霜中子仲雪次子叔堪少子季徇熊嚴卒長子伯霜代立是為熊霜熊霜元年周宣王初立熊霜六年

卒三弟爭立仲雪死叔堪亡避難於濮按建寧晉郡在蜀南與蠻相近劉伯莊云濮在楚西南孔安國云庸濮在漢之南按武公元年楚地千里孔說是也而少弟季徇立是為熊徇熊徇十六年鄭桓公初封於鄭二十二年熊徇卒子熊咢立熊咢九年卒子熊儀立是為若敖若敖二十年周幽王為犬戎所弒周東徙而秦襄公始列為諸侯二十七年若敖卒子熊坎立是為霄敖霄敖六年卒子熊眴立是為蚡冒蚡冒十三年晉始亂以曲沃之故蚡冒十七年卒蚡冒弟熊通弒蚡冒子而代立是

為楚武王武王十七年晉之曲沃莊伯弒主國晉孝侯十九年鄭伯弟段作亂二十一年鄭侵天子之田二十三年衛弒其君桓公二十九年魯弒其君隱公三十一年宋太宰華督弒其君殤公三十五年楚伐隨括地志云隨州外城古隨國地世本云楚武王墓在豫州新息隨姬姓也武王卒師中而兵罷括地志云上蔡縣東北五十里隨曰我無罪楚曰我蠻夷也今諸侯皆為叛相侵或相殺我有敝甲欲以觀中國之政請王室尊吾號隨人為之周請尊楚王室不聽還報二十七年楚熊通怒曰吾

先鬻熊文王之師也早終成王舉我先公乃以子男田令居楚蠻夷皆率服而王不加位我自尊耳乃自立為武王與隨人盟而去於是始開濮地而有之五十一年周召隨侯數以立楚為王楚怒以隨背己伐隨武王卒師中而兵罷有本注葛陂鄉作葛陵鄉者誤也地里志云新蔡縣西北六十里有葛陂鄉即費長房投竹成龍之陂因為鄉名也子文王熊貲立始都郢括地志云紀南故城在荊州江陵縣北五十里杜預云國都於郢令南郡江陵縣北紀南城是括地志又云至平王更城郢在江陵縣東北六里故郢城是也文王二年伐申過鄧括地志云故申城在鄧州南陽縣北三十里皆太康

地志云周宣王舅所封故鄧城在襄州安養縣北二十里春秋之鄧國莊十六年楚文王滅之服虔云鄧曼姓也鄧人曰楚王易取鄧侯不許也六年伐蔡豫州上蔡縣在州北七十里古蔡國也縣外城蔡國城也虜蔡哀侯以歸已而釋之楚彊陵江漢閒小國小國皆畏之十一年齊桓公始霸楚亦始大十二年伐鄧滅之十三年卒子熊艱立是為杜敖杜敖五年欲殺其弟熊惲惲奔隨與隨襲弑杜敖代立是為成王成王惲元年初即位布德施惠結舊好於諸侯使人獻天子天子賜胙曰鎮爾南方夷越之亂無侵中國

於是楚地千里十六年齊桓公以兵侵楚至陘山杜預云陘楚地潁川召陵縣南有陘亭括地志云陘山在鄭州西南一百一十里即此山是也勿反下音桓楚叛也楚成王使將軍屈完以兵禦之與桓公盟桓公數以周之賦不入王室楚許之乃去十八年成王以兵伐許許君肉袒謝乃釋之二十二年伐黃括地志云黃國故城漢弋陽縣也秦時黃都嬴姓在光州定城縣四十里也二十六年滅英英國在淮南蓋蓼國也不知改名時也三十三年宋襄公欲為盟會召楚楚王怒曰召我我將好往襲辱之遂行至盂音于宋地也遂執辱宋公已而歸之三十四

年鄭文公南朝楚楚成王北伐宋敗之泓射傷宋襄公襄公遂病創死三十五年晉公子重耳過成王以諸侯客禮饗而厚送之於秦三十九年魯僖公來請兵以伐齊楚使申侯將兵伐齊取穀括地志云穀在濟州東阿縣東二十六里置齊桓公子雍焉齊桓公七子皆奔楚楚盡以為上大夫滅夔夔不祀祝融鬻熊故也夏伐宋宋告急於晉晉救宋成王罷歸將軍子玉請戰成王曰重耳亡居外久卒得反國天之所開不可當子玉固請乃與之少師而去晉

果敗子玉於城濮成王怒誅子玉四十六年初成王將以商臣為太子語令尹子上子上曰君之齒未也而又多內寵絀乃亂也楚國之舉常在少者且商臣蠭目而豺聲忍人也不可立之王不聽立之後又欲立子職而絀太子商臣商臣聞而未審也告其傅潘崇曰何以得其實崇曰饗王之寵姬江芈而勿敬也商臣從之江芈芈亡爾反怒曰宜乎王之欲殺若而立職也商臣告潘崇曰信矣崇曰能事之乎曰不能能亡去乎曰不能能行大

事乎曰能冬十月商臣以宮衛兵圍成王成王請食熊蹯而死不聽丁未成王自絞殺商臣代立是為穆王穆王立以其太子宮予潘崇使為太師掌國事穆王三年滅江四年滅六蓼六蓼臯陶之後八年伐陳十二年卒子莊王侶立莊王即位三年不出號令日夜為樂令國中曰有敢諫者死無赦伍舉入諫莊王左抱鄭姬右抱越女坐鍾鼓之閒伍舉曰願有進隱曰有鳥在於阜三年不蜚不鳴是何鳥也莊王曰三年不蜚蜚將沖天三

年不鳴鳴將驚人舉退矣吾知之矣居數月淫益甚大夫蘇從乃入諫王曰若不聞令乎對曰殺身以明君臣之願也於是乃罷淫樂聽政所誅者數百人所進者數百人任伍舉蘇從以政國人大說是歲滅庸房州竹邑縣令是也六年伐宋獲五百乘八年伐陸渾戎尸姓之戎徙居陸渾遂至洛觀兵於周郊周定王使王孫滿勞楚王楚王問鼎小大輕重對曰在德不在鼎莊王曰子無阻九鼎楚國折鉤之喙喙許衛反凡戟有鉤喙鉤口之尖也言楚國戟之鉤口尖有折者足以為鼎言鼎易得也足以為九鼎王孫滿曰嗚呼君王其忘之乎昔虞夏之盛遠方皆至貢金九牧鑄鼎象物百物而為之備使民知神姦桀有亂德鼎遷於殷載祀六百殷紂暴虐鼎遷於周德之休明雖小必重其姦回昏亂雖大必輕昔成王定鼎于郟鄏卜世三十卜年七百天所命也周德雖衰天命未改鼎之輕重未可問也楚王乃歸九年相若敖氏人或讒之王恐誅反攻王王擊滅若敖氏之族十三年滅舒十六年伐陳殺夏徵舒徵舒弒其君故誅之也已

破陳即縣之羣臣皆賀申叔時使齊來不賀王問對曰鄙語曰牽牛徑人田田主取其牛徑者則不直矣取之牛不亦甚乎且王以陳之亂而率諸侯伐之以義伐之而貪其縣亦何以復令於天下莊王乃復國陳後十七年春楚莊王圍鄭三月克之入自王門鄭伯肉袒牽羊以逆曰孤不天不能事君君用懷怒以及敝邑孤之罪也敢不唯命是聽賓之南海若以臣妾賜諸侯亦唯命是聽若君不忘厲宣桓武不絕其社稷使改事君孤之

願也非所敢望也敢布腹心楚羣臣曰王勿許莊王曰其君能下人必能信用其民庸可絶乎莊王自手旗左右麾軍引兵去三十里而舍遂許之平潘尫入盟子良出質夏六月晉救鄭與楚戰大敗晉師河上遂至衡雍而歸二十年圍宋以殺楚使也圍宋五月城中食盡易子而食析骨而炊宋華元出告以情莊王曰君子哉遂罷兵去二十三年莊王卒子共王審立共王十六年晉伐鄭鄭告急共王救鄭與晉兵戰鄢陵晉敗楚射中共

王目共王名將軍子反子反嗜酒從者豎陽穀進酒醉王怒射殺子反遂罷兵歸三十一年共王卒子康王招立康王立十五年卒子員立是為郟敖康王寵弟公子圍子比子晳棄疾郟敖三年以其季父康王弟公子圍為令尹主兵事四年圍使鄭道聞王疾而還十二月己酉圍入問王疾絞而弑之遂殺其子莫及平夏使使赴於鄭伍舉問曰誰為後對曰寡大夫圍伍舉更曰共王之子圍為長子比奔晉而圍立是為靈王靈王三年六月楚使使告晉欲會諸侯諸侯皆會楚于申伍舉曰昔夏啟有鈞臺之饗商湯有景亳之命周武王有盟津之誓成王有岐陽之蒐康王有豐宮之朝穆王有塗山之會齊桓有召陵之師晉文有踐土之盟君其何用靈王曰用桓公時鄭子產在焉於是晉宋魯衛不往靈王已盟有驕色伍舉曰桀為有仍之會有緡叛之紂為黎山之會東夷叛之幽王為太室之盟戎翟叛之君其慎終七月楚以諸侯兵伐吳圍朱方八月克之囚慶封滅其

族以封徇曰無效齊慶封弑其君而弱其孤以盟諸大夫封反曰莫如楚共王庶子圍弑其君兄之子員而代之立於是靈王使棄疾殺之七年就章華臺下令內亡人實之八年使公子棄疾將兵滅陳十年召蔡侯醉而殺之使棄疾定蔡因為陳蔡公十一年伐徐以恐吳靈王次於乾谿以待之王曰齊晉魯衛其封皆受寶器我獨不今吾使使周求鼎以為分其予我乎析父對曰其予君王哉昔我先王熊繹辟在荆山蓽露藍蔞以處草

踄跋涉山林以事天子唯是桃弧棘矢以共王事齊王舅也晉及魯衛王母弟也楚是以無分而彼皆有周今與四國服事君王將唯命是從豈敢愛鼎靈王曰昔我皇祖伯父昆吾舊許是宅今鄭人貪其田不我予今我求之其予我乎對曰周不愛鼎鄭安敢愛田靈王曰昔諸侯遠我而畏晉今吾大城陳蔡不羹括地志云不羹故城在許州襄城縣東三十里地理志云此西不羹者也賦皆千乘諸侯畏我乎對曰畏哉靈王喜曰析父善言古事焉左傳昭十二年析父謂子革曰吾子楚國之望

也今與王言如響國其若之何杜預云譏其順王心如響應聲也按此對王言是子革之辭太史公云析父誤也析父時為王僕見子革對故歎也十二年春楚靈王樂乾谿不能去也國人苦役初靈王會兵於申僇越大夫常壽過殺蔡大夫觀起起子從亡在吳乃勸吳王伐楚為間越大夫常壽過而作亂為吳閒使矯公子棄疾命召公子比於晉至蔡與吳越兵欲襲蔡令公子比見棄疾與盟於鄧括地志云故鄧城在豫州郾城縣東三十五里按在古召陵縣西十里者也遂入殺靈王太子祿立子比為王公子子晳為令尹棄疾為司馬先除王

宮觀從從師于乾谿令楚衆曰國有王矣先歸復爵邑田室後者遷之楚衆皆潰去靈王而歸靈王聞太子祿之死也自投車下而曰人之愛子亦如是乎侍者曰甚是王曰余殺人之子多矣能無及此乎右尹曰請待於郊以聽國人王曰衆怒不可犯曰且入大縣而乞師於諸侯王曰皆叛矣又曰且奔諸侯以聽大國之慮王曰大福不再祇取辱耳於是王乘舟將欲入鄢音偃括地志云故鄢城在襄州安養縣北三里在襄州北五里南去荊州二百五十里按王自夏口從漢水上入鄢也左傳云王沿

夏將欲入鄢是也括地志云鄢水源出襄州義青縣西界託伏山水經云蠻水即鄢水是也右尹度王不用其計懼俱死亦去王亡靈王於是獨傍偟山中野人莫敢入王王行遇其故鋗人謂曰為求食我已不食三日矣鋗人曰新王下法有敢饟王從王者罪及三族且又無所得食王因枕其股而臥鋗人又以土自代逃去王覺而弗見遂飢不能起芊尹申無宇之子申亥曰吾父再犯王命王弗誅恩孰大焉乃求王遇王飢於釐澤奉之以歸夏五月癸丑王死申亥家左傳云夏五月癸丑王縊

于芊尹申亥是也申亥以二女從死并葬之是時楚國雖已立比為王畏靈王復來又不聞靈王死故觀從謂初王比曰不殺棄疾雖得國猶受禍王曰余不忍從曰人將忍王王不聽乃去棄疾歸國人每夜驚曰靈王入矣乙卯夜棄疾使船人從江上走呼曰靈王至矣國人愈驚又使曼成然告初王比及令尹子晳曰王至矣國人將殺君司馬將至矣君蚤自圖無取辱焉衆怒如水火不可救也初王及子晳遂自殺丙辰棄疾即位為王改名熊

居是為平王平王以詐弒兩王而自立恐國人及諸侯叛之乃施惠百姓復陳蔡之地而立其後如故歸鄭之侵地存恤國中修政教吳以楚亂故獲五率以歸平王謂觀從恣爾所欲欲為卜尹王許之初共王有寵子五人無適立乃望祭羣神請神決之使主社稷而陰與巴姬埋璧於室內左傳云埋璧於大室之庭杜預云大室祖廟也名五子齋而入康王跨之靈王肘加之子比子晳皆遠之平王幼抱而入再拜壓紐故康王以長立至其子失之圍為靈王及身而弒子比為王十餘日子晳不得立又俱誅四子皆絕無後唯獨棄疾後立為平王竟續楚祀如其神符初子比自晉歸韓宣子問叔向曰子比其濟乎對曰不就宣子曰同惡相求如市賈焉何為不就對曰無與同好誰與同惡取國有五難有寵無人一也有人無主二也有主無謀三也有謀而無民四也有民而無德五也子比在晉十三年矣晉楚之從不聞通者可謂無人矣族盡親叛可為無主矣無釁而動可謂無謀矣為羈終世

可謂無民矣亡無愛徵可謂無德矣王虐而不忌子比涉五難以弒君誰能濟之有楚國者其棄疾乎君陳蔡方城方城山在許州葉縣西十八里也外屬焉苛慝不作盜賊伏隱私欲不違民無怨心先神命之國民信之芊姓有亂必季實立楚之常也子比之官則右尹也數其貴寵則庶子也以神所命則又遠之民無懷焉將何以立宣子曰齊桓晉文不亦是乎對曰齊桓衛姬之子也有寵於釐公有鮑叔牙賓須無隰朋以為輔有莒衛以為外主有高

國以為內主從善如流施惠不倦有國不亦宜乎昔我文公狐季姬之子也有寵於獻公好學不倦生十七年有士五人有先大夫子餘子犯以為腹心有魏犨賈佗以為股肱有齊宋秦楚以為外主有欒郤狐先以為內主亡十九年守志彌篤惠懷棄民民從而與之（以惠懷棄民故民相從而歸心於文公）故文公有國不亦宜乎子比無施於民無援於外去晉晉不送歸楚楚不迎何以有國子比果不終焉卒立者棄疾（左傳云獲神一也有民二也令德三也寵貴四也居常五也有五利以去五難誰能

害之杜預云獲神當璧拜也有民民信也令德無奇慝也寵貴妃子也居常棄疾季也）如叔向言也平王二年使費無忌如秦為太子建（左傳云楚子之在蔡也郹陽之女奔之生太子建杜預云郹蔡邑也郹古覓反）取婦婦好來未至無忌先歸說平王曰秦女好可自娶為太子更求平王聽之卒自娶秦女生熊珍更為太子娶是時伍胥為太子太傅無忌為少傅無忌無寵於太子常讒惡太子建建時年十五矣其母蔡女也無寵於王王益稍疏外建也六年使太子建居城父守邊（父音甫括地志云城父故城在許州葉縣東北四十五里即杜預云襄城城父縣也又汝州襄城縣東四十里亦有父城故城一所服虔云城父楚北境乃是父城之名非建所守杜預云言城父又誤也傅及酈元水經注云楚大城城父使太子建居之即十三州志云太子建所居城父謂今亳州城父縣也按今亳州見有城父縣見建所守者也地理志云潁川有父城縣沛郡有城父縣此二名別耳）無忌又日夜讒太子建於王曰自無忌入秦女太子怨亦不能無望於王王少自備焉且太子居城父擅兵外交諸侯且欲入矣平王召其傅伍奢責之伍奢知無忌讒乃曰王奈何以小臣疏骨肉無忌曰今不制後悔也於是王遂囚伍奢而召其二子而告以免父死功令司

馬奮揚召太子建欲誅之太子聞之亡奔宋無忌曰伍奢有二子不殺者為楚國患蓋以免其父召之必至於是王使使謂奢能致二子則生不能將死奢曰尚至胥不至王曰何也奢曰尚之為人廉死節慈孝而仁聞召而免父必至不顧其死胥之為人智而好謀勇而矜功知來必死必不來然為楚國憂者必此子於是王使人召之曰來吾免爾父伍尚謂伍胥曰聞父免而莫奔不孝也父戮莫報無謀也度能任事智也子其行矣我其

歸死伍尚遂歸伍胥彎弓屬矢出見使者曰父有罪何以名其子為將射使者遂走遂出奔吳伍奢聞之曰胥亡楚國危哉楚人遂殺伍奢及尚十年楚太子建母在居巢廬州巢縣是也開吳吳使公子光伐楚遂敗陳蔡取太子建母而去楚恐城郢在江陵縣東北六里以解於前按傳城郢在昭公二十三年下重言城郢杜預云楚用子囊遺言以築郢城矣今畏吳復修以自固也初吳之邊邑卑梁卑梁邑近鍾離也與楚邊邑鍾離小童爭桑兩家交怒相攻滅卑梁人卑梁大夫怒發邑兵攻鍾離楚王聞之怒發國兵

滅卑梁吳王聞之大怒亦發兵使公子光因建母家攻楚遂滅鍾離居巢楚乃恐而城郢十三年平王卒將軍子常曰太子珍少且其母乃前太子建所當娶也欲立令尹子西子西平王之庶弟也有義子西曰國有常法更立則亂言之則致誅乃立太子珍是為昭王昭王元年楚衆不說費無忌以其讒亡太子建殺伍奢子尚與郤宛宛之宗姓伯氏子嚭及子胥皆奔吳吳兵數侵楚楚人怨無忌甚楚令尹子常名瓦左傳云囊瓦伐吳誅無忌以說

衆衆乃喜四年吳三公子奔楚楚封之以扞吳五年吳伐取楚之六潛故六城在壽州安豐縣南百三十二里偃姓皋陶之後所封也潛城楚之潛邑在霍山縣東二百步七年楚使子常伐吳吳大敗楚於豫章今洪州也十年冬吳王闔閭伍子胥伯嚭與唐蔡俱伐楚楚大敗吳兵遂入郢辱平王之墓以伍子胥故也吳兵之來楚使子常以兵迎之夾漢水陣吳伐敗子常子常亡奔鄭楚兵奔吳乘勝逐之五戰及郢己卯昭王出奔庚辰吳人入郢昭王亡也至雲夢雲夢不知其王也射傷王王

走鄖走音奏鄖音云括地志云安州安陸縣城本春秋時鄖國城鄖公之弟懷曰平王殺吾父成然立平王貪求無厭平王殺之今我殺其子不亦可乎鄖公止之然恐其弒昭王乃與王出奔隨括地志云隨州城外古隨國城隨姬姓也又云楚昭王城在隨州縣北七里左傳云吳師入郢王奔隨隨人處之公宮之北即此城是也吳王聞昭王往即進擊隨謂隨人曰周之子孫封於江漢之間者楚盡滅之欲殺昭王王從臣子綦乃深匿王自以為王謂隨人曰以我予吳隨人卜予吳不吉乃謝吳王曰昭王亡不在隨吳請入自索之隨不聽吳亦罷

去昭王之出郢也使申包胥請救於秦秦以車五百乘救楚楚亦收餘散兵與秦擊吳十一年六月敗吳於稷會吳王弟夫概見吳王兵傷敗乃亡歸自立為王闔閭聞之引兵去楚歸擊夫概夫概敗奔楚楚封之堂谿地理志云堂谿故城在豫州郾城縣西八十五里也號為堂谿氏楚昭王滅唐括地志云上唐鄉故城在隨州棗陽縣東南百五十里古之唐國也世本云唐姬姓之國九月歸入郢十二年吳復伐楚取番片寒反又音婆括地志云饒州鄱陽縣春秋時為楚東境秦為番縣屬九江郡漢為鄱陽縣也楚恐去郢北徙都鄀音若括地志云楚昭王故城在襄州樂鄉

縣東北三十三里在故鄀城東五里即楚國故昭王徙都鄀城也十六年孔子相魯二十年楚滅頓括地志云陳州南頓縣故頓子國應劭云古頓子國姬姓也逼於陳後南徙故曰南頓滅胡括地志云故胡城在豫州郾城縣界二十一年吳王闔閭伐越越王句踐射傷吳王遂死吳由此怨越而不西伐楚二十七年春吳伐陳楚昭王救之軍城父十月昭王病於軍中有赤雲如鳥夾日而蜚昭王問周太史太史曰是害於楚王然可移於將相將相聞是言乃請自以身禱於神昭王曰將相孤之股肱也今移禍庸去是身乎弗聽

卜而河為祟大夫請禱河昭王曰自吾先王受封望不過江漢按江荊州南大江也漢江也二水楚境內也河黄河非楚境也而河非所獲罪也止不許孔子在陳聞是言曰楚昭王通大道矣其不失國宜哉昭王病甚乃名諸公子大夫曰孤不佞再辱楚國之師今乃得以天壽終孤之幸也讓其弟公子申為王不可又讓次弟公子結亦不可乃又讓次弟公子閭五讓乃後許為王將戰庚寅昭王卒於軍中子閭曰王病甚舍其子讓羣臣臣所以許王以廣王意也今君王

卒臣豈敢忘君王之意乎乃與子西子綦謀伏師閉塗左傳云謀潛師閉塗按潛師密發往迎也閉塗防衛外泄也為昭王薨於軍嗣子未定恐有隣國及諸公子之變故伏師閉塗迎越女之子章立為惠王也迎越女之子章立之是為惠王然後罷兵歸葬昭王惠王二年子西名故平王太子建之子勝於吳以為巢大夫號曰白公巢今廬州居巢縣也括地志云白亭在豫州褒信東南三十二里褒信本漢鄎縣之地後漢分鄎置褒信縣在令褒信縣東七十七里白公好兵而下士欲報仇六年白公請兵令尹子西伐鄭初白公父建亡在鄭鄭殺之白公亡走吳子西復名之故

以此怨鄭欲伐之子西許而未為發兵八年晉伐鄭鄭告急楚楚使子西救鄭受賂而去白公勝怒乃遂與勇力死士石乞等襲殺令尹子西子綦於朝因刧惠王置之高府欲弒之惠王從者屈固負王亡走昭王夫人宮白公自立為王月餘會葉公來救楚楚惠王之徒與共攻白公殺之惠王乃復位是歲也滅陳而縣之十三年吳王夫差彊陵齊晉來伐楚十六年越滅吳表云越滅吳在元王四年四十二年楚滅蔡周定王二十二年四十四年楚滅杞周定王二十四年與秦平是時越已滅吳而不能正江淮北正長也江淮北謂廣陵縣徐泗等州也楚東侵廣地至泗上五十七年惠王卒子簡王中立中音仲反簡王元年北伐滅莒括地志云密州莒縣故國也言楚伐者莒在徐泗之北八年魏文侯韓武子趙桓子始列為諸侯二十四年簡王卒子聲王謚法云不生其國曰聲也當立聲王六年盜殺聲王子悼王熊疑立悼王二年三晉來伐楚至乘邱而還年表云三晉公子伐我至乘邱誤也已解在年表中地理志云乘邱故城在兗州瑕邱縣西北三十五里是也四年楚伐周鄭殺子陽九年伐韓取負黍十一年

三晉伐楚敗我大梁榆關楚厚賂秦與之平二十一年悼王卒子肅王臧立肅王四年蜀伐楚取茲方古今地名云荆州松滋縣古鳩茲地即茲方是也於是楚為扞關以距之十年魏取我魯陽括地志云汝州魯山本漢魯陽縣也古魯縣以古魯山為名也十一年肅王卒無子立其弟熊良夫是為宣王宣王六年周天子賀秦獻王秦始復彊而三晉益大魏惠王齊威王尤彊三十年秦封衛鞅於商南侵楚是年宣王卒子威王熊商立威王六年周顯王致文武胙於秦惠王七年齊孟嘗君父田嬰欺楚楚威王伐齊敗之於徐州而令齊必逐田嬰田嬰恐張丑偽謂楚王曰王所以戰勝於徐州者田盼子不用也盼子者有功於國而百姓為之用嬰子弗善而用申紀申紀者大臣不附百姓不為用故王勝之也今王逐嬰子嬰子逐盼之必用矣復博其士卒以與王遇必不便於王矣楚王因弗逐也十一年威王卒子懷王熊槐立魏聞楚喪伐楚取我陘山括地志云陘山在鄭州新城縣西南三十里懷王元年張儀始相秦惠王四年秦惠王初稱王

六年楚使柱國昭陽將兵而攻魏破之於襄陵得八邑又移兵而攻齊齊王患之陳軫適為秦使齊齊王曰為之奈何陳軫曰王勿憂請令罷之即往見昭陽軍中曰願聞楚國之法破軍殺將者何以貴之昭陽曰其官為上柱國封上爵執珪陳軫曰其有貴於此者乎昭陽曰令尹陳軫曰令君已為令尹矣此國冠之上臣請得譬之人有遺其舍人一卮酒者舍人相謂曰數人飲此不足以徧請遂畫地為蛇蛇先成者獨飲之一人曰吾蛇

先成舉酒而起曰吾能為之足及其為之足而後成人奪之酒而飲之曰蛇固無足今為之足是非蛇也今君相楚而攻魏破軍殺將功莫大焉冠之上不可以加矣今又移兵而攻齊攻勝之官爵不加於此攻之不勝身死爵奪有毀於楚此為蛇為足之說也不若引兵而去以德齊此持滿之術也昭陽曰善引兵而去燕韓君初稱王秦使張儀與楚齊魏相會盟齧桑（徐廣云在梁與彭城之間）十一年蘇秦約從山東六國兵攻秦楚懷王為從長至函

谷關秦出兵擊六國六國兵皆引而歸齊獨後十二年齊湣王伐敗趙魏軍齊亦伐敗韓與齊爭長十六年秦欲伐齊而楚與齊從親秦患之乃宣言張儀免相使張儀南見楚王謂楚王曰敝邑之王所甚說者無先大王雖儀之所甚願為門闌之廝者亦無先大王敝邑之王所甚憎者無先齊王雖儀之所甚憎者亦無先齊王而大王和之是以敝邑之王不得事王而令儀亦不得為門闌之廝也王為儀閉關而絕齊今使使者從儀西

取故秦所分楚商於之地方六百里如是則齊弱矣是北弱齊西德於秦私商於以為富此一計而三利俱至也懷王大悅乃置相璽於張儀日與置酒宣言吾復得吾商於之地羣臣皆賀而陳軫獨弔懷王曰何故陳軫對曰秦之所為重王者以王之有齊也今地未可得而齊交先絕是楚孤也夫秦又何重孤國哉必輕楚矣且先出地而後絕齊則秦計不為先絕齊而後責地則必見欺於張儀見欺於張儀則王必怨之怨之是西起秦

患北絶齊交西起秦患北絶齊交則兩國之兵必至臣故弔楚王弗聽因使一將軍西受封地張儀至秦詳醉墜車稱病不出三月地不可得楚王曰儀以吾絶齊為尚薄邪乃使勇士宋遺北辱齊王齊王大怒折楚符而合於秦秦齊交合張儀乃起朝謂楚將軍曰子何不受地從某至某廣袤六里楚將軍曰臣之所以見命者六百里不聞六里即以命報懷王懷王大怒興師將伐秦陳軫又曰伐秦非計也不如因賂之一名都與之伐齊

是我亡於秦取償於齊也吾國尚可全今王已絶於齊而責欺於秦是吾合秦齊之交而來天下之兵也國必大傷矣楚王不聽遂絶和於秦發兵西攻秦秦亦發兵擊之十七年春與秦戰丹陽秦大敗我軍斬甲士八萬虜我大將軍屈匄裨將軍逢侯丑等七十餘人遂取漢中之郡楚懷王大怒乃悉國兵復襲秦戰於藍田（藍田在雍州東南八十里從藍田關入藍田縣）大敗楚軍韓魏聞楚之困乃南襲楚至於鄧楚聞乃引兵歸十八年秦使使約復與楚親分

漢中之半以和楚楚王曰願得張儀不願得地張儀聞之請之楚秦王曰楚且甘心於子奈何張儀曰臣善其左右靳尚靳尚又能得事於楚王幸姬鄭袖袖所言無不從者且儀以前使負楚以商於之約今秦楚大戰有惡臣非面自謝楚不解且大王在楚不宜敢取儀誠殺儀以便國臣之願也儀遂使楚至懷王不見因而囚張儀欲殺之儀私於靳尚靳尚為請懷王曰拘張儀秦王必怒天下見楚無秦必輕王矣人謂夫人鄭袖曰秦王

甚愛張儀而王欲殺之今將以上庸之地六縣賂楚以美人聘楚王以宫中善歌者為之媵楚王重地秦女必貴而夫人必斥矣夫人不若言而出之鄭袖卒言張儀於王而出之儀出懷王因善遇儀儀因說楚王以叛從約而與秦合親約婚姻張儀已去屈原使從齊來諫王曰何不誅張儀懷王悔使人追儀弗及是歲秦惠王卒二十年齊湣王欲為從長惡楚之與秦合乃使使遺楚王書曰寡人患楚之不察於尊名也今秦惠王死武王

立張儀走魏樗里疾公孫衍用而楚事秦夫樗里疾善乎韓而公孫衍善乎魏楚必事秦韓魏恐必因二人求合於秦則燕趙亦宜事秦四國爭事秦則楚為郡縣矣王何不與寡人并力收韓魏燕趙與為從而尊周室以案兵息民令於天下莫敢不樂聽則王名成矣王率諸侯並伐破秦必矣王取武關蜀漢之地武關在商州東一百八十里商洛縣界蜀巴蜀漢中郡也私吳越之富而擅江海之利韓魏割上黨西薄函谷則楚之彊百萬也且王欺於張儀亡地漢中

兵銼藍田天下莫不代王懷怒今乃欲先事秦願大王孰計之楚王業已欲和於秦見齊王書猶豫不決下其議羣臣羣臣或言和秦或曰聽齊昭睢曰王雖東取地於越不足以刷恥必且取地於秦而後足以刷恥於諸侯王不如深善齊韓以重樗里疾如是則王得韓齊之重以求地矣秦破韓宜陽而韓猶復事秦者以先王墓在平陽而秦之武遂去之七十里以故尤畏秦不然秦攻三川洛州也趙攻上黨楚攻河外韓必亡楚之救韓不能使韓不亡然存韓者楚也韓已得武遂於秦以河山為塞河蒲河西黃河也山韓西境也所報德莫如楚厚臣以為其事王必疾齊之所信於韓者以韓公子眛莫葛反後同為齊相也韓已得武遂於秦王甚善之使之以齊韓重樗里疾疾得齊韓之重其主弗敢棄疾也今又益之以楚之重樗里子必言秦復與楚之侵地矣於是懷王許之竟不合秦而合齊以善韓二十四年倍齊而合秦秦昭王初立乃厚賂於楚楚往迎婦二十五年懷王入與秦昭王盟

約與黃棘秦復與楚上庸二十六年齊韓魏為楚負其從親而合於秦三國共伐楚楚使太子入質於秦而請救秦乃遣客卿通將兵救楚三國引兵去二十七年秦大夫有私與楚太子鬬楚太子殺之而亡歸二十八年秦乃與齊韓魏共攻楚殺楚將唐昧取我重丘而去二十九年秦復攻楚大破楚楚軍死者二萬殺我將軍景缺懷王恐乃使太子為質於齊以求平三十年秦復伐楚取八城秦昭王遺楚王書曰始寡人與王約為弟兄

盟于黃棘太子為質至驩也太子陵殺寡人之重臣不謝而亡去寡人誠不勝怒使兵侵君王之邊今聞君王乃令太子質於齊以求平寡人與楚接境壤界故為婚姻（妻父曰十年父曰姻重姻曰王兩婚相謂曰婭）所從相親久矣而今秦楚不驩則無以令諸侯寡人願與君王會武關面相約結盟而去寡人之願也敢以聞下執事楚懷王見秦王書患之欲往恐見欺無往恐秦怒昭睢曰王毋行而發兵自守耳秦虎狼不可信有并諸侯之心懷王子子蘭勸王行曰奈何

絕秦之驩心於是往會秦昭王昭王詐令一將軍伏兵武關號為秦王楚王至則閉武關遂與西至咸陽朝章臺如蕃臣不與亢禮楚懷王大怒悔不用昭子言秦因留楚王要以割巫黔中之郡楚王欲盟秦欲先得地楚王怒曰秦詐我而又彊要我以地不復許秦秦因留之楚大臣患之乃相與謀曰吾王在秦不得還要以割地而太子為質於齊齊秦合謀則楚無國矣乃欲立懷王子在國者昭睢曰王與太子俱困於諸侯而今又倍王

命而立其庶子不宜乃詐赴於齊齊湣王謂其相曰不若留太子以求楚之淮北相曰不可郢中立王是吾抱空質而行不義於天下也或曰不然郢中立王因與其新王市曰予我下東國吾為王殺太子不然將與三國共立之然則東國必可得矣齊王卒用其相計而歸楚太子太子橫至立為王是為頃襄王乃告于齊曰賴社稷神靈國有王矣頃襄王橫元年秦要懷王不可得地楚立王以應秦秦昭王怒發兵出武關攻楚大敗楚軍斬首

五萬取析十五城而去（括地志云鄧州內鄉縣城本楚析邑一名丑漢置析之因析水為名也）二年楚懷王亡逃歸秦覺之遮楚道懷王恐乃從閒道走趙以求歸趙主父在代其子惠王初立行王事恐不敢入楚王楚王欲走魏秦追至遂使秦使復之秦懷王遂發病頃襄王三年懷王卒於秦秦歸其喪于楚楚人皆憐之如悲親戚諸侯由是不直秦秦楚絕六年秦使白起伐韓於伊闕（括地志伊闕山在洛州南十九里也）大勝斬首二十四萬秦乃遺楚王書曰楚倍秦秦且率諸侯伐楚爭一

旦之命願王之飭士卒得一樂戰楚頃襄王患之乃謀復與秦平七年楚迎婦於秦秦楚復平十一年齊秦各自稱為帝月餘復歸帝為王十四年楚頃襄王與秦昭王好會于宛結和親十五年楚王與秦三晉燕共伐齊取淮北十六年與秦昭王好會於鄢其秋復與秦王會穰十八年楚人有好以弱弓微繳加歸雁之上者頃襄王聞召而問之對曰小臣之好射鶀雁羅鸗小矢之發也何足為大王道也且稱楚之大因大王之賢所弋非

直此也昔者三王以弋道德五霸以弋戰國故秦魏燕趙者鶀雁也齊魯韓魏者青首也騶費郯邳者羅鸗也外其餘則不足射者見鳥六雙以王何取王何不以聖人為弓以勇士為繳時張而射之此六雙者可得而囊載也其樂非特朝夕之樂也其獲非特鳧雁之實也王朝張弓而射魏之大梁之南加其右臂而徑屬之於韓則中國之路絕而上蔡之郡壞矣還射圉之東 圉音語城在汴州雍邱縣東言王朝張弓射魏大梁汴州之南即加大梁之右臂連韓鄭則河北中國之路向東南斷絕則韓上蔡之郡自破壞矣從逕射雍邱圉城之東便解散魏左肘宋州而外擊曹定陶及魏東之外解棄則宋方與兩郡並舉 解魏左肘而外擊定陶則魏之東外棄而大宋方與二郡者舉矣且魏斷二臂顛越矣膺擊郯國大梁可得而有也王請繳蘭臺 鄭元云繒屈也江沔之間謂之縈收繩索繒也按繳繳繩繫弋射鳥也若膺擊郯國大梁已了乃收弋繳於蘭臺桓山之別名也 飲馬西河定魏大梁此一發之樂也若王之於弋誠好而不厭則出寶弓碆新繳射噣鳥於東海還蓋長城以為防 太山郡記云太山西北有長城緣河徑太山千餘里至瑯琊臺入海齊記云齊宣王乘山嶺之上築

長城東至海西至濟州千餘里以備楚括地志云長城西北起濟州平陰縣緣河歷太山北岡上經濟州淄州即西南兖州博城縣北東至密州瑯琊臺入海蘇代記云齊有長城巨防足以為塞也 朝射東莒 括地志云密州莒縣故莒子國地理志云周武王封少昊之後嬴姓於莒始都計斥春秋時徙居莒也 夕發浿邱 括地志云浿邱邱名也在青州臨淄縣西北二十五里也 夜加即墨顧據午道 劉伯莊云齊西界按蓋在博州之西境也 則長城之東收 言從齊州長城東至海太山之北黃河之南盡舉收於楚 而太山之北舉矣西結境於趙 言得齊地約結於趙為境界定從親也 而北達於燕 北達言四通無所滯礙言燕無山河之限也 三國布翄則從不待約而可成也北遊目於燕之遼東而南登

望於越之會稽此再發之樂也若夫泗上十二諸侯左縈而右拂之可一旦而盡也今秦破韓以為長憂得列城而不敢守也伐魏而無功擊趙顧病則秦魏之勇力屈矣楚之故地漢中析酈可得而復有也王出寶弓碆新繳涉鄳塞（括地志云故鄳城在陝州河北縣東十里虞邑也杜預云河東太陽有鄍城是也徐言江夏鄳縣也）而待秦之倦山東河內（謂華山之東懷州河內之郡）可得而一也勞民休衆南面稱王矣故曰秦為大鳥負海內而處東面而立左臂據趙之西南右臂傅楚鄢郢膺擊韓魏垂頭中

國處既形便勢有地利奮翼鼓翅方三千里則秦未可得獨招而夜射也欲以激怒襄王故對以此言襄王因召與語遂言曰夫先王為秦所欺而客死於外怨莫大焉今以匹夫有怨尚有報萬乘白公子胥是也今楚之地方五千里帶甲百萬猶足以踊躍中野也而坐受困臣竊為大王弗取也於是頃襄王遣使於諸侯復為從欲以伐秦秦聞之發兵來伐楚楚欲與齊韓連和伐秦因欲圖周周王赧使武公謂楚相昭子曰三國以兵割

周郊地以便輸而南器以尊楚臣以為不然夫弒共主臣世君大國不親以衆脅寡小國不附大國不親小國不附不可以致名實名實不得不足以傷民夫有圖周之聲非所以為號也昭子曰乃圖周則無之雖然周何故不可圖也對曰軍不五不攻城不十不圍夫一周為二十晉（言周王之國其地雖小諸侯尊之故敵二十晉）公之所知也韓嘗以二十萬之衆辱於晉之城下銳士死中士傷而晉不拔公之無百韓以圖周此天下之所知也夫怨結於兩周以

塞鄒魯之心交絕於秦（楚本與齊韓和伐秦因欲圖周齊不與圖周故齊交絕於楚也）聲失天下其為事危矣夫危兩周以厚三川（三川兩周之地韓多有之言厚韓也）方城之外（方城之外許州葉縣東北也言楚取兩周則韓強必弱楚方城之外也）必為韓弱矣何以知其然也西周之地絕長補短不過百里名為天下共主裂其地不足以肥國得其衆不足以勁兵雖無攻之名為弒君然而好事之君喜攻之臣發號用兵未嘗不以周為終始是何也見祭器在焉欲器之至而忘弒君之亂今韓以器之在楚臣恐天下以

罷儺楚也臣請譬之夫虎肉臊其兵利身人猶攻之也
若使澤中之麋蒙虎之皮人之攻之必萬之於虎野澤之麋
蒙衣虎皮人之攻取必萬倍於虎也譬楚代周狀祭罷其猶麋蒙虎皮矣裂楚之地足以肥
國詘楚之名足以尊主今子將以欲誅殘天下之共主
居三代之傳器吞三翮六翼以高世主非貪而何周書
曰欲起無先故器南則兵至矣於是楚計輟不行十九
年秦伐楚楚軍敗割上庸漢北地予秦謂割房金均三州及漢水之北
與秦二十年秦將白起拔我西陵括地志云西陵故城在黃州黃山西二里二

十一年秦將白起遂我郢燒先王墓夷陵括地志云峽州夷陵縣是
也在荊州西應劭云夷山在西北楚襄王兵散遂不復戰東北保於陳
城二十二年秦復拔我巫黔中郡二十三年襄王乃收
東地兵得十餘萬復西取秦所拔我江旁十五邑以為
郡距秦二十七年使三萬人助三晉伐燕復與秦平而
入太子為質於秦楚使左徒侍太子於秦三十六年頃
襄王病太子亡歸秋頃襄王卒太子熊元代立是為考
烈王考烈王以左徒為令尹封以吳號春申君考烈王

元年納州於秦以平是時楚益弱六年秦圍邯鄲趙告
急楚楚遣將軍景陽救趙七年至新中新中相州安陽縣也七國時魏
寧新中邑秦莊大王拔之更名安陽也秦兵去十二年秦昭王卒楚王使
春申君弔祠於秦十六年秦莊襄王卒秦王趙政立二
十二年與諸侯共伐秦不利而去楚東徙都壽春壽春在南
壽州壽春縣是也命曰郢二十五年考烈王卒子幽王悍立李
園殺春申君幽王三年秦魏伐楚秦相呂不韋卒九年
秦滅韓十年幽王卒同母弟猶代立是為哀王哀王立

二月餘哀王庶兄負芻之徒襲殺哀王而立負芻為王
是歲秦虜趙王遷王負芻元年燕太子丹使荊軻刺秦
王二年秦使將軍伐楚大破楚軍亡十餘城三年秦滅
魏四年秦將王翦破我軍於蘄而殺將軍項燕五年秦
將王翦蒙武遂破楚國虜楚王負芻滅楚名為楚郡云
太史公曰楚靈王方會諸侯於申誅齊慶封作章華臺
求周九鼎之時志小天下及餓死於申亥之家為天下
笑操行之不得悲夫勢之於人也可不慎與棄疾以亂

立嬖淫泰女甚乎哉幾再亡國

史記正義卷四十